os

① **Nordportugal**

② **Mittelportugal**

Lissabon und
③ **Umgebung**

④ **Alentejo**

⑤ **Algarve**

Fin del Mundo, das „Ende der Welt", wird das Cabo de São Vicente am südwestlichsten Punkt Europas genannt. Und genauso erschien es mir manchmal, wenn ich zu einer meiner vielen Reisen in meine zweite Heimat startete: als führe ich zum Ende der Welt. Und das Ende der Welt kann so schön sein …

Besonders in Erinnerung sind mir die ersten Fahrten in den Achtzigerjahren. Im Transitland Spanien gab's noch so gut wie keine Autobahnen, und so galt es, die Dieselrußwolken der Lkw-Konvois mit ziemlich riskanten Überholmanövern hinter sich zu lassen, um das gelobte Land noch zum Abendessen zu erreichen – oder um wenigstens vor 24 Uhr an der Grenzstation zu sein, denn dann wurde der Schlagbaum runtergelassen und erst um 6 Uhr in der Früh wieder geöffnet. Der erste Galão (Milchkaffee) nach der Grenze jedenfalls erzeugte ein Glücksgefühl sondergleichen. Eine wohlverdiente Entschädigung für den Nervenkitzel, den der fahrbare Untersatz – meist ein klappriges Pannenfahrzeug – nach den Unwägbarkeiten der fast 3000 Kilometer weiten Reise verursacht hatte.

Liebeserklärungen sollte man eigentlich nicht an Länder richten. Bei Portugal fällt mir das schwer, deswegen vielleicht so: Portugal, mich bezaubern deine Calderadas, deine Bewohner, deine Sprache, dein Bacalhau. Und ich beneide dich um dein Lissabon.

Boa viagem!

Text und Recherche: Michael Müller, Johannes Beck, Annegret Pannewitz, Ingrid Murer, Jürgen Strohmaier, Leonard Müller **Lektorat:** Horst Christoph (Überarbeitung), Diethard Brohl **Redaktion:** Annette Melber **Layout:** Claudia Hutter, Dirk Thomsen **Karten:** Janina Baumbauer, Theresa Flenger, Judit Ladik, Annette Seraphim, Gábor Sztrecska **Fotos:** siehe S. 792 **Grafik S. 10/11:** Johannes Blendinger **Covergestaltung:** Karl Serwotka **Covermotive:** oben: Am Strand von Nazaré © Michael Müller, unten: Moliceiro-Boot in Aveiro © mauritius images / imageBROKER / Kim Petersen, gegenüberliegende Seite: Seilwinden bei Aljezur © Michael Müller

22. KOMPLETT ÜBERARBEITETE UND AKTUALISIERTE AUFLAGE 2017

PORTUGAL

MICHAEL MÜLLER

Portugal – Hintergründe & Infos

Nordportugal

Der Minho _____ 146

Trás-os-Montes _____ 192

Die Douro-Region _____ 210

Mittelportugal

Beira

Lissabon (Lisboa) und Umgebung

Sehenswertes

Praktische Informationen

Umgebung von Lissabon

Südportugal

Alentejo

Kartenverzeichnis

Zeichenerklärung für die Karten und Pläne

Was haben Sie entdeckt? Haben Sie eine Tasca mit wundervollen Petiscos gefunden, das freundliche Albergo, den Top-Campingplatz oder einen schönen Wanderweg?

Wenn Sie Ergänzungen, Verbesserungen oder neue Tipps zum Portugal-Buch haben, lassen Sie es uns wissen.

Schreiben Sie an: Michael Müller, Stichwort „Portugal" | c/o Michael Müller Verlag GmbH | Gerberei 19, D – 91054 Erlangen | michael.mueller@michael-mueller-verlag.de

 Mit dem grünen Blatt haben unsere Autoren Betriebe hervorgehoben, die sich bemühen, regionalen und nachhaltig erzeugten Produkten den Vorzug zu geben.

Wohin in Portugal?

(1) Nordportugal → S. 144

Die regionale Weinspezialität, der Vinho Verde (Grüner Wein), passt gut zur erfrischenden grünen Landschaft an der Grenze zum spanischen Galicien. Gerez, das Thermalbad in den Bergen, ist eine gute Basis für ausgedehnte Wanderungen im Grenzgebiet. Bragança, das regionale Zentrum der Region Trás os Montes (Hinter den Bergen), leidet unter einer starken Bevölkerungsabwanderung zu den Metropolen an der Küste. Dort laden alte Seebäder wie z. B. Viana do Castelo zu Badeferien mit vielen portugiesischen Gästen ein.

(2) Mittelportugal → S. 258

Aveiro, eine Lagunenlandschaft mit den bunt bemalten Booten der Seetangfischer und ebenso farbenprächtigen Sommerhäuschen. Nazaré, rustikaler Fischer- und Badeort mit einer nicht ungefährlichen Brandung. Im Landesinneren die sympathische Universitätsstadt Coimbra und weiter südlich Obidos, das Museumsstädtchen von Portugal. Im Landesinneren die Serra da Estrela mit Granitgipfeln, die knapp 2000 m zu den Sternen hochreichen. Eine karge Landschaft mit einer Wanderschäferei, die einen hervorragenden Ziegen- und Schafskäse hervorbringt.

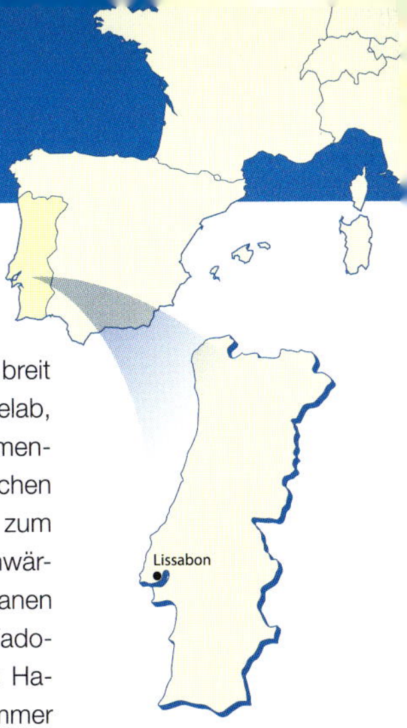

③ Lissabon und Umgebung → S. 424

Die Stadt am Rio Tejo, der an dieser Stelle so breit ist wie ein Meer. Streifzüge, hügelauf und hügelab, durch enge Treppengässchen und breite, palmengesäumte Avenidas. Die Verkehrsmittel reichen von der Barkasse über die Standseilbahn bis zum Großaufzug im „Eiffel"-Look. Für Nachtschwärmer Schwermut in kleinen Bars mit spontanen Gesangseinlagen von leidenschaftlichen Fado-Darbietern, aber auch coole Clubs im alten Hafenviertel. Ja, nach Lissabon möchte man immer wieder kommen, und wenn es nur für ein Gläschen Ginjinja (Sauerkirschlikör) ist.

④ Alentejo → S. 520

Getreidefelder bis zum Horizont, aber auch riesige Weideflächen, die systematisch von alten Korkeichen abgeschattet werden. Um die zum Teil riesigen Latifundien mit 5000 Hektar zu bewirtschaften, braucht man heutzutage nicht mehr viele Landarbeiter, dementsprechend entvölkert wurde dieser schon eh dünn besiedelte Landstrich während der letzten 50 Jahre. Elvas, die Festungsstadt an der spanischen Grenze, und Évora sind in jedem Fall einen Besuch wert, Geheimtipp ist Mertola. An der Küste kleine Badeorte, die gerne von Individualisten und Lissabonner Studenten als Sommerfrische gewählt werden.

⑤ Algarve → S. 630

Goldgelbe, hohe Sandsteinfelsen und blaues Meer, einen schöneren Kontrast kann es nicht geben. Am Küstensaum das weiß gekalkte, maurisch angehauchte Dorf Albufeira oder das von einem dunklen Mauerring eingefasste Städtchen Heinrich des Seefahrers – Lagos. Beides heute Dreh- und Angelpunkte des internationalen Tourismus, welcher der Algarve ein völlig neues Gesicht verpasste. Bitte nicht abschrecken lassen, es gibt auch authentischere Aufenthaltsorte – z. B. Tavira an der Ostalgarve oder das kleine Dörfchen Carapateira an der wilden Westküste mit jungem Wellensurfpublikum.

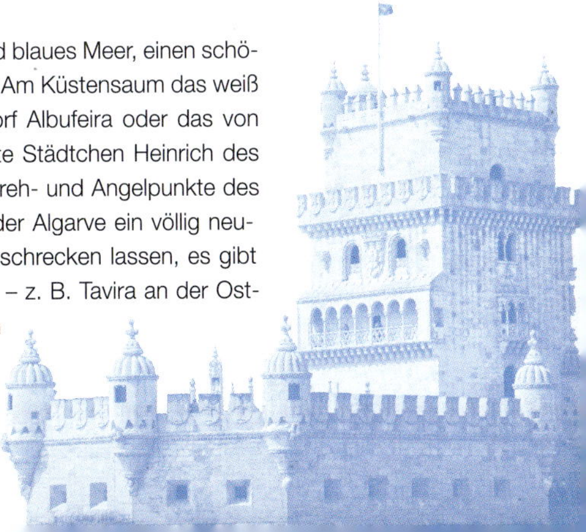

Braganҫa
Miranda
do Douro
Mirandela

Lissabon

Naive Kunst auf einer Dachterrasse in Furadouro (Ovar)

Hintergründe & Infos

Portugal – das kleine Land am Rand Europas ist überaus vielfältig. Der üppig grüne Norden und der mediterrane, trockene Süden zeigen starke landschaftliche Kontraste. Als eine „herbe Schönheit" kann man die 600 km lange Westküste zum rauen Atlantik bezeichnen. Hübsche Städtchen mit langer Fischertradition laden zu Zwischenstopps ein. Der Besuch der beiden Metropolen Porto und Lissabon ist eine nostalgische Reise in die europäische Vergangenheit und zugleich eine Begegnung mit modernen, quirligen Metropolen. Einsame Badefreuden kann man entlang der Westküste erleben, während im Süden, an der nur 150 km langen Algarve, eine gesellige Schwimmbadatmosphäre vorherrscht.

Portugal, das Ende der Welt – das war das Weltbild der Menschheit bis zum sogenannten Zeitalter der Entdeckungen. Und es war diese Randlage, die die Fantasie und den Unternehmungsgeist weckte und Leute wie *Vasco da Gama*, der den Seeweg nach Indien entdeckte, und *Pedro Cabral*, der eher durch Zufall Brasilien ansteuerte, hervorbrachte. Doch nach dem „goldenen" 16. Jahrhundert geriet die „Weltmacht Portugal", die sich mit riesigen Kolonien in Afrika und Lateinamerika ihre eigene Welt abseits von Europa geschaffen hatte, wieder in Vergessenheit. In den 1960er und 70er Jahren führten die Kriege in Angola und Mosambik schließlich zum Ende der Salazar-Diktatur und zur „Nelkenrevolution" von 1974 – Portugal rückte langsam wieder an Europa heran.

Im Sommer wird's hier enger

Portugals Regionen

Wie stark sich Portugal von Spanien unterscheidet, sieht man gleich, wenn man von Zentralspanien zum Grenzübergang *Vilar Formoso* kommt: Nach der endlosen Eintönigkeit der Hochebene von Kastilien mit riesigen Ackerflächen und kahlen Steinwüsten, in denen sich ab und an einsame Dörfer vor der Sonnenglut verstecken, taucht man in das Einflussgebiet des Atlantiks ein – es gibt wieder Grün, und zwar überall! Berggipfel und Bachtäler, unterschiedlichste Wälder, immer wieder einzelne Baumgruppen, dazwischen blühender Ginster und Heide. Portugals Landschaft, die sich nach der Grenze fast übergangslos öffnet, ist eine Erholung fürs Auge.

Der Pflanzenwuchs ist wegen des nahen Atlantiks viel üppiger: Der allmähliche Höhenabfall von der portugiesischen Grenze zum Meer hin hält die Fruchtbarkeit bringenden Niederschläge von Spanien ab – und im Garten Portugal. Besonders im Norden regnet es im Winter ordentlich, nach Süden und zum Landesinneren hin nehmen die Niederschläge ab, wie man an der Vegetation sehen kann. Allerdings gibt es auch Gebiete, die Spaniens Landschaften gleichen. So erinnert der *Minho* im Norden stark an Galicien, und auch der *Alentejo* im Süden hat mit der spanischen Extremadura viel gemein.

Auffallend sind die *Höhenunterschiede* innerhalb Portugals. Dominieren im Norden weite Hochflächen, die nur von Tälern unterbrochen werden, ist der Süden von tief liegenden Ebenen bestimmt (Höhenniveau südlich des Tejo unter 500 m), besonders ausgeprägt an den Ufern der Flüsse und an den Küsten.

Im Zentrum Portugals verläuft ein Ausläufer der spanischen Kordilleren, die *Serra da Estrela*, mit fast 2000 Metern die höchste Erhebung des portugiesischen Festlands, nur der Vulkan Pico auf den Azoren ist höher. Die Serra da Estrela trennt Portugal in zwei Teile und ist zugleich Scheide zwischen der atlantischen und der mediterranen Klimazone.

Portugals Küsten sind hauptsächlich flach und haben oft kilometerlange Sandstrände – nur im Westteil der Algarve und an den Stränden um Lissabon findet man die oft bewunderten bizarren Felsküsten.

Portugal ist zwar nur 561 km lang und 218 km breit, doch landschaftlich und klimatisch so verschieden, dass es vielen Wünschen gerecht werden kann: Felsküsten, Sandstrände, Seen, Flüsse, Berge, Hügel, Ebenen, Inseln ... Das Land besitzt dabei 823 km atlantische Küste und 1215 km Landesgrenze zu Spanien, die seit dem Jahre 1297 weitgehend stabil ist.

Im Atlantik liegen weit verstreut die *Inseln der Azoren* und *Madeira* mit einer Gesamtfläche von 3105 km².

Es ist schwierig, das portugiesische Festland in Regionen zu unterteilen, da es keine einheitliche offizielle Gliederung gibt. So ist das Land in 18 Verwaltungsdistrikte eingeteilt, deren Grenzen aber nicht mit den elf Tourismusregionen identisch sind. Auch die Grenzen der zehn historischen Provinzen verlaufen anders.

Unser Buch orientiert sich an der administrativen Gliederung aus den 80er-Jahren, wonach sich Portugal in fünf Regionen teilt: Norden, Zentrum, Lissabon und Tejo-Tal, Alentejo und Algarve. Diese Regionen gliedern sich wiederum in verschiedene Sub-Regionen, die nach historischen und/oder touristischen Gesichtspunkten weiter unterteilt wurden.

Der Norden

Zum Norden zählen die Sub-Regionen *Minho*, *Trás-os-Montes*, *Douro* und der *Großraum Porto*.

Minho: Das Berg- und Hügelland im Nordwesten Portugals, in der Mitte mit höchsten Erhebungen über 1500 m, fällt nach Westen zum Atlantik hin ab. Im Gegensatz zum raueren, gebirgigen Osten der Provinz ist der Westen von feuchten Seewinden beeinflusst. Die Vegetation ist reich und vielfältig: Wein, Getreide (besonders Mais) und Obst gedeihen hier. Es gibt viel Kleinbesitz auf dem Land, Dörfer und Einzelgehöfte mit kleinen Feldern und Gärten – der Minho wird auch der „Garten Portugals" genannt. Er weist die größte ländliche Bevölkerungsdichte im Lande auf, seine Einwohner gelten als sehr konservativ. An der Grenze zu Spanien erstreckt sich nördlich von Braga der *Nationalpark Peneda-Gerês*, in dessen unberührter Natur noch Wölfe leben. Die Portugiesen sehen hier den Ursprung ihres Landes. In *Guimarães* liegt die Wiege der Nation („berço da nação"): Dort begann die eigentliche *Reconquista*, die Rückeroberung des Landes von den Mauren – hier in Guimarães herrschte der erste portugiesische König Dom Afonso Henriques.

Trás-os-Montes („Hinter den Bergen") ist die östliche Fortsetzung des Minho, ein trockenes Hochplateau mit Weideflächen, unterbrochen von Berg- und Hügelketten und tiefen Flusstälern. Es gibt wenig ausgleichende Meeresluft, stattdessen charakterisieren heiße Sommer und kalte Winter das Klima, Getreidefelder, Eichen und Esskastanien prägen das Landschaftsbild. Der Name „Hinter den Bergen" ist wörtlich zu nehmen: Trás-os-Montes ist eine der abgelegensten Gegenden Europas, es gibt kaum Verbindungen mit öffentlichen Verkehrsmitteln ins benachbarte Spanien. Hier haben sich noch diverse Sitten und Gebräuche aus alten Zeiten erhalten.

Douro: Die Region setzt sich aus der kleinsten Provinz Portugals („Douro") und dem zur Provinz Trás-os-Montes gehörenden Gebiet Alto Douro zusammen. Sie liegt südlich vom Minho und ist nach dem Fluss Douro benannt, der sie durchquert. Besonders der Weinanbau im romantisch schönen Flusstal des Douro (spanisch *Duero)* prägt die Landschaft. Das Hinterland ist hügelig. Hier finden sich einige der interessantesten Burgen des Landes.

Porto, die größte Industriestadt des Landes, liegt an der Mündung des Douro. Die Stadt ist umgeben von Badeorten, die vor allem reiche portugiesische Touristen anziehen. Porto selbst hat lange Strände im Stadtteil Foz. Auf der südlichen Flussseite des Douro liegt Vila Nova de Gaia mit den bekannten Portweinkellereien.

Das Zentrum – die Beiras

Im Zentrum des Landes liegen die drei Provinzen Beira Litoral, Beira Alta und Beira Baixa. In unserem Buch haben wir die Region aus touristischen Gründen in die Sub-Regionen *Beira Litoral* und *Beira Interior* unterteilt.

Beira Litoral: Das Küstengebiet des Zentrums von Portugal ist die Beira Litoral, eine lange Ebene mit kilometerlangen Sandstränden, die *Costa da Prata*, Silberküste genannt wird. Dazu gibt es viele Lagunen, besonders an den Flussmündungen. Bei Aveiro reichen viele Wasserarme weit ins Land hinein. Kulturelles Zentrum ist die *Universitätsstadt Coimbra* am Rio Mondego. Der größte Fluss des Zentrums mündet bei Figueira da Foz in den Atlantik.

Beira Interior: Portugals höchstes Gebirge, die Serra da Estrela, bestimmt die innere Beira. Hier liegt auch das einzige Skigebiet des Landes. Riesige Eukalyptuswälder dominieren die Vegetation und haben den ursprünglichen Wald verdrängt. Hinter dem Gebirge schließt sich eine Hochebene an, die das Gebiet der Provinz Beira Baixa umfasst.

Lissabon und das Tejo-Tal

Die Provinzen Estremadura und Ribatejo bilden diese Region. Wegen der besonderen Rolle Lissabons ist sie in diesem Buch in die Subregionen *Ribatejo*, *Oeste* (nördliche Estremadura) sowie *Lissabon und Umgebung* (südliche Estremadura) geteilt. Der Name „Estremadura" (also das „Randgebiet/Grenzgebiet", abgeleitet von lat. *extremus*) stammt aus der Zeit, in die weiter südlich liegenden Gebiete noch in maurischer Hand waren.

Viana do Castelo

M i n h o

Bragança

Trás-os-Montes

Braga

Vila Real

Porto

Douro

D o u r o

Aveiro

Viseu

Guarda

B e i r a   L i t o r a l

Coimbra

B e i r a   I n t e r i o r

S p a n i e n

Leiria

Castelo Branco

Tejo

O e s t e

Santarém

Portalegre

R i b a t e j o

Lissabon

A l t o   A l e n t e j o

Lissabon und Umgebung

Setúbal

Évora

Guadiana

Sado

Beja

B a i x o   A l e n t e j o

A l g a r v e

Faro

Regionen Portugals

Blick von Vila Nova de Gaia auf die Altstadt von Porto

Der **Ribatejo** („Ufer des Tejo") umfasst die Landschaft nördlich und südlich des Tejo. Herzstück der fruchtbaren Provinz ist das Schwemmlandgebiet des Flusses, hier wird Obst, Gemüse und Wein angebaut. Auch die meisten Reisfelder Portugals finden sich im Ribatejo. Nordwestlich des Tejo geht die Ebene in die Hügel der Estremadura über, südöstlich beginnen die weiten Weideflächen, die zur riesigen Ebene des Alentejo überleiten. Der Ribatejo ist Portugals Zentrum der Pferde- und Kampfstierzucht.

Oeste: Kleine Dörfer schmiegen sich in die hügelige Küstenlandschaft, die sich nördlich vom Großraum Lissabon erstreckt. Teilweise fällt die Küste steil zum Meer hin ab, doch gibt es auch flache Sandstrände. Die Landwirte im Oeste bauen besonders Obst und Wein an.

Lissabon und Umgebung: Lissabon, die Hauptstadt Portugals, ist nicht nur das politische Zentrum, auch kulturell dominiert die Stadt und deren Umgebung. Im Westen findet sich der ehemalige *Königssitz Sintra* mit Schlössern, Palästen und Herrenhäusern. Im Süden bietet die langgezogene *Costa da Caparica* einen nicht enden wollenden Sandstrand. Den Südzipfel der Estremadura bilden die Industriestadt *Setúbal* und der benachbarte Fischerort *Sesimbra*.

Der Alentejo

Der Alentejo erstreckt sich „Jenseits des Tejo" *(Além do Tejo),* und zwar von Lissabon und von Norden aus gesehen. Die Region gliedert sich in *Alto Alentejo,* Alentejo Central, Alentejo Litoral, *Baixo Alentejo* und Lezíria do Tejo.

Alto Alentejo: Wälder mit Kork- und Steineichen, die sich über Hügelketten entlangziehen, prägen das Bild des nördlichen Alentejo. Im Nordosten erstreckt sich der *Naturpark São Mamede* mit den einzigartigen Kleinstädten *Castelo de Vide* und *Marvão* sowie der Distrikthauptstadt *Portalegre*.

Im südlichen Teil der Region dominiert das als Weltkulturerbe eingestufte *Évora*, im Westen umgeben von Resten aus der Megalithzeit, nach Osten hin die klassische Wein- und Marmorroute (Évoramonte, Estremoz, Borba, Vila Viçosa, Redondo usw.). Die *Barragem de Alqueva* ist der größte Stausee des Landes. Ihm sind im alten Flussbett des Guadiana archäologische Überreste zum Opfer gefallen, auch kostbare Flora und Fauna wurden zerstört – und die riesigen Wassermassen haben das Klima verändert. Betroffen ist auch die nächste Subregion:

Baixo Alentejo: Dörfer und *montes* (Weiler), verstreut auf endlosen Ebenen. Nur wenig Regen fällt, die Sommer sind heiß. Viel Getreideanbau, aber auch Ödland. Nach der Revolution von 1974 wurde hier Großgrundbesitz genossenschaftlich bewirtschaftet. Als die Produktion zurückging und der Einfluss der Linken schwächer wurde, gab man große Flächen an die alten Besitzer zurück. Der Alentejo verzeichnet die

Kleinbäuerliches Idyll

höchste Auswanderungsquote Portugals, noch immer ist seine Bevölkerung sehr arm. Daran hat auch der Alqueva-Staudamm nichts geändert.

Die großen Attraktionen sind die *Sandküste von Sétubal bis Sines* und die wild-romantische, unter Naturschutz stehende Felsenküste bis hinunter nach *Odeceixe*, wo die Algarve beginnt, der Charakter der Küste sich jedoch fortsetzt. Sehenswerte Städte sind *Alcácer do Sal, Santiago do Cacém, Sines* und *Odemira*. Attraktive Badeorte gibt es genug.

Die Algarve

Algarve (arabisch *al-gharb*) heißt „der Westen" (von al-Andaluz aus gesehen). Sie wird nach Norden von den Gebirgen Serra de Monchique, Serra do Caldeirão und Alcaria do Cume abgeschirmt. Viel Obstbau: Feigen, Mandeln, Apfelsinen, Zitronen, Johannisbrot und Ölbäume gedeihen. Die Algarve ist fast schon ein Stück Nordafrika, denn die über 500-jährige arabische Herrschaft der Mauren von etwa 711 bis 1249 hat das Land kulturell und architektonisch geprägt. Die Bevölkerung ist dunkelhäutiger als im Norden. Auffallend sind die vielen Ausländer, die hier wohnen; insbesondere Engländer haben sich hier Villen gebaut – die langjährige Abhängigkeit Portugals von England hat hier Spuren hinterlassen. Aber auch Deutsche findet man, besonders im Westteil. Die Landschaft der Algarve gliedert sich in drei Zonen:

Litoral: Der flache Küstenstreifen zeigt Kalkverwitterungsböden, die in Meeresnähe oft sandig werden; es sind fruchtbare Krumen, die aber Feuchtigkeit schlecht binden und deshalb nach der winterlichen Regenperiode schnell austrocknen. Kleine, satt-grüne Wälder mit den breit aufgefächerten Schirmpinien *(pinheiro manso)* lockern die landwirtschaftlich nicht genutzten, sandigen Küstenabschnitte auf; an den Schirmpinien reifen auch die essbaren Pinienkerne.

Barrocal: hügeliges Hinterland mit oft roterdigen, eher basischen Kalkböden und mächtigen Felsen aus der Kreidezeit. Hier herrschte früher der *sequeiro* vor, eine kultivierte Baumgesellschaft, die ohne künstliche Bewässerung auskam: Oliven-, Johannisbrot-, Mandel- und Feigenbäume. Heute verbuschen diese oftmals aufge-gebenen Felder wieder.

Serra: nördlich an den Barrocal anschließend. Am höchsten ist die Serra de Mon-chique (900 m), die aus einer riesigen Magmablase (Syenite) entstanden ist. Im Übrigen dominieren Tonschiefer *(xisto)*, der auf die Karbonzeit zurückgeht. Die sauren, kargen Böden geben nicht viel her. Häufig wuchern die Anbauflächen der verlassenen Bauernhöfe mit den Kleberbüschen (Lackzistrosen) zu, die eine mannshohe Macchia bilden, durch die fast kein Durchkommen ist.

Die Azoren

Die Inselgruppe im Atlantik liegt etwa auf einem Drittel des Weges nach Neufund-land, ca. 1500 km von Lissabon entfernt. 1427 wurde sie von portugiesischen See-fahrern entdeckt. Die Azoren sind sehr bergig – mit 2351 m ist der Pico auf der gleichnamigen Insel die höchste Erhebung Portugals. Die Inseln sind vulkanischen Ursprungs, woran gelegentlich noch heute Ausbrüche (die letzten schweren ereig-neten sich 1957 und 1958 auf Faial), heiße Quellen und Schwefeldämpfe erinnern.

Die Nelkenrevolution stand beim Namen Pate: Ponte 25. April (Lissabon)

Madeira

Die Insel liegt 545 km vor der Westküste Afrikas und ist 978 km vom portugiesischen Festland entfernt. Mit ihrer tropischen Vegetation, den steilen Küsten und dem bergigen Innenland ist sie eine einzigartige Naturschönheit. Wer lange Sandstrände vermisst, kann die benachbarte kleinere Insel Porto Santo besuchen.

> Die atlantischen Inselgruppen sind in diesem Band nicht enthalten. Bitte beachten Sie unsere beiden Spezialtitel dazu:

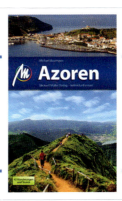

So ist es vielleicht gewesen …

Geschichte

Die „Vorportugiesen"

Es wäre verfehlt, die Geschichte und besonders die Frühgeschichte Portugals aus heutiger Sicht als „portugiesische" Geschichte zu betrachten – bis zum 12. Jahrhundert gab es kein „Portugal". Die Menschen, die hier in der Steinzeit als Jäger und Sammler lebten, kann man nicht als Portugiesen bezeichnen, doch bildeten sie zum Teil die Grundlage für die Entwicklung der portugiesischen Nation.

Die eigentliche Staatsgeschichte Portugals beginnt im Mittelalter, als 1143 die Grafschaft *Portucale* von den umliegenden Herrschern als selbstständiges Königreich anerkannt wurde. Doch die ersten menschlichen Spuren reichen weiter zurück: Sicherlich über 30.000 Jahre alt ist der legendäre Muschelhaufen, der bei dem Dorf *Muge* im Flusstal des Tejo gefunden wurde und als Hinweis auf eine prähistorische Siedlung gilt, was jedoch wohl nur für Spezialisten von Interesse ist.

Ebenfalls bis zu 30.000 Jahre alt sind die Ritzzeichnungen im Tal des Côa-Flusses im Nordosten Portugals, die zum UNESCO-Weltkulturerbe zählen.

Aus der Jungsteinzeit *(Neolithikum)* – ab 5000 v. Chr. – stammen die Dolmengräber. Diese Gemeinschaftsgräber bestehen aus riesigen Gesteinsquadern, die meist im Rechteck aufgestellt und mit Steinplatten bedeckt wurden. Fundorte sind z. B. *Barrosa* bei Vila Praia de Ancora, bei *Crato* im Alentejo und bei *Amarante*.

Erwähnenswert sind auch die vorrömischen befestigten Hügelsiedlungen, die aus der Zeit bis 500 v. Chr. stammen und *Citânias* oder *Castros* genannt werden. Reste solcher Wohnstätten sind bei Braga zu sehen: *Castro de Sabroso* und *Citânia de Briteiros*.

Seit 2000 v. Chr. war Portugal Drehscheibe für die verschiedensten Völker und Stämme, von den Kelten über die Römer und Germanen bis zu den Arabern. Sie alle zählen zu den Vorfahren der heutigen Portugiesen. Diese selbst leiten ihre Herkunft von den *Lusitaniern* ab, einem kriegerischen Bergvolk, Teilstamm der *Keltiberer*, das den eindringenden Römern lange erfolgreich Widerstand leistete. Als erste in der langen Reihe der sich ausbreitenden Stämme kamen jedoch die *Ligurer* in das Land am Atlantik. Es folgten die Iberer, dann die Kelten, aus denen zusammen die sogenannten Keltiberer wurden. Dann waren da noch die Mittelmeervölker – Phönizier und Griechen – im Küstenraum, beide auf Handel aller Art spezialisiert. Einer Sage zufolge soll Lissabon von Odysseus gegründet worden sein.

Lusitanier und Römer

Die Phönizier, vielleicht besser unter dem Namen Karthager bekannt, vertrieben die Griechen schließlich, gerieten aber mit den Römern in einen gewaltigen Konflikt, der die ganze westliche Hälfte des Mittelmeerraums in Mitleidenschaft zog: die „Punischen Kriege" (Erster Punischer Krieg 264–241 v. Chr., Zweiter Punischer Krieg 218–201 v. Chr.). In deren Verlauf drangen die Römer bis nach Spanien vor und besetzten die Herrschaftsgebiete der Karthager. Den Westen und Norden der Halbinsel ließen sie zunächst in Ruhe.

Nun wurden die Lusitanier im Gebiet des heutigen Portugals aktiv. Es kam zu einem ständigen Grenzkrieg mit den Römern, bei dem jahrzehntelang hart auf hart gekämpft wurde. *Viriato*, einer der lusitanischen Häuptlinge, besiegte fünf römische Feldherren und setzte der Weltmacht heftigen Widerstand entgegen.

Erst 139 v. Chr. gelang es den Römern, Viriatus zu ermorden, und Portugal wurde bis in den Norden besetzt. In der portugiesischen Überlieferung wurde Viriatus zu einem Volkshelden, ähnlich wie Hermann der Cherusker bei den Deutschen. Doch

Auch die Römer hinterließen Spuren – Mosaiken in Estói bei Faro

obwohl Viriatus und seine Anhänger keine Portugiesen waren, zeigte sich schon damals eine gewisse Eigenständigkeit des Gebiets im Westen der Iberischen Halbinsel.

Die Römer bauten (wie überall, wohin sie kamen) sofort ihr Verwaltungs- und Wirtschaftssystem auf. Sie änderten die Besitzverhältnisse und errichteten ein Straßensystem, das teilweise heute noch genutzt wird. Portugal gehörte damals zur *Provinz Lusitanien* mit der Hauptstadt *Augusta Emerita*, dem heutigen Mérida (Spanien). Natürlich wurde die neue Provinz ausgebeutet, wo es nur ging.

Ganz so intensiv kolonialisiert wie die östlichen Bereiche der Iberischen Halbinsel wurde das lusitanische Gebiet allerdings nicht. Von den römischen Bauwerken ist daher in Portugal nicht mehr allzu viel erhalten.

Germanen und Westgoten

Der römische „Frieden" hatte ein halbes Jahrtausend Bestand – doch bekanntlich währt nichts für immer. Für die landhungrigen Heere der Germanen, die seit dem Ende des 4. Jahrhunderts über die römischen Befestigungswälle (Limes) in Mitteleuropa stürmten, stellten auch die Pyrenäen kein Hindernis dar. Ab 409 begannen sie, in Spanien einzudringen, und mit der Eroberung der römischen Provinz Tarragona durch den *Westgotenkönig Eurich* verabschiedete sich 474 der letzte Teil der Iberischen Halbinsel aus dem Römischen Reich.

Die Germanenstämme ihrerseits setzten sich in dem Gebiet des heutigen Portugals fest. Im Norden, jenseits des Douro, waren es die *Sueben*, im Süden *Alanen, Vandalen* und andere. Gegen die Eindringlinge riefen die Römer die *Westgoten*, die sich in Südfrankreich niedergelassen hatten, zu Hilfe. Dies hatte aber zur Folge, dass sich schließlich die Westgoten über die ganze Halbinsel ausbreiteten und allein die Sueben sich noch behaupten konnten. Unter König *Leoviglid* wurden dann auch die Sueben 585 von den Westgoten in ihr großes Reich integriert.

Die Araber

711 kam das Ende des westgotischen Reichs, das durch ständige Reibereien innerhalb des Adels und durch soziale Unruhen geschwächt war. In Windeseile fielen die arabischen Mauren über die Meerenge von Gibraltar in das zerfallende Reich ein und eroberten große Teile der Iberischen Halbinsel. Das nächste Kapitel in der wechselhaften Geschichte Portugals hatte begonnen: die Herrschaft der Araber.

Nur über den Douro, in die bergigen Gebiete des ehemaligen Suebenstaats am Nordrand der Iberischen Halbinsel, stießen sie nicht vor, wohin sich Westgoten und Sueben zurückgezogen hatten. Vom heutigen Asturien aus sollte mit der Schlacht von Covadonga im Jahr 722 die Jahrhunderte dauernde *Reconquista*, die Rückeroberung der von Mauren besetzten Gebiete, beginnen. Immer wieder wurden Vorstöße in das besetzte Land im Süden unternommen. Neue Königreiche entstanden, die sich nach Süden ausdehnten. Wichtigster dieser neuen Herrschaftsbereiche wurde das *Königreich León*, das in Nordportugal in dem erwähnten Gebiet der Sueben entstand. Später kam *Kastilien* dazu – es entstand das *Königreich Kastilien-León*. Der Prozess der Zurückeroberung wurde durch die Streitigkeiten unter den verschiedenen arabischen Gruppen und Königreichen *(taifas)* begünstigt. Zwar konnten sich die Mauren noch mehrere Jahrhunderte nach Beginn der Reconquista in Spanien und Portugal halten, doch wuchs der Widerstand gegen sie ständig, bis schließlich im Jahre 1492 mit der *Eroberung Granadas* die letzten Reste der arabischen Herrschaft auf der Iberischen Halbinsel ausgelöscht wurden.

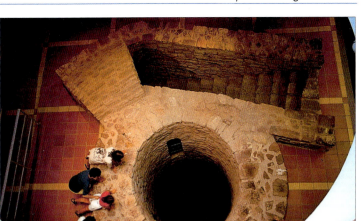

Maurischer Brunnen in Silves

Portucale

1096 hatte König *Afonso VI.* von Kastilien-León die Grafschaften *Portucale* und *Coimbra* seinem Schwiegersohn *Heinrich von Burgund* als Anerkennung für dessen militärische Dienste in der Reconquista übertragen. Der Name „Portugal" wurde nun erstmals aktenkundig. *Portucale* (= warmer/schöner Hafen; heute die Stadt Porto) nannte man den Landstrich zwischen Minho und Douro, der jedoch rechtlich noch vom Königreich León abhängig war.

Die Unabhängigkeit von „Portucale" konnte erst der Sohn Heinrichs, *Dom Afonso Henriques,* erringen. Bei der Schlacht von Ourique (bei Beja im Alentejo) besiegte er im Jahr 1139 die Mauren und ließ sich zum König ausrufen (er sollte bis 1185 König bleiben). 1143 schließlich erkannte *Afonso VIII.*, König von Kastilien-León, das neue *Königreich von Portugal* an. Dies war die Geburtsstunde Portugals, dessen erste Hauptstadt *Guimarães* werden sollte.

Die Dynastie Burgund

Von 1128 bis 1385 stellte die Dynastie der Burgunder die Herrscher im neuen Staat Portugal. Neben der Sicherung des neuen Landes gegen den mächtigen Nachbarn Kastilien-León hatten die ersten Könige noch die Vertreibung der Mauren als Hauptziel. 1147 eroberte *Dom Afonso Henriques* Lissabon; bis 1249 wurde unter *Afonso III.* mit der Eroberung der Algarve das gesamte Gebiet des heutigen Portugals von den Mauren befreit. Damit waren die heute existierenden Grenzen Portugals praktisch festgelegt, die seither bis auf kleinere Änderungen (z. B. Olivença) fortbestehen.

Nachdem *Papst Alexander III.* 1179 die Selbstständigkeit des neuen Staats anerkannt und sogar die Gründung eines Erzbistums in Braga gebilligt hatte – damit war die internationale Anerkennung Portugals gesichert –, kam es immer wieder zu Auseinandersetzungen mit dem spanisch-kastilischen Reich, das den größten Teil der Halbinsel einnahm. Nach vielen Grenzkonflikten erkannte auch Kastilien 1411 die Unabhängigkeit Portugals an.

Im Inneren standen die Burgunder nach den jahrzehntelangen Kriegen gegen die Mauren vor der schweren Aufgabe, das Land wirtschaftlich gesunden zu lassen. Davon profitierten die Landbewohner und die Städter, während der Adel und die Kirche in ihrer Macht beschnitten wurden.

Unter *Sancho I.* (1185–1211), dem Nachfolger von Dom Afonso Henriques, wurde das eroberte, verwüstete und entvölkerte Land wiederbesiedelt; neue städtische Zentren wurden angelegt. Damit wurde die Wirtschaft (Ackerbau, Handel) angekurbelt, während Adel und Klerus mithilfe der *Ritterorden* in Schach gehalten wurden, die zur Befreiung der Mauren ins Land geholt worden waren. Der wichtigste Orden war der *Tempelritterorden* und später der *Christusritterorden*.

König *Dinis* (1279–1325) setzte diese Politik fort. In der Ständeversammlung, den *Cortes*, war nun auch der dritte Stand, das Besitzbürgertum, vertreten; der Landbesitz der Kirche wurde drastisch eingeschränkt. Portugiesisch wurde zur Landessprache. 1288 wurde die erste *Universität in Lissabon* gegründet, die wenige Jahre später nach Coimbra verlegt wurde.

In der Regierungszeit von König Dinis' Sohn *Afonso IV.* (1325–57) brach in Portugal 1348 die Pest aus – ein harter Rückschlag, der durch den Bürgerkrieg Afonsos mit seinem Sohn *Pedro I.* (1357–67) noch verstärkt wurde. Anlass des Krieges war das Verhältnis Pedros zur Hofdame *Inés de Castro*, das der Vater nicht dulden wollte – nach einer Scheinverhandlung ließ der Vater die Geliebte seines Sohnes ermorden.

Nachfolger *Fernando I.* (1367–83) verstrickte sich in Kämpfe mit Kastilien, die mehrere Invasionen der Spanier in Portugal zur Folge hatten. Im Rahmen dieser Kämpfe wurde 1373 der zweite geheime Bündnisvertrag mit England geschlossen (ein erster war bereits 1308 unterzeichnet worden). Das Bündnis hält bis heute an und ist damit die längste Allianz der Neuzeit.

Die Dynastie Aviz

Als nach dem Tode *Fernandos I.* 1383 seine Tochter Beatriz, verheiratet mit dem spanischen König Juan von Kastilien, Erbansprüche auf Portugal stellte, galt höchste Alarmbereitschaft. Um nach dem Aussterben der Dynastie Burgund Portugals nationale Unabhängigkeit zu sichern, wählte man schließlich *João I.*, einen Halbbruder Fernandos, der aus einem illegitimen Verhältnis von Pedro I. hervorgegangen und Großmeister des Ordens von Aviz war, zum neuen König. Die folgenden heftigen Angriffe der Spanier wurden zurückgeschlagen, hauptsächlich in der großen *Schlacht von Aljubarrota* am 14. August 1385. Trotz zahlenmäßiger Überlegenheit wurden die Spanier mit Hilfe englischer Truppen besiegt. Damit war für Portugal die Voraussetzung geschaffen, sich von den Spaniern ab- und dem Meer zuzuwenden – die Expansion in Übersee konnte beginnen.

Zeitalter der Entdeckungen (1415–1560)

Das Meer hatte die Portugiesen schon immer gelockt. Nebenan das feindliche Spanien, ringsherum der riesige Atlantik – was lag da näher, als die Expansion über das Meer zu suchen, um dem Druck des übermächtigen Nachbarn standhalten zu können.

So wurden die Portugiesen zum Volk der Seefahrer – und sie wurden zum Vorreiter in Nautik, Geografie, Astronomie, Kartografie, Mathematik und Navigation. Das goldene *Zeitalter der Entdeckungen* ist noch heute der Kern des Nationalstolzes der Portugiesen. Das kleine Land mit damals nur knapp einer Million Einwohnern wurde im 15. und 16. Jahrhundert zu einer Weltmacht, Lissabon wurde Weltmetropole und besaß bald Stützpunkte in Afrika, Asien und Amerika. Portugal hatte bei der Aufteilung der neu entdeckten Welt ein großes Wort mitzureden. Doch durch die Konzentration der Kräfte nach außen vernachlässigte man die Probleme im eigenen Lande; das eigene Potenzial wurde weit überschätzt, und so fiel in nicht allzu langer Zeit das stolze Weltreich wieder in sich zusammen wie ein Kartenhaus.

Begonnen hatte der Aufstieg Anfang des 15. Jh. unter dem bereits erwähnten *João I.* (1385–1433). Portugal hatte sich mit England verbündet und mit Spanien einen Friedensvertrag geschlossen. Auch die Finanzen standen günstig, da die Krone zu Investitionen bereit war und die Macht des Adels zurückgedrängt worden war. Einer der Söhne Joãos, *Dom Henrique* (Heinrich der Seefahrer), gründete 1415 eine Seefahrerschule und organisierte die ersten Entdeckungsfahrten. Noch im gleichen Jahr eroberten die Portugiesen Ceuta von den Mauren (heute ist Ceuta eine spanische Enklave in Marokko) – man hatte sich ein erstes Standbein in Afrika gesichert. Portugal war damit die erste Kolonialmacht Europas der Neuzeit geworden.

Heinrich der Seefahrer (1394–1460)

Zum einen wollte man das geheimnisvolle Afrika erforschen und christianisieren, zum anderen auch einen Seeweg nach Indien finden, um den gewinnträchtigen Gewürzhandel betreiben zu können, ohne mit den Türken im östlichen Mittelmeer in Konflikt zu geraten. Der Glaube an die unermesslichen Schätze Afrikas trieb die Expeditionen dazu, immer weiter vorzustoßen; allmählich tasteten sie sich an der Westküste Afrikas entlang nach Süden. Die Seefahrer waren zudem auf der Suche nach dem sagenumwobenen christlichen *Priesterkönig Johann*, dessen riesiges Reich in Zentralafrika vermutet wurde. Mit seiner Hilfe wollte man die Araber einkreisen. Die anfangs recht kleinen Unternehmungen gründeten Handelsniederlassungen an der Küste Afrikas, größere Flächen wurden anfangs nicht erobert. 1488 umrundete *Bartolomeu Dias* endlich die Südspitze Afrikas, das Kap der Guten Hoffnung. Kurz vor der Jahrhundertwende stießen die Portugiesen schließlich bis Indien, später sogar bis nach China vor. *Vasco da Gama* erreichte 1498 Calicut. In den folgenden Jahren wurden einige Gebiete Indiens für Portugal erobert (u. a. Goa), zu deren Vizekönig 1510 *Dom Afonso Albuquerque* erklärt wurde. 1511 wurde Timor erreicht, 1542 traf *Fernão Mendes Pinto* als einer der ersten Europäer in Japan ein und beschrieb seine Erlebnisse in Büchern. 1557 ließen sich die Portugiesen Macau vom chinesischen

Kaiser zur Verwaltung übergeben, da sie die Küste von Kanton von Seeräubern „befreit" hatten. Macau wurde erst 1999 an China zurückgegeben.

Eine weitere Richtung der Eroberungen war der Westen, direkt in den gefahrvollen Atlantik hinein, über den Indien leichter zu erreichen schien, weil man so um die gefährlichen Winde und Strömungen an Afrikas Westküste ein Bogen zu schlagen glaubte. Um 1500 entdeckte dann *Pedro Álvares Cabral* auf dem Seeweg nach Indien fast zufällig Brasilien, das später die größte Kolonie Portugals werden sollte.

Nun kamen die Schätze ins Land: Gold aus Afrika, Gewürze aus Asien. Es sah so aus, als würde Portugal bald zu den reichsten Völkern der Erde zählen. Lissabon gehörte zu den bedeutendsten Städten der „zivilisierten Welt", Lissabon hatte den wichtigsten Hafen Europas. Ein Bauboom setzte ein. Der Hof förderte Kunst und Wissenschaft. Unter König *Dom Manuel I.* (1495–1521) schufen portugiesische Bauleute die größten Kunstwerke Portugals – und kreierten einen vollkommen eigenständigen Stil in der Baukunst, die *Manuelinik*.

Durch die gewaltigen Investitionen in die Entdeckungs- und Handelsunternehmungen war das eigene Land sträflich vernachlässigt worden. Die Landwirtschaft produzierte nicht genug, und so musste Getreide eingeführt werden, das Portugal einen Teil seiner Kolonialgewinne kostete. Die Regionen im Landesinneren waren nicht mehr attraktiv für die Bevölkerung; es herrschte Hunger, eine große Landflucht war die Folge. Die Städte ihrerseits waren den eintreffenden Massen nicht gewachsen, eine Emigrationswelle nach Spanien begann.

Portugal besaß Anfang des 16. Jh. nur etwas über eine Million Einwohner. Zu einer Besiedlung der Kolonien reichte dies nicht aus, daher konnten hauptsächlich die kleineren Niederlassungen bestehen bleiben. Nur Brasilien wurde später flächenmäßig kolonisiert, da man befürchtete, das Land an die Spanier zu verlieren, die ihre Besitzungen in Amerika systematisch kolonialisierten. Neben Portugiesen wurden in Brasilien hauptsächlich Sklaven aus Schwarzafrika angesiedelt (besonders aus der portugiesischen Kolonie Angola). Portugal war zu dieser Zeit Europas größter Sklavenumschlagplatz und kann sich der traurigen Tatsache rühmen, die Sklaverei in Europa wieder „hoffähig" gemacht zu haben (→ Kastentext Lagos, „Mercado dos Escravos – Sklavenmarkt", S. 725).

Das Gold aber, das aus Afrika und Asien kam, floss ab ins Ausland, besonders nach England, in die Niederlande und nach Deutschland, weil die portugiesische Wirtschaft inzwischen ganz auf Import eingestellt war. Langsam begann der Niedergang Portugals als Weltmacht. Die Staatsschulden stiegen, die Krone konnte nicht mehr

Sebastianismo

Der Enkel von *João III*, der junge König *Sebastião*, verschwand während der Schlacht von Alcácer-Quibir spurlos – die Sage verhieß, er werde bald wiederkommen und die Niederlage rächen. Dieser Glaube fasste starke Wurzeln im portugiesischen Volk: Seitdem tauchten immer wieder falsche Sebastiane auf, um die Macht an sich zu reißen. Der echte aber kehrte nie zurück …

Dieses Trauma in der Geschichte des Landes hat den feststehenden Begriff *Sebastianismus* geprägt und beschreibt auch ein wenig den Seelenzustand der Portugiesen: unerfüllte Hoffnungen.

investieren – und Ende des 16. Jh. war kein Geld mehr da. Die Kolonisierung der Welt war für Portugal damit beendet. Am verheerendsten aber wirkte sich die Niederlage des Heers unter dem jungen König *Dom Sebastião* (1557–78) gegen die Araber in Marokko aus. Im Sommer 1578 wurden in der Wüste bei *Alcácer-Quibir* (heute Azilah) 18.000 Portugiesen niedergemetzelt, die auf dem Weg nach Jerusalem waren. Für Portugal war dies die größte Niederlage aller Zeiten und das Ende der Dynastie Aviz, unter der das Land glanzvolle Zeiten erlebt hatte. Der Onkel Sebastiãos, *Erzbischof Henrique von Lissabon*, regierte zwar noch von 1578 bis zu seinem Tode 1580, danach aber war die Dynastie endgültig ausgestorben.

Entdeckerdenkmal in Belém/Lissabon

Die „Sechzig Jahre"

Portugals Macht war mit der Niederlage in Marokko 1578 gebrochen. Spaniens König *Felipe II.* (1558–1598) fasste die Gelegenheit beim Schopf und annektierte 1580 das Land des ungeliebten Nachbarn. Durch seine Abstammung von einer Tochter Manuels I. machte er Ansprüche auf die portugiesische Krone geltend. Die nach Portugal eingefallenen spanischen Truppen siegten nach kurzem Widerstand – die Katastrophe war für Portugal perfekt. Bis heute ist die Erinnerung an diese Zeit nicht erloschen. Manche Portugiesen trauern noch immer ihren (vermeintlich) großen Zeiten nach, die so plötzlich endeten. Vielleicht sind hier die Wurzeln der vielzitierten *Saudade* (→ S. 123) zu finden, vielleicht ist aber auch die lange Zeit der Diktatur unter António de Oliveira Salazar und seinem Nachfolger Marcelo Caetano eine Erklärung für das gebrochene Selbstbewusstsein der Portugiesen.

Die „Sechzig Jahre" unter der Knute Spaniens wurden für die Portugiesen überaus hart. Sie mussten mit den Spaniern in den großen Krieg gegen England ziehen, in dem 1588 mit der spanischen Armada auch die portugiesische Flotte vernichtet wurde. Dazu kamen die Steuerforderungen der Spanier, die das Land ausbluten ließen. Viele überseeische Besitzungen gingen aufgrund der Vernachlässigung durch die Spanier an England und Holland verloren.

Das herrische Verhalten der Spanier, die unter Felipe IV. (1621–1665) versucht hatten, ihr Reich zu zentralisieren, wurde ihnen jedoch zum Verhängnis. In einer Verschwörung vereinbarten die Portugiesen den Aufstand gegen die Besatzer. 1640 brach er aus, und da die spanische Krone unter *Felipe IV.* gerade mit Unruhen im eigenen Land zu kämpfen hatte – auch Katalonien hatte sich unabhängig erklärt –, gelang es nicht, den Aufstand zu ersticken. Nach langen Kampfhandlungen waren 1665 schließlich die letzten Gebiete von den Spaniern befreit. Die schmachvolle Zeit der Besatzung war vorbei.

Die Dynastie Bragança

Der Herzog von Bragança wurde während des erfolgreichen Aufstands gegen die Spanier als *João IV.* (1640–56) zum neuen König von Portugal gekürt. Damit kam eine neue Dynastie an die Macht, die sich bis zur Ausrufung der Republik im Jahre 1910 halten konnte.

1668 errang Portugal mit dem „Frieden von Lissabon" endlich das Zugeständnis der Unabhängigkeit von Spanien. Es folgte eine Periode der Stabilität unter den Königen Afonso IV. (1656–83), Pedro II. (1683–1706) und João V. (1706–50). Dabei stellte das Haus Bragança aber eher prunksüchtige als starke Herrscher. Unterbrochen wurde der Frieden nur durch Portugals Teilnahme am Spanischen Erbfolgekrieg, in dem sich das Land auf die Seite des habsburgischen Prätendenten Carlos III. stellte, dann aber den bourbonischen Kandidaten Felipe V. akzeptieren musste. Große Teile des Alentejos und der Beiras wurden während dieses Krieges verwüstet.

Gold aus Brasilien

1698/99 wurden in Brasilien, in Minas Gerais, Mato Grosso und Goiás, große Goldvorkommen entdeckt, und wieder flossen ungeheure Reichtümer nach Portugal – Brasilien war ja noch immer Kolonie. Als Folge der Goldfunde wurde Salvador da Bahia, die brasilianische Hauptstadt, 1763 nach Rio de Janeiro verlegt.

Portugal profitierte noch bis zur Unabhängigkeit 1822 vom Wirtschaftsaufkommen Brasiliens. Der ständige Strom von Gütern aus der Überseekolonie wurde gleichzeitig zum Vorwand für Portugals herrschende Schichten, die überfälligen Wirtschaftsreformen immer wieder aufzuschieben. Gold und Diamanten ermöglichten es dem königlichen Hof und den Adelskreisen, in Saus und Braus zu leben und ständig aus dem Vollen zu schöpfen, während das Land und die Landbevölkerung immer mehr verarmten.

Einst Festung gegen die Piraten: Castelo do Queijo vor Porto

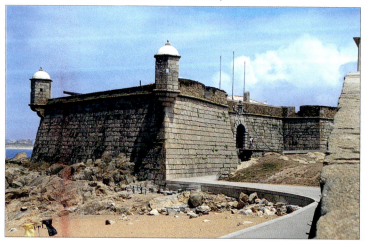

Diesen Prozess der Verarmung beschleunigte die wachsende Abhängigkeit von England, dem man sich politisch und wirtschaftlich ausgeliefert hatte. Besonders nachteilig wirkte sich der 1703 geschlossene *Methuenvertrag* aus, der den Import von Textilien aus England im großen Stil zuließ, während Portugal als Gegenleistung Wein, insbesondere Portwein, ausführen sollte. Dieser Vertrag brachte die portugiesische Textilwirtschaft zum Stillstand.

Marquês de Pombal

Die lange fälligen Reformen wurden schließlich doch noch vom *Marquês de Pombal* durchgeführt, den König José 1750 bei Thronantritt zum Außen- und Kriegsminister berief.

Als überzeugter Anhänger des aufgeklärten Absolutismus ging der *Marquês de Pombal* daran, sogleich hart durchzugreifen: Der verhasste Klerus und Adel wurden etlicher Privilegien beraubt. Die Jesuiten wurden 1759 aus Portugal und Brasilien vertrieben. Gleichzeitig wurde die Wirtschaft des eigenen Landes und die der Kolonien gefördert und der Einfluss Englands zurückgedrängt. Verwaltung und Universitäten wurden reformiert – es wehte ein frischer Wind! Neben diesen fortschrittlichen Initiativen war Marquês de Pombal allerdings ein erbarmungsloser Diktator, der seine Feinde gnadenlos verfolgte und bestrafte.

Am 1. November 1755 zerstörte ein gewaltiges Erdbeben ganz Lissabon. Verheerende Schäden in der Stadt und unzählige Tote waren zu beklagen – der ganze Kontinent Europa war erschüttert. In einem enormen Gewaltakt ließ Pombal Lissabon erstaunlich rasch wieder aufbauen. Damals entstand die schachbrettartige Anlage der Straßen im Altstadtviertel Baixa, das bis heute besteht.

Nach dem Tode Königs *José I.* (1750–1777) wurde Pombal gestürzt und die alte Misswirtschaft lebte unter den Nachfolgern Dona Maria I. (1777–1816) und Pedro III. (1777–1786) wieder auf. Pombal hatte versucht, die Macht der Krone zu stärken – doch das Bürgertum hatte er übergangen. So dienten die Reformen in erster Linie dazu, Luxus und Einfluss der Krone und der Pombals zu vermehren. Das schwache und einflusslose Bürgertum fand daher auch in der Zeit der großen Französischen Revolution nicht die Kraft, revolutionären Elan zu entwickeln. Das Ergebnis: Portugal verpasste – ähnlich wie Deutschland – den Sprung zur modernen bürgerlichen Gesellschaft.

Napoleonische Invasion

Grausam waren die Folgen der Koalition Portugals mit England gegen das nachrevolutionäre Frankreich unter Napoleon. Da Portugal die 1806 von Napoleon verhängte Kontinentalsperre gegen England nur zögerlich umsetzte, marschierten französische Truppen unter Junot 1807 in Portugal ein. Der portugiesische Hof floh in einer lange geplanten Aktion unter *Dom João VI.* (1792–1826) nach Brasilien und verbrachte dort die nächsten Jahre. Rio de Janeiro wurde portugiesische Hauptstadt.

Portugal wurde in den Jahren 1808–1810 zum Schlachtfeld. Mit Hilfe der Engländer unter Wellington wurden die französischen Invasoren vertrieben. Die Bevölkerung wurde furchtbar dezimiert. Nach der Vertreibung der Franzosen blieben die Engländer als „Besatzungsmacht" in Portugal und behandelten Portugal fortan wie eine Halbkolonie.

Die Verluste an Vermögen und Menschenleben waren enorm. Nicht nur, dass viele Soldaten im Kampf gefallen waren und die Bevölkerung unter den Schlachten und Plünderungen zu leiden hatte, die Franzosen raubten auch viele Kunstwerke und die Wirtschaft brach völlig zusammen. Im Wiener Kongress von 1814/15 wurde Portugal das an Spanien verlorene Olivença zwar wieder zugestanden, doch bis heute wurde der Landstrich bei Elvas nicht zurückgegeben.

Die liberale Verfassung von 1821

In Abwesenheit *Joãos VI.*, der noch immer in Rio de Janeiro weilte, traten 1821 die *Cortes*, die Ständeversammlung, in Lissabon zusammen. Die Cortes entwarfen eine Verfassung, die den Adel entmachten und den Bürgern über eine Art Parlament endlich Mitspracherecht geben sollte. König João VI., der 1821 mit Prinz Miguel zwangsläufig nach Portugal zurückkehrte, leistete seinen Eid auf die neue Verfassung. Nachdem die portugiesische Regierung Brasilien, das während der Anwesenheit der Königsfamilie aufgeblüht war und viele Rechte zugestanden bekommen hatte, wieder in den kolonialen Zustand zurückdrängen wollte, setzte sich der in Brasilien verbliebene Prinz Pedro an die Spitze der Unabhängigkeitsbewegung. Dies war zuvor mit João VI. verabredet worden, um die Herrschaft der Dynastie Bragança in Brasilien zu retten. Mit dem *Grito de Ipiranga* vollzog *Dom Pedro I.* am 22. September 1822 den letzten Schritt zur Unabhängigkeit Brasiliens. Zwei Monate später ließ er sich zum Kaiser von Brasilien ausrufen.

Liberalismus gegen Konservatismus

Doch die liberalen Vorkämpfer in Portugal wurden bald wieder von den alten Machthabern im Zaum gehalten. Nachdem sich im Zuge der allgemeinen Wirren die Kolonie Brasilien von ihrem „Mutterland" losgesagt hatte, bekamen die Erzkonservativen Portugals wieder Oberwasser. Die Zahlungen aus Brasilien hörten sofort auf; dies wurde natürlich den Liberalen in die Schuhe geschoben. Noch drei Jahre vor dem Tode Joãos VI. setzte dessen Sohn *Dom Miguel* 1823 die Aufhebung der liberalen Verfassung durch. Die Liberalen zogen sich auf die Azoren zurück und bauten dort eine Armee auf.

Kaiser *Dom Pedro I.* von Brasilien, der rechtmäßige Thronanwärter, verzichtete 1826 zugunsten seiner Tochter *Dona Maria II. da Glória* (Königin 1826–53) auf seine Ansprüche; zunächst aber war er gezwungen, anstelle des Kindes seinen Bruder *Dom Miguel* als Regenten einzusetzen. Miguel hob 1828 mit einem Militärputsch die Verfassung auf und ließ sich durch die Garnison von Bragança zum König ausrufen. Damit begann die Tradition der massiven Einmischung des Militärs in die portugiesische Politik.

Dom Pedro I. kehrte 1831 nach Europa zurück, nachdem er in Brasilien zugunsten seines fünfjährigen Sohnes *Pedro II.* abgedankt hatte. Von den Azoren aus landete er mit einem Expeditionsheer in Portugal und vertrieb den Despoten Dom Miguel. Nach dem Tod Pedros im Jahr 1834 übernahm seine Tochter *Maria II.* die königlichen Amtsgeschäfte und heiratete 1836 den deutschen Prinzen *Ferdinand von Sachsen-Coburg-Koháry*. Damit wurde die Dynastie *Sachsen-Coburg-Bragança* begründet. Unter *Maria II.* wurden einige wichtige Reformen im Bildungswesen realisiert.

1842 putschte sich *António Costa Cabral*, zuvor Justizminister, an die Macht und leitete eine konservative Gegenrevolution ein. Schon 1846 wurde er von den liberalen Führern *Terceira*, *Palmela* und *Saldanha* wieder gestürzt. Die folgenden Jahre waren von einem ständigen Wechsel der Regierungen geprägt: Mal waren die Liberalen *(progressistas)* an der Macht, mal die Konservativen *(regeneradores)*.

Niedergang der Monarchie

Portugals wirtschaftliche Lage war durch den Wegfall des reichen Brasiliens hoffnungslos geworden; die Auswanderungsquote von Portugiesen nach Übersee wuchs im Lauf des 19. Jh. beständig. Die alten Machteliten wurden nach und nach vom neureichen Großbürgertum abgelöst, das durch die Enteignung der Kirche von deren enormem Grundbesitz profitierte und durch Bodenspekulation große Reichtümer an sich raffte. Das Land versäumte die für die Nationalstaaten des 19. Jh. unerlässliche industrielle Entwicklung.

In der ersten Hälfte des 19. Jh. erschütterten immer wieder Verfassungskämpfe und bürgerkriegsähnliche Zustände das Land. Doch die alten Eliten konnten ihre Machtposition noch wahren. Die zweite Hälfte des Jahrhunderts war von bürgerlichen Politikern geprägt, die guten Verdienst in der Staatspolitik witterten. Doch zur wirtschaftlichen Gesundung des Landes trug der Trend zum Republikanismus nicht bei. Unter König *Carlos I.* (1889–1908) musste das Land 1892 schließlich den Staatsbankrott erklären.

Der Ruf nach einem starken Mann, der Ordnung in das Durcheinander bringen sollte, wurde immer lauter. Neuer Hoffnungsträger der Monarchisten wurde im Jahr 1906 Ministerpräsident *João Fernando Pinto Franco*, der, gestützt von königlichen Dekreten, diktatorisch regierte. Doch der Widerstand der Republikanischen Partei wuchs. Am 1. Februar 1908 wurden König *Carlos I.* und sein ältester Sohn, der Thronfolger, in Lissabon auf der Praça do Comércio in ihrer Kutsche erschossen. Der jüngere Sohn, *Manuel II*, bestieg unvorbereitet den Thron, doch die Monarchie war nicht mehr zu retten.

Am 3. Oktober 1910 nahm die Revolution ihren Anfang, ausgelöst durch die Ermordung des angesehenen Republikanerführers *Dr. Miguel Bombarda*. Am Morgen des 5. Oktober wurde vom Balkon des Lissabonner Rathauses die Republik proklamiert, deren erster Präsident *Teófilo Braga* war. König *Manuel II.*, der gerade in Mafra weilte, floh über Ericeira und Gibraltar ins Exil nach England.

Die Republik

Die Republik erfüllte die in sie gesetzten Hoffnungen nicht. Eine Unzahl von Splitterparteien sah den Hauptzweck der Politik darin, sich bis aufs Messer zu bekämpfen. Einig war man sich nur im Kampf gegen die katholische Kirche und gegen die Monarchie. Doch war zumindest der Staatshaushalt bis 1914 ausgeglichen und ein Großteil der Bevölkerung stand hinter der Republik.

Auf Bitten Englands hin beschlagnahmte Portugal 1916 mehrere deutsche Schiffe, die in portugiesischen Häfen ankerten. Daraufhin erklärte Deutschland Portugal den Krieg. Ein Expeditionscorps wurde zusammengestellt, das 1917 in Frankreich kämpfte und vernichtend geschlagen wurde. Die Folge des Kriegs war eine große Lebensmittelknappheit in der Heimat, die sogar zu Hungersnöten führte. Die Verluste erhöhten den Widerstand gegen den Krieg und 1917 putschte die Armee unter *Sidónio Pais*; eine Militärregierung wurde gebildet, die sich aber nur ein Jahr im Amt halten konnte.

Traditionsreich: Portweinbarken im Hafen von Porto

Militärputsch Mai 1926

Die Republik konnte sich nicht konsolidieren. In ihrem 16-jährigen Fortbestand gab es 45 Regierungen, die es alle nicht schafften, Portugal aus der Dauerkrise herauszumanövrieren. Das Militär, das sich seiner Macht immer stärker bewusst wurde, stand seit Anfang der 1920er-Jahre nicht mehr hinter der Republik. Am 28. Mai 1926 erhob sich die Garnison von Braga unter Führung des Generals *Gomes da Costa* und marschierte nach Lissabon. Der amtierende Präsident *Bernadino Machado* setzte einen der Aufständischen als Ministerpräsidenten ein, doch nach kurzer Zeit wurde er von *Gomes da Costa* persönlich weggeputscht. Doch selbst dieser konnte sich nur einen Monat im Amt halten und wurde vom Militär durch *António Carmona* ersetzt, der sich 1928 zum Präsidenten Portugals wählen ließ (Carmona blieb bis 1951 im Amt). Die Militärs waren ohne ein erkennbares und tragfähiges Regierungskonzept angetreten – einzig erklärtes Ziel war es, dem „Unsinn" der Republik ein Ende zu setzen.

Diktator Salazar

Da trat zum ersten Mal der Mann in Erscheinung, der für fast 50 Jahre die Führung Portugals übernehmen sollte, *António de Oliveira Salazar*, Professor für Volkswirtschaftslehre in Coimbra. 1928 wurde er Finanzminister, als der Plan von Staatspräsident Carmona in Portugal auf wachsenden Widerstand stieß, die Finanzen mit Hilfe eines großen Darlehens des Völkerbundes zu sanieren. Salazar traute sich die Sanierung der portugiesischen Staatsfinanzen auch ohne Unterstützung des Auslands zu – und er bescherte den Portugiesen eine faschistische Diktatur, ein düsteres Kapitel der portugiesischen Geschichte begann: Über Jahrzehnte hielt sich dieser harte Mann, der in seiner kompromisslosen Art oft als „unportugiesisch" empfunden wurde, mit Hilfe einer skrupellosen Geheimpolizei, der PIDE (aufgebaut unter Mitarbeit der Gestapo), an der Macht.

Makaberer Höhepunkt der Politik unter Salazar und gleichzeitig der berühmte Tropfen, der das Fass zum Überlaufen brachte, war der Buschkrieg (→ S. 39) in den übrig gebliebenen afrikanischen Kolonien seit Anfang der 1960er-Jahre, der letztlich den Sturz des Regimes zur Folge hatte.

Nur ein Argument könnte man für Salazar in die Waagschale werfen: In der Anfangsphase seiner Herrschaft gelang es ihm, Portugal aus dem wirtschaftlichen Chaos zu führen und das Land finanziell weitgehend unabhängig vom Ausland zu machen. Allerdings war diese Konsolidierung nicht von Dauer und fußte zudem auf einem äußerst repressiven Staatsapparat, der gegen Oppositionelle und Andersdenkende jeglicher Couleur massiv vorging.

Der Weg aus dem Chaos

Salazars Grundkonzept war es, keine weitere Auslandsverschuldung zuzulassen, wie es in der Vergangenheit gerne als Ausweg aus dem drohenden Staatsbankrott praktiziert worden war. Als Finanzminister wurden ihm nahezu unbeschränkte Befugnisse eingeräumt, was die Portugiesen schnell zu spüren bekamen. Die Mittel, mit denen er arbeitete, waren äußerste Härte gegenüber dem bis dahin üblichen Behördenschlendrian und eine konsequente Sparpolitik. Doch schlussendlich musste der „kleine Mann" die Zeche zahlen. Salazars Politik war großkapitalfreundlich, denn Portugal brauchte Investitionen. Die Sozialleistungen hingegen wurden großenteils gestrichen, die Steuern für Kleinverdiener erhöht und anderes mehr. Und es gelang ihm, das Vertrauen der ausländischen Wirtschaft in den Escudo wiederherzustellen, indem er die Währung an das britische Pfund Sterling koppelte. Durch die Abwertung des Pfunds ließ sich das aber nicht lange durchhalten.

Estado Novo

1932 wurde Salazar Ministerpräsident und legte mit einer scheindemokratischen Verfassung den Grundstein zum sogenannten *Estado Novo,* dem faschistischen *Neuen Staat,* mit dem die Diktatur praktisch legalisiert wurde: Keine politischen Parteien außer der Einheitspartei, keine Bürgerrechte. Ein probates Mittel, diesen Zustand zu stabilisieren, wurde der Wahlbetrug. Zudem hatten nur Portugiesen mit einem bestimmten Mindesteinkommen das Wahlrecht; bis in die 1960er-Jahre waren das nicht mehr als 15 % der Gesamtbevölkerung (nur Frauen mit Uni-Abschluss oder wenn sie Haushaltsvorstand waren durften wählen). Wem das nicht passte, der fiel der PIDE in die Hände, und das waren nicht wenige. Pressezensur und Bespitzelung, Konzentrationslager und Folter – das waren die Säulen des Staates unter Salazar. Viele Portugiesen verschwanden auf immer hinter Zuchthausmauern.

Salazar brachte den Portugiesen das Regime einer faschistischen Diktatur, die sowohl von *Mussolini* als auch von der Diktatur des spanischen Generals *Primo de Rivera,* später durch *Franco* und *Hitler* beeinflusst wurde. Die Härte der spanischen und deutschen Diktaturen erreichte Salazars Regime aber nie. Aufgrund seiner Nähe zur katholischen Kirche nennen manche Historiker seine Regierung auch ein autoritär-katholisches Regime.

Laut Verfassung übte der *Staatspräsident* die Staatsgewalt aus; in Wirklichkeit war es immer Salazar in seiner Funktion als Ministerpräsident, der das Sagen hatte. Der *Ministerpräsident* bestimmte die Richtlinien der Politik und war dem Parlament nicht verantwortlich. Die *Nationalversammlung* konnte auf die Regierungsbildung und Politik de facto keinen Einfluss nehmen. Gesetze wurden meist durch Regierungserlasse eingeführt. Gewicht hatte allenfalls noch der sogenannte *Staatsrat*, der den Staatspräsidenten unterstützen sollte und aus 15 „zuverlässigen" Mitgliedern bestand. Neben der Nationalversammlung gab es eine streng hierarchische und nach außen abgeschirmte *Korporativkammer*, eine ständische Vereinigung der Berufsgruppen. Damit hielt Salazar die Arbeiterschaft unter Kontrolle. Es gab nur die *Einheitspartei (União Nacional)*, aus der die Abgeordneten der Nationalversammlung gewählt wurden. Abweichende politische Gruppierungen wurden verfolgt.

Salazar – Franco – Hitler

Während des Zweiten Weltkriegs exportierte Portugal das zur Waffenproduktion wichtige Metall Wolfram nach Deutschland, hielt sich aber sonst trotz aller Sympathien für Deutschland neutral. Ein Grund für die Neutralität war, dass man die traditionell guten Beziehungen zu England nicht gefährden wollte. Noch entscheidender aber war die Befürchtung, dass die Kooperation des spanischen Diktators Franco mit Hitler zu einer Besetzung Portugals führen könnte. Salazar versuchte deshalb, einen Kriegseintritt Spaniens zu verhindern, was ihm letztendlich auch gelang. Dabei kam ihm zugute, dass er während des spanischen Bürgerkriegs (1936–1939) durch Portugals aktive Einmischung entscheidend zum Sieg Francos beigetragen hatte. Als sich die militärische Niederlage Deutschlands abzeichnete, schlossen Portugal und Spanien 1943 den sogenannten *Bloco Ibérico* zur „Verteidigung des christlichen Abendlands gegen den Kommunismus". Im gleichen Jahr überließ Portugal Großbritannien und den USA die Luftwaffenbasis Lajes auf den Azoren. Nach dem Krieg bemühte sich Salazar aktiv um eine Anerkennung des international geächteten Franco-Regimes.

Salazar scheitert

Wenige reiche Familien sollten das Land wirtschaftlich beherrschen – das war die Grundidee Salazars in Anlehnung an das System, das in vielen Entwicklungsländern Lateinamerikas vorherrschte. In Portugal zählten zu dem Kreis, der die Macht kontrollieren sollte, etwa 150 Personen. Aber in ihrem Bestreben, die Interessen dieser Kapitalgeber zu schützen, versäumte es die Regierung, Reformen in Angriff zu nehmen, die für eine Weiterentwicklung Portugals in Richtung einer modernen Agrar- und Industrienation notwendig gewesen wären. Die wenigen Großgrundbesitzer, die den Löwenanteil des Bodens in Händen hatten, sträubten sich gegen die dringend notwendige Bodenreform. Vielfach wurde der Boden überhaupt nicht landwirtschaftlich bearbeitet, sondern diente den Reichen als Sommersitz oder Jagdrevier. Ein weiteres Problem war die in den 1960er-Jahren immens steigende Zahl von Arbeitern, die nach Mitteleuropa auswanderten. Im Ausland wurden wesentlich höhere Löhne gezahlt als in Portugal, und so verließen an die zwei Millionen Portugiesen ihre Heimat, davon allein 160.000 im Jahr 1968 (bei einer

Gesamtbevölkerung von weniger als 10 Mio.). Hauptziele der Auswanderer waren Frankreich (allein im Großraum Paris leben 500.000 Portugiesen), Kanada, Venezuela, Südafrika, Brasilien, Deutschland und in den letzten Jahren zunehmend auch Spanien und Großbritannien.

Zwar nahm die Industrialisierung in Portugal endlich ihren Lauf, doch mit den niedrigsten Löhnen in ganz Europa. Das System Salazars war den Anforderungen der Zeit nicht gewachsen. Das Großkapital investierte teilweise wieder im Ausland, die roten Zahlen im Staatshaushalt nahmen wieder überhand. Portugal war und blieb das Armenhaus Europas mit einer rückständigen Wirtschaftsstruktur, mit Niedrigstlöhnen, fast 40 % Analphabeten, der höchsten Kindersterblichkeit und der niedrigsten Lebenserwartung in Europa. Und das Regime versuchte nicht, diesen Zustand zu verbessern.

Widerstand gegen die Diktatur

Opposition gegen Salazar und seine Anhänger gab es in Portugal aus den Reihen des Militärs sowie von den republikanischen und kommunistischen Politikern und Intellektuellen. Doch da die Zensur funktionierte, hörte man in den anderen europäischen Ländern nicht viel davon. Viele Gegner des Regimes mussten für Jahre oder gar Jahrzehnte Portugal verlassen. Ernsthaft gefährdet war das Regime so gut wie nie, abgesehen von der Präsidentenwahl 1958, bei der der Oppositionspolitiker *General Humberto Delgado* fast 30 % der Stimmen bekam. Auch bei dieser Wahl verlief die Manipulation der Stimmen erfolgreich – Delgado hatte vermutlich viel mehr Stimmen bekommen; 1965 wurde er beim Versuch, illegal nach Portugal einzureisen, von der PIDE ermordet.

Die Folge der Wahlmanipulation waren Demonstrationen an den Universitäten, Streiks und Militärrevolten. 1961 rückten die Zustände in Portugal ins Licht der Weltöffentlichkeit, als Oppositionelle unter der Führung von Kapitän *Henrique Galvão* das Passagierschiff *Santa Maria* nach Brasilien entführten.

Doch die Zersplitterung und Uneinigkeit der oppositionellen Kräfte, die von ganz rechts bis ganz links kamen, verhinderten einen Umsturz. Erst die afrikanischen Kolonialkriege bewegten jene Kraft, die sich bisher abwartend im Hintergrund gehalten hatte, zum Aufstand: das Militär.

Der Krieg in den Kolonien

Die Unruhen in den Kolonialgebieten Afrikas kamen für viele überraschend. Damit wurde die letzte Phase der Diktatur eingeläutet. Seit langem gärte es in den Kolonien Portugals. Der angestaute Hass der schwarzen Einwohner entlud sich Anfang der 1960er-Jahre in drei Zentren: 1961 in *Angola*, 1963 in *Guinea-Bissau* und 1964 in *Mosambik*. Zudem eroberte die Regierung Indiens unter Nehru 1961 kurzerhand die indischen Besitzungen Portugals *(Goa, Diu* und *Damão)*, nachdem Portugal Rückgabeforderungen zurückgewiesen hatte. In Afrika wurde Portugal in langwierige Buschkriege gezogen, die militärisch kaum zu gewinnen waren, den Staatsetat jedoch erheblich belasteten. Besonders in *Guinea-Bissau* erlitt Portugal eine militärische Niederlage, die dem amerikanischen Debakel in Vietnam nahekam; dementsprechend wurde Guinea-Bissau als erste afrikanische Kolonie 1974 in die Unabhängigkeit entlassen, während die anderen bis 1975 warten mussten. Die beiden Inselkolonien *Cabo Verde* und *São Tomé e Príncipe* waren aufgrund ihrer begrenzten Größe für die Portugiesen leicht zu kontrollieren. In den großen Gebieten *Angola* und *Mosambik* konnten sich die Gegner jedoch gut aus dem Weg gehen; somit gelang es keiner Partei, die vollständige Kontrolle über diese Länder zu erlangen.

Die afrikanischen Freiheitsbewegungen, z. B. die FRELIMO (Frente da Libertação de Moçambique) in Mosambik oder MPLA (Movimento Popular de Libertação de Angola) und FNLA (Frente Nacional de Libertação de Angola), vermieden es, große Schlachten auszutragen, und konnten sich so jahrelang halten. Bei den portugiesischen Afrikakämpfern wurde die Stimmung dementsprechend schlechter. Europa und die Welt wurden auf den sinnlosen und oft grausamen Kampf der Armee aufmerksam, und die UNO legte Beschwerde beim Regime ein wegen der offensichtlichen Unterdrückung der Afrikaner. Der Krieg zog sich bis in die 1970er-Jahre und belastete den Staatsetat jährlich mit etwa 50 % des Gesamtvolumens. Er überdauerte auch das Regime Salazars, der 1968, als er sich in Estoril auf einen Liegestuhl setzen wollte, von diesem fiel und sich beim Sturz ein Blutgerinnsel im Gehirn zuzog. Wenig später erlitt er einen Schlaganfall. Damit wurde die Frage der Nachfolge akut. Er wurde als Ministerpräsident durch *Marcelo Caetano* ersetzt. Zwei Jahre später starb Salazar fast 80-jährig.

Caetano – Salazar

Als Salazar im Alter nicht mehr regierungsfähig war, wurden für den Diktator fiktive Kabinettsitzungen abgehalten, um ihn im Glauben zu lassen, immer noch an der Macht zu sein. Während dieser Zeit hatte Marcelo Caetano bereits die Regierungsgeschäfte übernommen. Eines Tages wurde Salazar in einem Interview gefragt, was er denn von Caetano, damals schon sein Nachfolger, als Ministerpräsident, halte. Salazar antwortete: „Ein fähiger Mann, nur schade, dass er nicht in die Politik gehen will".

Caetano

Als Professor *Marcelo Caetano*, langjähriger Mitarbeiter Salazars, Ministerpräsident wurde, hofften viele auf eine Phase der Liberalisierung. Doch nach einigen Ansätzen in diese Richtung, wie z. B. Milderung der Pressezensur und Vertretung der Kolonien im Parlament, wurde klar, dass die eingeschliffenen Machtverhältnisse zu stark waren. Die bisherige Clique von einflussreichen Wirtschaftsleuten bestimmte weiterhin den Kurs Portugals. Auch der Krieg ging weiter, denn einige Leute verdienten gut daran.

1974 war es dann so weit: Einige der ranghöchsten Militärs hatten endlich erkannt, dass der Krieg in Afrika trotz der sturen Haltung der Regierung nicht zu gewinnen war und nur dem Profit einiger weniger diente. Der bekannteste Vertreter dieser Militärs wurde General *António de Spínola*. Hinzu kam die immer heftiger werdende antiportugiesische Kampagne in Europa. Die portugiesische Armee wurde brutaler Übergriffe auf die afrikanische Bevölkerung bezichtigt, das Regime bekam empfindliche außenpolitische Schelte. Im Februar 1974 wurde General *Spínola* nach der Veröffentlichung seines Buchs *Portugal e o Futuro* zusammen mit seinem Vorgesetzten, Generalstabschef *Costa Gomes*, entlassen.

Die Nelkenrevolution

Ein Streit um die Beförderungsregeln war der Auslöser für die Gründung des *Movimento das Forças Armadas* (MFA). Schnell wurde aus der Gemeinschaft der Hauptleute eine Plattform für den Widerstand gegen den Kolonialkrieg. Das Erscheinen von Spínolas Buch *Portugal und die Zukunft* und die folgende Entlassung der beiden Generäle taten ein Weiteres, um die Soldaten gegen das Regime aufzubringen. Der erste Aufstandsversuch, der am 16. März 1974 von Caldas da Rainha ausging, schlug allerdings fehl. Doch als der kirchliche Rundfunksender *Rádio Renascença* kurz nach Mitternacht des 25. Aprils 1974 das verbotene Revolutionslied „*Grandola, Vila Morena*" des Liedermachers José „Zeca" Afonso spielte, war das vereinbarte Startzeichen für den Putsch gesetzt. In Santarém setzte sich unter Führung des jungen Hauptmanns *Salgueiro Maia* die *Escola Prática da Cavalaria* (EPC) in Richtung Lissabon in Bewegung. Flughafen, Zufahrtsstraßen, Regierungsgebäude, Rundfunkanstalten, öffentliche Plätze – alles wurde besetzt. Caetano hatte sich in der Kaserne der Militärpolizei GNR verschanzt, ergab sich aber nach langen Verhandlungen General Spínola.

Einzig das Hauptquartier der PIDE im Stadtteil Chiado leistete noch Widerstand, während im Inneren Akten vernichtet wurden. Hier gab es mit vier Toten und 45 Verletzten die einzigen Opfer. Andere Geheimpolizisten ergriffen die Flucht, etliche setzten sich nach Spanien ab. Das Großkapital versuchte noch in letzter Minute, Geld außer Landes zu bringen – einige Koffer voller Escudos wurden auf dem Flugplatz abgefangen.

Die Bevölkerung steckte den Soldaten rote Nelken in die Gewehrläufe, daher ging der 25. April auch als „Nelkenrevolution", *Revolução dos Cravos*, in die Geschichte ein. Tagelang feierte man den Beginn der neuen Ära. Spínola wurde vom MFA zum Chef der siebenköpfigen Militärjunta ernannt und kurz darauf zum Staatspräsidenten. Eine provisorische Regierung wurde eingesetzt, das Militär aber behielt die Macht in Händen. Sofort leitete man ein Programm in die Wege: Vorbereitung freier Wahlen innerhalb eines Jahres, Bürgerrechte, Auflösung der Geheimpolizei, Freilassung aller politischen Gefangenen, Beendigung des Krieges in Afrika.

Doch schon in der Nacht zum 26. April stellten sich Differenzen ein. Spínola war rechtsgerichtet, während der MFA in der Mehrheit kommunistisch war. Man war sich zwar darüber einig gewesen, das Salazar-Regime zu beseitigen, aber nicht darüber, wie es weitergehen sollte. Spínola konnte sich nicht durchsetzen. Das Ruder übernahm eine Linksregierung, die vom MFA gelenkt wurde. Schon im Mai wurden Verhandlungen mit Cabo Verde, São Tomé e Príncipe, Guinea-Bissau, Mosambik und Angola eingeleitet, die den ehemaligen Kolonien die volle Unabhängigkeit brachten. Dies hatte zur Folge, dass hunderttausende Portugiesen aus den Kolonien nach Portugal zurückkehrten. Das Mutterland hatte nicht die Kapazitäten, um die *retornados* unterzubringen. Sie wurden in angemieteten Hotels untergebracht. Ihre Eingliederung in die Gesellschaft sollte noch Jahre dauern.

Im Juli 1974 wurden die Linken durch die Ernennung des MFA-Oberst *Vasco dos Santos Gonçalves* zum Ministerpräsidenten wesentlich gestärkt. Es wurde die zentrale Militäreinheit COPCON *(Comando Operacional do Continente)* gegründet, die unter Leitung des Drahtziehers des Putsches, Hauptmann *Otelo Saraiva de Carvalho*, bald Polizeiaufgaben übernahm. *Spínola* wollte nicht zurückstecken und verlangte Sondervollmachten, die die *Junta Nacional de Salvação* verweigerte. Am

30. September zog *Spínola* die Konsequenzen und trat zurück. Sein Nachfolger wurde *General Costa Gomes*.

Den endgültigen Sieg der Linken verursachte *Spínola* selbst durch seinen dilettantischen Rechtsputsch am 11. März 1975. Die schlecht organisierte Militärrevolte wurde im Keim erstickt. *Spínola*, der Held der portugiesischen Revolution, musste nach Brasilien emigrieren.

Der *Movimento das Forças Armadas/MFA* wurde durch die geglückte Niederschlagung des Rechtsputsches wesentlich gestärkt. Er sah sich selbst als Garant der Revolution und behielt sich deshalb das Recht vor, zunächst die Macht zu verwalten, um sie dann nach der Konsolidierung den Parteien zu übergeben. Ein *Revolutionsrat* mit 25 Mitgliedern, ausschließlich aus den Reihen der Militärs, wurde als oberstes Führungsgremium eingerichtet. Die politischen Parteien mussten sich diesem System beugen, wenn sie nicht Gefahr laufen wollten, verboten zu werden. Sie wurden vom MFA mit Misstrauen beobachtet. Nach den Vorstellungen vieler Offiziere des MFA sollte Portugal ein sozialistischer Staat werden. Noch im März 1975 wurden deshalb Banken, Versicherungsgesellschaften und Schlüsselindustrien verstaatlicht.

Die Agrarreform

Ein Schwerpunkt der neuen Regierungspolitik wurde die von vielen seit Jahren ersehnte Agrarreform, die im Sommer 1975 eingeleitet wurde. In mehreren Gesetzen versuchte man bis 1976, die ungenutzten Ländereien der Großgrundbesitzer für die Bebauung nutzbar zu machen. Enteignet wurden diejenigen Eigentümer, die Teile ihres Besitzes hatten brachliegen lassen. Insbesondere im Alentejo wurden Enteignungen im großen Stil durchgeführt. Hier waren 90 von 100 Bauern bisher besitzlose Landarbeiter gewesen, die sich als Tagelöhner auf den Latifundien der Grundherren verpflichten ließen. Mehr als 2,50 € bis 5 € pro Tag bekamen sie nicht dafür.

Vor nicht allzu langer Zeit war Portugal noch ein Agrarland

Im Zuge der Reform wurden etwa 1 Mio. Hektar anbaufähiger Boden an die Landarbeiter vergeben. Es bildeten sich an die 400 *Landwirtschaftliche Kooperativen*, die der Macht der Großgrundbesitzer etwas entgegensetzen wollten. Wenn überhaupt irgendwo, dann zeigte sich hier in der Bildung der Produktionsgemeinschaften so etwas wie revolutionärer Elan. Viele Ausländer besuchten sie in den 1970er-Jahren.

Doch wie in anderen Bereichen wurde auch im Agrarsektor die Revolution wieder begraben. Ende der 70er-Jahre begann die schleichende Rücknahme der Agrarreform mit der Verabschiedung von Gesetzen, die der Enteignung der Kooperativen den Weg ebneten, z. T. wurden sie mit Polizeigewalt vertrieben. Die bürgerliche Mitte setzte sich nach den ersten nachrevolutionären Wirren gegenüber der Linken wieder durch. Zu diesem Wechsel der politischen Richtung trug auch die chaotische Wirtschaftslage in Portugal bei, die nach dem Putsch für Unruhe sorgte. Inflation, Preiserhöhungen und die Angst vor einer kommunistischen Diktatur sorgten für den Abzug von ausländischem Kapital.

Zwischen Staatssozialismus und Demokratie

Genau ein Jahr nach der Nelkenrevolution, am 25. April 1975, zeigte sich der politische Richtungswechsel in den Wahlen zur verfassungsgebenden Versammlung. Der MFA erlebte seinen ersten Misserfolg: Die Portugiesen entschieden sich mehrheitlich gegen die Kommunisten des *PCP* unter *Álvaro Cunhal*, die nur 12,5 % der Stimmen erhielten, und befürworteten die Errichtung einer parlamentarischen Demokratie. Die Parteien der Mitte, die Sozialisten/*PS* (37,8 %) und die Demokratische Volkspartei/*PPD*, aus der später die Sozialdemokratische Partei *PSD* hervorging (26,3 %), gewannen die Wahlen.

Die ersten Zusammenstöße zwischen den bürgerlichen Parteien auf der einen und dem MFA und der kommunistischen Partei auf der anderen Seite ließen nicht auf sich warten. Im Mai griffen die linken Schriftsetzer mit Hilfe des COPCON in die redaktionelle Gestaltung der den Sozialisten nahestehenden Zeitung *República* ein. Daraufhin traten die Minister des PS und des PPD von ihren Ämtern zurück. Das Mehrparteienbündnis war gescheitert. Nur noch von den Kommunisten gestützt, bildete *Vasco Gonçalves* eine neue Regierung, doch nun regte sich auch innerhalb des MFA Widerstand. Unter Federführung des gemäßigten *Melo Antunes* wurde das *Dokument der Neun* veröffentlicht, das *Gonçalves'* Pläne zur Errichtung eines kommunistischen Staates scharf kritisierte. Ende August wurde *Vasco Gonçalves* durch *Pinheiro de Azevedo* ersetzt.

Nun geriet Portugal völlig ins Chaos. Im *verão quente*, dem sogenannten „Heißen Sommer", beherrschten Putschgerüchte, Streiks, Bombenattentate und Blockaden das Land. Es kristallisierte sich immer mehr eine heillos zerrissene Gesellschaft heraus. Das eine Lager bestand aus den Kommunisten, die vor allem von den alentejanischen

Strandfischerinnen in Nazaré (1978)

Landarbeitern und dem Industrieproletariat gestützt wurden, das andere Lager vereinigte die bürgerlichen Parteien, die katholische Kirche, den Mittelstand und die Arbeiter aus dem Norden.

Nachdem es Anfang November zu ersten Ausschreitungen gekommen war, putschten am 25. November linksgerichtete Militärs, die dem COPCON-Führer *Otelo* nahestanden, der zuvor seines Amtes als Stadtkommandant von Lissabon enthoben worden war. Der Aufstand wurde von den *Operacionais* unter der Leitung von *Ramalho Eanes* niedergeschlagen. Die Gefahr eines Bürgerkrieges war gebannt. Der revolutionäre Prozess näherte sich seinem Ende. Als sich die politische Situation stabilisierte, floss auch wieder ausländisches Kapital ins Land.

Demokratie

Die Verfassung von 1976 stellte einen Kompromiss zwischen parlamentarischer Demokratie und sozialistischer Wirtschaftsordnung dar. Der Revolutionsrat blieb zwar bestehen, doch wurden seine Befugnisse stark eingeschränkt. Der Staat sollte sich allmählich zu einer sozialistischen Gesellschaft wandeln, in der die Macht von den Arbeitern auf demokratischem Weg ausgeübt wird. In einer Agrarreform sollte Großgrundbesitz enteignet werden. Auch die Industrie sollte Schritt für Schritt verstaatlicht werden.

Bei den ersten Parlamentswahlen am 25. April 1976 (zwei Jahre nach der Nelkenrevolution) siegten erneut die Sozialisten/PS mit 34,8 %; die Demokratische Volkspartei/PPD erreichte 24,3 %, gefolgt vom konservativen Sozialdemokratischen Zentrum/CDS mit 15,9 % und der Kommunistischen Partei/PCP mit 14,4 %. General *Ramalho Eanes* wurde zum Präsidenten gewählt. Premierminister wurde der Chef des PS, *Mário Soares*, der mit einer Minderheitsregierung die Staatsgeschäfte führte. Die Verstaatlichungen wurden gestoppt und die freie Marktwirtschaft wurde eingeführt.

Zwischen den Jahren 1976 und 1987 waren insgesamt elf Regierungen an der Macht. In diesem Zeitraum wurden unter Ausschluss der Kommunistischen Partei alle möglichen Konstellationen von Mehr- und Minderheitsregierungen ausprobiert. 1980 kam der damalige Ministerpräsident *Francisco Sá Carneiro* (PPD/PSD) bei einem Flugzeugabsturz ums Leben. Nach insgesamt zehn parlamentarischen Untersuchungskommissionen konnte bis heute nicht geklärt werden, ob es sich um einen Unfall oder ein Bombenattentat handelte.

Osttimor – blutiges Ende der portugiesischen Kolonialgeschichte

1976 folgte eines der traurigsten Kapitel der portugiesischen Kolonialgeschichte: In Osttimor bekämpften sich rivalisierende Unabhängigkeitsbewegungen; Indonesien nutzte die Gelegenheit und besetzte das Gebiet. In knapp 25 Jahren Terrorherrschaft wurde ein Großteil der timoresischen Bevölkerung getötet. Ein Drama, das weitgehend von der Weltöffentlichkeit unbemerkt blieb, auch wenn immer wieder Berichte über Massaker oder die Verleihung des Friedensnobelpreises an Bischof *Ximénes Belo* und *Ramos Horta* den Blick der Medien auf die Inselhälfte lenkten. 1999 entschieden sich die Timorer für die Unabhängigkeit, in die sie 2001 nach zwei Jahren Verwaltung durch die Vereinten Nationen entlassen wurden.

Eine erste Verfassungsrevision beendete 1982 die Existenz des Revolutionsrates. Auf Drängen der Wirtschaft wurde außerdem die Gründung privater Banken und Versicherungen erlaubt. Der MFA war bereits vorher aufgelöst worden.

Beitritt zur Europäischen Gemeinschaft (EG)

Nach dem Sieg bei den Parlamentswahlen 1983 wurde der Sozialistenführer und spätere Staatspräsident *Mário Soares* zum zweiten Mal Ministerpräsident. Eine der Hauptaufgaben der neuen Regierung waren die Verhandlungen über einen Beitritt Portugals zur EG. 1985 wurden die Verträge zur Aufnahme Portugals und Spaniens unterzeichnet, seit 1. Januar 1986 sind beide Länder Mitglied der EG (bzw. EU). Soares und die Sozialisten konnten jedoch die Früchte ihres Erfolges nicht mehr ernten: Noch 1985 zerbrach die Koalition von Sozialisten/PS und Sozialdemokraten/PSD und die Sozialisten erlitten bei den Neuwahlen eine verheerende Niederlage. Wahlsieger waren die Sozialdemokraten/PSD unter dem neuen Ministerpräsidenten *Aníbal Cavaco Silva*. Die Präsidentschaftswahlen 1986 gewannen jedoch die Sozialisten. Mário Soares wurde Nachfolger des linkspopulistischen Generals *Ramalho Eanes* (PRD) und blieb bis zum Ablauf der zweiten Amtszeit 1996 Präsident, da er 1991 mit Unterstützung von PS und PSD mit 70,4 % wiedergewählt wurde.

Die Zeit des Cavaquismo

Der Sozialdemokratischen Partei gelang es bei den Parlamentswahlen von 1987 erstmals, die absolute Mehrheit zu erringen und ohne Koalitionspartner zu regieren. Die Zeit von 1985 bis 1995 wird als Ära des *Cavaquismo* nach dem portugiesischen Ministerpräsidenten *Aníbal Cavaco Silva* (PSD) bezeichnet. Ihm gelang es, Portugal in eine moderne Industriegesellschaft zu verwandeln. Zusammen mit den Sozialisten brachte die PSD 1989 die für eine Verfassungsreform notwendige Zweidrittelmehrheit zusammen. Die Staatsbetriebe wurden reprivatisiert, die arbeitnehmerfreundliche Arbeitsschutzgesetzgebung wurde auf den europäischen Binnenmarkt zugeschnitten; den Begriff Agrarreform strich man aus der Verfassung, das noch in Staatsbesitz verbliebene Land wurde in den kommenden Jahren den Kooperativen entzogen und in private Hände zurückgegeben.

Als Folge der Amtszeit Cavaco Silvas ist die Umorientierung zu einer ausgeprägten Leistungsgesellschaft und die Verschärfung der sozialen Gegensätze zu kritisieren. Der wirtschaftliche Aufstieg Portugals und die Verbesserung der Infrastruktur, finanziert durch Milliarden von EU-Geldern, kamen vor allem der Mittel- und der Oberschicht zugute. Die Armen blieben arm, und Portugal konnte sich der traurigen Tatsache rühmen, die größte Einkommensschere Europas zu haben.

Die neue Mehrheit

1995, nach zehn Jahren als Regierungspartei, davon acht mit absoluter Mehrheit, hatte die PSD in den Augen der Wähler ausgedient. Ministerpräsident Cavaco Silva ahnte wohl die Niederlage, denn zum Entsetzen seiner Partei kündigte er an, nicht mehr zu kandidieren. Bei den Parlamentswahlen im Oktober bekam die PSD die Quittung: Die Partei fiel um 16 Prozent auf 34 %. Gewinner der Wahlen waren die Sozialisten unter *António Guterres*, die mit 43,9 % die absolute Mehrheit der Sitze knapp verfehlten, aber mit ihrer relativen Mehrheit fortan regieren.

Bei den Präsidentschaftswahlen 1996 wurde der langjährige Bürgermeister von Lissabon, der Sozialist *Jorge Sampaio*, zum neuen Präsidenten gewählt. Er setzte sich mit 53,8 % klar gegen seinen Gegner, den Ex-Ministerpräsidenten Aníbal Cavaco Silva (PSD), durch. Zum ersten Mal in der Geschichte Portugals waren damit gleichzeitig Regierungs- und Präsidialmacht in sozialistische Hände gelegt. Dazu kam, dass auch die drei wichtigsten Städte Lissabon, Porto und Coimbra von Sozialisten regiert wurden. Die „Nova Maioria" (Neue Mehrheit) beherrschte so fast alle wichtigen politischen Gremien.

Jorge Sampaio konnte sich in den Wahlen 2001 klar behaupten. Auch António Guterres verbesserte sein Ergebnis, sodass aus der Minderheitsregierung eine Pattsituation im Parlament entstand. Als Konsequenz der schlechten Wahlergebnisse trat PSD-Parteichef Fernando Nogueira zurück, sein Nachfolger wurde der Jura-Professor *Marcelo Rebelo de Sousa*. So war der Wechsel zu einer neuen Politikergeneration endgültig vollzogen, die Zeit der Politikergarde der „Nelkenrevolution" von 1974 war beendet. Die Demokratie hatte sich in Portugal endgültig etabliert und wurde von der überwältigenden Mehrheit der Bevölkerung unterstützt.

Nach Skandalen und einem schlechten Abschneiden bei den Kommunalwahlen im Dezember 2001 trat Ministerpräsident Guterres überraschend zurück. Sein Nachfolger an der Spitze von Partei und Regierung wurde der stets etwas dröge wirkende *Eduardo Luís Ferro Rodrigues*. Neuwahlen fanden im März 2002 statt. Wahlgewinner war wie erwartet die Opposition mit dem ehemaligen Außenminister *José Manuel Durão Barroso* (40,1 %), jedoch nicht mit der erhofften absoluten Mehrheit. Die PSD regierte nun in Koalition mit der konservativen Christdemokratischen Partei CDS-PP.

Die neue Regierung, allen voran die neue Finanzministerin *Manuela Ferreira Leite*, kündigte gleich zu Beginn drastische Sparmaßnahmen an. Doch in der Mitte seiner Amtszeit ließ Barroso seine Partei im Schockzustand zurück, als er als neuer Präsident der EU-Kommission nach Brüssel ging. Sein Nachfolger wurde der Bürgermeister Lissabons und ehemalige Kulturminister *Pedro Santana Lopes*. Mit seinem Regierungsstil brachte er bald einen Großteil der politischen Klasse gegen sich auf: Impulsive und oft widersprüchliche Entscheidungen aus dem Bauch heraus sowie seine Vorliebe für Diskothekenbesuche ließen ihn für viele als unseriös erscheinen.

Bereits zu Beginn der Amtszeit von Santana Lopes hatten ihn wichtige Minister der Regierung von Durão Barroso verlassen, so die Finanz- und Außenministerin, und dennoch hatte er noch die Mehrheit der PSD hinter sich bringen können. Als Santana Lopes aber das Hauptziel seines Vorgängers aufgab, den Haushalt zu sanieren, wandten sich schließlich sogar PSD-Größen wie Cavaco Silva öffentlich gegen ihn.

Der PS hatte dagegen die Zeit in der Opposition genutzt, um sich wieder in Position zu bringen. Ferro Rodrigues hatte die Parteiführung abgeben müssen. In einer Urabstimmung im Herbst 2004 konnte sich der ehemalige Umweltminister *José Sócrates* als neuer PS-Chef durchsetzen. Sócrates steht dabei in der Tradition von Guterres für die gemäßigte Linie der Sozialisten, während Ferro Rodrigues den linken Parteiflügel repräsentiert hatte.

Mit Sorge beobachtete unterdessen Präsident Sampaio das wachsende Chaos an der Regierungsspitze. Als Santana Lopes ihm Ende 2004 wieder einmal einen neuen Minister präsentieren wollte, hatte Sampaio genug. Er ließ das Parlament auflösen und setzte Neuwahlen an, die Anfang 2005 eine Wende um 180 Grad brachten. Die PSD stürzte von 40,2 % auf 28,7 % ab, die PS unter *José Sócrates*

Quo vadis, Portugal?

schoss dagegen auf 45 % und erzielte damit die absolute Mehrheit. Sócrates sah sich als „moderner Linker" und reformierte zu Beginn seiner Amtszeit die Sozialversicherung und die staatliche Verwaltung. Zu seinen Erfolgen zählte auch die Energiewende, mit der der Ausbau von Wind- und Wasserkraft in Portugal massiv gefördert wurde.

Die 2009 anstehenden Wahlen gewann zwar erneut die PS, aber mit 35,6 % nur mehr mit relativer Mehrheit. Aufgrund der Zerstrittenheit der linken Parteien untereinander und der fehlenden Übereinstimmung mit den rechten Parteien bildete José Sócrates eine Minderheitsregierung. Als die Regierung mitten in der Finanzkrise ihr Sparpaket nicht durchs Parlament brachte, trat sie zurück.

Bei den Neuwahlen 2011 wurden alle linken Parteien abgestraft, die PS erhielt nur noch 28 %. Stärkste Kraft wurde mit 38,66 % die PSD, die gemeinsam mit dem Wahlsieger der CDS-PP (11,7 %) eine Koalitionsregierung bildete und fortan alle Auflagen der sogenannten Troika aus Internationalem Währungsfond, Europäischer Zentralbank und EU-Kommission erfüllte. Die Folgen waren eine explodierende Arbeitslosigkeit und eine Staatsverschuldung, wie sie Portugal noch nie in seiner Geschichte erlebt hatte. Steuer- und Abgabenerhöhungen, Kürzungen im Gesundheits- und Bildungsbereich, Entlassungen im öffentlichen Dienst, dessen Personalbestand etwa im EU-Durchschnitt lag, trieben immer wieder Hunderttausende zu Demonstrationen auf die Straße.

Im Frühjahr 2013 warnte der IWF erneut vor den hohen Risiken Portugals, insbesondere weil vor dem Obersten Gericht immer wieder Entscheidungen der Regierung infrage gestellt wurden. Um die Schwarzgeldkassen im Dienstleistungsgewerbe anzuzapfen, hatte sich das Finanzministerium etwas Kreatives einfallen lassen: die Kassenbon-Lotterie. Nach der Ausstellung von Kassenbelegen mit der Steuernummer des Empfängers konnte jeder an regelmäßigen Verlosungen teilnehmen und größere Geldbeträge oder Autos gewinnen. Dadurch hoffte man, die Schattenwirtschaft, die in Portugal über 27 % des Bruttoinlandproduktes betragen soll, etwas zurückzudrängen.

2014 konnte Portugal das Sonderprogramm mit der Troika beenden, vom harten Sparkurs wich die konservative Regierung jedoch nicht ab. Das hatte Folgen: Bei den Parlamentswahlen 2015 verpasste die Koalition um Passos Coelho die absolute Mehrheit und scheiterte an einem Misstrauensvotum der Linksparteien. Sozialistenchef António Costa hatte einen kühnen Schachzug vorbereitet: Zum ersten Mal konnte er den Linksblock und die Kommunisten dazu bewegen, eine sozialistische Minderheitsregierung im Parlament zu stützen. In einer seiner letzten wichtigen Entscheidungen musste der konservative Staatspräsident Cavaco Silva zähneknirschend das neue Linksbündnis akzeptieren und Costa zum Premierminister ernennen. Anfang 2016 wurde der ehemalige PSD-Chef und langjährige TV-Kommentator Marcelo Rebelo de Sousa zum neuen Staatspräsidenten gewählt.

Tsunami-Alarm in Portugal?

Die Tsunami-Katastrophe in Südostasien im Dezember 2004 hatte Portugal wieder an das Jahr 1755 erinnert, als am 1. November das sogenannte „große Erdbeben von Lissabon", vor allem aber die folgende Flutwelle, die *Onda gigante*, die Stadt Lissabon zerstörten und die gesamte mittel- und südportugiesische sowie Teile der marokkanischen Küste verwüsteten. 60.000 Menschen sollen damals umgekommen sein, aus stolzen Städten waren Steinhaufen geworden, die optimistischen europäischen Aufklärer mutierten zu Skeptikern. Alles vorbei und vergangen? Mitnichten, denn an den Ursachen der damaligen Katastrophe hat sich nichts geändert, im Atlantik reiben die Erdplatten aneinander wie eh und je, alles nur eine Frage der Zeit ...

Vorsorge wäre vonnöten: unbedingter Erhalt der Dünen(inseln), striktes Besiedlungs- und Bauverbot in Strandnähe, Installation eines Alarmsystems für die Strände, detaillierte Evakuierungspläne, beschilderte Fluchtwege etc. Tourismuswirtschaft und Verwaltung scheuen die Investitionen. Ein Mitarbeiter an diesem Buch, der Algarve-Kenner Volker Gold, über einen Sonntag, der fast zum Ernstfall wurde: Es war am „22. August 1999 gegen 11.30 Uhr, als mehrere Schiffsbesatzungen vor Portimão eine seltsame, riesige Welle am gesamten Horizont in großer Entfernung sahen. Sie alarmierten die Capitania des Hafens von Portimão, worauf der gerade Verantwortliche nicht zögerte und alle Strände der Algaveküste von Badegästen evakuieren ließ. Gegen 14.30 Uhr wurde die katastrophale Kunde endlich auch den Badegästen von Strandwächtern im Laufschritt zugetragen, die sich im Sotavento auf den Inseln verlaufen hatten.

Hätte es sich nicht um eine hitzebedingte Fata Morgana und somit um falschen Alarm gehandelt, wären die Badegäste samt weiß uniformierten Strandwächtern längst Opfer des Tsunami geworden. Stattdessen gab es Verkehrsunfälle durch aufgeregte Fahrer, die auf die EN 125 wollten und sich dort in Sicherheit wähnten, nicht bedenkend, dass auch sie für eine 15 Meter hohe Flutwelle mancherorts kein Hindernis sein kann. Meteorologen oder Geologen hingegen wurden zu keiner Zeit befragt (wo auch, sonntagmittags?), und sie hätten auch kein seismisches Ereignis zu dieser Stunde und Minute berichten können. Bestenfalls konnte man das Ganze als eine Art Zivilschutzübung verbuchen, aus der es zu lernen gilt – im Interesse auch der Tourismusindustrie."

Geschichte Portugals im Zeitraffer

7000 v. Chr. Seit der Steinzeit leben Jäger und Sammler auf dem Gebiet, das erst seit dem Mittelalter „Portugal" genannt wird.

700–600 v. Chr. Die sogenannte Castro-Kultur mit ihren befestigten Bergsiedlungen, genannt Citânias, entsteht im Norden des Landes.

800 v. Chr. Griechen und Phönizier gründen Handelsstützpunkte an der Küste.

535 v. Chr. Karthager erweitern ihre Einflusssphäre von Nordafrika aus bis in die Küstenregionen der Iberischen Halbinsel.

210 v. Chr. Die Römer erweitern ihr Reich um die Iberische Halbinsel. Es soll aber bis in das Jahr 25 v. Chr. dauern, bis auch die Stämme im Norden Portugals „befriedet" werden. Dabei kommt der lusitanische Stammesführer *Viriatus* zu großem Ruhm, da er den Römern lange zu widerstehen vermag. Letztlich wird er aus dem Hinterhalt ermordet.

711 Die Mauren aus Nordafrika erobern innerhalb von sieben Jahren fast die gesamte Iberische Halbinsel.

9. Jh. Al-Gharb, die heutige Algarve, wird eine eigenständige maurische Provinz mit der Hauptstadt Silves.

868 Im Rahmen der *Reconquista* (christliche Rückeroberung) haben die Christen inzwischen das nördliche Gebiet am Fluss Minho bis zur Stadt Porto von den Mauren zurückerobert.

1094 Der Name Portugal wird erstmalig aktenkundig. Die Provinz *Portucale* (benannt nach Porto Calem, dem heutigen Porto) wird von König *Afonso VI.* von Kastilien-León an seinen Schwiegersohn Heinrich von Burgund übertragen.

1139 *Dom Afonso Henriques*, Sohn des genannten Heinrich von Burgund, schlägt bei Ourique (Alentejo) die Mauren und lässt sich zum König von Portugal ausrufen.

1143 *Afonso Henriques* wird auch vom mächtigen Nachbarn Kastilien-León als König anerkannt. Hauptstadt des neuen Königreichs wird Guimarães.

1250 Die Mauren werden von *Afonso III.* endgültig aus Portugal vertrieben.

1385 In der *Schlacht von Aljubarrota* schlagen die Portugiesen unter Nuno Álvares Pereira die übermächtigen Kastilier und besiegeln so die Unhabhängigkeit des Landes.

1394 *Infante Henrique*, Prinz Heinrich der Seefahrer, wird als dritter Sohn von Dona Filipa von Lancaster und König Dom João geboren. Mit ihm beginnt das *Zeitalter der Entdeckungen*. In seiner Seefahrerschule lässt er neue Techniken der Navigation entwickeln.

1415 Prinz Heinrich erobert mit einer mächtigen Flotte und 20.000 Kämpfern Ceuta (Marokko). 1419 entdecken die Portugiesen Madeira, 1427 die Inselgruppe der Azoren und 1457 die Kapverdischen Inseln.

1434	Gil Eanes umschifft das Kap Bojador (Marokko).
1488	*Bartolomeu Dias* umrundet die Südspitze Afrikas, das Kap der Guten Hoffnung.
1492	*Christoph Kolumbus* entdeckt im Auftrag der spanischen Krone Amerika.
1498	*Vasco da Gama* stößt mit seinen Schiffen erstmals bis nach Indien vor.
1500	*Pedro Álvares Cabral* entdeckt Brasilien – eher zufällig. Brasilien wird Portugals größte Kolonie.
1542	*Fernão Mendes Pinto* betritt als einer der ersten Europäer japanischen Boden.
	All diese Eroberungen und neuen Handelsbeziehungen machen Lissabon zur bedeutendsten Stadt der „zivilisierten" Welt.
1578	Der junge König *Dom Sebastião* wird mitsamt seines 18.000 Mann zählenden Kreuzritterheers in Marokko niedergemetzelt. Diese größte Niederlage der Dynastie Aviz läutet wirtschaftlich den Niedergang ein. Das Land hat sich mit seinen Eroberungen maßlos übernommen. Mit einer Million Einwohnern, so viel besitzt Portugal zu dieser Zeit, sollte die halbe Welt erkundet und verwaltet werden!
1580	König *Felipe II.* von Spanien nutzt nach dem Tod des Erzbischofs Henrique, des letzten Herrschers der Dynastie Aviz, die Gelegenheit und ernennt sich rechtmäßig zum König von Portugal. Die Schmach der Fremdherrschaft wird 60 Jahre dauern, ein Aufstand im Jahr 1640 kann von den Spaniern nicht niedergeschlagen werden – zur gleichen Zeit kämpfen auch die Katalanen für Unabhängigkeit.
1640	Nach der erkämpften Unabhängigkeit wird der Herzog von Bragança, *João IV.*, zum neuen König von Portugal gewählt. Damit gelangt eine neue Dynastie an die Macht, die bis zum gewaltsamen Sturz *Manuels II.* im Jahr 1910 das Land regiert.
1698	In Brasilien werden große Goldvorkommen entdeckt, mit denen Portugal seine Staatsfinanzen in Ordnung bringt.
1703	Portugal schließt mit England den *Methuenvertrag*, der den Import von Textilien aus England im großen Stil zulässt, während Portugal als Gegenleistung hauptsächlich Wein ausführen soll.
1750	Der *Marquês de Pombal* wird zum Außen- und Kriegsminister berufen. Als überzeugter Anhänger des aufgeklärten Absolutismus geht er sogleich daran, Reformen zu verwirklichen. Kirche und Adel verlieren viele ihrer Privilegien, die Wirtschaft im Land wird planmäßig gefördert.
1755	Am 1. November 1755 zerstört ein gewaltiges Erdbeben Lissabon und große Teile der Städte an der Algarve – ein Ereignis, das in ganz Europa Bestürzung auslöste.
1807	Napoleon marschiert in Portugal ein. Das portugiesische Königshaus residiert vorübergehend in Rio de Janeiro. Die Vertreibung der Franzosen mit Hilfe der Engländer gelingt erst 1810.

1821	König *João VI.* ist noch nicht aus Brasilien nach Portugal zurückgekehrt, als sich in Lissabon eine liberale Ständeversammlung formiert und eine liberale Verfassung entwirft, die den Adel endgültig entmachten und dem Bürgertum mehr Rechte geben soll.
1822	König *João VI.* kehrt nach Portugal zurück. Joãos Sohn, *Pedro I.*, lässt sich zum Kaiser von Brasilien ausrufen und erklärt das Land für unabhängig.
1823	*Dom Miguel*, der zweite Sohn König Joãos VI., hebt die liberale Verfassung auf. Die Liberalen ziehen sich auf die Azoren zurück und bauen dort eine Armee auf.
1832–1834	Der Bürgerkrieg zwischen den konservativen *„Miguelisten"* und den Liberalen fällt zugunsten der Reformer aus. Dom Miguel geht ins Exil.
	Die zweite Hälfte des 19. Jh. ist vom Niedergang der Monarchie geprägt. Portugals wirtschaftliche Lage ist durch den Wegfall des reichen Brasiliens hoffnungslos geworden. Die Politik wird jetzt mehr und mehr von bürgerlichen Politikern geprägt, aber die Industrialisierung des Landes wird verschlafen.
1892	Unter König *Carlos I.* muss das Land wegen Überschuldung den Staatsbankrott erklären.
1. Febr. 1908	König *Carlos I.* wird zusammen mit seinem Sohn in Lissabon auf der Praça do Comércio erschossen. *Manuel II.* besteigt den Thron, doch ist die Monarchie nicht mehr zu retten.
5. Okt. 1910	In Lissabon wird die Republik proklamiert. König *Manuel II.* flieht nach England.
	In den Folgejahren ringt eine Unzahl von Splitterparteien um Macht und Einfluss. In nur 16 Jahren kommen insgesamt 45 verschiedene Regierungen an die Macht. Dringend nötige Reformen werden nicht umgesetzt. Einig ist man sich nur im Kampf gegen die Monarchie und die katholische Kirche.
1916	Portugal tritt auf Seiten Großbritanniens in den 1. Weltkrieg ein.
1926	Mit dem Militärputsch von General *Gomes da Costa* beginnt eine 48 Jahre dauernde Epoche der Diktatur.
1932	*António de Oliveira Salazar*, Professor für Volkswirtschaftslehre aus Coimbra und ehemaliger Finanzminister, wird Ministerpräsident. Mit rigorosen Stellenkürzungen, Gehaltsminderungen und einer Verwaltungsreform gelingt es ihm, die Staatsfinanzen zu sanieren.
1933	Die radikale Sanierung der Finanzen wird erst durch die Ausschaltung von Gewerkschaften und demokratisch gewähltem Parlament möglich. Mit einer neuen Verfassung wird der *Estado Novo,* der „Neue Staat" ausgerufen. Wahlrecht haben nur Männer mit einem bestimmten Mindesteinkommen, bis in die 1960er-Jahre sind das nicht mehr als 15 % der Gesamtbevölkerung.
Zweiter Weltkrieg	Eine strikte Neutralitätspolitik hält das Land fern aller Schlachtfelder. Eine deutschlandfreundliche Haltung der portugiesischen Faschisten ist trotzdem unverkennbar.

1961	Krieg in den Kolonien. Indien erobert unter *Nehru* kurzerhand die indischen Besitzungen Portugals (Goa, Diu und Damão). Im selben Jahr erklärt Angola seine Unabhängigkeit, 1963 folgen Guinea-Bissau, 1964 Mosambik. Die Kriege ziehen sich bis in die 1970er-Jahre und belasten den Staatsetat mit ca. 50 %.
1968	Fast 80-jährig erkrankt der Diktator *Salazar* schwer. *Marcelo Caetano*, sein langjähriger Mitarbeiter, wird Ministerpräsident. Salazar stirbt 1970.
25. April 1974	Linksgerichtete Armeeangehörige, *MFA – Movimento das Forças Armadas* genannt, stoßen aus verschiedenen Garnisonen auf Lissabon vor und besetzen Zufahrtsstraßen, Regierungsgebäude und Rundfunkanstalten. Nur bei der Erstürmung der Geheimdienstzentrale gibt es Tote. Beim Großteil der Bevölkerung stößt der Putsch auf Zustimmung. Den Soldaten werden Nelken in die Gewehrläufe gesteckt, weshalb sich der Begriff *Nelkenrevolution* einbürgert.
1974–1975	Alle Kolonien, ausgenommen das chinesische Macau und Osttimor, werden unabhängig. Über 700.000 Auslandsportugiesen *(retornados)* kehren fluchtartig nach Portugal zurück. Untergebracht werden sie in Hotels oder schnell erbauten Brettersiedlungen.
1975	Im „Heißen Sommer" *(verão quente)* kommt es zu scharfen Auseinandersetzungen zwischen den extremen und den gemäßigten Gruppen. Ein gescheiterter Putschversuch von *General Spínola* führt zu einem Linksruck in der Führungsschicht des MFA. Im Zuge einer Landreform werden etwa 1 Mio. Hektar Boden an Landarbeiterkooperativen verteilt. Banken und die Großindustrie werden verstaatlicht.
25. April 1975	Bei den ersten freien Wahlen zur verfassungsgebenden Versammlung schneiden die Kommunisten schlechter ab als erwartet. Gewinner sind die gemäßigten Linken, Sozialisten und Sozialdemokraten.
25. April 1976	Die portugiesische Verfassung tritt in Kraft. Damit endet der zweijährige Übergangsprozess zwischen Putsch und der neuen Republik. Nach den ersten Wahlen wird Sozialistenchef Mário Soares Ministerpräsident. Staatspräsident wird der ehemalige General Ramalho Eanes.
1976	In Osttimor, das formell noch nicht unabhängig ist, bekämpfen sich rivalisierende Unabhängigkeitsbewegungen; Indonesien nutzt die Gelegenheit und besetzt das Gebiet.
1986	Portugal tritt in die Europäische Gemeinschaft ein.
1. Okt. 1995	Nach zehnjähriger konservativer Regierung unter Cavaco Silva gewinnen die Sozialisten die Parlamentswahlen unter Führung von *António Guterres*. Auch 1999 entscheiden sie die Wahlen für sich.
14. Jan. 1996	Mário Soares tritt nach 10 Jahren Amtszeit als Staatspräsident ab. Sein Nachfolger wird der langjährige Bürgermeister von Lissabon, der Sozialist *Jorge Sampaio*.

2001	Die Sozialisten verlieren die Kommunalwahlen, Ministerpräsident Guterres tritt zurück.
2002	Neuer Ministerpräsident wird *José Manuel Durão Barroso* (PSD), der mit der konservativen Volkspartei (CDS/PP) koaliert.
2004	Durão Barroso wird Präsident der EU-Kommission. Nachfolger wird der auch in der eigenen Partei umstrittene Bürgermeister Lissabons, *Pedro Santana Lopes*. Nach vier Monaten Amtszeit von Santana Lopes löst Staatspräsident Sampaio das Parlament auf und ordnet Neuwahlen an.
2005	Wende nach links: Bei der Wahl im Februar erreicht die PS unter *José Sócrates* mit 45 % die relative Mehrheit der Stimmen.
Jan. 2006	Der frühere Ministerpräsident Ánibal Cavaco Silva (PSD) wird neuer Staatspräsident.
2007	Portugal übernimmt die EU-Ratspräsidentschaft. Die Regierungschefs unterzeichnen den Reformvertrag von Lissabon.
2009	Bei den Parlamentswahlen verliert José Sócrates zwar in der Wählergunst, bildet aber eine Minderheitsregierung und bleibt Ministerpräsident.
2011	Premierminister Sócrates tritt zurück, nachdem das Parlament die Sparpläne zur Überwindung der Finanzkrise abgelehnt hat. Sócrates wollte Portugal aus eigener Kraft aus der Krise führen und dem EU-Rettungsschirm entfliehen. Die konservativen Parteien PSD (38,6 %) und CDS-PP (11,7 %) gewinnen die Wahlen und bilden eine Koalitionsregierung. Ministerpräsident wird Pedro Passos Coelho. Portugal kommt unter den Rettungsschirm.
2012	Die Regierung beschließt massive Kürzungen in den Bereichen Soziales, Gesundheit und Bildung. Steuern werden erhöht, Gehälter gekürzt, der Kündigungsschutz gelockert. Besonders betroffen sind Angestellte im öffentlichen Dienst und Rentner. Die Mehrwertsteuer für Restaurants und Cafés wird von 13 auf 23 % erhöht, was die Krise in der Branche weiter verschärft.
2013	Die Wirtschaft bricht ein, in der Folge steigt die Staatsverschuldung wie noch nie in der portugiesischen Geschichte. Die offizielle Arbeitslosenrate erreicht fast 18 %, nicht einmal die Hälfte erhält Arbeitslosenunterstützung. Noch schlimmer sieht es für die Jugendlichen aus, über 40 % sind offiziell arbeitslos, tatsächlich wohl über die Hälfte. Eine Auswanderungswelle setzt ein.
2015	Bei den Parlamentswahlen verliert die konservative Regierungskoalition die absolute Mehrheit. Unter Premierminister António Costa übernimmt eine sozialistische Minderheitsregierung die Geschäfte, gestützt von den Kommunisten und dem Linksblock.
2016	Anfang 2016 wird der ehemalige PSD-Vorsitzende, Jura-Professor und TV-Kommentator Marcelo Rebelo de Sousa zum Staatspräsidenten gewählt und tritt die Nachfolge von Cavaco Silva an.

Torre de Belém – Manuelinik in Reinform

Kunstgeschichte

Römer

Aus der Römerzeit sind auf dem Gebiet des heutigen Portugal einige bemerkenswerte Anlagen zu sehen. Zu den eindrucksvollen Monumenten dieser Epoche zählt
die *Tempelanlage in Évora*, der Hauptstadt der Provinz Alentejo. Der der Göttin
Diana gewidmete Tempel wurde im 1. oder 2. Jh. v. Chr. errichtet. Die heute noch
erhaltenen 14 korinthischen Säulen wurden durch im 14. Jh. hochgezogene Mauern
vor dem Verfall bewahrt. Das archäologische Museum in *Lissabon* zeigt viele
Fundstücke aus der römischen Epoche. Das in einem Flügel des Jerónimos-Klosters
in Belem untergebrachte Museum präsentiert hauptsächlich Objekte aus der
lusitanischen und römischen Periode, aber auch aus anderen Epochen bis zurück in
die Steinzeit.

Mauren

Maurische Bauwerke von besonderem kunsthistorischen Interesse sind in Portugal
nur sehr vereinzelt erhalten. Trotzdem hinterließ die lange Besiedlung durch die
Mauren (bis 1250) ihre Spuren, insbesondere an der Algarve. Vor allem in *Olhão*,
aber auch in *Albufeira* sind z. B. noch die typischen Haus- und Kaminformen zu
bestaunen, und innerhalb der Festungsmauern der Burg von *Silves* wurden Grabungen durchgeführt, um einen größeren Teil des dortigen Maurenpalasts zu
rekonstruieren. In anderen Landesteilen sieht es schlechter aus. Wer nach *Mértola*
in den Alentejo fährt, kann dort den letzten erhaltenen Kirchenbau mit ursprünglich maurischem Grundriss besuchen.

Romanik

Im Zuge der *Reconquista* im 11. Jh. verbreitete sich auch in Portugal die aus Süd-frankreich stammende romanische Kirchenbaukunst. Allerdings sind die portu-giesischen Kathedralen und Klöster lange nicht so mächtig wie die Kirchenbauten dort. Die schönste Kirche dieser Epoche ist wohl die Kathedrale von *Coimbra*, die kurz nach der Wiedereroberung errichtet (ca. 1150/75) und daher als eine Art Festung ausgebaut wurde. Sehenswert sind auch die Kathedralen von *Lissabon*, *Porto* und *Braga* – Letztere diente als Vorbild für die anderen romanischen Kirchen Portugals.

In den Dörfern des Nordens findet man zudem vereinzelt wunderschöne, schlichte romanische Dorfkirchen.

Gotik

Auch der gotische Baustil kam von Frankreich nach Portugal (Ende 12., Anfang 13. Jahrhunderts). In Portugal zeigen die Bauwerke oft Elemente aus Gotik und Romanik: Im romanischen Stil begonnene Bauten wurden häufig mit gotischen Formen vollendet. Im Allgemeinen jedoch ist die Gotik von der Romanik durch die nach oben strebenden Formen zu unterscheiden, die die Höhe der Räume betonen und aufgrund der neuen Bauweise mit Strebepfeilern möglich wurden, sowie durch die großen Fenster und die wesentlich reichere Ausschmückung der Kirchen mit Ornamenten und Skulpturen.

In Lissabon sind die Überreste der *Igreja do Carmo* im Stadtteil Chiado se-henswert. Die Kirche wurde Ende des 14. Jahrhunderts im gotischen Stil er-baut und 1755 durch das Erdbeben zer-stört. Als Hauptstadt der Gotik rühmt sich *Santarém* mit zahlreichen Kirchen dieses Baustils.

Manuelinik

Die sogenannte Manuelinik wurde nach König Manuel (1495–1521) benannt und stammt aus der „Goldenen Epo-che" Portugals im 15. und 16. Jh., als von dort aus erstmals die großen Welt-meere befahren und überseeische Ent-deckungen wie der Seeweg nach Indien und Amerika gemacht wurden. Die See-fahrer, Künstler, Baumeister und Aben-teurer kamen damals mit einer Fülle von Eindrücken und Ideen zurück und verarbeiteten die entdeckten neuen Ele-mente in einem fantastischen Baustil. Der Reichtum, der aus den Kolonien nach Portugal floss, ermöglichte den Por-tugiesen, ihre Bauten verschwenderisch

Manuelinik – Seemannsknoten mit Muschelornamentik

zu dekorieren. Orientalische und indische Ornamentik wurde mit Motiven aus der Fabel- und Pflanzenwelt sowie fantasievollen Elementen verquickt – der strenge gotische Stil fand sich in bizarrer Gesellschaft wieder. Auch Elemente und Symbole der Seefahrt wurden einbezogen: Anker, Knoten, Algen, Muscheln, Schnecken, Korallen und anderes mehr, was man auf den langen Seereisen hatte entdecken können.

Die Manuelinik ist eine eigenständige Kulturleistung der Portugiesen, geschaffen im Überschwang des Gefühls, die Welt gehöre ihnen. Sie ist, wenn man so will, die surrealistische Ausformung der Gotik. Zu den bedeutendsten Bauten der Manuelinik gehört das zum Weltkulturerbe zählende *Jerónimos-Kloster* in *Belém* (Lissabon). Grund für seine Errichtung (1502–17) war ein Gelübde von Manuel I., der schwor, an der Stelle einer alten Seefahrerkapelle ein Kloster zu erbauen, wenn Vasco da Gama von seiner Fahrt nach Indien heil und erfolgreich zurückkehren sollte. Das Kloster ist mit dem verschwenderischen Reichtum der Entdeckerzeit ausgestattet und gilt vielen als bedeutendstes Kunstdenkmal Portugals. An der Algarve zeigt das *Portal der Misericórdia-Kirche in Silves* schlichte, aber hübsche Formen der Manuelinik. Weitere Baudenkmäler in diesem Stil sind das berühmte Fenster des Kapitelsaals im *Convento do Cristo in Tomar* sowie die sagenhafte *Klosterkirche von Batalha*. Beide Kloster zählen zu den Hauptsehenswürdigkeiten des Landes.

Kunst auf Kacheln – die Azulejos

Wichtiges Element der portugiesischen Kunst und Kultur sind die Azulejos, bemalte Fliesen, die man überall im Land an und in verschiedensten Bauwerken findet. Bahnhöfe, Rasthäuser, Postgebäude sind damit ebenso gekachelt wie Kathedralen, Klöster und reiche Bürgerhäuser aus früheren Zeiten. Motive, Fliesenstile und Herstellungsverfahren änderten sich im Laufe der Jahrhunderte, doch nach wie vor sind die Azulejos bei den Portugiesen sehr beliebt. Heute schmückt oft abstrakt-futuristische Kachelkunst die Fassaden moderner Bauten oder U-Bahn-Stationen. Im Innenbereich sind besonders azulejogekachelte Badezimmer verbreitet.

Im 14./15. Jahrhundert fand diese Art der Kachelmalerei ihren Weg von Spanien nach Portugal. Ursprünglich brachten Mauren das Kunsthandwerk auf die Iberische Halbinsel. Der Name *Azulejo* gründet auf dem arabischen Wort *alzulij*, was etwa „kleiner polierter Stein" bedeutet. Anfangs wurden die mit geometrischen Mustern bemalten Kacheln aus Spanien importiert. Beispiele aus dieser Zeit finden sich im *Palácio Real in Sintra*. Für seine Erbauung um 1400 wurden Azulejos bei arabischen Handwerkern in Auftrag gegeben. Später ließ König Manuel I. die Innenhöfe des Palasts mit Kacheln ausschmücken, die bereits den manuelinischen Stil zeigen. In der zweiten Hälfte des 16. Jh. gewann die aus Italien stammende *Majolika-Technik* immer mehr an Bedeutung, die sich nach der Vertreibung der Mauren aus Spanien als vereinfachtes Herstellungsverfahren durchsetzte. Aus dieser Zeit stammt die Wandverkleidung der *Capela de São Roque* in der *Igreja de São Roque*, der Jesuiten-Prunkkirche im Bairro Alto von Lissabon. Nachdem ab Mitte des 16. Jh. der Handel mit Flandern florierte, entwickelte sich zunehmend ein eigener portugiesischer Stil. Das geometrische Design nach arabischem Vorbild wurde nun von naturalistischen und exotischen Motiven verdrängt – Fliesenszenen in den Farben Blau, Gelb und Grün auf weißem Grund bedeckten ganze Häuserwände.

Renaissance und Manierismus

In der zweiten Hälfte des 15. Jahrhunderts erhielt die portugiesische Kunst zunehmend Anregungen aus dem italienischen Humanismus. Die Maximen der klassischen Antike standen dabei im Mittelpunkt des Schaffens. Es entstanden etliche interessante Werke, besonders in der Literatur. In der Baukunst vollzog sich der Wandel vom reichen Zierwerk der Manuelinik zu den strengen klassischen Formen der Renaissance langsamer. Im Zeitalter der spanischen Fremdherrschaft setzte sich ab Ende des 16. Jh. zunehmend der Manierismus durch, der gegen die Strenge der Renaissance rebellierte. Ein Beispiel für den manieristischen Baustil ist die Lissabonner Jesuitenkirche *Igreja de São Roque*, ein saalartiges Kirchengebäude, das reich mit vergoldetem Schnitzwerk ausgeschmückt ist.

Barock

Ende des 17. Jahrhunderts gewann in Portugal die barocke Baukunst an Bedeutung. Nach der 60-jährigen Fremdherrschaft der Spanier kamen erst unter *Dom Pedro II.* (1683–1706) die barocken Ideen zum Tragen. Adligen Potentaten bot sich nun die

Ein anschauliches Beispiel sind die Fliesenbilder des *Palácio dos Marqueses de Fronteira* in Lissabon mit ihren fremd anmutenden, nahezu fantastischen Motiven.

Ende des 17. Jh. kamen die feingezeichneten flämischen Kacheln in Blau-Weiß immer mehr in Mode. Zwei Fliesenstile herrschten vor: die Azulejos *de motivo solto* (jede Kachel mit einer einzelnen Figur bemalt) und die monumentalen Wandbilder, die aus vielen einzelnen Kacheln mosaikartig zusammengefügt wurden (vorwiegend Szenen aus dem Leben der Jungfrau Maria, dem Leiden Christi, aber auch ländliche Motive und Impressionen aus der Stadt). Eines der schönsten szenografischen Wandbilder – ein Panorama von Lissabon – ist im *Museu Nacional do Azulejo* zu bewundern. Zu den bedeutendsten Künstlern dieser Zeit zählen *António de Oliveira Bernardes* und sein Sohn *Policarpo*, dessen Kachelmalerei absolute Perfektion erreichte. Da der Bedarf an Azulejos nach dem Erdbeben von 1755 in der Wiederaufbauphase gewaltig anstieg, gründete der Marquês de Pombal die *königliche Manufaktur Real Fábrica* am Largo do Rato in Lissabon.

Trotz der beginnenden Massenproduktion blieb die Fertigung der Azulejos bis ins 19. Jh. eine wahre Kunst – sie wurden stets per Hand bemalt. Ab 1860 löste das neue Siebdruckverfahren die ursprüngliche Methode ab. Im Zeitalter der Massenproduktion nahm das Interesse an maschinell gefertigten Kacheln stetig zu. Heute gibt es dennoch wieder einzelne Werkstätten, die sich in der Kunst des Handbemalens üben – diese Kacheln sind natürlich vergleichsweise teuer.

Azulejo-Schlachtengemälde
im Bahnhof von Porto

Möglichkeit, das in Brasilien gewonnene Gold für Prachtbauten zu verschwenden. Auch die Kirchenherren beteiligten sich rege an dieser Bauwut. Im ganzen Lande wurden Paläste, Kirchen und Klöster errichtet.

Charakteristisch für die repräsentative Baukunst des Barocks ist der *Klosterpalast von Mafra*, ca. 40 km nördlich von Lissabon gelegen. Er sollte das größte Bauwerk der Iberischen Halbinsel werden und übertrifft sogar den Escorial bei Madrid. Der Bau war so teuer, dass allein deshalb die Staatsfinanzen aus dem Ruder gerieten.

Eines der schönsten Bauwerke dieser Zeit ist das *Mosteiro de São Martinho de Tibães bei Braga* mit seiner gut erhaltenen Klosterkirche.

Rokoko und Klassizismus

Durch das französische und englische Vorbild der Aufklärung inspiriert, wandte man sich ab Mitte des 18. Jahrhunderts wieder stärker den klassischen Formen zu. Die *Basílica da Estrela in Lissabon* ist zwar noch im spätbarocken Stil erbaut, weist aber an der Fassade schon klassizistische Elemente auf. Nach dem Erdbeben von 1755 ließ der *Marquês de Pombal* die völlig zerstörte Lissabonner Unterstadt *(Baixa Pombalina)* im strengen schachbrettartigen Stil wiederaufbauen – ein einzigartiges Zeugnis des Städtebaus in der zweiten Hälfte des 18. Jh. Vom französischen Versailles angeregt, gestaltete *Maria I.* ihre Sommerresidenz, den *Palast und die Gärten von Queluz* bei Lissabon im Rokokostil. Später setzte sich auch in Portugal ein reiner klassizistischer Stil durch, zu bewundern im nie vollendeten Königspalast *Palácio Nacional da Ajuda* in Lissabon, an dem ab 1802 gebaut wurde.

Romantik

Ab Mitte des 19. Jahrhunderts wandte sich Portugals Kunst der Romantik zu. Eher gefühlsbetonte Themen gewannen die Oberhand über den nüchternen, analytisch-wissenschaftlichen Klassizismus. In der Architektur zeigte sich dies durch eine fantasievolle Gestaltung der Bauwerke; ein herausragendes Zeugnis aus jener Zeit ist der *Palácio Nacional da Pena bei Sintra*. Dort wurden alle Baustile, die es bis dahin in Portugal gab, verarbeitet. Das Ergebnis ist originell und unbedingt sehenswert!

Ebenfalls in der Serra de Sintra liegt der *Palácio de Monserrate*, ein von indischen Formen inspirierter Palast inmitten eines verwunschenen Parks. Auffällig sind auch die vielen romantischen Paläste, die sich Adelige und neureiche Bürger in Lissabon, Cascais und Sintra bauen ließen.

Historismus und Jugendstil

Mit dem Aufkommen des Bürgertums im 19. Jahrhundert bekamen Privatbauten immer größere Bedeutung. Die Reichen des Landes errichteten vor allem in Lissabon und Porto herrliche Paläste, Wohnhäuser und Grabkapellen im Stil des Eklektizismus, bei dem ältere Stilformen kombiniert werden, der daher auch Historismus genannt wird. Im historistischen Stil entstanden in Lissabon um die Jahrhundertwende auch zahlreiche öffentliche Bauten wie der *Bahnhof Rossio*, der *Aufzug Santa Justa* oder das *Parlament São Bento*. Dabei machten sich vor allem die Architekten Miguel Ventura Terra und Manuel Joaquim Norte Júnior einen Namen.

Der Jugendstil, in Portugal *Arte Nova* genannt, wurde dagegen nur zögerlich aufgenommen. In erster Linie ließen Geschäftsleute ihre Modegeschäfte, Cafés oder Werkstätten mit den auf Pflanzenformen basierenden Motiven des Jugendstils verzieren.

Architektur der Moderne

Als die Republik 1910 die Monarchie ablöste, wehte auch architektonisch ein neuer, liberaler Wind, der in den 1920er-Jahren in Portugal beeindruckende Werke des international aufkeimenden Modernismus entstehen ließ.

Dabei kombinierte die von Funktionalität geprägte Architekturbewegung neue Baumaterialien wie Stahlbeton mit den geometrischen, klaren Formen der sogenannten *Art déco*. Den bisher vorherrschenden Eklektizismus lehnten die Modernisten als „unschöpferisch" ab. Anschauliche Beispiele für den frühen Modernismus finden sich in Lissabon vor allem entlang der *Avenida da Liberdade*.

Die Salazar-Diktatur sorgte in den 1930er-Jahren für einen Bauboom in Lissabon. Zeigte sich das Regime anfangs noch offen für den internationalen Modernismus, so förderte sie im Zuge des mit dem Spanischen Bürgerkrieg wachsenden Nationalismus nationale Form des Modernismus. Man setzte auf Stilformen, die man für typisch portugiesisch hielt, betonte Fenster und Ecken mit breiten Steinrahmen und ersetzte Flach- durch Ziegeldächer. Im Volksmund heißt der Stil *Português Suave* („Sanftes Portugiesisch"); zu sehen z. B. an den Gebäuden östlich des Parque Eduardo VII. in Lissabon.

Das Zentrum der modernen portugiesischen Architektur ist allerdings nicht Lissabon, sondern Porto. Hier gilt *Fernando Távora* (1923–2005) als Vater der bis heute einflussreichen Architektenschule von Porto. Zu seinen wichtigsten Werken gehört die *Restaurierung der Altstadt von Guimarães* und das dortige *Pousada-Hotel*, das er in die Ruinen des *Klosters Santa Marinha da Costa* integrierte.

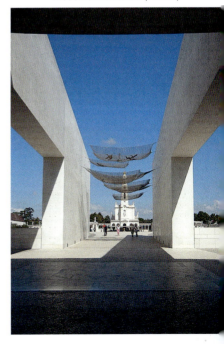

Moderne Architektur (Fátima)

Unter Távoras Einfluss hat *Álvaro Siza Vieira* (geb. 1933) seine ersten Arbeiten begonnen. In der *Kirche Santa Maria in Marco de Canaveses* gelang ihm ein gänzlich neues, zuerst umstrittenes Kirchenkonzept (z. B. mit Blick nach draußen). Genial ist sein Betonsegel zwischen den beiden Bauteilen des portugiesischen Pavillons auf der Weltausstellung in Lissabon 1998, das man heute noch besichtigen kann. Die geglückte Erneuerung des abgebrannten *Lissaboner Stadtteils Chiado* ist ebenfalls ihm zu verdanken. Heute ist Vieira ein international gefragter Architekt, dem mit dem *Museumsgebäude im Parque Serralves in Porto* ein Vorzeigestück gelungen ist: absolut klare Linienführung, „visuelle Stille" und eine harmonische Mischung von natürlichem und künstlichem Licht unter Einbindung des Parks.

Landwirtschaft zur Eigenversorgung – das Kleinbauerntum ist ausgestorben

Politik und Gesellschaft

Die Verfassung

Die portugiesische **Verfassung** garantiert einen außergewöhnlich großen Katalog an individuellen Rechten, darunter z. B. das Recht auf Daten- und Verbraucherschutz, auf eine ökologisch ausgewogene Umwelt, auf Kultur, Erhaltung des Kulturgutes, soziale Sicherheit, angemessenen Wohnraum, Eheschließung und Familiengründung. Auch sind die Vollbeschäftigung als Staatsziel und der Umweltschutz als Staatsaufgabe definiert. Die Verfassung gilt als eine der modernsten und fortschrittlichsten in Europa, zumindest auf dem Papier.

Portugal ist eine *parlamentarische Demokratie* mit präsidialen Elementen. Die *Gesetzgebung* obliegt dem Parlament mit nur einer Kammer *(Assembleia da República)*. Ihr gehören 230 Abgeordnete an, die auf 4 Jahre nach dem *Verhältniswahlrecht* gewählt werden. Die Sitze werden von 21 Distriktwahlkreisen vergeben, die zwischen drei (Évora) und 50 (Lissabon) Parlamentarier entsenden. Durch dieses Wahlverfahren ergeben sich gewisse Verzerrungen zugunsten der großen Parteien: So reichen bereits ca. 45 % der Stimmen für eine absolute Mehrheit der Sitze im Parlament aus.

Staatsoberhaupt ist der **Präsident**, der für 5 Jahre direkt vom Volk gewählt wird (eine Wiederwahl ist nur einmal möglich). Der Präsident hat das Recht, das Parlament aufzulösen und Gesetze zur Überprüfung auf ihre Verfassungsmäßigkeit an das Verfassungsgericht (Tribunal Constitucional) zu verweisen. Belegt er ein Gesetz mit seinem Veto, kann dieses nur mit der absoluten Mehrheit des Parlaments überstimmt werden. Der Präsident ist auch Oberbefehlshaber der Streitkräfte.

Die **Regierung** besteht aus dem Ministerpräsidenten, der vom Präsidenten nach Anhörung der im Parlament vertretenen Parteien ernannt wird, sowie dessen Ministern. Diese werden vom Ministerpräsidenten vorgeschlagen und dann vom Präsidenten ernannt. Die Regierung kann vom Parlament durch ein Misstrauensvotum oder durch Ablehnung des Regierungsprogramms gestürzt werden.

Parteien

Partido Social Democrata (PSD): In den 1980ern dominierten die Sozialdemokraten die portugiesische Politik. Die PSD wurde am 6. Mai 1974 als *Partido Popular Democrático* (PPD) von *Francisco Sá Carneiro* und *Francisco Pinto Balsemão* gegründet (seit 1976 *Partido Social Democrata*, PSD/PPD). Die PSD sieht sich in der Tradition der reformierten Sozialdemokratie, des Liberalismus und der Christdemokratie. Auf europäischer Ebene arbeitete die PSD lange mit den liberalen Parteien zusammen, mittlerweile ist sie zur Fraktion der Europäischen Volkspartei gewechselt, der auch die deutschen Parteien CDU/CSU angehören. Seit 2010 ist *Pedro P. Coelho* Parteivorsitzender. Auch nach dem Verlust der Regierungsmehrheit 2015 blieb Coelho im Amt. Die sozialdemokratischen Hochburgen liegen in Mittelportugal um Leiria und Viseu sowie in den ländlichen Regionen nördlich des Tejo.

Partido Socialista (PS): Gegründet wurde die PS 1973 auf Initiative der SPD und der Friedrich-Ebert-Stiftung im deutschen Bad Münstereifel von *Mário Soares*. Nach der Revolution 1974 sah sich die Partei als Gegengewicht zu den kommunistischen Militärs. Die PS steht der deutschen SPD nahe und ist marktwirtschaftlich und proeuropäisch orientiert. Die Bindungen zur Freimaurerei *(Maçonaria)* sind eng, doch auch Katholiken, z. B. der ehemalige Ministerpräsident *António Guterres*, finden sich in der Partei. Seit 2014 ist der frühere Lissabonner Bürgermeister *António Costa* Parteivorsitzender. 2015 wurde Costa Premierminister einer sozialistischen Minderheitsregierung. Die PS erzielt als einzige portugiesische Partei überall im Land gute Wahlergebnisse. Am stärksten ist sie in den großen Städten und an der Algarve vertreten.

Partido Popular (PP): Die Volkspartei wurde ebenfalls erst kurz nach der Nelkenrevolution gegründet. Damals nannte sich die Partei noch *Centro Democrático Social* (CDS), sozialdemokratisches Zentrum, und stand der politischen Mitte nahe. Zusammen mit der PSD kandidierte die CDS Anfang der 80er-Jahre im Wahlbündnis *Aliança Democrática* (AD), um sozialistisch-kommunistische Wahlsiege zu verhindern. In den 90ern entwickelte sie sich unter ihrem Vorsitzenden *Manuel Monteiro* zu einer rechtspopulistischen Partei.

Ausdruck der neuen Politik war 1993 die Umbenennung in Partido Popular, „Volkspartei". Viele Parteigrößen, darunter der ehemalige Präsidentschaftskandidat *Freitas*

Parteien	% 2015	Sitze 2015	% 2011	Sitze 2011	% 2009	Sitze 2009	% 2005	Sitze 2005
PSD (mit PP)	38,5	89	38,6	108	29,11	81	28,7	72
PS	32,3	86	28	74	36,5	97	45	120
PP	-	18	11,7	24	10,4	21	7,3	12
PCP	8,25	17	7,9	16	7,8	15	7,6	14
BE	10,19	19	5,2	8	9,8	16	6,4	8

do Amaral, verließen die Partei, die mittlerweile einen Anti-EU-Kurs verfolgte. Ihr Wahlmotto lautete 1995 „Portugal den Portugiesen". Im neuen Jahrtausend mäßigte sie sich unter ihrem neuen Vorsitzenden *Paulo Portas* wieder. Nach Portas Ausscheiden wurde 2016 die frühere Agrarministerin *Assunção Christas* zur Vorsitzenden gewählt. Die besten Ergebnisse erzielt die PP traditionell im Norden Portugals.

Partido Comunista Português (PCP): Die PCP wurde als einzige noch heute existierende Partei lange vor der Nelkenrevolution gegründet: am 6. März 1921. Nach ihrem Verbot 1927 ging die PCP in den Untergrund und war unter ihrem langjährigen Vorsitzenden *Álvaro Cunhal* eine der wichtigsten Kräfte gegen das Salazar-Regime. Traditionell moskauhörig, blieb sie auch unter dem Eindruck von Perestroika und Glasnost ihrer Ideologie treu. Die sowjetische Fahne mit Hammer und Sichel ist weiterhin Parteisymbol, Gorbatschow wurde als Verräter des Sozialismus beschimpft. Die PCP dürfte die letzte große europäische kommunistische Partei alten Stils sein. Auf lokaler Ebene machen die Kommunisten jedoch, oft in Koalition mit den Sozialisten, eine pragmatische Politik. Hochburgen der Kommunisten sind der Alentejo und der Industriegürtel um Lissabon, wo teilweise absolute Mehrheiten erzielt werden. Im Rest des Landes dagegen ist für die PCP nicht viel zu holen.

Die PCP tritt bei Wahlen traditionell im Bündnis mit den Grünen, der **Partido Ecologista Os Verdes (PEV)**, an. Das Wahlbündnis führt die für deutsche Augen irritierende Abkürzung *CDU – Coligação Democrática Unitária* (Demokratische Einheitskoalition). Die Grünen sind als eigenständige Partei auf der politischen Bühne allerdings kaum wahrzunehmen.

Bloco de Esquerda (BE): Der „Linksblock" ist eine relativ neue Formation. In ihm haben sich 1999 mehrere kleine linke Parteien als Gegenprojekt zur straff zentralistisch geführten, ideologisch unbeweglichen PCP vereinigt – darunter die maoistisch inspirierte *União Democrática Popular* (UDP). Dem *Bloco de Esquerda* gelang es seitdem vor allem im Großraum Lissabon, zahlreiche Linkswähler an sich zu binden. Kurioserweise war bis zu seinem frühen Tod *Miguel Portas*, der Bruder des Vorsitzenden der Volkspartei Paulo Portas, eine der führenden Personen des BE. Seit 2014 ist die frühere Schauspielerin *Catarina Martins* Parteivorsitzende.

Regionaler Aufbau

Portugal hat ca. 10,6 Mio. Einwohner (2013), eine Bevölkerungsdichte von ca. 109 Menschen pro km^2 und eine Fläche von 92.391 km^2. Damit ist es um ca. 10 % größer als Österreich. Die *República Portuguesa*, so der offizielle Staatsname, ist ein Zentralstaat mit 18 Distrikten auf dem Festland, die von der Zentralregierung verwaltet werden. Dazu kommen die zwei autonomen Regionen der Inselgruppen *Azoren* und *Madeira*, die eigene Regionalparlamente und Regionalregierungen haben. Alle anderen historischen Regionen existieren nicht mehr und wurden jeweils durch mehrere Distrikte ersetzt.

Auf lokaler Ebene setzen sich die Distrikte aus Kreisen *(Concelhos* oder *Municípios)* zusammen. Die Kreisverwaltungen *(Câmaras Municipais)* sind die wichtigsten Verwaltungsorgane unterhalb der nationalen Ebene. Sie werden von einem direkt gewählten Bürgermeister *(Presidente da Câmara Municipal)* und dem Stadtrat *(Assembleia Municipal)* geleitet. Die Kreise teilen sich wiederum in Gemeinden *(Freguesias,* wörtlich „Pfarrsprengel") auf, die jedoch nicht annähernd die Kompetenzen der deutschen Gemeindeverwaltungen besitzen.

Litoral – Interior: Küste und Landesinneres

Spätestens seit dem Beginn der Entdeckungsfahrten hat sich Portugal in Richtung Atlantik orientiert. Den Kolonien in Übersee wurde wesentlich mehr Aufmerksamkeit geschenkt als Europa und dem ungeliebten Nachbarn Spanien. Die größten Städte entstanden an der Küste (Lissabon, Porto, Setúbal, Aveiro, Faro) oder in Meeresnähe (Coimbra, Leiria, Braga). Die Verkehrswege entlang der Küste wurden gut ausgebaut, in Ost-West-Richtung dagegen vernachlässigt; um die Nord-Süd-Verbindungen im Landesinneren kümmerte man sich gar nicht. Mit dem Ende der Salazar-Diktatur verschärfte sich das Gefälle zwischen dem *Litoral* (Küstenstreifen) und dem *Interior* (Landesinneren) weiter: Die Rückkehrer *(Retornados)* aus den Kolonien zogen mehrheitlich in die prosperierenden Städte; zudem vollzog sich eine Landflucht vom Landesinneren in die Metropolen an der Küste. Die Zuwanderer zogen insbesondere nach Lissabon und Porto, deren Einzugsgebiete schnell und unkontrolliert wuchsen.

Heute gilt der Gegensatz zwischen dem „entwickelten" *Litoral* und dem verlassenen und vernachlässigten *Interior* als eine prägende Eigenart Portugals. So schwankt die Bevölkerungsdichte zwischen 748 Einwohnern pro km² in Lissabon und 16 Einwohnern pro km² im Distrikt Beja. 80 % der Portugiesen leben mittlerweile im Küstenstreifen zwischen Setúbal und der portugiesischen Nordgrenze bzw. an der Küste der Algarve, obwohl diese Fläche weniger als 30 % des Landes ausmacht. Allein in den Großräumen Lissabon (3 Mio.) und Porto (2,5 Mio.) wohnen über 50 % der Gesamtbevölkerung.

Die Dominanz der Hauptstadt kommt auch in einem vielzitierten Ausspruch der Lissabonner zum Ausdruck: *„Lisboa é Portugal, o resto é paisagem"* – Lissabon ist Portugal, der Rest ist Landschaft. Tatsächlich dürfte es sich aber wohl so verhalten, dass die von den Hauptstädtern geschmähte „Provinz" Portugal ausmacht und Lissabon mit seinem Umfeld eher untypisch für das Land ist.

Mieten

Über 40 Jahre lang herrschte in Portugal ein Mietpreisstopp. In dieser Zeit sanken die realen Mieten aufgrund der hohen Inflation enorm. Seit Jahren ist es nun aber erlaubt, die Miete entsprechend der Inflationsrate zu erhöhen. Als Portugal unter den „Rettungsschirm" kam, machten die Geldgeber – Europäische Zentralbank, EU-Kommission und IWF – eine Änderung des Mietgesetzes zur Bedingung. In der Folge stiegen die Mieten für langjährige Mieter drastisch an, der Kündigungsschutz wurde vermieterfreundlich gestaltet. Und dies, obwohl noch immer viele Altstadthäuser trotz großer Sanierungsprogramme in schlechtem Zustand sind. Bei der Sanierung bleibt

Stadtverschönerung in Aveiro

dann oft nur noch die Fassade des alten Hauses erhalten, während innen alles einge-rissen und neu gebaut wird. Dies ist fast immer notwendig, weil die meisten Alt-bauten wegen undichter Dächer und nie vorgenommener Renovierungsarbeiten in katastrophalem Zustand sind. Zudem fehlt oft sogar eine sanitäre Grundaus-stattung mit Dusche und WC.

Bildungswesen

Das staatliche Bildungswesen Portugals ist so aufgebaut: Auf den Kindergarten *(Jardim de Infância)* folgen Grundschule *(Escola Primária/1° Ciclo Básico)*, Mittel-schule *(Escola de 2°/3° Ciclo Básico)*, Oberschule *(Escola Secundária)* und Universität *(Universidade)* bzw. Fachhochschule *(Instituto Politécnico)*.

Kindergärten waren in Portugal lange wenig verbreitet, doch wurde in den letzten Jahren viel in den Ausbau der staatlichen Einrichtungen investiert. Mittlerweile soll jedes Kind ab 4 Jahren Anspruch auf einen Kindergartenplatz haben. Bislang muss-ten die meisten berufstätigen Eltern auf teure private Einrichtungen ausweichen. Reichere Eltern ziehen es oft vor, ihre Kinder nach der Vorschulzeit auf private Schulen zu schicken, da die öffentlichen Schulen teilweise schlecht organisiert sind.

Grundschule: Ab dem Alter von 6 Jahren müssen alle Kinder die Grundschule (Klassen 1–4) besuchen. Die Schulpflicht endet nach 12 Jahren.

Oberschule: Sie umfasst drei Jahre, in denen der Unterricht auf die fachspezifische Wahl der Schüler eng abgestimmt ist. Dies hat zur Folge, dass Schüler mit Abitur nach dem 12. Schuljahr nicht alles studieren können, weil sie ein zum Studium erforderliches Fach in der Oberschule eventuell nicht gehabt haben.

In Portugal existieren, so wie in Deutschland, **Universitäten** und stärker praxis-orientierte **Fachhochschulen**. In den letzten Jahren wurde die Zahl der Studien-plätze stark erhöht, was vor allem auf den massiven Ausbau der privaten Universi-täten zurückzuführen ist.

Erfreulich hoch ist der Frauenanteil unter den Studierenden. Ausgenommen die In-genieurstudiengänge stellen sie in allen Kursen die Mehrheit. Bleibt zu hoffen, dass sich auch auf den Führungsebenen von Staat und Wirtschaft allmählich eine höhere Frauenquote durchsetzt.

Insgesamt lässt die Qualität an den Schulen teilweise immer noch zu wünschen übrig. In diversen PISA-Studien lag Portugal lange Zeit weit hinter Deutschland. Allerdings verzeichnet das Land laut der jüngsten Studie mittlerweile die größten Fortschritte aller hochentwickelten Staaten.

Die aktuelle Sparmaßpolitik trifft allerdings auch das Bildungssystem. Innerhalb von zwei Jahren wurden etwa 40.000 Lehrer entlassen, die Schulklassen vergrößert, der Unterrichtsstoff zurückgefahren. Aufgrund enorm hoher Studiengebühren von über 1000 € pro Studienjahr gehen auch die Studentenzahlen derzeit wieder zurück.

Gesundheitswesen

Nach einer Studie der Weltgesundheitsorganisation (WHO) gehört das Gesund-heitssystem Portugals immer noch zu den schlechtesten unter den EU-Ländern. Kein Wunder, da Patienten z. T. monatelang auf einen Termin beim Facharzt und gar jahrelang auf eine Operation warten müssen. Oft sehen sich Kranke gezwun-gen, Privatpraxen oder Privatkrankenhäuser aufzusuchen und alle Kosten selbst zu bezahlen. Als Tourist wird man jedoch häufig zuvorkommend behandelt, sodass man von den tatsächlichen Zuständen keinen rechten Eindruck bekommt. Und doch sind Fortschritte zu verzeichnen: Von 1950 bis 2012 wurde beispielsweise die Säuglingssterblichkeit von über 9 % auf 0,3 % gesenkt.

Umwelt

Noch vor 10 Jahren wurden durchschnittlich 6,1 t des Treibhausgases Kohlendioxid (CO_2) pro Kopf und Jahr in Portugal ausgestoßen. Dieser Wert sank durch die Wirtschaftskrise auf 4,9 t im Jahr 2010, um im Jahr 2013 wieder auf ca. 6,6 t anzusteigen. Die Portugiesen tragen allerdings deutlich weniger zur weltweiten Klimaerwärmung bei als die Deutschen mit ca. 11 t pro Kopf (2013). Das kann man aber leider nicht als Indiz für eine erfolgreiche Umweltpolitik werten, weil sich die portugiesischen Emissionen seit 1980 verdoppelt haben. Dafür ist vor allem der Verkehr verantwortlich: Die Portugiesen haben in den 1980er- und 1990er-Jahren immer mehr Autos gekauft – gefördert von der Regierung, die die Autobahnen des Landes von 223 km im Jahr 1988 auf 3087 km im Jahr 2016 vervierzehnfachte.

In Portugal stammen zwei Drittel des Stroms aus erneuerbaren Energien, etwa dreimal so viel wie in Deutschland. An alternativen Energiequellen spielt in Portugal neben der Wasserkraft vor allem die Windkraft mit einem Anteil von über 40 % (zumindest in windreichen Monaten) eine große Rolle. Bürokratie verhinderte aber bisher, das Windkraft-Potential voll zu nutzen. In den vergangenen Jahren wurden zahlreiche Windräder im Land aufgestellt – viele aus deutscher Produktion. Zu Protesten wie in Deutschland gegen eine gefürchtete Landschaftsverschandelung ist es in Portugal aber nicht gekommen.

Aufgrund der Wirtschaftskrise war der kaum kontrollierte Bauboom zumindest vorübergehend gestoppt. Doch in den vergangenen zwei Jahrzehnten haben Immobilienhaie bereits mehrfach ohne Genehmigung Hotelanlagen und Golfplätze in geschützten Gebieten gebaut. Und an vielen Küstenabschnitten bedrohen illegal in den Sanddünen errichtete Ferienhäuschen das Ökosystem und sorgen für Erosion.

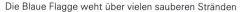

Die Blaue Flagge weht über vielen sauberen Stränden

Zarte, schneeweiße Kristalle – Salzernte bei Fuzeta

Wirtschaft

Statistische Daten

Nach Angaben der Weltbank lag Portugal 2015 mit einem Bruttosozialprodukt von 19.222 US-Dollar pro Kopf weltweit an 36. Stelle (zum Vergleich: Schweiz 80.945 US-Dollar und Platz 2, Österreich 43.775 Dollar, Platz 15, Deutschland 41.313 Dollar, Platz 18). In der EU liegt Portugal etwa gleichauf mit Griechenland und Slowenien. Gemessen am Bruttoinlandsprodukt ist Portugal mit 199 Milliarden US-Dollar die Nr. 45 unter den Volkswirtschaften der Welt (Deutschland 3363 Mrd., Platz 4). Der Umfang der portugiesischen Wirtschaft liegt damit auf ähnlichem Niveau wie Griechenland oder Bangladesch.

Entwicklungsland Portugal?

Bis 1989 tauchte Portugal regelmäßig in den Berichten des Bundesministeriums für wirtschaftliche Zusammenarbeit und Entwicklung als Empfänger deutscher Entwicklungshilfe auf. Und vieles erinnert in Portugal noch heute an ein unterentwickeltes Land: die Analphabetenrate von knapp 7 %, die Kinderarbeit oder der marode Gesundheitssektor …

Die Ursprünge der wirtschaftlichen Unterentwicklung Portugals liegen wahrscheinlich weit zurück. In der Blütezeit des portugiesischen Imperiums von 1490 bis 1580 und nach dem Ende der spanischen Besatzung 1640 kamen unermessliche Reichtümer aus den Kolonien nach Portugal: anfangs vor allem aus Indien und Afrika, nach den großen Goldfunden in Minas Gerais zu Beginn des 18. Jh. besonders aus Brasilien. Die Einfuhr dieser Reichtümer wirkte sich auf die Arbeitskultur im

Mutterland fatal aus: Die Ausbeutung der Kolonien war wesentlich bequemer, als selbst zu produzieren. So beschränkten sich die Portugiesen in der Folgezeit immer mehr darauf, als Händler tätig zu sein und die Waren aus den Kolonien in anderen Ländern bzw. im eigenen Land zu vertreiben. Bald waren sie nicht einmal mehr in der Lage, ihren Bedarf an Nahrungsmitteln selbst zu decken.

Unter Salazar wurde das Land fast völlig von seinen Nachbarn isoliert. In den 40 Jahren des faschistischen Estado Novo gab es in Portugal kaum wirtschaftliche Entwicklung. Stolz, allein zu sein, *orgulhosamente só*, lautete das Motto. Zwar trat man der europäischen Freihandelszone EFTA bei, der Frühform der späteren EG, aber wirklich eingebunden in die Weltwirtschaft war man nicht. Besonders der Handel mit dem Nachbarn Spanien wurde vernachlässigt.

Portugiesen führen als Entschuldigungen für die Unterentwicklung gern diese Punkte an: die räumliche Enge, das Fehlen natürlicher Ressourcen, die öffentliche Verwaltung und Justiz sowie die portugiesische Mentalität. Während die ersten beiden und der letzte Punkt eher Alibicharakter haben, ist die mangelhafte öffentliche Verwaltung und Justiz durchaus als ein Faktor für die Unterentwicklung Portugals anzusehen. Zwar gilt Portugal als Rechtsstaat, wenn sich aber Gerichtsprozesse bis zu fünf Jahre hinziehen, verwundert es nicht, dass das Vertrauen der Bevölkerung in diesen Rechtsstaat nicht allzu groß ist.

Rohstoffe

Selbst portugiesische Fachleute übersehen gerne, dass das Land über bedeutende Rohstoffreserven verfügt: Wolfram, Marmor, Granit, Pyrit, Zinn, Uranium, Kupfer und Gold. Was den Wolframabbau betrifft, der vor allem bei Fundão betrieben wird, zählt Portugal schon seit Jahrzehnten zu den größten Produzenten der Welt. Besonders die sogenannten „kriegswichtigen Lieferungen" des neutralen Portugals an Nazideutschland im Zweiten Weltkrieg waren sehr umstritten. Nach Frankreich und Spanien besitzt Portugal zudem die drittgrößten Uranreserven Westeuropas, die übrigens auch dem Bau der Atombombe von Hiroshima dienten. Und auch beim Marmorexport zählt Portugal zur Weltspitze. Große Vorkommen gibt es besonders um Estremoz und Vila Viçosa im Alentejo.

Landwirtschaft

Vielfach wird die Meinung vertreten, die portugiesischen Böden taugten nichts und es sei daher sinnvoller, sich mit Lebensmitteln aus Spanien oder den anderen EU-Ländern zu versorgen. Mit 3000 Sonnenstunden pro Jahr an der Algarve hat Portugal aber eigentlich weit bessere Möglichkeiten als beispielsweise das Lebensmittelexportland Holland (1700 Sonnenstunden). Eigentlich müsste man in Portugal zweimal im Jahr ernten können. Größere Erträge verhindern jedoch die bestehende Bodenverteilung und die geringe Bildung der Bauern. Im Norden dominieren aufgrund der Erbteilung Minigrundstücke, deren Ertrag oft gerade zur Selbstversorgung ausreicht. Im Süden des Tejo (besonders im Alentejo) findet man große Landgüter, die brachliegen, während die Landarbeiter ohne Arbeit sind. Von den Kooperativen mit großen Anbauflächen, die nach der Revolution von 1974 im Alentejo gegründet wurden, existiert kaum mehr eine, da die Agrarreform in weiten Teilen rückgängig gemacht und das Land an die früheren Besitzer zurückgegeben wurde. Von den 600 Kooperativen (*Unidades Colectivas de Produção/ UCP*) im Jahre 1975 gibt es heute gerade noch eine Handvoll.

Geschälte Korkrinde wartet auf den Abtransport in die Fabrik

Dementsprechend wurde die portugiesische Landwirtschaft nach der Marktöffnung beim Beitritt zur EG 1986 von spanischen Produkten regelrecht an die Wand gedrückt. Über 50 % des Nahrungsmittelbedarfs muss Portugal inzwischen importieren. Nur mit Wein, Olivenöl, Schaf- und Schweinefleisch, Milch und Roggen versorgt sich das Land selbst. Das ließ bis 2012 den Anteil von Landwirtschaft und Fischerei am Bruttoinlandsprodukt (BIP) auf 2,2 % sinken, 1960 hatte er noch 24 % betragen! Allerdings beschäftigt der Agrarsektor 10,5 % aller Erwerbstätigen und damit deutlich mehr als im EU-Durchschnitt.

Portugal ist – trotz seiner geringen räumlichen Ausdehnung – der neuntgrößte **Weinproduzent** der Welt, denn seine Böden eignen sich zum Weinbau hervorragend. Weinkritiker loben die inzwischen hohe Qualität. Dabei verfügt Portugal über zahlreiche günstige Mittelklasseweine, in der Topklasse spielen aber nur wenige Weingüter mit. Die bekannteste Marke ist *Mateus* der größten portugiesischen Kellerei *Sogrape*, die qualitativ eher im Mittelfeld liegt.

Plantagen- und Forstwirtschaft

Kork *(cortiça):* Mit seiner Korkproduktion, die etwa 51 % des Weltkorkverbrauchs deckt, steht das Land weltweit an erster Stelle (Gesamtproduktion 155.000 t jährlich). Einer der Hauptabnehmer des portugiesischen Korks ist Deutschland (Fußbodenkork, Flaschenkorken). Korkeichenplantagen, fast immer in Kombination mit Getreideanbau oder Weidewirtschaft, findet man vor allem im Alentejo.

Etwa 30 Jahre braucht ein *Sobreiro* (Korkeiche, lat. *Quercus suber)* bis zur ersten „Ernte", dann kann er alle 9 Jahre geschält werden, bis der Baum mit etwa 170 Jahren sein Lebensende erreicht hat. Die frisch geschälten, rot leuchtenden Stämme bekommen zur Markierung die Jahreszahl der letzten Schälung aufgemalt; somit weiß der Korkschäler, wann welcher Baum wieder an der Reihe ist.

Der Kork mit der höchsten Qualität wird u. a. für Flaschenkorken verwendet. Die zweite Wahl der Korkernte wird zu Fußbodenbelag oder auch Tapeten verarbeitet. Die schlechtesten Qualitäten, z. B. der sogenannte Jungfrauenkork der ersten Schälung, wird als Dämmkork oder Granulat (gepresst z. B. als Sandalenfußbett) verwendet. Bei den steigenden Landarbeiterlöhnen und stagnierenden Korkabnahmepreisen der Fabriken wird es für die Bauern allerdings finanziell immer weniger interessant, die Bäume zu pflegen (zu beschneiden) und schälen zu lassen. Die vielen brachliegenden Güter verwachsen dermaßen stark mit einem Macchia-Dickicht, dass an ein Durchkommen mit dem Traktor dann nicht mehr zu denken ist. Die verarbeitenden Fabriken liegen bei Lissabon und im Norden des Landes.

Mandelbäume *(amêndoeira):* Der Mandelbaum war der erste kultivierte Baum im Mittelmeerraum und stammt wahrscheinlich aus dem Kaukasus. Die Mandelblüte, die von Januar bis März die Region in eine Frau-Holle-Landschaft verwandelt, ist ein guter Grund, der Algarve schon um diese Jahreszeit einen Besuch abzustatten. Ein arabisches Märchen erzählt von einer traurigen Prinzessin aus dem Norden, die in den Wintermonaten das Schneekleid der Landschaft vermisste und von Schwermut geplagt wurde. Der Prinz ließ daraufhin die gesamte Algarve mit Mandelbäumen bepflanzen.

Eine traditionelle Nascherei ist das Knabbern gemischter Mandeln und Feigen (vor allem an Ostern), die auf jedem Markt erhältlich sind. In der Algarve hat sich auch eine regelrechte Marzipankultur gebildet. In den Konditoreien liegen vielfältig geformte und bunt bemalte Marzipanfiguren in der Auslage, und in Lagoa gibt es sogar eine Fachschule für Marzipanbäcker. Der geringe Gewinn beim Mandelanbau führt dazu, dass viele Flächen nicht bewirtschaftet werden und man mittlerweile schon Marzipan aus kalifornischen Mandeln herstellt.

Johannisbrotbaum *(alfarroba):* Der Name ist der Bibel entlehnt, die die Geschichte Johannes des Täufers erzählt, der sich in der Wüste nur von den Früchten des „Alfarrobeira" ernährte. Im Mittelmeerraum ist die bohnenartige Frucht eine Extrakost für das Vieh während der kargen Sommermonate, in arabischen Ländern ist der süße Sirup aus Johannisbrotmehl auch als Nachspeise beliebt. Auch heute noch werden an der Algarve die Pflanzungen kultiviert und Neupflanzungen vorgenommen, da das Kernmehl ein starkes und beliebtes Verdickungsmittel für die Lebensmittelindustrie abgibt. Der Johannisbrotbaum ist dabei einer der wenigen Bäume, die bodenverbessernd wirken und trotzdem anspruchslos sind.

In den letzten beiden Jahrzehnten wurden große Flächen mit **Eukalyptusbäumen** aufgeforstet (58,9 % der aufgeforsteten Gesamtfläche), um den Bedarf der portugiesischen Zellstoffindustrie an schnell wachsendem Holz zu decken. Doch die Auswirkungen dieser Monokulturen sind verheerend. Der Eukalyptuswald verdrängt den ursprünglichen Mischwald und laugt dabei die Böden völlig aus. Abgebrannter ursprünglicher Wald wird oft durch *Eucaliptal* (Eukalyptuswald) ersetzt, der seinerseits sehr leicht brennt. Für die heimische Tierwelt ist in den Eukalyptuswäldern kein Platz.

Die Holzverarbeitung stellt in Portugal 3 % der Arbeitsplätze und 12 % der Exporte; sie ist somit ein nicht zu unterschätzender Wirtschaftsfaktor des Landes. Zudem ist Portugal einer der weltgrößten Produzenten von Zellstoff.

Waldbrände

Kein Land Europas wird so stark von Waldbränden geplagt wie Portugal –
pro Jahr werden bis zu 35.000 Brände registriert. 1991 war für Portugals
Wald und Natur ein im wahrsten Sinne schwarzes Jahr: 182.000 ha ver-
branntes Gebiet, fast 2 % der gesamten Landesfläche! In den folgenden Jahren gelang es mit angemieteten Löschflugzeugen und Helikoptern, die Brände besser unter Kontrolle zu bekommen. Im Jahrhundertsommer 2003 kam
es dennoch zur Katastrophe: In lediglich einer Woche Ende Juli/Anfang
August brannten 242.000 ha. Am Ende des Jahres zeigte die Schadensbilanz
425.726 ha verkohlte Fläche – 5 % des Landes, ein Gebiet so groß wie der gesamte Distrikt Coimbra. Nicht nur Naturschutzgebiete und Hunderte
Wohnhäuser verbrannten, auch 20 Menschen rissen die Flammen in den
Tod. Begünstigt werden die Brände durch die Aufforstung mit Monokulturen des eigentlich nicht heimischen Eukalyptus für die Zellstoffindustrie.
Dazu kommt vor allem im entvölkerten Landesinneren die mangelnde Pflege
des Waldes. Zwar sind im heißen Klima Südportugals gelegentliche
Waldbrände normal – sie entstehen z. B. durch Blitzschlag – und könnten
von den ursprünglichen Korkeichenwäldern verkraftet werden, doch vor
allem 2003 waren auch zahlreiche Brandstifter am Werk. Im Gegensatz zu
anderen europäischen Ländern steht hinter den Brandstiftungen jedoch
eher ein perverser Spaß am Zündeln, weniger wirtschaftliches Interesse: Die
verbrannten Wälder müssen wieder aufgeforstet werden, und eine Bebauung ist in den nächsten 10 Jahren verboten. Dank Präventionsmaßnahmen
und Aufrüstung der Feuerwehr konnten die Brände seit 2006 deutlich
reduziert werden, 2008 verbrannten nur mehr 9650 ha. Allerdings mussten
zur Erfüllung der Sparauflagen die ergriffenen Maßnahmen teilweise wieder
rückgängig gemacht werden, was mit dazu beitrug, dass die verbrannte
Fläche 2013 wieder auf 140.000 ha anstieg. Besonders betroffen war das
Innere der Algarve nördlich von Tavira und São Brás de Alportel.

Was die portugiesischen Fischer anlanden, reicht nicht zur Selbstversorgung

Fischerei

Portugal, die Fischfangnation – das ist ein beliebtes, aber längst realitätsfernes Bild. Dafür trägt die Fischereiindustrie in erster Linie selbst die Verantwortung, denn vor der portugiesischen Festlandküste hat sie in den letzten Jahren nicht nur die Sardinenbestände deutlich überfischt. Als Folge brach der Gesamtfang des Landes von 352.000 t im Jahr 1970 auf 106.000 t im Jahr 2008 ein. Da half es wenig, dass sich die Fischereiflotte andere Fanggebiete vor den ehemaligen Kolonien in Afrika suchte. Auch vor Neufundland, dem traditionellen Fanggebiet für Kabeljau, gingen die Bestände aufgrund Überfischung drastisch zurück, sodass der geliebte *Bacal- hau* mittlerweile meistens aus Skandinavien kommt. Aufgrund des hohen Fisch- konsums ist das Land auch bei der Versorgung mit anderen Fischarten in hohem Maße auf Importe angewiesen. Die Folge ist ein riesiges Fischhandelsdefizit von 600 Mio. Euro jährlich.

Etwas anders sieht die Lage auf den Azoren und Madeira aus. Vor allem auf den Azoren vermieden die lokalen Fischer weitgehend eine Überfischung durch ein umsichtiges Management in Kooperation mit den Meeresbiologen der Universität von Horta. Argumente, die bei der EU aber auf taube Ohren stießen: Die großen Meeresflächen um die portugiesischen Inseln waren einfach zu attraktiv für die an- deren EU-Länder, die ihre eigenen Gewässer zumeist schon leergefischt haben, als dass man sie den Azorianern hätte alleine lassen wollen. So beendete die EU im Jahr 2004 das exklusive Fangrecht der Portugiesen. Seitdem müssen sie sich die Ressourcen mit Industrie-Trawlern aus Spanien und Frankreich teilen. Wie lange der Fisch jetzt wohl reicht?

Industrie

Bis in die 1950er-Jahre war die portugiesische Wirtschaft überwiegend von der Land- wirtschaft geprägt. Nach der Nelkenrevolution 1974 wurden in den ersten staats- sozialistisch geprägten Jahren wichtige Industrien und alle nationalen Privatbanken in Staatseigentum überführt. Mit der Verfassungsänderung von 1989, in der der Sozialismus nicht mehr als Staatsziel angeführt wurde, begann die Zeit der Reprivatisierungen, die bis heute nicht abgeschlossen ist.

Die Hauptstandorte der portugiesischen Industrie konzentrieren sich auf die Region um Porto *(Estarreja, Vila Nova de Gaia, Matosinhos, Braga, Guimarães)*. Doch auch im Süden des Landes gibt es um Lissabon *(Vale do Tejo)* bedeutende Industrien, obwohl hier der Dienstleistungssektor überwiegt. Besonders an der Eisenbahnlinie nach Norden und auf der Südseite des Tejo *(Seixal, Barreiro, Palmela, Setúbal)* hat sich viel Industrie angesiedelt.

Kleine und mittlere Unternehmen sind in Portugal besonders in der Textilbranche, Lederverarbeitung und Schuhproduktion zu finden, letztere vorwiegend in der Region des *Vale do Ave* um *Guimarães* und *Braga* nördlich von Porto. Seit dem Auslaufen der Quoten des Welttextilabkommens 2005 hatte die Branche Probleme, mit der Konkurrenz aus China und Indien mitzuhalten, erlebt aber seit 2011 dank hochwertigerer Produktion wieder einen leichten Aufschwung.

Handel

Das portugiesische Außenhandelsdefizit ist chronisch, doch im Jahr 2000 erreichte es eine Rekordhöhe von 14,7 % des BIP. Dies finanzierten die Portugiesen vor allem durch eine hohe Kreditaufnahme im Ausland, ein problematischer Weg, der in der Finanz- und Bankenkrise nicht fortgesetzt werden konnte.

Insgesamt wickelt Portugal etwa drei Viertel seines Handels mit der EU ab, die wichtigsten Partner sind Spanien, Deutschland und Frankreich. Dabei liefert Spanien mit 31,8 % die mit Abstand meisten Importe Portugals (2012). Deutschland stellt mit 11,5 % die zweitgrößten Einfuhren. Lange Zeit war Deutschland das Hauptzielland für die portugiesischen Exporte. Doch auch hier liegt der Nachbar Spanien mit 22,5 % inzwischen vorne, Deutschland folgt mit 12,3 % auf dem zweiten Platz.

Auslandsinvestitionen kommen insbesondere aus dem Nachbarland Spanien und dem mit Portugal schon immer wirtschaftlich stark verbundenen Großbritannien. Auch Deutschland ist mit zahlreichen Firmen im Land vertreten. Volkswagen tätigte in Portugal 1995 zusammen mit Ford sogar die größte ausländische Investition aller Zeiten: die erste portugiesische Autofabrik *Auto-Europa* bei Palmela südlich von Lissabon. Von den Kosten in Höhe von 2,3 Milliarden Euro subventionierte der portugiesische Staat knapp 900 Millionen. Seit Volkswagen die Fabrik komplett von Ford übernommen hat, rollen hier Modelle wie Eos, Scirocco oder Sharan vom Band.

Tourismus

Mittlerweile ist der Tourismus in Portugal ein bedeutender Wirtschaftsfaktor. Er sichert über 9 % des Bruttoinlandsproduktes und rund 300.000 Arbeitsplätze. Etwa 12 Mio. ausländische Gäste besuchen jedes Jahr Portugals Strände, Städte und Inseln. Die größte Bettenkapazität hat die Algarve, gefolgt von der Region Lissabon *(Costa de Lisboa)* und Madeira. Insgesamt stehen den Touristen etwa 200.000 Betten im Land zur Verfügung. Die meisten Besucher kommen aus Spanien, viele bleiben aber nur einen Tag in Portugal. Bei den Gästen mit längerer Aufenthaltsdauer liegen die Briten vorne, mit gehörigem Abstand gefolgt von Deutschen, Niederländern und Franzosen.

Die Arbeiter

Die Portugiesen arbeiten mit 1900 Stunden pro Jahr 300 Stunden mehr als ihre deutschen Kollegen. Das ist nach den Japanern die längste Jahresarbeitszeit in einem Industrieland. Die 40-Stunden-Woche gilt in Portugal noch als soziale Errungenschaft. Auf vielen Baustellen wird selbstverständlich samstags und sonntags gearbeitet.

Gewerkschaften: In Portugal gibt es zwei große Gewerkschaftsdachverbände, die sich politisch und weltanschaulich unterscheiden. Der wichtigste Verband ist die *Confederação Geral dos Trabalhadores Portugueses – Intersindical Nacional* (CGTP-IN), die der kommunistischen PCP nahe steht. Die CGTP-IN war ursprünglich als kommunistische Einheitsgewerkschaft konzipiert worden. Um dieses Vorhaben zu verhindern, gründete die sozialistische Partei PS mit Unterstützung der deutschen Friedrich-Ebert-Stiftung die *União Geral dos Trabalhadores* (UGT). In ihr haben sich sowohl den Sozialisten nahestehende als auch eher sozialdemokratisch orientierte Gewerkschaftler zusammengeschlossen.

Arbeitslosigkeit: Mit einer Arbeitslosenquote von rund 11 % (2016) hat Portugal einen der höchsten Werte innerhalb der EU. Die Löhne liegen aber deutlich unter dem EU-Durchschnitt, während die Preise sich bei vielen Dingen nicht vom deutschen Niveau unterscheiden.

Europa

Ein großer Entwicklungsschub für Portugal kam nach dem EG-Beitritt 1986 aus Brüssel. Seitdem hat das Land regelmäßig deutlich mehr aus den EU-Töpfen erhalten, als es eingezahlt hat. In den 1990er-Jahren machten die Hilfen aus regionalen Entwicklungs- und Sozialfonds etwa 3 % des portugiesischen Bruttoinlandsprodukts (BIP) aus: ein gewaltiger Finanzierungsbeitrag, der mit der EU-Osterweiterung langsam, aber sicher abschmilzt, da Portugal nun nicht mehr zu den ärmsten Mitgliedern gehört.

No future?

Portugal gehörte 1999 zu den Gründungsmitgliedern der europäischen Währungsunion. Infolge der Währungsunion sanken in Portugal die Zinsen rapide; von der Europäischen Zentralbank erwarteten die Investoren eine stabilere Geldpolitik als von der Portugiesischen Zentralbank mit ihrer traditionell hohen Inflation. Die gesunkenen Zinsen verbilligten die Kosten für portugiesische Unternehmen und Konsumentenkredite – ein willkommener Anschub für die Wirtschaft des Landes.

Mit den günstigen Krediten konnten viele portugiesische Verbraucher aber nicht umgehen. Sie verfielen teilweise in einen wahren Konsumrausch: ein neuer Fernseher, der eigene Pkw, am besten noch die ersehnte Eigentumswohnung. Auf Pump schien durch die Niedrigzinsen plötzlich vieles erreichbar, was früher unbezahlbar war. Dabei hatten zahlreiche Menschen die Illusion, ihre Gehälter würden künftig weiter so kräftig steigen wie in den vergangenen Jahren, als damit ein gewisser Ausgleich für die hohe Inflation gezahlt wurde.

Das böse Erwachen kam mit der Staatsschuldenkrise im Jahr 2011, doch schon seit 2003 litt die Wirtschaft unter großen Problemen. Das Wachstum war zu gering, um die steigenden Staatsausgaben aufzufangen. Als nach der internationalen Finanzkrise 2008 Portugal und andere EU-Staaten große Investitionsprogramme auffuhren, um der Krise entgegenzuwirken, sprengte das den Haushalt. 2009 betrug das Staatsdefizit 8 %, 2010 waren es 7,9 %. Der Druck auf die Finanzmärkte nahm zu, bis die Regierung schließlich ein 78 Milliarden Euro schweres Rettungspaket von der Troika aus Europäischer Zentralbank, EU und IWF annehmen und als Gegenleistung drastische Sparmaßnahmen umsetzen musste.

Portugal hat es jahrelang versäumt, sich weltmarktfähig auszurichten. Man setzte auf niedrige Löhne, anstatt neue Wettbewerbsvorteile zu suchen. Fast selbstverständlich steckten die Portugiesen einen Großteil der Milliardentransfers der EU in den Bau von Autobahnen. Viel wettbewerbsfähiger wurde das Land dadurch aber nicht. Wie das EU-Geld besser hätte angelegt werden können, zeigt das Beispiel Irland, das Portugal längst überholt hat. Doch in jüngster Zeit gibt es positive Anzeichen, dass Portugal sein Wirtschaftsmodell überdenkt. In Lissabon und Porto hat sich eine lebhafte Start-up-Kultur entwickelt. Gerade im IT-Bereich kann Portugal mit gut ausgebildeten Ingenieuren und wettbewerbsfähigen digitalen Strukturen punkten. Interessanterweise wird „Websummit", Europas größte Internetkonferenz, die in Dublin gegründet worden war, nun in Lissabon organisiert.

Sandstrand – „touristischer Rohstoff"

Im Landeanflug auf Faro

Anreise

Vier Anreisemöglichkeiten stehen zur Wahl: die schnelle mit dem Flugzeug, die umweltfreundliche mit der Bahn, die mit dem Bus und die mit eigenem Fahrzeug.

Mit dem Flugzeug

Internationale Fluggesellschaften fliegen Lissabon, Faro und Porto direkt von einigen deutschen, österreichischen und Schweizer Städten an. Wer Sondertarife nutzt und entsprechend früh bucht, fliegt oft sogar für weniger als 200 € hin und zurück. Die Verbindungen der Charterfluggesellschaften sind nicht unbedingt günstiger. Bei den sog. Billigfliegern kann man mit viel Glück sogar Einfachflüge unter 40 € buchen. Generell lohnt es, die Preise im Internet mit denen verschiedener Reisebüros zu vergleichen. Letztere verfügen manchmal über spezielle Kontingente (Graumarkt-Tickets) oder machen besondere Angebote für Studenten.

Fly & Drive Flug und **Mietwagen** gleich in Deutschland zu buchen kann sich lohnen, da der Preis bei den meisten Veranstaltern niedriger ist als am Zielort. Wer in den Großstädten Lissabon und Porto sowie deren Umland unterwegs ist, sollte allerdings getrost auf einen Mietwagen verzichten. Hier kommt man mit öffentlichen Verkehrsmitteln besser voran.

Fluggesellschaften TAP Portugal – Transportes Aéreos Portugueses: Die portugiesische Fluggesellschaft TAP fliegt tägl. von verschiedenen mitteleuropäischen Flughäfen – u. a. München, Frankfurt, Berlin, Düsseldorf, Hamburg, Zürich, Genf, Luxemburg – direkt nach Lissabon. Nach Porto geht es tägl. direkt ab Zürich. Weitere Flüge werden im Codesharing mit Lufthansa bzw. der Tochtergesellschaft Austrian Airlines angeboten und teilweise von der der TAP angeschlossenen Linie Portugália ausgeführt. www.flytap.com. In Lissabon: Praça Marquês de Pombal 15 (Metro Marquês de Pombal), ✆ 707205700.

Lufthansa: Direktflüge nach Lissabon mehrmals tägl. ab Frankfurt, München und Düsseldorf. Tägl. geht es auch direkt von Frankfurt nach Porto, außerdem an einzelnen Tagen direkt ab Frankfurt nach Faro. www.lufthansa.com. In Lissabon direkt am Flughafen: Aeroporto de Lisboa, Gabinete 211, ✆ 707782782.

Swiss: Fliegt tägl. ab Zürich und Genf direkt nach Porto bzw. Lissabon. www.swiss.com.

Austrian Airlines: Mehrmals tägl. fliegt die AUA mit der TAP ab Wien nach Lissabon. www.austrian.com.

Air Berlin: Selten Direktflüge von Berlin, Dresden, Düsseldorf, Hamburg nach Faro. Jeden Tag verbindet Air Berlin außerdem Lissabon und Porto mit Palma de Mallorca. Dorthin gelangt man von zahlreichen Flughäfen wie Berlin, Düsseldorf, Leipzig, München, Münster, Nürnberg, Stuttgart, Wien, Linz, Salzburg, Basel. www.airberlin.com.

Germanwings: Der Billigflieger bedient im Sommerhalbjahr mehrmals wöchentlich Lissabon und Faro, jeweils ab Köln/Bonn und Stuttgart. www.germanwings.com.

Ryanair: Fliegt mehrmals wöchentlich von Frankfurt-Hahn nach Lissabon, zweimal wöchentlich von Dortmund und Düsseldorf nach Faro, nach Porto ebenfalls zweimal wöchentlich von Bremen, Dortmund und Nürnberg, dreimal von Lübeck, Memmingen und Karlsruhe, viermal von Düsseldorf, tägl. von Frankfurt. www.ryanair.com.

TUIfly: Der Ferienflieger verbindet Frankfurt, München, Hannover, Düsseldorf und Stuttgart mit Faro, teilweise nur im Hochsommer. www.tuifly.de.

Easyjet: Der Billigflieger steuert Lissabon mehrmals wöchentlich von Berlin und Genf aus an, Porto von Basel und Genf. www.easyjet.com.

Mit der Bahn

Die beste Bahnverbindung von Deutschland aus führt von Frankfurt am Main nach Lissabon und erfordert zweimaliges Umsteigen: einmal in Paris, einmal im nordspanischen Irún. Frankreich wird im ICE und TGV mit Tempo 320 durchquert, ab Irún besteht Anschluss an den Nacht-Schnellzug nach Lissabon. Die beste Abfahrtszeit von Frankfurt ist 6.54 Uhr, dann erreicht man Lissabon am Folgetag um 7.30 Uhr.

Die einfache Fahrt in der zweiten Klasse (mit Liege im Nachtzug) kostet ab ca. 100 €, unter Nutzung des Europa-Spezial-Tarifs der Deutschen Bahn bis Paris (ab 39 €) und des Prem's Tarif der SNCF von Paris bis Irún (ab 25 €). Beide Tarife sind kontingentiert und erfordern eine Buchung weit im Voraus. Wenn Flexibilität hinsichtlich des Reisetages besteht, steigen die Chancen auf den günstigen Tarif. Ab Irún kostet der Nachtzug nach Lissabon je nach Auslastung zwischen 27,60 € und 69 € im Sitzwagen, die Liege kostet zwischen 37,60 € und 94 € und der Schlafwagen 138 € bei Dreier-Belegung, bis 188 € im Einbettabteil. Die Tickets für innerportugiesische Verbindungen sollte man erst in Portugal kaufen, da sie dort wesentlich billiger sind als in Deutschland.

Romantik an der Bahnsteigkante: der Bahnhof von Pinhão

Die Züge aus dem Ausland kommen in Lissabon alle am Bahnhof Santa Apolónia an, in Kursbüchern meist mit S. A. abgekürzt (Stadtteil Alfama). Ins Stadtzentrum gelangt man von dort mit der Metro, Busverbindungen → S. 462 (Kapitel Lissabon). Außerdem halten alle internationalen Züge auch am neuen Hauptbahnhof im Osten Lissabons, der Gare do Oriente. Hier besteht ebenfalls Metro-Anschluss.

Information Deutsche Bahn: kostenlos unter ☎ 0800-1507090, im Internet unter www.bahn.de. In der Schweiz bei der **SBB** unter ☎ 0900-300300 und www.sbb.ch. In Österreich bei der **ÖBB** unter ☎ 05-1717 und www.oebb.at. Die französische **SNCF** findet man im Internet unter www.sncf.fr, die spanische **RENFE** unter www.renfe.es und die portugiesische **CP** unter www.cp.pt.

Alle europäischen Bahnangebote präsentiert übersichtlich die Broschüre „Zügig durch Europa": im Internet unter www.vertraeglich-reisen.de, gedruckt zu bestellen beim Verkehrsclub Deutschland e. V. (VCD), Rudi-Dutschke-Str. 9, 10969 Berlin, ☎ 030-2803510, www.vcd.org.

Spar-Angebote der Deutschen Bahn Für Jugendliche (unter 26 J.) oder Senioren (ab 60 J.), die im Besitz einer **Bahncard** sind, könnte der Erwerb des Zusatzausweises **RAILPLUS** lohnen: Für einmalig 15 € erhält man bei Reisen ins Ausland auch auf dem ausländischen Streckenanteil Ermäßigungen von 25 %. Fahrkarten mit RAILPLUS-Ermäßigung können in der Regel nur in Deutschland, nicht aber in Portugal gekauft werden.

InterRail-Tickets ermöglichen eine unbegrenzte Zahl von Reisen in ganz Europa (Global-Pass) oder in einem ausgewählten europäischen Land (Ein-Land-Pass) während eines bestimmten Zeitraums. Für eine Fahrt nach Portugal bietet sich der Global-Pass für 10 Tage in 22 Tagen an, d. h. innerhalb von 22 Tagen an maximal 10 Tagen unbegrenzt Bahn fahren. Für Fahrten im eigenen Land erhält man 25 % Ermäßigung. Diese Global-Pass-Variante kostet in der zweiten Klasse für Jugendliche (bis 25 J.) 265 €, für Erwachsene 393 €. In bestimmten Zügen kommen jedoch noch Zuschläge oder Reservierungsgebühren hinzu.

Reservierung Der Thalys, die TGV-Züge und der Süd-Express sind alle reservierungspflichtig. Besonders um Ostern, im Sommer und zur Weihnachtszeit empfiehlt sich eine frühzeitige Reservierung. Wer über Köln fährt, sollte zu allen Jahreszeiten möglichst früh buchen, damit die Thalys-Sondertarife in Anspruch genommen werden können (auch Interrailer). Informationen unter www.thalys.com. In Spanien sind alle Fernzüge reservierungspflichtig, www.renfe.es.

Mit dem Bus

Die **Deutsche Touring/Eurolines** sowie die portugiesische Busgesellschaft **Intercentro** fahren jeweils mehrmals pro Woche von vielen deutschen Städten nach Lissabon. Die Fahrt dauert ab Frankfurt am Main ca. 36 Std. und kostet einfach zwischen 133 € (Eurolines) und 150 € (Intercentro). In Lissabon kommen die Busse im Busbahnhof Sete Rios in der Rua Professor Lima Basto in der Nähe des Zoos an (Metrostation Jardim Zoológico). Mit der blauen Metrolinie besteht Anschluss ins Zentrum. Weitere Ziele, die von Deutschland aus angefahren werden, sind Guimarães, Braga, Viana do Castelo, Bragança, Vila Real, Porto, Viseu, Covilhã, Castelo Branco, Beja, Setúbal, Évora, Faro und Lagos.

Information/Buchung Deutsche Touring GmbH/Eurolines Germany, Am Römerhof 17, Frankfurt, ☎ 069-7903501, www.eurolines.de. Außerdem über die Reisezentren der Deutschen Bahn.

Intercentro, Rua Engenheiro Vieira da Silva 8, Lissabon (Ⓜ Saldanha), ☎ 213301500, www.intercentro.pt.

Internorte, Praça de Galicia 96, Porto, ☎ 226052420, www.intercentro.pt.

Verbindungen ab Spanien Die spanische Busgesellschaft **Alsa** fährt 2- bis 3-mal tägl. von Madrid (Busbahnhof Estación Sur) nach Lissabon (Busbahnhof Sete Rios und teilweise auch Gare do Oriente). Es fahren auch 1- bis 2-mal tägl. Alsa-Busse von Sevilla (Busbahnhof Plaza de Armas) nach Lissabon. Infos unter www.alsa.es.

Mit eigenem Fahrzeug

Selbstfahrer sollten für die Anreise ca. drei Tage einplanen, die reine Fahrtzeit beträgt etwa 21 Std. von Frankfurt/M. nach Lissabon (ca. 2300 km). In Frankreich, Spanien und Portugal fallen Mautgebühren an, insgesamt rund 150 € für Pkw, bei Wohnmobilen und Gespannen ist es mehr, Motorradfahrer zahlen weniger.

Atlantikroute: Vor allem für Urlauber aus Nord- und Mitteldeutschland ist die Strecke über Paris und dann über Nordspanien zu empfehlen. Über Paris geht es bis Bordeaux auf durchgehend gebührenpflichtigen Autobahnen. Dann folgen autobahnähnliche Straßen (3- oder 4-spurig) bis zur spanischen Grenze. Ab hier führt eine gebührenpflichtige *Autopista* von Bénesse über San Sebastián bis Burgos; ab Burgos geht es auf der gebührenfreien, 4-spurigen *Autovía* durch das spanische Hochland bis zur Grenze bei Vilar Formoso/Fuentes de Oñoro. In Portugal fährt man auf der gut ausgebauten, gebührenpflichtigen Autobahn A 25/IP 5 bis Viseu, ab dort über die A 24/IP 3 bis Coimbra, anschließend auf der gebührenpflichtigen Autobahn A 1 bis Lissabon.

Mittelmeerroute: die bessere Alternative für Urlauber aus Süddeutschland, Österreich und besonders für alle Schweizer. Zuerst geht es bis Lyon. Dazu kann man entweder auf der französischen Seite über das Rheintal und Mülhausen fahren oder die Schweizer Autobahn Zürich – Bern – Genf – Grenoble benutzen. Von Lyon geht es über Valence und Montpellier durch Südfrankreich bis an den Grenzübergang Le Perthus. In Spanien weiter via Zaragoza nach Madrid. Die Umfahrung der spanischen Hauptstadt ist etwas kompliziert: Aus Zaragoza kommend auf die M 30 Norte einbiegen und dann bis zur Abzweigung Talavera N IV. Auf der 4-spurigen, wenig befahrenen Autovía de Extremadura (N IV) geht es dann bis zur spanisch-portugiesischen Grenze bei Badajoz/Elvas. Von dort gebührenpflichtige Autobahn bis Lissabon.

Maut sparen   Es lohnt sich unter Umständen, auf der **Atlantikroute** ab San Sebastián Landstraße zu fahren. Die Route ist etwas kürzer und meistens 3-spurig ausgebaut. Während der Woche allerdings viel Lkw-Verkehr. Auf der **Mittelmeerroute**: Parallel zur südfranzösischen Autobahn verläuft eine gut ausgebaute Landstraße, wegen des Lkw-Verkehrs ist jedoch keine zügige Fahrweise möglich.

Autoreisezüge   Ab Paris fahren Autoreisezüge nach Südfrankreich. Informationen bei der SNCF: www.sncf.com/de/services/autos-motorrader.

Verkehrstipps Frankreich   Verkehrsregeln: In Ortschaften darf maximal 50 km/h gefahren werden, außerorts 90 km/h, auf Autobahnen 130 km/h. Wer den Führerschein seit weniger als einem Jahr hat, darf außerorts nur 80 km/h fahren, auf Autobahnen 110 km/h. Maximal 0,5 Promille sind erlaubt. Bei Unfällen sollte man sich die Versicherungsnummer der Beteiligten von der Plakette an der Windschutzscheibe abschreiben.

Treibstoff: Benzin ist ebenso wie Diesel etwas günstiger als in Deutschland.

Panne: Notruf ✆ 112, Polizei auch ✆ 17. Pannendienst an Autobahnen nur über die Notrufsäulen, sonst ADAC-Notrufdienst (auch für Nichtmitglieder) unter ✆ 0049-89-222222.

Verkehrstipps Spanien   Verkehrsregeln: Innerorts gilt eine Höchstgeschwindigkeit von 50 km/h, außerorts 90 km/h, auf Autobahnen 120 km/h. Das Halten auf der Fahrbahn außerorts ist streng verboten. Die Strafen für Verkehrsvergehen liegen in Spanien weit höher als in Deutschland. Radarkontrollen auf den Autobahnen sind recht häufig. Die Alkoholgrenze liegt bei 0,5 Promille.

Treibstoff: Im Vergleich zu Frankreich und Portugal sind sowohl Diesel als auch Benzin billiger.

Panne: Notruf ✆ 112. Abschleppen durch Privatfahrzeuge ist verboten! ADAC-Notrufdienst: ✆ 0049-89-222222.

Stillleben mit Palme und Straßenbahn in Lissabon

Unterwegs in Portugal

Mit der Bahn

Es gibt fünf portugiesische Zugkategorien: *Alfa Pendular, Intercidades, Interregional, Regional* und *Suburbano*. Die Tickets sind für die jeweiligen Zugkategorien unterschiedlich teuer. An Hauptverkehrstagen sind die Züge manchmal ausgebucht. Kostenlose Platzreservierungen erfolgen automatisch beim Kauf der Fahrkarte. Interrailer müssen für *Alfas* und *Intercidades* ca. 5 € extra berappen. Eine Karte mit dem portugiesischen Zugnetz finden Sie auf S. 83.

Der *Alfa Pendular* (AP) verkehrt vor allem auf der Hauptstrecke Portugals von Lissabon über Coimbra, Aveiro und Porto nach Braga. Mit weniger als 3½ Stunden Fahrtzeit für die gesamte Strecke ist er der schnellste Zug des Landes. Außerdem bedient er die Strecke von Lissabon nach Faro in weniger als 3 Stunden.

Recht schnell und komfortabel sind auch die *Intercidades* (IC). Es gibt folgende Strecken: Porto – Régua, Lissabon/Santa Apolónia – Braga und Guimarães (via Santarém, Coimbra, Aveiro und Porto), Lissabon/Santa Apolónia – Guarda (via Coimbra), Lissabon/Santa Apolónia – Covilhã (via Abrantes, Castelo Branco), Lissabon/Oriente – Beja, Lissabon/Oriente – Évora sowie Lissabon/Oriente – Faro über die Tejo-Brücke. Alle Züge ab Lissabon/Santa Apolónia fahren auch über den neuen Hauptbahnhof Oriente.

Die *Interregionais* sind weit weniger komfortabel und pünktlich als die Intercidades, dafür aber billiger, da nicht reservierungspflichtig. *Regionais* halten an jedem Bahnhof und an fast jeder Haltestelle und sind dementsprechend langsam. Die *Suburbanos* (manchmal auch *Tranvias* genannt) sind die Vorortzüge in den Ballungsgebieten. In der Regel führen sie nur Wagen der 2. Klasse.

Die kleinen *Provinzbahnen*, vor allem die noch bestehenden Schmalspurbahnen nördlich des Douro, sind Bummelzüge, die der Konkurrenz auf den modernisierten Straßen kaum mehr gewachsen sind. Da jahrzehntelang nichts mehr in das Nebenstreckennetz investiert wurde, legte man Anfang der 1980er-Jahre einen Großteil still (fast alle Strecken im Alentejo und nördlich des Douro, ebenso die internationale Verbindung Porto – Salamanca entlang des Douro). Inzwischen hat man aber die meisten der bestehenden Strecken modernisiert und elektrifiziert, dazu gehört auch eine direkte Verbindung über die Tejo-Brücke des 25. April in den Alentejo und an die Algarve, was die umständliche Fährfahrt über den Tejo erspart.

Information Telefonische Auskunft unter ✆ 808208208 bzw. 00351707509510; im Internet Infos auf www.cp.pt.

Preise Bahnfahren ist in Portugal ziemlich preiswert. Der Grundpreis Lissabon – Porto per *Alfa Pendular* liegt bei ca. 31 €, im IC bei 25 €. Die Fahrt von Lissabon nach Faro an der Algarve im *Alfa Pendular* kostet ca. 23 €, IC ca. 21,50 €. Rückfahrkarten sind 10 % billiger. Mit der *Cartão Jovem* erhalten junge Leute bis 30 Jahren in allen Zügen außer im AP 20 % Rabatt. Es gibt auch besondere Zeitkarten, die sich aber praktisch nur für Leute lohnen, die Tag und Nacht im Zug sitzen.

Mit dem Bus

Sehr dichtes Netz von Verbindungen, häufig bis ins kleinste Dorf. Die Preise liegen generell etwa auf dem Niveau der Bahn. So kostet ein Ticket von Lissabon nach Porto oder nach Faro ca. 20 €. Die Fahrscheine kauft man vorher an den Schaltern der Busgesellschaften in den Busbahnhöfen. In den kleineren Orten ohne Busbahnhöfe gibt es Tickets in der Regel in autorisierten Reisebüros.

Die meisten der modernen Busse gehören zur Busgesellschaft *Rede Expressos* (Infos und Kartenvorverkauf unter www.rede-expressos.pt). Dazu fahren aber von vielen Städten auch kleinere regionale Gesellschaften, ein Preisvergleich kann sich lohnen.

Mit eigenem Fahrzeug

Die Großstädte Lissabon und Porto bieten zur Rushhour das übliche Verkehrschaos, besonders auf den Ausfallstraßen. Auffallend sind die vielen Profifahrer: Taxis, Busse, Lastwagen, Vertreter etc. Sie kennen ihre Straßen genau und fühlen sich dementsprechend zu Hause, überholen gerne und oft oder wechseln plötzlich (ohne zu blinken) die Spur, immer ohne den in Deutschland üblichen Sicherheitsabstand einzuhalten. Rechts zu überholen ist verboten, aber durchaus üblich; die linke Fahrspur auf mehrspurigen Straßen muss nicht unbedingt die schnellste sein. Wer schwache Nerven hat, sollte sich in Lissabon gar nicht erst hinters Steuer setzen. Aufgrund strenger Gesetzgebung, besserer Straßen und häufiger Polizeikontrollen sind die einst erschreckend hohen Unfallzahlen allerdings zurückgegangen.

Außerhalb der Städte sind Schlangen von Lkw, die meist auch noch recht langsam fahren, leider keine Seltenheit. Da die Straßen oft kurvenreich sind, kann man nur schlecht überholen – nicht (wie so mancher Jungportugiese) ungeduldig werden! Achten sollte man außerdem auf die unbeleuchteten zweirädrigen Esels- und Ochsenkarren, die auf dem Land ab und zu aus der Dunkelheit auftauchen.

Autobahnen: In Portugal gibt es verschiedene Arten von Autobahnen. Die *Auto-estradas* werden von privaten Gesellschaften wie *BRISA* betrieben und sind gebührenpflichtig; man erkennt sie an den blauen Schildern, die oft den Hinweis „Portagem" (mautpflichtig) tragen. Die Gebühren kann man unter www.brisa.pt bzw. www.viaverde.pt abfragen. Fast alle autobahnähnlich ausgebauten *Itinerários Principais* (IP) im Hinterland wurden inzwischen zu Autobahnen aufgewertet und damit ebenfalls gebührenpflichtig. Die *Itinerários Complementares* (IC) haben ebenfalls zwei bis vier Spuren und sind gebührenfrei; sie sind grün ausgeschildert.

Autoeinbrüche sind an der Algarve leider an der Tagesordnung, ansonsten selten. Besonders der warme Süden lockt auch Nordeuropäer ohne Brieftasche und Skrupel – die Täter müssen nicht immer Einheimische sein.
Möglichst kein Risiko eingehen, bewachte Parkplätze benutzen oder eine belebte Straße. Besser ist es, alles in den Kofferraum zu stecken – das Öffnen bereitet mehr Schwierigkeiten als das Einschlagen einer Scheibe, und außerdem weiß der Dieb dann nicht, ob sich ein Einbruch lohnt. Am besten lässt man natürlich erst gar nichts im Auto liegen.

Maut: An den Autobahnen von Porto nach Lissabon und weiter an die Algarve oder in den Alentejo kann die Gebühr an Mautstellen entrichtet werden. Auf den meisten anderen Autobahnen, auch der A 22 an der Algarve, gibt es nur ein elektronisches Mautsystem („electronic toll only"). Dabei wird das Fahrzeug über Kameras erfasst, die Gebühr kann zwischen zwei und fünf Tagen nach der Fahrt unter Angabe des Kennzeichens in Postämtern bezahlt werden; es gibt keine Mautschalter. Autovermietungen bieten gegen eine Gebühr die automatische Abbuchung an. Ausländische Fahrzeughalter können sich bereits an den Grenzübergängen, die auf eine elektronische Mautstrecke führen, bei sog. *Welcome Points* entweder für „Easy Toll" anmelden, dann erfolgt die Abbuchung der Gebühren über die Kreditkarte, oder sich dort eine „Toll Card" besorgen, eine Art Prepaidkarte, auf die verschiedene Summen aufgebucht werden können. Diese erhält man auch auf Postämtern, an Tankstellen oder im Internet (www.tollcard.pt, auch auf Englisch). Ebenfalls erhältlich an diesen Verkaufsstellen ist eine Vignette („Toll Service") zum Festpreis von 20 €, entweder für den Zeitraum von drei Tagen oder für eine bestimmte Strecke. Informationen auf Deutsch findet man auf www.botschaftportugal.de.

Mietfahrzeuge Vor Ort kann man **Autos** in allen Großstädten und wichtigen Touristenorten mieten. Generell darf man ab 19 J. einen Wagen ausleihen; ein Jahr Fahrpraxis ist Bedingung. Gewöhnlich muss man bei praktisch allen Ausleihern auch eine Kreditkarte als Kaution vorweisen.

Ein Opel Corsa beispielsweise kostet ohne Kilometerbegrenzung und inkl. Versicherung (mit Selbstbeteiligung) in der Hauptsaison ab ca. 200 € pro Woche, in der Nebensaison gibt es Wagen bereits ab 105 €. Tarife ohne Kilometerbegrenzung und inkl. Haftpflichtversicherung haben sich inzwischen durchgesetzt; die Vollkaskoversicherung kostet meist extra. Am günstigsten ist

in der Regel die Buchung über das Internet (z. B. bei www.sunnycars.de oder www.autovermietung-weltweit.de). Wer den Wagen direkt am Flughafen ausleiht, muss teilweise saftige Zuschläge zahlen.

Motorräder kann man ab 18 J. bis zu 50 ccm, ab 23 J. bis 750 ccm und ab 25 J. unbeschränkt ausleihen. Bedingung ist ein Jahr Führerschein, für die Maschinen ab 750 ccm zwei Jahre.

Verkehrstipps Verkehrsregeln: Innerorts ist bei 50 km/h Schluss, auf Landstraßen bei 90/100 km/h, entsprechend der Ausschilderung. Auf Autobahnen ist das erlaubte Maximum 120 km/h. Wer seinen Führerschein erst ein Jahr besitzt, darf maximal

Valença
Vila Nova de Cerveira
Caminha
Âncora-Praia
Viana do Castelo
Barroselas
Barcelos
Braga
Nine
Famalicão
Trofa
Ermesinde
Lousado
Sto. Tirso
V. Izela
Guimarães
PORTO
V. N. de Gaia
Granja
Espinho
Esmoriz
Ovar
Paredes
Penafiel
Caíde
Vila Meã
Marco de Canaveses
Aregos
Pala
Porto de Rei
Rede
Régua
Mirandela
Cachão
Pocinho
Vila da Feira
S. João da Madeira
Oliveira de Azeméis
Mosteirô
Juncal
Livração
Ermida
Caldas de Moledo
Pinhão
Tua
Ferradosa
Freixo de Numão
Estarreja
Albergaria-a-Velha
Sernada do Vouga
Águeda
Aveiro
Fornos de Algodres
Celorico da Beira
Vilar Formoso
Oliveira do Bairro
Mogofores
Mealhada
Pampilhosa
Souselas
Coimbra-B
Mangualde
Sta. Comba Dão
Carregal do Sal
Nelas
Mortágua
V. Franca das Naves
Guarda
Cerdeira
Verride
Figueira da Foz
Bifurcação de Lares
Louriçal
Alfarelos
Soure
Coimbra
Covilhã
Tortosendo
Alcaria
Fundão
Donas
Alcaide
Fatela-Penamacor
Vale de Prazeres
Alpedrinha
Castelo Novo
Soalheira
Lardosa
Alcains
Castelo Branco
Monte Real
Pombal
Albergaria dos Doze
Leiria
Caxarias
Retaxo
Sarnadas
Marinha Grande
Martingança
Fátima
Tomar
V. Velha de Ródão
Fratel
Valado-Nazaré-Alcobaça
Lamarosa
Praia do Ribatejo
Tramagal
Abrantes
Mouriscas-A
Alvega-Ortiga
Afferrarede
Barca da Amieira-Envendos
Belver-Gavião
S. Martinho do Porto
Caldas da Rainha
Óbidos
Entroncamento
Bombarral
Santarém
Sta. Margarida
Ramalhal
Outeiro
Setil
Torres Vedras
Dois Portos
Pêro-Negro
Reguengo
Azambuja
V. F. de Xira
Malveira
Mafra
Sabugo
Alverca
Pocarção
Pederneira
Fernando Pó
São João das Craveiras
Sintra
Agualva-Cacém
Cascais
Oriente
LISBOA
Vendas Novas
Pragal
Barreiro
Pinhal Novo
Évora
Setúbal
Praias do Sado
Casa Branca
Alcáçovas
V. Nova de Baronia
Alvito
Grândola
Cuba
Beja
Ermidas Sado
Funcheira
Sta. Clara-Sabóia
Messines-Alte
Lagos
Portimão
Estômbar
Silves
Alcantarilha
Algoz
Tunes
Albufeira
Boliqueime
Loulé
Faro
Olhão
Fuseta
Tavira
Cacela
V. Real Sto. António

Alfa Pendular
Intercidades
Inter-Regional
Regional/ Urbano
Rodoviáro de Substituição

Bahnnetz Portugal

90 km/h fahren. Das Telefonieren am Steuer ist ohne Freisprecheinrichtung verboten und wird recht hart bestraft!

Die Promillegrenze liegt bei 0,5 Promille. Darüber sind drastische Strafen fällig: 240 bis 1800 € Geldbuße und 1–24 Monate Führerscheinentzug. Ab 1,2 Promille gilt Trunkenheit am Steuer als Straftat und wird mit bis zu einem Jahr Gefängnis geahndet!

Alle Strafen müssen sofort bezahlt werden, entweder bar oder mit der Kreditkarte.

Wenn Sie nicht genügend Bares und auch keine Kreditkarte dabeihaben, haben Sie eine Frist von 48 Std. Während dieser Zeit bleibt der Führerschein in Polizeigewahrsam!

Panne: Notruf ☎ 112. Pannenhilfe leistet der *Automóvel Clube de Portugal – ACP*, der Partnerschaftsabkommen mit zahlreichen deutschen Automobilclubs geschlossen hat. 24-Std.-Pannenhilfe unter ☎ 707509510. ADAC-Notrufdienst: ☎ 0049-89-222222.

Mit dem Taxi

Eine Taxifahrt in Portugal ist im Vergleich zu Deutschland noch erschwinglich. Die Preise sind deshalb so niedrig, weil die Fahrer wenig verdienen. Dadurch ist das Taxi besonders in Lissabon und Porto ein übliches Verkehrsmittel und prägt vor allem nachts den Stadtverkehr. In den kleineren Ortschaften warten die *taxistas* meist am Dorfhauptplatz auf Kundschaft.

Die Taxis sind in Portugal entweder wie in Deutschland beige oder unten schwarz und oben grün. Ob ein Taxi frei ist, erkennt man nachts an der Dachbeleuchtung: Wird zusätzlich zu den grünen Lichtchen eine Tarifziffer angezeigt, ist der Wagen besetzt. Vor der Fahrt sollte man darauf achten, dass der Fahrer die Zähluhr auf die Grundgebühr und den richtigen Tarif einstellt. Tarif 1 gilt für kürzere Entfernungen. Zwischen 21 und 6 Uhr sowie an Wochenenden/Feiertagen gibt es Zuschläge.

Gegenverkehr auf abgelegener Piste

Alentejo 2013 – ein Mopedführerschein reicht

Preise: Taxameter gibt es nur in den größeren Städten und an der Algarve. Dort beträgt die Grundgebühr 3,25 € (Wochenende und nachts 3,90 €). Der Kilometerpreis ist abhängig von der Fahrtlänge bzw. der Gesamtstrecke: So kostet der Kilometer innerhalb des Lissabonner Zentrums 0,47 € (Wochenende und nachts 0,56 €). Wenn der Kofferraum benutzt wird, fallen 1,60 € Zuschlag an. Wurde das Taxi per Telefon bestellt, so kommen 0,80 € extra dazu. Üblich ist ein kleines Trinkgeld von mindestens 5 %.

Wo kein Taxameter vorhanden ist, wie z. B. auf dem Land, gelten folgende Regeln: Das Mieten eines Taxis pro Kilometer kostet hier für jeden angebrochenen Kilometer 0,45 € und für jede Warteminute 0,20 €; Mindestmietpreis 3,25 €, nachts 3,90 €. Mautgebühren bezahlt der Fahrgast. Wer will, kann das Taxi auch nach Zeit mieten, dann kostet es 8,35 € pro Std. Sowohl beim Mieten nach Kilometer als auch nach Zeit gelten die Regeln für Zuschläge. Den Fahrpreis ohne Taxameter immer vor der Fahrt ausmachen. Man wird sonst teilweise übel gelinkt!

Vorsicht: Vor allem am Flughafen Lissabon ist ein gewisses Misstrauen bei den Tarifen angebracht. So bekommt man nicht nur als Ausländer gerne von den Taxifahrern Folgendes erzählt: Die Taxipreise seien kürzlich angehoben worden, aber die Taxameter noch nicht angepasst, daher würden Umrechnungstabellen verwendet. Bis auf wenige Ausnahmen ist das falsch. Man sollte überprüfen, ob die Umrechnungstabellen von der Stadt offiziell beglaubigt sind. Außerdem sollte die Differenz zum Taxameter-Preis nicht mehr als etwa 10 %Prozent betragen. Hin und wieder stellen die Fahrer auch Tarif 3 ein, der normalerweise nur für Fahrten in die Vororte Lissabons gültig ist.

Mit dem Flugzeug

Wegen der geringen Ausdehnung des Landes werden nur wenige Inlandsverbindungen angeboten. Auf der Hauptstrecke von Lissabon nach Porto fliegen TAP und Portugália allerdings etwa alle zwei Stunden. Von Lissabon und Porto nach Faro gibt es zwei bis drei Flüge täglich, ansonsten konzentriert sich der innerportugiesische Flugverkehr auf die Verbindungen zu den Azoren und nach Madeira. Der Flugpreis für die Strecke Lissabon – Porto beträgt einfach ca. 120 €. Meist günstiger fliegt Ryanair von Faro nach Porto (zweimal täglich).

Mit dem Fahrrad

Besonders die Landbevölkerung empfängt Radler mit offenkundiger Sympathie: Zuerst einen erstaunten Gesichtsausdruck, dann breites Grinsen, aufmunternde Zurufe und Klatschen erntet derjenige, der in den vielen Dörfern am Weg mehr oder weniger keuchend an den Einheimischen vorbeiradelt. Ein ideales Radfahrland ist Portugal wegen des ständigen Auf und Ab und des Kopfsteinpflasters sicherlich nicht, doch wird man vieles erleben, was die Anstrengungen wettmacht.

In den Städten nimmt der Radverkehr langsam zu, auch wenn Radfahren etwa in Lissabon oder Porto noch sehr gefährlich ist. Für Urlauber sind Fahrradverleihe entstanden, die auch geführte Touren anbieten. In den ländlicheren Gebieten um Lissabon, z. B. in der Serra de Sintra oder an der Costa da Caparica, kann man sehr gut Rad fahren. Zwischen Cascais und Guincho gibt es sogar einen Radweg. Verschiedene stillgelegte Bahnstrecken in ganz Portugal wurden zu Fahrradwegen umgebaut, die Algarve durchzieht ein Weg von West nach Ost.

Das Fahrrad im Reisegepäck

Das eigene Fahrrad kann ohne große Probleme von zu Hause mitgebracht werden. Fluggäste können ihr Fahrrad als Fluggepäck abgeben (allerdings nur bis maximal 20 kg); die Pedale müssen dafür abgebaut werden; die Luft muss wegen des Überdrucks während des Flugs aus den Reifen gelassen werden. Vorher sollte man sich aber sicherheitshalber erkundigen, ob das Rad auch wirklich mitgenommen wird! Die Bahn und die Europabusse befördern dagegen keine Räder mehr nach Portugal.

In Portugal ist der Fahrradtransport per Bahn in den Vorortzügen und Regionalzügen erlaubt und kostenlos. Allerdings gibt es zu den Stoßzeiten Einschränkungen. Ein Fahrrad wird in Fernzügen nur toleriert, wenn es komplett zerlegt und verpackt als Handgepäck mitgenommen wird. Der Transport per Expressbus ist einfacher, aber auch hier sollte man das Fahrrad vorher anmelden, zerlegen und zumindest einpacken. Einfacher hat man es auf den Fähren: So gehen Fahrräder auf den Autofähren zwischen Setúbal und Tróia sowie zwischen Lissabon und Cacilhas (nicht die Personenfähre benutzen) problemlos mit. In Straßenbahnen ist der Fahrradtransport tabu, einzelne Stadtbusse sind für die Fahrradmitnahme ausgewiesen, die Lissabonner Metro erlaubt den Transport nur am Wochenende und werktags nach 20 Uhr (dann aber sogar kostenlos).

Detaillierte Informationen für Fahrradtouristen gibt es im Internet unter www.adfc.de oder beim Allgemeinen Deutschen Fahrrad-Club/ADFC, Postfach 107747, 28077 Bremen, ☎ 0421-346290.

MTB Waschanlage – Touren in den Serras de Aire e Candeeiros

Das „Jagdschloss" im Wald von Buçaco ist heute ein Hotel mit viel Patina

Übernachten

Hotels sind mit bis zu fünf Sternen klassifiziert. Eine Unterteilung in *pensão* (Pension) oder *residencial* (Pension garni) gibt es offiziell nicht mehr, allerdings können diese Bezeichnungen weiter in Namen auftauchen, z. B. Hotel-Pensão; oft besteht die alte Bezeichnung auch alleine fort. In fast allen größeren Städten sind inzwischen Hostels eine günstige Alternative. Neben diesen privaten Herbergen existieren auch staatliche Jugendherbergen, die *Pousadas de Juventude.* Ein gutes Preis-Leistungs-Verhältnis bietet auch der *Turismo de Habitação* (Zimmer in herrschaftlichen Häusern) und der *Turismo no Espaço Rural* (Unterkünfte in ländlicher Umgebung mit Familienanschluss).

Nebensaisonpreise sind in touristischen Gebieten deutlich niedriger – speziell in teuren Hotels zahlt man mehr als 50 % weniger. Im vorliegenden Reiseführer sind in der Regel die **Hauptsaisontarife für ein Doppelzimmer** angegeben. Für ein Einzelzimmer kann man gewöhnlich ca. 20 % vom Preis fürs Doppelzimmer abziehen. Verbreitet sind die Einteilungen in Hauptsaison *(época alta,* von Juni/Juli bis September) und Nebensaison *(época baixa).* In vielen Hotels findet man zudem eine Mittelsaison *(época média),* die in der Regel von April bis Juni und im Oktober gilt. Vor allem bei den Hotels lohnt es sich, über das Internet zu buchen, da die Preise dann teilweise deutlich niedriger sind. Angebote findet man beispielsweise auf www.lissabon-umgebung.de.

Besonders im Sommer ist eine **Reservierung** anzuraten! Bei Billigunterkünften ist eine schriftliche Vorbuchung nicht üblich, doch wer sichergehen will, sollte einige Tage vorher anrufen. Bei Vermietern von Privatzimmern ist Vorbuchen etwas schwieriger, da sie zur Sicherheit meist eine Vorauszahlung erwarten.

Eine Buchung von Hotels mit **Halb- oder Vollpension** ist nicht unbedingt empfehlenswert. Allgemein bieten die Hotelrestaurants oft ein schlechtes Preis-Leistungs-
Verhältnis; dennoch gibt es Ausnahmen, von denen wir einige bei den entsprechenden Regionen anführen.

Pousadas: Sie sind sicherlich eine der komfortabelsten Unterkunftsmöglichkeiten,
aber auch sehr teuer. Ein Großteil wurde unter Salazar errichtet, um Staatsbeamten
und „Freunden" einen angenehmen Aufenthalt zu ermöglichen. Portugal folgte dabei
dem Beispiel der spanischen *Paradores*. 2003 privatisierte der Staat die Hotels und
verkaufte Anteile an die portugiesische Hotelkette Pestana. Die Pousadas sind
landschaftlich meist sehr schön gelegen und befinden sich abseits vom Großstadt-
lärm. Sie verfügen über großen Komfort und viele Annehmlichkeiten. Die Zimmer
haben alle ein Bad, das Frühstück ist stets im Preis enthalten. Das Doppelzimmer
kostet 100 bis 300 €. Mahlzeiten sind in dazugehörigen, für ihre gute Küche bekannten Restaurants erhältlich (gehobene Preisklasse).

Viele Pousadas haben weniger als 20 Zimmer. Deswegen am besten im Voraus bei der
Buchungszentrale reservieren: Pousadas de Portugal, Rua Soares de Passos 3, 1300-314
Lisboa; ✆ 218442000, www.pousadas.pt.

Hotels: Mit dem internationalen Sternesystem klassifiziert. Die höchste Stufe hat
fünf Sterne, die niedrigste einen. Kontinentales Frühstück ist in der Regel im Preis
enthalten. Standard ist in den meisten Hotelzimmern ein Fernseher mit Satelliten-
anschluss, Minibar und ein eigenes Bad. Der Preis fürs Doppelzimmer in einem Hotel
mittlerer Kategorie bewegt sich zwischen 60 und 200 €, in Luxushotels bis zu 350 €.

Casas de Hóspedes: billigste und einfachste Unterkunftsmöglichkeit, generell in
Städten gelegen. Diese „Gästehäuser" werden meist von Arbeitern genutzt, die aus-
wärts wohnen, und haben daher oft wenig Pensionscharakter. Der Mietpreis ist in
der Regel wöchentlich festgelegt, in manchen Fällen wird auch pro Stunde abgerechnet, Rotlicht inklusive. Tagespreis für Doppelzimmer ca. 30 €. Die Casas de

Fotogene Ansicht einer Luxusabsteige bei Armaçao de Pera

Hóspedes werden von den Stadtverwaltungen überwacht, trotzdem gibt es deutliche Qualitätsunterschiede.

Alojamento Local und Privatzimmer: Privatzimmer werden aufgrund der staatlichen Kontrolle nur noch selten unter der Hand vermietet. Offiziell anerkannte Zimmer sind unter dem Begriff Alojamento Local zusammengefasst, über die auch die Tourismusämter Auskunft erteilen. Darunter fallen zudem einfache Beherbergungsbetriebe ohne Rezeption oder die Möglichkeit, mit Kreditkarte zu zahlen.

Turismo de Habitação – TH: Eine für Individualtouristen interessante Unterkunftsmöglichkeit. Nach schottischem Vorbild werden in alten Palästen, Landhäusern und Burgen Zimmer „mit Familienanschluss" vermietet. Die mit Abstand am besten ausgestattete Region ist die nördliche Provinz Minho. Man sollte sich mindestens einige Tage vorher anmelden, da in der Regel nur vier bis sechs Zimmer zu vermieten sind. Eine vorherige Anmeldung empfiehlt sich ohnehin, da man das Haus sonst eventuell ohne Besitzer antrifft und den weiten Weg (oft liegen die TH-Häuser weit außerhalb der Städte) vergeblich gemacht hat. Die Doppelzimmer mit Frühstück kosten ca. 100 €.

Turismo no Espaço Rural – TER: Würde man in Deutschland wohl mit „Ferien auf dem Lande" umschreiben. Im Unterschied zum *Turismo de Habitação* sind die TER-Häuser meist nicht ganz so nobel. Nur von der Direcção-Geral do Turismo überwachte Einrichtungen dürfen sich *Turismo no Espaço Rural* nennen mit dem entsprechenden TER-Schild. Die Preise liegen zwischen 35 und (selten) 120 € pro Doppelzimmer.

Information/Buchung (TH und TER) CENTER – Central Nacional de Turismo no Espaço Rural, Praça da República, 4990-062 Ponte de Lima, ✆ 258741672, www. center.pt. Auch beim Reiseveranstalter Olimar, der viele TH-Häuser im Programm hat (Pasteurstraße 1, 50735 Köln, ✆ 0221-20590490, www.olimar.de).

Apartments: Finden sich u. a. in Aparthotels, für die die unter „Hotel" genannten Kriterien gelten. Sie verfügen zudem über eine Küchenzeile. Des Weiteren gibt es Anlagen, die meist gut ausgestattete Apartments im Stil einer Pension anbieten. Private Einzelapartments kann man in Deutschland und in Portugal buchen.

Hostels: Vor allem in den großen Städten Porto und Lissabon gibt es viele dieser jugendherbergsähnlichen Unterkünfte, meist sind sie modern und preiswert. Mehrbettzimmer sind die Regel (Schlafsäle mit 4–8 Betten), viele bieten auch preiswerte Doppelzimmer. Dank diverser Gemeinschaftsräume (Küche, Aufenthaltsraum) findet man schnell Anschluss. Wer Ruhe sucht, sollte die meisten Hostels eher meiden. Im Sommer sind die Hostels oft ausgebucht, deshalb ist eine Reservierung dringend anzuraten – vor allem, wenn man ein Doppelzimmer möchte. Die einschlägige Buchungsplattform ist www.hostelworld.com.

Jugendherbergen/Pousadas de Juventude: Portugals Jugendherbergsnetz ist in den letzten Jahren deutlich dichter geworden. Die Jugendherbergen liegen meist in landschaftlich sehr reizvollen Gegenden, mehrere befinden sich in unmittelbarer Strandnähe. Zur Übernachtung ist ein Jugendherbergsausweis notwendig, den man in Deutschland kaufen kann, jedoch auch in jeder portugiesischen Herberge für 2,50 € bekommt. Als Jugendherbergsausweis gilt auch die portugiesische Jugendkarte *Cartão Jovem* (→ S. 111). Die Übernachtung im Mehrbettzimmer (nach Geschlechtern getrennt) kostet je nach Saison und Herberge zwischen 11 und 18 €, Frühstück und ein frisch gewaschenes Bettlaken inklusive. In allen Jugendherbergen gibt es mittlerweile auch Doppelzimmer (ohne Geschlechtertrennung), die nur etwas mehr als zwei Plätze in einem Mehrbettzimmer kosten. In einigen Unterkünften kochen die Herbergseltern Mittag- und Abendessen. Oft ist eine kleine Küche für die Gäste vorhanden.

Information/Buchung Im Sommer sind die Jugendherbergen meist ausgebucht, deshalb ist eine Reservierung dringend anzuraten. Reservierungen können in allen Jugendherbergen in Portugal sowie über das International Booking Network (IBN) der Jugendherbergen oder die portugiesische Reservierungszentrale vorgenommen werden: Movijovem, Rua Lúcio de Azevedo 27, 1600-146 Lisboa, ✆ 707203030, http://micro sites.juventude.gov.pt.

Herbergsliste Jugendherbergen gibt es in folgenden Orten: Abrantes, Alcoutim, Alijp, Aljezur (Praia da Arrifana), Almada, Al-mograve, Areia Branca (Lourinhã), Aveiro, Beja, Braga, Bragança, Castelo Branco, Coimbra, Espinho, Évora, Faro, Foz do Cávado (Esposende), Foz Côa, Guarda, Guimarães, Idanha-a-Nova, Lagos, Leiria, Lissabon (zwei Herbergen), Lousã, Melgaço, Mira, Oeiras (Catalazete), Ovar, Penhas da Saúde (Serra da Estrela), Ponte de Lima, Portalegre, Portimão, Porto, Porto de Mós, São Martinho do Porto, São Pedro do Sul, Setúbal, Viana do Castelo, Vila Nova de Cerveira, Vila Real, Vilarinho das Furnas (Parque Nacional da Peneda Gerês), Tavira, Viseu.

Camping: Campingghettos wie in spanischen Badeorten mit bis zu 10.000 Stellplätzen, die auf mehrere dicht nebeneinanderliegende Mammut-Campingplätze verteilt sind, gibt es in Portugal nicht. Ein Campingurlaub lohnt sich besonders im Norden des Landes. Dort gibt es mehr und besser gepflegte Plätze als im Süden. Oft liegen sie in einem alten Park, wie z. B. in Porto, oder an einem malerischen Flusswinkel. Im Süden sind die Plätze dünn gesät, häufig karg und schattenlos, was im Hochsommer nicht gerade angenehm ist. Die Algarve ist eher auf gut zahlende Hotelgäste eingerichtet. Besser ist das Angebot am Rande der Algarve, in Monte Gordo nahe der spanischen Grenze und in Lagos im Westen. Dass die Plätze in Küstennähe speziell im August überfüllt sind, braucht nicht betont zu werden.

Die Klassifizierung der Plätze sollte analog zu den Hotels nach Sternen erfolgen, von einem bis fünf. Bis in jüngste Zeit waren allerdings nur wenige Plätze auf diese Weise klassifiziert, weshalb unser Buch als Anhaltspunkt für den Komfort die alte Klassifizierung mit bis zu vier Sternen beibehält. Neben Plätzen mit Sternen gibt es noch sog. *Parques de Campismo Rural*, ländliche Plätze ohne großen Komfort. In vielen Campinganlagen können auch *Bungalows* gemietet werden.

Die Preise variieren erheblich. So herrscht an der Algarve zwischen Lagos und Albufeira fast italienisches Preisniveau, Gleiches gilt für Lissabon: Zwei Personen, Auto und Zelt kosten dort ca. 28 €. Im Norden ist es erheblich billiger, besonders auf städtischen Campingplätzen.

Campingführer Auf vielen Plätzen und in Buchhandlungen ist für 7,90 € der jährl. neu erscheinende **Roteiro Campista** erhältlich, ein sehr hilfreiches Taschenbuch, das auch auf Deutsch über Preis, Lage und Ausstattung aller portugiesischen Campingplätze informiert (www.roteiro-campista.pt).

Campingclubs Auf einigen Plätzen wird ein **Campingausweis** verlangt, entweder ein internationaler *Carnet Camping International* oder *F.I.C.C.* (erhältlich bei den Automobilclubs) oder ein nationaler portugiesischer C.C.N. (*Carta Campista Nacional*, er-hältlich als Mitglied eines portugiesischen Campingclubs). Beide Ausweise berechtigen zu z. T. erheblichen Rabatten. Wer plant, länger in einer Region zu campen, sollte sich überlegen, ob es sich nicht lohnt, einem portugiesischen Campingclub beizutreten.

Brennspiritus für **Campingkocher** ist in Portugal nicht bekannt – nach Ethylalkohol fragen.

Antipasti auf portugiesisch

Essen & Trinken

Die portugiesische Küche ist reich an Meeresfrüchten und leckeren Reisgerichten: Herrlich sind die riesigen Portionen Marisco-Reis nach Malandro-Art, ein nach Atlantik duftendes Reisgericht mit Herzmuscheln, rosig-zarten Tintenfischen, Garnelen, Miesmuscheln und Krabben, getränkt mit dem fein abgeschmeckten Sud der Schalentiere – von der Geschmacksvielfalt vielleicht vergleichbar mit der französischen Bouillabaisse. Portugal liegt am fischreichen Atlantik. Auf den Tisch kommt eine Vielzahl von Meeresgetier, von teuren Garnelen bis zum rindfleischähnlichen Thunfischsteak.

International berühmt wurde die portugiesische Küche allerdings nicht. Sie ist eine schmackhafte Volksküche mit einfachen, reichhaltigen Gerichten, die oft mit viel Olivenöl zubereitet werden. Lediglich die exzellenten Nachspeisen und Süßigkeiten dürften eine internationale Spitzenstellung einnehmen. Auch die deftigen Suppen sind eine Kostprobe wert. Spezialitäten aus anderen Ländern gibt es nur in den Großstädten; die afrikanische, brasilianische und chinesische Küche ist aufgrund der kolonialen Vergangenheit am weitesten verbreitet. In den letzten Jahren wurden auch immer mehr Pizzerien eröffnet. Vegetarische Restaurants findet man außer in den großen Städten selten.

An der Algarve ist die einheimische Küche vom Aussterben bedroht – ebenso wie in anderen Tourismushochburgen Europas. Um sicher zu gehen (wer weiß schon, was sich hinter dem fremdsprachigen Namen auf der Speisekarte verbirgt), bestellt ein Großteil der Gäste z. B. Steaks und Pommes, also Gerichte, die international berühmt und berüchtigt sind. Und ein Gastronom ist meist erfolgreich, wenn er sich dem internationalen Publikum anpasst.

Man sucht lange, um einen der leckeren portugiesischen Eintöpfe auf den Tisch zu bekommen. Ein Bohneneintopf *(Feijoada)* oder Fischeintopf *(Caldeirada)* ist für den Autor auf Recherchetour ein seltenes kulinarisches Erlebnis. Der Muscheleintopf *Cataplana* findet sich zwar häufiger auf der Speisekarte, wird jedoch oft hastig und ohne viel Geschmack zubereitet. Aber vielleicht ist Besserung in Sicht: Während man noch vor einigen Jahren Restaurants suchen musste, die gekochte Kartoffeln als typisch portugiesische Beilage anboten, stehen sie inzwischen neben Pommes und Reis fast überall wieder auf der Speisekarte.

Die gehobenen Restaurants an der Algarve versuchen dem Reisenden zwar eine Alternative zur Massenabfertigung zu bieten, wirken aber ohne den traditionellen Hintergrund (wie z. B. in Italien oder Frankreich) etwas verkrampft und erreichen oft nicht die runde geschmackliche Note einer gut gemachten Hausmannskost.

Die Küche der Algarve ist natürlich reich an Fischgerichten. Während an der ganzen portugiesischen Westküste die Fischer während der stürmischen Wintermonate oft im Hafen bleiben mussten und die Bevölkerung den gekochten Trockenfisch *Bacalhau* aufgetischt bekam, konnten die portugiesischen Südländer fast das ganze Jahr über fangfrische Meeresfrüchte genießen. Dementsprechend hoch sind die Qualität des Fisches, aber auch die Ansprüche der Einheimischen. Es spricht sich unter den Leuten schnell herum, welcher Wirt guten und frischen Fisch auf den Teller bringt, Tiefkühlware ist verpönt.

Wo isst man?

In der Regel ist bei hochpreisigen **Restaurants** am Eingang ein Schild mit der entsprechenden Kategorie angebracht. Die Anzahl der Sterne und das Preisniveau lassen vielleicht auf Englisch sprechende Ober oder Seife und Handtuch auf der Toilette schließen – sie garantieren aber noch lange nicht einen lustvoll gefüllten Magen. Lediglich in den Luxusrestaurants, von denen es im ganzen Land nur wenige gibt, findet man garantiert guten Service und exzellente Küche, allerdings auch zu Luxuspreisen (über 20 € fürs Hauptgericht). Als nächste Kategorie folgen die Restaurants der ersten Klasse, *1.a Categoria*, die fast immer erstklassige Qualität und Bedienung bieten. Hier kostet ein Hauptgericht um die 15 €. Die Restaurants der zweiten und dritten Klasse *(2.a* und *3.a Categoria)* unterscheiden sich kaum voneinander; der Qualitätsunterschied zur ersten Klasse ist hingegen oft eklatant. Hauptgerichte zwischen 5 € und 15 €. Übrigens: In fast allen Restaurants bekommt man einen Platz zugewiesen – also nicht einfach hinsetzen!

Café und regionales Kunsthandwerk

Cafés und einfache Kneipen, die **Tascas,** sind die preisgünstigste Möglichkeit, essen zu gehen. Im düsteren Inneren dieser kleinen Tavernen stehen große Weinfässer mit rotem naturreinen Bauernwein, dem *carrascão* (der oft besser als *traçado* schmeckt, also mit Zitronenlimonade gemischt). Zu essen gibt es meist nur Kleinigkeiten, etwa Brötchen mit Steak *(bifanas* oder *pregos)* oder gegrillte Sardinen. Manchmal kann man den eigenen Fisch vom Fischmarkt mitbringen und von der Wirtin braten lassen. Dazu sollte man aber vorher Bescheid sagen!

Marisqueiras sind auf Meeresfrüchte spezialisiert, **Churrasqueiras** bieten gegrilltes Fleisch (meist Hühnchen) und gegrillten Fisch an, **Cervejarias** sind in aller Regel große, einfache Restaurants, in denen vorwiegend Bier getrunken wird. Im Angebot einer Cervejaria sind gewöhnlich mehrere Steaks *(Bifes)*, Meerestiere *(Mariscos)*, Omeletts *(Omeletas)* und evtl. einige Fischgerichte.

Die **Essenszeiten** sind denen in Deutschland recht ähnlich: Frühstück, *pequeno almoço*, gibt es im Café den ganzen Morgen. In Lissabon trinkt man gewöhnlich einen Milchkaffee *(galão)* und isst ein Käse-Brötchen *(sandes com queijo)* oder ein süßes Teilchen *(bolo)*. Das Mittagessen *(almoço)* wird zwischen 12 und 14 Uhr eingenommen, Abendessen *(jantar)* gibt es in den meisten Restaurants ab 19.30 Uhr, manchmal schon ab 19 Uhr. Die warme Küche ist in der Regel bis 22 Uhr geöffnet, danach wird es schwierig. In einigen Stadtteilen Lissabons und Portos finden sich Restaurants, die bis 2 Uhr nachts servieren.

Tripas de doce,
eine Art Crepe aus Aveiro

Bevor man ein Restaurant oder Café betritt, sollte man, besonders in touristischen Gegenden, einen **Blick auf die Preise** der Speise- bzw. Getränkekarte werfen, die ausgehängt sein muss; diese Regel wird vor allem auf dem Land manchmal nicht eingehalten. Alle Preise müssen die Mehrwertsteuer *IVA* enthalten. Dabei sollte man sich nichts daraus machen, dass man sich durch genau diese Eigenheit als deutscher Tourist zu erkennen gibt: das minutiöse Studieren der Karte am Eingang. Gute Fische und Meeresfrüchte werden oft nach Gewicht berechnet.

Um die **Rechnung** bittet man mit „*A conta, se faz favor*" (sprich: „a conta se fasch fawor") oder, höflicher, mit „*A conta, se faça favor*". Sie wird auf einem Teller gereicht, auf den man auch das Geld legt. Der Kellner bringt dann das Wechselgeld zurück, und schließlich hinterlässt man auch das Trinkgeld auf dem Teller. War der Service sehr schlecht, so sollte man ruhig kein Trinkgeld geben.

Durch Befragung von Einheimischen und Reisenden haben wir versucht, in den beschriebenen Orten **gute Restaurants aller Preisklassen** zu finden – in vielen Fällen wurden sie von uns selbst getestet. Auf empfehlenswerte Restaurants mit dem besten Preis-Leistungs-Verhältnis wird in den einzelnen Regionen hingewiesen. Durch Koch- oder Besitzerwechsel können sich Preis und Leistung schnell ändern – für entsprechende Hinweise sind wir sehr dankbar.

Was isst man?

Da die Portugiesen morgens gewöhnlich nur ein Butterbrötchen mit Quittenmarmelade oder eine *torrada* (gebutterten Toast) zu sich nehmen, sind Mittag- und Abendessen gleichermaßen Hauptmahlzeiten, die sich in ihrem Angebot in keiner Weise unterscheiden. Man isst jeweils warm, mittags in einfacheren Lokalen, Kantinen oder Cafés, abends zu Hause oder in besseren Restaurants. In den meisten Regionen des Landes werden 50 % Fisch- und 50 % Fleischgerichte gegessen – Vegetariern wird dagegen in den wenigsten Restaurants etwas geboten.

Eine komplette Mahlzeit besteht aus „Couvert" (s. u.), Suppe, Hauptgericht und Nachtisch. In dieser Kombination mit einem Getränk und häufig auch Kaffee bieten die meisten Restaurants auch *ementas turísticas* (Touristenmenüs) an. Davon wird man zu einem oft äußerst günstigen Preis gut satt; in der Regel gibt es ein Fisch- und ein Fleischhauptgericht zur Auswahl. Am schnellsten werden Gerichte von der Tageskarte *(pratos do dia* oder *sugestões do chefe)* serviert, die zudem oft eine gute Wahl sind.

Die Gerichte sind außerordentlich reichlich bemessen; Genügsamere können oft auch halbe Portionen *(meia dose)* ordern. Viele Restaurants haben nichts dagegen, wenn man sich zu zweit eine Portion mit zwei Tellern bestellt: *„Uma dose de ... com dois pratos, se faz favor".*

Couvert

Das Couvert ist in Portugal leider oft eine beliebte Methode, den Gästen Geld aus der Tasche zu ziehen. Als Couvert werden immer Brot oder Brötchen mit Butter gereicht, dazu eventuell Oliven *(azeitonas)*, Frischkäse, harter Käse, Thunfisch- und Wurstpastete. Generell gilt, was probiert wurde, muss auch bezahlt werden. Bekommt man eine zu hohe Rechnung, was bei nicht Portugiesisch sprechenden Touristen und in touristischen Zonen häufig der Fall ist, sollte man reklamieren und das Reklamationsbuch *(livro de reclamações)* verlangen. Wer kein Couvert will, sollte es gleich abbestellen bzw. abtragen lassen. Restaurants der ersten und der Luxuskategorie dürfen das Couvert allerdings grundsätzlich komplett berechnen.

Suppen

Die portugiesischen Suppen haben wenig mit den in Deutschland verbreiteten Fleischbrühen gemein. Sie sind wesentlich sämiger und werden in der Regel mit verschiedenen Gemüsesorten zubereitet. Die traditionellen portugiesischen Suppen sind der *caldo verde*, eine Suppe mit fein geschnittenem Grünkohl und Räucherwurst, sowie die *sopa de legumes*, eine sämige Gemüsesuppe. In der *sopa de marisco* findet sich allerlei Meeresgetier.

Fleischgerichte

Der allerorts zu bekommende Standard ist das Rindersteak *(bife de vaca)*. Es kommt im eigenen Saft medium gebraten und mit einem Spiegelei obenauf auf den Tisch. Dazu gibt es oft Reis oder Pommes frites und Salat. Wer es gut durchgebraten will, sollte es *bem passado* bestellen. Billigste Version ist das kleine Steak *bitoque*. In den einfacheren Restaurants ist das Fleisch oft etwas zäh. Auch Koteletts

Feijoadas – die leckeren Bohneneintöpfe sind leider aus der Mode gekommen

(costeleta) und Spare-Ribs *(entrecosto)* sind weit verbreitet. Im Alentejo und um Porto sind Kutteln *(tripas)* sehr beliebt; wer mag, kann sich beispielsweise an einer billigen *dobrada* (Bohneneintopf mit Kutteln) satt essen. Als weitere Spezialitäten seien hier noch Rinderzunge *(língua)* und Schweinsohren *(orelhas de porco)* genannt.

Fleisch: Rindfleisch stammt mehr und mehr aus nationaler Aufzucht, während Schweinefleisch fast komplett aus heimischen Mastbetrieben kommt. Gute Qualität haben das Ziegenfleisch *(cabrito)* und das Lamm *(borrego)*, das meist aus heimischer Zucht und naturnaher Weidewirtschaft stammt.

Würste: Grobe, geräucherte Schweinswürste mit hohem Speckanteil sind ebenfalls eine Spezialität. Sie werden nicht nur als Brotzeit gegessen, sondern auch zur Vorspeise gereicht und dies sogar flambiert *(chouriço assado)*. Außerdem finden sie in Eintöpfen als Geschmacksverbesserer Verwendung. *Chouriços* sind geräucherte Schinkenwürste, *morcelas* sind mit Schweineblut angemacht, *linguiças* sind dünner und schmecken wegen des hohen Paprikagehaltes würziger. Eine Spezialität des Alentejo sind dabei auch die Würste vom schwarzen Schwein *chouriço de pata negra* oder *do porco preto*, das dem Wildschwein sehr verwandt ist.

Fischgerichte

Sehr gute Fische sind *dourada* (Goldbrasse), *robalo* (Wolfsbarsch) und *cherne* (Silberbarsch), die wohlschmeckend und einfach von Gräten zu befreien sind. Die beste Zubereitungsart ist *na brasa*, über Holzkohle gegrillt. Achtung: Die bitter schmeckenden Innereien muss man bei kleinen Fischen (Sardinen etc.) in der Regel selbst entfernen. *Fisch-Caldeiradas* (Eintöpfe) sind Liebhabern deftiger Kost zu empfehlen. Die kleinen *sardinhas* kann man mit Haut und Haaren, sprich Schuppen, verzehren.

Feinschmecker verzichten montags auf Meeresgetier, da die Fischer am Sonntag zu Hause bleiben. In der Hochsaison steigen die Preise für Edelfische um bis zu 40 %

wegen der erhöhten Nachfrage. Da inzwischen viele Fischzuchtbetriebe an der Küste entstanden sind, kann man sich nicht mehr sicher sein, dass der Fisch wirklich aus dem offenen Meer stammt und nicht mit Schlachtabfällen gemästet aus dem Zuchtbecken kommt. Indikator ist der Preis: 7 bis 10 € pro Kilo für *Dourada* oder *Robalo* deutet auf Zucht hin.

Bacalhau als Wandkunstwerk

Bacalhau: das portugiesische Nationalgericht. Es ist Kabeljau, eingesalzen und an der Sonne getrocknet, in Deutschland auch Klipp- oder Stockfisch genannt und kaum mehr im Handel erhältlich. Es gibt um die 300 Zubereitungsarten, wobei der Kabeljau manchmal fast unkenntlich auf den Tisch kommt: in Öl gebraten, mit Teig überbacken, zerrieben und mit Schmalz zu kleinen Bällchen geformt, die frittiert werden etc. In dieser Fülle von Speisen mit gleichem Grundstoff findet auch derjenige, der das Fleisch des Bacalhau nicht so schätzt, sein Lieblingsgericht. Besonders gut schmeckt der *Bacalhau à brás*, für den der Klippfisch zerrieben und mit Kartoffelsticks und Rührei gemischt wird.

Wer sich sein eigenes *Bacalhau*-Gericht zubereiten möchte, der sollte den *Bacalhau* mindestens 24 Std. vorher in Wasser einweichen und dieses mehrmals wechseln, da der Fisch sonst viel zu salzig schmeckt.

Carapau (Bastardmakrele): etwa so groß wie eine Sardine. Etwas leichter, sprich weniger fettig als die Sardine, aber auch etwas teurer. Kommt wie die Sardine meist gegrillt auf den Tisch.

Peixe-espada (Degenfisch): sieht aus wie eine platte, silbrig glänzende Meerschlange. Mit seinen großen, hervorstehenden Augen und den gefräßig wirkenden Zähnen erweckt er nicht gerade Vertrauen. Mit langen Leinen werden die Tiere in ca. 400 m Tiefe gefangen und sterben bereits beim Hochziehen durch den immensen Druckverlust. Der Fisch ist relativ preiswert und besitzt sehr übersichtliche und große Gräten, bietet also auch Ungeübten keine unüberwindbaren Schwierigkeiten. Häufig wird er auch als gebratenes Fischfilet serviert.

Espadarte (Schwertfisch): Dieser relativ teure Edelfisch wird von den Gästen auf den Speisekarten manchmal gerne mit dem oben genannten Peixe-espada verwechselt. Das Fleisch ist von der Konsistenz fast wie Thunfisch. Wird meist tiefgefroren aus Afrika importiert und kommt zu trocken auf den Teller.

Caldeirada (Fischragout): ein leckerer Fischeintopf, mit verschiedenen festkochenden Fischsorten, Kartoffeln, Tomaten und Zwiebeln. Wichtig bei der Zubereitung ist die Herstellung des Sudes. Wie eine Bouillabaisse soll die Caldeirada richtig fischig schmecken. Dazu werden zunächst die Fischköpfe und -schwänze 20 Min. lang mit Paprikapulver, Knoblauch und Lorbeer gekocht. Erst aus dieser abgesiebten Brühe wird der Eintopf mit den weiteren Zutaten zubereitet.

Tintenfische: Es gibt drei Tintenfischarten, die Sie auf der portugiesischen Speisekarte finden. Als Beilage empfehlen sich Salzkartoffeln.

Polvo (Krake): Der kräftige Körper hat acht Fangarme, die wesentlich länger als der Körper sind. Die Tiere werden gesäubert, gekocht, klein geschnitten und als warme oder kalte Speise serviert. Als Salat *(salada de polvo)* mit Zwiebeln, Essig und Lorbeerblatt zubereitet schmeckt er besonders gut.

Lula (Kalmar): Der Körper ist lang und schlank, hat zwei lange und acht kurze Fangarme. Auf der Speisekarte findet man z. B. *lulas à Sevilhana* (in Tomatensoße) oder *lulas grelhadas* (am besten über Holzkohle). Lecker, aber wegen der aufwendigen Vorbereitung selten im Angebot, sind die *lulas recheadas*. Der Körper bleibt ganz und wird mit einer Mischung aus dem Fleisch der Fangarme, gehacktem Gemüse und Kräutern prall gestopft.

Choco (Sepia): Dieser Tintenfisch ist ein Kopffüßler, der mit einer Tinte gefüllt ist, die auch heute noch für Tusche- oder Federzeichnungen gebraucht wird. Seine Fangarme sind gleich lang. Die Oberseite des Körpers bildet eine ovale, poröse Platte, die man auch häufig am Strand findet. Er wird gekocht serviert, nachdem die Platte, Tintensack und die Innereien entfernt wurden. Das Fleisch ist fettiger als das der „Lula" und auch kräftiger im Geschmack. Manchmal wird der Choco auch mit Tinte serviert (com tinta), in diesem Fall wirkt der Teller so, als ob der Koch ein Tintenfass darüber entleert hätte.

Fisch essen trotz leer gefischter Meere?

Schwertfisch *(espadarte)*, Kabeljau *(bacalhau)* und Thunfisch *(atum)* – das sind nur drei der Fischarten, deren Bestände in den vergangenen Jahrzehnten dramatisch zurückgegangen sind. Zu viele Schiffe durchpflügen mit ihren Netzen die Weltmeere. Fisch ist aber ein gesundes und schmackhaftes Nahrungsmittel, das sich vor allem in Portugal weiterhin großer Beliebtheit erfreut. Man kann dennoch die Weltmeere als Verbaucher zumindest etwas entlasten. Zum einen kann man öfter mal auf weniger in ihrem Bestand gefährdete Fischarten wie Bastardmakrelen *(cavalas)* oder Heringe *(arenque)* ausweichen. Zum anderen kann man Arten meiden, deren Fang mit Grundschleppnetzen besonders starke Zerstörungen am Meeresboden verursacht. So werden bei Plattfischen wie Seezunge *(linguado)* oder Scholle *(solha)* pro Kilo verwertetem Fisch bis zu 9 kg sogenannter Beifang, also junge Fische, Seesterne oder Krebse, tot über Bord geworfen. Extreme Schäden richten auch Haifischprodukte wie die vor allem in chinesischen Restaurants angebotene Haifischflossensuppe *(sopa de barbatanas de tubarão)* an. Dafür schneiden die Fischer den Haien bei lebendigem Leib die Flossen ab – leider auch innerhalb der EU, darunter besonders auf spanischen und portugiesischen Schiffen. Die Fischer werfen die Tiere anschließend zurück ins Meer, wo sie qualvoll verenden. Jedes Jahr sterben so zwischen 100 und 200 Millionen Haie, was viele Arten bereits an den Rand des Aussterbens gebracht hat. Der Dornhai *(cação)* ist ebenfalls stark überfischt, in diesem Fall allerdings nicht wegen seiner Flossen, sondern weil er in Europa gerne als Speisefisch gejagt wird.

Krustentiere

Die *mariscos* sind nicht gerade billig zu haben – das Kilo Langusten kostet ca. 75 €. Die **Langusten** sind in Europa fast ausgerottet. Zurzeit werden die meisten aus südlichen Regionen (z. B. Mauretanien) eingeflogen. In Portugal, z. B. in Ericeira, werden Langusten aber auch in Käfigen gezüchtet.

Die meist 1 bis 2 Pfund schweren **Sapateiras,** Riesentaschenkrebse mit großen Zangen, werden in jedem besseren Restaurant zu ca. 30 € das Kilo angeboten. Der Großteil kommt aus Zuchtanlagen Schottlands oder der Bretagne, wo sie innerhalb von drei bis vier Jahren schlachtreif gezüchtet werden.

Santolas, in „freier Wildbahn" aufgewachsene Meeresspinnen, stammen meist aus Portugal und werden von Tauchern erjagt. Im Restaurant kostet das Kilo ca. 25 €.

Amêijoas (Herzmuscheln): Diese wohlschmeckende Muschelart, der Miesmuschel vorzuziehen, ist besonders typisch für die Algarve. In der Lagunenlandschaft, die von Faro bis fast zur spanischen Grenze reicht, haben die Muschelzüchter ihre quadratischen Felder abgesteckt. Es ist eine arbeitsintensive Bewirtschaftung, da der schlammige Grund der Lagune künstlich mit einer Sandschicht bedeckt sein muss. Dementsprechend teuer sind die (kleinen) Portionen in den Restaurants. Die Kunst der richtigen Knoblauch-Petersilien-Soße (port. *natural)* beherrschen nur wenige Köche. Es gibt sie aber auch z. B. mit Zitronensaft *(amêijoas à Bulhão Pato).* Achtung: Muscheln sollte man nur dann essen, wenn sie offen sind. Sind sie nach dem Abkochen noch verschlossen, könnten sie schon vorher bereits tot und verdorben gewesen sein!

Eine teure Spezialität sind inzwischen die **Perceves** (dt. Entenmuscheln, sind jedoch keine Muscheln, sondern eine Krebsart) geworden. Sie sind in vielen der klei-

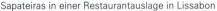

Sapateiras in einer Restaurantauslage in Lissabon

nen Tascas der Westküste erhältlich und eine exzellente Vorspeise. Das Abpflücken der Tiere bei Ebbe unterhalb des Wasserspiegels an den Steilfelsen ist nicht ungefährlich, denn eine hohe Brandung herrscht an der Westküste immer.

Krebsjagd

Besonders an der Westküste gehen die einheimischen Jungs nachts bei Ebbe auf Krebsjagd. Ausgerüstet mit einer starken Taschenlampe suchen sie in Wasserlachen an den Felsen. Die sicherste Fangmethode ist, den Krebs sich am Finger festbeißen zu lassen – für Veteranen dieses Sports ist die vernarbte Fingerspitze gleichzeitig ein Zeichen ihres Mutes. Andernfalls ist ein schneller, mutiger Griff hinter die Zangen notwendig, ehe der recht flinke Krebs in einer Felsspalte verschwindet.

Beilagen

Die Beilagen werden auf den Speisekarten meist nicht aufgeführt. Wer sich nicht sicher ist, was es zum gewünschten Hauptgericht gibt, sollte ruhig nachfragen. Meist werden zu den Hauptgerichten Reis oder Pommes frites gereicht, zu gegrilltem Fisch in der Regel gekochte Kartoffeln *(batatas cozidas)*. Gemischten Salat gibt's fast überall auf Bestellung. Gemüse findet man leider fast nur in der Suppe. Nur zum *Bacalhau* (Kabeljau) bekommt man oft unpassierte, gekochte Kohlblätter *(couve)*. Eine portugiesische Besonderheit ist es, in Essig eingelegtes Gemüse z. B. zum Steak zu servieren – nicht jedermanns Geschmack ...

Nachspeisen und Süßes

In diesem Punkt dürfte die portugiesische Küche in Europa unschlagbar sein. Es stehen köstliche *sobremesas* (Nachspeisen) zur Auswahl. Unbedingt probieren sollte man *arroz doce*, süßen Reis mit Zimt. Empfehlenswert sind auch *mousse de chocolate, pudim flan* (Vanillepudding mit Karamellsoße), *maçãs assadas* (Bratäpfel), *pudim de ovo* (Eierpudding), *leite creme* (Milchcreme) – und vieles mehr. Jede Region hat ihre Spezialität.

Das Land der Mandelbäume trägt selbstverständlich süße Früchte. Eine Spezialität ist das Marzipan *(massa de doce regional)*, naturrein nur aus Zuckersirup und fein gemahlenen Mandeln hergestellt. Aus dem Marzipanteig werden an der Algarve kunstvoll Früchte und Tiere geformt, die appetitlich aufgereiht in vielen *pastelarias* (Konditoreien) in der Auslage stehen. In der Kunsthandwerksschule in Lagoa gibt es sogar einen eigenen Kurs zur Herstellung der kunstvollen Figuren.

Snacks

Moderne Snackbars mit Aluminium- und Kunststoffeinrichtungen werden immer beliebter. Gewöhnlich führen sie eine große Auswahl an preiswerten Imbissen. Eine angenehmere Atmosphäre findet man oftmals in den kleinen Tascas, die **Petiscos** (Appetithappen) oder auch einfache Mittag- und Abendessen anbieten. Nachfolgend werden einige gängige Snacks vorgestellt.

BBQ – frisch geröstete Maronen

Der **Prego** ist der portugiesische Hamburger. Rindfleischstücke werden in einem würzigen Fleisch-Knoblauch-Sud gekocht und noch warm in einem Brötchen gegessen. Ein Zeichen von Qualität: Das gefüllte Brötchen wird abschließend nochmals in den heißen Sud getunkt. Die **Bifanas** entsprechen dem Prego, werden aber mit Schweinefleisch zubereitet – sehr lecker.

In Portugal heißt der Hotdog **Cachorro.** Er zeichnet sich oft durch miserable Qualität aus, da die in Portugal von großen Wurstfabriken fabrizierten „deutschen Würstchen" *(salsichas tipo alemão)* mit den uns vertrauten Wienerle nichts zu tun haben.

Codornizes, Wachteln, fast ausschließlich aus Zuchtanstalten, werden das ganze Jahr über gegessen.

Tosta mista, Schinken-Käse-Toast, gibt's überall und recht billig. Er ist auch eine gute Alternative zum Marmeladenbrötchenfrühstück.

Salada de atum, Salada de lula, Salada de polvo, Thun- oder auch Tintenfischsalat, ist ein kräftiger Mix aus Fischstückchen, gekochten Kartoffeln, Tomaten, Blattsalat und Olivenöl. Sehr nahrhaft und billig. Wird sehr oft als Vorspeise *(entrada)* angeboten, obwohl man davon gut satt wird.

Rissóis, frittierte Kabeljau- oder Krabben-Häppchen, schmecken sehr gut und werden mit den ähnlich schmeckenden *pasteis de bacalhau* auch gerne in Cafés als Snacks angeboten.

Frango, das Hühnchen vom Holzkohlengrill, schmeckt ebenfalls fast überall hervorragend. Besonders zu empfehlen in den kleinen Churrasqueiras, die oft gar nichts anderes als *frango grelhado* anbieten.

Caracóis, in Knoblauchsud gekochte Schnecken, sind vor allem im Sommer ein beliebter Snack in den Cafés. Man sollte ruhig den Mut aufbringen und sie mal probieren. Sie schmecken, wenn sie zuvor tagelang richtig sauber gemacht wurden, ausgezeichnet.

Das eigentliche Nationalgericht –
Fisch vom Holzkohlegrill

Milchcafé „Galão" – das Lieblingsgetränk
vieler Portugalbesucher

Kaffee, Kuchen und Co.

In Portugal ist Kaffee Teil der Kultur, Teetrinker haben es dementsprechend schwer. Bei einer *bica* (Espresso) wird stundenlang geschwatzt, studiert oder es werden Geschäfte besprochen. Da sich Portugiesen äußerst ungern zu Hause verabreden, sind die **Cafés** ein beliebter und geselliger Treffpunkt. Anders als in Deutschland sind sie in Portugal bis zum späten Abend geöffnet. Mittags, manchmal auch abends, werden in den Cafés einige billige Tagesgerichte angeboten, die meist ein recht gutes Preis-Leistungs-Verhältnis haben. Oft sind dann alle Tische mit speisenden Büroangestellten und Arbeitern belegt, und man kann seine Bica nur am Tresen trinken.

Der Kaffee kommt meist aus Brasilien, Afrika und Vietnam und ist tiefschwarzer Espresso. Sein Geschmack unterscheidet sich beträchtlich von dem in Deutschland üblichen Kaffee. Filterkaffee ist in Portugal nicht verbreitet: Man trinkt entweder einen kleinen Espresso oder einen Milchkaffee.

Aber **Espresso** ist nicht gleich Espresso: Neben der normalen *bica* gibt es die größere, aber weniger gehaltvolle *bica cheia* und die kleinere, aber von der Wirkung her intensivere *bica italiana*. Man kann auch eine *bica com cheiro* bestellen, Espresso mit Schnaps, oder den *café duplo*, die doppelte Bica.

Auch für den **Milchkaffee** gilt: Nicht jeder Milchkaffee ist gleich Milchkaffee! *Garoto* oder *pingado* ist eine Bica mit Milch (kleiner Milchkaffee). Etwas mehr Inhalt hat die *meia de leite*: Dabei handelt es sich um eine Bica mit noch einmal der gleichen Menge Milch, sie entspricht etwa unserem Milchkaffee. Der *galão* schließlich ist ein 0,2 l großer Milchkaffee und erklärtes Lieblingsgetränk der Lissabonner am Morgen. Zubereitet wird er entweder mit einer Bica und heiß aufgeschäumter Milch *(galão de máquina)* oder in der Billigversion mit in heißer Milch aufgelöstem Instantkaffeepulver. Serviert wird er heiß im Glas – Vorsicht mit den Fingern!

Eine Auswahl aus den weiteren Möglichkeiten der Kaffeezubereitung: Für den *carioca* wird die Bica halb mit Wasser aufgefüllt, *cevada* ist Malzkaffee. Der *carioca de limão* wird übrigens nicht mit Kaffee, sondern mit heißem Wasser und frischem Zitronensaft bzw. Zitronenschale bereitet. *Café duplo com leite* – ein doppelter Café mit Milch – ist die Sorte, die einem Deutschen Filterkaffeetrinker neben der *meia de leite* wahrscheinlich am vertrautesten schmeckt.

Gebäck und Süßes: Naschkatzen sind gefragt, dabei sollte man Cafés mit eigener Konditorei bevorzugen *(fabrico próprio)*, sonst bekommt man oft Gebäck aus der Fabrik, wo mit übermäßigem Zuckergehalt der etwas fade Geschmack kaschiert wird. Die Unzahl der Konditoreien *(pastelarias)* ist bezeichnend für die vernaschten Portugiesen.

Kaffeehaus-Spartipp: Für Tresen und Tisch oder Terrasse gelten meist deutlich unterschiedliche Tarife. Man kann gut Geld sparen, wenn man seine Bica am Tresen bestellt, sollte sie jedoch nicht nachher am Tisch trinken.

Im Allgemeinen sind die Backwaren recht süß. Im Norden mag man die Verbindung von Eigelb und Zucker *(ovos moles, lerias, pão-de-ló)*, an der Algarve verwendet man bevorzugt Mandeln und Nüsse (Mandelgebäck, Marzipan). In ganz Portugal gibt es die *pastéis de natas*, Rahmpastetchen, die jedoch am besten im Lissabonner Stadtteil Belém *(pastéis de Belém)* sind. Gute Eisdielen *(gelatarias)* findet man selten.

Die Küche der Provinzen

Die Geschmäcker der einzelnen Regionen Portugals sind sehr verschieden. In jeder Provinz herrschen eigene Esstraditionen, die sich besonders zwischen dem Norden und dem Süden sowie den Küstenregionen und dem Landesinneren teilweise sehr unterscheiden können. In Trás-os-Montes und im Alentejo ist die portugiesische Küche am schwersten, fleischhaltigsten und rustikalsten, während in der Estremadura und an der Algarve leichtere Kost und viel Fisch bevorzugt wird. In Lissabon haben sich einige Restaurants den einzelnen Regionalküchen ganz Portugals verschrieben, sodass man hier eine breite Auswahl an Gerichten findet.

Vor allem im **Norden** lernt man völlig neue Geschmacksrichtungen kennen. Wie wäre es z. B. mit *rojões à moda do Minho*, gut gewürzten kleinen Schweinefleischstücken, in Schmalz gebraten, dazu geronnenes Schweineblut, Leber, mit Grieß gefüllte Därme und als Beilage geröstete Kartoffeln?

Bekannt ist auch die *feijoada à Transmontana*, ein schmackhafter Bohneneintopf.

Die Einwohner von **Porto** werden noch heute von den Lissabonnern abschätzig *tripeiros*, Kuttelfresser, genannt, während die *tripeiros* die Lissabonner verächtlich *mouros* (Mauren) schimpfen. Der Name *tripeiros* kommt daher, dass die Einwohner von Porto früher das Fleisch den Seefahrern zum Einpökeln gaben und sich selbst mit den Eingeweiden *(tripas)* begnügten. Heute ist das ehemalige Arme-Leute-Essen *tripas à moda do Porto* eine Spezialität: weiße Bohnen mit Kutteln und gebratenen Blutwurstscheiben.

In der Provinz **Beira Litoral** lässt man sich allerlei Meeresgetier schmecken. Ein typisches Gericht ist die *caldeirada de enguias*, eine eintopfartige Aalsuppe. Weiter im Landesinneren trifft man vor allem auf *leitão* (Spanferkel) und die *chanfana*, Ziegenfleisch, in Rotwein gekocht. Auch wenn die *chanfana* etwas unansehnlich sein mag, sie schmeckt äußerst lecker.

In der **Estremadura** kommen meist Fisch und Meeresfrüchte auf den Tisch. Wer gerne Breiartiges mit dem Löffel isst, der versuche die *açorda de marisco*, einen dickmassigen Broteintopf mit viel Knoblauch, Muscheln und kleinen Krabben.

Im **Alentejo** findet man in jedem Restaurant eine Suppe, die, wie der Name schon besagt, bezeichnend für diese Provinz ist: die *sopa alentejana*, Fleischbrühe mit viel Weißbrot, einem Ei, Knoblauch, kräftig Petersilie und grünem Koriander. Ebenfalls mit frischem Koriander wird eine andere sehr schmackhafte Spezialität des Alentejo zubereitet, *carne de porco à alentejana*. Dem Schweinefleisch auf alentejanische Art werden Muscheln und Kartoffeln zugegeben. Nirgends werden *migas* so gut zubereitet wie hier; es handelt sich um eine Beilage aus eingeweichten Brotkrümeln und viel Knoblauch. Dazu *porco preto* aus Barrancos (→ S. 618) ...

Weil sie so gut schmeckt, ist die *cataplana* an der **Algarve** ein Muss: Muscheln im eigenen Saft mit Knoblauchwurst, Kartoffeln, gut gewürzten Schweinefleischstückchen, Zwiebeln, Petersilie und einem Schuss Weißwein, alles zusammen in einer fest verschlossenen Kupferpfanne, der *cataplana*, gedünstet.

Wein

Bei den Getränken steht der Wein an erster Stelle. Kein Wunder, denn Portugal ist der neuntgrößte Weinproduzent der Welt und kann über einen Mangel an erlesenen Weinen wahrlich nicht klagen. Besonders die leichten Weißweine der Estremadura, die Rotweine der Bairrada und die süßen Portweine können begeistern.

Quinta im Norden des Landes

Portugal führte als weltweit erstes Land die Abgrenzung bestimmter Weinregionen ein. Es gibt dabei verschiedene regionale **Herkunftssiegel:** Ob *Vinho Regional, Indicação de Proveniência Regulamentada (IPR), Denominação de Origem Controlada (DOC)* oder *Vinho de Qualidade Produzido em Região Determinada (VQPRD)*, alle bezeichnen Qualitätsweine aus einer bestimmten Region, die speziellen Gesetzen und einer besonderen Kontrolle unterliegen. Vorsicht ist nur bei der Bezeichnung *vinhos de mesa* (Tafelweine) angebracht: Sie umfasst alle Weine niedrigerer Qualität.

Aus den bekannten **Weinanbaugebieten** Bairrada, Dão, Douro sowie Setúbal kommen gute Weiß- und Rotweine; man findet hier immer etwas nach seinem Geschmack. In der Umgebung von Lissabon liegen neben Setúbal auch noch zahlreiche kleinere Anbaugebiete wie Bucelas, Arruda dos Vinhos, Torres Vedras, Colares und Carcavelos, die beiden letzten allerdings mit einer sehr geringen Jahresproduktion. Preiswertere Sorten stammen aus der südportugiesischen Provinz Alentejo. Aber auch hier haben sich in letzter Zeit einige hochklassige Weingüter niedergelassen.

Probieren sollte man unbedingt den **Vinho Verde,** den „Grünen Wein", der ausschließlich aus der Region des *Vinho Verde* im nordportugiesischen Minho stammen darf. Dieser Wein wird noch vor der vollen Reife geerntet und bekommt so einen besonders leichten und erfrischenden Geschmack. Für seine Spritzigkeit sorgt ein wenig perlende Kohlensäure, die von den Winzern hinzugefügt wird. Besonders an heißen Tagen ist der Wein ein Genuss. Der typische Vinho Verde ist ein Weißwein, es gibt aber auch rote Sorten. Mit ca. 9 % hält sich der Alkoholgehalt bei vielen Sorten in Grenzen, es gibt allerdings auch Vinho Verde mit über 13 %. Während früher ganze 4 Großkellereien den Vinho Verde außerhalb der Anbauregion verkauften, trifft man heute in den Restaurants des ganzen Landes auf eine geradezu üppige Vielfalt von Weinen aus kleinen, aber feinen Kellereien.

Der *Alvarinho*, eine Spezialität aus Monção und Melgaço, hat ca. 12 % Alkohol. Er ist kräftig und ziemlich süß und vom Geschmack schon fast ein *maduro* (Reifer).

Algarve-Weine: Portugiesische Weine „mit Namen" kommen fast alle aus dem Norden, den Regionen des Rio Dão oder auch der Bairrada-Region, in der trockene Spitzenweine gekeltert werden. Aber auch die Weine aus dem Alentejo haben in den letzten Jahren an Qualität gewonnen. Nachdem er noch vor wenigen Jahren für tot gehalten wurde, holt auch der Rebensaft von der Algarve in Sachen Kennergunst langsam wieder auf. Es sind meist schwere Weine mit relativ hohem Tannin- und Alkoholgehalt (bis 14 %). Da man sie meist jung vermarktet, wird allerdings wenig geschwefelt, was die Kopfschmerzen bei übermäßigem Genuss in Grenzen hält. Die Rotweine sind meist aus den Sorten Negra Mole, Castelão, Trincadeira oder Syrah gekeltert, bei den Weißweinen dominiert die Arinto-Traube. Etwa 20 % der Trauben werden von kleinen Winzern noch selbst verarbeitet, oft nur zum Eigenbedarf. Der Rest wird in den Weinkooperativen von Lagos, Lagoa, Portimão und Tavira gekeltert. Besucher sind in den Keltereien meist willkommen.

Während 1987 an der Algarve noch 10 Millionen Liter Wein gekeltert wurden, waren es 1995 nur noch 1 Mio. Liter, denn Rebflächen wurden gewinnbringend in Baugrundstücke für touristische Einrichtungen umgewandelt. Inzwischen ist die Produktion aber wieder auf 3 Mio. Liter gestiegen, sogar neue Weinberge werden angelegt. Dennoch sind noch viele „Algarve-Weine", die in den lokalen Kellereien abgefüllt werden, verschnitten und statistisch gesehen zu 70 % Rebsäfte aus dem Alentejo oder dem Norden Portugals.

Witziges Graffiti an einer Portweinkellerei

Portwein: beliebt und weltbekannt. Seine Trauben wachsen im oberen Douro-Tal an horizontal gespannten Drähten. Die Stöcke sind kurz geschnitten, die Wurzeln reichen aber bis zu 10 m in die Erde. Für Portwein gelten die ältesten und strengsten Weingesetze der Welt, und staatliche Prüfungen garantieren die Qualität. Zum Teil werden die Trauben auch heute noch mit den Füßen gestampft. Während früher die über 500 l fassenden Mostfässer mit Booten nach Porto gebracht wurden, übernehmen das heute Tanklastwagen. In Porto wird der Wein vor dem Abgären mit Weinbrand versetzt. Dies stoppt die weitere Gärung und belässt einen relativ hohen Fruchtzuckergehalt im Wein. Die Ausfuhr durfte früher nur von Vila Nova de Gaia (südlich von Porto) aus erfolgen. Dort liegen auch die Portweinkellereien.

Die Vielfalt der Portweinsorten ist anfangs etwas verwirrend. Generell ist zwischen den roten und den weißen Ports zu unterscheiden, letztere werden ausschließlich aus hellen Trauben hergestellt.

Rote Portweine: Die einfachsten heißen *Ruby*, tragen weder Altersangabe noch Jahreszahl und sind Verschnitte verschiedener Jahrgänge. Ports, die länger als drei Jahre gereift sind, nennen sich *Tawny*. Sie sind heller in der Farbe und runder im Geschmack als die Rubys.

Bei der nächst höheren Klasse ist zwar ein Alter angegeben – z. B. *10 anos* –, doch kann es sich dabei um einen Durchschnittswert handeln (z. B. kann die eine Hälfte 15 und die andere lediglich 5 Jahre alt sein). Verlässlich als Jahrgangsweine ausgewiesen sind nur Produkte, die mit einer konkreten Jahreszahl versehen sind. Unter diesen Jahrgangsweinen gibt es wiederum Kategorien: Die normalen Jahrgangsweine werden ohne Satz abgefüllt und reifen in der Flasche nicht weiter. Die besten unter ihnen sind die sogenannten *Late Bottled Vintages*, die vor dem Abfüllen vier bis sechs Jahre in Eichenfässern gelagert haben.

Die echten *Vintages*, die „Könige der Portweine", werden dagegen nach nur zwei Jahren im Fass mit Satz abgefüllt. Daher können sie in der Flasche weiterreifen. Übrigens dürfen nur die besten Jahrgänge als *Vintages* abgefüllt werden, was deren hohe Qualität und Exklusivität garantiert. Vor dem Einschenken müssen diese Weine dekantiert, d. h. gefiltert werden, um den Satz zu entfernen. Die teuersten, aber nicht unbedingt die besten Portweine sind die aus ganz bestimmten Weingütern stammenden *Vintages da Quinta*.

Weiße Portweine: Im Gegensatz zu den roten, die mit zunehmendem Alter immer heller werden, dunkeln die weißen Ports im Laufe der Zeit immer mehr nach. Die weißen Portweine werden von süß bis trocken eingeteilt: *very sweet (lágrima), sweet (doce), dry (seco)* und *extra dry (extra seco).* Die weißen sind generell weniger bekannt und erreichen auch nicht die astronomischen Preise der exklusiven, roten *Vintages.* Dennoch lohnt es sich, sie zu probieren.

Die Portweinbezeichnungen sind übrigens deshalb auf Englisch, weil es Engländer waren, die den Portwein entwickelt haben; auch heute sind mehrere Portweinfirmen in englischem Besitz. Gute Marken sind u. a. *Taylor's* (vor allem für weiße Ports), *Ferreira, Graham's* sowie *Quinta do Noval.* Portweinliebhaber sollten unbedingt das Probierlokal *Solar do Vinho do Porto* in Lissabon aufsuchen (→ S. 477).

Hochprozentiges

Eine Spezialität Portugals ist der *Medronho-Schnaps.* Er wird hauptsächlich an der Algarve verkauft, da er im dortigen Monchique-Gebirge hergestellt wird. Die kleinen Früchte wachsen auf dem wilden Erdbeerstrauch. Da die Ernte sehr arbeitsintensiv ist, wird er fast nur von Bauern zu Hause gebrannt; vor dem Frühstück getrunken, nennen ihn die Algarvios *mata bicho,* was so viel wie Wurmtöter heißt. Wegen seines relativ hohen Gehalts an Methylalkohol (bis zu 100 g pro Liter!) darf er allerdings nicht in die EU exportiert werden und sollte auch vor Ort nur in Maßen genossen werden.

Billig ist der *aguardente* oder auch *bagaço.* Ein farbloser Weinbrand, gut als Aperitif, aus der zweiten Pressung der Weintrauben. Es gibt aber auch sehr gute Weinbrände *(aguardente vínica,* am besten: *velha reserva)* von denen man nach einem guten Essen auf Verlangen reichlich eingeschenkt bekommt. Nicht nur Maurer trinken nach dem Mittagessen gerne ein, zwei *figos* (Feigenschnäpse), mit denen sie hoffen, gut über die Nachmittagsarbeit zu kommen ...

Außerdem gibt es guten Brandy (bekannteste Marke *Maciera)* und diverse *Liköre* aus Mandeln *(amêndoas),* Honig *(mel)* oder Früchten *(frutas),* die Likörliebhaber unbedingt probieren sollten. Die bekannteste und wohl bekömmlichste Marke ist der *Licor Beirão* (mit *poejo,* Poleiminze).

Bier

Es gibt lediglich zwei große nationale Brauereien, *Sagres* und *Super Bock;* es werden aber auch ausländische Biere in Lizenz gebraut. Sowohl von Sagres als auch von Super Bock gibt es neben dem normalen Bier auch Schwarzbier *(cerveja preta).* Neuerdings macht ein Bier von sich reden, das wegen Fehlens jeglicher Zusatzstoffe dem bayerischen Bier nahe kommt: *Tagus.*

In vielen Kneipen wird Fassbier ausgeschenkt, das besser als Flaschenbier schmeckt und außerdem billiger ist. Da der Verkauf von Flaschenbier aber lukrativer ist, wird oft eine Flasche gebracht, wenn man nicht ausdrücklich nach *imperial* fragt. Dennoch kann der Griff zur Flasche ratsam sein, dann nämlich, wenn offensichtlich wenig Bierumsatz herrscht; die Leitungen verkeimen relativ schnell. In einfachen Kneipen kostet das kleine Bier (0,2 l) vom Fass etwa 1 € *(imperial* oder *fino* genannt). Ein großes Bier zu 0,4 oder 0,5 l *(caneca)* kostet ca. 2 €. Die *girafa* (0,75 l) gibt's für ca. 1,50 €, wird allerdings nur in wenigen Bars angeboten.

Terrakotta-Dorf – Portugal im Kleinen, bei Arraiolos

Wissenswertes von A bis Z

Adressen

An portugiesischen Haustüren finden sich so gut wie nie Namensschilder. Will man jemandem einen Besuch abstatten oder einen Brief schreiben, genügt es daher nicht, Straßennamen und Hausnummer zu wissen. Sofern der- oder diejenige nicht in einem Einfamilienhaus wohnt, sollte man sich unbedingt die entsprechende Etage und Lage der Wohnung merken. Die Nummerierung der Etagen *(andar* oder *piso)* beginnt im ersten Obergeschoss. Das Erdgeschoss wird mit *r/c (rês-do-chão)* angegeben. Die Lage der Wohnung wird aus der Sicht des Treppenaufgangs benannt. Links heißt *esquerdo* und wird mit *Esq* abgekürzt, rechts heißt *direito,* die entsprechende Abkürzung ist *Dto.*

Stimmt ein Ort nicht mit dem ihm zugeordneten Postleitzahlbereich überein, so steht er in der dritten Zeile der Adresse. In Neubausiedlungen sind die Straßen oft noch namenlos; die Adressen setzen sich dann aus der Angabe des Baugebietes *(urbanização)* und des Bauplatzes *(lote)* zusammen. Dörfer haben des Öfteren weder Straßennamen noch Hausnummern, und so kann man schon mal so witzige Adressen wie *Casa rosa ao pé da igreja* (rosa Haus neben der Kirche) bekommen.

> **Adressierbeispiel:**
> Maria Gorete da Silva Araújo
> Avenida dos Bombeiros Voluntários 23-12° Dto
> Algés
> 1495-030 Lisboa

Postleitzahlen: Je nach Viertel und Straßen variieren sie in Lissabon zwischen 1000-000 und 1999-999 Lisboa. Postleitzahlen auch auf den Internetseiten der portugiesischen Post, www.ctt.pt.

Adressauskunft per Telefon: bei der Auskunft unter ☎ 118.

Gängige Abkürzungen: Al. oder Alam. – Alameda (Allee); Av. – Avenida (Avenue); Bc. – Beco (Gässchen); Bo. – Bairro (Stadtviertel); Cç. – Calçada (gepflasterte Straße); Estr. – Estrada (Landstraße); L. oder Lg. – Largo (Platz); Pr. oder Pç. – Praça (Platz); Q.ta – Quinta (Landgut); R. – Rua (Straße); Tr. oder Tv. – Travessa (Gasse).

Aufenthaltsgenehmigung

EU-Bürger haben ein Recht auf den freien Aufenthalt in Portugal – sofern sie ihren Lebensunterhalt finanzieren können und über eine in Portugal gültige Krankenversicherung verfügen.

Steuerkarte: Die Steuerkarte, *Cartão de Contribuinte*, bekommt man in den *Lojas do Cidadão* und beim jeweiligen für den Wohnsitz zuständigen Finanzamt, der *Repartição das Finanças* (Adressen im Telefonbuch). Für den Antrag reicht ein deutscher Personalausweis. Nach 1 bis 2 Monaten wird die Karte zugeschickt. Viele portugiesische Banken verlangen ihre Vorlage für die Eröffnung eines Bankkontos. Eine Aufenthaltsgenehmigung ist dafür nicht vonnöten.

Fahrzeugeinfuhr: Wahrscheinlich das größte Problem für alle, die dauerhaft nach Portugal ziehen. Wer sein Auto steuerfrei im portieren will, muss einen Berg an Formularen abarbeiten. Am besten holt man sich professionelle Hilfe von einem Zollagenten *(despachante)*, die aber etwa 500 € kostet. Infos auf der Homepage der Deutschen Botschaft in Lissabon (http://www.lissabon.diplo.de) und beim portugiesischen Automobilclub Automóvel Clube de Portugal (ACP), Rua Rosa Araújo 24/6, 1250-195 Lisboa, ☏ 213180100, www.acp.pt.

Information zu Arbeitsmöglichkeiten im Ausland: Zentrale Auslands- und Fachvermittlung (ZAV), Villemombler Str. 76, 53123 Bonn, ☏ 0228-7130, www.arbeitsagentur.de.

Weiterführende Informationen erhält man vom *Bundesverwaltungsamt*, Informationsstelle für Auslandtätige und Auswanderer, 50728 Köln. Dort gibt es gegen Unkostenerstattung verschiedene Merkblätter zu Portugal.

Auskünfte geben auch die deutsche Botschaft in Lissabon sowie die im Folgenden aufgeführten **portugiesischen Botschaften** und **Konsulate**.

Deutschland: Botschaft Berlin, Zimmerstr. 56, 10117 Berlin, ☏ 030-2291388.

Konsulat Düsseldorf, Friedrichstr. 20, 40217 Düsseldorf, ☏ 0211-138780.

Konsulat Hamburg, Büschstr. 7-I, 20354 Hamburg, ☏ 040-35534850.

Konsulat Stuttgart, Königstr. 20/I, 70173 Stuttgart, ☏ 0711-227396.

Österreich: Botschaft Wien, Opernring 1–3, 1010 Wien, ☏ 01-5853720.

Schweiz: Botschaft Bern, Weltpoststr. 20, 3015 Bern, ☏ 031-3511773.

Konsulat Zürich, Zeltweg 13, 8032 Zürich, ☏ 01-2003040.

Baden

Baden ist fast an der ganzen 800 km langen Küste Portugals möglich, je nach Laune an der etwas raueren Westküste des Atlantiks oder im südlichen Mittelmeerklima der Algarve. Die Atlantikstrände werden durch Ebbe und Flut immer wieder natürlich gereinigt.

Wegen der meist hohen Brandung und der starken Strömungen ist das Schwimmen an der gesamten portugiesischen Atlantikküste nicht ungefährlich. Gehen Sie bei starkem Wellengang nicht ins Wasser, jedes Jahr müssen etliche Touristen die Badefreuden mit ihrem Leben bezahlen! Die Brandung kann so stark sein, dass auch auf Sandboden bereits Wirbelsäulenbrüche vorkamen. Bei Felsen ist die Gefahr von Brüchen noch größer.

Aufgrund der Strömungen schwimmt man am besten parallel zur Küste und nicht einfach in Richtung offenes Meer. Wer doch von einer Strömung erfasst wird, sollte nicht direkt gegen sie schwimmen, da man schnell erschöpft. Wer dagegen diagonal versucht, aus der Strömung herauszukommen, hat bessere Karten. Wer sich nicht sicher ist, sollte ruhig schon vor dem Gang ins Wasser die lokalen Rettungsschwim-

Badespaß

mer um Rat fragen. Eine Bitte noch: Keinen Abfall ins Meer werfen. Eine Plastikfla-sche braucht beispielsweise geschätzte 450 Jahre, bis sie verrottet ist.

An überwachten Stränden werden drei Arten von **Flaggen** gehisst: Grün bedeutet, dass Baden unbedenklich möglich ist (geringer Wellengang); Gelb heißt, dass man sich nur so weit ins Wasser wagen darf, wie man stehen kann (Schwimmen verbo-ten); bei gehisster roter Flagge ist es verboten, ins Wasser zu gehen. Eine zusätzli-che karierte Flagge zeigt an, wenn der Strand vorübergehend ohne Aufsicht ist.

An Stränden gibt es oft sogenannte **Zonas Concessionadas,** für Strandkörbe u. Ä. reservierte Bereiche, die man mieten kann. Manchmal sind bestimmte Strandab-schnitte auch Besuchern eines nahen Campingplatzes vorbehalten. Meist werden diese Vorgaben nicht strikt befolgt. In jedem Fall sollte man für Bodyboarder oder Surfer reservierte Wasserzonen meiden. Ein Zusammenstoß mit einem Surfbrett kann zu schweren Verletzungen führen.

Peixe Aranha

Der „Spinnenfisch" (zu Deutsch „Petermännchen") ist ein guter Speisefisch, der allerdings höchst unangenehm werden kann. Er vergräbt sich gerne im Sand; wenn man auf ihn tritt, spritzen seine spitzen Stacheln Gift in den Fuß. Es ist ein Nervengift, das u. a. die roten Blutkörperchen schädigt. Die Symptome sind mit einem starken Wespenstich zu vergleichen, es wurden aber auch schon 2-Meter-Riesen binnen Sekunden vom Schmerz gefällt. Als Gegenmittel reinigen die Fischer die Wunde mit Essig und *pedra de veneno*, der Schale einer Felsenmuschel, die auf die Wunde gelegt wird und das Gift heraussaugen soll. Sehr heißes Wasser – so man hat – wirkt dem Gift eben-falls entgegen. Vor allem bei Ostwind, wenn das Wetter sehr heiß ist, kommt der Fisch in Strandnähe. Gefahr droht besonders bei Ebbe, wenn man weit hinauslaufen kann. Besser mit Badeschuhen ins Wasser gehen. Alleine am kleinen Zavial-Strand bei Sagres gibt es pro Badesaison ca. 20 Petermann-Geschädigte, wobei ca. 10 Touristen ins Krankenhaus gebracht werden …

Für längere Badeurlaube in Portugal ist insbesondere die Küste der **Algarve** geeignet, die nach Norden durch die Serra de Monchique geschützt ist und daher heiße, niederschlagslose Mittelmeersommer zu bieten hat. Als beliebteste Urlaubslandschaft ist die Algarve deshalb alljährlich im Juli und August von Touristen überlaufen. Lange Sandstrände im Osten, steile Felsküsten mit bizarren Klippen und Sandbuchten im Westen machen den Reiz dieser Küste aus.

Längst nicht so überfüllt wie die Algarve ist die Küste des **Alentejo**; besonders die Strände südlich von Sines können noch als absoluter Geheimtipp gelten. Bleibt zu hoffen, dass hier nicht die Fehler der Algarve wiederholt werden und Orte wie Vila Nova de Milfontes oder Zambujeira do Mar nicht in einigen Jahren den Betonburgen von Albufeira und Quarteira gleichen.

Wassertemperaturen: sind an der portugiesischen Westküste durchweg niedriger als im Mittelmeer. Im Sommer liegen die Temperaturen bei ca. 18 Grad, an der Algarve höher (Tabellen zur Wassertemperatur → „A bis Z/Klima"). An der Lissabonner Küste kann man von Mitte März bis Mitte November baden; im März ist das Wasser mit ca. 14 Grad allerdings noch extrem erfrischend.

Sonnenschutz: Auch bei bewölktem Himmel kann man sich im Hochsommer Portugals vor allem zur Mittagszeit zwischen 12 und 16 Uhr ordentlich verbrennen.

Nacktbaden: Halboffizielle FKK-Strände gibt es im Großraum Lissabon an der Costa da Caparica (Praia do Mêco), im Norden Portugals in Afife bei Viana do Castelo, in Südportugal auf den Sandbänken der Ostalgarve (Cabana, Cacelas, Ilha Armona) und bei Lagos in vielen kleinen, versteckten Klippenbuchten.

Oben-ohne-Baden ist an vielen Stränden, besonders an der Costa do Estoril, durchaus üblich. Mancherorts stößt dies jedoch auf wenig Gegenliebe. Am besten schaut man sich vorher um, ob sich schon andere enthüllt haben.

Behinderte

Eine Reise durch Portugal gestaltet sich für Behinderte sehr beschwerlich. Die öffentlichen Verkehrsmittel sind noch wenig auf ihre Bedürfnisse eingerichtet. Vor allem in Lissabon ist das Vorankommen auf den Bürgersteigen wegen der dortigen Parkgewohnheiten für Rollstuhlfahrer fast unmöglich. Auch Behindertenparkplätze sind selten zu finden. Allerdings gibt es insbesondere an der Algarve inzwischen mehrere behindertengerechte Strandzugänge.

Botschaften/Konsulate

Wurden die Ausweispapiere gestohlen, stellen die Botschaft oder das Konsulat ohne große Probleme einen vorübergehend gültigen Ersatzausweis aus. Hierfür ist es übrigens hilfreich, vor der Reise die wichtigsten Dokumente zu fotokopieren und die Kopien auf der Reise an einer anderen Stelle als die Originale aufzubewahren.

Wer finanziell am Ende ist und keine Blitzüberweisung von zu Hause organisieren kann, dem bleibt oft nur der Weg zur Botschaft. Völlig Abgebrannte können einen Rückreisekredit in Anspruch nehmen, der allerdings gut verzinst zurückzuzahlen ist. Vor einem Gang zur Botschaft sollte man sich überlegen, ob die Geldprobleme nicht anderweitig zu lösen sind, z. B. durch einen Geldtransfer (→ „A bis Z/Geld").

Öffnungszeiten: Normalerweise sind die Botschaften nur Mo–Fr zwischen 9 und 12 Uhr geöffnet, an Feiertagen bleiben sie geschlossen.

Deutschland   Botschaft in Lissabon, Campo dos Mártires da Pátria 38, 1169-043 Lisboa,   ☎ 218819210,   Notfalltelefon ☎ 965808092, www.lissabon.diplo.de, Mo–Fr 9–12 Uhr; Stadtteil Santana.

Honorarkonsulat in Porto, Av. Sidónio Pais 379, 4100-468 Porto, ☎ 226108122.

Honorarkonsulat in Faro, Praceta Infante Dom Henrique 4 B., 8000-123 Faro, Neubaugebiet am östlichen Stadtrand (Richtung Olhão), Mo–Fr 9.30–12 Uhr. ☎ 289803181, www.honorarkonsul-faro.de.

Österreich Botschaft in Lissabon, Av. Infante Santo 43-4°, 1399-046 Lisboa (Stadtteil Lapa), ☎ 213943900.

Honorarkonsulat in Porto, Praça do Bom Sucesso 123-137, 8°, Sala 803, Edifício Península, 4150-146 Porto, ☎ 226053000.

Honorarkonsulat in Albufeira/Algarve, Soc. Imobiliária e Turística Praia da Oura, Complexo Turístico Borda d'Àgua, Praia da Oura, Albufeira, ☎ 289510900.

Schweiz Botschaft in Lissabon, Travessa do Jardim 17, 1350-185 Lisboa, ☎ 213944090.

Konsulat in Porto, Rua Ofélia da Cruz Costa 882-2 Dto., 4455-137 Lavra, ☎ 229967923.

> Die diplomatischen Vertretungen Portugals finden Sie vorne in diesem Kapitel unter dem Stichwort „Aufenthaltsgenehmigung".

Cartão Jovem

Die *Cartão Jovem* (Jugendkarte) bietet Jugendlichen bis 30 Jahren (inklusive) verschiedene Preisnachlässe für Zugtickets, Expressbusse und Museen. Weiter gewähren einige Geschäfte Preisnachlässe. Die *Cartão Jovem* gilt in Portugal zudem als Jugendherbergsausweis. Kaufen kann man sie unter Vorlage des Passes oder Personalausweises und eines Fotos für 10 € in allen Postämtern, Jugendherbergen und Reisebüros von Abreu. In Lissabon auch bei Movijovem (Av. Duque de Ávila 137, Metro Saldanha) und beim portugiesischen Jugendinstitut (Av. da Liberdade 194, Metro Avenida). Gültig ist die Karte ein Jahr lang, wobei der Kaufmonat nicht mitgerechnet wird. In anderen europäischen Ländern (auch Deutschland) gibt es übrigens vergleichbare Jugendkarten, die weitgehend gegenseitig anerkannt werden.

Tipp: Studenten erhalten bei zahlreichen Museen und Palästen ebenfalls Ermäßigungen. Dafür empfiehlt es sich, den internationalen **ISIC-Studentenausweis** mitzunehmen. Man bekommt ihn bei Jugend-Reisebüros wie z. B. *STA Travel*. Weitere Informationen im Internet unter www.isic.org.

Drogen

Lissabon ist mittlerweile ein Hauptumschlagplatz für Drogen, gerade aufgrund der guten Flugverbindungen nach Südamerika. Von Portugal aus werden sie in Lkws nach Spanien, Frankreich, Holland und Deutschland transportiert. Die Polizei ist bei der Beschlagnahmung von Drogen inzwischen aber sehr erfolgreich.

Auch wenn die günstigen Preise so manchen verlocken mögen: Finger weg von Drogen! Abgesehen von den gesundheitlichen Folgen kann der Aufenthalt in einem portugiesischen Gefängnis äußerst ungemütlich werden. Deutsche Strafanstalten sind verglichen mit portugiesischen Gefängnissen Fünf-Sterne-Hotels. Menschenrechtsorganisationen berichten immer wieder von Misshandlungen durch Wärter. Für Ausländer kommt verschärfend hinzu, dass sie oft schon wegen kleinster Delikte ins Hochsicherheitsgefängnis *Vale de Judeus* bei Alcoentre gesperrt werden. Drogenbesitz für den Eigenbedarf wurde 2001 entkriminalisiert und seitdem nicht mehr als Straftat, sondern als Ordnungswidrigkeit behandelt. Geldstrafen und Verpflichtung zu sozialen Tätigkeiten sind möglich.

Museumsstädtchen Óbidos (Mittelportugal)

Einkaufen

Reich an **Kunsthandwerk** sind die Märkte im Norden des Landes, besonders bekannt und deshalb auch überlaufen ist der von Barcelos. In Lissabon oder an der
Algarve bekommt man die kunsthandwerklichen Produkte aller Provinzen Portugals, wenn auch zu einem etwas höheren Preis als vor Ort. Darüber hinaus lohnt
sich besonders der Kauf von Lederwaren und Schuhen.

Generell ist ein **Einkauf auf den Märkten** empfehlenswert, dort ist die Qualität von
Obst und Gemüse wesentlich besser als in den Supermärkten – die Preise sind
allerdings nicht unbedingt niedriger! Vermeiden sollte man den Kauf von Schokolade, die ca. 100 % teurer ist als daheim. Ebenfalls teuer sind gutes Fleisch und Milch-
produkte. Joghurts mit Aroma *(com aroma)* sollte man grundsätzlich meiden, denn
sie enthalten im Gegensatz zu denen mit Fruchtstückchen *(com pedaços)* nur Aro-
mastoffe.

Das Angebot an regionalen Spezialitäten ist für ein so kleines Land wie Portugal
überwältigend. So sei nur auf die vorzüglichen Käsesorten wie den Gebirgskäse
queijo da serra und die leicht geräucherten Würste *chouriço* verwiesen. Unbedingt
probieren sollte man den aus Kuhmilch hergestellten estremadurensischen Frischkäse *queijo fresco*. Mit einem halbdunklen, estremadurensischen Brötchen, Salz,
Pfeffer und Tomate schmeckt er himmlisch.

Beim Einkauf an der Theke: In vielen Super- und Hypermärkten ist es üblich, an
den Theken eine Nummer zu ziehen, um bedient zu werden. Wird die
entsprechende Nummer angezeigt oder aufgerufen, ist man an der Reihe.

Einreisebestimmungen

Zur Einreise genügt Personalausweis oder Reisepass; ein Visum ist nicht erforderlich.

Zoll: Im privaten Reiseverkehr innerhalb der EU unterliegen Waren für den Eigenbedarf keinerlei Beschränkungen. Bei Tabakwaren und Spirituosen gehen die Zöll-
ner von folgenden Richtmengen aus: 800 Zigaretten, 200 Zigarren oder 1 kg Tabak,

10 l Spirituosen, 20 l sogenannte „Zwischenprodukte" (z. B. Campari, Portwein, Madeira, Sherry), 90 l Wein, 110 l Bier. Im Einzelfall ist eine Überschreitung möglich, wenn nachgewiesen wird, dass die entsprechende Menge nur für den Privatbedarf bestimmt ist (Hochzeitsfeier etc.). Für Jugendliche unter 17 Jahren gibt es keine Freimengen!

Für Schweizer als Nicht-EU-Bürger gilt: 200 Zigaretten, 100 Zigarillos oder 250 g Tabak, 1 l Branntwein und 2 l Wein.

Auto: Führerschein, Kfz-Schein und Versicherungsnachweis sind erforderlich; eine internationale grüne Versicherungskarte ist empfehlenswert. Das Fahrzeug muss auf den Benutzer zugelassen sein. Ansonsten wird eine vorher in Deutschland beglaubigte Vollmacht vom Besitzer verlangt. Zur Beglaubigung sollte das vom ADAC zur Verfügung gestellte Formular genügen. Manche Polizisten bestehen auf eine von einem portugiesischen Konsulat übersetzte und beglaubigte Ausfertigung!

In allen EU-Ländern gilt die Bestimmung, dass ein Fahrzeug temporär für maximal 6 Monate in einem fremden Land unterwegs sein darf. Wer länger herumfährt, begeht Steuerhinterziehung (Kfz- und Einfuhr- bzw. MwSt). Da es keine Grenzkontrollen mehr gibt, hat die Polizei vor Ort natürlich Nachweisprobleme bezüglich des Zeitraumes.

Haustiere: Erforderlich ist für die Einreise aus Deutschland oder Österreich der EU-Heimtierausweis. Für die Einreise aus der Schweiz ist ein unmittelbar vor Einreise erstelltes und ins Portugiesische übersetztes amtstierärztliches Gesundheitszeugnis notwendig. Außerdem ist eine Tollwutschutzimpfung (mindestens 30 Tage, höchstens 1 Jahr vor Einreise, bei Katzen 6 Monate vor Einreise) vorgeschrieben.

Elektrizität

Auch in Portugal beträgt die Spannung etwa 230 Volt mit einer Frequenz von 50 Hertz. Weit verbreitet sind Eurosteckdosen ohne Schutzleiter, in die alle gängigen deutschen Stecker passen.

Fahnen und Wappen

Portugals **Nationalflagge** besteht aus je einem roten und einem grünen senkrechten Streifen im Verhältnis 2:3 (grün/rot). Grün symbolisiert Hoffnung, Rot das Blut der im Kampf gestorbenen Portugiesen. In der Mitte der Fahne ist eine goldene Sphärenkugel als Symbol für die durch die Portugiesen entdeckte Neue Welt angebracht. Auf der Sphärenkugel ist das Wappen der Dynastie Aviz zu sehen.

Am Rande des Wappens ist ein roter Streifen mit sieben Burgen, die Dom Afonso Henriques einst von den Mauren eroberte. In der Mitte des Wappens finden sich auf weißem Grund fünf blaue Schilder mit je fünf weißen Punkten. Die Schilder stehen für die fünf maurischen Könige, die Dom Afonso Henriques in der Schlacht von Ourique geschlagen hat. Die fünf Punkte auf jedem Schild symbolisieren die fünf Wunden Christi.

Feiertage

Eine Reihe von Feiertagen wird im ganzen Land begangen, neben kirchlichen auch einige historische Gedenktage.

1. Januar: Neujahr (Ano Novo)

Februar, März, April: Karnevalsdienstag (Entrudo), Karfreitag (Sexta-feira santa), Ostersonntag (Páscoa)

25. April: Dia da Liberdade (Nationalfeiertag) Tag der „Nelkenrevolution" 1974

1. Mai: Tag der Arbeit

Mai/Juni: Fronleichnam

10. Juni: Dia de Portugal (Nationalfeiertag) – Gedenken an den Todestag von Luís de Camões

15. August: Mariä Himmelfahrt

5. Oktober: Tag der Ausrufung der Republik 1910

1. November: Allerheiligen

1. Dezember: Tag der Rückgewinnung der Unabhängigkeit von Spanien 1640

8. Dezember: Mariä Empfängnis

25. Dezember: Weihnachten (Natal)

Fernsehen

RTP 1 zeigt ein durchschnittliches Programm mit Novelas, Shows, Filmen und großen nationalen Sportereignissen. **RTP 2** ist der Kultursender und erreicht somit zur Strafe nur etwa 5 % Einschaltquoten. Der Sender **SIC** bietet Spektakuläres, brasilianische Telenovelas des Muttersenders Globo, aber auch gute Nachrichtensendungen – mit der TVI streitet man sich um den ersten Platz bei den Einschaltquoten. **TVI** profiliert sich besonders mit portugiesischen Novelas, die sich mit Reality-TV à la Big Brother abwechseln.

Die großen Hotels speisen mehrere internationale Programme in ihre Hausanlagen ein. Darunter oft auch deutsche Programme wie RTL und Sat 1. In Deutschland kann man über die Hotbird-Satelliten das portugiesische Auslandsfernsehprogramm *RTP Internacional* empfangen.

Geld

Gesetzliches Zahlungsmittel ist auch in Portugal der Euro. In Portugal ist eine Bankkarte der bequemste und günstigste Weg, an Geld zu kommen. Das Abheben mit Kreditkarten ist teuer, zum Bezahlen sind sie dagegen weit verbreitet. Reiseschecks sollte man wegen der hohen Gebühren meiden. Generell empfiehlt sich, kleine Scheine und etwas Kleingeld mit sich zu führen. In Portugal herrscht nämlich grundsätzlich chronischer Münzenmangel. Die großen 200- und 500-Euro-Scheine sind kaum verbreitet und sollten besser nicht in die Reisekasse.

Bankkarten: Mit den normalen Bankkundenkarten (EC-Karten) kann an praktisch allen Bankautomaten in Portugal Geld abgehoben werden. Dazu sollten die Karten die Zeichen von *Visa Plus* oder *Maestro* tragen, den elektronischen Netzen von Visa und Mastercard. Dann funktionieren sie mit Sicherheit an einem der zahlreich vorhandenen Automaten mit dem *Multibanco*-Zeichen. Der Höchstbetrag pro Abhebung beläuft sich in allen Fällen auf 400 €.

Das Abheben per Bankkarte in Euro-Ländern darf nach einer Verordnung der EU-Kommission nicht mehr kosten als bei einer fremden Bank zu Hause. Die genaue Gebühr hängt dabei von Ihrer heimatlichen Bank ab. Meist liegt sie pro Abhebung bei 3 bis 5 €. Mit der Postbank Sparcard kann man viermal im Jahr gebührenfrei abheben.

In Supermärkten und vielen anderen Geschäften ist das Electronic Cash per Bank- oder Kreditkarte sehr verbreitet, allerdings funktionieren deutsche Bankkarten oft nicht, während es mit Kreditkarten fast immer klappt.

Diebstahl/Verlust der Bankkarte: Unverzüglich die entsprechende Bank oder den zentralen Sperrannahmedienst benachrichtigen (✆ 0049-30-40504050); er ist rund um die Uhr zu erreichen. Erforderlich ist in jedem Fall die Angabe der Kontonummer und der Bankleitzahl, hilfreich die der Kartennummer. Wichtig: Geben Sie nie Ihre Geheimnummer an!

Über die Nummer 0049-116116 können neben Bankkarten auch Kreditkarten gesperrt werden.

Kreditkarten: Die gängigen Kreditkarten wie American Express, Diners, Mastercard und Visa werden in Hotels, vielen Restaurants und Geschäften sowie an den *Multibanco-Automaten* problemlos angenommen. Auch hier darf es nach der EU-Verordnung keinen Zuschlag für den Auslandseinsatz mehr geben. Da das Abheben von Bargeld teuer ist, sollte man zum Bezahlen in Hotels, Geschäften und Restaurants Kreditkarten verwenden.

Diebstahl einer Kreditkarte: Sofort die für Sie zuständige Stelle anrufen. Auch hier gilt: Kartennummer, aber nicht die Geheimnummer angeben!

American Express: ✆ 0049-69-97972000.

Diners Club: ✆ 0049-7531-3633111. **Mastercard**: ✆ 800-8-11-272. **Visa**: ✆ 800-8-11-824.

Geldanweisungen: Am einfachsten und innerhalb einer Stunde lässt sich Geld weltweit über das US-amerikanische Unternehmen *Western Union* überweisen. In Portugal sind die Postämter sowie die Bank *Millenium BCP* Kontaktstellen von Western Union. Dem Einzahler des Geldes wird eine *Money Transfer Control Number* (MTCN) mitgeteilt, die er dem Empfänger mitteilen muss, damit dieser in Portugal das Geld in Empfang nehmen kann. Den schnellen Service lässt sich Western Union allerdings gut entlohnen (www.westernunion.com).

Deutschland: *Reisebank*, ✆ 0180-5225822 aus Portugal 0049-69-24278592; *Postbank*, ✆ 0180-3040500.
Österreich: *PSK*, ✆ 05-99050, *Raiffeisenbank*, ✆ 01-262160.

Schweiz: *Change SBB*, ✆ 0800-007107. *Schweizerische Post*, ✆ 0848-888888.
Portugal: *CTT Correios de Portugal*, ✆ 707262626. *Millenium BCP*, ✆ 707502424. In Lissabon z. B. im Flughafen und an der Praça da Figueira (Metro Rossio).

Gesundheit

Grundsätzlich sind vor der Einreise nach Portugal keine besonderen medizinischen Vorsorgemaßnahmen wie spezielle Impfungen zu treffen. Dringend empfiehlt sich aber der Abschluss einer Auslandsreisekrankenversicherung.

Mit gesetzlicher Krankenversicherung: Wer in einer gesetzlichen Krankenkasse Mitglied ist, kann sich vor Reisebeginn die Europäische Krankenversicherungskarte besorgen. Diese akzeptieren allerdings nur die staatlichen Gesundheitszentren *(Centros de Saúde)* und staatlichen Krankenhäuser (Adressen s. u.). Die medizinische Behandlung lässt aber teilweise deutlich zu wünschen übrig, lange Wartezeiten sind normal. Infos unter www.dvka.de.

Mit Auslandsreisekrankenversicherung: Man sollte besser zusätzlich eine private Reisekrankenversicherung abschließen, um problemlos Privatärzte und -kliniken nutzen zu können. Nur mit einer Auslandsreisekrankenversicherung werden im Ernstfall auch die teilweise horrend teuren Rücktransporte aus dem Ausland bezahlt. Policen gibt es schon für Jahresbeiträge unter 10 €. Die Leistungen sind von Anbieter zu Anbieter unterschiedlich. Empfehlenswert ist es, eine Versicherung zu wählen, die keine Selbstbeteiligung vorschreibt und die Kosten ganz übernimmt, egal ob Ansprüche an die gesetzliche Kasse bestehen oder nicht. Das spart Papierkrieg. Die Krankenkasse sollte ebenfalls keine beglaubigte Übersetzung der Arztrechnungen verlangen, da dies sehr teuer werden kann. Zu guter Letzt empfiehlt es sich, eine Versicherung zu wählen, die neben privaten auch beruflich bedingte Reisen abdeckt.

Nostalgische Farmácia

Empfehlenswerte Policen: z. B. von der DBV Winterthur für 9 € im Jahr. Während die meisten Versicherer nur Reisen bis zu 42 Tagen am Stück abdecken, gilt diese sogar für Aufenthalte bis zu 62 Tagen. Noch längere Reisen versichert dagegen die DKV zu Tagespauschalen. Auch der ADAC bietet inzwischen sogenannte Langzeitversicherungen bis 24 Monate an. Wer zu Hause schon privat versichert ist, braucht je nach Versicherung oft keine extra Auslandsreisekrankenversicherung.

Arztbesuch: Man sollte sich zur Erstattung der Kosten durch die Krankenkasse vom Arzt eine Quittung über die Behandlungskosten und eine kurze Krankheitsbeschreibung *(descrição da doença)* ausstellen lassen. Homöopathische Ärzte sind in Portugal rar.

Apotheken: *Farmácias* findet man fast überall. Man wird dort über aushängende Listen auch darüber informiert, welche Apotheken am späten Abend und nachts geöffnet haben. Diesbezügliche Auskunft wird zusätzlich unter ✆ 118 erteilt. Manche Medikamente sind in Portugal billiger als in Deutschland, selbst wenn sie aus deutscher Produktion stammen. Homöopathische Medikamente verkaufen normalerweise nur spezialisierte Apotheken.

Krankenhäuser/Gesundheitszentren: Die Krankenhäuser *(Hospitais)* bieten mit ihren Notfallaufnahmen *(Urgência)* relativ schnelle Hilfe rund um die Uhr. Für normale ärztliche Leistungen sind jedoch die Gesundheitszentren *(Centros de Saúde)* zuständig, die unter ihrem Dach verschiedenste Ärzte aller Fachrichtungen vereinen. Da die staatliche Versorgung jedoch oft mehr schlecht als recht ist, ziehen es viele Portugiesen vor, sich von Privatärzten behandeln zu lassen. Jedoch können sich dies nicht alle leisten: Knapp 40 % sind Mitglied einer zusätzlichen Privatversicherung; alle Portugiesen sind über die staatliche Gesundheitsvorsorge *(Segurança Social)* versorgt.

Informationen

Das staatliche Tourismusamt Turismo de Portugal (www.turismodeportugal.pt) unterhält Auslandsaußenstellen, über die man schon vor Antritt der Reise umfassendes Informationsmaterial anfordern kann. Darüber hinaus kann man sich schon von zu Hause an den lokalen Fremdenverkehrsverein Lissabons *(Associação de Turismo de Lisboa)* wenden.

Kiloweise kostenlose Broschüren in den Info-Büros

Deutschland, Österreich, Schweiz: Zimmerstr. 56, 10117 Berlin, ☎ 0049-30-2541060.

Portugal: *Turismo de Portugal*, Rua Ivone

Silva, Lote 6, 1050-124 Lisboa, ☎ 211140200, www.visitportugal.pt.

Algarve: www.visitalgarve.pt.

Internet

Aktuelle Informationen zu diesem Reiseführer, die nach dem Druck dieser Auflage nicht mehr berücksichtigt werden konnten, finden sich auf den Portugal-Seiten des Michael Müller Verlags unter der Adresse: **www.michael-mueller-verlag.de**.

Internet Cafés: Um einem Keylogger (Spionageprogramm, welches die Tastatureingaben aufzeichnet) ein Schnippchen zu schlagen, sollte man in Internetcafés das Passwort über die Build-In-Tastatur von Windows eingeben. Dazu ruft man, nach Drücken des Windows Startbuttons, in der kleinen Eingabezeile mit »osk« die virtuelle Tastatur von Windows auf und gibt dort sein Passwort ein.

Bei einem kurzen Marokkoaufenthalt reichte der einmalige Besuch in einem Internetcafé in Essaouira, um mein Skype-Passwort zuklauen. In den folgenden 12 Stunden wurden für umgerechnet 20 Euro lange Gespräche nach Burkina Faso und in den Senegal geführt. Skype sperrte daraufhin erst einmal mein Konto, um weitere Abbuchungen von meiner Kreditkarte zu verhindern. Ich bemerkte den Schaden erst Tage später zu Hause in Deutschland.

Karten

Als **Straßenkarte** für Portugal empfiehlt sich die *Michelin-Karte* Nr. 733, (Maßstab 1:400.000), die recht aktuell und grafisch sehr ansprechend gestaltet ist. Noch detaillierter ist die Generalkarte Algarve und Portugal Süd (1:200.000). Der *Falk-Plan* für Lissabon ist recht gut, da die Linien der öffentlichen Verkehrsmittel eingezeichnet sind, wenn auch die Kunst des Faltens nicht jedermanns Sache ist.

Wanderkarten: Spezielle Karten zum Wandern oder Radfahren sind weder für Portugal noch für die Lissabonner Umgebung erhältlich. Ein guter Ersatz sind aber die detailgetreuen und regelmäßig aktualisierten Militärkarten des IGEOE. Durch ihre eingezeichneten Feldwege und 10-m-Höhenlinien sind vor allem die Landkarten der Serie M 888 im Maßstab 1:25.000 gut zum Wandern oder Radfahren geeignet (pro Karte 6,50 €).

Instituto Geográfico do Exército (IGEOE), Av Dr. Alfredo Bensaúde, 1849-014 Lisboa, ✆ 218505300, www.igeoe.pt. Bus 725 ab Gare do Oriente (Metro Oriente) bis Halt Laboratório de Química Militar. Geöffnet von Mo–Fr 9–16.30 Uhr. Personalausweis zum Einlass am militärischen Kontrollposten mitbringen.

Weitere **topografische Karten** aller Gebiete Portugals bekommt man auch beim zivilen portugiesischen Geografieamt IGEO in Lissabon. Die Karten sind allerdings teilweise ziemlich veraltet und nicht so detailliert wie die Militärkarten.
Instituto Geográfico Português (IGEO), Rua Artilharia Um 107, 1099-052 Lisboa (Metro Marquês de Pombal), ✆ 213819600, www.igeo.pt. Nur Mo–Fr zu den Bürozeiten geöffnet.

Kinder

Die Zeiten hoher Geburtenraten sind zwar vorbei – Portugal zählt mittlerweile zu den Ländern mit Bevölkerungsstagnation –, doch Portugiesen sind generell sehr kinderfreundlich. In Restaurants und Cafés gelten Kinder meist als gern gesehene Gäste, in Bussen räumt man Eltern mit Kleinkindern bereitwillig einen Platz. Ein großes Manko sind die raren Spielplätze. Die meisten Fußballplätze sind mit Betonboden ausgestattet, der böse Abschürfungen verursachen kann.

Kino und Theater

Die portugiesischen Kinos zeigen die Filme in der Originalversion mit portugiesischen Untertiteln. So muss man, wenn man des Englischen halbwegs mächtig ist, im Urlaub nicht auf das Kinovergnügen verzichten. Einen besonderen Anreiz bieten zudem die relativ niedrigen Preise von etwa 6 €.

Wer sich ins Theater traut, sollte des Portugiesischen allerdings mächtig sein. Das Angebot ist vor allem in Lissabon und Porto sehr vielfältig. Besonders zu empfehlen sind die zeitgenössischen Inszenierungen in den kleineren Theatern.

Kleidung

Wer seinen Koffer für die Reise nach Portugal packt, sollte ein paar kleine Tipps bezüglich der Kleidung berücksichtigen.

Für Reisende, die in den Wintermonaten, im zeitigen Frühjahr oder im Spätherbst kommen, empfiehlt es sich, neben warmer Winterkleidung einen Regenschirm oder -mantel mitzunehmen, denn in diesen Monaten regnet es häufig. Auch im März und April, wenn sich die ersten Wagemutigen an den Stränden von der Frühlingssonne verwöhnen lassen, kann es in Mittel- und Nordportugal plötzlich empfindlich kalt und regnerisch werden.

Für Früh- und Hochsommer wie auch im frühen Herbst ist natürlich Sommerkleidung angesagt. Aber auch dazu einige Hinweise: Selbst im Sommer kann es vor allem in den Orten an der Westküste abends und nachts recht kühl werden, wenn vom rauen Atlantik eine frische Brise weht. Es ist also immer ratsam, einen Pullover oder eine Jacke dabeizuhaben.

Sommerliche Freizeitkleidung ist für den nicht gerade hitzeverwöhnten Mitteleuropäer zwar bequem und angenehm, sollte aber nur dort getragen werden, wo sie angemessen ist. Lange Baumwollhosen und ein Hemd oder ein leichtes Kleid eignen sich hervorragend für einen Stadtbesuch; sie tragen sich angenehm, sind hitzeabweisend und außerdem weitaus passender für den Besuch von Kirchen, Museen, Palästen und Restaurants. Zudem lenkt man optisch weniger Aufmerksamkeit von Taschendieben auf sich. In Anbetracht der Kriminalität empfiehlt es sich, Geldbörse und Dokumente nicht für jedermann greifbar zu tragen. Noch ein Tipp für das Schuhwerk: Die vielen gepflasterten Straßen und Fußwege können leicht zum Absatztöter für Damenschuhe werden; darüber hinaus bergen sie das Risiko, mit glatten Sohlen auszurutschen (besonders nach Regen sind sie zum Teil extrem glitschig).

Klima/Reisezeit

Das ausgeprägte atlantische Klima bringt nördlich von Lissabon an der **Küste** nicht zu heiße Temperaturen im Sommer und milde Winter, in **Lissabon** nie unter dem Gefrierpunkt. Eine ideale Gegend für Leute, die sich nicht von der Sonne braten lassen wollen. Im **Landesinneren** herrschen stärkere Temperaturunterschiede – die Sommer sind kurz und heiß, die Winter streng. Hier fallen auch die meisten Niederschläge (von November bis Januar). Wintersport ist in der Serra da Estrela möglich. Anders an der **Algarve:** Hier herrscht bereits typisches Mittelmeerklima vor, lange und heiße Sommer sind charakteristisch; der Frühling beginnt bereits im Februar.

Die **Wassertemperaturen** sind an der portugiesischen Westküste durchweg niedriger als im Süden an der Algarve. Im Sommer liegen die Temperaturen bei ca. 18 Grad. Für die Algarve zeigt unsere Tabelle Mittelwerte. Die Temperatur ist dort stark vom Wind abhängig: Bei Südwestwind treibt warmes Oberflächenwasser an die Küste, bei Nordwind wird das Oberflächenwasser ins Meer getrieben, und kalte Tiefenwasser strömen von unten nach. Die Wassertemperatur variiert daher im Hochsommer an der Algarve zwischen 19 und 22 Grad. Westlich von Lagos macht sich auch schon der kühlere Nordatlantik bemerkbar; er senkt die durchschnittliche Temperatur um bis zu zwei Grad.

Reisezeiten: Günstige Bademonate sind natürlich Juni, Juli und August. Da um diese Zeit ganz Nordeuropa und auch Portugal (Hauptreisemonat August) Urlaub macht, sieht es ähnlich aus wie in den Mittelmeerbadeorten: volle Hotels und Campingplätze. Die schönsten Reisemonate sind dagegen April, Mai, Juni und September/Oktober, wenn die Sommerhitze nicht im Land hängt und die Badeorte nicht überlaufen sind. Baden ist auch im Herbst noch möglich, da das Meer erst langsam abkühlt. Sehenswert ist die Mandelblüte im Januar/Februar an der Algarve und im Herbst die Weinlese in den Weinanbaugebieten.

	Jan./März		April/Juni		Juli/Sept.		Okt./Dez.	
	Luft	Wasser	Luft	Wasser	Luft	Wasser	Luft	Wasser
Porto	12,0	11,0	15,8	14,0	19,4	17,3	13,6	13,7
Lissabon	13,4	14,9	18,2	17,0	22,8	19,5	15,0	16,1
Faro	14,0	15,9	19,2	17,0	23,3	21,6	16,1	18,3

Kriminalität

Wie in allen Ländern sollte man auch in Portugal in mancher Hinsicht Vorsicht walten lassen, ganz besonders in Lissabon.

Wer die folgenden Ratschläge berücksichtigt, kann sich aber etwas beruhigter bewegen.

Vorsicht im **Gedränge** (z. B. in Metro und Bus zur Rushhour in Lissabon). Ein beliebter Trick ist es, Leute von hinten anzurempeln und das Überraschungsmoment zu nutzen, um den Geldbeutel zu entwenden.

Vor der Reise **Kopien** der wichtigsten Dokumente (Personalausweis, Reisepass, Bankkarten, Kreditkarten, Bahn- und Flugtickets) machen und alles getrennt von den Originaldokumenten aufbewahren und/oder zu Hause hinterlassen. Die Kopien können bei der Wiederbeschaffung der Originale und bei Diebstahlsanzeigen eine große Hilfe sein.

Keine Wertsachen im **Auto** oder im Kofferraum liegen lassen! Insbesondere in touristischen Zentren sind Autoaufbrüche leider sehr häufig, vor allem an Strandparkplätzen. Während der Fahrt sollten am besten die Türen von innen verriegelt werden. Es kommt gelegentlich vor, dass Diebe Staus und Wartezeiten vor Ampeln dazu nutzen, um die Türen blitzschnell aufzureißen und Wertsachen zu entwenden.

Am **Strand** die mitgebrachten Sachen im Auge behalten! Man wäre nicht der erste, dem nur noch die Badehose bleibt.

Damit das Szenario nicht zu negativ wirkt, noch ein paar **positive Hinweise:** Zwar ist die Kleinkriminalität in den portugiesischen Großstädten für europäische Standards recht hoch, dafür sind schwere Verbrechen wie Mord und Vergewaltigung vergleichsweise selten. Auch Autodiebstahl ist nicht sonderlich verbreitet (Aufbrüche kommen allerdings häufig vor).

Leitungswasser

In den Großräumen Lissabon und Porto sowie in Coimbra kann man das Leitungswasser unbedenklich trinken, auch wenn es in den Hotels stark nach Chlor schmeckt. In den Touristikzentren der Algarve nimmt besonders nach trockenen Wintern die Wasserqualität stark ab. Es wird extrem gechlort, und der Salzgehalt des Grundwassers erreicht manchmal Konzentrationen, die einen damit aufgebrühten Tee ungenießbar machen.

Das Wasser der Trinkbrunnen in den Parks kann man ebenfalls meist getrost genießen. Auch außerhalb der genannten Gebiete ist das Leitungswasser meist von guter Qualität! Abgefülltes Quellwasser ist nicht teuer und kann überall in kleinen, mittleren (1,5 l) und großen (5 l) Flaschen gekauft werden.

Lesben und Schwule

Nach Jahren der Diskriminierung haben es die Homosexuellen zumindest in Lissabon mittlerweile geschafft, eine gewisse gesellschaftliche Anerkennung zu finden. Gesetzlich werden Schwule und Lesben in Portugal nicht mehr diskriminiert, die Homoehe ist erlaubt.

Eine Schlüsselrolle für diese Erfolge spielte die portugiesische Abteilung der *International Lesbian and Gay Association* (ILGA). Die Organisation veranstaltet am

Vorabend des 28. Juni den *Arraial Pride*, ein Fest im Rahmen der Festas de Lisboa auf der Praça do Príncipe Real (Bairro Alto). Hier in der Nähe der Praça do Príncipe Real konzentriert sich auch das Lissabonner Nachtleben der Schwulenszene. Wer mehr Informationen will, kann den *Centro Comunitário Gay e Lésbico/ILGA Portugal* in der Rua de São Lázaro 88, 1150-333 Lisboa (Metro Martim Moniz), ✆ 218873918, besuchen. Im Internet empfiehlt sich ein Blick auf www.portugalgay.pt.

Literatur

Bücher aus Portugal kann man unter www.fnac.pt bestellen, die deutschsprachigen Titel sind z. B. unter www.lissabon-umgebung.de erhältlich.

Geschichte Mit über 700 Seiten ist das Buch **Geschichte Portugals und des portugiesischen Weltreichs** von A. H. Oliveira Marques (Kröner Verlag) die weitaus detaillierteste und umfassendste Darstellung der Geschichte Portugals und seiner Kolonien. Mit dem 30-seitigen Register lässt sich das Buch auch als Nachschlagewerk verwenden.

Zum Einlesen in die Geschichte Portugals ist dagegen die **Geschichte Portugals** von Walther L. Bernecker und Horst Pietschmann (C.H. Beck) ideal. Die 130 Seiten von Bernecker und Pietschmann bieten sich all denjenigen an, die sich schnell einen Überblick verschaffen wollen.

Empfehlenswert zur portugiesischen Zeitgeschichte ist das Buch **Vom Ständestaat zur Demokratie**, herausgegeben von Fernando Rosas und erschienen in der Schriftenreihe der Vierteljahreshefte zur Zeitgeschichte bei Oldenbourg.

Landeskunde Standardwerk ist das fast 1000-seitige Buch **Portugal heute**, herausgegeben von Dietrich Briesemeister und Axel Schönberger bei Vervuert. Es vereint neben Artikeln zu Wirtschaft, Geschichte und Politik eine Reihe von Aufsätzen zu Sprache und Literatur sowie den deutsch-portugiesischen Beziehungen.

Buchladenschönheit in Porto – inzwischen aber leider nur gegen Eintrittsgebühr

Poesie und Belletristik Die zwei berühmtesten portugiesischen Dichter sind **Luís Vaz de Camões** und **Fernando Pessoa**. Ersterer lebte im 16. Jh. zu den Glanzzeiten des portugiesischen Imperiums und verewigte die Entdeckertaten der Portugiesen in seinem Epos *Lusiaden*. Letzterer wurde bis heute noch nicht in seiner vollen Genialität erkannt. Er schrieb unter verschiedenen Pseudonymen (Ricardo Reis, Álvaro de Campos, Alberto Caeiro und Bernardo Soares) und unter seinem eigenen Namen. Jedes seiner Pseudonyme hatte einen völlig eigenen Stil, eine originäre Handschrift und sogar eine eigene Biografie. Zu Lebzeiten (1888–1935) veröffentlichte Pessoa kaum etwas – der Großteil seines literarischen Schaffens verschwand in einer großen Truhe; so erschien *Das Buch der Unruhe* erst 1986. Für Lissabon-Reisende von besonderem Interesse dürfte sein Reiseführer *Mein Lissabon – Was der Reisende sehen sollte* sein, den er wahrscheinlich 1925 in englischer Sprache verfasste und der erst lange nach seinem Tod 1992 veröffentlicht wurde. **Florbela Espanca**, die berühmteste portugiesische Dichterin, lebte zur gleichen Zeit. Sie ist für ihre Sonette bekannt, die die immense weibliche Frustration über die patriarchalische portugiesische Gesellschaft widerspiegeln.

Bekannte portugiesische Autoren der Romantik sind **Almeida Garrett**, **Alexandre Herculano** und **Camilo Castelo Branco**. Der Romantik folgte um 1870 die sogenannte *Geração de 70* oder *Geração de Coimbra*, eine Gruppe junger Schriftsteller, die sich gegen die Romantiker auflehnten und die Moderne nach Portugal brachten. Bekanntester Vertreter ist **Eça de Queiroz**, dessen Portugiesisch als stilvollstes aller portugiesischen Autoren gilt (berühmtestes Buch: *Die Maias – Episoden aus dem romantischen Leben)*. Weitere bekannte Schriftsteller dieser Generation sind **Antero de Quental**, **Oliveira Martins** und **Teófilo Braga**, später erster Staatspräsident Portugals.

Unter den zeitgenössischen Autoren ist der Nobelpreisträger **José Saramago** hervorzuheben, der lesenswerte historische Romane über die Geschichte der Belagerung Lissabons *(História do Cerco de Lisboa/ Geschichte der Belagerung von Lissabon)* und den Bau des Konvents von Mafra *(Memorial do Convento/Das Memorial)* schrieb sowie eine faszinierende Familiensaga aus dem Alentejo *(Levantando do Chão/Hoff-*

nung im Alentejo). In *Das Todesjahr des Ricardo Reis (O ano da morte de Ricardo Reis)* lässt Saramago Fernando Pessoa von den Toten auferstehen und sein Heteronym Ricardo Reis treffen. Sein Roman *Evangelium nach Jesus Cristus (O Evangelho segundo Jesus Cristo)* löste in Portugal nach seinem Erscheinen 1991 erhebliche Kontroversen aus. Wer den Literaturnobelpreisträger auf einer Reise durch Portugal begleiten möchte, kann dies mit seinem Buch *Viagem a Portugal* (dt. *Die portugiesische Reise)* tun.

Der zweite Spitzenvertreter der zeitgenössischen portugiesischen Literatur ist der exzentrische Nervenarzt **António Lobo Antunes**, dessen Roman *Der Judaskuss (Os Cus de Judas)* als Monolog einer einzigen Nacht in einer Lissabonner Bar konzipiert ist. Ein detailliertes und düsteres Bild Lissabons zeichnet er in den Romanen *Die Leidenschaften der Seele*, *Die natürliche Ordnung der Dinge* und im *Handbuch der Inquisitoren*.

Von den Autorinnen ist **Lídia Jorge** herausragend, in deren exzellentem Bestseller-Roman *Die Küste des Raunens (A Costa dos Murmúrios)* der Kolonialkrieg in Moçambique verarbeitet wird.

Sehr interessant ist auch der Roman *Lissabonner Requiem* des Italieners **Antonio Tabucchi**, der uns durch die Gaststätten Lissabons führt und ein Treffen mit dem toten Fernando Pessoa schildert. Im mit Marcello Mastroianni in der Hauptrolle verfilmten Werk *Erklärt Pereira* befasst er sich mit dem Leben unter Diktaturen am Beispiel Portugals. *Der verschwundene Kopf des Damasceno Monteiro* greift dagegen einen realen Fall von Folter durch die Polizei auf. Sehr empfehlenswert ist auch das *Lissabonner Logbuch* des 1998 verstorbenen Autors **José Cardoso Pires**.

Zu den neuesten Entdeckungen der portugiesischen Literatur zählt **José Luís Peixoto**. Der 1974 geborene Nachwuchsautor machte 2000 durch seinen Roman *Nenhum Olhar* Furore. 2015 erschien die deutsche Übersetzung seines Buchs *Uma casa na escuridão* (Ein Haus im Dunkeln).

Graphic Novel Den bezeichnenden Titel *Portugal* trägt die Graphic Novel von **Cydril Pedrosa**, in welcher der französische Comicautor mit portugiesischen Wurzeln das Land seiner Vorfahren erkundet (Reprodukt, Berlin). Auszüge finden Sie in diesem Reiseführer auf den Seiten 79 und 768.

Mentalität

Die Portugiesen sind in ihrer Art grundsätzlich gelassener und zurückhaltender als die leidenschaftlichen Spanier. Auffallende Gestik und übertriebene Gebärden wird man in Portugal nur selten finden. Oft spürt man eine gewisse Schicksalsergebenheit, die das „weiche" Wesen der Portugiesen prägt – in der Literatur über Portugal wird dies leider oft unerträglich ausgebreitet.

Besonders auffallend ist die portugiesische Höflichkeit, wenn auch die Touristenzentren in der Algarve dafür nicht gerade repräsentativ sind. Selten wird man einem Portugiesen begegnen, der nicht versucht, auf eine Frage erschöpfend Antwort zu geben. Immer wieder kommt es vor, dass man z. B. ein Stück des Weges begleitet wird, wenn man sein Ziel nicht findet. Doch Zeit muss man haben in Portugal. Nicht alles wird schnell und sofort erledigt; *amanhã*, übersetzt eigentlich „morgen", bedeutet in der Realität genauso übermorgen oder in drei Tagen. *Paciência* – Geduld, Gelassenheit, warten können – das gehört zu den Portugiesen ebenso wie ihre Schicksalsergebenheit und Melancholie, die man *saudade* nennt.

Geduld *(paciência)* sollte man als Tourist jede Menge mit nach Portugal bringen; sie erleichtert hier das Leben – vieles geht nicht so einfach und schnell wie im durchorganisierten Deutschland, besonders Behördengänge sind ein Gräuel.

Ein Zauberspruch in Portugal ist *com licença*, das dem deutschen „Entschuldigung" entspricht: So bittet man um Erlaubnis, sich zu jemandem im Bus oder an einen Tisch zu setzen, sich irgendwo durchzudrängeln etc. Das Geheimnis liegt darin, dass man *com licença* sagt und seine Absicht ausführt, ohne eine Antwort abzuwarten, „Mit Ihrer Erlaubnis" eben … Wenn man etwas falsch gemacht hat (z. B. jemandem auf den Fuß getreten ist), sagt man zur Entschuldigung übrigens *desculpe* oder *desculpa*.

Saudade: Dieses kaum zu übersetzende Wort bezeichnet die wehmütige Großwetterlage der Portugiesen, die man häufig wahrnimmt: eine freundliche Melancholie, die sich selbst genießt und weder Erfüllung kennt noch sucht.

Ein Grund dafür liegt wohl in der Vergangenheit. Gerne weisen die Portugiesen auf die einstmalige Größe und Bedeutung ihres Landes hin, auf die Zeit, als die Erforschung der Welt durch die portugiesischen Seefahrer ihren Anfang nahm. Portugal gehörte damals zu den führenden Ländern Europas. Reichtum und Glorie konnten aber nicht lange gehalten werden.

Moskitos

Portugal ist während der Sommermonate ein ausgetrocknetes Land. Nur in den wenigen Flusstälern mit morastigen Wasserlöchern haben die Plagegeister eine reelle Chance, sich zu vermehren. In Ortschaften sind daher nicht diese Brutplätze Quell schlafloser Nächte, sondern das Abwassersystem. Aus den Gullyspalten steigen sie in Horden auf, immer auf der Suche nach frischer Nahrung. Ein Quartierwechsel im Ort kann schon Linderung bringen.

Schnakenmittel: Das bewährte *Autan Family* hat inzwischen beträchtliche Konkurrenz bekommen. *Zedan* riecht nach frischer Zitrone und hilft (wenn auch nicht so lange). Ein neutrales Schweizer Institut, das alle am Markt erhältlichen Mittel unter die Lupe nahm, vergab dem Mittel *Zanzarin* die Bestnote. Mit acht Std. hatte es nach der Untersuchung den längsten Wirkungszeitraum, riecht aber strenger als die Konkurrenz.

Musik

Am geläufigsten ist sicher der Fado. Aber daneben kann man zwei modernere portugiesische Musikrichtungen unterscheiden. Zum einen die in den 1960ern aus der Opposition gegen das Salazar-Regime hervorgegangene Liedermacherszene und zum anderen die erst seit den 1980er-Jahren populär gewordenen Rockmusikströmungen.

Im **Fado**, wörtlich „Schicksal", äußert sich die *Saudade* der Portugiesen. Er ist der volkstümliche Musikstil der Lissabonner und der Studenten Coimbras. Die Texte handeln meist von unglücklicher Liebe, vergangenen Zeiten, sozialen Missständen oder der Sehnsucht nach besseren Zeiten. In Coimbra klingt der Fado volksliedartiger und getragener als in Lissabon. Auch darf er im Gegensatz zu Lissabon nur von Männern gesungen werden.

Woher der Fado kommt, kann keiner so genau sagen. Vermutet wird, dass er aus dem brasilianischen *Lundum* und der *Modinha* entstanden ist. Darauf deutet auch der Beginn des Fados um 1822 hin, als der portugiesische Königshof aus Rio de Janeiro zurückgekehrt war. Außerdem waren unter den ersten Fadosängern mehrere brasilianische Mulatten. Zuerst sangen ihn die Bewohner der Armenviertel Lissabons, besonders der Mouraria, Alfama und der Madragoa; in anrüchigen Kneipen war er von Matrosen, Stadtstreichern, unglücklichen Liebhabern und anderen wehmütigen Gesellen zu hören.

Zeit für den Fado

Ende des 19. Jh. fand der Fado dann auch in den bürgerlichen und aristokratischen Salons Anklang; nunmehr gesellschaftlich anerkannt, wurde er in der Region von Lissabon kultiviert und verfeinert. Ab 1930 folgte dann seine zunehmende Kommerzialisierung mit professionellen Aufnahmen, landesweiter Ausstrahlung über den Rundfunk und Auftritten in Touristenlokalen. Neben Lissabon findet man den Fado seit Mitte des 19. Jh. auch in der Universitätsstadt Coimbra, hier aber traditionell ausschließlich von männlichen Studenten gesungen. Legendärer Sänger ist *Augusto Hilário Costa Alves*, der von 1864 bis 1896 lebte und einfach *Hilário* genannt wurde.

Begleitet wird der Gesang des Fado durch eine Gitarre, die den rhythmischen Part übernimmt, und eine weitere, etwas kleinere, zwölfsaitige portugiesische Gitarre für den eher melodischen Teil. Es können auch durchaus mehrere Gitarren den Sänger oder die Sängerin, traditionell von einem schwarzen Tuch umhüllt, begleiten.

Während früher die Sänger eher aus den unteren Volksschichten Lissabons stammten, kommen sie heute aus allen Schichten und zunehmend auch aus anderen Landesteilen. Dennoch wird der Fado heute immer noch als Musikstil der Hauptstadt und Coimbras angesehen, zu einem wirklichen Nationalstil hat er sich nicht entwickeln können.

Wenn man Fado hören will, sollte man nicht in die üblichen Fado-Touristenlokale gehen. Dort kommt meist nicht die richtige Stimmung auf, weil die Besucher nur teilnahmslos herumsitzen und die Musik nicht mitempfinden. Außerdem sind sie oft erheblich teurer als die einfachen, von Portugiesen besuchten Lokale. Es empfiehlt sich, in ein verstecktes Fadolokal zu gehen, wo weniger Fremde zu finden sind und Amateurfado *(Fado amador)* gespielt wird. Wenn dann die Stimmung steigt, singen auch die Gäste mit. Immer wieder stellt sich ein Gast neben den Sänger, den *Fadista*, und singt ein paar Strophen mit. Oft entstehen dabei improvisierte Texte.

Eine weitere Möglichkeit ist der Besuch eines meist recht teuren professionellen, aber eher von Portugiesen besuchten Fadorestaurants oder der Genuss des *Fado vadio*, des auf der Straße gesungenen Fados. Dazu sollte man besonders im Juni während der Stadtfeste Lissabons auf Straßenkonzerte achten. In Coimbra ist dagegen das Studentenfest *Queima das Fitas* im Mai und der weltbekannten Serenade vor der Kathedrale der beste Tipp. Dabei sollte man beachten, dass man dem Fado in Coimbra Respekt, aber keinen Beifall zollt.

An Platten seien die Aufnahmen der bekanntesten Fado-Sängerin aller Zeiten, *Amália Rodrigues*, empfohlen. Unter den jungen Fado-Stars verdient *Mariza* (CD *Fado Curvo)* besondere Erwähnung. Neben ihr gilt auch *Cristina Branco* (CD *Sensus)* als größtes Talent seit Amália. Während Mariza die ersten Fado-Schritte in Lissabon tat, begann Cristina Branco ungewöhnlicherweise ihre Karriere in den Niederlanden. Unter den Sängern gilt *Carlos do Carmo* als der beliebteste. Dazu machten in den letzten Jahren noch *Sofia Varela, Mafalda Arnault, Mísia, Carminho* und *Ana Moura* von sich reden.

Wer sich eher für instrumentale Aufnahmen der portugiesischen Gitarre interessiert, der ist mit den CDs von *Carlos Paredes*, dem Meister dieses Instruments, gut beraten. An der portugiesischen Gitarre brilliert ebenfalls *António Chainh*.

Amália Rodrigues

Die wohl bekannteste Stimme Portugals gehörte der Fadista Amália Rodrigues, die am 23. Juli 1920 in Lissabon geboren wurde. Sie stammte aus armen Verhältnissen und musste schon früh ihren Lebensunterhalt durch den Verkauf von Früchten verdienen. Ihre Gesangskarriere begann 1935. Ab 1939 sang sie im bekannten Fado-Lokal *O Retiro da Severa* in Lissabon. Innerhalb weniger Wochen avancierte sie zum Star der Fado-Szene.

Ihre Volksverbundenheit brachte ihr viele Fans. Die Anhängergemeinde wuchs noch, als sie 1946 in *Capas Negras* ihr Filmdebüt gab und sich von da an auch als Schauspielerin profilierte. Am 6. Oktober 1999 starb Amália in Lissabon. 2001 wurde sie als erste Frau ins Nationalpantheon überführt. Ihr Haus in der Rua de São Bento hat man inzwischen zu einem Museum umgestaltet.

Traditionelle Volksmusik: Im Norden des Landes gibt es eine Fülle von beschwingten Tanzmelodien und Rhythmen, die sehr mitreißend klingen, z. B. bei den Gruppen *Maio Moço ...* oder *Ronda dos Quatro Caminhos*. Im Alentejo hat sich eine getragene, polyphone Singweise von (anfangs nur) Männerchören herausgebildet, der *cante* (→ „Baixo Alentejo"). An der Algarve bekommt man die ursprüngliche Volksmusik kaum noch authentisch mit; es handelt sich um mehrstimmiges Spiel extrem schneller Melodien *(corridinhos)* mit Akkordeons.

Traditionelles in modernem Gewand: Die international bekannteste portugiesische Gruppe sind *Madredeus* mit ihrer Mischung aus Klassik, Volksmusik, Fado und Pop. Spätestens durch ihren exzellenten Soundtrack zum Film *Lisbon Story* von Wim Wenders wurde die Gruppe internationales Aushängeschild der portugiesischen Musikszene. Als CD ist die Filmmusik unter dem Titel *Ainda* erhältlich und fängt wie kaum eine andere die Stimmung Lissabons ein. Unverwechselbar machen Madredeus die Kompositionen des Gitarristen *Pedro Ayres Magalhães* und die herrliche Stimme der ehemaligen Fado-Sängerin *Teresa Salgueiro*. Empfehlenswert sind auch die Soloaufnahmen des zweiten Gitarristen von Madredeus, *José Peixoto*. Madredeus spielt heutzutage immer wieder mal in unterschiedlichen Besetzungen, allerdings immer ohne die ursprüngliche Sängerin.

Liedermacher: Bekanntester Protestsänger war *José „Zeca" Afonso*, der geradezu ein Symbol des Widerstands gegen Salazar wurde. Seine Interpretation des Soldatenliedes *Grândola, vila morena* wurde sogar dazu erkoren, das Startzeichen der Nelkenrevolution zu geben. Ein weiterer bekannter Musiker dieser Generation ist *Sérgio Godinho* – eher philosophisch-poetisch gestimmt. Sehr eingehend sind auch die schlichten Lieder von *João de Deus*.

Rock- und Popmusik: Bei Rockmusik denken Portugiesen zuerst an die Gruppe *GNR* aus Porto, die Lissabonner Band *Xutos e Pontapés* und an den Sänger *Rui Veloso*, den Vater des portugiesischen Rocks. Eher in der härteren Heavy-Fraktion spielen *Blind Zero*, *Mão Morta* und die international erfolgreichen *Moonspell*, letztere mit düsterem Gothic.

Die größten Erfolge feiert der extravagante Sänger *Pedro Abrunhosa* aus Porto mit seinem provokativen Funk. Seine CD *Tempo* wurde innerhalb eines Monats mit drei Platinplatten das meistverkaufte portugiesische Album aller Zeiten. *Dulce Pontes* dagegen ist die bekannteste portugiesische Popsängerin. Sie fasziniert durch ihre weiche Stimme und gefühlvolle Lieder, bei denen ein gewisser Einfluss traditioneller portugiesischer Musik und des Fado nicht zu überhören ist.

Die „Gaita de fole", die traditionelle Sackpfeife

Aus Alcobaça stammen die englisch singenden *The Gift.* Sie spielen eine sehr eingänglich arrangierte moderne Popmusik, die von der tiefen Stimme der Sängerin Sónia Tavares dominiert wird. Auch *Clã,* die ebenfalls im Pop-Genre agieren, sind beim portugiesischen Publikum sehr beliebt. Eine ausgefallene moderne Richtung schlagen *Cool Hipnoise* ein. Der Name ist Programm. Die wohl beste, inzwischen aber aufgelöste, lusitanische Hip-Hop-Band ist *Da Weasel. Buraka Som Sistema* ist mit ihrer wilden Mischung aus elektronischer und angolanischer Musik auch international bekannt geworden.

Klassische Musik: Die Pflege der klassischen Musik war in Lissabon lange Zeit fast ausschließlich Angelegenheit der *Gulbenkian-Stiftung.* Mittlerweile gibt es weitere Orchester, darunter das *Orquestra Metropolitana de Lisboa,* in dem hauptsächlich ausländische Nachwuchsmusiker spielen. Moderne Klassik wird repräsentiert durch den 1994 verstorbenen *Fernando Lopes-Graça,* der die traditionelle portugiesische Musik neu interpretierte *(Obras Corais* bei EMI Classics) und z. B. ein Requiem für die Opfer des portugiesischen Faschismus schrieb. Im Hörfunk ist Klassisches den ganzen Tag über auf RDP Antena 2 zu hören.

Notruf-Nummern

Notruf ✆ 112 (kostenlos)	**Seenot** ✆ 112 (kostenlos) oder 214401919
Diensthabende Apotheken ✆ 118	**Waldbrand** ✆ 112 (kostenlos)

Öffnungszeiten

Geschäfte: In der Regel haben sie zwischen Montag und Freitag von 9 bis 19 Uhr geöffnet (außerhalb großer Stadtzentren samstags nur vormittags, sonntags geschlossen). Eine Ausnahme sind die Läden in den großen Einkaufszentren *(centros comerciais),* die täglich von 10 bis 23 oder sogar 24 Uhr offen haben. Größere *supermercados* haben an allen Tagen durchgehend von 8.30 oder 9 bis 20 oder 21 Uhr offen. Die *hipermercados* sind täglich von 9 bis 22 Uhr geöffnet. Einen besonders guten Service bieten die *lojas de conveniência.* In diesen kleinen Supermärkten kann täglich von 7 Uhr morgens bis 2 Uhr nachts eingekauft werden.

Banken: Alle Banken haben nur Montag bis Freitag von 8.30 bis 15 Uhr geöffnet. Längere Öffnungszeiten haben die Wechselstuben.

Polizei

Als Tourist trifft man in der Regel auf die **PSP** *(Polícia de Segurança Pública),* die besonders in den großen Städten aktiv ist. Auf dem Land übernimmt die Nationalgarde, die **GNR** *(Guarda Nacional Republicana),* die Aufgaben der PSP

tripadvisor everywhere

(Adressen und Telefonnummern der Polizeistationen unter den einzelnen Ortsbeschreibungen). Die Polizeipräsenz ist auf portugiesischen Straßen größer als auf deutschen. Des Weiteren gibt es u. a. die Kriminalpolizei *(Polícia Judiciária)*, die Wasserschutzpolizei *(Polícia Marítima)* und in großen Städten die Policia Munícipal.

Post

Portugals Postämter *(Correios de Portugal)* sind im Allgemeinen knallrot gestrichen oder zumindest immer durch ein rotes Schild gekennzeichnet und daher leicht zu finden. Die regulären Öffnungszeiten sind Mo–Fr 9–18 Uhr, kleine Ämter auch kürzer oder mit Mittagspause.

Generell unterscheidet man in Portugal zwischen der Normalpost und der Expresspost *(Correio Azul)*. Zusätzlich gibt es eine dritte Klasse *(Correio Verde)*, bei der die Briefe unabhängig vom Gewicht immer gleich viel kosten.

Auf jeden Fall sollten die Briefe in den richtigen Briefkasten geworfen werden.

Portogebühren		
Normal	*Portugal*	*EU/Schweiz*
bis 20 g	0,47 €	0,75 €
20–50 g	0,60 €	1,20 €
Correio Azul	*Portugal*	*EU/Schweiz*
bis 20 g	0,58 €	2,45 €
20–50 g	0,85 €	3,10 €

Eilpost, ob national oder international, wirft man in den Schlitz *Correio Azul* oder in die blauen Briefkästen. Briefe innerhalb Portugals gehören in den *Correio Normal Nacional*, Briefe ins Ausland in den *Correio Normal Internacional*. An vielen Straßenecken trifft man auf rote, moderne Münzautomaten, die Briefmarkenverkaufstelle und Postkasten in einem sind. Die Funktionsweise der Automaten wird auf Englisch und Französisch erklärt.

Mit der Normalpost beförderte Briefe sind zu 95 % innerhalb von drei Tagen an ihrem Ziel innerhalb der EU, mit Correio Azul meist schneller.

Die Ländernamen zur Beschriftung Ihrer Postkarten und Briefe sind: *Alemanha* (Deutschland), *Áustria* (Österreich), *Suíça* (Schweiz).

Rauchen

In Portugal gilt ein Rauchverbot in Restaurants, Cafés, Bars, Diskotheken sowie in allen öffentlichen Verkehrsmitteln, den Flughäfen, Bahnhöfen und Metrostationen. In Bars und Restaurants mit aufwendigen Belüftungssystemen darf aber weiterhin geraucht werden. Meistens muss man aber auf die Terrasse oder vor die Tür, um sich eine Zigarette anzustecken.

Reklamationen

Alle Restaurants, Hotels, Pensionen und Campingplätze müssen ein Beschwerdebuch führen *(Livro de Reclamações)*, damit Sie Ihre Beschwerde eintragen können. Sie erhalten eine Kopie Ihrer Beschwerde, das Original geht an die Wirtschaftsaufsicht. Häufig ist daher ein Problem allein dadurch zu lösen, dass man nach diesem Buch fragt. Ansonsten ist eine Beschwerde beim örtlichen Turismo am sinnvollsten. Man kann sich auch an *Turismo de Portugal* direkt wenden: Rua Ivone Silva, Lote 6, 1050-124 Lisboa, ✆ 211140200.

Religion

Die meisten Portugiesen sind **katholisch,** dennoch gibt es starke regionale Unterschiede, was die Häufigkeit des Kirchenbesuchs anbelangt. In Braga, Kirchenhauptstadt Portugals und Sitz eines Erzbischofs, sind die Kirchen sehr gut besucht, während im Alentejo sonntags keine 10 % der Einwohner zur Messe gehen. In Lissabon residiert einer der wenigen Patriarchen der katholischen Kirche. Als Tourist sollte man beachten, dass in portugiesischen Kirchen ein Besuch in kurzen Hosen oder gar im Badeanzug nicht gerne gesehen wird.

Moslems gibt es nur wenige in Portugal; das maurische Erbe hat sich in dieser Hinsicht nicht halten können. In der schwarzen Bevölkerung, die aus den ehemaligen afrikanischen Kolonien stammt (vor allem Guinea-Bissau ist sehr islamisch geprägt), und unter den in Portugal lebenden Indern findet man allerdings viele Anhänger des Islam. Die Hauptmoschee Lissabons befindet sich in der Nähe der Praça de Espanha (Metro Praça de Espanha).

Die portugiesischen **Juden** wurden vor allem in der frühen Neuzeit durch die Inquisition *(Santo Ofício)* verfolgt; oft wanderten sie entweder in andere Länder aus oder konvertierten, zumindest auf dem Papier, zum Christentum. Erst mit der Aufklärung änderte sich Entscheidendes: 1769 schaffte der Premierminister Marquês de Pombal die Inquisition als eigenständiges Gericht ab und unterstellte sie der staatlichen Aufsicht, auch ließ der Marquês de Pombal alle Register über die jüdische Abstammung verbrennen. Im Zweiten Weltkrieg hatte Portugal einen großen Zulauf von Juden aus den Gebieten zu verzeichnen, die von Nazideutschland besetzt waren. Für die meisten Flüchtlinge war Portugal (insbesondere Lissabon) nur eine Durchgangsstation in sichere Gebiete; viele flohen von hier aus in die USA und entzogen sich damit der Verfolgung durch die Nazischergen. Einige blieben jedoch im Land und fanden hier ihre neue Heimat, so z. B. die Schriftstellerin Ilse Losa, die ihre Exilerfahrungen in mehreren Büchern publizierte.

In den letzten Jahren nimmt die Zahl amerikanischer **Sekten** und **Freikirchen** zu, die über Brasilien ins Land kommen. Besonders die *Igreja Universal de Deus* und die *Assembleia de Deus* missionieren sehr und besitzen auch einige Radiosender.

Die „Marranen"

In den Regionen *Trás-os-Montes* und *Beira Interior* hielt sich bis in unser Jahrhundert ein verstecktes Judentum. Die Juden, von den Christen verächtlich *Marranen*, „Schweine", genannt, waren nach Beginn der Inquisition 1495 in diese abgeschiedene Region im Nordosten Portugals abgewandert, um ihren Glauben weiter praktizieren zu können. Offiziell waren die Marranen alle Christen: Die Kinder empfingen die Erstkommunion, die Eltern gingen sonntags in die Kirche etc. Die christlichen Mitbürger wussten, dass die Marranen nicht gerade überzeugte Katholiken waren, doch was sie tatsächlich trieben, blieb den meisten verborgen, und so vermutete man, dass sie den Teufel anbeteten oder ähnlich obskure Riten pflegten.

Die Existenz dieser Juden war jahrhundertelang unbekannt, bis 1917 ein polnischer Jude bei seinem Besuch in Belmonte (Beira Interior) feststellte, dass viele seiner Arbeiter freitags sehr früh von der Arbeit verschwanden. Er fand heraus, dass man sich zum Vorsabbatgebet versammelte. Allerdings waren keine Thora und, bis auf wenige Begriffe, keine Hebräischkenntnisse vorhanden. Heute sind die Marranen mit dem Problem konfrontiert, dass vor allem die jüngeren Anhänger die traditionellen jüdischen Sitten wieder einführen wollen, während die Älteren an den überlieferten Bräuchen festhalten.

Sport

Wichtigste Sportart ist auch in Portugal König Fußball. Er bestimmt selbst das politische Leben. Es gibt auch in Intellektuellenkreisen kaum eine Diskussion, in der kein Vergleich zum Fußball gezogen wird. Derzeit spielt die Nationalmannschaft in der Weltspitze mit. Dies ermöglichen nicht zuletzt Fußballemigranten wie Cristiano Ronaldo.

Alle anderen Spitzensportarten sind in Portugal noch wenig entwickelt. Kaum ein Portugiese oder eine Portugiesin hat olympisches Gold gewonnen. Einzig Carlos Lopes und Rosa Mota bilden mit ihren Marathon-Erfolgen eine Ausnahme. In der Leichtathletik ist der Langstreckenlauf international an der Spitze, bei den Mannschaftssportarten das Rollhockey. Im Beachvolleyball, Wellenreiten und im Judo sind die Portugiesen ebenfalls Weltspitze. Auch mit dem Breitensport ist es in Portugal nicht weit her – die wenigen Sportmöglichkeiten außerhalb der Vereine verhindern eine Verbreitung. Was man kaum vermuten würde: Sehr viele Portugiesen können nicht schwimmen, weil es nur wenige Schwimmbäder gibt und das Schwimmenlernen im rauen Atlantik sehr gefährlich ist.

Die Sportmöglichkeiten in Portugal sind insgesamt äußerst vielfältig, wobei die Wassersportarten, Windsurfen und Wellenreiten, an der Spitze stehen.

Golf: In Portugal findet man einige der schönsten Golfplätze Europas, teilweise recht anspruchsvoll. Besonders viele Plätze gibt es an der Algarve und in der Umgebung Lissabons, dort vor allem im Kreis Cascais. Nachfolgend eine kleine Auswahl guter Plätze.

An der Algarve Quinta do Lago, angrenzend an das Haff Ria Formosa. Vier zusammenhängende 9-Loch-Plätze. Nur ca. 5 km westlich vom Flughafen Faro.

Vale do Lobo, grandiose Lage entlang der Kliffe, zwischendrin kleine Kiefernwäldchen. Weltberühmt und viel fotografiert: Das siebte Loch liegt auf einem Vorsprung oben am Kliff. Die Anlage findet man zwischen der Feriensiedlung Vale do Lobo und Quarteira.

Vilamoura, sechs Golfplätze am Rande von Vilamoura, jeweils mit 18 Löchern.

Salgados, neu angelegter Platz mit 18 Löchern, westlich von Albufeira (Galé).

Penina, einer der ältesten Plätze an der Algarve (1965). Das angegliederte Hotel hat schon viele berühmte Gäste beherbergt.

Die künstlich aufgeschüttete Schwemmlandzone liegt zwischen Portimão und Lagos.

Auch westlich von Lagos sind seit Ende der 1980er-Jahre einige Plätze entstanden: **Palmares** (18 Loch) Meia Praia/Lagos. **Parque da Floresta** (18 Loch) bei Budens.

Plätze im Raum Lissabon Quinta da Marinha, ein von Robert Trent Jones entworfener 18-Loch-Kurs zwischen Cascais und Guincho.

Penha Longa, Quinta da Penha Longa, Linhó, 2710 Sintra. Einer der renommiertesten Golfplätze Europas in einem Naturschutzgebiet am Rande der Serra de Sintra.

Golf do Estoril, Av. da República, 2765 Estoril. 18-Loch-Kurs in Estoril an der Straße nach Sintra.

Tauchen und Schnorcheln: Ohne Zweifel liegen die besten Tauchgebiete Portugals mitten im Atlantik um die Inselgruppen Madeira und die Azoren. Doch auch Festland-Portugal hat einige gute Stellen vorzuweisen. So finden Taucher am Küstengebiet zwischen Lagos und dem Cabo de São Vicente an der Algarve herrliche Unterwassergegenden an der von Grotten durchzogenen Felsenküste.

Die Küste fällt bei den Kliffen an der Algarve in der Regel steil auf ca. 10 m Wassertiefe ab. Danach folgt ein sanft abfallender sandiger Meeresgrund; immer wieder stehen zwischendrin Felsformationen, die mit Muscheln, Seeanemonen und Fächerkorallen bewachsen sind. In den Felsspalten entdecken aufmerksame Beobachter zahlreiche Tintenfische, Bärenkrebse und Conger-Aale. Mit Glück begegnet man beim Tauchgang auch Seeteufeln, Gabeldorschen und Zackenbarschen. Wer sich jedoch eine Artenvielfalt wie im Roten Meer verspricht, wird im Atlantik enttäuscht werden. Auch die stark schwankende Sichtweite kann dabei nicht mit karibischen Verhältnissen konkurrieren: In ungünstigen Fällen beträgt sie nur 3 m, es können aber auch 15 m und mehr werden. Der Atlantik ist dennoch ein interessantes Tauchgebiet, das einen ursprünglicheren Eindruck macht als die meisten Gebiete im Mittelmeer.

Weitere lohnenswerte Tauchgebiete liegen südlich von Lissabon zwischen Sesimbra und dem Cabo Espichel. Hier tummeln sich vor allem am Wochenende die Taucher aus der portugiesischen Hauptstadt. Ähnlich wie die Algarve kann auch dieser Küstenabschnitt mit guten Sichtverhältnissen und einer vielfältigen Unterwasserfauna aufwarten. Weitere bekannte Tauchgebiete liegen um die Berlengas-Inseln vor Peniche in Mittelportugal.

Da die Temperaturen des Atlantiks mit 13–20 Grad teilweise recht erfrischend sind, sollte man mit einem warmen, mindestens 7 mm dicken Neoprenanzug samt Weste oder einem Trockentauchanzug ins Wasser gehen. Eine Lampe lohnt sich ebenfalls, um die Tiere in den Felsspalten zu entdecken und sich in den Grotten zu orientieren. Um als Tourist tauchen zu dürfen, benötigt man den Grundschein einer internationalen Tauchorganisation wie CMAS (Bronze/1-Stern) oder PADI (Open Water). Die Tauchbasen bieten allerdings auch Schnuppertauchen und Anfängerkurse an.

Gesetzlich ist die maximale Tauchtiefe in Portugal auf 40 m begrenzt. Mehr ist nur mit einer mobilen Druckkammer an Bord des Bootes erlaubt, de facto ein unüberwindbares Hindernis. Pressluftflaschen können bei Tauchbasen und mit Glück auch bei Feuerwehrstationen aufgefüllt werden.

Vor den portugiesischen Küsten ist jegliche *Unterwasserjagd* mit Atemgerät verboten. Beim Schnorcheln ist die Jagd allerdings erlaubt. Zur Unterwasserjagd darf nur der Handspeer benutzt werden. Gejagt werden dürfen Schalentiere und Tintenfische. Echte Sporttaucher verzichten aber sowieso darauf.

Surfen (Wellenreiten) und Bodyboarden: Wellenreiten erfreut sich in Portugal größerer Beliebtheit als in jedem anderen Land Europas. Kein Wunder, denn an der rauen Atlantikküste findet man ideale Bedingungen für diesen schönen Sport. Es gibt nur wenige Orte in Europa, wo man so gut surfen kann wie in Ericeira, Nazaré und Peniche nördlich von Lissabon. Kehrseite dieser Top-Bedingungen sind beeindruckende Wellen mit entsprechend heftigen Strömungen, die sich hier vor allem außerhalb der Sommermonate an der Küste brechen. Während fortgeschrittene Wellenreiter voll auf ihre Kosten kommen, sollten Anfänger besser vorsichtig sein, bevor sie sich auf das Brett und in die Fluten stürzen.

Andere Orte um Lissabon sind ebenfalls für ihre guten Surfbedingungen bekannt, so die Costa da Caparica, Carcavelos oder die Praia Grande. Figueira da Foz in Mittelportugal sowie Vila Nova da Gaia südlich von Porto bieten ebenfalls zahlreiche Monate im Jahr gute Wellen für Anfänger und Fortgeschrittene. An der Algarve sind vor allem die Spots um Carrapateira beliebt – im Sommer sind oft nur an der Westküste die Wellen hoch genug, um zu surfen, während sie an der Südküste sehr flach sein können.

Das Bodyboarden, bei dem man im Unterschied zum Wellenreiten auf dem Brett liegen bleibt, ist besonders bei jüngeren Kids beliebt. Ein Bodyboard ist kleiner, leichter und wesentlich billiger als ein Surfbrett, das immerhin um die 300 € kostet. Außerdem verwenden Bodyboarder Flossen, die beim Hinauspaddeln Kraft sparen.

Geduldige Suche nach der perfekten Welle

Anfänger sollten sich im Klaren sein, dass Surfen wesentlich schwieriger ist, als es aussieht. Man braucht viel Geduld und Übung, allein schon um durch die Wellen zu kommen, sie einschätzen zu lernen und schließlich auf dem Brett stehen zu können. Bodyboarden ist da schon einfacher. Jedoch ist das Feeling auf einem Surfbrett nicht mit dem auf einem Bodyboard zu vergleichen. Ein paar Regeln sollte man unbedingt beachten:

Surfschule: *Três Ondas*, Rua da Cabeça Alta, Achada, Mafra, ✆ 261813133, www.tresondas.de. Von Ende März bis Ende November geöffnete Surfschule des ersten deutschen Longboard-Meisters und ausgebildeten Surflehrers Frithjof Gauss und seiner Frau Silke. Die beiden sympathischen Sylter führen die gut organisierte Schule im Dorf Achada (an der Buslinie zwischen Mafra und Ericeira bei Lissabon). Transport, Bretter und Neoprenanzüge sowie auf Wunsch auch das Quartier werden von der Schule organisiert. Der Unterricht findet in maximal 8 Personen großen Gruppen statt. Viel Wert wird auf eine fundierte Theorie als Grundlage für sicheres Surfen gelegt. 5-tägiger Kurs 255–300 €, 2-Wochen-Kurs 435–525 €. Vor allem in der Hochsaison länger im Voraus buchen (dann auch billiger).

- Nie ganz alleine surfen!
- Nie weiter hinauspaddeln, als man ohne Brett zurückschwimmen könnte.
- Vorsicht vor Felsen an der Küste und im Wasser! Nur wirklich erfahrene Surfer sollten sich in direkte Nähe der Felsen wagen.
- Achtung bei Strömungen: Auf einem Surfbrett ist man ihnen viel stärker ausgeliefert, als man anfangs vermutet!
- Die Leine immer vor Betreten des Wassers am Fuß befestigen!

Tennis ist in Portugal längst nicht so verbreitet wie in Deutschland. Doch viele Hotels der gehobenen Kategorie, besonders an der Algarve, verfügen über eigene Tenniscourts.

Windsurfen und Kitesurfen: In Portugal findet man in Guincho bei Lissabon den vielleicht besten Spot Europas. Guincho ist allerdings aufgrund der starken Wellen und der gefährlichen Strömungen nichts für Anfänger. Einfachere Bedingungen herrschen dagegen am Meia-Praia-Strand in Lagos. Windsurfen ist in Portugal selbst aber kaum verbreitet – es gibt z. B. kaum Profis. So findet man viele Ausländer, die hier ihrem Lieblingssport nachgehen. Die Portugiesen bezeichnen mit „Surfen" das Wellenreiten (s. o.), woran sich auch dieser Führer hält!

Die besten Gebiete für das Kiten sind Tavira, der Strand von Faro, Portimão und Lagos.

Wandern: Bis vor wenigen Jahren suchte man markierte Wanderrouten, spezielle Wanderkarten etc. in Portugal noch vergeblich. Doch inzwischen haben auch die Portugiesen das Wandern entdeckt. Leider sind die meisten Wegbeschreibungen nur in der Landessprache erhältlich und gutes Kartenmaterial ist weiterhin Mangelware. Man muss sich auf einfache topografische Karten (→ Wissenswertes von A bis Z/Karten) oder auf den eigenen Spürsinn verlassen; doch findet man in Portugal wunderschöne Wandergebiete (einige auch zum Bergsteigen geeignet), insbesondere im Norden (Parque Natural Peneda-Gerês) und im Zentrum (Serra da Estrela) des Landes. In der Umgebung von Lissabon bieten sich die Serra de Sintra und die Serra da Arrábida für kürzere Tagestouren an. Der Süden (Alentejo), kaum durchgehend bewaldet, bietet dennoch Wanderreviere an (z. B. bei Grândola); da die Sonne im Sommer unbarmherzig sticht, sollte man nach Möglichkeit auf Frühjahr und Herbst ausweichen. Die Algarve ist besonders im Frühjahr ein lohnendes und inzwischen gern besuchtes Ziel für Wanderer.

Sprachkenntnisse

Wie für jedes Land, so gilt auch für Portugal: Ohne Kenntnis der Landessprache wird man nie vollständig Zugang zu Land und Leuten finden. Obwohl Portugiesisch zu den großen Weltsprachen zählt und von über 270 Mio. Menschen gesprochen wird (in Brasilien, Portugal, Angola, Mosambique, Guinea-Bissau, Cabo Verde, São Tomé e Príncipe, Macau, Goa, Timor Lorosae), ist es an deutschen Schulen eher ein Stiefkind.

Zumindest in den großen Touristengebieten (Lissabon, Coimbra, Porto, Algarve) wird man keine Probleme haben, mit **Englisch** durchzukommen. Die meisten Portugiesen sprechen ein bisschen Englisch. Auch **Französisch** wird recht häufig gesprochen, vor allem von Angehörigen der älteren Generation. Kenntnisse in **Deutsch** sind seltener und nur in den großen Touristenzentren der Algarve verbreitet.

Wörterbücher Hier empfiehlt sich für Sprachunkundige das **Praxiswörterbuch plus Portugiesisch** von Pons. Umfangreicher ist das **Langenscheidts Taschenwörterbuch Portugiesisch-Deutsch** und **Deutsch-Portugiesisch**. Am besten sind jedoch die beiden Bände **Dicionário de Alemão-Português** und **Dicionário de Por-**tuguês-Alemão des portugiesischen Verlags Porto Editora.

Sprachlehrbücher Empfehlenswert, um ernsthaft Portugiesisch zu lernen, ist Langenscheidts **Praktischer Sprachlehrgang Portugiesisch** (mit CDs). Die beste **Portugiesische Grammatik** stammt von Maria T. Hundertmark-Santos Martins.

Stierkampf

Im Gegensatz zu Spanien und Südamerika wird in Portugal der Stier beim Kampf niemals getötet. Dieser Grundsatz wurde 1928 gesetzlich festgelegt. Eine (unrühmliche) Ausnahme bildet einzig das alentejanische Dorf Barrancos an der spanischen Grenze. Der portugiesische Stierkampf ist jedoch nicht unbrutal.

Die Kämpfe beginnen in der Regel am späten Nachmittag, wenn die Arena durch den Sonnenstand in eine Schatten- und eine Sonnenseite geteilt ist. Die billigsten Plätze sind die in der Sonne. Die Saison wird normalerweise an Ostern eröffnet und dauert bis Oktober. Stierkämpfe gibt es vor allem in Südportugal; nördlich der Estremadura und des Ribatejo kennt man diese Tradition weniger. Einige Städte, wie Viana do Castelo in Nordportugal, haben sich zur stierkampffreien Zone erklärt.

In der Vorführung wird meist mit sechs verschiedenen Stieren nacheinander gekämpft. Der Kampf auf dem Pferd ist dabei der wichtigste; adlige Tradition hat sich hier erhalten. Der Stier wird von den *cavaleiros* (Reitern) angegriffen. Ein Wettkampf zwischen Reiter, Pferd und Stier beginnt, wobei der Reiter versucht, *farpas* (Pfeile mit bunten Bändern) in den Nacken des Tieres zu stoßen, um es noch mehr zu reizen. Der Stier hat keine echte Chance, sich zu wehren, da seine Hörner mit Lederkappen versehen sind, um die Pferde zu schonen. Die Reiter sind die einzigen Beteiligten, die es zu Ruhm bringen (z. B. João Moura, Bastinhas, Telles und Salvador), wenngleich sie auch nie so bekannt werden wie spanische Toreros (z. B. El Cordobés).

Anschließend betritt ein *matador* zu Fuß die Arena, um den Stier mit einem roten Tuch, der *muleta*, zu reizen und weiter zu ermüden. Danach müssen die *forcados* (Stiertreiber) den Stier zu Fuß und ohne Waffen zum Anhalten bringen – gegenüber den grausamen Praktiken der spanischen Matadores eine fairere Art des Kampfes. Einer springt todesmutig dem Stier zwischen die Hörner, die anderen helfen von den Flanken, um den Stier zu stoppen.

Wenn das geschafft ist, kommt das für den Stier unerwartete Ende. Indem nämlich mit Kuhglockengeläute mehrere Ochsen oder Kühe in die Arena geführt werden, wird der gerade noch wilde, tobende Stier wieder zum Rindvieh! Nach dem Kampf werden die besten Stiere als Zuchtbullen verwendet, den Rest erwartet das traurige Schicksal des Schlachthofs. Die Stiere haben jedoch zumindest ein weitaus besseres Leben als Rinder aus der Massentierhaltung; die meiste Zeit ihres Lebens dürfen sie auf schönen Weiden verbringen.

Eine originelle Variante des Stierkampfes wird in *Vila Franca de Xira*, ca. 30 km nördlich von Lissabon, alljährlich Ende April und Anfang Oktober durchgeführt. Aus dem traditionellen Stierzuchtgebiet Ribatejo werden eine Menge Stiere in das Städtchen gebracht und dort in die engen Gassen getrieben. Vor ihnen laufen die mutigsten Männer der Gegend und versuchen, sich vor der anstürmenden Rinderhorde in Sicherheit zu bringen. Die Zuschauer haben gut lachen – das Ganze wirkt unheimlich komisch, die Angst der vorbeisausenden Männer und Frauen, die wütenden Tiere, ein herrlicher, aber auch sehr gefährlicher Spaß! Zum Mitrennen gehört Mut, nachher gibt's dafür viel zu erzählen – bis zum nächsten Jahr!

Spanier – nuestros hermanos?

Nach Jahrhunderten kriegerischer Auseinandersetzungen hat sich das portugiesisch-spanische Verhältnis spätestens seit dem gemeinsamen Beitritt zur Europäischen Gemeinschaft 1986 weitgehend entspannt. Nach Öffnung des portugiesischen Lebensmittelmarktes wurde das Land von spanischen Agrarprodukten überschwemmt, da die eigene Landwirtschaft nicht konkurrenzfähig war. Seitdem wurde Spanien auch zu einem der wichtigsten Investoren in Portugal; das Wirtschaftsleben beider Länder ist stark miteinander vernetzt.

Portugal wurde seit seinem EG-Beitritt auch klar, dass es als kleines Land international nicht viel ausrichten kann. Daher lehnte es sich in den vergangenen Jahren oft an die spanische Außenpolitik an. Ebenfalls geändert hat sich die traditionell atlantisch orientierte Haltung der Portugiesen, deren Konsequenz insbesondere die Vernachlässigung der Verkehrswege ins Landesinnere war. Den Straßen- und Zugverbindungen nach Spanien wird endlich die notwendige Aufmerksamkeit geschenkt. Parallel zu der wirtschaftlichen Vernetzung beider Länder hat sich auch die Einstellung zur Mentalität der Nachbarn geändert. Bei manchen älteren Portugiesen stößt zwar nach wie vor alles Spanische auf große Ablehnung; es kann immer noch vorkommen, dass man Sprüche hört wie: „Für mich ist alles, was aus Spanien kommt, schlecht." Doch ist heute vielen bewusst, dass beide Länder mehr eint als trennt, und so werden die Spanier bisweilen als *nuestros hermanos* („unsere Brüder") bezeichnet.

Festnetz am Strand

Telefonieren

Nach Portugal: Für Telefonate von Deutschland, Österreich oder der Schweiz nach Portugal muss vor der jeweiligen Teilnehmernummer lediglich die Vorwahl ☏ 00351 gewählt werden (keine Ziffer weglassen oder hinzufügen!). Gespräche in diese Richtung sind übrigens preiswerter als umgekehrt, besonders wenn private Anbieter im Call-by-Call-Verfahren genutzt werden – ein Preisvergleich lohnt sich immer. Informationen zu den aktuellen Preisen kann man auch im Internet einholen (www.billiger-telefonieren.de).

Von Portugal: nach Deutschland lautet die Vorwahl ☏ 0049, nach Österreich ist es die ☏ 0043 und für die Schweiz die ☏ 0041. Nach der Ländervorwahl ist jeweils die Null der Ortsvorwahl wegzulassen. Also von Lissabon z. B. nach Köln: ☏ 0049-221-1234567. Ferngespräche führt man am besten mit einer Telefonkarte oder vom Postamt aus. Bei Gesprächen vom Hotel aus kommen 50–100 % Extragebühr hinzu.

R-Gespräche innerhalb Portugals können unter der gebührenfreien Nummer ☏ 120 angemeldet werden, für Gespräche nach Deutschland ☏ 800-800490, Österreich ☏ 00800-287-87421, Schweiz ☏ 800-800410. Der Service kostet z. B. bei der deutschen Telekom 3,99 € Grundgebühr plus 0,50 € pro Minute.

Auskunft: Die Telefonauskunft hat in Portugal die Rufnummer ☏ 118. Preis für eine Auskunft ca. 0,70 €. Im Internet auch in den Gelben Seiten unter www.pai.pt.

Telefonzellen: Am häufigsten findet man Zellen, die Münzen wie auch Karten akzeptieren. Telefonkarten gibt es in den Läden der Portugal Telecom (PT), im Postamt oder am Kiosk. Ein Gespräch über 3 Min. nach Deutschland, Österreich oder in die Schweiz kostet mit Telefonkarte etwa 0,85 €. An Zeitschriftenkiosken sind zudem internationale Karten verschiedener Anbieter mit Zugangscodes erhältlich.

Von Kaffeehäusern und Bars, die das Schild *Telefone* über dem Eingang haben, kann man problemlos telefonieren – das Telefon ist mit einer Zähluhr gekoppelt.

Hier ist es allerdings etwas teurer als von der Telefonzelle aus, aber besonders in kleinen Dörfern und Städten findet man oft keine andere Möglichkeit.

In **Telefonbüchern** sind die Portugiesen in der Regel übrigens unter ihrem **letzten Nachnamen** eingetragen.

Mobiltelefon: Deutsche Mobiltelefone funktionieren in allen drei portugiesischen Netzen Vodafone, MEO (Portugal Telecom) und NOS problemlos. Jedoch Vorsicht beim Einsatz des Handys in Portugal: Im Ausland kostet es auch Geld, wenn man selbst angerufen wird! Schließlich weiß der Anrufer nicht, dass man sich in Portugal befindet. Roamingtarife finden sich z. B. auf den Internetseiten der deutschen Mobilfunkfirmen. Ab Juni 2017 entfallen alle Roaminggebühren innerhalb der EU.

Mailbox: Auch das Abhören der Mailbox gilt als Auslandsgespräch. Vor der Reise sollte man sich die Zugangsnummer zur Mailbox aus dem Ausland notieren.

SMS: Das Verschicken von Kurznachrichten ist je nach portugiesischem Netzbetreiber unterschiedlich teuer. Der Empfang kostet dagegen nichts.

Portugiesische Mobiltelefonkarte: Wer in Portugal viel mobil telefoniert oder oft angerufen werden will, sollte sich bei einem der drei portugiesischen Betreiber eine Prepaidkarte kaufen. Diese SIM-Karten passen in alle deutschen Mobiltelefone (es sei denn, das Telefon ist noch für die Benutzung anderer Karten blockiert). Zumeist kosten die Karten 25 € inkl. 15 € Gesprächsguthaben. Vorteil: Man telefoniert zu portugiesischen Preisen und zahlt nichts mehr dafür, angerufen zu werden. Nachteil: Man bekommt eine neue Nummer. Die kann ja aber auf der deutschen Mailbox hinterlassen werden.

Toiletten

Die portugiesischen Damentoiletten sind mit „S" *(senhoras)*, die Herrentoiletten mit „H" *(homens)* gekennzeichnet. Den Standort der nächsten Toilette erfragt man mit *„Onde fica a casa de banho?"*. Der Standard der portugiesischen Toilettenanlagen ist meist sehr hoch.

Tourismus

Von Ausländern wurde das abseits gelegene Land erst sehr spät entdeckt. In der ersten Ausgabe des Baedekers Spanien/Portugal aus dem Jahr 1898 waren an der Algarve nur Monchique, Faro und Loulé eine Erwähnung wert, und während z. B. 1937 fünf Millionen Touristen Italien bereisten, weisen portugiesische Statistiken aus dem gleichen Jahr gerade einmal 36.000 Besucher aus.

Öffentliche Herrentoilette als Keramikkunstwerk in Porto

Noch in den 1960er-Jahren war die Algarve eher ein Geheimtipp für reiche Engländer, obwohl der Flughafen Faro schon 1965 seinen Betrieb aufnahm. Die lange Militärdiktatur und die unruhigen Zeiten der folgenden „Nelkenrevolution" ließen die Tourismusindustrie erst ab Ende der 80er-Jahre richtig boomen.

Heute gibt es landesweit etwa zehn Tourismusregionen. Dort findet man die **Postos do Turismo**, an die man sich wenden kann, wenn man Informationen (Pläne, Veranstaltungskalender) wünscht oder Hilfe braucht. Die Angestellten dort sollten Englisch und Französisch sprechen können. Die Qualität des Service schwankt aber stark von Stadt zu Stadt. Zudem ändern sich permanent die Öffnungszeiten, die in den Ortskapiteln angegebenen Zeiten sind also leider „ohne Gewähr".

„Sanfter Tourismus": In Regionen wie der Algarve, in der die touristische Entwicklung aus dem Ruder gelaufen ist, haben die Tourismusbehörden wohl ihre Unabhängigkeit gegenüber der Bauindustrie und einigen ehrgeizigen Landräten verloren. Diese Kurzsichtigkeit, die den Fokus nur auf die Auslastung der Bettenburgen an der Küste gerichtet hat, schmälert nun das Image des Reiseziels Algarve für Individualisten. Bei diesen hat vor allem der Alentejo dazugewonnen.

Dinge, die Sie vermeiden sollten

- **Drängeln an Bus-/Straßenbahnhaltestellen** – in Portugal steht man geordnet in der Schlange an.

- **Einsteigen in den Bus durch die Hintertür** – ein Tobsuchtsanfall des Fahrers könnte die Folge sein.

- **Sich auf Spanisch mit „gracias" bedanken.** Das portugiesische „obrigado" (als Mann) und „obrigada" (als Frau) kommen besser an.

- **In kurzen Hosen Kirchen und Diskotheken betreten**: In Ersteren fällt man unangenehm auf, in Letztere darf man mit Shorts oft gar nicht erst rein.

- **Ungefragt Platz nehmen in gehobenen Restaurants** – der Tisch wird von der Bedienung zugewiesen.

- **Gespräche bei Fadomusik**: Es herrscht absolute Stille. In Coimbra wird auch nicht applaudiert. Man zollt dort dem Fado Respekt, keinen Beifall.

Trinkgeld

In Portugal sieht man die Frage des Trinkgeldes nicht so eng wie in anderen Ländern. Unter Portugiesen sind etwa 5 % üblich; viele ausländische Touristen geben etwa 10 % Trinkgeld. In Restaurants wird der Rechnungsbetrag meist auf die nächste volle Summe aufgerundet (z. B. von 23 € auf 25 €): Man lässt sich das Restgeld zurückbringen und lässt es dann liegen bzw. legt gegebenenfalls noch etwas Kleingeld dazu. In Cafés, insbesondere bei Bedienung am Tresen, gibt man in der Regel kein Trinkgeld.

Bei Taxifahrten sind ebenfalls ca. 5 % Trinkgeld üblich. Platzanweisern im Kino wird manchmal etwas Geld gegeben. Parkplatzanweiser *(arrumadores),* in Großstädten eine Tätigkeit von so manchem „armen Schlucker", verlangen einen „Beitrag" (ca. 0,50 €), sonst riskiert man, sein Auto beschädigt wiederzufinden.

Eindrucksvoll, aber einsturzgefährdet: Sandsteinfels an der Algarve

Versicherungen

Für eine Gebühr von ca. 3 % des Flugpreises lässt sich das finanzielle Risiko abde-cken, wenn man von einer schon gebuchten Reise zurücktreten muss. Diese **Reise-rücktrittversicherung** greift aber nur im Krankheits- oder Todesfall. Daher sollte man sich vor allem bei nicht so kostspieligen Reisen überlegen, ob sich der finan-zielle Aufwand lohnt. Gleiches gilt für **Reisegepäckversicherungen:** Sie sind außer-gewöhnlich teuer und decken nur einen kleinen Teil der Risiken ab. Dazu kommt, dass für eine gestohlene Fotoausrüstung meistens nur ein Bruchteil des Neuwerts erstattet wird, Laptops oder andere Gegenstände des professionellen Bedarfs sind gar nicht versichert. Oft ist das mitgenommene Hab und Gut auch schon durch eine bereits bestehende Hausratsversicherung gedeckt. Unbedingt ins Gepäck sollte lediglich eine **Auslandsreisekrankenversicherung** (→ „Gesundheit", S. 115).

Zeit

Portugals Zeitzone folgt der mitteleuropäischen Zeit mit einer Stunde „Ver-spätung". Weil auch in Portugal die Sommerzeit am gleichen Tag wie bei uns auf Winterzeit umgestellt wird, gilt das ganze Jahr über: portugiesische Zeit = mittel-europäische Zeit minus eine Stunde; bzw. mitteleuropäische Zeit = portugiesische Zeit plus eine Stunde.

Die Azoren folgen der Zeit auf dem portugiesischen Festland mit einer weiteren Stunde „Verspätung". Madeira liegt in der gleichen Zeitzone wie das Mutterland.

Zeitungen

Deutsche Zeitungen wie „F.A.Z." oder „Welt" sind am Lissabonner Rossio und an der Algarve schon am gleichen Tag verfügbar, in anderen Orten teilweise erst am folgenden Morgen.

Die auflagenstärkste portugiesische **Tageszeitung** ist das Boulevardblatt *Correio de Manhã*. Angesehenste Zeitung in Lissabon ist der *Público*, der 1990 gegründet wurde. Einen guten Ruf hat auch der *Diário de Notícias*, die ehemals offizielle staatliche Zeitung mit langer Tradition und eher konservativer Ausrichtung. Über das Wirtschaftsgeschehen informieren die Tageszeitungen *Jornal de Negócios* und *Diário Económico*.

Sehr beliebt sind in Portugal die **Wochenzeitungen:** Der *Expresso* ist mit der für portugiesische Verhältnisse sehr hohen Auflage von ca. 100.000 Exemplaren die größte Wochenzeitung. Man könnte die bürgerlich-liberale Zeitung mit der „Zeit" vergleichen, allerdings hat der Expresso einen erheblich größeren Einfluss als sein deutsches Pendant und gilt als bedeutendste portugiesische Zeitung. *Sol* ist die zweitgrößte und sehr rechtsgerichtete Wochenzeitung Portugals, die von einem angolanischen Konsortium verantwortet wird. Auf Englisch erscheinen die *Anglo-Portuguese News – APN*.

Typisch für Portugal sind die täglich erscheinenden **Sportzeitungen** wie *A Bola*, *O Jogo* und *Record*. Ihre Auflagen erreichen die der größten Tageszeitungen, ja überschreiten sie teilweise sogar. Selbst distinguierte Banker kann man beobachten, wie sie sich während der Bahnfahrt über die letzten Entwicklungen in der portugiesischen Nationalliga informieren.

Portugiesische Zeitungen im Internet

Diário de Notícias: www.dn.pt

Expresso: http://expresso.sapo.pt

Jornal de Notícias: www.jn.pt

Público: www.publico.pt

Diário Económico: http://economico.sapo.pt

Jornal de Negócios: www.negocios.pt

Auch eine Art Wandschmuck: bunte Kioskauslage auf Azulejo-Fassade

Was haben Sie entdeckt?

Haben Sie eine Tasca mit wundervollen Petiscos gefunden, den freundlichen Albergo, den Top-Campingplatz oder einen schönen Wanderweg?

Wenn Sie Ergänzungen, Verbesserungen oder neue Tipps zum Portugal-Buch haben, lassen Sie es uns wissen.

Schreiben Sie an:
Michael Müller,
Stichwort „Portugal"
c/o Michael Müller Verlag GmbH
Gerberei 19, D–91054 Erlangen
michael.mueller@michael-mueller-verlag.de

Badezelte in Viana do Castelo

Nordportugal

Nordportugal

Der Norden ist Portugals abwechslungsreichste Gegend: Wildromantische Gebirgslandschaften wechseln sich ab mit saftig grünen Wiesen und Weinbergen, dazwischen thronen eindrucksvolle Königsburgen, von denen aus die Mauren aus dem Süden des Landes vertrieben wurden.

Der östliche Teil des Minho an der Grenze zu Spanien ist ein ziemlich einsames Gebirgsland mit spärlicher Vegetation und riesigen Granitquadern rechts und links der Straße. Die Portugiesen nennen die Provinz **Trás-os-Montes**, „Hinter den Bergen". In dieser Abgeschiedenheit sind alte Traditionen fest verankert; so haben die meisten Bauernhäuser spitze Ziegel auf dem Dachfirst, damit sich keine bösen Geister aufs Haus setzen können. Die Landwirtschaft ist äußerst vielfältig. In den Hügeln gedeihen Oliven- und Mandelbäume sowie uralte, dickstämmige Esskastanien. In geschützten Tallagen sieht man sogar Hopfenfelder. Vom regenreicheren Westteil von Trás-os-Montes bis zum niederschlagsarmen Ostteil nimmt die Fruchtbarkeit ab. Besonders aus dieser armen Gegend wanderten im 19. Jahrhundert viele junge Männer nach Brasilien aus, um dort ihr Glück zu suchen. In den 1960er-Jahren begann die Emigrationswelle nach Frankreich und Deutschland. Einige schafften den Neuanfang, kamen zurück und bauten sich prächtige Villen, die gar nicht so recht in die Landschaft passen.

Ganz anders zeigt sich das **Landesinnere des Minho** in Richtung Atlantik; hier ist der Minho eine „Gartenprovinz" – ein hügeliges, fruchtbares Gebiet mit intensiver Landwirtschaft. Zwischen Waldstreifen liegen ausgedehnte Weinberge und Obsthaine mit Oliven-, Orangen-, Apfel- und Kirschbäumen. In die Flusstäler schmiegen sich malerische Bauerndörfer mit kalkweißen Kirchen und dunkelgrauen Granitsteinhäusern ohne Kamin – der Rauch zieht durchs Dach ab. Im Haus befanden sich unten die Viehställe, darüber wohnt der Bauer mit seiner Familie. Die Provinz Minho ist die am dichtesten bevölkerte Region des Landes, trotzdem haben die größeren Ortschaften immer noch provinziellen Charakter.

Auf dem Land eines der *Kirchweihfeste* mitzufeiern ist ein unvergessliches Erlebnis. Die Heiligenprozession am Vorabend ist das Vorspiel zum ausgelassenen Bauerntanz; dazu ziehen die Frauen ihre alten Festtagstrachten an und legen sich filigrane Schmuckketten um.

Die **Küstenregion** ist an den meisten Stellen noch wild und unverdorben. Kleine Fischerdörfer liegen inmitten einer pinienbewachsenen Dünenlandschaft. Es gibt lange Sandstrände mit hoher, gischtschäumender Brandung. Zum Baden ist das Wasser mit seinen ca. 18 Grad im Sommer fast noch zu kalt, auch sollte man wegen der starken Brandung aufpassen!

Zum **Baden** eignen sich vor allem die geschützten Buchten an Flussmündungen. Die bekanntesten Badeorte sind *Viana do Castelo* und *Póvoa de Varzim*.

Porto an der Douro-Mündung ist die wichtigste Stadt im Norden. Die geschäftige Stadt besitzt einen großen Hafen im Vorort Matosinhos. Besonders sehenswert sind die Portweinkellereien und die malerische Altstadt.

Die Weinberge, an deren Hängen die Trauben für den Portwein wachsen, findet man flussaufwärts. Die Landschaft erinnert ein bisschen an die Mosel oder das Mittelrheintal. Auf den Anhöhen findet man einige einst strategisch bedeutende Burgen.

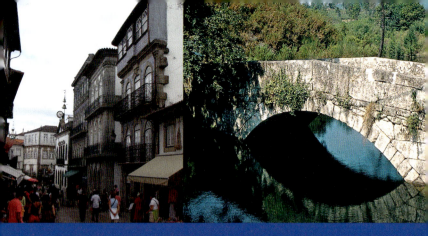

"Basargassen" in Valenca   Römische Brücke im Minho

Der Minho

Die Region ist wie ihr Wein: grün. Der *Rio Minho*, der der Provinz den Namen gab, ist der Grenzfluss zwischen Spanien (Galicien) und Portugal. Entsprechend viele Spanier trifft man in den kleinen Orten entlang der Grenze.

Die Gartenprovinz Minho bietet viele Naturschönheiten. An der Küste findet man einige schöne Strände, und im Landesinneren liegt der **Nationalpark Peneda-Gerês**, eine Naturoase.

Auch die Traditionen werden in der Region gepflegt. In **Viana do Castelo** findet an dem Wochenende, das dem 20. August am nächsten liegt, eines der größten Volksfeste Portugals statt. In und um **Barcelos** blüht das Kunsthandwerk. Von hier stammen die bunt bemalten Hähne aus Ton, die man im ganzen Land in den Souvenirshops findet.

Braga ist eine Stadt der Gegensätze. Es scheint fast, als gäbe es mehr Kirchen als Häuser in der Innenstadt. Gleichzeitig zählt die Stadt in Sachen Bevölkerungs-struktur zu den jüngsten Städten Europas.

Was das Essen betrifft, so sind sich die meisten Portugiesen sicher, dass es hier im Norden am besten ist. Die Portionen in den Restaurants sind riesig, sodass eine *meia dose* (halbe Portion) selbst einen guten Esser sättigt. Zu den Spezialitäten zählt an erster Stelle der *caldo verde*, die Kohlsuppe, die sich von hier durch das ganze Land verbreitet hat. Seltener sind die Fischgerichte mit *lampreia* (Neunauge) oder *sável* (Alse, auch Maifisch genannt). Auch die *rojões* (eine Art Schweine-gulasch) haben ihren Ursprung im Minho.

Der *Vinho Verde* (Grüner Wein) ist flüssige Spezialität der Region, meist hat sie nur wenig Alkohol. Den „Grünen Wein" gibt es als Weißwein wie als Rotwein; es ist ein sehr junger Wein, der oft mit Kohlensäure versetzt wird. Am bekanntesten sind der *Alvarinho* aus der Gegend von **Monção** und **Melgaço** und die Weine aus den Gütern rund um **Ponte de Lima** und **Ponte da Barca**.

Alto Minho

Monção

ca. 2400 Einwohner

Eine kleine, stimmungsvolle Grenzstadt am Ufer des Rio Minho, abseits der großen Verkehrsströme. Von den Befestigungsanlagen zur Flussseite hin ist noch einiges erhalten. Monção ist heute ein bekanntes Thermalbad.

Bei Monção wurde über die Zukunft Portugals entschieden. Immer wieder schrammte das kleine Land an einer Zwangsvereinigung mit Spanien/Kastilien vorbei. Am 1. November 1386 fand ein schicksalhaftes Treffen zwischen dem Herzog von Lancaster, Bewerber um die Krone von León und Kastilien, und João I., dem König von Portugal, statt. Lancaster versprach dem König seine Tochter Philippa, um das Bündnis mit der britischen Krone zu untermauern. Der damals geschlossene Vertrag von Windsor legte den Grundstein für die bis heute andauernden engen politischen und wirtschaftlichen Beziehungen zwischen Portugal und England.

Ponte de Mouro: Die römische Brücke über den Rio Mouro, 8 km östlich von Monção, war Schauplatz der Vertragsbesiegelung. Der Fluss bildet an dieser Stelle eine schmale Schlucht, ein Hinterhalt war so weniger zu befürchten. Eine Kapelle erinnert an den geschichtsträchtigen Ort.

Sehenswertes: In der *romanischen Kirche* des Ortes liegt die berühmte *Deu-la-Deu Martins* begraben. Ihr wird nachgesagt, die Urheberin einer Kriegslist zu sein: Als 1369 in der von den Kastiliern belagerten Stadt die Vorräte zur Neige gingen, ließ Deu-la-Deu aus den letzten Mehlresten Brot backen und schickte es mit der Nachricht „Wenn ihr mehr braucht, lasst es uns wissen!" zu den Feinden, die daraufhin demotiviert abzogen.

Information Turismo, Di–Sa 9–12.30 und 14.30–18 Uhr. Auskünfte zu Wanderungen im Umkreis von 15 km. Praça Deu-la-Deu, im 1. Stock der Casa do Curro, ✆ 251652757.

Verbindungen Bus: Busse fahren vom ehemaligen Bahnhof aus 1-mal tägl. nach Arcos de Valdevez und Braga, 12-mal nach Valença, Caminha und Viana. Dort

Umsteigemöglichkeiten nach Vila do Conde Póvoa de Varzim, Porto, Lissabon.

Adressen Postamt an der Praça da República. In der Stadtbibliothek kann kostenlos gesurft werden (Rua Eng. Duarte Pacheco).

Freizeitaktivitäten Die ehemalige Bahntrasse nach Valença wurde zu einem attraktiven **Fahrradweg** umgebaut. Das Baden im Rio Minho ist nur am Praia Fluvial (teilweise schlechte Wasserqualität) möglich, an den anderen Flussabschnitten hingegen zu gefährlich!

Telefonnummern Polizei ✆ 251652321, Centro de Saúde ✆ 251653926, Taxi ✆ 251652210.

Übernachten Fonte da Vila ￼, im Zentrum. 18 Zimmer in einem Stadtpalast, sehr komfortabel und mit kostenlosem Parkplatz. DZ 55–70 €. Estrada de Melgaço, ✆ 251640050, www.hotelfontedavilla.com.

Muralhas do Miño ￼, im Zentrum. Neue Unterkunft mit 11 Zimmern, in denen helles Braun dominiert. DZ 50–60 €. Largo do Rosal 1, ✆ 251656424, www.muralhas domino.com.

Turismo de Habitação Solar de Serrade, in Richtung Valença, in einem typischen Haus aus dem 17. Jh. DZ ca. 60–70 €. Mazedo, ✆ 251654008, www.solarde serrade.pt.

Essen & Trinken Nur hier um Monção herum wird der Alvarinho gekeltert, eine Vinho-Verde-Spezialität, mit 11 % Alkohol recht stark und auch im Geschmack fast ein „maduro".

Deu-la-Deu ￼, am innerstädtischen Hauptplatz. Viele Fleischgerichte vom Grill, auch Reiseintöpfe. Hauptgericht ab 9 €, diverse Mittagsmenüs günstiger. Praça da República, ✆ 251652137.

Firminos ￼, im Keller des Cafés *Central*. Immer einige Tagesgerichte zur Auswahl. Hauptgericht ab 9 €, die meisten liegen über 10 €. Praça Deu-la-Deu, ✆ 251652491.

Valença do Minho

ca. 14.000 Einwohner

Die Stadt am Rio Minho war über Jahrhunderte ein Bollwerk gegen das benachbarte Spanien. Heute wird die wuchtige Festungsanlage, die ihre Ursprünge im 13. Jh. hat, in der heutigen Form aber größtenteils aus dem 17. Jh. stammt, von Spaniern fast überrannt. Über die in Gustave-Eiffel-Bauweise im 19. Jh. errichtete *Ponte Internacional* besteht eine direkte Verbindung ins Nachbarland. Und das ist absolut selten, denn die Brücke war bis 1991 die einzige in Richtung Spanien, obgleich der Großteil der Grenze an Flüssen entlangläuft.

Man wollte es dem großen Nachbarn wohl nicht zu leicht machen, in Portugal einzufallen und machte nur hier im Norden bei den Galiciern eine Ausnahme, mit denen man sich eher verbunden fühlt, zumal die Sprachen Portugiesisch und Galicisch früher eine Einheit waren (galego-português). Inzwischen hat die Annäherung sogar eine Autobahnbrücke ermöglicht. Durch die engen Basargassen, zu beiden Seiten vollgestopft mit Haushaltswaren, Bekleidung und Souvenirs, drängen sich Heerscharen von Kauflustigen. Eine besondere Sehenswürdigkeit von Valença ist das *Feuerwehrmuseum* in der Rua Dr. Ilídio do Vale (Di–Fr 10–12.30 und 14–17 Uhr, Sa/So nur nachmittags, Eintritt 1,50 €). Vom Ort hat man einen schönen Blick auf das benachbarte spanische Tui und über den Rio Minho.

Information Turismo, tägl. (außer So) 9.30–12.30 und 14.30–17.30 Uhr. Paiol do Campo de Marte, im historischen Zentrum, ✆ 251823329.

Verbindungen Bahn: 9-mal tägl. nach Viana do Castelo über Caminha, Vila Praia de Âncora und Moledo do Minho, 9-mal über Barcelos nach Nine, 9-mal tägl. nach Porto (davon 4-mal mit Umsteigen). Zudem tägl. 2-mal nach Vigo über Tui (Spanien). Bahnhof etwa 800 m vom Turismo entfernt in südlicher Richtung von der Av. Miguel Dantas.

Bus: 12-mal tägl. nach Monção. Häufig nach Viana do Castelo über Caminha, Moledo do Minho und Vila Praia de Âncora. 7-mal Esposende, Vila do Conde, Póvoa de Varzim, Porto, Lissabon. Busbahnhof ebenfalls etwa 800 m vom Turismo entfernt in südwestlicher Richtung.

Adressen Bibliothek, Av. de Juventude, südöstl. vom Zentrum. **Post** am Bahnhof.

Telefonnummern Polizei ✆ 251822125, Centro de Saúde ✆ 251800020, Taxi ✆ 251822121.

Übernachten Pousada de S. Teotónio, benannt nach dem Schutzheiligen der Stadt. Schöner Ausblick über die Brüstung nach Spanien. DZ ca. 85–185 €. Baluarte do Socorro, ✆ 251800260, www.pousadas.pt.

*** **Lara**, Neubau an der Hauptstraße unterhalb der Festung mit großen Zimmern und etwas geschmackloser Dekoration. DZ je nach Saison 55–85 €. São Sebastião, ✆ 251824348, www.hotellara.com.

Essen & Trinken Mané, im 1. Stock. Unten ein Café mit einfacheren Speisen, oben großer Speiseraum. Das Restaurant ist etwas teurer, hat aber auch einen guten Ruf über die Stadtgrenzen hinaus. Hauptgericht ab 12 €. Av. Miguel Dantas 5, ✆ 251823402.

Caminha

2300 Einwohner

Netter Ort an der Mündung des Rio Minho mit dem imposanten Largo Terreiro. Der mächtige Brunnen (16. Jh.) in der Mitte des Platzes ist fast vollständig von Straßencafés umgeben. Als einziger der ehemals zehn Wehrtürme hat der Uhrturm *(Torre do Relógio)* die Jahrhunderte überdauert und kann bestiegen werden (Eingang und Öffnungszeiten wie Turismo, Eintritt 1 €).

Minho → Karte S. 144/145

An der Ecke zur Rua da Corredoura steht der niedrige *Pitas-Palast*, einer der wenigen dieser Art im manuelinischen Stil. Sehenswert ist die gotische **Igreja Matriz**. Das im 15. Jh. ganz aus Granit erbaute Gotteshaus zeigt innen auch einige Renaissancemerkmale und außen einige figürlich verzierte hübsche Portale. Im Inneren ist besonders die Decke aus gemaltem „Bauernmarmor" bemerkenswert. Zur Flussseite hin zeigt sich der Ort wenig einladend: Zwischen Altstadt und Ufermauer verläuft die viel befahrene Nationalstraße. Zum Strand an der Flussmündung sind es ca. 2 km.

Information Turismo, tägl. 9.30–12.30 und 14–17.30 Uhr, im Sommer bis 18 Uhr. Auch Faltblätter zu Wanderungen in der Umgebung. Im Glockenturm, Praça Conselheiro Silva Torres, ☎ 258921952.

Verbindungen Bahn: 9-mal tägl. nach Valença sowie nach Viana do Castelo über Vila Praia de Âncora und Moledo do Minho, 9-mal über Barcelos nach Nine, 9-mal tägl. nach Porto, 2-mal nach Vigo.

Bus: Stündl. nach Viana do Castelo über Vila Praia de Âncora sowie 12-mal nach Monção über Valença, 7-mal Porto und Esposende, 4-mal Vila do Conde und Póvoa de Varzim.

Adressen Post, Rua de Septembro 16.

Alljährlich Ende August findet in Caminha das Stadtfest mit Umzug statt

Baden Der Strand am Fluss ist im August von Familien mit Kleinkindern besetzt. 100 m weiter westlich erreicht man über niedrige Dünen einen tollen Atlantikstrand mit der **Festungsinsel Ínsua** mitten im Meer. Vom „Babystrand" fahren im Sommer Badeboote auf die kleine Insel.

Telefonnummern Polizei ☎ 258719030, **Centro da Saúde** ☎ 258719300, Taxi ☎ 258921401.

Übernachten Hotel Porta do Sol, großer Betonkasten am Ende der Stadt in Richtung Viana, aber mit schönem Blick auf die Mündung des Minho. DZ je nach Saison und Blick ca. 92–155 €. Av. Marginal Lote 1, ☎ 258722340, www.hotelportadosol.com.

Arca Nova, sympathisch, sauber, an kleinem Platz in Bahnhofsnähe. Zimmer z. T. mit Balkon. DZ mit Bad ca. 40–50 €, ohne Bad um 25 €, nur im Sommer geöffnet. Largo Sidónio Pais, ☎ 258721590.

Turismo de Habitação Casa de Esteiró, Sommerhaus aus dem frühen 19. Jh. in abgeschiedener Lage hinter hohen Bäumen. DZ und Apartments je nach Größe und Saison ca. 70–130 €. Vilarelho, ☎ 258721333, www.manorhouses.com/manors/portugal/casadeesteiro.html.

Camping Orbitur Caminha, bei den Stränden, 2 km außerhalb des Ortes, etwas Schatten durch Pinien. Person je nach Saison 3,60–6,50 €, Zelt 4,90–10,90 €, Auto 3,40–6,10 €. Ganzjährig geöffnet. ☎ 258921295, www.orbitur.pt.

*** Covas, im Hinterland, östlich von Vila Nova de Cerveira. Es gibt etwas Schatten, einen Pool, Gemeinschaftsraum und Bar. Auch Fahrradverleih. Person je nach Saison 2,65–3,95 €, Zelt 3,25–4,95 €, Auto 2,30–2,85 €. Ganzjährig geöffnet. ☎ 251941555, www.parquecampismocovas.com.

Essen & Trinken O Chafariz, Restaurant direkt neben dem Brunnen. Hauptgericht ab 10 €. Tägl. (außer Mo). Praça Conselheiro Silva Torres, ☎ 258721194.

»» Mein Tipp: Solar do Pescado, große Auswahl an Fischgerichten, Muscheln und Schalentieren, auch einige Fleischgerichte. Hauptgericht ab 13 €. So Abend und Mo geschlossen. Rua Visc. Sousa Rego 85, ✆ 258922794. **«**

O Remo, an der Bootsanlegestelle; Freunde von Meeresfrüchten finden hier eine große Auswahl, aber auch Fleisch steht auf der Karte. Hauptgericht ab ca. 8 €, die meisten über 14 €, Tagesmenü ab 14 €. Mo Abend und Di geschlossen. Av. Dantas Carneiro, ✆ 256722707.

Adega do Chico, kleines volkstümliches Restaurant mit guter Küche. Hauptgericht ab 11 €. Tägl. (außer Do). Rua Visconde Sousa Rêgo, 30, ✆ 258921781.

Moledo do Minho
1300 Einwohner

Das alte Dorf mit seinen weiß gekachelten Häuschen dehnt sich schachbrettartig landeinwärts aus. Hier spürt man bereits die Nähe von Spanien. Am Meer eine lockere Ansammlung von Sommerhäusern. Auch im Sommer ist nicht allzu viel los, das einzige Residencial im Ort wurde 2000 geschlossen. Nördlich vom Dorf liegt ein duftender Pinienwald hinter dem Strand, der aufgrund von Sandabspülungen allerdings immer schmaler wird.

Ein Fußweg durch den Wald führt an die schmale Mündungsbucht des Rio Minho (1 km weiter nördlich). Landeinwärts breitet sich der Fluss binnenseeähnlich aus; dort besteht ebenfalls die Möglichkeit zu baden (→ Caminha/Baden).

Information Im Hochsommer zeitweilig und nur falls Personal vorhanden kleiner **Turismo am Strand**.

Verbindungen Bahn: 4-mal tägl. nach Caminha und Valença, 4-mal Viana do Castelo über Vila Praia de Âncora, 4-mal über Barcelos nach Nine, 4-mal tägl. nach Porto.

Turismo de Habitação Casa da Eira, oberhalb vom Strand in Richtung Kirche. Von dort der Ausschilderung folgen. Tolle Aussicht über den Minho. DZ je nach Saison 49–65 €. Apartment für 2 Pers.ca. 65–80 €, Extrabett je 10 € Zuschlag. Rua do Ingusto 247, Gateira, ✆ 919847131 (mobil), www.casadaeira.com.

Vila Praia de Âncora
knapp 5000 Einwohner

Ursprünglich war Vila Praia ein Fischernest um die alte Küstenfestung. Hier werden die Boote auf eine große Betonplatte gezogen, weil ein geschützter Hafen fehlt. Dahinter türmen sich die Reusen für den Langustenfang. Der noch immer abgefischte Seetang wird getrocknet, um später als Dünger aufs Feld zu kommen. Ansonsten zeigt der Ort wenig Reize. Die lange Strandpromenade ist mit Restaurants und Apartments lückenlos zugebaut, nicht einmal für Straßencafés findet sich Platz. Allerdings wurde der südliche Strandbereich 2010 durch eine Uferpromenade mit Café, Kinderspielplatz und Umkleidekabinen aufgewertet. Nur zwei höherpreisige Hotels und einige Apartmenthäuser im Ort.

Information Turismo, tägl. (außer So) 9.30–12.30 und 14–17.30 Uhr. Auch ein wenig Kunsthandwerk wird verkauft. Av. Ramos Pereira, am südlichen Ende der Esplanada (bei der Fußgängerbrücke zum Strand), ✆ 258911384.

Verbindungen Bahn: 9-mal tägl. nach Viana do Castelo, 9-mal über Barcelos nach Nine, 9-mal tägl. nach Porto (teilw. mit Umsteigen in Viana do Castelo), 10-mal Valença über Moledo (4-mal) und Caminha.

Bus: Stündl. nach Viana do Castelo sowie 12-mal nach Monção über Caminha und Valença; 7-mal Esposende, 4-mal Vila do Conde, Póvoa de Varzim, 7-mal Porto, 4-mal Lissabon.

Adressen Post, Av. Dr. Ramos Pereira.

Telefonnummern Polizei ✆ 258911135, Centro de Saúde ✆ 258959070, Taxi ✆ 258912702.

Minho → Karte S. 144/145

Übernachten *** **Hotel Meira**, etwas exklusives Hotel im Ort, ca. 200 m von der Promenade entfernt. Pool und Bar. DZ ca. 67–125 € je nach Saison und Ausstattung. Rua 5 de Outobro 56, ✆ 258911111, www.hotelmeira.com.

Camping Sereia da Gelfa, großes Areal 1,5 km südlich, zum Strand etwa 500 m. Relativ viel Schatten durch hohe Pinien. Im Eingangsbereich große Piscina. Person je nach Saison 2,20–4,40 €, Zelt 1,70–7,15 €, Auto 2,15–4,30 €. Geöffnet Febr. bis Mitte Dez. Pinhal da Gelfa, ✆ 258401596, www.sereiadagelfa.com.

Paço, schattiger Platz am Rio Âncora, pro Person je nach Saison ca. 3,20–4 €, Zelt 2,40–5,50 €, Auto 2,30–3 €. Geöffnet 15. April bis 30. Sept. Rua do Paço, ✆ 258912697, www.campingpaco.com.

Peneda-Gerês-Nationalpark

Wer den Norden Portugals bereist, sollte einen Abstecher in den Nationalpark machen. Besonders an Sommerwochenenden ist man allerdings nicht alleine, sondern mit vielen Ausflüglern aus den nahen Städten unterwegs.

Die Gebirge von Peneda und Gerês sind weitgehend unberührte Landschaften mit dichten Wäldern und tief eingeschnittenen Tälern. Die Vegetation ist vielfältig, in manchen vom Wind geschützten Tälern herrscht ein Mikroklima mit Pflanzen, die sonst nirgendwo in Portugal zu finden sind. Es gibt uralte Eichen mit einem Stammdurchmesser von fast zwei Metern, und zwischen den Bäumen wuchern Farnkraut und Moos. Gar nicht so selten sieht man halbwilde Ponys *(garranos)*, die im Norden des Parks leben. Insgesamt werden 1500 Tiere in Nordportugal gezählt. In den kristallklaren Flüssen und Stauseen kann man baden und Forellen angeln. Doch nicht nur die Natur ist einzigartig, auch Spuren alter Siedlungen und Grabstätten sind zu besichtigen, und einige Dörfer mit ihren Kornspeichern und Wolfsfallen wirken wie Museen bäuerlicher Kultur des 18. Jh.

Leider muss man wegen eines Angelscheins erst nach Vieira do Minho (ca. 25 km südl. von Gerês) fahren. Dort bekommt man gegen ca. 8 € Gebühr die Lizenz für die ganze Saison.

Die beiden Gebirgszüge *Peneda* und *Gerês*, die das 1971 zum Nationalpark erklärte Gebiet bilden, umfassen gut 69.000 Hektar. Der Nationalpark hat immerhin 15.000 Bewohner, meist Bauern, die in den 114 verstreuten Dörfern leben. Besonders in den breiteren Tälern an der Südgrenze des Parks wird z. T. noch auf schmalen, terrassierten Hanggrundstücken Wein und Obst angebaut. Auch einige Hochflächen werden noch als Almen genutzt. Fast wie in den Alpen gibt es abgelegene Sommerweiden, auf denen das Milchvieh während der warmen Jahreszeit weidet. Auch einige der höchsten Berge des portugiesischen Festlands liegen im Nationalpark, der höchste von ihnen ist mit 1545 m der *Nevosa*. Die Berggipfel zeigern sich als felsige und kahle Granitkegel, denn über 1200 m sind nur geschützte Täler dünn mit Pyrenäeneichen und einsamen Pinien begrünt.

Flora: Das feuchte Klima mit durchschnittlich 2800 mm Regen pro Jahr (Deutschland ca. 550 mm) schafft gute Voraussetzungen für eine üppige Vegetation, die durch die großen Höhenunterschiede ungemein vielfältig ist. Mediterrane Pflanzen fühlen sich hier ebenso wohl wie solche aus alpinen Zonen. Sofort ins Auge fallen die typischen zierlichen Eichen mit grünen Farnen als Unterwuchs. In den tiefer gelegenen Tälern sieht man Korkeichen, während zwischen 800 und 1000 m die Stieleiche vorherrscht. Im Frühjahr bilden sich Blütenteppiche aus Iris.

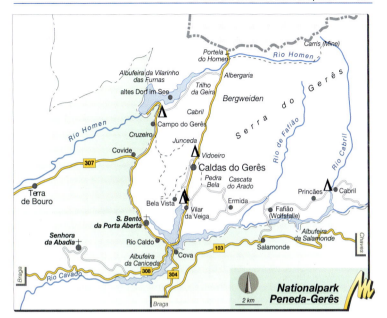

Minho → Karte S. 144/145

Fauna: Neben den halbwilden Garrano-Ponys ist der Peneda-Gerês-Nationalpark Lebensraum für verschiedenste Lebewesen. So passiert es immer wieder, dass man auf den Straßen einer Herde Schafe oder Ziegen begegnet. Deshalb VORSICHTIG FAHREN! Über den Felsen ziehen einige Adler ihre Kreise, während Salamander und Schlangen über den Boden kriechen. Typisch sind die Hunde der Schäfer aus der Gegend von Castro Laboreiro, die nach dem Ort benannt wurden.

Zugangsbeschränkungen: Die Strecken *Campo de Gerês – Portela do Homen* sowie *Gerês (Cabril) – Portela do Homen* sind bei hohem Verkehrsaufkommen (am Wochenende oder im August) reglementiert. An Kontrollstellen werden Tickets mit der aktuellen Uhrzeit verteilt. Von da an hat der Besucher eine vorgegebene Zeit, die andere Kontrollstelle zu erreichen (Halteverbot); Verstöße werden mit bis zu 50 € geahndet. An Wochenenden und Feiertagen darf nur die Strecke Gerês – Spanien (Portela do Homen) befahren werden.

Information

Centro de Educação Ambiental do Vidoeiro, Sitz der Parkverwaltung, ca. 1,5 km nördlich von Caldas do Gerês an der Straße Richtung spanische Grenze, Abzweig zum Campingplatz. April–Okt. 9–12 und 14–16.30 Uhr, im Winter eigentlich geschlossen, aber es sind Mitarbeiter da; manchmal erwecken sie allerdings den Eindruck, als wären sie lieber Holzfäller geworden. ℡ 253390110.

Hauptsitz von Adere in Ponte da Barca, Mo–Fr 9–12.30 und 14.30–18 Uhr. Rua D. Manuel I, ℡ 258452250, www.adere-pg.pt. Das Büro ist eine der besten Informationsquellen zu kulturellen Ereignissen, Wanderwegen und Unterkünften im und um den Nationalpark.

Aktivitäten

Baden Bei **Albergaria** (ca. 7 km nördl. von Gerês) liegen im Rio Homen einige traumhafte Badebecken inmitten kolossaler Granitquader, umgeben von üppigem Grün. Wassertemperatur im Sommer bis zu 19 Grad. Das größte Badebecken gleich unterhalb der Brücke über den Rio Homen, etwas unterhalb der ehemaligen Grenzstation. Wer 30 Min. Fußweg das Tal hinauf in Kauf nimmt, erreicht noch andere Badegelegenheiten, die zwar nicht ganz so spektakulär, aber weniger besucht sind.

Modernes, beheiztes **Freibad** am oberen Ortsausgang von Gerês im hübschen, dichtbelaubten Kurpark. Mai–Okt. tägl. 9–19 Uhr. Eintritt 1,50 €.

Busausflüge Einziges öffentliches Transportmittel im Park sind die kleinen Ausflugsbusse des Hotels Universal. Unterwegs wird oft angehalten, ein Führer erläutert Themen zu Geologie und Flora. Wanderfreaks können am Endpunkt der Tour aussteigen und den Rückweg zu Fuß unternehmen, leider aber immer nur der Straße nach. Im Sommer sollte man mindestens einen Tag vorher buchen. Außerhalb der Saison fährt der Bus nicht, wenn nicht mindestens die Hälfte der Plätze besetzt ist. Vier unterschiedliche Touren werden angeboten und sind im Folgenden kurz beschrieben.

Pedra Bela, die kürzeste Tour führt zum Aussichtspunkt Pedra Bela und von dort zum Wasserfall von Arado. Preis 5 €, Dauer 2 Std.

Campo do Gerês, sehr hübsch ist die Strecke von Albergaria im Norden bis zum Stausee Vilharinho da Furna und weiter zum Dorf Campo do Gerês. Der staubige, schmale Fahrweg führt entlang der alten römischen Straße „Trilho da Geira", die sich von Braga nach Asturien zog. Die alten Meilensteine sammelte man in Gruppen, was heute wirkt, als ob hier Überbleibsel eines vorchristlichen Tempels stehen. Der Stausee wurde 1968 geflutet und begrub eines der typischsten Dörfer der Gegend unter sich. Ähnlich jedoch ist das mittelalterliche Dorf Campo do Gerês. Die unverputzten Häuser sind aus dunklen Granitquadern

Kristallklare Badetümpel im Nationalpark Peneda-Gerês

zusammengeschichtet, der Kuhstall befand sich unterhalb der Wohnung ("Fußboden-heizung"). Die schmalen Dorfgassen sind durch einen Baldachin aus Weinreben gegen die Sonne geschützt. Am Ortsein-gang von Campo de Gerês ein altes Stein-kreuz ("Cruzeiro"), das von römischen Meilensteinen eingerahmt wird und wie ein fremdartiges Heiligtum wirkt. Daneben die neue Dorfbibliothek, erbaut mit Steinqua-dern aus dem gefluteten Dorf. Hier ist das **Museu Etnográfico de Vilarinho das Fur-nas** untergebracht mit Exponaten aus dem Dorf und bäuerlichen Gerätschaften. Preis 5,50 €, Dauer 3 Std.

Terras de Bouro, Ziel ist das gleichnamige Verwaltungszentrum, das etwas gesichts-los wirkt, aber eine hübsche Ausstellung über Gebräuche und Traditionen der Re-gion im Rathaus organisiert hat. Angehal-ten wird auch in São Bento da Porta Aberta, dem beliebtesten Wallfahrtsort des ganzen Minho für Fußpilger. Preis 8 €, Dauer 5 Std. Die Tour kann auch mit dem eigenen Wagen gemacht werden.

Castro Laboreiro, die längste Tour führt durch den Norden des Parks. Vorbei an den warmen Quellen von Rio Caldo über Castro Laboreiro nach Soajo und Lindoso, wo man die *Espingueiros* bewundern kann. Über Ponte da Barca geht es dann zurück nach Caldas do Gerês. Preis 10 €. Dauer 5½ Std.

Erlebnistourismus Água, Montanha e Lazer, vermietet Fahrräder, Kanus und Tret-boote und organisiert Wanderungen und Jeeptouren. Am See von Rio Caldo (→ S. 158), Lugar de Paredes, ✆ 925402000 (mo-bil), www.aguamontanha.com.

Gerêsmont, das jüngste der Freizeitunter-nehmen mit Sitz in Gerês. Rua de Arnaçó 43, ✆ 253391360 und ✆ 919617773 (mobil), www.geresmont.com.

Gerês Equi'Desafios organisiert Ausflüge zu Pferde rund um Gerês, auch Wanderun-gen, Klettern und Jeepausflüge. Rua de São João,93, Campo de Gêres, ✆ 253352803 und ✆ 917919831 (mobil), www.equi desafios.com.

Equicampo, in Campo de Gerês, ✆ 253161405, www.equicampo.com.

Auch beim Campingplatz in Cabril sind Aus-ritte möglich (→ "Camping").

Kuren Das Mineralwasser von Gerês wird vor allem von Leuten geschätzt, die Prob-leme mit den Nieren oder der Galle haben. Das Wasser ist verschreibungspflichtig, die "Trinkgebühr" schließt drei Arztbesuche mit ein. Wer aufs Trinken ver-zichten will, kann sich im frisch renovierten Thermalbad verwöhnen lassen – von der Sauna für 8 € bis zum 14-Tage-Wohlfühl-Paket für 489 € (jeweils plus 3 € Tagesge-bühr). ✆ 253391113, www.aguasdogeres.pt.

Camping

Wild campen ist überall im Park streng verboten. Schon aus Gründen des Natur-schutzes sollte man sich daran halten.

Lamas de Mouro, schattiger Platz in der Nähe von Castro Laboreiro in Lamas de Mouro. Der Platz wird von der Parkver-waltung unterhalten. Je nach Saison Per-son 3,20–4,20 €, Zelt 2,80–6,40 €, Auto 2,50–3 €. ✆ 251465129, www.camping-lamas.com.

Entre-Ambos-os-Rios, schattiger Platz direkt am Wasser. Person 3,50–4 €, Zelt je nach Größe und Saison 3,35–5 €, Auto 4–6,50 €. Geschlossen im November. ✆ 258588361, www.lima-escape.pt.

Cerdeira, in Campo do Gerês, mitten im Park, vom Stausee Vilarinho das Furnas ca. 400 m entfernt. Auch kleine Bungalows sind zu mieten. Minimercado, Restaurant. Per-son 3,80–6,50 €, Zelt 4–12 € Auto 3,25–5 € je

nach Saison. Ganzjährig geöffnet. ✆ 253351005, www.parquecerdeira.com.

Vidoeiro, 1 km talaufwärts von Gerês, der Platz wird von der Parkverwaltung betrie-ben. Person 3,50–4,20 €, Zelt je nach Größe 3,35–5,30 €, Auto 3,50–4,50 €. Geöffnet Mitte Mai bis Mitte Okt. ✆ 253391289, www.adere-pg.pt.

Gerês Green Park, in Cabril, einem kleinen Dorf 30 km südöstl. von Gerês am Stausee. Der Platz liegt allerdings oberhalb des Dorfs. Schatten durch Pinien. Auch Ausritte in Gruppen mit mind. 4 Personen und Kanu-vermietung am See. Person ca. 4–5 €, Zelt 4–10,50 €. Auch *Bungalows*. ✆ 917007831 (mobil), www.geresgreenpark.com.

Wandern im Nationalpark

Seit 2004 wurden zu den bereits ausgeschilderten Wegen weitere 14 Wanderwege von 5,5 bis 18,5 km Länge angelegt. Der Schwierigkeitsgrad ist mittel bis hoch, aufgrund der An- und Abstiege auf lockerem Stein sind Wanderschuhe dringend angeraten.

Da das Tourismusamt mit dem Anlegen der Wege Neuland betrat, sind die Wegmarkierungen teilweise sehr schlecht zu finden. Zudem haben Waldbrände im Jahr 2012 einigen Schaden angerichtet. Immerhin wurden manche zugewachsenen Abschnitte inzwischen wieder gepflegt. Ein wenig Nachsicht und Orientierungssinn können trotzdem nicht schaden.

Faltblätter mit groben Wegbeschreibungen in Portugiesisch und Englisch sind im *Turismo von Caldas do Gerês* (s. u.) erhältlich, dort gibt es auch ein ausführliches Wanderbuch, allerdings nur auf Portugiesisch. Die Wege sind rot-gelb markiert.

Auf dem Weg zu den Aussichtspunkten (Trilhos dos Miradouros)

Wanderkarten: Die *Parkverwaltung* ca. 1,5 km nördlich von Caldas do Gerês (s. u.) vertreibt für ca. 2,50 € eine Karte im Maßstab 1:100.000 mit Höhenlinien und befahrbaren Teerstraßen und Schotterpisten. Zur allgemeinen Übersicht allerdings zu detailliert und zum Wandern wegen fehlender Fußwege nicht gerade nützlich. Zusätzlich gibt es zu zwei Wanderungen leider sehr ungenaue Beschreibungen auch in Englisch für 1 €.

Topografische Karten: Sehr gute Karten gibt es beim Instituto Geográfico do Exército (IGE) in Lissabon. Av. Alfredo Bensaúde, Lissabon, ✆ 218505300 und 218505368, www.igeoe.pt. Für 6 € kann man dort Karten im Maßstab von 1:25.000 erwerben, die auch fast alle kleineren Wege enthalten, allerdings nicht die ausgeschilderten Wanderwege. Bei den nachfolgenden Wandervorschlägen ist am Schluss die Nummer der Karte des IGE vermerkt.

Trilho da Preguiça – Percurso Interpretativo da Ecologia do Cadaval: Markierter Wanderweg nördlich von Gerês rund um die Casa da Preguiça und entlang dem Rio Gerês. Die Markierungen sind gut sichtbar. Das Heft der Parkverwaltung enthält ein Höhenprofil und kleine Kartenausschnitte, die eine gewisse Vorstellung vom rund 5 km langen Weg vermitteln, außerdem ein paar Anmerkungen zur Flora und Fauna (auf Englisch, ca. 1 €). Infos bei der Parkverwaltung.

Trilho dos Miradouros: Die sehr abwechslungsreiche Rundwanderung führt auf teils sehr steilen Wegen und Pfaden durch eine waldreiche Landschaft zu spektakulären Aussichtspunkten rund um Caldas do Gerês. Die Orientierung ist allerdings gerade zu Beginn seit dem Waldbrand von 2012 an einigen Stellen schwierig und die rot-gelbe Markierung weiterhin sehr lückenhaft. 2015 musste ein Wanderer von der Polizei gerettet werden, weil er sich total verlaufen hatte. Also Vorsicht und notfalls umkehren. Gehzeit gut 4 Std. Ausgangspunkt ist die kleine Dorfkirche von Caldas do Gerês.

Trilho da Cidade da Calcedonia: Die sehr schwere Wanderung sollte nur von Geübten unternommen werden. Doch die Anstrengungen lohnen, da sich schon während des Aufstiegs zum Calcedonia, dem höchsten Gipfel der Umgebung, herrliche Ausblicke auf die Bergwelt eröffnen. Der Weg durch meist schattenloses Gelände dauert ca. 4 Std., die rot-gelbe Ausschilderung ist teilweise verwirrend gesetzt, sodass Orientierungsvermögen notwendig ist. Ausgangspunkt ist die Kreuzung der Straßen Nr. 304 und 307 in Covide nördlich von Rio Caldo. Infomaterial (auf Englisch für 1 €) im Turismo von Caldas do Gerês.

Trilho Castreiro: Die ausgeschilderte Strecke ist Teil eines Hauptwanderwegs durch die Serra und beginnt in Castro Labreiro im äußersten Norden des Nationalparks in einer einsamen Berglandschaft, in der noch Wölfe zu Hause sind. Auch gar nicht so selten sieht man Adler in den Lüften schweben. Ziel ist der Wallfahrtsort zur Senhora das Neves, auf Deutsch Maria Schnee, was alles über das hiesige raue Klima aussagt. Länge 13 km. Material zur Wanderung (auf Portugiesisch, gratis) im Parkbüro Adere in Ponte da Barca; mehr Infomaterial beim Nationalparkbüro.

Trilho São Miguel de Entre Ambos-os-Rios: Abwechslungsreicher Rundweg in den westlichen Ausläufern des Naturparks durch sogenannte Traditionsdörfer, Bachtäler und Mischwälder. Ausgangspunkt ist die kleine Kirche von São Miguel, etwa 15 km von Ponte da Barca entfernt. Die Ausschilderung ist meist gut erkennbar, Gehzeit etwa 2½ Std. Infos zur Wanderung im Parkbüro Adere in Ponte da Barca.

Östlicher Nationalpark

Rio Caldo: Das 900-Einwohner-Dorf liegt am Haupteingang zum Park, am Ufer der *Albufeira da Caniçada*. Vor 10 Jahren dachte noch keiner daran, dass sich die Portugiesen für Süßwasserseen interessieren würden, jeden zog es im Sommer zur „praia". Inzwischen sind um Rio Caldo neben einem kleinen Touristenzentrum auch kleine Apartmentanlagen entstanden; Hotels und Campingplätze bieten eine gute Alternative zum medizinischen Ambiente des Thermalorts Caldas do Gerês. Selbst Fußballstar Cristiano Ronaldo hat sich eine Villa ans Ufer gebaut. Der See wird zur Freude der Wassersportfreaks das ganze Jahr über auf gleichem Niveau gehalten und wirkt dadurch wie ein Natursee. Die Stauseen im Norden von Portugal werden übrigens fast ausschließlich zur Elektrizitätserzeugung genutzt, da wegen der regelmäßigen Niederschläge kaum Land bewässert wird.

Information Turismo, tägl. 9.30–12.30 und 14–17.30 Uhr (nicht sehr zuverlässig). Direkt am Kreisel am See. ℡ 253391503.

Wassersport Agua Montanha Lazer, Peter Fishbourne, ein Engländer, lebt schon seit den 1980er-Jahren in Portugal und vermietet Kanus, Tret- und Motorboote; Möglichkeit zum Wasserskifahren. Auch **Ferienhäuser** werden vermittelt (70–150 €).

Lugar de Paredes, links an der Straße nach S. Bento, ℡ 9254020000 (mobil), www.aguamontanha.com.

Übernachten/Essen Do Rita, tolle Zimmer mit Balkon zum See, sehr geräumig. DZ ca. 35–40 €, im Aug. Aufpreis. Die Küche von Little Jack, dem weltgewandten Wirt, bietet nicht nur Fleisch in allen Variationen, auch auf üppige Gemüsebeilagen wird

Minho → Karte S. 144/145

geachtet. Man speist im geräumigen Innenhof mit einem alten Maisschober. Rechts an der Straße nach S. Bento. Lugar do Assento, ☎ 253391164.

Pousada de São Bento, ca. 9 km südlich, bei Caniçada, nahe der N 304 gelegen, sehr hoch am steilen Hang über dem Stausee.

Mit Weinreben bewachsene Granitgebäude. Von den meisten Zimmern sehr schöne Sicht in die bewaldeten Täler und auf den Stausee. Swimmingpool vorhanden. DZ mit Bad ca. 90–210 € je nach Saison. Caniçada, ☎ 253647190, www.pousadas.pt.

São Bento: Der Pilgerort einige Kilometer oberhalb von Rio Caldo ist das Ziel Tausender Gläubiger vom 12. bis 14. August. Aber auch sonst rutschen Kranke auf Knien einmal um die Kirche des heiligen Benedikt herum, um dann über Treppen zum Heiligtum am Hochaltar zu gelangen.

Cabril: Ruhiger 600-Einwohner-Ort in der Nähe des Stausees von Salamonde. Man kann sehr gut ausspannen, da es nicht viel mehr zu tun gibt, als spazieren zu gehen.

Cabril ist nur mit den **Bussen** des *Hotels Universal* von Caldas do Gerês öffentlich zu erreichen. Eine Alternative ist es, einen Bus der Linie Braga – Chaves zu nehmen und in Salamonde auszusteigen. Ein Taxi von dort kostet etwa 20 €.

Übernachtungsmöglichkeit auf dem Campingplatz.

Caldas do Gerês

Touristisches Zentrum ist das hübsch in einem bewaldeten Tal gelegene Thermalbad. Caldas do Gerês begann um das Jahr 1910 zu wachsen, als Ärzte die Mineralquelle mit heilendem Wasser anpriesen und das erste Hotel – Hotel Ribeira – gebaut wurde, an das heute nur noch die Fassade erinnert.

Basis-Infos

Information Turismo, tägl. 9.30–12.30 und 14–17.30 Uhr, wegen Personalmangels häufig So und Mo geschlossen. Am Kreisel an der südlichen Ortseinfahrt, Rua 20 de Janeiro 45, ☎ 253391133.

Centro de Educação Ambiental do Vidoeiro (Parkverwaltung), das Büro für allgemeine Informationen zum Park findet man ca. 1,5 km nördlich von Caldas do Gêres an der Straße Richtung spanische Grenze. April–Okt. tägl. 9–12 und 14–16.30 Uhr, im Winter am Wochenende geschlossen. ☎ 253390110.

Verbindungen Bus ca. 10-mal tägl. nach Braga (am Wochenende 4-mal). **Auto**: Eine einsame, der Natur vollkommen angepasste Straße ("Öko-Straße") führt von Moledo do Minho entlang der Serra da Agra ins Landesinnere. Der kürzeste und lohnenswerte Weg nach Gerês führt über Caminha – Paredes de Coura-Arcos – Vila Verde. Besonders das erste Drittel des Weges ist dünn besiedelt; dichte, grüne Laubwälder wechseln sich mit exakt eingefassten Weiden und Äckern ab.

Tiefblauer See im grünen Tal bei Gerês

Adressen Postamt an der südlichen Rotunda.

Telefonnummern Polizei ✆ 253900010, Rotes Kreuz ✆ 253391660, Taxi ✆ 253391214.

Übernachten

Etliche der Pensionen stammen noch aus einer Zeit, als Heilbäder en vogue waren, sie werden gerne von älteren Kurgästen besucht. Von den großen Kurhotels wurden einige in den 1990er-Jahren entkernt und neu aufgebaut, einige wenige sorgen als Ruinen für Abwechslung im Straßenbild. Einige Unterkünfte sind nur von Mai bis Oktober geöffnet.

*** **Hotel Universal**, komplett neu, aber hinter alter Fassade. Mit luftigem, begrüntem Atrium. Eigener Pool und Tennisplatz in 300 m Entfernung. Die Zimmer sind für die Preisklasse etwas eng. DZ 49–70 € je nach Saison. Av. Manuel F. Costa, ✆ 253390220, www.ehgeres.pt.

** **Moderna do Gerês**, am westlichen Hang. Geschmackvolle, unterschiedlich große Zimmer. DZ mit zwei Betten in einem Anbau. DZ mit Doppelbett 42–72,50 € je nach Saison. Dazu ein einfacheres Guesthouse, DZ 40–50 €. Rua de Arnaçó, ✆ 253391219, http://hotelmodernageres.com.

Baltazar, oberhalb der Heilquellen. Nachdem das Granithaus 1997 bis auf die Mauern ausgebrannt war, wurde es grundlegend umgebaut und um ein Stockwerk erweitert. Moderne Pension, die trotz der Einrichtung, die ein wenig an die Hotels der Ibis-Kette erinnert, den persönlichen Charakter wahrt. DZ 40–55 € je nach Saison. Geöffnet nur Mai–Okt. Av. Manuel Francisco da Costa, ✆ 253391131, www.baltazarhotel.com.

** **Adelaide**, am Hang recht weit oben, hinter der Flôr de Moçambique. Moderne Pension mit relativ großen Zimmern, teils mit Balkon. Gutes *Restaurant im Haus*. DZ ohne Balkon im Sommer 55 €, mit Balkon 63 €, im Winter 38–42 €. Rua de Arnaçó 45, ✆ 253390020, www.adelaidehotel.pt.

Jugendherberge Einfaches Haus in wunderschöner Umgebung. Es werden Mahlzeiten serviert und Fahrräder verliehen. Im Mehrbettzimmer ca. 10–13 €, im DZ mit Bad ca. 30–38 €, Apartment für 2 Pers. 55–75 € (je nach Saison). São João do Campo, ✆ 353351339, www.pousadasjuventude.pt.

Essen & Trinken

Baltazar, oberhalb der Heilquellen. Hübsches Restaurant mit leckerer Küche. Hauptgericht ab ca. 7,50 €. Av. Manuel Francisco da Costa, ✆ 253391131.

Manuel Pires, 3 km südl. von Gerês, rechts an der Abzweigung nach Cabril. Exzellent gegrillte Koteletts, weitere Spezialität sind Bohneneintöpfe, z. B. mit Kutteln. Man sitzt auf der großen Terrasse mit Blick aufs grüne Tal. Die kleine Anlage ist oft ausgebucht und empfiehlt sich auch zum Übernachten (DZ ca. 45 €, dazu Bungalows und Apartments). Die Flachdächer der Gebäude sind mit Rasen begrünt. ✆ 253391139, www.pensaomanuelpires.com.

》》 Mein Tipp: **Adelaide**, am Westhang des Tals. Kleine Auswahl, *bife*, *costeleta* und einige Fischgerichte, aber lecker und appetitlich zubereitet. Hauptgericht ab 7 €. Rua de Arnaçó 45, ✆ 253390020. **《《**

Minho → Karte S. 144/145

Westlicher und nördlicher Nationalpark

Lindoso (480 Einw.): Die Straße von Spanien, den Rio Lima entlang, ist gut ausgebaut. Im ersten größeren Ort, Lindoso, ist ein kleines Kastell aus dem 13. Jh. zu sehen, das im 16. Jh. erweitert wurde. Einige Malereien und eine Waffensammlung können im Wehrturm besichtigt werden. Am eindrucksvollsten ist allerdings der felsige Dreschplatz zwischen Dorf und Kastell, der dicht mit 64 (!) *Espigueiros* (Getreidespeichern) bebaut ist; ursprünglich hatte jede Familie im Dorf einen eigenen Speicher. Im Oktober werden sie z. T. noch heute mit dem frisch geernteten Mais gefüllt.

Das Kastell ist leider meist geschlossen.

Entre Ambos-Os-Rios (530 Einw.): Vom „Dorfzentrum" östlich der Durchgangsstraße führt eine schmale, kopfsteingepflasterte Straße zu einer alten römischen Brücke hinunter. Wäre der Stausee nur 1,5 m höher, wäre sie verschwunden.

Soajo: Auch hier gibt es die bekannten Getreidespeicher *(Espigueiros)*. Interessanter ist aber, dass man in renovierten Häusern des Dorfes wohnen kann. Sehenswert ist auch der *Pelourinho* von Soajo, der einen Dreispitz zu tragen scheint.

Bus: Soajo ist 2-mal tägl. von Arcos de Val-devez aus zu erreichen. Ein **Taxi** kostet ca. 25–30 €.

Übernachten: in einfach ausgestatteten Häusern für 2–6 Pers. (50–135 €). Buchen sollte man eine Unterkunft im Voraus unter ✆ 258576165, http://casasdesoajo.com.

Castro Laboreiro: Der kleine Ort im äußersten Norden des Nationalparks wird von der Ruine einer Burg aus dem 12. Jh. überragt. In der Umgebung gibt es ca. 80 megalithische Objekte wie Dolmen und Menhire.

*** **Peneda**, 2006 wieder eröffnetes Hotel nahe Castro Laboreiro zwischen Lindoso und Melgaço im nördlichen Peneda-Gebirge. Die angenehmen Zimmer sind in hellen Braun- und Rottönen gestaltet. DZ je nach Saison ca. 62–75 €. Lugar da Peneda, Gavieira, ✆ 251460040, www.hotel.peneda hotel.pt.

Tal des Rio Lima

Arcos de Valdevez   ca. 3500 Einwohner

Der Ort liegt am Westrand des Peneda-Gerês-Nationalparks. Einladend wirkt der langgezogene Park zwischen dem Rio Vez und der Nationalstraße. Es gibt verschiedene Bademöglichkeiten, doch auch ein Spaziergang lohnt sich.

Der Ortskern von Arcos wird von Kirchen geprägt. Die *Igreja Matriz* aus dem 14. Jh. wurde Ende des 17. Jh. völlig umgestaltet. Interessant sind die Altäre und die *Capela do Cálvario*, die von André Soares im Rokokostil errichtet wurde. Die älteste Kirche des Orts ist die teils romanische, teils gotische *Capela da Praça* (14. Jh.), die auch *Capela da Nossa Senhora da Conceição* genannt wird. Sie diente als Grabkapelle für João Domingues.

Die architektonisch interessanteste Kirche von Arcos ist wohl die barocke *Igreja de Nossa Senhora da Lapa* mit ihrer großen Kuppel, erbaut von dem Bracarenser André Soares. Eine Besonderheit der Kirche ist ihr ovaler Grundriss; eigentümlich ist auch, dass der Turm hinter der Hauptkapelle steht. Besonders stolz sind die Arcoenser auf ihren manuelinischen *Pranger* vor dem Rathaus.

In der Umgebung sind die archäologischen Funde von **Mézio** und **Gião** interessant. In Mézio gibt es verschiedene neolithische Grabstätten. In Gião wurden steinzeitliche Ritzzeichnungen gefunden.

Information   Turismo, tägl. (außer So) 9.30–12.30 und 14–18 Uhr. Rua Prof. Mário Júlio Costa, ✆ 258520530.

Verbindungen   Bus: Tägl. 3-mal nach Braga, 9-mal nach Ponte da Barca, 1-mal nach Monção, 10-mal Ponte de Lima und Viana do Castelo. Busbahnhof etwa 900 m außerhalb des Orts an der EN 101 in Richtung Monção.

Adressen   Post, Rua General Norton Matos.

Telefonnummern   Polizei ✆ 258521510, **Centro da Saúde** ✆ 2585201020, **Taxi** ✆ 258516257.

Übernachten   Costa do Vez, die moderne Pension ist sicherlich die beste Wahl in Arcos. Große, saubere Zimmer mit ebenfalls großen Bädern. Einige Zimmer mit Balkon. DZ ca. 45–50 €, Suite 57,50–65 €. Silvares (EN 101 Richtung Monção), ✆ 258521226, www.costadovez.pt.

Turismo de Habitação Paço da Glória, romantischer Palast, der angeblich auf ein Versprechen des unglücklich verliebten Conde de Santa Eulália hin erbaut wurde. Etwa 7 km von Arcos entfernt. DZ 75–100 €. Lugar da Jolda, ✆ 258947177.

Essen & Trinken   Grill Costa do Vez, rustikales Restaurant in wuchtigen Granitmauern, zur gleichnamigen Pension gehörend. Viele Grillgerichte vom Rind und Ochsen, aber auch Bacalhau-Spezialitäten. Die halben Portionen reichen fast für zwei. Halbe Portion ab 8,50 €. Tägl. (außer Mo). ✆ 258516122.

O **Lagar**, kleines Restaurant neben der Misericórdia-Kirche. Sehr gute regionale Küche. Hauptgericht ab ca. 8 €. Tägl. (außer Sa). Rua Vaz Guedes, ✆ 258516002.

Minho → Karte S. 144/145

Ponte da Barca
ca. 2200 Einwohner

Der kleine, sympathische Ort am Rio Lima ist nach einer der ältesten Brücken Portugals benannt – sie stammt aus dem 15. Jh. Bis dahin wurden die Reisenden mit einer kleinen Fähre übergesetzt, einer *barca*. Rechts vor der Brücke steht eine säulengetragene Markthalle aus dem Jahre 1752 mit einem Pranger. Früher war hier der Markt. Am Flussufer der *Jardim dos Poetas*, er war Ort der Inspiration für die beiden Brüder Diogo Bernardes und Frei Agostinos da Cruz, zwei der bedeutendsten portugiesischen Dichter des 16. Jahrhunderts.

Etwa 4 km westlich, am Ortsrand von **Bravães**, stößt man auf die romanische *Igreja São Salvador*, eine der bedeutendsten Dorfkirchen Portugals. Besonders die beiden Portale beeindrucken durch ihren reichen Schmuck.

Der Ort ist eine gute Basis, um den Nationalpark Peneda-Gerês zu erforschen.

Information   Turismo, Di–Sa 10–13 und 14–18 Uhr. Rua Conselheiro Rocha Peixoto 9, ✆ 258455246.

Hauptsitz von Adere, Mo–Fr 9–12.30 und 14.30–18 Uhr. Das Büro ist eine der besten Informationsquellen zu kulturellen Ereignissen, Wanderwegen und Unterkünften im und um den Nationalpark. Rua D. Manuel I., ✆ 258452250, www.adere-pg.pt.

Verbindungen   Bus: 5-mal tägl. nach Braga (von dort weiter nach Gêres und Porto), 9-mal nach Arcos de Valdevez. Die Haltestelle befindet sich gegenüber vom Rathaus. 9-mal Busse vom Ortsausgang nach Ponte de Lima und Viana do Castelo.

Adressen   Post, Rua das Fontainhas 8.

Telefonnummern   Polizei ✆ 258452141, **Centro de Saude** ✆ 258452134, **Taxi** ✆ 258452210, 258454175 und 258452234.

Turismo de Habitação   Casa Nobre do Correio Mor, ehrwürdiges Herrenhaus im Zentrum von Ponte da Barca in der Nähe des Turismo. Große DZ 60–100 €. Rua Trás do Forno 1, ✆ 258452129.

Quinta da Prova, Herrenhaus im Zentrum bei der Brücke mit zwei Apartments für jeweils 2 Pers. und drei Apartments für 4 Pers. Gemeinschaftsküche vorhanden. 2 Pers. ca. 65 €, 4 Pers. ca. 130 €. Rua Conselheiro Rocha Peixoto, 3, ✆ 2584521635.

Camping   Entre-Ambos-os-Rios, 11 km
westlich, einfacher Platz am Fluss, teilweise Schatten. Kiosk vorhanden. Person
3,50–4 €, Zelt je nach Größe 3,35–5 €, Auto
4–6,50 €. Geschlossen im Nov. ℡ 258588361,
www.lima-escape.pt.

Essen & Trinken   Varanda do Lima,
gutbürgerliches Lokal vor der alten Brücke.
Hauptgericht ab 11,50 €. Tägl. (außer Do).
Campo do Côrro, ℡ 258453469.

Maria Gomes, das Restaurant macht von
innen weit mehr her, als es von außen den
Anschein hat. Mittagsmenü ab 6,50 €. Rua
Conselheiro Rocha Peixoto 13, ℡ 258452288.

Ponte de Lima   ca. 3200 Einwohner

Auch wenn der Ort langsam gewachsen ist, so ist den Zeitläuften doch vieles zum
Opfer gefallen, zum Beispiel die Mauttürme der mittelalterlichen Brücke, die dem
Ort den Namen gab. Trotzdem ist Ponte de Lima ein reizvolles, malerisches Städt-
chen, in dem sich ländliche Atmosphäre mit aristokratischer Tradition mischt.

An Strand an den Ufern des Rio Lima tummeln sich die Badegäste, die Ufer sind
durch die mittelalterliche, 16-bogige Brücke, an die sich eine römische Brücke
anschließt, miteinander verbunden. Zu den Sehenswürdigkeiten zählt das **Museu
dos Terceiros**, ein Museum sakraler Kunst im ehemaligen Kloster der Kapuziner
(tägl. außer Mo 9–12.30 und 14–18 Uhr, Eintritt 2,50 €).

Von der alten Stadtmauer, die zur Zeit Dom Pedros gebaut wurde, sind zum Fluss
hin einige Reste erhalten, darunter die wuchtigen Türme *Torre de Cadeia* (das
ehemalige Gefängnis) und *Torre de São Paulo*. Die **Igreja Matriz** aus dem 15./16. Jh.
zeigt manieristische und manuelinische Stilelemente, ein Blickfang ist das gotische
Portal. Manuelinisch ist auch der majestätische *Paço do Marquês de Ponte de Lima*
aus dem 15. Jh., der heute als Rathaus dient.

Auf der anderen Seite des Flusses fällt die außergewöhnliche *Capela do Anjo da
Guarda* ins Auge, eine dem Schutzengel geweihte Kapelle in romanischem Stil.

Der angrenzende *Parque do Arnado* ist eine Art botanischer Garten. Eine weitere
Attraktion bildet das „Gartenfestival" ein paar hundert Meter den Fluss hinab, das
im Sommerhalbjahr von renommierten Landschaftsarchitekten gestaltet wird.

Pilgerpfade nach Compostela: Die Caminhos de Santiago

Könige und Künstler pilgerten über verschiedene Routen nach Santiago de
Compostela, wo der Apostel Jakobus begraben liegt. Jakobus missionierte
die Iberische Halbinsel und kehrte später nach Jerusalem zurück, wo er
enthauptet wurde – damals galt das Christentum als staatsgefährdend. Im
Jahr 614 wurden Jakobus' Gebeine heimlich nach Galicien überführt und am
ersten Ort seiner Missionstätigkeit bestattet. Erst 814 entdeckte der Bischof
Teodomiro die letzte Ruhestätte des Heiligen. Eine Kirche wurde erbaut und
Santiago de Compostela zu einem der wichtigsten Pilgerorte Europas.

Vor allem im Norden Portugals sieht man immer wieder die Schilder mit der
Jakobsmuschel, die den Pilgern den Weg weisen; der führt von Lissabon
nach Porto und von dort entweder an der Küste entlang über Viana do
Castelo oder über Ponte de Lima oder zwischen den beiden Städten hindurch. Eine andere Route verläuft über Braga mitten durch den Nationalpark Peneda-Gerês.

Noch ein Stückchen stadtauswärts zeigt das Spielzeugmuseum *Museu do Brinquedo Portugûes* eine Sammlung von rund 3500 Stücken vom Ende des 19. Jh. bis 1986 (Di–So 10–12.30, 14–18 Uhr, Eintritt 3 €, Stud. und unter 25 J. 1,50 €).

Information   Posto de Turismo, tägl. (außer So) 9.30–13 und 14–18 Uhr, im Winter bis 17.30 Uhr. Am Flussufer in der Torre de Cadeia Velha, ✆ 258942335.

Zentrale Reservierungsstelle des **Turismo de Habitação**, kurz TURIHAB, unterhalb der Burg. Praça da República, ✆ 258741672, www.solaresdeportugal.pt.

Verbindungen   Bus: Stündl. nach Viana do Castelo, werktags 1-mal nach Braga (von dort 10-mal nach Gêres), 1-mal Porto, 1-mal Lissabon, 10-mal Ponte da Barca, 10-mal Arcos de Valdevez, Valença do Minho über Viana do Castelo (ab dort per Zug). Die Busse halten an der Av. António Feijó und am Busbahnhof, der etwa 1 km südl. vom Zentrum an der N 203 zu finden ist.

Adressen   Biblioteca Municipal, Rua Cardeal Saraiva.

Postamt an der Praça da República.

Bootsverleih   Der **Clube Náutico** auf der anderen Flussseite vermietet Kanus.

Feste/Märkte   Alle 14 Tage findet montags am Flussufer ein gigantischer Markt statt. An diesen Tagen verwandelt sich das sonst beschauliche Ponte de Lima in einen quirligen Hexenkessel.

Seit 1125 werden Mitte Sept. die **Feiras Novas** (Neue Märkte) abgehalten. Nach den Festas da Nossa Senhora da Agonia in Viana sind sie das zweitwichtigste Fest in der Region.

Bekannt ist auch das im Ursprung heidnische Fest **Vaca das Cordas** am Vortag von Fronleichnam.

An einem Wochenende Mitte Juni fließt bei der **Festa do Vinho Verde** der leichte Wein durch Tausende von Kehlen.

Ende Juni dreht sich auf der **Feira do Cavalo** alles um die lusitanische Pferderasse mit Dressurreiten, Umzügen und Ausritten.

Reiten   Centro Equestre Vale do Lima, Quinta da Sobreira, Feitosa, ✆ 258743620.

Telefonnummern   Polizei ✆ 258900380 und 258900240, **Hospital** ✆ 258909500, **Taxi** ✆ 258743700.

Wandern   Im **Turismo** gibt es Infos zu Wander- und Fahrradrouten in der Umgebung.

Übernachten   **São João**, einfache Pension. Es gibt Zimmer mit Doppelbett oder zwei Betten, 30–50 € je nach Saison. Largo de São João, ✆ 258941288.

Imposante Stadtpaläste in Ponte de Lima

Turismo de Habitação Ponte de Lima ist die Wiege dieser Unterkunftsmöglichkeit. Es gibt etwa 40 Herrenhäuser in und um den Ort. Eine vollständige Liste gibt es im Turismo, die Buchungszentrale TURIHAB (→ „Information") hat nicht alle im Programm.

Casa do Pinheiro, im Zentrum. 7 Zimmer und ein wunderschöner Garten mit Pool. Kleine Standardzimmer für 2 Pers. 65 €, 5 € Aufschlag für größere Zimmer. Rua General Norton de Matos 40-50, ✆ 965008575 (mobil), www.casadopinheiro.pt.

Arc'otel, am gegenüberliegenden Ufer. 15 unterschiedlich große Zimmer im Haupthaus und im Nebenhaus; in das kleinste passt nur ein Doppelstockbett. Modernes Design, Garten. DZ ab 65 €. Largo da Alegria 9, ✆ 258900150, http://arc-otel.pt.

Jugendherberge Modernes, barrierefreies Haus am Ortsrand. Mehrbettzimmer je nach Saison 10–12 €, DZ ohne eigenes WC 24–26 €, mit WC 26–30 €. Rua Papa João Paulo II., ✆ 258751321, www.pousadas juventude.pt.

Essen & Trinken **》》》 Mein Tipp:** **Alameda**, am Fluss (nahe dem Hauptplatz). Uriges, oftmals volles Restaurant auf zwei Etagen. Unbedingt das Zicklein probieren, wenn es auf der Karte steht. Hauptgericht ab ca. 8 €, die Portionen sind riesig. Tägl. (außer Mo). Alameda de S. João (bei der Brücke), ✆ 258941630. **《《**

A Tulha, traditionelle regionale Küche in gehobenem Ambiente. Hauptgericht ca. 12 €. Tägl. (außer Mo). Rua Formosa, ✆ 258942879.

Vaca da Cordes, in Flussnähe. Gute Auswahl an Vorspeisen, danach Reisgerichte, Stockfisch und Steaks. Hauptgericht ab 25 € für zwei Esser, Einzelspeisende bitte nachfragen, was zu machen ist. Tägl. außer So. Rua Padre Francisco Pacheco 39-41, ✆ 258741167.

Viana do Castelo   ca. 28.000 Einwohner

Ein schönes Küstenstädtchen, eingezwängt zwischen bewaldeten Hügeln und dem Rio Lima. Zentrum ist die malerische Praça da República, in der Mitte ein plätschernder Brunnen, rundherum reich verzierte Fassaden. Die Kaufmannshäuser und das Rathaus aus Granitquadern entstanden während der Entdeckerzeit und spiegeln den Reichtum dieser Epoche wider.

Ihren Wohlstand zogen die Einheimischen früher in Form von Kabeljau von der nordamerikanischen Küste an Land. Mit ihren Schiffen waren die Fischer oft monatelang auf hoher See unterwegs. Heute gehört eine Schiffswerft direkt an der Flussmündung zu den größten Arbeitgebern im Ort. Um ihren Erhalt gab es jahrelang heftige Auseinandersetzungen. Trügerische Hoffnungen nährte zwischenzeitlich ein umstrittener Auftrag für den Bau von zwei U-Booten durch ein deutsches Konsortium. Doch Ende 2013 wurde die Werft an ein portugiesisches Unternehmen für wenige Millionen Euro fast verschenkt, den noch verbliebenen Arbeitern wurde gekündigt, um sie dann unter schlechteren Bedingungen wieder einzustellen.

Interessant ist das Städtchen wegen seiner traditionsreichen Feste. Das drei Tage dauernde **Fest der Nossa Senhora da Agonia** mit Umzügen, Jahrmarkt und viel Essen und Trinken ist die farbenprächtigste in der Provinz; gefeiert wird es an dem Wochenende, das dem 20. August am nächsten liegt. Dann kommen die Bauern und Fischer der Gegend teils immer noch per Ochsenkarren nach Viana, gekleidet in der seit Generationen vererbten Tracht, die Frauen behängt mit silbernen Filigranketten.

Sehenswertes

Praça da República: Der Hauptplatz hat das Flair einer toskanischen Provinzstadt; es fehlt nur noch der Ober, der „prego" sagt. Viele Reihen weißen und roten

Die Praça da República, ein Renaissance-Platz mit italienischem Flair

Plastikgestühls mit Sonnenschirmen bedecken den Platz, auf dem abends auch gerne die Einheimischen flanieren. Die umliegenden Gebäude zeigen einen vielfältigen Architekturmix aus dem 16. Jahrhundert. Die Mitte des Platzes schmückt der **Chafariz**, ein Brunnen aus dem Jahre 1559.

Altes Rathaus: Zinnengekrönt, erbaut zu Beginn des 16. Jh. Ursprünglich hatten unter den Arkaden die Bäcker ihre Verkaufsstände. Später wurden die Bögen zugemauert, und die Polizeiwache quartierte sich hier ein. Heute ist die Fassade wieder im Originalzustand, jedoch ohne Backwaren; die Räumlichkeiten werden oft für Ausstellungen genutzt.

Sé Catededral (Igreja Matriz): Die Kathedrale des Städtchens entstand im Lauf des 15. Jh. nach der Fertigstellung der fernandinischen Stadtmauer – die Mutterkirche von Viana (heute die *Igreja das Almas*) lag außerhalb der Mauern. Das gotische Gotteshaus weist galicische und romanische Einflüsse auf. Einige der Kapellen im Kircheninneren sind lokalen Persönlichkeiten gewidmet und wurden in verschiedenen Stilen erbaut. So gibt es die manuelinische Kapelle der Mello Alvims oder die Renaissancekapelle von Fernão Brandão.
Tägl. 9–12 und 14–18 Uhr. Eintritt frei.

Misericórdia: Die Last der verspielten Fassade des Armenhauses wird seit 1589 von den Granitfiguren Atlas und einer Karyatide getragen – noch bis in die 1980er Jahre war das Gebäude das Krankenhaus von Viana! Dann wurde der monströse Neubau am Hang des Santa-Luzia-Berges hingestellt. Die angebaute *Misericórdia-Kirche* ist innen mit Azulejos von Oliviera Bernards ausgeschmückt und zeigt biblische Szenen. Im Boden des Kreuzgangs sind die Brüder der Misericórdia begraben.
Mo–Sa 10–12 und 15–17 Uhr (nicht unzuverlässig), Eintritt 2 €.

Museu de Artes Decorativas: In einem alten Stadtpalast am Largo de S. Domingos. Im 1. Stock ist der „Saal der Kontinente" eingerichtet; auf den Azulejogemälden wird jeweils eine Königin von einem Gespann erdteiltypischer Tiere gezogen:

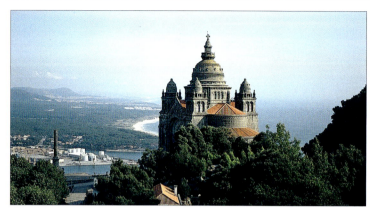

Blick auf die Wallfahrtskirche Santa Luzia und die Küste bei Viana do Castelo

Europa von Pferden, Afrika von Kamelen, Asien von Löwen, und im Falle Amerikas sind es Indianer, ganz im Sinne der damaligen Kolonialmentalität. In den anderen Räumen sind Möbel und Fayencen, meist aus dem 18. Jh., ausgestellt, letztere eigentlich weniger sehenswert. In einem modernen Anbau im ehemaligen Garten sind wechselnde Ausstellungen zeitgenössischer Maler der Region zu sehen.
Di–Fr 10–18, Sa/So 10–13 und 15–18 Uhr. Eintritt 2 €, mit Cartão Jovem und für Rentner 1 €, das Ticket gilt auch für das Trachtenmuseum.

Navio Hospital Gil Eannes (Centro de Mar): Das einstige Krankenhausschiff für die Kabeljaufischer dient heute als Museum und beherbergt ein Meereszentrum, das sich ökologischen Fragen und der Stadtentwicklung widmet.
Museum: Di–Sa 9.30–17 Uhr. Eintritt 3,50 €. Centro do Mar: Di–Fr 9.30–12.30, 14.30–17, Sa/So erst ab 10 Uhr, Eintritt frei. Doca Comercial (am Ufer).

Monte de Santa Luzia: Die Anfang des 20. Jahrhunderts im neobyzantinischen Stil erbaute Wallfahrtskirche auf dem Berg ist eine Nachbildung der Pariser Kirche Sacré-Cœur. Von hier oben hat man eine tolle Sicht auf Viana. Wem diese Aussicht nicht genügt, kann rechts vom Haupteingang zu Fuß 60 m auf eine Plattform hochsteigen oder links des Eingangs mit dem Lift zur 45 m hohen Kuppel fahren (ca. 1 €).

Ein Spaziergang durch die Gartenanlage des oberhalb gelegenen Hotels Santa Luzia und zu der dahinterliegenden Ausgrabung einer keltisch-iberischen Siedlung „Citânia de Santa Luzia" bietet sich an. Hier wurden die Grundrisse von 40 Behausungen aus dem 3. Jh. v. Chr. freigelegt – wahrscheinlich die Keimzelle des heutigen Viana.
Tägl. (außer Mo) 10–12 und 14–17 Uhr. Eintritt 3 €.

Elevador de Santa Luzia: Auf den Hügel führt eine frisch sanierte, historische *Standseilbahn*, die ca. 100 m rechts hinter dem Bahnhof startet. Um einen größeren Umweg zu vermeiden, läuft man am besten über die Überführung neben dem Bahnhof und dann nach rechts, oder am Bahnsteig 1 rechts entlang, bis man auf einem ausgeschilderten Fußweg die Gleise überqueren kann. Preis einfach 2 €, hin/zurück 3 €.

Wechselhafte Politik für erneuerbare Energien

Portugals Regierung setzt auf erneuerbare Energien. Allein 2,5 Mrd. Euro wurden bereits bis 2010 in die Windenergie investiert, die wesentlich dazu beitrug, den Anteil der sauberen Energie am portugiesischen Gesamtbedarf auf 45 % zu heben. Die Basis dafür waren zwei strategische Projekte in der Umgebung von Viana do Castelo. 2006 wurde der Grundstein für den Bau von fünf Fabriken für Windräder gelegt, die von einem Konsortium unter der Leitung der deutschen Enercon betrieben werden. Eine sechste Fabrik wurde 2010 eröffnet. Insgesamt 1500 Arbeitsplätze wurden so geschaffen, 60 % der Produktion sollten in den Export gehen, 40 % waren für Portugal gedacht. Doch nach dem Regierungswechsel 2011 wurden auch die Investitionen in erneuerbare Energien zurückgefahren, begründet mit dem Zwang zum Sparen. Die Folge: Die internationalen Firmen drohten mit Abwanderung. Erst seit dem Regierungswechsel Ende 2015 wird wieder mehr in die „Erneuerbaren" investiert.

Minho → Karte S. 144/145

Basis-Infos

Information Städtisches Welcome Center, tägl. 10–18 Uhr, Juli/Aug. 10–19 Uhr (nicht zuverlässig). Schwerpunkt ist der Verkauf von Freizeitangeboten. Auch Stadtführungen. In einem kleinen Flachbau am Kai, Praça da Liberdade, ✆ 913348813 (mobil).

Verbindungen Bus: 11-mal tägl. nach Esposende, etwa stündl. nach Póvoa de Varzim (mit Umsteigen in die S-Bahn nach Porto) und Vila do Conde, 8-mal Porto und Braga, stündl. Ponte de Lima, Ponte de Barca und Arcos de Valdevez, etwa stündl. nach Afife, Vila Praia de Âncora und Caminha, 12-mal Valença und Monção, tägl. nach Lissabon. Busbahnhof zentral direkt neben dem Bahnhof.

Bahn: Viana ist Station der Bahnlinie Porto – Valença – Vigo, etwa stündl. Barcelos, 21-mal nach Braga (mit Umsteigen in Nine), 13-mal Porto (teils mit Umsteigen), 9-mal Vila Praia de Âncora, Caminha und Valença, 4-mal Afife und Moledo do Minho.

Adressen Post am oberen Ende der Av. dos Combatentes da Grande Guerra.

Stadtbibliothek, Alameda 5 de Outubro.

Baden Die Küste vor Viana ist extrem felsig. An der Praia Norte gibt ein aus dem Fels gesprengtes Meerschwimmbecken, auch ein Kinderbecken ist vorhanden.

Hauptbadestrand für Viana ist die **Praia Cabedelo** auf der anderen Flussseite beim Campingplatz, eine langgestreckte, saubere Badebucht mit breitem Strand, Dünen und Pinienwald dahinter. Von Juli–Sept. fährt zwischen 8 und 22.30 Uhr alle 30 Min. ein Badeboot (ca. 1,50 €) auf die andere Flussseite, außerhalb der Saison seltener.

Schöner Badestrand ca. 12 km nördlich bei den Dörfern **Afife** und **Carreço**. Wegen des hügeligen Hinterlands bläst der Wind nicht so stark. Zu erreichen vom Busbahnhof aus. Etwa stündl. Busse, auch Züge nach Afife.

Einkaufen Freitag ist **Markttag**. Wer ein wenig im Wust des riesigen Marktes kramt, der eigentlich ein Ramsch-Kunsthandwerk-Teppich-Getränke-Supermarkt ist, findet brauchbare und billige Artikel, z. B. Wollpullover und Keramiksachen.

Fahrradverleih im Welcome Center (s. o.)

Kanu- und Kajakfahrten Cavaleiros do Mar, organisieren Ausflüge mit Kanu und Kajak. Preis ca. 15–25 €. ✆ 258824455, www.cavaleirosdomar.com. **Amigos do Mar** mit demselben Angebot ✆ 258827427, www.amigosdomar.pt.

Surfen Der Surf Clube de Viana im städtischen Surfcenter CAR am Praia do Cabedelo gibt Unterricht und verleiht Bretter und Fahrräder. ✆ 96267222 (mobil). Brettverleih auch am Praia de Afife.

Übernachten

1 Pousada de Santa Luzia
3 Pousada de Juventude Viana do Castelo
4 Casa Melo Alvim
5 Laranjeira
9 Jardim

Essen & Trinken

2 Snack Bar Boccalino
5 Laranjeira
6 Pastelaria Caravela
7 Confeitaria Natário
8 Casa de Pasto Maria de Perre
10 Casa Primavera - Taberna Soares
11 Taberna do Valentim

(Kartenbeschriftungen:) Monte de Santa Luzia · Standseilbahn · Estrada de Santa Luzia · R. Ernesto Roma · Av. Capitão G. de Crasto · Avenida de 25 de Abril · Avenida D · R. Dom Moisés A. de Pinho · Elevador de S. Luzia · Av. Rocha Paria · R. de Aveiro · R. da P · Convento Santa Ana · R. Nova de Santana · BUS · Bahnhof · Av. de 25 de Abril · Einkaufszentrum · Av. Conde da Carreira · R. dos Combatentes da Grande Guerra · R. da Bandeira · R. M. Velho · Misericórdia · Altes Rathaus · Igreja Matriz · Av. do Batalhão de Caçadores 9 · R. de Monserrate · R. Gen. Luís do Rego · R. dos Rubins · Praça da República · R. Picota · R. Grande · Alamed · Praça General Barbosa · Museu de Artes Decorativas · R. Manuel Espregueira · Av. do Campo do Castelo · Igreja de São Domingos · R. Frei B. dos Mártires · R. de Oliveira · Gois Pinto · R. dos Manjovos · Stadtbücher · Praça da Liberdade · Alameda Alves Cerqueira · Navio Hospital Gil Eannes · Centro Cultural Coliseo · Castelo de S. Tiago da Barra · Badeboote nach Cabedelo

---

Telefonnummern Polizei ✆ 258822022 und ✆ 258822041, **Hospital** ✆ 258802100, **Taxi** ✆ 258826641.

Wandern Im Turismo liegen, wenn sie nicht, wie oft, vergriffen sind, mehrere Faltblätter aus mit diversen Touren in die unmittelbare Umgebung und rund um den Ort Montaria, der zwischen Viana, Âncora und Ponte de Lima liegt. Die Wanderungen führen jeweils zu verschiedenen Wassermühlen. Die Wege sind markiert, können also auch ohne Wegbeschreibungen gegangen werden.

Übernachten/Camping

Pousada de Santa Luzia 1, Top-Hotel auf dem Stadthügel mit Swimmingpool, Tennisplatz etc. Der 100-Betten-Palast stammt aus der Zeit der Wende zum 20. Jahrhundert und wurde ausgesprochen prächtig restauriert. DZ mit Bad ca. 113–216 € je nach Saison und Ausblick (Zuschlag für Meerblick). Monte de Santa Luzia, ✆ 258800370, www.pousadas.pt.

***** **Casa Melo Alvim** 4, Luxusherberge in der Nähe des Bahnhofs. Das Gebäude aus dem Jahr 1509, eines der ältesten im historischen Stadtkern, zeigt unterschiedlichste Stilelemente. DZ je nach Saison 92–173 €. Av. Conde da Carreira 28, ✆ 258808200, www.meloalvimhouse.com.

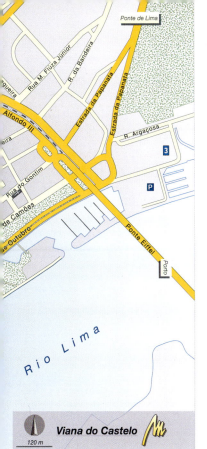

Viana do Castelo

Jardim 🄌, toll restauriertes Altstadthaus. Die Hälfte der geräumigen Zimmer mit Blick zum Fluss. DZ ca. 36–90 € je nach Saison. Largo 5 de Outubro 68, ✆ 258828915, www.hoteljardimviana.pt.

Laranjeira 🄓, die frühere einfache Pension wurde umfassend modernisiert. Die Zimmer sind recht klein, aber komfortabel. DZ je nach Saison 52–85 €. Rua Cândido dos Reis 45, ✆ 258822261, www.hotelaranjeira.com.

Jugendherberge Pousada de Juventude Viana do Castelo 🄔, moderne Herberge mit 9 DZ und 16 Mehrbettzimmern à 4 Betten. Waschmaschine vorhanden, Fahrräder können geliehen werden. DZ 30–36 €, Bett im Schlafraum 11–14 €, je nach Saison. Rua da Argaçosa (Azenha do Prior), ✆ 258800260, www.pousadasjuventude.pt.

Turismo de Habitação Quinta da Boa Viagem, noble, gelb gestrichene Quinta ca. 3 km nördlich, etwas landeinwärts. In den früheren Stallungen wurden Apartments eingerichtet. Für 2 Personen 60–90 €, 4 Pers. 100–130 € je nach Saison. Areosa, ✆ 258835835, www.quintadaboaviagem.com.

Camping Orbitur Viana do Castelo, auf der anderen Seite des Flusses, ca. 3 km außerhalb; während der Sommermonate Pendelboote in die Stadt. Der Platz liegt ca. 300 m landeinwärts vom *Cabedelo-Badestrand* versteckt in den Dünen in einem kleinen Wäldchen. Im Sommer oft Stechmücken. Auch kleine Bungalows werden vermietet. Person je nach Saison 3,90–6,90 €, Zelt 4,50–12,90 €, Auto 4–7,10 €. Geöffnet Ende März bis Ende Sept. ✆ 258322167, www.orbitur.pt.

Essen & Trinken

Restaurants Taberna do Valentim 🄚, das schöne alte Restaurant wurde geschlossen, ein neues wenige Schritte entfernt eröffnet. Nicht mehr so gemütlich, aber das Konzept blieb: Es gibt nur frischen Fisch (gegrillt, als *caldeirada*, *ensopado* oder mit Reis). Sollte es den einmal nicht geben, bleibt das Restaurant einfach zu. Hauptgericht ab ca. 12 €. Av. Campo do Castelo, ✆ 258827505.

》》》 Mein Tipp: Casa de Pasto Maria de Perre 🄑, auf zwei Etagen werden in diesem gemütlichen, aber engen Restaurant regionale Spezialitäten serviert. Die für einen Normalesser ausreichenden halben Portionen gibt es ab 9 €. Mo Ruhetag. Rua de Viana 118, ✆ 258822410. 《《《

Casa Primavera – Taberna Soares 🄛, westliche Altstadt. Urige Tasca, geführt von der umtriebigen Maria Soares. Auf den Tisch kommt ein Menu für etwa 7 €, wobei die Suppe nach alter Tradition nach der Hauptspeise gereicht wird. Und ganz am Ende der Schnaps zum Kaffee. Tägl. außer So. Rua Góis Pinto 57, ✆ 258821807.

Laranjeira 🄓, modern eingerichtetes Restaurant in der Innenstadt. Wenn viel Betrieb ist, lässt das Tempo der Bedienung nach, doch die Speisen sind gut zubereitet. Hauptgericht ab 10 €. Tägl. (außer Sa). Rua Manuel Espregueira 24, ✆ 258822258.

Snack Bar Boccalino 2, kleine, saubere Speisebar. Kleine Teller mit Bife, Frites, Reis und zwei Salatblättern für ca. 5,50 €. Rua S. Antonio 120.

Pedra Alta, ca. 8 km westlich in Serreleis, direkt am Rio Lima. Ein Tempel für Freunde von hervorragend zubereiteten Meerestieren. Fast zu schade zum Essen ist der riesige *Grelhado de Marisco* mit Hummer, Krebsen, Garnelen und Muscheln auf zwei Ebenen aufgetürmt, der für 4 Personen reicht (ca. 48 €). Praia Fluvial Barco do Porto, zu erreichen über die N 202 Richtung Ponte de Lima, nach 8 km in Serreleis dem Schild folgen, ✆ 258871463.

Cafés Confeitaria Natário 7, *die* Adresse in Viana, um den regionalen Verführungen nachzugeben. Leckere hausgemachte Süßigkeiten und *salgados* (Gesalzenes). Tägl. (außer Di). Rua Manuel Espregueira, 37.

Traditionsreiche Stickereien: Taschentücher für Verliebte

Pastelaria Caravela 6, hinter der Fassade des ehrwürdigen Patrizierhauses findet sich eine modern gestaltete Snackbar und Cafeteria mit großer Kuchentheke; es gibt auch frisch gepresste Fruchtsäfte und fantasievolle Salate ab 4 €. Praça da República 62.

An der Mündung des Rio Cávado

Die Sandbank an der Mündung scheint dem Rio fast den Abfluss ins Meer zu versperren. Die Gegend ist flach wie ein Kuchenblech mit prächtigen Pinienwäldchen südlich des Flusses. Reizvoll sind die kleinen Flussdörfer im Landesinneren. Der Tourismus beschränkt sich fast ausschließlich auf die Halbinsel Ofir an der südlichen Uferseite.

Esposende　　　　　　　　　　　　　　ca. 2900 Einwohner

Kleiner Ort am Nordufer des Rio Cávado. Der Strand mit Villenkolonie und Restaurant ist mehr als 1 km entfernt. An die Küste baute man Wellenbrecher, um die heranrollenden Wogen zu zähmen.

> Im Nachbardorf **S. Bartolomeu do Mar** werden am Vormittag des Kirchweihtags am 24. August die kleinen Kinder in das frische Atlantikwasser getaucht. Der alte Brauch soll die Kleinen vor Halskrankheiten und Stottern schützen. Von den umliegenden Dörfern werden dann regelrechte Wallfahrten hierher unternommen, denn das heilsame Wasser soll auch den Teufel vertreiben.

Information Auditório Municipal, Mo–Sa 9.30–18 Uhr, im Winter Pause von 12.30 bis 14 Uhr. An der Uferstraße, Av. Eng. Arantes e Oliveira 72, ✆ 253961354.

Verbindungen Bus: Tägl. 4-mal nach Porto und Vila do Conde über Fão, 11-mal Póvoa de Varzim (dort in die S-Bahn umsteigen), 11-mal Viana do Castelo, 5-mal Braga und Barcelos. **Bahn**: Nächste Bahnstation in Barcelos.

Adressen Postamt, Av. Eng. Custódio Vila Boas 68.

Telefonnummern Polizei ☎ 253961233, Hospital ☎ 253963113, Taxi ☎ 253965232.

Übernachten *** Hotel Suave Mar, modernes, doppelstöckiges Hotel in Strandnähe und mit Swimmingpool im Atrium. Alle Zimmer mit Balkon, ansonsten recht eng. Einfache Möblierung. DZ mit Badewanne ca. 52–117 € je nach Lage und Saison. Av. Eng. Arantes e Oliveira, ☎ 253969400, www.suavemar.com.

*** Apartamentos Túristicos Pinhal da Foz, am nördlichen Ortsrand. Neue Anlage mit 14 Apartments für max. 4 Personen. Health-Club. 2 Pers. je nach Saison 60–90 €, 4 Pers. 90–120 €, oftmals Mindestaufenthalt. Rua João Feirreira da Silva, ☎ 253961098, www. clubepinhaldafoz.com.

Essen & Trinken Dom Sebastião, Bacalhau und *bife*, einfach und gut. Tägl. außer Mi abends. Rua Conde do Castro, 3, ☎ 253961414.

Fão/Ofir

2200 Einwohner

Ein mit Pinien bewachsener Küstenstreifen am südlichen Flussufer des Rio Cávado mit feinen Sandstränden. Fão ist ein einfaches Dorf an der Verbindungsstraße Porto – Viana do Castelo, das nichts Außergewöhnliches zu bieten hat. Am mehrere Kilometer entfernten Strand stellten Architekten Hoteltürme in den Sand – sehr zum Ärger der Villenbesitzer, die schon früher hier waren.

Bekannt unter den Fischern ist die Kapelle *Nossa Senhora da Bonança*. Dorthin pilgerten sie einmal im Jahr und ließen ihr Familienzeichen eingeritzt in der Kirchentür zurück. Auch bei stürmischer See wurde die „Muttergottes der guten Winde" um Hilfe angefleht. Die alte Kapellentür ist heute im Museum von Póvoa de Varzim zu sehen.

Ausflüge kann man zu Fuß oder mit dem Wagen den Rio Cávado flussaufwärts unternehmen und malerische Winkel und kleine Dörfer entdecken, zum Beispiel **Barca do Lago**, ein malerisches Flussdorf, dessen Krämerläden und Tascas inzwischen Gesellschaft von einer Hotel-Golf-Anlage bekommen haben. Ein bei Liebespaaren beliebter Ort ist **Marachão**, eine blau leuchtende Flusslagune inmitten üppiger, unberührter Waldlandschaft; dort lässt es sich schön auf einer alten Hochwassersperrmauer entlangspazieren.

Verbindungen Bus: Tägl. 6-mal nach Esposende, dort umsteigen.

Adressen Post, Rua Dona Ida Eires 20 in Fão.

Telefonnummern Polizei (in Esposende) ☎ 253961233, Hospital ☎ 253989300.

Übernachten Parque do Rio, Betonbau, aber romantisch mitten im Park gelegen. DZ ohne Frühstück ca. 50–90 € je nach Saison. Av. Raul de Sousa Martins, Apt. 1, ☎ 253981521, www.parquedorio.com.

Jugendherberge In Ortsmitte. DZ 26–36 €, im Mehrbettzimmer 10–13 €, Apartment für 4 Personen 42–60 € je nach Saison. Alameda Bom Jesus, ☎ 253981790, www.pousadas juventude.pt.

Camping Schattiger Platz des **Campingclubs Barcelos** in Ofir. Nach Ortsausgang Fão in Richtung Porto erst am Dorfkrankenhaus vorbei, dann rechts abbiegen. Zugang

nur mit nationaler oder internationaler Campingkarte. Mit C.C.N. pro Person 1,76 €, Zelt 2,96–4,87 €, Auto 1,87–2,02 €. Mit F.I.C.C. pro Person 4,39–1,75 €, Zelt 5,37–8,85 €, Auto 3,40–3,68 €. Ganzjährig geöffnet. ☎ 253981777, www.cccbarcelos.com.

Essen & Trinken A Lareira, schönes Restaurant in Fão mit leckerer regionaler Küche. Hauptgericht ab 9 €. Tägl. (außer Mo). Rua dos Bombeiros Voluntários, ☎ 253981588.

Rita Frangueira, leckere Gerichte, die im 1. Stock serviert werden. Tolle Süßigkeiten zum Nachtisch. Hauptgericht ab ca. 8,50 €. Tägl. (außer Mi). Rua Azevedo Coutinho 23, ☎ 253981442.

Bar de Fão, an der Straße Ofir – Fão. Schattig gelegen, aufwendig modern. Kleine Speisen, Cocktails, Kaffee. Im Winter geschlossen. Av. da Praia, ☎ 253981472.

Apúlia
4300 Einwohner

Ein sympathisches, aber besonders an Wochenenden chaotisches Badedorf, wenn sich zu den Urlaubern die Tagesausflügler aus der nahen Stadt gesellen. Die früheren Bootshäuser und die Windmühlen am nördlichen Dorfausgang dienen heute als Wochenendhäuser. Dort gibt es auch kleine Tavernen mit gegrillten Sardinen und anderem Meeresgetier. Im alten Dorf wohnen hauptsächlich Fischer und Seetangsammler, die den Bauern die Meerespflanzen als Dünger verkaufen. Aber auch hier „Hähnchenverkohlanlagen", die den ganzen Ort in Qualm hüllen.

Der lange, breite Strand ist sauber und einladend, wird aber unter Wasser an vielen Stellen felsig.

Essen & Trinken   Ca. 1,5 km außerhalb, am Weg nach Ofir liegen etwa 6 empfehlenswerte Tavernen nebeneinander, schon von Weitem erkennbar durch die „Rauchzeichen" der monströsen Holzkohlegrills. Exzellenten *Arroz de marisco* bei Cabana. Die Preise für Meeresfrüchte sind hier niedriger als sonst.

Barcelos
ca. 20.000 Einwohner

Ein geschäftiges Provinzstädtchen mit Atmosphäre und das Zentrum des nordportugiesischen Kunsthandwerks. Das Dorf liegt in einer fruchtbargrünen Landschaft am ausgewaschenen Flussbett des Rio Cávado. Am Ufer beugen sich Trauerweiden weit übers Wasser.

Von Barcelinhos („Klein-Barcelos"), dem Dorf am anderen Ufer, hat man den besten Blick auf Barcelos. Einen Überblick von oben gibt der Wehrturm am Largo da Porta Nova, in dem örtliche Handwerker ihre Waren verkaufen. Am besten fährt man an einem Mittwoch nach Barcelos, um gleich am Donnerstagmorgen auf dem

Alte Gemäuer in Barcelos

Wochenmarkt (ca. 8–17 Uhr) herumstöbern zu können. Um den Brunnen am weitläufigen Campo da República verkaufen die Handwerker Töpfergeschirr, geflochte-
tene Körbe, Möbel, Schnitzereien und gewebte Wandteppiche, aber auch Gemüse,
Hühner und andere landwirtschaftliche Produkte. Populäre Portugalmitbringsel
sind die Figürchen der Marschmusikanten und der grellfarbige Hahn, den man
überall in Portugal bekommt, allerdings teurer als hier.

Der **Barcelos-Hahn** erinnert als bunte Ton-
figur in jedem Souvenirshop an eine Legende
aus dem 14. Jahrhundert. Eines Tages kam ein
galicischer Pilger durch Barcelos, und unglücklicherweise fahndete der Dorfpolizist schon seit
Wochen nach dem Schuldigen einer Untat. Auch
dem Richter kam der fremde Galicier gerade recht,
und er machte kurzen Prozess: In der Schlinge sollte
der vermeintliche Täter sterben. Vor seiner Hinrich-
tung deutete der Todeskandidat auf die von ihm verweigerte Henkersmahlzeit und verkündete: „Dieses
knusprige Hähnlein wird meine Unschuld auskrähen.“
Als der Brathahn dann wirklich krähte und heftig mit
den Flügeln schlug, hatte sich die Falltür schon geöffnet. Nur der verklemmte Henkersknoten rettete dem
Galicier das Leben.

Wer sich für die Töpferkunst interessiert, sollte den Besuch des 2015 vergrößerten
Museu da Olaria in der Rua Cónego Joaquim Gaiolas nicht verpassen. Das Haus
gibt einen guten Überblick über die verschiedenen Keramikstile Portugals, ange-
fangen in Barcelos über die Azoren und Estremoz bis Miranda do Corvo.
Di–Fr 10–17.30, Sa/So 10–12.30 und 14–17.30. Eintritt so lange frei, bis das neue Museum
vollständig eingerichtet ist.

Das **archäologische Museum** findet man im *Paço dos Duques de Bragança*, in der
Nähe der ebenfalls sehenswerten gotischen **Ponte Medieval**. Der Palast wurde vom
Erdbeben 1755 fast vollständig zerstört. Im Museum kann man neben Menhiren
römische Säulen, Azulejos und ein Kreuz aus dem 14. Jh. bewundern. Letzteres soll
dem Pilger gehört haben, dem der legendäre Barcelos-Hahn das Leben rettete.
Tägl. 9–17 Uhr. Eintritt frei.

An den Palast schließt sich die gotische **Igreja Matriz** an, die noch einige romanische Stilmerkmale aufweist.

Kunstvolle Joche

Jugos, Zugjoche, sind mit Schnitzereien verzierte Holzplatten, mit denen
die Ochsen vor die zweirädrigen Karren gespannt wurden. Am wertvollsten
sind die historischen Bretter aus Hartholz, die Bretter vom Markt sind meist
aus Fichtenholz geschnitzt und nur zur Dekoration geeignet. Eine Schnitzer-
werkstatt gibt es im Dorf *Carvalhal*, ca. 4 km außerhalb in Richtung Braga.
Der Schnitzer Arménio Coalho arbeitet fast eine Woche an einem Brett.

Basis-Infos

Information Turismo Centro de Interpretação, Mo–Mi und Fr 9.30–18 Uhr, im Winter nur bis 17.30 Uhr, Do und Sa 10–13 und 14–17 Uhr, So nur im Sommer 10–13 und 14–17 Uhr. Hinter dem Wehrturm Torre de Menagem am Largo Dr. José Novais. ℡ 253811882.

Verbindungen Bus: Zentraler Busbahnhof an der Av. das Pontes im Vorort Arcozela, ca. 1 km Richtung Norden. Hier starten die Busse aller Gesellschaften: 4-mal tägl. (außer Sa/So) nach Viana do Castelo, 5-mal Esposende, 3-mal Porto, 8-mal Póvoa de Varzim, 5-mal nach Ponte de

Lima, stündl. nach Braga und 3-mal nach Lissabon. Alle Verbindungen am Wochenende seltener.

Bahn: 14-mal tägl. nach Viana do Castelo, 9-mal nach Vila Praia de Âncora, Caminha und Valença, 12-mal nach Braga (mit Umsteigen in Nine) sowie 11-mal nach Porto (davon 6-mal direkt).

Adressen Post, Jardim dos Barrocas.

Telefonnummern Polizei ℡ 253832500 und 253832660, Hospital ℡ 253809200, Taxi ℡ 253811299.

Übernachten/Essen & Trinken

*** **Hotel do Terço** ❷, am Rande der Altstadt; 37 modern eingerichtete Zimmer, teilweise mit Balkon. Höhepunkt ist die Bar im obersten Stockwerk. DZ je nach Saison ca. 45–65 €. Rua de São Bento 7, ✆ 253808380, www.hoteldoterco.com.

** **Dom Nuno** ❶, 3-stöckiger Neubau nordöstlich vom Campo da República. Zimmer z. T. mit Balkon. DZ 40–60 € je nach Saison. Av. D. Nuno Álvares Pereira 76, ✆ 253812810, www.hoteldnuno.com.

Turismo de Habitação Quinta de Santa Comba, ca. 5 km außerhalb von Barcelos. Barockes Anwesen mit eigener großer Kapelle. Hier vermieten noch „echte" Bauern, die sich um Mastochsen und Maisanbau kümmern. Für die Gäste steht ein Pool zur Verfügung. Auch Gelände für Hundetraining. DZ ca. 65–80 €, Apartment T 2 ca. 130 €. Lugar de Crujães, ✆ 253832101, www. stacomba.com.

Bagoeira ❹, typisch portugiesische Küche. Fast schade, dass Küche und Restaurant in den 1990ern renoviert wurden, die Küche und die Einrichtung waren museumswürdig. Das Essen ist preiswert und gut, Hauptgericht ab ca. 7,50 €, dazu gibt's derbes Schwarzbrot. Av. Dr. Sidonio Pais 57, ✆ 253811236.

Furna ❸, tägl. (außer Mo). Etwa 100 m hinter der Markthalle. Viele Bacalhau-Gerichte. Hauptgericht ab 7,50 €. Im Obergeschoss ein Restaurant. Largo da Madalena 105, ✆ 253811177.

Gutshaus bei Barcelos

Töpferdörfer Galegos S. Martinho, Sta. Maria und Manhente

Die Dörfer liegen ca. 5 km außerhalb, an der Straße nach Prado. Fast jede Familie hat eine eigene Töpferwerkstatt, die Konkurrenz ist groß. Zu den bekanntesten Töpferinnen zählen die Senhoras der Familie Pias, die bunt bemalte Figuren fertigen, und die beiden Schwestern *Rosa* und *Ana Côta*, die von ihrer Mutter, der 1977 verstorbenen berühmten Rosa Ramalho, das Talent vererbt bekamen. Letztere haben ihre Werkstatt in *Lugar das Casas Novas-Manhente*. Dort kann man sehen, wie flink die Hände gehen. Die surrealistischen Figuren in den Ladenregalen sehen aus wie die Gestalten aus Bildern von Hieronymus Bosch. Beliebtes Motiv von *Júlia Ramalho* sind die sieben Laster in Form von Tiermenschen: Da kriechen der Wut die Schlangen aus dem Rachen, und würgend drückt sie kleine Männlein an ihren Körper, denen die Zunge heraushängt. Insgesamt aber dominieren religiöse Motive wie der Gekreuzigte und das Abendmahl.

Einmal im Jahr, meist Ende August, findet im Park neben dem Hospital eine kleine Kunsthandwerksmesse statt, auf der die Kunstkeramiker der Region mit einem Stand vertreten sind. Auch im Wehrturm von Barcelos ist eine Auswahl zum Verkauf zu sehen. Aber auch in den Ateliers auf dem Land sind Interessenten willkommen.

Mittlerweile offen für jedermann: die Gärten des Bischofs

Braga   ca. 130.000 Einwohner

Eine geschäftige Stadt mit Industrie, eine moderne Universität und im
historischen Zentrum Kirchen, Parkanlagen und die Residenz des Erzbischofs – Braga ist eine Stadt der Gegensätze.

Besonders schön zeigt sich der Jardim Santa Barbara mit blühenden Blumenbeeten
und dem zackigen Gemäuer der angrenzenden alten Bibliothek. Doch im fernen
Lissabon spöttelt man über die fromme Stadt wegen Bom Jesus, dem heiligen Berg
am Stadtrand, den manche Pilger sogar auf den Knien erklimmen. Die Frömmigkeit
zeigt sich auch in einer Statistik: In Braga besuchen, so heißt es, ca. 60 % der Bevölkerung regelmäßig den Gottesdienst, in Beja (Alentejo) dagegen sollen es keine
10 % sein. Das scheint dem portugiesischen Sprichwort recht zu geben, dass in
Porto gearbeitet, in Coimbra studiert, in Lissabon gelebt und in Braga gebetet wird.

Die Stadt ist bis heute das katholische Zentrum des Landes, das „portugiesische
Rom" und entsprechend konservativ. Schon der Putsch, der 1926 Diktator Salazar
an die Macht brachte, ging von Braga aus. Doch der Einfluss der Theologen in der
Stadt wird weniger. In der Universidade do Minho sind heute rund 19.000 Studenten eingeschrieben, hauptsächlich Geistes- und Sozialwissenschaftler, die Ingeni-
eure studieren im benachbarten Guimarães. Nicht zuletzt die Studenten haben
Braga in Sachen Altersstruktur zu einer der jüngsten Städte Europas gemacht.

Stadtgeschichte: Bracari nannten die ersten keltischen Siedler diesen Ort, der im
2. Jh. v. Chr. von den Römern erobert wurde. In Bracari trafen sich fünf wichtige
römische Straßen, und ganz Galicien – damals das ganze Land nördlich des Rio
Douro – wurde von hier verwaltet. Nach dem Zusammenbruch des Römischen
Reichs wurde Braga für 175 Jahre die Kapitale der Sueben und erstmals christlich.
Der heilige Martin war der erfolgreiche Missionar, der Mann, der den Portugiesen
angeblich auch die Durchnummerierung der Wochentage beibrachte (z. B. Montag
= Segunda-feira (2ª), Dienstag = Terça-feira (3ª) usw.). Bereits damals wurden die

ersten Kirchen gebaut, und 561 wurde sogar ein Konzil abgehalten. Danach kamen die Goten und 715 erstmalig die Mauren. Später holte König Alfonso III. von Asturien die Stadt zurück ins christliche Abendland. Doch die Kalifen von Córdoba waren stärker und holten sie sich 985 zurück. Dom Ferdinand I., König von León, zwang die Mauren schließlich endgültig in die Knie.

Sehenswertes

Praça da República: Der weitläufige Platz mit Brunnen und Wasserspielen ist der Mittelpunkt der Stadt. Hier befinden sich das Touristbüro und im Untergrund ein Parkhaus. Eine Reihe gut besuchter Straßencafés reiht sich an der Westseite unter den Arkaden. Am Ostende geht der Platz in die Grünanlagen der *Avenida Central* über, wo drei Spitzpyramiden an den Besuch von Papst Johannes Paul II. im Jahr 1982 erinnern.

Sé: Die Kathedrale ist ein romanischer Bau aus dem 12. Jh. Herzog Dom Henrique ließ ihn an der Stelle erbauen, an der 400 Jahre früher die von den Mauren zerstörte Santa-Maria-Kirche stand. An der Choraußenwand in der gleichnamigen Straße lächelt die bekannte „Milchmadonna" (Nossa Senhora do Leite), die das Jesuskindlein stillt – eine Kopie des kostbaren Originals.

Der Haupteingang führt durch eine spätgotische Vorhalle hinein. Innen, am Fuß des Taufbeckens, frönt ein Löwe seiner Gefräßigkeit und verspeist ein Engelchen. Jüngeren Datums ist der 1532 erbaute Chor mit dem reich verzierten Hochaltar im manuelinischen Stil.

Der sehenswerte *Domschatz* ist in einem Museum ausgestellt, die Nebenkapellen mit interessanten Grabmälern sind frei zugänglich:

Königskapelle (Capela dos Reis): Hier stehen die Sarkophage Heinrichs von Burgund und seiner Gemahlin Teresa. Sie waren die Eltern von Afonso Henriques, dem ersten portugiesischen König.

São-Geraldo-Kapelle: Benannt nach dem ersten Bischof von Braga, den Graf Heinrich aus Frankreich „importierte" und dessen Sarkophag wie ein Altar errichtet wurde, auf dem man die heilige Messe zelebrierte. Die Azulejos aus dem 18. Jh. zeigen Episoden aus dem Leben des Heiligen.

Capela da Glória: Die Fresken mit geometrischen Mustern im arabischen Stil wirken fast unchristlich. Im reich verzierten Sarkophag in der Mitte des Raums ruht Bischof Gonçalo Pereira.

Der Rundgang durch das **Dommuseum** zeigt neben farbenprächtigen Messgewändern, Goldkelchen und Erzbischöfen in Öl auch einige außergewöhnliche Stücke. Im 1. OG steht das Eisenkreuz, vor dem der Brasilienentdecker Pedro Álvares Cabral im Jahre 1500 die erste Messe auf brasilianischem Boden lesen ließ. Das älteste Stück der Sammlung ist ein Silberkelch aus dem 9. Jh. Am Ende der Führung gelangt man in den oberen Chor, in dem die geschnitzten Holzstühle für die Domkapitulare stehen. Hier kann man auch das Gesamtkunstwerk der üppigen Rokoko-Orgel aus der Nähe betrachten.

Kirche: Tägl. 9.30–12.30, 14.30–18.30, im Winter bis 17.30 Uhr, Eintritt Kreuzgang frei, Kirche 2 €, Museum, Hochchor und Seitenkapellen 4 €, Kombiticket 5 €. Museum: Geöffnet wie die Kirche, Mo geschlossen. Eintritt 2 €.

Biscainhos-Museum: Der Besuch ist eine Zeitreise in das Leben einer Adelsfamilie des 18. Jh., eine Zeit, als noch die niedrigen Stände zu Fuß gingen – während sich die Edelleute zu Pferd bewegten oder in der Kutsche zum Ziel schaukelten. Geschmackvoll präsentierte Einrichtungsgegenstände und Mobiliar. Interessant: der

Minho → Karte S. 144/145

Die Kathedrale von Braga:
romanischer Ursprung mit zahlreichen Um- und Anbauten

eigene Ballsaal und die luxuriösen Pferdeboxen. Der Name Biscainhos bedeutet Bewohner der baskischen Provinz Vizcaya. An der Stelle des Palastes campierten einst die baskischen Steinmetze, die beim Bau der Kathedrale beschäftigt waren.
9.30–12.45/14–17.30 Uhr, Mo/Feiertag geschlossen. Eintritt 2 €, Cartão Jovem und Rentner 1 €.

Kapelle S. Frutuoso: 3,5 km außerhalb in Richtung Ponte de Lima. Ein seltenes Beispiel für eine vorromanische Kirche, die mit ihrem kreuzförmigen Grundriss byzantinisch wirkt. Die hufeisenförmigen Muster unterhalb des Dachs sind westgotischen Stils, während die Fenster arabische Elemente aufweisen. Die Kapelle wurde als Grabstätte für den westgotischen Bischof, den heiligen Frutuoso, erbaut, der am 18. April 665 starb. Der Bau wurde wahrscheinlich im 11. Jh. erneuert, nachdem er während der Maurenherrschaft verfallen war. Die Kapelle ist heute praktisch eine Seitenkapelle der größeren, im 18. Jh. errichteten Kirche Montélios.
Unregelmäßig geöffnet. Eintritt frei.

Estádio Municipal: Das Fußballstadion am nördlichen Stadtrand wurde anlässlich der Europameisterschaft 2004 für 72 Millionen Euro vom Architekten Souto Mouro als bizarres Kunstwerk errichtet. 1,7 Millionen Kubikmeter Stein wurden aus dem Felsmassiv Monte Castro herausgesprengt, um das Stadium als Amphitheater in den Felsen hineinzubauen, der die Begrenzung hinter dem südlichen Tor bildet. Hinter dem nördlichen Tor öffnet sich das Stadion zur Landschaft, Zuschauerplätze gibt es nur auf Tribünen an den beiden Längsgeraden. Die Tribünendächer wurden der Bauweise der Inkas nachempfunden, sie sind durch 68 Stahlseile miteinander verbunden. Technisches Highlight ist die weltweit größte Anzeigentafel.
Führungen Mo–Fr 10.30 und 15.30 Uhr. Eintritt 6 €, Studenten und Rentner 4 €.

Basis-Infos

Information Turismo, Mo–Fr 9–13 und 14–18.30, Sa/So 10–13 und 14–18 Uhr, im Sommer oft länger. Hier gibt es die monatl. aktualisierte „Braga Cultural" mit den wichtigsten Infos. Praça da República 1, Ecke Av. Central/Av. Liberdade, ✆ 253262550.

Braga Card

Die 5 € teure Karte ist zwei Tage gültig und gewährt zahlreiche Nachlässe, etwa 50 % auf den Eintrittspreis der meisten Sehenswürdigkeiten und 10 % auf den Übernachtungspreis vieler Hotels. Der Pass kann man im Turismo und den teilnehmenden Einrichtungen erwerben.

Verbindungen Bus: Von Braga aus ausgezeichnete Busverbindungen in alle Richtungen. Busbahnhof zentral hinter der Markthalle an der Av. General Norton de Matos. Flughafenshuttle nach Porto 9-mal tägl. (So fast halbstündl. nach Porto und Guimarães, 10-mal Barcelos, 8-mal nach Lissabon, 10-mal Ponte de Lima, 7-mal Gerês, 10-mal Vila Real, seltener Viana do Castelo, 8-mal nach Coimbra, Fatima, 1-mal an Wochentagen nach Monção, 6-mal Bragança, 2-mal Chaves über Bóticas,

7-mal Amarante, 4-mal Viseu, 4-mal Guarda, 4-mal Castelo Branco, 1-mal Portalegre, 1-mal Évora, 1-mal Estremoz und Beja, 2-mal Albufeira . Am Wochenende seltener.

Bahn: Bahnhof am Largo da Estação am westlichen Stadtrand. Tägl. 34 Direktzüge nach Porto, 6 Direktzüge nach Lissabon und einer nach Faro. 21-mal tägl. gehen Züge nach Viana do Castelo über Barcelos, 9-mal nach Vila Praia de Âncora, Caminha und Valença (mit Umsteigen).

Stadtverkehr: Das gut ausgebaute Bussystem bietet 72 (!) Buslinien, davon 13 Abend- und Nachtbuslinien. Infos bei TUB, Transportes Urbanos de Braga, ✆ 253606890, www.tub.pt.

Adressen Postamt in der Rua do Raio 175.

Einkaufen Markt für Handwerker und Gemüsehändler jeden Di auf dem Messegelände (nördlicher Stadtrand).

Feste Kirchweihfest von São João mit Folklore und Festumzug vom 23. bis 25. Juni.

Semana Santa („heilige Woche"), gemeint ist die vorösterliche Karwoche mit mehreren Prozessionen. Die eindrucksvollste ist die Ecce-Homo-Prozession, wenn fackeltragende, barfüßige Büßer durch die Stadt ziehen.

Telefonnummern Polizei ✆ 253200420 und 253215444, **Hospital** ✆ 253253253, **Taxi** ✆ 253683228.

Übernachten/Camping → Karte S. 180/181

Wer die Hotelsuche in der Braga scheut, kann in grüner Umgebung bei Bom Jesus in einem Hotel absteigen (→ S. 183).

**** Mercure Braga Centro 19, bestes Hotel im Zentrum. Zu den Annehmlichkeiten gehören Minibar, Kaffeekocher und eigene Garage (gegen Gebühr). Je nach Buchungsbedingungen sehr unterschiedliche Preise ab 50 € pro Zimmer (ohne Frühstück). Praceta João XXI., ✆ 253206000, www.accorhotels.com.

** Hotel Ibis 4, modernes Hotel mit gut ausgestatteten Zimmern. Die Flure sind allerdings niedrig. DZ 35–49 € je nach Saison und Buchungsbedingungen (ohne Frühstück). Rua do Carmo, 38, ✆ 253204800, www.ibis.com.

Albergaria da Sé 16, in kleiner Fußgängerzone hinter der Kathedrale. Die nur 12 Zimmer sind nicht ganz so luxuriös ausgestattet, wie es das feine Ambiente vermuten lässt, doch haben sie allen notwendigen Komfort. Angeschlossen ist ein Restaurant, das auch auf der Terrasse serviert. DZ ca. 50 €. Rua Dom Gonçalo Pereira, 39-51, ✆ 253214502, www.albergaria-da-se.com.pt.

** Hotel Dona Sofia 13, zentral gelegenes Haus mit großen, relativ modern eingerichteten Zimmern. DZ je nach Saison ab 65 €. Largo São João do Souto 131, ✆ 253263160, www.hoteldonasofia.com.

Minho → Karte S. 144/145

** **Bragatruthotel** , der alte Palast in der Altstadt wurde innen aufwendig renoviert und teilweise neu gebaut. Geräumige, ordentlich ausgestattete Zimmer mit Badewanne. Lift vorhanden. DZ ca. 45–55 €. Rua de S. Marcos 80, ✆ 253277177, www.truthotel.com.

Braga Pop Hostel 2, im nördlichen Zentrum. 5 farbenfrohe Zimmer, Terrasse und Radverleih. DZ ab 38 €, Bett im Schlafsaal ab 16 €. Rua do Carmo 61-3, ✆ 253058806, http://bragapophostel.blogspot.pt.

Jugendherberge Pousada de Juventude Braga 3, zwei DZ und Schlafsäle mit 8 oder 10 Betten, Selbstkocherküche, Frühstück möglich. Insgesamt 60 Betten. DZ ca. 27 €, im Mehrbettraum ca. 10 €. Rua de Santa Margarida 6, ✆ 253616163, www.pousadasjuventude.pt.

Camping Parque da Ponte, ziemlich klein, terrassenartig, im unteren Teil sehr schattig. Bademöglichkeit nebenan im städtischen Schwimmbad. Je nach Saison pro Person 2,50–3,50 €, Zelt 2,50–6,25 €, Auto 1,42–2,50 €. Der Platz schließt um 23 Uhr! Ganzjährig geöffnet. São Lazaro, südlich an der Straße EN 101 in Richtung Guimarães, ✆ 253273355.

Bom Jesus **** Hotel do Elevador, am Berghang inmitten des üppig grünen Bom-Jesus-Parks und mit tollem Blick. Das Hotel wurde Ende der 1960er-Jahre für Pilger gebaut. Zimmer geräumig, meist mit Balkon, dekorative Möbel. DZ 79–102 € je nach Saison. Ca. 5 km außerhalb, direkt bei der Kirche Bom Jesus, ✆ 253603400, www.hoteisbomjesus.pt.

Turismo de Habitação Casa dos Lagos, auf halbem Weg zwischen Talstation und Kirche, links an der Straße. Tolle Zimmer mit Balkon zur straßenabgewandten Seite (Blick auf Braga). DZ ca. 80 €, auch Apartments für 140 €. ✆ 917928891 (mobil), http://casadoslagosbomjesus.com/pt.

Essen & Trinken

Das Essen in Braga scheint teuer zu sein, doch die Qualität ist meist sehr gut, und die Portionen sind überaus üppig. Manche Portugiesen sind der Meinung, dass Braga die Stadt sei, in der man am besten isst.

≫ **Mein Tipp:** Inácio 14, hier wird die traditionelle, sprich deftige Küche gepflegt. Gemütlicher Speiseraum mit alter Holzdecke

Nachtleben
5 GNRation
7 Insólito
8 Velha-a-Branca
9 Café A Brasileira
17 Latino Caffé Caffé
20 Sardinha Biba

Museu dos Biscainhos

Neues Stadttor

Übernachten
2 Braga Pop Hostel
3 Jugendherberge
4 Ibis
10 Bragatruthotel
13 Dona Sofia
16 Albergaria da Sé
19 Mercure Braga Centro

Essen & Trinken
1 Gosto Superior
6 Casa Pimenta
11 Adega Malhoa
12 Taberna do Felix
14 Inácio
15 Bem-me-quer
18 A Ceia

und gemauerter Granitwand. Viele Spezialitäten, z. B: *Pescada* (Schellfisch) mit Zwiebelsoße (ca. 16 €), andere Hauptgerichte ab
etwa 11 €. Tägl. (außer Di). Campo das Hortas 4, ℡ 253613235. ≪

Bem-me-quer [15], im „Blümchen" zieren
hübsche Schwarzweißfotos des alten Braga
die Wände. Hauptgericht ab 13 €. Campo
das Hortas 6, ℡ 253262095.

Casa Pimenta [6], üppige Portionen, die
auch für drei reichen. Gute Auswahl an regionalen Weinen. Hauptgericht ab 8,50 €
(halbe Portion). Tägl. (außer Do). Praça Conde de Agrolongo 46-48, ℡ 253262119.

Taberna do Felix [12], kleines, beliebtes Restaurant in der Nähe der Kathedrale. Hauptgericht aus der Region ab ca. 10 €, Tapas
ab 4 €. Besser reservieren. Tägl. (außer So)
nur abends geöffnet. Rua da Praça Velha
18-19, ℡ 253617701.

A Ceia [18], einen Katzensprung vom Turismo. Tägl. gute Auswahl an üppigen, gut zubereiteten Tagesgerichten. Auch halbe Portionen. Wer es eilig hat, setzt sich an die
Theke. Hauptgericht ab 6,50 €. Tägl. (außer
Mo). Largo do Rechicho/Rua do Raio, 331,
℡ 253263932.

Adega Malhoa [11], westlich der Kathedrale.
Typische Tasca mit nur 35 Plätzen und regionalen Gerichten wie Bacalhau, Sardinen
mit Bohnenreis oder Fleischeintöpfe. Leider
inzwischen mit störendem Fernseher. Hauptgericht ab 7,50 €. Tägl. (außer Mo). Rua
Dom Paio Mendes 19, ℡ 964005971 (mobil).

🌿 **Gosto Superior** [1], im Nordosten nahe
dem Zentrum. Das einzige vegetarische
Restaurant Bragas heißt auf Deutsch
„vortrefflicher Geschmack". Daran müssen
sich der Vollwertreis mit Brokkoli und Blu-
menkohl oder die Gemüsetorte messen
lassen. Hauptgericht um 6 €, kleine Speisen
ab 4 €. Tägl. (außer So). Praça Mouzinho de
Albuquerque 29, ℡ 25321768. ■

⟨Cafés/Nachtleben

→ Karte S. 180/181

Café A Brasileira [9], originelles Kaffeehaus
im Herzen von Braga. Immer gut besucht
und voller Leben. Nicht so teuer wie das
Lissabonner Pendant. Largo do Barão de S.
Martinho.

Sardinha Biba [20], luftig hohe Halle mit
Schrägdach und viel Glas. Zur Seite ein
Open-Air-Schwimmbad. Wer ein Bad
nehmen will, sollte wissen, dass man nass
nicht über die Tanzfläche laufen darf. Die
Musik pendelt zwischen Latino und Pop.
Praça Dr. Cândido da Costa Pires. Fr und
Sa, teils auch Mi 23–6 Uhr.

Insólito [7], die Lieblingsbar der Studenten.
Alternative Musik, auch Pop und Rock,
gute Stimmung. Tägl. (außer So) 22–4 Uhr.
Av. Central 45.

Velha-a-Branca [8], Bar, Kulturzentrum,
Konzertsaal. Seit der Eröffnung 2004 einer
der angesagtesten Alternativtreffs in Braga.
Di–Sa 21–1 Uhr, im Sommer oft auch nachmittags. Largo da Senhora-a-Branca 23.

GNRation [5], im Zentrum. Aus dem Hauptquartier der Polizei (GNR) wurde ein Kultur-
haus mit Ausstellungen, Konzerten, Theater. Praça Conde de Agrolongo 123, www.
gnration.pt.

Latino Caffé Caffé [17], südliche Altstadt.
Trotz der rustikalen Holzeinrichtung ist die

Bar bei Studenten sehr beliebt. Manchmal
auch Livemusik. Rua do Anjo 56.

In dem Viertel gibt es noch einige weitere
angesagte Bars. Di–Sa 21.30 bis mindestens 2 Uhr.

Nicht wegzudenken aus dem
katholischen Braga: die zahlreichen
Semana-Santa-Prozessionen

Schweißtreibender, aber lohnender Aufstieg zur Igreja Bom Jesus

Minho → Karte S. 144/145

Umgebung von Braga

Mosteiro de São Martinho de Tibães: Fast wäre das frühere Mutterhaus der portugiesischen und brasilianischen Benediktinermönche zur Ruine verfallen. Doch in den 1980ern wurde es vom Staat gekauft und liebevoll restauriert, soweit die ursprünglichen kostbaren Original-Azulejos rekonstruiert werden konnten. Das Gebäude des Klosters ist immer noch eines der imposantesten barocken Bauwerke Portugals. Schön auch die Gärten, die zu langen Spaziergängen einladen. Im angeschlossenen Hotel kann man nächtigen.

Tägl. (außer Mo) 10–19 Uhr, Nov.–März 10–18 Uhr. Eintritt 4 €, mit Cartão Jovem, Studenten und über 65 J. 2 €.

Bom Jesus: Vielbesuchter Wallfahrtsberg, ca. 5 km südlich von Braga. Seit Jahrhunderten in Kirchenbesitz, wuchert der Wald ungestört vor sich hin, schön für Spaziergänge.

Am Fuß des Berges beginnt ein Kreuzweg zur 500 Stufen höher gelegenen barocken Wallfahrtskirche (1837). Die im Zickzack verlaufenden Treppenpaare sind mit weltberühmten Wandbrunnen geschmückt. Der erste symbolisiert die Wunden Christi, die nächsten die fünf menschlichen Sinne (das Wasser tropft aus Augen, Nase, Mund, Ohren und Händen), die letzten verkörpern die drei Tugenden Glaube, Hoffnung und Liebe. Im oberen Bereich Granitfiguren mit Heiligengestalten aus dem Neuen Testament.

Man kann auch bequem mit der wassergetriebenen *Kabelbahn* hochfahren: Ein Wassertank in der oberen Kabine wird mit Wasser gefüllt und zieht bei der Talfahrt die untere hoch. Das Wasser wird oben am Berg aus einem kleinen Teich gezapft – pro Fahrt werden 3500 Liter benötigt! Oben können auch Ruderboote gemietet werden.

Den Wagen lässt man am besten am Fuß des Berges stehen und geht zu Fuß oder fährt mit der Bahn hoch. Buslinie 02 ab Braga 2-mal stündl. (jeweils 10 und 40 Min. nach jeder vollen Std., Sa/So seltener) ab der Av. da Liberdade.

Sameiro: Bom Jesus war für echte Wallfahrer die erste Etappe ihrer Bergtour. Noch einmal 200 Meter höher liegt eine weitere Kirche, die moderne Wallfahrtsbasilika **Nossa Senhora do Sameiro**, nach Fátima der wichtigste Pilgerort Portugals. Die Basilika entstand erst Anfang des 20. Jh. Auf den riesigen Vorplatz passen Tausende von Pilgern.

Guimarães   ca. 55.000, Kreis ca. 160.000 Einwohner

Der Ort am Bergfuß der bewaldeten Serra da Penha gilt als die Geburtsstadt Portugals. Die gut erhaltene Altstadt und zahlreiche Sehenswürdigkeiten machen Guimarães zu einer der attraktivsten Touristenstädte des Landes, 2012 war es europäische Kulturhauptstadt.

Guimarães spielt auch in der Wirtschaft Portugals eine bedeutende Rolle, das ökonomische Standbein ist die Textil- und Lederindustrie, die Umgebung von Guimarães ist geprägt von Fabrikanlagen. Doch sind die Zeiten der Kinderarbeit und der Umweltverschmutzung durch ungefilterten Rauch aus den Kaminen zum Glück vorbei. Wer heute Guimarães besucht, genießt die landschaftliche Idylle und die Schönheit dieser historischen Stadt.

Stadtgeschichte: Vermutlich zwischen 959 und 968 wurde das *Castelo de Vimaranes* errichtet, das der Stadt später den Namen gab. Die Burg wurde dank der *Mumadona Dias*, Gräfin von Portugal, errichtet, um die junge Bevölkerung vor normannischen Einfällen zu schützen. Eben diese junge Leute sollten nämlich die Grafschaft *Condado Portucalense* begründen und aufbauen. Als Beauftragter Afonsos III. von Asturien übernahm *Vímara Peres* die Burg (und ihre Bewohner) und machte sie zum Verwaltungssitz der neuen Grafschaft. Ab diesem Zeitpunkt war Guimarães die Hauptstadt des Condado Portucalense und wird deshalb als Geburtsstätte Portugals bezeichnet. Jeder Besucher wird bis heute mit dem Satz „Aqui nasceu Portugal" (Hier ist Portugal geboren) begrüßt, der in riesigen Lettern an der Stadtmauer prangt.

Unter Conde Dom Henrique wurde die Festung ausgebaut, in ihr soll Portugals erster König, *Dom Afonso Henriques*, geboren worden sein. Gleich in der Nähe der Stadt, auf dem Campo de São Mamede, siegte der junge Infant am 24. Juni 1128 bei einem Kampf mit galicischen Edelmännern. Danach übernahm er die Regierung der Grafschaft, die er kurz darauf zum Königreich erklärte.

Sehenswertes

Castelo: Auf dem Hügel oberhalb der Altstadt kann man das Castelo besuchen, das in der Mitte des 10. Jh. errichtet und bis ins 14. Jh. immer wieder umgebaut und erweitert wurde. Unter *D. Dinis* wurde die Festung von einer 2000 m langen Mauer umgeben, von der heute nur noch ein kleiner Teil erhalten ist. Die Festung ist bewehrt mit acht viereckigen Türmen, die den 27 m hohen *Torre de Menagem* (Burgfried) umgeben. Der Burgfried kann von innen bestiegen werden, durch eine kleine Dachluke gelangt man in luftiger Höhe ins Freie.

Etwas unterhalb der Burg steht die *Igreja do São Miguel do Castelo*, ein karges, leeres Kirchchen im romanischen Stil. Erbauen ließ es *Conde D. Henrique* im 12. Jh. Auf seine historische Bedeutung wird gerne hingewiesen und der Tourist bereitwillig hineingeführt, wurde hier doch angeblich der erste König Portugals getauft.

Burg und Kirche tägl. 9–18 Uhr. Eintritt frei. Der Bergfried ist zeitweise geschlossen.

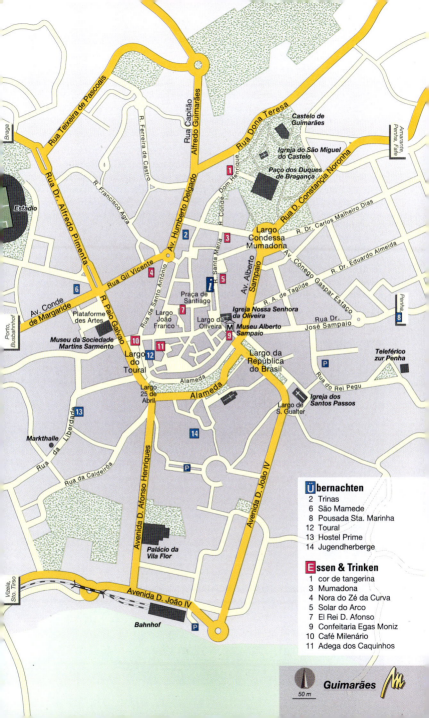

Castelo de Guimarães

Igreja do São Miguel do Castelo

Paço dos Duques de Bragança

Estadio

1

2

3

Largo Condessa Mumadona

5

Praça de Santiago

4

6

Av. Conde de Margaride

Plataforme des Artes

Museu da Sociedade Martins Sarmento

Largo João Franco

7

Largo da Oliveira

Igreja Nossa Senhora da Oliveira

M Museu Alberto Sampaio

9

10

11

12

Largo do Toural

Largo da República do Brasil

Teleférico zur Penha

8

Largo 25 de Abril

Alameda

Alameda

Largo de S. Gualter

Igreja dos Santos Passos

13

Markthalle

14

Palácio da Vila Flor

Bahnhof

Avenida D. João IV

Avenida D. João IV

Rua Teixeira de Pascoais

Rua Capitão Alfredo Guimarães

Rua Dona Teresa

Rua Dr. Alfredo Pimenta

Rua Gil Vicente

R. Palo Galvao

Av. Humberto Delgado

Santa Maria

Rua de Santo António

Av. Alberto Sampaio

Rua D. Constância Noronha

R. Dr. Carlos Malheiro Dias

Av. Cónego Gaspar Estaço

R. Dr. Eduardo Almeida

Rua Dr. José Sampaio

Rua do Rei Pegu

Avenida D. Afonso Henriques

Rua da Liberdade

Rua da Caldeirôa

R. Ferreira de Castro

R. Francisco Agra

R. Conde Dom Henrique

Braga

Porto, Busbahnhof

Vizela, Sto. Tirso

Amarante, Penha, Fafe

Penha

Guimarães

50 m

Paço dos Duques de Bragança: Weiter Richtung Altstadt stößt man auf diesen riesigen Palast. Zusammen mit dem Castelo und der Igreja de São Miguel do Castelo befand auch er sich innerhalb der Stadtmauer. 1420 wurde der Palast unter dem Einfluss der großen Baumeister aus Frankreich und Burgund erbaut. Mit dem Einzug der *Duques bragantinos*, der Herzöge von Braga, in den *Paço Ducal* in Vila Viçosa verließen die Herzöge von Bragança die Stadt Guimarães. Über 24 Jahre hinweg wurde der Paço schließlich renoviert und diente ab 1930 als offizielle Residenz der Staatschefs.

Zu sehen sind u. a. ein Waffenzimmer, ein Festsaal mit einer schiffsförmigen Decke, die die Entdeckungen repräsentiert, und riesige Wandteppiche mit martialischen Wimmelszenen der portugiesischen Conquista in Nordafrika. Die Atmosphäre vermittelt einen Eindruck vom damaligen Leben des Adels. Fast exotisch erscheinen die 39 Kamine, die bei der Renovierung eingebaut wurden, und der normannische Stil, der in mehreren Räumen zu finden ist.

Tägl. 9–18 Uhr. Eintritt 5 €, mit Cartão Jovem und unter 14 J. frei, 14–25 und über 65 J. 2,50 €.

Am Largo da Oliveira: Mitten in der Altstadt, am Largo da Oliveira, drängen sich die Sehenswürdigkeiten. Dort befindet sich zunächst die **Igreja Nossa Senhora da Oliveira**, gegründet von der Grafenwitwe Mumadona mitsamt dazugehörigem Kloster: finanziert wurde ihr Wiederaufbau gegen Ende des 14. Jh. von dem frisch-

Largo da Oliveira: beeindruckende Gebäudeensembles säumen den Platz

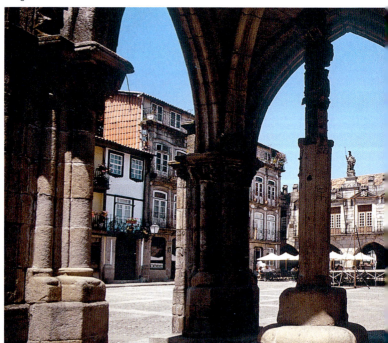

gebackenen König *Dom. João I.* Der hatte sein Versprechen gehalten, im Falle eines Sieges in der Schlacht von Aljubarrota der *Nossa Senhora da Oliveira* sein Lebendgewicht in Silber zu schenken, und das war beträchtlich. Ein mächtiger Turm im romanischen Stil beherrscht den Eingang. Die Kirche erlebte im Laufe der Jahrhunderte einige Veränderungen und zeigt sich heute in einer Mischung aus Romanik, Gotik, Manuelinik und Klassizismus.

Im angeschlossenen Kloster befindet sich heute das **Museu Alberto Sampaio**, in dem vor allem Freunde der sakralen Kunst auf ihre Kosten kommen. Eine Vielzahl von Ausstellungsstücken stammt aus dem Stift Nossa Senhora da Oliveira. Den Schwerpunkt der Sammlung bilden Grabmäler und Grabkapellen, Porzellan, Gold- und Silberschmiedearbeiten sowie Schnitzereien.

Tägl. (außer Mo/Feiertag) 9.30–18 Uhr, im Hochsommer zusätzl. Mo–Sa 20.30–23.30 Uhr. Eintritt 3 €, mit Cartão Jovem, Studenten und über 65 J. 1,50 €, unter 12 J. frei.

Vor der Kirche steht unter einem **gotischen Baldachin** ein Siegeskreuz, das nach der siegreichen Schlacht am Rio Salado (1340) errichtet wurde. Damals kam Portugal den Spaniern gegen die Mauren zu Hilfe. Auch der **Olivenbaum**, nach dem der Platz und das Kloster benannt sind, soll eine historische Kostbarkeit sein. Wie die Legende berichtet, rammte der Westgotenkönig Wamba einst einen vertrockneten Holzspeer hier in den Boden, denn er wollte um keinen Preis König werden. Deshalb forderte er diesen Gottesbeweis: Wenn der Stock ausschlagen würde, würde er das Amt nicht mehr verweigern. Wamba wurde König und der vertrocknete Stock zu besagtem Olivenbaum.

Museu da Sociedade Martins Sarmento: Wer noch mehr Lust auf Museen hat, kann den Weg entlang der Stadtmauer Richtung Südwesten nehmen und diesem Haus einen Besuch abstatten, dessen schmucklose Fassade aus den Anfängen des 20. Jh. stammt, während der Mittelteil 1967 eingeweiht wurde. Dazu gehört aber auch der Kreuzgang des *Convento de São Domingo* aus dem 14. Jh. Die hauseigene Bibliothek umfasst mehr als 70.000 Bände und bewahrt das Vermächtnis des Archäologen *Martins Sarmentos*. Die Sammlung zeigt in erster Linie Funde aus neolithischer, keltischer und römischer Zeit, einige davon wurden von *Sarmento* selbst ausgegraben. Auch die Fundstücke aus der Keltensiedlung Citânia de Briteiros (s. u.) sind hier zu finden.

Tägl. (außer Mo) 9.30–12.30 und 14.30–17.30, Sa/So erst ab 10 Uhr. Eintritt 3 €.

Igreja dos Santos Passos: Die Kirche der „heiligen Schritte" im Südosten der Stadt lohnt weniger wegen ihres Inneren als wegen des extravaganten Äußeren; der Weg dorthin ist ein hübscher Spaziergang entlang der mit Blumen geschmückten Avenida, die direkt auf die Kirche zuführt. Zwei verspielte Türme und das geschmückte Eingangsportal wetteifern um die Gunst des Betrachters. Zusammen mit den blauweißen Azulejos vereinen sie sich zu einem gelungenen architektonischen Ganzen.
Tägl. 7.30–12 und 15–17 Uhr, So nur vormittags.

Plataforma das Artes e da Criatividade: Das Museum am westlichen Stadtrand zeigt die Sammlung des einheimischen Künstlers José de Guimarães, der ein wenig an Miró erinnert. Zu sehen sind auch politische Plakate und Werke aus der Privatsammlung. Besonders beeindruckend ist der Saal „Magie" mit afrikanischen und südamerikanischen Masken.
Tägl. (außer Mo) 10–19 Uhr. Eintritt 4 €, unter 25- und über 65 J. 3 €, unter 12 J. frei.

Palácio de Vila Flôr: Ein ordentliches Stück außerhalb der Altstadt in Richtung Süden wurde dieser Palast im 18. Jh. errichtet. Hier wurde am 22. Juni 1853 Königin *Maria II.* empfangen, bei dem sie Guimarães den Titel „Cidade" verlieh. Der entkernte und sanierte Palast dient heute als Kulturzentrum, in dem hochwertiges Theater, Tanz und Kino geboten werden.

Montanha da Penha: Auf keinen Fall auslassen sollte man einen Besuch des „Hausbergs", auf dem sich auch der idyllische Campingplatz von Guimarães befindet. Vom Berg aus genießt man einen grandiosen Blick auf die Stadt und die Umgebung von Guimarães. Von oben wird dem Betrachter bewusst, dass die Burg ganz untypischerweise im Tal steht. Gegen Abend kann man hier ungestört die untergehende Sonne beobachten. Für Portugal eher selten ist das Transportmittel auf die Serra: Der *Teleférico* (Seilbahn) befördert in kleinen Kabinen naturhungrige Menschen auf den Gipfel. Südöstlich der Altstadt kann man in der Talstation zusteigen.

An heißen Sommertagen kann der Berg die Massen der Ausflügler kaum verkraften. Die Picknickplätze zwischen den riesigen Granitfindlingen sind überfüllt, und auf dem schattig grünen Bergplateau gibt's Volkstanz. Besuchenswert ist die von zwei Felsblöcken gebildete kleine Kapellenhöhle *Nossa Senhora do Carmo*. Am Eingang die Figur eines schlafenden Elias, des Patrons der Schlafenden. Nicht weit davon die *Gruta do Ermitão*, wo frische, im Holzofen gebackene Maisfladenbrote und frittierte Sardinen aufgetischt werden. Der Weinausschank ist gleich nebenan in der kühlen Höhle.

Teleférico (Seilbahn): Nov.–März Fr–So 10–17.30 Uhr, April/Mai und Okt. Fr–So 10–18.30 Uhr, Juni–Sept. tägl. 10–19 Uhr, geschlossen am letzten Mo im Monat und bei schlechtem Wetter. Kartenverkauf bis 20 Min. vor Betriebsende. Einzelfahrt 3 €, hin/zurück 5 €, Kind bis 4 J. kostenlos, bis 12 J. und Senior ab 65 J. 2,50 €, hin/zurück 4 €. Eine Kabine fasst 4 Personen.

Für alle, die nicht schwindelfrei sind und den Landweg bevorzugen, stehen **Busse**

zur Verfügung. Der Bus über Belos Ares startet vor der Telecom 6-mal tägl. (Do/Feiertag 5-mal), der letzte schon um 19.20 Uhr (Do/Feiertag 14.30 Uhr). Zusätzlich Busse über Covas, die hinter dem Largo do Toural außerhalb der Altstadt abfahren. Tägl. 11 Busse, der letzte um 20 Uhr.

Und nur für die Aktiven führt der **Wanderweg PR** ab Parque da Cidade in 2½ bis 3 Std. hinauf.

Basis-Infos

Information Geschmackvoll eingerichteter **Posto do Turismo de Santiago**, Juni bis Mitte Sept. Mo–Fr 9.30–19, Sa 10–13 und 14–18, So 10–13 Uhr, sonst nur bis 19 Uhr. Im Zentrum der Altstadt, Praça São Tiago, ✆ 253421221, www.guimaraesturismo.com.

Verbindungen Bahn: Bahnhof ein gutes Stück außerhalb der Altstadt, in südlicher Richtung. Mit Vorortzug 15-mal nach Porto (Campanhã und São Bento), 14-mal nach Braga, 1-mal direkt nach Lissabon. Um nach Barcelos, Viana do Castelo und Vigo zu gelangen, muss man zweimal umsteigen.

Bus: Busbahnhof ebenfalls außerhalb, südwestlich des Zentrums. 7-mal (So 6-mal) Porto-Flughafenshuttle, ca. stündl. nach Porto, 15-mal nach Póvoa do Varzim, je nach Tageszeit halbstündl. bis stündl. nach Braga. Mo–Fr 7-mal (Sa/So 2-mal) tägl. nach Amarante, 8-mal tägl. nach Lissabon, 7-mal tägl. nach Vila Real.

Stadtverkehr: In der Stadt verkehren die Busse der TUG. Einzelfahrt ca. 1,70 €, 10 Fahrten ca. 9,50 €, zzgl. 1,50 € für die Karte. Tickets am Kiosk in der Nähe des Turismo Alameda, Einzelfahrscheine auch im Bus.

Adressen **Postamt** in der Rua de Sant' António 138.

Feste Gualterianas werden die Festtage in Guimarães genannt, die in der ersten Augustwoche stattfinden. Die ganze Stadt ist dann auf den Beinen. Straßenfeste, Konzerte, Tanz, Vorführungen. Besonders interessant ist der Umzug der Stadtbewohner mit selbstgemachten Puppen, Instrumenten und allem Interessanten, was aufgestöbert werden kann.

Telefonnummern Polizei ✆ 253513334 und ✆ 253422570, **Hospital** ✆ 253512612, **Taxi** ✆ 253522522 und 253525252.

→ Karte S. 144/145

Übernachten/Camping → Karte S. 185

Pousada Santa Marinha **8**, Luxushotel ca. 3 km außerhalb an der Straße zum Penha-Berg, in einem ehemaligen Kloster. DZ 110–190 € je nach Saison und Wochentag. Largo Domingos Leite de Castro, Lugar da Costa, ✆ 253514453, www.pousadas.pt.

**** Hotel Toural **12**, das große Hotel fasziniert wegen seiner strahlenden, verspielten Fassade. Wenn auch am Largo do Toural gelegen, befindet sich der Eingang am dahinter gelegenen Lugar A. L. de Carvalho. Freundlich eingerichtete Zimmer, alle mit Klimaanlage, Telefon, Satellitenfernsehen, Minibar und Safe. DZ mit Frühstück ab 75 €. Lugar A. L. de Carvalho, ✆ 253517184, www.hoteltoural.com.

* São Mamede **6**, kleine Pension südwestlich vom Zentrum in einem Betonblock. Empfehlenswert, aber die Zimmer sind oft ausgebucht. DZ mit Bad, Telefon, TV und Frühstück ca. 37–48 € je nach Saison. Rua de São Gonçalo 1, ✆ 253513092, www.residencial-smamede.com.

Trinas **2**, sehr zentral, saubere Zimmer, alle mit Bad. DZ mit Bad, Telefon, TV und Frühstück ca. 30–50 €. Rua das Trinas 29, ✆ 253517358, www.residencialtrinas.com.

Hostel Prime **13**, südwestlich des Zentrums. Helle, spartanische Zimmer in einem Stadthaus aus dem 17. Jh. mit Küchenbenutzung. Bett im Schlafsaal ab 16 €, DZ mit Bad ca. 39 €. Rua da Liberdade 42-44, ✆ 910093467 (mobil), www.hostelprimeguimaraes.com.

Turismo de Habitação Casa de Sezim, traumhafter Landsitz mit Vinho-Verde-Produktion. Die Zimmer sind schön mit ländlichen Motiven dekoriert. Man erreicht das Gut über die EN 105 in Richtung Braga – Sto. Tirso. In Covas nach Sto. Amaro abbiegen. Nach etwa 1,5 km verbietet ein rotes Schild den Zugang – hier ist man richtig. DZ ab 95 €. Lugar de Sto. Amaro, ✆ 253523000, www.sezim.pt.

Jugendherberge   Pousada de Juventude Guimarães **14**, moderne Herberge in zentraler Lage hinter dem Palácio Vila Flôr. Neben Schlafsälen gibt es auch Doppelzimmer und Apartments mit Kitchenette für bis zu 4 Gäste. Mehrbettraum 11–13 €/Pers., DZ 30–36 €, Apartment 55–65 € je nach Saison. Complexo Multifuncional de Couros, Largo do Cidade 8, ℘ 253421380, www.pousadas juventude.pt.

Camping   Parque de Campismo da Penha, in der Serra, 6 km außerhalb, idyllische Anlage am bewaldeten Berghang. Eigenes Schwimmbad und Minimercado. Person ca. 3,10 €, Zelt 3,20–4,20 €, Auto ca. 2,20 €. Zu erreichen mit dem Teleférico, dann 10 Min. zu Fuß, oder mit dem Bus. Bus über *Belos Ares* fährt vor der Telecom 6-mal tägl. (Do und feiertags 5-mal) ab, der letzte schon um 19.20 Uhr (Do und feiertags 14.30 Uhr). Ein weiterer Bus über *Covas* fährt hinter dem Largo do Toural außerhalb der Altstadt ab. Tägl. 11 Busse, der letzte um 20 Uhr. Geöffnet nur Mai bis Mitte Sept. ℘ 253515912, www.turipenha.pt.

Caldas das Taipas, in einem kleinen Dorf mit Thermalquellen und Kurhotel, etwa 7 km nordöstl. von Guimarães. Platz in einer bewaldeten Flussniederung neben dem öffentlichen Dorfschwimmbad. Geöffnet Juni bis Mitte Sept., zeitweise wegen Renovierung geschl. Mit den Bussen in Richtung *Braga* erreichbar. ℘ 253576274, www.taipastermal.com.

Vila Fria, bei Felgueiras in Richtung Amarante; kleiner, ländlicher Platz mit ausreichend Schatten. Person 2,20–2,74 €, Zelt 1,69–3,49 €, Auto 1,69–2,08 €. Geöffnet nur 1. März bis 31. Okt. ℘ 255346403, www. felgueirascamping.pt.

Essen & Trinken   → Karte S. 185

Restaurants   Solar do Arco **5**, zentrale Lage. Familiäres, etwas gehobenes Restaurant mit regionaler Küche. Hauptgericht ab 10 €. Im Winter Mi Ruhetag. Rua de Santa Maria 48-50, ℘ 253513072.

Nora do Zé da Curva 4, tolles Restaurant, das allerdings versteckt liegt. Entweder man geht in der Rua Gil Vicente in die Garage hinein oder in der Rua de Sto. António durch das Centro Comercial hindurch, um auf die kleine Gasse zu stoßen. Hauptgericht ca. 9 €. Tägl. (außer So abends). Tv. Gil Vicente, ℘ 253414457.

Adega dos Caquinhos 11, in einer schmalen Altstadtgasse. Einfache Tasca aus früheren Zeiten. Dona Augustas Kochkünste sind vom hinteren Speisesaal aus zu bewundern, täglich bringt sie drei Gerichte für ca. 13 € für 2 Personen auf den Teller, darunter oft gegrillte Sardinen. Travessa da Arrochela, ℘ 253516917.

El Rei D. Afonso 7, in unmittelbarer Nähe des Turismo der Altstadt. Gutes, liebevoll im Art-Deko-Stil eingerichtetes Mittelklasserestaurant, in dem man schmackhaft essen kann. Hauptgericht ab 10 €. Tägl. (außer So). Praça de Santiago 20, ℘ 253419096.

Mumadona 3, kleines Restaurant im Norden des Altstadtkerns, das typisch portugiesische Gerichte auch in halben Portionen anbietet. Frisch zubereitet und mit freundlichem Personal, Hauptgericht (halbe Portion) ab 5,50 €. Tägl. (außer So abends). Rua Serpa Pinto, ℘ 253416111.

Cafés   Confeitaria Egas Moniz **9**, unscheinbar und klein, doch das süße und salzige Gebäck ist lecker. Zu empfehlen ist der Wickelkuchen mit Mandelfüllung (ähnlich wie Marzipan): *Trança da amêndoa*. Rua Alfredo Guimarães. Tägl. geöffnet. Am Ende der Rua Egas Moniz, schräg gegenüber dem Museu Alberto Sampaio.

🌿 cor de tangerina **1**, schräg gegenüber der Burg. Im 1. Stock eines historischen Bürgerhauses betreibt die gleichnamige Kooperative ein sehr anspruchsvolles vegetarisches Restaurant, das die eigentlich fleischlastige regionale Küche mit Gemüse abändert. Zum Dahinschmelzen sind die Süßspeisen. Die Zutaten kommen von kleinen Bauern aus der Umgebung, die Kräuter aus dem eigenen Garten, in dem bei schönem Wetter auch gespeist wird. Hauptgericht etwa 11 €. So Abend geschlossen,

Mo Ruhetag. Largo Martins Sarmento 89, ✆ 253542009. ∎

Café Milenário 🔟, zentrale Lage. Großer, einfach eingerichteter Raum, in dem sich viele portugiesische Köstlichkeiten probieren lassen. Largo do Toural 45.

Außerhalb Restaurante da Montanha, auf der Penha und dort eine der wenigen Möglichkeiten, ordentlich und nicht überteuert zu essen. Die Portionen sind mehr als reichlich. Hauptgericht ab 10 €. Tägl. geöffnet. Penha, ✆ 253415218.

Umgebung von Guimarães

Citânia dos Briteiros: Das Ruinenfeld einer frühen keltischen Siedlung liegt ca. 10 km nördlich von Guimarães. Gegründet wurde das Dorf wahrscheinlich 500 v. Chr., bewohnt war es bis ins 4. Jahrhundert. Die runden Fundamente der Häuser ragen noch etwas aus dem Boden, auf der Gasse zum Hügel hinauf ist noch das Originalpflaster mit klobigen Steinen zu sehen, daneben die Wasserleitungen. Oben stehen zwei rekonstruierte Häuser mit spitzem Strohdach – einige Hundert dieser Häuser standen einst hier. Es soll sich um die größte und wichtigste Siedlung in Portugal gehandelt haben, wovon die drei Befestigungsringe zeugen. Der Minho war schon vor Ankunft der Römer dicht besiedelt, bekannt sind über 50 solcher Siedlungen. Wer die Siedler waren, ist ungewiss. Man vermutet Ligurer, Kelten oder Lusitanier.

Abfahrt vom Busbahnhof Guimarães: 2-mal tägl. hin und zurück, dann noch 500 m bis zum Ausgrabungsort. Tägl. 9–18 Uhr. Eintritt 3 €.

Minho → Karte S. 144/145

Was haben Sie entdeckt?

Haben Sie eine Tasca mit wundervollen Petiscos gefunden, einen freundlichen Albergo, den Top-Campingplatz oder einen schönen Wanderweg?

Wenn Sie Ergänzungen, Verbesserungen oder neue Tipps zum Portugal-Buch haben, lassen Sie es uns wissen.

Schreiben Sie an:
Michael Müller,
Stichwort „Portugal"
c/o Michael Müller Verlag GmbH
Gerberei 19, D–91054 Erlangen
michael.mueller@michael-mueller-verlag.de

Trás-os-Montes

„Hinter den Bergen" ist die Landschaft karg. Hier enden die Wälder des Minho und die endlosen Weinberge des Douro. Der größte Teil der Region Trás-os-Montes ist nur spärlich bewachsen. Rau wie die Landschaft sind auch die Menschen. Nirgendwo in Portugal, sagt man, wird so viel geflucht wie hier.

Trotz dieses rauen Umfelds finden sich hier die Keller der weltweit vielleicht bekanntesten portugiesischen Weinmarke. Das Weingut Sogrape, in dem der spritzige *Mateus* gekeltert wird, findet man in der Nähe von **Vila Real**. In **Mateus** steht auch ein bekannter Adelspalast. In **Bóticas** vergräbt man den Wein im ersten Jahr. Der *Vinho dos Mortos* ist ein roter Vinho Verde, der bei ausgeglichenen Temperaturen erst einmal unter der Erde reift. Die Bewohner produzieren allerdings eher für den Eigenbedarf.

Im **Montesinho-Naturpark** bei **Bragança** an der Grenze zu Galicien sind neben der beeindruckenden Natur auch ein paar hübsche Dörfer zu entdecken.

Bekannt ist die Region für ihren Bohneneintopf *Feijoada à Transmontana*. In **Chaves** wird ein guter roher Schinken – der *Presunto* – hergestellt. Auch die *Alheira* (eine Wurstspezialität) aus **Mirandela** oder **Miranda do Douro** hat einen guten Ruf. Aus Miranda stammt auch die *Posta à Mirandesa,* ein leckeres Stück Kalbfleisch.

Schön ist die schwarze Töpferware aus **Bisalhães** (bei Vila Real), die man vor Ort erstehen kann. In **Ouzilhão** bei **Vinhais** werden das ganze Jahr über die fantasievollen Masken für die *Festa dos Caretos* hergestellt. **Miranda do Douro** ist für seine *Pauliteiros* (Stocktänzer) und eine eigene Sprache – die einzige anerkannte Sprache neben dem Portugiesischen – bekannt. Und wenigen dürfte bekannt sein, dass man hier im Norden Portugals auch den Dudelsack *(gaita de foles)* spielt.

SPANIEN
Valença
P. N. da Peneda Gerês
Moledo
Ponte de Lima
Viana do Castelo
Caldelas
Gerês
Esposende
Braga
Guimarães
Póvoa de Varzim
Rio Ave
Amarante
PORTO
Espinho
R. Douro
Arouca
Rio Vouga
Aveiro
Viseu
Peso da Régua
Vila Real
Lamego
P. N. de Montesinho
Chaves
Bragança
Rio Tâmega
Macedo de Cavaleiros
Mirandela
Miranda do Douro
Vila Flor
Rio Douro
Vila Nova de Foz Côa
Parque Arqueológico

Trás-os-Montes

Vila Real

ca. 18.500 Einwohner

Vila Real ist jung. Zwar hat es seit dem Jahr 1289 die Stadtrechte, doch erst in den letzten 100 Jahren wuchs das Städtchen am Zusammenfluss von Rio Corgo und Rio Cabril zu seiner heutigen Größe. Entsprechend neu sind auch viele Gebäude, was der Schönheit nicht unbedingt zuträglich ist.

Als erstes der großen städtischen Zentren Portugals wurde Vila Real 1895 komplett elektrifiziert. Diesen technischen Fortschritt will man beibehalten. Es gibt eine Universität und ein *Politécnico* (Fachhochschule). Doch die Verarmung vieler Menschen in Vila Real sieht man an geschlossenen Läden und Restaurants.

Dennoch bietet die Stadt auch Sehenswertes, z. B. die **Sé Catedral**, bekannt auch unter dem Namen *Igreja de S. Domingos*, weil sie zu einem Dominikanerkloster gehörte. Das Kloster wurde im 18. Jh. durch einen Brand zerstört, doch die Kirche konnte gerettet und restauriert werden. Die in ihren Ursprüngen gotische Kathedrale aus dem 15. Jh. weist noch starke romanische Züge auf. Vor allem die mit Köpfen, Blättern und Reben verzierten Würfelkapitelle und die Langhauspfeiler sind diesem älteren Baustil zuzurechnen. Der mit Statuen und Gemälden verzierte Hauptaltar zeigt sich barock.

Die **Capela Nova**, auch *Capela dos Clérigos* genannt, ist ein imposantes, ebenfalls barockes Bauwerk, das Nicolau Nasoni zugeschrieben wird, einem Italiener, der in Portugal seine Wahlheimat fand und dem einige eindrucksvolle Gebäude zu verdanken sind. Im Kircheninneren erzählen Azulejos die Lebensgeschichte der Heiligen Peter und Paul.

Eine wundervolle Aussicht auf den Zusammenfluss des Rio Cabril mit dem Rio Corgo bietet sich vom *Miradouro Trás-do-Cemitério* hinter dem Friedhof.

In der Innenstadt finden sich einige **herrschaftliche Häuser** aus dem 15. bis 18. Jh. Vor allem die großen Wappen an den Außenfassaden sind interessant.

Palácio Mateus ist Besuchermagnet und Kunsttempel

Basis-Infos

Information Turismo, tägl. 9.30–12.30 und 14–17 Uhr, im Winter und Sa/So oft mit variabler Mittagspause. Am Hauptplatz, Av. Carvalho Araújo 94, ✆ 259322819.

Infobüro des **Naturparks Alvão**, nur Mai–Okt. Mo–Fr 9–12.30 und 14–17.30 Uhr. Hinter den Paços do Conselho am Largo Freitas, ✆ 259302830.

Verbindungen Bus: Es gibt zwei Busbahnhöfe. *RodoNorte* fährt ab Rua Dom Pedro de Castro tägl. 5-mal nach Coimbra 3-mal Lissabon, etwa stündl. nach Porto, 11-mal nach Amarante, 6-mal Chaves, 9-mal Bragança, 4-mal Braga, Guimarães und Lamego, 1-mal nach Viseu. Das Büro der *Rede de Expressos* liegt am Busbahnhof Quinta do Seixo. 1-mal tägl. direkt nach Lissabon und 2-mal Coimbra, 7-mal Porto, 10-mal Braga, 8-mal Bragança, 1-mal nach Lamego und Viseu, 4-mal nach Albufeira, 4-

mal, Lagoa, 4-mal Lagos. Ebenfalls dort starten die *Auto Viação de Tâmega* tägl. 2-mal nach Coimbra und Lissabon, 2-mal nach Porto, 1-mal nach Bragança, 1-mal nach Amarante und 1-mal nach Viseu. Gute Verbindung nach Peso da Régua und Lamego. Am Wochenende fahren weniger Busse. *Santos* fährt 1-mal nach Miranda do Douro und Porto.

Adressen Bibliothek, Rua Madame Brouillard, beim ehemaligen Bahnhof.

Postamt in der Av. Carvalho Araújo.

Telefonnummern Polizei ✆ 259322022 und 259323115, **Hospital** ✆ 259300500, **Taxi** ✆ 259321531 und 259322131.

Wandern Auskünfte zu 5 Wanderungen von 3–6 km Länge gibt es im Tourismusamt, über weitere, recht schwere Wanderungen informiert das Büro des Naturparks.

Übernachten/Camping

In der Nähe der Kathedrale finden sich einige günstige Pensionen.

Hotel Miracorgo 🔢, Haus in der Nähe der Innenstadt mit gut ausgestatteten, modern eingerichteten Zimmern in Pastellfarben. Moderne Kunst ziert die Wände. Bäder mit Wanne. DZ ca. 73 €. Av. 1° de Maio 78, ✆ 259325001, www.hotelmiracorgo.com.

Real 🔢, über der gleichnamigen Pastelaria. Große Zimmer mit Parkett, Doppelbett, Duschbad. DZ etwa 40 €. Es gibt auch Zimmer mit zwei Betten zum gleichen Preis. Rua Combatentes da Grande Guerra 5, ✆ 259325879, www.residencialreal.com.

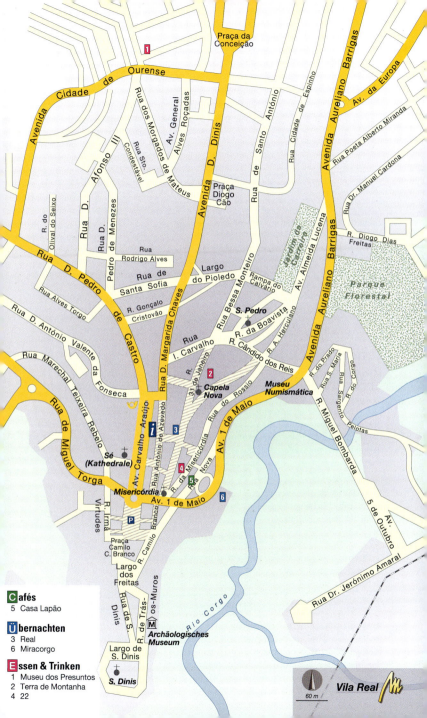

Cafés
5 Casa Lapão

Übernachten
3 Real
6 Miracorgo

Essen & Trinken
1 Museu dos Presuntos
2 Terra de Montanha
4 22

Vila Real

60 m

Turismo de Habitação Casa da Quinta de S. Martinho, 2 Zimmer und 2 Apartments werden vermietet. Die geräumigen Zimmer sind mit ebenfalls großen Bädern ausgestattet. Im Aufenthaltsraum Bar und TV. DZ ca. 55–75 €, Apartments für 2 Personen 80–110 €, 4 Pers. 120–140 € je nach Saison. Mateus, ✆ 259323986, www.quintasaomartinho.com.

Camping Clube de Campismo Vila Real, schöner, terrassierter Platz oberhalb des Rio Corgo. Es gibt viel Schatten im unteren Bereich. Person ca. 3,75 €, Zelt 2,30–3,30 €, Auto 2,55 €, mit F.I.C.C. 10 %, mit C.C.N. 20 % Rabatt. Geöffnet Febr. bis Mitte Dez. Rua Dr. Manuel Cardona, ✆ 259324724, www.campingvilareal.com.

Essen & Trinken → Karte S. 195

Restaurants Terra de Montanha **2**, sehr gemütliches Restaurant. Man sitzt in halbierten, riesigen Weinfässern, die teilweise als Separee dienen. Hervorragende regionale Küche für ca. 16,50 € die ganze Portion, halbe ab 10,50 €. Tägl. (außer So). Rua 31 de Janeiro 16-18, ✆ 259372075.

Museu dos Presuntos 1, etwas außerhalb des Zentrums, in der Nähe der modernen Kirche Nossa Senhora da Conceição. Mit Schinken dekoriertes Haus und regionaler Küche ab 8,50 €. Tägl. (außer Di). Av. Cidade de Ourense 43, ✆ 259326017.

22 4, im 2. Stock. Es gibt drei kleine Speisesäle und billigen Hauswein. Hauptgericht ab ca. 5,50 €. Rua Teixeira da Sousa 16, ✆ 259321296.

Café Casa Lapão **5**, hier werden die leckeren *Pasteis de Santa Clara* hergestellt. Leider ist das Café sehr klein, aber man kann die Leckereien auch mitnehmen und draußen verspeisen. Rua da Misericórdia 51.

Umgebung von Vila Real

Mateus: Die eigentliche Attraktion von Vila Real ist der *Solar de Mateus*, das Herrschaftshaus der Familie Albuquerque in dem 3 km von Vila Real entfernten Dorf Mateus, aus dem der gleichnamige Wein kommt. Das aus dem 18. Jh. stammende barocke Gebäude ist von einem liebevoll gepflegten Park umgeben, der mit seinen bizarr geschnittenen Hecken bezaubert. Der U-förmig angelegte Wohnpalast beherbergt Porzellan aus Meißen und China, verschiedenste Gemälde und wertvolle Teppiche aus *Arraiolos*. Das Privatmuseum zeigt ein Exemplar der ersten illustrierten Ausgabe der „Lusiaden" des portugiesischen Nationaldichters Luís Vaz de Camões, das 1817 im Auftrag des Grafen von Albuquerque gedruckt wurde.

Die Weinkeller des Guts *Sogrape*, in denen der bekannte spritzige Rosé reift, liegen nur wenige Meter vom Palast entfernt, sind aber nicht zu besichtigen.
Mai–Okt. tägl. 9–19 Uhr, sonst 9–18 Uhr. Führungen stündl. auf Portugiesisch, Französisch und Englisch, nach Voranmeldung sowie oft auch um 12 Uhr in Deutsch. Eintritt Garten: 6,50 €, Kind 4,50 €. Haus und Garten: 10 €, mit Cartão Jovem 5 €.

Santuário de Panóias: Weitere 6 km entfernt findet man hinter dem Dorf *Constantim* die Kultstätte, die zu den interessantesten archäologischen Fundorten in Portugal zählt. In verschiedenen in den Granit eingeschlagenen Gruben, die untereinander durch kleine Rinnen verbunden sind, sollen die Ureinwohner, die *Lapiteias*, Tieropfer dargebracht haben.

Auch die Römer hinterließen etwa im 3. Jh. ihre Spuren in Form von Inschriften und großen Wannen, die in den Stein geschlagen wurden. Die Kulthandlungen, die hier zelebriert wurden, waren dem blutrünstigen Gott Serapis gewidmet. Anhand der Inschriften lässt sich das Ritual rekonstruieren. Das in eine teigartige Masse eingehüllte Opfertier wurde verbrannt und das Fleisch anschließend als heiliges

Mahl verspeist. Die verbrannten Eingeweide wurden geopfert. Anschließend feierte man zu Ehren der Gottheit ein großes Fest mit Tanz und Wein.

Tägl. (außer Mo) 9–12.30 und 14–17 Uhr, Di erst nachmittags geöffnet. Eintritt 2 €, mit Cartão Jovem, unter 25 J. und über 65 J. 1 €, unter 14 J. frei.

Alvão-Naturpark: Der Park erstreckt sich auf mehr als 7200 Hektar an der westlichen Seite der Serra Alvão, die als „Kondensationsbarriere" fungiert und den feuchteren Teil des Landes *Litoral* vom trockeneren *Interior* trennt. Das Gestein besteht z. T. aus Granit (bei Lamas de Olo), z. T. aus Schiefer (beim sehenswerten Dorf Ermelo). Im Park leben Wölfe, Wanderfalken, Salamander und verschiedene Arten von Fledermäusen. Die Vegetation ist von verschiedenen Eichensorten und Birken geprägt.

Wandervorschläge bekommt man im Infobüro in Vila Real. Es gibt auch ein vom Park verwaltetes **Gästehaus bei Arnal**, das im Büro in Vila Real gemietet werden kann: 4 Zimmer für maximal 12 Personen für 10–15 € pro Person.

Chaves

ca. 22.000 Einwohner

Die freundliche Stadt mit Thermalbad am Ufer des Rio Tâmega ist eingebettet in eine weitläufige, fruchtbar-grüne Talsenke, die seit alters her für reiche Erträge sorgt. Chaves lag an der Römerstraße Braga – Astorga und war militärstrategisch von großer Bedeutung.

Die Brücke Ponte Trajano, benannt nach dem damaligen Kaiser, stammt noch aus dieser Zeit. Auch die Goldminen in den nahen Bergen waren den Römern wichtig. Im Jahr 75 schürften Minenarbeiter im 18 km entfernt gelegenen Dorf Adãos nach dem Edelmetall.

Als traditionsreicher Kurort wird Chaves heute wiederentdeckt. Hotels wurden modernisiert, andere neu eröffnet, die Altstadthäuser saniert, die Kuranlagen mit EU-Hilfen auf Vordermann gebracht und die vielen parkähnlichen Gärten neu gestaltet. Der jüngste Aufschwung steht der Stadt gut zu Gesicht.

Sehenswertes

Praça de Camões: Hier treffen sich die verschiedensten Baustile. Links die klare Fassade der frühromanischen **Matriz-Kirche** mit angeschlossenem Museum für Religiöse Kunst; einen harten Kontrast dazu bildet die barocke Fassade der **Misericórdia-Kirche** (17. Jh.) schräg gegenüber; ihr Inneres ist bis zur reich bemalten Decke gänzlich mit Azulejos ausgeschmückt, die Szenen des Neuen Testaments zeigen.

Die **Ponte Romana**, gebaut gegen Ende des 1. Jahrhunderts, besteht aus 12 sichtbaren und mindestens sechs inzwischen unterirdischen Bögen aus Granit. In der Mitte zwei römische Meilensteine mit Gravuren. Die Brücke bildete vermutlich einen wichtigen Teil der Straße zwischen Braga und Astorga.

Museu Região Flaviense: Ebenso nur wenige Meter entfernt steht der ehemalige Palast der Herzöge von Bragança, heute das Regionalmuseum mit einer großen Sammlung an römischen Säulen, Grabsteinen und prähistorischen Fundstücken. Das Eintrittsgeld berechtigt auch zum Besteigen des Burgfrieds, in dem eine Waffensammlung untergebracht ist. Von oben toller Blick über die Stadt.

Tägl. 9–12.30 und 14–17.30 Uhr, Sa/So nur nachmittags. Eintritt 1 €, mit Cartão Jovem 0,50 €.

Kurpark: Die *Caldas Santas* (heiligen Quellen) von Chaves schießen mit 73 Grad aus der Erde und werden bei rheumatischen Erkrankungen, Leberzirrhose und hohem Blutdruck eingesetzt. Rechts am Park die architektonisch weniger interessante Bade- und Trinkanstalt.

Basis-Infos

Information Turismo, tägl. (außer So) 9–12.30 und 14–17.30 Uhr. Terreiro de Cavalaria, (Jardim do Bacalhau), ☎ 276348180.

Verbindungen Bus: Die Busse von *Autoviação do Tâmega* und *Rede de Expressos* fahren tägl. 4-mal nach Lissabon, Coimbra und Fátima, 2-mal nach Porto und Coimbra, 6-mal Vila Real, 4-mal Bragança sowie 1-mal nach Viseu und Lamego. Busbahnhof neben dem ehemaligen Bahnhof.

Die Busse von *Rodonorte* fahren 6-mal Porto, 6-mal Vila Real und Amarante, 2-mal Viseu und Lamego, 6-mal Braga und Guimarães (Sa/ So 1-mal) sowie 15-mal Vidago, 1-mal Covilhã, 1-mal Viana do Castelo (Sa nicht). 6-mal nach Bragança (meist über Vila Real). Bushalt an der Av. do Santo Amaro.

Adressen   Bibliothek am Jardim da Freiras (nahe Post). **Centro Cultural de Chaves**, im ehemaligen Bahnhof am Stadtrand. **Postamt** in der Rua General Silveira de Carvalho.

Einkaufen/Souvenirs   Die schwarze **Töpferware** aus dem Dorf **Nantes**, ca. 7 km außerhalb in Richtung Valpaços, wirkt wie mit Graphit überzogen, die Farbe entsteht aber durch die Brennweise. Hauptsächlich „Nutzgefäße" verschiedenster Größe.

Telefonnummern   Polizei ☎ 276321125 und ☎ 276322146, **Hospital** ☎ 276300900, **Taxi** ☎ 276342469 und 276332801.

Veranstaltungen Meist in der 3. Augustwoche findet im Jardim Público eine Verkaufsausstellung lokaler Kunsthandwerker statt.

Übernachten/Camping

**** Forte de São Francisco ❶, luxuriöses Hotel im Pousada-Stil, untergebracht in der historischen Festung. DZ 70–128 € je nach Saison und Zimmerausstattung. Forte de São Francisco, ☎ 276333700, www.fortesao francisco.com.

Erhalten aus den Zeiten von Kaiser Trajan: die römische Brücke von Chaves

Übernachten
1 Forte de São Francisco
5 Kátia
7 Termas

Essen & Trinken
2 Aprígio
3 O Cândido
4 Adega Faustino
6 Carvalho
8 Leonel

Chaves

90 m

Termas ⁊, kleine Unterkunft in der Nähe des Parks. DZ 30–35 € bei zwei Betten, 25–30 € mit Doppelbett. Alameda do Tabolado, Bloco 7, ☎ 276333280, www.hoteltermas.pt.

∗∗ Kátia 🄵, über einem Restaurant. Nicht sehr große, aber saubere und hübsch eingerichtete Zimmer. DZ ca. 45 €. Rua do Sol 28-32, ☎ 276324446.

Turismo de Habitação Quinta da Mata, Nantes (in Richtung Valpaços). Typisches Landhaus aus dem 18. Jh., Ex-Präsident Mário Soares nächtigte hier schon zweimal. Es gibt Pferde und Fahrräder für die Gäste. Große DZ ca. 65–80 €. ☎ 276340030, www.quintadamata.net.

Camping Quinta do Rebentão, ca. 4 km südwestlich an der EN 2. Relativ viel Schatten, es werden Fahrräder verliehen. Person 2,20–3,20 €, Zelt 2,70–3,50 €, Auto 2,50–3 €. Geschlossen im Dez. ☎ 276322733, www.roteiro-campista.pt/?dir-item-quinta-do-rebentao.

Essen & Trinken → Karte S. 199

Bekannt ist Chaves für seine Räucherwaren, als Vorspeisen oder als „Petiscos". Auch viele unterschiedliche Fleischhäppchen werden in Teig verpackt angeboten: *Folar* (Fleisch in Blätterteig) oder *Pasteis de Chaves* (Hackfleisch in Blätterteig). Eine große Auswahl bietet die **Pasteleria Princesa** in der Rua 1° Dezembro.

Leonel 8, am Ortsrand, neben dem kleinen Aeródromo. Die empfehlenswerten Tagesgerichte werden von den freundlichen Bedienungen geduldig erklärt. Granitwände und die alte Spunddecke machen die Räumlichkeiten behaglich. Hauptgericht um 8 €. Anfahrt: Erst Richtung Vila Real, dann Valpaços und beim nächsten Kreisverkehr Richtung Murça. Lokale Küche auf hohem Niveau. Tägl. (außer Mo). Campo da Roda, ✆ 276323188.

≫≫ Mein Tipp: Adega Faustino 4, riesige alte Holzhalle mit Kopfsteinpflaster, früher eine Adega (Weinlager). Man meint, in einer Gasse zu sitzen. Hauptgericht mit Beilagen ab ca. 5 €. Tägl. (außer So). Travessa do Olival, ✆ 276322142. ≪≪

Aprígio 2, einfaches Familienrestaurant mit sehr sympathischen Wirtsleuten. Hauptgericht ab ca. 7 €. Tägl. (außer So abends). Canto de Trás-do-Calvário, ✆ 276321053.

≫≫ Lesertipp: Carvalho 6, „Des Portugiesischen nicht mächtigen Besuchern werden von der Inhaberin auf Englisch die von ihrer Mutter bereiteten Gerichte beschrieben. So, wie das mit Gourmetpreisen bediente *Migas do Carvalho* den Gaumen streichelt, moussiert vom Rotwein *Terra Quente*, kann man auch bei anderen Gerichten kaum einen Fehler machen" (Frank Krampikowski, Preetz). Largo das Caldas, ✆ 276321727. ≪≪

≫≫ Lesertipp: O Cândido 3, typisches portugiesisches Restaurant in einer Nachbarstraße des Kastells. (Sabine König) Hauptgericht 6–7 €. ≪≪

Umgebung von Chaves

Vidago: 18 km südwestlich von Chaves. Bekannt ist der 1100-Einwohner-Ort wegen des Palasthotels **Vidago Palace Hotel**, dessen gepflegter Park mit altem Baumbestand und kleinem See fast schon eine Sehenswürdigkeit für sich ist. Das Innere des Hauses aus dem Jahr 1910 schmückt eine kunstvolle Treppenkonstruktion. Das Heilwasser, hier intramuskulär gespritzt (!), soll gegen Asthma, Nierenleiden und Diabetes helfen. Das Hotel wurde saniert und 2010 als Luxusherberge neu eröffnet. Die Zimmerpreise beginnen bei 190 € (www.vidagopalace.com).

Boticas: 23 km westlich von Chaves. Bekannt ist der 800-Einwohner-Ort für seinen „vinho dos mortos" („Wein der Toten"). Der Flaschenwein reifte nicht in Adegas und Kellern, sondern wurde für Jahre vergraben, um im 19. Jh. den französischen Soldaten keine leichte Beute zu sein. Als die Flaschen wieder ausgegraben wurden, stellten die Bauern überrascht fest, dass der Wein besser war denn je. Daraus entwickelte sich die heute beliebte Spezialität. Kaufen kann man den edlen Tropfen im Turismo (drei Flaschen ca. 15 €).

Information Turismo, tägl. 9.30–12.30 und 14–17 Uhr, Mo nur nachmittags. An der Praça do Município, ✆ 276410200.

Verbindungen Bus: 3-mal nach Chaves.

Turismo de Habitação Casa São Cristóvão, neben dem Turismo. Typisches Bauernhaus im Zentrum des Orts. Familienanschluss garantiert. DZ ca. 48–66 € je nach Zimmer. Rua 5 de Outubro 12, ✆ 276415486, www.ruralturismo.net.

Casa da Eira Longa, im kleinen Dorf Vilar. Nur Gutes ist von diesem historischen Landsitz zu berichten. Viel ländliches Flair, Komfort, schöne Umgebung und rege, nette Besitzer. DZ inkl. üppigem Frühstück ca. 60 €. Anfahrt: 8 km auf der EN 311 von Boticas in Richtung Porto/Braga, 3 km von Carvalhelhos entfernt. Rua Central 9, ✆ 276415979, http://www.eiralonga.com.

Camping Boticas, im Sportkomplex. Von
der Freiwilligen Feuerwehr betriebener kleiner, recht schattiger Platz. Person 2–2,50 €,
Zelt ca. 1,50–3,30 €, Auto 2,20–2,50 €. EN 311,
☎ 276415291.

Bragança

23.000 Einwohner

Bragança ist die Hauptstadt des Distrikts, doch wie wenig die Region
entwickelt ist, zeigt sich an den fehlenden Industrievierteln, die sonst die
größeren Städte Nordportugals umsäumen.

Von staatlicher Seite wurde zu Beginn des neuen Jahrtausends viel Geld in die Stadt
gepumpt. Verwaltungs-, Polizei- und Zollgebäude und mehr wurden erbaut. Auch
die Escola Superior (Fachhochschule), die ursprünglich nur Pädagogik lehrte,
wurde um die Bereiche Land- und Betriebswirtschaft erweitert. Für die Studenten
und gleichzeitig zur Belebung des Zentrums wurden Altstadthäuser saniert und zu
Wohnheimen umfunktioniert. Der Bischof von Bragança ließ 1994 den Grundstein
für eine mächtige Kathedrale legen – ein schickes und sündhaft teures Bauwerk,
das 2001 eingeweiht wurde.

In der Geschichte Portugals spielte Bragança eine wichtige Rolle. Brigo IV., König
von Spanien, gründete 906 die Stadt. Im Jahr 1187 erhielt Bragança von König
Sancho I. den „Freibrief". Im selben Jahr ließ er die *Cidadela* (Stadtburg) errichten,
die bis heute gut erhalten ist. Viele spanische Juden fanden nach ihrer Vertreibung
durch Ferdinand und Isabella in Bragança eine neue Heimat und gaben der Stadt
Auftrieb. Die meisten konvertierten zum katholischen Glauben und gaben sich
gerne Namen von Bäumen. Im 15. Jh. wurde Bragança Sitz des Herzogs- und späteren Königsgeschlechts der Braganças, das bis zur Abschaffung der Monarchie im
Jahre 1910 das Land regierte. Die Herrschaften wohnten allerdings nie in Bragança,
ihren Familiensitz hatten sie in Vila Viçosa. 1995 heiratete in Lissabon Dom Pio
Duarte, der letzte Nachfahre des Königs, eine adelige Finanzmaklerin, die ihm auch
potentielle Thronfolger bescherte, zur Freude des Landes und der Monarchisten.

Berrões – die heiligen Schweine

Das Schwein, das erste vom Menschen domestizierte Tier, war für die sess-
haft gewordenen Ureinwohner der wichtigste Lieferant tierischen Eiweißes,
und die ausgedehnten Esskastanienwälder des Trás-os-Montes waren gute
Weideplätze für die Tiere. Für die damaligen Menschen war das Schwein
Sinnbild für Wohlleben und gefüllte Mägen. Es wurde auch geopfert, um
Stärke, Zusammenhalt und Gesundheit zu erbitten. Reste dieses Kultes fand
man in Form von über 200 klobigen Granitskulpturen, welche Schweine,
aber auch Bullen zeigen. Meist etwa eineinhalb Meter lang, fand man sie innerhalb kreisförmiger Siedlungswälle, aber auch im Miniformat als Grabbei-
gabe. Die ältesten stammen wohl aus dem 1. Jahrhundert v. Chr., andere mit
Inschrift könnten im 3. Jh. n. Chr. geschaffen worden sein. Einige gut erhaltene Exemplare sind im Museum *Abade de Baçal* in Bragança zu sehen.
Auch der Pranger von Bragança (neben der Burg) zeigt ein zweckentfrem-
detes Schwein: Seit dem Mittelalter muss es als Sockel für den „Marterpfahl"
herhalten.

Trás-os-Montes → Karte S. 144/145

In den 1960er- und 1970er-Jahren gingen viele Familien nach Frankreich und Deutschland. Längst sind die ersten wieder zurückgekehrt und haben sich moderne Häuser an den Stadtrand gestellt.

Sehenswertes

Zentraler Platz ist die **Praça da Sé** mit einem barocken Kreuz (Cruzeiro) in der Mitte, das ursprünglich auf dem Friedhof stand. Die Kirche selbst, aus dem 16. Jh., birgt keine Kunstschätze. Besonders am Abend ist der große Platz ohne Namen vor dem Gerichtsgebäude in der oberen Stadt ein beliebter Treffpunkt. Dort finden sich einige Straßencafés.

Museu do Abade de Baçal: Das ethnografische Regionalmuseum residiert im toprenovierten früheren Palast des Erzbischofs Im Eingangsbereich grüßt selbst-zufrieden der Namensgeber des Museums aus einem Ölgemälde, Abade de Baçal (1865–1947). Bischof Baçal verschrieb sein Leben der ethnografischen Forschung; über die Region Trás-os-Montes veröffentlichte er ein elfbändiges Standardwerk.

Das Museum präsentiert übersichtlich Ausgrabungsstücke aus der Gegend. Einen Extraraum bekamen die Tierskulpturen der „Berrões". Interessant auch ein Aquarellzyklus mit 28 Bildern von Alberto de Sousa, der die Schandpfähle des Distrikts Bragança auf Papier bannte – der Pranger als Kunstmotiv.
 Tägl. (außer Mo) 10–17.30 Uhr. Eintritt 3 €, Rentner und 14- bis 25 J. 1 €, mit Cartão Jovem 0,80 €.

Mitten im Trubel: Praça da Sé

Modernes Kunstmuseum: Die Verwaltung von Bragança will aus dem Städtchen ein Museumszentrum machen. Das wichtigste neue Museum ist das Centro de *Arte Contemporânea Graça Morais*, das der in der Region geborenen Künstlerin gewidmet ist. Ihr Werk beschäftigt sich stark mit der Rolle der Frau in der ländlichen Welt.
Tägl. (außer Mo) 10–12.30/14–18.30 Uhr. Eintritt 2 €, mit Cartão Jovem und Studenten 1 €.

Einer der schönsten Plätze der Stadt liegt am Ende der Rua Abílio Beça: Unterhalb der barocken **Kirche S. Vicente** steht ein großer Trogbrunnen und in der Mitte das Denkmal der Kriegsveteranen. Im prächtigen Gebäude mit der Loggia, in dem sich früher das Gefängnis befand, ist heute die Touris-muszentrale der Region untergebracht. Vom Platz führt die Rua T. Coelho zum Kastell hinauf.

Castelo: Im Kastell aus dem 12. Jh. befindet sich innerhalb der Burgmauern eine kleine Häuseransammlung. Am *Pranger* links vor dem Kastell mit seinem eigenartigen Steinsockel

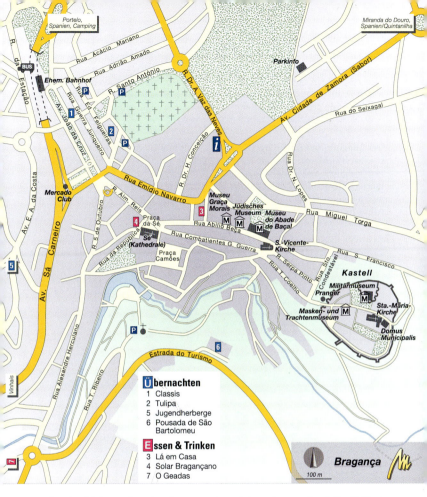

Bragança

100 m

wurden die Übeltäter festgebunden, gequält und dem Gespött der Öffentlichkeit ausgesetzt. Den Sockel stellt ein urzeitliches Berrões-Schwein dar, dem man die Säule auf den Rücken pflanzte (→ Kastentext „Berrões").

Santa-Maria-Kirche: Der Eingangsbereich des Gotteshauses vom Anfang des 18. Jh. ist üppig mit steinernen Weinreben geschmückt.

Domus Municipalis: Das Rathaus neben der Kirche soll das älteste des Landes sein und eines der seltenen weltlichen Bauten aus dieser Zeit, vermutlich wurde es in der ersten Hälfte des 13. Jh. errichtet. Es handelt sich um einen Saal, der durch die Überdachung der Zisterne entstand und im Grundriss trapezförmig gestaltet ist. Kleine romanische Fensterbögen lassen das Licht herein.
Keine festen Öffnungszeiten. Eintritt frei.

Museu Ibérico da Máscara e do Traje: Der Nordosten Portugals ist berühmt für seine winterlichen Feste, die eine jahrhundertelange Tradition haben. Farbenfroh sind die Verkleidungen, mit denen die Gespenster die dunkle Jahreszeit vertreiben und den Frühling hervorlocken sollen. Das moderne Museum im Burgviertel widmet sich den Masken und Trachten aus der Region Trás-os-Montes sowie den Nachbargebieten in Spanien. Auf drei Stockwerken sind 60 Masken, 45 Trachten und Kunsthandwerksartikel zu bewundern. Betrieben wird das Museum gemeinschaftlich von den Stadtverwaltungen von Bragança und Zamora (Spanien).

Tägl. (außer Mo) 9–12.30 und 14–17.30 Uhr, im Sommer 9–13, 15–18 Uhr. Eintritt 1 €. Rua D. Fernão 24/26.

Das **Militärmuseum** im Burgturm zeigt Waffen und Uniformen bis zu den angolanischen Buschkriegen der 1960er-Jahre, auch ein Foto des mosambikanischen Freiheitskämpfers und Stammeshäuptlings *Gungunhana* ist zu sehen. Gungunhana führte 1895 die Rebellion gegen die Kolonialmacht an und wurde auf den Azoren interniert, wo er starb. Mouzinho de Albuquerque, der Mann, der ihn gefangen nahm, beging 1902 in Lissabon Selbstmord.

Tägl. (außer Mo) 9–12 und 14–17 Uhr. Eintritt 2 €.

Castro de Avelas: im gleichnamigen Dorf (6 km westlich). Das uralte Benediktinerkloster aus dem 12. Jh. ist seit dem Jahr 1543 verlassen. Heute ist nur noch die Kirche erhalten. Bemerkenswert ist die ungewöhnliche Ziegelsteinbauweise, die es nirgendwo sonst in Portugal gibt.

Richtung Vinhais, am Ortsausgang von Bragança gleich nach der ehemaligen Eisenbahnbrücke links (Castro Mosteiro).

Basis-Infos

Information Turismo, Mo–Fr 9–12.30 und 14–17.30, Sa 10–13 Uhr, im Sommer teilweise länger. Av. Cidade de Zamora, ☎ 273381273 (neues Amt in Planung).

Ein **weiteres Turismo-Büro** gibt es seit 2017 in der Rua Abílio Beça 103: im Sommer Mo–Sa 9.30–12.30, 14–18 Uhr, im Winter Mo–Fr 9-12.30, 14–17, Sa 10–12.30 Uhr (bei Redaktionsschluss noch keine Tel.-Nr.)

Infos und eine schematische Karte zum **Parque Natural de Montesinho** erhält man im Parkbüro, Sa/So geschlossen. Bo. Rubacar, Rua Cónego Albano Falcão, lote 5, ☎ 273300400.

Verbindungen Bus: Fast stündl. nach Porto (4 Std. Fahrzeit) meist über Vila Real (während der Schulferien Mo–Fr seltener), 6-mal tägl. meist via Porto oder Viseu und Coimbra nach Lissabon, 6-mal Amarante, Guimarães und Braga, 2-mal Peso da Régua, Lamego, 6-mal Viseu, 1-mal Foz Côa und Trancoso. Die Busse fahren am ehemaligen Bahnhof ab.

Adressen Post, Largo dos Correios.

Feste und Märkte Der große Bauern- und Volksmarkt **Feira das Cantarinhas** wird vom 2. bis 4. Mai im Zentrum der Stadt abgehalten. Aus der weiten Umgebung kommen Leute zum Ein- und Verkaufen. Auf dem Viehmarkt bieten Bauern rosige Ferkel und knochige Mulis feil, dazu gibt's Kleidung, Möbel und allerlei zu essen und zu trinken.

Kleinere **Märkte mit Viehmarkt** gibt es am 3., 12. und 21. jeden Monats.

Festa da Cidade (Stadtfest): Vom 12.–22. Aug. wird die Innenstadt aus zahllosen Lautsprechern mit Musik beschallt. Sonntags gibt es Prozessionen und anderes religiöses Brauchtum, abends Tanzveranstaltungen, Folklore usw. Ein Höhepunkt des Stadtfestes ist das Mittelalterfest vom 15. bis 17. Aug.

Telefonnummern Polizei ☎ 273300589 und 273303400, Hospital ☎ 273310800, Taxi ☎ 273322138.

Übernachten/Camping   → Karte S. 203

Pousada de S. Bartolomeu 6, eine der moderneren Pousadas, auf einer Anhöhe am Ortsrand gelegen. Von den Zimmern schö- ner Blick auf den Ort und das alte Schloss. DZ mit Bad je nach Saison 90–170 €. Estrada de Turismo, ☎ 273331493, www.pousadas.pt.

** Classis **1**, an der Hauptstraße westlich vom historischen Zentrum. Etwas dunkel gehaltene Unterkunft in einem Neubau. Die Zimmer, davon zwei im 4. Stock mit Terrasse, sind mit Klimaanlage ausgestattet. Die Zimmer nach hinten sind ruhig. DZ ca. 50 €. Av. João da Cruz 102, ℡ 273331631, www.hotelclassis.com.

** Tulipa **2**, ruhige Seitenstraße im Zentrum. Die Besitzerfamilie hält die insgesamt 30 Zimmer gut in Schuss. DZ ca. 50 €, Zimmer nach vorne mit kleinem Balkon. Auch das Restaurant ist ordentlich, das Steak riesig und zart. Fahrradverleih. Rua Dr. Francisco Felgueiras 8-10, ℡ 273331675, www.tulipaturismo.com.

Jugendherberge Pousada de Juventude Bragança **5**, modernes, barrierefreies Haus. 28 Zimmer und 1 voll ausgestattetes Apartment. DZ mit WC ca. 30–32 € je nach Saison, ohne WC 26–28 €, im 4- und 6-Bett-Zimmer ca. 11–13 €/Pers., Apartment 55–60 €. Forte de São João de Deus, ℡ 273304600, www.pousadasjuventude.pt.

Camping Cepo Verde, etwa 7 km westlich Richtung Vinhais, in der *Aldeia de Gondesende*. Hübsch terrassenförmig auf einem Hügel. Schatten durch Kastanienbäume. Schwimmbad. Die Hütten sind ganzjährig verfügbar. Geöffnet März–Okt. Lugar da Vinha do Santo, Gondesende, ℡ 273999371, www.montesinho.com/cepoverde.

Weiterer Campingplatz im Matosinho-Naturpark (→ S. 211).

Essen & Trinken → Karte S. 203

>>> **Mein Tipp:** Solar Bragançano **4**, hier kann man speisen wie der Herzog persönlich. Eine *Casa típica* mit üppigen Leuchtern, Blumen, verschwenderischem Kristall, klassischer Musik und antiker Holzdecke. Hauptgericht ab 9,50 €. Im Winter Mo Ruhetag. Praça da Sé, ℡ 273323875. <<<

O Geadas **7**, der Eingangsbereich wirkt unscheinbar, der Speisesaal liegt einen Stock tiefer und hat eine Panoramaverglasung mit Blick auf den Pousadahügel. Guter Service und große Auswahl. Hauptgericht ab ca. 10 €. Tägl. (außer So abends). Rua do Loreto, ℡ 273324413.

Lá em Casa **3**, jeden Tag einige Spezialgerichte, z. B. Curryhuhn oder Fisch in Zwiebelsoße. Hauptgericht ab 10 €. Rua Marquês de Pombal 7, ℡ 273322111.

Montesinho-Naturpark

Der 750 km² große Naturpark im Nordosten zählt wohl zu den rückständigsten Gebieten des Landes. Besonders nordöstlich von Bragança finden sich Dörfer, in denen die Zeit stehen geblieben scheint, auch im negativen Sinne: Die Landflucht der vergangenen Jahrzehnte hat in einigen Dörfern viele Häuser dem Verfall preisgegeben. Die verbliebenen Bewohner („Verbannte") tun wenig für den Erhalt, vieles wirkt leicht verwahrlost.

In einigen Dörfern wurden auf Anregung der Parkverwaltung, aber in Eigenregie der Dorfbewohner, kleine Dorfmuseen *(Museu Rural)* eingerichtet. Das vielleicht netteste befindet sich in **Palácios**, einem kleinen Dorf 17 km östlich von Bragança. In dem restaurierten Bauernhaus findet man altes Küchengerät, eine Weinpresse und Werkzeuge, die zur Leinenherstellung verwendet wurden. Im Vorgarten befindet sich ein Windschutz, hinter dem sich die Schäfer in der Pampa zur Ruhe legten.

Landschaftlich ist der Montesinho-Park nicht so großartig wie der nahe Parque Peneda-Gerês. Das Gebiet wirkt eher hügelig, obwohl einige Berge fast 1500 m erreichen. Besonders der östliche Teil ist trocken und dementsprechend kahl. Zum Leidwesen der Schäfer treiben hier Wolfsrudel ihr Unwesen. Im regenreicheren

Das unbekannte Portugal entdecken …

Westteil ist die Vegetation üppiger. In den Talniederungen stehen dichte Eichen-
wälder und entlang der Kulturflächen stößt man auf mächtige Kastanien und auch
Neuanpflanzungen EU-subventionierter Esskastanien- und Nussbaumkulturen.

Information Infobüro des Parks in
Bragança Mo–Fr 9–12.30 und 14–17 Uhr. Es
gibt diverse Broschüren über den Park,
auch auf Englisch. Bragança, Bairro Salvador Nunes Teixeira 5, ℡ 273381444.

Ein zweites **Büro in Vinhais** hat Di–So von
9–12.30 und 14–17.30 Uhr geöffnet. Vinhais,
Dentro da Vila, ℡ 273771416.

Verbindungen Bus: Von Bragança fahren
Busse von STUB und Rodonorte in den
Park.

Baden 2 km unterhalb von *Terroso*. Im Ort
beim Kreuz abbiegen und links an der Kirche vorbei. Eine Schotterpiste führt ins Tal
hinunter. Saftig grüne Liegewiese und ein
kristallklares Staubecken des sauberen Rio
Baceiro. Eine weitere Badestelle findet

man unterhalb der Brücke, westlich von
Vilarinho.

Berghütten Die Parkverwaltung betreibt
mehrere **Gästehäuser**, je nach Größe 40–
220 € pro Nacht. Kontakt s. o.

Camping Rio de Onor, am Ortseingang,
schattiger Platz mit 150 Stellplätzen, Restaurant, Einkaufsmöglichkeiten, Fahrradverleih.
Person ca. 2,50 €, Zelt 2–3,50 €, Auto 3 €.
Geöffnet April–Sept. ℡ 273927036, www.
montensinhoaventura.com.

Turismo de Habitação Moinho do Caniço, ehemalige Wassermühle zwischen
Bragança und Vinhais in unmittelbarer
Nähe des Naturparks. Es gibt 2 Zimmer für
bis zu 6 Personen, 60–100 €. Ponte de Cas-
trelos, ℡ 273323577, www.montesinho.com.

Montesinho: Eines der hübschesten Dörfer im Naturpark, einige der verfallenen
Häuser wurden inzwischen renoviert. Schön auch die Dorfkirche neben einem
uralten Kastanienstumpf. Im Ort lädt das kleine *Café Montesinho* zur Einkehr ein.
In der Umgebung gibt es noch Bauern, die im Herbst die riesigen Wurzelknollen
der *Erica australis* ausgraben, um daraus Holzkohle zu gewinnen.

Rio de Onor: Das Dorf wird durch die Grenze zu Spanien geteilt. Doch dies war für
die Einheimischen schon immer nebensächlich. Man spricht eine Mischung aus

Galicisch und Portugiesisch, fühlt sich als Bewohner eines Dorfs und kümmert sich weder um Madrid noch um Lissabon. Der Ort ist bekannt, seit der Anthropologe Jorge Dias ein Buch über die Dorfgemeinschaft geschrieben hat. Die Dörfler winken aber eher mit Fotokopien des Buchs, als dass sie sich zu langen Erklärungen über ihr Leben hinreißen lassen: „Es ist so, wie der Professor geschrieben hat ..."

Jerusalém de Romeu: Das Schieferdorf in der Nähe von Mirandela gehört zu den *aldeias melhoradas*, die während der Salazarzeit restauriert und gefördert wurden. Der kuriose Name rührt daher, dass sich hier ein Posten des Ordens von Malta befand. Der Orden war auch unter dem Namen *Ordem do Hospital de São João de Jerusalém* bekannt. Ende des 19. Jh. wurde eine landwirtschaftliche Kooperative gegründet, die noch heute qualitativ hochwertiges Olivenöl produziert.

Sehenswert ist das **Museu das Curiosidades:** Von Oldtimern über Telefone, historische Schreibmaschinen, Fahrräder und Landwirtschaftsgerät bis zu Filmprojektoren wurde hier allerhand aus den letzten Jahrhunderten zusammengetragen.

Tägl. (außer Mo) 10–16 Uhr; im Sommer bis 17 Uhr, dann aber Mi ab 16 Uhr geschlossen.

Maria Rita, in einem der typischen Häuser des Dorfs wird eine fantastische transmontanische Küche serviert. Probieren sollte man die *sopa seca* (trockene Suppe) oder den *Bacalhau à Romeu*. Hauptgericht ab ca. 10 €. So Abend geschlossen, Mo Ruhetag. ✆ 278939134.

Trás-os-Montes → Karte S. 144/145

Miranda do Douro

ca. 2000 Einwohner

Eine Kathedrale ohne Bischof, eine Sprache, die weder Portugiesisch noch Spanisch ist, Stocktänzer wie in Transsylvanien ... Miranda do Douro ist eine verwirrende Mischung aus interessanten Eigenheiten und ein verschlafenes Nest, in dem sich Fuchs und Hase gute Nacht sagen.

Die erste Besiedlung dieses Gebiets fand wohl in der Bronzezeit statt. Im 8. Jh. vertrieben die Mauren die Westgoten und gaben dem Ort den Namen Mir-Hândul. Eine andere Theorie ist, dass der Name der Stadt vom lateinischen Verb „mirori" stammt, also eine „besserungswürdige Stadt" bedeutete.. 1136 erhielt Miranda den ersten „Freibrief". Dom Dinis erhob den Ort dann 1286 zur Vila und ließ die Burg sowie die Stadtmauer bauen. Nachdem Papst Paul III. Miranda 1545 zur Diözese erhoben hatte, verlieh Dom João III. ihr bald darauf die Stadtrechte. Mirandas Blütezeit begann.

1552 wurde der Grundstein zum Bau der **Kathedrale** gelegt. Das dreischiffige Gotteshaus zeigt ein Renaissance-Portal mit runden Bögen. Die meisten Ornamente stammen aus dem 17. oder 18. Jh. Das Interessanteste ist aber der Altar des *Jesus da Cartolinha*.

Die Legende berichtet, dass während einer monatelangen Besetzung der Stadt durch die Spanier ein wie ein Kavalier gekleideter Jüngling an der Stadtmauer erschien und die Mirandeser zu den Waffen rief. Mit Sensen, Sicheln und Hirtenstöcken bewaffnet vertrieben die Bürger, geführt von ihrem kleinen Kommandanten, die Invasoren. Der Heerführer verschwand sofort, als die Spanier in die Flucht geschlagen waren. Es konnte sich also nur um ein Wunder des Jesuskindes handeln, und so bauten die Mirandaer dem Wunderknaben einen Altar. Doch ganz sicher ist sich heute keiner, ob die Geschichte stimmt, denn über die Herkunft des Altars existieren verschiedene Legenden.

Di 14–17.30 Uhr, Mi–So 9.30–12.30 und 14–17.30 Uhr. Eintritt frei.

Tanz der Vampire?

Die *Pauliteiros* aus Miranda do Douro sind in ganz Portugal bekannt. Der Stocktanz, der von acht Tänzern und drei Musikern vorgeführt wird, stammt aus dem Transsylvanien der Eisenzeit und wurde ursprünglich mit Schwertern getanzt. Von dort verbreitete er sich über ganz Europa. Die Keltiberier tauschten dann im 3. Jahrhundert die Schwerter gegen Stöcke, damit sie sich bei den Kriegsvorbereitungen, zu denen der Tanz diente, nicht verletzten. Der Tanz wurde später von den Römern beibehalten und zu den Erntedankfesten aufgeführt. Auch die katholische Kirche behielt den heidnischen Brauch bei. Heute sieht man die Pauliteiros eher auf Folklorefesten als in Miranda.

Hinter der Kathedrale stößt man in einem hübschen Garten auf die **Ruinen des Bischofspalasts**. Er wurde im Jahr 1706, keine hundert Jahre alt, von einem Feuer zerstört. Im ethnologischen **Museu das Terras de Miranda** sind verschiedene historische Überbleibsel aus der Region zu bestaunen, darunter eine schöne Masken- und Instrumentensammlung.

Museum: Di 14–17.30 Uhr, Mi–So 9.30–12.30 und 14–17.30 Uhr. Eintritt 2 €, über 65 J. und mit Cartão Jovem 1 €. Praça Dom João III.

Vom **Castelo** sind heute nur noch Ruinen übrig, nachdem die Pulverkammer im Jahr 1762 explodierte.

In den Straßen der Stadt hört man heute noch **Mirandês**, neben dem Portugiesischen die einzige Amtssprache des Landes. Es hört sich zwar an wie eine Mischung aus Leonesisch und Portugiesisch, ist aber eine eigene Sprache, die sich direkt vom Lateinischen ableitet. Inzwischen wird in dieser Sprache auch wieder geschrieben.

Information Turismo, Di–Fr 9–13, 14–18 Uhr, im Hochsommer auch Mo geöffnet. Am Largo Menino Jesus da Cartolinha, in einem kleinen Pavillon, ℰ 273431132.

Verbindungen Bus: 1-mal Mogadouro, 1-mal Vila Real und 2-mal Porto (davon 1-mal direkt, Sa nicht), 1-mal Pocinho.

Adressen Casa da Cultura, im historischen Zentrum, Rua Mouzinho Albuquerque. **Postamt** neben der Kathedrale.

Feste Am 3. Augustwochenende feiert die Stadt die **Festas de Santa Bárbara**, das Stadtfest. Dann kann man meist auch die Pauliteiros in den Straßen tanzen sehen (→ Kastentext).

Telefonnummern Polizei ℰ 273430010, Centro de Saúde ℰ 273430040, Taxi ℰ 273432384.

Übernachten **** Parador Santa Catarina, Unterkunft mit fantastischem Blick auf den Fluss, der sich tief in das Tal hineingefressen hat. DZ 65–100 €, oft Sonderpreise. Largo da Moagem, ℰ 273431255, http://hotelparadorsantacatarina.pt.

** Cabeço do Forte, Pension auf dem Hügel gegenüber dem Castelo mit schöner Aussicht. Große Zimmer mit großen Bädern. DZ mit Frühstück und Garage ca. 45–50 €. Anfahrt von der dem Castelo abgewandten Seite. Rua do Forte 10, ℰ 273431423, www.cabecodoforte.com.pt.

Planalto, modernes, weitläufiges Haus nahe dem Turismo. Einfache Zimmer mit einfachen Bädern, aber sauber. DZ ca. 25–35 €. Rua 1° de Maio 25, ℰ 273431362, nur über www.booking.com.

Trás-os-Montes → Karte S. 144/145

Die Kathedrale – schlichte Renaissance aus dem Jahre 1552

Flor do Douro, eine nette Wirtin vermietet hübsche DZ ca. 35–40 € inkl. Frühstück. Rua do Mercado 7, ✆ 273431186, http://flordo douro.com.

Santa Cruz, die einzige Unterkunft innerhalb der Stadtmauern. Die Zimmer sind recht eng, wenn zwei Betten darin stehen. Es gibt auch Doppelbetten, dann mehr Platz. Einfache, enge Bäder. DZ mit 2 Betten 45 €, mit Doppelbett 35 €. Rua Abade de Baçal 61, ✆ 273431374.

Camping   **Santa Luzia**, 2 km außerhalb beim Schwimmbad. Einfache Einrichtung, aber viele Plätze mit Schatten. Nach Sanierung bis zur Erteilung einer neuen Konzession geschlossen. Rua do Parque de Campismo, ✆ 273431273.

Essen & Trinken   **O Mirandês**, beliebtes Restaurant am Kreisverkehr; leckere regionale Gerichte in großen Portionen. Hauptgericht ab 9 €, günstiger Hauswein. Tägl. (außer So). Largo da Moagem, ✆ 273431418.

O Buteko, Speisesaal im 1. Stock. Sehr gute *Posta Mirandesa*, die lokale Spezialität. Hauptgericht ab ca. 8 €. Praça Dom João III., ✆ 273431231.

A Balbina, gute transmontanische Küche in einfacher Atmosphäre. Hauptgericht ab ca. 8,50 €. Rua Rainha Dona Leonor, ✆ 273432394.

Blick auf Pinhão im Zentrum der Portweinregion

Die Douro-Region

Porto, die zweitgrößte Stadt des Landes, liegt nur ein wenig oberhalb der Mündung des Rio Douro in den Atlantik. Dicht an dicht schachteln sich die Häuser am steilen Hang, überspannt von der Stahlkonstruktion der „Eiffelbrücke" Ponte D. Luis.

Von Porto aus schlängelt sich der Rio Douro zwischen grünen Bergen hindurch Richtung Spanien. An den Hängen wachsen die Trauben, aus denen der Portwein gekeltert wird. Alle naselang erspäht man eine Burg, die Landschaft zeigt sich fast wie am Mittelrhein.

In der Douro-Region lebten schon in der Steinzeit Menschen, wie die **Ritzzeichnungen** im Tal des Rio Côa belegen. **Vila Nova de Foz Côa** liegt am Ende einer weltweit einzigartigen Open-Air-Galerie, die vor Tausenden von Jahren das Sonnenlicht erblickte. Besonders sind auch die Burgen von **Penedono** und **Santa Maria da Feira**. In und um **Lamego** finden sich einige der bemerkenswertesten Kirchen des Landes. Die Region erstreckt sich in Richtung Westen bis nach **Porto**, der großen Industriestadt des portugiesischen Nordens.

Der Gaumen freut sich natürlich besonders auf die schmackhaften Weine. Die besten Reben wachsen in der Gegend von **Pinhão**, heute das Zentrum der Portweinproduktion. Doch gibt es in der Region mit den roten *Maduros* auch sehr gute ausgereifte Weine. Hervorheben möchten wir die Tropfen der Quinta do Côtto, die *Barca Velha* und *Reserva Especial* der Casa Ferreira oder die *Reserva* der Quinta do Crasto.

Neben den Weinen kommen in der Region *arroz do forno* (gebackener Reis) oder *cabrito assado* (Zicklein) auf den Tisch, und der luftgetrocknete *presunto* von Lamego ist im ganzen Land berühmt. Zu den süßen Leckereien gehören die *brisas de Tâmega* aus Amarante.

Douro-Region

Vila Nova de Foz Côa

ca. 3000 Einwohner

Mit der Entdeckung der prähistorischen geritzten Felszeichnungen im Jahr 1992 erlebte das Städtchen einen touristischen Aufschwung, allerdings nicht so stark wie erhofft. Jedenfalls kann seine Infrastruktur mit der Popularität der archäologischen Fundstätte nicht mithalten.

Bevor die Nachricht über die steinzeitlichen Zeichnungen 1994/95 veröffentlicht wurde, war Vila Nova de Foz Côa bekannt für seine Mandelblüte, die überalterte Bevölkerung und die vom portugiesischen Stromerzeuger EDP geplante Aufstauung des Rio Côa. Doch der Fund der teilweise über 30.000 Jahre alten Zeichnungen nötigte die Regierung, das Staudammprojekt stoppen.

Seit 1998 gehören die prähistorischen Zeichnungen im Tal von Côa zum UNESCO-Weltkulturerbe. Allerdings ist seither nicht allzu viel geschehen, um die Touristenströme in gewinnbringende Bahnen zu leiten. Zwar funktioniert die Organisation des archäologischen Parks gut, doch gibt es nur wenige Unterkünfte und kaum empfehlenswerte Restaurants ... auch die Anfahrt mit öffentlichen Verkehrsmitteln will gut geplant sein.

Information Turismo, tägl. 9–12.30 und 14–17.30 Uhr. Av. Gago Coutinho 9, ℘ 279760329.

Zentrale des archäologischen Parks, tägl. (außer Mo) 9–12.30 und 14–17.30 Uhr. Hier erhält man Informationen über Foz Côa und Umgebung und kann sich für Touren zu den Ausgrabungsstätten anmelden. Im Parkmuseum, Rua do Museu, ℘ 279768260, www.arte-coa.pt.

Verbindungen Bahn: Tägl. fahren 2 Busse zum Bahnhof in Poucinho. Von dort aus 5-mal tägl. nach Tua und Régua, 4-mal

tägl. nach Porto. **Bus**: Die Busse starten am Busbahnhof, gegenüber dem Hospital. 2-mal Viseu, 1-mal Guarda über Trancoso, 1-mal Bragança, 1-mal Porto, 1-mal Miranda do Douro. 2-mal Lissabon und Coimbra. Sonntags nahezu keine Verbindungen.

Adressen **Postamt** an der Av. Artur Aguiar am Stadtpark.

Telefonnummern **Polizei** ℘ 279760500, **Hospital** ℘ 279762319, **Taxi** ℘ 279762651.

Übernachten Casa Vermelha, beim Turismo. In dem knapp 100 Jahre alten „Roten Haus", so der Name, gibt es sieben schmucke Gästezimmer. DZ ca. 90 €. Av. Gago Coutinho 3, ℡ 279765252, www.casa vermelha.com.

Jugendherberge Die neu gebaute Herberge liegt etwas außerhalb und ist gut ausgestattet, auch Räder werden verliehen. DZ je nach Saison und Ausstattung ca. 26–32 €, im Mehrbettzimmer 11–13 €. Apartment für 4 Pers. ca. 55–60 €. Caminho Vicinal Currauteles 5, ℡ 279764041, www.pousadas juventude.pt.

Camping Der nächste Platz befindet sich in **Vila Flor**, etwa 20 km nördlich. Der recht schattige Platz bietet Möglichkeiten zum Tennis- und Volleyballspielen sowie zum Fischen im nahen Stausee. Zudem gibt's einen Pool. Person ca. 2,20 €, Zelt ca. 2–2,50 €, Auto 1,70 €. Barragem do Peneireiro, Vila Flor, ℡ 278512350.

Wohnmobil-Platz in Freixo de Numão, ca. 12 km westlich. ℡ 279789573.

Essen & Trinken Spezialitäten der Region sind getrocknete Feigen, Mandeln und geräuchertes Fleisch. Ein empfehlenswertes Restaurant in Foz Côa selbst konnten wir nicht ausfindig machen, auch wenn es verschiedene an der Avenida und in der historischen Innenstadt gibt. Schön sitzt man aber im **Restaurant des Parkmuseums** (s. o., „Information"); Mo Ruhetag, Di und So abends geschlossen.

Steinzeitliche Zeichenkunst

Die Open-Air-Galerie im Côa-Tal ist eine der wenigen Stätten weltweit, an denen sich prähistorische Kunstwerke an der Oberfläche erhalten haben, wie man sie sonst nur in Grotten und Höhlen finden kann. Es scheint, als hätte das trockene, im Sommer heiße und im Winter kalte mediterrane Klima des Tals eine konservierende Wirkung gehabt. Wind und Wetter konnten den Zeichnungen im Schiefergestein nichts anhaben. Gut kann man die verschiedenen Techniken der einzelnen Zeitalter erkennen. Zum Teil sind die Tiere in gepunkteten Linien gezeichnet, die anfangs direkt, später indirekt (der „Malstein" wurde mit einem anderen Stein geschlagen) in den Schiefer gehauen wurden. Auf diese Technik folgten die Ritzzeichnungen aus „echten" Linien. Bewegungen stellten die Künstler der Steinzeit durch mehrfaches Zeichnen der betreffenden Körperteile dar. So haben manche Pferde drei Köpfe oder Schweife. In unserer Zeit wurde diese archaische Technik wieder aufgegriffen: in Comics.

Geführte Touren zu den Ritzzeichnungen im Côa-Tal

Gestartet wird jeweils an der Rezeption des am nächsten an der Fundstelle gelegenen Ortes oder am Museum. Per Jeep wird man in Siebenergruppen durch das unwegsame Gelände zu den Zeichnungen gefahren. Die letzten Meter werden dann zu Fuß zurückgelegt. Festes Schuhwerk ist daher zu empfehlen. Da im Côa-Tal mediterranes Klima herrscht, im Sommer den Sonnenhut nicht vergessen, es wird sehr warm.

Castelo Melhor – Penascosa: Dauer ca. 1½ Std. Hier dominieren die Zeichnungen von Ziegen; eine davon wurde zum Symbol des Parks gewählt. Zudem ist eine der raren Abbildungen eines Fisches zu sehen. Es ist nicht immer einfach, die Tiere zu erkennen, da teilweise mehrere Zeichnungen verschiedener Epochen übereinander liegen. Führung 10 €.

Vila Nova de Foz Côa – Canada do Inferno: Dauer ca. 2 Std. Die Fundstätte liegt in direkter Nähe des unvollendeten Staudamms. Hier soll auch ein Museum entstehen. Neben den prähistorischen Ritzzeichnungen sind auch Werke neueren Datums zu sehen. Vom 17. bis zum 19. Jh. griffen hier Portugiesen die uralte „Tradition" wieder auf und ritzten religiöse Motive in den Schiefer. Führung 10 €.

Muxagata – Ribeira de Piscos: Dauer ca. 3 Std. Imposant ist die etwa zwei Meter große Darstellung dreier Ochsen, die in einigen Metern Höhe über das Tal wachen. Heute sind sie allerdings nicht einfach zu erkennen, doch die Forscher vermuten, dass das Bildnis früher farbig ausgemalt war. Pigmentspuren konnten bisher aber noch nicht nachgewiesen werden. Hier gibt es auch Bilder von Menschen mit stark überzeichneten Geschlechtsteilen. Führung 10 €.

Fariseu und No Rasto dos Caçadores Paleolíticos: Zwei Spezialtouren (Dauer jeweils 3 Std.), die erste im Geländewagen, die andere auf den Spuren vorgeschichtlicher Jäger. Pro Tour 14 €.

Nachtausflug: Dauer ca. 3 Std. Die nächtlichen Führungen im Jeep zeigen die Ritzzeichnungen von künstlichem Licht angestrahlt, sodass ihre Wirkung durch die Schattenbildung verstärkt wird. Treffpunkt hierfür ist das Museum in Vila Nova de Foz Côa. Ausflug 17 €.

Anmeldung unbedingt erforderlich bei der Zentrale in Vila Nova de Foz Côa, Parkmuseum, Rua do Museu, ℡ 279768260, www.arte-coa.pt. Weitere Informationen über den Park in den Rezeptionszentren.

Das **Parkmuseum** soll den Besuch der Steinzeitzeichnungen vor Ort ergänzen. Neben Fundstücken werden in Videos auch solche Zeichnungen vorgestellt, die bei den Führungen nicht gezeigt wurden. Zudem wird der Verlauf der Erdgeschichte nachgezeichnet.

Tägl. (außer Mo) 10–13 und 14–18 Uhr. Eintritt 5 €.

Umgebung von Vila Nova de Foz Côa

Freixo de Numão: Hier finden sich rund um das **Museu de Casa Grande** in einem barocken Landgut, einem Solar, archäologische Funde aus der Eisen- und Römerzeit.

Tägl. (außer Mo) 9–12 und 14–18 Uhr. Eintritt 2 €, über 65 J. und mit Cartão Jovem 1 €.

Etwa 20 km westlich von Vila Nova de Foz Côa liegen die Ruinen des **Castelo de Numão** (an der EN 222). Schon vor der Gründung Portugals hatte die Burg eine wichtige Verteidigungsfunktion im Kampf zwischen Mauren und Christen. Erstmals taucht sie im Jahr 960 in Dokumenten auf. Rund um das Castelo förderten Ausgrabungen diverse Funde aus der Römerzeit und dem Mittelalter zu Tage.

Douro → Karte S. 144/145

Typische Granithäuser in Penedono

Penedono
ca. 1200 Einwohner

Schon von Weitem sieht man die Zinnen der kleinen Burg von Penedono, die auf etwa 900 m Höhe thront. Die Türme wirken fast wie die ausgestreckten Finger einer Hand. Das **Castelo** aus dem 14. oder 15. Jh. ist die besterhaltene Burg in der Region. Der hexagonale Grundriss fußt auf einem Granitfelsen. Es gibt nur einen einzigen Eingang. Eine steile Treppe führt hinauf zu den Zinnen und den fünf Türmen. Vor dem Castelo steht der *Pelourinho*, das Zeichen der städtischen Unabhängigkeit.

Information Turismo, Mo–Fr 9–13 und 14–18, Sa 10–12.30 und 14.30–17, So 14.30–17 Uhr. Unterhalb der Burg, ✆ 254508174.

Verbindungen Bus: 3-mal tägl. nach Viseu über Sernancelhe und 2-mal São João de Pesqueira.

Telefonnummern Polizei ✆ 254504151, Centro da Saúde ✆ 254549302, Taxi ✆ 254504230 und 2545049217.

Übernachten/Essen Flora, relativ große Zimmer mit kleinem Bad, zum Teil mit Kochnische. Kleines DZ mit Doppelbett ca. 30 €, mit 2 Betten ca. 40 €. Im **Restaurant** isst man für ca. 7 €. Estrada Nacional 229, Bairro do Prazo, ✆ 254504411.

Umgebung von Penedono: Das etwa 18 km südlich gelegene **Sernancelhe** hat seinen mittelalterlichen Ortskern bewahrt. Die *Igreja Matriz* wurde im romanischen Stil erbaut, erfuhr aber vor allem im 17. Jh. viele Umbauten. Das Portal stammt noch aus der Gründerzeit und ist reich verziert. Links und rechts je drei Figuren, in der Mitte die Apostel Petrus und Paulus, umringt von den vier Evangelisten. In der einschiffigen Kirche wurden bei Restaurierungsarbeiten in den 1970ern Wandmalereien aus dem 16. Jh. gefunden, die wiederum noch ältere Malereien überdecken. Die Hauptkapelle schmücken vier Bilder, zwei von ihnen stammen wahrscheinlich aus der Schule von Grão Vasco, dem großen Maler aus Viseu.

Wenige Kilometer von Sernancelhe entfernt steht das **Santuário de Nossa Senhora da Lapa**. Die im 17. Jh. von den Jesuiten erbaute Kirche umschließt eine Felsgrotte, in der im 10. Jh. das Bild der heiligen Maria vor den Mauren versteckt wurde. Der Volksmund sagt, dass nur der, der ohne Sünde ist, durch den engen Fels in die Grotte gehen kann. Jedes Jahr wird hier im Sommer die *Romaria da Nossa Senhora da Lapa* gefeiert, eines der wichtigsten Feste der Region; die Höhepunkte der Feierlichkeiten sind am 10. Juni, 15. August und 8. September.

Pinhão

ca. 800 Einwohner

Kleiner verschlafener Ort am Douro-Ufer. Es gibt, vom Fluss und der wunderschönen Landschaft abgesehen, keine nennenswerten Sehenswürdigkeiten. Doch Pinhão ist heute das Zentrum des Portweinanbaus. Alle großen Firmen haben in der Umgebung ihre Weinberge, einige kann man besichtigen. Zudem hat die Produzentenfamilie Symington ihr *Weingut Quinta do Bomfim* am Fluss zu einer Art Museum umfunktioniert, natürlich mit Werbung für die eigenen Erzeugnisse (April–Okt. 10.30–19 Uhr, sonst nur bis 17 Uhr, im Hochsommer Vorbuchung sinnvoll, ✆ 254730350, www.symington.com).

Information Der **Posto de Turismo** im Bahnhof ist derzeit leider geschlossen.

Verbindungen Bahn: Am besten erreicht man Pinhão per Bahn. Der Ort liegt an der malerischen Bahnlinie von Porto nach Pocinho. 5-mal tägl. Régua, 5-mal Porto (teilw. mit Umsteigen in Régua), 5-mal Tua und Pocinho.

Telefonnummern Centro da Saúde ✆ 254732404, **Taxi** ✆ 962346255 oder 962619350 (jeweils mobil).

Weinkeller Ohne Voranmeldung (anrufen ist aber besser) kann man neben der Quinta do Bomfim folgende Weinkeller besichtigen: **Quinta de La Rosa**, ✆ 254732254, Pinhão, in Richtung Chanceleiros. **Quinta da Foz** ✆ 254732353, Pinhão, vor der Quinta de La Rosa. **Quinta do Seixo**, ✆ 223746100, Tabuaço, auf der anderen Seite des Flusses in Richtung Lamego. **Quinta do Panascal**, ✆ 254732321, Valença do Douro, ebenfalls in Richtung Lamego.

Übernachten/Essen **Douro**, teilweise enge Zimmer mit kleinem Bad und einfacher Einrichtung, einige mit Blick auf den Fluss. DZ ohne Flussblick 45 €, mit Flussblick 55–60 €. Largo da Estação, ✆ 254732404.

Ponto Grande, enge Zimmer und Bäder. DZ ca. 45 €. Im **Restaurant** gute regionale Gerichte ab 7 €, Menü ca. 15 €. Rua Central 102–105, ✆ 254732456.

DOC, in Folgosa 14 km Richtung Peso da Régua (→ S. 218).

Turismo de Habitação ⟫⟫ Mein Tipp: **Casa do Visconde do Chanceleiros**, ca. 3 km von Pinhão entfernt. Ursula und Kurt Böcking haben das einst verfallene Herrschaftshaus liebevoll restauriert und eine sehenswerte Symbiose aus Alt und Neu geschaffen. Riesige, luxuriöse DZ ca. 135–170 €. Chanceleiros, ✆ 254730190, www.chanceleiros.com. ⟪⟪

Lamego

ca. 11.000 Einwohner

Zwischen Weinbergen liegt die „Geburtsstätte Portugals", wie sich die Stadt selbst nennt. Hier rief der erste König, Afonso Henriques, erstmals seine Cortes zusammen. Geprägt ist die Umgebung durch den Weinbau, deren Trauben zu Portwein verarbeitet werden; bis zum 16. Jahrhundert war der berühmte Tropfen noch unter dem Namen „Vinho de Lamego" bekannt.

Über der Stadt wacht auf 605 m Höhe das **Santuário de Nossa Senhora dos Remédios**. Die barocke Kirche wurde Anfang des 18. Jh. an der Stelle einer früheren Kapelle errichtet. Der heute effektvolle Treppenaufgang wurde erst 1966 fertiggestellt. In der einschiffigen Kirche fallen die Azulejos und die Granitkapelle *capela-mor* ins Auge. Die Ausgestaltung des Gotteshauses ist zart und feminin, ganz im Zeichen der Marienverehrung für die „Liebe Frau der Heilmittel".

Tägl. 8.30–12.30 und 13.30–18 Uhr, im Sommer bis 19 Uhr. Eintritt frei.

Das **Castelo** ist eine typische mittelalterliche Festung (Di–So 10–18 Uhr, Eintritt frei). Im Norden erhebt sich der **Torre de Menagem** bis auf 570 m.

Die Fassade der **Sé-Kathedrale** aus dem frühen Mittelalter wurde zwischen dem 13. und 17. Jh. immer wieder verändert. Im Inneren stechen die Deckenbilder von Nicolau Nasoni hervor, die alttestamentarische Geschichten erzählen; vielleicht sind es die einzigen Malereien dieses italienischen Baumeisters in Portugal.

Tägl. 8–13 und 15–18 Uhr, im Sommer teilweise durchgehend. Eintritt frei.

Museu de Lamego: Das Museum im ehemaligen Bischofspalast zeigt u. a. sehenswerte flämische Wandteppiche aus dem 16. Jh. sowie Werke des aus Viseu stammenden Malers Grão Vasco, der ebenfalls im 16. Jh. lebte. Der Schwerpunkt der Sammlung liegt im 18. Jahrhundert.

Tägl. (außer Mo) 10–18 Uhr. Eintritt 3 €, Rentner, 14–25 J. und mit Cartão Jovem 1,50 €, unter 14 J. gratis.

Basis-Infos

Information Turismo, tägl. 9.30–12.30 und 14–18 Uhr. Regimento de Infantaria 9 (nahe Museum), ✆ 254099000.

Verbindungen Bahn: Nächster Bahnhof in Peso da Régua. Tägl. fahren ca. 15 Busse dorthin (Sa/So nur 7).

Bus: Busse halten hinter dem Museu de Lamego. Tägl. 2-mal nach Lissabon über Coimbra (Sa/So 4-mal), 5-mal Viseu, 4-mal Vila Real.

Adressen Postamt an der Av. Dr. Alfredo de Sousa.

Einkaufen Portwein kann man direkt vom Erzeuger in der *Quinta de Marrocos* erstehen. Auch selbst gebrannter Aguardente und Essig werden angeboten. Die Quinta liegt an der EN 222 bei Peso da Régua direkt am Fluss.

Feste Die **Romaria de Nossa Senhora dos Remédios** (6. bis 8. Sept.) hat sich von einem kirchlichen Fest zu einem bunten Spektakel mit Spielen, Tanz und viel Speis und Trank entwickelt. Höhepunkt bleibt aber die Prozession.

Sport Die Firma **Naturimont** organisiert Mountainbike-Touren, Kanufahrten, Ausritte und geführte Wanderungen. Lugar Campo da Estalagem Britiandos (6 km südlich), ✆ 254613918, www.naturimont.com.

Telefonnummern Polizei ✆ 254612022 und ✆ 254615379, **Hospital** ✆ 254609980, **Taxi** ✆ 254612898 und 254612351.

Übernachten/Essen & Trinken

Übernachten ******** Hotel Lamego, grüner Betonkasten etwas außerhalb des Zentrums, in der Nähe der Adega Cooperativa de Lamego. Große, modern eingerichtete Zimmer z. T. mit herrlicher Aussicht auf die Weinberge der Umgebung. DZ mit TV, Telefon und AC je nach Saison ca. 89–110 €. Quinta da Vista Alegre, ✆ 254656171, www. hotellamego.pt.

Solar da Sé, die Zimmer sind nicht alle gleich groß und teilweise sehr dunkel, also besser erst ansehen. Bad mit Wanne. DZ ca. 40 €. Largo da Sé, ✆ 254612060.

Turismo de Habitação Quinta da Timpeira, ca. 3,5 km südöstlich, sehr ruhig zwischen Kirschbäumen und Rebstöcken gelegen. Das Gebäude verbindet Tradition mit Moderne. Beheizbarer Pool, Zentralheizung, Tennisplatz. DZ je nach Saison ca. 67–76 €. Lugar da Timpeira, Penude, ✆ 254612811, www.quintadatimpeira.com.

≫ Mein Tipp: Quinta de Marrocos, Bauernhof im Douro-Tal, 10 km von Lamego entfernt (bei Peso da Régua). 5 urig eingerichtete, geräumige Zimmer mit Dusche, eines davon mit separatem Eingang. Das Frühstück wird in der großen Küche serviert, für Familienanschluss ist also gesorgt. Der Besitzer verkauft selbst gekelterten Portwein, Essig und Aguardente. DZ 75 €. Valdigem an der EN 222, ✆ 254322680, www.quintademarrocos.com. **≪**

Essen & Trinken Solar do Espírito Santo, gemütliches Restaurant im Zentrum mit regionaler Küche. Hauptgericht ab 8 €. Tägl. außer Di. Rua Alexandre Herculano 10-C, ✆ 254655442.

Katholisches Portugal

O Lampião, hinter der Kathedrale. Sehr kleines Restaurant mit leckerer Hausmannskost ab 7 €. Samstag Ruhetag, abends geschlossen. Rua Direita 30, ✆ 254612550.

Casa Filipe, kleines Restaurant mit ebenso kleinen Preisen, aber großer, preisgekrönter Küche. Hauptgericht ab 7 €. So abends geschlossen. Rua Trás da Sé 58, ✆ 254612428.

Umgebung von Lamego

Igreja de São Pedro de Balsemão: Das Westgotenkirchlein aus dem 7. Jh., etwa 3 km nördlich, sieht von außen schlicht aus, der Innenraum zeigt sich wunderschön präromanisch. In einem Seitenschiff steht der Sarg des Bischofs Dom Afonso Pires aus dem 14. Jh. Aus derselben Zeit stammt die Skulptur der Nossa Senhora do Ó, der schwangeren Muttergottes.

Mai–Sept. Mi–So 10–12.30 und 14–18 Uhr, Okt.–April Mi–So 9.30–12.30/14–17.30 Uhr, Di nur nachmittags geöffnet. Geschlossen Mo und an jedem 3. Wochenende im Monat. Eintritt frei.

Douro → Karte S. 144/145

Zisterzienserkloster São João de Tarouca: Das Kloster etwa 18 km südöstlich von Lamego wurde im 12. Jh. als erstes Zisterzienserkloster Portugals erbaut. Unter dem liberalen Regime des 19. Jh. verfiel der Bau. Erhalten sind neben der dreischiffigen Kirche nur noch Mauern und Brunnen. Das Kircheninnere glänzt in vergoldetem Holz. Vor allem der Altar, die Orgel und der Chor stechen ins Auge.

Mi–So 10–12.30 und 14–18 Uhr, im Winter bis 17.30 Uhr, Di nur nachmittags geöffnet. Geschlossen Mo und an jedem 3. Wochenende im Monat. Eintritt frei.

Die **Brücke von Ucanha**, etwa 5 km nordöstlich von Tarouca, ist ein weiteres romanisches Bauwerk. Die vier Steinbögen über den Rio Varosa wurden vermutlich im 13. Jh. errichtet. Damals schützte der romanische Wehrturm den Eingang zum Lehensgut der Mönche von Salzedas.

Peso da Régua   ca. 9000 Einwohner

Die Stadt lockt nicht mit besonderen Sehenswürdigkeiten, ist aber eine gute Basis, um die Region zu erkunden. Die Geschichte von Régua beginnt mit dem Marquês de Pombal, der den Ort 1756 zum Zentrum der weltweit ersten abgegrenzten Weinregion machte. Die *marcos de feitoria* waren aus Granit und schützten die besten Weinanbaugebiete der Region. In Régua wurde die Companhia Geral das Vinhas do Alto Douro gegründet. Heute ist der Ort Sitz des *Instituto do Vinho do Porto*.

Wirklich sehenswert ist das **Museu do Douro**, das in einem neuen Gebäude am Fluss untergebracht ist. Neben der Ausstellung über das Leben der Landarbeiter und Gutsbesitzer findet sich eine Bar für Weinproben, ein Restaurant und moderne Kunst.

Tägl. (außer Mo) 10–13 und 14.30–18 Uhr, im Hochsommer auch Mo. Eintritt 6 €, Schüler, Stud. unter 25 J., über 65 J. und mit Cartão Jovem 3 €. Rua Marquês de Pombal, www.museudodouro.pt.

Information Turismo, tägl. 9.30–12.30 und 14–18 Uhr. Am Rand der Innenstadt, Rua da Ferreirinha, ☎ 254312846.

Verbindungen Bahn: Bahnhof am anderen Rand der Stadt, etwa 2 km vom Turismo entfernt in der Nähe des Hotels. 13-mal nach Porto, 5-mal Pinhão, Tua und Pocinho.

Adressen Postamt in der Rua dos Camilos.

Eisenbahnfahrten Die portugiesische Eisenbahngesellschaft bietet von Juni bis Sept. an den Wochenenden Fahrten in historischen Zügen an. ☎ 70721022, www.cp.pt.

Schiffsfahrten Peso da Régua ist Ausgangspunkt diverser Douro-Rundfahrten. Z. B. kann man von hier einen einstündigen Kurztrip unternehmen (ca. 12 €) oder nach Pinhão (ca. 35 €) fahren (nur März bis Okt.). Die Firmen sitzen in Porto (→ Porto/Verbindungen).

Telefonnummern Polizei ☎ 254313614, Hospital ☎ 254300500.

Weine Portweinverkauf aller Marken im Museum.

Übernachten/Essen **** Hotel Régua Douro, direkt am Fluss. Tolle Aussicht aus den Zimmern in Flussrichtung. Große, modern eingerichtete Zimmer mit ebenso großen Bädern. DZ mit Stadtblick je nach Saison 75–120 €, mit Flussblick ca. 15 € Zuschlag. Largo da Estação da CP, ☎ 254320700, www.hotelreguadouro.pt.

** **Império**, sehr saubere Pension (es riecht nach Reinigungsmittel). Einfach eingerichtete Zimmer. DZ ca. 37–42 €. Rua Vasques Osório 8, ☎ 254320120, www.imperiohotel.com.

Maleiro, hier speist man im weinüberwachsenen Innenhof. Hauptgericht ab 7,50 €. Dem Inhaber gehört auch das **Residencial D. Quixote**, das DZ für etwa 35 € vermietet. Rua dos Camilos, ☎ 254313684.

Panorâmico, im Hotel Régua Douro. Das Restaurant im obersten Stockwerk bietet eine herrliche Aussicht über den Fluss. Hauptgericht ab ca. 10 €, günstige Tagesmenüs (außer Sa und So mittags).

DOC, ca. 12 km entfernt an der Straße nach Pinhão. Etwas für Feinschmecker. Kombination verschiedener Zutaten und Gewürze, etwa Seeteufel mit Currysoße und Jakobsmuscheln. Man blickt durch eine große Glasfront auf den Douro oder sitzt auf der Flussterrasse. Hauptgericht ca. 30 €, Menü ab 80 €. Im Winter So Abend geschlossen, Mo Ruhetag. EN 222, Folgosa, ☎ 254858123.

Amarante

ca. 12.000 Einwohner

Die meisten Touristen fahren über die Betonbrücke oder die IP 4 vorbei, weil der Ort im grünen Tal des träge dahinfließenden Tâmega auf den ersten Blick unscheinbar wirkt oder man nur die Betonklötze um das Zentrum herum wahrnimmt. Dabei ist das hübsche Städtchen immer einen Abstecher wert.

Hübsch ist die alte Granitbrücke über den Fluss und die mit Ahorn und Trauerweiden bestandene Uferallee. Am südlichen Flussufer, nur einige 100 m flussabwärts, erstreckt sich der *Parque Florestal*.

Das **Museum** hinter der S.-Gonçalo-Kirche zeigt Gemälde des Portugiesen *Amadeu de Souza-Cardoso* (1887–1918). Souza stammt aus Amarante und war mit Braque und Modigliani befreundet.
Tägl. (außer Mo/Feiertag) 10–12 und 14–17.30 Uhr, im Sommer bis 18 Uhr. Eintritt 1 €, Studenten, mit Cartão Jovem und über 65 J. 0,50 €.

Mit dem Bau der **Igreja de São Gonçalo** wurde 1540 begonnen, es dauerte 80 Jahre, bis die Renaissancekirche fertiggestellt war. Das in drei Etagen gegliederte Eingangsportal ist von Heiligenfiguren geschmückt; in der ersten Etage São Francisco und São Domingos, über der Tür der Schirmherr São Gonçalo, an seiner Seite São Tomás und São Pedro Mártir. An der Spitze thront die Jungfrau Maria mit dem Christuskind.

Basis-Infos

Information Turismo, im Sommer tägl. 9.30–19 Uhr, Winter 9–18 Uhr. Largo Concelheiro António Cândido (östliche Altstadt), ☎ 255420246, www.amarante.pt/turismo.

Verbindungen Bus: Busse halten an der Av. 1° do Maio. Tägl. 9-mal nach Porto, stündl. nach Vila Real, 6-mal Chaves, Vidago, 7-mal Braga, 7-mal Guimarães (in Schulferien 4-mal), 8-mal Coimbra, 7-mal Lissabon, 6-mal Bragança, 2-mal Lamego, 1-mal Miranda do Douro. Am Wochenende deutlich seltener.

Auto: Nach Porto ist die Strecke am Rande der Serra de Marão und dann am Douro-Ufer entlang unbedingt empfehlenswert. Die kurvenreiche Straße führt durch schöne Wälder, fast immer mit dem Fluss im Blickfeld.

Adressen Postamt in der Rua João Pinto Ribeiro 144.

Baden ist im Fluss an der **Praia Flúvial** möglich. Es gibt auch einen **Parque Aquático** etwas außerhalb mit Wasserrutschen und Wellenbad. Dazu auf die IP 4, Abfahrt Amarante Oeste, dann in Richtung Fregim halten. Danach den Schildern folgen.

Feste Am 10. Jan. wird der **Geburtstag des S. Gonçalo** gefeiert. Er ist der Stadtpatron, doch die Feierlichkeiten gehen auf einen heidnischen Fruchtbarkeitskult zurück.

An Amarantes Brücke sieht man noch Einschüsse napoleonischer Truppen

Am 1. Wochenende im Juni findet eine Art **Jahrmarkt** mit Volksmusik und einer Prozession statt. Bei dieser Gelegenheit bieten die Bäcker des Dorfs eigens angefertigtes Gebäck in Penisform (!) an. Vor allem ältere Damen erröten und blicken zur Seite, wenn sie an den betreffenden Ständen vorbeigehen – während die jungen Männer die „Süßigkeit" ihrer Angebeteten schenken.

Bootsfahrt/Wandern Am Flussufer kann man sich ein Tretboot ausleihen. Infos zu zwei Wanderwegen in der Umgebung gibt es in der Touristinformation (s. o.).

Telefonnummern Polizei ✆ 255432015, **Hospital** ✆ 255410500, **Taxi** ✆ 255432463.

Übernachten/Camping

*** Hotel Navarras, funktional eingerichtete Zimmer mit großem Bad und großem Spiegel. Empfehlenswert sind die Zimmer in den oberen Stockwerken nach hinten. DZ 40–80 € je nach Saison. Rua António Carneiro 84, ✆ 255431036, www.tamegaclube.com.

Estoril, hübsche, geräumige Zimmer mit viel Holz. Zum Fluss hin mit Balkon und schöner Aussicht. DZ 30–50 € je nach Ausblick. Rua 31 de Janeiro 150, ✆ 255431291.

🌿 **Casa da Juventude**, auf der südl. Flussseite. Städtisches Projekt, das Jugendlichen soziales und ökologisches Handeln nahebringen will. Dazu gehören Jugendaustausch, internationaler Freiwilligendienst, Fortbildungen, Verkauf von Bio- und Fairtradeprodukten. Auch Fahrradverleih. **Vegetarisches Restaurant** und Hostel. DZ ca. 32 €, Bett im Schlafsaal ca. 12 € inkl. Frühstück. Av. General Silveira 193, ✆ 255420234, www.cj-amarante.org. ■

Turismo de Habitação Casa de Pascoaes, es gibt nur 3 Zimmer (85–100 €, bei längerem Aufenthalt Nachlass). Der Solar wurde im 17. Jh. erbaut, manche Teile stammen aus dem 16. Jh., doch bei der französischen Invasion zu Beginn des 19. Jh. wurde er fast komplett zerstört. Hier wohnte einst der Dichter Teixeira de Pascoaes. São João de Gatão, 3 km von Amarante entfernt, ✆ 255422595.

Camping Penedo da Rainha, direkt am Fluss. Der Platz bietet ausreichend Schatten und alles, was das Herz begehrt. Person ca. 2,50–4 €, Zelt 3,20–6,70 €, Auto 4 €. Mit internationalem Campingausweis 10 % Rabatt. Geöffnet Anfang Jan. bis Ende Nov. Pro Gatão, ✆ 255437630, www.ccporto.pt.

Essen & Trinken

Zé da Calçada, gepflegtes Restaurant im Ort, gehobene Preisklasse. Terrasse zum Fluss. Hauptgericht ab 17 €, halbe Portion ab 9,50 €. Rua 31 de Janeiro 79, ℡ 255426814.

Lusitana, mit Blick auf den Fluss, typisch portugiesisches Essen wie Stockfisch mit Kichererbsen ab ca. 8,50 €. Außerhalb der Saison Di Ruhetag. Rua 31 de Janeiro, ℡ 255426720.

Adega Regional Kilowatt, nichts für Vegetarier: Schinken, Lorbeerblätter und geräucherte Würste hängen hier von der Decke. Den frischen Rotwein trinkt man auf das Wohl von S. Gonçalo, der aus der hintersten Ecke gutgelaunt herüberschaut.

Unbedingt den Schinken probieren! Rua 31 de Janeiro, ℡ 255433159.

Confeitaria da Ponte, leckere Früchtekuchen *(torta de frutas)*. Man kann draußen auf der Flussterrasse sitzen. Rua 31 de Janeiro.

》》 Lesertipp: A Quelha, sehr freundliches Personal und ein überwältigendes Vorspeisenangebot: Der Babytintenfischsalat ist ein Genuss! Das Steak ist ebenso lecker wie die portugiesischen Fischgerichte. Und der Nachtisch: gute Auswahl, 1a-Qualität, gute Portionen und faire Preise (Anja Napiontek). Rua de Olivenca 24, ℡ 255425786. **《《**

Arouca

ca. 6000 Einwohner

Verschlafener Ort inmitten der grünen Serra da Freita, der rund um den imposanten **Convento de Santa Mafalda** gewachsen ist. Im 10. Jh. wurde das Kloster gegründet, damals folgte man den Regeln des Benediktinerordens. Anfang des 13. Jh. schenkte Dom Sancho I. die Anlage seiner Tochter Dona Mafalda, die mehrfache Umgestaltungen und einen Wechsel zum Zisterzienserorden veranlasste. Weitere Umbauten gab es vom 15. bis zum 18. Jh. Die **Kirche** ist voll von sakralen Kunstwerken verschiedener Epochen. Besonders ins Auge fallen die Hauptkapelle mit einigen schönen Werken aus dem 17. Jh. und der Chor mit Orgel und prachtvollem Gestühl.

Heute zählt das Kloster in Portugal zu den wichtigsten **Museen für sakrale Kunst**. Zu bewundern ist eine beachtliche Sammlung an Mobiliar, liturgischen Schriften, seltenen Skulpturen, Malereien, Teppichen und Goldschmiedekunst.

Kirche: Tägl. 7.30–18 Uhr, im Sommer bis 20 Uhr. Eintritt frei. **Museum**: Tägl. (außer Mo) 9.30–12 und 14–17 Uhr. Eintritt 3 €, Stud. und über 65 J. 50 % Ermäßigung, Kind bis 14 J. frei.

Oberhalb des Turismo findet sich der **Calvário**, eine Sammlung von Steinkreuzen auf einem Granitfelsen. In der Mitte eine Kanzel aus dem Jahr 1643, ebenfalls aus Stein. Der Platz bildete das Ende des Kreuzwegs.

In der Nähe von Canelas kann man etwa 230 Millionen Jahre alte **versteinerte Pflanzen** aus dem Paläozoikum entdecken. Wissenschaftlich sind sie von größtem Interesse, da sie sehr gut erhalten und z. T. weltweit einzigartig sind.

Information Turismo, Mo–Fr 9–12.30 und 14–17.30, Sa/So 9.30–13 und 14–17.30 Uhr. Auskünfte auch über Angebote für Kanufahrten, Rafting und Klettertouren in der Umgebung. Zentral in der Rua Rua Abel Botelho 4, ℡ 256940258.

Verbindungen 9-mal tägl. über Santa Maria da Feira nach Porto.

Adressen Biblioteca Municipal gegenüber dem Kloster.

Postamt gegenüber dem Turismo an der Praça Brandão de Vasconcelos.

Baden In der Umgebung von Arouca fließen die Rios Paiva, Arda und Caima, an deren Ufern man einige kleine Flussbäder *(praias fluviais)* findet.

Telefonnummern Polizei ℡ 256944220, Centro da Saúde ℡ 256944113, Taxi ℡ 256944424.

Douro → Karte S. 144/145

Wandern Unter dem Motto „Percursos Pedestres de Arouca" wurden in der Umgebung von Arouca zahlreiche Wanderwege angelegt. Im Turismo gibt es informative Faltblätter zu Touren durch die Serra.

Übernachten/Essen *** São Pedro, modernes Haus oberhalb des Zentrums, das einzige Hotel im Ort. Relativ große, gut ausgestattete Zimmer. DZ ca. 70 €. Angeschlossen ist ein gutes **Restaurant** mit Hauptgerichten ab ca. 9 €. Av. Reinaldo de Noronha 24, ✆ 256944580, www.hotels pedro.com.

Parlamento, neben der Cooperativa Agrícola in die Straße hinein. Ausgesuchte regionale und lokale Gerichte ab ca. 9,50 €, auch halbe Portionen ab ca. 6,50 €. Gegenüber dem Parlament findet sich, wie könnte es auch anders sein, die *Assembleia-Bar.* Travessa da Ribeira 2, ✆ 256949604.

Turismo de Habitação Vila Guiomar, ca. 20 km von Arouca, in unmittelbarer Nähe zum Rio Paiva. Das in den 1990ern komplett renovierte Granithaus verfügt über 6 schöne, große Zimmer. DZ ca. 50 €. Lugar do Santo, Alvarenga, ✆ 256951246, www.vilaguiomar.com.

»» Lesertipp: Quinta do Pomarinho, in Romariz, wenige Minuten zur Innenstadt. Wunderschön gelegen, mit schönen neuen Zimmern, Pool und tollem Frühstück (Ulrike Birkenstock). DZ ca. 65 €. Lugar de Romariz-Burgo, ✆ 256948198, www.quinta dopomarinho.com. **««**

Camping Merujal, etwa 12 km von Arouca entfernt auf 1000 m Höhe, mit viel Schatten. Person 3,50 €, Zelt 2,50–3,50 €, Auto 2 €. Geöffnet Mitte Febr. bis Mitte Nov. ✆ 256947723, www.naturveredas.com.

Santa Maria da Feira ca. 12.000 Einwohner

Während die Altstadt eher an die Zeiten erinnert, in denen die **Burg** den Kaufleuten des Ortes den nötigen Schutz bot, hat sich die Neustadt den Anforderungen von heute angepasst und wird durch ein riesiges Messegelände, den **Europarque**, dominiert. Dadurch ist das Städtchen arg auseinandergezogen und wirkt fast geteilt. Santa Maria da Feira ist ein traditionelles Zentrum der portugiesischen Korkverarbeitung. die Fabriken befinden sich in den *Freguesias* außerhalb des Orts.

Auch der Name der Stadt ist eng mit dem Handel verbunden – *Feira* heißt Markt. Dieser Markt wurde im Mittelalter auf dem Platz vor dem Castelo abgehalten. Lange trug der Ort den Namen Vila da Feira, erst 1985 wurden ihm die Stadtrechte verliehen und der Name in Santa Maria da Feira geändert. Der Zusatz geht auf eine Bezeichnung aus dem Mittelalter zurück, als das Gebiet *Terras de Santa Maria* hieß.

Die **Burg** wird erstmals im 11. Jh. erwähnt, von diesem romanischen Bauwerk ist heute aber nicht mehr viel zu sehen, es fiel den Kämpfen um die portugiesische Unabhängigkeit zum Opfer. 1127 war *Vila da Feira* der Ort der Rebellion, die in der Schlacht von São Mamede bei Guimarães ihre Entscheidung fand und den Grundstein der portugiesischen Nation legte. Im 15. Jh. übergab Dom Afonso V. das Schloss an Fernão Pereira, der die heutige Burg im gotischen Stil neu bauen ließ. Der imposante *Torre de Menagem* ist von einer hohen Mauer mit vier weiteren Türmen umschlossen. Die Burg ist in ihrer Bauweise einzigartig in Portugal.

Di–Fr 9.30–12.30 und 13.30–18.30, Sa/So bis 18.30 Uhr, im Winter tägl. (außer Mo) 9.30–12.30 und 13–17 Uhr. Eintritt 3 €, mit Cartão Jovem und über 65 J. 50 % Nachlass.

Sehenswert ist auch die **Igreja da Misericórdia** mit einem Treppenaufgang aus dem 18. Jh. sowie die barocke **Igreja Matriz** mit Azulejos aus dem 17. Jh. An diese Kirche

Douro → Karte S. 144/145

Portugiesisches Provinzstädtchen: Santa Maria da Feira

schließt sich das frühere Kloster Santo Elói, auch *Convento dos Lóios* genannt, an. Dort zeigt das *Museu Municipal* archäologische Fundstücke, Exponate aus der Region und Werke des einheimischen Künstlers António Joaquim.
Di–Fr 9–17, Sa/So 14.30–17 Uhr, im Sommer Di–So 9–18 Uhr. Eintritt 2 €.

Information Turismo, tägl. (außer So) 9–18, Sa bis 17 Uhr (im Winter teilweise kürzer). In der Altstadt, Rua Dr. Roberto Alves 52. ✆ 256370802.

Verbindungen Bus: etwa stündl. nach Arouca, Fugadouro, Ovar und nach Porto.

Bahn: Tägl. 8-mal nach Espinho, von dort weiter nach Lissabon und Porto.

Adressen Postamt an der Rua Dr. Vitorino Sá 2.

Feste Abwechselnd im Juni, Juli, Aug. oder Sept. veranstaltet die Stadt eine **Viagem Medieval**, eine Reise ins Mittelalter. Dabei wird unter anderem im Hof der Burg ein mittelalterliches Bankett zelebriert.

Das Stadtfest wird am 20. Jan. gefeiert als **Festa das Fogaceiras**. Dann gibt es die lokale Spezialität, die *Fogaça* an allen Ecken der Stadt. Der süße Teig wird in Spi-

ralen gewickelt und gebacken. Oben gucken vier kleine Türme heraus – die Türme der Burg.

Telefonnummern Polizei ✆ 256372776 und 256362451, **Hospital** ✆ 256379700, **Taxi** ✆ 256374000 und 256364282.

Übernachten Es gibt drei Hotels in der Nähe des Europarques. Von dort aber 30 Min. bis in die Altstadt.

** **Dos Lóios**, modernes Haus am Rande der Altstadt. Sehr große, komfortable Zimmer. DZ inkl. Garage um 45 €. Rua Dr. António C. Ferreira Soares 2, ✆ 256379570, auf Facebook.

Essen & Trinken Adega Monhé, interessant sind die Menüs für ca. 7 € (ohne Nachtisch) und die Schlachtplatte *Cozidos*. Tägl. (außer Mo). Rua Dr. Elísio Castro 55, ✆ 256375412.

Die moderne Brücke „Ponte da Arrábida", an der Mündung des Douro

Porto

ca. 240.000, Großraum ca. 1.250.000 Einwohner

Wichtigste Industriestadt des Landes. Die meisten Fabriken stehen außerhalb der Stadt und fallen dem Besucher nicht auf. Der relative Wohlstand der Einwohner zeigt sich an den zähen Blechlawinen im Zentrum, die alten Fassaden halten den Abgasangriffen noch in Würde stand.

Am interessantesten ist die **Altstadt** im engen Douro-Tal. Die mittelalterlichen Häuser scheinen sich gegenseitig zu stützen, um nicht einzufallen. An den Fassaden kleben grün berankte, schmiedeeiserne Balkons, davor flattert die Wäsche im Seewind. In den Gassen unter den Granitarkaden findet man Gemüsehändler, Andenkenläden und touristische Tavernen. Früher mussten die Händler alljährlich im Winter ihre Lager räumen, wenn der Fluss in einer Flutwelle seinen Schlamm in Gassen und Keller schwemmte. Erst seitdem am oberen Flusslauf Wasserkraftwerke gebaut wurden, ist die Lage ruhiger geworden.

Über den Fluss spannt sich neben der Altstadt die imposante, zweistöckige Luis-I-Brücke (1886). Auf der anderen Flussseite liegt der Ort **Vila Nova de Gaia.** Dort wird in Hallen und Kellern der starke Portwein gemischt und gelagert. Im Fluss ankern alte Segelkähne, mit denen früher der Most herangeschifft wurde – die Weinberge liegen 100 km stromaufwärts, z. B. bei Pinhão. Heute erledigen Tanklastzüge diese Arbeit, die Kähne sind nur noch Fotomotiv und Werbefläche.

Stadtgeschichte

An den Ufern des Rio Douro lagen die keltischen Siedlungen Portus und Cale, wie die Römer sie nannten. Später lebten Sueben und Westgoten hier, und Porto wurde Bischofssitz. 716 begann die Herrschaft der Mauren, die 997 endgültig endete, und es entstand die Provinz Portugalensis mit der Hauptstadt Porto. Zwischen den Mächten León-Asturien im Norden und Córdoba im Süden musste die junge Provinz lange ums Überleben kämpfen.

Valença

SPANIEN

Moledo
Ponte
de Lima
*P. N.
da*
Peneda Gerês
P. N. de
Montesinho

Viana do
Castelo
Caldelas
Gerês
Chaves
Bragança

Esposende
Braga
Macedo
de Cavaleiros

Póvoa
de Varzim
Rio Ave
Guimarães
Mirandela
Miranda
do Douro

Amarante

PORTO
Peso da
Régua
Vila Real
Vila Flor

Rio Douro

Espinho
R. Douro
Lamego
Vila Nova
de Foz Côa

Arouca
*Parque
Arqueológico*

Rio Vouga
Viseu

Aveiro

Porto

Die Kreuzzüge von 1130 unter Führung des ersten portugiesischen Königs Afonso Henriques starteten in Porto. Als später Lissabon rückerobert wurde, verlor Porto seine politische Bedeutung, aus der ehemaligen Hauptstadt wurde eine Stadt des Handels: Die Kaufleute wussten ihre Rechte zu sichern – Adelige durften sich bis zum 16. Jh. nicht in der Stadt niederlassen. Die Paläste des Landadels entstanden deshalb am damaligen Stadtrand. In Porto heiratete am Valentinstag 1387 König João I. die Prinzessin von León und Kastilien Philippa von Lancaster, die Tochter eines Engländers. Diese Verbindung brachte Portugal eine lange Freundschaft mit England. Philippas fünfter Sohn, Heinrich der Seefahrer, wurde hier geboren. Er startete seinen ersten Kreuzzug, die Eroberung von Ceuta, von Porto aus.

In dieser Zeit bekamen die Bewohner von Porto übrigens ihren Spitznamen „Tripeiros", Kuttelfresser, und das kam so: Die Stadtbevölkerung war für die Verpflegung der Flotte zuständig, vor ihrem Auslaufen wurde also viel Vieh geschlachtet. Und während das Fleisch gepökelt und auf die Schiffe verladen wurde, mussten die Bürger mit den leichtverderblichen Innereien vorlieb nehmen. Bis heute isst man in Porto gerne Kutteln.

In Porto ist man stolz auf die eigene Unabhängigkeit, und lang ist die Liste der Revolten und Aufstände, die von der Stadt ausgingen. Als im Jahre 1808 selbst Lissabon in die Hände Frankreichs fiel, erhoben sich die Bürger von Porto gegen den französischen Statthalter und setzten ihn ab. Ein Jahr später versuchte Napoleon erneut, die Macht an sich zu reißen, wurde aber mit englischer Hilfe zurückgeschlagen. Portugal stand danach bis 1820 praktisch unter englischer Vormundschaft. 1820 war Porto der Ausgangspunkt einer radikal-liberalen Revolution, die schließlich zu einer konstitutionellen Verfassung führte, die König João VI. akzeptieren musste.

Sein Sohn Miguel I. sorgte mit dem Versuch, diese Reformen zurückzunehmen, für blutigen Aufruhr. Sein älterer Bruder Dom Pedro, der das inzwischen unabhängige Brasilien regierte, kam, um Porto von seinem Bruder zu befreien. 1833 wurde die Flotte von Miguel I. besiegt, der in Verbannung ging. Zwei lange Jahre dauerte der Bürgerkrieg, in dem in Porto viel Blut floss. Die Stadt wurde zerstört, Epidemien forderten weitere Opfer. Als Dom Pedro, „der Retter Portos", starb, vermachte er sein Herz der Stadt und wurde in der Igreja da Lapa bestattet. 1891 erschütterten erneut Unruhen die Stadt. Die Republikaner organisierten einen Aufstand, weil Portugal auf einen Landkorridor zwischen Moçambique und Angola zugunsten Englands und Deutschlands verzichtete. Der Königsfamilie wurde vorgeworfen, sich aus machtpolitischen Gründen korrumpieren zu lassen. Der Aufstand wurde niedergeschlagen ...

Sehenswertes im Zentrum

Die Hauptachse des Zentrums ist die wie ein riesiger Platz wirkende *Avenida dos Aliados*, deren oberes Ende das Rathaus mit Turm dominiert. Einige Parallelstraßen weiter östlich, um die *Rua de Santa Catarina* (Fußgängerzone), konzentrieren sich die Geschäfte. Sehenswert in diesem Stadtviertel ist die ganz mit Azulejos ausgeschmückte Vorhalle des **Bahnhofs São Bento.** Die Gemälde zeigen historische Szenen wie die Eroberung von Ceuta, ländliche Szenen vom Weinanbau oder den Heiligenfesten und ganz oben die Geschichte des Transportwesens, deren ruhmreicher Abschluss die Eisenbahn darstellt ...

Cordoaria: das alte Universitätsviertel westlich der Avenida dos Aliados. Hier findet man Bars (Rua Galerias de Paris), Buchhandlungen und um den üppigen Jardim de João Chagas einige großartige Stadtpaläste.

Portwein – ein hochprozentiger Dessertwein

Im 17. Jh. entdeckten die Briten die portugiesischen Rotweine – wegen der politischen Lage war es unmöglich, Wein aus Frankreich zu importieren. Allerdings überstanden die portugiesischen Weine die lange Schiffsreise nur, wenn ihnen Branntwein zugesetzt wurde. Über die Jahre entwickelte sich daraus die Rezeptur für den heutigen Portwein: Während der Gärung, wenn die Hälfte der Hefe den natürlichen Zucker in Alkohol umgewandelt hat, wird der Wein mit Branntwein angereichert. Der Alkoholgehalt erhöht sich dadurch auf ca. 20 %, während der Wein seinen hohen Fruchtzuckergehalt behält.

Die Trauben werden im September geerntet und teilweise noch traditionell mit den Füßen gestampft. Im Frühjahr wird der Wein dann in die kühlen Lager in Vila Nova de Gaia gebracht, wo er mindestens zwei Jahre weiter reift.

Die einfachen Portweine *Ruby* und *Tawny* lagern in verschieden großen Fässern etwa drei Jahre. Der Ruby oxidiert weniger, behält sein fruchtiges Aroma und die rubinrote Farbe, während die Tawny eine bräunliche Färbung und – besonders als alter Tawny mit einer Fassreife von bis zu 40 Jahren – das Aroma von Trockenobst und Nüssen annimmt. Die besten Ports heißen *Vintage*, sie bestehen nur aus einem Qualitätsjahrgang. Neuerdings gibt es auch den *Late Bottled Vintage*, der anders als der Vintage nicht in der Flasche reift und schon bald nach der Abfüllung getrunken werden kann.

Es gibt auch weiße Portweine, die gekühlt als Aperitiv getrunken werden. Und schließlich gibt es süße *(doce)* und herbere Sorten *(seco)*.

Torre dos Clérigos: Der mit 75 m höchste Kirchturm des Landes, ein barockes Bauwerk aus Granit aus der Mitte des 18. Jh., wirkt wegen seines massigen Sockels fast kegelförmig. Der Turm ist ein Werk des Florentiner Architekten Nasoni, der

Bank- und Geschäftshäuser im Zuckerbäckerstil an der Avenida dos Aliados

Porto → Karte S. 236/237

auch das ausgefallene ovale (!) Kirchenschiff entwarf. Endlose Treppen winden sich im Turm zu einer Aussichtsplattform.

Tägl. 9–18 Uhr, im Sommer bis 19 Uhr. Der Eintritt in die Kirche ist frei, Aufstieg auf den Turm (240 Treppenstufen!) 2 €, 50 % Nachlass mit Porto Card.

Igreja Santa Clara: südlich der *Praça da Batalha*. Hinter der schlichten gotischen Fassade versteckt sich ein Inneres voller überbordender vergoldeter Holzschnitzereien aus dem 17. Jh. Santa Clara ist eine der bedeutendsten Kirchen des Barocks. Links des Gotteshauses gelangt man zu einem Hof mit schönem Ausblick auf die Überreste der fernandinischen **Stadtmauer** aus dem 14. Jh. und auf den Douro.

Mo–Fr 9.30–12 und 15.30–18, Sa 15–18, So 10–11 Uhr. An Feiertagen geschlossen. Eintritt frei. Largo 1° de Dezembro.

Sehenswertes zwischen Kathedrale und Fluss

Sé: Die im Inneren etwas kahl wirkende Kathedrale war in ihren Ursprüngen eine romanische Wehrkirche aus dem Jahr 1120, das Kirchenschiff zeigt noch die romanische Grundstruktur. Der Hauptaltar wurde im 17. Jh. im Stil der Renaissance modernisiert. Besonders sehenswert ist der *Silberaltar in der Sakramentskapelle*, an dem genau 100 Jahre (1632–1732) gearbeitet wurde. Die Franzosen ließen diesen bei ihren Plünderungen im Jahr 1808 übrigens stehen, nachdem ein Küster die Kostbarkeit aus 800 Kilogramm Silber geistesgegenwärtig unter einer Gipsschicht versteckt hatte.

Der schöne, klare *Kreuzgang* aus dem 14. Jh. zeigt Azulejogemälde mit Szenen aus dem Hohelied und den Metamorphosen des Ovid. Vor der Kathedrale steht noch die *Prangersäule* der kirchlichen Justiz, die bis ins 15. Jh. ihren Dienst tat.

Kathedrale: April–Juni und Okt. tägl. 9–12.30 und 14.30–19 Uhr, Nov.–März nur bis 18 Uhr, Juli–Sept. tägl. 9–19, So 9–12.30 und 14.30–19 Uhr, Eintritt frei.

Kreuzgang: April–Juni und Okt. Mo–Sa 9–12.15 und 14.30–18.30 Uhr, Nov.–März nur bis 17.30 Uhr, Juli–Sept. 9–18.30 Uhr, So stets nur nachmittags. Eintritt 3 €, 20 % Rabatt mit Porto Card. Keine Besichtigung während der täglichen Messe von ca. 11 bis 12 Uhr.

Neben der Kirche steht der großzügige **Bischofspalast,** einer der schönsten profanen Barockbauten Portugals. Rechts vom Palast führen enge Gässchen und Treppen hinunter ins Douro-Tal.

Achtung: Das Viertel Bairro da Sé (unterhalb der Kathedrale) ist zwar sozial einigermaßen befriedet, doch Drogenhandel gibt es noch immer. Deshalb ist Vorsicht geboten, insbesondere nachts.

Portuenser Street-Art

Mitunter weltweit anerkannte Mauermaler wie *Mr.Dheo* sind es, die Porto in bunte Farben tauchen. In der Fußgänger- und Einkaufsstraße Rua das Flores sind es die Stromkästen, auf den Aliados die Telefonhäuschen und gegenüber der Metro-Station Trindade das Parkhaus. Mr.Dheo zeigt seinen Vater, der den Torre dos Clérigos in Händen hält – und eine Spraydose. Daneben präsentiert *Hazul Luzah* seine Vision vom unbesiegbaren Porto.

Verschönerte Fassade des Parkhauses: Mr.Dheos Vater

Ponte Dom Luís I.: Die Stahlbrücke mit zwei Etagen ist das wohl bekannteste Bauwerk der Stadt. Auch wenn sie so aussieht – sie wurde nicht von Gustave Eiffel konstruiert, sondern vom belgischen Architekten Théophile Seyring, einem Schüler des französischen Meisters. Die 172 m lange Brücke wurde 1886 eingeweiht und 2004 grundlegend restauriert. Bis 2018 soll die untere Ebene verbreitert werden. Auf der oberen Etage fährt die Metro, trotzdem kann man auch dort zu Fuß gehen.

Cais da Ribeira: Unterhalb der stählernen Doppelbrücke liegen die alten Hafenkais. Im ältesten, inzwischen größtenteils renovierten Stadtviertel zeigt sich Porto am malerischsten, auch wenn die traditionellen Verkaufsstände der Fisch- und Gemüsefrauen dem modernen Styling der Hafengegend Platz machen mussten. Eine interessante Perspektive bietet sich von der *Rua de Cima do Muro* („Straße auf der Mauer"), die auf den Arkaden verläuft. Bei früheren Hochwassern war sie die letzte Zuflucht der Bevölkerung.

In die Bögen der Arkaden wurden in den letzten Jahren kleine Restaurants und Souvenirläden eingebaut. Neben dem Haus Nr. 20 findet sich die rußgeschwärzte *Reliefdarstellung der französischen Invasion von 1808*. Die Bevölkerung floh damals in Panik über den Fluss – Napoleons Streitmacht kam aus dem Norden. Die Schwimmbrücke aus miteinander vertäuten Booten konnte die Menschenmasse nicht tragen und brach – die halbe Stadt drängte nach und schob die Menschen in die Flut. 2000 Menschen ertranken. Dem Relief werden übrigens Wundertaten zugeschrieben. Eine Kerzenspende oder das Einwerfen eines 10-€-Scheins in den Opferstock soll lang gehegte Hoffnungen erfüllen. Die Einheimischen nennen das Bild heute noch wehmütig *as alminhas*, „die Seelchen".

In der Arkade dahinter hatte der „Herzog vom Kai", *Deocleciano Monteiro Duque da Ribeira* (1902–1996), sein Kontor. Er war ein hochgeachteter und über Porto hinaus bekannter einfacher Mann, der auch schon mal mit dem Staatspräsidenten Eanes zu Mittag aß und vom Autor dieses Buchs bei früheren Recherchereisen regelmäßig besucht wurde. Da Ribeira war der Flusswächter, und seine Arbeit beschränkte sich nicht auf den Verkauf von Spendenkerzen. Nach eigenem Bekunden war er in seiner 60 Jahre langen Laufbahn fünfzigmal Lebensretter und fünfhundertmal Leichenfischer. Ein kleines Denkmal hat die Stadtverwaltung dem *Duque* wenige Schritte entfernt, nahe „seiner" Brücke errichtet. Es war über Jahre sein ausdrücklicher Wunsch, dass es noch zu seinen Lebzeiten aufgestellt würde.

Ascensor da Ribeira (Elevador da Lada): ein Aussichtsaufzug hinter dem Cais, eine Miniausführung des Lissabonner Eiffel-Aufzugs. Seit 1994 ist er in Betrieb, war lange geschlossen und verbindet seit dem Jahr 2010 wieder die Ribeira mit dem Bischofssitz (Mo–Fr 8–19.30 Uhr, Eintritt frei). Alternativ bietet sich die Fahrt mit der ultramodernen Drahtseilbahn **Funicular dos Guindais** an, die von der Ribeira (gleich hinter der Bücke) hinauf zur Praça da Batalha fährt (Fahrpreis etwa 2,50 €, s. u. „Verbindungen").

Bolsa (Börse): Börsenpalast aus dem Jahr 1844, in dem seit 1996 keine Wertpapiere mehr gehandelt werden. Nach langem Kampf mit Lissabon, das Porto als Börsenort liquidieren wollte, werden die „kleinen" Geschäfte heute in einem Büro in der Rua Boavista getätigt. Von außen eine kühle Fassade, innen umso reicher ausgeschmückt – ein Meisterwerk der Stuckaturkunst: filigraner Wandstuck, mit Blattgold beschichtet. Bei der Ausstattung des *Arabischen Saals* ließ sich der Architekt bis ins Detail von der maurischen Architektur der Alhambra inspirieren. Sogar eine Inschrift „Allah über alles" schmückt den Raum. Der Fußboden im Nebenraum aus verschiedenfarbigen Hölzern wirkt so plastisch, dass man fast glaubt, darüber zu stolpern. Heute wird das Gebäude nur noch für öffentliche Empfänge genutzt.
April–Okt. tägl. 9–18.30 Uhr, Nov.–März 9–13 und 14–17.30 Uhr, Führung jeweils zur halben Stunde. Eintritt 8 €, Stud., mit Cartão Jovem und über 65 J. 4,50 €, mit Porto Card 50 % Ermäßigung. Rua Ferreira Borges.

Igreja São Francisco: gleich neben der Börse, genannt die „goldene Kirche" wegen der überschwänglichen Golddekoration im Inneren aus dem 17./18. Jh. Die Kirche wurde ursprünglich im 13. Jh. im gotischen Stil erbaut und gehörte zum benachbarten Franziskanerkloster. Heute dient sie als Aufführungsort für klassische Konzerte. Im Untergeschoss sind die alten Katakomben zu besichtigen.
Nov.–April tägl. 9–18 Uhr, Mai–Juni und Okt. bis 19 Uhr, Juli–Sept. bis 20 Uhr. Eintritt 3,50 €, mit Cartão Jovem und Studenten 2 €, mit Porto Card 20 % Ermäßigung.

Porto → Karte S. 236/237

Casa do Infante: Rua da Alfândega, in der Altstadt am Fluss. Das Haus stammt noch aus der Zeit Heinrich des Seefahrers. Man vermutet, dass es sich sogar um sein Geburtshaus handelt – Infante Dom Henrique wurde 1394 geboren. Nach einer Sanierung zog hier das Stadtarchiv ein. In modernen Ausstellungsräumen kann man sich interaktiv und multimedial über die Geschichte der Stadt informieren.

Tägl. (außer Mo) 10–13 und 14–17.30 Uhr. Eintritt 2,20 €, unter 14 und über 65 J. frei, am Sa/So für alle frei.

Sehenswertes außerhalb des Zentrums

Casa da Música: Weltraumobjekt und Schuhschachtel sind nur zwei Bezeichnungen, die der 2005 eröffneten Konzerthalle des holländischen Stararchitekten Rem Koolhaas an der Praça de Mousinho de Albuquerque gegeben wurden. Konzertsaal, Büros der Angestellten und Aufenthaltsräume der Künstler sind nur durch Glas von der Außenwelt getrennt, also einsehbar. Das Musikspektrum reicht von Klassik bis Techno. Empfehlenswert sind die einstündigen Führungen durch das Haus.

Führungen um 11 und 16 Uhr, auch auf Englisch (4 €). Av. da Boavista 604-610, ✆ 220120220, www.casadamusica.pt.

Ponte Dona Maria Pia: Die Eisenbahnbrücke, ca. 1 km stromaufwärts von der Straßenbrücke D. Luis I., sieht aus wie Brüssler Spitze und wurde 1876 von Gustave Eiffel erbaut. In seinen ersten Berufsjahren arbeitete der junge französische Ingenieur und Architekt in Portugal. Auch in Lissabon und Coimbra zeugen Bauwerke von seinem Wirken.

Sehenswertes in Foz de Douro

Ein hübsches Wohnviertel an der Douromündung, ca. 5 km westlich des Zentrums. Die breiten Esplanaden säumen prächtige, z. T. schon etwas verfallene Villen.

Highlight für Musikfreunde und Architekturfreaks:
die Casa da Musica von Rem Koolhaas

Hinter der scheinbar luxuriösen Fassade verbirgt sich Ländlichkeit mit kleinen, hübschen Häuschen mit großen Gärten; auch einen Gemeinschaftswaschplatz gibt es noch, der allerdings kaum mehr genutzt wird.

Direkt an der Flussmündung erstreckt sich ein gepflegter Park mit dem riesigen alten **Castelo São João** aus dem 16. Jh. In den Mauern findet man das ehemalige Benediktinerkloster. Hier hat der Fluss eine Sandbank aufgeschüttet, und es ist ein schönes Schauspiel, wenn die riesigen Atlantikwellen darauf ausrollen.

Am anderen Ende der langen Promenade, die bis nach Matosinhos reicht, findet sich das **Castelo do Queijo,** eine Festung aus dem 17. Jh., die gebaut wurde, um der Küste Schutz vor den nordafrikanischen Piraten zu bieten. Seinen Namen trägt das Castelo wegen des Felsens, auf dem es erbaut wurde: Er sieht aus wie ein Käse.
Castelo do Queijo: tägl. (außer Mo) 14–18 Uhr, im Winter bis 17 Uhr, Eintritt 0,50 €.

Gleich gegenüber dem Castelo do Queijo hat 2009 das **Sea Life Center** eröffnet, dessen Besitzer mehrere Aquarien in Deutschland betreiben. Auf 2400 m² in und um einen zentralen Tank sind knapp 6000 Lebewesen aus Meeren und Flüssen zu bestaunen.
Mo–Fr 10–18, Sa/So bis 19 Uhr. Eintritt 4–12 J. 9 €, ab 12 J. 13 €, über 65 J. 9 €, Familienpass ab 26 €. Nachlass bei Vorbestellung unter www.visitsealife.com/Porto. Anfahrt mit Bussen der Linien 202, 203, 205, 500. Rua Particular do Castelo de Queijo.

Museen in Porto

Museum Soares dos Reis: Nationalmuseum im *Palácio dos Carrancas* aus dem 18. Jh., der im 19. Jh. der königlichen Familie als Residenz im Norden diente. Das Gebäude wurde nach Umbau und Renovierungsarbeiten unter dem Architekten Fernando Távora 2001 der Öffentlichkeit wieder zugänglich gemacht. Das Museum zeigt Keramik, archäologische und religiöse Kunstwerke, moderne und antike Gemälde und Skulpturen. Es trägt den Namen des Malers und Bildhauers Soares dos Reis, der den Großteil der Innendekoration der Börse gestaltete.
Tägl. (außer Mo) 10–18 Uhr,Di erst ab 14 Uhr. Eintritt 5 €, Rentner und mit Porto Card 50 % Ermäßigung, mit Cartão Jovem 2 €. Tram 18, Busse 200, 201, 207, 300, 301, 302, 303, 501, 601, 602. Rua D. Manuel II. 56.

World of Discoveries: Ein fantasievolles Museum, das über die portugiesischen Entdeckungsfahrten informiert. Man erfährt viel Hintergründiges zum Leben an Land und auf den Schiffen. Spannend ist die virtuelle Bootsfahrt nach Indien, China und Japan, dem Unwetter und dem Seeungeheuer Adamastor trotzend. Diverse interaktive Angebote, auch auf Deutsch.
Mo–Fr 10–18, Sa/So 10–19 Uhr, Eintritt 14 €, 4–12 J. 8 €, Stud. und über 65 J. 11 €, bei Online-Buchung Nachlass. Erreichbar mit den Buslinien 500, 703, 900, 901, 906. Rua de Miragaia 106, www.worldofdiscoveries.com.

Museu Romántico: Das „romantische Museum" residiert in einer kleinen Quinta, inmitten eines üppig grünen Parks. Hier lebte 1849 *König Karl Albert von Piemont-Sardinien* im Exil die drei letzten Monate, bevor er starb. Die Räume sind z. T. noch original eingerichtet, Wandgemälde, Möbel, Ballsaal, auch das einfache Bett steht noch im Eck. Im Untergeschoss befindet sich eine Portweinstube, die zu besuchen sich ebenfalls lohnt.

Tägl. Mo–Sa 10–17.30, So 10–12.30/14–17.30 Uhr. Eintritt 2,20 €, Stud., Rentner, mit Cartão Jovem und Porto Card Eintritt frei, So/Sa für alle frei. Es werden immer nur 18 Personen gleichzeitig eingelassen. Busse 200, 201, 207, 302, 303, 501, 601, 602 (Palácio de Cristal). Rua de Entre-Quintas, 220.

Porto → Karte S. 236/237

Fundação de Serralves – Museu de Arte Contemporânea: Der aus Porto stammende Stararchitekt Álvaro Siza Vieira realisierte für die Serralves-Stiftung 1999 seinen spektakulären Museumsneubau. Ganz in Weiß und in dem für ihn typischen minimalistischen Stil schuf er einzigartige Ausstellungsräume, in denen wechselnde Ausstellungen hochkarätiger internationaler Künstler gezeigt werden – ein in Portugal einmaliges Unterfangen. Umgeben wird der Kunsttempel von einer großzügigen, im französischen Stil angelegten 18 ha großen Parkanlage, eine erhabene Kulisse für die darin verteilten modernen Skulpturen, wie z. B. Claes Oldenburgs überdimensionierte Schaufel. Anlegen ließ den Park in den 1930er-Jahren der Textilfabrikant Carlos Alberto Cabral. Seine Begeisterung für den Art-deco-Stil lebte er im Bau seiner Villa aus, die man im Rahmen der Ausstellungen auch besichtigen kann. Absolute Highlights sind die beiden fast ballsaalartigen Badezimmer ...

April–Okt. Di–Fr 10–19, Sa/So 10–20 Uhr, Nov.–März Di–Fr 10–17, Sa/So 10–19 Uhr. Eintritt für Museum und Park 10 €, nur Park 5 €, über 65 J., mit Cartão Jovem und Porto Card 50 % Ermäßigung, für Studenten und unter 18 J. frei. Auf halbem Weg nach Foz do Douro. Bus Nr. 203, Haltestelle Rotunda da Boavista nahe Metro Casa da Música. In der Nähe halten auch die Buslinien 201 und 502. Rua de Dom João de Castro.

Museu do Carro Elétrico (Tram-Museum): Weil die Straßenbahnlinien in der Stadt langsam eingestellt wurden, hat man ihnen in einem ehemaligen Depot ein Museum eingerichtet, das auch Einblicke in das soziale und ökonomische Leben im 19. und 20. Jahrhundert vermittelt.

Mo 14–18, Di–Fr 10–18, Sa/So 14–19 Uhr. Eintritt 8 €, 6–25 und über 65 J. 4 €, mit Porto Card 15 % Nachlass. Bus 500, Tram 1E und 18E.

Information

Es gibt 4 Turismo-Büros, ein staatliches, zwei städtische, ein regionales.

Staatlich: **Turismo am Flughafen,** tägl. 8–23.30 Uhr, im Winter 8–23 Uhr. ℡ 229420496.

Regional: **Welcome Center,** nahe Bahnhof São Bento. Passeios das Cardosas, April–Okt. 9–20 Uhr, sonst bis 19 Uhr. ℡258820270

Städtisch: **Câmara Municipal** beim Rathaus, tägl. 9–19, im Sommer bis 20 Uhr, im Aug. bis 21 Uhr. Rua Clube Fenianos 25, ℡ 223393472, www.visitporto.travel.

Städtisch: **Câmara Municipal** nahe der Kathedrale, tägl. 9–19, im Sommer bis 20 Uhr, Aug. bis 21 Uhr. Terreiro da Sé, ℡ 223325174.

Im Sommer auch **iPoint-Kioske** an der Ribeira, am Bahnhof Campanhã und im Museu Serralves.

Anreise

Flugzeug Flughafen „Francisco de Sá Carneiro", ca. 15 km nördl. der Stadt, www. ana.pt. **Touristbüro** in der Ankunftshalle tägl. 8–23.30 Uhr, im Winter 8–23 Uhr, ℡ 229420496.

Direktflüge nach Porto mit **Ryan Air** von Baden-Baden, Bremen, Düsseldorf, Frankfurt-Hahn, Memmingen, Nürnberg, Straßburg. **Easyjet** fliegt von Basel-Mülhausen und Genf, **Eurowings** von Düsseldorf, **Lufthansa** von Frankfurt, **Transavia** von München, **Swiss** von Basel und Genf. Die portugiesische Gesellschaft **TAP** fliegt tägl. ab Frankfurt über Lissabon und direkt von Genf und Luxemburg, **SATA** fliegt im Sommer von München direkt. Mit **Iberia Regional** kommt man über Madrid nach Porto.

Easyjet, ℡ 707500176 (8–20 Uhr), www.easy jet.com, **Eurowings,** ℡ 707780033, www.euro wings.com, **Iberia Regional,** ℡ 707200000, www.airnostrum.es, **Lufthansa,** ℡ 229437900, www.lufthansa.com, **Ryanair,** www.ryan air.com, **Swiss,** ℡ 808200487, www.swiss. com, **TAP,** ℡ 707205700, www.flytap.com, **Transavia,** ℡ 707780009, www.transavia.com.

Vom/zum Flughafen Metro: Die violette Linie fährt zwischen 6 und 0.30 Uhr ins Zentrum und zum Bahnhof Campanhã, Fahrzeit etwa 30 Min. Fahrpreis: Andante-Karte plus ca. 1,80 € (→ S. 233).

Bus: Linie 601 ab Jardim da Cordoaria zum Flughafen, von 6.05 bis 0.45 Uhr ca. zwei Verbindungen pro Std. Nachtbus 3 M ab Av. Aliados um 1, 2, 3, 4, 5 Uhr.

Taxi: Die Fahrt in die Stadt kostet ca. 25–30 €.

Bus In Porto gibt es 9 Busbahnhöfe (s. u.). Am besten in der Touristinfo vorbeischauen, dort gibt es Fahrpläne der Buslinien.

Nach Norden/Minho (Viana do Castelo, Braga, Barcelos …): *Busgesellschaft Trans-dev/R.E.D.M.*, Rua Gonçalo Cristovão, ℡ 222003152; *Auto Viação Minho*, Praça Régulo Maguanha, ℡ 222006121; *João Carlos Soares & Filhos*, Rua de Régulo Meagauanha, ℡ 222006121; *Transdev/Caetano Cascão e Linhares*, Rua de Régulo Meagauanha, ℡ 222003152.

Nach Nordosten (Bragança, Amarante, Vila Real …): *Busgesellschaft Rodonorte*, Rua

Ateneu Comercial do Porto, ℡ 222005637. *Auto Viação do Tâmega*, Praça da Batalha, ℡ 222083019.

Nach Süden/Landesmitte (Coimbra, Nazaré, Evora …): Busgesellschaft *Rede Expressos*, Garagem Atlântico, Rua Alexandre Herculano, ℡ 222006954. *Mundial Turismo*, Garagem Atlântico, Rua Alexandre Herculano, ℡ 222006954; *RENEX*, Campo Mártires da Pátria (Jardim da Cordoaria), ℡ 222003395.

Internationale Busse: *Internorte*, Praça da Galiza 96, ℡ 226052420; *Eurolines*, in Nordportugal über Internorte.

Bahn Porto hat zwei Bahnhöfe: **Bahnhof São Bento** im Zentrum, neben Praça Liberdade. Hier fahren die Züge nach Norden, Aveiro und ins Landesinnere (alle über Campanhã). Der Bahnhof steht auf den Grundmauern eines Klosters und ist wegen seiner üppigen Auskleidung mit Azulejos sehr sehenswert. **Bahnhof Campanhã**, ca. 4 km außerhalb, per Metro und Zug erreichbar. Hier fahren vor allem Schnellzüge, etwa aus dem Süden (Lissabon), sowie alle Regionalzüge in die Umgebung.

Porto Card

Die Karte hat eine Gültigkeit von 1, 2, 3 oder 4 Tagen. Es gibt sie mit oder ohne kostenlose Benutzung von Bus, Metro, Straßenbahn, Seilbahn und einigen Nahverkehrszügen. Zusätzlich gewährt sie Ermäßigungen oder freien Eintritt in zahlreiche Museen und historische Bauwerke. Auch einige Geschäfte und Restaurants räumen einen Nachlass ein. Die Karten können zum Preis von ca. 6, 10, 13, 15 € (1, 2, 3, 4 Tage ohne Verkehrsmittel) oder für 13, 20, 25, 33 € (mit Verkehrsmitteln) in den städtischen Tourismusbüros (auch online), in den wichtigsten Bahnhöfen und in vielen Hotels erworben werden. Dort ist auch ein Infoblatt erhältlich.

Andante 24 und Andante Tour

Unter dem Namen *Andante 24* verkaufen die öffentlichen Verkehrsbetriebe eine 24 Std. nach Entwertung gültige Karte zum Preis von ca. 4,20 € für den Innenstadtbereich (Z 2). Sie gilt in der Metro, Bussen, der Standseilbahn und entsprechend der Zone in den Nahverkehrszügen. Die Karte *Andante Tour* kostet ca. 7 bzw. 15 € und berechtigt für beliebig viele Fahrten im gesamten Verkehrsverbund für die Dauer von 24 bzw. 72 Std. nach Entwertung.

Verbindungen

Taxis Auch in Porto ist das Taxi ein beliebtes Transportmittel. Es gibt einige Taxistände, die telefonisch zu erreichen sind. Eine Fahrt innerhalb der Stadt kostet meist nicht mehr als 7 €. Taxistände in Boavista (Rotun-

da), Praça da República, Praça da Liberdade, Campanhã Carvalhido (Rua da Prelada), Praça do Infante Dom Henrique. ℡ 225073900, 225029898, 225076400.

Porto → Karte S. 236/237

Der dominante Bischofspalast und die Ponte Luís I.

Busse Informationstelle der *STCP* im Bahnhof São Bento, ☎ 808200166, www. stcp.pt. Als Ticket dient die *Andante-Karte* (→ Kastentext). Die **Monatskarte** kostet für Porto ca. 30 €, für die ganze Umgebung je nach Zone bis 120 €.

Metro 2003 wurde die erste U-Bahnlinie eröffnet, heute fahren sechs Linien, auch in die Umgebung (www.metrodoporto.pt). Vier der sechs Linien führen vom Bahnhof Campanhã ins Stadtzentrum. Zur Benutzung muss man sich die Benutzerkarte Andante für ca. 0,50 € am Kiosk in den großen Bahnhöfen oder am Fahrkartenautomaten (Bedienungshinweise in Englisch) besorgen. Die Karte kann dann beliebig oft an den Automaten aufgeladen werden. Preise: Einzelfahrschein-Innenstadtbereich ca. 1,20 €, 11 Fahrten ca. 12 €, Monatsticket ca. 30 €. Die Karte muss am Zugang zu den Gleisen elektronisch an den deutlich sichtbar aufgestellten Automaten entwertet werden.

Zudem gibt's Tageskarten für die Stadt und den Großraum → Kastentext „Andante 24")

Straßenbahnen Wie in Lissabon sind auch in Porto kaum noch Straßenbahnen in Betrieb. Doch der Elétrico erlebt einen kleinen Aufschwung. Einige alte Linien bimmeln wieder durch die Straßen. So beispielsweise die **Linie 1E**, die den Fluss entlang nach Foz führt, oder die kürzere **Linie 18**. Straßenbahntickets kosten etwa 2,50 €. *Die Andante-Karte gilt hier nicht.*

Um die Innenstadt zu beleben, wurde die neue **Trambahnlinie 22** mit historischen Gefährten wiederbelebt. Die Rundstrecke führt von der Praça da Batalha über die Av.

dos Aliados zum Universitätsviertel und über die Igreja dos Clérigos zurück; tägl. 9.15–19 Uhr, alle 30 Min.

Standseilbahn Die *Funicular dos Guindais* führt von der Ribeira hinauf zur Praça da Batalha. Tägl. 8–20 Uhr, im Juni, Juli, Sept. So–Mi 8–22, Do–Sa 8–24 Uhr, im Aug. tägl. 8–24 Uhr. Fahrpreis etwa 2,50 €.

Parken In Porto ist es nicht einfach, einen Parkplatz zu finden. Wir empfehlen, den Wagen in einem der Parkhäuser an der **Praça de Lisboa**, **Praça dos Poveiros**, **Trindade** oder in der **Rua do Almada** abzustellen. Günstiger ist der öffentliche Parkplatz **Parque Municipal** an der Alfândega am Douro-Ufer.

Bootsausflüge Verschiedene Rundfahrten auf dem Douro werden angeboten. Die kürzesten dauern eine Stunde, die längsten eine ganze Woche. Es sind die wohl schönsten Schiffstouren Portugals, man passiert einige Burgen, die Anbaugebiete der Portweinreben und die eine oder andere Schleuse. Auskünfte gibt's bei folgenden Firmen:

Douro Azul bietet verschiedene Bootsfahrten ab Porto oder Régua an. Die Preise liegen zwischen 12 € für eine kurze „Hafenrundfahrt" und 825 € für die 8-Tage-Tour. Rua de Miragaia 103, ☎ 223402500, www. douroazul.com.

Porto Tours, Bootsausflüge, Busrundfahrten und geführte Fahrradtouren und Spaziergänge zu Fuß. Auch Fahrrad- und Segway-Verleih. Torre Medieval (gegenüber Kathedrale), Calçada Dom Pedro Pitões 15, ☎ 222000073, www.portotours.com.

Adressen

Goethe-Institut Rua Noassa Senhora da Fátima 107 (hinter Casa da Música), ✆ 226061660, www.goethe.de/portugal.

Konsulate Deutschland: Av. Sidónia Pais 379, Mo–Fr 9–12 Uhr nur nach tel. Vereinbarung, ✆ 226108122. **Österreich:** Mo–Fr 9.30–12.30 Uhr. Praça do Bom Sucesso 123-137. Ed. Peninsula, Sala 803, ✆ 226053000. **Schweiz:** Rua Ofélia da Cruz Costa 882-2° dto, ✆ 229967923 (Termin tel. vereinbaren).

Postamt Praça General H. Delgado (Hauptpost), Filialen in allen Stadtbezirken.

Polizei ✆ 222081833. Eine Wache mit Beamten, die einer Fremdsprache mächtig sind, findet sich neben dem Turismo am Rathaus, ✆ 223399711.

Krankenhäuser Sto. António ✆ 222077500, São João ✆ 225512100, Kinderklinik Maria Pia ✆ 222082000.

Einkaufen

Gute Einkaufsmöglichkeiten für Bekleidung und Schuhe, große Auswahl in den Läden der Rua Santa Catarina, der Fußgängerzone.

Porto ist berühmt für seine filigranen **Schmuckarbeiten**. Einige Schmuckläden findet man in der Rua das Flores. Die Silberwerkstätten liegen außerhalb der Stadt, etwa in Gondomar.

Buchhandlung Lello & Irmão, eigentlich könnte diese Adresse auch unter „Sehenswertes" aufgeführt sein. Das Gebäude wurde 1906 bereits beim Bau als Buchhandlung konzipiert. Prächtig und auffällig ist die neugotische Fassade. Im Inneren ein richtiger Augenschmaus, eine üppig gewundene Treppe führt labyrinthartig ins Obergeschoss. Seit der umfangreichen Renovierung in den 1990er Jahren erstrahlt der Laden in neuem, altem Glanz. Rua Carmelitas 144, Eintritt 3 €, wird mit Buchkauf verrechnet.

Gute Auswahl an 100- und 50-prozentigen **Schafwollpullovern** am Cais da Ribeira, in der Casa das Cestinhas. Freundliche Bedienung und faire Preise.

Portwein muss man nicht unbedingt in Vila Nova de Gaia kaufen. Die *Garrafeira do Carmo*, Rua do Carmo 17, hat viele Vintage-Ports zu annehmbaren Preisen.

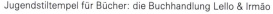

Jugendstiltempel für Bücher: die Buchhandlung Lello & Irmão

Kunsthandwerk bei Canjiarão, v. a. Keramik. Rua de Santo Ildefonso 215.

Märkte: *Mercado do Bolhão*, ein täglicher Markt (außer So.) im Herzen der Stadt. Hier werden Fleisch, Gemüse, Fisch und Obst an den Mann gebracht. Man kann sich aber auch mit lebenden Hähnchen, Enten oder Küken zum Selbstschlachten oder Aufziehen eindecken. Teile sind allerdings wegen Einsturzgefahr geschlossen, über eine Sanierung wird seit Jahren gestritten. Schließung also möglich.

Antiquitätenmarkt jeden Samstagvormittag entlang der Av. 25 de Abril (nahe Bahnhof Campanhã).

Münzmarkt jeden Sonntagmorgen an der Praça Dom João I.

Vogelmarkt jeden Sonntagmorgen an der Praça de Cordoaria.

Zwiebelmarkt, dieser wohl interessanteste Markt in ganz Nordportugal findet in *Maia* (ca. 10 km außerhalb von Porto) an einem Samstag Ende Aug. statt. Die Bauern der Region kommen, um sich mit einem handgeflochtenen Strohhut und einer Kette für die Milchkuh einzudecken. Natürlich gibt es auch jede Menge Zwiebeln, deren Qualität in ganz Portugal gerühmt wird.

Porto Belo, samstäglicher Trödelmarkt auf der Praça de Carlos Alberto, nördlich der Karmeliterkirchen.

Feste

Stadtfest in der *Johannisnacht São João* vom 23. auf den 24. Juni. In der Hand Zwiebelschoten und bunte Plastikhämmer aller Größen, die mit Vergnügen auf die Birne des Vordermanns gedonnert werden, zieht das Volk durch die Straßen. Es werden Feuer entzündet, man tanzt und singt darumherum und springt ausgelassen über die Glut. Nach Mitternacht wird ein großes Feuerwerk abgebrannt, und die Leute ziehen in die Straße Passeio Fontainhas. Dort werden gegrillte Zicklein und Sardinen verspeist.

Festa da Queima das Fitas, Sommerfest der Studenten im Mai, ähnlich dem von Coimbra. Umzüge in der Innenstadt, Konzerte im Parque da Cidade.

Primavera Sound, Ende Mai/Anfang Juni. Festival internationaler Alternativbands.

Handwerksmesse ab Mitte Aug. in Vila Nova de Gaia.

Übernachten in Hotels und Pensionen → Karte S. 236/237

Das Angebot an Übernachtungsmöglichkeiten in Porto ist vielfältig, vom preiswerten Hostel bis zum Nobelhotel ist alles vorhanden. Bei der Suche ist es sicher dienlich, wenn man sich bereits für eine bestimmte Kategorie entschieden hat. Die Damen und Herren in den Turismos sind ebenfalls gern bei der Suche behilflich.

Zentrum ****** Pestana Vintage Porto** 43, Luxushotel inmitten der Ribeira. Schöne große Zimmer, teils mit toller Aussicht. DZ 120–1000 € (!) je nach Blick, Saison und Ausstattung. Praça da Ribeira 1, ✆ 223402300, www.pestana.com.

*** Grande Hotel do Porto 15, altes Hotel, gepflegt, mit altem Charme nur noch in den großzügigen Salons. Zimmer unterschiedlich groß, Ausstattung modernisiert, praktisch mit kleinem Schreibtisch. Doppeltüren, Bad mit großer Wanne. Mitten im Zentrum, ruhig (Fußgängerzone). DZ 60–120 €. Rua Santa Catarina 197, ✆ 222076690, www.grandehotelporto.com.

*** Hotel da Bolsa 37, neues Hotel hinter alter Fassade neben der Börse. Von den oberen Stockwerken Blick auf den Fluss. Für portugiesische Verhältnisse üppiges Frühstücksbüfett. DZ je nach Saison ca. 64–145 €. Rua Ferreira Borges 101, ✆ 222026768, www.hoteldabolsa.com.

The White Box House 6, in der Fußgängerzone. Einige bunte Einsprengsel, sonst in Weiß gehaltene 6 Zimmer, Gemeinschaftsküche, Hinterhof. DZ ca. 60 €. Rua de Santa Catarina 575, ✆ 9111008585 (mobil), www.the-white-box.pt.

** Solar São Gabriel 13, ist von innen wesentlich schöner, als es von außen den Anschein hat. Große Zimmer mit einfacher, aber geschmackvoller Einrichtung. Das Bad ist groß und sauber. DZ ca. 40 €. Rua da Alegria 98, ✆ 223323932, www.hotelsolarsaogabriel.com.

Porto → Karte S. 236/237

Südliches Flair trotz dunklem Granit: die Altstadt von Porto

Escondidinho 22, geräumige Zimmer mit gewachsten Holzfußböden, etwas abgenutzten Möbeln, meist mit kleinem Schreibtisch und Telefon. DZ mit Wanne ca. 50 €. Rua Passos Manuel 135, ✆ 222004079, www.residencialescondidinho.com.pt.

**** Vera Cruz** 8, gepflegte, ansprechende Zimmer, geräumige Badezimmer. In den oberen Stockwerken eines Geschäftshauses, ruhige Zimmer nach hinten hinaus. DZ mit Bad ca. 43–85 €, die Suite für 3–4 Personen ca. 95–145 €. Rua Ramalho Ortigão 14, ✆ 223323396, www.residencialveracruz.com.

**** Pão de Açúcar** 11, ältere, gepflegte Zimmereinrichtung, massive Möbel, gebohnerter Parkettfußboden, Schreibtisch, relativ geräumig. Neu eingerichtete Badezimmer. Architektonisch tolles Treppenhaus. Gebührenpflichtige Parkgarage nebenan. DZ je nach Saison ca. 70–220 €. Rua do Almada 262, ✆ 222011589, www.paodeacucarhotel.com.

»»» Lesertipp: Peninsular 26, zentral gelegen, hinter dem Bahnhof São Bento in einem der repräsentativen Häuser der Rua Sá Bandeira. „Habe mich hier sehr wohl gefühlt" (Brigitte Wechsler-Albrecht). DZ ab 50 €. Rua Sá Bandeira 21, ✆ 222003012, www.hotel-peninsular.net. **«««**

**** Caldeira** 24, einfache, korrekt eingerichtete Zimmer mit Bad und TV. Die Zimmer nach vorne haben Parkblick. DZ ca. 45–55 €, inkl. nächtliches Parken. Angeschlossen ist ein kleines *Restaurant*. Campo Mártires da Pátria 53, ✆ 222088603, www.residencial caldeira.com.

**** S. Marino** 10, im Stadtteil Carmo, an einem kleinen, vom Nachtleben erfüllten Platz. Die Zimmer nach Norden sind ruhiger, kühler und wegen der einfacheren Badezimmerausstattung auch preiswerter. DZ ca. 45–59 € je nach Saison. Praça Carlos Alberto 59, ✆ 223325499, www. residencialsmarino.com.

**** Belo Sonho** 23, preiswert, einfaches Mobiliar, Bad mit Dusche. DZ mit Dusche ca. 36 €. Rua Passos Manuel 186, ✆ 222003389, http://residencial-belo-sonho. portohotel.net/de.

Foz *** Hotel Boa Vista, ein Gebäude in U-Form mit zwei Seitenflügeln. Am Eingang ein Plätscherbrunnen. Geräumige, saubere Zimmer, teils mit Balkon und Blick aufs Kastell, in ruhiger Lage. Im Erdgeschoss eine Hausbar. DZ mit Bad ca. 83–129 € je nach Blick. Esplanada do Castelo 58, ✆ 225320020, www.hotelboavista.com.

**** Portofoz**, in den beiden oberen Stockwerken eines viergeschossigen Neubaus. 7 der 20 Zimmer mit Blick zum Meer und Zugang zu einer Veranda. Das Meeresrauschen übertönt den Verkehr, der zwei Häuserzeilen weiter vorne an der Promenade vorbeiführt. DZ mit Bad und Frühstück ca. 55–90 €. Rua do Farol 155, ✆ 226172357, www. portofoz.com.

Jugendherberge/Hostels   → Karte S. 236/237

Pousada de Juventude Porto, neues Haus im Stadtteil Foz, insgesamt 164 Schlafplätze. DZ ohne WC ca. 30–36 €, mit WC ca. 38–42 € je nach Saison, dazu 29 Vierbettzimmer für ca. 15 € pro Pers. sowie Apartments für 4 Personen 55–70 €. 24 Std. geöffnet, Rezeption 8–24 Uhr. Rua Paulo da Gama 551. Erreichbar mit Bus 500 ab Largo dos Lóios (kleiner Platz südlich der Praça da Liberdade) oder mit Bus 207 ab Bahnhof Campanhã. ✆ 226163059, www.pousadasjuventude.pt.

Porto Downtown Hostel 17, zentral gelegene Backpacker-Unterkunft mit 10-Betten-Schlafsaal und DZ, Kochmöglichkeiten. Bett im Schlafraum ab 14 €, im DZ ab 20 €. Praça Guilherme Gomes Fernandes 66, 1°andar, ✆ 222018094, www.portodowntown hostel.com.

Rivoli Cinema Hostel 18, absolut zentral gelegen, in einem Art-déco-Gebäude. Filmplakate schmücken die nach Regisseuren benannten Zimmer. Zu den Annehmlichkeiten gehört eine 150 m² große Terrasse, auf der im Sommer gegrillt wird und ein aufblasbarer Pool steht. DZ ab 60 €, Bett im Schlafsaal (gemischt oder nur für Frauen) ca. 14–19 €, jeweils inkl. Frühstücksbüfett. Rua Dr. Magalhães Lemos 83, ✆ 220174634, http://www.rivolicinemahostel.com.

≫ Lesertipp: **Almada-Guesthouse 7**, im Zentrum, Rua do Almada, nahe der U-Bahn-Station Trindade. Junge Architekten haben ein Altstadthaus geschmackvoll und stylisch modernisiert, jedes Zimmer hat seinen eigenen Charakter. Einladend eingerichtete Gemeinschaftsräume und Dachterrasse. Sehr gastfreundliche Atmosphäre (Christa Pohl). DZ 50–105 € je nach Saison. Rua do Almada 353, ✆ 924140692, www. almadaguesthouse.com. **≪**

Hostel Gaia Porto, nur wenige Schritte vom Fluss in Vila Nova de Gaia, modernes Hostel in einem quietschrosa Haus mit kleinem Dachgarten und Blick auf Porto. Gemeinschaftsküche, hauseigener Fahrradverleih. Bett im Schlafsaal ca. 18 €, DZ mit eigenem Bad ca. 50 € inkl. Frühstück. Rua Cândido dos Reis 374, ✆ 224968282, www. hostelgaiaporto.pt.

Des Portuenser Leib- und Magenspeise: Kutteln

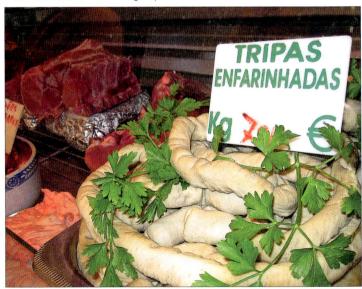

Camping

Porto Der einzige stadtnahe Campingplatz Prelada ist derzeit geschlossen.

Vila Nova de Gaia Marisol, in Canidelo, südlich von Vila Nova de Gaia, in der Nähe des Strands. Einige Bäume spenden Schatten. Der Platzwart spricht Deutsch. Person 2,50 €, Zelt je nach Saison 4–7,50 €, Auto 2– 4 €. Ganzjährig geöffnet. Rua Alto das Chaquedas 82, ✆ 227135942.

Salgueiros, schattiger Platz in Strandnähe, geführt von der Junta de Freguesia von Canidelo. Person je nach Saison 1,20–2,80 €, Zelt 1,70–3,50 €, Auto 1,50 €. Rua do Campismo 263, ✆ 227810500, www.canidelo.net.

Orbitur Madalena, 10 km südlich von V. N. de Gaia. Schattiger Platz, auch in der Nähe des Strands. Person je nach Saison 3,60– 6,50 €, Zelt 3,90–10,90 €, Auto 3,40–6,10 €. Der Platz ist mit Bus 57 ab Praça Almeida Garrett zu erreichen. Die Plätze Marisol und Salgueiros erreicht man mit dem Bus 93 ab Cordoaria und einem Fußmarsch. Rua do Cerro 608, Praia da Madalena, ✆ 227122520, www.orbitur.pt.

Matosinhos Orbitur Angeiras, schattiger Platz in Strandnähe. Schlecht mit öffentlichen Verkehrsmitteln zu erreichen. In der Nähe des Hafens. Person 3,70–6,50 €, Zelt 3,90–10,90 €, Auto 3,40–6,10 €. Rua de Angeiras, ✆ 229270571, www.orbitur.pt.

Essen & Trinken   → Karte S. 236/237

Die Spezialität der Stadt, die Kutteln, hat den Portuensern den Spitznamen *Tripeiros*, Kuttelfresser, eingebracht. Man sollte aber ruhig mal vergessen, dass es sich um Innereien handelt, und die *Tripas* einfach probieren. Eine Spezialität ist auch der *Bacalhau a Gomes de Sá*, Stockfisch mit Kartoffeln in Sahne. Als Süßigkeiten beliebt sind *Pão-de-Ló* (ein sehr lockerer Biskuitteig) oder der Weihnachtskuchen *Bolo Rei*.

Im Zentrum DOP **36**, im früheren Dominikanerkloster nahe der Misericórdia-Kirche. Kreative Variationen wie Entenschlegel mit Pilzrisotto. Hauptgericht um 20 €, Menü ca. 75 €, mittags um 20 €. So und Mo mittags geschlossen. Palácio das Artes, Largo de São Domingos 18, ✆ 222014313.

Portucale **3**, Portos edelstes Restaurant befindet sich über der Albergaria Miradouro in einem Penthouse. Zur beeindruckenden Aussicht werden ebenso beeindruckende Speisen serviert, wie *Perdiz com castanhas* (Rebhuhn mit Kastanien), *Javali com amêijoas* (Wildschwein mit Muscheln) oder *Cabrito estufado à Serrana* (geschmortes Zicklein). Die Preise beginnen bei 20 €. Der Portwein des Hauses ist ausgezeichnet. Rua da Alegria 598, ✆ 225370717.

Casa Aleixo **30**, sehr bekanntes Restaurant in der Nähe des Bahnhofs Campanhã, es soll Lissabonner geben, die zum Abendessen mit dem Zug anreisen. Hauptgericht ab ca. 11 €. Tägl. (außer So), im Aug. Betriebsurlaub. Rua da Estação 216, ✆ 220424648.

Adega do Olho **33**, nahe der Rua das Flores. Die vielleicht geschmackvollste unter den einfachen Kneipen, selbst Tischdecken

aus Stoff fehlen nicht. Tägl. ein Fisch- und ein Fleischgericht für ca. 3,50 €, eine Posta de Bacalhão gibt es schon für 10 €. Nur mittags geöffnet, So Ruhetag, im Aug. geschlossen. Etwas versteckt in der Rua Afonso Martins Alho 6, ✆ 222057745.

Ernesto **9**, im derzeitigen Szeneviertel nördlich der Carmo-Kirche, serviert wird Hausmacherkost, wie Zickleinbraten. Hauptgericht ca. 6,50–12,50 €. So Ruhetag und Mo abends geschlossen. Rua da Picaria 85, ✆ 222002600.

»»» Mein Tipp: Antunes **4**, typische Minho-Menüs. Eng um die Mittagszeit, an der Bar geht's schneller. Hier aß Günter Grass sein Lieblingsgericht Tripas (Kutteln) – ruhig mal probieren. Gut schmeckt Costelada panada, paniertes Kotelett mit saftigem Bohnenreis, eine Riesenportion. Hauptgericht ab ca. 10 €, halbe Portion ab 8 €. Tägl. (außer So), im Aug. Betriebsurlaub. Rua Bonjardim 525, ✆ 222052406. **«««**

Abadia do Porto **14**, unterhalb vom Grand Hotel, eine Institution mit großem Speisesaal auf zwei Etagen. Nett eingerichtet, aber etwas laut. Lange Speisekarte und tolle

Küche. Hauptgericht ab etwa 9 € (mit Porto Card 10 % Nachlass). Tägl. (außer So). Rua do Ateneu Comercial do Porto 22-24. ✆ 222008757.

Adega Vila Meã **32**, die ersten Bissen der üppigen Portionen der deftigen Kost lassen den etwas höheren Preis vergessen. Die halben Portionen ab 9 € reichen fast für zwei. Tägl. (außer So), im Aug. Betriebsurlaub. Rua dos Caldeireiros 62, ✆ 222082967.

Churrasqueira Lameiras **5**, einfach mit rohen Granitsteinen eingerichtet. Reichhaltige Portionen am Tisch ab 8 € (es gibt auch halbe Portionen, die meist reichen). Tägl. (außer So). Rua do Bonjardim 548 (nicht weit vom oben genannten Antunes entfernt), ✆ 222009117.

Bonaparte **19**, Pub mit Snackbar, das bei der deutschen Community u. a. wegen des deutschen Biers beliebt ist. Tägl. 17–2 Uhr. Praça Guilhermes Gomes Fernandes 40, ✆ 220962852.

》》 Lesertipp: Aurora **31**, portugiesische Küche, sehr gut zubereitet, feine Zutaten, ausgesprochen nett und persönlich, nicht zu teuer! Reservierung unbedingt erforderlich (Susanne Biro). Nördl. Batalha. Rua Entreparedes 34-38, ✆ 222032446. **《《**

Ribeira und Umgebung Am Fluss Ribeira an den alten Schiffskais wurden fast alle Restaurants malerisch in die Granitarkaden der alten Uferstraße eingebaut, allerdings sind sie stark von Touristen frequentiert; dementsprechend sehen die Preise aus.

Gomos de Saudade **45**, westl. Ribeira und nicht am Fluss, deswegen nicht ganz so touristisch. Kleine Speisen und Snacks ab 2 €, empfehlenswertes Mittagsmenü für ca. 9 €. Tägl. außer Do. Rua da Reboleira 36-43, ✆ 222010404.

Filha da Mãe Preta **42**, bekanntes Restaurant mit riesigen Azulejobildern an den Wänden des Speisesaals im 1. Stock. Hauptgericht ab 9 €. Cais da Ribeira 40, ✆ 222055515.

Mercearia **41**, die Schinken baumeln von der Decke, die Portweinflaschen stehen am Rand. Sehr schöne Einrichtung. Tagesgericht ab 10 €, sonstige Hauptgerichte ab ca. 14 €. Im Winter Di Ruhetag. Cais da Ribeira 32/33, ✆ 222004389.

Adega São Nicolau **44**, im westlichen Bereich der Ribeira. Die Fische, die dann ge-grillt werden, liegen in der Vitrine des einfachen kleinen Restaurants zur Auswahl aus. Im Sommer stehen auch einige Tische im Freien. Allerdings schwankt die Qualität. Hauptgericht ab 9 €. Tägl. (außer So). Rua São Nicolau 1, ✆ 222008232.

Irmãos Linos **34**, der Wirt sagt selbst: „Es ist nicht das Beste, aber eines der Guten." Damit meint er wohl, dass das Preis-Leistungs-Verhältnis stimmt. Hauptgericht ab 9,80 €. Tägl. (außer So). Largo de S. Domingos 65, ✆ 222052286.

Foz/Marginal Terra, gegenüber vom Cafeina und im selben Besitz. Im Erdgeschoss befindet sich eine Sushibar, im Obergeschoss wird mediterrane Küche mit italienischem Einfluss geboten. Gestylte Innenarchitektur, ein Miteinander von kräftigen Farben und naturbelassener Holzeinrichtung. Hauptgericht um 18 €, große Salate ab 13 €, Mittagsmenü um 17 €. Rua do Padrão 103, ✆ 226177339.

Cafeína, ob das Restaurant seinen Namen bekommen hat, weil die Gäste einen Kaffee brauchen, wenn sie nach der Präsentation der Rechnung der Ohnmacht nahe sind, bleibt ein Rätsel. Man isst jedenfalls in sehr angenehmer Atmosphäre mit guter Musik und einer riesigen Auswahl nicht ganz alltäglicher Gerichte. Man kann auch nur die Bar besuchen. Preise wie Terra (s. o.). Rua do Padrão 100, ✆ 226108059.

Vila Nova de Gaia Zé da Serra, die ehemalige Tasca ist inzwischen ein sehr beliebtes Restaurant, das 2010 frisch renoviert wurde. Doch Fußball bleibt unverändert das Thema Nr. 1. Große Auswahl an guten Fisch- und Fleischgerichten, Hauptgericht ab ca. 16 € für zwei Esser. So Abend geschlossen. Rua Luís de Camões 580, ✆ 223796785.

Presuntaria Transmontana, an der Promenade zwischen den Weinkellern. Zweite Filiale der Adega. Der richtige Ort, um bei Schinken und Käse ein Gläschen Wein zu genießen. Hauptgericht ab ca. 13 €. Die Schinkenplatten ab 10 €. Av. Diogo Leite 80, ✆ 223758380.

Cais de Gaia, am gleichnamigen Kai. Neues Bar- und Restaurantzentrum in mehreren zweistöckigen Glasgebäuden. Vom algarvianischen Hendlbrater über den Bierkeller Caves da Cerveja bis zum Pizzahut gibt's hier (fast) alles. Cais de Gaia, Av. Diogo Leite. www.caisdegaia.com.

Immer frischer Fisch in der zentralen Markthalle Mercado Bulhao

>>> Lesertipp: Arco Iris, in einer Seitenstraße zur Ufermeile. Das von Portugiesen und Touristen gleichermaßen gern besuchte Lokal besitzt typisch portugiesische Atmosphäre. Sehr gute Vor- und Hauptspeisen, preislich im Normalbereich (Antje Hofer und Antonio Casaca Bras). Rua Candido dos Reis, ✆ 963524630 (mobil). **<<<**

Matosinhos, ein „Geheimtipp" zum Fischessen sind die Restaurants in Portos Hafenstadt Matosinhos. Per Metro (blaue Linie) oder per Bus 500 ab dem Cordoaria-Platz. Gute Mittelklasserestaurants gibt es ebenso auf der anderen Seite des Hafens (über die Zugbrücke) im Ortsteil Leça de Palmeira um den Largo do Castelo.

Casa Boa Gente („Haus der guten Leute"), einfach, aber nett ausstaffiertes Fischrestaurant. Hier gibt es nur Fisch, gegrillt oder gekocht, meist vom Inhaber selbst gefangen, riesige Portionen. Die Fische sind so frisch, wie die Augen klar sind, und liegen am Tresen auf Eis. Sie können Ihren Fisch selbst auswählen. Hauptgericht ab ca.

12,50 €. So Abend und im Aug. geschlossen. Av. Serpa Pinto 162. ✆ 229380750.

Marisqueira dos Pobres, hier essen „die Armen" ihre Meerestiere, frisch und billig. 100 g Krabben für ca. 3,50 €. Hauptgericht ab 7,50 €. Tägl. (außer Mo). Av. Serpa Pinto 37, ✆ 229380266.

O Rei da Sardinha Assada, hier lässt es sich königlich Sardinen essen. Man riecht zwar nachher auch ein wenig nach den kleinen Fischen, aber es lohnt sich. Hauptgericht ab ca. 7,50 €. Tägl. (außer Mo). Rua do Sul 91, ✆ 229382695.

O Valentim, nördliches Zentrum, nahe dem Fischerhafen. Die Auslage am Eingang zeigt, worauf es hier ankommt: frische Fische. Das einzige Restaurant der Gegend mit modernem Speisesaal. Hauptgericht ab ca. 10 €. Rua Heróis de França 263, ✆ 229388015.

>>> Lesertipp: Restaurante Marisqueira, in einem Wohngebiet, „gar nicht touristisch, aber gut und freundlich" (Dieter Schlegel). Rua Tomas Ribiero 171, ✆ 229378941. **<<<**

Vegetarisch essen

→ Karte S. 236/237

Suribachi , ab 10 Uhr morgens wird hier makrobiotisches Essen serviert, bis nichts mehr da ist, Frische ist also garantiert, trotzdem gibt es auch abends noch genug Auswahl. Menü für ca. 7 €. Rua do Bonfim 136/140, ✆ 225106700.

Essência ❶, nördlich der Casa da Música, aber der Weg lohnt. Fantasievolle Kompositionen, dazu wenige Gerichte mit Fisch und Fleisch, die aber teurer sind. Hauptgericht ab 11 €. Tägl. (außer So). Rua de Pedro Hispano 1190, ✆ 228301813.

O Oriente do Porto **35**, im westlichen Zentrum. Sympathisch bunter und junger Vegetarier mit günstigem Mittagsmenü: Für ca. 7 € gibt es Suppe, Hauptspeise, Dessert und Saft. Studenten bekommen Nachlass. Tägl. (außer So), nur mittags. Rua de São Miguel 19, ✆ 222007223.

Essen für Nachtschwärmer

→ Karte S. 236/237

Capa Negra II, am westlichen Rand des Zentrums. Snacks und v. a. *Francesinhas*, angeblich die berühmtesten der Stadt. Bis 2 Uhr geöffnet. Rua Campo Alegre 191, ✆ 226078383.

Bonaparte 19 (→ S. 242), tägl. bis 2 Uhr. Praça Guilhermes Gomes Fernandes 40, ✆ 220962852.

O Caçula 12, Fleisch, Fisch, Pizza und vegetarische Gerichte. Hauptgericht ab 8 €. Mo–Do bis 2, Fr/Sa bis 4 Uhr, So Ruhetag. Praça Carlos Alberto, ✆ 222055937.

Marisqueira Majára, die Marisqueira in Matosinhos zählt zu den ältesten der Stadt. Tägl. (außer Mi) bis 1 Uhr. Rua Roberto Ivens 603, ✆ 229382352.

Cafés

Die alten, ehrwürdigen Cafés in Portugal sterben langsam aus. Die Konkurrenz wird größer, die Kosten werden höher. Ein Beispiel ist Portos ehemaliges Vorzeigecafé *Imperial* an der Praça da Liberdade – hier werden nun Hamburger serviert.

Café Majestic, das stilvollste Café, das wir in Portugal kennen. Einrichtung noch original im Stil der 1920er (1922): Holz, Leder, Spiegel. Abends auch Konzerte. Tägl. (außer So). In der Haupteinkaufsstraße Rua Santa Catarina 112.

Café Império, schräg gegenüber dem Majestic. Einfach eingerichtet, hier gibt's gutes Gebäck. Die moderaten Preise und die nette Bedienung machen es zur guten Alternative zum teuren Majestic. Rua Santa Catarina 149.

Café Aviz, bei der Praça D. Filipa Lencastre. In den 1950er-Jahren sahen alle Cafés der Baixa aus wie dieses, das als eines der wenigen überlebt hat: große Halle, dunkles Mobiliar und livrierte Kellner. Auch empfehlenswert für kleine Speisen. Tägl. (außer So). Rua Avis 27.

Café do Cais, beliebt wegen seiner exponierten Lage mit dem schönen Blick auf Gaia und die Weinkeller. Hier trifft man sich, bevor man ins Nachtleben rund um den Cais da Ribeira taucht. Cais de Estiva.

Nachtleben

→ Karte S. 236/237

Portos Nachtleben ist bunt. In Matosinhos gibt es einige Diskotheken und Jazzbars. An den Esplanadas von Foz und an der Marginal treffen sich die schickeren *Tripeiros*, während der Cais da Ribeira alternativ-avantgardistisch geprägt ist. Hier gehen die Studenten aus. Angesagt ist die Gegend um Clérigo und Rua Passos Manuel.

Zentrum und Cais da Ribeira Maus Hábitos **25**, in einer riesigen Wohnung von 600 m² hat Daniel einen außergewöhnlichen Ort alternativen Kulturschaffens begründet inkl. einer geräumigen Bar mit tollem Blick über die Baixa. Wechselnde Kunstausstellungen und sporadisch Livemusik. Nur durch einen kleinen Lift zu erreichen (nicht abschrecken lassen!). Di–So 12–mind. 24 Uhr. Rua de Passos Manuel 178, 4. Stock, www.maushabitos.com.

Pitch 20, nur wenige Schritte westlich. Die Stilrichtung der neuen Musikbar mit angeschlossener Disco reicht von Funk und Soul bis House und Techno. So/Mo geschl. Ab 22 Uhr öffnet die Bar, die Disco ab Mitternacht am Fr/Sa. Rua de Passos Manuel 34-38.

Passos Manuel 21, im Gebäude des Coliseu. Bar und Konzertsaal im modernisierten Retrolook eines einstigen Art-déco-Kinos. So–Do 17.30–2 Uhr, Fr/Sa 22–4 Uhr. Rua de Passos Manuel 137.

Gare Clube 29, am Bahnhof São Bento. Avantgardistischer Club unter Granitbögen mit einer Tanzpiste und einer abgetrennten Bar, häufig Konzerte, Musikrichtungen

Dance, Elektronik, House. Fr/Sa 0–6 Uhr, Konzerte auch zu anderen Zeiten. Rua da Madeira 182, www.facebook.com/gareporto.

Hardclub , im Mercado Ferreira Borges. Das schönste Beispiel der Portuenser Glas-Eisen-Bauweise bietet seit 2010 dem Hardclub und seinen zahlreichen Musik- und Kulturveranstaltungen Platz. Rua de Ferreira Borges, gegenüber der Börse. www.hardclub.com.

Plano B 27, nahe Clérigo-Kirche. Häufig Konzerte, sehr unterschiedliche Stilrichtungen mit Schwerpunkt Electropop und House, aber auch R&B und Soul. Di/Mi 22–2 Uhr, Do bis 4 Uhr, Fr/Sa bis 6 Uhr. Rua Cândido dos Reis 30, www.planobporto.net.

Mercedes 40, in der hintersten Ecke des Cais da Ribeira in der zweiten Reihe. Die Bar heißt eigentlich „O meu Mercedes é maior que o teu" (Mein Mercedes ist größer als deiner!), doch vom Publikum fährt wohl keiner einen deutschen Edelwagen. Alternative Musik im hohen Granitkeller. Mi–Sa 19–4 Uhr. Rua da Lada 30.

Boavista Labirintho, hier treffen sich die Journalisten. Das Publikum ist älter, die Musik wechselt tägl., mal Jazz, mal Gast-DJs. Es gibt eine kleine Esplanada im Garten. Im Erdgeschoss Ausstellungsraum. Oft finden Dichterlesungen statt. Rua Nossa Senhora de Fátima 334.

Foz/Marginal Die Esplanadas da Foz liegen direkt am Strand, alle 100 Meter steht man schon an, in oder über der nächsten Bar. Hier sollte jeder seinen Lieblingsort finden.

Nordwestliches Industriegebiet Ein völlig anderer Geist weht hingegen im früheren **Industriegebiet** im Nordwesten Portos, wo alte Fabrikgebäude zu hypermodernen Discos und Bars umgestaltet wurden, u. a. folgende Adressen.0–6 Uhr. Einer der Tanztempel Portos überhaupt. Anfang der 1990er-Jahre gegründet, lockt die Techno- und Experimentalmusik die jungen Portuenser unvermindert. Einer der Stammbesucher ist Rockstar Pedro Abrunhosa. Av. do Brasil 843, Lojas A–F, Foz.

Matosinhos/Leça da Palmeira Batô, die älteste Diskothek Portos ist eingerichtet wie ein Schiff. Aus den Bullaugen tönt Musik der 1980er- und 1990er-Jahre mit alternativem Flair. Grunge, Wave, manchmal auch Metal. Bier ab 3,50 €. Largo do Castelo 13, Leça.

Café und Augenschmaus zugleich – das Café Majestic

Vila Nova de Gaia **Mio Cais**, supergestylt und in kräftigen Farben gehalten. Tagsüber gibt's Snacks ab ca. 3 €, wie z. B. *Francesinhas*. Man kann auch draußen sitzen. Später kommt dann die Discoszene auf ihre Kosten, wenn DJs zur Nacht der Dance- und Alternativ-Music bitten. Mi/Do 15–4, Fr–So 15–6 Uhr. Cais de Gaia.

Schwul/Lesbisch Ein Nachtlebenführer der Portugalgay-Gemeinde ist im Turismo erhältlich. Weitere Infos unter http://portugalgay.pt.

Restaurante Cozzza a Rio 39, hinter der Kirche São Francisco. Nettes, kleines Lokal, modern eingerichtet. Besonders schön ist es, im Sommer draußen zu sitzen. Viele Salate und gegrillte Fisch- und Fleischspeisen. Hauptgericht ab 11 €. Auch Cafébetrieb (ab 11 Uhr), So- Di erst ab 18 Uhr, sonst ab 11 Uhr. Rua S. Francisco 8, ☎ 222000712.

Zoom 23, im Zentrum. Moderne Großdisco mit muskulösen Animationstänzern. Fr/Sa 0–6 Uhr. Beco Passos Manuel 40.

Pride Bar 2, im nördlichen Zentrum. DJs, Musik v. a. Richtung House, Travestishows, Männer-/Frauen-Striptease. Mi, Fr–So 0–6 Uhr. Rua Bonjardim 1121, ☎ 918369861 (mobil).

Die Vorstädte von Porto

Vila Nova de Gaia   ca. 300.000 Einwohner

Vila Nova de Gaia ist Portos Wohnvorstadt südlich des Rio Douro. Hier finden sich im unteren Teil am Fluss die Weinkeller und ein hübsches Altstadtviertel, den Fluss entlang hat sich eine Restaurant- und Barmeile entwickelt. Darüber schwebt eine Gondelbahn. Im oberen Teil wachsen die Wohnbetonklötze in den Himmel. Wer hinter die abstoßenden Fassaden an der Avenida da República blickt, findet aber wie im unteren Teil der Stadt immer wieder ein paar hübsche Vivenda-Viertel zwischen den Apartmentblocks.

Parque Biológico: Der biologische Park etwa 3 km östlich des Zentrums von Vila Nova de Gaia steht im krassen Gegensatz zur Betonwüste der Innenstadt. Flora und Fauna laden zum Entspannen ein, Picknickplätze sind vorhanden.

April–Sept. tägl. 10–20, Uhr, sonst tägl. bis 18 Uhr, letzter Einlass 2 Std. vor Schließung. Eintritt 6 €, Kind ab 7 J. die Hälfte, bis 6 J. frei, www.parquebiologico.pt.

Serra do Pilar: Von der Terrasse der Klosterkirche hat man eine schöne Aussicht auf Porto und Foz do Douro. Das Kloster selbst ist seit der Zeit Wellingtons, der hier den Angriff auf Porto plante, vom Militär in Beschlag genommen, es kann dennoch besichtigt werden (April–Okt. 9.30–18.30 Uhr, sonst nur bis 17.30 Uhr, Eintritt 1 €, Besteigung der Kirchenkuppel 3 €).

Serra do Pilar: Tägl. 10–20 Uhr, im Winter Mo–Sa 10–18 Uhr. Av. Diogo Leite 135 (Glaskiosk am Fluss), ✆ 223758288.

Postamt an der Av. da República, neben dem Rathaus. Polizei ✆ 223774190, Hospital ✆ 227865100, Taxi ✆ 227623237 und 223798991.

Die alte Stadtmauer oberhalb der Brücke S. Luís I.

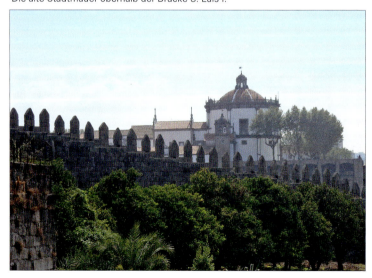

Portweinkellereien

Zahlreiche Weinkeller bieten Führungen an, die mit einer Probe der edlen Tropfen enden. Empfehlenswert ist z. B. der Besuch von **Taylor, Fladgate & Yeatman**, die man interaktiv auf eigene Faust besuchen kann, mit anschließender Probe und vielen Infos, was allerdings seinen Preis hat: 12 €. Auch die Führung von **Ferreira** ist empfehlenswert – die Keller liegen in einem ehemaligen Kloster mit Kreuzgang. Bei **Cálem** kann man auch einen Blick auf die modernen Stahltanks werfen. Eher enttäuschend ist die Führung bei **Sandeman**, wo den Touristen v. a. ein Museum gezeigt wird, die eigentlichen Lager liegen woanders. Die meisten Keller verlangen 3–5 € Eintritt. 15 Firmen haben sich zur *Associação das Empresas de Vinho do Porto* zusammengeschlossen; diese Vereinigung soll die Qualität der Führungen sicherstellen und die Information über Öffnungszeiten und Preise übernehmen. Man kann aber auch die Weinkeller der anderen Firmen besichtigen.

Barros, April–Okt. tägl. 10–13, 14–18 Uhr, sonst nach Voranmeldung. Rua D. Leonor de Freitas 182, ☎ 223752395.

Burmester, April–Okt. tägl. 10–13, 14–19 Uhr, sonst nur nach Voranmeldung. Rua Barão de Forrester 73, ☎ 223746660.

Calém, tägl. 10–19 Uhr, im Winter nur bis 18 Uhr. Av. Diogo Leite 26/42, ☎ 223746660.

Cockburn, nach Voranmeldung Juni–Okt. Mo–Sa 10–19 Uhr. Rua D. Leonor Freitas, ☎ 913007950 (mobil).

Croft, tägl. 10–18 Uhr, Juli/Aug. 10–19 Uhr. Rua Barão de Forrester, ☎ 220109825.

Ferreira, tägl. 10–12.30 und 14–18 Uhr. Es gibt auch ein kleines Museum. Av. Ramos Pinto 70, ☎ 223746106.

Graham's, April–Okt. tägl. 9.30–18 Uhr, Nov.–März 9.30–17.30 Uhr. Rua Rei Ramiro 514, ☎ 223776330.

Kopke, Mai–Okt. tägl. 10–19 Uhr, sonst 10–18 Uhr. Rua Serpa Pinto 183, ☎ 223746660.

Offley Forrester, März–Okt. tägl. 10–12.30 und 14–18 Uhr. Rua do Choupelo 54, ☎ 223743852.

Osborne, Juni–Sept. 10–19, sonst 10–12 und 14–17 Uhr. Rua Cândido dos Reis 670, ☎ 223752648.

Quinta do Noval, Juni–Sept. tägl. 10–19.30 Uhr, Okt.–Mai 10–17.30 Uhr Keine Führung, nur Probe und Verkauf! Av. Diogo Leite 256, ☎ 223770282.

Ramos Pinto, Mai–Okt. Mo–Fr 10–18 Uhr, Nov.–April Mo–Fr 9–17 Uhr, nicht an Feiertagen. Av. Ramos Pinto 400, ☎ 936809283 (mobil).

Real Companhia, Juni–Sept. tägl. 10–19 Uhr, April, Mai, Okt. Mo–Sa 10–17 Uhr, Nov.–März Di–Fr 10–16 Uhr. Rua Azevedo Magalhães 314, ☎ 223223775194.

Romariz, nur nach Voranmeldung. Rua Barão de Forrester 412, ☎ 223742850.

Rozés, nur nach Voranmeldung. Rua Cândido dos Reis 526/532, ☎ 223771680.

Sandeman, März–Okt. tägl. 10–12.30 und 14–18 Uhr. Nov.–Febr. 9.30–12.30 und 14–17.30 Uhr. Largo Miguel Bombarda 3, ☎ 223740533.

Taylor, Fladgate & Yeatman (Taylor's), tägl. 10–18 Uhr. Rua do Choupelo 250, ☎ 223742800.

Wiese & Krohn, April–Sept. tägl. 10–20 Uhr, sonst Mo–Fr 10–17 Uhr. Geschlossen im Jan. Rua Serpa Pinto 149, ☎ 223771720.

Matosinhos   ca. 27.500 Einwohner

Die Hafenstadt Portos. Auch hier türmen sich Betonklötze auf, in denen die Arbeiter und Angestellten wohnen, die in Porto ihrem Beruf nachgehen. Die Stadt wird durch die mächtigen Hafenanlagen und einen hypermodernen Anleger für Kreuzfahrtschiffe bestimmt. Zwischendrin gibt es aber viele kleine *Marisqueiras*, in denen man recht günstig essen kann (→ Porto/Essen & Trinken).

Turismo: Mo 13–19, Di–Sa 9.30–19 Uhr. An der Uferstraße Av. General Norton de Matos, Praia do Titan. ☎ 229386423.

Postamt in der Rua Brito Capelo 208.

Polizei ☎ 229383427, **Hospital** ☎ 229391000, **Taxi** ☎ 229396900 und 229382128.

Der Norden von Porto

Vila do Conde   ca. 25.500 Einwohner

Hübscher Fischer- und Badeort an der Flussmündung des Rio Ave. Das alte Ortszentrum liegt etwa 800 m landeinwärts am Fluss. Am malerischen kleinen Hafen, der von einer originellen weißgekalkten Kirche in arabischer Bauart (17. Jh.) überragt wird, stehen kleine Werften, in denen Fischkutter gezimmert werden.

Der Fischer- und Handelshafen verlor an Bedeutung, als im späten 18. Jh. die Flussmündung versandete. Im Ort entdeckt man kleine Plätze und fast mittelalterliche Gassen. Sehenswert, aber nicht zu besichtigen ist das *Santa-Clara-Kloster*, ein klotziger Bau aus dem 18. Jh., der den ganzen Ort überragt. In der Klosterkirche liegt Prinz Dom Afonso Sanches, der Gründer des Klosters (1318) begraben. In der ersten Seitenkapelle links stehen die reich verzierten Sarkophage des Gründerpaares nebst Kindern. Oberhalb des Klosters das mächtige Aquädukt, das 1714 erbaut wurde, um das Kloster mit Wasser zu versorgen.

Die **Igreja Matriz**, die klobige Stadtkirche, ist eine Anfang des 16. Jh. errichtete Wehrkirche mit einem leider stark verwitterten Portal im manuelinischen Stil. Sie stammt von einem baskischen Baumeister, dessen Stil auch an der Kathedrale von Braga zu sehen ist.

Museen: Vila do Conde hat acht Museen. Die interessantesten sind das *Klöppelmuseum* (Museu das Rendas de Bilros, Rua de São Bento 70) und das *Museum für Schiffsbau aus Holz* (Museu da Construção Naval em Madeira, Largo da Alfandega). Zu diesem gehört der davor ankernde Nachbau einer alten Karavelle.

Der „Badeort" von Vila do Conde liegt außerhalb, an der Strandpromenade. Hier gibt es noch kein Hotel. Das touristische Wachstum beschränkte sich, zum Glück für Vila do Conde, auf den Nachbarort Póvoa de Varzim. Die bisher gemachten Zugeständnisse an die wachsende Reiselust in den Norden Portugals konnte der Ort recht gut verkraften.

Information Turismo, Mo–Fr 9–13, 14–18 Uhr. Rua 25 de Abril 103, ☎ 252248473.

Ein **regionales Amt** findet sich im Glaskasten an der Rua Cais das Lavandeiras, tägl. 9–18 Uhr, im Hochsommer bis 19 Uhr.

Verbindungen Häufig **Busse** und regelmäßige **Metro-Verbindungen** nach Porto und Póvoa de Varzim.

Adressen Post, Rua Dr. António Andrade.

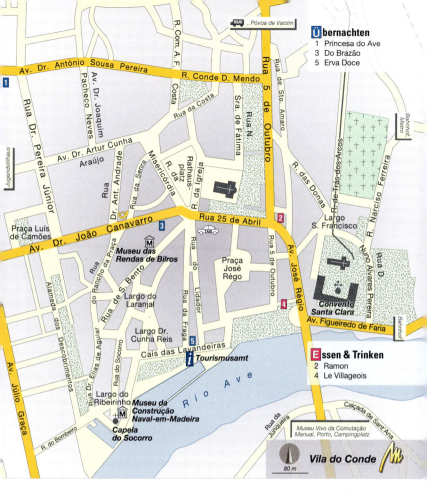

Póvoa de Varzim

Übernachten
1 Princesa do Ave
3 Do Brazão
5 Erva Doce

Essen & Trinken
2 Ramon
4 Le Villageois

Tourismusamt

Vila do Conde

80 m

Telefonnummern Polizei ☎ 252631170 und 252640160, **Hospital** ☎ 252647870, **Taxi** ☎ 252631933.

Übernachten Do Brazão 3, modernisierter Bau aus dem 16. Jh., Inneneinrichtung im alten Stil gehalten. DZ ca. 50–66 € je nach Saison. Dr. João Canavarro 14, ☎ 252642016, www.hotelbrazao.pt.

Princesa do Ave 1, auf halbem Weg zwischen Ort und Strand. Schöne, saubere Zimmer inmitten eines Wohnviertels. DZ ca. 30–50 € je nach Saison. Av. Dr. António Sousa Pereira 261, ☎ 252642065, www.princesadoave.com.

Erva Doce 5, am Fluss, entspannte Atmosphäre; vier kleine Privatzimmer und zwei Schlafsäle. DZ um 40 €, Bett im Schlafsaal 15 €. Cais das Lavandeiras 39/40, ☎ 224078765, www.ervadocehouse.pt.

Camping Árvore, 2 km südlich an der Küste. Der größte Teil des Platzes mit viel Schatten durch hochgewachsene Pinien. Ca. 80 % des Areals sind durch Dauercamper mit „Vorgarten" belegt. Person im Sommer 7,50 €, Zelt 3,50–6 €, im Winter 4 €, Auto 5 €, das außerhalb geparkt werden muss. Ganzjährig geöffnet. Rua do Cabreiro, ☎ 252633225, www.cnm.org.pt.

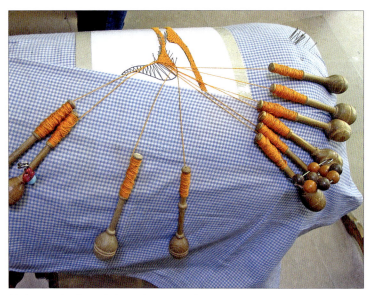

Einführung ins Klöppeln im gleichnamigen Museum

Vila Chã, 7 km südlich, direkt am Strand. Viel Schatten, Minimercado und Bar vorhanden. Person je nach Saison 2–4 €, Zelt 2,50–6,70 €, Auto 1,50–2,90 €. Rua do Sol 150, Vila Chã, ✆ 229283163, www.camping vilacha.com.

Essen & Trinken   Ramon ▣, sehr gutes Restaurant, das Interieur ist auf die portugiesische Fußballleidenschaft abgestimmt. Hauptgericht um 16 €, halbe Portion ab 10 €. Tägl. (außer Di). Rua 5 de Outubro 176, ✆ 252631334.

Le Villageois ▣, hübsch eingerichtetes Restaurant mit an die französische Küche angelehnten Gerichten ab 7 € für die halbe, ab 13 € für die ganze Portion; günstige Mittagsmenüs. Tägl. (außer Mo). Praça da República 94, ✆ 252631119.

Póvoa de Varzim   ca. 30.000 Einwohner

Der größte Badeort nördlich von Porto. Eine lange Strandpromenade lädt zum Flanieren ein. Zentrum ist der verkehrsumtoste Platz am Hafen und das Viertel beim Spielcasino.

Während die Apartmenthäuser hier nur 10 Stockwerke in die Höhe wachsen, ragen die später gebauten im nördlichen Vorort Fragoso schon doppelt so hoch in den Himmel. Noch weiter nördlich in *Aver-o-Mar* werden die Blocks wieder niedriger, dafür lückenloser.

Der Ort wirkt allerdings nur auf den ersten Blick zu hundert Prozent vom Tourismus vereinnahmt, denn hier im Hafen liegt eine der größten Fischereiflotten von Portugal, und auch einige Konservenfabriken sind in Betrieb.

Die Fischer und ihre Zeichen

Weil die Arbeit auf den Fangbooten schon immer im Kollektiv bewältigt wurde, kennzeichneten die Fischer alle ihre Habseligkeiten mit einer eindeutigen Markierung. Dieses Zeichen fand sich dann auch beim Bau eines Hauses wieder – und auch nach dem Tod auf dem Grabstein. Die einfachen geometrischen Muster waren ihrer Arbeitswelt entnommen – Angelhaken, Harpune, Netze dienten als Vorlage. Das Spannende dabei ist die Vererbung dieser Zeichen über viele Generationen, regelrechte Stammbäume lassen sich damit rekonstruieren. Das ursprünglich sehr einfache Symbol wurde an die Söhne weitervererbt, die es durch die Kombination mit weiteren Ergänzungen einmalig machten. In einer Zeit, als Lesen und Schreiben noch ein Privileg der „Doctores" war, war diese Symbolsprache von großer Bedeutung.

Seit den 1930er-Jahren verloren die Zeichen der Fischer allerdings an Bedeutung und wurden mehr und mehr nur noch zur Zierde der Boote verwendet.

Das Stadtzentrum lässt auf bessere Zeiten schließen, als Póvoa de Varzim noch ein kleines Fischerdorf war.

Museum: Das städtische Museum zeigt eine gut präsentierte Sammlung von Dokumenten zur Stadtgeschichte und informiert über den Fischfang in den vergangenen Jahrhunderten. Besonders beeindrucken die historischen Fotos über das Leben der Fischer. Die Erläuterungen sind leider nur in Portugiesisch. Am Ende des Rundgangs erwecken Puppen die Straßenspiele der portugiesischen Kinder zu neuem Leben.
Tägl. (außer Mo) 10–12.30 und 14.30–18 Uhr. Eintritt 1 €, Do frei.

Information Turismo, Mo–Fr 9–13 und 14–19 Uhr, im Hochsommer Mo–Fr 9–19, Sa/So ganzjährig 9.30–13 und 14.30–18 Uhr. Praça Marquês de Pombal, ☎ 252298120.

Verbindungen Bus: Busse fahren ab dem Central de Camionagem halbstündl. nach Aguaçadoura, 16-mal nach Barcelos (nicht Sa/So), 6-mal nach Braga, 12-mal Guimarães, 11-mal Viana do Castelo, häufig auch nach Vila do Conde.

Regelmäßige **Metroverbindung** nach Porto über Vila do Conde.

Adressen Post, Largo Ilísio da Nova. **Casa da Juventude**, Rua D. Maria I. **Bibliothek**, Rua Padre Afonso Soares.

Fahrradverleih Verleih im Sommer am Eingang zum Fischerhafen.

Feste Berühmt und deswegen leider ziemlich überlaufen sind die **Festas da Nossa Senhora da Assunção** am 15. August.

Telefonnummern Polizei ☎ 252298190 und 252240350, **Hospital** ☎ 252690601, **Taxi** ☎ 252622364 und 252612288.

Übernachten *** Grande Hotel da Póvoa, modernes Hotel mit der üblichen Einrichtung. Luxuriös, aber ohne individuelle Züge. DZ je nach Saison 60–90 €, teils mit Meerblick. Largo do Passeio Alegre 20, ☎ 252290400, www.grandehotelda povoa.com.

** Hotel Luso-Brasileiro, beim Mercure um die Ecke. Relativ große, hübsche Zimmer, leider ohne Aussicht, da zugebaut. DZ 47–72 € je nach Saison. Rua dos Cafés 16, ☎ 252690710, www.hotellusobrasileiro.pt.

Rêve d'Or, einfache, aber hübsche Zimmer mit großem, sauberem Bad. Trotz viel befahrener Straße ruhig, da doppelte Fassade. Dadurch leider etwas dunkel. Kabel-TV. DZ je nach Saison 30–45 € ohne Frühstück. Praça Marquês de Pombal 18, ☎ 252613870.

Umgebung von Porto → Karte S. 253

Camping Orbitur Rio Alto, etwas nördlich von Aguçadoura, mit wenig Schatten. Der schöne Sandstrand ist durch einen niedrigen Rohrtunnel, der unter einem Golfplatz hindurchführt, zu erreichen. Person je nach Saison 3,80–6,80 €, Zelt 4,40–12 €, Auto 3,60–6,40 €. Ganzjährig geöffnet. Zu erreichen 6-mal tägl. (So 5-mal) von der Praça Almada aus mit dem Bus. ✆ 253615699, www.orbitur.pt.

Essen & Trinken Costa, eine Casa de Pasto mit langer Tradition. Guter Schinken und frischer Fisch. Einfacher Speisesaal. Hauptgericht ab ca. 8 €. Tägl. (außer Mo). Rua Dr. Armindo Graça 193, Loja 1, ✆ 252684139.

O Firmino, viele Stammgäste, die wegen der guten regionalen Küche kommen. Tagesgericht ab 5 €, sonstige Hauptgerichte ab ca. 9 €. Tägl. (außer Di). Rua Dr. Caetano Oliveira 100, ✆ 252684695.

Aguçadoura
ca. 4400 Einwohner

Ein modernes Bauerndorf am Meer. In niedrigen, strohgedeckten Schobern werden tonnenweise Zwiebeln gelagert. Aber auch Karotten und Kartoffeln werden in der Gegend oft angebaut. Am Strand wird Seetang mit dem Rechen gesammelt, getrocknet und an die Bauern als Dünger verkauft.

Berühmt wurde das Dorf 1984 wegen des „Sandkriegs". Geschlossen zog die Dorfbevölkerung mit Hacken und Schaufeln bewaffnet gegen die Lkw-Fahrer der Baustoffhändler, um eine verhasste Sandgrube zu boykottieren.

Der Süden von Porto

Espinho
ca. 22.000 Einwohner

Moderner Ort im Schachbrettmuster. Die Straßen haben Nummern statt Namen. Entsprechend wenig attraktiv präsentiert sich auch das Stadtbild. Es scheint fast, als würden die Stadtplaner denken, wer die Schönheit des Meeres sieht, den

Bei Jung und Alt hoch im Kurs: der Badestrand von Espinho

interessiert nicht, was dahinter liegt. Der Strand allerdings ist wirklich schön, und zum Surfen gibt es die richtigen Wellen.

Information Turismo, tägl. 9–13 und 14–18 Uhr. Centro Comercial Solverde II, Av. 8, ✆ 224901316.

Verbindungen Bahn: Espinho liegt an der Bahnlinie zwischen Aveiro und Porto. Regelmäßige und häufige Verbindung nach Vila Nova de Gaia und Porto, ebenso nach Aveiro und Ovar, 20-mal nach Coimbra B, 26-mal Mealhada, 19-mal Lissabon und Santarém, teilweise mit Umsteigen in Aveiro.

Adressen Bibliothek, Mo–Fr 9.30–18, Sa 10–17.30 Uhr, Av. 24, Parque João de Deus.

Postamt an der Rua 20, Ecke Rua 19.

Telefonnummern Polizei ✆ 227340038, Hospital ✆ 227341142, Taxi ✆ 227340010.

Übernachten *** Aparthotel Solverde, Großhotel im Casinokomplex. Dunkle Empfangshalle, aber angenehme helle Studios und Apartments mit Küchenzeile, teils mit atemberaubendem Blick auf den Atlantik. Studio je nach Saison ca. 48–99 €, Apartment für 2–6 Pers. je nach Größe, Lage und Saison ca. 85–252 €, jeweils ohne Frühstück. Rua 21, Nr. 77, ✆ 227313144, www.solverde.pt.

Espinho Guesthouse, in Strandnähe. Drei Schlafsäle im Erdgeschoss, zwei DZ im Obergeschoss. Küche und Terrasse. DZ 50–80 €, Bett im Schlafsaal 18–20 €. Rua 29, Nr. 71, ✆ 224965748, www.espinhoguesthouse.com.

Jugendherberge Etwas ungünstig gelegen, ca. 3,5 km südlich und nahe der Autobahn. Modernes Haus mit 20 Zimmern, davon einige voll ausgestattete DZ mit WC;

je nach Saison ca. 28–26 €, im Vierbettzimmer ca. 11–13 €. Lugar de Sales, Silvade, ✆ 227313022, www.pousadasjuventude.pt.

Camping **Parque Municipal**, etwas nördlich, aber noch in der Stadt. Viel Schatten. Hunde verboten. Person ca. 3,50–3,90 €,

Zelt   3,50–4,50 €,   Auto   2,80–3,50 €. ✆ 227335871.

Essen & Trinken A Cabana, tägl. wechselnde Gerichte, eine ausreichende halbe Portion ab ca. 12 €. Av. 8, an der Praia da Seca, ✆ 227341322.

Umgebung von Espinho

Papiermuseum: Knapp 10 km südöstlich, in *Paços de Brandão* (zu erreichen über die entsprechende Ausfahrt an der Schnellstraße IC 1) empfängt das gut und spannend aufbereitete *Museu do Papel* in einer früheren Papierfabrik die Besucher. Die Gegend war einst ein europäisches Zentrum der Papierindustrie. Ganze 47 Unternehmen gab es, nur sechs davon sind übrig geblieben. Im Museum kann man unter anderem in einem Wasserbottich Baumwolllumpen zu Papierbrei verrühren und eigenes Papier schöpfen.

Tägl. (außer Mo) 9.30–17 Uhr, Sa/So/Feiertag 14.30–17.30 Uhr. Eintritt 3 €, mit Cartão Jovem, 6–18 J. und Rentner 1,50 €. Rua de Riomaior in Paços de Brandão.

Die Kathedrale und der Bischofspalast dominieren die Altstadt von Porto

Typisches Bildmotiv in Óbidos

Mittelportugal

Mittelportugal

An die flachen pinienbewachsenen Küstenniederungen grenzen meist ewig lange Sandstrände. Highlights sind definitiv:

Aveiro, ein prächtig herausgeputztes Städtchen, das von einem Netz von Kanälen durchzogen ist – das „Venedig Portugals".

Figueira da Foz, ein gut besuchter Badeort mit etwas Nightlife und netten historischen Bauten.

Nazaré, ein Fischerstädtchen, das sich noch etwas von seiner Ursprünglichkeit bewahrt hat. Heute wegen seiner Monsterwellen ein berühmter Surfspot.

Peniche, ebenfalls Fischerstädtchen mit dem Charme des „alten" Portugal. Auch bei Surfern sehr beliebt.

Coimbra, eine alte Universitätsstadt mit verwinkelter Altstadt um den Stadthügel. Dank der vielen Studenten herrscht quirliges Stadtleben.

Das Gebiet zwischen Porto und Lissabon gliedert sich im nördlichen Bereich in die **Beira Litoral** und die **Beira Interior**. Beira bedeutet Rand oder Ufer, und das trifft auf beide Teile zu: „Litoral" ist der Rand zum Atlantik, und die Innere Beira (Beira Interior) liegt im Osten am dünn besiedelten Rand zu Spanien.

Im südlichen Teil unterscheidet man zwischen **Oeste** (Westen) und **Ribatejo**, das Gebiet entlang des Rio Tejo, der bei Lissabon ins Meer mündet.

Die Innere Beira ist dünn besiedelt, besonders östlich der Serra da Estrela, dem Sternengebirge, und im Grenzgebiet zu Spanien. Dort sind aber einige malerische Festungsorte aus dunklem Granitstein zu besichtigen, z. B. Sortelha oder auch Trancoso.

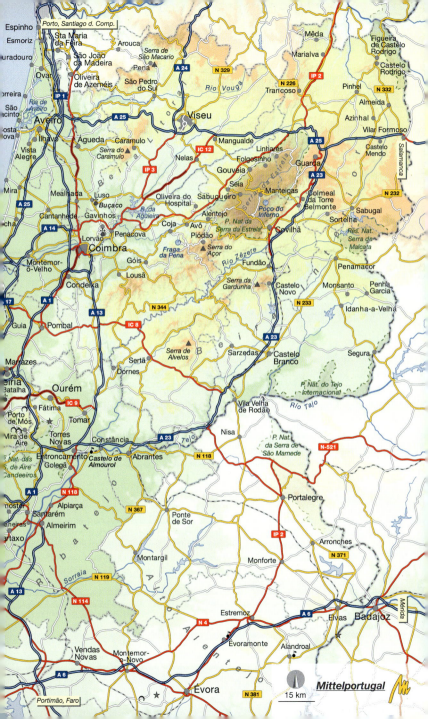

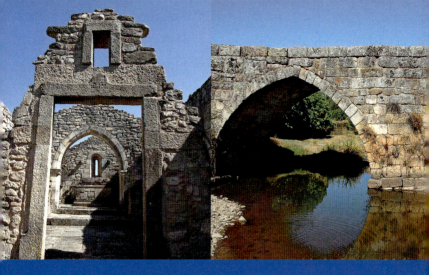

Castelo Mendo   Die römische Brücke von Idanha-a-Velha

Beira

An der Küste grün, bergig im Inneren – die Landschaft zwischen Douro und Tejo hat viele Gesichter. Das Gebiet unterteilt sich in die Beira Litoral und die Beira Interior und umfasst die drei Provinzen Beira Litoral, Beira Alta und Beira Baixa.

Weinberge bestimmen das Bild der *nördlichen Beira*, hier ist das Anbaugebiet des berühmten Dão. Die Reben um Viseu bringen kräftige Rotweine hervor. Man könnte fast meinen, hier werde aus Wasser Wein gemacht, denn es gibt zudem viele Quellen und Thermen. Portugals höchster Gebirgszug, die **Serra da Estrela**, die stellenweise fast 2000 m gen Himmel reicht, liegt in der *Beira Interior*, der inneren Beira.

Die Lagunenlandschaft von **Aveiro** ist der landschaftliche Hauptanziehungspunkt der *Beira Litoral*. Wer will, kann in den Badeorten zwischen warmem Lagunen- und kaltem Ozeanwasser wechseln. Im Landesinneren, am **Rio Mondego**, liegt **Coimbra**, das Zentrum der *Beira Litoral*. Hier wird das reinste Portugiesisch gesprochen. Die historische Studentenstadt lebt während des Semesters von den Studenten und im Sommer von den Touristen.

Ruhiger ist da die *Beira Baixa*, der südliche Teil der Beira Interior. Das Gebiet scheint sich durch die hohen Gebirgsketten vor Touristen geradezu abzuschirmen.

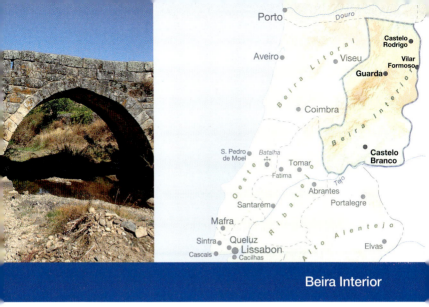

Beira Interior

Der innere Teil der Beira ist touristisch wenig erschlossen. Zehn geschichtsträchtige Dörfer bilden die Attraktion der *Aldeias Históricas de Portugal,* die neuerdings um die beiden Kleinstädte **Trancoso** und **Belmonte** erweitert wurde. Die meisten Reisenden werden aber vom **Naturpark der Serra da Estrela** angezogen, dem höchsten Gebirgszug Portugals, der fast 2000 Meter in den Himmel ragt und zu Wanderungen wie auch zu Klettertouren einlädt. Selbst Skifahren ist hier im Winter möglich, auch wenn die Pisten bestenfalls mit denen deutscher Mittelgebirge vergleichbar sind.

Die karge Landschaft ist mit großen, runden Granitblöcken gesprenkelt. Es sieht aus, als hätte jemand die Gesteinsbrocken aus großer Höhe wie Samen auf die Erde gestreut. Granit ist auch der dominierende Baustoff der Region, der erst neuerdings vom Beton verdrängt wird. Die städtischen Zentren sind im Süden das ruhige **Castelo Branco** und das nahe der spanischen Grenze liegende **Guarda**. Die Distrikthauptstadt besitzt eine der schönsten Kathedralen des Landes.

Viel Wild und Ziegenfleisch landet auf den Tellern der Einwohner der Beira Interior. Auf jeden Fall sollte man *Javalí* (Wildschwein) probieren. In ganz Portugal beliebt sind die *Farinheiras* und *Morcelas* (Wurstwaren) der Region. In der Serra da Estrela isst man die *Feijoca à Senhora do Monte,* einen Bohneneintopf mit Ziegenfleisch, doch gibt es auch hier im hochgelegenen Binnenland Fischspezialitäten: Manteigas' Köche bereiten Forellen, die in den kalten Berggewässern gezüchtet werden, auf eigene Art und Weise zu. Die *Sardinhas doces* (süße Sardinen) aus Trancoso haben allerdings weder Schuppen noch Gräten und sind stattdessen mit Mandeln gefüllt.

Was den Wein angeht, hat die Region nicht viel zu bieten. Dafür gibt es in der Beira Interior den dazu passenden Käse. Herausragend sind die *Queijos da Serra* und der *Queijo de Castelo Branco.*

Guarda   ca. 26.000 Einwohner

Übernachten
1 Lusitânia
5 Filipe
6 Aliança
7 Santos
8 Solar de Alarcão
10 Campingplatz

Essen & Trinken
2 Belo Horizonte
3 A Floresta
4 O Ferrinho

Cafés
9 O Bule

Portugals höchstgelegene Stadt ruht auf einem massiven Granitblock inmitten des kargen Hochlands der Beira Alta, 1075 Meter über dem Meeresspiegel auf der nordwestlichen Seite der Serra da Estrela. Heute kommen vor allem Besucher aus dem benachbarten Spanien hierher.

An den Hängen um die Altstadt wurden moderne Wohnblocksiedlungen hochgezogen; zwischen 1992 und 1997 wuchs die Einwohnerzahl um 5000 – ein Zeichen für die Prosperität der Stadt, seitdem steigt die Einwohnerzahl wieder langsamer, aber stetig. Industriearbeitsplätze sind immer noch rar, doch in den Bildungssektor wurde besonders investiert und eine große Fachhochschule gegründet.

Die Stadt rühmt sich gerne mit den „fünf F": *farta, forte, fria, fiel, formosa.* Dabei steht *farta* für „reich", wegen des fruchtbaren Landes an den Ufern des Rio Mondego, *forte* für „stark", bezogen auf die wuchtigen Befestigungsanlagen auf der Höhe, *fria* heißt „kalt" und beschreibt das Klima, *fiel* erinnert daran, dass Álvaro Gil Cabral die Dynastie von Aviz „treu" unterstützte, und *formosa* bedeutet schön …

Ursprünglich bevölkert in prähistorischer Zeit, war das Gebiet, auf dem sich heute Guarda befindet, im 12. Jh. wieder menschenleer. 1199 versprach D. Sancho I. Privilegien für alle, die bereit waren, das öde Land zu besiedeln. Guardas strategische Lage war ins Bewusstsein gerückt, und das Gebiet musste deshalb abgesichert werden. Schon 1203 wurde der Bischofssitz nach Guarda verlegt. Während einer Invasion durch die Spanier im Jahr 1385 übergab der Bischof aus Guarda die Stadtschlüssel an Don Juan I. de Castilla, was der Stadt zu den bestehenden Beinamen eine Abwandlung einbrachte: *farta, forte, fria, falsa, feia,* also reich, stark, kalt, falsch und hässlich. Hässlich ist allerdings eher der neue Teil der Stadt, der sich am Rande des Hügels entlangzieht. Hier stehen viele unschöne Betonklötze. Den alten Stadtkern dagegen zieren viele kleine Granithäuser, die in den letzten Jahren teilweise renoviert wurden.

Sehenswertes

Kathedrale: Das Bild des alten Guarda wird beherrscht von der *Sé da Guarda,* mit deren Bau um 1390 begonnen wurde. Ihr wuchtiges Äußeres lässt die Leichtigkeit des Innenraums nicht erahnen. In ihm herrscht Harmonie, hervorgerufen durch die ungewöhnliche Höhe des Gotteshauses und seine meisterlich ausgetäfelten Gewölbe. Der vorherrschende Baustil ist gotisch, er wird durch ein manuelinisches Portal an der Westseite und romanische Fenster in den Türmen ergänzt. Den Renaissancehochaltar schmücken 110 Figuren, die Szenen aus dem Alten Testament und aus der christlichen Überlieferung zeigen. Wer an einer Dachbesteigung interessiert ist, kann in der Sakristei, Eingang links neben dem Altar, nachfragen. Von

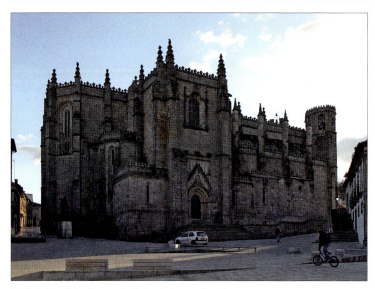

Wehrhafter Sakralbau – die Kathedrale von Guarda

oben bietet sich ein beeindruckender Blick auf die Stadt und die Serra da Estrela. Auch ein Besuch der Emporen im Innern der Kirche lohnt sich.

Mi–So und jedes 3. Wochenende im Monat 10–13 und 15–17 Uhr. Eintritt 1 €, mit Empore 2 €.

Der „Arsch" von Guarda

Wer genau hinsieht, entdeckt an der östlichen Seite der Kathedrale, direkt neben einer Feuerleiter, die steinerne Nachbildung eines entblößten Hinterteils, das in Richtung Spanien zeigt. Es scheint fast, als würde sich der *Cú da Guarda* verschämt verstecken. Wer ihm die hämische Mission aufgetragen hat, weiß niemand, doch während der Regierungszeit von João I., der den Auftrag zum Bau der Sé gegeben hatte, war das portugiesisch-kastilische Verhältnis alles andere als gut.

Castelo da Guarda: Südwestlich der Kathedrale finden sich die Reste der schlichten Anlage, von der praktisch nur noch die *Torre de Menagem* (Burgfried) zu sehen ist. Von dort genießt man einen Blick auf Spanien und die Ausläufer der *Serra da Estrela*. Um zur Burg zu gelangen, muss man von der Kathedrale kommend am Tor der Escola Santa Clara vorbeigehen. Vom Largo Dr. João Soares gelangt man rechts in Richtung Friedhof über Treppen zum Turm.

Nach Voranmeldung im Turismo können Gruppen den Turm besichtigen. ✆ 271205530.

Von der ursprünglichen Stadtmauer besteht nur noch ein kleiner Abschnitt und die gotische **Torre dos Ferreiros** (Turm der Schmiede) östlich der Sé. Er diente dazu, das doppelte Stadttor zu verteidigen.

Der ehemalige Bischofspalast aus dem 17. Jh. ist heute Sitz des **Museu da Guarda.** Die Ausstellung vermittelt kleine Einblicke in die Region und zeigt u. a. archäologische Funde aus der Römerzeit, ethnologische Exponate, sakrale Kunst und Waffen.
Tägl. (außer Mo/Feiertag) 9–12.30 und 14–18 Uhr. Eintritt 2 €, Rentner und 14–25 J. 50 % Nachlass, mit Cartão Jovem 60 %, unter 14 J. Eintritt frei, So und Feiertage vormittags für alle frei.

Judiaria: In den engen Gassen des ehemaligen Judenviertels stehen noch viele Häuser aus dem Mittelalter – leider sind nur noch wenige bewohnt. In der *Rua de Amparo* steht das ehemalige Gerichtsgebäude der jüdischen Gemeinde (Nr. 57).

Anta de Pêra do Moço: Der prähistorische Steinkreis liegt an der N 221, 2 km nördlich vom Ort Pêra do Moço, auf der rechten Seite.

Basis-Infos

Information Turismo Welcome Center, tägl. 9–17.30 Uhr, im Winter bis 17 Uhr. Es gibt Wanderbroschüren zu historischen Sehenswürdigkeiten in der Nähe (nur portugiesisch). Praça Luís de Camões (unterhalb der Kathedrale), ℅ 271205530 turismo@munguarda.pt.

Verbindungen **Bahn**: Bahnhof ca. 5 km nordöstlich außerhalb des Zentrums in Guarda-Gare. Von dort Busse ins Zentrum. Abfahrt auf dem Vorplatz des Bahnhofs, vor der Post. Alle 30 Min. mit dem Bus zum Liceu (bis 23 Uhr).

Züge nach Viseu (zum Bahnhof in Nelas) und Coimbra 6-mal tägl. (davon 3-mal Rápido IC) (Belmonte, Castelo Branco und Abrantes sind nur noch per Bus erreichbar.) Nach Santarém und Lissabon 4-mal tägl. direkt über Coimbra oder 1–2 Std. langsamer 2-mal tägl. mit Umsteigen in Coimbra. Nach Porto und Aveiro mit Umsteigen in Pampilhosa tägl. 6-mal. www.cp.pt.

Bus: Busbahnhof in der Rua D. Nuno Álvares Pereira, ca. 200 m südöstlich des Mercado Municipal, ℅ 271212720. Es gibt verschiedene Gesellschaften, die z. T. nur die kleineren Orte in der Umgebung anfahren. Überregionale Busse fahren für Joalto, RBI, Rede de Expressos (www.rede-expressos.pt) und Rodo Norte (www.rodonorte.pt). Busse fahren nach Viseu Mo–Fr 8-mal (Sa 4-mal, So 9-mal), Covilhã Mo–Fr 9-mal (Sa 6-mal, So 13-mal), nach Porto und Aveiro (Umsteigen) 6-mal (Sa 4-mal), nach Castelo Branco 7-mal (Sa 4-mal, So 9-mal), nach Lissabon 5-mal (Sa 2-mal, So 5-mal), Braga 4-mal (Sa 3-mal, So 6-mal), nach Portalegre, Estremoz, Évora, Beja, Albufeira, Faro und Coimbra 1-mal tägl., nach Vila Real, Chaves und Lamego mit Umsteigen in Celorico 2-mal tägl.

Telefonnummern Polizei ℅ 271208340, **Hospital** ℅ 271200200, **Taxi** ℅ 271221863, ℅ 271239163, ℅ 271221209.

Übernachten → Karte S. 262/263

**** Lusitânia 1, etwas außerhalb, im Stadtteil Sequeira im unteren Teil der Stadt, das einzige 4-Sterne-Hotel der Region. Große, klimatisierte, luxuriöse Zimmer mit Balkon. Health-Club, Tennisplatz sowie Frei- und Hallenbad. DZ 85–94 € je nach Saison und Wochentag. Anfahrt: Die N 16 in Richtung Pinhel nehmen, und dann, kurz vor der Autobahnbrücke, der Beschilderung zur Escola da Sequeira folgen. Urbanização Quinta das Covas, lote 34, ℅ 271238285, www.hotellusitaniaparque.com.

*** Santos 7, der moderne Bau ist in die historische Stadtmauer integriert. Auch die Zimmer verbinden Tradition und Moderne. Frühstück gibt es im Wintergarten. DZ mit Bad 40–60 € je nach Saison. Rua Tenente Valadim 14, ℅ 271205400, www.hotelsantos.pt.

Residência Filipe 5, Hospedaria in Zentrumslage in der Nähe des städtischen Turismo neben der Igreja da Misericórdia. Elegantes Ambiente im Eingangsbereich, geräumige Zimmer mit Parkett und einfachem Mobiliar. DZ mit Bad, TV, Telefon

Beira Interior → Karte S. 271

und Frühstück ca. 30 €. Rua Vasco da Gama 9, ✆ 271223658, www.residenciafilipe.com.

Aliança 6, in der Stadtmitte östlich der Kathedrale, im selben Straßenzug wie die Residência Filipe. Die mittelgroßen Zimmer sind etwas dunkel, einfach eingerichtet und sauber. Die Bäder haben schon bessere Tage gesehen. Geschlossene Garagen vorhanden. Rezeption im Café. DZ mit Bad, Telefon, Klimaanlage und TV in der Hochsaison ca. 35 €, sonst ca. 25 €. Rua Vasco da Gama 8-A, ✆ 271222235, www.pensao-alianca.com.

Turismo de Habitação Solar de Alarcão 8, schmuckes Herrschaftshaus direkt hinter der Kathedrale, in dem schon Ex-Präsident Mário Soares nächtigte. Sehr ruhig ist es zum schönen Garten hinaus. Großes DZ inkl. Frühstück 80 €, Parkplatz im Innenhof. Rua D. Miguel de Alarcão 25-27, ✆ 271214392.

Camping ** Municipal 10, ca. 5 km vom Bahnhof entfernt, in der Nähe des Stadions, unmittelbar im Anschluss an den Parque Municipal. Vom Bahnhofsvorplatz den Bus Richtung Liceu bis Endstation nehmen (fährt bis 23 Uhr). Der Platz liegt zentrumsnah, etwa 10 Gehminuten zur Stadtmitte, und zieht sich schlauchförmig am Parque Municipal entlang. Schattige Plätze, kleine Bar und Minimarkt. Den sanitären Anlagen täte eine Renovierung gut, und die Wege haben schon bessere Tage gesehen. Pro Person/Zelt 2,50 €, Auto 3 €. ✆ 271221200.

Rossio de Valhelhas, ca. 20 km südlich von Guarda. Eine lauschigere, vom Lärm etwas entfernte Alternative an einem Flussstrand. Person 2,50 €, Zelt 2–2,80 €, Auto 2 €. Geöffnet Anfang Mai bis Ende Sept. Estrada Nacional 232, Valhelhas, ✆ 275487160, www.facebook.com/ParqueDeCampismo MerendasEPraiaFluvial.

Essen & Trinken
→ Karte S. 262/263

Restaurants O Ferrinho 4, im Zentrum, unterhalb der Kathedrale. Im 1. Stock wird gespeist, im Erdgeschoss gemütlich Kaffee getrunken. Spezialitäten: *Leitão à Bairrada* (Spanferkel) und *Cabrito na brasa* (Zicklein auf Holzkohle gegrillt). Tagesgericht 6,50 €, Hauptgericht 8–12,50 €. In den Sommerferien tägl. geöffnet, sonst So Ruhetag. Rua Francisco de Passos 21-23, ✆ 271211990.

A Floresta 3, nordöstlich oberhalb der Kathedrale, das älteste Restaurant von Guarda. In dem freundlichen, familiären Ambiente mit einfacher Einrichtung wird regionale Küche serviert. Tagesgericht 6,50 €, Hauptgericht 6–18 €, auch halbe Portionen.

Tägl. geöffnet. Rua Francisco de Passos 40, ✆ 271212314.

Belo Horizonte 2, neben der Kirche São Vicente, nordöstlich der Sé, am Ende der Rua Francisco de Passos. Das Restaurant verfügt über zwei angenehm eingerichtete Speiseräume. Regionale Küche. Der Service wird der Qualität der Speisen nicht ganz gerecht. Hauptgericht 9–14 €. Largo de São Vicente 2, ✆ 271211454.

Café O Bule 9, nettes Tee- und Kaffeehaus im Gebäude des Solar de Alarcão. Verschiedene Teesorten und leckeres Gebäck. Rua D. Miguel de Alarcão 29.

Rundfahrt über die Dörfer

Von Guarda aus bietet sich ein ein- bis zweitägiger Ausflug über die historischen Dörfer in der Umgebung an. Die erste Etappe ist **Castelo Mendo**, ein geruhsamer Ort, in dem die Zeit seit Jahrzehnten stehengeblieben scheint. Von Guarda aus fährt man entweder gemütlich über die N 16 in Richtung spanische Grenze oder man nimmt die Autobahn und biegt mit der N 324 (Ausfahrt 32) in Richtung Süden ab. An der nächsten Kreuzung direkt links auf die N 16 einbiegen.

Den nächsten Stopp bildet das stark befestigte **Almeida**, das für ein Dorf schon fast zu groß ist. Wer der N 324 nach Norden folgt, kann sich auf die Schilder am Straßenrand verlassen. Von Almeida führt die N 332 in nördlicher Richtung bis **Castelo Rodrigo**. Der 500-Seelen-Ort hatte ebenfalls immer eine wichtige Verteidigungsfunktion gegen die Spanier. Auf dem gegenüberliegenden Berg genießt man bei einer Christusstatue eine fantastische Aussicht (von Castelo Rodrigo kommend am Kreisel über die Nationalstraße hinweg geradeaus).

Unser Ausflug führt weiter über die N 221 durch viele Kurven bis **Pinhel**, das touristisch noch nicht besonders entwickelt ist, aber eine sehenswerte Burg und eine verlassene Altstadt zeigt. Das Dorf **Marialva** erreicht man über Nebenstraßen in Richtung Cidadelhe. Dieses Teilstück sollte man aber nicht ohne Mut bzw. ohne eine gute Straßenkarte wagen. Glücklich in Marialva angekommen, lohnt sich der Aufstieg zum historischen Ortskern. Leider sind von der Burg nur noch Ruinen übrig. Von hier aus erreicht man auch gut den Douro und die archäologischen Funde von *Vila Nova de Foz Côa*.

Unser Ausflug führt jedoch nach Süden. Der IP 2 (N 102) folgend, erreichen wir bald die Abzweigung nach **Trancoso**. In diesem vor allem an Markttagen geschäftigen Ort lässt sich der späte Nachmittag genießen, bevor es nach Guarda zurückgeht .

Historische Dörfer der Beira

In manchen der zehn historischen Dörfern der Beira scheint die Zeit stehengeblieben zu sein. Einige von ihnen waren in alter Zeit wichtige Verkehrsknotenpunkte, heute jedoch sind sie nur schwer oder gar nicht mit öffentlichen Verkehrsmitteln zu erreichen.

Der etwa 530 km lange *Wanderweg GR 22* verbindet die Dörfer Linhares, Marialva, Castelo Rodrigo, Almeida, Castelo Mendo, Sortelha, Monsanto, Idanha-a-Velha, Castelo Novo und Piódão miteinander. Der zum Teil recht anspruchsvolle Weg ist vor allem bei Mountainbikern eine beliebte Herausforderung. Nähere Auskünfte gibt es im Turismo von Linhares, wo sich ein Büro des INATEL befindet, der sich um die Erschließung und Vermarktung der Dörfer kümmert.

Castelo Mendo

130 Einwohner

Etwa 20 km südlich von Almeida und 10 km westlich von Vilar Formoso liegt etwas abseits der A 23 Castelo Mendo, das man am besten von der Abfahrt 32 aus erreicht. Das touristisch kaum entwickelte Dorf gehörte ebenfalls zum Verteidigungswall gegen die Kastilier. Im Jahr 1229 gewährte Dom Sancho II. dem Ort städtische Privilegien, die mit den liberalen Reformen 1855 aberkannt wurden.

Schön sind die Stadtmauer und die erhaltenen Tore. Das Dorf war im Mittelalter in zwei Teile geteilt, den unteren zivilen und einen oberen militärischen Bereich mit der Burg. Neben der äußeren Stadtmauer, die zum großen Teil erhalten ist, gab es zwei weitere Mauern um die Burg und die *Torre de Menagem*. Vom *Castelo* sind nur noch Ruinen geblieben. Im Dorf sind einige hübsche Häuser aus dem Mittelalter erhalten. Auch der *Pelourinho* (Pranger) ist sehenswert. Im *Museu Etnológico*, dem ehemaligen „Tribunal"-Gebäude, haben die Bewohner einige interessante Fundstücke aus der Geschichte des Orts zusammengetragen. Das Gebäude wurde in die zweite Stadtmauer hineingebaut. Der obere Teil wurde früher als Gerichtssaal

Beira Interior → Karte S. 271

Abseits der touristischen Routen: Castelo Mendo

genutzt und konnte nur aus dem militärischen Bereich heraus betreten werden, der untere diente als Gefängnis.

Information Der **Turismo** ist in dem kleinen **Museum** untergebracht und hat wie dieses nur sporadisch geöffnet.

Verbindungen Castelo Mendo hat einen **Bahnhof**, allerdings etwa 5 km außerhalb.

2-mal tägl. nach Guarda, von dort Anschluss nach Nelas (Viseu), Coimbra, Santarém und Lissabon. In Pampilhosa Anschluss nach Aveiro und Porto. www.cp.pt.

Almeida ca. 1400 Einwohner

Almeida ist der größte der historischen Orte – und die wohl besterhaltene Festungsanlage Portugals. Man kann Almeida eigentlich weder als Dorf noch als Stadt bezeichnen. Der historische, dörfliche Teil des Orts wird von einer beeindruckenden, sternförmigen Festungsanlage umschlossen, die nach dem Ende der Personalunion mit Spanien im 17. Jh. erbaut wurde. Außerhalb der Wehrmauern hat sich eine größere Wohnsiedlung gebildet.

Durch den Vertrag von Alcanices im Jahr 1297 wurde Almeida dem Territorium Portugals zugeschlagen. Später erhielt der Ort die Stadtrechte. Nachdem in der Herrschaftszeit der Spanier die mittelalterlichen äußeren Befestigungen zerstört worden waren, entstanden die Pläne für die heutige Anlage. Sehenswert sind die Kasematten. Sie umfassen 20 Räume, in denen die Bevölkerung bei Angriffen Zuflucht suchte. Hier wurde ein kleines **Militärmuseum** eingerichtet.

Tägl. 10.15–12.15 und 14.15–18.15 Uhr, im Winter bis 17.15 Uhr. Eintritt 3 €.

Außerdem kann man (etwa zu den gleichen Öffnungszeiten) den *Picadeiro* besichtigen. Das ehemalige Waffendepot ist heute ein gepflegter Reitstall mit Reitpferden und einigen schwergewichtigen Friesenpferden, die für die Kutschenfahrten eingesetzt werden.

Information Turismo, Mo–Fr 9–12.30 und 14–17.30, Sa/So 10–12.30 und 14–17.30 Uhr. In der zweiten Mauer hinter der Porta de São Francisco, ✆ 271570020.

Verbindungen Busse halten vor der Festung an der BPI-Bank. Tägl. eine Fahrt in der Früh nach Guarda. www.rbi.pt.

Telefonnummern Polizei ✆ 271574165, Centro de Saúde ✆ 271574189.

Übernachten/Essen **** Fortaleza da Almeida, der moderne Bau der ehemaligen Pousada will nicht ganz ins Umfeld passen. Doch die luxuriös ausgestatteten großen Zimmer trösten darüber hinweg. Die Pousada wurde 2010 verkauft, danach sanken die Preise stark: DZ je nach Saison und Wochentag 55–110 €. Rua dos Quarteis, ✆ 271574283, www.hotelfortalezadealmeida.com.

≫ Mein Tipp: Muralha, außerhalb der Befestigungsanlage. Im Restaurant kann man hervorragend für 7–12,50 € essen, zur Mittagszeit ist das Haus voll. Zudem vermietet das Muralha freundlich eingerichtete, große **Zimmer** mit großen Bädern. DZ 40 €. Bairro de São Pedro, ✆ 271571744, www.amuralha.pt. ≪

Casa Morgado, einfach eingerichtete Zimmer, ebenfalls mit großem Bad. Im angeschlossenen **Restaurant** gibt es Hauptgerichte für ca. 6–12 €. DZ 35 €. Geöffnet tägl. (außer Di). Bairro de São Pedro, ✆ 271574412, helio.morgado@sapo.pt, www.casamorgado almeida.com.

Restaurant Granitus, die kleine Bar im Vorraum kann es im Speiseraum etwas lauter werden lassen. Einfache Hauptgerichte ca. 7–13 €. Largo 25 de Abril, ✆ 271574834.

Castelo Rodrigo

ca. 450 Einwohner

In der Nähe von Vila Nova de Foz Côa und etwa 3 km von Figueira de Castelo Rodrigo entfernt. Das Dorf hatte immer eine wichtige Funktion bei der Verteidigung der portugiesischen Grenzen gegen die Spanier inne. Einzig während der Krise 1383–1385 wechselte man auf die andere Seite, woraufhin Dom João I. den Ort zur Strafe in die Abhängigkeit von Pinhel zwang. Doch spätestens 1664 machten die Bewohner ihre Untreue wieder gut, als sie der Umzingelung durch den Duque de Ossuna standhielten, bis Verstärkung eintraf, die die Invasoren in die Flucht schlug.

Sehenswert ist die *Ruine der Burg* mit einem ebenfalls nur noch in Grundmauern erhaltenen *Palast*.

Tägl. 9–18 Uhr, im Winter nur bis 17 Uhr. Eintritt 1 €. Tickets gibt es im Turismo nebenan.

Die romanische *Igreja Matriz* aus dem 13. Jh. gehörte zum portugiesischen Jakobsweg. Im 17. Jh. wurden einige Änderungen am Bau vorgenommen.

Außerhalb des Dorfs gibt es den im 12. Jh. von den Zisterziensern gegründeten *Convento de Santa Maria de Aguiar* und den *Miradouro da Serra da Marofa*, einen der schönsten Aussichtspunkte des Landes mit einer Jesusstatue aus den 1950er-Jahren.

Information Turismo (Posto de Acolhimento), 9–18 Uhr, im Winter 11–17 Uhr. ✆ 271311277.

Übernachten/Essen Cantinho Café, kleine Snacks und Getränke, schön zum Draußensitzen. João Sousa, der Wirt, hat ein ganzes Buch mit eigenen Gedichten veröffentlicht, er selbst liebt die Werke des amerikanischen Wissenschaftsautors Carl Sagan. Rua da Sinagoga 6, ✆ 91213349.

≫ Mein Tipp: Casa da Cisterna, historisches Haus (Casa do Campo) mit 11 Zimmern, einem kleinen Garten mit Pool, einem Wohnzimmer sowie 2 DZ mit offenem Kamin. Die freundlichen Gastgeber bieten Touren per Esel, per Rad oder per

Blumen säumen die steilen Gassen von Castelo Rodrigo

Beira Interior → Karte S. 271

Jeep an. Ein besonderes Angebot ist der nächtliche Besuch der Ritzzeichnungen von Foz Côa. Auf Wunsch und nach Absprache gibt es ein Abendessen, auch in Form eines Überraschungsdinners unter den Sternen. DZ 65–120 €. Rua da Cadeia 7, ✆ 917618122 (mobil), www.casada cisterna.com. «««

Marialva

240 Einwohner

Rund 23 km südlich von Vila Nova de Foz Côa erheben sich die Ruinen der Burg des kleinen Dorfs Marialva. Besonders nachts faszinieren die mittelalterlichen Mauern, wenn sie – von Scheinwerfern beleuchtet – die Blicke der Autofahrer der nahe gelegenen IP 2 auf sich ziehen. Im 12. und 13. Jh. hatte die Burg ihre Blütezeit, heute gleicht sie eher einer Geisterstadt.

Die alte **Burg** betritt man durch die *Porta do Anjo da Guarda*. Zwischen dem Stadttor und der *Ermida da Nossa Senhora dos Remédios* finden sich in den Fels gehauene frühchristliche Grabstätten. Die Kirche selbst zeigt einen interessanten geschnitzten Altar. Innerhalb der Burg fällt der Blick auf die Ruinen des alten Rathauses, das auch das Gericht und das Gefängnis beherbergte. Gegenüber steht der sechs Meter hohe *Pelourinho* (Pranger), der im manuelinischen Stil aus nur einem Stein gefertigt wurde. Die einzigen intakten Gebäude sind die *Igreja de São Tiago* und die *Capela do Senhor dos Passos*.

Im Sommer tägl. 10–13 und 15–19 Uhr, sonst 9.30–12.30 und 14–18 Uhr. Eintritt 1,50 €, 15–25 J. und Rentner 0,75 €, mit Cartão Jovem 0,60 €. Sonntag und an Feiertagen vormittags Eintritt frei. Tickets gibt es im Turismo unterhalb der Burg.

Außerhalb der Burg liegt die ebenfalls mittelalterlich geprägte *Defesa*. Wer durch die Gassen schlendert, findet alte römische Straßenstücke, Nischen mit *Alminhas* (bemalte Holztafeln, die die Seelen im Fegefeuer darstellen) und den *Solar do Marquês de Marialva*, einen Adelspalast.

Nur wenig mehr als 200 Menschen wohnen heute noch in Marialva

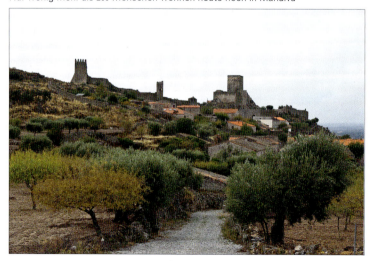

Information Turismo, im Sommer 10–13 und 15–19 Uhr, sonst 9.30–13 und 14–17 Uhr. Unterhalb der Burg, ☎ 279859288.

Übernachten Casas do Côro, acht typische Häuser werden in Marialva unter dem Motto „Turismo de Aldeia" (Dorftourismus) vermietet. Alle Häuser liegen in der Defesa, dem historischen Teil außerhalb der Burgmauern. Den Gästen steht ein Swimmingpool zur Verfügung. Es gibt DZ

für 120–135 € je nach Saison, am Wochen-ende 10 € teurer. Die Häuser kann man ab 210–250 € pro Nacht für 2 Personen mieten. Inmitten des Eichenhains liegt die energie-sparende Öko-Suite „Suite dos Bogalhais", 185–195 €. Largo do Côro, ✆ 271590000 oder 917552020 (mobil), www.casasdocoro.pt.

Casa das Freiras, in einem früheren Klos-ter unterhalb der Burg. 5 individuell ein-gerichtete, recht große Zimmer. DZ 50 €, ab der 2. Nacht 40 €. In manchen Räumen des Hauses sind noch Fresken aus dem 16. Jh. erhalten. Largo da Igreja de São Pedro, ✆ 279859112, casadasfreiras@gmail.com.

Trancoso ca. 3500 Einwohner

Der Kern der mittelalterlichen Stadt ist komplett von einer dicken Mauer um-schlossen. Hier findet freitags der wichtigste Markt der Region statt. Dann verwandelt sich der sonst verschlafene Ort in ein brodelndes Treiben von schlitz-ohrigen Verkäufern und desinteressiert tuenden Kunden.

1139 eroberte Dom Afonso Henriques die Stadt von den Mauren. 1282 heiratete Dom Dinis hier die später heiliggesprochene Königin Isabel von Aragon (Dona Isabel). Mit dieser Hochzeit begann auch die Geschichte der *feira franca*, des frei-täglichen Wochenmarkts. Doch bekannter ist der Jahrmarkt, der seit 1273 zu Ehren des heiligen Bartholomäus abgehalten wird. 14 Tage dauert das Fest, das jedes Jahr um den 24. August stattfindet.

1385 besiegte eine Gruppe portugiesischer Soldaten in Trancoso die einfallenden Spanier. Es sollte einer der wichtigsten Erfolge der Portugiesen sein, der den Sieg in der Unabhängigkeitsschlacht von Aljubarrota einleitete.

Man betritt den Ort durch die wuchtige **Porta d'El Rei**, eines von vier Stadttoren, die den Weg durch die zweifache Mauer aus dem 9. Jh. in den Stadtkern freigeben. Es schließt sich die *Corredoura*, wie die Rua Dr. Fernandes Vaz auch genannt wird, mit ihren hübschen Arkaden an. Schon früh hatte die jüdische Gemeinschaft der Stadt einen gewissen Reichtum angesammelt, der den Neid der christlichen Händ-ler weckte. Dies führte einerseits zu einem (sehr sehenswerten) abgetrennten jüdi-schen Viertel, der **Judiaria**, andererseits auch zu den grausamen Auswüchsen der Inquisition. An der *Ludoteca João Tição* ist noch immer das Kreuz der *Cristãos-Novos*, der konvertierten Juden, in die Außenwand geritzt (Largo de São João).

Um den *Pelourinho* gruppieren sich die Kirchen **Igreja da Misericórdia** und die reich barrock verzierte **Igreja de São Pedro**, die beide sehenswert sind. Letztere be-herbergt den Grabstein des bekanntesten Sohnes der Stadt, Gonçalo Anes, genannt „O Bandarra". Der Schuhmacher prophezeite das Ende der portugiesischen Monar-chie, und in der Tat fiel kurz nach dem Tod des Propheten der junge König Sebas-tian in der verheerenden Schlacht von Alcazar-Quibir. In der Folge war Portugal für 60 Jahre in den Händen Spaniens.

Am Ort der früheren Synagoge wurde 2013 eine architektonisch ansprechende Neuinterpretation erbaut, die den Namen von *Isaac Cardoso* trägt. Cardoso lebte im 14. Jh. und war Arzt und Schriftsteller. Am Platz davor steht das „Gato Preto"-Haus mit dem Löwen in der Fassade, in dem der Rabbi zuhause war.

Nach Norden hin schließt sich das älteste Viertel der Stadt mit dem **Castelo** an. Die Burg ist mit fünf kleinen Türmen und einem beeindruckenden Burgfried mozarabi-scher Herkunft bewehrt.

Tägl. (außer Mo) 9.–12.30 und 14–17.30 Uhr, im Winter Mi–Fr 9–12.30 und 14–17.30 Uhr, Sa/So 10–12.30 und 14–16.30 Uhr.

Ein paar Meter außerhalb der Stadtmauer steht im Osten die Kirche **Nossa Senhora da Fresta** aus dem 12. Jh. Das Innere der romanischen, einschiffigen Kirche ist mit leider nicht mehr sehr gut erhaltenen Fresken geschmückt. Sehenswert ist auch die **Capela de Santa Luzia** nördlich des Zentrums. Das Gotteshaus aus dem 13. Jh. ist ebenfalls im romanischen Stil erbaut; sein Portal gehörte einmal zu einem heute nicht mehr existierenden Kloster.

Information Posto de Turismo vor dem Stadttor *Porta d'El Rei*. Geöffnet wie das Castelo (s. oben). Es gibt einen Stadtplan mit Informationen auf Englisch über die Geschichte und die Sehenswürdigkeiten. Av. Heróis de São Marcos, ☎ 271811147.

Verbindungen Bus: Busse halten in der *Central da Camionagem* nordwestlich des Zentrums gegenüber der Post. Bedient wird die Stadt durch die Firmen Rodoviária da Beira Interior (www.rbi.pt), Rede de Expressos (www.rede-expressos.pt) und Viúva Monteiro (www.viuvamonteiro.pt). Tickets für die Expressbusse gibt es im Café Esplanada an der Ecke neben dem Turismo. 2-mal tägl. nach Guarda, 1-mal Vila Real, 2-mal Foz Côa, 2-mal Viseu, 2-mal Lissabon (So und Mo 4-mal) und 3-mal Coimbra.

Bahn: Züge halten im 12 km entfernten Vila Franca das Naves. Tägl. 6-mal nach Guarda, Nelas (Viseu) und Coimbra, 6-mal Lissabon und Santarém, 3-mal Gouveia, 3-mal Luso/Buçaco, 2-mal Castelo Mendo. www.cp.pt.

Telefonnummern Polizei ☎ 271811212, Centro de Saúde ☎ 271829030, Taxi ☎ 271811622.

Übernachten **** Turismo de Trancoso, moderner Bau 2 km südwestlich des Zentrums. Große, angenehme Zimmer mit moderner Einrichtung. Alle Bäder mit Badewanne. WLAN. 52 DZ für 50–125 €, drei Suiten 90–135 € je nach Saison. Es gibt häufig Sonderangebote über die Homepage. Rua Professor Irene Avillez, ☎ 271829200, www. hotel-trancoso.com.

Dom Dinis, relativ enge Zimmer mit spartanischer Einrichtung. Einfache Bäder mit Dusche. Zimmer mit 2 Betten etwas größer und mit Wanne. DZ inkl. Frühstück 32 €. Av. de República 10, ☎ 271811525, www.dom dinis.net.

Das Haupttor zur Stadt – zu Ehren von Dom Dinis als Königstor bezeichnet

Essen & Trinken Man sollte nicht versäumen, die *sardinhas doces* zu probieren. Die süße Leckerei hat außer der Form nichts mit Sardinen zu tun – sie haben weder Schuppen noch Gräten ...

O Museu, das Museum in einem schmucken Granithaus wartet mit regionaler Küche wie den *Costeletas de Borrego* (Lammkoteletts) auf. Hauptgericht 7–13 €. Den Platz schmückt eine phantastische Linde *(Tilha)* mit einem Kronendurchmesser von 25 Metern. Largo Santa Maria de Guimarães, ☎ 271811810.

São Marcos, kleines Restaurant mit angenehmer Atmosphäre. Die Karte bietet eine kleine Auswahl regionaler Gerichte. Hauptgericht 6–12 €. Tägl. (außer So Abend). Largo Luís Albuquerque, ☎ 271811326.

Von Guarda durch das Hinterland nach Castelo Branco

Die Nationalstraße 18 schlängelt sich kurz hinter Guarda in die Hochebene hinunter. Dem mit Muße Reisenden bieten sich hier weitaus schönere Ausblicke als von der Autobahn. Über beide Wegvarianten ist **Belmonte** gut zu erreichen. Der Heimatort des Entdeckers von Brasilien ist wegen seiner jüdischen Gemeinde bekannt, die lange im Untergrund praktizieren musste – ein erschreckendes Relikt aus den Zeiten der Inquisition. Wer hier Halt macht, sollte den Besuch der römischen *Torre de Centum Celas* nicht verpassen. Auch der Besuch des etwa 30 km östlich liegenden Dorfs **Sortelha** ist eigentlich obligatorisch für alle, die sich in diese abgelegene Gegend verirren. Sortelha erreicht man recht gut über ausgebaute Nebenstraßen in Richtung Carvalhal.

Weiter der Nationalstraße folgend, erreicht man bald das mächtige *Bergmassiv der Serra da Estrela*. Ob sich ein Stopp in **Covilhã** lohnt, ist fraglich. Die Stadt bietet keine besonderen Sehenswürdigkeiten, aber recht viele Übernachtungsmöglichkeiten, um die Berge zu erkunden. Weiter auf der Nationalstraße durchqueren wir das ebenso unattraktive *Fundão*, um kurz hinter Alpedrinha zu dem mittelalterlichen Dorf **Castelo Novo** abzubiegen. Weiter geht es über Alpedrinha, Orca und Proença-a-Velha in das „portugiesischste Dorf" Portugals: **Monsanto**. Von den Mauern des Castelos aus hat man eine beeindruckende Sicht auf die Hochebene.

Ein paar Kilometer weiter findet man in **Idanha-a-Velha** die kleinste Kathedrale Portugals. Dass sich einmal ein Bischofspalast an das Kirchlein aus dem 1. Jh. angeschlossen haben soll, ist kaum vorstellbar.

Über Idanha-a-Nova und Oledo kommt man zur N 233, die über weite Teile beidseitig von blühendem Oleander gesäumt ist und in südlicher Richtung zum Ziel Castelo Branco führt. Von hier aus bietet sich die Weiterfahrt in den Alentejo (nach Castelo de Vide) oder den Ribatejo (nach Abrantes) an. Man kann aber auch über die Estrada da Beira in die Beira Litoral nach Lousã und Coimbra weiterreisen.

Belmonte   ca. 4000 Einwohner

Schon von Weitem sieht man die Burg von Belmonte majestätisch auf dem Hügel, doch die eigentliche Attraktion des Orts ist die römische Torre de Centum Celas in *Colmeal da Torre*, 2 km entfernt in Richtung Guarda.

Der Turm gehört zu den Ruinen einer römischen Siedlung aus dem 1. Jahrhundert, die im 3. oder 4. Jahrhundert nach einem Brand wieder aufgebaut wurde. Die Römer schätzten das fruchtbare Land der Umgebung und die Minen. Heute arbeiten die meisten Menschen in den Überbleibseln der Textilindustrie – um Belmonte sind es um die 1000 Arbeitsplätze, die erhalten geblieben sind.

Belmonte ist der Heimatort der Familie Cabral, deren Sprössling Pedro Álvares im Jahr 1500 Brasilien entdeckte. Das Mausoleum der Familie findet sich in der **Igreja de São Tiago** am Fuße der Burg. Zu ihr gehört auch die *Capela de Nossa Senhora da Piedade* mit einer gotischen Pietà aus Granit.
Tägl. 9.30–13 und 14.30–18 Uhr, im Winter 9–12.30 und 14–17.30 Uhr. Eintritt 1 €, Jugendliche bis 18 J., Rentner und mit Cartão Jovem 0,50 €.

Das **Castelo** aus dem 13. Jh. beherbergt ein Museum, das sich mit Pedro Álvares Cabral und Brasilien sowie mit der Geschichte der Burg und des Orts beschäftigt.
Tägl. 9.30–13 und 14.30–18 Uhr, im Winter 9–12.30 und 14–17.30 Uhr.

Sehenswert sind auch die **Tulha**, ein Granitgebäude aus dem 18. Jh., und der **Solar dos Cabrais** aus der gleichen Epoche.

Das **Museu Judáico** zeugt von der langen jüdischen Tradition der Stadt. Belmonte ist der einzige Ort in der Region, in der der jüdische Glaube noch praktiziert wird und der noch eine Synagoge hat (→ Kastentext). Das Museum will dem Besucher die jüdische Kultur näher bringen, dazu zählt auch das Probieren eines *pão ázimo*, eines ungesäuerten Brots ohne Triebmittel und Salz *(Matzen)*.
Tägl. 9.30–13 und 14.30–18 Uhr, im Winter 9–12.30 und 14–17.30 Uhr. Eintritt 2,50 €. Jugendliche bis 18 J. und Rentner 1,50 €, mit Cartão Jovem 1 €.

Die Juden in Portugal

Im 12. Jahrhundert holten die ersten portugiesischen Könige Einwanderer ins Land, um die von den Mauren eroberten Landesteile zu bevölkern. Damals bildeten sich die ersten jüdischen Gemeinden. Wo mehr als zehn Juden lebten, wurde eine *aljama* gebildet. Ab dem 13. Jahrhundert gestaltete sich das Zusammenleben von Juden und Christen immer schwieriger. Juden durften keine christlichen Angestellten mehr haben und später auch keine Ämter mehr bekleiden.

Im Jahre 1492 machten die Juden 3 % der Bevölkerung des Landes aus. In diesem Jahr erließ der spanische König ein Edikt, dass alle Juden Spanien verlassen mussten, was etwa 50.000 Menschen nach Portugal trieb. Schon 1515 bat König Manuel I. um Einführung der Inquisition, um seine Machtposition zu festigen, 1536 wurde die Inquisition unter König João III. schließlich eingeführt. Erst 1820 wurde dieses grausame Instrument durch die liberale Verfassung wieder abgeschafft.

All diese Jahrhunderte überdauerte in Belmonte eine kleine jüdische Gemeinschaft, die erst Mitte des 20. Jahrhunderts entdeckt wurde. Sie feierte unter christlichem Deckmantel weiterhin ihre Feiertage Yom Kippur, Sukot, Simhat Torah, Purim, Pessah und Sabout. *Hanukah* wurde über lange Zeit als „kleines Weihnachten" begangen. Auf die Frage, was sie denn feierten, antworteten die „heimlichen Juden": die Geburt Moses'. In den letzten Jahrzehnten vor der Entdeckung verschob sich dieses Fest auf das christliche Weihnachten.

Beira Interior → Karte S. 271

Museu dos Descobrimentos: Modernste Technik zeichnet dieses Museum aus. Das Museum der Entdeckungen erzählt die Reise des berühmtesten Sohns des Orts: Pedro Álvares Cabral, der im Jahr 1500 Brasilien entdeckt hat. Mit Bildern, Texten, Filmen und multimedialer Technik kann der Besucher seine eigene Entdeckungsreise in das goldene Zeitalter unternehmen. Die Beiträge sind auch ins Englische übersetzt.
Tägl. 9.30–13 und 14.30–18 Uhr, im Winter 9–12.30 und 14–17.30 Uhr. Eintritt 5 €, Rentner und Jugendl. 3,50 €, mit Cartão Jovem 3 €. Der Museums-Pass für die drei genannten Museen, das Olivenölmuseum und die Igreja de São Tiago kostet 7,50 €, bis 18 J. und Rentner 6 €, mit Cartão Jovem 5 €.

Ecomuseu do Zêzere: Das Museum in der Tulha führt in die Natur der Region ein und widmet sich dem Fluss, dem das Museum gewidmet ist. Zum Teil ist die Ausstellung auf Kinder abgestimmt, doch auch Erwachsene kommen auf ihre Kosten. Erläuterungen leider nur in portugiesischer Sprache.

Tägl. 9–13 und 14–18 Uhr, im Winter 9.30–12.30 und 14–17.30 Uhr. Eintritt 1,50 €. Rentner und Jugendliche 1 €, mit Cartão Jovem 0,50 €.

Das **Centum Cellas** im Norden von Belmonte ist ein recht gut erhaltenes römisches Bauwerk; über seinen damaligen Zweck gehen die Erklärungen auseinander – sie reichen vom Kasernengebäude bis zum Tempel.

Anfahrt: Belmonte Richtung Norden verlassen, bis man auf die N 18 trifft. Von dieser etwa 1 km weiter nördlich rechts abbiegen. Der Bau ist dann nicht zu übersehen.

Information Posto de Turismo, 9–13 und 14.30–18 Uhr, im Winter 9–12.30 und 14–17.30 Uhr. Am Eingang zum Castelo, ☎ 275911488.

Verbindungen Busse starten nördlich des Orts in Parque de Santiago an der Nationalstraße (www.rede-expressos.pt).

Hoch über der Talsohle ragt der Glockenturm von Belmonte in den Himmel

4-mal nach Guarda, jeweils 2-mal nach Viseu, Porto und Braga. 3-mal Lissabon und Castelo Branco, 1-mal Coimbra (umsteigen in Viseu).

🍃 **Einkaufen** Mazal Tov – Loja Kosher, Laden mit koscheren Produkten, die unter strengen Auflagen hergestellt werden. Auch diverse Käsesorten, Olivenöle, Weine und Marmeladen von regionalen Herstellern kann man erwerben. Rua 1° de Maio. ∎

Telefonnummern Polizei ☎ 275910020, Centro de Saúde ☎ 275910030, Taxi ☎ 275911194, ☎ 964030474 (mobil).

Übernachten Pousada Convento de Belmonte, ca. 1 km außerhalb, luxuriöse Herberge in einem ehemaligen Kloster. Die Suiten sind im historischen Teil untergebracht, geräumige Doppelzimmer in einem modernen Anbau. Mehrere gemütliche Aufenthaltsräume. DZ je nach Saison 200–290 €. ☎ 275910300, www.pousadas.pt.

*** **Belsol**, relativ große, hübsch eingerichtete Zimmer in einer komfortablen Hotelanlage mit Pool. DZ je nach Kategorie 50 € oder 68 €, am Wochenende 5 € teurer. Quinta do Rio, ☎ 275912206, www.hotelbelsol.com.

Casa do Castelo, die Besitzer des Restaurants vermieten auch drei relative große DZ im 1. Stock des Gebäudes. Es gibt eine kleine Küchenzeile für die Gäste. DZ 55–60 €. Largo de São Tiago, ☎ 275181675.

Essen & Trinken Casa do Castelo, eine große Terrasse und ein gemütlich eingerichteter Speisesaal stehen zur Wahl. In einem zweiten Raum, der auch als Bar dient, steht eine Anlage zum Schnapsbrennen. Viel Wild auf der Karte. Tagesgericht 8 €, Hauptgericht 10–14 €. Largo de S. Tiago, ☎ 275181675.

Sortelha

Etwa 20 km von Belmonte entfernt versteckt sich Sortelha zwischen Granitfelsen in den Bergen. Die Häuser, Straßen und Mauern des 1187 von Dom Sancho I. in Auftrag gegebenen *Castelos* sind ebenfalls aus Granit gebaut. Bevor man durch das Stadttor das historische Zentrum betritt, fällt der Blick auf die Felsformation unterhalb des Burgfrieds *Torre de Menagem*. Der *beijo eterno* („ewiger Kuss") besteht aus zwei Felsen, deren Spitzen sich sanft berühren.

Der nur noch von wenigen Menschen bewohnte Stadtkern wird von einer wuchtigen Mauer umschlossen, von der aus den Angreifern früher Steine, heißes Öl oder Wasser entgegenkamen. Eine zweite Mauer umschließt die kleine Burg, der man bei ihrer Größe nicht zutraut, einmal ein strategisches Bollwerk in der Verteidigung des Landes gewesen zu sein.

Vor dem *Castelo* steht das Zeichen der mittelalterlichen Gerichtsbarkeit, der *Pelourinho* (Pranger) des Orts. Ihn ziert das Wappentier – ein Adler.

Dem Kind, das in der *Kirche Nossa Senhora das Neves* die gotische Figur der Muttergottes trägt, fehlt der Kopf. Ein napoleonischer Soldat soll ihn abgeschlagen haben, um zu prüfen, ob die Figur aus Gold sei. Nördlich der Kirche findet man in der Rua das Lajes mittelalterliche Granitgräber. Besonders schön sind die Häuser aus dem 16. Jh. im oberen Teil des Orts, die ihren Charakter bis heute bewahrt haben.

Information Turismo, tägl. (außer Di) 9–13 und 14–18 Uhr, im Winter 10–13 und 14–17 Uhr. In der Altstadt an der zentralen Straße auf der rechten Seite. ☎ 271381072.

Verbindungen Sortelha ist schwer zu erreichen. In der Schulzeit gibt es wochentags einen Bus nach Sabugal. Ansonsten bleibt nur das Taxi, ab Sabugal etwa 15 €, von Belmonte etwa 20 €. Von Belmonte aus erreicht man mit dem Bus 4-mal tägl. Guarda, 2-mal Viseu, Porto und Braga, 3-mal Lissabon und Castelo Branco.

Telefonnummern Polizei ☎ 271750110, Centro de Saúde ☎ 271753318, Taxi ☎ 919204909 (Sabugal).

Übernachten Casa da Villa, im historischen Zentrum in der Nähe des Turismo und dieselben Besitzer wie die Casa da Cerca und die Casa do Pateo. Beide Stockwerke sind zu vermieten. Das Erdgeschoss hat ein Badezimmer mit Dusche. Das 1. Stockwerk ist größer. Das Haus kostet für 2 Personen 60 €, 4 Pers. 120 €, 6 Pers. 160 €. Insgesamt ist Platz für 6 Erwachsene und 2 Kinder, dann kostet das Haus 180 €. Rua Direita, ☎ 271388113.

Casas do Campanário, zwei komfortable Häuser und eine angeschlossene Bar. Die Bar befindet sich auf der Hinterseite. Dort gibt es auch Auskünfte zur Unterkunft. DZ inkl. Frühstück 50–60 € je nach Saison. Rua da Mesquita, ☎ 271388198, luispaulo55@sapo.pt.

Essen & Trinken ⟫ Mein Tipp: Dom Sancho I., sehr gemütlich eingerichtetes Restaurant mit ausgesuchten Gerichten für 10–18 €. Es gibt viel Wild. Aus der Ecke schaut Dom Sancho beim Essen zu. Der obere Eingang ist häufig verschlossen, dann Zugang von unten durch die Bar, die steile Wendeltreppe hoch in den Speiseraum. Largo do Corro, ☎ 271388267. ⟪

Sortelha, hier sind Sie praktisch allein

Schäumend fließt der Rio Zêzere durch das eiszeitliche Gletschertal
der Serra da Estrela bei Covilhã

Serra da Estrela

Die Serra da Estrela ist der höchste Gebirgszug Portugals und das einzige
Wintersportgebiet des Landes – fast bis auf 2000 m geht es in die Höhe. Die
Skipisten sind jedoch nicht mit denen der Alpen zu vergleichen. Die Vegeta-
tionsgrenze beginnt bereits bei etwa 1000 m. Ab dieser Höhe ist das Gebiet
sehr karg und unzugänglich, aber wunderschön ursprünglich.

Im unteren Bergland befinden sich die wenigen Touristenorte, die nur in der Ski-
und der Sommersaison aufleben. Im rauhen Umland liegen verstreut Hirtendörfer.
Die Alten leben noch von Schaf- und Ziegenzucht und dem, was damit zusammenhängt: Käse, Wolle, Felle etc. Die Jungen fahren jeden Morgen in die nächste
Stadt und arbeiten in der Fabrik.

Eine ausgesprochene Spezialität ist der *Queijo da Serra*, ein Gebirgskäse aus
Schafsmilch, der hier in aufwendiger Prozedur von Hand hergestellt wird und
einen scharfen, vollen Geschmack hat. Mittlerweile gilt der Queijo als Leckerbissen,
doch immer öfter mischt sich auch Fabrikkäse darunter – die alten Schäfer sterben
aus und Nachwuchs gibt es praktisch keinen.

Für den **Parque Natural da Serra da Estrela** gibt es in den Touristinformationen
Faltblätter mit brauchbarer Karte für einzelne Wanderungen (meist auch auf Englisch). Eine Übersicht (auch Englisch) gibt es unter www.gouveiapelossentidos.pt.
Diese relativ neue Seite beschreibt Wandertouren, die auf einer Google-Karte
abgebildet sind. www.facebook.com/aldeiasmontanha.

Wichtig: Bei Wanderungen in höheren Regionen wird die Baumgrenze über-
schritten, dann schützen keine Bäume vor der Sonne! Ansonsten kann auch im
Herbst bzw. Frühling Schneefall angesagt sein.

Für eine Tour durch die Berge kann man den Wagen von **Covilhã** aus in engen Serpentinen die Berge hinaufquälen; der zweite Gang der Schaltung wird sich selten so begehrt gefühlt haben. Durch das Wintersportzentrum **Penhas da Saúde** geht es in Richtung **Torre**, dem höchsten Berg der Gebirgskette. Auf fast 2000 m Höhe fließen klare Bächlein dem Tal entgegen, und in den bizarren Felsen wacht ein Marienrelief über das ganze Land.

Folgt man der N 339, gelangt man in Portugals höchstgelegenes Dorf, **Sabugueiro**. Im Winter gibt es Skier an jeder Ecke, im Sommer sind in engen Käfigen Welpen von Hunden aus der Serra da Estrela eingesperrt, in der Hoffnung, dass ein mitleidiger Reisender die Tiere von ihrem Martyrium erlöst. Schnell weiter ins Tal nach **Seia**. Die Industriestadt hält den Besucher auch nicht lange in ihrem Bann, es sei denn, er betritt das *Informationszentrum des Naturparks*, das multimedial aufbereitete Infos zur Natur gut präsentiert. Wer es noch nicht getan hat, sollte jetzt einen *Queijo da Serra* kaufen.

Nördlich von Seia, ebenfalls am Fuß des Bergmassivs, liegt **Gouveia**. Neben dem Besichtigen von archäologischen Funden in der Umgebung lässt es sich hier und im benachbarten **Folgosinho** herrlich speisen. Auch ein Abstecher in das nördlich gelegene historische Dorf **Linhares** lohnt sich.

Von Gouveia aus führt die Straße vorbei an der *Cabeça da Velha* (einem Fels, der wie ein Gesicht aussieht) wieder steil den Berg hinauf, um nach kurzer Zeit durch einen Wald in Serpentinen nach **Manteigas** abzusteigen. Im Winter bietet sich rund um den Ort ein eisiges Schauspiel, wenn die gefrorenen Brocken durch das *Vale glaciar* des *Rio Zêzere* treiben oder den *Poço do Inferno* herunterstürzen. Von hier aus erreicht man sowohl **Belmonte** als auch (durch das *Vale glaciar*) **Covilhã**.

Beira Interior → Karte S. 271

Auf der Torre liegen manchmal noch im Frühling die Schneenester

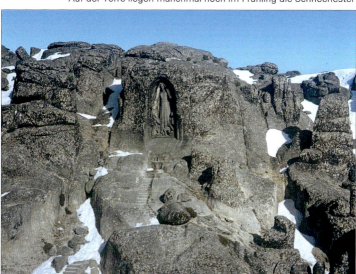

Covilhã   ca. 36.000 Einwohner

Covilhã liegt am Fuß der Gebirgskette und zieht sich den steilen Hang hinauf. In den historischen Mauern der 1764 gegründeten Wollweberei ist heute die Universität untergebracht, in der ca. 7000 Studenten Industriedesign, Mode und weitere Fächer belegen können. Die Stadt ist ein Zentrum der Wollverarbeitung geblieben, etwa 7000 Menschen finden heute noch Arbeit in den Fabriken. Bei „Paulo de Oliveira" wird vom Spinnen der Wolle bis zum Nähen des Endprodukts noch alles in eigener Regie gefertigt.

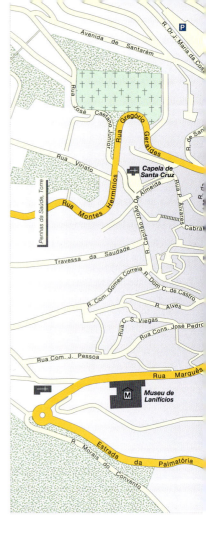

Museu de Lanifícios: Das Museum in zwei Gebäuden der *Real Fábrica de Panos*, einer 1764 vom Marquês de Pombal gegründeten Fabrik, und der *Real Fábrica Veiga* erzählt die Geschichte der Wollindustrie. Von der häuslichen Handarbeit über die ersten Manufakturen bis zur industriellen Produktion war die Herstellung von Wolle immer die Grundlage der Wirtschaft Covilhãs. Riesige Webstühle aus dem 19. Jh., aber auch Granitbecken zum Färben sind zu bestaunen. Im unteren Teil des Museums werden Produkte der aktuellen Produktion von verschiedenen Herstellern verkauft.
Tägl. (außer Mo) 9.30–12 und 14.30–18 Uhr. Eintritt 5 € für beide Ausstellungen. Rua Marquês d'Ávila e Bolama und Rua Calçada do Biribau, www.museu.ubi.pt.

Ein kurzer Abstecher zur **Igreja Matriz** lohnt sich. Die Kirche wurde im 18. Jh. im barocken Stil renoviert, seitdem zieren großflächige Azulejos die Fassade. Oberhalb des Zentrums, etwas abseits der Straße nach Penhas da Saúde, steht die unscheinbare gotische *Capela de Santa Cruz*. Sie ist im Inneren mit einer prachtvollen Decke ausgeschmückt, die Stationen aus dem Leben Jesu darstellt.

Information Turismo Centro Portugal, Di–So 9–13 und 14–18 Uhr. Av. Frei Heitor Pinto, ☎ 275319560.

Verbindungen Bus: Busse starten am Busbahnhof an der Alameda da Europa im unteren Teil der Stadt. ATF-Autotransportes do Fundão fährt ab hier von Juli bis Sept. 2-mal pro Tag zum Gipfel des Torre. Überre-gionale Busse fahren für Rede de Expressos (www.rede-expressos.pt), Rodoviária da Beira Interior (www.rbi.pt) fährt 8-mal nach Lissabon, 8-mal nach Castelo Branco, 3-mal Abrantes, 9-mal Guarda, 4-mal über Belmonte, 9-mal Viseu, 5-mal Aveiro, 6-mal Porto, 6-mal Braga, 3-mal Guimarães.

Map labels:

Übernachten
1 Covilhã Parque
2 Covilhã Jardim
6 Solneve
7 Panorama
8 Turismo da Covilhã

Essen & Trinken
3 Ananda Café
4 Zé do Sporting
5 Sete

Covilhã

80 m

Castelo Branco
Guarda
Autobahn

Bahn: Bahnhof ebenfalls im unteren Teil der Stadt. Tägl. 5-mal Lissabon über Castelo Branco, Abrantes und Santarém (teilweise umsteigen in Entroncamento), 3-mal Castelo Novo, 2-mal Almourol.

Sport Adriventura organisiert Kanufahrten, geführte Wanderungen, Mountainbike-, Kletter- und Skitouren. Rua das Figueiras 5, Apart 58, ✆ 275325040, www.adriventura.com.

Telefonnummern Polizei ✆ 275320922, ✆ 275320660, **Hospital** ✆ 275330000, **Taxi** ✆ 275323653.

Übernachten **** Turismo da Covilhã 8, moderner Bau in der Nähe des Krankenhauses, unterhalb der Stadt. Die geräumigen DZ kosten 73 € im Sommer und 105 € im Winter. Alamêda Pêro de Covilhã, ✆ 275330400 und 275330406 (Reservierungszentrale), www.naturaimbhotels.com.

** Covilhã Parque 1, Neubau neben dem Turismo. Auf 10 Stockwerken gibt es hübsche DZ mit genügend Platz, Balkon und z. T. recht schönem Blick. DZ 40 € im Sommer, 60 € im Winter. Av. Frei Heitor Pinto, Apart. 459, ✆ 275329320 und 275330406 (Reservierungszentrale), www.naturaimbhotels.com.

*** Solneve **6**, die Zimmer sind relativ groß, DZ im Sommer 43 €, im Winter 53 €. Es gibt auch Suiten, die im Winter ca. 75 € kosten. Rua Visconde da Coriscada 125, ✆ 275323001, www.solneve.pt.

** Covilhã Jardim **2**, sympathisches Familienhotel am Stadtpark gegenüber dem Turismo. Die Betreiber sprechen gut Französisch. Recht große, moderne Zimmer mit Klimaanlage sowie schönem Blick auf den Park oder im 2. Stock auf die Ebene zu Füßen der Serra. DZ 38–65 € je nach Saison und Wochentag. Jardim Público 40, ✆ 275322140, www.residencialcovilha jardim.com.

Panorama **7**, kleine Pension oberhalb des Rathauses, neben der Igreja Matriz. Kleine Doppelzimmer, dekoriert mit moderner Kunst und Granit. DZ 35–45 € je nach Saison. Rua Bombeiros Voluntarios 9, ✆ 275323952, www.residencialpanorama.pt.

Camping Parque Campismo Pião, 3 km die Serra hoch, Richtung Penhas da Saúde. Ganzjährig geöffnet. ✆ 275314312, www. parquecampismopiao.pt.

Essen & Trinken   Zé do Sporting **4**, portugiesische Küche in netten Räumlichkeiten, man kann auch im Vorgarten unter einer Weinlaube speisen. Geschlossen So Abend, Di Ruhetag. ✆ 275334127.

Ananda Café **3**, hier gibt es leckere vegetarische Mittagsgerichte, Suppen und tolle Nachspeisen (Obstkuchen). Shila Serrano freute sich darüber, wieder einmal einen Müller-Autor zu begrüßen. Hatte sie doch bis vor ein paar Jahren die einzige vegetarische Küche auf den Azoren und war dort entsprechend gewürdigt. Abends nur am Do geöffnet. Rua Com. Campos Melo 55, ✆ 969790260.

Sete **5**, einfaches Restaurant im Zentrum mit Tagesgerichten für 6–7,50 €. Täglich wechselnde Karte. Geöffnet tägl. (außer So). Largo 5 de Outubro, ✆ 275335752.

Penhas da Saúde

Das Skizentrum Portugals. Nur im Winter scheint der Ort zu leben. Er besteht auch fast nur aus Apartments, einer Jugendherberge, Hotels und mehreren Restaurants.

Übernachten **** Serra da Estrela, relativ große, hübsche Zimmer. DZ 59–129 € je nach Saison. Apt. 332, ✆ 275310300, www. turictrola.pt.

**** Hotel dos Carqueijais, zum gleichen Unternehmen gehört die Estalagem, etwas unterhalb Penhas da Saúde in Richtung Covilhã gelegen. Ebenfalls recht große DZ für 75–90 € oder 140–170 € je nach Kategorie und Saison. Apt. 332, ✆ 275319120, www.

turistrela.pt.

Jugendherberge Auf 1500 m Höhe gelegen. 163 Betten in 13 Schlafsälen und 30 DZ (5 im rustikalen, langen Granitbau, 25 im Neubau). Es werden billige Mahlzeiten angeboten. Bett im Mehrbettzimmer 11–13 €, DZ mit Bad 34–45 €. Ganzjährig geöffnet. Apt. 148, ✆ 275335375, http://microsites. juventude.gov.pt/Portal/en/PPEnhas_da_ Saude.htm.

Sabugueiro   550 Einwohner

Portugals höchstgelegenes Dorf (1050 m) liegt ca. 8 km östlich von Seia in einer ziemlich vegetationslosen Talsenke, durch die ein kleiner Bach fließt. Früher war Sabugueiro ein Hirtendorf, heute arbeiten die meisten Menschen in den Fabriken von Seia. Der Rest scheint sich dem Handel mit Käse, Fellen und Welpen der Schäferhunde aus der Serra da Estrela *(Canil)* verschrieben zu haben.

Die Hauptstraße ist gesäumt von Läden und viel zu kleinen Käfigen, in denen die Tiere zur Schau gestellt werden. Dazwischen immer wieder Restaurants und Pensionen, die aber nur im Winter ausgelastet sind. Im oberen Teil des Dorfs findet man ursprünglichere Häuser und kann das alte Hirtendorf noch erkennen. Im gemeinschaftlich genutzten Backofen wird noch regelmäßig das ortstypische Roggenbrot gebacken. Im Turismo gibt es Informationen zu einem ca. 5 km langen Rundweg zu einem Wasserfall.

Skibegeisterte können auf der Torre ihrem Hobby nachgehen

Information Turismo, im Winter Di–Sa, im Sommer Mi–So 9–13 und 14–18 Uhr. In Ortsmitte in einem Kiosk am Rand der Hauptstraße.

Skiverleih Encosta da Serra, ✆ 238311294.

Übernachten/Essen Casa do Serrinho, die großen Zimmer mit kleinem Bad kosten etwa 30 € im Sommer und 50 € im Winter. Es gibt auch Apartments für den gleichen Preis. Largo Nossa Senhora de Fátima 2, ✆ 238314304.

Casas do Cruzeiro, 32 Zimmer oder Apartments in rustikalen Granithäuschen rund um den Kirchplatz. Apartment für 2 Pers. je nach Saison 45–78 €, 4–6 Pers. 84–154 €. Av. da Igreja 5, ✆ 238315872, www.casasdocruzeiro.pt.

Restaurant Miralva, das rustikal eingerichtete Haus serviert Spezialitäten der Region, z. B. *Cabrito* oder *Chanfana*, Hauptgericht 7–10,50 €. Rua do Comércio 27, ✆ 238311646.

**** **Abrigo da Montanha**, neues Hotel an der Durchgangsstraße. ✆ 238315329, http://abrigodamontanha.pt.

Seia

Geschäftiger Ort am nordwestlichen Rand der Serra. Sehenswert ist der bunte Markt, hier gibt's u. a. gutes Roggenbrot, geräucherte Würste, hervorragenden luftgetrockneten Schinken und den *Queijo da Serra*, den die Schäfer von den Bergen herunterbringen, den man aber auch in den kleinen Geschäften entlang der Straßen im Zentrum kaufen kann.

Einige traditionelle kleinere Wollwebereien, die sich auf die Weiterverarbeitung der Schafwolle spezialisiert haben (z. B. *Burel*, *Camelo*) haben die Globalisierung überlebt. Sie weben die Stoffe, die dann zu Decken oder auch zu den klassischen Filzcapes geschneidert werden. Auch *Ara*, ein deutscher Schuhhersteller, unterhält hier bis heute seine portugiesische Produktionsstätte.

Es gibt mehrere kleine Museen in der Stadt (Kombiticket erhältlich). Das interessanteste von ihnen ist das **Museu do Brinquedo**, das Spielzeugmuseum – zumindest für junge Besucher. Die Sammlung besteht aus Spielzeugen aus aller Welt, die dem Museum gestiftet wurden. Natürlich gibt es auch ein Spielzimmer.
Tägl. (außer Mo) 10–18 Uhr. Eintritt 3 €, Largo de Santa Rita.

Das **Centro da Interpretação da Serra da Estrela** bringt dem Besucher auf multimedialem Weg die Natur und Geologie der Region näher. Im angeschlossenen Park gedeihen über 100 verschiedene Pflanzen, die zum Teil in der Serra heimisch sind.
Tägl. (außer Mo) 10–18 Uhr, Rua Visconde de Molelos (südl. Ortsausgang), Eintritt 4 €, ℡ 238320300, www.cise.pt.

Im **Museo Natural da Electricidade**, außerhalb in São Rāmao, kann man das stillgelegte Wasserturbinen-/Generator-Gebäude besichtigen.

Das private **Museu do Pão** etwas außerhalb Richtung Torre erzählt die Geschichte der Brotherstellung. Natürlich kann man auch diverse Brotsorten aus eigener Fertigung kaufen. Im Restaurant mit Panoramablick steht für 19,50 € ein üppiges Buffet für Vor- und Nachspeise sowie je ein Fisch- oder Fleischgericht zur Wahl.
Tägl. (außer Mo) 10–18 Uhr. Eintritt 5 €.

Information Turismo, Mo–Sa 9–12.30 und 14–17.30 Uhr, So 9–13 Uhr. Neben der Markthalle, Rua Pintor Lucas Marrão, ℡ 238317762. **Büro des Naturparks** an der Praça da República, ℡ 238310440.

Verbindungen Bus: Busbahnhof rund 800 m unterhalb des Zentrums an der Av. Afonso Costa (www.rede-expressos.pt, www.rbi.pt, www.marques.pt). 3-mal tägl. Busse nach Lissabon, 3-mal Coimbra; 2-mal nach Guarda über Gouveia; 2-mal Porto mit Umsteigen in Coimbra.

Feste Bergauftrieb der Schäfer: Am letzten Samstag im Juni wird der traditionelle Auftrieb zelebriert. Er startet in Seia und wird inzwischen von vielen Wanderlustigen begleitet. Die Serra da Estrela war früher das Weidegebiet für riesige Herden, die im Sommer von den ausgetrockneten Weiden des Alentejo, ja sogar aus der spanischen Extremadura hierher getrieben wurden.

Telefonnummern Polizei ℡ 238310300, **Hospital** ℡ 238320700, **Taxi** ℡ 238313172.

Wandern Im Turismo liegt eine Serie von gut gemachten Faltblättern für Wanderungen bereit. Empfohlen wird z. B. die „Rota da Ribeira de Loriga", eine 17 km lange Wanderung entlang von Bewässerungskanälen, wie man sie aus Madeira kennt. Zum Teil schattig, aber Schwindelfreiheit nötig. Keine Rundwanderung (zurück mit dem Taxi).

Übernachten Quinta de Goliares, der ehemalige Bauernhof verfügt über drei gut ausgestattete Häuser. DZ 50–70 € je nach Saison, Apartments 95–150 € je nach Größe und Saison. Zur Quinta gelangt man, indem man in São Romão von Seia aus kommend rechts abbiegt und hinter dem zweiten Kreisverkehr die nächste Straße nach rechts nimmt. Apart. 533, ℡ 238399683, www.quinta degoliares.com.pt.

»» Mein Tipp: *** Eurosol Camelo, ruhig gelegener Neubau neben dem Zentrum mit schönem Blick. Gemütliche Lobby mit Galerie, eigene Parkmöglichkeiten. DZ mit Bad ca. 50–90 € je nach Saison, am Wochenende teurer. Av. 1° de Maio 16, ℡ 238310100, www.eurosol.pt. **«**

»» Mein Tipp: Casas da Lapa/Casas do Soito, im 6 km entfernten Lapa dos Dinheiros, das an einem steilen Abhang der Serra da Estrela geradezu klebt. Hier wurden mitten im Dorf verfallene Granithäuser in einer Mischung aus traditioneller Bauweise und zeitgenössischem Design wieder errichtet. DZ 90–100 €, Apartment inkl. Frühstück für 4 Personen 180 €, 6 Pers. 210 €. Rua Eira da Costa, 10, ℡ 035550500, www.casasda lapa.com. **«**

Essen & Trinken Restaurant Camelo, im gleichnamigen Hotel. Die traditionelle Küche des Restaurants ist weit über die Berge der Serra da Estrela bekannt; zuvorkommendes, professionelles Personal alter Schule; immer wieder mal schaut der Seniorchef vorbei, um die Gäste zu begrüßen. Hauptgericht 11,50–19,50 €. Av. 1° de Maio 16, ℡ 238311555.

O Farol, kleines Restaurant mit großer, schattiger Terrasse auf dem Platz vor dem Rathaus. Es gibt diverse Kleinigkeiten und Hauptgerichte von 7,50 bis 9,50 €, Tagesgericht um 6,50 €. Geöffnet tägl. (außer So). Largo Dr. António Borges Pires, 6, ℡ 238312123.

Sonalonga Bar, hübsche Terrasse mit tollem Blick. An Wochenenden DJs, mitunter auch Livebands. Am Gebäude des Jugendzentrums, hinter dem Rathaus. ℡ 911171513.

Barocker Charme in Blau und Weiß

Gouveia

ca. 3500 Einwohner

Ein ruhiges Örtchen am Rande der Serra da Estrela. Bekannt ist Gouveia für seine liebevoll gepflegten Gärten und Parks, auch der mittelalterliche Ortskern ist gut erhalten. Doch seit der Jahrtausendwende ist die Einwohnerzahl um knapp ein Drittel gesunken, weil viele Textilfabriken in der Region schließen mussten – viele junge Leute sind abgewandert.

Das **Museum** im Palast des Condes zeigt Malereien von Abel Mantas (1888–1982), dessen Stil vom Naturalismus und Impressionismus geprägt ist.
Tägl. (außer Mo/Feiertag) 9.30–12.30 und 14–18 Uhr. Eintritt frei. Rua Direita.

Modellauto-Museum *(Museu da miniatura automóvel)*: Das in Portugal einzigartige Museum zeigt 3200 Exponate verschiedenster Größe, die Fernando Taborda zusammengetragen hat. Die Schwerpunkte liegen auf der Entwicklung des Autos und speziellen Ralleywagen.
Tägl. 9.30–12.30 und 14–18 Uhr. Eintritt 1,05 €, unter 6 J. frei, 6–15 J. und ab 65 J. 0,50 €. Oberhalb des Rathauses an der Rua Mestre Abel Manta.

Vergílio Ferreira (1916–1996), einem der bekanntesten zeitgenössischen Schriftsteller des Landes, ist ein Teil der **Bibliothek** gewidmet, seine Werke sollen bald in seinem Heimatort Melo (3 km nördlich) im *Paço de Melo* präsentiert werden. Als Protagonisten seiner Romane wählte er meistens Menschen aus seinem Heimatort.

Orca de Rio Torto: Das große Grab aus prähistorischer Zeit kann man in Rio Torto direkt an der EN 17 bewundern. Schwerer zu finden ist der **Penedo dos Mouros**, ein spätmittelalterlicher Zufluchtsort zwischen wuchtigen Granitfelsen. Es gab wohl eine Art Burg, eine Befestigung aus Holzpalisaden und Steinen, die die Siedler bei Gefahr aufsuchten. Von dieser Zeit zeugen ein Granitgrab und bearbeitete Felsen, in denen man Treppenstufen und die Übergänge zwischen Holz und Felsbefestigung erkennen kann. Bei Kilometer 107,5 der EN 17 weist ein Schild den 1,6 km langen, sandigen Weg aus. Er ist befahrbar, doch das sollte man seinem Wagen ersparen.

Auf der Straße nach Manteigas beäugt die **Cabeça da Velha**, ein Fels in Form eines Kopfes, die Vorbeifahrenden.

Information Turismo, Mo–Sa 9.30–12.30 und 14–18, So 10–12.30 und 14–17 Uhr. Am Jardim da Ribeira, unterhalb der Innenstadt, ✆ 238083930.

Verbindungen Bus: 3-mal tägl. nach Seia, 2-mal nach Coimbra und Lissabon, je 2-mal nach Guarda und Viseu, 2-mal nach Porto (umsteigen in Coimbra). Busbahnhof an der Av. 1° de Maio (www.rede-expressos.pt und www.rbi.pt).

Bahn: Bahnhof ca. 15 km außerhalb, 3-mal Vila Franca das Naves (Trancoso) und Guarda, 2-mal Castelo Mendo, 3-mal tägl. nach Nelas (Viseu), Luso/Buçaco und Coimbra. In Pampilhosa Anschluss nach Aveiro und Porto, in Coimbra Anschluss nach Santarém und Lissabon. www.cp.pt.

Einkaufen Rund um die Serra da Estrela finden sich zahlreiche Käsereien, die den typischen Schafs- oder Ziegenkäse *Queijo da Serra* herstellen. Direkt vom Hersteller kann man verschiedene in alter Tradition von Hand gefertigte Schafskäse bei der **Quinta de São Cosme** in Vila Nova de Tázem ca. 15 km westlich an der N 232 beziehen. Auch bietet sich hier die Möglichkeit, einen Blick in die Produktionsstätte zu werfen. ✆ 238487167, www.quintadesao cosme.pt. ■

Telefonnummern Polizei ✆ 238490290, Centro da Saúde ✆ 238490400, Taxi ✆ 238493441.

Wandern Eintägige Wanderungen mit verschiedenen Schwierigkeitsgraden werden von der Quinta das Cegonhas angeboten. ✆ 238745886, www.cegonhas.com.

Der Turismo hält eine Broschüre mit drei Wanderrouten bereit (ca.1 €).

Übernachten *** Eurosol Gouveia **4**, die wohnzimmerartig eingerichteten, großen Zimmer sind mit kitschigen Bildern dekoriert. DZ mit TV und Telefon etwa 54–92,50 €. Av. 1° de Maio, ✆ 238491010, www.eurosol.pt.

** Monteneve **7**, im Zentrum mit moderner Einrichtung und einem rollstuhlgerechten Zimmer. Auf der Terrasse kann man bei schönem Wetter frühstücken. DZ ca. 55 €,

an Feiertagen bis zu 80 €. Av. Bombeiros Voluntários 12, ✆ 238490370, www.montenevehotel.com.

Turismo no Espaço Rural Casas do Toural **9**, mitten in der Stadt. Die Quinta von Maria José Osório bietet Tennisplatz, Pool und einen großen Garten mit Aussichtsterrasse. Produkte aus biologischem Anbau. Es gibt 7 gut ausgestattete Apartments für 2 bis 6 Personen. Preise zwischen 55 € (2 Pers., 1 Zimmer) und 150 € (6 Pers., 3 Zimmer, 2 Bäder und Wohnzimmer). Ein zweites Haus bietet Platz für Gruppen bis 14 Pers. (350–380 € pro Nacht). Mindestaufenthalt 2 Nächte. Rua Direita 74, ✆ 963023893 und ✆ 927971221 (mobil), www.casasdotoural.pt.

»» Lesertipp: Casa da Villa de Mello **1**, Melo liegt zwischen Gouveia und Linhares am Fuße der Serra da Estrela: „Hier in Melo habe ich ein schönes Urlaubsdomizil in der Casa da Villa de Mello gefunden. Gaspar (Ingenieur) und Isabel (Apothekerin) haben gleich am Ortsanfang ein altes Herrenhaus (rosa Anstrich) renoviert und vermieten Zimmer mit Frühstück. Die beiden haben gute Tipps für Wanderungen in der Serra da Estrela und für Besichtigungen parat. Beide sprechen Englisch; wer etwas Portugiesisch spricht, kann voll in eine portugiesische Familie eintauchen" (Stefan Stamfort). Die Suiten im Untergeschoss bleiben auch im Sommer angenehm kühl, zudem spielt sich den kürzeren Weg in den schattenspendenden Garten. EZ 40–45 €, DZ 60–65 €, Suite 75–80 €. ✆ 238748022, www.casadavilademello.com. **««**

Camping Curral de Negro **5**, derzeit geschlossen, Wiedereröffnung für 2017 geplant! Ca. 3 km östlich (steil bergauf) von Gouveia. Schattiger Platz mit sauberen, einfachen sanitären Anlagen, Spielplatz und Pool. Person 2–3 € (Hochsaison), Zelt 2–3,50 €, Auto 2,50–4 €. ✆ 238498324.

Parque da Senhora das Verdes, ca. 6 km in Richtung Mangualde. Der Platz liegt auf einem großen Gelände, auf dem Aktivitäten wie Minigolf, Klettern und diverse Ballsportarten möglich sind. Auch ein Hallenbad gibt es. Die Angebote kosten extra, für Platz-

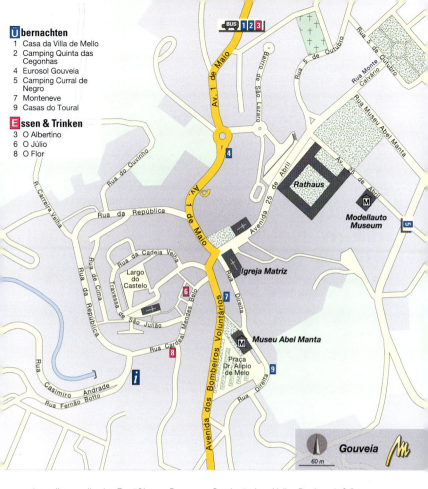

Gouveia

60 m

---

gäste gibt es teilweise Ermäßigung. Person 2–3 €, Zelt 4 €, Caravan 4–5 €. ✆ 238488041.

»» Lesertipp: Quinta das Cegonhas **2**, 5 km von Gouveia entfernt in Nabainhos. Der terrassierte Platz wird von zwei niederländischen Aussteigern geführt. Sehr familiäre Atmosphäre. Auch hier gibt es einen Pool. Abends kann man mit den anderen Gästen gemeinsam essen. Zimmer werden für 52,50 € pro Nacht inkl. Frühstück vermietet. Der Platz ist in der Schulzeit 5-mal tägl. mit dem Bus vom Busbahnhof in Gouveia aus zu erreichen, sonst nur 2-mal. ✆ 238745886, www.cegonhas.com. **«**

Essen & Trinken O Júlio **6**, das beste Restaurant am Platz. Sehr schöner Speisesaal mit Drucken von Abel Manta an den Granitwänden. Halbe Portion ab 8 €, ganze ab 11 €. Tägl. (außer Di). Travessa do Loureiro 11-A, ✆ 238083617.

🌿 O Flor **8**, kleines Restaurant, das Wert auf regionale Zutaten legt und mittlerweile über Gouveia hinaus bekannt ist. Rua cardeal mendes belo 14, in der Nähe vom O Júlio. ✆ 238492336. ∎

»» Mein Tipp: O Albertino **3**, etwa 13 km entfernt in dem hübschen Dorf Folgosinho (→ unten). Typisches Restaurant mit schmackhafter regionaler Küche. Man zahlt pro Person 15 € und darf so viel essen und trinken, wie man will oder kann. Entradas, Nachtisch, Wein, alles inklusive. So abends geschlossen, Mo Ruhetag. Folgosinho, ✆ 238745266. **«**

Wanderung nach Folgosinho

Folgosinho ist ein sehenswertes Dorf zwischen Gouveia und Linhares am Fuße der Serra da Estrela mit dem empfehlenswerten Restaurant O Albertino (s. o). Von Gouveia aus folgt man den Schildern zum Campingplatz Curral Negro. Den Platz passieren und nach kurzer Zeit auf einen Waldweg abbiegen (markiert mit T2, ockerfarbenen Pfeilen und Balken, da der Weg von der Parkverwaltung ausgeschildert wurde). Der Waldweg führt über die Höhe von Campo Redondo, wo er am Wächterhaus auf eine Straße mündet, nach Folgosinho. Die Wanderung dauert etwa dreieinhalb bis vier Stunden.

Im Turismo gibt es Broschüren mit weiteren Wanderungen – zwar nur in portugiesischer Sprache, die Routen sind aber trotzdem gut nachvollziehbar.

Linhares   350 Einwohner

Das etwa 15 km von Gouveia entfernte Dorf Linhares da Beira liegt am Fuße der Serra da Estrela. Im Mittelalter nahm es wichtige Verteidigungsfunktionen gegen die Mauren wahr. Die heutige Form des Orts entspricht in etwa der des 16. Jh., auch wenn es Gebäude gibt, die später entstanden sind.

Sehenswert ist das **Castelo** mit zwei Türmen und einer schönen Aussicht. Es wurde zwischen dem 12. und 14. Jahrhundert gebaut und thront in etwa 820 m Höhe auf einem Granitfelsen.

Tägl. 9.30–13 und 14.30–18 Uhr im Sommer, sonst 9–12.30 und 14–16.30 Uhr.

Gut erhalten: die Matriz aus dem 12. Jahrhundert

Unterhalb der Burg stehen einige Häuser, die direkt in den Fels hineingebaut wurden. Im oberen Teil des Orts zeigt die **Igreja Matriz** (12. Jh., Umbauten im 17. Jh.) Bilder, die Grão Vasco aus Viseu zugeschrieben werden. Im Dorf kann man einige hübsche manuelinische Fenster und Adelshäuser aus dem 16., 18. und 19. Jh. entdecken. Dabei fällt im unteren Ortsteil die barocke Fassade des **Solar Brandão e Melo** ins Auge. Um die Ecke der Pelourinho und das alte Rathaus mit dem Gefängnis.

Information Turismo, im Sommer tägl. (außer Mi) 9–13 und 14–17 Uhr, sonst 9–12.30 und 14–16.30 Uhr. Hier gibt es Infos zu zwei Unterkünften im Dorf. Derzeit im rechten Turm des Castelos, wird aber ins Dorfzentrum umziehen, ☎ 271776307.

Verbindungen Linhares ist kaum mit öffentlichen Verkehrsmitteln zu erreichen. Ein **Taxi** ab Gouveia kostet ca. 15 €; ☎ 271776529.

Übernachten/Essen Casa Pissara, das kleine Haus an der Rua Direita, der „Hauptstraße“, kostet 120 € pro Nacht. Es gibt auch 2 DZ für 35–45 € inkl. Frühstück. Rua Direita, ✆ 271776180 und ✆ 966518177 (mobil).

Cova da Loba, direkt am Marktplatz unterhalb der Burg wagt Paulo Mimoso ein geschmackliches Experiment: Er sucht eine Synthese aus den traditionellen Produkten der Region mit der modernen Küche. Alles ist auf den Punkt gegart. Eine kontrastreiche Geschmackserfahrung. Hauptgericht 11,50–14,50 €. Mi und Do mittags geschlossen Largo da Igreja, ✆ 271776119.

O Albertino, etwa 5 km entfernt, siehe unter Gouveia.

Manteigas   ca. 2800 Einwohner

Man könnte meinen, man sei in den Alpen, wenn Manteigas zwischen den Bäumen entlang der serpentinenreichen Straße ins Blickfeld rückt. Nur die Vegetation und die Architektur belehren einen schnell, dass das **Zêzere-Tal**, in das Manteigas malerisch eingebettet ist, doch zu Portugal gehören muss.

Das von einem Gletscher geschaffene Tal lädt zu langen Wanderungen ein. Von Caldas de Manteigas aus führt ein Weg entlang des Flusses. Man kann bis zum Fuß des Torre laufen (17 km). Es gibt verschiedene Campingmöglichkeiten und einen Unterschlupf für Wanderer.

Der Ort hat kein richtiges Zentrum, er zieht sich lange durch das Tal des Zêzere-Flusses. Die Wirtschaft des Orts wird vom Tourismus dominiert. Manteigas besitzt zwei Quellen, eine heiße mit etwa 42 Grad und eine kühle mit 19 Grad. Das Wasser soll gegen Rheuma helfen. Sehenswert sind die romanische **Igreja de Santa Maria**, die zahlreiche barocke Änderungen erfuhr, und die **Igreja de São Pedro**, an deren barocker Fassade ein Bild aus dem 14. Jh. erhalten blieb und deren Sakristei eine *Santíssima Trindade* aus dem 16. Jh. schmückt.

Der romantische **Poço do Inferno** (Höllenbrunnen) mit Wasserfällen verwandelt sich im Winter zu einer spektakulären „Show on the rocks", wenn das Eis in die Tiefe stürzt.

Information Turismo, Mi–So 9–13 und 14–18 Uhr. Es gibt Broschüren auf Englisch zu 16 schönen Spaziergängen und Wanderungen in die Umgebung. Rua Esteves de Carvalho 2 (Hauptstraße), ✆ 275981129, Infos auch unter www.manteigastrilhosverdes.com.

Das **Büro der Parkverwaltung** hält ebenfalls Informationen zu Wanderungen in die Umgebung bereit. Mo–Fr 9–12.30 und 14–17.30 Uhr. Rua 1° de Maio, beim Taxistandplatz, nicht weit vom Turismo, ✆ 275980060.

Verbindungen Bus: Die Busverbindungen sind schlecht. Tägl. (außer Sa/So) 2 Busse über Belmonte nach Guarda. Anschluss in Ginjal. Nach Covilhã in Vale Formoso umsteigen. www.rbi.pt.

Bahn: Züge halten nur im 35 km entfernten Guarda oder im 30 km entfernten Covilhã. Ab dort ist ein Weiterkommen nur per Taxi möglich.

Telefonnummern Polizei ✆ 275981559, **Centro da Saúde** ✆ 275980100.

Übernachten ** **Berne**, helle, freundliche Zimmer mit großem Bad und Terrasse/Balkon für 45–65 € je nach Saison. Quinta de Santo António, ✆ 275981351, www.hotel berne.com.

Turismo de Habitação »» Lesertipp: **Casa das Obras**, oberhalb der Kirche. 6 schöne Zimmer verschiedener Größe. Pool, Billard und gemütliches Wohnzimmer. DZ 64–80 €, im Sommer z. T. auch Angebote für 50 €, eine Suite kostet 75–100 € je nach Saison. Frühstücksbüfett mit Produkten aus der Region. Rua Teles de Vasconcelos, ✆ 275981155, www.casadasobras.pt. «

Camping ** **Relva de Reboleira**, an der N 232 in Richtung Belmonte. Relativ schattiger moderner Platz. Schwimmen und Fischen im Rio Zêzere möglich. Keine Hunde erlaubt. Person 4 €, Zelt/Auto 2 €. Sameiro, ✆ 275980090, www.skiparque.pt.

Vale do Rossim, Platz auf fast 1400 m Höhe an einem Stausee, ca. 20 km von Manteigas

Beira Interior → Karte S. 271

nach Gouveia führt ein Abzweig links hinein. Der See hat im Spätsommer, trotz der Höhe, erträgliche Temperaturen, und die Wasserqualität ist ausgezeichnet. Nachts, besonders im Frühsommer, wird die Luft empfindlich kühl, daher sollte man warme Schlafsäcke dabei haben. Auch Jurten werden vermietet. Person, Zelt oder Auto 3 €, Caravan 5 €. ✆ 275981029.

Essen & Trinken Manteigas ist für seine Forellenzucht bekannt, der Süßwasserfisch gehört zu den regionalen Spezialitäten.

Berne, dem Hotel ist ein sehr gutes Restaurant angeschlossen. Großer, schöner Speiseraum. Spezialität ist Fondue, Hauptgericht 8–11 €. So Abend geschlossen, Mo Ruhetag. Quinta de Santo António, ✆ 275981351.

Santa Luzia, im renovierten Restaurant mit schönem Blick ins Grüne wird Hausmannskost serviert. Hauptgericht 8–12 €. Rua Dr. Esteves de Carvalho, ✆ 275981283.

»» Mein Tipp: Vallécula, serviert werden traditionelle Gerichte aus der Region, wie etwa *Borrego na Carqueja* (Lamm im Brambusch), *Coelho com Castanhas* (Hasenbraten mit Edelkastanien) oder *Truta recheada*

(gefüllte Forelle). Ein Genuss in gemütlicher Atmosphäre. Hauptgericht 10,50–14,50 €. Am Wochenende besser reservieren. So abends geschlossen, Mo Ruhetag. In Valhelhas auf dem Weg nach Belmonte gelegen. Praça Dr José de Castro 1, ✆ 275487123. **««**

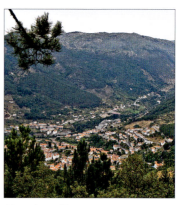

Manteigas – Thermalquellen und Höhenluft als Therapie

Wanderungen rund um Manteigas

In der Parkverwaltung und im Turismo liegen Broschüren für 16 einigermaßen gut ausgearbeitete Wanderungen bereit; dazu gibt es einen Stadtplan, auf dem die Startpunkte der Wanderungen eingezeichnet sind. Die meisten Wanderungen sind recht schattig und zwischen 4 und 11 km lang; vier davon beginnen direkt in Manteigas.

Rota do Javali (PR 2 MTG): Rundwanderung zum *Wasserfall Poço do Inferno*. Der Wasserfall ist etwa 7 km von Manteigas entfernt. Vom Turismo aus folgt man etwa 500 m der Straße in Richtung Guarda. Rechts den Weg hinein, bis nach etwa 1000 m zwei Brücken auftauchen. Man überquert die rechte und folgt dem Fluss etwa 200 m flussabwärts. Dort stößt man auf eine Abzweigung, die in den Wald führt. Nach etwa 1½ bis 2 Stunden erreicht man den ca. 400 m höher gelegenen Wasserfall. Man kann aber auch mit dem Auto über ein herrliches Sträßchen fast bis zum Poço do Inferno fahren. Vom Parkplatz sind es nur noch knapp 5 Min. zu Fuß. Die mit Eisengeländer bewehrten Felstreppchen erfordern Trittsicherheit.

Rota do Poço do Inferno (PR 2 MTG): Ein längerer *Spaziergang rund um den Poço de Inferno*. Am kleinen Parkplatz, direkt neben der Wandertafel, ist der Einstieg. Es geht steil den Berg hoch, bis man den Bach und den Wasserfall überblicken kann. Weiter geht es bergauf, bis der Bach an einer kleinen Brücke überquert wird, und weiter an einem steilen Hang entlang. Bald verlässt man das Buschwerk und findet sich in einem Wald wieder. Hier wird der Weg leichter. Man folgt dem Pfad, bis dieser in eine Schotterpiste mündet. Dort geht man links auf der Teerstraße zurück zum Parkplatz.
Der Weg führt über viel loses Geröll, daher ist festes Schuhwerk nötig. Auch sollte man einigermaßen schwindelfrei sein. Länge 2,7 km, Gehzeit ca. 1 Std.

Castelo Novo

ca. 400 Einwohner

Auf halbem Weg zwischen Fundão und Castelo Branco liegt, an die Hänge der Serra da Gardunha geschmiegt, Castelo Novo. Im Ort fallen die vielen Häuser mit Holzbalkonen ins Auge. Es sind weniger die geschichtsträchtigen Bauwerke als die architektonische Harmonie, die den Reiz dieses Dorfs ausmachen.

Am höchsten Punkt von Castelo Novo finden sich der Bergfried *Torre de Menagem* und Überreste der Burg. Sie war vom Templerorden erbaut worden, dem nach der *Reconquista* weite Teile des Landes anvertraut worden waren, um sie gegen die Mauren zu verteidigen. In unmittelbarer Nähe steht die *Igreja Matriz*. Die Kirche stammt aus dem Mittelalter, wurde aber im 18. Jh. weitgehend „modernisiert", wovon die barocke Innenausstattung zeugt.

Um die Kirche als Mittelpunkt herum hat sich das Dorf entwickelt. Die Häuser ganz im Zentrum haben einen rechteckigen Grundriss. Im Erdgeschoss befand sich traditionell ein Geschäft oder Handwerksbetrieb, in der oberen Etage der Wohnraum. Unterhalb der Burg befindet sich der *Largo do Município* mit dem *Pelourinho*, den *Paços do Conselho* (ehemaliges Rathaus und Justizgebäude) und dem hübschen barocken Brunnen *Chafariz de Dom João V*. Je weiter man sich von der Burg entfernt, umso jünger und größer werden die Häuser. Rund um den Largo da Bica stehen einige stattliche Häuser aus dem 17., 18. und 19. Jahrhundert.

Information Turismo, tägl. (außer Mo) 9.30–13 und 14.30–18 Uhr, im Winter 14–17.30 Uhr. Angeboten werden geführte Touren durch den Ort auf Englisch oder Portugiesisch. Turismo in einem modernen Pavillon aus Stahl am Fuß der Burg, ℡ 961445399 (mobil).

Verbindungen Bus: Castelo Novo ist ebenfalls schlecht zu erreichen. 2-mal tägl. hält ein Bus auf der Strecke zwischen Fundão und Castelo Branco an der Kreuzung unterhalb des Dorfs. Bis zum Dorf sind es etwa 2–3 km Fußweg.

Bahn: Bahnhof einige Kilometer außerhalb. Von dort 4-mal tägl. nach Covilhã. Dort 3-mal tägl. Anschluss nach Guarda, 3-mal tägl. Castelo Branco, 2-mal nach Abrantes, Santarém und Lissabon. 2-mal Anschluss in Entroncamento nach Porto (teils mit 60 Min. Aufenthalt). www.cp.pt.

Sport a2z: Die Biker von a2z sind spezialisiert auf Mountainbike-Touren, kennen aber auch manch schönen Wanderweg in der Umgebung. Sie bieten eine siebentägige Mountainbike-Tour über den GR 22 (den Wanderweg zwischen den historischen Dörfern) in zwei Varianten an: geführt und unterstützt mit Begleitwagen oder nur organisiert. Largo da Bica, ℡ 919048373 (mobil), www.a2z-adventures.com.

Telefonnummern Polizei ℡ 272419216, Centro de Saúde ℡ 275567806, Taxi ℡ 275567344, ℡ 965345768.

Übernachten/Turismo de Habitação
Casa de Castelo Novo, altes, typisches Haus, in dem die freundliche Dona Alice große, schöne Zimmer mit rustikaler Einrichtung vermietet, alle mit eigenem Eingang. Besser 1–2 Tage vorher anrufen. DZ 65 €, Suite 75 €. Rua Nossa Senhora das Graças 7, ℡ 275561373, www.castelonovo.web.pt.

Quinta do Ouriço, der kleine Palast aus dem 17. Jh. bietet 5 Zimmer, 2 Suiten und eine ganze Reihe von Wohnzimmern. DZ 75 €, Suite 90 €. Rua da Bica, ℡ 275567236, www.quintadoourico.com.

Essen & Trinken O Lagarto, einfaches Restaurant am Ortseingang. Hauptgericht 8–13 €, tägl. wechselnde Karte. Largo D. Manuel I, ℡ 275567406.

Beira Interior → Karte S. 271

Auf einem mächtigen Granitblock thront Monsanto
über den sanften Hügeln der Beira

Monsanto

ca. 1100 Einwohner

Das Dorf wurde 1938 von Propagandaminister António Ferro als das „portugiesischste Dorf Portugals" gepriesen. Der Grund war sicherlich weniger die politische
Einstellung seiner Bürger als die typische Bauweise des Orts. Die Granithäuser liegen zu Füßen riesiger Felsbrocken, die schon den Lusitaniern heilig waren. Daher
stammt auch der Name *Monsanto*, heiliger Berg.

Auf seiner Spitze thront das *Castelo*, das Afonso Henriques 1165 den Mauren
entrissen hatte. In seiner langen Geschichte, die bis zu den Römern zurückreicht,
war Monsanto immer wieder belagert worden. Jedes Jahr am 3. Mai wird die *Festa
das Cruzes* gefeiert. Das Fest geht auf den Sieg nach einer dieser Belagerungen
zurück. Am darauf folgenden Sonntag steigen dann die Frauen des Orts in langen
Schlangen zur Burg hinauf, wo ein symbolisches Kalb und jede Menge Blumentöpfe
in die Tiefe geworfen werden, wie damals, als man den Belagerern zeigen wollte,
dass man genügend Lebensmittelvorräte besitzt.

Von der Burg sind nur noch die Mauern und einige Ruinen übrig. Der Rest fiel im
19. Jh. einer Explosion im Munitionslager zum Opfer. Vor der Burg findet man die
Reste der Kapellen *Capela de São João* und *Capela de São Miguel*. Vor Letzterer
sind einige Gräber in den Felsen gehauen.

Im unteren Dorfteil in der Nähe der *Igreja da Misericórdia* steht der *Pelourinho*.
Eine Ecke weiter findet man eine kleine Tafel, die daran erinnert, dass Fernando
Namora (1919–1989) hier in jungen Jahren als Arzt gewirkt hat. Namora ist einer
der bekanntesten portugiesischen Dichter des 20. Jahrhunderts (weder sein Wohnhaus noch seine frühere Praxis in Monsanto sind zu besichtigen).

Information Turismo, tägl. 10–13 und 14–
17.30 Uhr. Es gibt Broschüren mit Beschreibungen der Wanderwege, derzeit leider nur
auf Portugiesisch; die Karten sind aber
brauchbar, und wenn man sich vorher das
Wichtigste im Turismo erklären lässt,
kommt man gut zurecht. Sehr zu empfehlen ist die *Rota dos Fósseis* im 3 km

entfernten Penha Garcia, die interessantesten Versteinerungen sind allerdings nur mit Bergsteigerausrüstung zu erreichen.

Nach Voranmeldung besteht auch die Möglichkeit zu **geführten Wanderungen**. Rua Marquês da Graciosa, ✆ 277314642 und ✆ 277202900, www.turismodenatureza.com.

Verbindungen 2-mal tägl. Bus nach Castelo Branco und Idanha-a-Nova. www.rbi.pt.

Telefonnummern Polizei ✆ 277314347, **Centro de Saúde** ✆ 277314283, **Taxi** ✆ 919523684.

Übernachten/Essen Casa da Maria, das Granithaus in der Kurve hinter der Wache der GNR liegt auf der linken Seite an dem kleinen Vordach zu erkennen. Dona Maria vermietet 3 Zimmer und serviert das Frühstück persönlich. DZ 50 €. Av. Fernando Ramos Rocha 11, ✆ 965624607.

Casa do Chafariz, Herrenhaus in der Nähe des Turismo. Es gibt 4 recht große Zimmer, deren Wände teilweise aus Granitfelsen bestehen. DZ 45 €, ein etwas dunkles Zimmer für 35 €. Vorherige telefonische Anmeldung ist unbedingt nötig. Rua Marquês da Graciosa 93, ✆ 9142537.

Petiscos & Granitos, kleines Restaurant, die Wände zieren Texte des Dichters Fernando Namora, man sitzt auf schmalen Terrassen zwischen den Granitquadern. Es gibt diverse *Petiscos* für etwa 7,50 € und Hauptgerichte von 13,50 bis 20 €. Rua Praçinha 16, ✆ 277314029.

Taverna Lusitana, auf dem Weg zur Burg kommt man an dieser gemütlichen Taverne mit schöner Terrasse vorbei. Serviert werden *Petiscos* und ein wechselndes Tagesgericht (6,80 €). Die Inhaber vermieten zwei Zimmer für 55–65 €, je nach Saison. Rua do Castelo 19, ✆ 277314009, www.tavernalusitana.com.

Idanha-a-Velha

ca. 70 Einwohner

Das geschichtsträchtige Dorf liegt ca. 12 km von Monsanto entfernt, in Richtung Castelo Branco. Heute leben nur noch ein paar alte Bauern in dem einstigen Bischofssitz. In der Dorfmitte steht ein uralter Maulbeerbaum, dort gibt es ein kleines Café. Der riesige, lange graue Palastbau daneben war das Domizil des lokalen Grundherren, der etwa 4000 Hektar sein Eigen nannte.

Heute ist es schwer vorstellbar, dass das Dorf zur Römerzeit eine bedeutende Stadt war. Hier trafen sich die Wege von Mérida nach Conímbriga und Viseu. Eine Inschrift, die auf das Jahr 16 v. Chr. datiert wird, berichtet, dass ein Bürger der Stadt Mérida, den Bewohnern der Civitas Igaeditanorum (Idanha-a-Velha) eine Sonnenuhr geschenkt habe. Ein weiteres Zeugnis dieser Zeit ist die Inschrift an der Ponte de Alcântara (bei Cáceres in Spanien) aus dem Jahr 105, die belegt, dass der Ort an der Finanzierung der Brücke beteiligt gewesen war.

Zur Zeit der Westgoten trug der Ort den Namen Egitânea und wurde 599 Sitz der Diözese und Münzort. Die winzige **Sé** (Kathedrale), die zur Zeit Manuel I. umgestaltet wurde, dient heute als Raum für Ausstellungen. Im Inneren findet man römische, maurische und westgotische Stilelemente aus verschiedenen Siedlungsperioden sowie ein frühchristliches Taufbecken und Überreste eines Freskos, das den heiligen Bartolomäus zeigt.

Kathedrale tägl. (außer Mo) 10–12.30 und 14.30–16.30 Uhr. Sollten die Türen verschlossen sein, im Turismo nachfragen.

Neben der Kathedrale schließen sich die Ruinen des Bischofspalasts und eines römischen Wohnhauses aus dem 1., 2. und 3. Jahrhundert an. Dem Turismusamt angeschlossen ist ein kleines **Museum** mit Fundstücken aus römischer Zeit und dem **Lagar das Varas**, dem mittelalterlichen „Industriezentrum" der Stadt. Hier wurde das Olivenöl gepresst und Mehl gemahlen.

Museum wie Turismusamt. Eintritt frei.

Von der Burg ist nur noch die *Torre dos Templários* erhalten. Der Turm wurde im 13. Jh. auf den Resten eines römischen Tempels errichtet, der wahrscheinlich der Venus gewidmet war. Vor der hübschen Renaissancekirche *Igreja Matriz (Igreja da Misericórdia)* aus dem 18. Jh. steht ein *Pelourinho* als Symbol für die Gerichtsbarkeit, die Manuel I. der Stadt im Jahre 1510 verliehen hatte.

Etwas außerhalb des Dorfes gibt es eine römische Brücke, die Teil der Verbindungsstraße zwischen Mérida und Braga war.

Information Turismo, Di–So 10–12.30 und 14–17.30 Uhr, im Winter 9.30–13 und 14–17.30 Uhr. Im Lagar das Varas, ✆ 277914280.

Veranstaltungen Boom Festival, alle 2 Jahre im August in Jahren mit gerader Zahl, das nächste Mal 2018. Großes alternatives Jugendtreffen, bei dem sich etwa 45.000 Besucher Themen zu ganzheitlichen Lebensformen widmen. Etwas außerhalb, am Ufer des Stausees. www.boomfestival.org.

Camping *** Parque de Campismo Municipal, einige Bäume spenden ausreichend Schatten. Baden im Stausee sowie Angeln und Kanufahren möglich. Person 3 €, Zelt 2–3 €, Auto 2 €. Es gibt auch Bungalows für 24–60 € je nach Saison (2 Pers.). Die Rezeption schließt im Sommer um 20 Uhr, im Winter um 18 Uhr. **Barragem de Idanha-a-Nova**, ca. 8 km südlich, nahe der Straße nach Idanha-a-Nova, ✆ 277201029.

Saatgut-Gigant Monsanto und die wackere Bio-Konkurrenz

Wie kam der umstrittene amerikanische Agrarkonzern – seit 2016 Teil des deutschen Chemiekonzerns Bayer – zu seinem schönen und einprägsamen Namen „Heiliger Berg"? Stammte sein Gründer gar aus diesem kleinen Dorf hier an der Grenze zu Spanien? Das ist gut möglich. Mit Sicherheit nichts zu tun hatte der Saatgut-Multi allerdings mit einem Projekt, das die Gemeinde Idanha-a-Velha, das Nachbardorf von Monsanto, ins Leben gerufen hat: Dort wurde auf 570 Hektar besten Ackerbodens ein Ökopark gegründet. Auf den Flächen werden von eigenständigen Betrieben Blaubeeren, Kaktusfeigen, aber auch Gemüse angebaut, alles nach Bio-Vorgaben.

Herzstück des Vorzeigeprojekts aber soll *Semantes Vivas* werden, ein Saatgutproduktionsnetzwerk für die Iberische Halbinsel. So etwas fehlt nämlich, wie der Initiator Stefan Döblin herausfand. Auf den Versuchsfeldern wurde bei unserem Besuch gerade bei 280 Tomatensorten das Wachstum dokumentiert. Doch um für die unterschiedlichsten Regionen die geeignetsten Sorten zu finden und diese mit anderen zu kreuzen, reicht das nicht aus. Deshalb sucht *Semantes Vivas* weitere Kooperationsbetriebe in Portugal, Spanien oder auch Italien. Denn für die Tomate beispielsweise ist es im Mikroklima von Idanha-a-Velha den Sommer über zu heiß, ab 35°C stellt die Pflanze das Wachstum ein, doch in den Küstenregionen kommen solche Temperaturen üblicherweise nicht vor. Ein weiteres Forschungsprojekt dreht sich um *Feijoão Frade*, die Schwarze Augenbohne, die aus Westafrika stammt und nach dem Anwachsen ganz ohne Bewässerung auskommt. Weitere Infos zu dem Projekt unter www.ls-sv.eu.

Ein interessantes Startup-Projekt hat auch *Helena Vinagre* gegründet. Aus Rosmarin und Lavendel, hauptsächlich aber aus den Zistrosenbüschen, die die Landschaft macchiaartig zuwuchern, gewinnt sie Öle, aus denen Naturseifen und Emulsionen hergestellt werden (www.aromasdovalado.com).

In Castelo Branco geht es selten so geruhsam zu

Beira Interior → Karte S. 271

Castelo Branco

ca. 45.000 Einwohner

Die Distrikthauptstadt der Beira Baixa ist tief im Landesinneren angesiedelt. Von der üblichen Landflucht und der Überalterung der Beira Interior scheint Castelo Branco noch verschont zu sein, die Stadt wirkt lebendig und aktiv.

Vermutlich existierte auf dem heutigen Burgberg eine luso-römische Siedlung, genannt *Castra Leuca*. Dort nahm die Besiedlung der Stadt ihren Anfang. Nachdem D. Afonso Henriques das Gebiet zwischen den Flüssen Erges, Zêzere und Tejo von den Mauren zurückerobert hatte, übergab er es den Templern. Diese verschwendeten keine Zeit und errichteten das Castelo mitsamt den Stadtmauern, wie sie heute zu sehen sind. 1285 erweiterte D. Dinis die Befestigungsanlagen und versah sie mit sieben Haupt- und drei Nebenportalen, sodass die Stadt weiter wachsen konnte. Heute ist Castelo Branco als Zentrum einer fruchtbaren Landwirtschaftsregion eine attraktive Kleinstadt. Die angesiedelte Industrie, die Teigwaren- und Käseproduktion, die Fertigung von Hüten und der Abbau von Granit in der Umgebung sorgen für Arbeitsplätze.

Die Sehenswürdigkeiten der Stadt sind einfach zu erlaufen, sie liegen dicht beieinander in oder am Rande der Altstadt. Von Norden her kommend, stößt man zunächst auf das **Museu Francisco Tavares Proença Júnior**. Das nach dem bekannten Archäologen benannte Museum ist im ehemaligen *Bischofspalast* untergebracht, der alleine schon den Besuch lohnt. Zu sehen sind archäologische Funde aus der Umgebung, eine kleine Hommage an den Bischofspalast sowie Gemälde und Teppiche aus dem 16. Jh. Im 1. Stockwerk wird eine Sammlung von *Colchas* präsentiert, kunstvoll bestickten Decken, sowie die Werkzeuge, die es zu ihrer Herstellung braucht.

Tägl. (außer Mo) 10–13 und 14–18 Uhr. Eintritt 3 €, Rentner/Stud. 1,50 €, bis 14 J. frei. Führung zusätzlich pro Person 1 €.

Hinter dem Museum schließt sich der **Jardim Episcopal/Jardim do Paço an**. Den schmucken barocken Garten zieren neben den nicht immer penibel zugeschnittenen Büschen eine riesige Anzahl von Statuen. Sie verkörpern unter anderem die Tugenden, die vier Jahreszeiten, die zwölf Apostel, die fünf Kontinente und die Sternzeichen. Den portugiesischen Königen widmete man ein paar stattliche Statuen, während die spanischen Herrscher nur für zwergengroße Plastiken würdig befunden wurden. Am unteren Ende des Königsgangs befindet sich ein versteckter Wasserspeier, den ein launischer Bischof im 18. Jh. einbauen ließ, um die jungen Damen, die den Garten betrachteten, mit einer kalten Dusche zu überraschen.
Tägl. 9–19 Uhr (im Winter nur bis 17 Uhr). Eintritt 2 €.

Gleich gegenüber kann man sich im **Parque da Cidade** ausruhen und zwischen Bäumen und Sonnenschirmen eine kühle Erfrischung zu sich nehmen und den Wasserspielen zusehen.

Der Straße Richtung Süden folgend, die am *Jardim Episcopal* vorbeiführt, gelangt man zur **Igreja de S. Miguel da Sé**. Im 13. oder 14. Jh. stand auf dem Platz der heutigen Kathedrale die *Capela de Evocação de S. Miguel*. Nachdem die Kapelle zur Ruine verfallen war, konnte sie 1682 und 1771 wieder aufgebaut und 1956 endgültig zur *Sé* erhoben werden. Ihr Inneres ist eine Mischung aus Renaissance- und Barockelementen. Geöffnet ist die Kathedrale nur zu Gottesdiensten.

Oficina-Escola dos Bordados Regionais: Im früheren Postamt am Kirchplatz arbeiten die Stickerinnen von Castelo Branco an ihren kunstvollen Tagesdecken und lassen sich bei ihrer Tätigkeit gern über die Schulter schauen.
Mo–Fr 9–12.30 und 14–18 Uhr, Sa 9–13 Uhr.

Wer sich nach Westen orientiert und die Stadtmauern passiert, trifft auf die **Praça Camões**, die ehemalige Praça Velha. Der Platz verkörperte früher das Zentrum, von dem die Impulse für die Stadtpolitik ausgingen, denn Anfang des 17. Jh. wurden hier die **Paços do Concelho** erbaut; in das damals herrschaftliche Rathaus führen außen angebrachte Treppen, die von Arkaden gestützt werden. Durch den schlichten **Arco do Bispo**, einen Bogen aus dem 13. Jh., kann man den Platz verlassen. Doch zuerst sollte man noch die *Património Bar* (→ „Nachtleben") besuchen und dann durch die Rua dos Cavaleiros weiter aufsteigen.

Auf halbem Weg stößt man in einem Palast aus dem 18. Jh. auf das **Museu Cargaleiro**. Das Museum ist eine Stiftung des zeitgenössischen Malers Manuel Cargaleiro, der hier in der Nähe geboren wurde und zu den bedeutendsten Künstlern des Landes zählt. In Sichtweite erhebt sich der futuristisch anmutende, sich dennoch gut in die Umgebung einfügende Neubau des Museums, in dem der Großteil der Sammlungen untergebracht ist. Zu sehen sind neben farbenfrohen Werken des poetischen Realisten, darunter Porzellan und Azulejos, auch Gemälde aus seinem Besitz, darunter Werke von Pablo Picasso oder Helena Vieira da Silva.
Tägl. (außer Mo) 10–13 und 14–18 Uhr. Eintritt 2 €, Rentner 1 €, Studenten frei. Führung zusätzlich pro Person 1 €.

Um vom **Castelo** aus den wunderbaren Blick über Castelo Branco, einen großen Teil der Beira Baixa und das Grenzgebiet bis hin zur *Serra de São Mamede* zu genießen, sind noch 22 Höhenmeter zu überwinden. Die Wege durch die engen Gassen und über die Treppen hinauf sind zwar steil, aber reizvoll, und che man

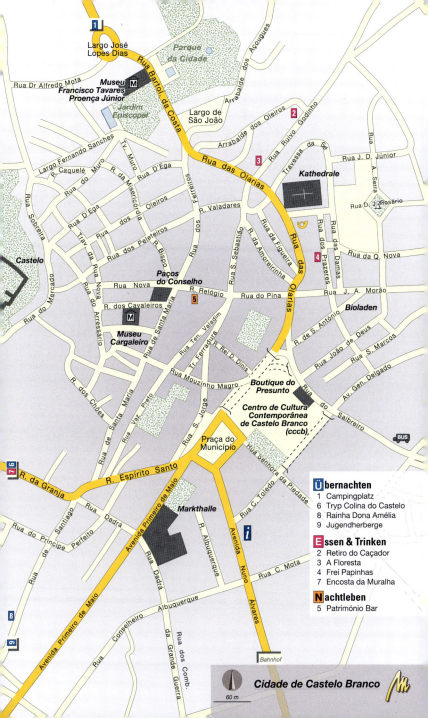

Übernachten

1 Campingplatz
6 Tryp Colina do Castelo
8 Rainha Dona Amélia
9 Jugendherberge

Essen & Trinken

2 Retiro do Caçador
3 A Floresta
4 Frei Papinhas
7 Encosta da Muralha

Nachtleben

5 Património Bar

Cidade de Castelo Branco

60 m

sich versieht, steht man auf 472 m Höhe unter Bäumen und zwischen den Ruinen der Burg. Neben den beiden Türmen überdauerte auch die *Capela de São Brás* aus dem 16. Jahrhundert die Zeiten. Der Burgplatz ist Tag und Nacht frei zugänglich.

Centro de Cultura Contemporânea de Castelo Branco (ccccb): Das moderne Zentrum am südöstlichen Ende des Campo Mártires da Pátria zeigt wechselnde Ausstellungen moderner Kunst. Der eindrucksvolle Bau scheint auf zwei Betonpfeilern zu schweben.

Di–So 10–13 und 14–18 Uhr. Wechselnde Eintrittspreise, meist jedoch unter 4 €.

Information   Turismo, Mo–Fr 9.30–19.30, Sa/So 9.30–13 und 14.30–18 Uhr. Es gibt diverse Broschüren (nur auf Portugiesisch) zu gut markierten Wanderwegen. Zentral an der Av. Nuno Álvares 30, ✆ 272330339, www.cm-castelobranco.pt. Mehr dazu unter www.aldeiasdoxisto.pt.

Zudem ausführliche Informationen (Karten mit Wanderrouten, nur auf Portugiesisch) sowie Faltblätter auf Englisch zu organisierten Thementouren im Naturpark Tejo unter www.naturtejo.com.

Verbindungen   Bahnhof am Ende der Av. Nuno Álvares, ganz im Süden der Stadt.

Busbahnhof neben dem Bahnhof in der Rua Poeta João Roiz, ✆ 272320997. Hier starten Busse von Rede de Expressos (www.rede-expressos.pt), Rodoviária da Beira Interior (www.rbi.pt), Joalto (www.joalto.pt) und Rodoviária do Alentejo (www.rodalentejo.pt). Tägl. 7-mal nach Guarda und Covilhã, 4-mal Belmonte (Ginjal), 8-mal Lissabon, 4-mal Coimbra, 3-mal Abrantes, 4-mal Porto und Viseu, 1-mal Portalegre, Évora, Estremoz, Beja, Albufeira, Vilamoura, Quarteira und Faro, Braga und Guimarães.

Einkaufen   Frisches Gemüse, Obst und Fisch gibt es in der **Markthalle** in der Av. 1° de Maio, gleich hinter dem neuen Rathaus, westlich des Turismo. Im 1. Stockwerk verkaufen Kunsthandwerker ihre Werke.

🌿 **Bioprodukte** gibt es am Samstag und Montag im unteren Teil der Markthalle (nur vormittags). Bioladen in der Rua Santo Antonio 19. Keine Frischware. ∎

Boutique do Presunto, regionale Prudukte, hauptsächlich Schinken und Käse, auch Wollprodukte. Mit Snackbar.

Schwimmbad   Das städtische Freibad ist das größte Strandbad des Landes. Eintritt

3,80 €, Kind 2,60 €. Das Freibad liegt recht weit außerhalb im Südwesten der Stadt.

Telefonnummern   Polizei ✆ 272340622, ✆ 272340900, **Hospital** ✆ 272000272, **Taxi** ✆ 272342012 und ✆ 272341539.

Übernachten   **** Tryp Colina do Castelo **6**, nördlich hinter dem Castelo auf dem Burgberg. 103 großzügige und freundliche Zimmer, die Angebote des Health-Clubs sind im Preis enthalten. DZ 96 €. Rua da Piscina, ✆ 272349280, www.trypcolina castelo.com.

*** Rainha D. Amélia **8**, geräumige, schöne Zimmer mit Bad, z. T. mit Balkon. Das angeschlossene Restaurant serviert das Essen in stilvoller Atmosphäre. DZ 60–93,50 € je nach Saison. Rua de Santiago 15, die Straße verläuft parallel zur südwestlichen Ausfallstraße Av. 1° de Maio, ✆ 272348800, www.hotelrainhadamelia.pt.

Jugendherberge   Pousada de Juventude Castelo Branco **9**, moderner Bau, etwas außerhalb in Richtung Schwimmbad. Nur 2 DZ mit Bad, 4 ohne Bad. Bett im Mehrbettzimmer 11–13 €, DZ mit Bad 32–36 €. Rua Dr. Francisco José Palmeiro, ✆ 272344025, www.pousadasjuventude.pt/pt/pousadas/castelobranco.

Camping   Parque de Campismo Municipal **1**, ca. 4 km vom Zentrum in Richtung Guarda. Die Anlage wird nachts beleuchtet wie ein Flughafen. Viel Schatten. Den Campingplatz erreicht man alle 1 bis 2 Std. mit dem Regionalbus nach Alcaís ab dem Busbahnhof. ✆ 272322577

Essen & Trinken   Frei Papinhas **4**, in einer Seitenstraße rechts neben der Kathedrale. Gemütliches Familienrestaurant mit einem Hauch Brasilien. Viele Gäste bestellen *Rodizio à Gaúcho*, dann bringt der Kellner Fleisch, bis nichts mehr in den Magen passt – allerdings wenig Rind und viel *Porco Preto* (schwarzes Schwein). Hauptgericht 9,50–13,50 €. So Ruhetag. Rua dos Prazeres 31, ✆ 272323090.

>>> **Mein Tipp:** Encosta da Muralha **7**, gute Auswahl, besonders der Fisch ist zu empfehlen; ehrlich wird auf der Karte zwischen Zucht und Wildfang unterschieden, was in Portugal selten ist. Moderne Einrichtung. Hauptgericht 10–18 €. Urbanização Encosta do Castelo Lote 19, ✆ 272322703. <<<

Retiro do Caçador **2**, Obelix würde sich hier zu Hause fühlen, denn der Name ist Programm (Küche des Jägers). Von der Wand schaut ein Wildschwein zu, wie die Gäste seinesgleichen mit Genuss verspeisen. Tagesgericht inkl. ein Getränk, Nachtisch und Bica 7,50 €. Hauptgericht 9–14 €. Rua Ruivo Godinho 15, ✆ 272343050.

A Floresta **3**, in einer Seitenstraße nördlich der Kathedrale. Gemütlich portugiesisch mit schmackhafter regionaler Küche. Zu empfehlen sind die köstlichen Nachspeisen. Tagesgericht 7 €, Hauptgericht 7–12 €. Rua Ruivo Godinho 9-11, ✆ 967690356.

Nachtleben Património Bar **5**, die Bar, sie gilt als die Perle der Stadt, erstreckt sich in einer alten Villa über zwei Stockwerke. Im 1. Stock Barbetrieb zwischen ausgestellten Bildern oder Plastiken, die in dem hohen, hellen Raum mit Stuckdecke einen würdigen Platz gefunden haben. Ein Balkon bietet zusätzlichen Platz im Freien. Am Wochenende im Untergeschoss Disco mit Technomusik. Tägl. 14–2 Uhr. Versteckt in einem Winkel an der Praça Camões (früher Praça Velha), rechts an der Biblioteca Municipal vorbei, ✆ 272321085.

Mächtige Granitformationen prägen die karge Landschaft der Beira Interior

Beira Litoral

Eine Bootsfahrt durch die Ria von Aveiro, eine Wanderung im Märchenwald von Buçaco, Portugals älteste Universität und Bibliothek in Coimbra bestaunen, die Ruinen der römischen Siedlung Conímbriga und das Kloster in Batalha bewundern, am Strand von Praia de Mira die Sonne genießen – die Beira Litoral bietet viel Abwechslung.

Dies gilt auch für die Gastronomie. Während in Aveiro die *Caldeirada de Enguias* (Aaleintopf) nicht von der Speisekarte wegzudenken ist, will man in der Umgebung von Coimbra weder auf den *Arroz de Lampreia* (Reis mit Neunauge) noch auf die *Chanfana* (in Wein geschmortes Ziegenfleisch) oder den *Leitão à Bairrada* (Spanferkel) verzichten.

Auch bei den süßen Verführungen ist Widerstand zwecklos. Der *Pão-de-Ló* aus Ovar ist über die Grenzen der Stadt bekannt. In Aveiro sind es die *Ovos Moles*, denen man kaum widerstehen kann. Um Coimbra waren es vor allem die Klöster, die sich beispielsweise die süßen *Celestes* oder die *Pasteis de Tentúgal* ausdachten ...

Kräftige Rotweine sind die Spezialität der Anbaugebiete *Dão* und *Bairrada*. Bekannt sind die Sorten *Escanção* aus der Gegend um Nelas (Dão) oder *Frei João* aus São João de Anadia (Bairrada). Experten schätzen die Weine der Quinta dos Roques (Dão) und von Luís Pato (Bairrada).

Von Castelo Branco nach Coimbra

Schön über die Berge geht es auf der N 112 von Castelo Branco durch die Ausläufer der *Serra de Alvelos* und der *Serra da Gardunha* über *Pampilhosa da Serra* bis zur *Serra de Lousã*, wo man auf die N 342 abbiegt und dann den Schildern nach **Lousã** folgt. Eilige fahren vielleicht die schnelle Variante von Castelo Branco nach Coimbra über die IC 8 und die neue Autobahn A 13.

Góis

Das kleine Dorf im Tal des Rio Ceio steht für Urlaub auf dem Land. Unter der romanisch anmutenden Flussbrücke hat den Sommer über ein Restaurant geöffnet und stellt dann zwei Tische ins seichte Wasser, die auch bedient werden. Ein schöner kurzer Spaziergang verläuft auf einem Holzsteg flussaufwärts am Ufer entlang zu einer ehemaligen Mühle, in der eine Cafébar betrieben wird. Auf einer schmalen Teerstraße kann man noch bis zum halb verlassenen *Weiler Cabreira* wandern.

Information Turismo, tägl. 9–17 Uhr. Gegenüber der Dorfkirche, ✆ 235770113.

Übernachten/Camping Casa Santa António, ruhig im Ort gelegen, noch ziemlich frisch eingerichtet und gepflegt. ✆ 235770120, figueiredosgois@gmail.com.

Gois Camping, Campingmöglichkeit am Fluss. ✆ 235772034, http://goiscamping.com.

Das schmucke Rathaus von Lousã

Lousã   ca. 10.500 Einwohner

Lousã liegt in der waldreichen, hügeligen Serra gleichen Namens, 27 km südöstlich von Coimbra. Im Ort stehen noch ein paar schmucke Herrschaftshäuser aus dem 17. und 18. Jahrhundert. Auch die barocken *Paços do Conselho*, die das Rathaus beherbergen, und die *Capela da Misericórdia* sind sehenswert, ansonsten dominieren Neubauten den Ort, der einen intakten Eindruck vermittelt. Es gibt eine Textil-, eine Papier- und eine Likörfabrik.

Santuario Nossa Sra. Da Piedade: Eine schmale Asphaltstraße führt bergauf zu diesem 3 km entfernten Kleinod mit Burgruine und einer hübschen, weißgekalkten Kapelle. Der aufgestaute Bach sorgt im Sommer für Erfrischung, und allein das *Restaurant Burgo* (s. u.) ist den Abstecher wert (es geht 5 km bergab).

Information Turismo, Mo–Fr 9–12.30 und 14–17.30, Sa/So 9.30–13 und 14.30–18 Uhr. In unmittelbarer Nähe des Bahnhofs Lousã im Ecomuseu da Serra da Lousã, Rua Dr. Pires de Carvalho, ✆ 239990040, posto.turismo@cm-lousa.pt. Das kleine **Museum** kann gratis besichtigt werden.

Verbindungen Bus: Busse halten vor dem Café Avenida in der Av. do Brasil. 10-mal (Mo–Fr) nach Coimbra mit TransDev, www.transdev.pt.

Sport Transserrano organisiert Kajakfahrten, Querfeldeinmärsche in der Umgebung und vieles mehr. Bairro S. Paulo 13, Góis, ✆ 235778938, www.transserrano.com.

Telefonnummern Polizei ✆ 239990060, Centro da Saúde ✆ 239990622, Taxi ✆ 239992228.

Übernachten **** Meliá Palácio, im Zentrum in einem ehemaligen Adelspalast. Das wunderschöne Hotel lässt keine Wünsche offen. Die Zimmer sind unterschiedlich eingerichtet. Im neu angebauten Flügel sind die Zimmer, anders als im Haupthaus, modern gestaltet und etwas einfacher ausgestattet. DZ im Neubau je nach Saison 95–116 €, im Palast 100–127 €, Superior DZ im Palast 130–165 €. Largo Viscondessa do Espinhal, ✆ 239990800, www.palaciodalousa.com.

Martinho, ruhig gelegen in einem Hinterhof. Die Eckzimmer sind größer und haben ebenfalls große Bäder, der Rest ist etwas enger. DZ 45 €. Rua Carlos Reis 3, ✆ 239991397, www.residencialmartinho.pt.

Jugendherberge Moderner Bau in Zentrumsnähe. Es gibt 6 DZ und ein barriere-freies Zimmer, alle mit eigenem Bad. Bett im Schlafsaal 11–15 €, DZ 32–40 € je nach Saison. Rua da Feira, ✆ 239 990 386.

Camping ** Serpins, ca. 8 km von Lousã entfernt, gut ausgestatteter Platz mit viel Schatten am Rio Ceira. Person 3,50 €, Zelt je nach Saison 3–7 €, Auto 3,50 €. Geöffnet

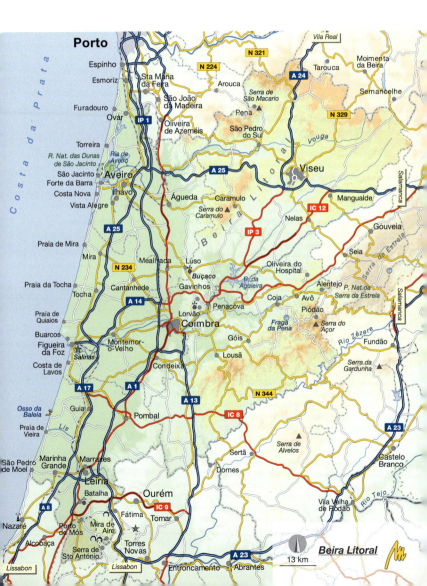

Beira Litoral

13 km

nur Mai bis Ende Sept. Largo da Nossa Sra da Graça, ✆ 239971060, www.camping serpins.com.

Essen & Trinken O Burgo, romantisch beim Santuario Nossa Sra. Da Piedade unterhalb der Burg gelegenes Restaurant. Empfehlenswert ist der Ziegenbraten in Rotweinsoße. Die halbe Portion (ca. 10 €) reicht meistens. Geschlossen So Abend, Mo Ruhetag. ✆ 239991162.

Casa **Velha**, recht großes Restaurant mit guter regionaler Küche, in einem Wohnblock untergebracht. Am Kreisverkehr vor der Jugendherberge die Treppen hinunter gehen. Sehr beliebt. Hauptgericht 11,50–28 €, halbe Portion 8–11 €. Di abends und Mi ganztags geschlossen, im Winter Mo–Do nur Mittagsservice. Praça Sá Caneiro Lote 14, ✆ 239991555.

Coimbra

ca. 110.000 Einwohner

Die – zusammen mit Lissabon – älteste Universitätsstadt des Landes wartet mit einer Fülle von Sehenswürdigkeiten auf. Neben interessanten Kirchen und schönen Parks findet man eine atemberaubende Bibliothek. Angesichts der rund 35.000 Studenten geht es lebendig und locker zu.

In der Stadt herrscht eine offene Atmosphäre und es ist leicht, portugiesische Studenten kennenzulernen, im günstigsten Fall folgt eine Einladung zu einer Party in einer *República*. Diese selbstverwalteten Wohnheime, vergleichbar vielleicht mit den früheren deutschen Studentenverbindungen, haben ihre Traditionen teilweise abgelegt; die Mitglieder tragen heute T-Shirts und malen ihre Häuser bunt an.

Weniger interessant ist die Stadt während der Sommermonate, besonders im August, da dann die Studenten in den Ferien sind und man in der Innenstadt eigentlich nur Touristen trifft.

Coimbra liegt am Ufer des Rio Mondego und zieht sich terrassenförmig einen steilen Hügel hoch. Im *unteren Stadtteil Baixa* liegt die Einkaufszone mit zwei Meter schmalen Gassen; hier drängt sich Geschäft an Geschäft. Der *obere Stadtteil*, „gekrönt" von den Universitätsgebäuden, ist ein ruhiges Wohnviertel mit steilen Gassen und Treppen. In den Außenbezirken wurde in den letzten Jahren viel Neues gebaut. Verspielte Hausfassaden stehen entlang der Fußgängerzone.

Stadtgeschichte: Die Ursprünge von Coimbra reichen bis in die keltische Zeit zurück. Unter den Römern war Coimbra eine wichtige Station zwischen *Olisipo* (Lissabon) und *Bracara* (Braga) und wurde damals noch *Eminium* genannt. Nach den Römern kamen die Sueben und Westgoten. 711 fiel der Ort an die Mauren, die ihn im Jahr 878 wieder verloren. Bei der Invasion des maurischen Feldherrn Almançor im Jahre 987 wurde die Stadt zerstört. Erst 1064 gelang es König Fernando de Castilla y León, Coimbra endgültig zurückzuerobern. Später machte der Bischof von Conimbriga *Eminium* zu seinem Wohnort – Coimbra wurde die Bischofsstadt der Diözese Conimbriga. 1064 war der alte Name Eminium vergessen und aus dem römischen Conimbriga ein mozarabisches Coimbra geworden, das fortan Sitz einer Grafschaft sein sollte, die bis zum Douro reichte. König *Dom Afonso Henriques* machte Coimbra zum Ausgangspunkt seiner Kreuzzüge gegen die Mauren und zur Hauptstadt Portugals bis zur Mitte des 13. Jahrhunderts.

Die auf dem Stadthügel im ehemaligen Königspalast thronende Universität geht auf das Jahr 1290 zurück, als König *Dom Dinis* ein Generalstudium in den Städten Lissabon und Coimbra einrichtete. In den folgenden Jahrhunderten wechselte der Standort immer wieder von hier nach dort, bis *João III.* im Jahr 1537 den Universitätssitz endgültig nach Coimbra verlegte (Lissabons Universitätstradition war damit jäh unterbrochen und lebte erst 1911 mit einer Neugründung wieder auf). Gelehrt wurden anfangs nur bürgerliches und kanonisches Recht sowie Medizin, Grammatik und Logik. Als das Erobererland Portugal Navigatoren für seine Schiffe brauchte, wurden Arithmetik, Geometrie und Astronomie als Studienfächer eingeführt. Sitz der Universität

Ein dunkler Fleck in der Geschichte der Universität ist die Professur von *Salazar*. Der spätere Diktator lehrte hier Volkswirtschaftslehre. Andererseits studierten hier auch Regimegegner wie der Liedermacher José Afonso, der z. B. das Revolutionslied komponierte. Heute ist der barocke Uhren- und Glockenturm der Universität das Wahrzeichen von Coimbra.

Coimbra – die alte Schönheit am Rio Mondego

Beira Litoral → Karte S. 303

Sehenswertes auf dem Universitätshügel

Die **Universität** thront auf dem Hügel über der Stadt. Groß gefeiert wurde im Jahr 2013 ihre Anerkennung als UNESCO-Welterbe. Schon von weitem sieht man den bekannten Uhrturm, den die Studenten neckisch *a cabra*, die Ziege, nennen – wenn die Glocke einst zu den Vorlesungen rief, klang dies in den verschlafenen Studentenohren wie das Meckern einer Ziege. Man betritt den klassischen Teil der Universität durch die *Porta Férrea*, das eiserne Tor. Im manieristischen Stil gestaltet, zeigt sie typische Formen der Renaissance. Auf der rechten Seite schließt sich der Säulengang an, *Via Latina* genannt, weil dort die Lateinstudenten diese Sprache auch praktizierten.

Innerhalb der Universität sind verschiedene Bereiche zu besichtigen: die *Biblioteca Joanina* (Eingang an der Südwestseite des Uni-Innenhofes, Besucher werden in Gruppen hineingelassen), die *Capela de São Miguel* aus dem 16. Jh. (Eingang rechts neben der Bibliothek) und die *Sala dos Capelos*, der Festsaal (die Treppen in der Mitte der Nordseite des Innenhofs hochgehen und durch ein Säulentor nach oben). Seit kurzem dürfen Gäste auch den Karzer besuchen – ohne dass sie etwas ausgefressen haben müssen.

Biblioteca Joanina: Die einzigartige Universitätsbibliothek ließ João V. von 1717 bis 1724 in verschwenderischem Barock errichten. Insgesamt drei Stockwerke gibt es, von denen eines besichtigt werden kann. Die Bücherregale, die rund 57.000

Cabra und Via Latina – die alte Universität

Bänden Raum geben, sind mit Blattgold und kostbaren Buchmalereien verziert und reichen bis zur vier Meter hohen Decke. Leitern wurden versteckt in die Regale eingefügt und bei Bedarf herausgezogen. An den Tischen brüteten früher die Studenten über den Schriften. Der Boden ist eine Einlegearbeit aus verschiedenfarbigen Marmorsteinen, die Decke ziert Illusionsmalerei zu den verschiedenen Fachbereichen. In den Regalen lagern noch zahlreiche Lehrbücher aus der Frühzeit des Buchdrucks. Die wertvollsten Handschriften werden aus Sicherheitsgründen in der neuen Bibliothek aufbewahrt. Insgesamt lagern in den Bibliotheken der Universität rund 2,5 Millionen Bücher.

Infobüro der Universidade de Coimbra: Hier werden die Tickets für die Museen und die alte Bibliothek verkauft. Eine Kombikarte berechtigt zum Besuch weiterer Ausstellungen, z. B. der Physikalischen Sammlung oder der Galeria Zoologica. Bei dem oft großen Andrang sind die Führungen durch die Bibliothek oft lange im Voraus ausgebucht.

Reservierung ist über eine Mail an reservas@uc.pt möglich. Auch auf der informativen Webseite (http://visit.uc.pt) soll es künftig eine Reservierungsmöglichkeit geben, ✆ 239 859 884.

Die **Sala dos Capelos** hat schon viele Doktorhüte gesehen. Bei der Verleihung der Doktorwürde herrschten früher strenge Sitten. Frauen waren gar nicht zugelassen, in den erhabenen Sesseln saßen Dekan und Rektor, auf den erhöhten Bänken an den Seiten durften nur Doktoren Platz nehmen und in der Mitte dann die geladenen Gäste, das Fußvolk musste stehen, während der arme Prüfling vorne ins Schwitzen kam. Nebenan findet man die **Sala do Exame Privado**, einen reich ausgeschmückten Raum, in dem die Studenten den Rektor und die Professoren in „Privataudienzen" treffen konnten. Der Raum wurde 1701 von José Cardoso, dem Baumeister der Universität, umgestaltet.

Capela de São Miguel: Die Kapelle wurde an der Stelle eines Betraums des mittelalterlichen Palasts errichtet. Die Arbeiten erfolgten in der ersten Hälfte des 16. Jahrhunderts, im 17. und 18. Jh. wurde die Kapelle grundlegend umgestaltet. Der Altar zählt zu den bedeutendsten manieristischen Altären des Landes. Auffällig ist auch die pompöse barocke Orgel.

Vom Innenhof breitet sich ein schönes Panorama auf die östliche Umgebung von Coimbra aus.

Ende März–Okt. tägl. 9–19.30 Uhr, im Winter tägl. 9–13 und 14–17, Sa/So 10–16.30 Uhr. Eintritt für alle Räume 9 €, ab 65 J. und mit Studentenausweis 5,50 €. Die Besteigung des Turms kostet zusätzlich 3 €. Geführte Touren 15 €.

Beira Litoral → Karte S. 303

Studentische Traditionen

Die Studenten von heute berufen sich wieder gerne auf alte Traditionen. Nach den Studentenunruhen in den 1960er-Jahren war Tradition verpönt. Heute dagegen werden teilweise wieder schlimme Bräuche unter den Studierenden praktiziert, unter denen besonders die Erstsemester *(Caloiros)* zu leiden haben. Ihnen werden in Einführungsriten u. a. die Haare abgeschnitten und die Kleidung bis auf die Unterhosen geraubt. Bis etwa 1930 bestand für Erstsemester ein generelles Ausgehverbot nach 18 Uhr: Die älteren Semester sahen in ihnen eine unerwünschte Konkurrenz um die schönsten Bürgertöchter, die durch nächtliche Fadoserenaden bezirzt wurden.

Die *Traje Académico*, die traditionelle Studentenuniform mit schwarzem Umhang *(Capa)*, wird in Coimbra, obwohl nicht verpflichtend, auch heute noch oft getragen. Auch hier unterscheidet sich Coimbra von den meisten anderen portugiesischen Unis, an denen *Trajes Académicos* kaum mehr getragen werden. Die Umhänge werden von ihren Besitzern anderen gern zum Einreißen gegeben. Dabei geht man folgendermaßen vor: Der mittlere Riss gebührt der Freundin oder dem Freund, bei Singles bleibt die Mitte ohne Einriss. Die eine Seite des Umhangs ist dann für Einrisse von Familienangehörigen, die andere für die von Freunden reserviert ...

Museu da Ciência: Das Museum ist in den alten chemischen Universitätslabors untergebracht, die noch aus pombalinischer Zeit stammen. Die Sammlung zeigt anhand der Phänomene Licht und Materie die Entwicklung der Wissenschaft seit dem 18. Jahrhundert. Alle Exponate stammen aus der Sammlung der Universität. Zentrales Thema ist das Element Licht, über das wir die Welt erfahren.
Tägl. (außer Mo) 10–18 Uhr, Eintritt 4 €. Mit Cartão Jovem, Studenten und ab 65 J. 2 €. Kinder bis 5 J. Eintritt frei. Die Eintrittskarte berechtigt auch zum Besuch des *Gabinete da Física* im Colégio de Jesus, Di–Fr 10–13 und 14–18 Uhr, Sa/So nur nachmittags, Mo geschlossen.

Jardim Botânico: Im botanischen Garten der Universität wechseln sich exotische Pflanzen und algenbewachsene Brunnen ab. Der Garten wurde in der Reformzeit des *Marquês de Pombal* errichtet. Der anschließende Wald, der sich den steilen Hang hinabzieht, ist für die Öffentlichkeit nicht zugänglich. Doch schon die uralten Ficusse im oberen Teil des Parks beeindrucken überaus.
Die Öffnungszeiten ändern sich häufig, im Sommer tägl. 9–20 Uhr, im Winter 9–17.30 Uhr. Eintritt frei. Das Gewächshaus *(Estufa fria)* ist nur für Gruppen nach Voranmeldung zu besichtigen. Av. Júlio Henriques.

Penedo da Saudade: Kleiner Park östlich des Jardim Botânico; von den azulejogeschmückten Parkbänken bietet sich ein schöner Blick in die Umgebung. Hier trafen sich früher die studentischen *Fadistas* (Fadosänger).

Sé Nova: Die neue Kathedrale der Stadt steht im modernen Teil der Universität. Der große, lichte Bau wurde 1598 von den Jesuiten als Kollegiatskirche begonnen und erst nach der Verbannung des Ordens 1772 zur Kathedrale. In der rund 100 Jahre dauernden Bauzeit hinterließen Einflüsse von Renaissance wie von Barock ihre Spuren.
Mo–Sa 9–18.30 Uhr, So 10–12.30 Uhr, Eintritt 1 €.

Museu Nacional Machado de Castro: Das interessanteste Museum von Coimbra residiert im früheren Bischofspalast mit schöner Renaissance-Terrasse. Das Fundament des Palasts bildet ein zweigeschossiger römischer Gewölbebau aus dem 1. Jahrhundert, unter dem sich zwei weitere Etagen mit Brunnenresten und Ruinen aus der Zeit von Kaiser Augustus bis Claudius befinden. Der Gewölbebau war Teil des *Forums* der römischen Stadt *Eminium*. Nach langjährigem Umbau und einer modernen Erweiterung wurde das Museum 2012 neu eröffnet und zählt seitdem zu den wichtigsten Museen Portugals. Die ständige Ausstellung zeigt Skulpturen portugiesischer Bildhauer, z. T. der „Schule von Coimbra", nach deren bekanntestem Vertreter das Museum benannt wurde. Daneben sind zahlreiche Gemälde und Keramiken zu sehen, kostbare Schmuckstücke, lithurgische Gewänder und sakrale Kunst. Sogar eine komplette Kapelle aus der Renaissance *(Capela do Tesoureiro)* wurde in die Ausstellung integriert.

Tägl. (außer Mo) 10–18 Uhr. Von Okt. bis März geschlossen von 13–14 Uhr. Eintritt 6 €, nur Gewölbebau 3 €, über 65 J. 50 % Nachlass, Behinderte und mit Cartão Jovem 60 %. Am Largo Dr. José Rodrigues zwischen Sé Nova und Sé Velha.

Sé Velha: Die alte Kathedrale ist ein wuchtiger, monumentaler, aber sehr harmonischer Bau mit Zinnen und Eckpfeilern – eher Kriegsfestung als Gotteshaus. Dieses bedeutende und größte romanische Bauwerk wurde vom ersten portugiesischen König in Auftrag gegeben und entstand zwischen 1162 und 1184. Das Nordportal wurde um 1540 von *João de Ruão* üppig in Marmor ausgeschmückt – wegen seines Renaissance-Stils bildet es einen starken Kontrast zum übrigen Gebäude. Das Hauptportal ist dagegen mit textilähnlichen, maurischen Mustern ausgeschmückt. Besonders hervorzuheben sind die Seitenkapellen, z. B. die Kapelle vorne links, gestaltet von *Nicolau Chanterène*, oder die vorne rechts aus dem Jahr 1566, ein Werk von *João de Ruão*. Glanzstück ist das flämische Retabel des Hauptaltars mit filigraner Dekoration, gotische Baldachine überdachen die zierlichen Heiligenfiguren, im Zentrum eine rotblonde (!) Maria, weiter oben ein verklärter Christus am Kreuz, am Fuße szenische Darstellungen der schreibenden Evangelisten sowie der Geburt und Auferstehung Christi. Zum romanisch-gotischen Kreuzgang, dem ältesten seiner Art in Portugal, gelangt man, wenn man hinter dem Eingang nach rechts geht. Um den *Claustro* aus dem Jahr 1218 herum sind Gräber angeordnet.

Sehr änderungsanfällige Öffnungszeiten, meist tägl. (außer So) 10–18 Uhr. Eintritt 2 €.

Äußerlich bescheiden: die neue Kathedrale

Museu Byssaia Barreto: Der enge Freund von Diktator Salazar sammelte dekorative Kunst im Stil des Regimes. Das Haus mit einigen Skulpturen aus dem 18. Jh. wurde im nachempfundenen joaninischen Barock errichtet.

Tägl. (außer Mo) 11–13 und 15–18 Uhr, am Wochenende nur Nachmittag, im Winter Sa–Mo geschlossen. Eintritt 2,50 €. Rua da Infantaria 23, beim Aquädukt. www.fbb.pt.

Casa Nau: Eines der kuriosesten Häuser der Stadt hat die Form eines Schiffs. Im Haus residiert die Real República Prá-Kys-Tão. Rua Joaquim António de Aguiar.

Torre de Anto: Der Turm gehörte zur mittelalterlichen Stadtmauer, im 16. Jh. erhielt er sein heutiges Aussehen. Der Dichter António Nobre (1867–1900) lebte hier Ende des 19. Jh. Nicht weit entfernt, etwas unterhalb, steht der **Palácio de Sobre Ripas**, dessen manuelinisches Portal aus der ersten Hälfte des 16. Jh. stammt. Die zwei Teile des Palasts sind durch einen Torbogen verbunden.

Di–So 10–13 und 14–18 Uhr, geschlossen. Eintritt 1,70 €, ab 65 J. und Studenten 1,08 €. Kinder bis 12 J. frei. Rua de Sobre Ripas.

In der **Torre de Almedina** in der Nähe ist das Museum *Núcleo da Cidade Muralhada* zu besichtigen. Hier gibt es Informationen über das mittelalterliche Coimbra und seine Befestigungsmauern, eine audiovisuelle Demonstration führt die 2 km lange Stadtmauer entlang.

Arco de Almedina: Im alten Stadttor direkt daneben ist das Stadtarchiv untergebracht. Hier werden wichtige, historische Dokumente verwahrt, z. B. das Orginal des *Lei das Sesmarias*, einer Notstandsverordnung aus dem Pestjahr 1375, das die Lebensmittelversorgung der Bevölkerung regelte, oder der manuelinische Freibrief der Stadt.

Sehenswertes in der Altstadt

Igreja de Santa Cruz: Die ehemalige Klosterkirche neben dem Rathaus wurde 1131 vom Augustiner-Bettelorden gegründet und ist damit noch älter als die Kathedrale. Ein Teil von ihr wird heute als Café genutzt (→ Cafés). In der ersten Hälfte des 16. Jh. gestaltete Architekt Diogo de Boitaca große Teile der bis dahin romanischgotischen Kirche im manuelinischen Stil um. Im Chorraum sind die beiden ersten portugiesischen Könige *Dom Afonso Henriques* (links) und *Dom Sancho I.* (rechts) in prunkvollen Grabmälern bestattet. Als Wissenschaftler der Universität klären wollten, ob es sich wirklich um den Leichnam Afonso Henriques' handelt, wurde ihnen die bereits erteilte Genehmigung unmittelbar vor Öffnung des Sarges wieder entzogen. Früher befanden sich die Gräber der beiden Könige am Eingang, doch als König Dom Manuel I. die Kirche besichtigte, beauftragte er den Architekten Diogo de Castilho, neue Gräber zu bauen.

Zu bewundern ist auch die *Renaissancekanzel* des französischen Bildhauers Nicolau Chanterène von 1521. Die Wände sind mit weiß-blauen Azulejos aus dem 18. Jh. ausgeschmückt, links zeigen sie die Geschichte des heiligen Kreuzes, rechts Episoden aus dem Leben des heiligen Augustinus. Die *Orgel*, ebenfalls aus dem 18. Jh., besitzt 3420 Pfeifen. Der *Hauptaltar*, ganz aus Holz, zeigt barocken Stil. Über die größte Sakristei Portugals und den Kapitelsaal gelangt man in den manuelinischen *Kreuzgang*. Die *Sakristei*, eine Kopie der Sala Real des Vatikans, besitzt kostbare Bilder des portugiesischen Malers *Grão Vasco*. In der Kapelle des Kapitelsaals, der von Boitaca geplant wurde, liegt der erste Heilige Portugals, der heiligen Teotónio, begraben. Auch der heilige António lebte und studierte im Kloster. Weil die Mönche hier nicht reden durften, heißt der manuelinische, mit hübschen Azulejos ausgekleidete *Claustro do Silêncio* aus dem Jahr 1517 „Kreuzgang des Schweigens".

Mo–Fr 9–17 Uhr, Sa 9–12 und 14–17 Uhr, So 16–17.30 Uhr. Eintritt für den Kreuzgang 2,50 €, Studenten und Rentner 1,50 €.

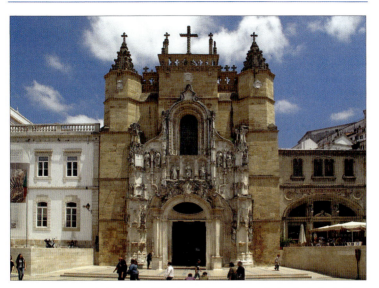
Letzte Ruhestätte der ersten Könige – die Igreja de Santa Cruz

Beira Litoral → Karte S. 303

Edifício Chiado: Das städtische Kulturzentrum zeigt in wechselnder Folge z. B. Kunst-, Foto- und Blumenausstellungen. Die Fassade des Hauses ist nach einem Entwurf von Gustave Eiffel gestaltet. Mittwochs arbeiten hier manchmal Keramiker aus dem Ort Almalaguês. Die handbemalten Fayenceteller sind ein schönes Mitbringsel – pastellfarben mit Motiven aus dem 17. Jahrhundert. Auch Kunsthandwerkserzeugnisse aus der Region werden hier verkauft. Auch das **Museu Municipal de Coimbra** ist hier zuhause.

Mi–So 10–19 Uhr, Di 14–18 Uhr. Eintritt wechselt je nach Ausstellung. Manchmal auch Eintritt frei. Rua Ferreira Borges 83.

Jardim da Sereia: Schöne Parkanlage aus dem 18. Jh., auch Parque Santa Cruz genannt, ein dichtbewaldeter Berghang mit einem großen, hübschen Brunnen. Mitunter finden hier Open-Air-Konzerte statt.

Oberhalb der Praça da República. Der Park ist frei zugänglich.

Mosteiro de Celas: Das Benediktinerkloster, etwa 2 km nordöstlich des Jardim da Sereia, wurde von der Tochter von Dom Sancho I. Ende des 12. Jh. gestiftet und im 16. Jh. umfassend umgebaut. Aus dieser Zeit stammt das von *João de Ruão* gestaltete Rennaissanceportal. Sehenswert ist auch der Kreuzgang aus dem späten 13. Jh.

Tägl. (außer So) 15–18 Uhr. Eintritt 1,25 €, Studenten 1 €, unter 12 J. und über 65 J. frei.

Sehenswertes auf der anderen Flussseite

Convento de Santa Clara-a-Velha: Am anderen Ufer des Rio Mondego befinden sich die Ruinen des alten Santa-Klara-Klosters. Der gotische Bau vom Ende des 13. Jh. wurde bis ins 17. Jahrhundert bewohnt. Der gotische Kreuzgang, von dem nur noch Fundamente übrig sind, war der größte seiner Art in Portugal. Unglücklicherweise versank das Clarissenkloster immer tiefer im Sumpf und füllte sich mit dem Brackwasser des nahen Rio Mondego. Um es weiter nutzen zu können, wurde ein Zwischengeschoss eingezogen. 1677 wurde das Kloster aufgegeben und weiter westlich ein neues Kloster *(Santa Clara-a-Nova)* in höherer Lage errichtet. In den 1990er Jahren wurde das Gebäude restauriert, um es vor dem endgültigen Versinken zu bewahren. Das Wasser wird ständig abgepumpt und zusätzliche, unterirdisch eingezogene Wände sollen eine Überschwemmung verhindern, was aber nur schwer gelingt. Ein Museum in einem modernen Neubau etwas abseits zeigt Fundstücke und gibt einen Einblick in das Klosterleben.

Tägl. (außer Mo) 10–19, im Winter bis 17 Uhr. Eintritt 4 €, Stud. und ab 65 J. 2 €, bis 10 J. frei, So 10–14 Uhr für alle frei. Audioguides auf Engl. und Franz. Eingang Rua das Parreiras, auf Höhe der Fußgängerbrücke über den Fluss. Busse 6, 13, 14, 14T, 18, 20, 23 und 31.

Portugal dos Pequenitos: Neben dem alten Santa-Clara-Kloster. Ein Dorf mit portugiesischen Provinzhäusern in kindgerechter Ausführung und absolut kein Plastik-Disneyland. Hier wurden aufwendig bis ins letzte Detail kopierte Bauwerke aus Portugal und den ehemaligen afrikanischen Kolonien aufgebaut. Für Kinder ist der Park wohl die Hauptattraktion von Coimbra.

Tägl. 10–17 Uhr, März–Mai bis 19 Uhr, Juni–Sept. bis 20 Uhr. Nur an Weihnachten geschlossen. Eintritt 9,50 €, Kinder bis 13 J. und Rentner 5,95 €, bis 3 J. Eintritt frei. Familien mit 2 Kindern zahlen 25,95 €. Busse 6 und 14.

Mord im Lustgarten

Dom Pedro, Sohn und Thronfolger von König Afonso IV., war in die spanische Hofdame Inês de Castro verliebt, die er wegen ihrer einflussreichen spanischen Familie nicht heiraten durfte. Also lebten die beiden ihre Lust in den Gärten der *Quinta das Lágrimas* aus. Der König sah die Liebschaft des Sprösslings gar nicht gerne, und seine Berater insistierten gar darauf, Inês de Castro aus Gründen der „politischen Stabilität" zu töten. 1355 gab König Afonso den Befehl zu dem Mord. Als die Dolche der Schergen des Königs Inês' Körper durchbohrten, soll ihr Blut die Steine der *Fonte dos Amores*, die aus ihren Tränen entsprungen war, rot gefärbt haben.

Als Pedro 1357 den Thron seines Vaters bestieg, ließ er die tote Inês an seiner Seite zur Königin ausrufen. Seines Vaters Berater mussten seine und Inês' verweste Hand küssen und ihm die Treue schwören. Den Mördern aber ließ er die Herzen herausreißen, die er der Legende nach anschließend verspeiste.

Die sterblichen Überreste von Pedro und Inês liegen heute im Kloster von Alcobaça. Die Särge stehen so, dass die Liebenden sich am Jüngsten Tag, wenn sie auferstehen, sofort in die Augen blicken können.

Mitte März bis Mitte Okt. tägl. (außer Mo) 10–19 Uhr, sonst nur bis 17 Uhr. Eintritt 2,50 €. Die Fonte dos Amores erreicht man nicht über den Haupteingang des Hotels, sondern durch einen eigenen Zugang, der hinter dem Portugal dos Pequenitos vom Parkplatz aus ca. 100 m die Straße zum Hang hinauf liegt (ausgeschildert), dann durch die Golfschule zum Brunnen gehen. Der Park ist sehr schön, wenn auch etwas verwildert. Vorsicht: Man sagt, dass die, die das Wasser der Fonte dos Amores trinken, auf immer und ewig verliebt bleiben …

Convento Santa Clara-a-Nova: Oberhalb des Portugal-dos-Pequenitos-Kinderdorfs, erbaut im barocken Stil des 17. und 18. Jh. Sehenswert ist der vergoldete Hochaltar mit dem silbernen Grab der heiligen Königin Isabel (die portugiesische

Version der heiligen Elisabeth), in dem ihr Körper seit 600 Jahren unverwest liegt. In Jahren mit gerader Endziffer wird Anfang Juli das Fest der heiligen Isabel gefeiert, bei dem manchmal Teile (!) des Leichnams ausgestellt sind. Wer wollte, konnte sich in einem Jahr z. B. die rechte Hand der Schutzpatronin Coimbras anschauen. Ursprünglich lag Königin Isabel in einem schlichten Steinsarg im Saal am Ende des Hauptschiffs begraben. Die Kirche ist erdrückend mit goldverzierten Seitenaltären ausgestattet. In den schönen Renaissancekreuzgang gelangt man über die Sakristei vorne links. Von der Terrasse vor der Kirche ist ganz Coimbra gut zu überblicken.

Tägl. 9–19 Uhr. Eintritt Kirche oder Ausstellung 2 €, Kombiticket mit Chor 5 €, geführte Tour ab 10 €. Busse 14 und 6.

Vale do Inferno: Von hier aus hat man wohl den schönsten Blick auf Coimbra. Der Miradouro befindet sich nördlich des Santa-Clara-a-Nova-Klosters. Einfach der Straße folgen.

Lapa dos Esteios: Direkt am Rio Mondego gelegen bietet sich von hier aus ein wundervolles Panorama der Stadt, das inzwischen leider durch den Blick auf die Ponte Rainha Santa Isabel gestört wird. Doch der Ort hat von seiner Romantik, die von Poeten und Fadistas geschätzt wurde, nur wenig eingebüßt. Im Gebäude gibt es eine Abteilung der Brigada Fiscal der GNR; der Eingang zum Park, zu einer Platanenallee und einer Quelle aus dem 17. Jahrhundert ist aber frei zugänglich.

Tägl. 9–12 und 14–17.30 Uhr. Eintritt nur mit Ausweis oder Pass.

Feste, studentische Traditionen, Folklore

Das ausschweifende Fest **Queima das Fitas**, alljährlich Mitte Mai, dauert insgesamt sechs Tage. Jeden Abend ist eine andere Fakultät der Universität für die Gestaltung zuständig, es gibt Folk- und Rockmusik am Flusspark *(Parque Dr. Manuel Braga)*. Traditionell beginnt das Fest in der Nacht vom Donnerstag auf Freitag (oder von Freitag auf Samstag) mit einer beeindruckenden Fado-Serenade um Mitternacht am Platz vor der *Sé Velha*. Ein Höhepunkt ist der *Cortejo Académico*, der Akademische Umzug. Dann tragten die Diplomanden des letzten Studienjahrs bunte Bänder in ihren Büchern oder Taschen mit sich, die bei dem Fest verbrannt werden *(Queima das Fitas* = Bänderverbrennung). Die *Fitas* wurden vorher zumeist in Fátima geweiht und haben je nach Fakultät eine andere Farbe.

Die **Festas da Cidade** zu Ehren von Königin *Santa Isabel*, der Stadtpatronin von Coimbra, werden in geraden Jahren Anfang Juli gefeiert. Geprägt ist das einwöchige Stadtfest von einer Mischung aus religiösem, sportlichem und sonstigem Programm wie Konzerte, Ausstellungen, Umzüge und Feuerwerk.

Beira Litoral → Karte S. 303

⦗Basis-Infos

→ Karte S. 316/317

Information Turismo do Centro de Portugal, Mitte Juni bis Mitte Sept. Mo–Fr 9–20, Sa/So bis 18 Uhr, sonst Mo–Fr 9–18, Sa/So 9–13 und 14–18 Uhr. Die erste Adresse für Informationen über die Umgebung, aber auch über Coimbra wird man umfassend informiert. Am Largo da Portagem (Flussuferallee) in der Innenstadt, an der Brücke über den Rio Mondego. ✆ 239488120, www.turismodocentro.pt.

Turismo Municipal (städtischer Turismus), Mo–Fr 9–18.30 Uhr, im Winter Mo–Fr 9–17.30 Uhr. Hier ist es meist etwas ruhiger als im Büro unten in der Stadt. Praca da Republica, in einem Kiosk am Platz, ✆ 939010084, www.turismodecoimbra.pt.

Adressen Internationale Presse gibt es in der Haupteinkaufsstraße in verschiedenen Tabacarias.

Baden Städtisches Schwimmbad, in dem zur EM 2004 errichteten Stadionkomplex. Ein neues Freibad, die *Piscina do Mondego*, gibt es auf der gegenüberliegenden Fluss-seite in der Nähe der Fußgängerbrücke. Weitere Bademöglichkeiten an den etwa 35 km entfernten Stränden Praia de Mira und Praia de Tocha (im Sommer fahren tägl. 9 Busse von AVIC/Joalto).

Einkaufen Mercado Municipal D. Pedro V, in der städtischen Markthalle mit ihren vielen Ständen kann man Mo–Sa am Vormittag gut Lebensmittel einkaufen. Rua Olímpio Nicolau Rui Fernandes (hinter dem Rathaus).

Coisas e Sabores, in dem Laden am Platz gegenüber der Igreja Sta. Cruz gibt es regionales Kunsthandwerk, Käse und Liköre.

🌿Biomarkt jeden Samstag im Botanischen Garten. ■

Fahrradverleih e.tour, Elektrofahrräder, nicht schlecht für das hügelige Gelände. ✆ 926646711, http://www.etour.pt.

Internet +Coimbra im unteren Stadt-bereich um die Fußgängerzone, zwischen Largo da Portagem und Prace 8 de Maio gibt es das städtische +Coimbra-Netz. Mit der Angabe des Geburtsdatums ist man kostenlos registriert.

Kanufahren/Mountainbiking Die Firma **Pioneiro do Mondego** organisiert Kanufahr-ten auf dem Fluss, ✆ 239478385, www. opioneirodomondego.com. Neben dem Wassersport hat es den Führern von **Capitão Dureza** auch das Rad als Sport-gerät angetan: Kanu, Rafting und Moun-tainbiketouren, ✆ 239476701, www.capitao dureza.com.

Reiten Centro Hípico de Coimbra, Mata do Choupal, ✆ 239837695.

Telefonnummern Polizei ✆ 239797640, ✆ 239794300, Hospital ✆ 239400400, Taxi ✆ 239499090.

Wäscherei Absolutágua 🔟, Av. Sá da Bandeira 86.

Ⓥerbindungen

Bahn Der Bahnhof Coimbra B liegt an der Hauptbahnlinie Lissabon – Porto. Per Ex-presszug in 2¼ Std. nach Lissabon, in 1¼ Std. nach Porto. Tägl. 18 Schnellzüge nach Lissabon (über Santarém) und 14 nach Porto (über Aveiro). Regionalzüge fahren stündl. über Aveiro nach Porto und bis zu 11-mal tägl. nach Lissabon, Santarém und Tomar, jeweils mit Umsteigen in Entron-camento. Zudem tägl. 2-mal direkt nach Braga, 3-mal nach Luso-Buçaco, 6-mal Viseu (Busanschluss in Nelas), 7-mal Guarda und 1-mal tägl. fährt der Südexpress nach Hen-daye mit Anschluss nach Paris. Der Bahn-hof Coimbra B liegt recht weit vom Stadt-zentrum entfernt, doch es gibt meist Sofortanschluss mit Nahverkehrszügen zum Zentralbahnhof Coimbra A. Der Bahn-hof Coimbra B wird auch *Estação Velha* und Coimbra A *Estação Nova* genannt.

Von **Coimbra A** fahren über Coimbra B fast stündl. Nahverkehrszüge Richtung Mon-temor-o-Velho und Figueira da Foz, an die Atlantikküste und Richtung Porto (über Aveiro). www.cp.pt.

Bus Das **Terminal von TransDev** und **Rede de Expressos** (www.transdev.pt,

www.rede-expressos.pt) liegt ca. 1,5 km außerhalb des Stadtzentrums an der Av. Fernão Magalhães. Von hier aus erreicht man alle größere Orten in Portugal. Busse etwa stündl. nach Lissabon, 16-mal Viseu, 14-mal Leiria, 18-mal Fátima, 34-mal Porto, 15-mal Braga, 5-mal Aveiro, 3-mal Castelo Branco, 3-mal Santarém, Évora und Beja, 5-mal Algarve. Regionalbusse von TransDev fahren 14-mal nach Penacova (Sa/So 3-mal), 4-mal nach Luso (Sa 2-mal, So keiner).

Joalto-Mondego-Terminal (früher *AVIC* und *Moisés* – www.joalto.pt, www.avic.pt) am Rande der Mata do Choupal, an der IC 2 am nördlichen Stadtrand in Richtung Meal-hada, etwa 1 km hinter dem TransDev-Ter-minal. Hier fahren die Regionalbusse: tägl. 4-mal direkt (Sa/So 3-mal) nach Conímbriga, halbstündl. (Sa/So alle 2 Std.) nach Con-deixa, 14-mal (Sa/So 3-mal) nach Penacova, 9-mal im Sommer zur Praia de Mira. Die meisten Busse halten auch gegenüber dem Bahnhof Coimbra A in der Innenstadt.

Moisés fährt 14-mal tägl. mit Regional-bussen nach Montemor-o-Velho und 8-mal nach Figueira da Foz. Tickets im Kiosk beim Hotel Tivoli an der Av. Fernão Magalhães. Dort ist auch die Haltestelle.

Mittagszeit in der Unterstadt

Beira Litoral → Karte S. 303

Stadtverkehr: Busse und Oberleitungsbusse sind das Rückgrat des öffentlichen Nahverkehrs. Wichtig sind folgende Linien: **Nr. 103** fährt jede Viertelstunde vom Bahnhof Coimbra A zur Universität den Hügel hinauf und zurück, ab Coimbra B fährt die Linie **Nr. 28** zur Uni, allerdings nur 2-mal pro Std.; **Nr. 5** alle 20 Min. von Coimbra B über das Rathaus und Praça da República zum Estádio Municipal; **Nr. 7** und **7T** sind die beiden Richtungen eines Rundkurses, der alle 10 Min. vom Largo da Portagem zur Jugendherberge und zum Stadion führt; **Nr. 6** verbindet alle 20 Min. (Sa/So alle 30 Min.) den Largo da Portagem mit der anderen Flussseite (Portugal dos Pequenitos, Santa Clara-a-Velha und Santa Clara-a-Nova). Den Campingplatz erreicht man etwa 1- bis 2-mal pro Std. mit **Nr. 38** ab Largo da Portagem. Alternativ kann man auch die **Nr. 33** bis Alto de São João nehmen und ab dort laufen. Mit dem **Aufzug am Mercado Municipal** schwebt man bequem zur Universität empor. Ebenfalls zwischen Universität und Baixa verkehrt die blaue Linie, auch **Pantufinhas** genannt. Dieser Bus lässt sich per Handzeichen stoppen. Er fährt Mo–Fr 8.45–19 und Sa 9.15–13.15 Uhr.

Die Busse fahren etwa bis Mitternacht (Nr. 7 bis 0.30 Uhr). Die Einzelfahrt kostet im Bus ca. 1,60 €. 3er- bis 11er-Streifenkarten gibt es für 2,20–6,40 €. Tagesticket 3,50 €, z. B. am Pavillon vor dem Turismo (Largo da Portagem), am Buswartehäuschen vor der Praça da República 18 oder am Aufzug neben dem Mercado.

Parken Die wenigen freien Parkplätze in der Stadt sind fast alle gebührenpflichtig. Gratis kann man noch an der Universität auf dem Largo D. Diniz (meist voll belegt!) und hinter der Brücke in Santa Clara sein Auto abstellen. Es gibt einige Parkhäuser in der Nähe des Bahnhofs (ca. 0,80 € pro Std.), am Mercado Municipal und vor der Stadt. Außerdem gibt es 4 **Parques Ecovia**, auf denen man werktags zwischen 7.30 und 18 Uhr das Auto abstellen und mit einem Kombiticket für Parken und öffentliche Verkehrsmittel in die Innenstadt fahren kann. Tickets gibt's direkt auf dem Parkplatz: 2 Fahrten inkl. Parken 2,60 € oder 4 Fahrten inkl. Parken 4,20 €.

Porto, Busbahnhof, Estação Coimbra-B
1 2 3

Rua de Simões de Castro
R. João de Ruão
R. do Carmo
4
Terreiro da Erva
Rua do Carmo
Rua da Sofia
5
Rua Direita
7
Rua Pedro Olaio
Rua J. Cabreira
Praça 8 de Maio
8
Igreja Santa Cruz
Rua da Moeda
9
Rua de Martins de Carvalho
Rua dos Oleiros
Rua da Louça
11
Rua do Corvo
Rua da Sofia
de
Deus
Rua do Colégio Novo
C. dos Apóstolos
R. Copo
Palácio de Sobre Ripas
13
Rua Dr. João Jacinto
Rua do Loureiro
Baixa
Rua das Padeiras
Torre de Anto
R. dos Coutinhos
Rua do Cabido
21
20
19
R. Velga
Praça do Comércio
Arco de Almedina
R. Sobre Ripas
27
24
25
23
Rua das Azeiteiras
Rua A. Granjo
30
29
Edifício Chiado
Sé Velha
Estação Coimbra-A.
Igreja S. Bartolomeu
Rua Ferreira Borges
Rua de F. Thomas
Rua J. A. de Aguiar
Alta
Universität
Rua da Sofia
R. do S. Mor.
Rua da Ilha
Rio Mondego
BUS
Bushaltestelle Joalto
37
38
39
Casa Nau
Capela de São Miguel
Largo da Portagem
R. Estrela
Biblioteca Joanina
R. Dr. G. Moreira
Avenida
C. da Estrela
Couraça de Lisboa
Ponte de Santa Clara
Rua da Alegria
Av. de Conímbriga
Avenida Fernão de Magalhães
Emídio
42
43
Navarro
Parque Dr. Manuel Braga
Rest. Alfredo (46)

Lisboa, Convento de Santa Clara-a-Velha, Portugal dos Pequenitos, Convento Santa Clara-a-Nova
46

Cafés
5 Pastelaria e Padaria Penta
6 Shanti Café
8 Café Santa Cruz
39 Pastelaria Briosa

Sonstiges
10 Wäscherei

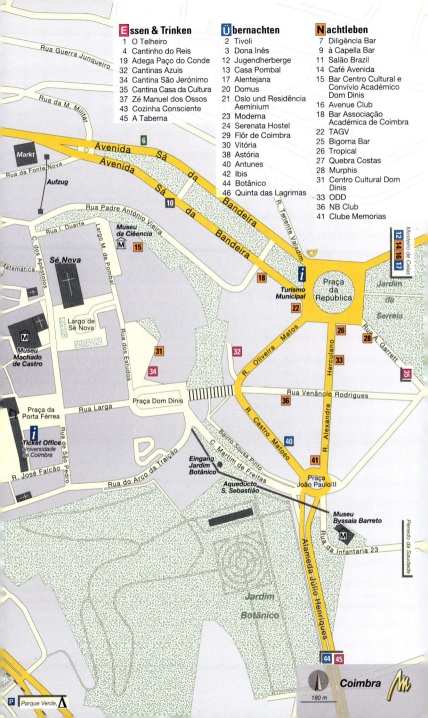

Essen & Trinken

1 O Telheiro
4 Cantinho do Reis
19 Adega Paço do Conde
32 Cantinas Azuis
34 Cantina São Jerónimo
35 Cantina Casa da Cultura
37 Zé Manuel dos Ossos
43 Cozinha Consciente
45 A Taberna

Übernachten

2 Tivoli
3 Dona Inês
12 Jugendherberge
13 Casa Pombal
17 Alentejana
20 Domus
21 Oslo und Residência Aeminium
23 Moderna
24 Serenata Hostel
29 Flôr de Coimbra
30 Vitória
38 Astória
40 Antunes
42 Ibis
44 Botânico
46 Quinta das Lagrimas

Nachtleben

7 Diligência Bar
9 à Capella Bar
11 Salão Brazil
14 Café Avenida
15 Bar Centro Cultural e Convívio Académico Dom Dinis
16 Avenue Club
18 Bar Associação Académica de Coimbra
22 TAGV
25 Bigorna Bar
26 Tropical
27 Quebra Costas
29 Murphis
31 Centro Cultural Dom Dinis
33 ODD
36 NB Club
41 Clube Memorias

Coimbra

180 m

Übernachten/Camping → Karte S. 316/317

**** Quinta das Lágrimas 46, das paradiesische Hotel liegt in einem Lustgarten auf der anderen Flussseite, ca. 1,5 km hinter der Brücke Richtung Lissabon (→ Kastentext „Mord im Lustgarten"). Ein herrschaftliches, sehr schönes Landhaus inmitten eines grünen exotischen Gartens. Stilvoll eingerichtete Zimmer. Oft ausgebucht. DZ inkl. Frühstück je nach Saison 120–230 €. Die Suite kostet um 400 € und das Königs- und das Königinnenzimmer um 450 €. Rua António Augusto Gonçalves, Santa Clara, ✆ 239802380, www.quintadaslagrimas.pt.

**** Tivoli 2, modernes Luxushotel in Innenstadtnähe mit Health-Club und eigener Garage. Geräumige Zimmer, die es an nichts fehlen lassen. Standard-DZ ab 65 €, Superior-DZ ab 80 € inkl. Frühstück und Parken. Rua João Machado 4, Apart. 593, ✆ 239858300, www.tivolihotels.com.

*** Astória 38, die schönste Hausfassade an der Flussavenida, Lobby und Salons sind noch im originalen Jugendstil. Geräumige Zimmer, gepflegter Salon und Spiegelbar. Die ruhigsten Zimmer im 4. Obergeschoss. Standard-DZ inkl. Frühstück (Büfett) in der Hochsaison 112 €, Superior-DZ 137 €, Suite 155 €. Av. Emídio Navarro 21, ✆ 239853020, www.themahotels.com.

*** Oslo 21, in unmittelbarer Nähe des Bahnhofs Coimbra A und der Innenstadt. Etwas enge Zimmer mit kleiner Terrasse, relativ großem Bad und teils sehr schönem Ausblick auf die Altstadt. Hübsch mit moderner Kunst dekoriert. Standard-DZ 70 €, Superior-DZ 90 € inkl. Parken und Frühstück. Av Fernão Magalhães 25, ✆ 239829071, www.hotel-oslo.web.pt.

Unter der gleichen freundlichen Führung direkt im Nebengebäude:

Residência Aeminium 21, ältere, einfache, kleine Zimmer mit Bad, direkter Zugang im Haus zum Hotel. Die Gäste frühstücken im Frühstücksraum des Hotel Oslo und benutzen die Hotelgarage. DZ 50 €, Dreibettzimmer 60 € inkl. Parken und Frühstück. ✆ 239829426, www.residencia-aeminium-coimbra.com.pt.

*** Dona Inês 3, moderner Bau in der Nähe des Busterminals. Geräumige Zimmer, die renoviert und modern ausgestattet sind. Manche Zimmer mit schönem Blick auf den Fluss. Gästegarage vorhanden (5 € pro Nacht). DZ 65 € inkl. Frühstücksbüfett. Rua Abel Dias Urbano 12, ✆ 239855800, www.hotel-dona-ines.pt.

** Hotel Ibis 42, am Ende der Flussavenida, in der Nähe des Bahnhofs Coimbra Parque. Moderner Glasbetonbau. 110 recht kleine, uniforme Zimmer in Pastellfarben. TV, Telefon, saubere Bäder, manche Zimmer auch mit Blick auf den Park. Ein wirkliches Plus für vollbepackte Touristenfahrzeuge ist die Tiefgarage im Haus, die mit 6 € pro Tag separat berechnet wird. DZ 35–45 € ohne Frühstück (6 € pro Person), keine Ermäßigung für EZ. Av. Emídio Navarro 70, ✆ 239852130, www.ibishotel.com.

Botânico 44, nicht weit vom botanischen Garten, aber leider an einer vielbefahrenen Straße in der Oberstadt. Alle Zimmer sind jedoch mit neuen Fenstern ausgestattet, sodass man bei geschlossenem Fenster nichts vom Verkehr hört. Moderne, helle Zimmer, oft mit Ausblick. TV, Telefon und Klimaanlage. Gemütliche Lobby mit WLAN und Computer für die Gäste. DZ inkl. Frühstück (Büfett) 48 €. Bairro São José 15 (am Anfang der Rua Combatentes da Grande Guerra), ✆ 239714824, residencial.botanico @ mail.telepac.pt. hotelbotanicocoimbra.pt.

Antunes 40, schöne Zimmer mit hohen Decken in einem alten Haus unterhalb der Universität in der Nähe des botanischen Gartens. Es gibt ca. 30 Zimmer mit klassischer Einrichtung. WLAN im ganzen Haus. Großes Plus ist der eigene Parkplatz neben dem Haus. DZ 47–58 € je nach Saison. Rua Castro Matoso 8, ✆ 239854720, www.residencialantunes.com.

Moderna 23, zentral zwischen Bahnhof und Praça do Comércio in einer ruhigen Seitengasse (verkehrsberuhigte Einkaufsstraße). Zimmer mit eigenem Bad, TV, Klimaanlage und Telefon. Einige Zimmer mit großer Terrasse! WLAN gratis, Computer vorhanden. DZ je nach Saison 25–45 €, inkl. Frühstück. Für Gäste gibt es bei einer öffentlichen Garage Rabatt (3,50 €/Nacht). Rua Adelino Veiga 49-2 , ✆ 239825413, www.residencial moderna.com.

** Alentejana 17, kleine Villa aus dem 19. Jh. in relativ ruhiger Lage oberhalb des Parks Santa Cruz (gegenüber der Jugendherberge). Die meisten der 12 Zimmer sind geräu-

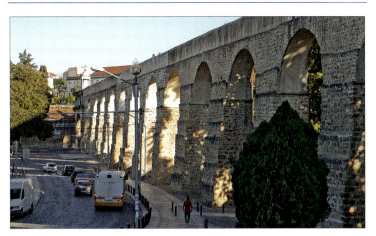

Im Schatten der Universität: das Aquädukt

Beira Litoral → Karte S. 303

mig. Einige Zimmer in einem ruhigen Innenhof; sie sind deutlich kleiner als die Zimmer im Haupthaus und modern eingerichtet. DZ mit eigenem Bad inkl. Frühstück 45–75 €. Rua Dr. Henrique Seco 1, ℡ 239825909, www.residencialalentejana.com.

Flôr de Coimbra , etwas alternative Herberge mit Flair. Einfache, saubere Zimmer mit kleinem Bad. DZ 40–60 € je nach Saison, ohne Frühstück. Es gibt auch ein Restaurant, das u. a. vegetarische Speisen serviert. Rua do Poço 5, ℡ 239823865, www.flordecoimbrahr.com.sapo.pt.

* **Domus** , mitten in der Innenstadt, schräg gegenüber dem Residencial Moderna. Saubere Zimmer, z. T. renoviert. WLAN. Parken in öffentlicher Garage 5 € (24 Std.). DZ 35–45 € je nach Saison. Rua Adelino Veiga 62, ℡ 239828584, www.residencial domus.com.

Casa Pombal , in der Nähe der Sé Nova, auf dem Unihügel gelegen. Das von einer Holländerin geführte Gästehaus bietet familiäres Ambiente. Sehr beliebt bei ausländischen Studenten. Hübsch eingerichtete Zimmer, je nach Saison 37–54 € (inkl. reichhaltigem holländischen Frühstück). Zimmer mit eigenem Bad ca. 48–68 €. Teilweise toller Ausblick auf Coimbra. Rua das Flores 18, ℡ 239835175, www.casapombal.com.

** **Vitória** , ein sehr nettes Familienhotel in der Unterstadt, unweit der Fußgängerzone. Die Zimmer im Neubau sind einfach und modern eingerichtet. DZ mit Klimaanlage und WLAN 45–48 € inkl. Frühstück. Parken kann man in der öffentlichen Garage 5 € (24 Std.). Rua da Sota 9, ℡ 239824049, www.hotelvitoria.pt.

Serenata Hostel , schönes, zentral gelegenes Gebäude an der Westflanke der Kathedrale. Moderne Einrichtung mit thematisch variierendem Zimmerdekor. DZ mit Bad 43 €, Suite 55 €, Bett im Mehrbettzimmer 11–13 €, alle inkl. Frühstück. Largo da Sé Velha 21-23, ℡ 239853130, www.serenatahostel.com.

Jugendherberge Pousada de Juventude Coimbra , sauber, in ruhiger Wohngegend oberhalb des Parks Santa Cruz. Bett im Mehrbettzimmer 11–13 €, DZ mit Bad 28–30 €. Oft ausgebucht, so früh wie möglich kommen. Rezeption 8–12 und 18–24 Uhr. Mit Bussen Nr. 29 und 7 ab Largo da Portagem (Nähe Bhf. Coimbra A). Die Herberge schließt um Mitternacht. Rua Henrique Seco 14, ℡ 239822955, http://microsites.juventude.gov.pt/Portal/en/PCoimbra.htm.

Camping Parque Municipal de Campismo, 4-Sterne-Platz, im Süden Coimbras in Areiro. Wenig Schatten, harter Boden, sehr gute Ausstattung. Person 3,45–4,55 €, Zelt 3,85–6,30 €, Auto 3,55–4,40 € je nach Saison. Ab Largo do Portagem mit Bus Nr. 38 zu erreichen (Mo–Fr bis ca. 20 Uhr, Sa bis ca. 14 Uhr, So/Feiertag keine direkte Busverbindung bis zum Platz, man kann aber mit Linie 37 in die Nähe fahren!). Rua da Escola, ℡ 239086902, www.coimbracamping.com.

Essen & Trinken
→ Karte S. 316/317

Restaurants   Typische Spezialitäten Coimbras sind *Chanfana*, in Wein gekochtes Ziegenfleisch, und *Arroz de Lampreia*, Reiseintopf mit Neunauge. Im Zentrum gibt es in den engen Gassen unzählige kleine Lokale und Tascas.

A Taberna 45, in der Neustadt, nahe Stadion. Alle Gerichte kommen frisch aus dem Backofen. Traditionelle portugiesische Küche. Gehobener Service, Beilagen werden extra gereicht. Lecker ist die *Chanfana*. Hauptgericht 13–20 €. Das Restaurant ist beliebt, besser reservieren. So abends und Mo mittags geschlossen. Rua dos Combatentes da Grande Guerra 86, ✆ 239716265.

Zé Manuel dos Ossos 37, in einer kleinen Seitengasse hinter dem Hotel Astória. Einfache, urige Tasca mit verstaubten Gedichten an den Wänden. Klein, nur sechs Tische. Schwere Küche, u. a. *Chanfana* und Wildschwein. Vieles vom Grill. Spezialität ist *Cabrito à Chefe estufado* (Ziegenbraten). Hauptgericht 5,25–15,50 €; es gibt auch halbe Portionen. Leider muss man für einen Platz anstehen. Sa abends und So geschlossen. Beco do Forno 12, ✆ 239823790.

Cantinho do Reis 4, von der Rua da Sofia in den Beco do Fanado einbiegen. Einfaches, sympathisches Restaurant, das fast nur von Stammgästen besucht wird. Schöne Terrasse und weiterer Gastraum im 1. Stock. Regionale Küche. Spezialität sind Grillgerichte. Leider gibt es die sehr empfehlenswerte *Chanfana* nicht jeden Tag. Billig ist der rote Hauswein. Hauptgericht 7–12 €. Tägl. (außer So) 9–24 Uhr. Terreiro da Erva 16, ✆ 239824116.

🌿 Shanti Café 6, in einem nahezu ausgestorbenen Einkaufszentrum ist dieses vegetarische Restaurant untergekommen. Die Chefin kocht mit Hingabe vegetarische und vegane Kost, nach Möglichkeit aus biologischer und lokaler Produktion. Tagesgericht 5,50 € oder 7,50 €. Es gibt auch vitalisierende Snacks sowie eine Vielzahl an entspannenden, reinigenden und sogar romantischen Erfrischungen und Tees. Geöffnet Di–Sa, Galerias Avenida, 2. Stock, loja 230, Av. Sá da Bandeira 33/35, ✆ 239091309. ■

Cozinha Consciente 43, ein weiteres vegetarisches Restaurant, etwas stärker frequentiert als voriges. Im 2. OG eines kleinen

Einkaufszentrum an der Fluss-Avenida, der Rua Olivenca. So Ruhetag.

》》 Lesertipp: Adega Paço do Conde 19, in der Unterstadt von Coimbra. „Alle Gerichte frisch vom Grill nach Auswahl, traditionell portugiesische Küche, preiswert, Hauswein nach verbrauchter Menge" (Frank Engelhardt und Dr. Detlef Weinich, Würzburg.) Man sitzt im überdachten Patio oder in einem der Speiseräume. Hauptgericht 4,50–10 €. Geöffnet Mo–Sa. Rua Paço do Conde 1, ✆ 239825605. 《《

》》 Lesertipp: O Telheiro 1, das bekannte Restaurant ist vom Terreiro das Ervas in die Nähe des Bahnhofs Coimbra B gezogen. Dort liegt es wenig idyllisch unter der Zufahrt zur Schnellstraße an einem vierspurigen Kreisel. Das tut der rustikalen Atmosphäre aber keinen Abbruch. Zwei kleine Speiseräume (Michael Moll). Hauptgericht 10–15 €, Tagessteller inkl. Suppe, Getränk und Kaffee 8 €. Geöffnet Mo–Sa. Rua do Padrão 262, ✆ 919026017. 《《

Cantinas Universitárias   Die Unimensen in Coimbra stehen auch Nichtstudenten offen. Mit gültigem Studentenausweis gibt es Ermäßigung. In Portugal servieren die Mensen gewöhnlich mittags und abends warmes Essen. Im August und über Weihnachten sowie Ostern sind sie normalerweise geschlossen. Die Preise sind sehr niedrig. Es gibt drei Mensen: **Cantina da Casa Municipal da Cultura** 35 Rua Pedro Monteiro, hinter dem Santa Cruz Parque in der Nähe der Jugendherberge; **Cantina São Jerónimo** 34 Largo Dom Dinis, neben dem städtischen Turismo geht es die Rampe hoch; **Cantinas Azuis** 32 von der Praca da Republica die Rua Oliveira Matos hoch, auf der rechten Seite. Gericht 4,10 €, mit Ausweis 2,40 €, auch vegetarisch. Mo–Fr sind alle Mensen geöffnet, Sa/So sind nur die Cantinas Azuis geöffnet.

Cafés   An Süßem bietet Coimbra ein reichhaltiges Angebot. Unbedingt zu empfehlen sind die *Pastéis de Tentúgal*. Die Pasteten bestehen aus Blätterteig mit Eierfüllung.

Café Santa Cruz 8, neben dem Rathaus in der Altstadt. Das Kaffeehaus war früher ein Teil der Santa-Cruz-Kirche. Die Seitenkapellen dienen als Abstellkammern, und den Raum prägen statt Kirchenbänken nun die Kaffeetische. Man kann nicht nur im kühlen

Kirchengewölbe, sondern auch draußen auf der Esplanada seine *Bica* genießen. Einzigartige Atmosphäre. Tägl. (außer So) 7–2 Uhr nachts. Praça 8 de Maio.

Pastelaria Briosa ▨, gute *Pastéis*. Meist überfüllt von vernaschten Portugiesen. In der Haupteinkaufsstraße der Altstadt. Rua Ferreira Borges 211.

Pastelaria e Padaria Penta ▨, in der Nähe von Rathauses und Igreja Santa Cruz. Kon-

ditorei und Bäckerei mit sehr leckerem Gebäck. Der Geruch frischen Brots liegt in der Luft. Modern eingerichtet. Rua da Sofia 65. Nebenan jetzt ein angeschlossenes **Selbstbedienungsrestaurant** mit günstigem Mittagstisch. Tägl. (außer So) 7.30–19 Uhr.

Pastelaria Pinto d'Ouro, riesige Auswahl an köstlichen Pasteis. WLAN. Auf der anderen Flussseite gegenüber von Santa Clara-a-Velha. Av. João das Regras 72.

Nachtleben → Karte S. 316/317

Lounge Clube Memorias Restaurante ▨, am frühen Abend kann man gepflegt essen (Grillgerichte, Meeresfrüchte und Pizzen) für 8–17 €, später mitunter Livemusik oder wechselnde DJs. Dann werden *Petiscos* für 4–9 € serviert und das Restaurant verwandelt sich in eine Cocktailbar. Rua Alexandre Herculano 37, ✆ 239841292.

Bars Centro Cultural e Convívio Académico Dom Dinis ▨, bis zu 2000 Besucher kommen jeden Tag in die Räume des alten Hospitals auf dem Unigelände. Die Bar ist der größte Bierkunde der *Brauerei Super Bock* – 1500 l Bier werden hier im Schnitt pro Tag ausgeschenkt. Preiswert, oft auch Veranstaltungen. Wenn viel Betrieb ist, haben manchmal nur Studenten Zutritt. Largo Dom Dinis (durch das Eisentor und dann über den Hof gehen). Tägl. (außer So) bis 3 Uhr.

Café Avenida ▨, in der ruhigen Wohngegend oberhalb des Parque Santa Cruz treffen sich gern die älteren Semester und Uni-assistenten. Jeder kennt jeden. Tägl. (außer So) 8–2 Uhr nachts. Av. D. Afonso Henriques 38-C.

An der Praça da República trifft man sich abends vor dem Ausgehen im **Café Tropical** ▨ oder in der **Bar TAGV** ▨ im Teatro Académico Gil Vicente. Ein paar Meter weiter in der **Bar Associação Académica de Coimbra** ▨, einer Art Biergarten, treffen sich viele Studenten, an was abwechslungsreichen kulturellen Programm liegen mag – oder am günstigen Bier. Ebenfalls beliebt bei den Studenten ist die **Bigorna Bar** ▨ in der Altstadt, Rua Borges Carneiro 9.

Salão Brazil ▨, Bar und Veranstaltungsraum, es gibt regelmäßig Livekonzerte (hauptsächlich Jazz). Bei Konzerten rund 5 € Eintritt. Largo do Poço 3, 1. Stock.

Diskotheken Avenue Club ▨, eine ziemlich bunte Disco, hauptsächlich Techno und Psy-Trance. In der Nähe der Jugendherberge. Gegenüber liegt das Café Avenida. Av. D. Afonso Henriques 43, Lote 4.

Murphis ▨, zweistöckige große Irishbar. Musikschwerpunkt ist Rock, teils auch live gespielt. Rua Almeida Garrett 1.

NB Club ▨, große Tanzfläche und minimalistische Einrichtung. Aus den Boxen kommt normalerweise House, manchmal eine Mischung aus Rock und Pop der letzten 30 Jahre. Rua Venâncio Rodrigues 11-19.

Fado Diligência ▨, in der Altstadt, unweit der Praça 8 de Maio. Gemütlich kleines Lokal in der unteren Stadt. Die Wände sind mit Holz verkleidet, und man sitzt auf Zwergstühlen. Es gibt hier keine angestellten Fadomusiker, sondern die Stammgäste nehmen die Instrumente in die Hand, und immer findet sich einer, der dazu singt – allerdings nicht immer Fado. Nachts sollte man in der Gegend um das Diligência sehr vorsichtig sein. In den dunklen Gassen ist schon einiges passiert. Rua Nova 30.

À Capella Bar ▨, in der Bar in einer ehemaligen Kapelle in der Rua Corpo de Deus gibt es tägl. Fado zu hören. Für 10 € Eintritt werden ein Freigetränk und Fado von täglich wechselnden Gruppen geboten.

Schwul/Lesbisch Anders als zu erwarten wäre bei einer Stadt mit so vielen Studenten, ist das Angebot in Coimbra eher dünn. Bekanntschaften macht man am ehesten in der Bar **Quebra Costas** ▨ oberhalb des Arcos de Almedina. Andere Anlaufpunkte sind das **ODD** ▨ in der Rua Alexandre Herculano 16A mit vielen Studenten oder die **Galeria Bar Santa Clara** in der Rua António Augusto Gonçalves 67 auf der anderen Seite des Rio Mondego, die wegen des Ambientes und der Preise älteres Publikum anzieht.

Beira Litoral → Karte S. 303

Conímbriga

Portugals bedeutendste römische Ruinenstadt. Schon in der Jungsteinzeit war der Platz besiedelt, die Römer ließen sich hier im 2. Jahrhundert v. Chr. nieder. Etwa im Jahr 70 n. Chr. wurde Conímbriga zum *Municipium* erhoben. Schnell wuchs die Stadt zu einer der wichtigsten in Portugal heran.

468 wurde Conímbriga von den Sueben geplündert, die geistliche Elite verlagerte ihren Sitz nach *Eminium* (Coimbra), was zur Entvölkerung der Stadt führte. Conímbriga begann zu verfallen. Ende des 19. Jh. wurden seine Ruinen entdeckt, dennoch wurde bis heute bei den Grabungsarbeiten nur ein kleiner Teil freigelegt.

In den Hausruinen sind gut erhaltene Mosaike mit Blumen- und Tiermotiven zu entdecken; auch die Überreste zweier Thermen und eines Aquädukts, das etwa 3,5 km lang war, gibt es noch. Interessant sind die Ruinen der alten Basilika mit einem großen Taufbecken und der Hauptkapelle. Das **Museu Monográfico** präsentiert wichtige Ausgrabungsfunde und Rekonstruktionen der Stadt.

Ruinen und Museum tägl. 9–19 Uhr. Eintritt für Ruinen und Museum 4,50 €, Studenten und Rentner reduziert, Kind bis 12 J. frei. Am 1. So im Monat für alle Eintritt frei.

Information Turismo, Mo–Fr, 9–12.30 und 14–17.30 Uhr. Praca do Municipio, ✆ 239949120.

Verbindungen Bus: Conímbriga liegt 16 km südlich von Coimbra neben dem Dorf Condeixa-a-Velha. Von Coimbra tägl. 4-mal direkt (Sa/So 3-mal) nach Conímbriga, halbstündl. (Sa/So stündl.) nach Condeixa (www.transdev.pt). Von dort nur noch ca. 3 km zu Fuß (Achtung, ein Teil der Strecke geht entlang einer viel befahrenen Landstraße, die auch überquert werden muss!) oder mit dem Taxi. Infos über die Abfahrtszeiten im Turismo in Coimbra.

Übernachten Pousada Santa Cristina, am nördlichen Ende von Condeixa-a-Nova. Das Luxushotel bietet gewohnten Pousada-Komfort. DZ 90–168 € je nach Saison. Rua Francisco Lemos, ✆ 210407640, www.pousadas.pt.

Essen & Trinken O Regional do Cabrito, einfache Gaststätte am Hauptplatz. Star der Speisekarte ist der preisgekrönte *cabrito assado* (Zickleinbraten). Hauptgericht 6–9 €, Zicklein 18 €, halbe Portion 9,90 €. Praça da República, Condeixa-a-Nova, ✆ 239944933.

Ausflüge rund um Coimbra

Etwas nördlich, an der Nationalstraße 1 (IC 2), stößt man in **Mealhada** auf ein Paradies für Fleischliebhaber. Über Kilometer säumen Restaurants die Straße, in denen die armen Schweinchen über dem Feuer gegrillt werden. Besonders bei Lkw-Fahrern ist dieser Straßenabschnitt zur Mittagszeit beliebt.

Ein paar Kilometer östlich davon liegt **Luso**. Von hier stammt das bekannteste Mineralwasser des Landes. Im angrenzenden Wald von Buçaco haben Mönche über Jahrhunderte Pflanzen aus aller Welt großgezogen, heute mutet er wie ein Märchenwald an. Wem nach Abkühlung ist, sollte über die N 234 weiterfahren nach Sta. Comba Dão zur **Barragem de Aguieira**, wo die beiden Flüsse *Mondego* und *Dão* aufgestaut wurden. Die Staumauer befindet sich etwa 15 km weiter südlich.

Weiter nördlich von Mealhada in Sangalhos ist das **Aliança Underground Museum** der *Aliança Vinhos de Portugal* zu besichtigen. In den Stollen des unterirdischen Weinkellers sind Sammlungen aus der Kunstkollektion Berardo zu sehen, u. a. Fossilien, Minerale, archäologische Fundstücke und Masken aus aller Welt.

Tägl. mit Führung (Portugiesisch, Englisch, Französisch) um 10, 11.30, 14.30, 16 Uhr, Voranmeldung sehr ratsam. Eintritt 3 €, Kind bis 12 J. frei. Rua do Comércio 444, Sangalhos, ✆ 234732000, www.alianca.pt.

Mealhada

ca. 4000 Einwohner

Die höchste Konzentration von Restaurants in ganz Portugal, die wie auf einer Perlenkette entlang der Estrada Nacional aufgereiht sind. Berühmt sind sie wegen ihrer Spanferkelgerichte *(Leitão)*. In den 1950er-Jahren begann es bescheiden in der *Tasca O Lúcio* im alten Dorfkern, die nicht mehr existiert. Das Restaurant *Pedro dos Leitões* eröffnete als Erstes an der Estrada Nacional 1. Auch die Autobahn tut dem Geschäft bisher keinen Abbruch – die Leute fahren extra die entsprechende Ausfahrt herunter.

Verbindungen Bahn: Mealhada liegt an der Bahnlinie Coimbra – Aveiro – Porto. Stündl. mit Regionalzügen ab den Bahnhöfen Coimbra A und B.

Essen & Trinken Pedro dos Leitões, modernes Ambiente mit einem Bataillon von Kellnern. Zu empfehlen ist natürlich *Leitão à Bairrada* (Spanferkel), das Kilo zu 39 €. Hauptgericht 12–20 €. EN 1, ☎ 231209950.

Manuel Júlio, in Richtung Coimbra. Das traditionsreiche Restaurant glänzt vor allem mit einem Ziegenbraten, der wie das Spanferkel zubereitet wird: *Cabrito assado à moda de Leitão.* Auch die hauseigenen *Pasteis de nata* sind sehr gut. Hauptgericht 9–14 €, halbe Portion 7–11 €. Di–Fr Mittagsbüfett 9,80 €. EN 1 (Santa Luzia), ☎ 239913512.

Luso/Buçaco

ca. 2700 Einwohner

Der Wald von Buçaco ist ein 105 Hektar großer, üppiger Park, der erst von einem Kloster, später als ein Refugium der königlichen Sommerresidenz genutzt wurde. Heute ist er eine gern besuchte Touristenattraktion. Im Schloss kann man standesgemäß in einem der schönsten Luxushotels Portugals logieren. Nördlich des Parks liegt das Thermalbad Luso.

Inmitten grünen Berglandes liegt der Kurort Luso mit etwa 1000 Gästebetten, viele davon in hübsch gelegenen Hotels und Pensionen. Der Ort ist ein guter Ausgangspunkt für einen Ausflug in den „Märchenwald" von Buçaco.

Seit dem 19. Jh. sind die radioaktiven Thermalquellen von Luso bekannt. Geöffnet sind sie alljährlich von Anfang Mai bis Ende Oktober. 700 Liter Wasser pro Minute sprudeln mit 27,6 Grad Celsius aus der Quelle. Von hier kommt auch das bekannteste Mineralwasser Portugals – *Luso*.

Der Wald beginnt schon ca. 1 km außerhalb von Luso. Die ca. 3 km bis zum Palast eignen sich für einen schönen Spaziergang. Überall im Wald verstreut stehen skurrile Bäume, Riesenfarne, kleine Kapellen, dazu glucksende Brunnen und ein Teich mit Palmenallee.

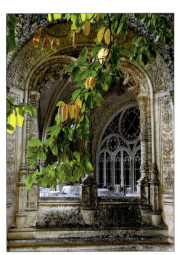

Manuelinik pur:
das Palasthotel von Buçaco

Meist gut ausgeschilderte, schmale, asphaltierte Wege – man kann sich kaum verlaufen. Es gibt etwa 300 Jahre alte Prachtexemplare des *Tasmanischen Eukalyptusbaums* und der nordamerikanischen *Sequoia* (Riesenmammutbaum) zu bestaunen. Ältester Baum ist eine im Jahr 1644 gepflanzte Lusitanische Zypresse.

In der Touristinformation von Luso ist ein kostenloser übersichtlicher Plan des Geländes erhältlich.
Einfahrtsgebühr für Autos 5 €. Am besten das Auto vor dem Nordtor *(Porta de Sula)* abstellen, dort gibt es die meisten Parkplätze. Auch eine geführte botanische Tour kann man buchen: ✆ 231937000, turismo@fmb.pt.

Auch die Überreste des **Karmeliterklosters** können besichtigt werden. Im Inneren der Kapelle hängen an den Seitenwänden zwei außergewöhnliche Gemälde, von denen eines ein bildlicher Stadtplan Jerusalems ist. Ein Mönch brachte die Bilder im 16. Jahrhundert aus Italien mit. Zu dieser Zeit lebten rund 160 Mönche im Kloster und in den Eremitagen im Wald. In der einzigen erhaltenen Zelle nächtigte im Jahre 1807 der englische Feldmarschall *Wellington.*
Tägl. 10–13 und 14–17 Uhr, im Sommer bis 19 Uhr. Eintritt 2 €, Kind die Hälfte.

Die Waldmönche von Buçaco

Zuerst siedelten hier nur ein paar Eremiten. 1628 schenkte der Bischof von Coimbra den Wald dem Orden der „Barfüßigen Karmelitermönche". Diese begannen daraufhin, ein Kloster zu bauen. Besorgt um Weltabgeschiedenheit und die Sicherstellung des Gebots der Keuschheit, ummauerten die Mönche ihr Areal getreu dem Motto „keine Frauen im Wald". Die Ordensbrüder hatten eine Vorliebe für Pflanzen; Waldfrevel wurde mit Exkommunikation bestraft. Klöster in Übersee schickten exotische Samen und Baumsetzlinge, sodass heute über 700 verschiedene Pflanzenarten bewundert werden können. 1860 wurde das Kloster verstaatlicht und 1888 zum größten Teil abgerissen, um Platz für ein Jagdschloss zu schaffen, das König *Dom Carlos I.* vom italienischen Architekten *Luigi Manini* im neomanuelinischen Stil erbauen ließ. Viel hatte der König jedoch nicht von seinem Schlösschen – 1908, ein Jahr nach Fertigstellung, wurde er in Lissabon auf offener Straße erschossen. Heute residiert hier das Bussaco Palace Hotel (→ Übernachten).

Museu Militar: Das kleine Museum am Parkrand zeigt Erinnerungsstücke aus der Schlacht gegen die Franzosen. Hier wurden am 27. und 28. September 1810 die napoleonischen Truppen zum ersten Mal durch Wellington geschlagen. Endgültig wurden die französischen Invasoren bei den *Linhas de Torres* vor den Toren Lissabons von den vereinten Armeen der Portugiesen und Engländer besiegt.
Tägl. (außer Mo) 10–12.30 und 14–17 Uhr. Eintritt 2 €, Kinder und Senioren 1 €.

Die schönste Aussicht bietet die **Cruz Alta do Buçaco**. Man erreicht den *Miradouro* vom Palace Hotel aus, indem man sich in Richtung Via Sacra orientiert oder über eine Variante der EN 234 (Luso – Santa Comba Dão). Die Sicht reicht vom Meer bis zu den Gebirgszügen der Serra da Estrela, Lousã und Caramulo, während sich in nächster Nähe der Blick auf den herrlich grünen Wald eröffnet.

Information Turismo, tägl. 9–13 und 14.30–17.30 Uhr. Hier bekommt man eine detaillierte Karte des Orts, die auch die Wege durch den Wald enthält. Sowohl sehenswerte Bäume als auch die Kapellen sind eingezeichnet. Infos zum Wein aus der

Bairrada und zu fünf thematischen Ausflugsrouten gibt es ebenfalls unter http://www.rotadabairrada.pt (auf Englisch, Spanisch, Portugiesisch). Rua Emídio Navarro, ✆ 231939133.

Verbindungen Bahn: tägl. 3-mal nach Coimbra, 3-mal Viseu, Guarda, Gouveia, Vila Franca das Naves (Trancoso) und Castelo Mendo, 3-mal mit Umsteigen in Coimbra nach Lissabon (Santa Apolónia), 3-mal über Pampilhosa nach Aveiro und Porto (teilweise sehr langer Aufenthalt). Bahnhof etwa 1 km vom Turismo entfernt.

Bus: Tägl. je 4-mal (außer So), Sa je 2-mal nach Coimbra, 4-mal nach Viseu (Sa 2-mal). Haltestelle vor der Quelle. www.transdev.pt.

Telefonnummern Polizei ✆ 231202351, Centro de Saúde ✆ 231202023, Taxi ✆ 231930658, 231939220, 919986388 (mobil).

Übernachten ***** Bussaco Palace Hotel, ein Hotel wie aus dem Bilderbuch mit zahllosen Giebeln und einem schlanken Turm, von dem aus man den ganzen Wald überblickt. An zwei Seiten sind manuelinische Arkadengänge angefügt. Innen ballsaalgroße Aufenthalts- und Speiseräume mit Kronleuchtern. Die Wände und Treppenaufgänge sind mit verspielten Azulejogemälden dekoriert. Die Zimmer sind sehr groß, aber renovierungsbedürftig. Die fünf Sterne entsprechen nicht der Wirklichkeit. Ein Tennisplatz befindet sich unterhalb des Hotels. DZ 115–170 €, Suite ab 375 €. Mata do Buçaco, ✆ 231937970, www.almeida hotels.com.

**** **Grande Hotel de Luso**, das Grandhotel bietet komfortable, große Zimmer, einen Pool, direkten Zugang zu den Thermen und vieles mehr. DZ 70–90 € ohne Frühstück. Rua Dr. Cid de Oliveira 86, ✆ 231937937, www.hoteluso.com.

** **Alegre**, großzügige Grafenvilla, riesige Zimmer mit eigenem Bad, TV, Telefon und Heizung. Schwimmbad für die Gäste. Gutes Preis-Leistungs-Verhältnis. DZ in der Nebensaison 40–60 €, Hauptsaison 70–90 €, jeweils inkl. Frühstück. Häufig Angebote. Rua Emídio Navarro 2, ✆ 231930256, www.alegre hotels.com.

Choupal, etwas in die Jahre gekommene Pension mit Charme. Die kleinen Zimmer sind sehr ruhig, da das Haus etwas abseits der Hauptstraße liegt. DZ 35 € inkl. Frühstück. Geöffnet nur von April bis Ende Okt. Largo Poeta Cavador, ✆ 231939628.

Camping ** Camping Luso, etwa 2 km außerhalb. Platz mit relativ viel Schatten. Person je nach Saison ca. 4 €, Zelt 5–9,50 €, Auto ca. 3 €. ✆ 231107551, parquecampismoluso@gmail.com.

Essen & Trinken O Cesteiro, gutes Restaurant an der Nationalstraße. Der Weg lohnt sich. Lecker ist das *Frango na Púcara* oder der *Leitão* (Spanferkel). Hauptgericht etwa 8–12 €. Geöffnet tägl. außer Mi. Rua Monsenhor Mira, ✆ 231939360.

Os Lourenços, mit großem Speisesaal und freundlichem Servicepersonal. Hauptgericht 9–13 €. Im Winter Mi Ruhetag. Av. Emídio Navarra 3-7, ✆ 231939474.

Beira Litoral → Karte S. 303

Barragem da Aguieira

Von Coimbra 36 km flussaufwärts liegt einer der größten Stauseen des Landes. Die mächtige Staumauer wurde kurz unterhalb des Zusammenflusses von Rio Mondego und Dão errichtet. Das ehemalige Dorf Foz de Dão ruht jetzt tief am Grund des Sees. Die ca. 40 km Ufer sind gesäumt von einem dichten Eukalyptuswald und auch am Wochenende wird die Ruhe wenig gestört.

Von Coimbra nach Viseu

Durch das malerische *Tal des Rio Mondego* gelangt man über die N 110 nach **Penacova**. Kurz vorher kann man einen Abstecher zum Kloster von **Lorvão** machen, das derzeit in weiten Teilen restauriert wird. Von Penacova aus bietet sich ein atemberaubender Blick auf das Tal.

Wer keine Angst vor Serpentinen hat, kann die Fahrt über Vila Nova de Poiares nach Góis fortsetzen und das herrliche Panorama genießen. Von dort aus folgt man der N 342 bis zum *Rio Alva* nach **Coja**. Für weniger kurvenfeste Reisende empfiehlt sich der Weg über die N 2/N 17 bis Arganil. Von dort ebenfalls der N 342 folgen.

Von Coja aus bietet sich ein Abstecher in das völlig abgeschieden in der Serra do Açor liegende historische Dorf **Piódão** an. Die Anfahrt dauert – trotz inzwischen besser ausgebauter Straßen – eine gute Stunde, doch der Besuch des Schieferdorfs lohnt sich. Ansonsten folgt man der Landstraße ins malerische **Avô**. Von Ponte das Três Entradas aus gelangt man auf die N 17, der man bis **Seia** folgt. Hier kann man sich für einen kurzen Abstecher entlang der Serra da Estrela entscheiden oder man biegt in Richtung Nelas ab und folgt der N 231 bis **Viseu**.

Penacova
ca. 3500 Einwohner

Am steilen Berghang über dem Rio Mondego gelegener Ort inmitten einer grünen, waldreichen Landschaft, der Ausblick über das Tal ist sagenhaft. Der Fluss bietet Möglichkeiten zum Schwimmen, Angeln und für Kanutouren. Die Wasserqualität wurde nach Aussage des Info-Büros mit der Blauen Flagge zertifiziert, ein Flussschwimmbad *(praia fluvial)* wurde eingerichtet. Penacova liegt ca. 23 km in nordöstlicher Richtung von Coimbra und 20 km südlich von Luso.

In der Umgebung stehen einige hübsche Windmühlen. Die größte Ansammlung findet man in der Nähe von Gavinhos. In **Portela de Oliveira** wurde gar ein **Museum** zu diesen Mühlen eingerichtet (10–18 Uhr, Eintritt 2 €).

Mosteiro de Lorvão, das Kloster im gleichnamigen Dorf, etwa 5 km Richtung Coimbra gelegen, wird im 9. Jahrhundert erstmals erwähnt. Nach der *Reconquista* waren die Mönche von zentraler Bedeutung, sie förderten die Landwirtschaft und die Besiedlung der Region. 1205 wurde das Kloster zum ersten Frauenkloster der Zisterzienser in Portugal. Für diese Veränderungen zeichnete die Exkönigin von Leon, Teresa, verantwortlich. Sie war eine Tochter des portugiesischen Königs Dom

Das Kloster von Lorvão birgt einige Schätze

Sancho I. Wegen ihrer Tugendhaftigkeit wurden Teresa und ihre Schwester Sancha, die das *Mosteiro de Celas* in Coimbra gestiftet hat, heiliggesprochen. Die beiden Heiligen sind in der Hauptkapelle der Kirche bestattet. Die bürgerliche Revolution von 1820 leitete den Niedergang des Klosters ein.

Die heutigen Gebäude stammen fast alle aus dem 17. und 18. Jahrhundert. Zu besichtigen sind die Klosterkirche und der zweigeschossige Kreuzgang – im eigentlichen Kloster ist eine psychiatrische Klinik untergebracht.
Der Custode spricht gebrochenes Englisch und freut sich über jeden Besucher, der an einer Führung teilnimmt (Mo geschl., Eintritt 1,20 €).

Information Turismo, Mo–Fr 9–13 und 14–17, Sa/So erst ab 10 Uhr. Es gibt zwei Broschüren mit Wanderungen zu den Mühlen und durch das Tal des Rio Mondego. Beschreibungen auf Portugiesisch, die Karten sind aber auch ohne Sprachkenntnisse gut nutzbar. Am Largo Alberto Leitão im Rathaus, ☎ 239470300.

Verbindungen Bus: Von Coimbra aus Mo–Fr tägl. 14-mal, Sa 2-mal nach Penacova. http://www.transdev.pt.

Kajakfahren Der Rio Mondego ist für eine Kajaktour wahrscheinlich der beste Fluss im Land. Gern wird die Strecke Penacova – Coimbra gefahren. Das Unternehmen Sport Margens organisiert Kanufahrten, Mountainbike- und Klettertouren. Av. 5 de Outubro 1, ☎ 917511406, www.sport margens.pt.

Pioneiro do Mondego bietet ein ähnliches Programm. ☎ 239478385, www.opioneirodo mondego.com.

Telefonnummern Polizei ☎ 239470160, Centro de Saúde ☎ 239470040, Taxi ☎ 239477190, ☎ 239477882.

Übernachten **** Hotel Rural Quinta da Conchada, 13 km außerhalb von Penacova, wunderschön gelegen am Ufer des Rio Mondego. Ein idealer Ort zum Ausruhen. Wer etwas unternehmen möchte, für den organisiert das Hotel Kanufahrten, Wanderungen und andere Aktivitäten. DZ ab 75 €, Familienzimmer für 2 Erw. und 2 Kinder ab 100 €. Travanca do Mondego, ☎ 239458791, www.quintadaconchada.com.

São João, in einem Wohnhaus untergebracht. Helle, spartanisch eingerichtete Zimmer mit relativ großem Bad. Zur Straße hin etwas laut, teilweise sehr wenig Licht. DZ 35–40 €. Rua de São João 5, ☎ 239477545.

Camping ** FCMP, etwa 3 km vom Zentrum entfernt, schön am Flussufer gelegen (Richtung Carvoeira). Schatten geben einige Pinien. Bademöglichkeit im Fluss (sauber). Person ca. 5 €, Zelt ca. 3–5 €, Auto ca. 4 €, mit Campingausweis billiger. Geöffnet Mitte Jan. bis Mitte Nov. ☎ 239477464, www.fcmportugal.com.

Rural Parque Municipal, etwa 3,5 km nördlich in Vila Nova. Ebenfalls am Fluss gelegen, aber etwas schlechter ausgestattet. Person, Zelt, Auto je ca. 2 €, mit Cartão Jovem 10 % Rabatt. Geöffnet April–Sept. ☎ 916628538.

Essen & Trinken Tasquinha do Clides, kleines Restaurant mit viel lokalem Publikum. Man sitzt auf Holzbänken zwischen den Nachbarn. Tagesgerichte ca. 7 €. Rua Conselheiro Fernando de Mello, ☎ 934303095 (mobil).

Coja

ca. 1600 Einwohner

Das kleine Dorf ca. 60 km östlich von Coimbra erstreckt sich hübsch in einer sanften Talniederung mit viel Grün. Die zwei romanischen Brücken über den Rio Alva wurden nach der napoleonischen Zeit rekonstruiert. Gute Bademöglichkeiten am Fluss, wenn auch das Wasser, das aus der Serra da Estrela kommt, etwas frisch ist. Coja ist ein guter Ausgangspunkt für einen Besuch im historischen Dorf Piódão.

Verbindungen Bus: Von Arganil aus fährt TransDev (www.transdev.pt) während der Schulzeit mehrmals tägl. nach Coja. Mit Rede Expressos (www.rede-expressos.pt) besteht sonntags eine Verbindung nach Coimbra (von Coimbra aus freitags). Die Haltestelle ist an der Brücke.

Übernachten/Essen Casa de Alagoa und Casa Rústica, drei schön renovierte Ferienhäuschen ca. 10 km in Richtung Arganil.

Beira Litoral → Karte S. 303

Haus für 6 Personen 300–450 € pro Woche, 2–4 Pers. 250–350 €. Übernachtung tageweise auf Anfrage möglich, ca. 45–55 € (mind. 2 Nächte). ℘ 966211719 (mobil), www.alagoaholidayrental.iowners.net.

Lagar do Alva, das am Fluss gelegene Restaurant ist in einem ehemaligen *Lagar* untergebracht, die Olivenölpresse ist noch gut erhalten, was dem Speisesaal eine gemütliche Atmosphäre verleiht. Es gibt auch eine von Bäumen überdachte *Esplanada* (Terrasse) und gute regionale Gerichte wie

Bacalhau à Lagareiro oder *Feijoada de Búzios* (Bohnengericht mit Meeresschnecken) für 12,50–17,50 €. ℘ 235721640.

Camping **FCM**, Campingplatz mit Olivenbäumen und dichtem Gras direkt am Flussufer. An dieser Stelle ist der Fluss aufgestaut und tief genug zum Schwimmen. Im Sommer allerdings Freibadatmosphäre mit Trubel. Person ca. 5 €, Zelt ca. 3–5 €, Auto ca. 4 €, mit internationaler Campingkarte billiger. ℘ 235729666, www.fcmportugal.com.

Piódão

ca. 60 Einwohner

Das Vorzeigedorf der portugiesischen Touristikwerbung liegt in der Nähe von Coja und Avô in der Serra do Açor, einem Ausläufer der Serra da Estrela. Das Dorf, Häuser wie Straßen, ist fast komplett aus Schiefer gebaut und schmiegt sich an den steilen Hang des Gebirges.

Piódão: ein steiler Traum …

Die einfache Kirche Nossa Senhora da Conceição hebt sich mit ihren weiß gekalkten Wänden vom Einheitsgrau ab. In ihrem Inneren findet man einige schöne handbemalte Azulejos aus dem 18. Jahrhundert.

Bis vor einigen Jahren war es noch ein Abenteuer, das Dorf zu erreichen, da man teilweise kilometerweit über Schotterwege fahren musste, die auf der einen Seite vom Berg, auf der anderen vom Abgrund begrenzt waren. Selbst diese Zufahrtswege existierten erst seit den 1970er-Jahren, als das Dorf ans Stromnetz angeschlossen wurde. Heute sind die Wege geteert, und besonders an Wochenenden fluten portugiesische Besucher das Dorf.

Erstmals taucht Piódão 1527 bei der ersten portugiesischen Volkszählung in den Chroniken auf. Damals gehörte es zu Avô und zählte gerade mal zwei Einwohner. Im 16. Jahrhundert wuchs der Ort schnell. Später, so wird erzählt, flüchteten sich diverse Gesetzlose in das entlegene Dorf. Einer von ihnen, Diogo Lopes Pacheco, soll zu den Mördern der Geliebten von Dom Pedro I, Inês de Castro, gehört haben (Kastentext Coimbra, „Mord im Lustgarten").

Im *Núcleo Museológico do Piódão* (Eintritt 1 €), im selben Gebäude und mit denselben Öffnungszeiten wie der Turismo, haben die Bewohner Fundstücke aus Geschichte und Alltag zusammengetragen. Die ausführlichen Informationen und Anekdoten sind leider nur auf Portugiesisch. Schön ist das Modell eines Schieferhauses.

Ausflug: Etwa 22 km entfernt liegt die Fraga da Pena. Hier stürzt das Wasser aus der *Mata da Margaraça* etwa 20 m in die Tiefe. Anfahrt über das malerische Dorf *Benfeita*, aus Richtung Coja. Der Weg ist gut ausgeschildert.

Im Turismo liegen Broschüren für zwei **Wanderungen** aus. Das Berggebiet oberhalb von Piódão ist allerdings baumlos und man hat den Eindruck, man befinde sich bereits an der Baumgrenze. Aber es war ein riesiges Feuer, das 2005 alles einäscherte, und die Aufforstung der steilen Berghänge wäre sehr aufwendig gewesen.

Information Turismo, 9–18 Uhr, im Winter 9–13 und 14–17 Uhr. Tipps zu Übernachtungsmöglichkeiten in den Schieferhäusern. Am Eingangsplatz des Dorfs, rechts neben der Kirche, ✆ 235732787.

Verbindungen Bus: Do 2-mal, So 1-mal nach Arganil und Coja. www.transdev.pt.

Telefonnummern Taxi ✆ 235732771, ✆ 235731237 (Arganil).

Übernachten/Turismo de Habitação Estalagem do Piódão, im Pseudoschiefergewand erhebt sich die große Herberge des INATEL vor dem Ortseingang und will so gar nicht ins Gelände passen. Schlichte, aber stilvoll eingerichtete Zimmer mit guter Ausstattung. DZ 57–92 € je nach Saison. ✆ 235730100, www.inatel.pt.

Casa da Padaria, oberhalb des Dorfs. Vier Zimmer bei netten Leuten für je 45 €. ✆ 235732773, casa-da-padaria.planetaclix.pt.

... aus Schiefer

Casa do Algar und Casa Malhadinho, 1 km von Piódão entfernt. In den Schieferhäusern vermietet Carlos da Silva Lourenço Zimmer für 37,50 € inkl. Frühstück, ohne Frühstück 30 €. ✆ 235731464.

Essen & Trinken O Fontinha, kleines, typisches Restaurant mit Hauptgerichten wie *Chanfana*, *Trutas* oder *Bucho da Serra* für 7–9 €. Am Eingangsplatz links, dann die zweite Möglichkeit nach rechts. ✆ 235731151.

Solar dos Pachecos, die Snackbar bietet Kleinigkeiten für den kleinen Hunger für 6–7 €. Als Mitbringsel werden Käse, Liköre und Miniaturen der Schieferhäuser verkauft. Am Eingangsplatz, Largo Cónego Nogueira, ✆ 235731424.

Avô

Der kleine Ort (Avô = Großvater) am Ufer des Rio Alva war schon zur Römerzeit ein Stützpunkt an der Straße von Conímbriga nach Guarda und weiter nach Salamanca. Graue Granithäuschen und weißgekalkte Fassaden ziehen sich zu beiden Seiten des Tals steil den Hang hinauf. In der Mitte verbreitert sich das Tal am Zusammenfluss der beiden Bäche. Hier wurde das Wasser aufgestaut und ein kleiner Badestrand mit Sandaufschüttung angelegt. Dahinter liegt eine künstliche Insel, auf der man ein Café und Picknickbänke findet.

Um den Ort herum ziehen sich nur noch durch Olivenbäume genutzte Terrassen die steilen Hügeln hoch. Im *Tal des Rio Alva* findet man alte Wassermühlen und zwei schöne Steinbrücken, die eine stammt aus dem 13. Jahrhundert, die andere wurde im 19. Jh. aus Steinen des Castelo gebaut. Bademöglichkeit im Fluss.

Verbindungen Bus: Expressbus am So nach Coimbra, dort Anschluss nach Lissabon, Leiria und Caldas da Rainha. Sonst 5-mal Regionalbus nach Coja und Arganil (zur Schulzeit). www.transdev.pt.

Bootsverleih Im Sommer kann man auf der Insel Ruder- und Tretboote leihen.

Übernachten/Essen Miradouro, es gibt 6 einfache Zimmer, teilweise mit Dusche direkt im Zimmer, sonst nur mit Waschbecken, für 23 € oder 28 € je nach Ausstattung, ohne Frühstück. Rua Ponte Vicente 7, ✆ 967530541 (mobil), www.portugal-miradouro.net.

》》》 Mein Tipp: Hotel Rural Quinta da Geia, etwa 10 km entfernt in Aldeia das Dez, auf dem Weg nach Piódão. Aus einer Ruine haben zwei Holländer ein traumhaftes Anwesen geschaffen. Individuell eingerichtete Zimmer mit schönem Blick auf das Alva-Tal. Es gibt einen Pool. DZ 75–95 €. Largo do Terreiro do Fundo do Lugar, Aldeia das Dez, ✆ 238670010, www.quintageia.com. Das hauseigene **Restaurant** João Brandão serviert hervorragende Interpretationen portugiesischer Gerichte. 《《

Plano5, Bar & Zimmervermietung, ebenfalls in Aldeia das Dez und ebenfalls eine Neueröffnung der beiden Holländer. ✆ 964577510.

Camping ** Ponte das Três Entradas, 4 km nördlich an der EN 230 gelegen. Baden im Fluss sowie Angeln und Kanufahren möglich. Person ca. 3–3,50 €, Zelt 2,60–3,50 €, Auto 2,60–3 €. Es gibt auch Apartments für 40–45 € für 2 Pers. Mit Cartão Jovem 10 % Rabatt. ✆ 238670050, www.pontedas3entradas.com.

Viseu

Die Stadt zeigt einen sehr gut erhaltenen Altstadtkern und viel Grün an den Straßen und Plätzen. Viseu liegt inmitten einer weitläufigen Hochebene. In der Ferne türmt sich das Massiv von fünf Gebirgszügen auf.

An der Spitze einer landwirtschaftlichen Region, die u. a. Kartoffeln, Getreide und die bekannten Weine aus dem Anbaugebiet *Dão* abwirft, fungiert Viseu als kommerzielles Zentrum der Beira Alta.

Die alte *Rua Direita* ist das Herz des traditionellen Handels. Gleich einem „Basar" drängen sich dicht an dicht nette altertümliche Läden, die den Centros Commerciales am Stadtrand zum Trotz überlebt haben.

Stadtgeschichte: Die Besiedlung der Region begann auf dem höchsten Punkt der Stadt, wo sich heute die imposante Sé (Kathedrale) befindet. Man nimmt an, dass an eben dieser Stelle eine vorrömische Siedlung existierte. Zur Zeit der römischen

Schlichte Schönheit – die Kathedrale und das Museu Grão Vasco

Besetzung und später, bis ins 12. Jh. hinein, bevorzugten die Einwohner den tiefer gelegenen Stadtteil, der von einer Stadtmauer aus der Römerzeit geschützt war.

Bekannt ist, dass Viseu 1057 wieder von christlicher Hand beherrscht wurde. Unter *D. Fernando I.* wurde die Stadt jedoch von den Spaniern total geplündert. *D. João I.* errichtete zu ihrem Schutz eine neue Stadtmauer, die die inzwischen zerfallene römische Mauer und die alte Burg ersetzen sollte. Zu sehen ist davon jedoch nur noch ein unbedeutendes Fragment. Von den ursprünglich sieben Stadttoren existieren heute noch zwei.

In der ersten Hälfte des 16. Jahrhunderts stieg Viseu zum Zentrum der Kunstszene um Meister Grão Vasco auf, vor allem im Bereich der Malerei. Die Stadt entwickelte sich nun um die Sé herum, während der tiefer gelegene Stadtteil an Bedeutung verlor.

Sehenswertes

Die Reize Viseus liegen eher im Atmosphärischen als in den architektonischen Sehenswürdigkeiten. Vor allem im teilweise autofreien Altstadtkern um die Sé herum kann man ungestört flanieren und die historische Kulisse auf sich wirken lassen: enge Gassen inmitten mehrstöckiger Häuser, die hübsch mit verspielten schmiedeeisernen Balkons verziert sind. Erwähnenswert ist die **Casa do Miradouro** am Largo António José Pereira westlich der Kathedrale, ein Renaissancebau, in dem ein Ableger des staatlichen archäologischen Instituts untergebracht ist.

Die **Sé Catedral** zählt neben der Kathedrale von Évora und der von Coimbra (Sé Velha) zu den bemerkenswertesten des Landes. So, wie sie sich dem Betrachter von heute zeigt, ist sie Resultat verschiedenster Umbauten und Veränderungen, die zwischen dem 12. und dem 18. Jh. realisiert wurden. Doch die architektonische Grundlage im romanisch-gotischen Stil stammt aus dem 13. und 14. Jh.

Die heutige manieristische Fassade ersetzte die manuelinische, die 1635 Opfer eines Unwetters wurde. In der Mitte thront die Schutzheilige der Kirche, *Santa Maria da Assunção*, an den Seiten die vier Evangelisten. Über dem Portal wacht der heilige Teotónio, der Schutzpatron der Stadt. Zwei mächtige Türme flankieren die Fassade. Im Kreuzgang, auf der rechten Seite des Hauptschiffs, sieht man das alte romanisch-gotische Portal. Der Innenraum besticht durch die Eleganz der drei Schiffe, die von romanischen Säulen aus dem 12. Jh. gestützt werden, und ganz besonders durch das kunstvolle manuelinische Gewölbe; dieses ist besser bekannt als *Abóbada dos nós* (Knotengewölbe). Die Rippen der Säulen, die sich zu Knoten transformieren, geben dem Gewölbe seinen Namen. Der auffallend lange Chor mit verspielter Deckenmalerei und reich mit Gold verziertem, geschnitztem Chorge-stühl stammt aus dem 16. Jahrhundert.

Tägl. 9–12 und 14–19 Uhr. Eintritt frei.

Durch den linken Seitenflügel gelangt man zum **Museu de Arte Sacra**, das den wertvollen Kirchenschatz verwahrt: Skulpturen, Möbel, Monstranzen, Reliquien-schreine, kirchliche Gewänder, Bücher und vieles mehr.

Zur Zeit der Recherche geschlossen.

Wer aus der Kathedrale ins Freie tritt, sieht sich inmitten eines stimmigen Ensemb-les aus Sé, dem *Paço Episcopal dos Três Escalões* und der *Igreja da Misericórdia*.

Der modernisierte *Paço Episcopal dos Três Escalões* beherbergt das **Museu Grão Vasco**, das seinen Namen dem 1545 in Viseu geborenen Maler *Vasco Fernandes (Grão Vasco)* verdankt. Das Museum bewahrt einige der bedeutendsten Ge-mälde des Landes auf. Im zweiten Ge-schoss sind die Werke des bekannten Sohns der Stadt und seiner Zeitgenos-sen zu sehen. Einige Ausstellungsstücke kommen auch aus der Kathedrale. Das 1. Stockwerk zeigt sakrale Kunst des Barock, Keramik und Goldschmiede-kunst, Mobiliar und portugiesische Ma-lerei vom 17. bis zum 20. Jahrhundert.

Reiche Verzierung im Innern der Kathedrale

Di 14–17.30 Uhr, Mi–So 10–17.30 Uhr. Eintritt 4 €, ab 65 J. und 15–25 J. die Hälfte, Kind bis 14 J. frei. Am So bis 14 Uhr Eintritt frei für alle.

Wer sich schon auf dem Largo da Sé be-findet, sollte zumindest einen Blick auf die schöne Außenfassade der **Igreja da Misericórdia** werfen. In ihrer heutigen Form wurde sie im 18. Jh. errichtet. Ebenfalls ein Werk des 18. Jh. ist das Marienbildnis *Nossa Senhora da Mise-ricórdia* auf dem Hauptaltar.

Einige reich geschmückte **Solares** (Herrschaftshäuser) aus dem 18. Jh. finden sich in der Innenstadt. So die *Casa da Calçada* in der Calçada Vigia, die *Casa de São Miguel* in der Rua

Alferes Maldonado, der *Solar dos Treixedos* in der Rua Direita und der *Solar dos Condes de Prime* in der Rua dos Andrades. Die **Casa de Dom Duarte** in der Rua D. Duarte macht vor allem durch das Zwillingsfenster auf sich aufmerksam. Das Haus, das fast wie ein Turm wirkt, wird häufig für das Geburtshaus König Dom Duartes (des ältesten Bruders von Heinrich dem Seefahrer) gehalten, das die Historiker aber eher in der Rua Augusto Hilário vermuten.

Im Nordosten der Stadt findet man die **Cava de Viriato**, die archäologische Perle der Stadt. Das römische Militärlager hat einen oktogonalen Grundriss, der von Mauern umgeben ist. Der Name ehrt Viriato, der 147–139 v. Chr. gegen die römischen Invasoren kämpfte. Ob er aber jemals in Viseu war, wird bezweifelt.

Basis-Infos → Karte S. 334/335

Information Turismo do Centro, im Sommer Mo–Fr 9–19, Sa/So 9.30–13 und 14–17.30 Uhr. Es gibt interaktive Schautafeln mit Informationen zur *Rota do Vinho do Dão*. Weitere Infos zu Wein-Routen auf http://www.infovini.com oder unter http://www.cvrdao.pt/en. Adro da Sé, ☏ 232420950.

Posto de Turismo, städtischer Infokiosk am Rossio Platz. 10–18 Uhr, im Winter bis 17 Uhr. Dort kann man, wenn nicht defekt, eines der 5 Fahrräder kostenlos ausleihen.

Verbindungen Bus: Busbahnhof westlich außerhalb der Altstadt, an der Av. Dr. António José de Almeida, ☏ 232427493. Hier mit dem Bus zu fahren erweist sich als wesentlich komplizierter als im Süden des Landes. Das Busnetz ist zersplittert und auf verschiedene Busgesellschaften verteilt. Man sollte sich unbedingt an allen Schaltern erkundigen; nicht zu vergessen den Tabakladen, der ebenfalls für 2 Gesellschaften zuständig ist. Die wichtigsten sind: Rede de Expressos (www.rede-expressos.pt), TransDev (www.transdev.pt), Joalto (www.joalto.pt), Rodo Norte (www.rodonorte.pt) und Marques (www.marques.pt).

Tägl. 17-mal (Sa 14-mal, So 13-mal) nach Coimbra, 21-mal (Sa 19-mal, So 18-mal) nach Lissabon, 15-mal (Sa 10-mal, So 9-mal) nach Porto, 10-mal (Sa 4-mal, So 4-mal) nach Covilhã, Belmonte (Ginjal) und Guarda, 10-mal (Sa 7-mal, So 4-mal) nach Braga, 7-mal (Sa 2-mal, So 2-mal) nach Castelo Branco, 6-mal (So 4-mal) nach Lamego und Régua, 12-mal (Sa 8-mal, So 1-mal) nach Vila Real und 3-mal nach Penedono, Trancoso und Vila Nova de Foz Coa, 10-mal nach Braganca, 2-mal nach Miranda do Douro und Chaves, 5-mal nach Faro, 1-mal nach Pinhão, 6-mal nach Portalegre, 12-mal (Sa 10-mal, So 9-mal) nach Leiria und 6-mal nach Elvas.

Bahn: Es gibt keinen Bahnhof mehr, doch vom Busbahnhof fahren Busbahnse (Mo–Fr) nach *Nelas*, dort dann Anschluss an verschiedene Züge: 6-mal nach Guarda, Vila Franca das Naves (Trancoso), Coimbra, Santarém und Lissabon, 6-mal nach Porto (Umsteigen in Pampilhosa und manche in Aveiro, z. T. 30 Min. Aufenthalt), 3-mal Gouveia und Luso/Buçaco, 2-mal Castelo Mendo (Umsteigen in Guarda), 6-mal Fátima. www.cp.pt.

Stadtverkehr mit dem S.T.U.V. *(Serviço de Transportes Urbanos de Viseu)*. Tickets im Busbahnhof. Es existiert auch eine kleine, moderne Straßenbahn *(funicular)*, die zwischen dem historischen Zentrum und der Feira de São Mateus verkehrt.

Parken Kostenlos auf dem Platz der Feira de Mateus – und von dort mit der Kabelbahn hoch in die Stadt (alle 30 Min.).

Einkaufen Kunsthandwerk: bei *Casa da Ribeira*, zu finden in der Av. Emídio Navarro (Straße Richtung Aveiro), gleich gegenüber der *Feira São Mateus* in einem großen Eckhaus aus Granitsteinen, der **Casa da Ribeira**. Hier wird das städtische Kunsthandwerk gepflegt und weitergeführt. Töpferstücke, Korb- und Gusswaren oder Stickereien sind hier zu erwerben. Im Gegensatz zu sonstigen *Artesanatos* bemüht man sich in der *Fundação* um die Bewahrung des künstlerischen Handwerks und weniger um den Verkauf von Ramsch an Touristen. Im Kunsthandwerkszentrum kann man zudem Frauen beim Sticken zusehen. Di–Sa 9–12.30 und 14–17.30 Uhr.

Beira Litoral → Karte S. 303

Antiquitätenmarkt, großer Markt jeden 3. Samstag im Monat rund um den Mercado 2° de Maio.

Palacio Gelo Shopping, Attraktion des Einkaufszentrums ist eine Eiskunstbahn und eine Bar, in der sogar die Stühle aus Eis sind. Eintritt ca. 10 €.

Fahrradfahren Von Viseu aus führt der Radweg *Ecopista do Dão* über 50 km entlang der ehemaligen Bahnlinie bis nach Santa Comba Dão. Infos über die Wegführung und Bilder unter www.ciclovia.pt (nur auf Portugiesisch).

Fahrradverleih *Facebook.com/vicicleta*, Adresse: Ecopista Km 0,4. Di–Fr 17.30–24 Uhr. Fahrrad 2,50 €/Std. ✆ 967402756.

Feste Im Juni beginnt die Zeit der Feste mit den **Cavalhadas** (Ritterspiele). Papierblumen, Folkloremusik, Tanz am Abend, deftige Speisen und Getränke vermischen sich zu einem teils religiösen, teils volkstümlichen Fest.

Feira de São Mateus: Zu dem berühmten Jahrmarkt kommen Händler aus der ganzen Region und verkaufen ihre *Artesanatos* (Handwerksarbeiten). Alljährlich Mitte Aug. bis Mitte/Ende Sept.

Telefonnummern   Polizei ✆ 232480380, ✆ 232467940, **Hospital** ✆ 232420500, **Taxi** ✆ 232425444, ✆ 232429453.

Übernachten/Camping

**** **Palácio dos Melos** 🞲, im Zentrum an der Stadtmauer wurde 2007 das luxuriöse Hotel in einem alten Adelspalst nebst Neubau eröffnet. Die Superior- und Deluxe-Zimmer im alten Teil sind schlicht und klassisch eingerichtet, die Standard-DZ im Neubau sind ebenfalls sehr schön, haben aber nicht das Flair der „Palast-Zimmer". DZ 90 €, Superior 125 €, Deluxe 145 €. Rua Chão de Mestre 4, ✆ 232439290, www.hotelpalaciodosmelos.pt.

**** **Grão Vasco** 🞲, Hotel ganz in der Nähe des Turismo, südlich der historischen Altstadt, mit 4 Suiten und 107 geräumigen Zimmern. Die Meisten mit Balkon und Blick auf den Swimmingpool. Das Gebäude ist von einem gepflegten Garten umgeben. DZ mit Bad, Telefon, TV und Frühstück in der Hauptsaison 73–76 € inkl. Parken. Rua Gaspar Barreiros, ✆ 232423511, www.hotelgraovasco.pt.

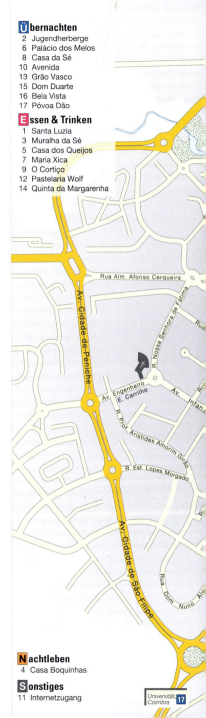

Universität, Coimbra 17

** Avenida ⑩, absolut zentrale Lage am Rossio und am anschließenden Parque Aquilino Ribeiro. Alter Bau aus dem Jahr 1910 mit schöner Fassade und schmuckem Turm. Weitläufige Treppenaufgänge und Korridore führen zu den Zimmern. Ein Gemeinschaftsraum und ein stilvoller Speisesaal tragen zur familiären Atmosphäre bei. DZ 50–60 € je nach Saison. Av. Alberto Sampaio 1, ✆ 232423432, www.hotelavenida.com.pt.

Dom Duarte ⑮, unterhalb des Hotels Grão Vasco, unweit des Parque Aquilino Ribeiro, im südlichen Teil der Stadt, ca. 8 Min. zum Zentrum. Einfache Zimmer mit massiven Holzmöbeln. DZ mit Bad (teils mit Wanne), Telefon, TV, Klimaanlage und Frühstück 40–45 €. Rua Alexandre Herculano 214, ✆ 232421980, www.residencialdomduarte.pt.

Bela Vista ⑯, noch ein gutes Stück von der Pensão Residencial Dom Duarte in südlicher Richtung entfernt. Moderner, nicht sehr attraktiver, viergeschossiger Bau. Einfach eingerichtete, ordentliche Zimmer, manche mit Balkon, engem Bad mit Dusche. Eigener Parkplatz. DZ 35–37 € je nach Saison. Rua Alexandre Herculano 510, ✆ 232422026, www.residencialbelavista.com.

≫ Lesertipp: Casa da Sé ⑧, Turismo de Habitação direkt gegenüber der Sé, in einem alten renovierten Gebäude mit 12 Zimmern. Der Besitzer ist Antiquitätenhändler, jedes Zimmer ist nach einer Persönlichkeit benannt und individuell mit Antiquitäten ausgestattet, die auch erworben werden können (Daniela und Wolfgang Ruhrmann). DZ 80 €. Rua Augusta Cruz 12, ✆ 232468032, www.casadase.net. ≪

Póvoa Dão ⑰, ein mittelalterliches Dorf bei Silgueiros an den sanften Abhängen des Dão, das komplett für den Tourismus renoviert wurde. 120 ha großes Areal mit biologischer Landwirtschaft, Pool, Tennisplatz und diversen Freizeitangeboten wie Wanderungen, Radausflüge, Vogel- und Sternbeobachtung, Wein-Workshops u. a. Apartment für 2–4 Pers. 65–85 €, 6 Pers. 100–135 €, 8 Pers. 125–175 € je nach Saison. Póvoa Dão, ✆ 232958557, www.povoadao.org.

Jugendherberge Pousada de Juventude de Viseu ②, einfach ausgestattetes Haus. DZ mit Bad 25–27 €, Bett im Mehrbettzimmer 11–12 €. Rua Aristides Sousa Mendes, Portal do Fontelo, ✆ 232413001, http://www.pousadasjuventude.pt/pt/pousadas/viseu.

Camping Der nächste Platz liegt in Vouzela, etwa 35 km westlich.

** Vouzela, mit kleinem Supermarkt, schattigen Plätzen, gutem Restaurant. Person 2,90 €, Zelt 2,90–3,80 €, Auto 3,34 €. Ganzjährig geöffnet. Monte da Senhora do Castelo, ✆ 232740020, www.cm-vouzela.pt.

Essen & Trinken   → Karte S. 334/335

Restaurants Muralha da Sé ③, nobles Restaurant in der Nähe der Kathedrale. Man sitzt auf einer großen Terrasse oder im angenehmen Speiseraum. Sehr gute Weinauswahl. Hauptgericht ab 15 € für 2 Personen. So abends und Mo geschlossen. Adro da Sé 24, ✆ 232437777.

O Cortiço ⑨, mitten in der Altstadt, in der Nähe der Kathedrale. Mehrfach ausgezeichnetes Kellerrestaurant mit Granitwänden, rustikal und kühl. Gut zubereitete Gerichte, halbe Portion ab 11 €. Tägl. geöffnet. Rua Augusto Hilário 43-49, ✆ 232423853.

Casa dos Queijos ⑤, hübsch eingerichtetes Restaurant im 1. Stock eines etwas versteckten Hauses in der Nähe der Rua Direita. Der Käse aus der Serra da Estrela ist ein Muss für alle Liebhaber (3,50 €). Hauptgericht 8–10 €. So Ruhetag, im Winter schon ab 21 Uhr geschlossen! Travessa das Escadinhas da Sé 9, ✆ 232422643.

≫ Mein Tipp: Maria Xica ⑦, im Zentrum, gegenüber dem Palácio dos Melos. Eine gut gelungene Mischung aus Restaurant, Tapasbar und Club, am Wochenende mit Musikprogramm. Petiscos 3–7 €, Hauptgericht 8,50–16,90 €, gute Auswahl an vegetarischen- und Nudelgerichten. Tägl. (außer Di). Rua Chão Mestre, ✆ 232435391. ≪

Quinta da Magarenha ⑭, großer Komplex an der Schnellstraße mit überraschend guter regionaler Küche. Die Karte wechselt täglich. Hauptgericht 9,50–19,50 €, halbe Portion etwa 8 €. Tägl. (außer Mo). Caçador, an der Kreuzung N 16/A 25 (Abfahrt 20) in Richtung Guarda. ✆ 232479106.

Santa Luzia 🔟, beliebtes, einfaches Restaurant mit lecker zubereiteten regionalen Gerichten. Es gibt auch den guten Käse aus der Serra. Hauptgericht 9,50–15 €. Tägl. (außer Mo). Campo de Viseu, an der EN 2. ✆ 232459325.

Café Pastelaria Wolf 🔢, sehr gemütliches Café mit interessanter Einrichtung und einem großen Sortiment an süßen Verführungen. Rua Francisco Alexandre Lobo 37.

Nachtleben   → Karte S. 334/335

Factor C, hier wird nur getanzt – in der Trenddisco kommen alle auf ihre Kosten, Pop, Rock und Alternative auf drei Tanzflächen. Rua do Coval 39-43.

Auch einige Bars finden sich in der Stadt:

Obviamente Bar, hier bekommt man auch leckere Snacks. Largo Pintor Gata 26.

Casa Boquinhas 🔢, hier trifft man häufig auf Tunas (Gruppen von Studenten), die dort ihre Stimmen erheben. Rua Escura 43.

Noitebiba Club, das jüngere Publikum trifft sich hier und in den Bars unterhalb der Sé. Rua Concelheiro Afonso de Melo 31.

Palato, der Ort für Weinliebhaber. Es gibt eine große Auswahl guter Weine aus der Region und dem Rest des Landes sowie eine Auswahl an Tapas und belegten Brötchen. Modern eingerichtetes Haus. Freundliches Personal. Praça Dom Duarte 1.

Weitere Kneipen im Univiertel südlich der Altstadt.

Von Viseu nach Aveiro

Man verlässt Viseu über die N 16 in nordwestlicher Richtung und stößt schon bald auf **São Pedro do Sul**, das man aber nur durchquert – das eigentliche Ziel, das gleichnamige Thermalbad, befindet sich 5 km weiter südlich. Hier strömt das heiße Wasser aus den Felsen, und es ist alles so, wie es sich ältere Kurgäste wünschen.

Weiter geht die Reise der N 16 folgend nach Vouzela und von dort Nebenstraßen nutzend über Cambra und Alcofra durch die Serra nach **Caramulo** fortsetzen. Der ehemalige Luftkurort zählt gerade mal 600 Einwohner, ist die beschwerliche Anreise aber unbedingt wert. Der Sanatoriumsdirektor Dr. Abel Lacerda und sein Bruder João haben dort ein beeindruckendes Museum hinterlassen, in dem man Kunst der großen Maler des 20. Jahrhundert und wertvolle Automobile bestaunen kann.

Wer noch Zeit hat, setzt die Fahrt über die N 230 in Richtung Águeda bis **Aveiro** fort. Schneller geht es über Alcofra und über die N 333-2 zurück zur Autobahn.

Alternativ bietet sich ein Ausflug zum Schieferdorf **Pena** an. Der Weg ist ab São Pedro do Sul (nicht von den Termas!) gut ausgeschildert. Von dort fährt man über den Rücken des Gebirgszugs durch eine beeindruckend karge Kulisse in Richtung Arouca. Weiter geht es über Vale de Cambra zur IC 2 in Richtung Süden, um dann auf die Autobahn nach Aveiro abzubiegen. Man sollte für diese Strecke viel Zeit einplanen, da man in der Serra nicht schneller als 30 bis 50 km/h fahren wird.

Termas de São Pedro do Sul   ca. 500 Einwohner

Die Thermen etwa 26 km nordwestlich von Viseu sind seit mehr als 2000 Jahren ein Ort der Heilung und Erholung. Schon die Römer schätzten die Wirkung der 68,7 Grad heißen Quellen, ihr Wasser hilft bei rheumatischen Beschwerden, Erkrankungen der Atemwege und wird bei Reha-Maßnahmen eingesetzt.

Beira Litoral → Karte S. 303

Dom Afonso Henriques ließ 1152 über den **römischen Bädern** ein neues Schwimmbad bauen, dessen Reste heute zu besichtigen sind. In der Mitte des Flusses gibt es ein Kuriosum: einen schwebenden Wasserhahn, der die Gesetze der Physik aufzuheben scheint. Bei genauerem Hinsehen erklärt sich die Konstruktion jedoch schnell.

Wer die Termas de São Pedro besucht, sollte einen Abstecher in das rund 40 km entfernte abgeschiedene Dorf **Pena** nicht versäumen. Das auch als „botanischer Garten in Miniatur" bezeichnete Dorf ist komplett aus Schiefer gebaut und liegt malerisch in einem Talkessel der imposanten Serra de São Macário. Heute leben hier nur rund zehn Menschen, die Kinder fahren mit dem Schulbus in den nächsten Ort Sul. Das Dorf ist touristisch kaum erschlossen; das mag an dem etwas anstrengenden Weg liegen. Erst geht es steil den Berg hinauf und dann quasi senkrecht in engen Serpentinen wieder hinunter.

Information Turismo, im Sommer tägl. 9–19 Uhr, im Winter tägl. 10–18 Uhr. Es gibt eine Broschüre über markierte Wanderwege (auch in Englisch), einer davon führt über 16 km am Fluss Vouga vorbei durch die Dörfer der näheren Umgebung. Rua do Passo im „Espaço Terra", ☎ 232711320. An das Turismobüro ist ein **Kunsthandwerksladen** angeschlossen.

Verbindungen Bus: Die Busse von Viseu nach Sernada halten auch in Termas de São Pedro. Mo–Fr 7-mal, Sa und So 4-mal. 4-mal tägl. Expressbus (www.redeexpressos.pt) direkt nach Lissabon und 2-mal nach Porto. Haltestelle gegenüber dem Hotel Lisboa.

Einkaufen **Estação de Artes e Sabores**, der Laden im alten Bahnhof mit Snackbar und Webstube verkauft nur regionale bzw. im Haus hergestellte Produkte, z. B. Korbflechtarbeiten. Av. José Vaz 2, ☎ 232728198.

Fahrradverleih Am Café Bom d'Jau für 8 € pro Tag (9–18 Uhr).

Telefonnummern Polizei ☎ 232720060, **Centro de Saúde** ☎ 232720180, Taxi ☎ 232712555, **Centro Termal** ☎ 232720300.

Übernachten Es gibt viele Pensionen und Hotels am Ort. Der Turismo hat eine komplette Liste mit Telefonnummern. Auch Privatzimmer werden angeboten.

Hotel Rural Villa do Banho, Haus mit familiärer Atmosphäre, direkt neben der Brücke. Die Zimmer sind klein, aber stilvoll eingerichtet. DZ 53–80,50 €. Largo Dr. António José de Almeida, ☎ 232720510, www.villadobanho.com.pt.

Avenida, gegenüber den Thermen. Die Pension ist in drei verschiedenen Häusern untergebracht. Das Alter der Einrichtung im Haupthaus entspricht dem der Dona und der Gäste. In den neuen Häusern sind die Zimmer ansprechender. Große, saubere Zimmer mit ebenso großen Bädern je nach Saison 52,50–65 €, ohne Bad 47,50–60 € mit Vollpension, nur mit Frühstück 35 € (DZ mit Bad). ☎ 232723075, www.pensaoavenida.com.pt.

São José/Águas Santas, oberhalb der Brücke am Hang. Verwinkeltes Haus mit gemütlichen Zimmern; zudem ein zweites Haus der gleichen Besitzer direkt gegenüber. DZ je nach Saison 30–44 € inkl. Frühstück. ☎ 232723520, www.residencialaguassantas.com.

Turismo de Habitação Casa de Fataunços, in Fataunços. Gutshaus aus dem 18. Jh. mit 9 Zimmern und schönen Aufenthaltsräumen, in denen ab und zu Kammerkonzerte stattfinden. Der große Garten hat einen Pool und dient im Sommer auch als Teestube. Angeschlossen ist ein kleines privates Museum mit einer Sammlung historischer Kunstgegenstände (für Gäste ist der Eintritt frei). DZ 55–63 € je nach Saison. Etwa 5 km von Termas de São Pedro do Sul entfernt, ☎ 232772697, www.casadefataunccos.pt.

》》 Mein Tipp: Mosteiro São Cristóvão de Lafões, früheres Kloster ca. 15 km in Richtung Oliveira de Frades, in idyllischer und versteckter Lage inmitten eines Eichenwaldes. Die Besitzer Domingas und Walter Osswald haben die Anlage als Ruine gekauft und mit Hingabe wiederaufgebaut, wovon man sich bei einer Hausführung in deutscher Sprache durch den Hausherren überzeugen kann. DZ inkl. Frühstücksbüfett ab 65 €, Suite ab 85 €. São Cristóvão de Lafões, ☎ 232798076, www.mosteirosaocristovao.com. 《《

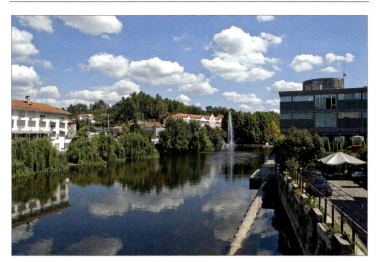

Beschauliches Thermalbad São Pedro do Sul

Beira Litoral → Karte S. 303

Jugendherberge Modernes Gebäude im oberen Teil des Orts. DZ mit Bad 28–34 €, Bett im Mehrbettzimmer 11–14 €. Rua Central, ✆ 232724543, www.pousadas juventude.pt/pt/pousadas/spedrosul.

Camping ** Parque de Campismo Vouzela, 5 km südlich von den Termas de São Pedro do Sul. Schattige Plätze, kleiner Supermarkt, gutes Restaurant. Person 2,90 €, Zelt 2,90–3,80 €, Auto 3,34 €. Ganzjährig geöffnet. Monte da Senhora do Castelo, ✆ 232740020, www.cm-vouzela.pt.

Essen & Trinken Adega do Ti Joaquim, im oberen Teil des Orts schräg gegenüber der Jugendherberge. Großer Speisesaal und großzügige Terasse in Richtung Straße. Auf der Karte finden sich Spezialitäten der Region, z. B. *Vitela à Lafões* (geschmortes Kalb). Hauptgericht 9–15 €, auch halbe Portionen. Tägl. geöffnet außer Di. ✆ 232711250.

Restaurante Telheiro da Avo, auf der linken Flusseite am Ortseingang; kleineres neues Restaurant, preislich leicht gehoben. Wird sich noch bewähren. Mo Ruhetag. ✆ 962973173.

Caramulo
ca. 600 Einwohner

Das Besondere an dem Höhenluftkurort (800 m) inmitten der grünen Bergwelt ist das *Museu de Caramulo* – eine einzigartige Kombination aus moderner Kunst und Automobilmuseum. Die Exponate wurden von den früheren Sanatoriumsdirektoren zusammengetragen.

Für das **Museum antiker und moderner Kunst** ließ Dr. Abel Lacerda in den 1950er-Jahren einen Klosterkreuzgang aus dem 18. Jh. in Viseu abtragen und in Caramulo wieder aufbauen. Drumherum baute er sein eigenes Museum für seine riesige Sammlung. Auch sein Bruder João Lacerda, ebenfalls wohlhabender Sanatoriumsdirektor in Caramulo, stiftete wertvolle Gegenstände aus seiner Privatsammlung. Hinzu kamen Spenden von Freunden, Künstlern und vom Staat.

Die Sammlung zeigt Porzellan aus Japan und China, Heiligenfiguren und sakrale Kunst, Wandteppiche, Schmuck und eine herausragende Gemäldesammlung, darunter Werke des berühmten portugiesischen Malers *Grão Vasco* aus Viseu (16. Jh) und des während der Diktatur sehr bekannten, später in Vergessenheit geratenen Künstlers *Eduardo Malta*, dessen Portrait des Diktators Salazar hier ebenso zu sehen ist wie Werke internationaler Größen wie Dalí, Picasso, Miró, Chagall, Rodin oder Fernand Léger.

Im **Automobilmuseum** sind Prachtexemplare wie eine motorbetriebene Kutsche von Peugeot (1899) oder ein Mercedes Benz Baujahr 1910 zu entdecken. Aber auch amerikanische Luxuskarossen sind vertreten: ein Cadillac von 1956, ein Cabriolet mit dem enormen Gewicht von 2370 Kilogramm. Dazu drei Rolls Royce von 1911, 1913 und 1938 sowie ein gepanzerter Daimler-Benz Baujahr 1938 aus der Garage des Diktators Salazar mit einem Gewicht von vier Tonnen.

Di–So 10–13 und 14–18 Uhr, im Winter bis 17 Uhr. Erw. 7 €, über 65 J. 5 €, Kind 6–14 J. 3 €. ✆ 232 861 270, www.museu-caramulo.net.

Die vielen leerstehenden, fast unheimlich wirkenden Gebäudekomplexe, die verstreut an den Hängen liegen, sind ehemalige Sanatorien. Bis in die 1960er-Jahre war Caramulo Portugals renommiertester Luftkurort. Von den einst 20 Sanatorien sind nur noch drei in Betrieb – als Altenheime. Auch das Hotel vor Ort war ein Sanatorium. Doch langsam werden die Ruinen wieder renoviert und anderen Zwecken zugeführt.

Vor allem aber ist Caramulo ein guter Ausgangspunkt für kleinere **Wanderungen**. Der Turismo hält eine Broschüre mit markierten Wegen auf Englisch bereit. Rund um Caramulo gibt es einige sehenswerte Dörfer, in denen man portugiesische Landluft schnuppern kann. Nach den von Brandstiftern gelegten großen Waldbränden von 2013 ist zwar wieder alles schön grün, doch bis die Bäume groß sind, wird es noch dauern.

Information Turismo, tägl. 9.30–12.30 und 14–17.30 Uhr. Av. Dr. Jerónimo Lacerda, ca. 400 m unterhalb des Zentrums, ✆ 232861437.

Verbindungen Bus: Nur während der Schulzeit 2-mal tägl. nach Tondela. Dort 5-mal Anschluss nach Viseu.

Fahrradverleih Bei **Sportnatura** können auch Touren gebucht werden; hat aber kein eigenes Ladenlokal, die bestellten Fahrräder werden im Hotel abgeliefert. ✆ 916440506, www.sportnatura.pt.

Telefonnummern Polizei ✆ 232861326, Centro de Saúde ✆ 232814040 (Tondela), Taxi ✆ 963013067.

Übernachten **** Caramulo Congress Hotel & Spa, das Hotel im ehemaligen Armeesanatorium bietet große Doppelzimmer, die Bäder haben Wannen. Überschaubarer Spa-Bereich, dafür Billard und Kicker. Je nach Ausblick und Saison DZ 60–165 €. Av. Dr. Abel de Lacerda, ✆ 232860100, www.hoteldocaramulo.pt.

Aveiro
ca. 74.000 Einwohner

Kanäle, salzige Wattenmeerluft und besondere Lichtverhältnisse prägen die Atmosphäre der Stadt. Aveiro liegt direkt am Haff und die drei Kanäle – Canal das Pirâmides, Canal de São Roque und Canal dos Santos Mártires – erschließen die Altstadt für die Boote der Fischer und Algenfischer.

Die stimmungsvolle Stadt mit ihren hübschen Stadtpalästen im Jugendstil hat in den letzten Jahren einen starken Zulauf an Besuchern erfahren. Heute mischt sich in den Straßencafés um die hübsch renovierte gusseiserne Fischmarkthalle im Stile eines Gustave Eiffel das einheimische Studentenvolk mit den Touristen. In den Kanälen sind die schmuckvoll bemalten Kähne der Moliceiros, der Algenfischer,

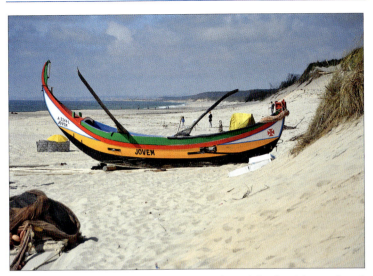

Seetüchtige Attraktion am Strand

auf Touristenrundfahrt, inzwischen gibt es sogar dreirädrige Tucktucks zum Sightseeing. Direkt am Rand des alten Stadtkerns wurde um die Jahrtausendwende ein Einkaufszentrum im „neurömischen Stil" hingeklotzt. Dort trifft sich die Jugend im Food-Court zum Verzehr von Frikadellen oder eines Salattellers aus der Vitaminas Bar.

Klöster, Behörden sowie die Salzgewinnung und Weiterverarbeitung des Kabeljau waren früher die wirtschaftliche Basis der Stadt. Heute ist Aveiro Standort für die Metallverarbeitung, Keramik, die Nahrungsmittelverarbeitung, Papierherstellung und Holzverarbeitung. Aveiro ist aber auch eine moderne Universitätsstadt mit ca. 18.000 Studenten, Schwerpunkt sind technische Studiengänge.

Die Hafflandschaft, die Ria, die sich westlich der Stadt ausdehnt, ist in ihrer heutigen Form relativ jung. Früher berührte das Meer Siedlungen, die z. T. 15 km von Aveiro in Richtung Landesinneres entfernt waren. Aveiro und seine Salinen werden 959 im Tagebuch der *Condessa Mumadona* aus Guimarães erstmals erwähnt. Der ständige Besitzerwechsel der Stadt zeugt von ihrer Bedeutung in der Salzgewinnung, beim Fischfang und dem Warentransport zur See.

Anfang des 16. Jahrhunderts war Aveiro ein blühender Ort mit etwa 12.000 Einwohnern. Die Versandung der Hafeneinfahrt seit Ende des 17. Jahrhunderts beeinträchtigte jedoch zunehmend die Schifffahrt, und die Versumpfung des Gebiets vernichtete mehr und mehr fruchtbares Land. Die Stadt entvölkerte sich, Ende des 18. Jh. war die Einwohnerzahl auf 3500 gesunken. Mittlerweile verarmt, erhielt Aveiro 1759 von *Dom José*, dem späteren *Duque de Aveiro*, die Stadtrechte. Nach einigen vergeblichen Versuchen gelang es 1808, die Hafeneinfahrt wieder freizubekommen und sie mit den Quadern der alten Stadtmauer zu befestigen. Knapp 60 Jahre später erhielt Aveiro einen Anschluss an die Eisenbahnlinie Lissabon – Porto, die Stadt erlebte eine neue Blüte.

Orientierung

Der ursprüngliche Kern der Stadt erstreckt sich südöstlich des Kanals, zu beiden Seiten der *Rua de Coimbra*. Hier waren Klerus, Adel und das wohlsituierte Bürgertum zu Hause, geschützt durch eine Stadtmauer, die später abgetragen und zur Befestigung der Kanäle verwendet wurde. Die heutige *Rua João Mendonça* mit den prächtigen Jugendstilpalästen, hinter dem sich der Fischmarkt und das Viertel der Fischerhäuschen verstecken, entstand erst später.

Zwischen Canal Central und Canal ao Roque

Ins Auge fällt das bezaubernde **Jugendstilhaus** im kräftigen Orangeton in der Rua de João Mendonça 5-7, gleich neben dem Turismo. Die portugiesische Variante zeigt sich üppig verspielt und verwendet gerne Azulejos als Wandschmuck. Bei jedem Jugendstilhaus sind auf in den Gehsteig eingelassen Tafeln der Name und das Erbauungsjahr vermerkt.

Ein paar Häuser weiter findet man die *Casa Major Pessoa*. Lange Zeit drohte das wunderschöne Gebäude in sich zusammenzufallen, bis sich die Stadtverwaltung ein Herz fasste und es renovierte. Inzwischen beherbergt es das **Jugendstilmuseum** *(Museu da Arte Nova)*. Auf drei Ebenen werden Art-Deco-Kacheln, Kunstwerke aus der Zeit und temporäre Ausstellungen präsentiert. Überaus beeindruckend ist die schwingende enge Wendeltreppe. Im Innenhof findet sich das geschmackvolle Teehaus *Casa do Chá*. Das Gebäude ist ein Werk der Architekten Silva Rocha und Ernesto Korrodi; beide hinterließen weitere Häuser in und um Aveiro, von denen vor allem die Residência Francisco Silva Rocha in der Rua do Carmo 12-14 und das Edifício da AMRIA in der Rua Capitão Sousa Pizarro 60 einen kleinen Umweg wert sind. Im Turismo gibt es das Heft „Rota da Arte Nova", das eine ganze Reihe sehenswerter Jugendstilhäuser aufführt.

Jugendstilmuseum: Di–Fr 9–12.30 und 14.30–18, Sa/So 14–18 Uhr, Mo geschlossen. Eintritt 2 €, Schüler/Stud. und über 65 J. Eintritt frei.

Die Altstadt

Museu de Aveiro: In dem 1458 gegründeten Kloster *Mosteiro de Jesus* verbrachte *Dona Joana*, die Tochter von König Afonso V., ihr Leben. Anstatt in das englische Königshaus einzuheiraten zog sie die klösterliche Zurückgezogenheit vor und spendete reichlich aus ihrem ererbten Vermögen. Bereits mit 38 Jahren verstarb sie. Der Innenraum der *Igreja de Jesus* in der Klosteranlage ist komplett mit barocken Schnitzereien verziert und vergoldet. Hier steht der *Túmulo de Santa Joana*, der Sarkophag von Joana. Die Intarsienarbeit aus verschiedenfarbigem Marmor gleicht mehr einer Zeichnung als einem Kunstwerk aus Stein. Neben wertvollen sakralen Stücken zeigt ein Gemälde des Renaissancemalers Nuno Goncalves die inzwischen heiliggesprochene Dona Joana, mit ernsten Blick und der Hand auf dem Herz.

Tägl. (außer Mo) 9–18 Uhr. Eintritt 4 €, Jugendliche und über 66 J. frei. Rua de Santa Joana Princesa.

Sé: Die Kathedrale gegenüber dem Kloster bildete ursprünglich mit diesem eine Einheit. Der Innenraum ist ein wildes Gemisch aus altem Gemäuer und einem etwas angestrengt hinzugefügten Neubau. Dieser war nötig, nach dem Aveiro erneut Bischofssitz wurde. Das königliche Chorgestühl und der reich verzierte Hochaltar prallen auf einen lieblos ausgekachelten Betonbau. Das Steinkreuz *Cruzeiro de Jesus* im Eingangsbereich ist von großem ikonografischen Wert. Nachdem das Kreuz ursprünglich auf dem Platz vor der Sé stand, wurde es später zum Schutz vor den

Witterungseinflüssen in die Kathedrale gestellt. Den Kirchenvorplatz ziert heute eine Kopie des Originals.

Jardim e Parque Infante D. Pedro: Der wunderbare Stadtpark lädt ein zum Spaziergang zwischen Bambushainen, schattenspendenden Bäumen und einem kleinen Fischweiher. Hier kann man dem Treiben der Schwäne und Enten zusehen und die Ruhe genießen. Ein Fußgängerüberweg, ein schleifenförmiges Kunstwerk aus Metall, verbindet den durch ein Sträßlein geteilten Park. Das renovierte *Teehaus am See* suchte bei unserer letzten Recherche noch einen Betreiber.

Dem „Grünstreifen" Richtung Cais de Alboi folgend, kommt man in das kleine gleichnamige Viertel. Es wurde in den 1920er Jahren von einem in Brasilien reich gewordenen Heimkehrer gegründet und war damals eine moderne Form des sozialen Wohnungsbaus: Die Mieter konnten nach 20 Jahren die bescheidenen Häuschen ihr Eigen nennen.

Cruzeiro de Jesus am Eingang der Sé

Campus der Universität: Etliche namhafte portugiesische Architekten haben an verschiedenen Gebäuden ihre Handschrift hinterlassen. Besonders sehenswert ist die futuristisch wirkende Mensa und das neue Bibliotheksgebäude aus Klinker.

Vista Alegre: Das Dorf mit seiner über 150 Jahre alten Porzellanfabrik, der *Fábrica de Porcelana de Vista Alegre,* liegt etwa 7 km südlich hinter Ílhavo. Hier wird das „Rosenthal Portugals" gefertigt. Nelson Rockefeller ließ dort seine wertvolle Privatsammlung kopieren. Im *Museu Histórico da Vista Alegre* ist eine Sammlung der wertvollsten Stücke aus der langen Geschichte der renommierten Fabrik zu sehen. Zur Fábrica de Porcelana gehört auch eine sehenswerte Kapelle aus dem 17. Jh. sowie eine interessante historische Siedlung, die für die Arbeiter gebaut worden war. Neben dem Museum gibt es einen Fabrikverkauf, wo man immer wieder mal ein Schnäppchen machen kann.
Di–Fr 10–19.30 Uhr, Eintritt 6 €, erm. 3 €.

Basis-Infos

Information Turismo, Mo–Fr 9–20, Sa/So nur bis 18 Uhr, im Winter Mo–Fr 9–18, Sa/So 9.30–13 und 14–18 Uhr. Gut ausgestattetes regionales Infobüro. Zentral unmittelbar neben dem Canal Central gelegen, Rua de João Mendonça 8, ✆ 234420760, www.turismodocentro.pt.

Links neben dem Turismo befindet sich das **Museo de Cidade**, das die Geschichte von Aveiro erzählt.

Aveiro Welcome Center, städtisches Amt, das auch regionale Produkte vertreibt. Tägl. 10–19 Uhr, im Winter ab 9.30 Uhr. Rua Clube dos Galitos 2, ✆ 234377761, www.aveiro.eu.

Stadtführungen: Geführte Touren organisiert die Firma *O Cicerone*, ✆ 234094074, www.o-cicerone-tour.com.

Verbindungen Bahn: Der sehenswerte, hübsch mit Azulejos verkleidete Bahnhof findet sich Richtung Osten am Ende der Hauptstraße Av. Dr. Lourenço Peixinho. Mo–Fr 1 bis 2-mal stündl. Zug nach Porto (Sa/So 1-mal stündl.), zusätzlich 11-mal tägl. Schnellzüge, stündl. Regionalzug nach Coimbra A sowie 11-mal Schnellzüge nach Coimbra B, tägl. 11-mal Schnellzüge nach Lissabon und 4-mal Schnellzüge nach Braga.

Nach Torreira erst mit dem Zug bis Estarreja, dann weiter mit dem Bus. 2 Züge pro Std. *Nach Caramulo* mit dem Zug bis Águeda 11-mal, dann weiter mit dem Bus.

Eine schöne Nebenstrecke führt über Águeda nach Sernada do Vouga durch das Tal des Rio Vouga. Mo–Fr 6 Züge.

Bus: Abfahrt aller Busse auf dem Bahnhofsvorplatz. Sämtliche Busse an die Costa Nova, nach Barra und Forte da Barra halten auch gegenüber dem Turismo in der Rua Clube dos Galitos auf der anderen Kanalseite. Stündl. Busse an die Costa Nova und nach Barra. Nach Figueira da Foz Mo–Fr 3-mal, Sa/So 2-mal, nach Coimbra 4-mal, nach Lissabon 6-mal, Leiria 2-mal, Guarda und Viseu 14-mal mit Umsteigen in Albergaria Velha. www.transdev.pt.

Nach Vista Alegre: 20 Busse nach Ílhavo (Sa/So 6/8-mal).

Nach São Jacinto: erst mit dem Bus nach Forte da Barra, dann mit der Fähre zum Endziel. Fahrzeiten von Bus und Fähre sind aufeinander abgestimmt, ca. 1 Verbindung pro Std.

Stadtbusse/Nahverkehr: Mit dem *Movebus* kann man innerhalb der Stadt für 1 € mit einem *Bilhete Pré-Comprado* fahren (www.moveaveiro.pt), das es am Kiosk gibt, im Bus kostet der Fahrschein (einfache Strecke) 1,85 €.

Transdev, Busse nach Costa Nova und Barra, Abfahrt vom Bahnhof oder beim Welcome Center, transdev.pt.

Parken Im Stadtbereich überall kostenpflichtig, ca. 1 €/Std. Es gibt auch einige Tiefgaragen.

Einkaufen A Barrica, hier verkaufen regionale Kunsthandwerker ihre Erzeugnisse, z. B. hübsch bemalte Keramikteller und Figuren sowie Textilarbeiten. Praça Joaquim de Meio Freitas, http://www.aaabarrica.net.

Zwei **Bio-Gemüsestände** Sa zwischen 9 und 14 Uhr im Mercado Manuel Firmino. **Bioladen** in der Rua Alberto Souto. ■

Fahrradverleih BUGA, ein Projekt der Stadt, das tagsüber Fahrräder bereithält. Ein Ausweis muss hinterlegt werden, um kostenlos an ein Rad zu kommen, das nur innerhalb der Innenstadt genutzt werden darf. Verleihstelle zwischen dem Einkaufszentrum Forum und dem Mercado Manuel Firmino.

Ü bernachten
3 Baga de Sal Wine Guesthouse
6 Aveiro Rossio Hostel
7 Veneza
10 Hospedaria dos Arcos
13 Aveiro Palace
17 Guest House Binibag
18 Jugendherberge
19 Jardim

N achtleben
14 Ria Caffé

Feste Abhängig von den Gezeiten und den Winden findet im Juli, im Aug., manchmal auch erst Anfang Sept. die **Festa da Ria** statt. Das Veranstaltungsdatum muss mit der Flut übereinstimmen (Hochwasser ca. 18 Uhr). Eine Regatta von *Moliceiros* segelt von Torreira bis Aveiro, und auf dem *Canal das Pirâmides* von Aveiro wird das schönste Boot prämiert. Vorsicht: Während des Wettbewerbs herrscht schlimmes Gedränge am Kanal – besser nicht zu weit vorne stehen!

Reiten Quinta do Chão d'Agra, Vilarinho, ☎ 234912108.

Rundfahrten Mit den Moliceirobooten durch die Kanäle, ca. 7–8 € pro Person, Dauer ca. 45 Min.

Telefonnummern Polizei ☎ 234302510, **Hospital** ☎ 234378300, **Taxi** ☎ 234385799, ☎ 967462444, ☎ 912677779.

Übernachten/Camping → Karte S. 344/345

*** **Veneza** , in Bahnhofsnähe, in einer Seitenstraße zur Hauptstraße Av. Dr. Lourenço Peixinho. Große, hübsch ausgestattete Zimmer. Reizender Blick auf den Palmengarten mit Teich. Es gibt eine hoteleigene Garage, jedoch kostet ein Stellplatz 5 € pro Nacht. DZ 86 € inkl. Frühstück. Rua Luís Gomes de Carvalho 23, ☎ 23440440, www.venezahotel.pt.

**** **Aveiro Palace** 🔢, eines der schönsten Häuser Aveiros, direkt an der Brücke, die über den Canal Central führt. Sauber hergerichtete Zimmer mit Teppichboden und kleinen Schreibtischen. Geräumige Badezimmer. Juli–Sept. DZ inkl. Frühstück 79 €, außerhalb der Hochsaison 59 €. Rua de Viana do Castelo 4, ☎ 234423001, www.hotel aveiropalace.com.

Aveiro: Schönheit auf den zweiten Blick

*** **Jardim** 🔢, modernerer Bau 10 Fußminuten vom Zentrum, man kann sogar mit offenem Fenster schlafen. Parkplätze vor dem Haus. Praceta D. Afonso V, ☎ 234 42 6514, www.hoteljardim.pt.

Aveiro Rossio Hostel 🔢, modern renoviertes Stadthaus nahe dem Fischmarkt, die Topadresse für Backpacker. DZ mit Bad 50–58 €, ohne Bad 40–49 €. Bett im Mehrbettzimmer 16–18 €. WLAN, zwei Computer, Küche und Kühlschrank stehen zur Verfügung. Es gibt ein gemütliches Wohnzimmer, auf einer Landkarte markieren die Gäste mit Stecknadeln ihre Herkunft. Praça do Rossio/ Rua João Afonso de Aveiro 1, ☎ 234041538, www.aveirorossiohostel.com.

Baga de Sal Wine Guesthouse 🔢, charmant renoviertes Stadthäuschen mitten im Zentrum. In diesem Gästehaus dreht sich alles um das Thema Wein, die Zimmer sind nach bekannten Weinkellern der Region benannt. DZ mit Bad 40 €, Bett im Mehrbettzimmer 22 €. Rua do Gravito 11, ☎ 234185512, www.bagadesal.com.

Hospedaria dos Arcos 🔢, freundliche Familienpension im Zentrum, die Zimmer mit TV, Telefon und Bad sind einfach und in dunklem Holz eingerichtet. DZ ca. 30 €, im Hochsommer 5 € Aufschlag. Rua dos Mercadores 24, ☎ 234383130.

≫ **Lesertipp:**   Guest House Binibag 🔢, „sehr freundlich gestaltet, nahe dem Zentrum aber ruhig, mit guter Busverbindung zum Strand. Die Besitzer sind sehr hilfsbereit und geben einem alle möglichen Informationen. Sie stehen auch in Verbindung mit ortsansässigen Biologen, Kajakfahrern usw., die Ausflüge in die Umgebung anbieten" (Nina Ihlenfeld). DZ je nach Ausstattung 47–63 €, im 4-Bett-Zimmer 20 € pro Person. Rua Domingos João dos Reis 9, ☎ 234404190 (Hotel das Salinas), binibaghostel@gmail. com, www.binibag.com. ≪

Jugendherberge Pousada de Juventude Aveiro 🔢, einfach, im Gebäude des Instituto Português da Juventude (IPJ) untergebracht. DZ mit Bad 25–27 €, Bett im Mehrbettzimmer 11–13 €. Rua das Pombas, ☎ 234482233, http://microsites.juventude. gov.pt/Portal/en/PAveiro.htm.

Camping ** Orbitur São Jacinto, auf der nördlichen Lagunenhalbinsel, unweit des

Naturschutzgebiets. Gut ausgestatteter Platz mit kleinem Supermarkt. Person je nach Saison 4,80–5,10 €, Auto 3,60–4,20 €, Zelt 5,60–8,60 €, 15 % Ermäßigung für Inhaber der Orbitur-Campingkarte oder mit Cartão Jovem. Geöffnet Anfang Juni bis Ende Sept. Anfahrt mit öffentlichen Verkehrsmitteln: Erst mit dem Bus nach Forte da Barra, dann mit der Fähre zum Endziel. Fahrzeiten von Bus und Fähre sind aufeinander abgestimmt, ca. 10 Verbindungen tägl. Von dort noch etwa 3 km zu Fuß. ℡ 234838284, www.orbitur.pt.

Parque Municipal São Jacinto, etwas südlich des Orbitur-Platzes, aber immer noch auf der nördlichen Halbinsel liegt der städtische Campingplatz. Ebenfalls gut ausgestattet. Person 3 €, Zelt 2,50–5 €, Auto 1,50 €. Geschlossen im Dez./Jan. ℡ 234331220.

*** **Praia da Barra**, der dritte Zeltplatz in der Nähe von Aveiro befindet sich auf der südlichen Halbinsel, ganz im Norden, beim überlaufenen Badeort Barra (stündl. Busse dorthin, Abfahrt vor dem Bahnhof in Aveiro oder auch gegenüber dem Turismo in der Rua Clube dos Galitos auf der anderen Kanalseite). Person 2,35–3,90 €, Zelt 2,45–4,80 € und Auto 2,50–4,15 € je nach Saison. Im Hochsommer 20 % Nachlass für Rentner, 10 % mit Cartão Jovem. Ganzjährig geöffnet. Rua Diogo Cão 125, ℡ 234369425, www.campingbarra.com.

Essen & Trinken   → Karte S. 344/345

Aveiro lockt mit diversen süßen Verführungen. Die in jedem Café angepriesenen *Ovos moles* („Eiermasse"), angeblich die Erfindung einer vernaschten Nonne, bestehen aus verdicktem Eigelb mit viel Zucker, das, von einer Oblate bedeckt, in eine Fisch- oder Muschelform gepresst wird. Aus dem übrigen Eiweiß werden dann *Cavacas* gemacht, knusprige, mit einem Zuckerguss überzogene Teigfladen.

Tripas de doce, wörtlich süße Kutteln, sind eine Art Crêpes, gebacken aus einem Teig mit Eiern, Milch, Zucker, Mehl und Butter. Die Fladen werden nur halbgar gebacken und anschließend mit Süßem oder mit Käse bestrichen und hübsch zusammengefaltet.

Salpoente 1, das Restaurant der gehobenen Klasse, untergebracht in einem alten Salzlagerhaus, wurde nach langer Schließung in neuem Design wiedereröffnet. Chef Duarte Eira muss nun seine Qualitäten beweisen, Spezialität sind Bacalhau-Gerichte. Hauptgericht ca. 12,50–29,50 €. Tägl. (außer Mo). Canal S. Roque 83, ℡ 234382674.

Palhuça 2, in der Nähe des Fischmarkts, nördlich des Canal Central. Eine ausgesprochen gute Adresse, um Fisch zu essen. Besonders zu empfehlen: *Caldeirada de enguias* (Aalstückchen mit Soße und Kartoffeln) für 19 €. Ist der Hunger nicht ganz so groß, reicht eine Portion auch für zwei Personen. Auch gute Fischsuppe. Hauptgericht 9–19 €, halbe Portion ca. 7 €. Rua Antónia Rodrigues 28, ℡ 234423580.

Ferro 8, in der Nähe des Fischmarkts *Mercado do Peixe*. Preiswertes Angebot und ein überzeugendes Preis-Leistungs-Verhältnis. Hauptgericht 10–15 €, halbe Portion 6 €. So abends geschlossen. Rua Tenente Resende 30, ℡ 234040721.

>>> Lesertipp: O Mercantel 4, „einheimisches Lokal, ausgezeichnete Fischgerichte, Wände mit Azulejos verziert" (Silke Jarbonig und Dietmar Widowitz). Die Spezialität des Hauses ist *Arroz de Gambas*. Hauptgericht 8–17 €. Tägl. (außer Mo). Rua António Santos Lé 16, ℡ 234428057. **«**

ki 16, makrobiotisches Restaurant hinter dem Gerichtsgebäude. Suppen 2–2,50 €, Tartes/Quiches 3 €, Tagesgerichte 5,50–8,50 €. Es gibt nur Mittagstisch, geöffnet 9–18 Uhr. Rua Capitão Sousa Pizarro 15.

Centenário 9, helles, luftiges Restaurant gegenüber der Markthalle mit großem Sitzgarten im Freien. Spezialität ist die *Sopa do Mar* (Fischsuppe mit Meeresfrüchten), auch vegetarische Speisen. Hauptgericht 8,50–13,75 €. Praça Mercado 9, ℡ 234422798.

>>> Mein Tipp: A Trincadeira 15, Taverne direkt am Canal Central, hier werden *Petiscos* mit dem dazu passenden Wein serviert. Petiscos 3,50–6,50 €. Rua Clube dos Galitos 23, ℡ 234045228. **«**

Pastelaria Avenida 11 Café an der Avenida mit köstlichen Schleckereien, betörender Duft bereits an der Ladentür. Und so gut, wie es riecht, schmeckt es auch. Av. Dr. Lourenço Peixinho 86-88.

Pastelaria Tricana de Aveiro 🔢, gegenüber dem Bahnhof in einem wunderschö-

nen Eckhaus. Spätestens bei der Abreise sollte man hier die *Ovos moles* probieren. Auch preiswerte *Zimmer* werden vermietet. Av. Dr. Lourenço Peixinho 261.

Nachtleben
→ Karte S. 344/345

Diverse Bars gibt's in der Umgebung des Fischmarkts und des Kanals São Roque.

Toc'aqui Bar, wörtlich „Spiel hier", was auch schon auf das Motto der Bar hinweist. Die an der Wand hängenden Musikinstrumente stehen zur freien Verfügung – daher häufig Livemusik. Largo da Praça do Peixe 6.

Mercado Negro, ein alternativer Kulturverein in unmittelbarer Nähe des Turismo. Neben einem bunten Kulturprogramm aus Konzerten, Tanzveranstaltungen, Ausstellungen und Filmen finden sich Läden, ein Café, eine Bar-Lounge mit DJ und freiem Internetzugang. Rua João Mendonça 17, 2. Stock.

Ria Caffé 🔢, *der* Treffpunkt, hier sollte jeder mal am Abend vorbeischauen. Rua do Clube dos Galitos 9.

Autocarro, zwischen Universität und Jugendherberge, eine Bar in einem alten Bus. Studentisches Publikum. Largo da Universidade.

Estação da Luz, in Quintas, 5 km südlich an der Nationalstraße 335. Seit 1987 eine Institution des studentischen Nachtlebens. Diskothek mit unterschiedlichen Musikstilen. Fr–So 0.30–6 Uhr.

Das Haff von Aveiro

Aveiro-Besucher sollten auch einen Ausflug in die Ria machen – obwohl es schwerfällt, weiterzufahren, hat man einmal den Strand von **Costa Nova** entdeckt; der Ort selbst sieht schon aus wie ein Badehandtuch.

Von Aveiro gelangt über eine Autobahn nach Costa Nova/Barra. Diese beiden Badeorte mit endlosen Reihen von Apartmenthäusern sind längst zusammengewachsen. In **Barra**, am kurzen Stichkanal vom Meer ins Haff gelegen, steht mit 62 m der größte Leuchtturm des Landes (Besichtigung Mi 14–17 Uhr).
Information: In Barra, neben dem Campingplatz. Mo–Fr 14–18 Uhr. Rua Diago Cao, ✆ 234396212.

In **Forte da Barra** (Achtung, erst wieder ein paar Kilometer in Richtung Aveiro) kann man die Autofähre nach São Jacinto (stündlich von 7 bis 23 Uhr) nehmen. Entlang des Naturschutzgebiets geht es dann nach **Torreira**. Vor nicht allzu langer Zeit sah man die Fischer hier noch mit Ochsen die Netze aus dem Wasser ziehen. Weiter nach Norden gelangt man nach **Ovar** und zu dem zugehörigen Strandort **Furadouro**. Ovar ist vor allem für seine Biskuits und die Kirchen bekannt. Von hier kann man auf der anderen Seite der Ria wieder zurück nach Aveiro fahren – oder man setzt die Reise in Richtung Porto fort.

Im Nachbarort **Ílhavo** zeigt das Museo Maritimo Exponate zum Thema Fischfang sowie ein Großaquarium mit Kabeljaus. Das größte Ausstellungstück des Museums liegt etwas entfernt, vertäut an der Ria: ein 71 m langes Kabeljaufangboot, das 1948 in Holland gebaut wurde und 1000 Tonnen Fisch laden konnte.
Di–Fr 10–18, Sa/So 14–18 Uhr. Eintritt 3 €. ✆ 234 329 990, www.museumaritimo.cm-ilhavo.pt.

Costa Nova

Hier findet man die kleinen Holzhäuser und Villen im „Streifenanzug", die in keinem Portugalprospekt fehlen.

Der Badeort erstreckt sich auf einem langgezogenen Dünenwall, einer Nehrung, die das Haff vom offenen Meer abtrennt. Die Häuschen im ursprünglichen Kern sind der Haffseite zugewandt und fast alle längsgestreift mit knallroter, blauer, grüner oder gelber Farbe angemalt. Costa Nova wirkt mit diesen Holzhäusern fast niedlich und erinnert an ein künstliches Modelldorf. Nachdem Investoren mit schnell hochgezogenen Betonklötzen Geld machten, gibt es inzwischen die Auflage, auch die Neubauten mit den typischen Längsstreifen zu versehen.

Die Strandpromenade wurde vor Jahren um etwa 150 m in Richtung Lagune verbreitert, um den Touristenscharen Platz zu bieten. Auf weichem Sandboden und in der ruhigen Lagune kann man hier die Sonne genießen. Wer es lieber stürmisch hat: Der Atlantik ist nicht weit. Dass Costa Nova immer noch etwas weniger überlaufen ist als der Nachbarort Barra, liegt am unsicheren Baugrund, der bisher größere Bauten verhinderte.

Information Turismo (Außenstelle), nur 15. Juni bis 15. Sept. tägl. 10–18 Uhr. An der Uferpromenade des Haffs, ✆ 234369560.

Verbindungen Bus: Etwa stündl. Busse nach Barra und Aveiro. Haltestelle an der Avenida in Höhe des Turismo.

Baden Zum Atlantikstrand sind es ca. 500 m Fußweg durch vegetationslose Sandwüste. Baden ist hier nicht ungefährlich, es geht steil nach unten, große Brecher.

Telefonnummern Polizei ✆ 234330010, Taxi ✆ 964014951 (mobil).

Übernachten ** Azevedo, modern eingerichtetes Haus mit etwas engen Zimmern, viele mit Balkon. Die Gänge dienen als Galerie für Werke lokaler Künstler. DZ je nach Saison 45–75 €, Garage 5 € extra. Hier gibt es auch Informationen zur zugehörigen **Casa da Ria**, die hinter dem Turismo liegt. DZ 60–75 €. Das Hotel verleiht im Sommer auch Fahrräder. Rua Arrais Ança 16, ✆ 234390170, www.hotelazevedo.com.

Camping Costa Nova, im Sommer meist überfüllter Platz südlich des Orts mit direktem Anschluss an einen fantastischen Strand. Wer das Auto auf dem äußeren Gelände vor dem Tor abstellen möchte, zahlt 2,20–3,30 €. Person 2,75–4,10 €, Zelt 3,20–6,05 €, Auto 2,80–4 €, Bungalows für 2 Pers. 35–40 €. Preise je nach Saison. ✆ 234393220, www.campingcostanova.com.

Essen & Trinken D. Fernando, holzgetäfelter, heimeliger Speiseraum mit hübsch eingedeckten Tischen. Meeresfrüchte, Fisch und wenige Fleischgerichte 10–18 €, das meiste um die 13 €. Av. José Estêvão 162, ✆ 234369525.

Dóri, über der Markthalle, mit großer Terrasse und schönem Blick über die Ria. Spezialität des Hauses ist *Ensopado de Rodovalho* (Glattbutt-Eintopf) für 2 Personen (41 €) oder *Fritada de Peixe com Arroz de Berbigão* (frittierter Fisch mit Herzmuschelreis) für 2 Pers. 32 €. Hauptgericht 8,50–19 €. Tägl. außer Mo. Av. Nossa Senhora da Saúde 14, ✆ 234369017.

Häuser passend zum Frotteehandtuch

Torreiras „romantischer" Hafen

Torreira

ca. 3000 Einwohner

Viele Reihenhäuser mit Apartments säumen die langen, geraden Straßen, die Atlantik und Ria verbinden. Die meisten sind nur während der Sommermonate bewohnt, dadurch wirkt der Ort selbst im August unter der Woche wie ausgestorben. Am Wochenende tummeln sich dann die Wasserratten am leuchtenden Sandstrand.

Das Dorf hat keinen eigentlichen Kern. Kirche, Polizei und Touristinformation befinden sich nahe der Ria, die Restaurants und Unterkünfte liegen in der Nähe des meist rauen Atlantiks.

In den letzten Jahren wurden in der Umgebung viele Fahrradwege gebaut; die Unterkünfte stellen Fahrräder zur Verfügung.

Information Turismo, im Sommer Mi–So 9.30–13 und 14.30–18 Uhr, Winter 9.30–12.30 und 13.30–17.30 Uhr. Informationen zu den Fahrradwegen u. a. Av. Hintze Ribeiro, in der Nähe der Kirche, weitab vom Strand. ✆ 234838250.

Verbindungen Bus: Während der Schulzeit 3-mal tägl. nach São Jacinto, 2-mal nach Ovar, 9-mal nach Estarreja (Sa/So 4-mal) zum Bahnhof. Bahn: Züge 2-mal pro Std. nach Lissabon, Coimbra, Aveiro und Porto. www.cp.pt.

Postamt in der Av. Hintze Ribeiro 30 direkt neben dem Turismo, allerdings nur morgens geöffnet.

Telefonnummern Polizei ✆ 234865145, Centro de Saúde ✆ 234838210, Taxi ✆ 234838265 (Torreira) und ✆ 234865351 (Murtosa).

Übernachten Pousada da Ria, Hotel an der Straße nach São Jacinto, direkt an der Ria. Komfortable Zimmer, in der Nebensaison ab 90 €, in der Hauptsaison bis 180 €.

Bico do Muranzel, ✆ 234860180, www. pousadas.pt.

**** **Riabela**, Hotel in guter Lage, mit schöner Aussicht auf die Ria. Sauber und freundlich, die Einrichtung ist allerdings etwas in die Jahre gekommen. DZ mit Bad ca. 60–80 € je nach Saison. Quintas do Sul, ✆ 234838137, www.riabela.com.

Essen & Trinken Xávega Mar, einfaches Restaurant mit Schwerpunkt auf Fisch, die Wände schmücken Bilder vom traditionellen Fischfang *(arte chávega)*. Gegrillte Fische 8 €, sonstige Hauptgerichte 10–14 €. Geöffnet tägl. außer Do. Rua dos Marinheiros, ✆ 234838544.

≫ Mein Tipp: Avenida Praia, in unmittelbarer Nähe des Strands. Hier gibt es neben frischem Fisch auch leckere Fleischgerichte wie *Cabrito assado à Serrano* (Zickleinbraten). Hauptgericht 8–12,50 €, die meisten 9,50 €. Geöffnet tägl. außer Mo. Largo da Varina, ✆ 234838415. ≪

Umgebung von Torreira

Südlich von Torreira liegt das etwa 700 ha große Naturschutzgebiet **Dunas de São Jacinto**. Entlang der langen, naturbelassenen Sanddüne trifft man auf überraschende Vegetation und viele seltene Wasservögel. Schmale Pfade führen von der Ria aus durch einen hundert Jahre alten Nadelwald, der angelegt wurde, um den Vormarsch der Düne zu stoppen. Immer wieder sieht man vom rauen Wind tief gebogene Bäume. An zwei Seen wurden Beobachtungsstände eingerichtet, von denen man vor allem im Frühjahr seltene Entenarten und andere Wasservögel beobachten kann. Die Düne selbst kann man nur von einer Aussichtsplattform betrachten, zu empfindlich sind die Pflanzen, die den Sand bedecken.

Tägl. 9–12 und 13.30–17 Uhr. Es gibt zwei Rezeptionen nördlich und südlich des Camping Municipal. Dort muss man sich vor der Wanderung anmelden und erhält eine kleine Broschüre. Danach erkundet man über schmale Pfade den Wald und die Düne.

Festes Schuhwerk ist zu empfehlen. Im Sommer ist eine Kopfbedeckung notwenig, auch wenn der größte Teil des Wegs durch den Wald führt. Für den großen Weg sollte man etwa 3–4 Std. einplanen.

Ovar   knapp 17.000 Einwohner

Mit Azulejos geschmückte Häuser und kleine Kapellen zieren den Ort, bedeutendstes Baudenkmal ist die **Igreja Matriz** mit einer Azulejofassade aus dem 19. Jh. Ebenfalls auf Azulejos ist Jesus' Kreuzweg dargestellt, den sieben kleine Kapellen in der Stadt markieren (abgesehen von der ersten und letzten Kapelle tragen die Stationen alle das Wort „Passo" im Namen). Die erste Station der österlichen Prozession ist die im Rokoko-Stil gestaltete *Capela do Pretório* in der Igreja Matriz.

Entlang dieses Stationswegs lässt sich die Stadt gut erkunden: Von der Igreja Matriz aus folgt man der *Rua Gomes Freire* und gelangt so zur **Casa Museu da Arte Sacra**. Neben Porzellan und Malerei zeigt das Museum vor allem Roben und Bilder, die bei den Prozessionen getragen und gezeigt wurden.

Escola de Artes e Ofícios: Die Werkstatt in der Rua da Fontes do Casal (am Bach) hat sich auf die Restaurierung wertvoller Azulejos spezialisiert. In anderen Räumen sind wechselnde Ausstellungen zu sehen.

Furadouro: Der Badeort ist heute mit Ovar fast zusammengewachsen und besteht fast nur aus Apartmentanlagen. An Wochenenden zieht Furadouro Tagestouristen aus Aviero und Ovar an, die an der schönen Strandpromenade und der einzigen Einkaufsstraße flanieren – im Sommer kann es hier voll werden. Einen einzigen Fischer gibt es noch, der morgens mit dem Boot um den Strand ein Netz auslegt, das mit Traktoren an Land gezogen wird. Für Showzwecke ersetzt er manchmal wie in alter Zeit den Traktor mit Ochsen.

Basis-Infos

Information Turismo, tägl. 10.30–12.30 und 14–18 Uhr. Rua Elias Garcia, im Zentrum hinter dem Rathaus. ℡ 256572215.

Auch in **Furadouro** gibt es einen Turismo, im Sommer Mo/Di 9.30–12.30 und 14–17.30, Mi–So 10–12 und 14–19 Uhr, im Winter tägl.

(außer Mo) 9.30–13 und 14–17.30 Uhr. Am Ende der Strandpromenade, Av. Infante Dom Henriques, ℡ 256387410.

Verbindungen Bus: 15-mal tägl. vom Bahnhofsvorplatz nach São João de Madeira, 2-mal nach Torreira (nicht in den

Beira Litoral → Karte S. 303

Schulferien). Im Sommer stündl. zum Strand von Furadouro. www.transdev.pt, www.inacio.pt.

Bahn: Nach Porto, Aveiro, Coimbra und Lissabon fährt man besser mit dem Zug. Bahnhof etwa 1,5 km in nordwestlicher Richtung vom Turismo entfernt. Alle 30 Min. nach Porto, Espinho, Gaia, alle 30 Min. nach Coimbra und Aveiro, 18-mal Mealhada, 5-mal direkt nach Lissabon. www.cp.pt.

Fahrrad In der Umgebung wurden einige Radwege angelegt, weitere sind in Planung. Leider führen viele an den Umgehungsstraßen entlang. Fahrräder werden u. a. im Turismo von Furadouro und im Rathaus von Ovar (neben dem Turismo) verliehen (Personalausweis vorlegen).

Feste Im **Karneval** ziehen die Ovareneser mit Masken verkleidet durch die Straßen. Neben dem traditionellen Maskenumzug gibt es einen brasilianischen Karneval und den *carneval porco*, den „schweinischen Karneval", bei dem mit dem Ertönen der Feuerwehrsirene eine wilde Schlacht ausbricht − Waffen und Munition sind Tomaten, Eier und Wasser.

In der **Semana Santa**, der Karwoche vor Ostern, gibt es einige Prozessionen.

Telefonnummern   Polizei ✆ 256580890, **Hospital** ✆ 256579200, **Taxi** ✆ 256586400.

Süße Sünde – Pão-de-Ló

Für das biskuitähnliche Gebäck braucht es 18 Eigelbe, 4 Eiweiße, 250 Gramm Zucker und 60 Gramm Weizenmehl. Die Eier werden zusammen mit dem Zucker und einer Prise Salz 5−10 Min. mit einem Quirl dickcremig gerührt. Dann das Mehl vorsichtig unterheben und weitere 5 Minuten rühren. Zuletzt den Teig in eine mit Backpapier ausgelegte Tonschüssel geben und bei starker Hitze etwa eine Stunde lang backen. (https://www.rezeptwiese.de/rezepte/33484-pao_de_lo_de_ovar)

Übernachten/Essen

Übernachten   **** Meia Lua, luxuriöses Hotel mit geräumigen Zimmern, Minibar und ebenfalls großem Bad mit Wanne. DZ 45–65 € je nach Saison. Quintas das Luzes, Rua Eng. Adelino Amaro da Costa, ✆ 256581060, www.hotelmeialua.pt.

*** Aqua Hotel, hier gibt es ebenfalls große Zimmer und geschmackvoll eingerichtete Bäder, in einer Mischung aus Moderne und Klassik. Parkplatz kostenlos. DZ 55–95 € inkl. Frühstück. Rua Aquilino Ribeiro 1, ✆ 256575105, www.aquahotel.pt.

Fuadouro Terrace, kleines Hostel, einen Block vom Strand entfernt. Helle, funktionale Zimmer mit 2–6 Betten; Küche, neues, sauberes Bad und schöne Dachterasse. ✆ 256385367,   furadouroterracehostel. weebly.com.

Jugendherberge   Etwa 3 km außerhalb an der Umgehungsstraße. DZ mit Bad 28–36 €, Bett im Mehrbettzimmer 10–13 €. Av. D. Manuel I. (EN 327), ✆ 256591832.

Camping   Furadouro, am Strand, etwa 3 km von Ovar entfernt. Viel Schatten, viele Dauercamper. Weitere Plätze in Cortegaça und Esmoriz im Norden. Person ca. 4 €, Zelt und Auto jeweils ca. 3 €. ✆ 256596010, www.clubecampismo-sjm.pt.

Essen & Trinken   Passo do Horto, modernes Restaurant-Café in der Nähe des Turismo; die Gerichte werden liebevoll zubereitet. Mo Ruhetag. Rua Alexandre Herculano 6, ✆ 234040508.

A Toca, beliebtes Restaurant mit Hauptgerichten für 8,50–18 €. Mittagstisch für 6 € inkl. Suppe, Kaffee und Getränk. Geöffnet tägl. außer So. Praça da República 37, ✆ 256030178.

Concha, Restaurant mit guter Fischauswahl, Holzkohlegrill und offenem Wintergarten zur Promenade. Hauptgericht 8–16 €. Rua do Comércio 6, am südl. Ende der Promenade, ✆ 256591134.

Alles im Blick: Der Sandstrand ist lang

Maganinho, in Furadouro direkt am Strand, gemütliches kleines Restaurant in einer Holzhütte. Die Portionen sind groß und kosten 18–25 €, meist reicht pro Person die halbe Portion für 8–13,50 €. Gegenüber dem Turismo, Av. Infante Dom Henrique, ✆ 256591219.

Cafés Den süßen *Pão-de-Ló* (→ Kastentext) kauft man am besten in den Cafés an der Rua Dr. José Falcão. Die **Casinha do Pão-de-Ló** findet sich auf Nr. 31, schräg gegenüber (Nr. 40) ist die älteste „Brotfabrik" **Pão-de-Ló São Luiz.**

Die Küste entlang
von Aveiro bis Figueira da Foz

Wer Zeit und Lust zu Badestopps hat, kann die kleine Straße von Costa Nova in Richtung Süden nehmen, die allerdings später durch lange Straßendörfer führt. Wer schneller vorankommen möchte, fährt über die N 109 und macht direkt Halt in **Vista Alegre**, um sich die *Keramikfabrik* samt Museum und Fabrikverkauf anzuschauen.

Die schmale Straße führt später – in etwa 2–4 km Abstand zum Meer – durch endlose Kiefernwälder nach Süden. In **Praia de Mira** (s. u.) ist der Strand wunderschön, doch der Charme des Orts hält sich in Grenzen. Schöner ist das etwa 20 km südlich gelegene **Praia da Tocha** (s. u.).

Praia de Mira   ca. 3000 Einwohner

An einem der schönsten Strände des Landes drängen sich nicht nur im August die Badegäste dicht an dicht. Hinzu kommt lautstarke Animation am Strand. In der Umgebung gibt es Seen, eine Lagune und einen langen Sandstrand. Am Strand fällt die hölzerne *Capela da Praia de Mira* ins Auge; in diesem 140 Jahre alten Gotteshaus wird mitunter noch die heilige Messe gefeiert.

Es bietet sich an, die Umgebung mit dem Fahrrad zu erforschen. Mittlerweile gibt es diverse **Radwege** (→ zwei Broschüren mit Streckenbeschreibungen im Turismo). Man fährt an Kanälen entlang und durch Waldstücke. Am Wegesrand kann man immer wieder die Natur entdecken und genießen oder einen Ausflug zu den drei hübschen Mühlen am See machen.

Information Turismo, im Sommer Mo–Sa 9.30–12.30 und 14–18, So/Feiertag 13.30–22 Uhr, im Winter Mo–Sa 9–13 und 14–17, So/Feiertag 14–17.30 Uhr. In einem Holzhaus am See Barrinha, ℰ 231480550. Hier gibt es auch ein kleines **ethnografisches Museum**.

Verbindungen Bus: Busse halten vor der Tankstelle an der Hauptstraße. 4-mal tägl. nach Mira, im Juli/Aug. 6-mal, Sa/So 4-mal (www.trasdev.pt) Von Mira 5-mal nach Coimbra, 4-mal nach Figueira da Foz, 2-mal Expressbusse über Leiria nach Lissabon, 6-mal nach Aveiro. 2-mal tägl. halten im Sommer die Expressbusse direkt in Praia de Mira. www.rede-expressos.pt.

Fahrradverleih beim Clube Nautico.

Telefonnummern Polizei ℰ 231471218, Centro da Saúde ℰ 231489580, Taxi ℰ 231471257.

Übernachten ** Quinta da Lagoa, verwinkelter Hotelkomplex im andalusischen Stil. Etwas spartanisch eingerichtete, große Zimmer mit Balkon. Es gibt einen Pool und z. T. einen schönen Blick auf die Lagune. Alternativ stehen Apartments zur Wahl. DZ mit Seeblick 58–90 €, ohne Ausblick 53–78 € je nach Saison, inkl. Frühstück. Mindestaufenthalt 2 Nächte. Quinta da Lagoa, ℰ 231458688, www.hotelquintadalagoa.pt.

** Senhora da Conceição, kleine, einfache, aber helle Zimmer, zum Teil mit Blick auf den See (wenn auch über das eine oder andere Gebäude hinweg). Parkplatz kostenlos. DZ 42–72 € inkl. Frühstück, je nach Saison. Av. Cidade de Coimbra 217, ℰ 231471645, www.hotelsradaconceicao.com.

Camping ** Parque Municipal, an der Barrinha. Relativ schattiger Camping, in der Hochsaison sind schattige Plätze jedoch rar. Hunde sind nicht erlaubt. Person 3–4 €, Zelt 5–6 €, Auto 2–3 €. Av. da Barrinha, ℰ 231472173, http://parquecampismo.cm-mira.pt.

** Orbitur Mira, hinter dem städtischen Campingplatz und dicht mit Bäumen be-

Auch die kleine Kirche am Strand von Mira zeigt sich im feinen Streifenlook

pflanzt. Person 3,50–5,80 €, Zelt 4,80–10,10 €, Auto 3,30–5,50 €, je nach Saison. Geöffnet Ende März bis Ende Sept. ✆ 231471234, www.orbitur.pt.

** **Vila Caia**, an einem See, etwa 3 km von Praia de Mira entfernt. Viel Schatten, gute Ausstattung und Pool. Person 2,10–4,20 €, Zelt 1,95–5,60 €, Auto 1,65–3,30 €. ✆ 231451524, www.vilacaia.com.

Essen & Trinken **O Caçanito**, am südlichen Ende des Strandes. Dort serviert der frühere Fischer Manuel Perreira traditionelle Fischgerichte wie *Píteu de Raia* (Rocheneintopf), Hauptgericht ca. 10–15 €. Av. Arrais Baptista Cera, ✆ 911106259.

Canas, „Restaurantblock"gegenüber vom Turismo, hier kann man für ca. 6–13 € pro Hauptgericht speisen. Av. da Barrinha, ✆ 231471296.

Praia da Tocha

Im Sommer trifft sich hier halb Coimbra, doch die touristische Entwicklung hinkt noch etwas hinterher. Es gibt keine Pension im Ort, nur Privatzimmer und einen Campingplatz. Trotz Touristen-Animation im August ist es hier ruhiger als im benachbarten Praia de Mira. Ein paar Kilometer südlich findet man drei Lagunen, doch auch der Strand von Praia da Tocha und die angrenzenden Dünen haben ihren Reiz.

Information Turismo, 1. Juli bis 15. Sept. Mo 10–12.30 und 13.30–19, sonst 10–19 Uhr. In einem Holzhaus am Strand, ✆ 231410155.

Verbindungen Bus: Busse halten rechts neben dem Kreisverkehr. Im Sommer 3-mal nach Coimbra, 4-mal nach Tocha. Dort Anschluss nach Figueira da Foz.

Telefonnummern Polizei ✆ 231422446, **Hospital** (Cantanhede) ✆ 231419210, **Taxi** ✆ 231442740.

Camping Parque Campismo Praia da Tocha, viel Schatten, teils sehr sandiger Boden, Pool (kostet in der Nebensaison extra). Person 2–4 €, Zelt oder Auto 2–4 €. Auch 10 *Bungalows* für bis zu 4 Pers. werden vermietet: 40–60 €. Rua dos Pescadores Nossa Senhora da Tocha, ✆ 231442220.

Essen & Trinken **Cova do Finfas**, in der Nähe des Strands, links am Turismo vorbei. Restaurant mit guter Küche. Man kann *Robalo assado no forno* probieren und sollte besser Fisch als Fleisch wählen. Tagesgericht 6 €, Hauptgericht 10–17 €. ✆ 231443520.

Figueira da Foz   27.800 Einwohner

Der Badeort an der Costa da Prata liegt in grüner Landschaft an der Mündung des Rio Mondego. An der Promenade stehen zwischen 10- bis 15-stöckigen Apartmenthäusern nur noch wenige alte Villen. Doch das Zentrum prägen immer noch Gebäude aus dem 18. und 19. Jahrhundert.

Bademöglichkeit an einem Mammutstrand, teilweise bis zu 500 m breit und mehrere Kilometer lang; es geht steil ins Meer! Bis zum Wasser läuft man also lange, und wären hier nicht so viele Leute, würde man meinen, man sei in der Wüste. (Kamele werden nicht vermietet, auch wenn die Einheimischen scherzen, man brauche ein solches, um zum Wasser zu gelangen).

Im Sommer ist hauptsächlich Spanisch zu hören – der Badeort ist ein Lieblingsziel spanischer Touristen. Mehr Atmosphäre findet man in *Buarcos* am Nordende des Stadtstrands, doch die Apartmentblocks haben das einstige Fischerdorf längst umzingelt. Zum Glück reicht die alte Befestigungsmauer bis fast ans Meer heran, sodass der Blick nicht zugebaut werden kann.

Beira Litoral → Karte S. 303

Sehenswertes

Azulejomuseum: Der frühere Sommerpalast des Bischofs von Elvas, Guarda, Viseu und Coimbra wurde Anfang des 17. Jahrhunderts gebaut. Kurz vor Fertigstellung havarierte eine holländische Fregatte vor der Küste, konnte aber mit letzter Kraft den Hafen von Figueira anlaufen. Sie war überladen mit Delfter Kacheln – und der Bischof griff zu, um seinen Palast damit auszuschmücken. Die Motive sind biblische Szenen, Reiter und Jagdspiele sowie Landschaften.
Besichtigungen nur nach Voranmeldung: ℘ 233430130. Casa do Paço, Largo Prof. Vitor Guerra (am Hafen).

Museu Municipal Santos Rocha: Malereien, Möbel, Ausgrabungsstücke und eine Tapisserie aus Tavira zeigt das nach António Santos Rocha, einem der bekanntesten portugiesischen Archäologen, benannte Museum. Entsprechend groß ist auch das Angebot an Fundstücken aus der Region. Die ethnografische Abteilung zeigt Objekte aus Asien und den afrikanischen Kolonien. In dem modernen Museumsbau (Gulbenkian-Stiftung) befindet sich auch die Stadtbibliothek.
Di–Fr 9.30–17 Uhr, Sa/So 14–19 Uhr, Mo geschlossen, im Winter auch So geschlossen. Eintritt 2 €, 12–15 J., mit Cartão Jovem und Rentner 1 €. Rua Calouste Gulbenkian.

Palácio Sotto Mayor: Das Privathaus wurde Anfang des 20. Jh. im französischen Stil gebaut. Für die Innenausstattung wurden die bekanntesten Künstler Portugals dieser Zeit gewonnen.
Derzeit nicht zu besichtigen.

Wanderlustige können einen Ausflug in die 3 km nördlich gelegene **Serra da Boa Viagem** machen. Die Eucalyptus-Bäume spenden Schatten beim Aufstieg zu den *Miradouros da Vela* und *da Bandeira*. Wer aufpasst, kann am *Cabo Mondego* auch eine Fläche mit hunderten von Saurierfußstapfen entdecken.

Basis-Infos

Information Turismo, tägl. 9.30–13 und 14.30–17.30 Uhr. An der Strandpromenade, Av. 25 de Abril, ℘ 233422610.

Verbindungen Bahn: Bahnhof am östlichen Ende der Stadt, in der Nähe der Brücke. Etwa stündlich Züge nach Coimbra und Montemor-o-Velho, 4-mal tägl. nach Leiria, Caldas da Rainha und Lissabon (Umsteigen in Caldas da Rainha), 4-mal nach Nazaré/Alcobaça und São Martinho do Porto, 4-mal nach Óbidos (teilweise Umsteigen in Leiria oder Caldas mit 30 Min. Aufenthalt). www.cp.pt.

Bus: Busbahnhof neben dem Bahnhof. Tägl. 4-mal nach Lissabon. 4-mal nach Leiria, 7-mal nach Coimbra über Montemor-o-Velho. www.rede-expressos.pt, www. transdev.pt, www.moises-transportes.pt.

Die Strände und Campingplätze erreicht man mit den lokalen *Bussen von AVIC*. Haltestellen sind am Bahnhof und an der Markthalle. Stündl. Busse nach Buarcos. Ebenfalls stündl. Verbindungen nach Cova über die Strände in Gala und Cabedelo auf der anderen Seite des Flusses. Die Praia de Quiaios auf der anderen Seite des Cabo Mondego erreicht man mit AVIC/Joalto-Bussen vom Busbahnhof aus.

Fahrradverleih Bei **Santiago Bikes** in der Ladenzeile neben dem Turismo. Av. de 25 de Abril 8, ℘ 233107292, www. santiago bikes.com.

Feste Am 24. Juni, dem Tag von **São João**, Markt mit regionalen Handarbeiten, Ballonsteigen vor der Abenddämmerung, Tanz und viel Essen und Trinken. Alles spielt sich hauptsächlich in der Nähe des Stadtparks ab. Gegen Morgengrauen geht es an den Strand und ins Wasser, um die Sünden abzuwaschen.

Surfen Windsurfen wie auch Wellenreiten sind möglich. In Figueira und Buarcos bre-

An der Promenade – alte Villen in neuem Glanz

Beira Litoral → Karte S. 303

chen die 2 bis 3 m hohen Wellen am Strand. Nördlich und südlich des Hauptstrands brechen die Wellen rohrförmig (3 bis 4 m hoch). Unterricht gibt's bei **Surfing Figueira**, ℡ 918703363 (mobil), www.surfing figueira.com.

Telefonnummern   Polizei ℡ 233407560, **Hospital** ℡ 233402000, **Taxi** ℡ 233423500, ℡ 233420880.

Tennis Spielmöglichkeiten beim lokalen Tennisclub direkt an der Flussmündung beim alten Kastell Santa Catarina, Av. 25 de Abril, ℡ 233422287.

Übernachten/Camping   → Karte S. 358

**** Universal Boutique ◼6◼, schickes Hotel in einem entkernten Stadthaus. Große Zimmer mit modernem Bad, gutes Frühstück mit frischem Obst. Parkmöglichkeit gebührenpflichtig. Rua Miguel Bombarda 50, ℡ 233090110, www.universalboutiquehotel.pt.

* Aliança ◼15◼, hohe, helle, geräumige, gepflegte Zimmer mit etwas Deckenstuck. Kleine Badezimmer. DZ mit Bad 35–80 € je nach Saison. Rua Miguel Bombarda 12, ℡ 233422197, www.hotelalianca.net.

Esplanada ◼16◼, altes Gebäude an der Uferpromenade. Geräumige Zimmer mit schönem Blick aufs Meer. Etwas laut. DZ mit Bad ca. 30–65 € inkl. Frühstück. Rua Eng.

Silva   86,   ℡ 233422115,   www.residencial esplanada.com.

Aviz ◼4◼, einfach, sauber, in einer relativ ruhigen Gasse unweit vom Casino. Der Besitzer hat einige Jahre in Deutschland gearbeitet und spricht sehr gut Deutsch. DZ mit Bad 25–60 € inkl. Frühstück je nach Saison und Zimmer. Rua Dr. Lopes Guimarães   16,   ℡ 233422635,   www.pensao residencialaviz.com.

Areia da Foz ◼9◼, schönes Haus in der Altstadt mit einfach eingerichteten Zimmern. DZ ab 29 €, Bett im Mehrbettzimmer 12 €. Rua Bombeiros Voluntários 9, ℡ 233046116, www.areiadafoz.com.

Figueira da Foz

100 m

R i o
M o n d e g o

Ü bernachten
1 Campingplatz
4 Aviz
5 Paintshop Hostel
6 Universal Boutique
9 Areia de Foz
15 Costa de Prata
16 Esplanada

S onstiges
2 Internet

N achtleben
3 Bergantim
7 Wine Bar Cristal
10 Casa Havanesa
11 Club NB
13 Caffé Zeitgeist

E ssen & Trinken
8 Nucleo Sportinguista
12 Caçarola 1
14 Volta & Meia

The Paintshop Hostel **5**, in der familiären Unterkunft bei Steve und Debbie fühlen sich besonders Surfer zu Hause. DZ mit Bad 50 €, Bett im Mehrbettzimmer 20 €. Rua da Clemencia 9, ✆ 233436633, www. paintshophostel.com.

Camping ** Parque Municipal **1**, am Stadtrand, ca. 2 km landeinwärts vom Strand. Mit Pinien bestanden, Swimmingpool. Im Sommer sehr voll. Person 2,90–5 €, Zelt 2,70–5,30 €, Auto 2–4,20 €. Ab dem Bahnhof fährt ein Bus der Firma AVIC nach C. Areia. Er hält am Kreisel unterhalb des Campingplatzes. ✆ 233436310.

Die beiden südlich des Flusses gelegenen Campingplätze erreicht man mit den AVIC-Bussen in Richtung Cova. Ab da sind es aber noch ein paar Kilometer zu Fuß. Die Busse fahren etwa stündlich, der letzte um kurz vor 20 Uhr.

*** Orbitur Gala, an der südlichen Flussseite, ca. 8 km vom Zentrum. Mit Swimmingpool, relativ schattig. Ganzjährig geöffnet. Person 3,80–6,40 €, Zelt 5–11,10 €, Auto 3,50–5,90 €. ✆ 233431492, .orbitur.pt.

Foz de Mondego, direkt am anderen Ufer hinter dem Cabedelo-Strand, kein Schatten. Vom Fischerhafen nebenan fahren regelmäßig Boote in die Stadt. Person 4,60 €, Auto ca. 3 €, Zelt ca. 5 €. Geöffnet Mitte Jan. bis Anfang Nov. ✆ 233402740.

Essen & Trinken

Caçarola 1 🔢, U-förmige Snackbar und einige Tische im holzverkleideten Kellerraum. Es gibt viele Krebstiere (relativ preiswert), ebenso Fisch. Hauptgericht 8,50–20 €, halbe Portion 7–10 €. Rua Cândido dos Reis 65 (gegenüber dem Casino), ✆ 233424861.

Volta & Meia 🔢, kleines alternatives Restaurant mit wechelnden Tagesgerichten (auch vegetarisch). Hinter dem Tresen prangt ein buntes Kreidetafelkunstwerk. Hauptgericht 6–10 €. So abends und Mo geschlossen. ✆ 233418381.

Nucleo Sportinguista 🔢, im verglasten Sitzgarten geht es sehr geschäftig zu, hier essen die Einheimischen zu Mittag. Die Speisekarte ist klein, es gibt nur Gegrilltes. Hauptgericht 7–8 €. So abends und Mo geschlossen. Largo Doutor Pereira das Neves, ✆ 233434882.

Nachtleben

Club NB 🔢, die Disco ist der Exportschlager aus Viseu. In der Rua Bernado Lopes, beim Casino.

Caffé Zeitgeist 🔢, die nette Bar ist wie im futuristischen Stil der 1960er eingerichtet. Mehrmals die Woche gibt's Livemusik. Der Hund des Hauses hört auf den Namen „Zeit", der Betreiber ist jedoch Portugiese. Mo–Sa 20–4 Uhr, Programm unter www.facebook.com/zeitgeistcaffe.

Casa Havanesa 🔢, ebenfalls beim Casino hat die einstige Traditionsbuchhandlung ihre Pforten wieder geöffnet, jedoch nun als Bar, Restaurant und *Casa da Tertúlia* (eine Art literarischer Zirkel), in der verschiedenste Kulturveranstaltungen stattfinden, darunter 1-mal in der Woche Fado. Rua Cândido dos Reis 91.

Wine Bar Cristal 🔢, hier kann man bis zur späten Stunde ein gepflegtes Glas Wein genießen. Rua Dr. Calado 24.

Es gibt einige Bars rund um das Casino, z. B. die **Império Bar** in der Rua Académico Zagalo 22, die bei jungen Leuten beliebt ist.

Wie der Atlantik erstrahlt die Feuerwehrzentrale in tiefem Blau

Die Salinen um Figueira da Foz

An der Mündung des Rio Mondego hat die Salzgewinnung eine lange Tradition. Ursprünglich hatte die Kirche das Monopol auf die Gewinnung des „weißen Goldes". In der Säkularisation unter Marquês de Pombal Mitte des 18. Jh. wurden die Salinen jedoch verstaatlicht und später privatisiert.

Ein Informationszentrum mit einem kleinen Museum wurde südlich des Rio Mondego eingerichtet. Das **Museo do Sal** betreibt auf dem Gelände eine eigene Saline, deren Salz man vor Ort erwerben kann.

Eine Saline besteht aus mehreren abgestuften Becken und wird über ein Kanalsystem gespeist: Der sogenannte *Viveiro*, ein Wasserreservoir, kann bei einer Springflut (bei Neu- oder Vollmond) aufgefüllt werden. Dieses Becken ist mehr oder weniger den Kräften der Natur überlassen. Verschiedene Sumpfpflanzen und Fisch-arten gedeihen hier. Von dem Viveiro wird Wasser in große, flache Becken geleitet, in denen sich der Salzgehalt innerhalb von zwei bis drei Tagen erhöht. Nach dieser Konzentrationsphase wird das Wasser in kleinere Becken weitergeleitet, in denen das Salz innerhalb einer Woche auskristallisiert. Das Salz wird schließlich in Hand-arbeit zusammengeschoben und eingelagert – 30 bis 60 Tonnen kommen jährlich auf diese Weise zusammen.

Die Salzgewinnung ist nur im Juli und August möglich, wenn Sonne und Winde stark und die Regenwahrscheinlichkeit gering ist. Der Rest des Jahres wird dazu genutzt, die Dämme instandzuhalten und die Becken zu reinigen, da sich dort eine Algen-schicht ansammelt. Die trockenen Algenfladen werden dann als Dünger in der Land-wirtschaft verwendet. Abschließend wird der Lehmboden in den Becken verdichtet.

Seit kurzem sind französische Gourmets auf die fleischige Sukkulente Salicornia (Queller) aufmerksam geworden, die über den Winter in den ungenutzten Becken wächst. Sie ist salzig und wird gerne dem Salat beigefügt oder zum Fisch gegessen. Die Verwendung dieser Pflanze als Gemüse war den Altvorderen noch unbekannt.

Rundgang über das Salinengelände: Es gibt einen schönen Spazierweg, der an einer Vogelwarte (Kormorane, Störche, im Winter auch Flamingos) und den benachbarten Fischzuchten vorbeiführt. Der Weg verläuft über die Dämme der Saline und kann, je nach Jahreszeit, in mäßigem Zustand sein. Weglänge ca. 4 km.

Adresse: Bei dem Ort Armazéns (3090-457), gut ausgeschildert (Museo do Sal). Im Ort selbst gibt es zwei **Restaurants**, die sich auf Aalgerichte spezialisiert haben: Die *Casa das enguias* und die *Rainha das Enguias* liegen beim Abzweig zum Muse-um einander gegenüber. Wer Aal mag, kann sich vielleicht mit seinem süßen Verwandten, dem *Enguials doce*, als Nach-speise anfreunden.

Buarcos

ca. 8000 Einwohner

Ein netter Ort am anderen Ende der Figueira-da-Foz-Sandbucht, ca. 4 km von Figueira da Foz entfernt. Enge Kopfsteinpflastergassen ziehen sich den Hügel hin-auf, eng an eng stehen die alten Häuser der früheren Fischer – erholsam für das Auge nach den Hotelhochhäusern von Figueira, die allerdings schon bis an die Ortsgrenze herangerückt sind.

Núcleo Museu do Mar: Das kleine Museum im Gebäude des Turismo zeigt Schiffs-modelle des 19. und 20. Jh. sowie Muscheln und Korallen. Am interessantesten sind die historischen Fotographien. Teilweise ist die Beschriftung zweisprachig, meist jedoch nur Portugiesisch.
Mo–Fr 10–13 und 14–17 Uhr. Eintritt frei.

Information Turismo, Mo–Fr 9–13 und 14–17 Uhr. Rua Governador Soares Nogueira 32, im Museu do Mar, ℡ 233433019.

Fest   Nossa Senhora da Encarnação: Jedes Jahr findet am 8. September eine Prozession statt, um die Muttergottes der Fischer zu ehren. Die heute schon teils ver-fallenen Ufermauern dienten früher zur Ver-teidigung gegen holländische, französische und englische Piraten, die den Ort immer wieder angriffen.

Essen & Trinken Marégrafo, in Buarcos; eine Petisqueira mit kleinem Speiseraum und großer Terrasse mit Meerblick. Haupt-gericht 7,50–15 €, eine Auswahl an *Petiscos* für 3–8,50 €. Di Ruhetag. Rua 5 de Outubro 76, ℡ 233433150.

Stella Maris, in Buarcos, in der Kirche São Pedro. Vom Turismo in Buarcos einige Me-ter die Straße hochlaufen. Wohnzimmer-atmosphäre. Hauptgericht 10–15 €. Largo de São Pedro, ℡ 233421724.

Das Castelo von Montemor-o-Velho

Beira Litoral → Karte S. 303

Montemor-o-Velho

ca. 2800 Einwohner

Im sumpfigen Schwemmland des Mondego-Flusses, unweit vor dessen Mündung, liegt Montemor-o-Velho. Reis- und Maisanbau prägen das Land. Um einen Hügel ist das alte Dorf mit engen, steilen Kopfsteinpflastergassen angelegt, darüber thront die große Burganlage.

Die zinnenbewehrten Mauern des **Castelo** ziehen sich auf der dem Dorf abgewandten Seite weit den Hügel hinab. König *Dom Sancho* ließ die Festung im 12. Jh. errichten. Im Mittelalter, zur Blütezeit der Stadt, sollen bis zu 5000 Menschen innerhalb der Mauern Platz gefunden haben. Im Inneren der Festung sind von den ehemals vier Klöstern und Krankenhäusern nur noch die kleine, dreischiffige mozarabische Kirche *Igreja Santa Maria da Alcáçova* und die Reste der *Capela de Santo António,* der *Igreja Santa Maria Madalena* aus dem 15. Jh. sowie der *Abade João* erhalten.
Juli–Sept. tägl. 9–20 Uhr, sonst tägl. 10–18.30 Uhr.

Im Ort zieht vor allem der im Jahr 1494 gegründete *Convento de Nossa Senhora dos Anjos* die Blicke auf sich. In der Klosteranlage finden sich Kapellen, Kreuzgänge im Renaissancestil und prachtvolle manuelinische Fenster. Auch die *Fonte dos Anjos* wurde im manuelinischen Stil erbaut.

Information Turismo, tägl. 10–18.30 Uhr, im Winter 9.30–17.30 Uhr. Auf der Burg, ☎ 239680380.

Verbindungen Bus: 1-mal pro Std. nach Figueira da Foz und Coimbra (Moisés).

Bahn: Bahnhof etwa 7 km außerhalb in Alfarelos. Etwa halbstündl. Züge nach Coimbra und Figueira da Foz. www.cp.pt.

Telefonnummern Polizei ☎ 239687140, **Centro de Saúde** ☎ 239689128, **Taxi** ☎ 917503546 (mobil).

Übernachten ** Abade João, eine gemütliche Unterkunft mit reicher Vergangenheit: Ursprünglich ein Kloster, diente es auch als Parteihaus der Kommunistischen Partei. Von den geräumigen Zimmern der Südseite schöner Blick auf die Flussebene. 14 Zimmer mit TV. DZ 50 € inkl. Frühstück. Rua dos Combatantes da Grande Guerra 15, ☎ 239687010, www.hotelabadejoao.com.

Essen & Trinken O Mosteiro, am hinteren Ende des Platzes, auf dem die Jahrmärkte und Feste stattfinden. Einfaches

Restaurant mit guter Küche und Haupt-gerichten zwischen 8 und 12,50 €. Largo da Feira, ℰ 239689446.

》》 Lesertipp: Taberna da Floripes, vorne Snackbar, daneben ein kleiner Speiseraum (Dominique Kluge). Hauptgericht 7,50–10 €. Av. José de Napoles 29, ℰ 239680322. **《《**

Fernão Mendes Pinto – ein portugiesischer Lügenbaron?

Der berühmteste Sohn der Stadt ist der Abenteurer und Schriftsteller Fernão Mendes Pinto. Der Literat lebte im 16. Jahrhundert und war einer der ersten Europäer, der den Fuß auf japanischen Boden setzte. Seine Erlebnisse hielt Pinto in seinem Buch „A Perigrinação" fest, in einer Mischung aus Fiktion und Dokumentation der damaligen Zeit. Seine Schilderungen, die auf seine Leser mitunter stark übertrieben wirkten, wurden in Portugal sprichwörtlich: Fernão, mentes? Minto! – Fernão, lügst Du? Ja, ich lüge! Doch die Forschung hat Pinto längst rehabilitiert. Pintos *Perigrinação* gilt heute als eines der bedeutendsten Dokumente über das asiatische Leben im 16. Jahrhundert.

Umgebung von Montemor-o-Velho

Praia de Vieira: Ein größerer Badeort mit Spaßbad „Mariparque" und tollem Sandstrand, an dem sich noch etwas Fischereibetrieb erhalten hat. Jeden Morgen wird am Südende der Promenade der morgendliche Fang verkauft.

Information Turismo, am Eingang des Orts. Das Büro ist zugleich die Rezeption für den Campingplatz; ℰ 969281960.

Essen Marisqueira Lismar, an der Promenade, kurz vor dem Fischmarkt. Vor dem Lokal wird Fisch über Holzkohle gegrillt, Hauptgericht ca. 12 €. Di Ruhetag. ℰ 244695690.

Osso da Baleia: 4 km führt eine Stichstraße zu einem unbebauten Strandabschnitt mit Schotterparkplatz und einer Strandbar, die in den Sommermonaten betrieben wird.

Costa de Lavos: Größeres Dorf, ebenfalls mit Sandstrand. Ein Denkmal erinnert an die vielen Fischer des Dorfes, die auf den Kabeljaufängern im Nordmeer unterwegs waren. Der Fisch wird wegen Ermangelung eines Marktes von den ankommenden Fischern direkt am Strand verkauft.

São Pedro de Moel　　ca. 800 Einwohner

Der gepflegte kleine Ort an der Atlantikküste ist auf allen Seiten von Wald umgeben. In der kleinen Bucht und an den Seitenhängen dominieren Sommerhäuser von portugiesischen Großstädtern. Nördlich führt eine kleine Uferstraße über die Klippen zum Leuchtturm (Besichtigung 14, 15, 16 Uhr, außer Mi), dazwischen Steilküste, an die sich mit Felsbrocken gesprenkelte Sandstrände anschließen. Für Fahrradfahrer gibt es eigene Wege (Ciclovias), die den Atlantik entlang und nach Marinha Grande führen.

Der Hauptbadestrand des Orts liegt in der kleinen Bucht, relativ starke Strömung.

Praia da Pedra Lisa: 3 km südlich, Abzweig von der Straße nach Nazaré. Eine unbebaute Strandbucht, über die ein kleiner, sauberer Bach fließt, in dem die Kinder mit

Begeisterung Staudämme bauen. Weiter oben in der Bucht ein paar Apartment-häuser und die *Pension Água de Madeiros* (→ Übernachten).

Paredes: kleiner Badeort noch etwas weiter südlich mit dem empfehlens-werten, für seine Meeresgerichte bekannten *Restaurant Tonico* (✆ 244589460).

Marinha Grande: Die etwa 12 km entfernte Stadt ist ein Zentrum der Glaserzeugung. Die lange Tradition dieses Handwerks erzählt das *Museu de Vidro* im Zentrum. Untergebracht ist es in einem herrschaftlichen Haus aus dem 18. Jh., einst das Zuhause des Fabrikbesitzers Guilherme Stephens. Die Sammlung gibt Einblicke in die Geschichte und Techniken der Glaspro-duktion und ihre vielfältigen Produkte: Vom einfachen Glas bis zur romantisch verschnörkelten Vase sind Stücke aus dem 17. bis 20. Jh. zu sehen.

Tägl. (außer Mo) 10–19 Uhr, im Winter nur bis 18 Uhr. Eintritt 1,50 €, Schüler, Studenten, Rentner 0,75 €.

Viele Glasfabriken mussten in den letzten Jahrzehnten schließen, heute sind nur noch zwei Werke in Betrieb. Die Traditon der Glasherstellung, bei der

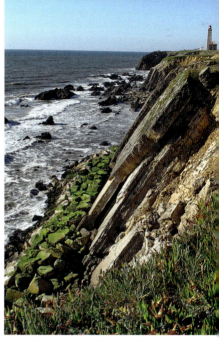

Spazierwege führen entlang der schroffen Küstenlinie

eine Vielzahl von Gießformen gefertigt werden muss, machte das benachbarte Leiria zu einem Zentrum des Formenbaus, später auch für die europäische Kunststoff-industrie. Über 100 kleine Betriebe haben sich auf den Formenbau spezialisiert.

Information Turismo, nur Juli/Aug. tägl. 10–18 Uhr. Auch Vermittlung von Zimmern. Praça Engenheiro José Lopes Vieira ✆ 244599633. Außerhalb ist der **Turismo in Leiria** für Auskünfte zuständig.

Verbindungen Bahn: Bahnstation in Marinha Grande (12 km), an der Linie Lissabon – Figueira da Foz. Von dort 5-mal tägl. nach Leiria, 4-mal Figueira da Foz, 5-mal Caldas da Rainha, Nazaré/Alcobaça, São Martinho de Porto und Óbidos (Umsteigen in Caldas), 1-mal Coimbra und 4-mal Lissabon (Umsteigen in Caldas mit 30 Min. Aufenthalt). www.cp.pt.

Bus: Neben dem Turismo halten im Sommer die Busse in Richtung Leiria, tägl. 8-mal (Sa/So 4-mal), im Winder nur 3-mal bis Marinha Grande. In Marinha Grande An-

schluss nach Porto, Lissabon und Nazaré. www.rodotejo.pt, www.rede-expressos.pt.

Surfen **Murillo's Academi**, Unterricht und Brettverleih. Rua das Saudade 3, ✆ 913814470, www.murillosacademy.com.

Fahrradverleih im Hotel Miramar (s. u.).

Telefonnummern Polizei ✆ 244590040, **Centro de Saúde** ✆ 244572920 (Marinha Grande), Taxi ✆ 911 91 0808.

Übernachten *** **Mar e Sol**, in São Pedro de Moel; moderner Bau an der erhöhten Strandpromenade, ohne persönliche Note. Einige Zimmer mit Balkon und Blick aufs Meer. DZ mit Bad je nach Saison und Aussicht 55–85 € bzw. 85–130 €, inkl. Frühstück. Av. da Liberdade 1, ✆ 244590000, www.hotelmaresol.com.

** Verde Pinho, in São Pedro de Moel; kleines Familienhotel im südlichen Teil des Orts. Einrichtung in dunklem Holz mit moderner Kunst an den Wänden. Die kleinen Bäder bieten ausreichend Platz und sind mit Wanne ausgestattet. DZ 38–60 € inkl. Frühstück. Rua das Saudades 15, ✆ 244599233, www.hotelverdepinho.com.

** Miramar, Neubau in São Pedro; die Zimmer sind sehr schön, oft mit Blick in Richtung Meer und mit Wannenbad. Im Sommer werden Fahrräder vermietet. DZ je nach Saison 45–75 €. Rua dos Serviços Florestais 2, ✆ 244599141, www.miramar hotel.pt.

D. Fernando I., Pension in São Pedro; hübsche Zimmer, teils mit Balkon. Café mit Terrasse angeschlossen. DZ inkl. Frühstück 45–50 € je nach Saison. Geöffnet nur Juni–Okt. Rua Fernando I. 19, ✆ 244599314, www.residenciadomfernando.com.

Água de Madeiros, 3 km südlich von S. Pedro de Moel in einer kleinen Bucht. Die Pension wird von einer Portugiesin betrieben, die fließend Deutsch spricht. Freundliche, helle Zimmer, großzügige Verglasung mit Blick in die baumreiche Natur. Zum Strand sind es etwa 100 m, es gibt aber auch einen Pool. Zusätzlich drei Apartments für je 4 Personen (notfalls auch 6 Pers.). DZ 65–85 € je nach Saison, Ap. 700–900 €/Woche. Frühzeitige Buchung empfohlen. Estrada do Vale 13, Àgua de Madeiros, ✆ 244599324 und ✆ 965184111 (mobil), www.aguademadeiros.com.

Camping *** Orbitur S. Pedro de Moel, in einem Pinienwald an der nördlichen Ausfallstraße. Gepflegt, mit viel Schatten. Person 4–6,40 €, Zelt 5–11 €, Auto 3,50–6 €. Rua Volta do Sete, ✆ 244599168, www.orbitur.pt.

Campigir, nahe dem Strand, hinter dem Leuchtturm. Privilegierte Lage, ausreichend Schatten. Person und Zelt je 3–4 €, Auto ca. 3 €. Av. Do Farol, ✆ 244599289, www.campigir.com.

Essen & Trinken   Estrela do Mar, an die Strandbefestigung gebaut. Gute Meeresgerichte, z. B. *Arroz de marisco* (Reis mit dicker roter Soße und Krebsen, Muscheln, Krabben). Den schönen Ausblick lässt sich der Chef gut bezahlen: 2-Personen-Gericht etwa 40 €. Hauptgericht 8–20 €. Av. Marginal, ✆ 244599245.

Brisamar, gutes Essen in gepflegtem Ambiente. Die moderne Einrichtung ist etwas grell, doch das wird durch gedämpfte Jazzmusik und den fehlenden Fernseher wettgemacht. Die Gerichte verströmen einen Hauch von Frankreich, auch einige vegetarische Gerichte. Gut ist die preisgekrönte *Espetada do Mar*. Hauptgericht 10,50–17 €. Im Winter Mo geschlossen. Rua Nicolau Bettencourt 23, ✆ 244599250.

O pai dos frangos, Restaurant in einer Holzhütte an der Praia Velha. Der „Vater der Hähnchen" hat auch noch anderes auf der Karte. Einfache Gerichte 9,50–12 €. Im Winter Di Ruhetag. Praia Velha, ✆ 244599158.

Leiria

Erst in den 1920er-Jahren wurde das Castelo von Leiria wiederaufgebaut, das den Blick des Besuchers gleich auf sich zieht. Und die Distrikthauptstadt am Ufer des Rio Lis zeigt noch andere schöne Seiten.

1545 verlieh Dom João III. Leiria die Stadtrechte und etablierte einen Bischofssitz, der 1881 verlegt wurde und 1919 wieder nach Leiria zurückfand. Wirtschaftlich war der Bau der ersten Papiermühle am Ufer des Flusses 1411 ein zentrales Ereignis. Die Papiermühle wurde von der jüdischen Gemeinde finanziert und war die erste im Königreich Portugal. Auch der große Pinienwald vor den Toren der Stadt trug zum wirtschaftlichen Wachstum bei. Angelegt wurde der Wald im 13. Jh. auf Weisung von Afonso III., später ließ ihn Dom Dinis vergrößern. Pinien waren vor allem für den Schiffbau im 15. und 16. Jh. von großer Bedeutung.

Das **Castelo** musste nach Baubeginn im Jahr 1135 immer wieder von den Mauren zurückerobert werden. Nachdem die Burg über die Jahrhunderte verfallen war,

Leiria

60 m

wurde im Jahr 1898 ein Wiederaufbau in Angriff genommen, der erst in den 1950er-Jahren abgeschlossen werden konnte. Am höchsten Punkt findet man die dreistöckige *Torre de Menagem* (Bergfried), die sich 17 m gen Himmel streckt. Die Ruinen der *Igreja da Nossa Senhora da Pena* zeigen noch gotischen Stil. Zur Stadtmitte hin erstreckt sich der *Paço da Alcáçova*, der ehemalige Palast. Von seiner Galerie aus bietet sich ein schöner Blick über das Zentrum.

Im Sommer tägl. 10–18 Uhr, im Winter tägl. (außer Mo) 9.30–17.30 Uhr. Eintritt 2,10 €, mit Cartão Jovem und Rentner 50 % Ermäßigung. Der Museumsbesuch ist im Preis enthalten.

Basis-Infos

Information Turismo, im Sommer tägl. 10–13 und 15–19 Uhr, im Winter 14–18 Uhr. Jardim Luís de Camões, im Stadtzentrum, ℡ 244848770.

Parken Zentrales Parkhaus „Mercado Sant Ana". Gebührenpflichtige Plätze auch an der Kathedrale.

Verbindungen Bus: Der Busbahnhof (℡ 244811509) an der Av. dos Heróis de Angola wird bedient von den Firmen Rede de Expressos (www.rede-expressos.pt), Rodoviária do Tejo (www.rodotejo.pt) und TransDev (www.transdev.pt). 14-mal tägl. Expressbus nach Coimbra, 8-mal Fátima, 6-mal nach Aveiro, davon 2-mal über Figueira da Foz, Tocha und Mira, 1-mal Tomar. Etwa stündlich nach Lissabon. Gute Verbindungen nach Batalha und Alcobaça. Im Sommer 6-mal tägl. nach São Pedro de Moel.

Bahn: Bahnhof etwas außerhalb, aber mit dem Bus zu erreichen. 4-mal Figueira da Foz, 5-mal Caldas da Rainha, Nazaré/Alcobaça und São Martinho de Porto, 5-mal Óbidos (Umsteigen in Caldas), 1-mal Coimbra direkt, 3-mal mit Umsteigen in Bifurcação de Lares.

Telefonnummern Polizei ℡ 244859859, ℡ 244830150, **Hospital** ℡ 244817000, **Taxi** ℡ 244815900, ℡ 244801860, ℡ 244831925.

Übernachten/Essen

→ Karte S. 365

Übernachten São Francisco **1**, im 9. Stock eines Wohnhauses hält São João Wache über die im Stil der 1970er-Jahre eingerichteten Zimmer. Einige Zimmer sind mittlerweile renoviert und moderner ausgestattet. DZ mit schöner Aussicht 45 € inkl. Frühstück. Rua São Francisco 26, www.hotelsfrancisco.net, ℡ 244823110.

Leiria – moderne Stadt
zu Füßen der alten Burg

Hostel Leiria **4**, kleine Zimmer mit wenig Stauraum und einfachem Bad. DZ im alten Trakt ab 35 €, im neuen ab 45 €, Frühstück pro Person 2,50 €. Die Rezeption befindet sich im 2. Stock. Rua Dr. Correia Mateus 30, ℡ 244812802, www.hostelleiria.com.

Essen & Trinken Cardamomo **3**, das Restaurant erschließt mit seiner Mischung aus den Küchen von Goa und Mozambique neue geschmackliche Horizonte. Auch die moderne Einrichtung gefällt. Tagesgericht 7 €, Hauptgericht 9–12 €. Rua Barão de Viamonte 43, ℡ 244832033.

O Pinheiro **2**, kleines typisches Familienrestaurant. Die Wände zieren Azulejos, von der Decke baumeln Fußballschals. Tagesgericht 7,50 €, Hauptgerichte wie *Arroz de Tamboril* (Seeteufelreis) 6–10 €. Rua Capitão Mouzinho de Albuquerque 14, ℡ 244823831.

Montecarlo **5**, nettes Restaurant an der „Fressmeile" von Leiria. Hauptgericht 9 €, halbe Portion 5 €. Rua Dr. Correia Mateus 32, ℡ 244825406.

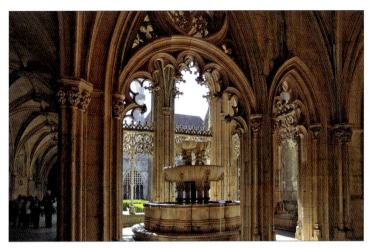

Portugiesische Spätgotik in Batalha

Beira Litoral → Karte S. 303

Batalha

ca. 7500 Einwohner

Der Ort mit der größten Klosteranlage des Landes. Etwa eineinhalb Jahrhunderte wurde an den im gotisch-manuelinischen Stil errichteten Gebäuden gearbeitet. Das Kloster ist ein Sinnbild der portugiesischen Unabhängigkeit und wurde nach der Schlacht von Aljubarrota erbaut.

Angesichts der kastilischen Übermacht gelobte König João I. vor der entscheidenden Schlacht, ein Kloster zu bauen, falls die Portugiesen siegreich wären. Die Portugiesen siegten, und João löste sein Versprechen 1388 ein, der Bau des *Mosteiro de Santa Maria da Victória* begann. Im Volksmund hieß das Kloster stets *Batalha*, die Schlacht, und auch der Ort wurde so genannt. Sechs Könige hinterließen an den Gebäuden ihre Spuren, sodass sich Stilelemente der Hochgotik mit der von Manuelik und Renaissance vermischen. Das Kloster gehört heute zum Weltkulturerbe der UNESCO.

Die Westfassade prägt das mächtige Hauptportal. Etwa 100 Figuren von Aposteln, Engeln, Heiligen, Königen und Propheten strecken sich der Krönung Marias und schließlich den Wappen von Dom João I und seiner Gemahlin Dona Filipa de Lencastre entgegen. Über den Türen thront Christus zwischen den vier Evangelisten.

Das *Kirchenschiff* ist sehr schmal und himmelstrebend, wuchtige Säulen tragen das 80 m lange und 32,5 m hohe Dach. Im Eingangsbereich finden sich die Grabplatten des ersten Baumeisters und des Soldaten *Martim Gonçalves de Maçade*, der König João I in der Schlacht das Leben gerettet haben soll. In der *Capela do Fundador* (vom Eingang rechts) ruhen der Auftraggeber des Klosterbaus und seine Frau im Doppelsarkophag. In den Nischen der Seitenwände sind Nachfahren der Königsfamilie beigesetzt, darunter Heinrich der Seefahrer. Bemerkenswert sind die Fenster und die kunstvoll gemeißelte Sternenkuppel.

Glanzstück der Manuelinik:
das Kloster von Batalha

Links des Altars, in der Nähe der Barbarakapelle, ist der Eingang zum *Claustro Real*, dem wunderschönen Kreuzgang mit verspielter Ornamentik und faszinierendem Schattenspiel – ein filigranes Werk der Steinmetzmeister. Den *Kapitelsaal* ziert die Gedenktafel für den Unbekannten Soldaten. Hier halten zwei Soldaten mit Kampfanzug und Maschinenpistole Wache. Der Saal war zu seiner Zeit eine verwegene Konstruktion. Angeblich durften hier nur zum Tode Verurteilte arbeiten, nachdem die Decke beim Bau zweimal eingestürzt war. Im früheren *Speisesaal* sind Orden, Briefe, Gedenktafeln und andere Kuriositäten ausgestellt, die von Vereinigungen und militärischen Verbänden zu Ehren des Unbekannten Soldaten gespendet wurden.

Im *Claustro de Dom Afonso V* und den angrenzenden Sälen sind originale Teile der Fassade ausgestellt.

Die *Capelas Imperfeitas* sind ein unvollendeter achteckiger, symmetrischer manuelinischer Bau mit sieben Kapellen und einem Eingang (an Stelle einer achten Kapelle), im Prinzip „nur" ein Gemäuer ohne Kuppel, ohne Stuck, ohne Schnitzwerk – mit aus Stein gehauenen fantastischen Ornamenten. Anders als geplant, dienten die Kapellen schließlich als Mausoleum. Während der Renaissancebaumeister João de Castilho mit der Errichtung der ebenfalls unfertigen Loggia (Rednertribüne) im Eingangsbereich beschäftigt war, kam der königliche Befehl, die Arbeiten einzustellen.

Tägl. 9–18 Uhr, im Winter bis 17.30 Uhr. Eintritt zu den Kreuzgängen und zum Museu Santa Maria da Victória (Architektur) 6 €, Ermäßigung für Stud./Jugendl. und Rentner. Jeden 1. So im Monat Eintritt frei. Die Kombikarte für 15 € gilt für die Klöster von Batalha und Alcobaça sowie für die Christusritterburg in Tomar.

Museo MCCB: Das moderne Kommunalmuseum informiert auf gelungene Weise über die Geschichte und die Gegenwart der Region. Für seine Ausstattung und die kreative Didaktik erhielt es bereits mehrere renommierte Preise.
Largo Goa, Damão e Diu, n.º4.

Gruta da Moeda: 1971 wurde die Gruta von zwei Jägern entdeckt, die einem Fuchs auf den Fersen waren. Den hatten sie aber bald vergessen, als sie die imposanten Tropfsteinformationen sahen. Auf 320 m Länge reicht die Höhle bis zu 42 m tief in den Berg.
Okt.–März 9–17 Uhr, April–Juni 9–18 Uhr, Juli–Sept. 9–19 Uhr. Eintritt 6 €, 6–12 J. 3 €, mit Cartão Jovem 4,50 €. Anfahrt: kurz vor Fatima, etwas westlich der Autobahn IP 1.

Die tapfere Bäckerin

Am 14. August 1385 kam es zwischen Batalha und Aljubarrota zur entscheidenden Schlacht zwischen Portugal und Kastilien. Den Portugiesen gelang es unter Nuno Álvares Pereira, die fünfmal größere und besser ausgerüstete Armee der Spanier zu besiegen. Es war der entscheidende Sieg für die portugiesische Unabhängigkeit.

Die Portugiesen hatten sich mit aller Kraft gegen die kastilischen Invasoren gestellt. Das berichtet auch die Legende der streitbaren Bäckerin von Aljubarrota, die alleine fünf Spanier mit ihrem großen Teiglöffel niedergestreckt und in den Backofen befördert haben soll ...

Den Verlauf der Schlacht kann man im CIBA (Centro de Interpretação da Batalha de Aljubarrota) nachvollziehen. Das moderne Museum liegt rund 3 km westlich des Klosters, neben der A 19.

CIBA: Tägl. (außer Mo) 10–19 Uhr, im Winter 10–17.30 Uhr; letzter Einlass eine Stunde vor Schließung. 3-mal tägl. Multimediavorstellung, auch in Englisch. Eintritt 7 €, 5–17 J. und ab 65 J. 50 % Ermäßigung, bis 5 J. frei. Av. D. Nuno Álvares Pereira 120, Calvaria de Cima.

Information Turismo, tägl. 10–13 und 14–18 Uhr. Es gibt einen Faltplan über markierte **Wanderwege** (auf Portugiesisch und Englisch). Praça Mouzinho de Albuquerque, ☎ 244765180.

Ausflüge Museumsdorf Pia do Urso, rund 18 km südöstlich. Der nett eingerichtete „Erfahrungsweg der Sinne" (ca. 20 Min.) führt an einer mit Wasser gefüllten Kuhle vorbei, an der ein lebensgroßer Kunststoffbär den Besucher bestaunt. Das „Wasserbecken des Bären", der anscheinend gar nicht menschenscheu war, gab dem Dorf seinen Namen. Am oberen Parkeingang eine *Montainbikestation (Centro de BTT)* mit Waschkammer für verschmutzte Bikes. Unter der Woche ist das „Dorf" mit Restaurant und Cafébar wie ausgestorben.

Verbindungen Bus: Tägl. 15-mal nach Leiria, 5-mal nach Lissabon und Coimbra, 2-mal nach Fátima, 2-mal Tomar und regelmäßig nach Alcobaça. Haltestelle neben dem Intermarche.

Einkaufen Lokales Kunsthandwerk und landwirtschaftliche Produkte kann man in den Buden hinter dem Kloster erwerben. Neben dem Turismo ein Geschäft mit sehr ansprechenden Korkprodukten.

Telefonnummern Polizei ☎ 244765134, Centro de Saúde ☎ 244769920, Taxi ☎ 244765410.

Übernachten **** Mestre Afonso Domingues, die frühere Pousada – nur 200 m vom Kloster entfernt – wurde komplett umgestaltet. Angeschlossen ist ein empfehlenswertes modernes *Restaurant*. DZ 66–100 €. Largo Mestre Afonso Domingues 6, ☎ 244765260, www.hotel.mestreafonso domingues.pt.

*** Casa do Outeiro, am Hügel, oberhalb des ehemaligen Rathauses in ruhiger Lage. Individuell eingerichtete, helle, schöne DZ mit Balkon und gratis Internet für 45–83 € je nach Saison. Im Garten ein kleiner Pool. 2 Parkplätze und Abstellplätze für Fahrräder vorhanden. Largo Carvalho do Outeiro 4, ☎ 244765806, www.hotelcasadoouteiro.com.

** Batalha, zentral gelegen, schräg gegenüber dem Kloster. Ruhig sind die Zimmer nach hinten. Parkplatz und Internetzugang kostenlos. DZ 45–65 € je nach Saison. Estrada de Fátima 29, ☎ 244767500, www. hotel-batalha.com.

Essen & Trinken Burro Velho, Restaurant an der Rückseite des Turismo. Sehr gut war der *Polvo a Lagareiro* (Oktopus in Olivenöl). Hauptgericht 7–12 €. Rua Nossa Sra. do Caminho 5-C, ☎ 244764174.

Maria Petinga, neue kleine Weinbar mit kleinen Gerichten, Sandwiches und Tapas, keine 100 m vom Kloster entfernt. Gute Weinauswahl. Antonio Maria dos Santos Street 6, ☎ 962837222.

Beira Litoral → Karte S. 303

Außer Betrieb – Boot in Nazaré   Geschäft in Alcobaça

Oeste

Oeste (Westen) ist der Name der Region im Norden der historischen Provinz Estremadura (→ Kasten). Lange Sandstrände, hübsche Buchten und Lagunen gehören zu den Anziehungspunkten. Den Badeurlaub kann man mit Besuchen des Klosters von **Alcobaça,** des komplett von einer Stadtmauer umringten Dorfs **Óbidos,** mit den Museen und Parks von **Caldas da Rainha** oder einem Bootsausflug zum Naturparadies der **Berlenga-Inseln** abrunden.

Auch Lukullus hätte sich in der Region wohlgefühlt – vermutlich hätte er sich in die *Lagosta suada à Moda de Peniche* (eine Langustenspezialität aus **Peniche**) oder die *Caldeirada* (Fischeintopf) verliebt. Und sicher hätte er den süßen Verführungskünsten der *Trouxas de Ovos e Cavacas* in Caldas da Rainha und des *Pão-de-Ló* in Afeizerão nahe São Martinho do Porto nicht widerstehen können.

Die Estremadura

Die historische Provinz Estremadura umfasst den ganzen mittleren Küstenlandstrich des Landes inklusive des Großraums Lissabon. Während der Reconquista war sie – ebenso wie die gleichnamige Provinz in Spanien (Extremadura)– die Grenzregion zu den von den Mauren beherrschten Gebieten der Iberischen Halbinsel. Die Estremadura erstreckt sich entlang der Atlantikküste bis zur Mündung des Rio Sadom südlich von Lissabon. Lange Sandstrände, einige Naturbuchten und Lagunen laden zum Baden ein. Doch Schwimmen im Atlantik ist wegen der starken Brandung nicht zu empfehlen. Dafür bieten einige Strände beste Voraussetzungen für Surfer, andere sind von hohen Klippen umgeben, die die Grenze zwischen Wäldern und Meer bilden. Im Süden der Estremadura liegt **Lissabon**, Perle und Zentrum des Landes. Zusammen mit ihrer Umgebung wird sie in einem eigenen Kapitel behandelt (→ S. 424).

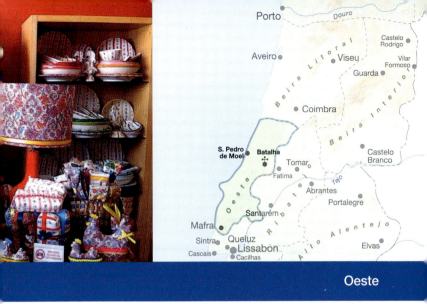

Die Gebiete um **Óbidos** und Alenquer sind für ihren Wein bekannt. Um Torres Vedras herum wird einfacher Wein erzeugt, der häufig in portugiesischen Haushalten oder als Vinho da Casa in den einfachen Restaurants anzutreffen ist.

Aus Caldas da Rainha und Umgebung stammen viele Keramik- und Töpferarbeiten, die man überall im Land auf Märkten und in Souvenirläden findet. Besonders auffallend sind die Werke der *Loiça de Malandrice*. Die traditionellen Penisfiguren sollen der Manneskraft auf die Sprünge helfen.

Tour durch den „wilden" Westen

Von **Leiria** aus führt der Weg vorbei am manuelinischen Kloster von **Batalha** nach **Alcobaça**. Die Strecke ist recht unspektakulär. Vorbei an *Aljubarrota* – dem Ort, in dem während der gleichnamigen Schlacht im Jahr 1385 eine tapfere Bäckerin fünf Spanier in ihren Backofen befördert haben soll – gelangt man nach Alcobaça. Nach einem Besuch der Grabstätte von Pedro und Inês setzt man die Reise in Richtung Meer fort.

Nazaré ist das berühmteste Fischerdorf des Landes – und im Sommer meist überfüllt, auch die Bezeichnung „Dorf" ist längst überholt. Vorbei an der **Praia do Salgado**, einem meist „einsamen" Strand, geht es nach **São Martinho do Porto.** Wären die Apartmenthäuser entlang der Bucht nicht, würde der Ort mehr Touristen anziehen. Schöner ist es weiter südlich in **Foz de Arelho**. Am Wochenende tobt hier der Bär, wenn die Einheimischen sich auf der Partymeile tummeln. Ansonsten findet man meist ein ruhiges Plätzchen am weitläufigen Sandstrand. Das nahe **Caldas da Rainha** hat sich zu einer kleinen Kunstmetropole entwickelt. Viele Museen und Ateliers schaffen eine inspirierende Atmosphäre, verschönert durch einige Jugendstilhäuser. Weiter geht die Fahrt ins malerische **Óbidos**. Trotz der Besucherströme hat der Ort seinen Charme behalten. Rauer geht es da im Fischerort **Peniche** zu, den man über die IP 6 erreicht. Von hier aus starten die Boote zu den **Berlenga-Inseln**, die man vom Cabo Carvoeiro am Horizont sieht.

Malerisch: Dunstschwaden an der Küste bei Foz de Arelho

Alcobaça

Am Zusammenfluss von Rio Alcoa und Rio Baça wurde im Mittelalter ein Kloster gegründet, das eines der reichsten Europas werden sollte. Es wurde anlässlich des Sieges über die Mauren von König Afonso Henriques, dem ersten portugiesischen König, 1153 in Auftrag gegeben, der heutige Bau wurde 1178 begonnen. Seit 1989 gehört die Klosteranlage zum UNESCO-Weltkulturerbe.

Die **Klosterkirche** wurde nüchtern und ohne viel Schmuck im Stil der französischen Zisterziensergotik erbaut. 20 m hohe Säulen und das schmale, 106 m lange *Kirchenschiff* schaffen bemerkenswerte Perspektiven, besonders wenn man hinter den Säulen des Chors steht. Die ehemals schlichte Eingangsfront wurde allerdings 1725 durch eine üppige Barockfassade mit zwei Glockentürmen ersetzt.

Meisterwerke der gotischen Steinmetzkunst sind die beiden reich verzierten *Sarkophage* im Querschiff. Im rechten liegt Pedro I. (gestorben 1367), links seine Geliebte Inês (ermordet 1355). Sie wurde auf Befehl von König Afonso IV. (Pedros Vater) in Coimbra erstochen. Inês war Spanierin, Tochter eines einflussreichen Gutsherren und Hofdame von Pedros ebenfalls spanischer Frau Constanza. Es hieß, dass Pedro, blind vor Liebe, in ihren Händen zu einer Marionette wurde, die nicht nur von Inês, sondern auch von ihren Eltern gesteuert wurde. Dies wollte König Afonso nicht tolerieren (→ Coimbra/Kastentext „Mord im Lustgarten"). Pedros Grab schmückt ein Glücksrad mit Szenen der beiden Liebenden, hier auch die Aufschrift „até ao fim do mundo" (bis zum Ende der Welt, dann sehen wir uns wieder). Auf Pedros ausdrücklichen Wunsch stehen die Grabmäler mit den Fußenden zueinander, damit sich die beiden beim Jüngsten Gericht gleich in die Augen sehen können. Inês' Grab wird von Tiermenschen getragen, die ihre Mörder verkörpern sollen. Ein Relief zeigt das Jüngste Gericht – die bösen Seelen werden von einem Drachen verschlungen.

Der *Kreuzgang (Claustro de Silêncio)* entstand im 14. Jh. König Manuel I. ließ zu Beginn des 16. Jh. den oberen Teil hinzubauen. Sehr interessant ist das gotische Brunnenhaus, das ein Renaissancebecken umgibt.

Die 18 m hohe *Klosterküche* imponiert wegen ihrer Ausmaße und ihres riesigen Rauchfangs, in dem die Ochsen gebraten wurden. Von hier aus wurden ca. 1000 Mönche täglich mit warmen Mahlzeiten versorgt. Durch den Raum floss ein Bächlein, dessen Wasser zum Geschirrspülen benutzt wurde.

Tägl. 9–19 Uhr, im Winter bis 18 Uhr. Kreuzgang und Palast: Eintritt 6 €, Rentner, Kind 15–18 J. und mit Cartão Jovem 50 % Nachlass, am 1. So im Monat Eintritt frei. Kombiticket für die Klöster von Alcobaça und Batalha sowie für die Christusritterburg in Tomar 15 €.

Information Turismo, Mo–Fr 9–12.30 und 14–17.30, Sa/So 10–12.30 und 14–18 Uhr. Es gibt ein (etwas veraltetes) Heft auf Deutsch, das Alcobaça und die Umgebung beschreibt. Rua 16 de Outubro rechts vom Kloster, am Ende der Rua Alexandre Herculano, ☎ 262582377.

Verbindungen Bahn: Nächster Bahnhof in Valado, ca. 7 km außerhalb, es gibt eine regelmäßige Busverbindung. Von dort 5-mal tägl. nach Lissabon (teilw. mehrfach umsteigen), Caldas da Rainha, Óbidos (Umsteigen in Caldas) und Leiria, 4-mal nach Figueira da Foz, 5-mal São Martinho do Porto. www.cp.pt.

Bus: Busse starten an der Av. Miguel da Silva Carolino (vom Kloster in Richtung Leiria, dann die 1. Straße hinter dem Fluss nach links) nach Nazaré (21-mal), Batalha (12-mal), Lissabon (7-mal), Leiria (9-mal,

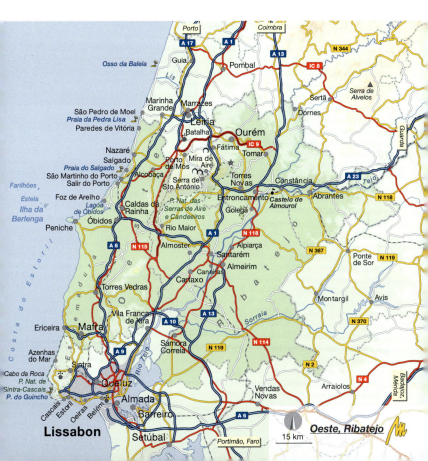

Sa/So 3-mal), Porto de Mós (6-mal), Caldas da Rainha (9-mal, Sa/So 2-mal). www.rede-expressos.pt und www.rodotejo.pt.

Adressen Biblioteca Municipal, Rua Afonso de Albuquerque 24.

Postamt an der Praça 25 de Abril.

Einkaufen Inspiriert von Pedros und Ines' ewiger Liebe kann man in vielen Läden ein sogenanntes Liebeskit für 20 € erwerben; dieses enthält ein Fläschchen Ginja, einen Apfel, und einen Papyrus, auf dem man einen Liebesschwur verewigen kann – dazu zwei Schlüssel für eines der 700 Schließfächer, die zu diesem Zweck im **Jardim do Amor** (hinter der Bibliothek) angelegt wurden. Allerdings ist die Aufbewahrung des Schwures auf 3 Jahre begrenzt.
Wer sein Geld besser anlegen möchte, kauft bei **Made in Alcobaça** ein. Hier wird aus den traditionellen **Chita**-Stoffen allerlei Schönes gezaubert. Praca 25 de Abril 64.

Telefonnummern Polizei ✆ 262505650, ✆ 262582319, **Hospital** ✆ 262590400, **Taxi** ✆ 262582273 und 262581222.

Übernachten** Hotel Santa Maria, moderner Bau schräg gegenüber dem Kloster (relativ ruhig). Geräumige Zimmer mit Minibar, im Untergeschoss eigene Garage. DZ 59 €. Rua Dr. Francisco Zagalo 20-22, ✆ 262590160, www.hotelsantamaria.com.pt.

Corações Unidos, einfache Pension. DZ mit Bad und Frühstück je nach Saison 35–40 €, ohne Bad 25–30 €. Rua Frei António Brandão 39, ✆ 262582142.

Hostel Rossio, 100 m vom Kloster entfernt. Hübsches, familiär geführtes Hostel mit schlichten, modernen Doppel- und kleinen Mehrbettzimmern (mit und ohne eigenes Bad) sowie einer Suite. Fast alle Zimmer mit direktem Blick auf das Kloster. Sonnendeck, Terrasse und einladende Gemeinschaftsküche vorhanden. Im Mehrbettzimmer je nach Saison 10–14 €/Pers., DZ 30–35 €, Suite 35–40 €. Praça 25 de Abril 15, ✆ 262598237 und ✆ 919333868 (mobil), www.hostelrossioalcobaca.com.

Turismo de Habitação Casa da Padeira, in Aljubarrota, ca. 6 km außerhalb, an der N 1 Richtung Batalha. Geschmackvolle, geräumige Zimmer. In den Salons Privatatmosphäre; der Inhaber studierte in Deutschland. DZ je nach Saison 60–75 €. São Vicente de Aljubarrota, Estrada

Nacional 8, 19, ✆ 262505240, www.casadapadeira.com.

Camping Rural Silveira, ca 3 km außerhalb in Richtung Lissabon. Einfacher Platz mit relativ viel Schatten. Person 3,50 €, Zelt 3–5 €, Auto 3 €. Geöffnet nur Mitte Mai bis Mitte Sept. ✆ 262509573, www.camping silveira.com.

Essen & Trinken Adega Alegre, nicht von der vernachlässigten Fassade abhalten lassen! Der Kellerraum ist dekoriert mit Weinflaschen und bunten Bildern, auf den Teller kommen gut zubereitete Speisen für 5,50–15 €. Im Winter Sa Ruhetag. Rua Afonso Lopes Vieira 39, ✆ 919309812.

Nachtleben Estremadura Café, am Platz neben dem Kloster, an der Ecke der Rua Alexandre Herculano. Nettes Café mit angenehmer Atmosphäre, abends mit Lounge-Musik. Tagsüber werden im schattigen Garten auch leichte Speisen wie Salate, Nudelgerichte, Curryhuhn serviert (ca. 5 €).

Costa da Prata – silbrig glitzerndes Wasser entlang ausgedehnter Küstenstreifen

Oeste → Karte S. 373

Nazaré

ca. 11.000 Einwohner

Das berühmteste Fischerdorf des Landes liegt am Ende einer langen Sandbucht, genau unterhalb eines riesigen, im Meer stehenden Kliffs. Die Fischer, die noch bis in die 1980er-Jahre zwischen den Booten ihre Netze flickten, waren wegen ihrer Tracht berühmt: Flatterhose und dickstoffiges Schlupfhemd mit Schottenmuster. Heute tragen nur noch die Fischersfrauen, die an Verkaufsständen nach Touristen fischen, diese Kluft.

Seitdem der Ort einen modernen Fischereihafen besitzt und der Strand nur noch von Badegästen besucht wird, hat Nazaré viel an Originalität verloren. Am langen Sandstrand des Orts liegen die Sonnenanbeter aufgereiht nebeneinander. Schöner, aber nur mit dem Auto zu erreichen, sind die Strände nördlich und südlich von Nazaré. Der Ort wurde zu einem Surferzentrum, nachdem Garrett McNamara mit den Riesenwellen am Praia do Norte im Jahre 2011 einen Weltrekord aufgestellt und die höchste je gesurfte Welle gemeistert hatte. 2013 gelang es ihm zwar, eine mit ca. 30 Metern noch höhere Welle zu reiten, auf eine Anerkennung verzichtete er.

Nazaré besteht aus zwei Ortsteilen, dem „Fischerdorf" in der Bucht, und *Sítio*, dem „Dorf" oben auf dem Kliff. Von Dörfern ist allerdings keine Rede mehr. Große Betonbauten zwängen sich zwischen die alten Gassen und die steilen Felswände, und auch Sítio erfreute sich bei Baufirmen großer Beliebtheit. Eine Kabelbahn verbindet beide Ortsteile miteinander, Preis ca. 1,20 € für eine Fahrt.

Zwischen Sítio, dem Wohnort der reicheren Fischer, und der ärmeren Bevölkerung des unteren Ortsteils besteht auch heute noch eine gewisse Rivalität. Früher durfte kein Junge in das jeweils andere Dorf einheiraten.

1183 erschien in Sítio die Muttergottes und rettete einen adeligen Ritter vor dem tödlichen Absturz. Deshalb werden am 8. September eines jeden Jahres Wallfahrten durchgeführt. Zur Feier bringen die Nachbardörfer ihre Heiligenfiguren nach Nazaré, dann wird auf dem Dorfplatz getanzt und auch ein Zirkus ist da.

Sehenswertes: Im oberen Stadtteil Sítio befindet sich ein Museum in einem Neubau beim Haus des verstorbenen Schriftstellers Joaquim Manso, der in Nazaré seinen Lebensabend verbrachte. Zu sehen sind volkskundliche Stücke und vieles, was mit der Fischerei zusammenhängt.
Di–So 10–18, im Sommer bis 19 Uhr, Eintritt frei.

Spaziergang zum Forte São Miguel Arcanjo: Ein rund 1 km langer Küstenweg an der Westspitze des Felsplateaus führt zum Forte São Miguel Arcanjo und seinem berühmten Leuchtturm Farol de Nazaré. Im Inneren gibt es Informationen über die Geschichte der Festung, über die Entstehung der Superwellen und eine Fotoausstellung. Die Sicht vom Dach des Forte ist atemberaubend.
Tägl. (außer Mo) 10.30–18 Uhr. Eintritt 1 €.

(Basis-Infos

Information Turismo, Juli/Aug. tägl. 9–21 Uhr, im Winter 9.30–13 und 14.30–18 Uhr, Vor- und Nachsaison 9.30–12.30 und 14.30–18.30 Uhr. Auskünfte zu markierten Wanderwegen, z. B. zur PR 1 – Rota dos Milagres de Nazaré (auf Englisch). Mercado Municipal in der Av. Vieira Guimarães, ℡ 262561194.

Verbindungen Bus: Av. do Municipio 6-mal tägl. Expressbus nach Lissabon, Fahrzeit ca. 2 Std. (120 km). www.rede-expressos.pt.

Regionalbusse nach Leiria (13-mal), Alcobaça (15-mal), Batalha (7-mal), Fátima (3-mal), Tomar (3-mal), Caldas de Rainha (19-mal), São Martinho do Porto (9-mal), Óbidos (5-mal). Fahrpläne im Turismo. www.rodotejo.pt.

Bahn: Station in Valado (6 km außerhalb), an der Strecke Lissabon – Cacém (Linha de Sintra) – Valado – Figueira da Foz. Von dort 5-mal tägl. nach Leiria, 4-mal Figueira da Foz, 5-mal Caldas da Rainha, 5-mal Óbidos (Umsteigen in Caldas), 5-mal São Martinho do Porto. Es gibt auch eine Busverbindung zum Bahnhof. www.cp.pt.

Adressen Postamt an der Av. da Indepencia Nacional.

Baden Nahe am Kliff ist die See im Sommer ziemlich ruhig, aber nicht geeignet für Leute, die die Einsamkeit suchen, da die Sonnenzelte dicht an dicht stehen. Weiter draußen in der Bucht ein schöner Sandstrand, aber Baden ist wegen der starken Brandung gefährlich und auch verboten (Hinweisschilder). Neben dem Ort mündet ein kleiner Fluss ins Meer. Trübes Brackwasser ist dort durch einen Sandwall vom Meer abgetrennt. Im Brackwasser schwimmen viele Aale, die schnell anbeißen.

Ein „wilder" Strand, **Praia do Norte**, findet sich etwas nördlich des Orts. Keine Bebauung, er ist schön zum Spazierengehen – zum Baden ist er so gefährlich. Zu Fuß via Forte S. Miguel oder per Auto über Sítio.

Fährt man von Nazaré am Campingplatz vorbei in Richtung Óbidos, durchquert man nicht nur ein landschaftlich reizvolles Gelände, sondern findet dort auch die einsame **Praia do Salgado**. Von Famalicão nimmt man die Straße den Berg hinauf. Oben auf den Dünen führt eine schmale Straße geradeaus hinunter zum Strand.

Einkaufen An der Strandpromenade reiht sich ein Andenkenladen an den anderen. Geschmacklich und qualitativ hebt sich **Carbel Artesanato** etwas heraus; Av. da Republica 56.

Die Fischer aus Nazaré und der Umgebung trugen bei ihrer Arbeit für gewöhnlich eine alte Tracht aus derbem, wärmendem Wollstoff. Die Hemden dieser Tracht kann man

Sitio – beschaulicher Alltag in den Wintermonaten

in vielen Touristenläden entlang der Uferpromenade kaufen. Häufig sind auch diese
allerdings nicht aus reiner Wolle, sondern
aus einem Woll-Kunstfaser-Gemisch.

Fahrradfahren In Sítio beginnt ein 45 km
langer Radweg entlang der Küste. Räder
gibt es bei **Adventure for you** neben dem
Hotel Maré.

Feste Im Juli und Aug. jeweils zwei **Stierkämpfe** am Wochenende. **Stadtfest** ist am
8. Sept.

Surfen Bretter und Kurse bei **Adventure
for you** (siehe Fahrradfahren).

Telefonnummern Polizei ✆ 262550070
und 262550140, **Centro de Saúde**
✆ 262569120, **Taxi** ✆ 262551363.

Übernachten/Camping

*** **Mar Bravo**, etwas unpersönlich, aber
nicht unfreundlich. Geräumige Zimmer,
teils mit Wanne. Manche Zimmer haben einen schönen Blick aufs Meer. WLAN. DZ
45–70 €, mit Blick aufs Meer 80–140 €. Frühstück und auf Anfrage. Parkgarage inklusive. Praça Sousa Oliveira 71, ✆ 262569160,
www.marbravo.com.

* **Ribamar**, Strandpension mit 18 Zimmern
und Blick aufs Meer. Die besten Zimmer
sind die Nr. 11 und 21, Eckzimmer mit zwei
Fenstern und kleinem schmiedeeisernen
Balkon. Antike Möbel (aus dem ca. 1 m hohen Bett sollte man nicht herausfallen), geräumige Badestube mit Wanne. DZ ca. 50–
75 € je nach Aussicht, in der Nebensaison
35–45 €. Rua Gomes Freire 9, ✆ 262551158,
www.ribamarnazare.net.

»»» Lesertipp: **Praia Norte Residence**,
B & B am Sitio, ca. 5 Gehminuten vom Auf-

zug entfernt. Ruhig gelegen. Es gibt 3 Zim-
mer mit den Namen „Sand", „Meer" und
„Sonne" mit Gemeinschaftsküche, wo auch
das gute Frühstücksbüffet serviert wird
(Maria Riedmüller). DZ 37–73 €. Rua Dom
Fuas Roupinho, ✆ 918885824 (mobil). «««

Camping *** **Vale Paraíso**, ca. 2 km Richtung Leiria. Der größere Platz, mit eigenem
Pool. Person ca. 3,70–5,50 €, Zelt 3,70–6,50 €,
Auto 3,20–4,30 €. Um Weihnachten geschlossen. ✆ 262561800, www.valeparaiso-
naturpark.com.

*** **Orbitur Valado**, am Ortsrand nach Alcobaça; viele Pinien spenden Schatten. Auch
kleine Bungalows zu mieten. Person ca.
3,60–6,50 €, Zelt 3,90–10,90 €, Auto 3,40–
6,10 €. Rua dos Combatentes do Ultramar 2,
✆ 262561111, www.orbitur.pt.

Oeste → Karte S. 373

Essen & Trinken

A Celeste, an der Strandpromenade, Haus Nr. 54. Am Abend steht der qualmende Holzkohlengrill mit Sardinen und Tintenfischen am Eingang. Hauptgericht 7–12,50 €. ✆ 262551695

Blue Jardim, eine gute Alternative für herkömmliche Fisch- und Fleischgerichte. Das Restaurant serviert leichte Speisen wie Salate, Nudeln und Pizza. Es gibt Hauptgerichte mit französischem Einschlag wie das *Bife de vazia com molho foie gras* (Lendensteak mit Foie-Gras-Soße) und eine Auswahl an vegetarischen Speisen. Hauptgericht 5,80–12,80 €. Rua Gil Vicente 67, ✆ 262561073.

》》 Lesertipp: Maria do Mar, „urgemütliches Restaurant, typisch eingerichtet mit überdachter, geschlossener Veranda. Leckeres und preiswertes Essen, riesige Portionen" (Leser aus Hamburg). Hauptgericht 7–10 €. In der Nähe der Kabelbahn. Rua do Guilhim 13, ✆ 919444711. 《《

Taberna da Adélia, in einer Gasse parallel hinter der Strandpromenade. Köstliches Essen in gemütlichem Ambiente mit vielen Schwarz-Weiß-Fotos an den Wänden. Zu empfehlen sind die diversen Fischeintöpfe, *caldeirada* für 13,50 € oder *cataplana de peixe* je nach Fischart für 20–40 € für 2 Personen. Tägl. (außer Do). Rua das Traineiras 12, ✆ 262552134.

São Martinho do Porto   ca. 5000 Einwohner

Concha – die Muschel – wird die muschelförmige Meereseinbuchtung genannt, an der São Martinho do Porto liegt. Früher war es der Ferienort der Lissabonner feinen Gesellschaft. Der alte Ortskern liegt etwas oberhalb auf den Klippen, den Höhenunterschied kann man heute mit dem Aufzug beim Turismo überwinden. An der Bucht wurden in den letzten Jahren immer mehr triste Apartmenthäuser gebaut.

Das Wasser der Bucht ist warm und ruhig, rings um die Bucht zieht sich ein Sandstrand. Durch einen Tunnel am Ende des Kais kommt man zum Meer, doch dort wartet nur felsige Küste. Schöne Sandstrände gibt es ein paar Kilometer nördlich in Richtung Nazaré. Die Altstadt mit ihren engen Gassen ist gemütlich, ein *Miradouro* bietet besonders in den Morgenstunden schöne Ausblicke über die Bucht.

São Martinho – netter Badeort an geschütztem Meerbusen

Auf der anderen Buchtseite liegt *Salir do Porto*. Das touristisch noch relativ unbe-
leckte Dörfchen liegt einige hundert Meter landeinwärts, oberhalb der Flussmündung. Im Strandbereich ein neuerbautes Freibad und ein mächtiger Sanddünen-
hang, auf dem sich Kinder beim Rauf- und Runterrennen verausgaben können. Ein
Holzbohlenweg fürt über den Fluss am unbebauten Strand entlang bis nach São
Martinho do Porto.

Basis-Infos

Information Turismo, Di–Sa 9.30–13 und
14–17.30 Uhr. Man bekommt eine Liste mit
Privatzimmern und Apartments. Kostenloses WLAN. Rua Vasco da Gama 18,
✆ 262989110.

Verbindungen **Bahn:** Bahnhof im unteren Teil des Orts, am Largo 25 de Maio.
(Richtung Alfeizerão). 6-mal tägl. nach Leiria, 4-mal Figueira da Foz, 6-mal Caldas da
Rainha, 5-mal Óbidos (Umsteigen in Caldas), 5-mal Nazaré/Alcobaça. www.cp.pt.

Bus: 5-mal tägl. nach Lissabon, 5-mal Alcobaça und Batalha, 4-mal Óbidos, 11-mal Caldas da Rainha und 10-mal Nazaré. www.

rede-expressos.pt und www.rodotejo.pt.

Adressen **Postamt** in der Av. Marechal
Carmona, der Ausfallstraße in Richtung
Nazaré.

Bootsverleih/Surfbretter Im Sommer
am Strand bei den Fischern fragen oder im
Club Nautico am Ende der Bucht. Es gibt
auch Kanus.

Reiten Centro Equestre Internacional de
Alfeizerão, ✆ 262980048.

Telefonnummern Polizei ✆ 262995030,
Centro de Saúde ✆ 262989289, **Taxi**
✆ 262989891 und ✆ 963020706 (mobil).

Übernachten/Camping/Essen

Übernachten ** Atlântica, schöne, sehr
saubere Zimmer mit rustikaler Einrichtung,
teils auch mit kleinem Balkon. Der Chef des
Hauses spricht Deutsch. DZ 40–85 € je nach
Saison. Rua Miguel Bombarda 6,
✆ 262980151, www.hotelatlantica.pt.

Casal do Pomar, etwa 5 km entfernt in
Richtung Salir do Porto, in Bouro, vermietet
Fredy Seitz einige liebevoll eingerichtete
Apartments. Seit über 20 Jahren wohnt und
baut der Karlsruher an seinem gepflegten
Anwesen. In den langen Wintermonaten
komponiert der ausgewiesene Schlag-
zeuger gern auch eigene Stücke am
Elektropiano. Der ehemalige Bauernhof ist
kinderfreundlich mit viel Platz und Bio-Obst
direkt vom Baum. Jeweils drei künstlerisch
eingerichtete Ferienhäuser, Studio für 2
Personen und Schlafetage für Kinder 450–
590 €/Woche, Backhaus für 2 Pers. 340–
420 €, Atelier für 4–5 Pers. 475–665 € je nach
Saison. Auf Anfrage Vermietung auch
tageweise. Anfahrt: Mit dem Auto von São
Martinho aus am Kreisverkehr in Salir in
Richtung Caldas da Rainha, nach etwa 2 km
am Waldausgang rechts ab nach Bouro.
Casal do Pomar, 2500-711 Salir do Porto/

Bouro, ✆ 262881359 und ✆ 966903777 (mobil),
www.casal-do-pomar.com.

Camping *** Colina do Sol, etwa 2 km außerhalb in Richtung Nazaré. Schöne Anlage
am Ortsrand. Person 3,50–5 €, Zelt 3,50–7 €,
Auto 2,80–4 €. ✆ 262989764, www.colina
dosol.net.

** Baía Azul, südlich des Orts, direkt an der
Bucht. Platz ohne Schatten, fast nur Dauercamper. Person 3,30 €, Zelt 5,20–7,80 €, Auto
4,10 €. ✆ 262989847, parquecampismo@
freguesiasaomartinhodoporto.pt.

Essen & Trinken Royal Marina, am Ende
des Hafens; der Wirt aus der Schweiz serviert köstliche Fisch- und Fleischgerichte.
Hauptgericht 9,50–17,50 €. Tägl. (außer Mi),
im Juli/Aug. durchgehend geöffnet. Rua
Cândido dos Reis 30-B, ✆ 262989959.

》》》 Mein Tipp: Pastelaria O Castelo, in
Alfeizerão, etwas außerhalb von São
Martinho. Hier sollte man unbedingt die
tarte de amêndoa (Mandeltarte) oder *pão
de ló* probieren. Und wer nicht auf Süßes
steht, kann die ofenfrischen *empadas de
galinha* probieren. Rua Prof. Joaquim A.
Santos 20. 《《《

Oeste → Karte S. 373

Hier findet man noch einsame Küstenabschnitte

Foz de Arelho

ca. 1200 Einwohner

Erfreulicherweise ist der Ort, der direkt an der Lagoa de Óbidos liegt, ruhig und typisch geblieben. Nur am Wochenende tobt hier der Bär. Denn in Foz de Arelho spielt sich das Nachtleben von Caldas da Rainha ab. Die lange Strandesplanada ist dann von hunderten jungen Leuten bevölkert. Baden ist in der Lagune wie auch im Meer möglich, einziges Manko des Strandes ist der fehlende Schatten.

Information Turismo, nur im Sommer Mi–So 10–12.30 und 14.30–18 Uhr. An der Straße zwischen Caldas und dem Strand, kurz hinter dem Kreisel.

Verbindungen Bus: Busse von Rodviária do Tejo (www.rodotejo.pt) fahren ab dem Strand oder Ortskern nach Caldas da Rainha, Mo–Fr 11-mal, Sa/So 3-mal. Im Hochsommer fahren die Busse an jedem Tag stündlich. In Caldas da Rainha weiter mit dem Zug und Bus nach Óbidos und in die weitere Umgebung.

Übernachten *** Água D'Alma, die frühere Pension Penedo Furado. Helles, modernes Hotel mit großen Zimmern, manche haben Blick auf die Lagune. DZ je nach Saison 50–70 €. Rua dos Camarções 3, ✆ 262979610, www.aguadalma.pt.

O Facho, großes Haus am Meer mit fantastischem Ausblick. Kleine, einfache Zimmer und einfach ausgestattete Bäder. DZ mit Meerblick inkl. Frühstück 85 €, mit Gartensicht 70 €. Rua Francisco Almeida Grandela 3, ✆ 262979110, ofachoguesthouse @hotmail.com.

Camping ** Orbitur Foz do Arelho, ca. 2 km vom Strand entfernt; moderner, großer Platz mit relativ viel Schatten und Schwimmbad. Person 3,60–6,50 €, Zelt 3,90–10,90 €, Auto 3,40–6,10 €. Ganzjährig geöffnet. ✆ 262978683, www.orbitur.pt.

Essen & Trinken Einige Restaurants an der Esplanada direkt am Strand. Gute, preiswerte Hausmannskost serviert die Cantina der Segel- und Surfschule Escola de Vela da Lagoa. www.escoladeveladalagoa.com.

»» Lesertipp: A Lareira, „Wir haben einen wunderbaren Abend in leicht gehobenem portugiesischen Ambiente mit sehr gutem Menü genossen. Die Karte ist umfangreich, die Wein- und besonders die Dessertkarte reichhaltig. Das Preisniveau ist höher als normal, doch sein Geld absolut wert." (Günther Bonin) Hauptgericht 10–18 €. Tägl. (außer Di). Rua da Lareira 35, Alto do Nobre, Nadadouro. ✆ 262823432. «

Caldas da Rainha

ca. 25.000 Einwohner

Die wegen ihrer Thermen bekannte Stadt ist heute eher wegen der Museen und des Parks einen Besuch wert. Caldas da Rainha entwickelte sich im 20. Jahrhundert zu einem Zentrum der portugiesischen Kunst und des Kunsthandwerks.

Als die Königin Leonora 1485 oder 1487 mit ihrem Gemahl König João II. von Óbidos nach Batalha reiste, sah sie am Wegesrand eine Gruppe Menschen, die in warmem Wasser badeten. Sie hielt an und fragte, was das zu bedeuten habe. Die Bauern antworteten, dass das Wasser heilsame Wirkung habe. Da die Königin krank war, probierte sie sogleich das Wasser aus – und ward gesund. Im folgenden Jahr wurde ein *Hospital* gebaut, dessen Kapelle *A Nossa Senhora do Pópulo* bis heute existiert.

Der Ort wuchs um die Quelle und das Hospital herum. Anfangs war Óbidos die größere Stadt, als aber König João V. im 18. Jh. nach einem Schlaganfall die Thermen von Caldas da Rainha besuchte, erlebte der Ort einen Aufschwung. João V. ließ das Krankenhaus von Grund auf renovieren und besuchte Caldas da Rainha zwischen 1742 und 1750 ganze dreizehn Mal. Auch das *alte Rathaus* und der *Chafariz das Cinco Bicas* wurden auf sein Geheiß hin erbaut.

1880 verlegte Rafael Bordalo Pinheiro seine Keramikwerkstätten nach Caldas, der Beginn einer großen Tradition. Im Jahr 1927 war der Ort so gewachsen, dass ihm die Stadtrechte verliehen wurden.

Die verlassenen Krankenpavillons des historischen Thermalbades

Sehenswertes

Hospital Termal: Das Krankenhaus wurde im Jahre 1485 (oder 1487) gegründet. Vom ursprünglichen Bau zeugt aber nur noch die Kapelle, da João V. das Hospital 1747 völlig neu gestalten ließ. Der letzte Umbau fand im Jahr 1888 statt.

Tägl. (außer Mo) 10–12 und 14–17 Uhr, So 9–12 Uhr. Eintritt 1,50 €, mit Cartão Jovem, für Gruppen und über 65 J. 1 €, Kind bis 14 J. frei.

Kombiticket Hospital Termal, Museu do Hospital, Capela de São Sebastião und Igreja de Nossa Senhora do Pópulo 5 €, mit Cartão Jovem und über 65 J. 3,50 €.

Igreja da Nossa Senhora do Pópulo: Die Kapelle des Hospitals ist ein Beispiel für manuelinische Architektur. Filigran verzierte Säulen stützen die Bögen über den Glocken, im Innern ist

Caldas da Rainha

80 m

Buddha Eden Garden (ca. 20 km)

Übernachten
1 Cristal
2 Dona Leonor
3 Casas dos Infantes

Essen & Trinken
4 Pachá
5 Sabores de Italia
6 A Mimosa

sie reich mit Azulejos geschmückt. Besonders schön sind der manuelinische Triumphbogen am Chor, das Tryptichon mit einer Darstellung der Kreuzigung aus dem frühen 16. Jh. und die Taufkapelle mit dem prämanuelinischen Taufstein gotischen Charakters auf einem kleeblattförmigen Sockel.

Mi–So 9–13 und 14–18, So 9–12 Uhr. Falls geschlossen, beim Museum oberhalb der Kirche nachfragen oder vor und nach der Messe (Mo–Sa 11 Uhr, So 9 Uhr) kommen.

Markt: Allmorgentlicher Markt auf der Praça da República, auf dem neben Obst und Gemüse aus der Umgebung auch feines Gebäck und Käse verkauft werden.

Brunnen: Der *Chafariz das Cinco Bicas* oberhalb der Praça da República ist eines der drei Bauwerke, die João V. zwischen 1748 und 1751 errichten ließ. Die fünf Spitzen sind mit Ornamenten verziert, die Sterne darstellen, welche die Plejaden symbolisieren.

Parque Dom Carlos I.: Der Park, eine der schönsten Gartenanlagen Portugals, wurde Ende des 19. Jh. angelegt. Man kann mit Ruderbooten über den kleinen See in der Mitte fahren oder im Schatten der Bäume Schutz vor den sommerlichen Temperaturen suchen. Die Skulpturen lokaler Künstler machen den Spaziergang zu einem besonderen Erlebnis. Die zwischen 1890 und 1892 errichteten Pavillons, welche die Krankenstationen des Hospital Real beheimaten sollten, zeugen von den blühenden Zeiten des Thermalbads im 19. und frühen 20. Jh. Wegen der hohen Kosten wurden die Pavillons jedoch nie in Betrieb genommen – und warten bis heute auf eine sinnvolle Nutzung.

Museu José Malhoa: Das Museum, 1934 im Park Carlos I. errichtet, ist ein Musterbeispiel für die musealen Projekte des „Estado Novo", der den Schwerpunkt auf naturalistische Kunst setzte. Schon das Äußere, das fast wie ein Bunker wirkt, zeigt

Oeste → Karte S. 373

Kleiner Arte-Nova-Spaziergang

Anfang des 20. Jahrhunderts schwappte die Welle des *Art Nouveau* auch nach Portugal über, wo man diese Stömung *Arte Nova* nannte, die in Deutschland als Jugendstil bekannt ist. In Caldas da Rainha finden sich etliche Gebäude, die in dieser Zeit entstanden sind.

Als Ausgangspunkt eines „Arte-Nova-Spaziergangs" bietet sich die Praça da República an. Den *Arte-Nova-Stil* sieht man bestens an den Häusern Nr. 94 *(casa de ferragens Joaquim Baptista)* und Nr. 9 *(Nova Padaria Taboense)*. Auch das Gebäude der *Caixa Geral de Depósitos* ist der Arte Nova zuzurechnen. Am östlichen Ende des Platzes geht es zum ehemaligen Terreiro das Gralhas („Platz der Klatschbasen"), heute Largo Dr. José Barbosa genannt. Hier findet man das geschichtsträchtige *Café Central*, in dem die Frauen von Caldas die ersten Schritte in Richtung Emanzipation taten. Bereits im 18. Jh. erkämpften sie sich freien Zutritt zum Café. Heute werden hier Lesungen und Ausstellungen veranstaltet. Auch das Haus mit der Nr. 19 wurde 1905 von Korrodi im Arte-Nova-Stil erbaut.

Zurück zur Praça da República, kann man den Spaziergang durch die Einkaufsstraße Rua Almirante Cândido dos Reis fortsetzen und in der Hauptstraße Rua Heróis da Grande Guerra auf Nr. 86 und Nr. 92 weitere Jugendstilhäuser bewundern.

Durch die Rua Dr. Miguel Bombarda geht es nun Richtung Bahnhof, wo die Fassaden der Häuser Nr. 34-36 mit *Azulejos* aus der Werkstatt von Rafael Bordado Pinheiro aus den Jahren 1884 und 1889 ins Auge fallen. Die Fassade des Hauses Nr. 35-37, die *Fábrica de Sacavém* aus dem Jahr 1920, zeigt sich ebenfalls im Jugendstil. Weitere interessante Häuserfronten finden sich bei den Nummern 41 und 53.

Das Bahnhofsgebäude aus dem Jahr 1887 wurde 1924 mit hübschen Azulejos, die Motive aus der Region zeigen, geschmückt. Hier endet unser Arte-Nova-Spaziergang.

das künstlerische Anliegen des faschistischen Regimes: klare Linien, Ordnung. Auch die Themen waren von rückwärtsgewandter und nationalistischer Rhetorik geprägt. Jedem Künstler, der der Moderne und neuen Formgebungen zugetan war, blieb, so wie in Deutschland, nur das Exil.

Das Museum zeigt heute auch romantische Werke von Miguel Lúpi und Tomás da Anunciação sowie frühnaturalistische Werke der Gruppe Leão.

Tägl. (außer Mo) 10–13 und 14–19 Uhr (im Winter bis 18 Uhr). Eintritt 3 €, Rentner 1,50 €, mit Cartão Jovem 1,50 €, Kind bis 12 J. Eintritt frei, am 1. So im Monat für alle frei.

Museu da Cerâmica: Das Keramikmuseum, untergebracht im romantischen Palast des Sammlers Visconde de Sacavém, befindet sich hinter dem Park. Der Ausstellungsraum reicht nicht aus, um alle 15.000 Stücke aus dem Fundus des Museums zu zeigen. Hauptsächlich zu sehen sind Keramik aus der Umgebung von Caldas und schmucke Azulejos an den Wänden.

Tägl. (außer Mo) 10–13 und 14–18 Uhr. Eintritt 3 €, über 65 J. 1,50 €, mit Cartão Jovem 0,80 €, Kind bis 12 J. Eintritt frei, am 1. So im Monat für alle frei.

Casa Museu António Duarte: Das Museum zeigt Skulpturen und Materialien des Künstlers; einige Arbeiten des Bildhauers finden sich im Park um das Gebäude.

Tägl. (außer Di) 9–12.30 und 14–17.30, Sa/So 9–13 und 15–18 Uhr. Eintritt frei.

Casa Museu Barata Feyo: Das Werk dieses Bildhauers umfasst zahlreiche Bildnisse von Politikern und Künstlern; in seinen Skulpturen spiegelt sich oftmals das Grundthema Leben und Tod wider.

Tägl. (außer Di) 9–12.30 und 14–17.30, Sa/So 9–13 und 15–18 Uhr. Eintritt frei.

Basis-Infos   → Karte S. 382

Information Turismo Mo–So 10–18 Uhr. Oberhalb der Praça da Fruta, Rua Provedor Frei Jorge de São Paulo 1 ✆ 262240005.

Verbindungen Bahn: Bahnhof in der Nähe des Turismo am Ende der Av. 1° de Maio. Tägl. 10 Züge nach Lissabon (teils Umsteigen in Mira Sintra), 10-mal nach Óbidos, 8-mal Mafra, 5-mal São Martinho do Porto, Leiria, Alcobaça und Nazaré, 4-mal Figueira da Foz, 1-mal direkt nach Coimbra. www.cp.pt.

Bus: Busbahnhof in der Av. dos Heróis da Grande Guerra. Von hier aus regelmäßig Busse nach Peniche via Óbidos (8-mal plus 6-mal Schnellbus nach Óbidos), 13-mal tägl. São Martinho do Porto und Nazaré, 4-mal Alcobaça sowie 18-mal Expressbusse nach Lissabon und 5-mal nach Coimbra. www.rede-expressos.pt und www.rodotejo.pt.

Adressen Postamt in der Rua Engenheiro Duarte Pacheco 3. **WLAN** im Turismo.

Einkaufen/Keramik Caldas da Rainha ist bekannt für seine Töpferarbeiten. Davon gibt es reichlich in den Souvenirshops in der Innenstadt und rund um den Park Carlos I. Man kann die Figuren aber auch direkt bei einem der Hersteller erwerben, z. B. in der **Fábrica Bordalo Pinheiro.** Rafael Bordalo Pinheiro (1846–1905) war einer der großen Karikaturisten Portugals und hat die Keramikherstellung in Caldas revolutioniert. Die nach ihm benannte Keramikfabrik hat einen kleinen Verkaufsraum und ein Outlet. Mo–Sa 10–19, So 14–19 Uhr. Rua Bordalo Pinheiro, nördlich des Parks.

Telefonnummern Polizei ✆ 262870360, **Hospital** ✆ 262830300, **Taxi** ✆ 262831098 und 262832455.

Übernachten/Essen & Trinken   → Karte S. 382

Übernachten *** Cristal **1**, hinter dem Gericht, in der Nähe der Praça 25 de Abril. Modernes Business-Hotel mit hübschen Zimmern, je nach Saison 47–65 €. Rua António Sérgio 31, ✆ 262840260, www.hoteis cristal.pt.

*** **D. Leonor** 2, altertümlich eingerichtetes Hotel hinter der Igreja da Nossa Senhora da Conceição. Alle Zimmer haben ein Bad mit Wanne. DZ 39–47 € je nach Saison, inkl. Frühstück. Hermiciclo João Paulo II. 9, ✆ 262842171, www.hoteldonaleonor.pt.

Turismo no Espaço Rural Casas dos Infantes 3, etwas außerhalb in Richtung Rio Maior liegt Salir de Matos sanft ins Hügelland gebettet. Die Anlage bietet 4 gemütliche Ferienwohnungen mit schön gestalteten Außenbereichen und einem großzügigen Pool mit Aussicht. Apartment für 2 Pers. 65–75 €, für 4 Pers. 125 €. Rua 1° de Novembro 33, ✆ 262844295, www.casasdos infantes.blogspot.pt.

Essen & Trinken   Sabores de Itália 5, gehobenes, geschmackvoll eingerichtetes italienisches Restaurant. Der Chef hat schon etliche Preise für das beste Restaurant der Region gewonnen. Pizza ca. 7–14,50 €, Pasta 11–18 €. Tägl. (außer Mo). Praça 5 de Outubro, ✆ 262845600.

A Mimosa 6, das rustikale Restaurant ist mit Keramiken von Bordalo Pinheiro geschmückt. Traditionelle Küche. Hauptgericht 7–10 €, halbe Portion 6–6,50 €. Tägl. (außer So). Praça 5 de Outubro 37, ✆ 262832735.

》》 Lesertipp: Pachá 4, „hausgemachte traditionelle Gerichte, wechselnde Tageskarte und die beste Mousse au Chocolat, die wir im Urlaub bekommen haben" (Dominique Kluge). Hauptgericht 6–9 €. Tägl. (außer So). Rua Alexandre Herculano 6, ✆ 262835089. 《《

Neben Spaziergängen und Bootsfahrten lädt der Kurpark zum besonderen Kunstgenuss ein

Óbidos

Das kleine Städtchen, ein Reiseführer nannte es einmal das „Rothenburg Portugals", ist wohl einer der nettesten und stimmungsvollsten Orte in ganz Portugal. Weiß gekalkte, blumengeschmückte Häuschen drängen sich an kopfsteingepflasterten malerischen Gassen.

Bereits im Jahr 308 v. Chr. soll Óbidos von den Kelten gegründet worden sein. Die Mauren bauten auf dem Hügel über der Stadt eine Burg, die nach der Eroberung durch *Dom Afonso Henriques* im Jahr 1148 erweitert wurde. Zudem wurde Óbidos mit einer noch heute existierenden Stadtmauer geschützt.

1282 machte König *D. Dinis* den kleinen Ort seiner Gattin *Isabel* zum Geschenk. Die Königin war begeistert. Bis zum Jahr 1834 bekamen alle folgenden Königsgemahlinnen den Ort stets als persönliches Geschenk. Man nannte Óbidos deshalb auch *Casa das Rainhas*, „Haus der Königinnen".

Schmale Tore öffnen den Weg durch die Festungsmauer in die Stadt. Im Süden steht das Haupttor **Porta da Vila** mit schöner gekachelter Innenwand. Das Haupttor im Osten der Stadt ist die **Porta da Senhora da Graça**, die sogar eine kleine Kapelle unter den Stadtmauern beherbergt. Von der Porta da Vila aus führt die Hauptstraße Rua Direita bis hinauf zum **Castelo**. Die Stadt ist vollständig umgeben von einer gänzlich erhaltenen und begehbaren **Stadtmauer**. Von ihr öffnen sich schöne Blicke über die Dächer des Orts und in die zierlichen Gärtchen innerhalb der weiß-blauen Häusermauern.

Santuário do Senhor Jesus da Pedra

800 Meter außerhalb von Óbidos, an der Straße nach Norden/Caldas da Rainha, steht eine der seltenen Kirchen mit kreisförmigem Grundriss. Sie wurde nie ganz fertiggestellt und sollte ursprünglich um ein knappes Drittel höher werden. Den Bau hatte der König 1647 in Auftrag gegeben. Es herrschte eine furchtbare Trockenzeit, die Hunger und Not über das Land brachte. Da erinnerten sich die Einwohner von Óbidos eines uralten Feldkreuzes, das vernachlässigt an der Stelle der Kirche stand und früher Ziel von Bittprozessionen gewesen war. Man ging dorthin, betete – und es begann zu regnen. Als Dank für das Wunder wurden an dem Ort eine Pilgerherberge und die Kirche erbaut.

Tägl. (außer Mo) 9.30–12.30 und 14.30–17 Uhr, April–Sept. bis 19 Uhr.

Igreja de Santa Maria: Das Gotteshaus an dem gleichnamigen Platz ist im Inneren schön mit Azulejos getäfelt. Santa Maria wurde auf den Mauern einer gotischen Kirche und einer Moschee errichtet. Den Innenraum schmücken das Grabmal von *Dom João de Noronha* – eines der ersten Renaissancekunstwerke in Portugal – und Gemälde der lokalen Malerin *Josefa de Óbidos*. 1441 heirateten hier Dom Afonso (später König Afonso V.) und Dona Isabela. Afonso war damals zehn Jahre alt, seine Braut acht. Auf dem Kirchplatz steht ein Pranger aus manuelischer Zeit.

Tägl. 9.30–12.30 und 14.30–19 Uhr, im Winter nur bis 17 Uhr.

Rechts unterhalb des Museums steht die **Igreja da Misericórdia** aus dem Jahr 1498. Sie ist ganz mit blau-gelben Kacheln ausgeschmückt. Die weiße Decke ziert ein großes Wappen der Dynastie *Aviz*. Gleich nebenan ein interessantes Haus mit gotischer Tür und Torbogen. Verlässt man das Stadttor Richtung Süden, kommt man nach ca. 100 m zu der kleinen hübschen **Ermida de Nossa Senhora de Monserrate**. Die älteste Kirche von Óbidos aus dem 12. Jh. ist vollständig mit weiß-blauen Azulejos ausgekachelt.

Im kleinen **Museu Municipal** gegenüber der Kirche ist nicht allzu viel zu sehen, doch Liebhaber sakraler Kunst sollten es nicht auslassen. Zu sehen sind auch Bilder von *Josefa de Óbidos* sowie eine Waffensammlung mit Stücken von der Iberischen Halbinsel.

Tägl. (außer Mo) 10–13 und 14–18 Uhr. Eintritt frei

Buchkultur in Óbidos: Óbidos hat sich ein besonderes Ziel gesetzt – es will „Literaturstadt" werden. Elf Buchhandlungen gibt es inzwischen in dem Städtchen, von denen mindestens zwei einen Besuch wert sind. Die eine hat sich in (!) der *Igreja de São Tiago* (beim Eingang zum Castelo) höchst originell eingerichtet: Bücher auf den Bänken, um das Taufbecken, auf dem Altar und in den Seitenschiffen der Kirche. Die andere, der *Mercado Biológico* in der Rua Direita 28, ist eine ästhetische Mischung aus Buch und Frucht: Die Bücher werden in Orangenkisten präsentiert, dazwischen lockt Biogemüse aus den Gärten der Umgebung.

Buchladen in der Kirche: Tägl. 10–19 Uhr, ☎ 262103180.

Basis-Infos

Information Turismo, Mo–Fr 9.30–19.30, im Winter bis 18 Uhr, Sa/So 9.30–12.30 und 13.30–17.30 Uhr. Vor der Porta da Vila, außerhalb der Stadtmauer, ☎ 262959231.

Bahn: Bahnhof am Fuß der Burg, ca. 500 m nordwestlich der Stadt, an der Linie Lissabon – Figueira da Foz. Züge nach Mira Sintra 10-mal, ebenfalls 10-mal tägl. nach Caldas da Rainha, 4-mal Leiria (1-mal direkt), São Martinho do Porto, Alcobaça/Nazaré (Umsteigen in Caldas) und 3-mal nach Figueira da Foz (in Bifurcação de Lares Anschluss nach Coimbra). www.cp.pt.

Bus: Busse halten kurz außerhalb (südöstlich) der Altstadt vor dem Stadttor Porta da Vila. 15-mal tägl. (Sa 8-mal, So 3-mal) nach Caldas da Rainha, 4-mal nach Nazaré, 7-mal tägl. nach Peniche, 4-mal nach Leiria, Alcobaça, Batalha und São Martinho do Porto. 1-mal tägl. direkt nach Santarém, sonst Mo–Fr 4-mal (Sa 1-mal) mit Umsteigen in Rio Maior oder Caldas da Rainha. 18-mal Expressbusse nach Lissabon. www.rodotejo.pt.

Adressen Postamt an der Praça de Santa Maria.

Feste/Veranstaltungen Das **Stadtfest** wird am 11. Jan., dem Jahrestag der Befreiung der Stadt von den Mauern, gefeiert.

Am 17. Jan. machen sich die Bewohner auf zur Wallfahrt **Romaria de Santo Antão** und ziehen zur Colina de Santo Antão im Nordosten der Stadt. Nach dem Festgottesdienst wird auf einer Wiese deftig gegrillt und gespeist.

Das **Festival de Chocolate** von Ende März bis April zieht jedes Jahr Tausende Schaulustige an.

Der große **Volksmarkt Feira da Santa Cruz** am 3. Mai findet auf dem Gelände beim Santuário do Senhor Jesus da Pedra statt (→ S. 386).

Das **Internationale Literaturfest Fólio** bringt berühmte Namen der Weltliteratur nach Obidos; Ende Sept. bis Anfang Okt.

Telefonnummern Polizei ☎ 262955000, **Centro de Saúde** ☎ 262955050, **Taxi** ☎ 963053455, 919941421 und 917520420.

Oeste → Karte S. 373

Übernachten/Camping

Pousada do Castelo, in der Burg, sehr stilvoll. Alle Zimmer mit dem gewohnten hohen Pousada-Komfort. In der Burg gibt es einen kleinen Park. DZ mit Bad je nach Saison 170–310 €. Paço Real, Apart. 18, ☎ 262955080, www.pousadas.pt.

**** **The Literary Man**, südlich, knapp hinter der Stadtmauer. Modernes Dekor begegnet hier mittelalterlichem Gemäuer, und von der großen Bibliothek bis zu Menükarte und Massage dreht sich hier alles um die Literatur. Hinter dem Gebäude ein kleiner Garten mit Orangenbäumen. Die Zimmer sind mit traditionellem Mobiliar eingerichtet. DZ mit Bad und Frühstück 95–130 €. Rua Dom João de Ornelas, ☎ 262959217, www.theliteraryman.pt.

**** **Josefa d'Óbidos**, an der Stadtmauer in unmittelbarer Nähe der Porta da Vila. Altes Gebäude mit neuem Anbau. 27 Zimmer mit modernem Komfort, manche mit Blick auf die Kirche Santuário do Senhor Jesus da Pedra. DZ mit Bad je nach Saison 65–85 €. Rua D. João de Ornelas, ☎ 262955010, . josefadobidoshotel.com.

Casa do Relógio, der Name spielt auf die Sonnenuhr des mittelalterlichen Hauses an. Es gibt 6 Zimmer für 45–75 €. Rua da Graça, Apart. 12 ☎ 262959282, www.casadorelogio.com.

Casal Da Eira Branca, in einer Seitengasse der Rua Direita bei der Porta da Vila. Man betritt das Haus durch einen grünen, mit moderner Keramik dekorierten Innenhof.

Geräumige, schön restaurierte Zimmer im Haupthaus. DZ je nach Austattung und Saison 48–65 € ohne Frühstück. Travessa do Facho 45, ✆ 934549185 und ✆ 262950336. www.casaldaeirabranca.com.

Viele **Privatzimmer** gibt es vor allem im historischen Ortskern, entlang der Rua Direita.

Camping Ein Platz an der Lagoa de Óbidos im Ort Foz de Arelho (→ S. 380).

Essen & Trinken/Nachtleben

Essen & Trinken Vila Infanta, gutes Restaurant, ca. 800 m außerhalb in Richtung Caldas da Rainha neben dem Santuário do Senhor Jesus da Pedra. Hauptgericht 8–15 €, halbe Portion 5,50–9,50 €. Tägl. (außer Mi). Largo da Igreja do Senhor da Pedra, ✆ 26295975.

Alcaide, der Besitzer stammt von den Azoren. Das schlägt sich aber wenig in den Gerichten nieder, die vor allem aus der Region kommen. Hauptgericht ca. 12–21,50 €. Tägl. (außer Mi). Rua Direita 60, ✆ 262959220.

Café-Restaurante O Conquistador, im westlichen Teil der Altstadt, nahe der Porta da Vila. Innen rustikal eingerichtet, hinten eine Esplanada mit Blick auf die Stadtmauer. Spezialität sind gegrillte Speisen. Hauptgericht 8–16,50 €. Rua Josefa de Óbidos, ✆ 262959528.

Café-Restaurante 1°de Dezembro, im Zentrum neben der Igreja de São Pedro. Kleiner Speisesaal. Davor ein kleiner Platz, an dem man hübsch sitzen kann. Einfache Mahlzeiten wie Bitoque ab 7 €. Tägl. (außer So). ✆ 262959298.

Tasca Torta, Tapasbar und Restaurant, auf den Teller kommen Petiscos und traditionelle Gerichte in zeitgenössischem Ambiente. Hauptgericht 8–18 €. Tägl. (außer Di.) Rua Direita 81, ✆ 262958000.

Nachtleben Troca-Tintos, bei der Porta Senhora da Graça, kurz unterhalb der Stadtmauer, in der Nähe des „Literary Man" (s. o.). Weinbar mit Petiscos, Mo Abend Fado. Tägl. ab 18 Uhr (außer So). ✆ 966928689 (mobil).

Ibn Errik Rex Bar, etwas oberhalb des Turismo da Região. Gemütlich durch die massive Holzeinrichtung. Nur wenige, aber große Tische, an der Wand hängen alte Waffen. Der leckere Ginja wird nach einem alten Rezept der Alcobaça-Mönche zubereitet. Hauptbestandteile sind Sauerkirschen, Weinbrand und Honig – ein Muss! Tägl. (außer Di). Rua Direita, ✆ 262959193.

Abrigo da Biquinha, südlich der Stadtmauer, nahe Estalagem do Convento. Innen eine alte, hölzerne Weinpresse. Es gibt auch kleine Imbisse. Höhere Preisklasse. Rua da Biquinha, ✆ 262959449.

Lagoa de Óbidos

10 km westlich von Óbidos liegt eine der schönsten Lagunen Portugals in wunderschöner Umgebung. Kiefern und Dünen prägen die sanfte Landschaft. An der Lagunenmündung erstreckt sich ein kilometerlanger Sandstrand, der nach Süden bis zur Praia do Baleal von Peniche reicht. Nördlich der Mündung liegt der kleine Badeort *Foz de Arelho* (→ S. 380). Baden ist nicht nur im Meer, sondern auch in der Lagune möglich. Die Lagune ist beliebter Treffpunkt für Windsurfer.

Zwar hat das Ökosystem der Lagune mit den Algen zu kämpfen, die dem Wasser den Sauerstoff entziehen, doch noch immer sie Heimat von Wasservögeln und vor allem verschiedener Muschelarten.

Peniche

ca. 15.000 Einwohner

Das geschäftige Städtchen liegt auf einer flachen, felsigen Halbinsel, die zum Festland hin durch eine alte Befestigungsmauer mit Wassergraben abgeschirmt ist. Der bedeutende Fischereihafen ist auch Ausgangspunkt für Ausflüge zu den felsigen Berlenga-Inseln. Schöne Strände in der Umgebung.

Bis ins Mittelalter soll Peniche noch eine Insel gewesen sein, etwa 6 km vor der Küste. Erst mit dem Beginn der Entdeckungsfahrten im 15. Jh. gewann der Ort eine gewisse Bedeutung. Penicher Fischer nahmen an den Fahrten nach Afrika, Amerika und Indien teil und begannen, hochseetaugliche Holzschiffe herzustellen, eine Kunst, die in Peniche bis heute gepflegt wird. Heute ist der Ort ein landesweit wichtiges Zentrum für Fischkonserven, allerdings sind nur noch zwei Konservenfabriken in Betrieb. Außerhalb der hübschen Gassen der Altstadt machen sie sich durch Sardinengeruch bemerkbar, der sich um die Mittagszeit mit dem einladenden Duft glühender Holzkohle mischt.

Während die Männer aufs Meer fuhren, saßen die Fischersfrauen zu Hause und ließen die Klöppel springen, heute eine Kunst, die nur noch die Älteren beherrschen. Schon Anfang des 17. Jahrhunderts war Peniche für seine Spitze berühmt und Ende des 19. Jh. fertigten hier fast 1000 kleine Werkstätten die Spitzen für feine Damen in ganz Europa. Das 2016 eröffnete **Museu da Renda de Bilros** informiert über das traditionsreiche Handwerk und zeigt kunstvolle Klöppelarbeiten (Rua Nossa Senhora da Conceição 1, Di–So 10–13 und 14–18 Uhr, Eintritt frei).

Der moderne **Fischereihafen** liegt am Südrand der Stadt. Hier legen auch die Schiffe zu den Berlenga-Inseln ab. Die *Avenida do Mar* mit schönem Hafenblick führt zur Fortaleza von Peniche.

Fortaleza: Von 1557 bis 1570 errichtet, musste sie immer wieder Invasionsversuche abwehren. Im Ersten Weltkrieg wurde sie von Österreichern und Deutschen als Kaserne verwendet und ständig umgebaut und erweitert. Heute findet man in dem mächtigen Gebäude am Südrand der Altstadt das **Museu de Peniche**, das über den Widerstand gegen den Faschismus informiert. In der Zeit des faschistischen „Estado Novo" war das Fort ein berüchtigtes Gefängnis für Regimekritiker. Auch der fast legendäre Anführer der kommunistischen Partei PCP, *Álvaro Cunhal* (gest. 2005), saß hier ein. Nach sieben Jahren Haft gelang ihm mit acht anderen Häftlingen mithilfe von Helfern die Flucht. 1974 kehrte er aus dem tschechischen Exil nach Portugal zurück und wurde Generalsekretär der Kommunistischen Partei Portugals. Im Erdgeschoss zu sehen sind maritime Utensilien und historische Darstellungen, z. B. des berühmten Schiffbruchs der spanischen Galeere *San Pedro de Alcântara* im Jahr 1786, bei dem 130 Menschen ertranken, darunter Nachkommen der letzten Inkas und Gefangene des *Túpac-Amaro*-Aufstandes.

Oeste → Karte S. 373

Stadtpark mit Klöppeldenkmal in Peniche

Im 1. Stock sind hübsche expressionistische Aquarelle von Paulino Montez zu sehen, im 2. Stock, dem früheren Hochsicherheitstrakt des Gefängnisses, Zeichnungen von Álvaro Cunhal.

Tägl. (außer Mo) 9–12.30 und 14–17.30, Sa/So erst ab 10 Uhr. Eintritt 1,60 €.

Cabo Carvoeiro: Ganz am westlichen Ende der Halbinsel, ca. 3 km vom Altstadtkern entfernt, ragt das Kap in den Atlantik hinein. Überall findet man hier zerklüftete Felsen, karge Vegetation und immer wieder kleine Abstiege zum Meer. Man fühlt sich ans Cabo da Roca oder nach Sagres ans Cabo São Vicente versetzt. Im Vordergrund thront ein Leuchtturm auf der Steilküste, und in der Ferne unterbrechen nur die Berlenga-Inseln die endlose Weite des Meeres. Ein lohnenswerter Abstecher.

Basis-Infos

Information Turismo, tägl. 9–13 und 14–17 Uhr, im Sommer meist bis 18 Uhr. Auskünfte über die Region auch auf Deutsch. Im selben Gebäude eine **Klöppelschule**, in der man den Frauen bei der Arbeit zuschauen kann. Rua Alexandre Herculano (Stadtpark), ✆ 262789571.

Verbindungen Bus: Busbahnhof etwas östlich (außerhalb der Stadtmauer) im Industriegebiet (nahe Turismo). Er wird von der Rede de Expressos (www.rede-expressos.pt) und der Rodoviária do Tejo (www.rodotejo.pt) bedient. 13-mal tägl. (Sa/So 10-mal) nach Lissabon, 8-mal tägl. Óbidos (So 5 mal), 3-mal nach Caldas da Rainha, 11-mal Coimbra und Porto, 6-mal Leiria (So 4-mal), 4-mal Nazaré, 3-mal nach Alcobaça, 9-mal tägl. nach Santarém. Nächste Bahnstation in Óbidos (22 km).

Adressen Casa Municipal da Juventude, Rua Dr. João Bilhau 28.

Postamt in der Rua Arq. Paulino Montez.

Baden Südlich wie nördlich der Halbinsel findet man schöne, endlose Sandstrände. Gleich **südlich der Stadt** liegt, geschützt im Wellenschatten der langen Hafenmauer, die **Praia do Molhe Leste**, der meistbesuchte Strand von Peniche. **Supertubos** ist berühmt für seine tollen Surfwellen. Der sandige Meeresgrund formt weiter draußen eine Kuhle, über der sich die Wellen hübsch aufbauen können. Hier wird seit 2009 alljährlich im Rahmen der ASP-Surfweltmeisterschaften der Rip-Curl-Pro-Wettbewerb abgehalten. Am Ende der langen Sandbucht findet man die **Praia da Consolação** (Busse tägl. 3-mal, im Sommer 5-mal ab Peniche). Auf einem Meereskliff steht eine alte Festung. Beide Strände sind im Hinterland baum- und strauchlos.

Die **Strände nördlich der Stadt** haben auch im Sommer oft einen rauen Seegang. Gut zum Surfen, aber aufpassen wegen der Brandung. Die **Praia do Baleal** beginnt ca. 100 m außerhalb der Stadtmauern und erstreckt sich in einem wunderschönen kilometerlangen Bogen bis zur felsigen Halbinsel Baleal. Hinter der kleinen Halbinsel, die bei Flut zur Insel wird, folgen noch einmal ca. 10 km Sandstrand bis zur Lagoa de Óbidos.

Fahrrad Fahrrad- und Longboardverleih in der Rua Alexandre Herculano (gegenüber vom Turismo).

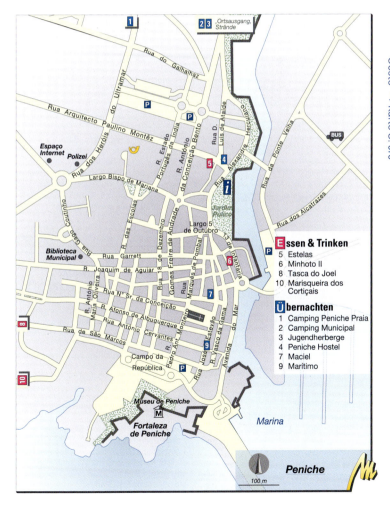

Essen & Trinken
5 Estelas
6 Minhoto II
8 Tasca do Joel
10 Marisqueira dos
   Cortiçais

Übernachten
1 Camping Peniche Praia
2 Camping Municipal
3 Jugendherberge
4 Peniche Hostel
7 Maciel
9 Marítimo

Peniche
100 m

Feste Festa de Nossa Senhora da Boa Viagem, Stadtfest mit Jahrmarkt und Volksmusik am Fischerhafen am 1. So im Aug.

Mostra Internacional de Rendas de Bilros, an dem Klöppelfest treffen sich an vier Tagen im Juni oder Juli Hunderte Klöpp-

lerinnen aus zahlreichen Ländern und stellen ihr kunstvolles Handwerk und ihre unterschiedlichen Techniken vor.

Telefonnummern Polizei ✆ 262790310, ✆ 262789152, **Hospital** ✆ 262781900, **Taxi** ✆ 262782687 und 262782492.

Übernachten/Essen & Trinken → Karte S. 391

Maciel **7**, hübsche, geräumige Zimmer, teils mit Veranda. Die Einrichtung ist etwas altmodisch, das Frühstück ist gut. DZ 45–75 €, in der angeschlossenen Hospedaria São João sind die Zimmer etwa 10 € billiger, aber nicht so komfortabel. Rua José Estevão 38, ✆ 262784685, www.residencial-maciel.com.

Marítimo **9**, im Altstadtviertel bei der Fortaleza. Saubere, geräumige und freundliche Zimmer, alle mit Bad und TV. DZ je nach Saison 25–60 €. Rua António Cervantes 14, ✆ 262782850.

Peniche Hostel **4**, in zentraler Lage, schräg gegenüber dem Turismo. Drei Schlafräume mit je drei Betten, pro Person 15–20 €, DZ 40–50 € je nach Saison. Rua Arquitecto Paulino Montes 6, ✆ 969008689, www.penichehostel.com.

Jugendherberge Pousada de Juventude Areia Branca **3**, in Areia Branca, einem

Badeort ca. 15 km südlich von Peniche, direkt am Strand gelegen. Auch Fahrradverleih. Bett im Mehrbettzimmer 10–14 €, DZ mit Bad 32–45 €. ✆ 261422127, www.pousadasjuventude.pt/pt/pousadas/areiabranca.

Camping ** Parque de Campismo Municipal **2**, ca. 1 km außerhalb, links an der Straße nach Óbidos, nicht allzu weit von der Praia do Baleal entfernt. Hier ist Platz für bis zu 1800 Gäste. Spärlicher Schatten. Person 1,30–2,55 €, Auto und Zelt je 1,05–2,05 €. Ganzjährig geöffnet. ✆ 262789696, www.cm-peniche.pt

** Peniche Praia **1**, auf der nördlichen Seite der Halbinsel, ca. 1500 m westlich der Altstadt, in der Nähe der Steilküste und des Cabo Carvoeiro. Von Strand ist nicht viel zu sehen. Etwa 360 Stellplätze. Person und Zelt 3,80 €, Auto 3,40 €. Ganzjährig geöffnet. ✆ 262783460, www.penichepraia.pt.

Essen & Trinken → Karte S. 391

Marisqueira dos Cortiçais **10**, am Ortsrand von Peniche. Ein Luxusrestaurant in toller Lage zwischen den Klippen mit Blick auf das Meer. In den Kellerräumen finden sich die mit Krebsgetier gefüllten Wasserbecken – der Wirt ist hauptberuflich Langustengroßhändler. Auf der Speisekarte stehen praktisch nur *Mariscos*. Languste aus portugiesischen Gewässern 80 € pro Kilo, Fisch ca. 40–45 € pro Kilo, viele Gerichte für 2 Personen für 35–75 €. Anfahrt: Nicht leicht zu finden: Man folgt ab Campo da República (bei der Fortaleza) der Rua São Marcos, dann links die Rua do Visconde nehmen (ab hier ausgeschildert) und immer geradeaus. Tägl. geöffnet (außer Mi), im Aug. durchgehend. Porto d'Areia Sul, ✆ 262787262.

Estelas **5**, ebenfalls eine gute Adresse für Meeresfrüchte, doch die Spezialität ist hier Fisch. Hauptgericht 9–20 €, Fisch ca. 42–

60 € pro Kilo. Tägl. geöffnet. Rua Arq. Paulino Montez 19-21, ✆ 262782435.

»»» Mein Tipp: Tasca do Joel **8**, in der Nähe des Cabo Carvoeiro. Was in den 1980ern als kleine Fischerkneipe begann, ist mittlerweile zum Treffpunkt der einheimischen Schlemmer mutiert. Traditionelle Küche und natürlich frischer Fisch. Es empfiehlt sich, etwas früher zu kommen, um nicht anstehen zu müssen. Hauptgericht 8–20 €, halbe Portion 7–14 €. Gourmetladen angeschlossen. So Abend geschlossen, Mo Ruhetag. Rua do Lapadusso 73, ✆ 262782945. **«««**

»»» Lesertipp: Minhoto II **6**, wirklich gutes Essen und ausgesucht freundliches Servicepersonal (Anja Dick). Hauptgericht 6,90–16,40 €. Surfer-Menü mit Hauptspeise, Dessert und Kaffee rund 10 €. Rua Tenente Valadin 11, ✆ 262785123. **«««**

Berlenga-Inseln

Skurrile Granitfelsformationen vulkanischen Ursprungs mit malerischen Fels-grotten und tief in den Fels eingeschnittenen, winzigen Badebuchten. Die spärlich bewachsenen Felsen liegen etwa 12 km vor Peniche im Atlantik.

Unbewohnt sind die kleineren Inseln *Farilhões* und *Estelas*. Nur die Hauptinsel *Berlenga Grande* – 1,5 km lang, einen knappen Kilometer breit – wird im Sommer bewohnt. Außer einem alten Kastell aus dem 17. Jh. findet man nur ein paar Fischer-villen und eine kleine Pension auf der Insel. 370 m entfernt liegt die Nebeninsel *Berlenga Pequena*. Die Inseln sind nur von Mitte Mai bis Mitte September erreichbar!

Ursprünglich wohnten hier seit dem Jahr 1513 Mönche des Hieronymusordens, die den hier ankernden Seeleuten Beistand leisten sollten. Wegen der ständigen An-griffe von spanischen, englischen und französischen Korsaren baten die Mönche 1570 um ihre Versetzung aufs Festland. Von 1651 bis ins letzte Jahrhundert diente *Berlenga Grande* als Militärstützpunkt; sie litt in den Jahren 1655 bzw. 1666 unter türkischen und spanischen Angriffen. 1981 wurden die Berlengas wegen ihrer wichtigen Fisch- und Vogelvorkommen zum Naturschutzgebiet erklärt.

Bei der Bootsanlegestelle gibt es eine kleine *Sandbucht mit Sprungturm*. Das Wasser ist kristallklar und eignet sich gut zum Tauchen. Inselrundfahrten gibt es ab Anle-gestelle mit kleinen Motorbooten zu den Grotten, allerdings nur bei relativ ruhi-gem Seegang.

Oeste → Karte S. 373

Die Schlacht um die Berlengas

Am 28. Juli 1666 wurden die 28 Soldaten im Fort der Berlengas durch eine großangelegte kastilische Operation attackiert. Trotz des Einsatzes meh-rerer Schiffe und trotz gewaltiger Übermacht gelang es den Spaniern nicht, einen Vorteil zu erringen. Doch am dritten Tag ging den Portugiesen das Pulver aus, wovon die Spanier durch einen Überläufer, der zu ihnen ge-schwommen war, Meldung erhielten. Nach heftigen Kämpfen nahmen die Angreifer schließlich die Festung ein. Die Portugiesen hatten nur einen, die Spanier aber 500 Tote zu beklagen – und sie hatten drei Schiffe verloren.

Verbindungen Verschiedene Firmen bie-ten Überfahrten zwischen Juni und Sept. an. Fahrzeit ca. 45 Min., Hin-/Rückfahrt 20 €, Kind 10 €; Grotten 6 € extra. Auskünfte: Viamar ✆ 262785646, Associação de Opera-dores Marítimo-Turística do Oeste Peni-chense, ✆ 262789997.

Übernachten Vorherige Anmeldung ist Pflicht, will man auf den Berlengas über-nachten. Wildcampen usw. ist strengstens verboten! Reservierungen im Turismo von Peniche.

Pavilhão Mar e Sol, kleines Häuschen mit nur 6 Zimmern mit Dusche. Restaurant und Bar vorhanden. DZ inkl. Frühstück 50–78 €,

im Aug. 100 €. Zimmer für 4 Pers. 80–140 €. ✆ 262750331, www.restaurantemaresol.com (Reservierung nur telefonisch).

Forte São João Baptista, das Kastell bietet Platz für insgesamt 50 Personen. Schlaf-sack und Geschirr sind mitzubringen. Es gibt eine Bar und einen Lebensmittelladen. Schlafräume mit 3, 4 und 6 Betten. Bett im Juni und Sept. 20 €/Person, Juli/Aug. 22 €. ✆ 262750244, aaberlenga@gmail.com.

Camping Kleiner, schlichter Platz mit schönem Panorama. Preis inkl. Zelt: 2 Pers. 10,30 €, 3 Pers. 14,95 €, 4 Pers. 19,60 €. Reservierung über das Turismo in Peniche. campismo.berlenga@cm-peniche.pt.

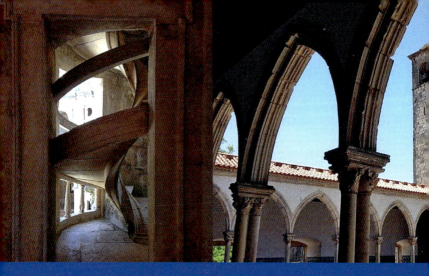

Eindrücke vom Convento do Cristo in Tomar

Ribatejo

Die Provinz in der Ebene des Rio Tejo ist durch weitläufige Obstplantagen und Reisfeldern geprägt, die sich ausgehend von den Flussufern weit ins Land hineinziehen. Inzwischen haben aber oft Sonnenblumen den Reis von den Feldern verdrängt. Häuser auf Stelzen zeugen von jenen Zeiten, als sich der Tejo noch regelmäßig aus seinem Bett heraus ins Land ergoss.

Im Nordwesten der Region bietet sich eine Zugfahrt von **Entroncamento** nach **Vila Velha de Ródão** an. Die Strecke verläuft längs des **Tejo**, und es öffnet sich so mancher schöne Ausblick.

Von gotischen Kirchen in **Santarém** über die Burg der Templer in **Tomar** bis hin zum Pilgerort **Fátima** reichen die kulturellen Höhepunkte der Region. Südlich von **Fátima** erstreckt sich der **Parque Natural das Serras de Aire e Candeeiros**, ein Naturpark, der mit seinen vielen Wanderwegen ein beliebtes Ausflugsziel ist. Mehrere Grotten sorgen mit ihren bizarren Formen für Abwechslung. Im Norden des Parks zwischen **Fátima** und **Ourém** zeugen Fußabdrücke von Dinosauriern von den frühen Bewohnern der Region.

Açorda de Sável (Alsenreis) ist eines der Gerichte mit langer Tradition. Die Fischsuppe *Caldeirada* wird heutzutage nicht mehr mit Flusswasser zubereitet, wie es noch zu Beginn des letzten Jahrhunderts Brauch war. An Fleischgerichten gehört *Fígado de Cebolada* (Leber mit Zwiebeln) zu den weniger bekannten Spezialitäten der Region. Ein besonderer Genuss sind die süßen *Fatias de Tomar*.

Der Weinanbau hat in der Region erst relativ spät Fuß gefasst. Beachtenswert sind die Weißweine aus der Umgebung von Tomar und die Rotweine (Reserva) aus Cartaxo.

Viel zu selten trifft man noch auf Bauern in der traditionellen Kluft der Ribatejanos: Kniebundhosen, rote Westen und grüne Zipfelmützen. Anzutreffen ist diese Kleidung noch bei den Stierkämpfen und bei Auftritten der Folkloregruppen der Region.

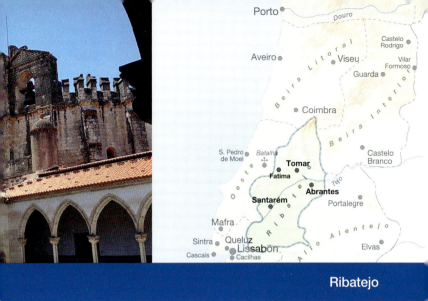

So zum Beispiel bei der alle vier Jahre stattfindenden *Festa dos Tabuleiros in Tomar* oder bei der *Landwirtschaftsmesse in Santarém*.

Von den Höhlen in den Himmel: Ein Ausflug in die Serras

Von Leiria/Batalha führt eine Tour in die Provinz Ribatejo. Dazu geht es von São Jorge erst in Richtung **Porto de Mós**. Am Kreisel im Ort rechts auf die Allee abbiegen, wo man mit etwas Glück einen Parkplatz ergattert. Von hier sind es nur ein paar Meter bis zum Turismo und zur *Ecoteca*, in der es Informationen zum **Naturpark der Serras de Aire e Candeeiros** gibt. Weiter führt die Fahrt zu den **Grutas de Alvados** und wenige Kilometer bergan zu den wohl beeindruckendsten Höhlen des Landes, den **Grutas de Santo António**. Wir folgen dem eingeschlagenen Weg durch die karge, aber bezaubernde Landschaft bis in den Ort *Santo António*. Von hier aus folgen wir den Schildern in Richtung *Minde*. Am **Steinbruch von Bairro** kann man in Portugals „Jurassic Park" buchstäblich in die Fußstapfen von Dinosauriern treten, bevor es dann weitergeht bis zur Endstation **Fátima**: der Ort, der dem Himmel einen Schritt näher zu sein scheint.

Porto de Mós   5700 Einwohner

Eigentlich liegt der Ort in der Beira Litoral, doch eignet er sich bestens für Ausflüge in die *Serras de Aire e Candeeiros*. Schon die Römer wussten die Steinbrüche in der Umgebung zu schätzen und noch heute ist Porto de Mós eines der Zentren, aus denen das Pflaster stammt, das mit seinen Mosaikmustern fast alle Fußgängerzonen des Landes schmückt. Dies führt allerdings auch dazu, dass die Zufahrtswege von Leiria aus meist durch Lkw verstopft sind, die viele kleine Steine auf die nachfolgenden Fahrzeuge schleudern (also etwas mehr Abstand halten!).

Der Wind pfeift ungebremst über die hohe, karge Serra hinweg, was die Menschen der Region seit vielen Jahren durch Windmühlen und Räder zu nutzen wissen. So wachsen moderne Windräder zur Stromerzeugung zwischen historischen Mühlen aus dem Boden.

Das schmucke kleine **Kastell** wurde 1200 von Dom Sancho wieder aufgebaut. Mitte des 15. Jh. wurden einige bauliche Veränderungen vorgenommen. Derzeit sind wechselnde Ausstellungen in der Burg zu sehen.
Tägl. (außer Mo/Feiertag) 10–12.30 und 14–18 Uhr, im Winter nur bis 17.30 Uhr. Eintritt 1,50 €, über 65 J. 50 % Ermäßigung.

Das **Museu Municipal** informiert über die prähistorische Wurzeln des Orts (Di–Sa 9–12.30 und 14–17.30 Uhr, Eintritt frei).

Information Turismo, tägl. (außer So) 10–13 und 14–18 Uhr. Im Gebäude *Espaço Jovem* im Park an der Alameda D. Afonso Henriques, ✆ 244491323.

Verbindungen Bus: Busse kommen südlich des Orts im Terminal Rodoviário an. ✆ 244499633. Der Ort wird von RodoTejo bedient. 6-mal tägl. direkt nach Batalha und Leiria (Sa/So kein Bus), 2-mal nach Alcobaça und Nazaré. www.rodotejo.pt.

Adressen Postamt, Rua Mestre de Avis 1.

Telefonnummern Polizei ✆ 244480080, Centro de Saúde ✆ 244499200, Taxi ✆ 244491351.

Turismo no Espaço Rural Quinta de Rio Alcaide, etwa 1 km südöstlich von Porto de Mós. Das Haupthaus war früher eine Papier-, später eine Ölmühle. Ein großes Wasserrad zeugt von diesen Tagen. Zum Anwesen gehört ein Pool, der von einem Bach gespeist wird, und ein kleiner See. 9 kleine Apartments, eines davon in einer ehemaligen Windmühle. Apartment für 2 Pers. 45–85 € je nach Saison, 4 Pers. 70–110 €. Die Mühle liegt etwas abseits und wird für 60–65 € die Nacht vermietet; jeweils ohne Frühstück. ✆ 968434115, www.quintarioalcaide.com.

Jugendherberge Pousada de Juventude Alvados, Neubau mit schönem Blick auf die Serra. 8 Doppelzimmer, eines barrierefrei. Bett im Schlafsaal 10–13 €, DZ mit Bad 28–34 € je nach Saison. Barreira de Água-Alvados, ✆ 244441202, www. pousadasjuventude. pt/pt/pousadas/alvados.

Essen & Trinken Adega do Luís, etwas außerhalb in Livramento auf dem Weg zu den Höhlen. Zwei rustikale kleine Speisesäle, einer nur mit Hockern, der andere nobler mit Parkett und Stühlen. Nettes Servicepersonal. Viel Gegrilltes für 9,50–13,50 €. Tägl. (außer Di). Rua Principal, ✆ 964103287 (mobil).

Canto da Saudade, kleines Restaurant im oberen Teil des Orts. Modern eingerichtet. Speisesaal im 1. Stock. Hauptgericht 6,50–9 €, Mittagsmenü 5,50 € Rua da Saudade 18-C, ✆ 244471750.

Parque Natural das Serras de Aire e Candeeiros

Nur wenige Kilometer südlich von Fátima beginnt der Naturpark der *Serras de Aire e Candeeiros*. Neben den Attraktionen, wie den Fußspuren von Dinosauriern und verschiedenen Tropfsteinhöhlen, besticht der Park vor allem durch seinen Reichtum an Flora und Fauna.

Information Hauptsitz des **Parque Natural** in Rio Maior, Rua Dr. Augusto César Silva Ferreira, ✆ 243999480.

Auskünfte auch im **Turismo von Porto de Mós**, tägl. 10–12.30/ 14–18 Uhr, ✆ 244491323. Dort erhält man Infos über Wanderungen in der Serra mit unterschiedlichen Längen und Schwierigkeitsgraden. Ebenfalls im Jardim Público in Porto de Mós findet sich die **Ecoteca des Parque Natural**, Di–Sa 9.30–12.30 und 14–17.30 Uhr, am 1. Sa im Monat geschlossen. ✆ 244491904.

Camping Rural Pedreiras, nahe der IC 2. Schattiger Platz südwestlich von Porto de Mós. Person 4 €, Zelt 2–4 €, Auto 2 €, ✆ 244471522, www.freguesia-pedreiras.pt.

Grutas de Santo António: Eine bizarre unterirdische Welt eröffnet sich dem Besucher der Grutas de Santo António, die als die beeindruckendsten Höhlen Portugals gelten. 1955 wurden sie zufällig entdeckt, als zwei Arbeiter einem Fünfjährigen beim Fangen eines Vogels halfen, der sich in eine Felsspalte geflüchtet hatte. Auf einer Fläche von etwa 6000 m² bildeten sich über die Jahrtausende verschiedenste Formen von Stalagmiten und Stalagtiten, die durch die farbige Beleuchtung so wirken, als stammten sie aus einer anderen Welt. Die größte unterirdische Halle misst 80 x 50 m mit einer Höhe von bis zu 43 Metern.

Juli–Aug. 10–18.30 Uhr, Sept.–Juni tägl. (außer Mo) 10–17 Uhr. Eintritt 5,20 €, 5–11 J. 3 €, über 65 J. 4,50 €, Kind unter 5 J. frei. Kombikarte für beide Grotten 9 €.

Grutas de Alvados: 2 km östlich der Grutas de Santo António. Kunstvoll beleuchtete Tropfsteinsäulen spiegeln sich in den Grottenseen.

Gleiche Öffnungszeiten. Eintritt 5,80 €, 5–11 J. 3,60 €, über 65 J. 4,80 €, Kind unter 5 J. frei. Kombikarte für beide Grotten 9 €.

Pegadas de Dinossáurios: Etwa 5 km südlich von Fátima findet sich in der Nähe des Dorfs Bairro der *Steinbruch Pedreira do Galinha*. 1992 trat dort eine Gruppe junger Höhlenforscher zufälligerweise „in die Fußstapfen" von Sauriern. Die Geologin Vanda Santos stellte schnell fest, dass die Fußabdrücke von Sauropoden stammten, die nach dem damaligen Stand der Wissenschaft vor 100–120 Mio. Jahren gelebt haben sollen. Der Kalkstein der Pedreira do Galinha ist aber über 180 Mio. Jahre alt. Die Geschichte der Sauropoden musste also neu geschrieben werden, und Portugal kam zu seinem „Jurassic Park". Es gibt einen abgezäunten Fußweg, mit Informationstafeln auf Portugiesisch und Englisch – und zuvor einen kurzen Film, dieser allerdings nur auf Portugiesisch.

Tägl. (außer Mo) 10–12.30 und 14–18 Uhr, April–Sept. Sa, So, Feiertage bis 20 Uhr. Eintritt 3 €, 7–12 J. und über 65 J. 2 €. Weitere Infos gibt es auf Portugiesisch, Englisch, Französisch.

Fátima

ca. 10.500 Einwohner

Wer den Namen Fátima hört, denkt in erster Linie an den Pilgerort, die Basilika und den riesigen Platz in der angrenzenden Cova da Iria. Für Portugal ist es die heiligste Stadt und nach Lourdes der wichtigste katholische Marienwallfahrtsort.

Das ursprüngliche, noch unberührte Dörflein Fátima und der *Santuário da Cova da Iria* liegen in einer sanften, bergigen Landschaft ca. 30 km westlich von Tomar. Im Pilgerort gibt es fast ausschließlich Souvenirläden und Hotels, Parkplätze und Kirchen. Inmitten dieses Sammelsuriums protzt der größte Kirchenplatz der Welt, „Altar der Welt" genannt. Bis zu 200.000 Pilger finden auf dem 400 m x 160 m großen Platz Raum. Im Nordosten wird er von der neobarocken Basilika und im Südwesten von der viertgrößten Kirche der Welt begrenzt. Der schlichte Rundbau wurde vom griechischen Architekten Alexandros Tombazis entworfen. Die **Igreja da Santíssima Trindade** hat 13 Eingänge, zwölf an den Seiten, die den Aposteln gewidmet sind, und ein 64 m² großes Hauptportal mit Dreifaltigkeitssymbolik. Vor dem Hauptportal erhebt sich das Hohe Kreuz aus Vierkantstahl, ein Werk des gebürtigen Regensburgers Robert Schad.

Mit der Ausrufung der Republik 1910 endete die entkräftete, desolate Monarchie und mit ihr die Macht der katholischen Kirche. Als Stütze des Feudalismus und als

Ribatejo → Karte S. 373

Der „Altar der Welt" –
hier huldigen jährlich Hunderttausende Gläubige dem Wunder von Fátima

fanatische Vollstreckerin der Inquisition stieß sie auf zunehmenden Hass und Unmut aller Liberalen. Als diese die Regierungsgewalt innehatten, holte die junge Republik zum Gegenschlag aus, verbot die Orden, verstaatlichte Schulen und Kirchengüter, führte die Zivilehe ein, und gleich dazu die Scheidung, und verbot Religion als Unterrichtsfach an den Schulen. Der Klerus sah sich zum ersten Mal bedroht. Man brauchte ein Wunder, wenn möglich ein himmlisches. Am 13. Mai 1917 ging der Wunsch der Gottesmänner in Erfüllung. Eine Erscheinung, drei Hirtenkinder, drei Prophezeiungen, viel Buße und Reue, Beobachter und Zeugnisse sollten die Situation der katholischen Kirche anhaltend verändern. Fátima eignete sich als Erscheinungsort hervorragend. War der Norden Portugals fest in klerikal-konservativer Hand, so war der kirchenferne, abergläubische Süden des Landes das Sorgenkind des Vatikans. Von Fátima aus konnte die Rückeroberung gestartet werden.

Der antiklerikalen Republik wurde mit dem Militärputsch vom 28. Mai 1926 der Todesstoß versetzt. Schon zwei Jahre später erschien *Salazar* auf der politischen Bühne. Die Kirche gab sich während der Zeit des *Estado Novo* faschistenfreundlich oder wenigstens neutral und kurierte ihre von der Republik zugefügten Wunden mit den Zugeständnissen Salazars. Portugal wurde als katholischer Staat gesetzlich festgeschrieben, der wöchentliche Gang zur Kirche war „Staatsbürgerpflicht", mit dem Vatikan wurde ein neues Konkordat geschlossen, und der Klerus konnte sich wieder in seinen alten Machtpositionen einnisten.

Bis heute ist Fátima unumstritten katholisches Terrain. Jährlich von Mai bis Oktober findet jeweils am 13. eines Monats eine Riesenveranstaltung statt, zu der Tausende von Pilgern aus aller Welt anreisen. TV-Liveübertragungen, verstopfte Straßen, überfüllte Camps, aufgeschürfte Knie, Chaos. Gebrechliche alte Menschen kriechen über den weiten Basilikaplatz, vorbei an der *Capela das Aparições*, der Erscheinungskapelle, und hin zur Basilika, ihre Angehörigen gehen geduldig, mit tropfenden Wachskerzen hinterher. Abertausende von Gläubigen feiern das Wunder von Fatima ...

Das Wunder von Fátima

Am 13. Mai 1917 hüteten die drei Hirtenkinder *Lúcia dos Santo* und die Geschwister *Francisco* und *Jacinta Marto* eine kleine Herde in der *Cova da Iria* unweit von Fátima. Um die Mittagsstunde sahen sie plötzlich ein gleißendes Licht, und über einer Steineiche erschien ihnen eine weiße Dame, die sich als Maria, die Mutter Gottes, ausgab. Die Dame gab einem der Kinder drei Weissagungen mit auf den Weg. Erstens: Gott werde zwei der Kinder bald zu sich rufen und sich des Dritten bedienen, um sein Wort und den rechten Glauben zu verkünden. Zweitens: Mit Buße und Gebet könne Russland vor einer heidnischen Zukunft bewahrt werden. Die Welt werde Schreckliches erleiden, sollte das Zarenreich nicht zum Katholizismus finden. Drittens: ...

Die letzte Weissagung lag bis ins Jahr 2000 im Tresor des Vatikans, nur der Papst und die Dorotheenschwester *Lúcia* (1907–2005) wussten von deren Inhalt. Vom Monat Mai an wiederholte sich jeden 13. des Monats bis Oktober die Erscheinung. Bei der letzten fanden sich um die 70.000 Menschen ein, und selbst eingefleischte Atheisten sahen beim Sonnenwunder „den Himmel aufbrechen" und die Sonne in Jüngster-Tag-Manier wüten. Ausschließlich den drei Hirtenkindern jedoch offenbarte sie sich als „Unsere Liebe Frau des Rosenkranzes" und wünschte den Bau einer Kapelle auf Erden. „Um unseren Herrn zu trösten", kasteiten sich die kleinen Kinder selbst und taten Buße für alles Böse und jegliches Leid der Welt. Lúcia trat mit 14 Jahren in das Heim von Vilar in Porto ein, das von Schwestern geführt wird, und legte mit 21 Jahren ihr zeitliches Gelübde ab. Später lebte sie im Karmeliterkloster von Coimbra. Jacinta und ihr Bruder Francisco starben beide 10-jährig, wie es geweissagt war. Im Mai 2000 wurden sie vom Papst selig gesprochen. Sie sollen einer Lahmen das Laufen gelehrt haben. Zu diesem Anlass eröffnete Johannes Paul II auch die dritte Weissagung, die sich auf das Papstattentat im Jahr 1981 bezog.

Am 13. Februar 2005 starb mit *Lúcia dos Santos* das letzte der drei Hirtenkinder im Alter von 97 Jahren als Klausurschwester im Karmel von Coimbra. Sie wurde später bei den anderen Sehern, den bereits als Kindern gestorbenen Geschwistern Francisco und Jacinta Marto, im Santuário bestattet.

Ribatejo → Karte S. 373

Information Turismo, Mo–Sa 9.30–13 und 14–17.30 Uhr, im Sommer auch Sonntag. Informationen zu Fátima gibt es auch auf Deutsch. Av. D. José Alves Correia da Silva 213, ☎ 249521139.

Verbindungen Bus: Bahnhof ca. 17 km von Fátima in Richtung Tomar, im kleinen Ort Vale dos Ovos. Die Busverbindungen dorthin sind schlecht (5-mal). Besser man nimmt den Bahnhof in Caxarias, von wo 7-mal tägl. Busse nach Fátima fahren. Sehr gute Verbindungen nach Coimbra, gute Verbindungen über Entroncamento nach Santarém und Lissabon, über Coimbra nach Aveiro und Porto. Tägl. ein Zug nach Paris (Umsteigen in Hendaye). www.cp.pt.

Busbahnhof an der Av. D. José Alves Correia da Silva, vom Basilikaplatz aus in Richtung Nordosten. Von dort aus 5-mal tägl. Busse zum Zugbahnhof. Die Firmen Rodoviária do Tejo (www.rodotejo.pt), Rede de Expressos (www. rede-expressos.pt) und Joalto (www.joalto.pt) verkehren hier. Tägl. 28-mal nach Lissabon, 6-mal nach Santarém, 12-mal nach Leiria, 18-mal nach Coimbra, 16-mal nach Porto, 5-mal Tomar und Ourém (Sa/So 2-mal), 3-mal nach Alcobaça, Nazaré und Batalha, 14-mal nach Braga, 2-mal Faro, 2-mal Évora und 2-mal nach Figueira da Foz.

Adressen Biblioteca Pública, Mo–Fr 9–12.30 und 14–17.30 Uhr. **Postamt** in der Rua Cónego Formigão.

Telefonnummern Polizei ✆ 249530580, **Centro da Saúde** ✆ 249531836, **Taxi** ✆ 249533816 und 249531193.

Übernachten Santa Noite, Neubau auf der Rückseite der Andachtskapelle Capelinha das Aparições. Spartanisch, aber stilvoll eingerichtete Zimmer. DZ 45–55 € inkl. Frühstück. Rua Nossa Sra. Lurdes 2, ✆ 249106369, www.santanoite.pt.

Solar da Marta, der Chef hat einige Zeit in einem österreichischen Kloster verbracht und spricht gut deutsch. Für dringende Gebete wurde eigens eine kleine Kapelle eingerichtet. Geräumige DZ 39–45 € inkl. Frühstück. Rua Francisco Marto 74, ✆ 249531152, www.solardamarta.com.

Essen & Trinken Tia Alice, gemütliches Restaurant der gehobenen Klasse. Hauptgerichte wie *Arroz de Pato do Campo* (Entenreis bäuerlich) oder *Chanfana* (geschmortes Zicklein in Weißwein) 18–22 €. So Abend geschlossen, Mo Ruhetag. Vom südlichen Kreisel aus in Richtung Ourém. Rua do Adro 152, ✆ 249531737.

O Crispim, gemütliches Restaurant mit regionaler Küche. Spezialität des Hauses sind Grillgerichte. In der Nähe der Kapelle São João. Hauptgericht 10,50–14,50 €. Das meiste wird pro Kilo abgerechnet und frisch geschnitten. Tägl. (außer Mo). Rua São João Eudes 23, ✆ 249532781.

Von Fátima durch das Land der Templer

Wir verlassen Fátima in südöstlicher Richtung und halten uns in Richtung **Ourém**. Die Neustadt von Ourém ist wenig attraktiv, doch das kleine mittelalterliche Stadtviertel um die Burg lädt zum Spaziergang ein. Vergessen Sie nicht, eine *Ginja* (Kirschlikör) an einem der urigen Ausschänke zu probieren! Weiter geht es über die N 113 nach **Tomar**, ein Kleinod Portugals. Das *Castelo dos Templários e Convento de Cristo* sollte jeder auf seiner Tour durch das Land einplanen. Nach dem Besuch der Klosterburg setzt man die Reise zur *Staumauer von Castelo de Bode* fort, dazu verlässt man Tomar in südlicher Richtung. Der aufgestaute Rio Zêzere bietet in beide Richtungen ein entzückendes Panorama. Kurze Zeit später trifft die Straße auf die N 358, der wir in südlicher Richtung folgen. Für einen Großteil der Strecke führt die Straße am Fluss entlang. Am Wochenende ist dieser mit vielen Kanus bevölkert, die von der Staumauer zur Mündung des Zêzeres bei **Constância** ziehen. Von dort geht es über die Autobahn nach **Abrantes**, wo man die Reise in Richtung Alto Alentejo (Castelo de Vide, Portalegre) oder Beira Interior (Castelo Branco) fortsetzen kann.

Ourém
ca. 6500 Einwohner

Zwischen Fátima und Tomar erhebt sich auf einem Hügel eine beeindruckende Burg, umgeben von einer mittelalterlichen Kleinstadt. Weiter unten im Tal liegt die Neustadt von Ourém.

In römischer und arabischer Zeit hieß Ourém noch *Abdegas*. Nachdem *Dom Afonso Henriques* es 1136 erobert hatte, wurde es in *Auren* umbenannt. Daraus entstand dann der heutige Name *Ourém*. 1350 wurde die Stadt in den Rang einer Grafschaft erhoben, und im 15. Jh. erlebte Ourém seine Glanzzeit, aus der die wichtigsten Bauwerke des Orts stammen. Später wurde im Tal (ca. 2 km entfernt) die touristisch wenig interessante Neustadt von Ourém *Vila Nova de Ourém* erbaut.

Zu besichtigen sind auf dem Burgberg die **Kirche Santa Maria** (Colegiada), die *Dom Afonso*, dem 4. Graf von Ourém, im 15. Jh. erbauen ließ. Doch das Erdbeben von 1755 zerstörte sie vollständig. Zwar war sie bereits 1766 wieder aufgebaut, doch die

Kirche erlangte nie wieder ihre ursprüngliche Schönheit. Oben auf dem Berghügel thront das eigentliche **Castelo** (am Terreiro de São Tiago). Umgeben ist der Platz von interessanten, modernen Steinskulpturen. Ins Auge fallen bei der trutzigen, dunklen Burg aus dem 12. Jh. die drei mächtigen Südtürme mit ihren runden Bogenumrandungen, die seit der Umgestaltung im 15. Jh. die Szenerie prägen.

Information Turismo, tägl. (außer Mo) 9–13 und 14–18 Uhr. Audioguide 1,50 € (Portugiesisch, Englisch, Französisch, Spanisch). Besichtigungstouren (gleiche Sprachen) mit mind. 5 Teilnehmern (Person 3 €, Rentner 2 €, Jugendl. 1,50 €, Kind unter 6 J. gratis). Reservierung erforderlich unter museu@mail.cm-ourem.pt. Turismo oben auf der Burg am Largo do Pelourinho, ℡ 910502917.

Verbindungen Bus: 6-mal tägl. von der Neustadt (Vila Nova de Ourém) nach Fátima (Sa/So 2-mal), 7-mal Tomar, 8-mal Leiria und 4-mal Abrantes. Von der Neustadt fahren 3-mal tägl. Busse zur Burg hinauf, allerdings nur früh morgens und spät abends. 1-mal tägl. fährt ein Expressbus nach Lissabon. www.rede-expressos.pt und www.rodotejo.pt.

Adressen Postamt an der Av. Dom Nuno Álvares Pereira.

Telefonnummern Polizei ℡ 249540440, ℡ 249540310, **Centro de Saúde** ℡ 249540630, **Taxi** ℡ 249544562.

Übernachten Pousada Conde de Ourém, Luxusunterkunft in einem herrschaftlichen Haus unterhalb der Burg. DZ im gewohnten Pousada-Komfort für 90–210 € je nach Saison, wie bei allen Pousadas lohnt der Blick auf die Website, wo es häufig Angebote gibt. Largo João Manso – Castelos, ℡ 249540930, www.pousadas.pt.

Turismo de Habitação Quinta da Alcaidaria-Mor, 2,5 km außerhalb in Richtung Tomar. Quinta aus dem 17. Jh. mit 5 großen Zimmern und 3 Apartments. DZ 90–115 €, Ap. für 2 Pers. 85–100 €, 4 Pers. 105–137 €. Fahrräder stehen zur Verfügung, auch Reitausflüge werden organisiert. ℡ 249542231, www.quintaalcaidaria-mor.pt.

Ribatejo → Karte S. 373

Tomar
ca. 22.000 Einwohner

Auf einer kleinen Anhöhe erhebt sich die Stadt, durch die sich der Fluss Nabão windet. Auf dem mit Pinien bestandenen Hügel über Tomar thront die mächtige Klosterburg Castelo dos Templários e Convento de Cristo.

Den Ruinen von *Sellium* und *Nabância* zufolge, die innerhalb des heutigen Stadtgebiets am linken Ufer des Nabão gefunden wurden, reichen die Ursprünge Tomars zumindest bis in die Zeit der römischen Besetzung zurück. Mit der Invasion der Mauren im Jahre 716 wurden die luso-römischen Siedlungen zerstört. Erst 1159 ergriff D. Afonso Henriques die Initiative zur Wiederbesiedelung und schenkte die Stadt den Rittern des Templerordens. Schon 1160 begannen diese mit dem Bau des *Castelo dos Templários* und des angeschlossenen *Convento*. Das Bauwerk diente 1190 als Bollwerk gegen einen Maureneinfall.

Heute steht das **Castelo dos Templários e Convento de Cristo** auf der UNESCO-Welterbeliste (Eingang rechts neben der mit einem manuelinischen Hauptportal geschmückten Klosterkirche). Zunächst gelangt man in den *Claustro do Cemitério*; der gotische Kreuzgang mit den markanten Spitzbögen und Doppelsäulen wurde zur letzten Ruhestätte für verschiedene Ordensritter. Auf der rechten Seite schließt sich der ebenfalls im frühen 15. Jh. gebaute *Claustro da Lavagem* an. Die *Klosterkirche* selbst besteht aus der ursprünglichen Templerkirche, die im 12. Jh. nach byzantinischem Vorbild als Rotunde auf 16-eckigem Grundriss errichtet wurde, und zum anderen aus der Christusritterkirche, die João de Castilho im 16. Jh. mit einem Spitzbogen an die alte Kirche anbaute. Die achteckige Kuppel, die den Altar

Weltkulturerbe zwischen Manuelinik und Renaissance:
der Convento de Cristo in Tomar

überspannt, lenkt den Blick in die Höhe. Dieser *Charola dos Templários* genannte Hauptaltarplatz im byzantinistischen Stil wurde in mühevoller Kleinarbeit liebevoll restauriert. Der gotische Anbau umfasst den manuelinisch dekorierten Hochchor und darunter den flachen Kapitelsaal mit dem berühmten manuelinischen Fenster, das aber nur von außen zur Geltung kommt.

Kaum ein Konvent besitzt eine derart große Anzahl von Kreuzgängen wie der *Convento de Cristo*. Die Stilrichtungen wechseln von der Romanik über die Gotik bis zur Renaissance. Der *Claustro Principal* stellt zweifelsohne den außergewöhnlichsten dar. Mitte des 16. Jh. nach dem Vorbild der italienischen Spätrenaissance errichtet, hat er nichts gemeinsam mit den zierlichen gotischen Kreuzgängen. Blockhaft und wuchtig baut er sich zweistöckig auf, die Wendeltreppen zu den Ecktürmen sind die einzigen runden Formen. Vom *Claustro St.ª Barbara* genießt man einen ungehinderten Blick auf das bekannteste manuelinische Fenster Portugals, die *Janela do Convento de Cristo*. Überquellend von Ornamenten (z. T. in Form von gebundenen Kränzen, Kettensegmenten, Seilen, Wappen ...), versteckt es sich an der eher unwirtlichen Westfassade des Klosters. Über den *Claustro Principal* führt der Weg zu den *Corredores das Celas*, an denen die Schlafgemächer der Mönche *(Dormitório)* liegen. Die Korridore bilden ein Kreuz. Am Schnittpunkt findet man die *Capela do Cruzeiro* aus dem 16. Jh., die Jesus auf der Terrasse des Pilatus zeigt. Wer den langen Gang mit den Mönchszellen abgelaufen ist, stößt an seinem Ende auf ein großes Fenster mit Blick auf einen kleinen Ausschnitt des *Parque e Jardins da Mata dos Sete Montes* und den *Aqueduto de Pegões*. Das Aquädukt beginnt 3 km nordwestlich von Tomar in Carregueiros und leitete auf 180 Bögen von ansehnlicher Höhe das Wasser zum Kloster.

In südlicher Richtung neben dem *Dormitório* und dem Hauptkreuzgang liegt der *Claustro dos Corvos*, der zweite Kreuzgang im Renaissancestil. Hier waren die Schreibstube und die Bibliothek des Convento untergebracht.

Nach Norden gelangt man vorbei an der Klosterküche in den *Claustro da Micha*. Der Name rührt her von dem kleinen Brot, das sich die Armen an der Eingangstür erbaten. In westlicher Richtung schließt ein kleiner versteckter Kreuzgang an, der *Claustro das Necessárias*, er trennt das Gebäude der „Notwendigkeiten" vom Rest des Klosters ab. Ein letzter Kreuzgang, der *Claustro da Hospedaria*, schließt sich zwischen den *Claustros da Bárbara* und *da Micha* an.

Tägl. (außer Feiertage) 9–18.30 Uhr, im Winter bis 17.30 Uhr, letzter Einlass 30 Min. vor Schließung. Eintritt 6 €, mit Cartão Jovem 60 % Nachlass, 13- bis 25-J. und Rentner 50 %, unter 12 J. Eintritt frei, am 1. So im Monat für alle frei. Das Kombiticket für 15 € gilt für den Convento de Cristo wie für die Klöster von Acobaça und Batalha.

Bevor man zur Burg und zum Kloster kommt, steht rechts die **Ermida Nossa Sra. da Conceição**, auch **Capela da Imaculada Conceição** genannt. Die außergewöhnliche Renaissancekirche aus dem 16. Jh. spiegelt den Einfluss des italienischen Klassizismus auf die portugiesischen Architekten dieser Zeit wider.
Tägl. 10–13 Uhr.

Als Ausgangspunkt für einen Rundgang durch die **Altstadt** eignet sich am besten die mit schwarz-weißen Rauten ausgelegte **Praça da República**. Hier finden sich das Rathaus, die *Paços do Concelho* und der Gründer von Tomar, *D. Gualdim Pais*, als Bronzestatue auf einem Marmorsockel. Dem Rathaus gegenüber steht die **Igreja de São João Baptista** aus dem Jahr 1510. Mit ihrem prächtigen manuelinischen Portal und ihrer schönen Kanzel ist sie einen Besuch wert.
Tägl. 10–17 Uhr, im Sommer bis 18 Uhr.

Museu Luso-Hebráico de Abraão Zacuto: die älteste erhaltene Synagoge Portugals. Die jüdische Gemeinde von Tomar existiert mindestens seit dem frühen 14. Jh. Die Synagoge wurde zwischen 1430 und 1460 erbaut, jedoch auf Befehl von Dom Manuel I. bereits 1497 zwangschristianisiert. Später wurde sie als Gefängnis, Kapelle und Geschäftshaus genutzt. Neben hebräischen Inschriften an den Wänden sind vor allem Geschenke aus aller Welt zu sehen. Das Gebäude hat eine interessante Akustik, die durch in die Raumecken eingelassene Tonkrüge bewirkt wird.
Tägl. (außer Mo/Feiertag) 10–12 und 15–18 Uhr, im Winter 14–17 Uhr. Eintritt frei. Südöstlich der Praça da República, in der Rua Dr. Joaquim Jacinto 73.

Mouchão Parque: Nicht nur wegen seiner Grünanlagen lohnt ein Abstecher hierher; der Mouchão-Park ist vom Flusslauf des Nabão umgeben und nur fünf Minuten vom Rathaus entfernt. An seinem Rand durchpflügt ein meterhohes Wasserrad den Nabão. Mit mehr als 50 Tongefäßen schöpft es das Wasser und demonstriert eine jahrhundertealte Konstruktionsweise.

Wer gern zu Fuß geht, sollte sich auf den Weg zur **Ermida Nossa Senhora da Piedade** machen. Sie liegt etwas außerhalb: erst Richtung Fátima bis zum Kreisverkehr, dann die Straße rechts nach Prado einschlagen und links die Treppen hochsteigen. 286 Stufen, unterbrochen von kleinen Rondellen, die zum Verweilen und Durchatmen einladen, führen zu der kleinen Kirche aus dem 18. Jh. Doch weniger das Kirchlein als vielmehr das herrliche Panorama, das man von hier aus genießt, machen den Aufstieg so lohnenswert. Die Burg und das imposante Kloster hat man von oben genau im Blickfeld, der Platz ist ruhig und schattig, und nur wenige scheint es dorthin zu ziehen.

Ribatejo → Karte S. 373

Der Templerorden

Die wehrhaften Mönche kämpften gegen die Mauren (z. B. in Tomar im Jahre 1190) und wurden dadurch sehr mächtig. Sie waren nur dem Papst unterstellt und häuften in ganz Europa riesige Schätze an, bis der letzte Großmeister in Paris, Jacques de Molay, auf Betreiben des französischen Königs

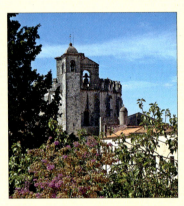

im Jahr 1307 wegen angeblicher Gotteslästerung und Sodomie verhaftet wurde. Zu mächtig und damit gefährlich geworden, wurde der Orden 1314 komplett aufgelöst. In Portugal wurde er jedoch nicht verboten, und fünf Jahre später, im März 1319, gründete D. Dinis eine Nachfolgeorganisation – aus den Templern wurde der Christusorden. Die Neugründung sollte den Abfluss der wertvollen Güter des Templerordens verhindern. Spielten die Ritter des Templerordens eine zentrale Rolle bei der *Reconquista*, so war der Christusorden von Bedeutung im Zeitalter der Entdeckungen.

Wehrhafte Klosteranlage der Tempelritter

Basis-Infos

Information   Turismo Municipal, tägl. 9.30–12.30 und 14–18 Uhr. Av. Dr. Cândido Madureira, nahe der Auffahrt zur Burg, ℡ 249329823.

Infobüro der **Região de Turismo dos Templários**, Mo–Fr 10–13 und 15–19, Sa/So 9–18 Uhr. Rua Serpa Pinto 1, im Stadtzentrum nahe der Brücke, ℡ 249329000.

Verbindungen   Bahn: Bahnhof am südlichen Ende der Stadt, rechts des Rio Nabão, an der Av. Combatentes da Grande Guerra. Tägl. 16-mal nach Lissabon über Santarém. In Lamarosa Anschlusszüge nach Porto und Coimbra. www.cp.pt.

Bus: Busbahnhof neben dem Bahnhof. 4-mal tägl. nach Lissabon, 5-mal nach Abrantes, 1-mal Coimbra und Porto, 7-mal Ourém und Fátima, 5-mal Leiria. www.rede-expressos.pt und www.rodotejo.pt.

Adressen   Bibliothek, Rua Gualdim Pais. Deutsche Zeitungen gibt es in der Tabacaria Discal, Rua Serpa Pinto 111. Postamt an der Av. Marquês Tomar.

Feste   Alle vier Jahre beladen sich die jungen Mädchen anlässlich der **Festa dos Tabuleiros** mit gekrönten Blumensäulen. Das Fest findet an dem So statt, der dem 20. Juni am nächsten liegt. Das nächste Mal werden die Prozessionen 2019 und 2023 durch Tomar ziehen.

Reiten   Quinta do Falcão, ℡ 249381211, www.quintadofalcao.com.

Sportfischen   Am Rio Nabão in den ausgewiesenen Zonen.

Telefonnummern   Polizei ℡ 249328040, Hospital ℡ 249320100, Taxi ℡ 249312553 und 249312373.

Übernachten/Camping

Estalagem de Santa Iria, am Stadtpark Mouchão. Das Haus verströmt den Charme der 1940er-Jahre. Wegen die Sportanlagen jenseits des Flusses ist es am Wochenende häufig etwas lauter. Leser berichteten auch von Lärm durch den Parkplatz auf der Rückseite. DZ inkl. Frühstück 58–85 € je nach Saison. Mouchão Parque, ☎ 249313326, www.estalagemsantairia.com.

** Cavaleiros de Cristo, geschmackvoll eingerichtete Zimmer. Bad mit Wanne. TV, Telefon und Heizung. Leser klagten über Lärm in den Zimmern direkt über dem Frühstücksraum. DZ inkl. Frühstück 45–55 € je nach Saison, Rua Alexandre Herculano 7, ☎ 249321203, www.cavaleirosdecristo.pt.

Hostel 2300 Thomar, unweit des Turismo dos Templários. 3 Schlafräume mit je 8 Betten, 2 mit jeweils 6 Betten und 4 Doppelzimmer. Alle Zimmer mit Gemeinschaftsbad. Das erfrischend jugendliche Dekor zeigt Symbole Portugals und des alltäglichen Lebens. DZ 38–40 €, Bett im Mehrbettzimmer 16–19 €. Rua Serpa Pinto 43, ☎ 249324256, 2300thomar@gmail.com.

Turismo de Habitação Quinta da Anúnciada Velha, hinter Algarvias bei Cem Soldos, in Madalena, zwischen Weinbergen in ruhiger Lage. Typisch eingerichtete Zimmer und Apartments. DZ 75–90 €, Ap. für 2 Personen 90 €, 4 Pers. 90–120 €. Vor der Burg links in Richtung Torres Novas über die N 349, nach etwa 3 km geht es rechts ab. ☎ 249345218, www.anunciadavelha.com.

Camping Municipal de Tomar, hinter den Sportanlagen im Muchão Parque, 5 Min. zu Fuß vom Zentrum. Person 2,60–4,25 €, Zelt 1,70–2,70 €, Auto 3,10–5,05 €. ☎ 249329824, www.campingtomar.pt.

Rural Pelinos, einfach ausgestatteter Platz bei Calçadas, etwa 7 km nördlich von Tomar. Person 4,50–5 €, Zelt 4,50–5 €, Auto 2,25–2,50 €. Geöffnet 1. März bis 1. Okt. Anfahrt: Erst über die N 110, dann nach Calçadas abbiegen. Pelinos 77, ☎ 249301814, www.campingpelinos.com.

Camping Redondo, ein kleines Reich in der Abgeschiedenheit. Es gibt zwar nur wenig Schatten und Grillen muss vorher angemeldet werden, doch die Abgeschiedenheit hat auch ihre Vorzüge. Person 4 €, Zelt 4–7 €, Auto 2,50 €, ☎ 249376421, www.campingredondo.com.

Ribatejo → Karte S. 373

Tomar – Schmuckstück am Rio Nabão

* Parque da F.C.M.P. – Castelo de Bode, schöner Platz im Grünen (nicht in Stadtnähe), an der Barragem, dem Stausee von Castelo de Bode. Das Gewässer ist 14 km von Tomar entfernt zwischen Castelo de Bode und Constância. Die Umgebung ist traumhaft schön. Person 2–4,50 €, Zelt 2–5 €, Auto 2–3 €. Geöffnet 10. Jan. bis 1. Dez. ✆ 241849262, www.fcmportugal.com.

Essen & Trinken/Nachtleben

Restaurants Chico Elias, etwa 2 km außerhalb in Algarvias, vom Turismo da Região Richtung Torres Novas. Hier werden regionale Spezialitäten aufgetischt, die in keinem „normalen" Restaurant erhältlich sind, z. B. *Feijoada de Caracóis* (Bohneneintopf mit Schnecken) oder *Enguias de Fricassé* – Aal in gelber Eier-Zitronen-Soße. Eigener Tischwein. Hauptgericht ca. 15 €. Telefonische Voranmeldung ist obligatorisch und notwendig – man muss das gewünschte Gericht angeben. Tägl. (außer Di). Algarvias, ✆ 249311067.

O Tabuleiro, sympathisches Familienrestaurant mit zwei relativ großen Speisesälen. Im Sommer stehen auch Tische in der Rua Serpa Pinto. Die Karte bietet wenig Überraschendes, aber die Gerichte sind ordentlich zubereitet. Hauptgericht 7–13,50 €, halbe Portion 6,80–8 €. Tägl. (außer So). Rua Serpa Pinto 140/148, ✆ 249312771.

A Bela Vista, geschmackvolle Inneneinrichtung, Standardgerichte, einige Tische draußen unter Arkaden und Pflanzenranken. Hauptgericht 7,50–13 €. Mo Abend geschlossen, Di Ruhetag. Rua Marquês de Pombal 68, ✆ 249312870.

»» Mein Tipp: Casa das Ratas, nahe Flusspromenade. Kuriose kleine Adega, die auf den ersten Blick vielleicht befremdet. Hier gibt's *Petiscos* und warme Gerichte, dazu wird Wein direkt aus der Pipe serviert. Hauptgericht 6,50–10 €, halbe Portion 5,50–7 €. Geöffnet Di–So. Rua Dr. Joaquim Jacinto 6, ✆ 249315237. **«**

Taverna Antiqua, hier kann man wahrhaft ritterlich speisen. Im rustikalen, mittelalterlichen Rahmen werden alte Rezepte wiederbelebt. Petiscos 4–8 €, Hauptgericht 7–13 €. Geöffnet Di–So. Praça da República 23-25, ✆ 249311236.

Café Doçaria Estrelas de Tomar, interessante Inneneinrichtung aus den 1960ern und natürlich Spezialitäten und Küchlein der Region, z. B. die *Beija-me depressa* („Küss mich schnell"). Rua Serpa Pinto 12.

Nachtleben Cafe Paraiso, schönes Café im originalen Art-Deco-Stil. Am Wochenende gibt's Musik mit DJ. Rua Serpa Pinto.

Dornes   ca. 100 Einwohner

Wunderschönes mittelalterliches Dorf, ca 20 km nördlich von Tomar am Ufer des aufgestauten Rio Zêzere. Die Templer errichteten hier auf den Ruinen einer römischen Befestigungsanlage die Torre de Vigia, einen Verteidigungsturm, der Tomar vor Angriffen schützen sollte. Sein fünfeckiger Grundriss ist eine Besonderheit unter den portugiesischen Verteidigungsanlagen.

Der Blick der Templer für die strategisch günstige Lage sicherte dem Dorf in den 1950er-Jahren das Überleben. Mit dem Bau der Talsperre von Castelo de Bode stieg das Wasser bis auf wenige Meter an den Ort heran und verwandelte den einstigen Hügel in eine Halbinsel.

Angeblich sollen im frühen 13. Jh an dieser Stelle weinende Stimmen gehört worden sein, sodass Königin Isabel eine Kapelle errichten ließ, die der *Nossa Senhora do Pranto* (Unserer lieben Frau des Weinens) geweiht wurde. Davon leitete sich auch der Ortsname ab: Aus dem ursprünglichen *Dores* (Schmerzen) wurde erst *Dornas*, später *Dornes*. Die Kapelle wurde 1453 durch eine größere Kirche ersetzt. Im Inneren fällt vor allem die Orgel auf, die bis heute funktionstüchtig ist.

Am Pfingstsonntag wird die *Romaria da Nossa Senhora do Pranto* gefeiert, ein großes Volksfest, das die Bewohner der umliegenden Gemeinden schon an den Sonntagen im Mai durch Prozessionen zur Kirche ankündigen.

Information Turismo, Mo–Sa 10–13 und 14–17 Uhr. Rua Guilherme Pavia 7. ✆ 249366410.

Wassersport Das Centro Náutico do Zêzere im ca. 25 km entfernten Trizio (Palhais) bietet von Wasserski über Kanufahrten alles, was das Sportlerherz begehrt. ✆ 274802178, www.centronauticozezere.com.

Übernachten Vila Dos Castanheiros, 3 km außerhalb. Mit viel Liebe restauriertes ländliches Anwesen mit Spa-Angebot, Bio-Garten, Obstbäumen und frischen Eiern zum Frühstück. Großzügige moderne Zimmer, Suiten und Apartments. DZ 50–60 €, Suite 70 €, Ap. 75–100 €. Bei weiteren Nächten Preisnachlass. Rua São Sebastião 84, Paio Mendes. ✆ 249366252 und ✆ 926610226. www.viladoscastanheiros.pt.

Camping Rural Quinta da Cerejeira, sympathischer Platz unter niederländischer Leitung mit viel Grün und ausreichend schattigen Plätzen. Im Sommer oft voll. Person 3,50–4,50 €, Zelt 3,50–5,50 €, Auto 2,50–3 €. Geöffnet Mitte März bis Ende Sept. Lage: bei Ferreira do Zêzere, ca. 15 km südlich, nahe der N 348 in Richtung Vila de Rei. ✆ 249361756, www.cerejeira.com.

Essen & Trinken Fonte de Cima, kleine *Casa de Pasto* mit großer Terrasse, leider zur Straße hin ausgerichtet. Spezialität des Hauses ist *Peixe do Rio* (Flussfisch). Sehr reduzierte Speisekarte. Hauptgericht 9,50–12 €. Eine Portion reicht für zwei. Rua Amadeu Garcêz 3238 Fonte de Cima, ✆ 249366302.

Abrantes

ca. 15.000 Einwohner

Gassen und kleine Plätze prägen das Bild der Altstadt; die Gassen ziehen sich steil den Berg hinauf bis zur sehenswerten Burg auf der Spitze in 188 m Höhe. Wer sich der Stadt über die Tejo-Brücke von Süden nähert, wird von einem wenig einladenden Bild empfangen. Hoch auf dem Berg trotzt das Kreiskrankenhaus, im Hintergrund qualmen die Schornsteine eines Kohlekraftwerks, und auch das restliche Umfeld lädt nicht gerade zum Verweilen ein. Doch davon sollte man sich nicht abschrecken lassen, denn wer sich den Berg hinauf bis ins Zentrum vorwagt, den empfangen schöne kleine Häuser und weiße Gassen, die sich zwischen diversen Plätzen entlangschlängeln; viele dieser Plätze sind mit moderner Kunst geschmückt.

Die Ursprünge von Abrantes reichen bis zu den Kelten zurück. Unter den Römern hieß die Stadt *Aurantes*; 130 v. Chr. erbaute Decius Junio Bruto eine erste Festungsanlage. 1148 eroberte Dom Afonso Henriques Abrantes von den Mauren, und etwa 100 Jahre später ließ Dom Afonso III. die Stadtmauer errichten. Das 16. Jh. und der zunehmende Schiffsverkehr auf dem Tejo brachten Abrantes eine Blütezeit. Santarém beschwerte sich sogar über die unerwünschte Konkurrenz bei den *Cortes*. Aufgrund seiner Lage war der Ort stets von militärstrategischer Bedeutung. Vom 9. Oktober 1810 bis zum 7. März 1811 belagerten die französischen Invasionstruppen unter Masséna die Stadt, sie mussten allerdings erfolglos abziehen.

An Sehenswertem lockt der **Convento de São Domingos** mit einem eleganten manieristischen Kreuzgang; im Konvent ist heute die Stadtbibliothek untergebracht. Er liegt neben dem *Jardim da República* am Südrand der Altstadt. Weiter Richtung Burg stößt man auf die **Igreja da Misericórdia**, die jedoch nur zu Gottesdiensten oder nach Voranmeldung im Turismo geöffnet wird. Erwähnenswert ist das Renaissance-Portal und die sechs bekannten Flügelaltarbilder „*O Políptico de Abrantes*" im Kircheninneren, die Gregório Lopes zugeschrieben werden.

Ribatejo → Karte S. 373

Das **Castelo** ist von schönen Gärten umgeben. Die außergewöhnliche Westfassade der Burg besteht aus elf großen Rundbögen. In die Burg gelangt man über die linke Seite. Innerhalb der Burg ragt der ehemals dreistöckige Burgfried über die Mauern. Von dort oben öffnet sich ein toller Blick auf die Stadt und die Region. Ebenfalls innerhalb der Burgmauern findet sich die gotische **Igreja Santa Maria do Castelo** aus dem 13. Jh. 2014 wurden bei Restaurierungsarbeiten kostbare Fresken entdeckt und freigelegt. Bis zum Bezug neuer Räumlichkeiten in der Nähe der Bibliothek (geplant ist Ende 2018) ist in der Kirche das **Museu Ibérico da Arqueologia e Arte** (MIAA) zuhause. Zu sehen ist eine Auswahl der Sammlung: neben antiken griechischen Vasen auch chinesische und islamische Kunstobjekte und sakrale Kunst. Im Zentrum der Ausstellung der stehen die manuelinisch reich geschmückten Gräber von Dom Lopo und Dom João de Almeida.

Tägl. (außer Mo/Feiertag) 9.30–12.30 und 14–18 Uhr. Eintritt frei.

Unterhalb der Burg streckt sich die Igreja de São Vicente über die Dächer der Altstadt. São Vicente ist älteste Kirche der Stadt, sie stammt aus dem 12. Jh. Ihr wuchtiger Ostturm und die manieristische Fassade prägen das Stadtbild. Das barockisierte Innere zeigt sich weniger markant.

⌒ Basis-Infos

Information Welcome Center, Mo–Fr 10–18, Sa/So 10–13 und 14–18 Uhr. Auskünfte über die Region auch auf Deutsch. Esplanada 1°de Maio, im Gebäude des Mercado Municipal, ✆ 241330100, erste Durchwahl 6, zweite Durchwahl 4.

Verbindungen Bahn: Bahnhof ca. 2,5 km außerhalb, auf der anderen Tejo-Seite, im Ort *Rossio ao Sul do Tejo*. Ins Zentrum fahren Mo–Fr 13-mal Busse, Sa 4-mal, So keine (Linie Liceu – Estação). Fahrplan am Schalter im Bahnhof. Züge 8-mal tägl. nach Lissabon (Santa Apolónia) und Santarém (teilweise Umsteigen in Entroncamento), 7-mal Castelo Branco, 6-mal Covilhã, 5-mal nach Almourol. www.cp.pt.

Bus: Busbahnhof unterhalb des Stadtzentrums in Richtung Santarém und Tomar. 8-mal Lissabon, 4-mal tägl. nach Santarém, 3-mal Castelo Branco, 1-mal tägl. Guarda und Covilhã (Umsteigen in Castelo Branco), 3-mal Coimbra (teilweise mit Umsteigen), 1-mal Portalegre. www.rede-expressos.pt, www.rodotejo.pt, www.rodalentejo.pt.

Adressen Postamt am Largo Motta Ferraz.

Einkaufen Cabeço das Nogueiras, in Alferrarede (Richtung Autobahnauffahrt Abrantes Norte) kann man bei der *Sociedade Agrícola Ouro Vegetal* das meistprämierte portugiesische Olivenöl erstehen, u. a. auch im 5-Liter-Kanister. Rua do Comércio 105.

Feste Das Stadtfest **Festas da Cidade** wird in der Woche vor dem 2. Wochenende im Juni gefeiert. Die ganze Altstadt wird festlich geschmückt, und neben Konzerten findet leider immer noch der obligatorische Stierkampf statt.

Reiten Centro Equestre, Quinta da Feiteira 8, Crucila ao Sul do Tejo, ✆ 962425924.

Telefonnummern Polizei ✆ 241360970, **Hospital** ✆ 241360700, **Taxi** ✆ 241361395 und ✆ 241766122.

⌒ Übernachten/Camping/Essen

Lírius ∎, in der Altstadt unweit des Turismo. Das alte, herrschaftliche Haus ist mit Stuckdecken und (leider) PVC-Böden ausgestattet. Etwas dunkle, aber saubere und geräumige Zimmer mit eigenem, recht altbacken wirkendem Bad und TV. DZ inkl. Frühstück 40 €, Praça Barão da Batalha 31, ✆ 241362142, lirius.residencial@gmail.com.

Übernachten
1 Lírius
4 Jugendherberge
5 Quinta de Coalhos

Essen & Trinken
2 Grelha Nova
3 Santa Isabel

Abrantes

100 m

Turismo de Habitação Quinta de Coalhos **5**, auf der anderen Tejo-Seite entlang der N 118 in Richtung Pego. Ein wunderschönes Herrenhaus im Stil der Belle Époque, umgeben von romantischen Gärten. DZ mit privatem Außenbereich 70–90 €. Estrada Nacional N 118, ✆ 241833294, www. quintadecoalhos.com.

Jugendherberge Pousada de Juventude Abrantes **4**, moderner Bau, etwas außerhalb in Richtung Tejo. 10 DZ mit eigenem Bad, 6 weitere ohne Bad, zudem 2 barrierefreie DZ. Bett 12–14 €, DZ mit Bad 28–34 € je nach Saison. Av. Engº Adelino Amaro da Costa, ✆ 241379210, www.pousadas juventude.pt/pt/pousadas/abrantes.

Camping Parque Tejo, etwa 1 km außerhalb. Der Platz hat es mit seinem avantgar-

distischen Design schon in diverse Architekturmagazine geschafft. Person 1,50–1,75 €, Zelt 1,50–2,75 €, Auto 1–1,25 €. Ganzjährig geöffnet. Av. Marginal do Tejo, Rossio. ✆ 241105324. parquetejo@cm-abrantes.pt.

Essen & Trinken Santa Isabel **3**, oberhalb des Largo Dr. Ramires Guedes nach rechts. Ausgewählte Hauptgerichte wie *Secretos do Porco Preto* oder *Medalhões de Vitela* für ca. 10–17,50 €. Tägl. (außer So). Rua de Santa Isabel 12-14, ✆ 967893970.

Grelha Nova **2**, einfaches, sympathisches, sehr beliebtes Café mit *Churrasqueira*. Spezialität sind Grillgerichte (auch Fisch). Hauptgericht 5–8 €, Tagessteller 6 €. Tägl. (außer Sa) bis Mitternacht. Rua Monteiro de Lima 44, ✆ 241365539.

Von Abrantes durch das Tejo-Tal

Die Nationalstraße 3 führt von Abrantes durch das Hinterland zum malerischen **Constância** an der Mündung des *Zêzere*. Hier soll schon der Dichter des Nationalepos *Lusiaden*, Luis Vaz de Camões, einige Jahre in der Verbannung verbracht haben.

Weiter geht es über die N 358-1 zum **Castelo de Almourol**, einer wuchtigen Burg auf einem Felsen mitten im Tejo. Hinter Vila Nova da Barquinha biegen wir auf die IC 3 nach **Golegã** ab. Die „Hauptstadt des Pferds" bietet für Sammler seltsamer Verkehrsschilder das eine oder andere Schmankerl. Hier dreht sich wirklich alles um die Vierbeiner. Weiter geht es über die N 243 auf die andere Seite des Flusses, wo die N 118 vorbei an Reisfeldern und Obstplantagen über Alpiarça führt. Dort biegen wir in Richtung **Santarém** ab. Von der Brücke aus erahnt man schon den Blick, den man von den hoch über dem Fluss thronenden *Portas do Sol* haben wird.

Wer nach Lissabon weiterreisen möchte, sollte überlegen, statt der schnellen Autobahn die Strecke auf der N 118 durch die ribatejanischen Felder zu wählen. Bei Alcochete kann man dann über die Ponte Vasco da Gama den Tejo nach Lissabon überqueren.

Constância   ca. 1900 Einwohner

Wer durch die engen Gassen spaziert und sich an den blühenden Pflanzen erfreut, die von Fensterbrettern und aus Gärten zu den Spaziergängern streben, kann sich kaum vorstellen, dass der große portugiesische Dichter *Luís Vaz de Camões* hier zwei Jahre in der Verbannung verbracht haben soll, angeblich weil er sich gegenüber einer Dame ungehörig verhalten hatte; in solch einen romantischen Ort möchte man gern verbannt werden.

Als Camões um 1546 an der Mündung des Rio Zêzere in den Tejo stand, hieß der Ort noch *Punhete*, was sich vom lateinischen *Pugna Tagi* (Schlacht am Tejo) herleitet – die Römer hatten große Schwierigkeiten, das Gebiet von den Lusitaniern zu erobern. Doch der Volksmund sagt, dass den Bewohnern dieser Name nicht besonders zusagte, sodass sie 1834 Königin Maria II. baten, den Ort umzutaufen.

Camões dürfte das nicht gestört haben, denn er widmete seine Gedichte den beiden Flüssen, die Constância wie eine Halbinsel umrahmen. Den Ort selbst würdigte er keiner Erwähnung, was gewisse Zweifel an der touristisch attraktiven Geschichte aufkommen lässt. Die Stadtväter jedenfalls haben den Nutzen des bekannten Namens längst entdeckt: So bewacht ein metallenes Abbild des Dichters die hübsch begrünte **Promenade** entlang des Zêzere. Zu seiner Linken liegt der **Jardim-Horto de Camões**, ein kleiner Garten, der den Pflanzen gewidmet ist, die im Camõeschen Epos, den *Lusiaden*, und in seiner Lyrik erwähnt werden.

Mo–Fr 9–12.30 und 14–17.30, Sa/So 14–18 Uhr. Eintritt 1,50 €, Jugendl., Stud., Rentner 1 €.

Folgt man von hier dem Ufer des Tejo, gelangt man zur **Casa Memória de Camões**, einem modernen Bau, der über den Resten des Hauses erbaut wurde, in dem der Dichter gelebt haben soll. Die private Initiative zum Bau dieses Museums mit Bibliothek und Forschungszentrum wurde vor mehr als 50 Jahren ins Leben gerufen – und 2010 stand die Eröffnung immer noch in den Sternen.

Centro da Ciência Viva: Hier kommen Sternengucker auf ihre Kosten. Das Museum ist der Astronomie gewidmet. Das Sonnensystem und den Bezug zur Erde erklären verschiedene Installationen. Der Höhepunkt des Besuchs ist – je nach Wetterlage – entweder das Planetarium oder das Observatorium, in dem man die fernen Sterne oder unsere Sonne erforschen kann.

Di–Fr 10–13 und 14–18, Sa im Sommer 15–19 und 21–23 Uhr, im Winter 14.30–18.30 und 20.30–22.30, So 15–19 Uhr. Eintritt für Park, Planetarium, Sonnenobservatorium und nächtliches Observatorium jeweils 2 €. Familienticket jeweils 4,50 €.

Igreja Matriz: Von der Kirche oberhalb des Hügels bietet sich eine schöne Aussicht auf die beiden Flusstäler. Man sollte nicht versäumen, auch das Innere des Gotteshauses zu besuchen, (am Turismo fragen) um die von José Malhoa bemalte Decke bewundern zu können.

Information Turismo, Okt.–März Mo–Fr 10.30–17, Sa/So 12–17 Uhr, April–Sept. Mo–Fr 10–17, Sa/So 11–13 und 14.30–18 Uhr. Oberhalb der Promenade am Ufer des Zêzere. Av. das Forças Armadas, ✆ 249730052.

Verbindungen Bus: 2-mal tägl. nach Abrantes, 5-mal nach Tomar (Sa/So 3-mal), 4-mal Entroncamento (Bahnhof nur Mo–Fr), 3-mal Ourém, Fátima, Batalha, Alcobaça, Nazaré. Haltestelle an der Hauptstraße. www.rodotejo.pt.

Adressen Postamt, Rua Engenheiro Vicente Themudo Castro im oberen Teil des Orts.

Kanufahren In der GLACIAR Sports Bar unterhalb des Campingplatzes oder im Restaurant Trinca-Fortes werden Kanus vermietet. Am Wochenende wird es auf dem Rio Zêzere voll, dann werden die Boote zuhauf bis zur Talsperre von Castelo de Bode gefahren und die Kanuten später in Constância in Empfang genommen.

Telefonnummern Polizei ✆ 249730070, Centro de Saúde ✆ 249730110, Taxi ✆ 249736453 und 917304579 (mobil).

Übernachten Casa João Chagas, in einem renovierten Altbau. Trotz modernen Stylings sind die alten Strukturen des Hauses noch zu erkennen. Relativ große Zimmer. Gegenüber ein zweites, neueres Gebäude mit gleichem Komfort. DZ 40–55 € je nach Saison und Ausstattung. Rua João Chagas, ✆ 249739403, www.casajoaochagas.com.

Turismo no Espaço Rural Quinta de Santa Barbara, ein wenig außerhalb die Rua de Moinho de Vento entlang in nördlicher Richtung. Eine Unterkunft aus dem 16. Jh. mit Atmosphäre. 5 Zimmer, DZ 63–73 € inkl. Frühstücksbüfett. Quinta de Santa Barbara, ✆ 249739214, www.quinta-santabarbara.com.

Camping Municipal de Constância, kleiner, sandiger Platz am Rande des Orts an der Av. das Forças Armadas, direkt am Zêzere; viel Schatten und wenige warme Duschen. Person 2 €, Zelt 1,80–4,20 €, Auto 2,70 €. Geöffnet Mai–Sept. ✆ 249739546.

Essen & Trinken D. José Pinhão, gemütliche Adega im 1. Stock mit gutem Service. Fischernetze hängen von der Decke. Viele Spezialitäten der Region, wie *Sopa de Cação*. Die *Costeletas de cordeiro com molho de coentros* (Lammkoteletts mit Koriandersoße) sind besonders zu empfehlen. Hauptgericht 8–14 €. Di Abend geschlossen, Mi Ruhetag. Rua Luís de Camões 5, ✆ 249739960.

Café da Praça, nicht verpassen sollte man die kleinen *Queijinhos do Céu*. Die himmlisch leckeren Süßigkeiten werden aus dem Klarissenkloster in Montalvo importiert und sind handgefertigt. Praça Alexandre Herculano.

Castelo de Almourol

Ein majestätischer Anblick: Inmitten des Tejo hebt sich zwischen Abrantes und Santarém das Castelo mit seinen neun Türmen und einem mächtigen Bergfried aus dem Wasser. 18 m hoch thront es auf einem Granitfelsen über dem Fluss.

Der Ursprung der Burg geht vermutlich auf die Römer zurück. Dies belegen die Bauart der Grundmauern und archäologische Funde in der Burg. Später wurde sie von den Arabern genutzt und von Dom Afonso Henriques zurückerobert. 1171

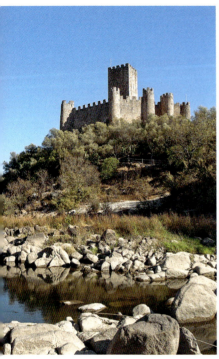

Eine Festung im Fluss:
das Castelo de Almourol

wurde die Burg unter dem Templer-Orden restauriert und erweitert.

Nachdem die Burg 1910 als nationales Denkmal klassifiziert wurde, zog man in den 1940er-Jahren in der *Torre de Menagem* drei Stockwerke mit Holzbohlen ein und restaurierte die Anlage; sie wurde unter Salazar vom „Estado Novo" für wichtige Empfänge genutzt. Tägl. (außer Mo) 10–13 und 14.30–19.30 Uhr, Okt.–April nur bis 17.30 Uhr. Eintritt 2 €.

Verbindungen Pkw: Mit dem Auto erreicht man die Burg, die zwischen Constância und Vila Nova de Barquinha liegt, über die A 23. Am Kreuz von Constância nimmt man die EN 244-3 in Richtung Tancos.

Bahn: Die Burg liegt an der Bahnlinie in die Beiras. Tägl. 5-mal nach Abrantes (bzw. von Lissabon/Santarém aus zur Burg), 5-mal Santarém und Lissabon (bzw. von Abrantes aus zur Burg). www.cp.pt.

Mit **Fischerbooten** gelangt man vom Ufer aus zum Castelo. Überfahrt 2 €, Bootsfahrt rund um die Burg 2,50 €. Bootsfahrt und Burg 4 €/Person. Tickets gibt's zentral an einem kleinen, behelfsmäßig aussehenden Stand *(senhas)*. Von Tancos fährt ab 10 Uhr stündlich ein Boot zur Burg. (Mai–Sept. tägl., Okt.–April Di–So). Abfahrt am Cais d'El Rei. Voranmeldung nötig. ☎ 249712094 und ☎ 915081737 (mobil).

Golegã   ca. 4000 Einwohner

„Das Automobil ist eine vorübergehende Erscheinung. Ich glaube ans Pferd", prognostizierte schon Kaiser Wilhelm II. In Golegã, der selbsternannten Pferdehauptstadt, teilen die Bewohner seine Ansicht. Hier geht nichts ohne Pferd. Selbst die Friseure bekennen sich mit dem Emblem über ihrem Türschild zum Ross. Golegã ist die Heimat der portugiesischen Pferderasse *Lusitanos*. Einmal im Jahr findet hier der nationale Pferdemarkt, die *Feira de São Martinho*, statt. Dann erwacht der Ort aus seinem Dornröschenschlaf.

An den ersten beiden Novemberwochenenden strömen Tausende Besucher durch die Straßen, dann dreht sich alles um das Pferd und seinen Reiter. Traditionell gekleidete Cavaleiros reiten durch den Ort, und auf dem großen *Picadeiro* beweisen Ross und Reiter ihr Können in Dressur- und Springturnieren.

Das Treiben wird von Ausstellungseröffnungen, Buchvorstellungen und vielen Events begleitet. Auch die Köche der Region stellen ihre Künste unter Beweis, dabei wehen, passend zur Jahreszeit, Kastaniendüfte durch die Straßen.

Cavalos Lusitanos

Die Rasse der *Lusitanos* entwickelte sich aus dem iberischen Pferd, von dem Höhlenzeichnungen im Alentejo prähistorisches Zeugnis ablegen. 1945 entdeckte Dr. Ruy D'Andrade an einem kleinen Nebenfluss des Tejo, dem Rio Sorraia, eine Pferderasse, die diesem Urtyp sehr nahe kommt. Heute existieren etwa 180 Tiere der Rasse Sorraia, die in halbwilder Haltung als Art erhalten werden sollen.

Die Portugiesen züchteten über die Jahrhunderte einen Pferdetypus, der für die Schlachten zu Pferd besonders geeignet war: ein temperamentvolles und gelehrsames Tier mittlerer Größe (1,55–1,65 m) mit einem ausgeprägten Willen, absolutem Gehorsam und extremer Flexibilität. Diese Pferde werden heute vor allem beim Stierkampf, aber auch zur Dressur und zum Springreiten eingesetzt.

1889 wurde das portugiesische Zuchtbuch geschaffen, doch erst 1967 erblickte die Rasse der Lusitanos offiziell das Licht der Welt, durch die Veröffentlichung des ersten Bands des *„Livro Genealógico Português de Equinos"*. Heute werden die Lusitanos vor allem in Portugal, Spanien, Brasilien und Frankreich gezüchtet, doch auch in Deutschland schätzen die Liebhaber den Charakter dieser Pferde.

Wer sich außerhalb des Ausnahmezustands der *Feira* nach Golegã verirrt, sollte die **Equuspolis** besuchen. Der moderne Bau am Ortsrand formt die Silhouette zweier Pferde. Neben einer Bibliothek, die auf die Vierbeiner spezialisiert ist, sind dort ein Kongresszentrum und das Projekt *Equus Virtual* zuhause. Letzteres lädt ein zu einer multimedialen Reise in die Geschichte der Pferde. In der 1. Etage findet man das **Museu Municipal Mestre Martins Correia**, das Gemälde und Skulpturen des 1910 in Golegã geborenen Künstlers präsentiert.
Di–Sa 10–12.30 und 14–18 Uhr. Eintritt 2,15 €, Rentner, Schüler/Stud., mit Cartão Jovem 1,60 €, Kind bis 12 J. frei.

Casa Estúdio Carlos Relvas: 33 Tonnen Stahl tragen die Dächer des romantischen Chalets, das 1871–1875 als Fotostudio und Raum für Experimente errichtet wurde. An der Front verewigte Relvas die Gesichter von Niépce und Daguerre, Pionieren der Fotografie, die Anfang des 19. Jahrhunderts den Grundstein für diese Technik legten. Carlos Relvas wurde 1838 in Golegã geboren. Der Pferdezüchter entdeckte früh die Fotografie als seine Passion, er experimentierte mit verschiedenen Kameras und chemischen Prozessen. Der Besuch des Hauses lohnt allein schon wegen der Architektur, doch das Interieur steht dem Äußeren in nichts nach.
Führungen auf Port., Engl., Franz. tägl. (außer Mo) um 10.30 und 11.30 Uhr; nachmittags um 14, 15, 16 Uhr. Ticket 3,60 €. Rentner, Schüler/Stud. und mit Cartão Jovem 1,80 €.

Etwa 6 km von Golegã entfernt erstreckt sich der *Paúl de Boquilobo*, ein von der UNESCO zum Biosphärenreservat erklärtes Naturschutzgebiet. Hier siedelt die größte Reiherkolonie der iberischen Halbinsel. Im Februar/März beginnen die Vögel mit dem Nestbau und bleiben den ganzen Sommer über im Gebiet zwischen Tejo und Almonda. Die Sumpflandschaft bietet 200 weiteren Vogelarten und Wasserpflanzen einen Lebensraum. Während der Brutzeit sind einige Wege durch das Gebiet gesperrt, es empfiehlt sich daher, sich vorher im Turismo zu informieren.

Ribatejo → Karte S. 373

An manchen Stellen muss man auch ein wenig klettern. Der Besuch ist vor allem im Frühjahr lohnenswert, im Herbst sieht man nur mit Glück interessante Spezies.

Information Turismo, Mo–Sa 10–13 und 14–18 Uhr. Hinter der Igreja Matriz, im Ortszentrum, Rua Dom Afonso Henriques, ✆ 249979002.

Verbindungen Bus: Busse fahren ab der Haltestelle neben der BPI an der Rua Dom João IV 10-mal nach Torres Novas (Sa 1-mal, So kein Bus), 8-mal nach Santarém (Sa 1-mal, So kein Bus), 1-mal nach Entroncamento (Sa/So kein Bus), 1-mal nach Tomar (Sa/So kein Bus). www.rede-expressos.pt und www.rodotejo.pt.

Adressen Bibliothek, Rua de Oliveira. Postamt, Rua Dom Afonso Henriques.

Reiten Am Rossio liegt der Reitstall der Associação Nacional de Turismo Equestre (ANTE). Hier kann man Pferde mieten und Reitunterricht nehmen. Auch Apartments werden vermietet. ✆ 249976689.

Telefonnummern Polizei ✆ 249979030, Centro de Saúde ✆ 249976369, **Taxi** ✆ 249976459.

Übernachten **** Lusitano, geschmackvoll eingerichtetes Haus im Zentrum mit 24 Zimmern, verteilt auf ein altes und ein neues Gebäude. Kleiner Park, Sauna und Massageraum vorhanden. Große DZ mit luxuriösem Bad ab 100 €. Rua Gil Vicente 4, ✆ 249979170, www.hotellusitano.com.

Camping * Parque Municipal, zentral gelegener Platz mit wenig Schatten und Rasen. Person 2,28–6,51 €, Zelt 1,71–8,56 €, Auto 2,28–6,85 €. Rentner 50% und Cartão Jovem 25 % Ermäßigung. Apartments für 2 Pers. 65,38–239,73 € (zur Feira). Geöffnet Mitte Jan. bis Mitte Dez. Die Rezeption schließt schon um 18 Uhr. ✆ 249976222.

Essen & Trinken Lusitanos, Restaurant direkt am Rossio im 1. Stock mit Panoramablick über den Reitplatz. Hauptgerichte wie *Arroz de Pato* oder *Tornedó à Lusitanus* 9–15 €. So Abend geschlossen, Di Ruhetag. Largo Marquês de Pombal, ✆ 249977572.

Adega Cú da Mula, das rustikale Restaurant mit ebenso rustikalem Namen („Der Hinterteil des Maultieres") ist in einer alten Adega untergebracht. Hauptgericht 8–12 €, halbe Portion 5–6 €. Rua Oliveira 50, ✆ 249976413.

Restaurante Central, im Hinterraum des gleichnamigen Cafés neben der Kirche. Überraschend gute Küche mit einigen regionalen Gerichten zur Auswahl, angenehmer Service. Wer Brotbrei mag, sollte den *Sável Frito com Açorda* probieren. Hauptgericht 9,50–12,50 €, halbe Portion 7–9,50 €. Largo da Imaculada Conceição 9, ✆ 249976345.

Der Erbauer war ein Pionier der Kunst der Fotografie – die Casa Carlos Relvas

Manierismus im Stil der Jesuiten – Igreja do Seminário

Santarém

ca. 30.000 Einwohner

Über einen Hügel, 108 m über den Windungen des Tejo, zieht sich die Stadt. Auf ihrem höchsten Punkt bauten die Mauren eine schützende Burg. In Santarém sind etliche schöne gotische Kirchen zu sehen, deshalb wird es auch die „gotische Hauptstadt Portugals" genannt.

Wegen des fruchtbaren Bodens und des milden Klimas war Santarém bei Germanen, Römern und später den Mauren ein begehrtes Objekt. Unter den Römern wurde die Stadt *Scalabis* genannt, ihre Bewohner heißen heute noch *Scalabitanos*. Julius Caesar machte aus ihr die Hauptstadt einer der vier Bezirke der Provinz Lusitanien und benannte sie in *Praesidium Julium* um. Unter den Westgoten hieß die Stadt im 7. Jh. *Santa Irene*, was schließlich zu Santarém wurde. 1147 wurde es durch *Dom Afonso Henriques* von den Mauren erobert. Aus dieser Zeit sind noch Reste der Stadtmauer erhalten. In den folgenden Jahrhunderten residierten hier einige Könige Portugals, und die *Cortes* (Ständeversammlung) tagten vom 12. bis zum 14. Jh. regelmäßig in Santarém.

Sehenswertes

Burg: Von ihr sind heute nur noch Mauerreste erhalten, es gibt einen liebevoll gepflegten Garten mit Springbrunnen sowie die Portas do Sol, den besten Aussichtspunkt der Stadt. Der Rest der Burg fiel 1755 dem großen Erdbeben zum Opfer. Die *Portas do Sol* (Sonnentor) eignet sich vorzüglich für den Beginn eines Stadtrundgangs.

Nach dem Genuss der fantastischen Aussicht über den Tejo und sein Schwemmland *(Lezírias)* erreicht man über die Av. 5 de Outubro das **Museu Municipal de Santarém**, das auch *Museu Arqueológico de São João de Alporão* genannt wird, da es in der romanisch-gotischen Kirche von São João de Alporão aus dem 13. Jh. zuhause ist. Das Museum birgt einige der größten Kunstschätze der Stadt, einschließlich der römischen und arabischen Zeit. Eine Kuriosität ist der spätgotische Sarkophag des Dom Duarte de Menezes, Graf von Viana. Er fiel im 15. Jh. in Marokko, sein Leichnam wurde zerstückelt. Einzig ein Zahn wurde seiner Witwe überbracht. Für ihn ließ die Trauernde den großartigen Sarkophag fertigen.
Mi–So 9–12.30 und 14–17.30 Uhr, zeitweise wegen Renovierung geschlossen. Eintritt frei.

Igreja de Marvila: Etwas weiter geradeaus steht diese gotisch-manuelinische Kirche. Ihre drei Schiffe wirken elegant und schön, und obwohl es sich bei dem Gotteshaus um einen Stilmix handelt, wirkt es sehr harmonisch. Im 17. Jh. wurde die Kirche komplett mit blau-weißen Azulejos ausgekleidet, Anfang der 1990er-Jahre wurde sie innerhalb von sechs Jahren vollständig renoviert. Gestiftet wurde die Igreja de Marvila im 12. Jh. von Dom Afonso Henriques aus Dank für die erfolgreiche Einnahme der Stadt. Aus späterer Zeit stammen das beachtenswerte manuelinische Eingangstor sowie die Säulen und die Kanzel im Stil der Renaissance.
Mi–So 9–12.30 und 14–17.30 Uhr. Eintritt frei.

Igreja da Graça: Etwas abseits, in Richtung Süden, am Largo Pedro Álvares Cabral. Die Kirche gilt als eines der perfektesten Beispiele der portugiesischen Gotik und wurde zwischen 1380 und 1420 erbaut. Auch hier finden wir die typischen drei Längsschiffe mit dem erhöhten Mittelschiff. Ebenfalls dem Basilikastil entsprechend ist das Dach aus Holz gebaut. Das Glanzlicht der Kirche jedoch ist die gotische bunte Rosette, unter der man die Treppe in die Kirche hinunterschreitet. Vorne rechts liegt *Pedro Álvares Cabral*, der Entdecker Brasiliens, begraben.
Mo–So 9–12.30 und 14–17.30 Uhr. Eintritt frei.

Santíssimo Milagre: Das Gotteshaus aus dem 14. Jh., nicht allzu weit südwestlich der Igreja da Graça gelegen, zieht zahlreiche Gläubige und besonders Kranke aus aller Welt an. Ihr Inneres ziert ein Sakramentshäuschen, in dem eine kleine Ampulle mit einer Hostie, die sich in das Blut Christi verwandelt haben soll, aufbewahrt und sorgfältig gehütet wird.
Mo–Sa 8–13 und 14–17.30 Uhr. Eintritt frei.

Igreja do Seminário: Die Kirche (zu erreichen über die Straße, in der sich der Turismo befindet) wurde von den Jesuiten von 1647 bis 1676 auf den Ruinen des alten Königspalastes errichtet. 1759 wurde der Orden durch den Marquês de Pombal aus Portugal ausgewiesen. Danach diente das Gebäude als Priesterkolleg, Krankenhaus und erst seit 1975 als Kathedrale. Die Fassade ist im manieristischen Stil gehalten und dominiert die Praça do Marquês Sá de Bandeira. Der Innenraum ist vom Barock des 18. Jahrhunderts geprägt.
Mo–So 10–13 und 14–18 Uhr, im Sommer Sa/So bis 19 Uhr. Eintritt: Kirche und Sakralmuseum 4 €, Rentner 3 €, 10–17 J. 2 €.

Markthalle: Einen Abstecher wert ist die schöne Markthalle an der Rua Cidade da Covilhã. Sie steht hinter der Kathedrale und ist rundum mit einem Azulejobilderbogen aus den 1930er-Jahren geschmückt. Wer früh auf den Beinen ist, kann in den Morgenstunden noch das Markttreiben im Inneren miterleben.

Escola Prática de Cavalaria: Gegenüber der Markthalle residiert am Jardim da República die Militärreitschule, von der am Morgen des 25. April 1975 die aufständischen Truppen unter *Capitão Salgueiro Maia* nach Lissabon aufgebrochen waren. Maia war hauptsächlich dafür verantwortlich, dass die sogenannte Nelkenrevolution fast ohne Blutvergießen verlief. Mit einem Megafon überzeugte Maia die regierungstreuen Truppen davon, dass sie auf verlorenem Posten stünden. 1999 setzte die Stadt Santarém ihrem Helden an der Praceta Pedro Escuro ein Denkmal.

Convento de São Francisco: Neben der Escola Prática de Cavalaria steht das romanisch-gotische Kloster. Die Franziskaner kamen etwa 1240 nach Santarém, wo sie sich außerhalb der Stadt niederließen. Die Arbeiten an der Anlage begannen zwei Jahre später. Die gotische Kirche wurde über die Jahre verändert und erweitert. Durch Erdbeben und Brände wurden allerdings immer wieder weite Teile des Gebäudes zerstört und mit Änderungen wieder errichtet.

Die Restaurierungsarbeiten der letzten Jahre hatten das Ziel, die mittelalterliche Gestalt der Kirche wiederherzustellen. Leider waren von den Kapellen nur noch wenige Reste erhalten, sodass der Konvent mit seinem Kreuzgang auf

Portugiesische Gotik pur: die Igreja da Graça

den Besucher eher unspektakulär wirkt. Es sind vielmehr die kleinen Details, die Verzierungen der Säulen oder Überreste von Inschriften, die den Besuch lohnenswert machen.

Di–So 9–12.30 und 14–17.30 Uhr. Eintritt 2 €, Stud. und ab 65 J. 1 €, mit Cartão Jovem 1,20 €, Kind bis 6 J. Eintritt frei.

Igreja de Santa Clara: Das frühere Frauenkloster findet sich etwas weiter außerhalb, hinter dem Convento. Die gotische Kirche aus dem 13. Jh. beeindruckt durch ihr schlichtes Inneres. Am Ende des langen Hauptschiffs liegt unter der hübschen Rosette Prinzessin Dona Leonor begraben, Tochter des Königs Dom Afonso III., der den Konvent gegründet hatte. Das Frauenkloster war früher durch einen unterirdischen Gang mit dem nahen Männerkloster *São Francisco* verbunden. Bei Ausgrabungen fand man dort Skelette von Babys.

Zeitweise wegen Renovierung geschlossen.

Basis-Infos

Information Turismo Mo–Fr 10–18, Sa/So 9.30–13 und 14–17.30 Uhr. Rua Capelo e Ivens 63, ℡ 243304437.

Verbindungen **Bahn**: Bahnhof ca. 1 km von Santarém entfernt am Tejo-Ufer (Ribeira de Santarém). Zu Fuß erreicht man das Zentrum, indem man den Bahnhof nach links verlässt. Auch Busse fahren 18-mal tägl. ins Zentrum (Sa 3/So nur 1-mal). Schnellzüge tägl. 17-mal nach Lissabon (Santa Apolónia), 15-mal nach Coimbra, 9-mal Porto und Aveiro. Dazu halbstündl. Regionalzüge nach Lissabon (Santa Apolónia), stündl. nach Coimbra (Sa/So 5-mal) und Tomar (Sa/So 11-mal). Weitere Verbindungen: 8-mal Abrantes, 7-mal Castelo Branco, jeweils teilweise mit Umsteigen in Entroncamento; 6-mal Covilhã (teils 2-mal umsteigen) sowie 1-mal tägl. nach Paris mit Um-steigen in Hendaye und 1-mal nach Madrid. www.cp.pt.

Bus: Busbahnhof am Rand des Zentrums an der Av. do Brasil. Tägl. 7 Expressbusse nach Lissabon (Sa 4-mal, So 7-mal), 3-mal nach Fátima, 5-mal nach Abrantes (Sa 3-/So 4-mal), 2-mal Leiria (Sa/So 2-mal). Nach Óbidos und Peniche Mo–Fr 2-mal. Nach Alcobaça mit Umsteigen in Porto de Mós oder Rio Maior. www.rede-expressos.pt, www.rodotejo.pt, www.rodalentejo.pt.

Adressen Postamt in der Rua Dr. Teixeira Guedes an der Ecke zum Largo Cândido dos Reis.

Feste Feira Nacional de Agricultura, Portugals größte, 10 Tage dauernde Landwirtschaftsmesse findet ab dem 1. Juni-wochenende auf dem hochmodernen Mes-

Der Ribatejo auf Kacheln: eine Geschichtsstunde an der Markthalle

segelände statt (an der Ausfallstraße nach Lissabon). Es ist ein Markt der Gegensätze: Moderne Traktoren stehen da neben Pferden und Stieren, die neueste Mode wird so selbstverständlich getragen wie traditionelle Trachten, Stadt und Land vermischen sich. Folkloristische Vorführungen und Stierkämp-fe, in denen das tobende Tier „nur" geneckt wird, ziehen auch Nichtlandwirte und Touristen aus der weiten Umgebung an.

Telefonnummern Polizei ✆ 243322022, ✆ 243300030, **Hospital** ✆ 243300200, **Taxi** ✆ 243321777und 243332919.

Übernachten/Essen & Trinken

→ Karte S. 420

Übernachten ** Vitória **8**, ruhige Straße, etwa 8 Min. zu Fuß vom Stadtkern entfernt, Richtung Cartaxo. Zimmer sind ordentlich und sauber, einige mit Dachterrasse. DZ je nach Saison 30–50 €, Rua Segundo Visconde de Santarém 21, ✆ 243309130, www.hotel vitoria.com.pt/pt.

Santarém Hostel 5, beim Turismo. Schöne Aufenthaltsräume und ein großer Pátio. DZ mit Bad 40 €, Bett im Mehrbettzimmer 15 €. Rua Eng. António Antunes Júnior 26, ✆ 243322256, http://santaremhostel.blog spot.pt.

Turismo de Habitação Casa da Alcáçova **6**, wunderschönes Anwesen neben den Portas do Sol. Luxuriöse große Zimmer mit antiker Einrichtung für 135–175 €, wer länger bleibt, bekommt pro weiteren Tag (max. 3) 10 € Nachlass, am vierten Tag spendiert der Gastgeber ein Abendessen. Largo da Alcaçova 3, ✆ 243304030, www.alcacova.com.

Essen & Trinken Bekannt ist die Region um Santarém für die Steinsuppe (*Sopa de Pedra*), die in erster Linie aus Speck, *Chouriço*, Bohnen, Kohl und Kartoffeln besteht. Zu empfehlen sind die Weine des Ribatejo aus Cartaxo, Chamusca und Coruche. Eine besondere Spezialität ist die *Fataça na Telha*, eine in einem Tonziegel gebackene Meeräsche, man findet sie allerdings nur selten auf der Speisekarte.

Taberna do Quinzena 9, kleine, urige Taverne mit Stierkampfplakaten an den Wänden. Sehr portugiesische Atmosphäre. Tägl. wechselnde Gerichte. Hauptgericht 6,50–12,50 €, Tagesgericht 6,50–7 €. Tägl. (außer So). Rua Pedro de Santarém 93, ✆ 243322804.

Taberna Sebastião 3, man fühlt sich um Jahre zurückversetzt. In einem engen Speiseraum stehen kleine Tische, umrahmt von Granitwänden. Mittags scharen sich die Menschen um die Theke, an der es Mittagstisch für 6,50 € gibt. Am Tisch kosten die Gerichte 9–12 €. Tägl. (außer So). Travessa dos Frões 13 e 15, ✆ 243302444.

Capote 1, hinter der Markthalle. Schlicht eingerichtetes Restaurant mit Hirschgeweihen an der Wand. Traditionell wird hier Fleisch gegessen, besonders die *Bifes* und *Posta Maronesa* sind zu empfehlen.

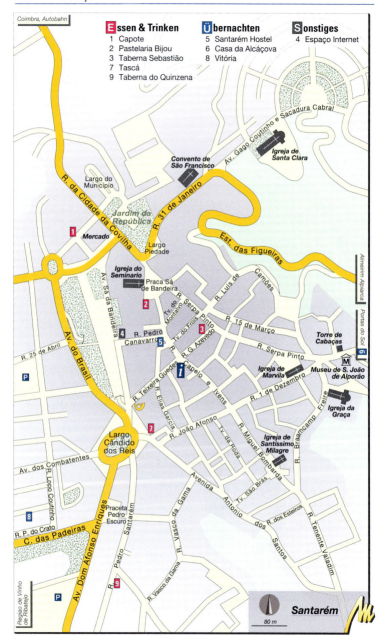

Coimbra, Autobahn

Essen & Trinken
1 Capote
2 Pastelaria Bijou
3 Taberna Sebastião
7 Tascá
9 Taberna do Quinzena

Übernachten
5 Santarém Hostel
6 Casa da Alcáçova
8 Vitória

Sonstiges
4 Espaço Internet

Igreja de
Santa Clara

Av. Gago Coutinho e Sacadura Cabral

Convento de
São Francisco

Largo do
Município

R. da Cidade da Covilhã

Jardim da
República

R. 31 de Janeiro

Est. das Figueiras

1 Mercado

Largo
Piedade

Igreja do
Seminario

Praça Sá
de Bandeira

Av. Sá da Bandeira

R. Luís de Camões

R. 15 de Março

Almeirim Alpiarça

Portas do Sol

2

4 R. Pedro Canavarro

Tv. do Montalvo

R. Serpa Pinto

Tv. do Frois

3

5

R. G. Azevedo

Torre de
Cabaças

Av. do Brasil

R. 25 de Abril

R. Teixeira Guedes

R. Capelo e Ivens

R. Serpa Pinto

M

i

Igreja de
Marvila

Museu de S. João
de Alporão

R. Elias Garcia

R. 1 de Dezembro

Igreja da
Graça

7

Largo
Cândido
dos Reis

R. João Afonso

Tv. da Roda

R. Miguel Bombarda

R. Braamcamp Freire

Igreja de
Santíssimo
Milagre

Av. dos Combatentes

R. Lopo Coutinho

Avenida

R. Vasco da Gama

António

Tv. São Brás

dos

R. dos Esteiros

Santos

R. Tenente Valadim

8

R. P. do Crato

C. das Padeiras

Praceta
Pedro
Escuro

R. Pedro Santarém

Av. Dom Afonso Enriques

R. Vasco da Gama

Região de Vinho
de Ribatejo

P

9

P

Santarém

80 m

Hauptgericht 6–13 €. Rua Dr. Jaime Figueiredo 8, ✆ 243306481.

Tascá 7, in der Nähe des Largo Cândido dos Reis. Gedämpfte Atmosphäre mit rustikalen Holztischen und Schiefertafeln an der Wand, im Freibereich wird auf Weinfässern diniert. Petiscos 0,90–7 €, Hauptgericht 8–14 €. Mittagsgericht 5,90 €. Geöffnet bis 2 Uhr morgens. Jeden Donnerstagabend Fado. Rua Arco de Manços 8, ✆ 92979953 (mobil).

Pastelaria Bijou 2, *das* Café von Santarém liegt gegenüber der Kathedrale. In der modern gestalteten Pastelaria kann man die beiden lokalen Süßigkeiten probieren. Die winzigen *Celestes* sind aus Eigelb, während die größeren *Arrepiados* aus Eiweiß und Mandeln gebacken werden. Rua Capelo e Ivens 135.

Umgebung von Santarém

Caneiras: Etwa 5 km südlich von Santarém am Ufer des Tejo Caneiras. In diesem Fischerdorf sind die Häuser z. T. noch auf Stelzen gebaut, da der Fluss, bevor er durch verschiedene Staudämme beruhigt wurde, früher öfter mal sein Bett verließ und das flache Land an den Ufern überflutete.

Ribeira de Santarém: Der Ort unterhalb der Portas do Sol war früher der Hafen von Santarém. Kleine Gassen, alte Häuser und schöne Hinterhöfe prägen das Bild.

Almoster: Etwa 25 km westlich von Santarém liegt das Kloster von Almoster. Die gotische Klosterkirche ist innen mit Azulejos aus dem 17. Jh. geschmückt. Sehenswert ist auch der gotische Kreuzgang mit Doppelbogen, der allerdings nur schlecht erhalten ist. Der Großteil der Anlage ist zur Ruine verfallen.
Besichtigung auf Anfrage möglich. Auskunft bei Dona Branca, ✆ 243491235.

Ribatejo → Karte S. 373

Nach langer Zeit gerettet: die Ruinen des Convento de São Francisco

Die Ponte 25 de Abril verbindet Lissabon-Alcântara mit der Stadt Almada

Lissabon und Umgebung

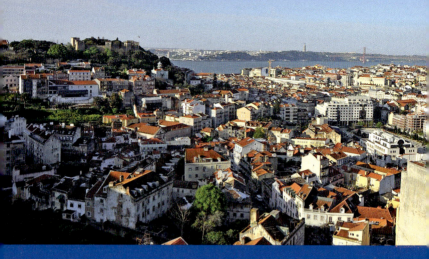

Panoramablick auf Lissabon vom Miradouro da Nossa Senhora do Monte

Lissabon (Lisboa) ca. 550.000 Einw., Großraum 2,7 Mio.

Lissabon gilt als eine der schönsten europäischen Hauptstädte. Es liegt an der breiten Mündungsbucht des Rio Tejo auf mehreren Hügeln, was die Orientierung erleichtert. Und die Stadt ist mehr als nur Durchgangsstation. Mindestens drei Tage sollte man sich nehmen, um etwas „Lisboa"-Atmosphäre zu schnuppern.

Wer nicht das Glück hat, Lissabon mit dem Schiff anzusteuern, sondern sich von Norden oder über den Flughafen nähert, dem wird es angesichts der Hochhauskomplexe in den nördlichen Vororten schwerfallen, Portugals Hauptstadt als „schön" zu empfinden. Und wer sich dann noch durch den Stau auf einer der Ausfallstraßen quält, fragt sich, warum die Lissabonnern trotz alledem stolz einen Vers des Dichters António Nobre zitieren: *„Quem não viu Lisboa, não viu coisa boa"* – *Wer Lissabon nicht gesehen hat, hat noch nichts Schönes gesehen.*

Doch hat man erst einmal die Peripherie hinter sich gelassen und ist in einem der alten Stadtviertel angekommen, kann man sich dem Charme der Stadt kaum mehr entziehen. Und alte Viertel gibt es in Lissabon zur Genüge. Es sind so viele, dass man hier gar nicht von *einer* **Altstadt** sprechen kann. Am ehesten trifft dieser Begriff noch auf die **Alfama** zu, deren Gewirr aus kleinen Gässchen südlich des Burgbergs liegt. Um die Burg herum haben schon Phönizier, Römer und Araber gesiedelt, von hier aus hat sich die Stadt entwickelt.

Nördlich der Burg liegt das alte Maurenviertel **Mouraria.** Auf der gegenüberliegenden Seite der Burg thront auf dem nächsten Hügel das **Bairro Alto**, die Oberstadt, deren Ursprünge bis ins Mittelalter zurückreichen. Für die Lissabonner bedeutet das Bairro Alto vor allem eines: Nachtleben. Zwischen Alfama und Bairro Alto schließlich erstreckt sich die Unterstadt, die **Baixa Pombalina** (oder kurz **Baixa**). Sie ist vergleichsweise neueren Datums, da sie nach dem Erdbeben von 1755 im

Lissabon

schachbrettartigen Stil wiederaufgebaut wurde – ein einzigartiges Beispiel für die Architektur des 18. Jahrhunderts.

Weiter Richtung Westen findet sich am Tejo die **Madragoa**, das frühere Fischerviertel mit kleinen Gassen, das zur Zeit der Entdeckungen des 15. Jahrhunderts entstand. Noch weiter im Westen an der Tejo-Ausfahrt liegt **Belém**, ein früherer Vorort, der längst zu Lissabon gehört und einige der Hauptsehenswürdigkeiten der Stadt beherbergt. Hier steht mit dem *Hieronymiter-Kloster* (Mosteiro dos Jerónimos) das perfekteste Bauwerk der *Manuelinik*, der portugiesischen Variante der Spätgotik.

Feiern bis Sonnenaufgang – Feste in Lissabon

Der **Juni** ist *der* Monat der Feste in der Hauptstadt. Den ganzen Monat über finden an rund 40 Orten in den historischen Stadtvierteln die sogenannten *Arraiais* (Volksfeste) statt. Besonders am Wochenende dringt der Geruch der gebratenen Sardinen, die man mit Brot und Wein verspeist, durch die Gassen. Die Einheimischen scharen sich unter bunten Girlanden und lauschen der Volksmusik. Der Höhepunkt des Monats ist jedoch der *große Umzug* am Vorabend des **13. Juni**, des Stadtfeiertags von Lissabon. Dies ist der Todestag des heiligen Antonius von Padua, der in Lissabon geboren wurde und Lissabons inoffizieller Stadtpatron ist. Diese *Marchas Populares* (Volksmärsche) sind eine farbenfrohe Parade verschiedener Gruppen aus den Stadtteilen Lissabons. Am 12. Juni ziehen sie etwa ab 21 Uhr mit ihren prächtigen Kostümen und Lampions tanzend und singend die Avenida da Liberdade hinunter.

Neben den Junifeierlichkeiten ist besonders das farbenprächtige *Desfile* der kommunistischen Partei PCP erwähnenswert, das alljährlich im Gedenken an die Nelkenrevolution am Nachmittag des **25. April** auf der Avenida da Liberdade stattfindet.

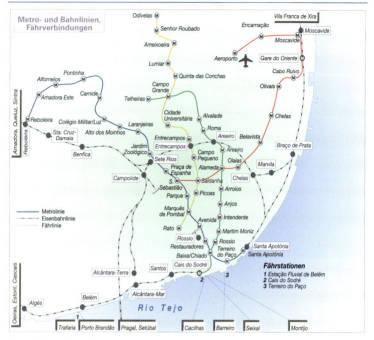

Ebenfalls am Tejo, aber ganz im Osten der Stadt, liegt das ehemalige EXPO-Viertel, heute **Parque das Nações** genannt. Mit seiner Promenade und zahlreichen Freizeiteinrichtungen wie der Veranstaltungshalle MEO Arena – Pavilhão Atlântico und einem der größten Meeresaquarien der Welt zieht das Viertel vor allem am Wochenende die Besucher an.

Jahrzehntelang waren die Lissabonner Altstadtviertel dem Verfall preisgegeben. Gleichzeitig flossen Millionen in postmoderne Prestigeobjekte wie das Kulturforum *Centro Cultural de Belém.* Erst seit Anfang der 1990er-Jahre begann die Stadtregierung mit Maßnahmen, um den Verfall der alten Viertel zu stoppen. Auch wenn manches Haus noch in einem maroden Zustand ist, hat sich der Zustand der Altstadtviertel deutlich gewandelt. Mittlerweile sind Viertel wie die Alfama sogar von „Gentrifizierung" bedroht, da seit dem Ende der Mietpreisbindung immer mehr Wohnungen luxussaniert werden.

Genauso wenig wie es *die* Altstadt in Lissabon gibt, gibt es übrigens auch nicht *das* **Zentrum.** Fast jedes Stadtviertel hat sein eigenes Zentrum, und so verteilt sich das Leben über viele Plätze der Stadt. Allerdings gibt es eine ca. 6 km lange **Süd-Nord-Zentralachse.** Die Achse verläuft von der ausladenden *Praça do Comércio* am Tejo-Ufer durch die Baixa zum *Rossio* – den Platz mit dem Nationaltheater, den altehrwürdigen Cafés und dem prächtigen Bahnhof der Vorortlinie nach Sintra könnte man noch am ehesten als das Zentrum Lissabons bezeichnen. Am Nachbarplatz *Praça dos Restauradores* beginnt die *Avenida da Liberdade*, Lissabons Prachtallee. Sie endet an der Praça Marquês de Pombal, dem Verkehrszentrum der Stadt. Die zentrale Achse folgt ab hier der Avenida Fontes Pereira de Melo und der Avenida da República bis zum Campo Grande.

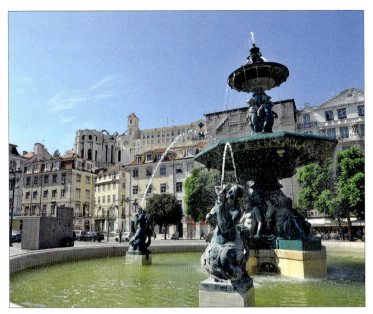

Sonntagmorgen am Rossio

Lissabon → Karten S. 428/429 u. S. 430/431

Lissabon: Sehenswertes

Sehenswertes in der Baixa und im Chiado

→ Karte S. 433

Die **Baixa**, Lissabons Geschäfts- und Bankenviertel, erstreckt sich zwischen dem *Rossio* und der *Praça do Comércio* am Ufer des Rio Tejo. Die authentisch erhaltenen Straßenzüge, alle kerzengerade und rechtwinklig angelegt, wurden nach dem verheerenden Erdbeben von 1755 auf dem Reißbrett entworfen. Tagsüber herrscht reges Treiben in den Straßen. In der Baixa findet man neben den omnipräsenten internationalen Mode-Firmen in Nebenstraßen auch noch altmodische Kurzwarenläden und angestaubte Buchhandlungen.

Die Baixa ist gut über die Metrostationen Rossio und Baixa/Chiado erreichbar.

Der **Chiado** ist das Intellektuellenviertel des 19. Jahrhunderts mit Oper und zahlreichen Theatern. Er erstreckt sich oberhalb der Baixa um die *Rua do Carmo* und die *Rua Garrett*. Leider fielen die berühmten Kaufhäuser *Grandes Armazéns do Chiado* und *Grandella* 1988 einem verheerenden Großbrand zum Opfer. Die Spuren der Katastrophe sind nach jahrelangen Renovierungsarbeiten längst nicht mehr zu sehen. Und trotz des neuen, modernen Gewands hat Chiado wieder einiges von seiner einstigen Noblesse zurückgewonnen.

Um in den Chiado zu kommen, nimmt man z. B. die Metro bis zur Station Baixa/Chiado.

Rossio

Der Platz ist der verkehrsumtoste Mittelpunkt des Stadtzentrums. Von der 23 m hohen Marmorsäule betrachtet König Pedro IV. einsam das rastlose Treiben. Hier kann man stundenlang in der *Confeitaria Nacional* sitzen und bei Kaffee und Sahnetorten über die Melancholie der Portugiesen sinnieren, oder im *Nicola* gegenüber in der Kaffeehaustradition der 1920er-Jahre schwelgen. Bei fast jedem Wetter sind hier in den Straßencafés alle Tische belegt – Schuhputzer und Bettler schieben sich dennoch durch. Aus halbgeschlossenen Händen und mit gedämpfter Stimme werden Haschisch und Marihuana angeboten. Vielleicht ist am Rossio auch seine Einfachheit so faszinierend.

An der Ecke des Rossio zum Largo de São Domingos, am Platz schräg gegenüber dem Nationaltheater, gibt es eine kleine *Schnapsschenke*. Die Stehbar mit alter Marmorverkleidung existiert seit weit über 100 Jahren. Hier gibt es den *Ginjinha*, eine Art Kirschlikör mit Früchten. Schmeckt wie Rumtopf und ist lecker.

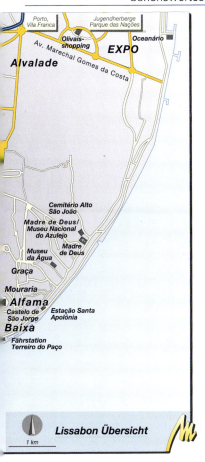

Porto,
Vila Franca
Jugendherberge
Parque das Nações
Olivais-
shopping
Av. Marechal Gomes da Costa
Oceanário
EXPO
Alvalade

Cemitério Alto
São João
Madre de Deus/
Museu Nacional
do Azulejo
Madre
de Deus
Museu
da Água
Graça
Mouraria
Alfama
Castelo de
São Jorge
Estação Santa
Apolónia
Baixa
Fährstation
Terreiro do Paço

Lissabon Übersicht
1 km

Igreja do Convento de São Domingos

Schenkt man Stadthistorikern Glauben, muss die Kirche zu den prächtigsten Gotteshäusern des alten Lissabons gehört haben. Der Konvent, Mitte des 13. Jh. vom Dominikanerorden begründet, wurde über die Jahrhunderte ausgebaut. Erst im 18. Jh. brachte der deutsche Architekt Ludwig, bekannt als Bauherr des Klosters von Mafra, das Werk zu einem Abschluss. Das Erdbeben 1755 und ein Brand 1959 zerstörten allerdings große Teile des Inneren, sodass die Kirche heute nicht mehr in voller Pracht zu bewundern ist. Dennoch lohnt die Igreja de São Domingos einen Besuch. Gut zu sehen sind noch die vom Brand geschwärzten Wände, die von den Restauratoren absichtlich erhalten wurden. Ⓜ Rossio.

Carmokirche

Die gotische Kirchenruine steht am Rande des Chiado – oberhalb des Rossio – und wird nachts durch Flutlicht angestrahlt. Die Kirche wurde im 14. Jh. im gotischen Stil errichtet und vom Erdbeben 1755 größtenteils zerstört. Übrig blieb nur das gotische Skelett, das nie wieder ganz rekonstruiert wurde. Im Inneren zeigt das **Museu Arqueológico do Carmo** archäologische Fundstücke aus Portugal und anderen Ländern.

Museum: tägl. (außer So/Feiertag) 10–18 Uhr (Juni–Sept. bis 19 Uhr). Eintritt 3,50 €, Studenten und über 65 J. 2,50 €, bis 14 J. frei. Largo do Carmo (neben der Bergstation des Aufzugs Santa Justa), Ⓜ Baixa/Chiado, ✆ 213478629, www.museuarqueologicodocarmo.pt.

Museu Nacional de Arte Contemporânea do Chiado (MNAC)

Das Nationalmuseum für zeitgenössische Kunst ist seit seiner Gründung 1911 in einem ehemaligen Franziskanerkonvent untergebracht. Der Kern des Museu do Chiado, wie es die meisten Lissabonner nennen, sind Skulpturen und Bilder portugiesischer, aber auch ausländischer Künstler. Allesamt repräsentieren sie die romantischen, realistischen oder naturalistischen Strömungen des 19. Jahrhunderts. Daneben findet sich auch Modernistisches, Surrealistisches und Neorealistisches.

Tägl. (außer Mo/Feiertag) 10–18, Einlass bis 17.30 Uhr. Eintritt 4,50 €, Stud., mit Cartão Jovem, Familie und ab 65 J. 50 % Nachlass, bis 12 J. frei. Am 1. So im Monat freier Eintritt. Rua Serpa Pinto 6, Ⓜ Baixa/Chiado, ✆ 213432148, www.museuartecontemporanea.pt.

Lissabon → Karten S. 428/429 u. S. 430/431

Intendente Ⓜ

Martim Moniz Ⓜ

L. M. Moniz

Av. Almirante Reis

Rua da Palma

Rua do Benformoso

Rua da Bombarda

Rua Damasceno Monteiro

R. das Olarias

R. d. Cavaleiros

C. de Santo André

R. dos Lagares

Costa do Castelo

Castelo

R. C. Feira

R. S. António

R. de São Mamede

Rua S. Tiago

R. da Saudade

R. A. Rosa

R. do Limoeiro

R. da Barão

Sé

Rua de S. João da Praça

R. dos Bacalhoeiros

R. da Alfândega

Campo das Cebolas

Rua Angelina Vidal

Graça

Rua da Graça

Largo da Graça

R. V. do Operário

Cç. da Graça

Monte

R. S. do Monte

Rua da

Avenida General Roçadas

Rua dos Sapadores

Rua da Senhora da Glória

R. do Vale de S. António

Rua Leite de Vasconcelos

Rua da Verónica

Campo de Santa Clara

Campo de Santa Clara

R. do Paraíso

Rua dos Remédios

Rua da

Infante D. Henrique

Avenida

★ Miradouro Senhora do Monte

Igreja da Graça

⚜ Miradouro Sophia de Mello

Igreja de São Vicente de Fora

Panteão Nacional

Feira da Ladra

Castelo de São Jorge

Museu das Artes Decorativas Ⓜ

★ Miradouro Santa Luzia

Largo do Chafariz de Dentro

★ Casa do Fado e da Guitarra Portuguesa

★ Teatro Romano

★ Casa dos Bicos

Igreja da Conceição Velha

Fährstation Terreiro do Paço

Museu Militar

Ⓜ **Santa Apolónia**
Estação Santa Apolónia

Alfama

Mouraria

Graça

Ⓜ
Terreiro do Paço

100 m

Lissabon Innenstadt

Ⓜ

Praça do Comércio

Mit ihren Arkaden ist die Praça do Comércio für viele Lissabons elegantester Platz – und einer der schönsten Plätze Europas. Die Praça am südlichen Ende der Baixa öffnet sich auf einer Seite zum Tejo hin. Die drei anderen Seiten sind von Gebäuden mit prächtigen Arkadengängen umsäumt, in denen sich zahlreiche Restaurants und Cafés befinden. An der Westseite stand früher der Königspalast, bis ihn 1755 das Erdbeben und die nachfolgende Flut samt wertvollster Bibliothek und Archiv dem Erdboden gleichmachten. Bis heute hat sich die Bezeichnung *Terreiro do Paço* („Palastplatz") im Volksmund gehalten.

Ⓜ Terreiro do Paço.

Museu do Design e da Moda (MUDE)

Das Mode- und Designmuseum im innen entblätterten Gebäude der Banco Nacional Ultramarino, der ehemaligen portugiesischen Kolonialbank. Die Fertig-für-den-Abriss-Räume, die der einst schicken Deckenverkleidungen beraubt wurden, schaffen einen eigenwilligen Kontrast zu den Designmöbeln und -haushaltsgegenständen oder auch Cocktailkleidern von Christian Dior.

Tägl. (außer Mo) 10–18 Uhr (letzter Eintritt bis 17.45 Uhr). Eintritt frei. Rua Augusta 24, Ⓜ Terreiro do Paço, ✆ 218886117, www.mude.pt.

Mit der Tram 12 rund um den Burgberg

Die Straßenbahnlinie 12 beginnt ihren Rundkurs an der *Praça da Figueira* (Ⓜ Rossio), biegt am Largo Martim Moniz in die engen Gassen der Mouraria hinein, um sich dann die Rua dos Cavaleiros hinaufzuquälen. Oben geht es durch die Rua São Tomé und am *Miradouro Santa Luzia* vorbei. Hier bietet sich an, für einen Besuch der Burg die Bahn zu verlassen. Gleich nach dem Miradouro Santa Luzia geht es quietschend die Rua do Limoeiro hinunter. Kurz vor der Baixa hält die Bahn vor der Kathedrale, der Sé. Durch die geschäftige Rua da Prata durchquert die Tram – nun deutlich schneller als in den engen Gassen der Alfama – die Baixa. An der Praça da Figueira endet der Rundkurs – den die Tram übrigens nur in der angegebenen Richtung fährt.

Essen & Trinken in der Baixa und im Chiado

Café Lisboa **19**, vom Chefkoch José Avillez betriebenes Restaurant in einem Seitenflügel der Lissabonner Oper. Schmackhafte und kreative Lissaboner Küche ab 11 € pro Hauptgericht (die meisten deutlich teurer). Zu empfehlen ist das typische Lissabonner Steak in Sahnesoße *(bifé à Café Lisboa)*. Klassizistische Dekoration mit Spiegeln, Blattgold und Marmorböden: Mit lediglich 28 Plätzen im Inneren angenehm ruhige Atmosphäre (weitere 50 Plätze auf der Terrasse). Tägl. 12–24 Uhr. Largo de São Carlos 23, Ⓜ Baixa/Chiado, ✆ 211914498, www.cafelisboa.pt.

Casa do Alentejo **2**, das Haus der „portugiesischen Ostfriesen" residiert im Alverca-Palast aus dem 17. Jh. Nachdem man die Treppe hinter dem unscheinbaren Eingang hochgestiegen ist, erreicht man einen prächtigen pseudo-maurischen Innenhof. Oben findet man eine Bar und weitläufige Räume, reich geschmückt mit Azulejos des Künstlers Jorge Colaço. Seit über 75 Jahren treffen sich hier am Sonntagmorgen die Mitglieder zur berühmten Tanzmatinee. Kleine Auswahl an Gerichten aus dem Alentejo ab 11 € (Mittagsgerichte ab 8 €). Einzigartiges Ambiente, der Service lässt allerdings – wie

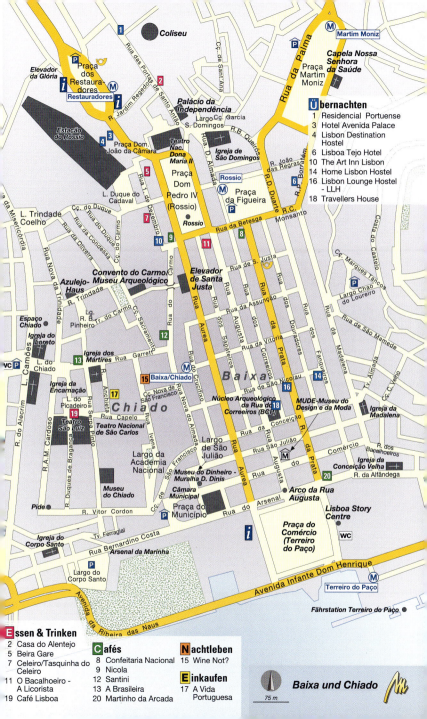

Baixa und Chiado

Coliseu

Elevador da Glória

Praça dos Restauradores

Estação do Rossio

Palácio da Independência

Teatro Nac. DONA Maria II

Praça Dom João da Câmara

Praça Dom Pedro IV (Rossio)

Rossio

Praça da Figueira

Igreja de São Domingos

Largo Cç. Garcia S. Domingos

Martim Moniz

Capela Nossa Senhora da Saúde

Praça Martim Moniz

Rua da Palma

Rua Jardim Regedor

R. da Portas de Santo Antão

Cç. de Sant'Ana

R.B. Queirós

R. João das Regras

R. D. Duarte

R.C. Monsanto

R. D. Almada

Costa do Castelo

Übernachten
1 Residencial Portuense
3 Hotel Avenida Palace
4 Lisbon Destination Hostel
6 Lisboa Tejo Hotel
10 The Art Inn Lisbon
14 Home Lisbon Hostel
16 Lisbon Lounge Hostel - LLH
18 Travellers House

Convento do Carmo/ Museu Arqueológico

Azulejo-Haus

Espaço Chiado

Igreja do Loreto

L. do Chiado

Igreja dos Mártires

Igreja da Encarnação

L. do Picadeiro

Teatro São Luiz

Teatro Nacional de São Carlos

Museu do Chiado

Pide

Igreja do Corpo Santo

Largo do Corpo Santo

Elevador de Santa Justa

Rua da Assunção

Rua da Vitória

Rua de S. Justa

Baixa/Chiado

B a i x a

C h i a d o

Rua Garrett

Rua do Carmo

Rua do Sacramento

L. Trindade Coelho

Cç. do Duque

Rua da Condessa

Rua da Oliveira

Rua Nova da Trindade

R. Trindade

Lg. R. B. Pinheiro

Tr. do Carmo

Cç. Nova de São Francisco

Anchieta

Serpa Pinto

Rua Capelo

Rua São Francisco

Rua Nova do Almada

Rua do Crucifixo

Rua dos Sapateiros

Rua da Prata

Rua Augusta

Rua Áurea

Rua dos Correeiros

Rua dos Douradores

Rua dos Fanqueiros

Rua de S. Nicolau

Rua de São Julião

Rua da Conceição

Rua de São Mamede

Rua da Madalena

Núcleo Arqueológico da Rua dos Correeiros (BCP)

MUDE-Museu do Design e da Moda

Igreja da Madalena

Largo de São Julião

Câmara Municipal

Praça do Município

Museu do Dinheiro - Muralha D. Dinis

Igreja da Conceição Velha

Comércio

R. da Alfândega

R. dos Bacalhoeiros

Arco da Rua Augusta

Lisboa Story Centre

WC

Praça do Comércio (Terreiro do Paço)

Rua do Arsenal

R. Vitor Cordon

Tv. Ferragial

Arsenal da Marinha

Rua Bernardino Costa

Avenida Infante Dom Henrique

Terreiro do Paço

Fährstation Terreiro do Paço

Largo Chão do Loureiro

Rua de São Mamede

Cç. do Castelo

Rua da Madalena

Tv. Almada

Cç. Velha

R. da Madalena

Largo Chão do Loureiro

Rua de São Mamede

Rua das Marques Tancos

E Essen & Trinken
2 Casa do Alentejo
5 Beira Gare
7 Celeiro/Tasquinha do Celeiro
11 O Bacalhoeiro - A Licorista
19 Café Lisboa

C Cafés
8 Confeitaria Nacional
9 Nicola
12 Santini
13 A Brasileira
20 Martinho da Arcada

N Nachtleben
15 Wine Not?

E Einkaufen
17 A Vida Portuguesa

75 m

wir fanden – teilweise zu wünschen übrig. Tägl. (außer feiertags) 12–15 und 19–22.30 Uhr. Rua das Portas de Santo Antão 58, Ⓜ Restauradores, ✆ 213405140, www.facebook.com/palacioalverca.

O Bacalhoeiro – A Licorista 11, hinter dem Torbogen am Rossio. Schön mit alten Fotografien aus der Geschichte der Kabeljau-Fischerei dekoriert. Hauptgericht ab 7,50 €. Das etwas volkstümlichere Restaurant „A Licorista" mit der Haus-Nr. 222 gehört dazu und teilt sich mit dem „O Bacalhoeiro" die Küche. Der Dichter Fernando Pessoa trank hier übrigens früher gerne mal einen Likör. Tägl. (außer So/Feiertag) 12–15 und 19–22 Uhr. Rua dos Sapateiros 218-224, Ⓜ Rossio, ✆ 213431415.

Celeiro/Tasquinha do Celeiro 7, in einer Seitenstraße des Rossio. Im Keller des Naturkostsupermarkts Celeiro ist das älteste vegetarische und makrobiotische Restaurant der Stadt zuhause. Im schlicht eingerichteten Speisesaal gibt es Mittagessen und kleine Gerichte in Selbstbedienung. Links nebenan im Erdgeschoss (separater Eingang, Haus-Nr. 51) ein weiteres Self-Service-Restaurant, die Tasquinha do Celeiro. Hauptgericht ab 6,50 €. Mo–Fr 9–18 Uhr (beide Restaurants), Sa 9–18 Uhr (nur Celeiro), So geschlossen. Rua 1° de Dezembro 65, Ⓜ Restauradores, ✆ 210306030, www.celeiro.pt. ■

Beira Gare 5, gegenüber dem Rossio-Bahnhof, zwischen der Praça dos Restauradores und dem Rossio. In der einfach eingerichteten Snackbar gibt es eine riesige Auswahl an guten *petiscos* (Snacks) und *salgados*. Achtung: Wer die kleinen Speisen am Tisch zu sich nimmt, zahlt dort etwas mehr als am Tresen! Dagegen kosten die Hauptgerichte ab 7,40 € überall den gleichen Preis. Tägl. (außer So) 6–24 Uhr. Praça Dom João da Câmara 6, Ⓜ Restauradores, ✆ 213420405.

Cafés

Martinho da Arcada 20, Restaurant-Café an der Praça do Comércio (Nordostecke). Im 1782 gegründeten und somit ältesten Café Lissabons ließ sich einst der portugiesische Dichter Fernando Pessoa täglich seine Bica und einen Schnaps servieren. Pessoa starb 1935 mit 47 Jahren an Leberzirrhose. Die damalige Atmosphäre lässt sich noch gut erahnen. Links hinten im Restaurant steht sogar noch Pessoas Lieblingstisch. Bica am Tisch bzw. auf der Terrasse 1,10 €, am Tresen 0,55 €. Mittags günstige Gerichte am Tresen ab 5,25 €, sonst erst ab 13 €. Tägl. (außer So) 7–23 Uhr (Küche 12–15 und 19–22 Uhr). Praça do Comércio 3, Ⓜ Terreiro do Paço, ✆ 218879259, www.martinhodaarcada.pt.

A Brasileira 13, Lissabons weltbekanntes Café im Chiado (Ⓜ Baixa/Chiado). Fast jeder Tourist genießt hier einmal seinen Kaffee auf der Terrasse. Die Lissabonner dagegen lassen sich eher nicht neben der Statue von Fernando Pessoa nieder (der hier einkehrte, wenn sein Stammcafé Martinho da Arcada geschlossen war), sondern setzen sich drinnen an den Tisch, wo es um einiges günstiger ist. So kann man auch besser die schöne klassische Inneneinrichtung mit den leicht erblindeten Spiegeln bewundern. Noch billiger ist es, wenn man seine Bica auf die portugiesische Art am Tresen zu sich nimmt. Preise für die Bica: Terrasse 1,50 €, Tisch 1 €, Tresen 0,70 €. Tägl. 8–2 Uhr. Rua Garrett 120, Ⓜ Baixa/Chiado, ✆ 213558023.

››› Mein Tipp: **Confeitaria Nacional 8**, im Jahre 1829 von Baltazar Rodrigues Castanheiro gegründet und damit eine der ältesten Konditoreien Portugals – und bis heute in Familienbesitz. Schöne neo-barocke Innenausstattung. Hier wurde zum ersten Mal der *bolo-rei* hergestellt, ein ringförmiger Kuchen mit Fruchtstücken, der auf einem Originalrezept aus Paris beruht, aber inzwischen als typisch portugiesisches Weihnachtsgebäck gilt. Am ruhigsten sind die Säle oben (Self-Service). Tägl. 8–20 Uhr (So erst ab 9 Uhr). Praça da Figueira 18-B/C, Ⓜ Rossio, ✆ 213424470, www.confeitarianacional.com. ‹‹‹

Nicola 9, das Café wurde im Jahre 1787 eröffnet. Eine Statue weist auf den Dichter Bocage hin – nicht der einzige Literat, der hier einst verkehrte. Große Gemälde und viele Spiegel geben dem Nicola ein erhabenes Ambiente. Für eine Bica am Tresen zahlt man 0,85 €, am Tisch 1 €, auf der Terrasse 1,50 € (wer die Bica am Tresen trinkt, zahlt vorher an der Kasse, am Tisch wird man bedient). Tägl. 8–24 Uhr. Praça Dom Pedro IV 24/25, (Rossio) und Rua 1° de Dezembro 20, Ⓜ Rossio, ✆ 213460579, www.nicola.pt.

Santini 12, eine Filiale der in den 1940er-Jahren gegründeten Eisbäckerei in Cascais. Vorbezahlung an der Kasse, hinten kann man dann seine Eissorte auswählen. Tägl. 11–24 Uhr. Rua do Carmo 9-11, Ⓜ Baixa/Chiado, ✆ 213468431, www.santini.pt.

Sehenswertes in der Alfama und in der Graça → Karte S. 436/437

Die **Alfama** ist der älteste Stadtteil, hier haben viele Häuser das Erdbeben 1755 fast unbeschadet überstanden. Wegen der engen Gässchen, die ein wenig an ein arabisches Altstadtviertel erinnern, stehen sich die schmiedeeisernen Balkons so dicht gegenüber, dass man der Nachbarin ein Küsschen geben könnte. Zu den Festen im Juni werden die Straßen mit Girlanden und die Balkons mit Lampions geschmückt. Dann wird aus fast jedem Innenhof und jedem Platz ein Straßenrestaurant, und überall riecht es nach gegrillten Sardinen und Rotwein. Auf den ersten Blick wirkt das Leben in der Alfama romantisch – doch die schönen Geranien und schnarrenden Papageien auf den Balkonen können nicht darüber hinwegtäuschen, dass ein Großteil der alten Bausubstanz dringend renovierungsbedürftig ist.

Vom Zentrum geht es mit Tramlinie 12 ab Praça da Figueira (Ⓜ Rossio) in die Alfama.

Die **Graça** ist ein Arbeiterviertel, das um den nördlich der Alfama gelegenen Hügel entstanden ist, als im späten Mittelalter die ursprüngliche Altstadt für die wachsende Einwohnerzahl zu klein wurde. Die *Kirche São Vicente de Fora* ist das schönste Renaissancebauwerk Lissabons, und in einer riesigen Jugendstilvilla gleich gegenüber dem Kloster hat der traditionsreiche *Arbeiterverein A Voz do Operário* („Die Stimme des Arbeiters") seine Heimat. Ganz in der Nähe liegt das *Nationalpantheon:* Hier findet dienstags und samstags der berühmte Lissabonner *Flohmarkt Feira da Ladra* („Markt der Diebin") statt.

Vom Zentrum ab Metrostation Martim Moniz mit Tramlinie 28 in die Graça.

Casa dos Bicos

Das „Haus der Spitzen" in der Alfama verdankt den Namen seiner außergewöhnlichen Fassade. Gebaut ist sie aus spitz zulaufenden Steinen, die geschliffene Diamanten symbolisieren sollten. Den Adelspalast ließ Brás de Albuquerque, der uneheliche Sohn des damaligen Vizekönigs von Indien, im Jahr 1523 im italienischen Stil errichten. Wie bei so vielen Gebäuden in Lissabon wurde auch hier große Teile beim Erdbeben 1755 zerstört. Erst 1983 wurde mit dem Aufsetzen der beiden oberen Stockwerke die Rekonstruktion der Fassade vollendet. Im Erdgeschoss sind im **Museu de Lisboa – Casa dos Bicos** archäologische Funde zu sehen: Behältnisse zur Konservierung von Fisch aus römischer Zeit, Reste der römischen sowie mittelalterlicher Stadtmauern.

Das Haus ist zudem der Sitz der Stiftung **Fundação José Saramago** zu Ehren des portugiesischen Literaturnobelpreisträgers. Im 1. Stock werden seine bedeutendsten Werke vorgestellt, Videos erzählen Episoden seines Lebens und man kann einen Nachbau seines kargen Büros besichtigen.

Tägl. (außer So/Feiertag) 10–18, Einlass bis 17.30 Uhr. Museum: Eintritt frei. Stiftung: 3 €, Familie 8 €, Stud. 2 €, bis 12 J. und ab 65 J. frei. Rua dos Bacalhoeiros 10, Ⓜ Terreiro do Paço, ☎ 210993811, ☎ 218802040, www.museudelisboa.pt, www.josesaramago.org.

Sé (Kathedrale)

Ein schlichter Bau romanischen Ursprungs aus dem 12. Jahrhundert und damit die älteste Kirche in Lissabon. Hübsche Rosette an der Portalfront. Einige Teile der Kathedrale wurden durch mehrere Erdbeben im 14. Jh. zerstört. Bei der Behebung der Schäden wurden dem ursprünglich rein romanischen Gotteshaus neue gotische

Lissabon → Karten S. 428/429 u. S. 430/431

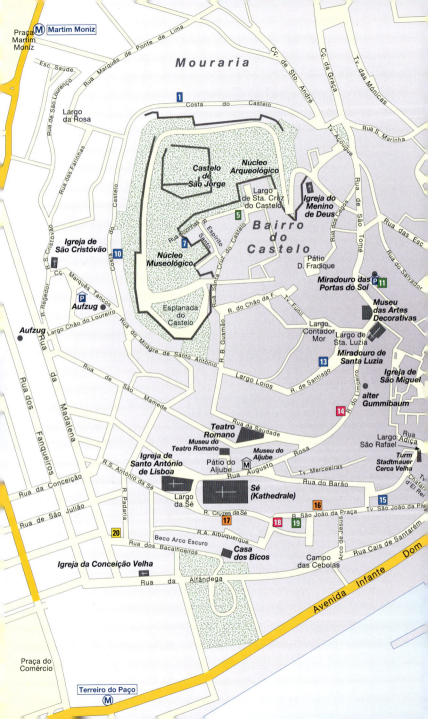

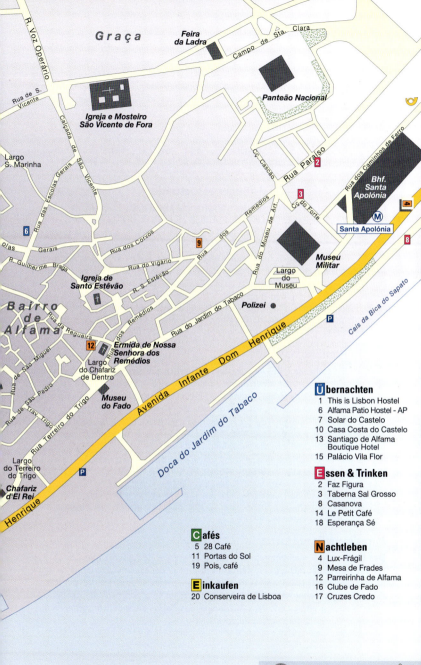

Graça

R. Voz Operário

Feira da Ladra

Campo de Sta. Clara

Rua de S. Vicente

Panteão Nacional

Igreja e Mosteiro São Vicente de Fora

Largo S. Marinha

Calçada de São Vicente

Rua das Escolas Gerais

6

Cç. Cascão

Rua Paraíso

2

Rua dos Caminhos de Ferro

Bhf. Santa Apolónia

3

Cç. do Forte

Rua dos Remédios

Santa Apolónia

o/as

Gerais

R. Guilherme Braga

Rua dos Corvos

Rua do Vigário

9

Rua dos

Rua do Museu de Art.

Museu Militar

8

Igreja de Santo Estêvão

R. S. Estêvão

Largo do Museu

Rua dos Remédios

Bairro de Alfama

Rua da Regueira

Rua do Jardim do Tabaco

Polizei

P

Cais da Bica do Sapato

Rua de São Miguel

12

Ermida de Nossa Senhora dos Remédios

Avenida Infante Dom Henrique

Largo do Chafariz de Dentro

Rua de São Pedro

Museu do Fado

Rua de Trav. Trigo

Rua Terreiro do Trigo

Doca do Jardim do Tabaco

Largo do Terreiro do Trigo

P

Chafariz d'El Rei

Henrique

Übernachten
1 This is Lisbon Hostel
6 Alfama Patio Hostel - AP
7 Solar do Castelo
10 Casa Costa do Castelo
13 Santiago de Alfama Boutique Hotel
15 Palácio Vila Flor

Essen & Trinken
2 Faz Figura
3 Taberna Sal Grosso
8 Casanova
14 Le Petit Café
18 Esperança Sé

Cafés
5 28 Café
11 Portas do Sol
19 Pois, café

Einkaufen
20 Conserveira de Lisboa

Nachtleben
4 Lux-Frágil
9 Mesa de Frades
12 Parreirinha de Alfama
16 Clube de Fado
17 Cruzes Credo

Alfama und Graça

50 m

Stilelemente hinzugefügt. Rechts neben dem Haupteingang geht es zur Schatz-kammer, in der kostbare sakrale Gegenstände ausgestellt sind. Hinter dem Chor führt ein Tor zum sehenswerten Kreuzgang. Hier haben sich die Archäologen in die Schichten aus verschiedenen Epochen tief vorgearbeitet. Zu sehen sind eine römi-sche Gasse und Reste eines Gebäudes aus der Maurenzeit, das die Hauptmoschee Lissabon gewesen sein könnte.

Kirche: Tägl. 9–19, So/Mo nur bis 17 Uhr. **Kreuzgang**: Mo–Sa 10–17 Uhr, Mai–Sept. Di–Sa bis 18.30 Uhr, So zu. **Schatzkammer**: Mo–Sa 10–17 Uhr, So zu. Eintritt zur Kirche frei, sonst je 2,50 €, Kombiticket 4 €. Schü-ler, Stud. und ab 65 J. 50 % Nachlass, Kind bis 5 J. frei. Tram 12 oder 28 bis Haltestelle Sé, Ⓜ Terreiro do Paço, ✆ 218876628.

Museu do Aljube – Resistência e Liberdade

Die sehenswerte Ausstellung ist dem Widerstand gegen die portugiesische Diktatur (1926–1974) gewidmet. Das Aljube-Gebäude diente seit der römischen Zeit fast durchgehend als Gefängnis. 1926–1965 waren hier politische Gefangene in engen, fensterlosen Zellen eingesperrt. Diese von den Häftlingen „Schubladen" genannten Räume hinterlassen auch heute noch einen beklemmenden Eindruck. Auch über Zensur, Konzentrationslager und den Freiheitskampf in den afrikanischen Kolonien Portugals erfährt man viel (teils auch auf Englisch). Ganz oben im 4. Stock findet sich eine Cafeteria mit Tejo-Blick.

Tägl. (außer Mo/Feiertag) 10–18 Uhr, Eintritt frei. Rua Augusto Rosa 42, ✆ 218172400, www.museudoaljube.pt. Ⓜ Terreiro do Paço oder Straßenbahn 12 oder 28 bis Haltestelle Rua Augusto Rosa.

Teatro Romano

Etwa 5000 Zuschauer sollen einst in dem römischen Theater Platz gefunden haben. Eine erste Version wurde unter Kaiser Augustus errichtet. Im Jahr 57 n. Chr. baute der Lissabonner Caius Heius Primus das Theater aus und widmete es dem damali-gen Herrscher, Kaiser Nero. Nach dem Ende der römischen Besatzung verfiel das Theater. Die Lissabonner trugen die Steine ab und verwendeten sie zum Bau ihrer Häuser. Schließlich verdeckten Wohnhäuser und Straßenpflaster die letzten Reste, das Theater geriet völlig in Vergessenheit. 1798 wurde es im Zuge der Aufbauarbei-ten nach dem gewaltigen Beben von 1755 wiederentdeckt. Erst seit 2001 sind die Ruinen des Theaters für Besucher zugänglich.

Tägl. (außer Mo und Feiertag) 10–18, Einlass bis 17.30 Uhr. Eintritt 1,50 €, mit Cartão Jovem, Familie und ab 65 J. 50% Nachlass, Stud., bis 12 J. und So bis 13 Uhr Eintritt frei für alle. Rua de São Mamede 3-A, Straßenbahn 12 oder 28 bis Haltestelle Rua Augusto Rosa, ✆ 218172450, www.museudelisboa.pt.

Miradouro Santa Luzia

Der Blick vom Aussichtspunkt über das Dächermeer der Alfama und den Tejo ist traumhaft. Namensgeberin für den *Miradouro* war die benachbarte Igreja de Santa Luzia. Die Azulejos an der zum Miradouro gelegenen Außenwand der Kirche zeigen übrigens eine seltene Ansicht der Praça do Comércio vor dem Beben von 1755. Nebenan gibt es mit dem *Miradouro das Portas do Sol* einen weiteren Aus-sichtspunkt mit lohnenswerten Perspektiven.

Straßenbahn 12 oder 28 bis Haltestelle Miradouro Santa Luzia.

Museu das Artes Decorativas/ Fundação Ricardo Espírito Santo Silva

Eingerichtet ist das Museum der dekorativen Künste im sehenswerten Azurara-Palast aus dem 17. Jh. direkt neben dem Miradouro Santa Luzia. Ausstellungsstücke sind vor allem Möbel, Teppiche, portugiesische Silberschmiedekunst sowie chinesisches Porzellan, alle größtenteils aus der Zeit zwischen dem 17. bis 19. Jahrhundert.

Tägl. (außer Di/Feiertag) 10–17 Uhr. Eintritt 4 €, Studenten bis 25 Jahre 50 % Nachlass, bis 14 J. frei. Largo das Portas do Sol 2 (unweit des Miradouro Santa Luzia in der Alfama), Straßenbahn 12 oder 28 bis Haltestelle Largo Portas do Sol, www.fress.pt.

Castelo São Jorge

Die Burg der Stadt dominiert die Alfama. Innerhalb der Mauern klingt der Verkehrslärm nur noch wie ein weit entferntes Brummen. Von den Türmen aus genießt man eine herrliche Rundumsicht auf die andere Tejo-Seite, die Avenidas Novas, den Monsanto-Park, das Bairro Alto, die Baixa und die Ponte 25 de Abril samt Cristo Rei.

Die Römer erbauten hier 137 v. Chr. eine befestigte Siedlung. Im 5. Jh. eroberten die Westgoten die Stadt und errichteten die teilweise heute noch erhaltenen Mauern. Später kamen die Mauren (8.–12. Jh.), die die Befestigungsanlagen erweiterten. Die Außenmauern zweier Gebäude aus der Maurenzeit wurden im hinteren Teil der Burg im sogenannten **Núcleo Arqueológico** wieder aufgebaut. Sie lassen die zum Innenhof orientierte Bauweise der Gebäude gut erahnen. Zudem kann man hier die verschiedenen Ebenen der Bebauung anhand von Ausgrabungen gut nachvollziehen.

Im **Núcleo Museológico**, untergebracht im alten Königspalast, wird die Geschichte der Burg auf sehr informative Weise erzählt. Zu sehen sind archäologische Stücke vor allem aus der Maurenzeit, z. B. Tongefäße, Münzen, Grabsteine, Azulejos. Nebenan lädt das Café do Castelo mit seiner Terrasse zu einer Pause ein.

Oben auf den Zinnen der Burg findet man auf 110 m Höhe die **Torre de Ulisses**. In einer Dunkelkammer werden über ein Periskop Bilder Lissabons auf eine große Steinschüssel projiziert. Am besten ist die Bildqualität übrigens an sonnigen und klaren Morgen. Im Sommer sollte man warme Kleidung mitbringen, da es in den alten Gemäuern frisch sein kann.

Burggelände: Tägl. 9–18 Uhr, März–Okt. bis 21 Uhr, Einlass bis 30 Min. vor Schluss. Feiertag geschlossen. Dunkelkammer 10–17 Uhr. Eintritt für das ganze Gelände 8,50 €, ab 65 J. und Stud. bis 25 J. 5 €, unter 10 J. sowie Einwohner Lissabons frei. Familie 20 €. Bus 737 ab Praça da Figueira bis Castelo oder Straßenbahnen 12 und 28 bis Haltestelle Miradouro de Santa Luzia, ℡ 218800620, www.castelodesaojorge.pt.

Tipp für den Aufstieg zu Fuß ab Ⓜ Baixa/ Chiado: Die Baixa quert man über die Rua da Vitória, bis an deren Ende ein mit

„Elevador Castelo" überschriebenes Haus in der Rua dos Fanqueiros Nr. 170–178 erreicht ist (→ Karte S. 433). In diesem Haus befindet sich ein Personenaufzug. Im 3. Stock erreicht man einen Übergang zur Rua da Madalena. Nun geht es ebenerdig zum Pingo-Doce-Supermarkt am Largo Chão do Loureiro. Wer den Supermarkt betritt, findet gleich rechts einen öffentlichen Aufzug, mit dem man in den 7. Stock zu einer Aussichtsplattform mit schönem Blick auf die Baixa fahren kann. Von dort ist es nicht mehr weit zur Burg.

Lissabon → Karten S. 428/429 u. S. 430/431

Museu do Fado

Das Fado-Museum, untergebracht in einem ehemaligen Wasserwerk aus dem
19. Jh. in der Alfama, vermittelt einen von musikalischen Beispielen begleiteten
Einblick in die Geschichte des Fado. Zu sehen gibt es u. a. Porträts und Karikaturen
berühmter Sänger, Kleidungsstücke nicht minder berühmter Sängerinnen und eine
Sammlung von Gitarren. Hin und wieder gibt es abends im Museumscafé Konzerte
mit Amateur-Fado.

Tägl. (außer Mo/ Feiertag) 10–18, Einlass bis 17.30 Uhr. Eintritt 5 €, Rabatt für alle unter 30 J.,
ab 65 J. und für Familien. Largo do Chafariz de Dentro 1, Ⓜ Santa Apolónia, ✆ 218823470,
www.museudofado.pt.

Igreja e Mosteiro São Vicente de Fora

Eine der schönsten Kirchen Lissabons im Stadtteil Graça. Auf den Resten eines
Klosters ließ Philipp II. von Spanien 1582 die Kirche mit angeschlossenem Kloster
errichten. Als Architekt gilt der Spanier Juan de Herrera, umgesetzt hat seine Pläne
während der bis 1629 andauernden Bauarbeiten u. a. der Italiener Filipe Terzi. Die
Renaissancekirche wirkt durch ihr lichtes Tonnengewölbe sehr leicht und luftig.
Vorne rechts findet sich in einer Seitenkapelle das Grab des Kreuzritters *Henrique
o Alemão* – ein Deutscher, der bei der Befreiung Lissabons von den Mauren 1147
mitgekämpft hat. Im Kloster sind sehr schöne alte Azulejos und das Pantheon der
Dynastie Bragança mit den Särgen der letzten portugiesischen Könige zu sehen.

Kirche: So geschl. (außer während Gottesdiensten), Eintritt frei. **Kloster**: Di–So 10–18,
Einlass bis 17 Uhr, Mo zu. Eintritt 5 €, Stud. und ab 65 J. 50 % Nachlass, bis 12 J. frei. Tram
28 bis Haltestelle Voz Operário. ✆ 218810559, www.patriarcado-lisboa.pt.

Panteão Nacional

Das Bauwerk, eigentlich eine Kirche, wurde 1916 zum Nationalpantheon erklärt.
Erst Mitte des 20. Jh. setzte man der *Igreja de Santa Engrácia* die Kuppel auf – der
letzte Akt einer knapp 300-jährigen Bauzeit, die 1683 begonnen hatte. Kein Wun-
der, dass die lange Bauzeit der Kirche sprichwörtlich geworden ist: „obras de Santa
Engrácia", sagt der Volksmund („Das dauert so lange wie die Bauarbeiten an der
Santa Engrácia").

In den Nebenräumen des kreuzförmigen Baus stehen u. a. die Sarkophage diverser
Staatspräsidenten Portugals, der Fado-Sängerin Amália Rodrigues und des in der
früheren portugiesischen Kolonie Mosambik geborenen Fußballers Eusébio
Ferreira da Silva. Mit einem Lift kann man bis unter die Kuppel fahren; oben genießt man von der Plattform einen schönen Blick über die Alfama und den Tejo.

Tägl. (außer Mo und Feiertag) 10–18 Uhr, Okt.–April nur bis 17 Uhr. Einlass bis 20 Min.
vor Schluss. Eintritt 4 €, ab 65 J., Stud., mit Cartão Jovem und Familien ab 2 Kindern
50 % Nachlass, bis 12 J. frei. Am 1. So im Monat Eintritt frei. Kombiticket mit Museu
Nacional do Azulejo (s. u.) 7 €. Campo de Santa Clara, Ⓜ Santa Apolónia oder Tram 28
bis Haltestelle Voz Operário. ✆ 218854820, www.patrimoniocultural.pt.

Museu Nacional do Azulejo

Das Fliesen-Nationalmuseum im sehenswerten *Konvent Madre de Deus*, östlich der
Alfama gelegen (→ Karte S. 448/449), ist eines der interessantesten Museen
Lissabons. Dokumentiert wird die Geschichte der Azulejos und ihre Fertigung. Zu
sehen sind kunstvolle Exemplare aus Portugal und anderen Ländern vom 15. Jh. bis
heute. Besonders interessant ist das antike Lissabonner Stadtbild im Kreuzgang des

Klosters aus blau-weißen Kacheln. Auf dem Rundgang durch das Museum kann man auch die barocke Klosterkirche Madre de Deus besuchen. Diese vielleicht „portugiesischste" Kirche Lissabons (1509) wurde auf Initiative von Königin Leonor erbaut. Außen ist ein schlichtes, sehr schönes Portal im manuelinischen Stil zu bewundern, innen zeigen Azulejos Darstellungen des alten Lissabons.

Tägl. (außer Mo/Feiertag) 10–18, Einlass bis 17.30 Uhr. Eintritt 5 €, ab 65 J., mit Cartão Jovem und Familie 50 % Nachlass, bis 12 J. frei. Am 1. So im Monat Eintritt frei für alle. Kombiticket mit Panteão Nacional (s. o.) 7 €. Anfahrt: ab Praça do Chile (Ⓜ Arroios)

mit Buslinie 718 (Richtung ISEL) oder Bus 742 (Richtung Bairro Madre de Deus) oder ab Ⓜ Terreiro do Paço mit Bus 794 (Richtung Estação Oriente) jeweils bis Haltestelle Igreja Madre Deus. Rua da Madre de Deus 4, ✆ 218100340, www.museudoazulejo.pt.

⟮ Essen & Trinken in der Alfama, Graça und Mouraria   Karte S. 436/437

Faz Figura ❷, Aussichtslokal oberhalb des Bahnhofs Santa Apolónia. Die Fensterfronten der beiden Speisesäle bieten einen Panoramablick auf den Tejo und die ankernden Kreuzfahrtschiffe. Der Besuch lohnt aber nicht nur wegen der Aussicht, sondern auch wegen der mit Sorgfalt zubereiteten Küche (Hauptgerichte ab 17 €). Vor allem abends unbedingt reservieren. Tägl. 12.30–15 und 19.30–23 Uhr, Mo mittags zu. Rua do Paraíso 15-B, Ⓜ Santa Apolónia, ✆ 218868981, www.fazfigura.com.

Le Petit Café 🔟, angenehmes Ambiente im Speisesaal mit seinen roh belassenen Steinwänden. Die meisten Gäste setzen sich aber auf die Terrasse unter den Bäumen. Schmackhaft, aber kulinarisch etwas undefiniert mit Fischspeisen aus Portugal, Fleischgerichten aus Frankreich und Brasilien und Nudeln aus Italien. Auch Salate und Vegetarisches. Hauptgericht mittags ab 8 €, abends ab 9 €. Vor allem von Touristen besucht, weil am Fußweg zur Burg, aber auch Lissabonner schätzen die Qualität des Essens. Mo–So 11–24 Uhr. Ⓜ Terreiro do Paço, ✆ 218881304, www.facebook.com/lepetitcafelisboa.

≫≫ Mein Tipp: Esperança Sé 🔞, Pizzeria hinter der Kathedrale. Für ein Alfama-Restaurant relativ großer Speiseraum. Alte Gemäuer, die gelungen modern-nüchtern renoviert wurden: Ein Gewölbebogen teilt den Speiseraum in zwei Teile, die sich in gedämpftem Licht zeigen. Knusprig dünne Pizzen aus dem Steinofen, aber auch Pasta und Risottos. Als Vorspeise zu empfehlen *bruschetta funghi* (aufgebackenes Brot mit Pilzen). Hauptgericht ab 8,50 €. Abends oft voll, besser reservieren. Mo–Fr 12.30–15.30 und 19–24, Sa/So 13–16 und 19–24 Uhr. Rua

de São João da Praça 103, Ⓜ Terreiro do Paço, ✆ 218870189, www.facebook.com/391241404290025. ≪

Casanova ❽, am Tejo-Ufer neben Bahnhof und Metro Santa Apolónia. Von der Terrasse weiter Blick über das Tejo-Binnenmeer bis zur Burg von Palmela sowie auf die vor dem Restaurant am Kai liegenden Kreuzfahrtschiffe. Leckere, schnell servierte Pizzen aus dem Holzofen ab 7,50 €. Dazu weitere italienische Vor- und Hauptspeisen. Keine Reservierung möglich, früh kommen, weil sehr beliebt. Tägl. 12.30–1.30 Uhr (durchgehende Küche). Cais da Pedra à Bica do Sapato, Loja 7, Armazém B, Ⓜ Santa Apolónia, ✆ 218877532, www.restaurantecasanostra.com.

Taberna Sal Grosso ❸, einfache portugiesische *tasca* (Kneipe), herzhafte Küche wie bei *mamã* zu Hause. Preisgünstig: Mittagsmenü 7,50 €, abends Hauptgerichte à la carte ab 6 €. Einziger Nachteil: nur ein enger, farbenfroh dekorierter Raum und sehr beliebt, daher vor allem abends reservieren. Mo–Sa 12–16 und Di–Sa 20–24 Uhr, So Ruhetag. Calçada da Forte 22, Ⓜ Santa Apolónia, ✆ 215982212, www.facebook.com/tabernaSalGrosso.

Cafés in Alfama 28 Café ❺, an einem kleinen Platz im Viertel Castelo (an der Einlasskontrolle zur Burg die Straße rechts nehmen). Der Besitzer hat das Interieur einer klassischen Tram Lissabons nachgebaut. Toasts, Quiches, Salate, Hamburger und einfache Mittagsgerichte im Angebot, auch Eis. Zum Bezahlen bekommt man ein Tramticket, das man an der Kasse abgeben muss. Tägl. 9.30–19.30 Uhr. Rua de Santa Cruz do Castelo 45, ✆ 218660119, www.facebook.com/173095969514482.

Pois, café **19**, Café direkt unterhalb der Kathedrale. Wer in Lissabon Sehnsucht nach einem gemütlichen Café mit Sesseln und Leseecken bekommt, ist hier richtig. Ein Besuch lohnt aber auch, um die köstlichen Apfelstrudel und Sachertorten zu verdrücken. Außerdem Sandwiches, Tapas, Toasts und Salate. Hohe Decken, massive Steinplatten und Pop-Art-Gemälde an den Wänden verbreiten eine gemütliche Atmosphäre. Kostenloses WLAN. Tägl. 10–23 Uhr (Mo erst ab 12 Uhr, Küche nur bis 22 Uhr). Rua São João da Praça 93-95, Ⓜ Terreiro do Paço, ✆ 218862497, www.poiscafe.com.

≫ Mein Tipp: Portas do Sol **11**, die größte Aussichtsplattform der Alfama, besonders schön ist das Tejo- und Altstadt-Panorama in lauen Lissabonner Sommernächten. Der Marmorboden lässt vergessen, dass man sich auf dem Dach der Portas-do-Sol-Tiefgarage befindet. Tagsüber spenden einige Schirme Schatten. Trotz privilegierter Lage zivile Preise: Der Espresso kostet 1,50 €, das Bier 2,50 €. Tägl. 10–1 Uhr (Fr/Sa bis 2 Uhr, Küche jeweils nur bis 20 Uhr). Largo das Portas do Sol, ✆ 218851299, www.portasdosol.pt. ≪

Sehenswertes in der Neustadt
→ Karte S. 428/429 und 444/445

Nördlich des Rossio erstreckt sich die **Avenida da Liberdade**, die grüne Prachtallee der Hauptstadt. Hier finden sich teure Boutiquen und zahlreiche Hotels. Das verkehrstechnische Herz Lissabons ist die *Praça Marquês de Pombal* am Nordende der Avenida da Liberdade – von hier aus verzweigen sich wie Arterien die **Avenidas Novas**. Bürogebäude prägen das moderne Zentrum der portugiesischen Hauptstadt, aber auch alte Paläste und Grünanlagen wie der *Stadtpark Parque Eduardo VII.* Während der Rushhour an Werktagen schieben sich Autoschlangen über die Hauptverkehrsachsen. Am Wochenende dagegen, wenn die Büros geschlossen sind, fällt Schläfrigkeit über die Neustadt.

Die Viertel der Neustadt sind mit der U-Bahn gut zu erreichen.

Parque Eduardo VII./Estufa Fria

Der Parque Eduardo VII. ist mit 400.000 m² nach dem Monsanto-Park die zweitgrößte Grünanlage der Stadt – und ihr „Central Park". Das riesige **Estufa Fria**, das „Kalte Gewächshaus" mit tropischen Pflanzen, Seen und allerlei Getier befindet sich am oberen Ende des Parque Eduardo VII.; „Kalt" *(fria)* heißt es deswegen, weil die Sonne durch einen Lattenrost abgehalten wird – eine grüne Oase im hektischen Lissabon. Unmittelbar an die Estufa Fria angeschlossen ist das „Heiße Gewächshaus", die Estufa Quente.

Ballspiele im Parque Eduardo VII.

Der Park ist stets geöffnet. Estufa Fria: tägl. 10–19, in der Winterzeit 9–17 Uhr. Einlass bis 30 Min. vor Schluss. Geschlossen an Neujahr, am 1. Mai und 25. Dez. Eintritt 3,10 €, mit Cartão Jovem, bis 18 J. und Rentner 2,30 €, Stud. 1,60 €, bis 5 J. frei. So bis 14 Uhr stets freier Eintritt. Ⓜ Parque oder Marquês de Pombal, ✆ 213882278, http://estufafria.cm-lisboa.pt.

Museu Calouste Gulbenkian

Das weltbekannte Kunstmuseum an der Praça de Espanha wurde mit den Dollars des reichen Armeniers Gulbenkian erbaut, der seinen Lebensabend in Lissabon verbrachte und seine Ölmilliarden einer Stiftung hinterließ. Es gibt zwei Museumsgebäude: zum einen die **Coleção do Fundador**, die 1969 speziell für seine 6000 Werke umfassende Kunstsammlung errichtet wurde. Zu sehen sind Gemälde von Rubens, Renoir, Rembrandt, La Tour, van Dyck und anderen europäischen Meistern, französische Möbelantiquitäten, Exponate aus dem alten Ägypten, aus Mesopotamien, Rom und Griechenland und orientalische Kunst, z. B. arabische Azulejos.

Die **Coleção Moderna** dagegen ist, weil später entstanden, nicht von den Vorlieben des Armeniers geprägt und zeigt moderne Kunst. Zwischen beiden Gebäuden erstreckt sich der schön begrünte *Park Jardim Gulbenkian*, der wie die beiden Museumscafés zum Verweilen einlädt. Vor allem das Café in der Coleção Moderna erfreut sich dank seiner exzellenten Menüs großer Beliebtheit (Selbstbedienung).

Beide Museumsteile: Mi–Mo 10–18 Uhr, Di/Feiertag zu. Einlass bis 17.30 Uhr. Eintritt 10 € (bei Sonderausstellungen teilweise abweichend). Ab 65 J., Stud. bis 30 J., mit Cartão Jovem 50 % Ermäßigung, bis 11 J. (in Begleitung eines Familienangehörigen bis 18 J.) frei. Zudem So ab 14 Uhr freier Eintritt für alle. *Coleção do Fundador:* Av. de Berna 45A, ✆ 217823000, Ⓜ Praça de Espanha. *Coleção Moderna:* Rua Dr. Nicolau Bettencourt, ✆ 217823474. Ⓜ São Sebastião. www.gulbenkian.pt/museu.

Mister Five Percent – Calouste Sarkis Gulbenkian

Geboren wurde der Ölmilliardär als Sohn armenischer Eltern am 14. April 1869 in Konstantinopel. Aufgewachsen ist er in Marseille und London, wo er 1902 die englische Staatsbürgerschaft erwarb. Die langen Aufenthalte in verschiedenen Ländern sind auch der Grund für seine ungewöhnlichen Sprachkenntnisse: Neben Armenisch sprach er Türkisch, Arabisch, Englisch, Französisch, Deutsch und Italienisch. Als Vermittler für den amerikanischen Ölkonzern Standard Petroleum erwarb er kurz vor dem Ersten Weltkrieg die alleinigen Bohrrechte in den damaligen türkischen Gebieten und gründete die Turkish Petroleum. An ihr wie auch an der Nachfolgefirma Iraq Petroleum und der in Saudi-Arabien tätigen Arabian American Oil Company (Aramco) war er mit fünf Prozent beteiligt, was ihm den Spitznamen „Mister Five Percent" einbrachte. Bis zum Zweiten Weltkrieg lebte Gulbenkian in Paris und begann dort eine riesige Kunst- und Münzensammlung anzuhäufen. Dann zog er nach Lissabon, wo er im Alter von 86 Jahren am 20. Juli 1955 starb. Sein Vermögen hinterließ er zum größten Teil der Gulbenkian-Stiftung.

Lissabon → Karten S. 428/429 u. S. 430/431

Essen & Trinken an der Avenida da Liberdade   Karte S. 444/445

🌿 **PSI 3**, vegetarisches Restaurant in schöner Lage unweit der deutschen Botschaft, eine esoterisch angehauchte Oase gesunder Ernährung inmitten einer kleinen Parkanlage. Im Innern freundliche Dekoration in warmen Farben, oft Meditationsmusik. Im Sommer auch Betrieb im Glaspavillon und auf der Terrasse. Hauptgericht ab 10,90 €, exotische Salate und viele Säfte. Tägl. (außer So) 12.30–22 Uhr. Alameda Santo António dos Capuchos – Jardim dos Sabores, ✆ 213590573, www.restaurante-psi.com. ■

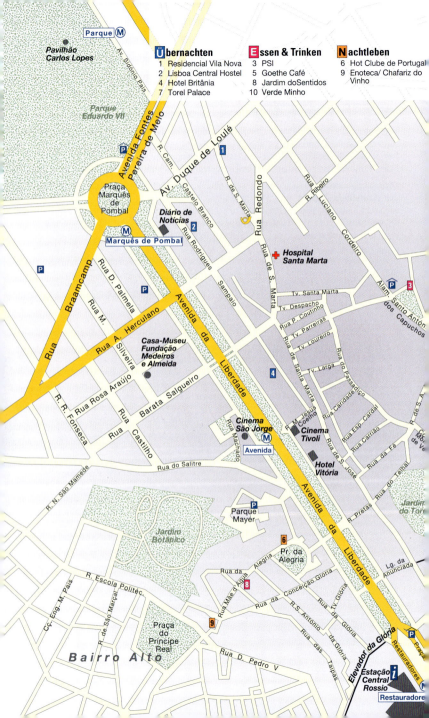

Übernachten
1 Residencial Vila Nova
2 Lisboa Central Hostel
4 Hotel Britânia
7 Torel Palace

Essen & Trinken
3 PSI
5 Goethe Café
8 Jardim doSentidos
10 Verde Minho

Nachtleben
6 Hot Clube de Portugal
9 Enoteca/ Chafariz do Vinho

150 m

Estefânia

R. Gomes Freire

R. da Escola do Exército

Campo dos M. da Pátria

Capuchos

Largo, Paço da Rainha

Rua da Bempostinha

Deutsche Botschaft

Campo dos Mártires

Largo do Mastro

P

5
Goethe-Institut

Statue Sousa Martins

Rua do Saco

Rua Sousa

R. Nova

R. de São Lázaro

R. Destero

R. J. Andrade

Tv. R. Câmara Pestana

Tv. Inst. Bacteriológico

Santana

Elevador do Lavra

Instituto Bacteriológico Câmara Pestana

7

Hospital São José

Cç. de Santana

Cç. do Arco da Graça

R. das Portas de S. Antão

R. Regedor de S. Antão

10

Lg. do Regedor

🌿 **Jardim doSentidos** **8**, vegetarisch-veganes Restaurant. Das gewölbeartige Gemäuer ist gelungen in orientalisch-fernöstlichem Ambiente gestaltet, die begrünte Terrasse im Hinterhof ist ebenfalls sehr einladend. Mittags wird im Restaurant ein vegetarisches Büfett serviert (ab 8,90 €), abends à la carte mit Hauptgerichten ab 8,90 €. Viele Salate, Tofu und Seitan im Angebot. Mo–Fr 12–15, Mo–Sa 19–22.30 Uhr (Fr/Sa bis 23 Uhr), So Ruhetag. Rua da Mãe d'Água 3, Ⓜ Avenida, ✆ 213423670, www.jardimdosentidos.com. ∎

Verde Minho **10**, kleiner Raum, durch den der Rauch der auf Holzkohle gegrillten Fische zieht. Typisches Nachbarschaftsrestaurant: Azulejos zieren die Wände, der Fernseher fehlt auch nicht. Küchenchefin Dona Maria kommt aus der für ihre gute Küche bekannten nordportugiesischen Region Minho. Hauptgericht ab 7 €, für den normalen Hunger reichen die halben Portionen ab 5 €. Tägl. (außer So) 12–23 Uhr. Calçada de Santana 17 und 19, Ⓜ Rossio, ✆ 218860657, www.facebook.com/149748581725522.

In der Nachbarschaft entlang der Santana-Gasse gibt es zahlreiche weitere preiswerte Restaurants.

Goethe Café **5**, im 1. Stock des Goethe-Instituts. Tagesgerichte ab 6 € (kein Abendessen), auch vegetarisch. Außerdem Currywurst, Sandwiches und gute Salatauswahl. Das Innere erinnert an eine Uni-Mensa, aber im Sommer ist hinter dem Gebäude der angenehm schattige Biergarten geöffnet: Abgeschieden vom Trubel der Großstadt kann man bei einem Paulaner-Weizen, einem Kaffee oder einem Fruchtsaft die Aussicht und die außergewöhnliche Ruhe genießen. Mo–Do 8.30–20, Fr 8.30–18, Sa 9–16.30 Uhr, So zu. Goethe-Institut, Campo dos Mártires da Pátria 37, ✆ 218824528, www.facebook.com/goethecafelisboa.

Sehenswertes im Bairro Alto → Karte S. 448

Das **Bairro Alto** entstand im 16. Jahrhundert. Zwischen noblen Adelspalästen zogen in die Wohnhäuser der kleinen, rechtwinklig angelegten Gassen einfache Leute ein, was der „Oberstadt"

Weite Aussicht vom Miradouro São Pedro de Alcântara

auch bis heute ein besonderes Flair verleiht. Die Atmosphäre in diesem Altstadtviertel wird gerne mit dem Pariser Quartier Latin verglichen. Aufgelockert wird das
enge Gassengeflecht durch mehrere schöne Aussichtspunkte und den botanischen
Garten. In den letzten Jahren ließen sich im Bairro Alto viele junge Modedesigner
und -geschäfte nieder. Für die Lissabonner bedeutet das Bairro Alto jedoch weiterhin vor allem eines: Nachtleben.

Das Bairro Alto erreicht man mit dem Ascensor da Glória ab Praça dos Restauradores
(Ⓜ Restauradores) oder über die Metro Baixa/Chiado.

Miradouro São Pedro de Alcântara

Der Aussichtspunkt mit kleinem Park im Bairro Alto schließt sich direkt nördlich
an die Bergstation des Elevador da Glória an. Von hier aus hat man eine wunderbare Sicht auf den gegenüberliegenden Santana-Hügel, die Avenida da Liberdade,
auf die Graça und das Castelo São Jorge.

Rua São Pedro de Alcântara, Aufzug Ascensor da Glória.

Igreja de São Roque

Die ehemalige Prunkkirche der Jesuiten am Largo Trindade Coelho, ihr Grundstein
wurde 1566 gelegt. Steht der Besucher zunächst vor einer eher schlichten Fassade
im manieristischen Stil, wird er beim Betreten der ehemaligen Gegenreformations-
kirche von ihrer überladenen, prunkvollen Inneneinrichtung förmlich erdrückt.
Barocker Überfluss in neun vergoldeten Kapellen, geschnitzte Heiligenfiguren,
Engel in Gold und Rosa, Reliquiare, Marmoraltäre ... Besonders zu beachten ist –
ganz vorne links – die Kapelle Johannes des Täufers aus blauem Marmor; sie wurde
komplett in Rom gefertigt, in Einzelteile zerlegt und nach Lissabon verschifft. Im
Nebengebäude zeigt das Museu de São Roque sakrale Kunstwerke.

Kirche: Mo 14–19, Di–So 9–19, Do bis
20 Uhr, an Feiertagen und während Gottesdiensten geschlossen; Okt.–März tägl. nur
bis 18 Uhr. Eintritt frei.

Museum: Mo 14–19, Di–So 10–19, Do bis
20 Uhr, Feiertag zu; Okt.–März tägl. nur bis
18 Uhr. Einlass bis 30 Min. vor Schluss. Eintritt 2,50 €, Familie 5 €, mit Cartão Jovem 1 €,
bis 14 J., Stud. und ab 65 J. Eintritt frei, So
bis 14 Uhr Eintritt frei für alle. Largo Trindade Coelho, Ⓜ Baixa/Chiado, ✆ 213235065,
www.museudesaoroque.com.

Jardim Botânico

Inmitten der Stadt stößt man an einem Abhang zwischen dem Bairro Alto und der Avenida da Liberdade auf den versteckt gelegenen Park. Der deutsche Gärtner Edmund Goeze hat im 19. Jh. den Park zusammen mit seinem französischen Kollegen Jules Daveau vor allem mit aus den portugiesischen Kolonien in Afrika und Asien importierten Arten bepflanzt. Besonders hervorzuheben ist eine Allee mit 35 Palmenarten, der große Drachenbaum (linker Hand des Wegs nach dem Eingang) und das Schmetterlingshaus.

Tägl. 9–20 Uhr, Nov.–März Mo–Fr nur bis 17, Sa/So/Feiertag bis 18 Uhr. Letzter Einlass 30 Min. vor Schluss. Eintritt 2 €, bis 18 J., ab 65 J. und Stud. 50 % Nachlass, Familie 5 €; unter 6 J. frei, So bis 14 Uhr freier Eintritt für alle. Rua da Escola Politécnica 58, Ⓜ Rato, ✆ 213921800, www.museus.ulisboa.pt.

Essen & Trinken im Bairro Alto

Karte S. 448/449

La Brasserie de L'Entrecôte [13], in der Nähe der Praça Luís de Camões und des Chiado. Große, stilvoll eingerichtete Speisesäle, hohe Granitbögen und viel dunkles Holz. Es gibt nur Steaks mit französischer Kräuter-Soße, Salat und Pommes frites (ab 18,95 €) – und für Vegetarier Seitan-Steaks, ein Fleischersatz der japanischen Küche aus Weizenmehl. Mo–Do 12.30–15 und 19.30–23.30, Fr–So 12.30–16 und 19.30–24 Uhr. Rua do Alecrim 117, Ⓜ Baixa/Chiado, ✆ 213473616, www.brasserieentrecote.pt.

Sea Me – Peixaria Moderna [12], Lissabons hippstes Fischrestaurant: weiße mit Neonröhren beleuchtete Wände erinnern an einen Fischmarkt. Der Fisch liegt tatsächlich noch auf Eis und kann vom Gast ausgesucht werden. Küche rund ums Meer von Thunfisch-Carpaccio über eine breite Sushi-Auswahl bis zu gegrillten Fischen. Teilweise sehr voll und laut, der Service kommt dann nicht mehr hinterher (Tischreservierung empfohlen). Hauptgericht ab 17,50 €, die meisten Fische werden pro Kilo abgerechnet. Mo–Fr 12.30–15.30 und 19.30–24 Uhr (Fr bis 1 Uhr), Sa 12.30–1, So 12.30–24 Uhr. Rua do Loreto 21, Ⓜ Baixa/Chiado, ✆ 213461564, www.peixariamoderna.com.

Time Out Mercado da Ribeira [20], im Westflügel des ehemaligen Großmarkts der Stadt betreibt die Zeitschrift Time Out eine Schlemmermeile mit zahlreichen Restaurants, Getränkeständen und Feinkostläden. Man holt sich das Essen selbst und setzt sich dann an langen Holzbänken auf einen der 750 Plätze in der Markthalle oder auf der Terrasse. Lautes, umtriebiges Ambiente, eher etwas für ein schnelles Essen oder größere Gruppen, weniger für ein romantisches Tête-à-Tête. Preislich gehoben und nicht auf günstigem Marktniveau. Tägl. 10–24 Uhr (Do–Sa bis 2 Uhr). Mercado da Ribeira, Ⓜ Cais do Sodré, ✆ 213461199, www.facebook.com/TimeOutMarketLisboa

🌿 **Terra [4]**, vegetarisches Restaurant unterhalb des Príncipe Real. Länglicher Speiseraum, nach hinten geht es auf eine begrünte Terrasse unter Bäumen. Ruhige Stimmung. Veganes Büfett mit reicher Auswahl von Pizza über Nudeln bis zu Salaten. Mittagsbüfett inkl. Getränk und Nachtisch Mo–Fr 12,50 € pro Person, abends sowie Sa/So ganztags 15,90 € (dann werden Getränke und Nachtische separat berechnet). Tägl. 12.30–15.30 und 19.30–24, Küche bis 15 bzw. 22.30 Uhr. Rua da Palmeira 15, Ⓜ Rato, ✆ 213421407, www.restauranteterra.pt. ■

Antiga Casa Faz Frio [1], wenige Meter von der Praça do Príncipe Real entfernt. Sehr rustikales Inneres mit Granitfußboden. Als Gag gibt es Separees, in denen man ungestört speisen kann. Spezialität des Hauses ist *paelha de marisco*, eine Meeresfrüchtepaella für 2 Personen für 30 €; da sie frisch zubereitet wird, Wartezeit ca. 45 Min. Jeden Tag eine andere Art *bacalhau* als Tagesgericht. Hauptgericht ab 7,90 €, Mittagsmenü Mo–Fr 7,50 €. Tägl. (außer So) 12–15 und 19–23 Uhr. Rua Dom Pedro V 96-98, ✆ 213461860.

Tascardoso [2], einfaches, volkstümliches Restaurant am Rande des Príncipe Real. Zwei Eingänge und zwei kleine, eng bestuhlte Speiseräume. Viele Stammgäste aus der Nachbarschaft – und viele Touristen.

Lissabon → Karten S. 428/429 u. S. 430/431

Die Oberstadt Bairro Alto

200 m

Cacilhas

Übernachten

9 Stay Inn Lisbon Hostel
15 Lost Inn Lisbon Hostel

Essen & Trinken

1 Antiga Casa Faz Frio
2 Tascardoso
4 Terra
11 Casa Cabaças
12 Sea Me - Peixaria Moderna
13 La Brasserie de L'Entrecôte
16 Sol e Pesca
20 Time Out Mercado da Ribeira

Nachtleben

3 Pavilhão Chinês
5 Solar do Vinho do Porto
6 Páginas Tantas
7 Tasca do Chico
8 A Capela Bar
10 Café Suave
14 By the Wine
18 Musicbox Lisboa
19 Pensão Amor

Einkaufen

17 Loja das Conservas

Die Oberstadt Bairro Alto

Hauptgericht ab 7 €. Tägl. (außer So/Feiertag) 12–15.30 und 19–24 Uhr. Rua Dom

Pedro V 137 und Rua do Século 242, Ⓜ Rato, ✆ 213427578.

Casa Cabaças 🔢, nahe der Praça Luís de Camões; am besten an der Hausnummer orientieren, das beliebte Restaurant ist so gut wie nicht ausgeschildert. Portugiesische Küche. Lecker schmeckt *naco na pedra*, ein saftiges Stück Rindernacken, das man sich auf einem heißen Stein selbst brutzelt. Früh kommen, da bei Touristen wie bei Portugiesen beliebt. Hauptgericht ab 7 €. Di–Fr 12–15, Di–So 19–24 Uhr, Mo Ruhetag. Rua das Gáveas 8-10, Ⓜ Baixa/Chiado, ✆ 213463443, www.facebook.com/cabacas restaurante.

Sol e Pesca 🔢, an der Fußgängerzone Rua Nova do Carvalho (die die Stadt rosa (!) streichen ließ), im ehemaligen Seemannsviertel am Cais do Sodré. Es gibt ausschließlich Fischkonserven, angerichtet auf einem Teller mit Kräutern und Zitronen (dazu kann man Brot bestellen). Besonders empfehlenswert sind die nachhaltig gefangenen Thunfische der Firma Santa Catarina, z. B. mit Süßkartoffeln *(batata doce)*, Oregano *(orégão)* oder Thymian *(tomilho)*. Auch komplette Gerichte aus Konservenfischen ab 6,50 € pro Hauptgericht. Tägl. 12–2 Uhr (Do–Sa bis 4 Uhr). Rua Nova do Carvalho 44, Ⓜ Cais do Sodré, ✆ 213467203, www.solepesca.com.

Sehenswertes in den westlichen Stadtteilen

→ Karte S. 450/451

Wer Zeit und Lust hat, sollte einmal in die westlich des Bairro Alto gelegenen Viertel vorstoßen. Sehenswert ist vor allem das Viertel **Madragoa** mit seinen schönen Altstadtgassen, das mit Bars und Restaurants ein beliebtes Ausgehviertel ist, sowie Lissabons aristokratischster Stadtteil: die **Lapa**. Hier verdecken allerdings dicke Mauern leider oft den Blick auf die prunkvollen Paläste.

In beide Stadtteile ab Praça do Comércio mit Tramlinie 25 (nur Mo–Fr), die gleiche Strecke fährt tägl. auch die Buslinie 774.

Aufgrund seiner rechtwinkligen Anlage und der vielen Geschäfte nennt man den sich nördlich anschließenden Stadtteil **Campo de Ourique** auch die Baixa des Lissabonner Westens. Im romantischen *Westfriedhof* der Stadt spaziert man durch weite Alleen entlang prächtiger Mausoleen.

Nach Campo de Ourique kommt man vom Zentrum mit Tramlinie 28 ab Largo do Chiado (Ⓜ Baixa/Chiado).

Das Zentrum des Lissabonner Hafens prägt den früheren Arbeiterstadtteil **Alcântara** am westlichen Flussufer. Über dem Viertel schwingt sich erhaben die Brücke des 25. April, die Lissabon mit der Tejo-Südseite verbindet. Auch wenn die Zeiten

Lissabon → Karten S. 428/429 u. S. 430/431

Alcântaras als Industriezentrum der Stadt vorbei sind und anstelle der Fabriken Apartments hochgezogen werden, ist die Arbeiteratmosphäre des Viertels immer noch zu spüren.

Vom Zentrum mit Tramlinie 15 ab Praça da Figueira nach Alcântara.

Museu Nacional de Arte Antiga

Das Museum der alten Künste im Lapa-Viertel präsentiert die bedeutendste Kunstsammlung des Landes mit Gold- und Silberarbeiten, portugiesischer Keramik des 16. bis 19. Jh., asiatischem Porzellan, antiken Möbeln, Skulpturen, orientalischen Teppichen, afrikanischer Kunst usw. Das Interessanteste jedoch ist die umfangreiche Bildergalerie mit Gemälden portugiesischer und anderer europäischer Meister verschiedener Schulen aus dem 14. bis 19. Jahrhundert.

Herausragende Einzelstücke sind das Triptychon mit der Versuchung des heiligen Antonius von *Hieronymus Bosch* und das Polyptychon von São Vicente des portugiesischen Malers *Nuno Gonçalves*. Überaus sehenswert sind auch die japanischen Wandschirme, die die Ankunft der ersten Portugiesen in Japan zeigen, sowie Arbeiten des portugiesischen Künstlers *Domingos António de Sequeira* aus dem 19. Jh. Der schöne *Museumsgarten* mit seinem Café lädt zum Verweilen ein.

Tägl. (außer Mo/Feiertag) 10–18 Uhr, Einlass bis 17.30 Uhr. Eintritt 6 €, Stud., mit Cartão Jovem, ab 65 J. und Familie 50 % Nachlass, bis 12 J. frei. Am 1. So im Monat Eintritt frei für alle. Rua das Janelas Verdes, mit Tram 15 ab der Praça do Comércio bis Haltestelle Cais da Rocha. ☎ 213912800, www.museu dearteantiga.pt.

Basílica da Estrela

Die Architekten Mateus Vicente de Oliveira und Reinaldo Manuel haben die weiße Sternenbasilika zwischen 1776 und 1790 auf Initiative von Dona Maria I. errichtet. Die Königin hatte ein Gelübde zum Bau dieser Kirche *im*

Rua do Sol ao Rato
Largo do Rato

M

Rato

Rua de D. Dinis

Rua do Salitre

Rua Ferreira Borges

Av. Alvares Cabral

Rua de São Bento

Rua da Escola Politécnica

Jardim Botânico

Rua Saraiva de Carvalho

Britischer Friedhof

R. d. S. Jor.

Casa-Museu Amália Rodrigues

P

Rua da Imprensa Nacional

Rua Manhias

Rua dos Bernardos

R. de R. dos Prazeres

Rua Eng. M. Pais

Rua de S. Marçal

Rua Cecílio de Sousa

Praça do Príncipe Real

R. Domingos Sequeira

da Estrela

Jardim da Estrela

Rua de Santo Amaro

Rua de São Bento

Rua da Imprensa a

R. Nova da Piedade

Praça das Flores

Rua da Palmeira

Basílica da Estrela

Tv. Oliveira

Calçada da Estrela

Pr. de S. Bento

Igreja de Jesus

Av. Infante Santo

Tv. Pinheiro

Rua São Bernardo

Assembleia da República

Rua da Quintinha

Largo de Jesus

São Bento

Rua de Santana

Rua de Buenos Aires

Rua Borges Carneiro

Rua Miguel Lupi

Atelier-Museu Júlio Pomar

★ Calçada do Combro

Rua do Poço dos Negros

à Lapa

Rua do Quelhas

Polizei

Rua da Paz

Rua da Cruz dos Poias

dos Poiais de S. Bento

Rua do Meio à Lapa

Cç. Castelo Picão

Rua das Trinas

Miradouro Santa Catarina

Lapa

Rua das Madres

Rua de S. Domingos à Lapa

Rua dos Remédios

Tv. Pé-de-Ferro

R. do Machadinho

Tr. do

da Esperança

Rua de Dom Luís Primeiro

Rua de Boavista

Rua do Instituto Industrial

R. do Sacramento à Lapa

Rua Garcia de Orta

Convento das Bernardas

Rua V. Borga

Dura

Cç. Marquês Abrantes

Lg. do Conde Barão

P

R. P. Bordalo Pinheiro

R. do Prior

Rua do Conde

Madragoa

R. de Santos-o-Velho

Igreja de Santos-o-Velho

Tv. V. Damásio

P

Largo de Santos

Avenida Vinte e Quatro de Julho

P

Rua das Janelas Verdes

Cç. Ribeiro Santos

Esc. Praia

Bahnhof Santos

Rua do Olival

P

R. Pres. Arriaga

Museu Nacional de Arte Antiga

Avenida Dom Carlos I

Avenida Francesinhas

150 m

Die westlichen
Altstadtviertel

Stadtteil Lapa abgelegt, falls sie einen Sohn gebären würde. Ergebnis war eine der schönsten Kirchen Lissabons. Ihr Stil bewegt sich dabei zwischen Spätbarock und Neoklassizismus. Beeindruckend ist die prächtige Fassade. Über der Kreuzung beider Kirchenschiffe erhebt sich – außen weithin sichtbar – die große Kuppel. Die Kuppel ist bei gutem Wetter auch im Rahmen einer Führung begehbar, ebenso einer der beiden Glockentürme. Zum richtigen Zeitpunkt kann man auch das Ertönen der mächtigen Glocken der beiden Türme erleben. Dazu muss man 114 Stufen über eine enge Wendeltreppe auf das Dach steigen. Belohnt wird man mit interessanten Ausblicken in das Kircheninnere und auf die Stadt. Gegenüber der Kirche liegt übrigens der schöne Park *Jardim da Estrela.*

Basilika: Tägl. 7.30–13 und 15–20, Mo erst ab 16 Uhr. Eintritt frei. **Dachterrasse**: Führungen tägl. 10–12 und 14–18.30 Uhr alle 30 Min., Eintritt 4 €. Treffpunkt im Gang zur Rezeption rechts neben dem Haupteingang. Für kleine Kinder allerdings nicht zu empfehlen: Das Dach ist schlecht gesichert und gegen die Tauben sind elektrische Drähte freiliegend verlegt. Die imposante **Krippenausstellung** kann man tägl. von 10–11.30 und 15–17 Uhr besuchen (Mo nachmittags geschlossen). Eintritt 1,50 €. Largo da Estrela, Straßenbahnlinie 25 (nur Mo–Fr) und Linie 28 bis Haltestelle Estrela. ✆ 213960915.

Cemitério dos Prazeres

Steigt man an der Endstation der Linien Nr. 25 und 28 („Prazeres") *im Viertel Campo de Ourique* aus der Straßenbahn, steht man vor dem großen Eingangsportal des „Friedhofs der Vergnügungen". Lissabons ältester Friedhof existiert seit 1833, bis zur Choleraepidemie um 1830 hatte man die Toten in den Kirchen bestattet. Der Cemitério ist eine kleine Stadt für sich: Unter den Baumalleen reiht sich ein Familienmausoleum an das andere, alle reich verziert und aus edelstem Stein – an der letzten Ruhestätte wurde wahrhaftig nicht gespart. Der sonderbare Name des Friedhofs stammt übrigens von einer Kapelle gleichen Namens, die sich zuvor auf dem Gelände des Friedhofs befunden hat.

Tägl. 9–17, Mai–Sept. bis 18 Uhr, Einlass bis 17.30 Uhr. Praça São João Bosco, Straßenbahn 25 (nur Mo–Fr) und Linie 28 bis Endhaltestelle Campo de Ourique (Prazeres). ✆ 213961511.

Museu do Oriente

Das Orientmuseum Lissabons *im Stadtteil Alcântara* ist eine der führenden Sammlungen ostasiatischer Kunst in Europa. Die Ausstellung im 1. Stock führt den Besucher nach Indien, Macau, Japan und Osttimor, die drei Regionen Asiens, mit denen die Portugiesen am meisten Kontakt hatten. Aus Macau bzw. China sind kunstvolle Seidengewänder, handbemaltes Porzellan und liebevoll verzierte Spielkisten zu sehen. Aus Japan sind beeindruckende Ritterrüstungen, kunstvolle Schwerter und winzige Medikamentenbehältnisse zu sehen. Kirchenmodelle, Kruzifixe und Monstranzen dokumentieren die Expansion des Christentums in Indien durch die Portugiesen. Das 2. Stockwerk widmet sich den asiatischen Gottheiten. Prachtvolle Altäre aus Indien, Tibet, China, Vietnam und Japan lassen die Religionen Asiens lebhaft vor Augen treten. Alles ist portugiesisch und englisch beschildert, was die Orientierung erleichtert.

Tägl. (außer Mo) 10–18, Fr bis 22 Uhr. Einlass bis 30 Min. vor Schluss. Eintritt 6 €, bis 12 J. 2 €, Stud. 2,50 €, ab 65 J. 3,50 €, Familie 14 €, bis 5 J. frei. Fr 18–22 Uhr Eintritt frei für alle. Das *Museumsrestaurant* im obersten Stock bietet einen herrlichen Blick auf den Hafen von Alcântara (nur mittags geöffnet). Av. de Brasília, Doca de Alcântara, mit Tramlinie 15 ab Praça do Comércio bis Haltestelle Av. Infante Santo (dann die Brücke über die Bahnlinie nehmen), ✆ 213585200, www.museudooriente.pt.

Ponte 25 de Abril

Die Anfahrt über die 2300 Meter lange Hängebrücke über den Tejo ähnelt einem Landeanflug – 70 m über Normalnull schwebt man in die Hauptstadt ein. 1966 wurde die damals *Ponte Salazar* genannte Brücke nach nur vier Jahren Bauzeit für den Autoverkehr eingeweiht. Seit 1999 verbinden hier auch Züge die Südseite des Tejo mit Lissabon. Beachtenswert ist, dass nur die äußeren der insgesamt sechs Fahrspuren asphaltiert sind – die mittleren Fahrstreifen bestehen aus Gitterrosten: Man kann bis aufs Wasser schauen!

Wer die Brücke mit öffentlichen Verkehrsmitteln überqueren will, nimmt am besten einen der Fertagus-Züge ab Entrecampos (Ⓜ Entrecampos) oder Sete Rios (Ⓜ Jardim Zo-ológico) Richtung Süden, z. B. bis Pragal. Die normalen Lissabonner Bus- und Metrofahrkarten gelten nicht!

Sehenswertes in Belém   → Karte S. 458/459

Belém ist ein freundlicher Stadtteil an der Tejo-Mündung, ca. 7 km vom Lissabonner Zentrum entfernt. Von Belém aus starteten die portugiesischen Entdecker ihre Seereisen, so Vasco da Gama 1497 nach Indien. Neben viel Grün in gepflegten Parks trifft man in Belém auf das bemerkenswerteste Bauwerk von Lissabon: das *Jerónimos-Kloster*. Es ist ein riesiger Bau im verspielten manuelinischen Stil aus der Entdeckerzeit. Nicht weit davon liegt die alte *Hafenfestung Torre de Belém* im gleichen Baustil. Zwischen beiden historischen Anlagen befindet sich das moderne *Kulturzentrum Centro Cultural de Belém* mit der Colecção Berardo, Portugals bekanntester privater Sammlung moderner Kunst. Ebenfalls in Belém residiert der Staatspräsident des Landes im *Palácio de Belém*. Auch viele interessante Museen wie das Archäologie-, das Kutschen- und das Marinemuseum gibt es zu entdecken.
Nach Belém fährt ab der Praça da Figueira (Metro Rossio) die Tramlinie 15.

Palácio Nacional da Ajuda

Der Palast der letzten portugiesischen Könige steht im kleinen Stadtteil Ajuda, der sich nördlich an Belém anschließt. Der Grundstein des neoklassizistischen Baus wurde 1802 gelegt. Zuvor standen hier Holzbaracken, die sogenannten Barracas Reais, in die sich die königliche Familie aus Angst vor Erdbeben zurückgezogen hatte. Nach der Flucht von König Dom João VI. nach Brasilien (1807) ruhten die Bauarbeiten und wurden erst unter König Dom Luís I. wieder aufgenommen, der Westflügel wurde aber nie ganz fertiggestellt. In dem riesigen weißen Bau sind kostbare Möbel und Kunstwerke aus dem 19. Jh. zu sehen. Im unteren Geschoss kann man die Gemächer des Königs und der Königin bewundern; das Zimmer der Königin ist ganz in Blau gehalten und mit einem mächtigen Himmelbett ausgestattet. Im oberen Stockwerk folgen – nach einem 130 m langen Korridor – der prächtige Kronsaal und zwei Ballsäle mit glitzernden Kronleuchtern und hohen Decken. Wer ein Faible für die Schönheit blauer Salons, Herrenzimmer und prunkvoller Schlaf- und Wohngemächer hat, sollte sich einen Besuch im Palácio Nacional da Ajuda nicht entgehen lassen.

Tägl. (außer Mi/Feiertag) 10–18 Uhr, Einlass bis 17.30 Uhr. Eintritt 5 €, ab 65 J., mit Cartão Jovem, Stud. und Familien ab 4 Pers. 50 % Nachlass, bis 12 J. frei, am 1. So im Monat Eintritt frei für alle. Kombiticket mit Museu Nacional dos Coches (nur Neubau!) 7,50 €. Largo da Ajuda, ab Praça do Comércio Bus 760 (Richtung Cemitério da Ajuda) bis Haltestelle Lg. Ajuda (Palácio). ☎ 213637095, www.palacioajuda.pt.

Lissabon → Karten S. 428/429 u. S. 430/431

Jardim Botânico da Ajuda

Der hübsche botanische Garten gleich unterhalb des Ajuda-Königspalasts gilt als der älteste botanische Garten des Landes. König Dom José I. ließ ihn 1768 vom italienischen Botaniker Domingos Vandelli anlegen. Die schönste Zeit für einen Besuch ist Ende Mai bis Anfang Juni, wenn im oberen Teil eine herrliche Allee von Jacaranda-Bäumen in sattem Violett erblüht. Im Schatten der seltenen tropischen Bäume widmen sich alte Männer dem Kartenspiel und toben die Kinder.

Tägl. 9–17 Uhr, April und Okt. Sa/So bis 19 Uhr, Mai–Sept. Sa/So bis 20 Uhr. Eintritt 2 €, Stud. und ab 65 J. 50 % Nachlass, Familie bis 3 Kinder 5 €, unter 6 J. frei. Calçada da Ajuda, ab Praça do Comércio Bus 760 (Richtung Cemitério da Ajuda) bis Haltestelle Lg. Ajuda (Palácio). ☎ 213622503, www.jardimbotanicodajuda.com.

Museu Nacional dos Coches

Das Kutschenmuseum von Belém zeigt goldglitzernde Märchenkutschen aus dem 17., 18. und 19. Jh., die von der Prunksucht früherer Zeiten zeugen. Die „Designer" bemühten sich eher um auffallende Schönheit denn um Zweckmäßigkeit und Fahrkomfort. Der wuchtige Neubau des Museums am Rand der Altstadt von Belém fällt ziemlich aus dem Rahmen, doch im Inneren versteht man die Pläne des brasilianischen Architekten Paulo Mendes da Rocha: In den riesigen Hallen kommen die Kutschen perfekt zur Geltung.

Als Nebengebäude des Museums dient die ehemalige Reithalle *(Picadeiro Real)* des Königsschlosses von Belém schräg gegenüber auf der anderen Straßenseite. Gezeigt werden hier acht weitere goldglänzende Gefährte. Im Obergeschoss zieren Ölporträts der Dynastie Bragança die Wände. Mit 400.000 Besuchern im Jahr ist das Kutschenmuseum Portugals meistbesuchtes Museum.

Tägl. (außer Mo/Feiertag) 10–18 Uhr, Einlass bis 17.30 Uhr. Eintritt nur Neubau 6 €, nur Picadeiro Real 4 €, Kombiticket 8 €. Ab 65 J., Stud., mit Cartão Jovem und Familien ab 2 Kindern 50 % Nachlass, bis 12 J. frei. Am 1. So im Monat für alle Eintritt frei. Avenida da Índia 136 und Praça Afonso de Albuquerque, ab Praça do Comércio mit Tram 15 bis Haltestelle Belém, ☎ 210732319 und ☎ 213610850, www.museudoscoches.pt.

Museu da Eletricidade

Das Elektrizitätsmuseum befindet sich in einem sehenswerten historischen E-Werk direkt am Tejo gegenüber der Bahnstation Belém. Das Kohlekraftwerk aus dem Jahr 1914 versorgte bis 1951 Lissabon mit Strom. Die Überbleibsel aus dieser Zeit sind heute noch zu sehen: Öfen, Lüftungsrohre, Turbinen, Generatoren und vieles mehr. Besonders beeindruckt die Haupthalle mit ihren mächtigen Maschinen.

Tägl. (außer Mo/Feiertag) 10–18 Uhr. Eintritt frei. Central Tejo, Av. de Brasília, Straßenbahn 15 bis Haltestelle Belém. ☎ 210028190, www.fundacaoedp.pt.

Mosteiro dos Jerónimos (Jerónimos-Kloster)

Ein absolutes Muss für jeden Lissabon-Besucher! Der Bau gilt als das bedeutendste Werk der Manuelinik, der portugiesischen Variante der Spätgotik. Seit 1983 gehört das Kloster zum UNESCO-Weltkulturerbe. Durch die vorgelagerte Parkanlage kommt die reich verzierte Kalksteinfassade voll zur Geltung. In den Seitenflügeln des 300 m langen Gebäudes sind heute das Seefahrtsmuseum und das Archäologische Museum zuhause.

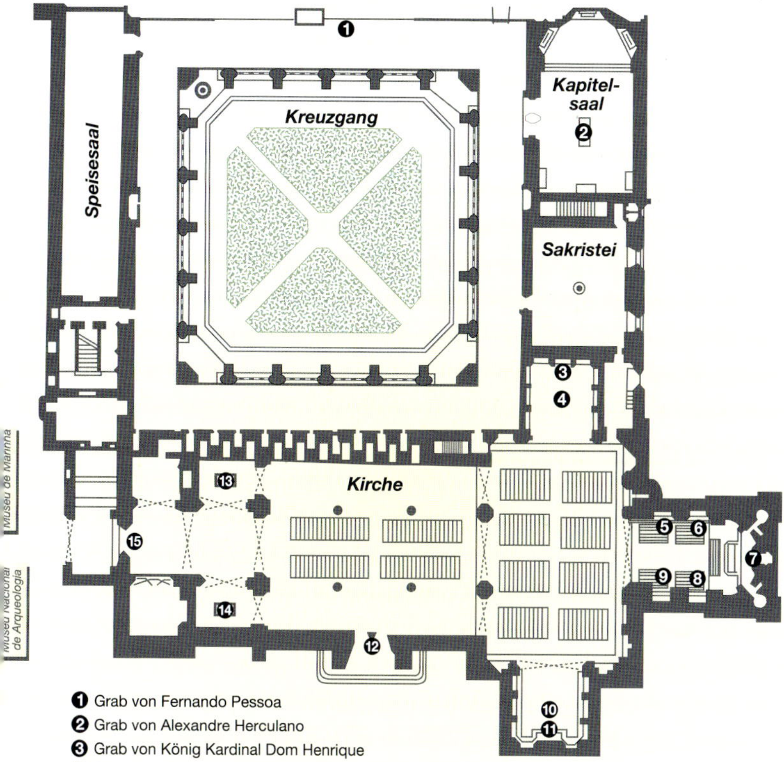
Kapitel-
saal
Kreuzgang
Speisesaal
Sakristei
Kirche
Museu de Marinha
Museu Nacional
de Arqueologia

❶ Grab von Fernando Pessoa
❷ Grab von Alexandre Herculano
❸ Grab von König Kardinal Dom Henrique
❹ Gräber der Kinder von Dom Manuel I.
❺ Grab von Königin Dona Maria de Castela
❻ Grab von König Dom Manuel I.
❼ Grab von König Dom Alfonso VI. und Herzogin Dona Catarina de Bragança
❽ Grab von König Dom João III.
❾ Grab von Königin Dona Catarina de Castela
❿ Gräber der Kinder von Dom João III.
⓫ Symbolisches Grab von Dom Sebastião
⓬ Südportal
⓭ Grab von Vasco da Gama
⓮ Symbolisches Grab von Luís de Camões
⓯ Westportal

10 m

Mosteiro dos Jerónimos

Die Legende erzählt, dass König Manuel I. das Kloster 1499 aus Dankbarkeit für die Entdeckung des Seewegs nach Indien erbauen ließ. Die historischen Fakten sehen anders aus: Im Jahre 1496 hatte Papst Alexander VI. dem portugiesischen König den Bau eines Hieronymiten-Klosters in Belém genehmigt – ein Jahr bevor Vasco da Gama zu seiner berühmten Reise aufbrach ...

Die Arbeiten an dem auch „Santa Maria de Belém“ genannten Kloster begannen wahrscheinlich um Weihnachten 1501 (Belém ist das portugiesische Wort für Bethlehem). Bis zur Fertigstellung vergingen etwa 100 Jahre, beteiligt waren insgesamt vier Architekten.

Architektonische Meisterleistung –
das Südportal des
Hieronymus-Klosters

Geweiht wurde das Kloster dem Ordensgründer Hieronymus, dessen kirchengeschichtliche Leistung vor allem darin liegt, im Auftrag von Papst Damasius I. eine verbindliche lateinische Bibelübersetzung erstellt zu haben, die sogenannte *Vulgata*. In Portugal hatten die Mönche des Hieronymiter-Ordens u. a. die Aufgabe, für die Seele des Königs zu beten und den am Strand von Restelo abfahrenden Seeleuten geistlichen Beistand zu geben.

Am **Westportal** sind zwei Figurengruppen zu sehen: Die linke zeigt (kniend) König Manuel I. mit dem hl. Hieronymus; rechts die Königin, Dona Maria, begleitet von Johannes dem Täufer.

Das **Kirchenschiff** ist durchflutet von zitronengelbem Licht, das durch eine Rosette an der Westseite hereinscheint. Die sechs reich verzierten, 25 m hohen Säulen symbolisieren einen Palmengarten. Unter der Empore ruhen zwei mächtige Sarkophage: Das Grabmal Vasco da Gamas mit Symbolen von Macht und Eroberung – Weltkugel, Karavelle und Kreuzritterzeichen (gleich links neben dem Eingang). Auf der anderen Seite das Grabmal der schönen Künste: Buch, Federkiel und Leier. Es ist ein symbolisches Grab für *Luís de Camões*, Portugals berühmtesten Dichter. Camões konnte dort nicht wirklich beigesetzt werden, da er als Opfer der Pestepidemie von 1580 seine letzte Ruhe in einem Massengrab fand.

Der **Chor**, einige Jahrzehnte später im nüchternen Renaissancestil entstanden, hebt sich von der übrigen Kirchengestaltung völlig ab. Die Bildfolge über dem Altar zeigt die Kreuzigung Christi (vom Hofmaler Cristóvão Lopes). In den Seitenkapellen finden sich die Grabmäler des Königshauses Aviz.

Märchenhaft verspielte Gewölbekuppeln sind im **Kreuzgang** zu finden. Das Untergeschoss wurde 1517 vom französischen Architekten Boytac (in Portugal de Boitaca genannt) im rein manuelinischen Stil entworfen. Einige Jahrzehnte später entstand das Obergeschoss unter Baumeister João de Castilho – es zeigt bereits deutliche Renaissance-Einflüsse. Im oberen Teil des Kreuzgangs befindet sich auch der Eingang zur Empore der Kirche. Neben einem beeindruckenden Blick in die Kirche sind hier Gemälde der zwölf Apostel und ein altes Holzkruzifix zu sehen.

Tägl. (außer Mo/Feiertag) 10–17.30 Uhr, Mai–Sept. bis 18.30 Uhr, Einlass bis 30 Min. vor Schließung. Eintritt Kreuzgang 10 €, ab 65 J., Stud., mit Cartão Jovem und Familie 50 % Nachlass, bis 12 J. frei. Am 1. So im Monat Eintritt frei für alle (Leser klagten allerdings, dass sie an diesen Tagen wegen des Andrangs über zwei Stunden warten mussten). Kombiticket mit Torre de Belém oder mit Museu Nacional de Arqueologia 12 € (mit beiden 16 €). Praça do Império, Tramlinie 15 ab Praça do Comércio bis Haltestelle Mosteiro dos Jerónimos, ✆ 213620034, www.mosteirojeronimos.pt.

Museu Nacional de Arqueologia

Das Nationale Archäologiemuseum ist im Hauptgebäude des Jerónimos-Klosters in Belém untergebracht. Zu sehen sind archäologische Fundstücke aus der Bronze-

und Eisenzeit, der römischen Epoche und dem Hochmittelalter – alles gut präsentiert. Es gibt auch eine Abteilung für ägyptische Antiquitäten.

Tägl. (außer Mo/Feiertag) 10–18 Uhr. Eintritt 5 €, Stud., mit Cartão Jovem, Familie und ab 65 J. 50 % Nachlass, bis 12 J. frei. Am 1. So im Monat für alle Eintritt frei. Kombiticket mit Mosteiro dos Jerónimos 12 €, mit Mosteiro und Torre de Belém 16 €. Praça do Império, Tramlinie 15 ab Praça do Comércio bis Haltestelle Mosteiro dos Jerónimos, ☏ 213620000, www.museuarqueologia.pt.

Museu da Marinha

In den Ausstellungsräumen des Marinemuseums im Westflügel des Jerónimos-Klosters in Belém erfährt man viel Wissenswertes über die portugiesische Seefahrt und die Entdeckungsfahrten. Am interessantesten sind die Karavellen der alten portugiesischen Seeabenteurer. In einer Nebenhalle *(Pavilhão das Galeotas)* auf der anderen Seite des Hofs und vor dem Planetarium sind traditionelle Fischer- und Fährboote, Jachten, Galeeren, Kanus und alte Walfangboote von den Azoren im Original zu bewundern.

Tägl. (außer Mo/Feiertag) 10–17 Uhr, Mai–Sept. bis 18 Uhr. Eintritt 6,50 €, bis 18 J., Stud. und über 65 J. 50 % Nachlass, unter 12 J. frei. Mit Tramlinie 15 ab Praça do Comércio bis Haltestelle Centro Cultural de Belém, ☏ 210977388, http://ccm.marinha.pt/.

Centro Cultural de Belém

Das Kulturzentrum in Belém ist das bedeutendste öffentliche Bauwerk des Landes aus dem 20. Jahrhundert. Der gigantische Komplex, ganz in zartrosa Marmor aus dem Alentejo gehalten, überstieg die vorgesehenen Baukosten um mehr als das Doppelte und zog einen parlamentarischen Untersuchungsausschuss nach sich. Auf jeden Fall gelang es der Fundação das Descobertas, die den Centro Cultural betreut, das riesige Kulturzentrum mit Leben zu füllen: In den Auditorien finden Konferenzen, Konzerte und Theateraufführungen statt; die Galerien zeigen gut besuchte Ausstellungen.

Hauptattraktion des Centro Cultural ist jedoch das Museum für moderne Kunst des madeirischen Unternehmers und Kunstsammlers Joe Berardo: Das sehr sehenswerte **Museu Coleção Berardo** zeigt den Großteil von Berardos Sammlung moderner Kunst, darunter Werke von Andy Warhol, Pablo Picasso und Francis Bacon – ein guter Überblick über moderne Kunstrichtungen, von Surrealismus über Pop-Art bis zu Videoinstallationen.

Museu Berardo: Tägl. 10–19 Uhr, Einlass bis 18.30 Uhr. Geschlossen am 25. 12., am 31. 12. nachmittags, am 1. 1. vormittags. Eintritt frei. Praça do Império, Tramlinie 15 bis Haltestelle Centro Cultural de Belém. ☏ 213612878, www.museuberardo.com. ☏ 213612400, www.ccb.pt.

Padrão dos Descobrimentos

Das „Denkmal der Entdeckungen" aus Stahlbeton entstand 1960 in der Salazar-Zeit und wurde anlässlich des 500. Todestages Heinrichs des Seefahrers errichtet. Vorne am Bug der Karavelle ist Prinz Heinrich dargestellt, hinter ihm bedeutende portugiesische Seefahrer, Missionare etc. Betrachtet man das Denkmal von einem vorbeifahrenden Schiff aus, so hat man den Eindruck, es handele sich um eine echte Karavelle. Von der Landseite erscheint das Denkmal wie ein riesiges Schwert, das Wahrzeichen der Dynastie Aviz, unter der die Kolonien erobert und unterworfen wurden. Man kann das Denkmal von innen erklimmen. Von oben hat man einen sehr guten Ausblick auf Belém und den Tejo.

Lissabon → Karten S. 428/429 u. S. 430/431

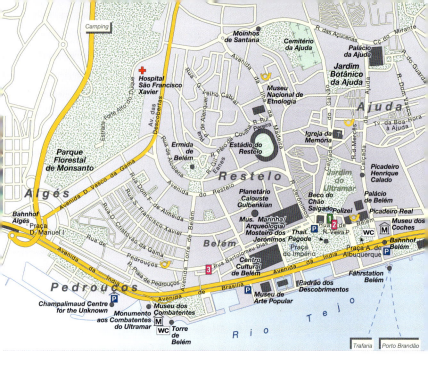

Mai–Sept. tägl. 10–19 Uhr, Okt.–Febr. nur Di–So 10–18 Uhr, Feiertag geschlossen. Einlass bis 30 Min. vor Schluss. Eintritt 4 €, Stud., mit Cartão Jovem und ab 65 J. 50 % Nachlass, Familie 10 €, unter 12 J. frei. Straßenbahn 15 bis Haltestelle Centro Cultural de Belém (Fußgängerunterführung unter der Bahnlinie benutzen). ℘ 213031950, www.padraodosdescobrimentos.pt.

Torre de Belém

Der kunstvoll im manuelinischen Stil erbaute Verteidigungsturm an der Tejo-Einfahrt ist das Lissabon-Fotomotiv schlechthin. Die Festung wurde von 1515 bis 1521 gebaut. Ab 1580 diente sie den spanischen Eroberern als Kerker für unbequeme Patrioten. Zur Zeit der napoleonischen Invasion wurde der Turm teilweise zerstört und 1846 rekonstruiert. Früher stand der Turm mitten im Fluss und das Jerónimos-Kloster direkt am Ufer. Durch Aufschüttungen und das Erdbeben wurde das Ufer weiter hinausgeschoben, sodass der Turm heute vom Ufer aus zugänglich ist.

Tägl. (außer Mo/Feiertag) 10–17.30 Uhr, Mai–Sept. 10–18.30 Uhr. Eintritt 6 €, ab 65 J., Stud., mit Cartão Jovem und Familie 50 % Nachlass, bis 12 J. frei. Am 1. So im Monat für alle Eintritt frei. Kombiticket mit Mosteiro dos Jerónimos 12 €. Tram 15 ab Praça do Comércio bis Haltestelle Largo da Princesa. ℘ 213620034, www.torrebelem.pt.

Essen & Trinken in Belém

Belém → Karte S. 458/459

Descobre 3, abseits des touristischen Gewimmels an den Schienen der Tram 15, etwa auf halbem Weg zwischen den Haltestellen Centro Cultural de Belém und Largo da Princesa – eine Mischung aus Feinkostladen und gehobenem Restaurant. Fusionküche, die portugiesische Gerichte mit Einflüssen anderer Küchen gelungen erweitert. Zahlreiche Vorspeisen, auch an

Cafés
1 Pastéis de Belém

Essen & Trinken
2 O Carvoeiro
3 Descobre

Belém und Ajuda

250 m

O Carvoeiro **2**, das einfache Restaurant aus dem Jahre 1900 ist inmitten der Restaurantmeile von Belém an der begrünten Hausfassade zu erkennen. Man muss aufpassen, sich nicht versehentlich auf die Terrasse eines der Nachbarlokale zu setzen. Der Familienbetrieb hat sich selbst zum „König der gegrillten Sardinen" *(Rei da Sardinha Assada)* ausgerufen. Das Gericht für 7,80 € (mit Kartoffeln und Salat) ist in der Tat eine gute Wahl, weil der Fisch täglich frisch vom Hafen in Sesimbra bezogen wird. Di–Sa 12–22, So 12–15 Uhr, Mo Ruhetag. Rua Vieira Portuense 66/68, ☎ 213637998.

》 Mein Tipp: Pastéis de Belém **1**, im Jahre 1837 neben dem Mosteiro dos Jerónimos gegründete Konditorei mit alter Einrichtung und schönen Azulejos. Hier gibt's die besten *Pastéis de Belém (= Pastéis de Nata)*, ein köstliches Blätterteiggebäck mit Puddingcreme, das nach Rezepten der Mönche des Jerónimos-Klosters hergestellt wird. Der Duft der frischen *pastéis* schafft eine einzigartige, unvergessliche Stimmung. Nur wer *pastéis* mitnehmen oder am Tresen verzehren will, muss sich in der Schlange vor der Kasse anstellen und im Voraus bezahlen. Sonst einfach an einen freien Tisch setzen. Preis pro Törtchen 1,05 €, Espresso 0,75 €. Tägl. 8–23 Uhr, Juli–Sept. bis 24 Uhr. Rua de Belém 84-92, ☎ 213637423, www.pasteisdebelem.pt. **《**

Vegetarier ist gedacht. Einfallsreich angerichtete Hauptgerichte ab 9,50 €, ohne Beilagen, die mit jeweils 2 bis 3 € zu Buche schlagen, was die Rechnung nach oben treiben kann. Tägl. 11.30–24 Uhr (Küche durchgehend). Rua Bartolomeu Dias 65/69, ☎ 218056461, www.descobre.com.pt.

Sehenswertes im Osten von Lissabon
→ Karte S. 428/429

Das ehemalige Ausstellungsgelände der Weltausstellung von 1998 am Tejo-Ufer im Osten Lissabons heißt heute **Parque das Nações** (Park der Nationen). Auffälligster architektonischer Höhepunkt ist der *Gare do Oriente*, Lissabons moderner Hauptbahnhof, den der valencianische Architekt Santiago Calatrava geplant hat.
 Zum Parque das Nações fährt vom Zentrum die rote Metrolinie (Ⓜ Oriente).

Oceanário

Das zweitgrößte Ozeanarium der Welt war das Glanzstück der EXPO 1998. Hier können sich die Besucher Fische aus fünf verschiedenen Klimazonen der Erde hinter dicken Glasscheiben ansehen – manchmal hat man jedoch den Eindruck, dass es eher die Fische sind, die sich Besucher aus fünf Kontinenten anschauen ...

Im Hauptbecken, an vielen Stellen durch große Glaswände einsehbar, ist die Flora und Fauna des offenen Meeres nachempfunden. Hier tummeln sich Makrelenschwärme, Stachelrochen und Barrakudas. An die vier Ecken des Hauptbeckens schließen sich Nachbildungen felsiger Küstenregionen der Weltmeere an.

Tägl. 10–19 Uhr, im Sommer bis 20 Uhr, Einlass bis 1 Std. vor Schließung. Eintritt 14 € (mit Sonderausstellung 17 €), bis 12 J. und ab 65 J. 9 € (mit Sonderausstellung 11 €), bis 3 J. frei, Familie 36 € bzw. 44 € (2 Erw., 2 Kinder bis 12 J.). Alle Tickets (inkl. Sonderausstellung) kann man online mit 10 % Rabatt erwerben, und man spart sich die Schlange am Schalter. Fotografieren mit Blitz ist verboten, um die Tiere zu schonen. Auch im Sommer empfiehlt es sich, einen leichten Pullover oder eine dünne Jacke mitzunehmen, da es in manchen Bereichen des Ozeanariums kühl werden kann. Esplanada D. Carlos I, Doca dos Olivais, Ⓜ Oriente, ✆ 218917002, www.oceanario.pt.

Ausflug nach Almada

Almada ist Lissabons Nachbar auf der Südseite des Tejo. Hier befand sich einst das Zentrum des portugiesischen Schiffbaus. Doch die Werftindustrie durchlebte auch in Portugal immer wieder schwere Krisen, und heute werden in Almada keine Tankschiffe mehr gewartet. Zurück blieb das gigantische, weithin sichtbare 300 Tonnen schwere Stahlportal der ehemaligen *Lisnave*-Trockendockanlage.

Nach Almada (der Hafen liegt im Stadtteil Cacilhas) fahren alle 10–30 Min. Boote der Transtejo ab dem Cais do Sodré (Ⓜ Cais do Sodré). Fahrzeit ca. 15 Min., Ticket 1,25 €. Idealerweise verwendet man eine Karte mit Zapping-Guthaben. www.transtejo.pt.

Sehenswert ist vor allem die weithin sichtbare **Cristo-Rei-Statue**, das Wahrzeichen von Almada. Die 28 m hohe Christusfigur wurde 1959 nach dem Vorbild der berühmten Cristo-Redentor-Statue in Rio de Janeiro geschaffen – aus Dankbarkeit, dass Portugal von den Leiden des Zweiten Weltkriegs verschont blieb.

Mehr Segen geht kaum: Hochzeitspaar unter der Cristo-Rei-Statue

Während das brasilianische Vorbild auf einem Berg steht (dem Corcovado), dient in Almada ein 82 m hoher Betonsockel als Plattform für die 28 m große Christusfigur. Ein Lift bringt die Besucher nach oben bis an den Fuß der Statue.

Tägl. 9.30–18 Uhr, im Sommer bis 18.45 Uhr. Eintritt 5 € (Mitte Okt.–Ende Juni 4 €), bis 12 J. und ab 65 J. 50 % Nachlass, bis 7 J. frei. Alto do Pragal, Av. Cristo Rei. Ab dem Hafen in Cacilhas fährt die TST-Buslinie 101 alle 30 Min. zum Cristo Rei und zurück (Ticket 1,40 €, Zapping-Karten werden nicht akzeptiert, Fahrplan unter www.tsuldotejo.pt). Zu Fuß braucht man pro Strecke ca. 40 Min. ✆ 212751000, www.cristorei.pt.

Lissabon: Praktische Informationen

Anreise

Flughafen Der **Aeroporto Humberto Delgado** liegt 7 km nördlich der Stadtmitte und damit zentrumsnah. Der Airport ist mit 20 Millionen Passieren pro Jahr der größte in Portugal; er ist nach General Humberto Delgado benannt, Gründer der Fluglinie TAP und Gegner der Salazar-Diktatur.

Terminal 1: Die meisten Flüge kommen am Terminal 1 an der Ostseite des Flugfeldes an. Hier befinden sich auch Touristinformation, Gepäckaufbewahrung und die Mietwagen-Firmen.

Terminal 2: Das deutlich kleinere Terminal liegt am Südende des Flugfelds: Hier gibt es nur Abflüge von Billiggesellschaften wie Ryanair, Easyjet und Norwegian, ankommende Flüge werden nicht abgewickelt. Da es vor Terminal 2 keine Parkplätze gibt, kann man es nur mit dem Taxi, Aerobus Linie 1 oder dem Bus-Shuttle erreichen (Abfahrt alle 10 Min. vor der Abflughalle von Terminal 1).

Information unter ✆ 218413500, www.ana. pt. Auch als App für diverse Smartphones unter „ANA Portuguese Airports". WLAN ist im Flughafen frei.

Flughafentransfer mit der U-Bahn Der Flughafen ist Endstation der roten Metrolinie. Ohne Umsteigen geht es ab Terminal 1 in wenigen Minuten vom „Aeroporto" direkt zum neuen Hauptbahnhof Oriente und in die Lissabonner Neustadt, die Avenidas Novas. Alle anderen Metrolinien erreicht man mit einmal Umsteigen. Einzelfahrkarten und Zeitkarten gibt es im Eingangsbereich der U-Bahn an Automaten und am Schalter, der aber nicht immer besetzt ist. Für Menschen mit viel Gepäck oder Kinderwagen gibt es in der Metro an allen Stationen übrigens besonders breite Eingangsschleusen. Allerdings sind nicht überall Rolltreppen oder Aufzüge vorhanden.

Flughafentransfer mit dem Aerobus Der **Aerobus 1 City Center** fährt 8–23 Uhr alle 20 Min. zwischen den Flughafenterminals 1 und 2 und dem Bahnhof Cais do Sodré über Ⓜ Entrecampos, Ⓜ Saldanha, Ⓜ Marquês de Pombal, Ⓜ Restauradores und Ⓜ Rossio.

Aerobus 2 Financial Center fährt von 8–20 Uhr alle 40 Min. zwischen Terminal 1 und der Av. José Malhoa (Sul) über Ⓜ Entrecampos, Busbahnhof Sete Rios (Ⓜ Jardim Zoológico) und Ⓜ Praça de Espanha.

Für beide Linien hat man die Wahl zwischen einem *24-Stunden-Ticket* für 3,50 € (Kind bis 10 J. 2 €, bis 3 J. frei) oder einer *Rückfahrkarte (Ida e Volta)* für 5,50 € (Kind bis 10 J. 3 €, bis 3 J. frei), die 2-mal 24 Std. lang gültig ist. Die Tickets sind erhältlich im Aerobus und an den Schaltern im Flughafen, auf der Praça da Figueira, der Praça do Comércio und am Elevador Santa Justa. Normale Vorverkaufstickets, Pässe oder die Zapping-Karten gelten in den Flughafenbussen nicht! Online kann man die Karten mit 10 % Rabatt erwerben: www.yellow bustours.com.

Flughafentransfer mit Linienbus/ Nachtbus Im Vergleich zu den Aerobussen ist in den **Linienbussen** weniger Platz für Gepäck, sodass die Busfahrer angewiesen sind, die Mitfahrt zu verweigern, wenn man Rucksack oder einen Koffer dabei hat, der größer ist als 55 x 40x 20 cm. Die Stadtbusse sind also nur mit kleinem Handgepäck eine Option.

Die **Linie 744** fährt z. B. tägl. alle 15–20 Min. zur Ⓜ Marques de Pombal (über Ⓜ Saldanha) bzw. in die andere Richtung zum Bahnhof Oriente und in den Vorort Moscavide.

Nachts fährt die **Buslinie 208** tägl. stündl. zum Cais do Sodré über Praça da Figueira (Ⓜ Rossio) und Praça do Comércio; bzw. in die andere Richtung zum Bahnhof Oriente.

Die Busse Richtung Stadtmitte halten direkt vor der Ankunftshalle *(Chegadas)*. Die Busse Richtung Gare do Oriente halten gegenüber der Ankunftshalle in der Av. de Berlim sowie vor der Abflughalle *(Partidas)*.

Fahrkarten im Vorverkauf gibt es am Schalter der portugiesischen Post CTT in der Abflughalle sowie in der Eingangshalle der U-Bahn.

Flughafentransfer mit dem Taxi Ein Taxi ins Zentrum kostet ca. 10 €. Ein Tipp

Manuelinik in reinster Form – der Rossio-Bahnhof

ist, das Taxi nicht direkt vor der Ankunftshalle *(Chegadas)* zu nehmen, da die dort
wartenden Fahrer für ihre eigenwillige
Preisgestaltung bekannt sind. Am besten
geht man nach der Gepäckausgabe nach
rechts die Rolltreppe hoch und verlässt den
Flughafen durch den Ausgang der Abflughalle *(Partidas)*. Die hier wartenden Taxifahrer gelten als fairer als ihre Kollegen vor der
Ankunftshalle.

Bahnhöfe und Busstationen In Lissabon gibt es verschiedene Bahnhöfe und
Busbahnhöfe, die alle untereinander mit
der Metro verbunden sind. Abfahrtszeiten
und Preise der Züge kann man im Internet
unter www.cp.pt abrufen.

Gare do Oriente, der neue Hauptbahnhof
im Nordosten der Stadt neben dem ehemaligen EXPO-Gelände, Ⓜ Oriente. Im Gegensatz zu den anderen Bahnhöfen kein Kopfbahnhof. Alle internationalen und nationalen Fernzüge halten hier. Außerdem direkte
Züge nach Südportugal an die Algarve und
in den Alentejo (diese Züge halten auch an
der Station Ⓜ Entrecampos). Auch Verbindung mit Vorortzügen nach Sintra. Der
Bahnhof findet sich in einem herrlichen
Gebäude, das der spanische Architekt
Santiago Calatrava gestaltet hat.

Santa Apolónia, der alte Hauptbahnhof,
liegt ca. 2 km außerhalb des Zentrums im

Ostteil der Alfama am Tejo-Ufer. Viele Züge
nach Zentral- und Nordportugal sowie die
aus Paris und Madrid enden hier. Ⓜ Santa
Apolónia.

Rossio, Vorortzüge nach Sintra. Das Gebäude ist architektonisch äußerst interessant im neomanuelinischen Baustil gehalten (die nächstgelegene Metrostation ist
übrigens Restauradores und nicht Rossio).

Cais do Sodré, Nahverkehrszüge entlang
der Küste via Estoril nach Cascais. Stre-
ckenlänge nur 35 km. Häufige Verbindungen, Ⓜ Cais do Sodré.

Fernbusbahnhof Sete Rios (Rua Professor
Lima Basto, Ⓜ Jardim Zoológico), für alle
Rede-Expressos- und EVA-Busse. Verbindung von hier aus in alle Regionen Portugals. Sete Rios ist auch der Busbahnhof für
die Verbindungen nach Spanien (Madrid
und Sevilla) sowie nach Deutschland. Mit
der blauen Metrolinie besteht Anschluss
ins Zentrum, ab dem benachbarten Bahnhof Sete Rios fahren Züge in Richtung
Sintra sowie nach Vila Franca de Xira und
Setúbal. www.rede-expressos.pt.

Fernbusbahnhof　Gare　do　Oriente
(Ⓜ Oriente), hier halten manche der Busse,
die ab Sete Rios fahren und hier starten in
erster Linie kleinere Busgesellschaften wie
Renex (www.renex.pt).

Stadtverkehr

Die Transportmöglichkeiten sind in Lissabon vielfältig: Besonders die vier Aufzüge und Standseilbahnen der Stadt sind ein besonderes Erlebnis. So kann man sich an der Praça dos Restauradores von der Standseilbahn Ascensor da Glória den Berg zum Bairro Alto hinaufziehen lassen. Viel Spaß macht es auch, mit den historischen Trambahnen 12 und 28 durch die engen Gassen der Alfama zu fahren. Der Holzaufbau ächzt, und die Bremsen quietschen fürchterlich, wenn es den Berg steil hinabgeht.

Das Taxi kann man sich tagsüber ruhig sparen. Lissabon hat ein dichtes Netz an Bussen und Trams und auch eine Metro. Zwischen 17 und 18 Uhr sollte man allerdings nach Möglichkeit Busse und Metro meiden, da sie oft brechend voll sind. An vielen Bushaltestellen bilden sich dann lange Menschenschlangen, da sich die Portugiesen geordnet in Reih und Glied anstellen.

Lisboa Card

Mit dieser Karte kann man die Busse, Aufzüge, Straßenbahnen und die Metro im Stadtgebiet sowie die Züge nach Sintra und Cascais ohne Zuzahlung benutzen. Außerdem hat man freien Eintritt in etwa 25 Museen, Klöster und Schlösser.

Die Lisboa Card lohnt sich nach unserer Erfahrung nur dann, wenn man täglich mehrere Museen oder Top-Sehenswürdigkeiten besichtigen will und weder Studentenausweis noch die Jugendkarte Cartão Jovem besitzt, noch über 65 Jahre alt ist. Verkauft wird die Lisboa Card in allen Touristbüros und unter www.askmelisboa.com. Sie kostet für 24 Stunden 18,50 €, für 48 Std. 31,50 € und für 72 Std. 39 € (Kind 5–11 J. etwa die Hälfte).

Preise und Tickets Die Preise der öffentlichen Verkehrsmittel sind niedrig, wenn man die Karten im Vorverkauf erwirbt. Dafür braucht jede Person zuerst einmal eine **Viva-Viagem-Chipkarte**, die „wiwa wiascheng" ausgesprochen wird (manchmal wird sie auch unter dem Namen 7 Colinas, gesprochen „sete kolinasch", verkauft). Die Viva-Viagem-Grundkarte gibt es an den Vorverkaufsstellen (z. B. Praça da Figueira, Elevador de Santa Justa oder Praça do Comércio) und Automaten der diversen Verkehrsbetriebe für 0,50 €.

Die nächste Entscheidung ist, welche Art Ticket man auf diese Chipkarte lädt (verschiedene Tickets können auf einer Karte nicht „gemischt" werden; um eine andere Ticketart aufzuladen, muss man sie erst einmal leer fahren). Ein Einzelticket für Bus, Tram, Aufzüge und U-Bahn kostet 1,45 € (Umsteigen erlaubt). Man kann sich direkt mehrere Tickets auf die Chipkarte laden.

Wer nur gelegentlich in Lissabon fährt und auch die Umgebung erkunden will, der lädt aber am besten ein Guthaben zwischen 3 und 40 € auf die Viva-Viagem-Karte. Beim **Zapping** wird pro Fahrt innerhalb des Stadtgebiets von Lissabon 1,30 € abgebucht (beim Einsteigen in Busse oder Trams muss die Karte am Lesegerät aktiviert werden). Das Umsteigen innerhalb der Carris (Busse, Trams, Aufzüge) oder innerhalb der Metro ist damit erlaubt, zwischen Carris und Metro aber nicht. Außerdem kann man mit dem Zapping-Guthaben auch die Vorortzüge der portugiesischen Eisenbahnen CP oder Fertagus sowie die Transtejo-Fähren verwenden, ohne dass man neue Chipkarten erwerben muss.

Wer innerhalb von 24 Std. mehr als fünf Fahrten macht, sollte auf die Chipkarte dagegen **24-Std.-Tickets** *(bilhete diário Carris/Metro)* für je 6,15 € laden. Diese gelten im gesamten Netz der Carris (Busse, Trams und Aufzüge) und der Metro, nicht jedoch in den Vorortzügen und den Fähren. Für alle, die öfter ins Umland fahren, gibt es das *bilhete diário Carris/Metro/CP* für 10,15 €, das auch in den Vorortzügen der CP nach Cascais, Sintra, Vila Franca de Xira und zwischen Barreiro und Setúbal gilt.

Ein Jahr nach dem Kauf der Viva-Viagem-Chipkarte kann man keine neuen Fahrten

Lissabon → Karten S. 428/429 u. S. 430/431

mehr auf sie laden, bereits vorher gekaufte Fahrten können aber noch genutzt werden, sie verlieren ihre Gültigkeit nicht. Bei der Carris oder der Metro gekaufte Chipkarten können nicht zurückgegeben werden.

Löst man die Karte erst „an Bord" (tarifa de bordo), ist sie deutlich teurer und kostet eine Fahrt im Bus 1,85 € und in der Tram 2,90 €. Außerdem darf man mit diesen Karten nicht umsteigen.

U-Bahnen Vier Linien, farblich verschieden, sind es, die die modernen Stadtteile hauptsächlich bedienen. www.metrolisboa.pt.

Busse und Straßenbahnen Eingestiegen wird immer vorne, ausgestiegen immer hinten. Die Busfahrer sind meist sehr hartnäckig, und es ist kein Vergnügen, gesagt zu bekommen, dass man nur hinten aussteigen darf, nachdem man sich unter großer Anstrengung durch das Menschen-knäuel zur vorderen Tür gewühlt hat. Einzige Ausnahme sind die modernen Bahnen der Linie 15: Hier darf durch alle Türen ein- und ausgestiegen werden.

Informationen unter ℘ 213500115 oder unter www.transporteslisboa.pt. In den Transportes de Lisboa sind drei staatliche Betreiberfirmen aufgegangen, die sich teilweise nach außen noch getrennt präsentieren: Metro de Lisboa (U-Bahn), Carris (Stadtbusse, Trams und Aufzüge) sowie Transtejo (Fähren).

Routenplaner unter www.transporlis.pt (auch als Android-App mit dem Stichwort SAPO Transportes). Auf Android-Smartphones kann man sich auch die App *IZI Carris* installieren, die Routen und Abfahrtzeiten anzeigt.

Nachtbusse Busse und U-Bahn fahren in der Regel bis 1 Uhr nachts, Trams maximal bis Mitternacht. Ab dann gibt es bis zum

Nostalgietour mit der Straßenbahn 28: Martim Moniz – Prazeres

Lissabons berühmteste Linie, leider inzwischen chronisch mit Touristen überfüllt, so dass man sich auf langes Warten einstellen muss, startet am *Largo Martim Moniz* (Ⓜ Martim Moniz), fährt über die *Avenida Almirante Reis*, dann geht es nach rechts oben. Oben angekommen, erreicht man bald den *Largo da Graça*. Nicht weit entfernt sind die *Igreja da Graça* und der Aussichtspunkt *Nossa Senhora do Monte*. Die nächste Haltestelle liegt gegenüber der *Igreja São Vicente de Fora*. Wer zum *Flohmarkt Feira da Ladra* will, muss hier aussteigen. Ab dann wird es abenteuerlich: Eine eingleisige Strecke (den Verkehr regelt eine Ampel) führt durch solch enge Gassen der Alfama, dass sich die Leute in die Hauseingänge drücken müssen. Eine der nächsten Stationen ist der Aussichtspunkt *Santa Luzia*, von hier geht's zu Fuß zur Burg hinauf.

Wer die komplette Rundfahrt macht, kommt kurze Zeit später an der Kathedrale vorbei und erreicht die *Baixa*. Ein Halt in der *Rua da Conceição*, und schon geht es wieder hoch in Richtung *Chiado*. Vorbei am *Nationaltheater São Carlos* erreicht man den *Largo Luís de Camões* und das *Bairro Alto*. Nicht weit davon liegt das berühmte *Café A Brasileira*. Kurz nach der Bergstation des *Ascensor da Bica* muss der Fahrer wieder kräftig an der Handbremse kurbeln, damit der Wagen nicht zu schnell den Berg hinunterschießt. Am imposanten *Parlament São Bento* vorbei geht es die *Calçada da Estrela* nach oben zur schönen neoklassizistischen *Basílica da Estrela*. Rechts der Basilika erstreckt sich der einladende Garten *Jardim da Estrela*. Es lohnt sich, zur Besichtigung der Kirche und des Gartens auszusteigen, zumal hier auch viele Straßenbahnen enden. Aber einige fahren weiter durch den grünen, rechtwinklig angelegten Arbeiterstadtteil *Campo de Ourique* zum *Cemitério dos Prazeres*.

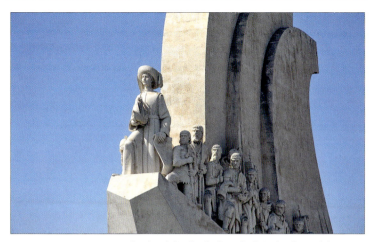

Denkmal der Entdecker: Padrão dos Descobrimentos

frühen Morgen das *Nachtbusnetz Rede da Madrugada*. Die Busse verkehren tägl. von 0.30 bis 5.30 Uhr jeweils zur halben Stunde ab dem Bahnhof Cais do Sodré (um 1 und 5 Uhr auch Abfahrt zur vollen Stunde).

Aufzüge   Sie gehören zu den Hauptsehenswürdigkeiten Lissabons. Sie helfen einem nicht nur bequem die Hügel hinauf – die Fahrt an sich ist schon ein Erlebnis. Besonders der **Elevador Santa Justa**, der die Baixa (Rua de Ouro) mit dem Largo do Carmo im Chiado verbindet, ist ein Markenzeichen Lissabons. Die zwei Aufzugskabinen fahren senkrecht nach oben. Allerdings muss man oft lange warten, da der Andrang an Touristen enorm ist. Verkehrstechnisch der wichtigste Aufzug ist der **Ascensor da Glória**, eine Standseilbahn, die die Praça dos Restauradores mit der Rua São Pedro de Alcântara im Bairro Alto verbindet.

Auch hier gelten die normalen Vorverkaufs- und Zeitkarten. Die Einzelkarte für die Aufzüge kostet 3,70 € (im Elevador de Santa Justa 5,15 €) und gilt je für zwei Fahrten.

Tejo-Fähren   Lohnenswert ist auch die Überfahrt aufs südliche Tejo-Ufer mit kleinen Barkassen und modernen Katamaranen der *Transtejo*. Abfahrtsorte: Cais do Sodré (nach Cacilhas, Seixal und Montijo), Praça do Comércio/Terreiro do Paço (nach Barreiro) und Belém (nach Porto Brandão und Trafaria). Wer mit dem Schiff hier ankommt, kann sich ein bisschen fühlen wie

die Reisenden der Ozeanriesen zu Beginn des letzten Jahrhunderts.

Taxi   Um einen Taxistandplatz braucht man sich meist keine Gedanken zu machen – am Abend ist fast jedes dritte Fahrzeug ein Taxi, nur bei den Stadtfesten des Santo António in der Nacht vom 12. auf den 13. Juni wird das Taxi rar. Für eine Fahrt innerhalb des Zentrums zahlt man selten mehr als 10 €. Bei größeren Gepäckstücken und Benutzung des Kofferraums kann der Fahrer 1,60 € Zuschlag verlangen, bei Taxi-Ruf per Telefon 0,80 €.

Funktaxis: Rádio Táxis de Lisboa, ✆ 218119000, www.retalis.pt, Teletáxis, ✆ 218111100, www.teletaxis.pt. Teletáxis kann man auch über die App *Click4Taxi* (für Android und iPhone) bestellen.

Parken   An Werktagen kann es in Lissabon extrem schwierig sein, einen Parkplatz zu finden. In einem Großteil Lissabons muss Mo–Fr 8–20 Uhr für die Parkplätze bezahlt werden (Sa/So/Feiertag meist frei, die Hauptverkehrsstraßen sind auch Sa 9–14 Uhr kostenpflichtig). 4 Std. Parken kostet in der Regel ca. 5 €.

Die Höchstdauer ist meist auf 4 Std. begrenzt, an Hauptverkehrsstraßen auf 2 Std. Wer den Wagen länger parken will, muss auf noch teurere Parkhäuser oder Tiefgaragen ausweichen, z. B. Praça dos Restauradores (Einfahrtmöglichkeit nur aus Richtung

Praça Marquês de Pombal vom äußeren rechten Fahrstreifen der Av. da Liberdade aus), Praça da Figueira, Praça Martim Moniz, Largo Chão do Loureiro (alle Baixa), Portas do Sol (Alfama), Praça Luís de Camões (Bairro Alto), Praça Marquês de Pombal (Av. da Liberdade) und Picoas (Avenidas Novas). Infos zu weiteren Parkplätzen unter www.parkopedia.pt.

Für ein Knöllchen zahlt man übrigens zwischen 30 und 130 € und hat dabei das Vergnügen, die langwierige Bürokratie der städtischen Parkplatzgesellschaft EMEL E.E.M. kennenlernen zu dürfen (www.emel.pt).

Abgeschleppt? Am einfachsten schickt man eine SMS an die Nummer 3838 mit dem Text „Reboque" gefolgt von einem Leerzeichen und dem Autokennzeichen. Als Antwort erhält man die Adresse, wohin das Fahrzeug abgeschleppt wurde. Wahrscheinlich steht Ihr Wagen bei der Parkgesellschaft EMEL E.E.M. auf der Praça Humberto Delgado – Parque de Sete Rios, Ⓜ Jardim Zoológico, ✆ 217813600, www.emel.pt.

Organisierte Stadtrundfahrten Hippotrip: Mit einem Amphibienfahrzeug geht es durch Straßen und über den Tejo. Nicht nur bei Kindern kommt die außergewöhnliche, 1½-stündige Tour gut an. Aus Sicherheitsgründen dürfen die Kleinen aber erst ab 2 J.

an Bord. 25 € pro Person, bis 16 J. und ab 65 J. 15 €. Mehrere Rundfahrten pro Tag, die man vorher im Internet reservieren sollte, um sich einen Platz zu sichern. Start am Südostende des Hafendocks Doca de Santo Amaro vor der Secção de Remo da Associação Naval de Lisboa (auf halbem Weg zwischen Zentrum und Belém, Ausstieg mit der Tram 15 am Halt Alcântara, Av. 24 Julho). ✆ 211922030, www.hippotrip.com.

Carristur: Die folgenden Touren bietet Carristur, eine Tochterfirma der Lissabonner Verkehrsbetriebe, an. Bei Online-Kauf der Karten über www.yellowbustours.com gibt es 10 % Rabatt, bis 10 J. 50% Rabatt, bis 3 J. frei. Die Karten gelten 24 Stunden, man kann damit beliebig oft aus- und einsteigen. Außerdem darf man mit ihnen auch die normalen Trams, die Aufzüge und den Aerobus nutzen.

Yellow Boat Tour: Per Schiff geht es die Küste entlang mit schönem Blick auf die Stadt mit einem Stopp auf der anderen Tejo-Seite in Cacilhas und in Belém. Mitte März bis Ende Okt. tägl. 11, 12.30, 15, 16.30, 18 Uhr von der Fährstation Terreiro do Paço (Ⓜ Terreiro do Paço). Wer will, kann auch bei den Zwischenstopps in Cacilhas (15 Min. später) und Belém (45 Min. später) zusteigen. Dauer der Rundfahrt 1½ Std. Erw. 19 €.

Die etwas andere Tour – mit dem Fahrrad durch Lissabon

Doppeldeckerbusse, Straßenbahnen, Stadtspaziergänge – es gibt viele Optionen, Lissabon kennenzulernen. Seit ein paar Jahren ist das Fahrrad als neue Möglichkeit hinzugekommen, die portugiesische Hauptstadt zu entdecken. Das Unternehmen *Bike Iberia* bietet mehrere geführte Radtouren an, die beliebteste führt entlang des Tejo-Ufer-Radweges.

Der Radweg beginnt praktischerweise direkt in der Nähe des Sitzes von Bike Iberia am Cais do Sodré. Immer am Fluss entlang, erhält man auf der Fahrt interessante Einblicke in den Lissabonner Hafen. Die Führer halten immer wieder kurz an, um die Sehenswürdigkeiten vorzustellen.

Erstes Ziel der Tour ist die Torre de Belém am Ende des Ufer-Radwegs. Ein paar Minuten weiter besteht die Möglichkeit, die Kirche des Mosteiro dos Jerónimos zu besichtigen und eine Pause in den Grünanlagen von Belém bei einem *pastel de nata* einzulegen. Zurück geht es entweder erst ein Stück entlang der Tramlinie 15 durch Alcântara oder direkt über den Ufer-Radweg. Start ist tägl. 10 Uhr (Minimum 2 Personen) am Sitz von Bike Iberia: Largo Corpo Santo 5, Metro Cais do Sodré, ✆ 213470347, www.lisbonhub.com. Touren ab 30 € pro Person, man kann aber auch Räder nur ausleihen (ab 5 € für 1 Std., 10 € für 4 Std. und 14 € pro Tag). ACHTUNG wg. der vertieften Bahnschienen!

Hills Tramcar Tour: sehr stilvolle Fahrt in einer Straßenbahn aus dem Jahr 1902 von der Praça do Comércio durch die Hügel der Altstadt. Im Wesentlichen ist die Fahrtroute eine Mischung aus den Strecken der regulären Straßenbahnlinien 25 und 28. Juni–Sept. alle 25 Min. 9.30–19 Uhr, Okt.–Mai alle 30 Min. 9.30–17.30 Uhr von der Praça do Comércio (Ⓜ Terreiro do Paço). Dauer 1½ Std. Erw. 19 €.

Castle Tramcar Tour: Kürzere Fahrt in einer historischen Straßenbahn von der Praça da Figueira (Metro Rossio) auf die Hügel der Burg und der Graça. Ebenfalls mit Audioguide. Entspricht weitgehend der regulären Straßenbahnlinie 12 und der stillgelegten Linie 24. Nur April–Okt. alle 30 Min. 10.30–18 Uhr vom Largo de Camões (Ⓜ Baixa/Chiado). Dauer 1¼ Std. Erw. 12 €.

Tagus Tour: Eine Fahrt mit oben offenen Doppeldeckerbussen am Tejo entlang. Dazu werden Infos von einer Kassette in Portugiesisch, Französisch und Englisch abgespult. Es gibt noch eine vergleichbare Linie, die Richtung Osten fährt, die Olisipo Tour. Abfahrt ganzjährig alle 20 Min. 9–17.30 Uhr (Juni–Sept. bis 20 Uhr) ab Praça da Figueira (Ⓜ Rossio). Dauer 1¾ Std. Erw. 16 €.

Mietwagenanbieter vor Ort Alle großen Mietwagenfirmen sind in der Ankunftshalle des Lissabonner Flughafens vertreten. Außerdem gibt es folgende Stadtbüros:

Europcar, Av. António Augusto de Aguiar 24-C/D, Ⓜ Parque, ☏ 213535115, www.europcar.pt. Auch am Bahnhof Gare do Oriente (Av. D. João II, Lote 1.15.01, ☏ 218946071) und im Vorort Cascais (Av. Marginal, Centro Comercial Cisne, Loja 4/5, ☏ 214864419).

Mit Tuk-Tuk durch Lissabon

In den Vierteln Alfama und Graça gehören die Auto-Rikschas fast schon zum Stadtbild. Mancher Lissabonner fordert angesichts der laut knatternden Fahrzeuge bereits ein Tuk-Tuk-Verbot für die Altstadtgassen. Im Gegensatz zu ihrem asiatischen Original sind die Lissabonner Dreiräder keine preiswerte Alternative zum konventionellen Taxi. In der Regel werden nur touristische Stadtrundfahrten angeboten, die mit etwa 50 € pro Stunde zu Buche schlagen (meist sind bis zu 4 Fahrgäste inklusive).

Anbieter sind z. B.: www.tuk-tuk-lisboa.pt (☏ 213478103), www.ecotuktours.com (☏ 914925450), www.tukonme.pt (☏ 919302617).

Ⓐdressen

Information   Auskünfte unter www.askmelisboa.com oder in einem der zahlreichen Touristenbüros. Dort gibt es auch die Zeitschrift **Follow Me** mit Hinweisen auf Konzerte und andere Veranstaltungen. Alle Turismos sind am 25. Dez. und am 1. Jan. geschlossen.

Ask Me Aeroporto, Infostand in der Ankunftshalle des Flughafens, tägl. 7–24 Uhr. Alameda das Comunidades Portuguesas, Aeroporto de Lisboa, Piso das Chegadas, ☏ 218450660.

Ask Me Terreiro do Paço, tägl. 9–20 Uhr. Praça do Comércio, Ⓜ Baixa/Chiado, ☏ 210312810.

Ask Me Rossio, tägl. 10–13 und 14–18 Uhr. Infokiosk am Südende des Rossio-Platzes. Praça D. Pedro IV, Ⓜ Rossio, ☏ 910517914.

Ask Me Palácio Foz, tägl. 9–20 Uhr. Auch Auskünfte zu Festland-Portugal, Madeira und den Azoren. Praça dos Restauradores, Ⓜ Restauradores, ☏ 213463314.

Ask Me Regedor, tägl. 11–18 Uhr. Turismo für Jugendliche in einer Seitenstraße der Praça dos Restauradores. Rua Jardim do Regedor 50, Ⓜ Restauradores, ☏ 213472134.

Ask Me Estação de Santa Apolónia, nur Di–Sa 7.30–9.30 Uhr. Av. Infante Dom Henrique 1, Estação da CP – Terminal Internacional, Ⓜ Santa Apolónia, ☏ 218821606.

Ask Me Belém, nur Di–Sa 10–13 und 14–18 Uhr. Infokiosk neben dem Kloster Mosteiro dos Jerónimos. Praça do Império, ☏ 213658435.

Ask Me Parque das Nações – Alameda dos Oceanos, tägl. 10–13 und 14–18 Uhr, April–Sept. bis 19 Uhr. Infokiosk nahe dem Einkaufszentrum Centro Comercial Vasco da Gama. Alameda dos Oceanos.

Lissabon → Karten S. 428/429 u. S. 430/431

Botschaften In den Botschaften kann man Adressen deutschsprachiger Ärzte und Rechtsanwälte erfragen. Normalerweise sind die Botschaften nur Mo–Fr 9–12 Uhr geöffnet und an den Feiertagen beider Länder geschlossen.

Deutschland: Campo dos Mártires da Pátria 38, 1169-043 Lisboa (Stadtteil Santana), ✆ 218810210, bei Notfällen außerhalb der Geschäftszeiten ✆ 965808092, www.lissabon.diplo.de.

Österreich: Av. Infante Santo 43-4°, 1399-046 Lisboa (Stadtteil Lapa), ✆ 213943900, www.bmeia.gv.at.

Schweiz: Travessa do Jardim 17, 1350-185 Lisboa, ✆ 213944090, (Stadtteil Campo de Ourique), www.eda.admin.ch/lisbon.

Fundbüros Verlorene Gegenstände (z. B. in Bus oder Straßenbahn) können in Olivais Sul bei dem Fundbüro der Polizei *(Secção de Achados da PSP)* abgeholt werden: Mo–Fr 9–12.30 und 14–16 Uhr, Praça Cidade Salazar, Lote 180 r/c, 1800-125 Lisboa, Ⓜ Olivais, ✆ 218535403, http://perdidoseachados.mai.gov.pt.

Das Fundbüro der Metro befindet sich in der Station Campo Grande.

Gepäckaufbewahrung Schließfächer in den Bahnhöfen Santa Apolónia, Rossio und Oriente (im unterirdischen Durchgang zum Busbahnhof auf der rechten Seite). Außerdem Gepäckaufbewahrung am Flughafen.

Polizei Anzeige bei Diebstahl eigentlich in jeder Polizeistation möglich, besser jedoch in der Touristenabteilung der **Polícia de Segurança Pública (PSP)** neben dem Turismo im Palácio Foz an der Praça dos Restauradores, Ⓜ Restauradores, ✆ 213421623. Hier hat immer ein Beamter Dienst, der eine Fremdsprache spricht. Tägl. rund um die Uhr geöffnet. www.psp.pt.

Post **Hauptpostamt** an der Praça dos Restauradores 58, Ⓜ Restauradores. Mo–Fr 8–22, Sa 9–18 Uhr, So zu. Außergewöhnlich lange Öffnungszeiten hat auch das **Postamt im Flughafen**: Mo–Fr 9–20, Sa 9–18, So 9–13 und 14–17 Uhr.

Einkaufen

Das historische und exklusive Einkaufszentrum Lissabons bilden der **Chiado** und die **Baixa**. Die Ladeneinrichtungen mit Kristallspiegeln und Holzverkleidungen stammen teilweise noch aus dem 19. Jh. Dazu kommen die modernen Einkaufszentren außerhalb der Altstadt.

Antiquitätengeschäfte gibt's hauptsächlich in der *Rua de São Bento*, die vom Parlament zum Largo do Rato führt. Hier reiht sich Geschäft an Geschäft.

Landestypische Souvenirs und Kunsthandwerk hoher Qualität gibt es bei *Santos Ofícios Artesanato* – vor allem Tonfiguren und Porzellan, aber auch typisch portugiesische Wollpullover und schöne Postkarten. Tägl. (außer So) 10–20 Uhr. Rua da Madalena 87, Ⓜ Terreiro do Paço, ✆ 218872031, www.santosoficios-artesanato.pt.

Klassische portugiesische Produkte, z. B. edle handgemachte Seifen von Claus Porto, Schokolade in den 30er Jahren bei Touristen beliebten Marke Regina oder Repliken der berühmten Porzellan-Schwalben des portugiesischen Künstlers Rafael Bordalo Pinheiro führt *A Vida Portuguesa* **17** → Karte S. 433. Alles liebevoll präsentiert in den Vitrinen einer ehemaligen Parfümfabrik. Tägl. 10–20 Uhr, So erst ab 11 Uhr.

Rua Anchieta 11, Ⓜ Baixa/Chiado, ✆ 213465073, www.avidaportuguesa.com.

Teppiche in exzellenter Qualität führt die *Casa dos Tapetes de Arraiolos* gegenüber dem Eingang zum botanischen Garten. Sie ist offizieller Verkaufsposten der bekannten portugiesischen Knüpfteppiche aus Arraiolos im Alentejo. Diese Kostbarkeiten werden komplett in Handarbeit gefertigt. Man kann auch Teppiche nach eigenen Motiven in Auftrag geben. Rua da Imprensa Nacional 116-E, Ⓜ Rato, ✆ 266419526, www.casatapetesarraiolos.com.

Einkaufszentren: *Centro Comercial dos Armazéns do Chiado*, untergebracht im Gebäude eines beim Brand von 1988 zerstörten traditionellen Kaufhauses, des Grandes Armazéns do Chiado. Hauptattraktion ist die **Buchhandlung FNAC**. Im Obergeschoss verschiedene Restaurants und Cafés mit Blick auf die Burg Castelo São Jorge. Rua do Crucifixo 103, und Rua do

Carmo, Ⓜ Baixa/Chiado, → www.armazensdo chiado.com.

Centro Comercial das Amoreiras, von 10 bis 23 Uhr kann man tägl. in dem riesigen Einkaufszentrum herumstöbern. Das Werk des umstrittensten und berühmtesten portugiesischen Architekten, *Tomás Taveira*, wirkt wie eine Stadt in der Stadt – und ist es auch. Von der Post bis hin zur Kirche ist alles vorhanden. Über 300 Geschäfte auf zwei großen Stockwerken. Ein Teil der oberen Etage wird von über 50 Restaurants und Cafés eingenommen. Av. Eng. Duarte Pacheco, Ⓜ Rato, www.amoreiras.com.

Centro Comercial Colombo, direkt neben der Metrostation Colégio Militar/Luz erhebt sich dieser Konsumtempel. Parallelen mit dem Amoreiras-Zentrum drängen sich auf, nur ist alles mit etwa 420 Geschäften auf ca. 400.000 m² noch größer und luxuriöser. Es soll Lissabonner geben, die hier ganze Wochenenden verbringen. Das Zentrum ist auf drei Stockwerke verteilt. Ganz unten der Continente-Hipermercado, einer der *Anchor Stores*. Er ist so groß geraten, dass in der Mitte eine Erholungsecke eingerichtet werden musste und die Angestellten den Supermarkt auf Rollschuhen durchqueren. Die Geschäfte haben tägl. von 9 bis 24 Uhr geöffnet. Av. Lusíada, Benfica, www. colombo.pt.

Centro Comercial Vasco da Gama, tägl. 9–24 Uhr geöffnet. Ca. 160 Geschäfte und 35 Restaurants. Das Einkaufszentrum ist vom Motto Meer geprägt. Sehenswert ist das gläserne Dach, über das als natürliche Klimaanlage Wasser fließt. Hauptgeschäft ist ein Continente-Hipermercado im Erdgeschoss. Ganz oben gelangt man auf eine Terrasse mit Restaurants und Panoramablick über den Tejo. Alameda dos Oceanos, direkter Zugang zur Ⓜ Oriente, www.centro vascodagama.com.

Lebensmittel: *Pingo Doce*, gut sortierter Supermarkt, mit „Rosticceria"-Theke für kleine Gerichte zum Mitnehmen, gleich neben dem Rossio-Platz (Parallelstraße), Rua 1° de Dezembro 67-83, Ⓜ Restauradores, ✆ 213247330, www.pingodoce.pt

Loja das Conservas **17** → Karte S. 448/449. Die größte Auswahl an Fischkonserven in Lissabon bietet das Geschäft des nationalen Fischkonserven-Verbands Associação Nacional dos Industriais de Conservas de Peixe – ANICP. Etwa 500 verschiedene Produkte, die nach Firmen präsentiert werden,

Obstgeschäft in der Fressgasse

lassen so gut wie keinen Wunsch offen. Di und Mi kann man von 16 bis 20 Uhr Konserven kosten. Rua do Arsenal 162, Ⓜ Cais do Sodré, ✆ 911181210, www.facebook.com/155457974648208.

Conserveira de Lisboa **20** → Karte S. 436/437. Ein ausgefallenes Mitbringsel sind die nostalgisch verpackten Fischkonserven in klassischen Soßen oder nur in Öl. Allein der Laden ist einen Besuch wert. Rua dos Bacalhoeiros 34, Ⓜ Terreiro do Paço, ✆ 218864009, www.conserveiradelisboa.pt.

Märkte: *Feira da Ladra*, der sogenannte *Markt der Diebin*, da man dort (nicht nur angeblich) seine gestohlenen Sachen wiederfinden kann. Jeden Di/Sa hinter der São-Vicente-Kirche, oberhalb der Alfama (Straßenbahn 28). Seit Jahrhunderten gibt es diesen Flohmarkt mit seiner einzigartigen Atmosphäre. Er besteht aus mehreren Teilen: eine Zone im oberen Teil mit professionellen Händlern, die meist Kleidung und Schuhe oder Elektronikramsch verkaufen, rundherum gesellen sich einige Geschäfte dazu. Schließlich im unteren Teil der eigentliche Flohmarkt. Von krummen, rostigen Nägeln über gebrauchte LPs bis hin zu „alten" Musketen bekommt man alles. Daneben verkaufen Mädchen die von ihnen getragenen Kleider aus der vergangenen Saison.

Mercado da Ribeira, tägl. (außer So) 6–14 Uhr, Blumenverkauf Mo–Sa 6–20, So 10–20 Uhr. Der ehemalige Großmarkt für Obst und Gemüse ist in einer wunderschönen, renovierten Markthalle aus dem Jahr 1882 untergebracht. Seit dem Umzug des Zentralmarkts nach Loures im Norden Lissabons nur noch Verkauf in kleineren Mengen sowie Blumenmarkt. Im freigewordenen Platz ist die Time Out-Schlemmermeile untergekommen. Am Wochenende gibt es zusätzliche Aktionen: Sa 10–18 Uhr Kunsthandwerks- und Antiquitäten-Markt *Sábados da Ribeira*, So 9–13 Uhr Sammlermarkt *Mercado das Coleções* für Briefmarken, Münzen und Postkarten. Av. 24 de Julho, Ⓜ Cais do Sodré.

🌿 *Mercado Biológico*, jeden Sa 9–14 Uhr. Biomarkt im Park rund um die Stierkampfarena Campo Pequeno mit Anbietern aus den ländlichen Regionen um Lissabon. Jardim do Campo Pequeno, Ⓜ Campo Pequeno, www.agrobio.pt. ∎

Übernachten in Hotels, Pensionen, Bed & Breakfast

Wer in Lissabon eine Unterkunft sucht, wird vom Angebot überschüttet – es gibt tausende Übernachtungsmöglichkeiten. Wir haben einige besonders empfehlenswerte Adressen zusammengetragen.

Baixa/Chiado → Karte S. 433. ***** **Hotel Avenida Palace** ❸, sehr zentrale Lage, neben dem Bahnhof Rossio, mit dem zusammen das Hotel erbaut wurde. Es verdient die Bezeichnung „Palast". Über 100 Jahre nach der Eröffnung 1896 wurde es von Grund auf renoviert. Alles sehr elegant und klassisch dekoriert. Geräumige Zimmer mit Telefon, Sat-TV, WLAN, Minibar, Tresor und Klimaanlage. Ruhig, da doppelte Fenster nach außen. Kein Restaurant, aber Fitnessstudio. DZ inkl. Frühstück je nach Saison und Größe 164–279 €. Rua 1° de Dezembro 123, Ⓜ Restauradores, ✆ 213218100, www.hotelavenidapalace.pt.

The Art Inn Lisbon ❿, Eingang etwas versteckt in der belebten Rua 1 de Dezembro, eine Stiege führt zur Rezeption im 1. Stock (kein Aufzug). Bed & Breakfast mit familiärem Ambiente. Die 11 Zimmer hat die portugiesische Künstlerin Alexandra Prieto individuell nach lokalen Themen dekoriert. Alle Zimmer mit Bad (Dusche), Klimaanlage, Tresor und Kabel-TV. Kostenloses WLAN und PC. DZ je nach Saison 129–179 € inkl. Frühstück. Rua 1° de Dezembro 31, Ⓜ Rossio, ✆ 213470918, www.theartinn.com.

*** **Lisboa Tejo Hotel** ❻, unweit der Praça da Figueira liegt dieses 1994 eröffnete Hotel, ein paar Jahre später hat man es zu einem ganz in Blau gehaltenen Designhotel umgestaltet. Innen steht der Brunnen (*poço*), nach dem die Straße benannt ist. 58 von portugiesischen Designern gestaltete, zumeist geräumige Zimmer mit Parkett, Klimaanlage, TV und Minibar. Könnte aber wieder mal eine Renovierung vertragen. WLAN nur in der Lobby. DZ inkl. Frühstück je nach Saison 75–127 €. Rua dos Condes de Monsanto 2, Ⓜ Rossio, ✆ 218866182, www.lisboatejohotel.com.

Residencial Portuense ❶, gepflegte Familienpension, nur wenige Meter von der Praça dos Restauradores um den Rossio entfernt. Im nicht so stark frequentierten Teil der „Touristen-Restaurant-Meile" Lissabons, der Rua das Portas de Santo Antão, daher wenig Verkehrslärm. 18 saubere, in freundlichen Farben eingerichtete Zimmer mit eigener Dusche, Parkettboden, Schreibtisch, TV, Telefon. DZ je nach Saison 49–71 € inkl. Frühstück. In der Hauptsaison 2 Nächte Mindestaufenthalt. Rua Portas de Santo Antão 149-157, Ⓜ Restauradores, ✆ 213464197, www.pensaoportuense.com.

Alfama/Graça → Karte S. 436/437. ***** Santiago de Alfama Boutique Hotel ⓭, zwischen Miradouro de Santa Luzia (Halt Tram 28) und der Burg, dennoch ruhige Lage. Kein austauschbares Business-Hotel, sondern individuelles Altstadt-Flair. 19 Zimmer, davon 2 behindertengerecht. Herrliches Alfama-Panorama im *Zimmer 402* im

4. Stock. TV, Telefon, Tresor, Minibar und Bäder mit Badewanne oder Dusche. WLAN frei. DZ je nach Saison und Ausstattung 165–390 €, Frühstück 20 €/Pers. Rua de Santiago 10-14, ✆ 213941616, www.santiago dealfama.com.

》》 Mein Tipp: Solar do Castelo **7**, inmitten der Altstadtgassen neben den Burganlagen, im 16. Jh. befanden sich hier die Küchen des ehemaligen Königspalastes. Nach dem Erdbeben von 1755 errichteten Adlige an dieser Stelle einen kleinen Palast. Wunderbare Ruhe vom Stadtlärm, nur hin und wieder hört man einen der Burgpfauen schreien. Mit nur 20 Zimmern familiäre Atmosphäre. Modern eingerichtet und dennoch viel Geschichte zu spüren. DZ je nach Saison und Ausstattung 140–381 € inkl. Frühstück. Rua das Cozinhas 2, ✆ 218806050, www.solardocastelo.com. 《《

Privatzimmer

Casa Costa do Castelo 10, Haus direkt westlich unterhalb der Burgmauern am Hang. Zimmer im 4. und 5. Stock (kein Lift). Vom heruntergekommenen Treppenhaus nicht abschrecken lassen. 4 schicke kleine Zimmer mit Dielenböden. Außerdem eine Suite mit Küche. Zimmer ganz oben mit Dachschräge. Teilweise umwerfender Ausblick auf den Rossio und die Brücke des 25. April. Aufenthaltsraum mit TV. Frühstücksraum im Wintergarten, dahinter ein entzückender Orangengarten mit Wendeltreppe. DZ 85–90 € inkl. Frühstück. Mindestaufenthalt 2 Nächte. Costa do Castelo 54, ✆ 218822678, www.c-c-castelo.com.

Palácio Vila Flor 15, in der Nähe des Brunnens Chafariz del Rei. Links neben dem Brunnen durch den Torbogen in die Travessa São João da Praça. Die Gasse links unter den Bögen durch nach oben und dann rechts in den Hinterhof. Dort erwartet den Besucher eine Reihe von Alfama-Häusern, die so gestaltet sind, als wären sie noch normale Wohnungen. Hier werden 20 bunt eingerichtete, etwas hellhörige Zimmer

vermietet, bis auf 3 DZ alle mit eigenem Bad. Aufenthaltsräume und Terrasse mit Tejo-Blick. WLAN kostenlos. DZ je nach Größe, Ausstattung und Saison 50–100 € inkl. Frühstück. Travessa São João da Praça 36, Porta 1, Ⓜ Terreiro do Paço, ✆ 218870829, www.palaciovilaflor.com.

Albergaria Senhora do Monte, abseits des Stadtgewühls am Berghang, direkt neben dem Aussichtspunkt Miradouro da Nossa Senhora do Monte. Die Haltestelle Graça der Tram 28 ist nicht sehr weit. Von den Zimmern und der Dachterrasse (Frühstücksraum) herrlicher Blick auf Lissabons Altstadt, vor allem in der Morgendämmerung wunderschön. Allerdings inzwischen etwas in die Jahre gekommen. WLAN frei. DZ mit Bad je nach Saison 75–120 € inkl. Frühstück. Calçada do Monte 39, ✆ 218866002, www.albergariasenhoradomonte.com.

Av. da Liberdade → Karte S. 444/445.
**** Hotel Britânia 4, in einer Parallelstraße der Av. da Liberdade, gehobenes Hotel der Heritage-Gruppe. Historisches, im Stil des Art déco gehaltenes Gebäude des modernistischen Architekten Cassiano Branco aus den 1940er-Jahren. Mit seinen 30 Zimmern fast familiäre Atmosphäre, alles sehr geschmackvoll und elegant eingerichtet. Sat-TV, Minibar, Telefon und Klimaanlage. Kostenloses WLAN. DZ je nach Saison und Ausstattung 149–327 € inkl. Frühstück. Rua Rodrigues Sampaio 17, Ⓜ Avenida, ✆ 213155016, www.hotel-britania.com.

》》 Mein Tipp: Torel Palace **7**, zwei Paläste in umittelbarer Nähe der Bergstation des Lavra-Aufzuges (Ⓜ Restauradores). Umwerfende Lage auf der Spitze des Santana-Hügels: ruhig, aber in Zentrumsnähe. Zwei Paläste aus den Jahren 1904 (blaues Haus, hier auch Rezeption) und 1902 (rosa Haus) mit insgesamt 27 Zimmern; am besten eines mit Aussicht buchen. Alle Zimmer mit eigenem Bad, Klimaanlage, TV, Telefon, kostenlosem WLAN, Tresor, Minibar und Kaffeemaschine. Pool und Bar im Garten. Abends ist das *Hotel-Restaurant* geöffnet. DZ je nach Saison und Größe 100–305 € inkl. Frühstück. Rua Câmara Pestana 23, ✆ 218290810, www.torelpalace.com. 《《

Residencial Vila Nova 1, gleich neben der Praça Marquês de Pombal (50 m zur U-Bahn) im 3. OG eines alten Jugendstilhauses. Alle Zimmer mit eigenem, meist kleinem Bad. TV, Tresor, kostenloses WLAN.

Lissabon → Karten S. 428/429 u. S. 430/431

Trotz der belebten Straße vor der Tür besser Zimmer nach vorne nehmen, da im Innenhof Klimaanlagen lärmen. DZ je nach Größe und Saison 50–95 €, kein Frühstück. Av. Duque de Loulé 111-3°, ℡ 213196290, www.residencialvilanova.com.

Ferienwohnungen Lissabon-Altstadt.de

Es gibt zahlreiche renovierte Ferienwohnungen für 2 bis 10 Personen, die teilweise den Besitzern des Portals Lissabon-Altstadt.de, der deutsch-portugiesischen Familie da Silva Zacharias, selbst gehören, teils aber nur vermittelt werden. Es wird Wert darauf gelegt, dass alle Wohnungen aufgeräumt, gut in Schuss und durchdacht eingerichtet sind. Mit Küche, TV, teils auch freiem WLAN. Handtücher und Bettwäsche sind immer inklusive. Viele Wohnungen werden im Stadtteil Graça angeboten. Je nach Saison, Größe und Ausstattung 25–300 € pro Nacht für 2 Personen; jede weitere Person zusätzlich 20 €, Kind bis 9 J. nur 10 €. Dazu ca. 40–60 € für die Endreinigung. Witold Zacharias, Kopenhagener Str. 26, 10437 Berlin, ℡ 0049(30)4489451, www.lissabon-altstadt.de.

Übernachten in Hostels

Lissabon verfügt über viele moderne und preiswerte Hostels, die häufig in renovierten Altstadthäusern untergebracht sind. Die meisten bieten Schlafsäle mit 4 bis 8 Betten, viele auch preiswerte Doppelzimmer, immer gibt es kostenloses WLAN. Reservierung vor allem in der Hauptsaison sehr empfohlen. Im Gegensatz zu Pensionen finden Alleinreisende hier schnell Anschluss – es wird zusammen gekocht, ferngesehen und man verabredet sich zu Kneipentouren. Wer Ruhe sucht, sollte die meisten Hostels aber eher meiden.

Baixa/Chiado → Karte S. 433. **Home Lisbon Hostel** 🄳, am Ostrand der Fußgängerzone der Baixa. Am Eingang klingeln, dann in den 2. Stock gehen (Aufzug). 2013–2016 als weltweit bestes mittelgroßes Hostel von der Buchungsplattform Hostelworld prämiert. 11 Zimmer, die mit 4 bzw. 6 Betten eng bestückt sind. Korkböden und hohe Decken. Moderne und großzügig gestaltete Gemeinschaftsbäder. Aufenthaltsraum mit TV und Playstation. Wäscheservice. Gemeinschaftsküche zum Selberkochen. Außerdem kocht „Mamma", die Mutter des Eigentümers, Abendessen für die Gäste. Im Mehrbettzimmer je nach Saison 12–28 € pro Person inkl. Frühstück. Rua de São Nicolau 13-2° Esq., Ⓜ Baixa/Chiado, ℡ 218885312, www.homelisbonhostel.com.

Lisbon Destination Hostel 🄴, im 2. Stock des Rossio-Bahnhofs (früher nannte es sich Rossio Patio Hostel). Eingang gegenüber den Ticketschaltern. Die hellen, relativ geräumigen sowie hohen Zimmer gruppieren sich auf 2 Stockwerken um einen Innenhof mit Glasdach. Gemeinschaftszimmer mit Stockbetten für 4 bis 10 Personen. Dazu gibt es EZ, DZ mit und ohne eigenem Bad. Manche Zimmer haben allerdings Fenster in den Innenhof. Abends kann es etwas laut werden, da der Innenhof auch Aufenthaltsraum ist. Dennoch kein Party-Hostel – Feiern sind nur bis 24 Uhr erlaubt. Mehrbettzimmer je nach Größe und Saison 12–31 €, DZ je nach Ausstattung und Saison 60–92 €, jeweils inkl. Frühstück. Estação Ferroviária do Rossio 2°-F, Largo Duque do Cadaval, Ⓜ Restauradores, ℡ 213466457, www.destinationhostels.com.

Lisbon Lounge Hostel – LLH 🄵, im Zentrum der Baixa, die Tram 15 rattert vor der Tür vorbei, auch ansonsten eher verkehrsreiche und laute Lage. Am Eingang klingeln, dann geht's in den 1. Stock (kein Aufzug). Schön renovierter Altbau: viel helles Holz, teilweise sind noch die alten Gemäuer sichtbar. 7 Schlafsäle mit 4 bis 8 Betten, dazu noch 2 DZ (mit eigenem TV) auf insgesamt drei Stockwerken. Große, saubere und moderne Gemeinschaftsbäder. Handtücher nicht inkl., können aber preiswert ausgeliehen werden. Aufenthaltsraum mit gemütlichen Sesseln im Lounge-Stil. Gemeinschaftsküche. Im Mehrbettzimmer je nach Größe und Saison 12–30 € pro Person,

Wasserspiele im Parque das Nações

pro DZ 44–68 €, jeweils inkl. Frühstück. Rua de São Nicolau 41-1°, Ⓜ Baixa/Chiado, ✆ 213462061, www.lisbonloungehostel.com.

》》》 Mein Tipp: Travellers House **18**, im südlichen Teil der touristisch geprägten Fußgängermeile Rua Augusta. Renovierter Baixa-Altbau aus der zweiten Hälfte des 18. Jh., das Hostel befindet sich im 1. Stock (kein Aufzug). Mittelgroße Schlafsäle mit 4–6 Betten und Gemeinschaftsbädern, dazu 4 DZ mit eigenem Bad und einige Appartements. TV-Zimmer sowie ein schön renovierter Gemeinschaftsraum mit Küche zum Selberkochen: Hier ist noch das Original-Fachwerk aus pombalinischer Zeit zu sehen. Mehrfach vom Buchungsportal Hostelworld als bestes Hostel der Welt ausgezeichnet. Lebendige Atmosphäre mit Gemeinschaftsaktivitäten am Abend. Je nach Saison und Größe 12–28 € pro Bett im Schlafsaal, DZ 50–90 €, jeweils inkl. Frühstück. 2 Nächte Mindestaufenthalt. Rua Augusta 89-1°, Ⓜ Baixa/Chiado, ✆ 210115922, www.travellershouse.com. 《《《

Alfama/Mouraria   → Karte S. 436/437.
》》》 Mein Tipp: Alfama Patio Hostel – AP **6**, rund um einen entzückenden Innenhof gelegen, der von kleinen, rosa angestrichenen Alfama-Häuschen umrundet wird. Die Tram 28 rattert einspurig vor dem Hofeingang vorbei (die Haltestelle in der Rua das

Escolas Gerais ist nur ein paar Meter entfernt). 6 DZ und 5 Schlafsäle mit 4 bis 8 Betten. Kleine Zimmer, aber sauber und schön eingerichtet. Küche zum Selberkochen. Ein begrünter Innenhof mit Stühlen und Hängematten, noch angenehmer ist die Terrasse mit einem herrlichen Tejo-Blick. Im Mehrbettzimmer je nach Saison und Größe 10–26 €/Person, DZ 46–74 €, jeweils inkl. Frühstück. Rua das Escolas Gerais 3 – Pátio dos Quintalinhos 1, ✆ 218883127, www.destination hostels.com. 《《《

》》》 Mein Tipp: This is Lisbon Hostel **1**, familiäres Hostel direkt unterhalb der Burgmauer in der Rua Costa do Castelo, der Eingang befindet sich ein paar Stufen abwärts in der Nebengasse Escadinhas Marquês Ponte de Lima 1. Am Eingang klingeln, danach geht's im EG in die erste Tür rechts. Schön restaurierte Etage mit hohen Decken und edlen Holzrahmen um Fenster und Türen. Die große Terrasse mit Blick über die Mouraria und weiter nach Norden lädt zum Entspannen ein. 4 geräumige Mehrbettzimmer mit Gemeinschaftsbädern für 4, 6 und 8 Personen, dazu 3 DZ (nur 1 DZ mit eigenem Bad). Küche, Waschmaschine, Aufenthaltsraum. Je nach Saison und Zimmergröße im Mehrbettzimmer 14–22 €, DZ 48–60 €, jeweils inkl. Frühstück. Rua Costa do Castelo 63, ✆ 218014549, www.this islisbonhostel.com. 《《《

Anlaufstelle für Touristen und Studenten – das Café Brasileira

Av. da Liberdade → Karte S. 444/445.
Lisboa Central Hostel **2**, in einer ruhigen
Seitenstraße, dennoch zentral unweit der
Praça Marquês de Pombal (zwei Metrolinien) gelegen. Hostel auf den unteren bei-
den Etagen eines 80 Jahre alten, unter
Denkmalschutz stehenden Gebäudes des
modernistischen Architekten Cassiano
Branco. Recht geräumige Schlafsäle mit 4
bis 10 Betten. Schließfächer, Gemeinschaftsbäder. 6 DZ, teilweise auch mit eigenem
Bad. Kleiner Innenhof sowie 2 Aufenthaltsräume mit TV und DVDs. Kochmöglichkeit.
Schlafsaal je nach Saison und Größe 14–
25 €, DZ 50–76 €, jeweils inkl. Frühstück. 2
Nächte Mindestaufenthalt in der Hochsaison. Rua Rodrigues Sampaio 160,
Ⓜ Marquês de Pombal, ✆ 309881038, www.
lisboacentralhostel.com.

Bairro Alto → Karte S. 448/449

≫ Mein Tipp: Lost Inn Lisbon Hostel 15,
im 1. Stock (kein Aufzug) eines schön renovierten Gemäuers aus dem Jahr 1732 in einer Seitenstraße der Rua das Flores, nicht
weit vom Bahnhof Cais do Sodré und der
dortigen Ausgehmeile (daher Zimmer zur
Straße besser meiden). Dielen und Azulejos

geben den Räumen einen edlen Touch: 15
Zimmer mit je 4–10 Stockbetten (ein Zimmer nur für Frauen), dazu freundlich ge-
richtete DZ mit Gemeinschaftsbad. Je nach
Saison und Größe 10–27 € im Schlafsaal, DZ
56–70 €, jeweils inkl. Frühstück. Nur Gäste
zwischen 15 und 45 J. erlaubt, da sich das Hostel vor allem an ein junges Publikum richtet
(Ausnahmen nach Absprache möglich).
Beco dos Apóstolos 6, Ⓜ Cais do Sodré,
✆ 213470755, www.lostinnlisbon.com. ≪

Stay Inn Lisbon Hostel 9, im Herzen des
Bairro Alto, direkt vor den Zimmerfenstern
die Ausgehmeilen Lissabons, daher kann
es vor allem am Wochenende nachts etwas
laut werden. Liebevoll restaurierter Altbau
aus pombalinischer Zeit (18. Jh.): Dielenböden. Schlafsäle mit 4 bis 8 Betten (einige
nur für Frauen), auch 4 DZ mit und ohne
Bad, insgesamt 40 Betten. Geräumiger Aufenthaltsraum mit Kabel-TV. Zimmer hell eingerichtet, große Gemeinschaftsbäder. Im
Mehrbettzimmer je nach Saison und Größe
13–24 €/Person, DZ 40–80 €, jeweils inkl.
Frühstück. Rua Luz Soriano 19-1°, Ⓜ Baixa/
Chiado, ✆ 213425149, http://stayinnlisbon
hostel.com.

Camping

Lisboa Camping, im großflächigen Monsanto-Park am westlichen Stadtrand nahe
der Autobahn nach Estoril (→ Überblicks-

karte S. 428/429). Platz für 400 Zelte. Minimarkt, Fernsehraum, Bar, Kinderspielplatz,
Swimmingpool mit kleinem Sprungturm,

Minigolf, Tennis- und Fußballplatz. Viele Tische und schattenspendende Bäume, doch der Lärm der nahen Autobahn beeinträchtigt das Ambiente. Gäste beschwerten sich zudem über schlecht gewartete und unsaubere sanitäre Anlagen. Wer die Möglichkeit hat, sollte besser auf die schöner gelegenen Plätze im Umland von Lissabon ausweichen. Person je nach Saison 5,95–7,60 €, Zelte 5,25–12,50 €, Wohnmobil 8,80–11,90 €. Bungalows je nach Saison und Ausstattung bei 2 Pers. 42–90 € (Ostern und Juli/Aug. 3 Nächte Mindestaufenthalt, Neujahr 2 Nächte). Ganzjährig geöffnet. Anfahrt: Mit Bus 714 (Richtung Outurela) ab Praça da Figueira (Ⓜ Rossio) bis 22 Uhr in ca. 45 Min. zum Platz. Alternativ Bus 750 bis 1 Uhr ab Ⓜ Gare do Oriente, Ⓜ Campo Grande oder Ⓜ Colégio Militar-Luz (Richtung Algés), bzw. bis 0.30 Uhr ab Bahnhof Algés (Richtung Oriente). Estrada da Circunvalação, Parque Florestal de Monsanto, ✆ 217628200, www.lisboacamping.com.

Essen & Trinken

Von exotischen Taschenmessermuscheln bis zu den klassischen Sardinen kommt in Lissabon so ziemlich alles auf den Tisch, was der Atlantik an Meerestieren hergibt. Aber nicht nur Fischfans kommen hier auf ihre Kosten, auch Fleischgerichte hat die Region Lissabon in großer Zahl anzubieten, z. B. das klassische Rindersteak mit Sahnsoße *(bife à café)*.

Da viele Lissabonner leidenschaftliche Feinschmecker sind, ist das Restaurant-Angebot groß. In den letzten Jahren haben international ausgebildete Chefköche Kreativität und neue Vielfalt in die Gastroszene gebracht, so dass inzwischen für fast alle Geschmäcker gesorgt ist. Das gilt auch für Vegetarier, die es sonst in Portugal schwer haben, in Lissabon aber zahlreiche Angebote finden.

Die „Touristen-Fressmeile" Lissabons ist die Rua das Portas de Santo Antão nördlich des Rossio. Man sollte bis auf wenige Ausnahmen besser anderswo essen gehen, da hier das Preis-Leistungsverhältnis schlecht ist.

Übrigens haben viele Restaurants **im August geschlossen**, besonders die mit weniger touristischem Publikum.

Unsere „Essen & Trinken"-Empfehlungen finden Sie jeweils am Ende der Stadtteilkapitel Baixo & Chiado, Alfama & Graça Neustadt, Bairro Alto und Belém.

Marisqueiras – garantiert frisches Meeresgetier

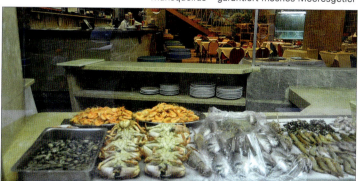

Cafés

Portugal hat eine uralte Kaffeehaus-Tradition. Was bei uns die Eckkneipe ist, ist hier die *Pastelaria*, in der die Bica (Espresso) serviert wird. Die klassischen Cafés Lissabons sind das Martinho da Arcada an der Praça do Comércio, die Confeitaria Nacional an der Praça da Figueira, das Nicola am Rossio und – last but not least – die weltbekannte Brasileira im Chiado.

Unsere Café-Empfehlungen finden Sie jeweils am Ende der Stadtteilkapitel Baixo und Chiado, Alfama und Graça, Neustadt, Bairro Alto und Belém.

Nachtleben

Lissabon kann mit Fug und Recht behaupten, ein Nachtleben der Extraklasse zu bieten. Die meisten Bars und Kneipen findet man im **Bairro Alto**. In den engen Gassen des Viertels dominieren kleine, preiswerte Kneipen und Bars. In der Gegend um den **Bahnhof Cais do Sodré** und am Tejo-Ufer befinden sich dagegen vor allem größere Bars und Clubs. In den letzten Jahren hat sich auch die **Alfama** zu einem weiteren Zentrum des Lissabonner Nachtlebens entwickelt. Auch haben zahlreiche empfehlenswerte Weinbars eröffnet, in der man die vorzüglichen Weißweine aus der Region um Lissabon verkosten kann.

Baixa → Karte S. 433

Wine Not? 15, Weinbar der Firma Casa Ermelinda Freitas aus dem Ort Águas de Moura auf der Tejo-Südseite. Es werden nur regionale Weine der Kellerei ausgeschenkt, z. B. der empfehlenswerte Sauvignon Blanc, Glas ab 1,60 €. Dazu gibt es leckere Kleinigkeiten wie Oliven, Käse oder regionale Spezialität *tortas de Azeitão* (süße Eigelb-Törtchen). Ruhiges Ambiente. Mo-Sa 11–24 Uhr, So zu. Rua Ivens 45, Ⓜ Baixa/Chiado, ✆ 916360626, www.facebook.com/winenotlisbon. ■

Alfama → Karte S. 436/437

Cruzes Credo 17, rechts neben der Kathedrale. Innen ein schön renoviertes Gewölbe. Auf dem Bürgersteig mehrere Holztische, von denen man die Mauern der Kathedrale und die daran vorbeiziehenden Touristenströme beobachten kann. Wer sich stärken will, bekommt Hamburger, Toasts und Sandwiches. Tagsüber auch als Cafeteria ein Tipp, später in der Nacht liegt der Fokus aber eher auf alkoholischen Getränken mit einer breiten Auswahl an portugiesischen Bieren ab 1,50 €. Tägl. 10.30–2 Uhr. Rua Cruzes da Sé 29. ✆ 218822296, www.facebook.com/cruzescredo.

Lux-Frágil 4, bekanntester Club Lissabons am Tejo neben dem Bahnhof Santa Apolónia. Im 1. Stock Barbetrieb mit Tejo-Blick. Tanzfläche im EG (Zugang über 1. Stock). Hier läuft Techno, House und Drum'n'Bass. Häufig auch Konzerte. Die Portiers sind teilweise recht unfreundlich. Doch wer erst einmal den Eintritt (in der Regel 12 €) geschafft hat, vergisst das angesichts der erstklassigen DJs meist schnell wieder. Bier 4 €. Do–Sa 23–6 Uhr, bei Konzerten und Auftritten bekannter DJs manchmal auch an den anderen Tagen geöffnet. Av. Infante D. Henrique, Armazém A, Cais da Pedra a Santa Apolónia, ✆ 218820890, www.luxfragil.com.

Av. da Liberdade → Karte S. 444/445

Hot Clube de Portugal 6, der Jazzclub Lissabons schlechthin. Zu Zeiten Salazars ein Hort des Widerstands, später legendärer Jazzkeller mit Musikschule. 2010 ist der Club komplett ausgebrannt, konnte aber 2012 ein paar Häuser weiter in modernisiertem Ambiente wiedereröffnen. Der Platzmangel früherer Zeiten ist nicht mehr so extrem, gedrängt voll wird es dennoch immer wieder. Eintritt meist 5–10 €, in der Regel Konzertbeginn um 22.30 Uhr. Mi Jamsessions, dann freier Eintritt. Di–Sa 22–2 Uhr, So/Mo zu; im August unter der Woche teils

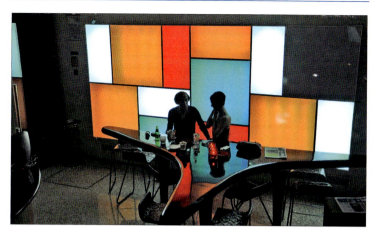

Es geht auch chic im Bairro Alto

eingeschränkt geöffnet. Praça da Alegria 48, Ⓜ Avenida, ✆ 213460305, www.hcp.pt.

≫ Mein Tipp: Enoteca/Chafariz do Vinho 🔋, außergewöhnliches Weinprobierlokal nur wenige Meter unterhalb der Praça Príncipe Real auf dem Weg zur Praça da Alegria. Es ist in den Gewölben eines ehemaligen Brunnens untergebracht (einige Tische auch im Freien). Viele Tropfen sind im Glas erhältlich. Dazu können Käse, Brot und diverse kleinere Speisen (petiscos) bestellt werden. Alles auch zusammen mit Wein als Degustationsmenü ab 22 €. Tägl. (außer Mo) 18–2 Uhr. Chafariz da Mãe d'Água à Praça da Alegria, Rua da Mãe d'Água, Ⓜ Avenida, ✆ 213422079, www. chafarizdovinho.com. ≪

Bairro Alto → Karte S. 448/449

A Capela Bar 🔋, goldgerahmte Spiegel an den Wänden. Engelstatuen und die massiven Marmorplatten am Boden sorgen für „barockes" Ambiente. Vor allem am Wochenende legen DJs guten House auf. Große Auswahl an Likören. Bier 2 €. Tägl. 20–2 Uhr (Fr/Sa bis 3 Uhr). Rua da Atalaia 45, Ⓜ Baixa/Chiado, ✆ 213470072, www. facebook.com/acapelabar.

≫ Mein Tipp: Café Suave 🔟, Bar mitten im Bairro Alto. Ruhige Atmosphäre hinter milchigen Plastikwänden. Sanfte (suave) Farben prägen den von bunten Lichtern erhellten, mittelgroßen Raum. Elektronischer Jazz, Drum'n'Bass und verwandte Musikrichtungen. Bier 1,50 €. Tägl. 19–2 Uhr (So erst ab 21 Uhr). Rua Diário de Notícias 4-6, Ⓜ Baixa/Chiado, www.facebook.com/cafe suavebairroalto. ≪

Portweinprobierlokal

Solar do Vinho do Porto 🔋 → Karte Bairro Alto S. 448/449. Von der Praça dos Restauradores per Ascensor da Glória den Berg hinauffahren (Bairro Alto), gleich oberhalb der Haltestelle in einem alten Palast. Nach einem anstrengenden Stadtrundgang kann man in den gekühlten Räumen bei einem edlen Glas Port entspannen. Preislich sind die meisten der servierten Ports erschwinglich. Mehrere Leser beschwerten sich allerdings über das unfreundliche Servicepersonal. Mo– Fr 11–24, Sa 15–24 Uhr, So/Feiertag geschlossen. Rua de São Pedro de Alcântara 45, ✆ 213475707, www.ivdp.pt.

Páginas Tantas 🔋, Jazz-Kneipe, Di–Sa Livemusik. Ruhepol in dieser ansonsten eher lauten und chaotischen Gegend mitten im Bairro Alto. Kein Eintritt, aber jeder

Restaurantmeile Rua das Portas de Santo Antão

Gast muss mindestens ein Getränk konsumieren. Bier 3 €. Rauchen ist erlaubt. Tägl. 20.30–2 Uhr (Fr/Sa bis 3 Uhr). Rua do Diário de Notícias 85, Ⓜ Baixa/Chiado, www.facebook.com/paginas.tantas.

》》 Mein Tipp: Pavilhão Chinês 3, ein „Luxuspub", eingerichtet in einer früheren Kurzwarenhandlung. Man muss klingeln, um in den 5 Säle großen Pub zu gelangen. Die alten Verkaufsvitrinen sind überfüllt mit Miniaturen und Puppen. In den hinteren Räumen hunderte von Flugzeug- und Kriegsschiffsmodellen sowie Plastiksoldaten. Zwei Billardtische. Bier 3 €. Viele Tees und riesige Cocktailauswahl. Tägl. 18–2 Uhr. Rua Dom Pedro V 89/91, ✆ 213424729, www.facebook.com/pavilhaochineslisboa.《《

Cais do Sodré → Karte S. 448/449

🍃 **By the Wine** 14, Weinbar am Anstieg zwischen Cais do Sodré und Bairro Alto. Gehört zum Traditions-Weingut José Maria da Fonseca aus Azeitão südlich des Tejo. Nur regionale Weine dieser Marke ab 2,30 € pro Glas. Im Angebot auch regionaler Brandy und Moscatel de Setúbal, mit Portwein und Madeira einer der drei bekannten Likörweine Portugals. Wenn die Gäste angeschwipst sind, kann es etwas laut werden. WLAN frei. Tägl. 18–24 Uhr. Rua das Flores 41-43, Ⓜ Cais do Sodré, ✆ 213420319, www.jmf.pt. ∎

Musicbox Lisboa 18, unter einem Brückenbogen der Straße, die vom Cais do Sodré zum Bairro hochführt. Etwa 300 Menschen finden in dem Raum mit Bühne, Bar und Sofalandschaften Platz. Die Musicbox ist einer der bedeutendsten Orte für Livekonzerte in Lissabon. Eintritt je nach Konzert 5–15 €. Bier 1,80 € (ab Mitternacht 2,20 €). Tägl. 23–6 Uhr (je nach Programm, an manchen Tagen auch geschlossen). Rua Nova do Carvalho 24, Ⓜ Cais do Sodré. ✆ 213473188, www.musicboxlisboa.com.

Pensão Amor 19, beliebteste Bar in der Kneipenzone am Cais do Sodré. Der Name „Pension Liebe" kommt nicht von ungefähr: Hier befand sich jahrelang ein Stundenhotel, das von den Prostituierten der Rotlichtzone am Cais do Sodré gut frequentiert wurde. Nichts für prüde Gemüter, auch wenn sich um die Eisenstange in der Bar nur selten Tabledancer räkeln. Vor allem am Wochenende besser früh kommen, da oft übervoll. Bier 2 €, ab 22 Uhr 3 €. Tägl. 12–3 Uhr (Do–Sa bis 4 Uhr). Zwei Zugänge: Rua Nova do Carvalho 38 und Rua do Alecrim 19, Ⓜ Cais do Sodré, ✆ 213143399, www.pensaoamor.com.

Fado

Im Fado, wörtlich „Schicksal", spiegelt sich die *saudade* der Portugiesen. Der Fado ist der Musikstil der Lissabonner und der Studenten Coimbras. Die Texte handeln meist von unglücklicher Liebe, von vergangenen Zeiten, sozialen Missständen oder von der Sehnsucht nach besseren Tagen. Es gibt aber, auch wenn das nicht so bekannt ist, eine ganze Reihe humorvoller Fado-Lieder.

Woher der Fado kommt, weiß keiner so genau. Vermutet wird, dass er aus dem brasilianischen *Lundum* entstanden ist. Zuerst sangen ihn die Bewohner der Armenviertel Lissabons, besonders der Mouraria, Alfama und der Madragoa. In anrüchigen Kneipen war er von Stadtstreichern, Matrosen und Prostituierten zu hören. Ende des 19. Jahrhunderts fand der Fado dann auch in den bürgerlichen und aristokratischen Salons Anklang. Ab 1930 folgte eine zunehmende Kommerzialisierung mit professionellen Aufnahmen, landesweiter Ausstrahlung über den Rundfunk und Auftritten in Touristenlokalen. 2011 erkannte die UNESCO den Fado als Weltkulturerbe an, der seitdem in Lissabon einen unglaublichen Aufschwung erlebt hat.

Achtung: Beim Fado herrscht absolute Stille; Gespräche werden als Beleidigung der *fadistas* aufgefasst!

Alfama → Karte S. 436/437

Clube de Fado **16**, in der Alfama direkt unterhalb der Kathedrale. Fado-Restaurant mit vielen prominenten portugiesischen Gästen, aber auch Touristengruppen. Großer, eng bestuhlter Raum mit Gewölbe. Es spielen viele erstklassige Fadistas. Hauptgerichte in kleinen Portionen ab 22,50 €, dazu Fado-Zuschlag von 7,50 €, dazu 5 € Couvert pro Person. Man kann aber auch einfach nur an der Bar etwas trinken und zahlt nur 10 € Fado-Zuschlag. Tägl. 20–2 Uhr. Rua S. João da Praça 94, Ⓜ Terreiro do Paço, ✆ 218852704, www.clube-de-fado.com.

⟫ Mein Tipp: Mesa de Frades **9**, Lissabons schönstes Fado-Restaurant ist in der früheren Kapelle eines Privatpalastes zuhause. Hier spielen viele begabte Nachwuchskünstler, aber auch bekannte Musiker. Portugiesische Küche. Menü inkl. Getränke 45 € (bis 12 J. 30 €), Reservierung empfohlen. Wer nach 23 Uhr noch einen Platz findet, kann auch nur Getränke ohne Mindestverzehr konsumieren (Bier 2,50 €). Tägl. (außer So) 19–2 Uhr. Ab 20 Uhr Abendessen, anschließend Profi-Fado ab 23 Uhr. Rua dos Remédios 139-A, ✆ 917029436. Ⓜ Santa Apolónia, www.facebook.com/mesadefradeslisboa. ⟪

Parreirinha de Alfama **12**, in der Nähe des Largo Chafariz de Dentro. Traditionsreiches Fado-Restaurant, seit 1950 geführt von der bekannten Fado-Sängerin Argentina Santos. Kleiner, niedriger Raum im Stil eines Innenhofs – manch einer wird es etwas kitschig finden. Hier treten Profimusiker wie Maria de Fátima, Joana Veiga oder Pedro Galveias auf. Hauptgericht ab 24 €, das Essen ist unserer Meinung nach aber nicht die Stärke des Hauses. Mindestkonsum 30 € pro Person (ab 22.30 Uhr 15 €). Tischreservierung empfohlen. Tägl. (außer Mo) 20–1 Uhr (Küche bis Mitternacht). Beco do Espírito Santo 1, Ⓜ Santa Apolónia, ✆ 218868209, www.parreirinhadealfama.com.

Bairro Alto → Karte S. 448/449

⟫ Mein Tipp: Tasca do Chico **7**, kleine Kult-Kneipe mitten im Bairro Alto, die Gäste nehmen an massiven Holztischen Platz. Auch wenn Sänger und Gitarristen manchmal nicht immer den richtigen Ton treffen, macht es Spaß, den engagierten Fadistas zuzuhören. Bier 2 €. Kein Verzehrzwang, man sollte aber früh kommen, um sich einen Platz zu sichern. Tägl. 18–2, Fr/Sa bis 3 Uhr, Fado in der Regel tägl. abends. Rua Diário de Notícias 39, Ⓜ Baixa/Chiado, ✆ 965059670, www.facebook.com/atasca.dochico. ⟪

Lissabon → Karten S. 428/429 u. S. 430/431

Umgebung von Lissabon

Jenseits der Grenzen des alten Lissabon und seiner modernen Peripherie gibt es jede Menge Ausflugsziele, viele davon kann man bequem mit öffentlichen Verkehrsmitteln erreichen. Praktisch ein Muss ist eine Bahnfahrt die breite Rio-Tejo-Bucht entlang Richtung Westen nach **Sintra**, um dort den Palácio da Pena, das „Neuschwanstein" Portugals, zu besuchen. Der alte Königspalast ist aber nicht nur selbst einen Abstecher wert, auch die üppig grüne Hügellandschaft der Serra da Sintra ringsherum lohnt den Weg. Auch kleinere Wanderungen bieten sich hier an.

Ebenfalls im Westen der Hauptstadt liegen die beiden vornehmen Badeorte **Estoril** und **Cascais**, die mittlerweile nahezu zusammengewachsen sind. Zu entdecken gibt es dort zahlreiche herrschaftlichen Villen und Paläste sowie mehrere interessante Museen – und vor allem das Meer, das sich hier wegen der Nähe zum Tejo-Mündungsbecken allerdings noch ein wenig gezähmt präsentiert. Die Sonnenanbeter an den schirmbestandenen Badestränden der **Costa do Estoril** stört das wenig. Wer es rauer mag, fährt ein paar Kilometer weiter nach Nordwesten bis zum wilden Strand von Guincho, der wegen der Brandung allerdings weniger zum Baden geeignet ist. Ein Naturerlebnis in praktisch unverbauter Landschaft ist er aber allemal.

Noch ein Stück weiter nördlich an der Küste liegt das Dorf **Ericeira**, das eigentlich nur an den Wochenenden von Ausflüglern aus der nahen Hauptstadt gut besucht wird. Ericeira ist berühmt für seine Wellenreitschulen.

Auf der anderen Fluss-Seite, südlich der Hauptstadt, versammelt sich im Sommer

Die Hervorhebungen weisen auf besonders sehenswerte Orte hin.

Lissabon und Umgebung

3,3 km

Am Strand von Estoril

halb Lissabon an den endlos langen Stränden der **Costa Caparica**. Besonders die Jugend trifft sich hier, feiert Strandpartys und berauscht sich nicht nur mit alkoholischen Getränken. Auch einige Campingplätze finden sich entlang der Küsten.

„Geheimtipps" sind weiter südlich das kleine ehemalige Fischerdörfchen Sesimbra und etwas östlich davon der niedrige Bergrücken der Serra da Arrabida mit dem in den Hang gebauten Convento da Arrábida. Unterhalb des Klosters, in der hübschen grünen Bucht (Portinho da Arrábida), breitet sich einer der schönsten Strände der Region aus.

Costa do Estoril

Die „portugiesische Riviera" ist die Verlängerung des Nordufers der Tejo-Mündung. Die Strände liegen so nah bei Lissabon, dass es ein Leichtes ist, an heißen Sommernachmittagen zum Baden aus der Stadt zu fahren und abends wieder zurück zu sein.

Die beiden Hauptorte Estoril und Cascais sind heute praktisch zu einem Ort zusammengewachsen. Schon zu Anfang des 20. Jahrhunderts wurde dieser Küstenabschnitt zum Baden entdeckt; Baden war damals allerdings eher ein therapeutisches Ritual unter Arztaufsicht denn als Vergnügen. Die wenigen Sandstrände an dieser klippenreichen Küste sind heute meist ziemlich überfüllt, besonders an Wochenenden tummeln sich hier zahlreiche Lissabonner. Die Wasserqualität der Strände nahe an Lissabon ist leider oft zum Baden zu schlecht. Ohne Bedenken baden kann man aber ab Oeiras, dort verliert sich das schmutzige Tejowasser im Ozean. Am saubersten ist das Meerwasser in Guincho.

Estoril

ca. 26.000 Einwohner

Estoril ist ein Badeort mit viel Grün und Luxus, einigen Hotels der gehobenen Kategorie und Luxusvillen aus den 1930er-Jahren. Die „Lissabonner Costa do Sol" wurde bekannt als Sommerresidenz abgedankter Könige.

Das **Zentrum** von Estoril dominiert das Casino und sein Palmengarten. Nachts ist der Park eine von Tausenden Lämpchen erhellte Oase, am oberen Ende thront – in Flutlicht getaucht – das größte Spielcasino Europas aus Glasbeton.

Der saubere Hauptbadestrand **Praia do Tamariz** ist ca. 300 m lang und von Felsplatten unterbrochen. Zu erreichen ist er durch einen Fußgängertunnel unter dem Bahnhof. Hier findet man eine befestigte Uferpromenade, auf der man bis nach Cascais spazieren kann, und einige Strandcafés.

Basis-Infos

Verbindungen Bahn ab Lissabon: Von Lissabon aus fahren Züge ab dem Kopfbahnhof Cais do Sodré (Ⓜ Cais do Sodré). Man kann auch in Belém zusteigen, muss dann aber Mo–Fr 7–10.15 und 17–20.30 Uhr in Oeiras umsteigen. Die Züge verkehren in der Hauptverkehrszeit tägl. alle 12 Min., sonst alle 20–30 Min. bis spätnachts. Fahrzeit ca. 35 Min. www.cp.pt. Einfache Fahrt 2,15 € (ab 65 J. und bis 12 J. 50 % Ermäßigung mit dem *meio bilhete*, bis 3 J. frei). Die Einzelfahrkarten müssen pro Person auf eine Viva-Viagem-Chipkarte geladen werden, die am Automaten bzw. am Schalter für 0,50 € erhältlich ist. Am einfachsten ist es, Zapping-Guthaben zu benutzen, dann kostet die Fahrt 1,80 €.

> **Achtung**: Jedes Zugticket muss vor der Fahrt an der Zugangsschranke zum Bahnhof oder, falls es keine Schranke gibt, am Chip-Lesegerät auf dem Bahngleis aktiviert werden!

Costa do Estoril → Karte S. 480/481

Palmenpark vor dem Casino Estoril

Bus nach Sintra (via Alcabideche und São Pedro de Sintra): Bus 418 jeden Tag stündl. zu den Bahnhöfen Sintra und Portela de Sintra. Fahrzeit 30 Min.

Adressen **Post**, Mo–Fr 8.30–18 Uhr, Av. Marginal 7152 (neben dem Hotel Vila Galé).

Telefonnummern **Taxi** (Rádio Táxis Costa do Sol), ℡ 214660101, www.taxis cascais.com.

Nachtleben/Sportevents

Casino **Casino do Estoril**, oberhalb des Bahnhofs von Estoril. Zum Geldverlieren kann man zwischen Baccara, Roulette (französisch und amerikanisch), Chemin-de-Fer und Black Jack wählen. Oder auch Europas größten Saal mit „Slotmachines" (Eintritt kostenlos). Faszinierend und erschreckend ist es, die 1000 Maschinen vollbesetzt mit Leuten zu sehen, die dort Münze für Münze einwerfen. Durch die Gänge fahren Casinoangestellte mit schweren Wagen voller Wechselgeld. Im großen Saal, der leider eine schlechte Akustik hat, finden häufig Konzerte statt. Tägl. 15–3 Uhr, nur am 24. 12. geschlossen. Av. Dr. Stanley Ho, ℡ 214667700, www.casino-estoril.pt.

Sportereignisse **Formel-1-Rennbahn**, bei Linhó. Seit Ende der 1990er finden hier nur noch Trainingsläufe und kleinere Auto- und Motorradrennen statt. www.circuito-estoril.pt.

Kunsthandwerkerausstellung

Im Juli und August findet neben dem Casino an der Avenida de Portugal die *Feira Internacional de Artesanato/FIARTIL* statt, Estorils internationale Kunsthandwerkerausstellung. Doch geht es hier nicht nur um kunsthandwerkliche Erzeugnisse. Besonders abends und nachts mutiert das Ausstellungsgelände zum Folkre-Volksfest. Zum Essen gibt es leckeres Brot mit Räucherwurst *(pão com chouriço)* und die zu jedem portugiesischen Volksfest gehörenden *farturas* (Fettgebäck). www.facebook.com/feira deartesanatodoestoril.

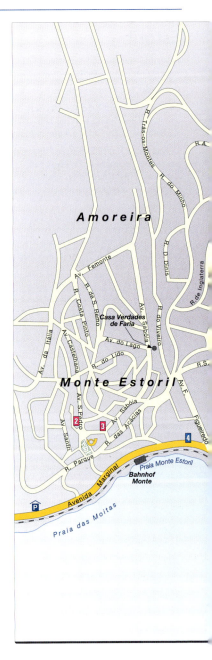

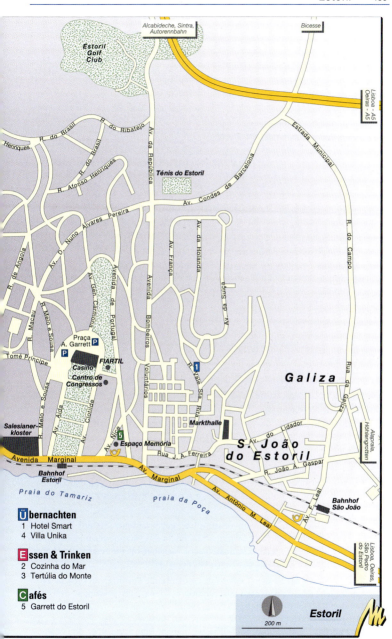

Übernachten
1 Hotel Smart
4 Villa Unika

Essen & Trinken
2 Cozinha do Mar
3 Tertúlia do Monte

Cafés
5 Garrett do Estoril

Estoril

200 m

→ Karte S. 484/485

Übernachten/Essen & Trinken

Übernachten ** Hotel Smart **1**, schöne Pension im Osten Estorils, mit Garten und Meerblick. Auch ein kleines Schwimmbecken ist vorhanden. 26 große, saubere Zimmer, alle mit Telefon, Kabel-TV, WLAN und Bad. Teilweise kleiner Balkon, einige Zimmer im 2. und 3. Stock haben Meerblick. Hoteleigene Garage. DZ je nach Saison 39–75 € inkl. Frühstück. Rua Maestro Lacerda 6, ✆ 214682164, www.hotel-smart.net.

Villa Unika **4, ansprechendes Bed & Breakfast in einer Villa aus den 1940ern. Garten mit Pool. 9 DZ und Suiten. Alle mit eigenem Bad, fast alle mit Meerblick, teilweise sogar mit Terrasse. TV, Tresor, WLAN. Schöner Salon mit Kamin, nobler Frühstücksraum. DZ je nach Saison und Größe 89–171 € inkl. Frühstück à la carte. Av. Marginal 7760, ✆ 214680150, www.villaunika.com.

Essen & Trinken Tertúlia do Monte **3**, im Ortsteil Monte. Restaurant mit gehobener portugiesischer Küche mit internationalen Einflüssen. Häufig von Einheimischen besucht. Der Dielenboden gibt dem Speiseraum eine angenehme, gediegene Atmosphäre. Hauptgericht ab 13 €, preiswertes Mittagsmenü 12 €. Mo–Fr 12.30–14.30, Mo–Sa 19.30–23 Uhr. Av. Sabóia 515-D, ✆ 214681508, www.facebook.com/Tertulia DoMonte.

Cozinha do Mar **2, im Zentrum des Ortsteils Monte. In dem Familienbetrieb gibt es keine exquisiten Gastro-Höhenflüge, sondern solide Küche mit schmackhaften Fisch- und Fleischgerichten. Kleiner, etwas altmodisch eingerichteter, dicht bestuhlter Speiseraum. Hauptgericht ab 11 €. Mo–Fr preiswertes Mittagsmenü für 11 €. Mo–Sa 12–15 und 19–23 Uhr, So Ruhetag. Av. de São Pedro 9, ✆ 214689317.

Garrett do Estoril **5, Estorils Traditionscafé gibt es seit 1934. Man nimmt entweder an einem der Tische im Wintergarten oder im Saal mit Kaffeehaus-Ambiente Platz. Große Auswahl an Gebäck. Berühmt ist die Konditorei für ihren *Bolo Rei*, ein in Portugal traditionell an Weihnachten gegessener Kuchen. Tägl. (außer Di) 8–19 Uhr. Av. de Nice 54, ✆ 210482089, www.pastelariagarrett estoril.pt.

Cascais

ca. 35.000 Einwohner

Der Ort an einer felsenreichen Küste bietet nur ab und zu kleine sandige Buchten. Cascais war früher ein Fischernest, heute zeigt es eigenwillige Kontraste: Im Hafen ankern bunt bemalte Fischerboote neben modernen Aluminiumschiffen, die Straßen säumen alte Prunkvillen und im Hintergrund ragen Apartmenthäuser in die Höhe.

Mittlerweile hat Cascais Estoril als nobelsten Wohnort im Großraum Lissabon abgelöst. In der lebendigen **Fußgängerzone** zwischen Bahnhof und Zentrum und in ihrer Umgebung finden sich zahlreiche Restaurants und Geschäfte. Und am Hafenplatz liegen heute noch Boote und Reusen, mit denen einige Fischer allerlei Krebsgetier fangen.

Sehenswert ist die weitgehend unverbaute und gut erhaltene **Altstadt** mit ihren verschiedenen Kirchen Igreja da Misericórdia, Igreja dos Navegantes und die Igreja da Assunção, die leider meist geschlossen sind. Darüber hinaus zeigt Cascais eine Vielzahl von schönen **Palästen** und herrschaftlichen Häusern.

Cidadela: Von 1871 bis zu den 1960er-Jahren diente die Festung von Cascais Portugals Königen und Präsidenten als Sommerresidenz, die gekrönten Häupter brachten den Badetourismus nach Cascais. Später befand sich in der Zitadelle jahrzehntelang eine Kaserne. Seit 2012 ist hier ein Luxushotel der Pousada-Kette zuhause und das Gelände nun öffentlich zugänglich. Man kann über den Mauerring *Caminho da Ronda* spazieren und die Aussicht auf das Meer und den Hafen genießen (Aufgang rechts nach dem Haupteingang, aber Achtung: ungesichert und für kleine Kinder und nicht Schwindelfreie zu gefährlich).

Im Rahmen einer einstündigen Führung kann man den *Palácio da Cidadela de Cascais*, die frühere Residenz der Könige und Präsidenten, besichtigen, der heute bei Staatsbesuchen als Gästehaus dient. Von außen lässt die schlichte Architektur des gelb gestrichenen Gebäudes eher auf ein Wohnhaus schließen. Das Innere überrascht dann mit kostbaren Wandvertäfelungen und Parkettböden, kunstvollem Porzellan und prunkvoll verzierten Stuckdecken.

Festungsgelände tägl. rund um die Uhr geöffnet. Eintritt frei. Palast: Führungen Mi–So 14– 20 Uhr. Eintritt 4 €, Studenten, bis 18 J. und ab 65 J. 2,50 €, bis 14 J. frei, Familie 12 €. Av. Dom Carlos, ✆ 213614980, www.museu.presidencia.pt.

Casa das Histórias Paula Rego: ein neuer, imposanter Bau aus rötlichem Beton mit giebelförmigen Türmchen, inmitten eines üppig grünen Parkgeländes. In dem Gebäude sind alle sechs Monate wechselnde Ausstellungsstücke aus dem Fundus der portugiesischen Malerin Paula Rego (geb. 1935) zu sehen. Die aus der Nähe von Cascais stammende Künstlerin verbrachte ihre Schaffenszeit in London und schenkte ihrer Heimatstadt mehr als 400 Exponate. Ihre oft ins Groteske weisenden Werke aus verschiedenen Jahrzehnten zeigen eine ungewöhnlich große Spannweite an Stilen.

Tägl. (außer Mo und Feiertag) 10–18 Uhr. Eintritt 3 €, bis 11 J. und ab 65 J. frei. Av. da República 300, ✆ 214826970, www.casadashistoriaspaularego.com.

Farol Museu de Santa Marta: Die weiß-blauen Streifen des viereckigen Leuchtturms fallen schon von Weitem ins Auge. Neben dem noch betriebenen Leuchtturm ist eine Ausstellung zur Geschichte dieser Warnanlagen in Portugal zu sehen.

Di–Fr 10–17, Sa/So 10–13 und 14–17 Uhr, Mo/Feiertag zu. Eintritt 3 €, bis 11 J. frei. Der Turm ist ohne Voranmeldung nur Fr 11–12 Uhr zu besichtigen. Rua do Farol de Santa Marta. Stadtbus 427 fährt vom Bahnhof bis zur Haltestelle Estalagem do Farol, ✆ 214815328.

Meerjungfrau in Bronze an der Promenade von Cascais

Costa do Estoril → Karte S. 480/481

Übernachten

1 Perfect Spot Lisbon
2 Casa da Pérgola
7 Farol Hotel

Essen & Trinken

4 House of Wonders
5 Apeadeiro
6 Dom Pedro I

Cafés

3 Gelateria Santini

Boca do Inferno: Der „Höllenrachen" ist ein großer, vom Meer ausgewaschener Felsenkessel mit kleinen Höhlen. Besonders spannend ist es zu beobachten, wenn die Brandung das Felsenloch unter dem wild tosenden Geräusch der Wellen zum Überschäumen bringt. Wer sich an einem windigen Tag den Weg zum Strand sparen will, sollte sich die Boca do Inferno nicht entgehen lassen.

Ca. 2 km außerhalb des Zentrums, an der Küstenstraße nach Guincho. Die Stadtbuslinie 427 fährt vom Bahnhof bis zur Av. da República. Alternative ist der schöne Fußweg vom Zentrum entlang der Küste. Auch für eine kleine Radtour bietet sich die Strecke an.

Basis-Infos

Information Ask Me Cascais, tägl. 9–18 Uhr, Mai–Sept. bis 19.30 Uhr. Largo da Cidade de Vitória, ✆ 214668167, www.visit cascais.com.

Verbindungen Bahn von Lissabon: Züge fahren ab dem Kopfbahnhof Cais do Sodré (Ⓜ Cais do Sodré). Man kann auch in Belém zusteigen, muss dann aber Mo–Fr 7–10.15 und 17–20.30 Uhr in Oeiras umsteigen. Die Züge verkehren in der Hauptverkehrszeit tägl. alle 12 Min., sonst alle 20–30 Min. bis spätnachts. Fahrzeit ca. 35 Min. www.cp.pt. Einfache Fahrt 2,15 € (ab 65 J. und bis 12 J. 50 %, bis 3 J. frei). Die Einzelfahrkarten müssen pro Person auf eine Viva-Viagem-Chipkarte geladen werden, die am Automaten und am Schalter für 0,50 € erhältlich ist. Am einfachsten ist es, Zapping-Guthaben zu benutzen, dann kostet die Fahrt 1,80 €.

Bus: Die Busse von ScottURB fahren vom Busbahnhof Cascais im Untergeschoss des Einkaufszentrums Centro Comercial Cascais Villa ab – vom Bahnhof aus etwa 50 m auf der anderen Seite der Av. Marginal. www.scotturb.com.

Bus nach Sintra (via Cabo da Roca): Bus 403 tägl. alle 30 Min. Halt in Sintra nur am Bahnhof Sintra. Fahrzeit ca. 60 Min.

Bus nach Sintra (via Alcabideche): Bus 417 stündl. Die schnellere und preisgünstigere, aber weniger schöne Strecke nach Sintra als via Cabo da Roca. Halt in Sintra an beiden Bahnhöfen Sintra und Portela de Sintra. Fahrzeit 30 Min.

Stadtverkehr: In Cascais fährt Stadtbus 427 alle 10 bis 15 Min. auf einem Rundkurs: Bahnhof – Av. 25 de Abril – Guia – Boca do Inferno – Zitadelle – Bahnhof. Fahrpreis 1 €.

Adressen Post, Av. Marginal 9302, neben dem Centro Comercial Cascais Villa. Mo–Fr 9–18 Uhr.

Polizei PSP, Rua Afonso Sanches 26, ✆ 214839100, www.psp.pt.

Einkaufen Centro Comercial Cascais Villa, Einkaufszentrum mit Kino gegenüber dem Bahnhof, etwas überdimensioniert für die zentrale Lage. Von einigen Tischen der Restaurants im Obergeschoss hat man gute Aussicht auf Estoril und das Meer. Man kann auch auf einer Terrasse sitzen. Av. Marginal, www.cascaisvilla.com.

Festival Von Mai bis September gibt es traditionell zahlreiche kostenlose Open-Air-Konzerte des Festivals **Out Jazz** im Parque Palmela und im Parque Marechal Carmona. www.facebook.com/OutJazz.

Mit dem Fahrrad durch Cascais

Die Stadt vermietet Leihräder – sog. BiCas – zum Preis von 2 €/Std. und 3,90 €/Tag (Vorlage des Personalausweises genügt, Ausleihe nur tagsüber, nicht über Nacht). Verleihstellen sind gegenüber dem Bahnhof neben der Bank Millennium BCP, am Turismo de Natureza in der Av. da República sowie am Kreisverkehr von Guia: tägl. 8–20 Uhr, Ausgabe nur bis 18.30 Uhr. Achtung: Durch die Parks darf nicht geradelt werden, und auf der Strandpromenade sind Zweiräder nur zu Randzeiten erlaubt, wenn sich dort weniger Fußgänger aufhalten (Aushänge beachten).

Übernachten/Essen & Trinken

→ Karte S. 488/489

Übernachten »» Mein Tipp: ***** Farol Hotel **7**, über dem Meer am Leuchtturm in der Nähe der Boca do Inferno. Ein altes stilvolles Wohnhaus aus dem 19. Jh., dem ein Flügel in modernem Design hinzugefügt wurde. 34 Zimmer und Suiten mit Whirlpool, Kabel-TV, Telefon, Tresor und Klimaanlage, zumeist mit herrlichem Meerblick. Die Zimmer im obersten Stockwerk dekorierten bekannte Modeschöpfer Portugals. Türkisches Bad und Salzwasserschwimmbecken mit Sonnenterrasse. DZ inkl. Frühstück je nach Saison 126–324 €. Av. Rei Humberto II de Itália 7, ✆ 214823490, www.farol.com.pt. «««

Turismo de Habitação Casa da Pérgola **2**, in nächster Nähe zum Bahnhof. Eines der wenigen Häuser des Turismo de Habitação in zentraler Lage. Schönes Haus aus dem 19. Jh. mit einer herrlichen azulejogeschmückten Fassade. Seit über hundert Jahren in Familienbesitz. 8 Zimmer, alle mit eigenem Bad. Mobiliar in antikem Stil. WLAN. DZ je nach Saison und Größe 63–145 € inkl. Frühstück. Nov.–Febr. teilweise geschlossen. Auch sonst besser vorher nachfragen, da oft ausgebucht. Av. Valbom 13, ✆ 214840040, www.pergolahouse.pt.

Hostel Perfect Spot Lisbon **1**, Hostel etwa 5 Gehminuten nördlich vom Bahnhof, an der Durchgangsstraße nach Sintra, daher etwas lauter. Schöner, Garten mit Hängematten und Grillplatz. Großzügige Aufenthaltsräume und Gästeküche. Die hilfsbereiten Besitzer bieten Yoga und Sportaktivitäten an. 3 DZ, 1 Dreierzimmer und 2 Schlafräume mit 4 bzw. 8 Betten. Alle teilen sich zwei Gemeinschaftsbäder. Schließfächer, Waschmaschine, WLAN kostenlos. Im Mehrbettzimmer je nach Saison 18–22 €/Pers., DZ 48–84 €, jeweils inkl. Frühstück. Av. de Sintra 354, ✆ 924058645, www.perfectspot-lisbon.com.

Essen & Trinken Apeadeiro **5**, Traditionsrestaurant seit 1963. Zweigeteilt: rechts ein lichter Speisesaal; links ein Speiseraum mit Grill, auf dem die Fisch- und Fleischgerichte zubereitet werden. Spezialität des Hauses sind neben Sardinen die Fleischspieße. Hauptgericht ab 9 €. Tägl. (außer Sonntagabend und Mo). Av. Vasco da Gama 252, ✆ 214832731, www.facebook.com/185490149074.

Dom Pedro I 6, in einer kleinen Gasse rechts hinter dem Rathaus von Cascais. Innen kleiner Speiseraum mit blau-weißen

Costa do Estoril → Karte S. 480/481

Schmucke Sommerpaläste aus der ersten Hälfte des letzten Jahrhunderts

Azulejos und bunten Gemälden. Auch draußen kann gegessen werden. Große Auswahl an täglich wechselnden Gerichten. Preiswerte portugiesische Küche mit vielen Fischgerichten, auch Fleisch. Hauptgericht ab 8 €. Tägl. 12–14.30/19–21.30 Uhr, So zu. Beco dos Inválidos 32, ✆ 214833734, www.facebook.com/restaurantedompedro.

🦐 House of Wonders **4**, die holländische Besitzerin hat mitten in der Altstadt ein kleines Juwel geschaffen. Im 1. Stock bereiten sie und ihr Team leckere Quiches, Salate und frische Fruchtsäfte zu. Bei gutem Wetter nimmt man am besten oben auf der Aussichts-Sonnenterrasse Platz. Angeschlossen ist ein *veganes Büfettrestaurant* mit syrisch beeinflusster Küche im Untergeschoss sowie ein *Gästehaus* gleichen Namens. Tägl. 10–23 Uhr. Largo da Misericórdia 53, ✆ 911702428, www.facebook.com/houseofwonders. ∎

》》》 Mein Tipp: Gelateria Santini **3**, die von einem italienischen Einwanderer 1949 eröffnete Eisdiele liegt versteckt in einer Parallelstraße der Fußgängerzone. Hier gibt es echtes nach italienischer Kunst hergestelltes Gelato. Zu den Stammkunden des Santini zählte schon Italiens König Umberto II., der in Cascais im Exil lebte. Tägl. 11–24 Uhr. Av. Valbom 28-F, ✆ 214833709, www.santini.pt. 《《《

Praia do Guincho

Für viele ist die Praia do Guincho der beste Strand Europas. Eines steht zumindest fest: Der „Strand der Möwe" ist neben dem spanischen Tarifa bei Gibraltar das beste Windsurfgebiet Europas. Außerdem gibt es hier inmitten mediterraner Vegetation die größten Sanddünen der Region.

Das Geheimnis des Strandes macht neben den selten unter 1,5 Meter hohen Wellen der stete Wind aus, der meist „shoreside", parallel zur Küste, weht – und nicht auflandig („onshore") oder ablandig („offshore"). Erfahrenen Windsurfern fällt es deshalb leicht, aufs Meer hinauszugleiten, zu wenden und wieder Richtung Land zu fahren und dabei die Wellen in einem 90°-Winkel zu nehmen. Anfänger sollten jedoch von diesem Strand ablassen: Selbst bei Profis brechen nicht selten die Masten.

Bei starkem Wind fliegen einem auf dem Badetuch die Sandkörner nur so um die Ohren und man bekommt praktisch demonstriert, wie die Wanderdünen in der Umgebung entstanden sind. Am großen, breiten Hauptstrand *Praia Grande do Guincho* kann man Windfänge mieten. **Achtung:** Der Strand ist wegen seiner starken Strömungen berüchtigt!

Verbindungen Bus ab Cascais: Die Linien 405 und 415 fahren einen Rundkurs. Bus 405: Bahnhof – Guia – Cabo Raso – Guincho – Areia – Bahnhof. Bus 415 fährt die umgekehrte Richtung. Es ist also egal, welchen Bus man wählt. Allerdings empfiehlt es sich, einen Blick auf den Fahrplan zu werfen, um zu wissen, auf welcher Straßenseite in Guincho der Bus zurückfährt. Beide Busse fahren tägl. im Stundentakt (405 im Winter Sa/So nur alle 2 Std.). Fahrzeit bis Guincho ca. 15–25 Min. www.scotturb.com.

Camping Orbitur Guincho, ca. 800 m oberhalb der Praia do Guincho neben dem Dorf Areia. Sehr schattiges, mit Pinien bewachsenes Dünengebiet. Zahlreiche sauber gehaltene sanitäre Anlagen. Zur Infrastruktur gehören Minimarkt, Bar-Restaurant, Aufenthaltsraum, Kinderspielplatz, Schwimmbad und Sportplatz. Auch kleine Bungalows werden vermietet. Im Sommer sehr belebt. Preis je nach Saison Person 3,90–6,90 €, Zelt 4,50–9,40 €, Wohnmobil 5,30–9,40 €. Ganzjährig geöffnet. Lugar de Areia, Guincho, ✆ 214870450, www.orbitur.pt.

Das portugiesische Neuschwanstein – Palácio da Pena

Sintra und Umgebung

Westlich von Lissabon, in Sintra und dessen Umgebung, liegen mehrere der bemerkenswertesten Bauwerke Portugals. Die Landschaft ist saftig grün und dicht bewaldet. Der englische Dichter Lord Byron fühlte sich hier wie im Garten Eden.

Wegen seiner Urwüchsigkeit und der Nähe zu Lissabon war der Landstrich zwischen Hauptstadt und Atlantik auch bevorzugtes Ziel der Könige. Hier ließen sie Prunkschlösser für rauschende Feste errichten – und als Gegenpol Klöster für den persönlichen Sündenablass. Am bekanntesten sind die königlichen Paläste in Sintra und Queluz sowie der Klosterpalast von Mafra. Als Kontrast dazu kann man das schlichte „Korkkloster" Convento dos Capuchos inmitten des grünen Gebirges Serra de Sintra besuchen.

Queluz   ca. 26.000 Einwohner

Auf halbem Weg zwischen Lissabon und Sintra liegt Queluz. Heute eine der vielen Schlafstädte Lissabons an der Linha de Sintra und eigentlich wenig einladend, wartet Queluz aber mit einem der Königsschlösser Portugals auf.

Der **Palácio Nacional de Queluz** ist ein Schloss kühnster Träume: Florentiner Marmor, kostbare französische Möbelantiquitäten, glitzernde Kronleuchter, zahllose Spiegel, brasilianisches Jacaranda-Holz – zu Recht lautet die deutsche Übersetzung von Queluz: „Welch ein Glanz!"

Nach den prunkvollen Festsälen betritt man die Gemächer. Besonders zu beachten sind der Azulejo-Korridor mit bunten asiatischen Szenen, der Botschaftersaal mit Marmorboden im Schachbrettmuster, Thron und riesigen chinesischen Vasen. Vor dem Palast erstreckt sich der große, entzückende, im Stil von Versailles angelegte Garten, dort finden sich diverse Steinstatuen und reich verzierte Brunnen.

Queluz wurde auf Weisung Marias I. im 18. Jh. als Sommerresidenz des Königshauses erbaut. Sie selbst verfiel hier später der Schwermut. Nachdem 1794 die königliche Holzbaracke im Lissabonner Stadtteil Ajuda, Vorläuferin des heutigen Palácio da Ajuda, abgebrannt war, verlegte man den Sitz des Königshauses ganz nach Queluz. Heute dient der Palast als Veranstaltungsort von Staatsbanketten und als Gästehaus für Staatsgäste der Republik.

Öffnungszeiten Tägl. 9–19 Uhr (Nov.–März nur bis 18 Uhr). Einlass bis 1 Std. vor Schluss. Eintritt Palast und Garten 10 €, nur Garten 5 €, in der Nebensaison sowie unter 18 J. und über 65 J. ca. 10–20 % Ermäßigung, bis 5 J. frei. Ab 15.30 Uhr 2 € Rabatt für Palast und Garten. ✆ 219237300, www.parquesdesintra.pt.

Verbindungen Bus ab Lissabon/Rossio (Ⓜ Restauradores): Mo–Fr 3-mal stündl., Sa/So 2-mal stündl. zum Bahnhof Queluz-Belas. Fahrzeit 16 Min. Preis 1,55 €. (mit Zapping-Guthaben 1,80 €). www.cp.pt.

Übernachten Pousada Dona Maria I., im ehemaligen Gebäude der königlichen Palastwache gegenüber dem Palast von Queluz. Der Bau aus dem 18. Jh. wurde umfassend renoviert. Alles wirkt etwas kühl, aber stilvoll. Die 22 Zimmer sind groß, modern und bieten TV, Marmorbadezimmer, Klimaanlage. WLAN und Parkplatz kostenlos. DZ inkl. Frühstück je nach Saison 99–182 €. Largo do Palácio Nacional de Queluz, ✆ 214356158, www.pousadas.pt.

Sintra

Um das Herzstück der Stadt, den ehemaligen Königssitz Palácio Nacional, entstanden zahlreiche wunderschöne Paläste der Lissabonner Aristokratie, die das kühle Sintra dem heißen Sommer Lissabons vorzog. Seit 1995 zählt die Altstadt von Sintra zum UNESCO-Weltkulturerbe .

Etwa 3 km vom Bahnhof Sintra entfernt liegt der Stadtteil **São Pedro de Sintra**. An jedem 2. und 4. Sonntag im Monat findet hier ein sehenswerter und weit bekannter Straßenmarkt statt. Am 29. Juni ist in Sintra übrigens Stadtfeiertag, dann sind auch alle Paläste und Museen geschlossen.

Sehenswertes in Sintra und Umgebung

Palácio Nacional de Sintra: Der Königspalast im Ort, auch *Paço Real* oder *Paço da Vila* genannt, wirkt massiv und ganz anders als der verspielte Palácio da Pena oben auf dem Berg. Schon in maurischer Zeit stand hier eine Burg. Nach der Eroberung durch die Christen wurde diese unter Dom Dinis (1279–1325) und Dom João I. (1385–1433) erweitert und zur Sommerresidenz ausgebaut. Mit seinen beiden auffälligen Küchenkaminen ist der Königspalast seither Sintras Wahrzeichen.

Unter Dom Manuel I. (1495–1521) erfolgte eine weitere größere Umgestaltung, die das manuelinische Element in die Architektur des Palastes einbrachte. Aufgrund der vielen Umbauten wirkt der Palast uneinheitlich und etwas eklektizistisch.

Der Rundgang führt durch prächtig mit Deckengemälden, Wappen und arabischen wie chinesischen Kunstobjekten geschmückte Gemächer und Säle. Höhepunkt ist die Großküche mit ihren beiden imposanten 33 m hohen Kaminen. Sehr sehenswert sind im arabischen Saal die Azulejos in Grün, Weiß und Blau aus dem 15. Jh.

Tägl. 9.30–18 Uhr, April–Okt. bis 19 Uhr, Einlass bis 30 Min. vor Schluss. Eintritt 10 €, in der Nebensaison sowie unter 18 J. und über 65 J. ca. 15 % Ermäßigung, bis 5 J. frei. Praça da República, ℡ 219237300, www.parques desintra.pt.

> **Spartipp:** Wer mehr als eine der von *Parques de Sintra – Monte da Lua* verwalteten Sehenswürdigkeiten in Sintra und Queluz besuchen möchte (man erkennt sie an der URL www.parquesde sintra.pt), kann beim ersten Besuch ein Kombiticket kaufen. Dabei spart man ca. 5 % im Vergleich zu den Einzelpreisen. Online bekommt man weitere 5 % Rabatt.

Opulent – Portalschmuck am Palácio National da Pena

Quinta da Regaleira: Knapp 10 Minuten zu Fuß vom Turismo entfernt steht in einer Kurve der Estrada de Monserrate die prachtvolle neomanuelinische Quinta da Regaleira mit ihren großen, mysteriösen Gartenanlagen. Erbaut wurde der Palast zu Beginn des 20. Jh. unter Leitung des italienischen Architekten Luigi Manini. Von ihm stammen auch die Lissabonner Oper São Carlos und das Palace Hotel in Buçaco bei Coimbra. Manini baute einen bereits bestehenden Palast aus dem 18. Jh. nach den Vorstellungen des aus Brasilien nach Portugal zurückgekehrten Multimillionärs António Augusto Carvalho Monteiro (1850–1920) um. In Anspielung auf die Finanzkraft des durch Kaffee- und Edelsteinhandel reich gewordenen Bauherren heißt der Palast im Volksmund auch *Palácio dos Milhões* („Millionenpalast").

Unter der weitläufigen Gartenanlage erstreckt sich ein geheimnisvolles System aus Grotten, Tunnels und Höhlen. Vor allem mit einer Taschenlampe macht es großen Spaß, diese Labyrinthe zu erkunden. Allerdings nicht zu empfehlen für Leute, die zu Klaustrophobie neigen. Weltweit einzigartig dürfte der begehbare und wasserlose *Poço Iniciático* sein. Er diente als Initiationsstätte für Freimaurer, die dort mit verbundenen Augen einen Ausgang finden mussten.

Tägl. 10–17.30, Einlass bis 17 Uhr (Febr., März, Okt. bis 18.30 Uhr, Einlass bis 18 Uhr; April–Sept. bis 20 Uhr, Einlass bis 19 Uhr). Geschlossen am 24. 12. und 25. 12. Eintritt 6 €, Familie 18 €, ab 65 J., Stud. und mit Cartão Jovem 4 €, bis 14 J. 50 % Nachlass, bis 8 J. frei. Estrada de Monserrate, ab Bahnhof Sintra mit Linie 435 Villa Express 4 Palácios (→ Verbindungen), ✆ 219106650, www.cultursintra.pt.

Spaziergang zum Castelo dos Mouros und zum Palácio Nacional da Pena: Durch die Altstadt und dann entlang der Rua Marechal Saldanha gelangt man zum Brunnen Fonte da Sabuga. Dort biegt man rechts ab (Rua dos Clérigos), bis es die steile Rampa do Castelo nach oben in den Wald Richtung Castelo dos Mouros geht. Nach insgesamt ca. 45 Min. Wanderung (2,5 km) erreicht man durch den Wald der Serra de Sintra das Castelo dos Mouros. Bevor man die Burg besuchen kann, muss man am Tickethäuschen an der Straße zuerst die Eintrittskarten kaufen und dann wieder ein Stück den Weg zurückgehen. Vom Tickethäuschen sind es noch ca. 200 m nach links bis zum Haupteingang des Parque da Pena. Hier geht es den Berg zum Königsschloss Palácio Nacional da Pena hinauf.

E ssen & Trinken
5 Restaurante Regional de Sintra
6 Incomum by Luís Santos

Ü bernachten
1 Quinta dos Bons Cheiros
2 Hotel Nova Sintra
3 Casa Miradouro
4 Nice Way Sintra Palace Hostel
10 Hotel Sintra Jardim

C afés
7 Café Saudade
8 Fábrica Queijadas da Sapa
9 Pastelaria Piriquita

Castelo dos Mouros: Die Maurenburg wurde unter arabischer Herrschaft im 8. oder 9. Jahrhundert. angelegt. Lange dem Verfall preisgegeben, wurde sie unter Dom Fernando II. (1816–1885) restauriert. Die nationale Denkmalverwaltung gab der Burg in der 1940er-

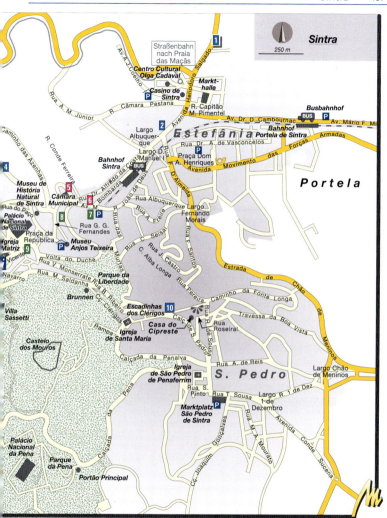

Sintra

250 m

v Jahren ihr heutiges Gesicht, nicht unbedingt getreu den historischen Vorgaben. Von den ausgedehnten Befestigungsmauern hat man einen ausgezeichneten Blick auf Sintra und das Hinterland bis zur Küste.

Tägl. 10–18 Uhr, April–Okt. 9.30–20 Uhr, Einlass bis 1 Std. vor Schluss. Eintritt 8 €, in der Nebensaison sowie unter 18 J. und über 65 J. ca. 15 % Ermäßigung, bis 5 J. frei. Am bequemsten mit dem Bus 434 ab Bahnhof Sintra erreichbar (→ Verbindungen). Auch schöne Wanderung zu Fuß (→ S. 496). Karten müssen am Tickethäuschen oben am Ausgang zur Straße gekauft werden, ☎ 219237300, www.parquesdesintra.pt.

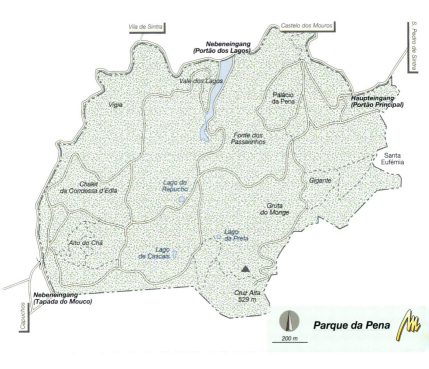

Vila de Sintra

Castelo dos Mouros

S. Pedro de Sintra

Nebeneingang (Portão dos Lagos)

Vale dos Lagos

Palácio da Pena

Haupteingang (Portão Principal)

Vigia

Fonte dos Passarinhos

Santa Eufémia

Chalet da Condessa d'Edla

Lago do Repucho

Gigante

Gruta do Monge

Alto do Chã

Lago da Preta

Lago de Cascais

Nebeneingang (Tapada do Mouco)

Capuchos

Cruz Alta 529 m

Parque da Pena

200 m

Palácio Nacional da Pena: Auf dem Berggipfel gegenüber dem Castelo dos Mouros (ca. 500 m zu Fuß) thront inmitten des Parque da Pena das „Neuschwanstein Portugals". Das märchenhafte Schloss wurde unter Dom Fernando II. für seine Gemahlin Dona Maria II. erbaut. Baumeister war Wilhelm Baron von Eschwege, der sich romanischer, gotischer, maurischer, manuelinischer, indischer und barocker Stilelemente bediente. Das Ergebnis ist ein genialer Stilmix – ein Leid für Puristen, aber eine Freude für Freunde unkonventioneller Bauweisen. Die Könige bewohnten den Palast allerdings selten, da es ihnen dort zu windig und nebelig war.

In Inneren des Palastes sind die komplett eingerichteten Gemächer zu besichtigen, deren Zustand seit der Flucht der Königsfamilie aus Portugal 1910 kaum verändert wurde. Die repräsentativen Räume wirken fast bewohnt und sind vollgestopft mit Möbeln, Reiseandenken und Gemälden – sogar ein Tisch ist gedeckt.

Den schönsten Blick hat man vom *Caminho da Ronda*, der den Palast auf einer Balustrade umrundet. Empfehlenswert ist auch die Cafeteria mit Aussichtsterrasse, die einen guten Blick auf den Parque da Pena freigibt. Dieser Wald umgibt das Märchenschloss und wurde von König Fernando II. und seiner zweiten Frau Elise Hensler, Gräfin von Edla, im 19. Jh. angelegt.

April–Okt. tägl. 9.45–19 Uhr (Einlass bis 18.15 Uhr), Nov.–März tägl. 10–18 Uhr (Einlass bis 17 Uhr). Tickets in jedem Fall bereits am Eingang in den Park kaufen. Eintritt Park und Palast 14 €, in der Nebensaison sowie unter 18 J. und über 65 J. ca. 15 % Ermäßi-gung, bis 5 J. frei. Fotografieren im Inneren verboten. Mit Bus 434 ab Bahnhof Sintra (→ Verbindungen), schöne Alternative zu Fuß (s. o.), ✆ 219237300, www.parques desintra.pt.

Palácio de Monserrate: Der Vicomte von Monserrate, Sir Francis Cook, ließ in der zweiten Hälfte des 19. Jh. das romantische Palais in orientalischem Stil erbauen und von Gärten mit exotischen Pflanzen aus Australien, Japan, China, Brasilien und Südafrika umgeben. Der Palast erinnert mit seinen Stuckarbeiten, Ornamenten und Spitzbögen etwas an das indische Taj Mahal. Markant sind die beiden Rundbauten an den Enden des Palastes.

Tägl. 10–18 Uhr (Palast nur bis 17 Uhr), April–Okt. 9.30–20 Uhr (Palast nur bis 19 Uhr), Einlass jeweils bis 1 Std. vor Schluss. Eintritt 8 €, in der Nebensaison, unter 18 J. und über 65 J. ca. 10–20 % Ermäßigung, bis 5 J. frei. Picknick im Park ist verboten! Wer will, kann aber das Teehaus oberhalb des Palastes besuchen. Rua Barbosa do Bocage, zu Fuß sind es knapp 2 km von der Altstadt entlang der romantischen Straße; oder man nimmt Bus 435 ab Bahnhof Sintra (→ Verbindungen). ✆ 219237300, www.parquesdesintra.pt.

Convento dos Capuchos: In diesem einzigartigen, verträumt zwischen Felsen versteckten Waldkloster lebten seit 1560 Mönche des Ordens der Alcântariner, der von São Pedro de Alcântara als Teil des Franziskanerordens gegründet worden war, ein karges, weltabgeschiedenes Leben. Sie blieben der Idee der Bettelorden treu und lehnten weltlichen Besitz ab. Als Philipp II. von Spanien (damals in Personalunion auch König von Portugal) den Convento dos Capuchos besuchte, soll er bemerkt haben, dass es in seinem Reich zwei Kostbarkeiten gebe: das reichste Kloster der Christenheit, den Escorial in Spanien, und das ärmste Kloster, den Convento dos Capuchos in Portugal.

Bis zu 14 Mönche lebten in den winzigen, aus dem Fels gehauenen Zellen, die zur Wärmeisolierung mit Korkrinde verkleidet worden waren. Im kalten und feuchten Winter „heizten" sie so ihre Zelle mit der eigenen Körperwärme. Die Räume sind so eng, dass man sich gerade mal quer ausstrecken kann, und die Türen so niedrig, dass sie nur auf Knien zu „durchschreiten" sind. Diese bescheidenen Verhältnisse sollten die Brüder daran erinnern, dass Gott auch im engsten Raum immer anwesend ist.

Tägl. 10–18 Uhr, April–Okt. 9.30–20 Uhr, Einlass bis 1 Std. vor Schluss. Eintritt 7 €, in der Nebensaison, unter 18 J. und über 65 J. ca. 10–20 % Ermäßigung, bis 5 J. frei. Nächste Bushaltestelle 3 km westlich des Konvents im Örtchen Pé da Serra (Bus 403 Sintra – Cascais via Cabo da Roca), ✆ 219237300, www.parquesdesintra.pt.

Sintra und Umgebung → Karte S. 496/497

Der enthaltsame Mönch

„Hier litt Honório, … um den Himmel zu erlangen, machte er aus der Erdenzeit eine Höllenzeit" – so beschreibt Lord Byron das Leiden eines der „Korkklostermönche", Honório mit Namen. Der hatte einmal ein leichtes Aufflammen von Fleischeslust verspürt, als er einer schönen Frau auf der Straße begegnet war. Daraufhin legte er sich selbst die Strafe auf, 30 Jahre in einer winzigen, höhlenähnlichen Grotte zu büßen. Man findet sie gleich hinter dem südlichen Hügel, ca. 50 m vom Eingang des Klosters entfernt.

Basis-Infos

Information Ask Me Sintra – Estação CP, tägl. 10–12.30 und 14.30–18 Uhr. Infoschalter in der Bahnhofshalle. Av. Dr. Miguel Bombarda – Estação CP Sintra, ✆ 211932545, www.askmelisboa.com.

Ask Me Sintra Mitos e Lendas, Tourismus-büro im Zentrum, tägl. 9.30–18 Uhr. Praça da República 23, ☎ 219231157.

Verbindungen Bahn ab Lissabon/Rossio (Ⓜ Restauradores): Direktzüge Mo–Fr 2-mal pro Stunde, Sa/So 1-mal stündl. Zudem tägl. eine weitere Verbindung pro Stunde mit den Zügen Richtung Mira Sintra–Mele-ças und Umsteigen in Benfica auf die Züge Richtung Sintra. Fahrzeit 40 Min. Ticket einfach 2,15 € (ab 65 J. und bis 12 J. 50 % Ermäßigung mit dem *meio bilhete*, bis 3 J. frei). Einfacher ist es, ein Zapping-Guthaben zu verwenden, dann kostet die Fahrt 1,80 €, www.cp.pt.

Bus nach Cascais (via Cabo da Roca): Bus 403 von ScottURB (www.scotturb.com) tägl. alle 30 Min. Abfahrt nur am Bahnhof Sintra. Fahrzeit 60 Min.

Bus nach Ericeira: Mit Busgesellschaft Mafrense (www.mafrense.pt) ab Bahnhof Portela de Sintra Mo–Fr stündl., Sa/So alle 2 Std. Fahrzeit 50 Min.

Bus nach Estoril: Bus 418 von ScottURB (www.scotturb.com) jeden Tag stündl. Abfahrt an beiden Bahnhöfen Sintra und Portela de Sintra. Fahrzeit 30 Min.

Bus nach Mafra: Mit Mafrense ab Bahnhof Portela de Sintra Mo–Fr 10-mal, Sa/So 6-mal. Fahrzeit 50 Min.

Stadtverkehr: Busse von ScottURB fahren zwischen Bahnhof Portela de Sintra, Bahnhof Sintra, Altstadt *(Sintra Vila)* und *São Pedro de Sintra* verkehrt der Bus 433 *(Sintra Line)* alle 40 Min. Preis 1,10 €.

Zum *Palácio da Pena* sowie *Castelo dos Mouros* und zurück fahren tägl. alle 15–20 Min. Busse der Linie 434 *(Circuito da Pena)*, Abfahrt ab Bahnhof Sintra und ab dem Halt *Centro Histórico* neben dem Tou-ristbüro in der Altstadt. Fahrpreis pro Hin-oder Rückfahrt 3 €, bei beliebig vielen Stopps auf der Hinfahrt und einer Rückfahrt 5 €.

Zur *Quinta da Regaleira* und zum *Palácio de Monserrate* fährt ab Bahnhof Sintra und ab dem Turismo in der Altstadt *(Sintra Vila)* tägl. alle 25–45 Min. die Linie 435 Villa Ex-press 4 Palácios. Preis bei beliebig vielen Stopps auf der Hinfahrt und einer Rückfahrt 2,50 € (alternativ 1 € pro Abschnitt als Einzelticket).

Die Tagesnetzkarte *Turístico diário* kostet bei ScottURB 12 €. Außerdem gibt es eine Tageskarte namens *Bilhete de um dia Train e Bus* für 15 €, die in den Zügen zwischen Lissabon, Cascais und Sintra sowie in allen ScottURB-Bussen gilt.

Adressen Post, vor dem Turismo an der Praça da República 26.

Übernachten   → Karte S. 496/497

** Hotel Sintra Jardim 🔟, Grafenvilla am Berghang aus dem Jahr 1880. Nur 8 sehr geräumige und 2 kleinere Zimmer mit Dielenboden und alten Betten. Die Bäder sind mit Azulejos verkleidet. Im 6000 m² großen Park lockt ein Pool. Man spricht Deutsch: Frau Rosner und ihre Tochter füh-ren die Privatpension. Alle Zimmer mit Bad. Voranmeldung empfehlenswert. WLAN frei. DZ je nach Saison 55–95 € inkl. Früh-stück. Travessa dos Avelares 12, São Pedro de Sintra, ☎ 219230738, www.hotelsintra jardim.pt.

** Hotel Nova Sintra 🔁, in der Nähe des Bahnhofs Sintra. Altehrwürdige Pension aus dem Jahr 1875 mit einem aufmerksa-men Chef. Teilweise herrlicher Blick in die Umgebung. Auch ein schmuckes Restau-rant, in dem das Frühstücksbüfett aufge-baut und das Mittagessen serviert wird.

Alle Zimmer mit eigenem Bad. DZ je nach Saison 70–100 € inkl. Frühstück. Largo Afon-so de Albuquerque 25, ☎ 219230220, www. novasintra.com.

Turismo de Habitação ⟫ Mein Tipp: Casa Miradouro 🔁, am unteren Rand der Altstadt in sehr ruhiger Gegend. Schöner Blick über das ländliche Umland. Stilvoll eingerichtet. Unten Salon mit Stuckdecke, im Keller der hübsche Frühstücksraum. Eine alte Holztreppe führt nach oben zu den geräumigen, in antikem Stil möblierten Zimmern. Große Bäder mit Dusche. DZ je nach Saison 60–115 €, Frühstück pro Person 10 €. Rua Sotto Mayor 55, ☎ 219107100, www.casa-miradouro.com. ⟪

🍃 **Quinta dos Bons Cheiros** 🔟, einsam gelegenes Bed-&-Breakfast-Landhaus in der Nähe des Ortes Terrugem nördlich von

Sintra. Die spanische Architektin und Designerin Elisabeth Arias hat ihr Wohnhaus in ein Paradies für Ruhebedürftige verwandelt. Familiäres Ambiente und aufmerksamer Service. 3 liebevoll dekorierte Zimmer mit eigenen Bädern mit luxuriösen Duschen, Solarheizung und Flachbild-TV. Der große Garten um das Haus wird biologisch bewirtschaftet. DZ je nach Saison und Größe 110–155 € inkl. Frühstück; Juli–Sept. 2 Nächte Mindestaufenthalt. Eigenes Auto nötig! Anfahrt: Von Sintra gut 9 km über die N 247 Richtung Ericeira nach Norden, nach Terrugem rechts in die Straße Richtung Almorquim abbiegen und ihr 1,4 km folgen. Am ausgeschilderten Abzweig links in einen Feldweg und weitere 500 m geradeaus. Rua das Silveiras 65 (Estrada de Almorquim), Terrugem, ✆ 219613738 und ✆ 962476594 (mobil), www.bonscheiros.com. ∎

Hostels   Nice Way Sintra Palace Hostel **4**, Hostel in einer Villa aus dem Jahr 1904. Schöner Aufenthaltsraum mit Dielenböden, Stuckdecken, Kronleuchter und Kamin. Grillmöglichkeit im schattigen Garten. Teilweise schöner Blick Richtung Meer und auf die Serra de Sintra. Auf den drei Stockwerken (kein Aufzug) Mehrbettzimmer mit Metall-Stockbetten für 5–10 Pers. Auch DZ, teils mit Gemeinschaftsbad, teils eigenes Bad. Die Zimmer im 2. Stock sind kleiner und haben Dachschräge. Schließfächer, WLAN kostenlos. Auch Surf- und Kletterstunden werden angeboten. Mehrbettzimmer je nach Saison und Größe 15–23 €/Pers., DZ 45–60 €, jeweils inkl. Frühstück. Rua Sotto Mayor 22, ✆ 219249800, www.nicewaysintra.com.

Essen & Trinken

→ Karte S. 496/497

Auf keinen Fall sollte man sich die *Qeijadas*, die süße Spezialität Sintras, entgehen lassen, die zum Beispiel in der **Fábrica das Verdadeiras Queijadas da Sapa 8** (Volta do Duche 12) hergestellt und verkauft werden. Die Törtchen sind mit einer Mischung aus Frischkäse, Eigelb, Zucker und Zimt gefüllt und werden auch überall an den Straßenrändern angeboten.

Incomum by Luis Santos 6, lange musste Sintra auf ein Restaurant der Oberklasse warten, nun hat der in der Schweiz ausgebildete portugiesische Koch Luis Santos die Marktlücke geschlossen. Kreative portugiesische Küche mit kleiner, regelmäßig wechselnder Auswahl, auch vegetarisch. Mo–Fr preiswertes Mittagsmenü für 9,50 €, Hauptgericht à la carte ab 14,50 €. So–Mo 12–24 Uhr (durchgehend warme Küche), Sa 16.30–24 Uhr. Rua Dr. Alfredo Costa 22, ✆ 219243719, www.incomumbyluissantos.pt.

Restaurante Regional de Sintra 5, rechts neben dem Rathaus, der Câmara Municipal. Zwei große Säle, etwas altmodisch mit schweren Vorhängen und dunklem Holz eingerichtet. Häufig von einheimischen Familien besucht. Lokale Küche und ein paar Nudelgerichte. Hauptgericht ab 9 €. Tägl. (außer Mi) 12–16 und 19–22.30 Uhr. Travessa do Município 2, ✆ 219234444, www.restaurante-regional-sintra.pt.

Cafés   Café Saudade **7**, sehenswertes Gebäude, nur 50 m vom Endpunkt der Gleise am Kopfbahnhof Sintra entfernt. Hier residierte von 1888 bis 1974 die Konditorei Queijadas da Mathilde. Große Auswahl an Sandwiches und süßen Teilchen. Die historischen Fabrikräume werden für Kunstausstellungen, Konzerten und den Verkauf von Keramikkunst genutzt. Frühstück tägl. bis 12 Uhr, anschließend bis 16 Uhr Brunch. WLAN frei. Tägl. 8.30–20 Uhr. Av. Miguel Bombarda 6, ✆ 212428804, www.saudade.pt.

Pastelaria Piriquita 9, alte, weitbekannte Queijadas-Fabrik, ihr Hauptsitz liegt direkt am Anfang der Altstadtgasse, schräg gegenüber dem Palácio Nacional. Es gibt vorzügliche *Queijadas* (auch zum Mitnehmen) und *Travesseiros*, Sintras andere süße Spezialität. Schöne Einrichtung mit weiß-grünen Azulejos und Marmorboden. Die Gasse weiter nach oben kommt man an der Haus-Nr. 18 zur Filiale Piriquita Dois, die sogar über eine kleine Terrasse verfügt (Mi–Mo 8.30–20 Uhr, Di zu). Auch hier ist der Andrang besonders an den Nachmittagswochenenden enorm. Tägl. (außer Mi) 9–22 Uhr. Rua das Padarias 1 und 18, ✆ 219230626, www.facebook.com/pastelaria.piriquita.

ı Roca

...estlichste Punkt des europäischen Kontinents liegt 140 m über dem Meer. „Onde a terra acaba e o mar começa" – „Wo die Erde endet und das Meer beginnt", so beschrieb der Nationaldichter Luiz de Camões die unwirtliche Felslandschaft um das Kap.

Abgesehen vom Leuchtturm gibt es hier ein Fremdenverkehrsbüro, das eine kunstvoll gestaltete Urkunde, die den Besuch am Kap bestätigt, gegen Gebühr verkauft. Überall wuchert die Gelbe Mittagsblume *(carpobrotus edulis)*, eine kriechende Pflanze, die aus Südafrika eingeschleppt wurde und sich hier rasant verbreitet hat. Sie lässt den heimischen Pflanzen nur noch wenig Platz, wie der vom Aussterben bedrohten Sintra-Nelke *(dianthus cintranus)*.

Geht man ein Stück Richtung Süden, erblickt man bizarre Felsformationen. Oben auf den Klippen weht auch im Hochsommer oft ein kalter Wind, sodass man besser Pullover und lange Hosen mitnehmen sollte.

Blick auf die Praia das Maçãs

Bus 403 von den Bahnhöfen Cascais, Portela de Sintra und Sintra, tägl. alle 30 Min. Achtung: Die ersten Busse am frühen Morgen fahren nicht direkt bis ans Kap, sondern nur bis Azóia! Fahrzeit ab Sintra ca. 40 Min., ab Cascais 25 Min.

Azenhas do Mar

Das Dörfchen wirkt wie ein Schwalbennest in den Klippen. Den besten Blick auf die malerische Siedlung hoch über dem Meer hat man von der gegenüberliegenden Aussichtsplattform, die an der Straße zum Nachbarort Praia das Maçãs liegt.

Ein Abstieg durch die engen Gässchen mit den kleinen Häusern und den steilen Treppen ist ebenfalls lohnenswert. Unten am Strand angekommen, findet man ein Naturschwimmbad, das sich durch die hohen Wellen bei Meeresflut selbst auffüllt. Der eigentliche Strand verschwindet bei Flut und ist steinschlaggefährdet.

Verbindungen Bus: ab Bahnhof Portela de Sintra Bus 441 (via Colares, Praia das Maçãs, teilweise auch Praia Grande) Mo–Fr 18-mal, Sa/So 10-mal (im Sommer häufiger). Fahrzeit 20 Min. Ebenfalls ab Portela de Sintra Bus 440 (via Janas) Mo–Fr 7-mal, Sa 4-mal, So 3-mal tägl. Fahrzeit 25 Min.

Essen & Trinken Azenhas do Mar, direkt über dem Strand; die Lage mit dem herrlichen Meerblick ist kaum zu übertreffen:

Drei Speiseräume schmiegen sich an die Klippen von Azenhas do Mar. Im Winter schäumen die Wellen bis unter die Fenster, im Sommer geht es meist ruhiger zu. Portugiesische Küche mit viel Fisch und Meeresfrüchten. Hauptgericht ab 18 €. Durchgehend warme Küche 12–23.30 Uhr (im Sommer Reservierung empfehlenswert). ✆ 219280739, www.azenhasdomar.com.

Mafra   ca. 18.000 Einwohner

Das Städtchen im Nordwesten Lissabons wird vom weithin sichtbaren, gigantischen Nationalpalast dominiert, der noch größer ausgefallen ist als sein spanisches Pendant, der El Escorial bei Madrid.

Betrübt über den noch fehlenden Thronfolger legte König João V. auf Vorschlag eines Mönches das Gelübde ab, ein Kloster zu errichten, falls ihm binnen Jahresfrist doch noch ein Nachkomme geschenkt würde. Nach drei Jahren unfruchtbarer Ehe klappte es endlich. Ein Architekt aus Regensburg (Johann Friedrich Ludwig, der sich später Ludovice nannte) wurde mit dem Bau der Klosteranlage beauftragt (1717–1730). Bis zu 50.000 Arbeiter waren mit der Ausführung dieses gewaltigen Projekts beschäftigt. Die mörderischen Arbeitsbedingungen, die fast 2000 Menschen das Leben kosteten, hat José Saramago in seinem Roman „Memorial do Convento" („Das Memorial", unser Buchtipp) eindrucksvoll beschrieben. In ihrer Maßlosigkeit hatte sich die portugiesische Krone finanziell völlig übernommen und musste fast den Staatsbankrott erklären.

Palácio Nacional de Mafra: Wegen seiner enormen Ausmaße (Grundfläche 40.000 Quadratmeter) wirkt der Klosterpalast abweisend und kalt, der Besucher steht erst einmal verloren davor. Das Gebäude verfügt allein über 4500 Türen und Fenster, und zwischen den Gemächern des Königs im linken Flügel und den Räumen der Königin im rechten Teil des Palastes liegen 250 Meter! Offenbar fühlte sich das Ehepaar nicht sehr voneinander angezogen, was durchaus ein Grund für das Nachwuchsproblem gewesen sein mag.

Einer der Höhepunkte der Führungen ist die Palastbibliothek. Sie zählt zu den schönsten Bibliotheken Europas und ist mit 88 m länger als die Basilika. Unter den 36.000 Bänden der kreuzförmig angelegten Bibliothek befinden sich diverse Prunkstücke wie eine Erstausgabe der *Lusiaden* von Camões.

Palast Mi–Mo 9.30–17.30 Uhr, Di/Feiertag geschlossen. Einlass bis 16.45 Uhr. Eintritt 6 €, ab 65 J., Studenten, mit Cartão Jovem sowie Familien 50 % Ermäßigung, bis 12 J. frei. Am 1. So im Monat Eintritt frei. Die Besucher werden in Gruppen durch den Palast geführt (ca. 1½ Std.). Eingang links des Eingangs zur Basilika.

Basilika Tägl. 9.30–13 und 14–17.30 Uhr. Eintritt frei. ✆ 261817550, www.palacio mafra.pt.

Information Turismo, tägl. (außer Feiertag) 10–13 und 14–18 Uhr. Am Ortseingang kurz vor dem Nationalpalast. Av. das Forças Armadas 28, ✆ 261817170, www.cm-mafra.pt.

Verbindungen Bus: Busbahnhof Mafra westlich des Zentrums in der Rua de Olivença (nahe dem Sportpark Parque Desportivo). www.mafrense.pt.

Bus ab Lissabon: Mo–Sa mindestens stündl., So alle 1–2 Std. ab Metrostation Campo Grande (die Busse fahren ab Mafra weiter bis Ericeira). Fahrzeit ca. 45 Min.

Bus ab Sintra: mit Mafrense ab Bahnhof Portela de Sintra Mo–Fr 10-mal, Sa/So 6-mal. Fahrzeit 50 Min.

Bahn: Bahnhof Mafra auf der Strecke Lissabon – Caldas da Rainha – Figueira da Foz, ca. 9 km außerhalb von Mafra (keine Busverbindung!). Besser in Malveira aussteigen, da dort die Busse aus Lissabon vorbeifahren.

Sintra und Umgebung → Karte S. 496/497

Essen & Trinken Sete Sóis, direkt gegenüber dem Palast, am Rand des Platzes. Gediegenes Restaurant mit Holzböden, Landhausatmosphäre und Terrassenservice. Neben gängiger Küche sind Wildgerichte die Spezialität des Hauses. Auch ein vegetarisches Gericht ist im Angebot. Barbetrieb. Hauptgericht ab 9,50 € (Di–Fr mittags 7 €). Di–So 12–15 und 19–23 Uhr, Mo Ruhetag. Largo Conde Ferreira 1, ✆ 261811161, www.facebook.com/411897565566693.

Pastelaria Polo Norte, Konditorei im Zentrum am Hauptplatz. Große Auswahl an Pralinen und „Klostergebäck". Sehr lecker sind die *jesuitas com nozes*, ein Blätterteigteilchen mit Walnüssen und Eigelb-Überzug. Auch mehrere Mittagsgerichte und Brotverkauf. Tägl. 7–20 Uhr. Praça da República 15, ✆ 261811070, www.pastelaria polonorte.com.

Ericeira

ca. 10.000 Einwohner

Das Städtchen 40 km nordwestlich von Lissabon ist ein beliebtes Badeziel. Ericeira hat besonders bei Wellenreitern einen glanzvollen Namen – hier befinden sich einige der besten Surfstrände Europas.

Allein die über dem Meer gelegene Altstadt mit ihren blau-weiß gestrichenen Häuschen ist einen Besuch wert. Um den alten Ortskern haben sich Apartmentsiedlungen breit gemacht, doch außerhalb der Hauptsaison ist die Stimmung weiterhin beschaulich und entspannt.

Kulturzentrum von Ericeira

In und um Ericeira gibt es über zehn teilweise sehr unterschiedliche Strände. Direkt auf Höhe des Zentrums stößt man auf die *Praia dos Pescadores* und die *Praia do Norte*, auch *Praia do Algodio* genannt. Südlich des Zentrums erstreckt sich die von hohen Klippen umgebene lange *Praia do Sul*. Die Ortsansässigen nennen den Sandstrand auch *Praia da Baleia* (Walstrand), seit hier 1872 ein riesiger Wal angespült wurde. Vor allem Familien baden gerne hier, da der Strand vor hohen Wellen geschützt ist.

Etwa 3 km vom Zentrum entfernt erstreckt sich an einer Flussmündung die schöne *Praia da Foz do Lizandro*, der größte Sandstrand der Region um Ericeira. Auch im Fluss kann man hier baden, man sollte aber auf die Strömungen achten. Surfschüler findet man in Mengen, da die Wellen sich schön an den Sandbänken vor dem Strand brechen.

Etwa knapp 2,5 km nördlich des Zentrums liegt an einer Flußmündung in einem kleinen Tal zwischen den Klippen die *Praia da Ribeira d'Ilhas*, die man von einem Aussichtspunkt neben

Traumhafter Badestrand: Bucht in Ericeira

der Straße 100 m über dem Meer bewundern kann. Sie zählt zu den besten Surf-
stränden Europas und hat Ericeira zum Wellenreiter-Mekka Portugals gemacht.

Basis-Infos

Information Ask Me Ericeira, tägl. 10–
18 Uhr. In der Altstadt am Hauptplatz, Rua
Dr. Eduardo Burnay 46, ☎ 910518029, www.
askmelisboa.com.

Verbindungen Bus: Ericeira wird von der
Gesellschaft Mafrense angefahren (www.
mafrense.pt). Busbahnhof in der Rua dos
Bombeiros Voluntários.

Ab Lissabon (via Mafra): vom Busbahnhof
an der Metrostation Campo Grande Mo–Fr
mindestens stündl., Sa/So alle 1 bis 2 Std.
Fahrzeit 70 Min. Mo–Fr zur Rushhour auch
Direktbusse über die Autobahn, die nur
45 Min. brauchen.

Ab Sintra: ab Bahnhof Portela de Sintra Mo–
Fr stündl., Sa/So alle 2 Std. Fahrzeit 50 Min.

Adressen Polizei (GNR) am Largo Domingos Fernandes, neben der Igreja da Misericórdia, ☎ 261860710. Post, Rua do Paço 2.
Am Largo dos Condes da Ericeira.

Surfen Três Ondas, deutsche Surfschule
bei Ericeira nahe dem Strand Ribeira
d'Ilhas, einem der besten Surfgebiete Europas (ca. 35 km nordwestlich von Lissabon).
Geführt von den sympathischen Syltern Silke Giesecke und Frithjof Gauss (er war
erster deutscher Longboard-Meister und ist
zertifizierter Surflehrer). Ein eigenes Fahrzeug ist ebenso unnötig wie eigenes Equipment, da Transport, Bretter und Neoprenanzüge von der Schule organisiert werden.
Unterricht in kleinen Gruppen, maximal 6
Schüler pro Lehrer. Spezielle Kurse für Kinder ab 6 J., die sicher schwimmen können.
Viel Wert wird auf Theorie als Grundlage für
sicheres Surfen gelegt. 5-Tage-Kurs ab 255 €,
10 Tage ab 435 €. Auch Unterkünfte sind
über Três Ondas buchbar. Erfahrene Surfer
können Boards und Anzüge ausleihen. Estrada da Ribeira d'Ilhas 86, Santo Isido-
ro/Mafra, ☎ 261866349, www.tresondas.de.

Taxi Táxi Vidinhas, Stand am Largo dos
Condes da Ericeira, ☎ 261862640.

Sintra und Umgebung → Karte S. 496/497

Übernachten/Essen & Trinken

Übernachten   * Hotel Camarão, in einer ruhigen Nebenstraße neben dem Markt. 24 etwas altmodisch eingerichtete Zimmer mit Heizung, Sat-TV, Telefon, Radio, teils mit Meerblick. Sauber und gut in Schuss. Reichhaltiges Frühstück. Die portugiesischen Besitzer lebten lange in Köln und sprechen Deutsch. WLAN kostenlos. Supermarkt im Erdgeschoss des Hauses. DZ inkl. Frühstück je nach Saison 50–65 €. Travessa do Espírito Santo, ✆ 261862665, www.hotelcamarao.com.

Alojamento Local   Villa Ana Margarida by Nature, relativ zentral, aber überraschend ruhig gelegenes Öko-Ressort. Etwa 300 m nördlich des Busbahnhofs sind 6 zweigeschossige Blockhaus-Bungalows um einen Gartenteich mit viel Grün angeordnet. Nachts quaken die Frösche, tagsüber kann man im Wasser schwimmen. Im Blockhaus haben jeweils 4 Pers. Platz: 2 Zimmer mit Balkon, Hängematte, TV, Küchenzeile, Bad und WLAN. Warmwasser kommt aus dem Sonnenkollektor. Blockhaus für 4 Pers. 95–180 €, jeweils ohne Frühstück (6 € pro Person). In der Regel zwei Nächte Mindestaufenthalt. Estrada do Rego 4, ✆ 261886858 und ✆ 962707309 (mobil), www.villaanamargarida.com/nature. ∎

Hostel   Ericeira Hostel SPA, Surf-Hostel am Rand des Zentrums, unweit des Hotels Vila Galé und des Praia-do-Sul-Strands. Die Zimmer sind modern eingerichtet und haben Fliesenböden. 3 DZ mit eigenem Bad, zudem 2 Schlafräume für je 3 Personen mit Gemeinschaftsbad. Großer Aufenthaltsraum mit Meerblick. WLAN kostenlos. Mountainbikes für Gäste frei (Nicht-Gäste können die Räder mieten). Den engagierten Betreibern gehört auch eine Surfschule. DZ je nach Saison und Ausstattung 45–110 €, Bett im Schlafraum 20–30 €, jeweils inkl. Frühstück. Die Preise gelten für einen Aufenthalt von mindestens 2 Nächten, bei nur einer Nacht ca. 35% Aufschlag. Largo de Santa Marta 14, ✆ 261869841 und ✆ 919510350 (mobil), www.ericeirahostelspa.com.

Camping   Parque de Campismo de Mil Regos, ca. 1 km nördlich von Ericeira, 200 m zum nächsten Strand. Auf dem sehr weitläufigen Gelände ist Platz für 1800 Personen. Fußballplatz, Bar und Supermarkt. Gute sanitäre Anlagen in mehreren Gebäuden. Auch Holzbungalows werden vermietet. Auch eine Windmühle steht auf dem mit Kiefern bewachsenen Platz. Person je nach Saison 3,50–6 €, Zelt 4–6,50 €, Wohnmobil 5 €. Bungalow für 2–6 Pers. je nach Saison 50–130 €. Estrada Nacional 247, Km 49,4, ✆ 261862706, www.ericeiracamping.com.

Essen & Trinken   ⟫ Mein Tipp: Prim, an einem kleinen Platz an der Rua 5 de Outubro, nur wenige Meter nördlich der Praça da República. Mittelgroßer Raum, breite Fenster mit Blick auf den Platz. Dort auch ein paar kleine Tische im Freien. Fernseher über dem Tresen. Viele Fleischgerichte, auch Fisch. Hausspezialität ist die *Parrilhada* – gegrilltes Fleisch nach brasilianischer Art. Hauptgericht ab 9,10 €. Mo–Fr Mittagsmenü für 8,50 €. Tägl. 12–15 und 19–22 Uhr (im Sommer oft deutlich länger). Largo do Prim, ✆ 261865230. ⟪

A Toca do Caboz, Traditionsrestaurant seit den 1940er-Jahren, in der Fußgängerzone nördlich der Praça da República. Der Speisesaal ist im 1. Stock, die Lampen wurden aus Ankern hergestellt. Im Sommer abends oft voll, dann besser reservieren. Empfehlenswert sind die auf Holzkohle gegrillten Fische; einige wenige vegetarische Gerichte. Hauptgericht ab 7 €. Tägl. 12–15 und 19–24 Uhr. Rua 5 de Outubro 20, ein weiterer Eingang in der Rua Fonte do Cabo 71, ✆ 261862248.

Café   Pastelaria Café Central, zentral inmitten der Altstadt, *der* Treffpunkt in Ericeira. Viele Stühle im etwas altmodisch eingerichteten Innenraum, im Sommer auch Terrassenbetrieb. Tägl. 8.30–20 Uhr, Fr/Sa teilweise länger. Praça da República 7 (Ecke Rua de Santo António/Rua da Misericórida), ✆ 261863119.

Clubs   Ouriço, Portugals älteste Diskothek (seit 1960) ist seit Jahren bei „Locals" und Touristen *die* Anlaufstelle zum Tanzen, auch Surfer findet man hier häufig. Kleines Haus über den Klippen auf halbem Weg zwischen Parque de Santa Marta und Praia dos Pescadores. Fr/Sa 23–6 Uhr, in der Hochsaison teils auch unter der Woche. Rua Capitão João Lopes 9, ✆ 927378882 und ✆ 926691823, www.facebook.com/discoteca ourico.

Südlich des Tejo

Auf der „anderen" Seite des Tejo-Deltas zeigt sich ein zwiespältiges Bild:
Nahe zu Lissabon dominieren alte Fabrikanlagen und triste Schlafstädte,
weiter im Süden findet man herrliche Sandstrände und Weinberge.

Im Südosten der *Halbinsel von Setúbal*, wie das Gebiet zwischen den Flüssen Tejo
und Sado genannt wird, erstreckt sich das Gebirge der *Serra da Arrábida*. Auf dessen Nordseite gedeihen in einer sanften Hügellandschaft um Azeitão und Palmela
Wein und Oliven. An seiner Südwestspitze fallen spektakuläre Felsklippen am
Cabo Espichel und bei Sesimbra ins Meer ab.

Sesimbra
ca. 37.000 Einwohner

Das Fischerstädtchen liegt geschützt an der Mündungsbucht des Rio Sado. Deshalb
gibt es hier meist keine hohen Wellenbrecher, auch der Wind bläst milde – er wird
durch eine Hügelkette abgeschwächt. Besonders am Wochenende kommen viele
Ausflügler aus Lissabon, dann kann es voll werden.

Im Zentrum von Sesimbra erstrecken sich zwei schöne, etwa 1,5 km lange Sandstrände, nur unterbrochen durch das sehenswerte Fort **Fortaleza de Santiago** im
Zentrum. Durch die geschützte Lage bleiben die Wellen meist niedrig, so dass auch
kleine Kinder ungefährdet baden können.

Weiter außerhalb lockt klares und fischreiches Wasser unter hohen Klippen zahl-
reiche Taucher an. Nirgendwo in der Umgebung von Lissabon gibt es so viele
Tauchbasen. Seit einigen Jahren schützt außerdem der *Meeresnationalpark der
Serra da Arrábida* die Umgebung von Sesimbra davor, zu stark befischt zu werden.

Sesimbra selbst strahlt mit seinen engen Gassen im Zentrum einigen Charme aus,
allerdings stören die vielen an den Berghängen und am Ufer errichteten Apartmentblocks die Idylle. Vom 240 m über der Stadt gelegenen Castelo hat man einen ausgezeichneten Blick auf Sesimbra und die karstigen Steilhügel der Serra da Arrábida.

Südlich des Tejo → Karte S. 480/481

Arte Xávega

Seit 2013 gibt es von Mai bis Oktober wieder regelmäßig den traditionellen
Fischfang an den beiden Hauptstränden von Sesimbra. Der Meeresnationalpark möchte damit die traditionellen, schonenden Fangtechniken fördern.
Dabei werden die Netze zuerst von einem Boot im Bogen ausgeworfen und
dann von einer Gruppe von Menschen vom Strand aus per Hand aufs Land
gezogen. Danach glitzert die Beute noch halblebendig in der Sonne, um anschließend sortiert zu werden. Touristen sind sowohl als Zuschauer wie auch
als tatkräftige Helfer herzlich willkommen. Termine im Turismo erfragen;
Infos auch unter www.sesimbraepeixe.pt.

Information Turismo, tägl. 9.30–18 Uhr,
Juni bis Ende Sept. bis 20 Uhr. In der Fortaleza de Santiago, ✆ 212288540, www.visit
sesimbra.pt.

Verbindungen Bus ab Lissabon mit den
TST-Linien 207 und 260 Mo–Fr stündlich,
Sa/So alle 2 Std. (im Juli/Aug. zusätzliche
Fahrten) ab der Praça de Espanha (Ⓜ Praça

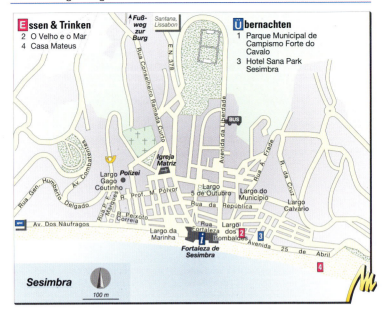

Sesimbra
100 m

Essen & Trinken
2 O Velho e o Mar
4 Casa Mateus

Übernachten
1 Parque Municipal de
Campismo Forte do
Cavalo
3 Hotel Sana Park
Sesimbra

---

de Espanha). Fahrzeit 60–75 Min. www.tsul
dotejo.pt.

Bus nach Setúbal (über Azeitão): Mo–Fr
11-mal mit der TST-Linie 230, Sa/So 4-mal.
Fahrzeit 55 Min.

Übernachten **** Hotel Sana Park
Sesimbra ❸, links des Castelos an der
Uferpromenade. 97 Zimmer und 3 Suiten,
fast alle mit kleinem Balkon und allem Kom-
fort, Kostenloses WLAN. Auf dem Dach ein
Schwimmbad und die öffentlich zugäng-
liche Panoramabar mit herrlichem Blick auf
Sesimbra. DZ je nach Saison 80–210 € inkl.
Frühstück. Av. 25 de Abril, ✆ 212289000,
www.sesimbra.sanahotels.com.

Camping Parque Municipal de Campismo Forte do Cavalo ❶, ca. 1,5 km außerhalb, an einem Hang oberhalb vom
Fischerhafen. Schattiges, auf Terrassen angelegtes Gelände, sanitäre Anlagen akzep-
tabel, kleiner Supermarkt. Person 3,55 €,
Zelt je nach Größe 3,65–5,25 €, Wohnmobil
6,45 €, in der Nebensaison und mit Campingkarte ermäßigt. Stadtbus 228 Mo–Sa
bis Porto de Abrigo (kein Bus am So). Im
Januar geschlossen. Porto de Abrigo,

✆ 212288508, www.cm-sesimbra.pt.

Essen & Trinken In Sesimbra gibt es eine
große Auswahl an guten Fischrestaurants.

Casa Mateus ❹, im Gewirr der Altstadtgassen schwer zu finden. Am besten geht
man von der Mitte des Largo de Bombaldes (an der Markthalle) in Richtung Osten
in die Rua Joaquim Brandão, dann noch einen Block bis zum nächsten Platz, dem Largo Anselmo Braamcamp, auf dem einige
Tische des Restaurants stehen. Portugiesische Küche mit kreativer Speisekarte.
Hauptgericht ab 10 €. Tägl. (außer Mo) 12–
23 Uhr. Largo Anselmo Braamcamp 4,
✆ 963650939 und 918790697, www.facebook.
com/restaurantecasamateus.

O Velho e o Mar ❷, hochklassiges mo-
dern-traditionelles Fisch- und Marisco-Res-
taurant in einem historischen Gebäude am
Largo de Bombaldes. Im Angebot nur
Frischfisch, z. B. Cataplana mit Silber-
barschfilets (*Cataplana de Cherne Fresco
da Costa com Gambas e Amêijoa*), aber
auch vegetarische Gerichte! Hauptgericht
ab 8,90 €. Tägl. 11.30–23.30 Uhr. Rua Joaquim Brandão 30-32, ✆ 210879995.

Cabo Espichel

Das felsige Kap ist der südwestlichste Punkt der Halbinsel von Setúbal. Am letzten Sonntag im September wird hier das älteste Fest des Bezirks gefeiert, die *Festa da Nossa Senhora do Cabo*. Die Gegend ist wie geschaffen als Kulisse für einen Western: eine einfache Kirche, viel Staub, viel Sonne ...

Verbindungen Bus: Ab Sesimbra fährt die Linie 201 der Transportes Sul do Tejo nur 2-mal tägl. direkt ans Kap (www.tsuldotejo.pt). 2016 war Abfahrt in Sesimbra um 13.30 und 14.50 Uhr. Zurück vom Cabo Espichel 14.05 und 15.30 Uhr. Zudem tägl. 4- bis 8-mal bis Azóia, dem letzten Ort vor dem Kap. Von dort noch 3 km zu Fuß zum Cabo.

Azeitão

Das am Nordrand der Serra da Arrábida in einer schönen Hügellandschaft gelegene Örtchen bietet sich für einen Stopp zwischen Sesimbra und Setúbal an. Der Ort besteht aus den beiden Ortsteilen Vila Nogueira de Azeitão und Vila Fresca de Azeitão.

Der Name *Azeitão* leitet sich von *azeitona* (Olive) ab, doch steht das Örtchen heute mehr im Zeichen des Weins. Zwei große Kellereien, das Traditionsweingut José Maria da Fonseca und die moderne Konkurrenz Bacalhôa Vinhos de Portugal (BVP), prägen mit Weinbergen und Abfüllanlagen Azeitão und Umgebung.

Museu do Queijo in der Quinta Velha: Hier dreht sich alles um Käse, denn der Schafskäse der Region, der Queijo de Azeitão, ist berühmt. Die Tiere laufen zumeist noch frei in der Serra herum; ihre Milch wird für das Käsen mit der Cardo-Blüte, einer Art wilder Artischocke, angesetzt. Dies bekommt man hier zu sehen, zudem kann man an einer Verkostung oder einem Käse-Workshop teilnehmen.

Mo–Sa 10–13 und 15–18 Uhr (Voranmeldung obligatorisch!), So/Feiertag geschlossen. Eintritt 1,85 €. *Vom Ortsteil Vila Nogueira aus kommend*, Einfahrt zur Käserei auf der rechten Seite 500 m nach der Quinta das Torres (Einfahrt ausgeschildert). *Von Vila Fresca aus* 400 m hinter dem Kreisverkehr am Ortsausgang auf der linken Seite (hier auch Bushalt). Quinta Velha, Queijeira, Azeitão, ✆ 212191125 und ✆ 961875337, www.quintavelhaonline.com.

Quinta da Bacalhôa: Der berühmte Renaissancepalast aus dem 15./16. Jh. im östlichen Ortsteil Vila Fresca de Azeitão ist Teil des gleichnamigen Weinguts. Man kann die burgartig wirkenden herrschaftlichen Gemächer besuchen, die mit Kunstwerken aus der Sammlung des Besitzers Joe Berardo reich geschmückt sind. Berardo ist Portugals bekannter Weinmäzen und auch für die Sammlung moderner Kunst im Centro Cultural de Belém in Lissabon verantwortlich. Anschließend lässt es sich schön durch den lustvoll angelegten Palastgarten und die angrenzenden Weinberge wandeln. Wer mag, kann auch an einer Weinprobe teilnehmen.

Nur mit Führung und nach Voranmeldung zu besichtigen: Mo–Sa 10.30, 11.30, 14.30, 15.30, 16.30 Uhr. So/Feiertag zu. Eintritt inkl. Weinprobe 4 €, Kombiticket mit Kellerei 6 €, bis 12 J. frei. EN 10, Vila Fresca de Azeitão. Nicht zu verfehlen wegen des eisernen Zauns und der hohen Hecken. ✆ 212198060, www.bacalhoa.pt.

Verbindungen Bus ab Lissabon: Mit den Linien 754 und 755 Lissabon – Setúbal („normal"). Abfahrt an der Praça de Espanha (Ⓜ Praça de Espanha). Mo–Sa vormittags meist stündlich, Sa nachmittags und So ganztags alle 90 Min. Fahrzeit ca. 55 Min. Achtung: Die schnellen Direktbusse Lissabon – Setúbal der Linie 561 („via rápida") fahren nicht über Azeitão.

Südlich des Tejo → Karte S. 480/481

Bus nach Palmela: TST-Linien 767 und 768 Mo–Sa stündl., So alle 2 Std. Fahrzeit 25 Min.

Bus nach Sesimbra: TST-Linie 230 Mo–Fr 11-mal, Sa/So 4-mal. Fahrzeit 30 Min.

Bus nach Setúbal: Linien 754, 755, 783 Mo–Fr und Sa vormittags alle 30 bis 60 Min., Sa nachmittags und So alle 90 Min. Fahrzeit 25 Min.

Einkaufen   São Simão Arte Azulejos, in Vila Fresca nahe der Abzweigung von Vila Nogueira nach Palmela. Kleine Azulejo-Manufaktur, in der die Fliesen kunstvoll von Hand bemalt werden. Wer will, kann Azulejos auch selbst bemalen und die Fliese am nächsten Tag gebrannt abholen oder eigene Motive in Auftrag geben. Die Mitarbeiter sprechen teilweise Deutsch. Mo–Sa 9–18, So 10–18 Uhr, Feiertage geschlossen. Rua Almirante Reis 86, Vila Fresca de Azeitão, ✆ 212183135, www.saosimaoarte.com.

Palmela

ca. 20.000 Einwohner

Hübsches verwinkeltes Städtchen auf der höchsten Erhebung des kleinen Gebirgszugs Serra do Louro. Gekrönt wird die Stadt von der Burg. Im Herbst wird in Palmela das reizvollste Weinfest in der Umgebung von Lissabon gefeiert.

Vom Burgberg, mit 232 m einer der höchsten Punkte weit und breit, bietet sich eine fantastische Sicht auf die Bucht von Sesimbra. Das **Castelo de Palmela** selbst war seit dem 12. Jh. ein strategischer Vorposten Lissabons. Vom mächtigen Eingangstor der Burg sind es nur ein paar Schritte zur Igreja de Santa Maria do Castelo aus dem 12. Jh., von ihr sind seit dem Erdbeben von 1755 nur noch Ruinen zu sehen. Gut erhalten ist dagegen die spätgotische *Kirche des Santiago-Ordens* aus dem 15. Jh. Die beste Aussicht hat man vom Burgfried, der *Torre de Menagem*. Der Blick in den Abgrund durch die bis zum Boden reichenden Schießscharten ist allerdings nichts für schwache Nerven.

Santiago-Kirche: Di–So 10–12.30 und 14–20 Uhr (im Winter nur bis 18 Uhr), Mo und Feiertag geschlossen. Eintritt frei. **Torre de Menagem**: Tägl. 8–18 Uhr (in der Sommerzeit bis 19.30 Uhr). Eintritt frei. Das Burggelände selbst ist rund um die Uhr frei zugänglich.

Das Kastell von Palmela – malerischer Fleck mit Fernsicht

Das **Weinfest** findet Ende August/Anfang September statt. Sonntags wird eine symbolische Weinernte zelebriert, danach ziehen Bevölkerung und Schaulustige zum Kirchplatz, wo – von Volksmusik begleitet – die Trauben zerstampft und während der Messe gesegnet werden. Nachmittags gibt es weitere Umzüge; auf Wagen werden – teilweise auf sehr witzige Art – die typischen Weine Portugals vorgestellt.

Information Turismo, tägl. 9.30–12.30/14–17.30 Uhr, Feiertag geschlossen. In der Burganlage, ✆ 212332122, www.cm-palmela.pt.

Verbindungen Bus: Nach Palmela fahren Busse der Gesellschaft TST, www.tsuldo tejo.pt. Busbahnhof am unteren Rand der Altstadt. Bahn: Bahnhof ca. 4 km außerhalb (schlechte Anbindung ins Zentrum), so dass man besser den Bus nimmt.

Bus von Lissabon: Linie 565 fährt ab Gare do Oriente (Ⓜ Oriente) Mo–Fr etwa stündl., Sa/So alle 2 Std. Fahrzeit 40 Min.

Bus von Setúbal: Die Linien 767 und 768 Mo–Fr fahren alle 30 Min., Sa etwa stündl., So etwa alle 1–2 Std. Fahrzeit 25 Min.

Übernachten Pousada de Palmela, ein Klostergebäude aus dem 15. Jh., beherbergt die Pousada in exquisiter Lage auf dem Burgberg. In 232 m Höhe über dem Meer genießt man von fast allen Zimmern das fantastische Panorama der Serra da Arrábida und der Mündungsbucht des Rio Sado.

Der Kreuzgang des Klosters dient als Frühstücksraum. Telefon, Sat-TV usw. gehören zur Ausstattung. WLAN frei. DZ je nach Saison 77–201 € inkl. Frühstück. Castelo de Palmela, ✆ 212351226, www.pestana.com.

Einkaufen Casa-Mãe da Rota dos Vinhos da Costa Azul, neben der Kirche oberhalb des Busbahnhofs. Offizieller Verkauf der regionalen Weine von Palmela bis Azeitão. Mo–Sa 10–19, So 13–19 Uhr, feiertags geschlossen. Largo de São João Baptista, ✆ 212334398, www.rotavinhospsetubal.com.

Essen & Trinken Restaurante 3.ª Geração, etwas unterhalb des Largo 5 de Outubro. Unscheinbarer Eingang zu einem Café, an das sich ein gemütliches kleines Restaurant anschließt. Sehr guter frischer Fisch. Auch die hausgemachten Desserts sind zu empfehlen. Hauptgericht ab ca. 7 €. Di–So 12–15 Uhr, Di–Sa 19–22 Uhr, Mo Ruhetag. Rua Serpa Pinto 147, ✆ 212350152, www.facebook.com/restaurante3ageracao.

Setúbal

ca. 85.000 Einwohner

Setúbal liegt etwa 30 km südlich von Lissabon am Mündungsbecken des Rio Sado, geschützt durch die vorgelagerte Halbinsel Tróia. Mit Coimbra konkurriert Setúbal um den Rang der drittgrößten Stadt Portugals. Das Stadtbild prägen neben der hübschen Altstadt auch schmucklose Wohnblocks in den äußeren Bezirken und Industrieanlagen entlang des Sado und der Hafen.

Die Altstadt mit ihren verwinkelten engen Gassen zeigt ein gefälliges Bild. Die schöne Palmenallee *Avenida Luísa Todi* (benannt nach einer berühmten Setúbaler Opernsängerin), die sich durch das Zentrum zieht, lädt mit ihren netten Straßencafés und Restaurants zum Verweilen ein und ist zugleich auch Hauptverkehrsader.

Igreja de Jesus: Die Kirche im Westen der Altstadt ist die bedeutendste Sehenswürdigkeit der Stadt. Das kunstvoll gestaltete gotisch-manuelinische Gotteshaus wurde 1490 samt dem dazugehörigen Klostertrakt errichtet; geplant wurde es von dem berühmten Architekten Diogo de Boitaca. Boitaca schuf hier eines der bedeutendsten manuelinischen Bauwerke Portugals, das dem ebenfalls von ihm entworfenen Jerónimos-Kloster in Belém als Vorbild diente. Sehenswert sind auch der Kreuzgang und das Stadtmuseum **Museu de Setúbal** mit einer Sammlung lokaler Gemälde im ehemaligen Klostertrakt.

Kirche: Di–Sa 10–13 und 14–18 Uhr, So/Mo und Feiertag geschlossen. Eintritt frei. **Museum**: Di–Sa 10–18, So 14–18 Uhr (Juni–Sept. 15–19 Uhr), Mo/Feiertag geschlossen. Eintritt 2 €, unter 15 J. und ab 65 J. frei. Largo de Jesus, ✆ 265537890.

Südlich des Tejo → Karte S. 480/481

Galeria Municipal do Banco de Portugal: Die 14 berühmten Gemälde aus dem 16. Jh., die früher in der Igreja de Jesus hingen, sind derzeit hier in der städtischen Galeria ausgestellt. Die beeindruckenden großformatigen Bilder aus der Werkstatt des Malers Jorge Afonso zeigen Kindheit und Leiden Christi sowie die Geschichte des Franziskanerordens.

Di–Fr 11–14 und 15–18, Sa 11–13 und 14–18, So 14–18 Uhr, Mo und Feiertag geschlossen. Eintritt 1,50 €, unter 16 J. und ab 65 J. frei. Av. Luísa Todi 119. ✆ 913213920.

Museu do Trabalho Michel Giacometti: Das sehenswerte „Museum der Arbeit", untergebracht in einer früheren Konservenfabrik, ist nach dem französischen Ethnologen benannt, dessen große Sammlung landwirtschaftlicher Arbeitsgeräte und Instrumente hier gezeigt wird, darunter auch einige Exponate zum Fischfang und zur Korkherstellung. Zu bestaunen ist z. B. ein übergroßer, mexikanisch wirkender Hut, der als Tragekorb für Sardinen fungierte.

Juni bis Mitte Sept. Di–Fr 9.30–18, Sa 15–18 Uhr, So/Mo und Feiertag geschlossen. Mitte Sept.–Mai Di–Fr 9.30–18, Sa/So 14–18 Uhr, Mo und Feiertag geschlossen. Eintritt 1,50 €, unter 16 J. und ab 65 J. frei. Largo Defensores da República, ✆ 265537880.

Castelo de São Filipe: Die etwa 1 km außerhalb gelegene Burg thront hoch über Setúbal. Philipp II., König von Spanien und Portugal in Personalunion, ließ das Kastell 1590 errichten. Von oben hat man einen schönen Blick auf die Stadt und die Bucht. In der Nähe findet man in einer kleinen Kapelle Azulejos, die Szenen aus dem Leben Philipps des Heiligen zeigen.

Das Burggelände ist rund um die Uhr zugänglich.

Ausflug zu den Flussdelfinen im Sado

Jeden einzelnen der etwa dreißig im Flussdelta des Sado lebenden Delfine nennen Maria João Fonseca und Pedro Narra beim Namen, jeden können sie an der Rückenflosse identifizieren. Die Sado-Delfine gehören zu den wenigen ortsfesten, in Flussmündungen lebenden Populationen Europas. Das ermöglicht es den Delfinbeobachtern von *Vertigem Azul,* die Tiere besonders genau zu beobachten.

Seit 1998 fährt das private Ökotourismus-Unternehmen zu den Delfinen, mit Erfolg: Die Meeressäuger sind mittlerweile zum Wahrzeichen der Stadt geworden. Doch trotz ihrer Bekanntheit gibt es noch viel zu tun, um die *Großen Tümmler* besser zu schützen: Ein Großteil der Abwässer der Stadt und der Industrie fließt weiterhin ungeklärt in den Sado. Das verursacht bei den Delfinen Hautkrankheiten und schwächt ihr Immunsystem. Und besonders im Sommer sorgen Jetskis und Motorboote für einen hohen Geräuschpegel und stören die Orientierung der Tiere.

Bei einer Tour mit *Vertigem Azul* nähern sich die Tiere oft bis auf wenige Meter dem Gummiboot. Im Sommer gibt es während der Fahrten auch Bade- und Schnorchelmöglichkeiten am Strand, allerdings nicht mit den Delfinen.

Ganzjährig Ausfahrten (ca. 3 Std.), im Sommer in der Regel tägl. um 9.30 und 14.30 Uhr. Es gibt keine Garantie, die Delfine zu sehen, doch die meisten Fahrten sind erfolgreich. Erw. 35 €, Kind bis 12 J. 20 €. Vorherige Reservierung dringend empfohlen, da oft ausgebucht! Vertigem Azul, Edifício Marina Deck, Rua Praia da Saúde 11-D, ✆ 265238000, www.vertigemazul.com. Es gibt auch eine *Filiale in der Marina in Tróia.*

Basis-Infos

Information Turismo der Stadt Setúbal, tägl. 9–20 Uhr, Juni bis Mitte Sept. So–Do bis 22, Fr/Sa bis 24 Uhr. Av. Luisa Todi 468, ✆ 265545010, www.visitsetubal.com.pt.

Turismo der Region Lissabon, **Ask Me Arrábida**, Travessa Frei Gaspar 10, ✆ 265009993, www.visitlisboa.com.

Verbindungen Bahn: Die Stadt hat zwei Bahnhöfe: Setúbal Hbf. und Praça do Quebedo. Letzterer liegt näher an der Altstadt.

Bahn ab Lissabon: Es fahren Züge der Privatbahn Fertagus (Achtung: andere Ticketautomaten als die normalen CP-Züge). Ab den Bahnhöfen Lissabon Roma-Areeiro (Ⓜ Areeiro), Entrecampos (Ⓜ Entrecampos) und Sete Rios (Ⓜ Jardim Zoológico) nach Setúbal Hbf. Schöner Ausblick bei der Querung der Brücke des 25. April. Stündl. ein Zug bis Mitternacht (Sa/So bis kurz vor 23 Uhr). Fahrzeit 1 Std. www.fertagus.pt.

Bahn ab Setúbal (Praça do Quebedo und Hbf.): Die Linie der Staatsbahn CP fährt über Pinhal Novo nach Barreiro (dort Anschluss an die Fähren nach Lissabon/Terreiro do Paço). Mo–Fr alle 30 Min., Sa/So stündl. In Pinhal Novo kann man auch Fernverkehrszüge an die Algarve, Richtung Alentejo sowie nach Mittel- und Nordportugal erreichen.

Bus: Busbahnhof (Terminal) in der Av. 5 de Outubro. Fahrkarten am besten am Vorverkaufsschalter besorgen. Die Regionalbusse sind von TST, einer Tochtergesellschaft der Deutschen Bahn. Fahrpläne unter www.tsuldotejo.pt.

Bus ab Lissabon: Schnelle Busse der Linie 561 über die Autobahn („via rápida") und die Brücke Ponte 25 de Abril ab Praça de Espanha (Ⓜ Praça de Espanha) Mo–Fr alle 30–60 Min., Sa/So etwa stündl. Fahrzeit 55 Min.

Die Schnellbusse der Linien 562 und 563 fahren ab Gare do Oriente (Ⓜ Oriente) über die Brücke Ponte Vasco da Gama, Mo–Sa stündl., So alle 1–2 Std. Fahrzeit 40 Min.

Azenhas do Mar

Südlich des Tejo → Karte S. 480/481

Langsamere Buslinien 754 und 755 über die Landstraße („normal") ab Praça de Espanha über Azeitão. Mo–Sa vormittags meist stündlich, Sa nachmittags und So ganztags alle 90 Min. Fahrzeit 75 Min.

Bus nach Palmela: Busse der Linien 767 und 768 Mo–Fr alle 30 Min. Sa/So jede Std. Fahrzeit 20 Min.

Bus nach Sesimbra: Mo–Fr 11 Busse der TST-Linie 230, Sa/So 4-mal. Fahrzeit 55 Min.

Fernbusse *Rede Expressos* tägl. nach Sines, Évora, Beja, Aljezur, Lagos, Faro und Vila Real de Santo António, www.rede-expressos.pt.

Adressen   Polizei, Av. Luísa Todi 350, ✆ 265522022. Für Angelegenheiten außerhalb der Stadtgrenze: GNR, Av. Jaime Cortesão, ✆ 265242500.

Übernachten

*** **Solaris Hotel** **2**, altes azulejogeschmücktes Haus in der Altstadt unweit der Av. Luísa Todi. Verkehrsgünstig gelegen mit kostenlosem Privatparkplatz. 30 hübsch und modern eingerichtete Zimmer mit allem Komfort, WLAN kostenlos. DZ inkl. Frühstück 65 €. Praça Marques de Pombal 12, ✆ 265541770, www.solarishotel.pt.

≫ **Mein Tipp:** Quinta dos Moinhos de São Filipe **3**, ein Erlebnis: Schon der Blick aufs Meer und die Flussmündung ist atemberaubend. Gemütliches, geschmackvolles Haupthaus mit 2 DZ, Pool, 3 ha Grund mit Spielplatz, gutes Frühstück auf der Terrasse. Dazu kann man noch in einer der beiden früheren *Windmühlen* mit 360°-Rundblick und Kitchenette nächtigen. DZ 80–100 €, Mühle 100–150 €, jeweils inkl. Frühstück. Anfahrt: Den Burghügel hoch. Vor dem Burgeingang rechts abbiegen und der Straße 700 m folgen. Oben angekommen, links abbiegen (keine öffentlichen Transportmittel). Estrada do Castelo de São Filipe, ✆ 265228278 und ✆ 935505401 (mobil), www.moinhossaofilipe.com. ≪

Blue Coast Hostel **1**, Altbau in verkehrsreicher Lage direkt neben dem Busbahnhof am Nordrand der Altstadt. Schlicht eingerichte-

Übernachten
1 Blue Coast Hostel
2 Solaris Hotel
3 Quinta dos Moinhos de São Filipe

Essen & Trinken
4 Ribeirinha do Sado
5 Casa do Mar

te, hellhörige Zimmer mit hohen Decken. Gemeinschaftsküche, Innenhof, WLAN kostenlos. 6 DZ (mit und ohne eigenem Bad) sowie 3 Schlafsäle für je 8–10 Pers. (teils nach Geschlechtern getrennt). Gäste beschweren sich über unbequeme Matratzen. DZ je nach Saison 35–39 €, im Schlafsaal 14–17 €, Frühstück 2,50 €/Pers. Av. 5 de Outubro 140, ✆ 265417837, www.bluecoasthostel.com.

Essen & Trinken

Entlang der Avenida Luísa Todi und der Hafenpromenade reiht sich ein Restaurant ans andere. Auf dem Gehsteig wird frischer Fisch auf Holzkohlegrills gebraten, darunter die Spezialität der Stadt, der schmackhafte gegrillte Degenfisch (*peixe espada grelhado*).

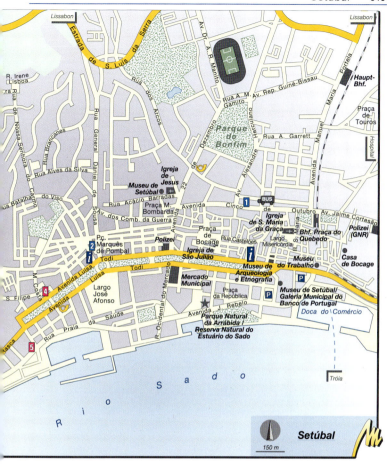

Südlich des Tejo → Karte S. 480/481

»» Mein Tipp: Casa do Mar 5, der frische Fisch schmeckt einfach himmlisch, ob Bastardmakrele, Dorade oder Schwertfisch. Die Fische werden mit Olivenöl, Kräutern und Knoblauch begossen serviert, dazu gibt's Kartoffeln. Auch extravagante Kreationen wie Barsch mit Ei-Knoblauch-Brotbrei *(lascas de garoupa com açorda de ovos e coentros)*. Blick vom großen Wintergarten auf das Wasser und die Fischerboote am Hafen, trotzdem günstige Preise ab 8 €. Tägl. (außer Mo) 12–15.30 und 19–22.30 Uhr. Rua da Saúde 74, ☎ 265409477. **««**

Ribeirinha do Sado 4, in der Westhälfte der Av. Luísa Todi, kurz vor der Abzweigung Richtung Burg. Kleiner, eng bestuhlter Speiseraum. Zur Mittagszeit kann es laut werden. Viel lokales Stammpublikum. Spezialität des Hauses sind Fische, die auf der Terrasse gegrillt werden, sowie *migas*, ein mit Knoblauch gewürzter Brotbrei, der mit Kartoffeln serviert wird. Salat wird als Beilage angeboten, kostet aber extra. Hauptgericht ab 9 €. Geschlossen So Abend und Mo ganztags sowie Mitte Dez. bis Mitte Jan. Av. Luísa Todi 586, ☎ 265238465.

Der Hausstrand von Albufeira

Südportugal

Südportugal

Individualurlaub gefällig? Gerade hier im Süden des Landes läßt sich ein idealer Portugaltrip durchführen. Zwischen der lebendigen Metropole Lissabon und den Badehochburgen an der Algarve liegen einsame Landschaften mit etlichen besuchenswerten Städten, Burgen und Naturschönheiten.

Von den beiden, von den Chartergesellschaften angeflogenen Orten Faro/Algarve oder Lissabon, lassen sich prima Rundreisen zu den mächtigen Festungsorten an der spanischen Grenze planen. Vom nördlich gelegenen **Castelo de Vide** und **Portalegre** bis in den Süden zu den maurisch geprägten Orten wie z.B. **Mertola**. Diese Ausflüge tief ins Landesinnere lassen sich zum Abschluß gut mit einer Fahrt entlang der wilden Westküste verbinden. Dort locken einsame Strände, weißgekalkte ehemalige Fischerorte wie **Vila Nova de Milfontes** oder auch der ehemalige Aussteigerort **Aljezur**, das sich bereits in der Provinz Algarve befindet. Noch weiter im Süden in den Hochburgen **Albufeira** oder inzwischen auch **Lagos**, ist es mit der Beschaulichkeit allerdings vorbei.

Das alte Stadttor in Lagos

Südportugal

17 km

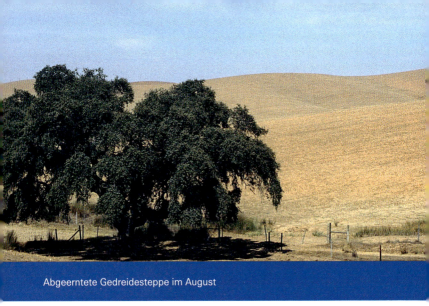

Abgeerntete Gedreidesteppe im August

Alentejo

Im Frühling blühen die Wiesenblumen, im Sommer erdrückt die Hitze, im Winter friert es fast – früher wurde dann mit einer Schüssel mit glühender Holzkohle unter dem Tisch geheizt. Der Alentejo ist ein Land der Gegensätze und die größte und zugleich am dünnsten besiedelte Region Portugals.

Der Alentejo erstreckt sich vom Rio Tejo bis hinunter zur Algarve und teilt sich in die Provinzen Alto Alentejo und Baixo Alentejo. Im Norden gleicht die Gegend einer spärlich bewaldeten Steppe, nur der Gebirgszug São Mamede mit seinen Kastanienwäldern und die runden Granitfelsen um Nisa bringen Abwechslung in die Landschaft. Im Süden führen schnurgerade endlose Alleen mit Eukalyptusbäumen durch das Land. Zwischen dem Meer aus gleichmäßigen, sanften Hügeln liegen kleine Städte und einsame Dörfer. Überall weiß gekalkte Häuser mit kleinen Fenstern. Angebaut werden hauptsächlich Korkeichen, Oliven, Wein und Getreide, doch auch Vieh wird gezüchtet.

Der Alentejo ist noch immer das „Armenhaus Portugals". Rund die Hälfte der älteren Bewohner kann weder lesen noch schreiben.

Vor der Revolution von 1974 teilten sich einige wenige Großgrundbesitzer den größten Teil der Kornkammer Portugals. Landarbeiter wurden nur zur Saat und Ernte eingestellt. Viele flüchteten vor dem Hunger in die Großstädte oder wanderten ins Ausland ab.

So ist es nicht verwunderlich, dass sich der Alentejo zum Widerstandsort gegen die Salazar-Diktatur entwickelte. Treibende Kraft war die im Untergrund operierende kommunistische Partei PCP, die heute noch im Alentejo eine der stärksten Parteien auf kommunaler Ebene ist. Die zahlreichen Aufstände forderten auch Opfer. So

wird z. B. noch heute in Baleizão (rund 29 km östlich von Beja) alljährlich der Landarbeiterin Catarina Eufémia gedacht, die von der Polizei erschossen wurde. Die Polizei hatte vom Gutsherrn den Auftrag erhalten, für Arbeit protestierende Landarbeiter zu vertreiben. Nach der Nelkenrevolution vertrieb die Bevölkerung die Gutsherren und nahm das Land in Besitz. Diese Aktion wurde später durch ein Agrarreformgesetz legalisiert. Es sah die Enteignung von Landgütern von einer bestimmten Größe und Bodenqualität vor. Das so in Staatseigentum gelangte Land wurde Kooperativen zur Bearbeitung übergeben. Viele Ausländer, vor allem Deutsche, kamen damals nach Portugal, um die Revolution mitzuerleben, zu helfen oder die Geschehnisse einfach nur zu bestaunen.

Die Ernüchterung ließ nicht lange auf sich warten. Den verschiedenen nachrevolutionären Regierungen war die kommunistische Hochburg Alentejo ein Dorn im Auge. Gesetze, die die Unterstützung der Kooperativen mit Maschinen, Saatgut und Abnahmegarantien vorsahen, wurden unterlaufen. Nach und nach wurde der Boden wieder an die alten Eigentümer zurückgegeben. Die fehlende Hilfe des Staates, ständige Ungewissheit um die Zukunft der eigenen Kooperative und auch Unvermögen bei der Bewirtschaftung trugen nicht zu einer Steigerung der Erträge bei. Mit der Verfassungsänderung von 1989 wurde der Begriff „Agrarreform" endgültig aus dem Grundgesetz gestrichen.

Alto Alentejo

Der höher gelegene, nördliche Teil des Alentejo besticht durch die mittelalterlichen Orte Marvão und Monsaraz. Die zum Weltkulturerbe zählende Stadt Évora ist vor allem durch die sich an die Igreja do São Francisco anschließende Knochenkapelle und ihren römischen Tempel bekannt.

Kulinarisch stehen Fleischgerichte vom Lamm auf jeder besseren Speisekarte. Wie im gesamten Alentejo wird bei der Zubereitung an Olivenöl, Knoblauch und

Blattkoriander nicht gespart. Dazu genießt man die herausragenden Rotweine aus Borba und der Gegend um Reguengos de Monsaraz. Zum Beispiel die *Reserva* der Herdade do Esporão oder den vom Önologen João Portugal Ramos gemischten *Marquês de Borba*.

Man sollte es nicht versäumen, die kräftigen Käse aus Nisa zu probieren. Zu den süßen Leckerbissen der Region zählen der *queijo dourado* (Portalegre), die *Sericaia* (ein Kuchen, den man in Elvas mit eingelegten Pflaumen genießt) und der *Pão de Rala* aus Évora. In Sachen Kunsthandwerk ist Estremoz die Heimat von mehreren herausragenden Anbietern. Bekannt sind vor allem die bunten Tonfiguren. In Évora formt man lieber aus Kork. Die bunten Teller haben ihren Ursprung in Redondo, zwischen Évora und Vila Viçosa. Bei Reguengos liegt eines der größten Töpferzentren des Landes.

Die Volksfeste von Campo Maior und Évora zählen zu den bekanntesten in ganz Portugal. Ersteres findet im Schnitt alle vier bis sieben Jahre statt. Das letzte war im Jahr 2004. In Évora feiert man am 24. Juni zu Ehren des São João.

Von Castelo de Vide nach Elvas

Von Abrantes oder Castelo Branco kommend, erreicht man über die IP 2 und die N 246 **Castelo de Vide.** Das malerische Städtchen zwischen zwei Hügeln lädt zum Spazierengehen ein. Enge, blumengeschmückte Gassen ziehen sich steil den Hang hinauf. Noch steiler scheint der Anstieg zum südöstlich gelegenen **Marvão** zu werden, das man über eine hübsche Allee (der N 246-1) erreicht. Hoch oben auf einem mächtigen Felsen sitzt das kleine, stark befestigte Dorf. Durch enge Kurven führt die N 359 an der Serra de São Mamende entlang in Richtung **Portalegre.** Die Distrikthauptstadt ist ein Zentrum der Kork- und Textilindustrie. Hinter einer unscheinbaren Tür verbirgt sich eines der wichtigsten Teppichmuseen weltweit.

Die Tour führt uns über die N 246 und N 371 über **Campo Maior,** das für sein farbenfrohes Blumenfest berühmt ist und ein sehenswertes Kaffeemuseum hat, nach **Elvas.** Die trutzigen Festungsmauern der Stadt sieht man schon von Weitem.

Castelo de Vide   ca. 4000 Einwohner

Ein Bergstädtchen mit etwa 4000 Einwohnern, das zu wunderschönen Spaziergängen durch blumengeschmückte Gassen und kleine Parks einlädt. König Pedro V. nannte es das „Sintra des Alentejo". Der Ort auf 650 m Höhe bietet reizvolle Ausblicke auf die umliegende Landschaft.

Über der Stadt thront die **Burg**, die König Dinis im 14. Jh. erbauen ließ. Innerhalb der dunklen Burgmauern drängt sich ein hübsches mittelalterliches Stadtviertel *(Burgo Medieval)* mit kleinen, teilweise recht armseligen Häuschen, die in den vergangenen Jahren aber zum größten Teil renoviert wurden. Die Burg selbst ist z. T. restauriert. Links vom Eingang gelangt man über Treppen auf den Verliesturm. Von oben ist die Stadt und die Serra de São Mamede gut zu überblicken. Auf dem gegenüberliegenden Hügel ist das **Forte de São Roque** zu sehen, das Fort der Stadt. Tägl. 9–13 und 15–18 Uhr, im Winter 9–13 und 14–17 Uhr. Eintritt frei.

Unterhalb des Castelo liegt um die Praça Dom Pedro V. das **Zentrum.** Dort stehen auch der Pranger *(Pelourinho),* das Rathaus und die wuchtige Kirche. In den anliegenden Straßen sind die weißen Häuser grau und gelb umrandet.

Der Mitte des 16. Jh. gebaute Stadtbrunnen, **Fonte da Vila**, befindet sich ca. 200 m nördlich vom Hauptplatz Praça Dom Pedro V. Zwischen dem Stadtbrunnen und der Burg liegt die **Judiaria**, das alte Judenviertel. Im Mittelalter ließen sich hier zahlreiche Juden, die Anfang des 16. Jh. zu Neuchristen konvertierten, nieder. Aus dieser Zeit stammt die alte, kleine **Synagoge**, die heute ein Museum über die Juden des Ortes und ihre Verfolgung vor 500 Jahren beherbergt.

Tägl. (außer Mo) 9.30–13 und 14.30–18 Uhr, im Winter bis 17 Uhr. Eintritt frei.

Eine der angrenzenden Gassen ist die Rua do Açário, hier kann man die größte Ansammlung gotischer Türbögen Portugals bewundern.

Auf die jüdische Vergangenheit sind die spezifischen Ostertraditionen zurückzuführen, so auch das Gericht „Sarapatel" aus Schafsinnereien, das von zahlreichen Restaurants in der Osterwoche zubereitet wird.

Castelo de Vide liegt inmitten einer Gegend, die reich an archäologischen Funden ist. Die auffallendsten sind wohl die 5 km nördlich gelegene **Anta dos Coureleiros** und der weitere 7 km entfernte **Menhir da Meada,** der mit seinen 7 m Höhe als der größte der Iberischen Halbinsel gilt.

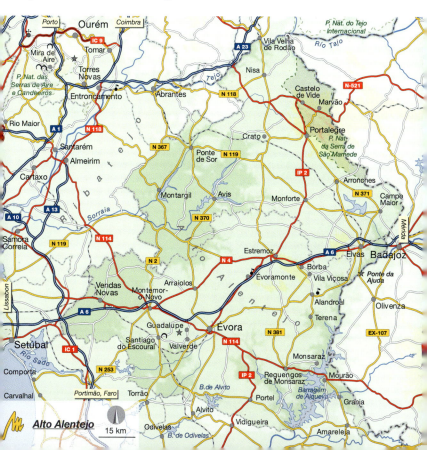

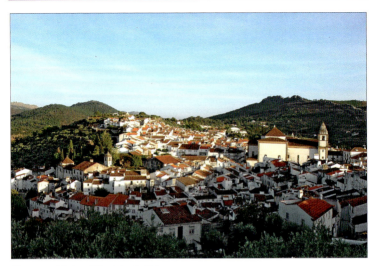

Panoramablick auf Castelo de Vide

Information Turismo, im Winter tägl. 9–13 und 14–17 Uhr, im Sommer 9–13 und 15–18 Uhr. Auf dem Hauptplatz Dom Pedro V, ✆ 245908227, www.castelodevide.pt.

Verbindungen Bus: 3-mal tägl. nach Portalegre, Anschluss mit Umsteigen in Portalegre nach Marvão (in den Schulferien nur 1-mal). 2-mal pro Tag **Expressbus** nach Lissabon (über Portalegre). Abfahrt der Busse an der Haltestelle vor der Caixa Geral de Depósitos neben dem kleinen Park. Fahrpläne gibt es im Turismo, Tickets im Bus.

Einkaufen Sabores da Terra, kulinarische Spezialitäten der Region. Hier kann man auch echten alentejanischen Schinken vom schwarzen Schwein probieren. Nicht ganz billig. Tägl. geöffnet. Rua da Olivenza.

Postamt am Jardim Gonçalo Eanes de Abreu.

Telefonnummern GNR (Polizei) ✆ 245901314, **Centro de Saúde** ✆ 245900160, **Taxi** ✆ 245901271.

Übernachten *** Hotel Sol e Serra, am Ortseingang, am Rand des Parks. Etwas zu groß geratener Bau, der wenig zum sonstigen Stadtbild passt. Zimmer mit kleinem Balkon, riesiger, unpersönlicher Speisesaal. Pool. DZ 40–80 € inkl. Frühstück. Av. da Europa 1, Ap. 73, ✆ 245900000, www.grupofbarata.com.

*** Hotel Castelo de Vide, 300 m weiter außerhalb. Modernes 52-Zimmer-Hotel, das internationalen Ansprüchen genügt. DZ 45–55 € inkl. Frühstück. Av. da Europa, ✆ 245908210, www.hotelcastelodevide.com.

Turismo de Habitação Casa Amarela, wunderschön renoviertes Haus im Zentrum. Hübsch eingerichtete Zimmer, DZ 100 €. Praça D. Pedro V. 11, ✆ 245905878, www.casaamarelath.com.

Camping Pomarinho, von Niederländern geführter Platz, der viel Wert auf eine nachhaltige Integration in den Park São Mamede legt. Man fühlt sich fast, als würde man in der freien Natur campen. Es gibt auch Zimmer (Küchenmitbenutzung); DZ 30–37,50 €, ein Häuschen für 45–55 € und 2 Wohnungen für 57,50–72,50 €, jeweils für die erste Nacht, danach billiger. Camper zahlen 5 € pro Zelt und 6 € pro Person. Die Betreiber Dolf und Phine haben zahlreiche Vorschläge für Wander- und Radtouren. Auch Fahrradverleih. Kostenloser Taxiservice von der Bushaltestelle in Castelo de Vide. Ganzjährig geöffnet. EN 246 Richtung Portalegre, Kilometer 16,5, ca. 4 km außerhalb vom Ort. ✆ 965755341, www.pomarinho.com.

Póvoa e Meadas, ein weiterer Platz am Stausee Barragem de Nisa, ca. 12 km nordwestlich von Castelo de Vide.

Essen & Trinken   D. Pedro V., das Restaurant in einem ehemaligen Pferdestall, die über 2 m dicken Wände des uralten Hauses halten im Sommer die Hitze draußen und im Winter die Wärme drinnen. Vorne auch eine Bar. Hauptgericht 9–15 €. Tägl. (außer Di). Praça D. Pedro V., ✆ 245901236.

O Miguel, in einer Querstraße zum Rathaus. Klein und sauber. Empfehlenswert die Tagesgerichte für ca.10 €. Tägl. (außer Mi). Rua Almeida Sarzedas 34.

Süßes   Viele Bäckereien haben trockenes Gebäck nach jüdischen Rezepten, z. B. *Boleima* mit Zimt und Zucker.

Marvão

650 Einwohner

Das weiche, sanfte Land des Alentejo findet rund um das kleine Städtchen ein abruptes Ende. Auf rauem, kantigem Fels thront Marvão mit seiner mächtigen Burganlage, abgeschirmt durch eine Stadtmauer. Wegen seiner exponierten Lage wird Marvão auch „Adlerhorst" genannt.

Der auf 862 m Höhe erbaute Ort liegt etwa 15 km von Castelo de Vide entfernt. Schon von Weitem ist Marvão sichtbar. Mit dem Durchschreiten der Stadttore weicht die Gegenwart dem Mittelalter. Die antiken Häuser, die vollständig erhaltene Stadtmauer, die Burganlage – alles trägt dazu bei, die Vergangenheit zu beleben. Außer dem bescheidenen Tourismus gibt es wenig Arbeitsmöglichkeiten. Vor allem junge Menschen haben das Städtchen deshalb verlassen.

Nicht versäumen sollte man einen Besuch des **Castelo de Marvão** im Westen der Stadt. Gleich hinter dem Burgeingang rechts liegt noch immer die Zisterne, deren Wasseroberfläche die gewölbte, schwere Steindecke spiegelt und einen Blick auf den Grund versagt. Im Burghof endet der Felshügel, auf dem das Castelo und ganz Marvão errichtet wurden – sein Gipfel lässt die Felsmassen, die sich unter ihm auftun, nicht im geringsten erahnen. Die ganze Anlage ist ein Glanzstück der Festungsbaukunst und in sehr gutem Zustand, die Burgfriede und die z. T. dreifache Mauer sind durchgehend begehbar. Gleichgültig, von welchem Punkt aus die Landschaft beobachtet wird, immer stößt man auf ein Mosaik aus schroffen Bergen, tiefgrünen Nadelbäumen, angestrahlt vom grellen Sonnenlicht oder leicht eingetaucht in die Farbe eines kräftigen Abendrots. Von hier aus genießt man die wundervolle Aussicht bis Castelo Branco oder auf die Serra de São Mamede.
Tägl. 10–19 Uhr, im Winter bis 18 Uhr. Eintritt 1,30 €.

In der ehemaligen Igreja de Sta. Maria ist heute das **Museu Municipal** untergebracht, das genau zwischen Castelo und Turismo liegt. Dort sind unter der Vielzahl an zusammengesammelten Gegenständen die Ausgrabungsfundstücke interessant. Zwar kann anhand dieser Funde die Geschichte Marvãos nicht sicher rekonstruiert werden, aber zumindest deuten sie darauf hin, dass sich an diesem Ort die ersten Menschen in der Eisenzeit angesiedelt hatten.
Tägl. 10–12.30 und 13.30–17 Uhr. Eintritt 1,90 €.

Information Turismo, tägl. 10–12.30/13.30–17 Uhr. Gleich nach dem Stadttor auf der rechten Seite, Largo Silverinha, ✆ 245993456.

Verbindungen Bus: 2-mal tägl. nach Portalegre, mit Anschlussbus in Portagem nach Castelo de Vide. Abfahrt vor dem Stadttor Portas de Ródão. Fahrpläne gibt es im Turismo.

Feste Marvão Internacional Music Festival, in den letzten 10 Tagen im Juli. 2014 ins Leben gerufen dank des deutschen Dirigenten Christoph Poppen, der ein Domizil in Marvão besitzt. Klassik auf höchstem Niveau mit einmaliger Atmosphäre. Informationen unter www.marvaomusic.com.

Postamt in der Rua do Espírito Santo 5.

Telefonnummern   GNR   (Polizei) ✆ 245993617, **Centro de Saúde** ✆ 245909100, **Taxi** ✆ 245993272.

Alto Alentejo   → Karte S. 523

Marvão

Übernachten Pousada de Sta. Maria de Marvão, hier genießt man einen wunderschönen Ausblick. Für die Pousada wurden zwei Privathäuser geschickt miteinander verbunden, sie harmonieren gut mit der Umgebung. DZ je nach Ausblick und Saison 100–186 €. Rua 24 de Janeiro, ✆ 245993201, www.pousadas.pt.

Dom Dinis, die originell dekorierten, geräumigen Zimmer des Turismo Rural, teils mit Terrasse, bieten ein schönes Panorama, je nach Ausstattung in der Nebensaison unter der Woche billiger. DZ mit Bad und Frühstück in der Hauptsaison maximal 90 €, sonst ca. 55–60 €. Rua Dr. Matos Magalhães, 7, ✆ 963112159, www.domdinis.pt/marvao.

*** Hotel El-Rei Dom Manuel, unauffällige Perle an der Stadtmauer. Gediegen ausgestattetes Haus. Restaurant angeschlossen. DZ 50–75 €. Largo de Olivenza, ✆ 245909150, www.turismarvao.pt.

Außerhalb Trainspot, außergewöhnliche, charmante Unterkunft 8 km von Marvão entfernt, in einem stillgelegten Bahnhof, der seinen Charakter behalten durfte. Große, helle, originelle Zimmer, Gemeinschaftsküche und Frühstückbuffet. Konzerte, Brot backen u. a. stehen öfter auf dem Programm. DZ mit Bad 55–65 €, DZ ohne eigenes Bad 40–45 €, Apartment für 4 Pers. 75–85 €. Estação Ferroviária de Beirá, Beirá, ✆ 963340221, www.trainspot.pt.

Camping Asseiceira, hübscher, von Briten geführter Campingplatz zwischen Marvão und Castelo de Vide in Santo António das Areias. Person 5 €, Zelt 5 €, Auto 1 €. ✆ 245992940 und ✆ 960150352, www.campingasseiceira.com.

Camping Beirã-Marvão Alentejo, ca. 9 km Richtung Castelo de Vide. Ebenfalls ein kleiner überschaubarer Platz, von einem Holländer geführt. Person 4,50 €, Zelt 4,50 €, Auto 2 €. ✆ 245992360, ✆ 935041588, www.camping-beira-marvao.com.

Essen & Trinken O Castelo, Café-Lounge für ein leichtes Mittagessen oder einen Cocktail – entweder draußen auf der Terrasse mit schöner Aussicht oder drinnen am Kaminfeuer. Travessa da Corredoura 1, ✆ 245993411

O Sever, am Ufer des Rio Sever. Gute regionale Küche. Spezialitäten sind *Cabrito assado no forno* (Ziegenbraten) und über Ostern *Sarapatel*. Hauptgericht 9–13 €. Portagem-Marvão, ✆ 245993192.

Varanda do Alentejo, einfaches Restaurant im Obergeschoss, Barbetrieb im Erdgeschoss. Empfehlenswert sind der *Bacalhau Dourado* und *Perna de Porco à Padeiro*. Hauptgericht 8–14 €. Auch **6 Zimmer**, DZ 50–60 €. Praça do Pelourinho 1, ✆ 965065819 und ✆ 245909002, www.varandadoalentejo.com.

Portalegre

Die Distrikthauptstadt ist von zwei Ausläufern der Serra de São Mamede fast komplett eingeschlossen. Aus dem alten Ortskern, in dem sich schmucke Patrizierhäuser aus dem 17./18. Jahrhundert in engen Gassen gegenüberstehen, ragt vor allem die im 16. Jh. erbaute Kathedrale heraus. Sie ist innen z. T. überreich mit Gemälden und Azulejos ausgeschmückt.

Die Altstadt wird teilweise noch von der alten Stadtmauer umschlossen; von den in jüngster Zeit erfolgten Industrieansiedlungen spürt man hier kaum etwas.

Schon die Römer siedelten hier. Die eigentliche Geschichte der Stadt begann mit *Jorge de Melo*. Er sollte 1549 Bischof von Guarda werden, sorgte aber als Lokalpatriot dafür, dass seine Heimatstadt *Bischofssitz* wurde. Die Stadtrechte folgten, ebenso Adelshäuser und ein *Jesuitenkolleg*. In ihm brachte der Marquês de Pombal später eine Textilmanufaktur unter, aus der die heutige Teppichfabrik hervorging.

Berühmt ist Portalegre für seine *Teppich- und Gobelinmanufaktur*, deren Glanzstücke man im **Museu Municipal** neben der Kathedrale bewundern kann. Die Sammlung des Museums ist aber der sakralen Kunst gewidmet. Interessant ist die Ausstellung zur Verehrung des Santo António.
Tägl. (außer Mo) 10–13 und 14.30–17Uhr. Eintritt 1,90€.

Die **Sé** (Kathedrale) stammt ursprünglich aus dem 16. Jh., wurde aber im 18. Jh. grundlegend erneuert. Aus dieser Zeit stammt der Kreuzgang mit der Kalvarienkapelle. Auch die Fassade der Kathedrale wurde erst im ausgehenden 18. Jh. in ihrer heutigen Form gestaltet. Im dreischiffigen Innern stehen Altäre und Gemälde aus dem 16. Jh. und einige Azulejos aus dem 17. Jh. unter einem sehenswerten Renaissancegewölbe.
Tägl. (außer Mo und Di Nachmittag) 8.15–12 und 14.30–18 Uhr.

Die **Casa Museu José Régio** beherbergt eine umfassende, private Sammlung regionalen Kunsthandwerks, die der 1969 verstorbene Dichter zusammengetragen hat. Régio, dessen bürgerlicher Name José Maria dos Reis Pereira lautete, wurde besonders für seine *Poemas de Deus e do Diabo* (Gedichte von Gott und dem Teufel) bekannt. So wundert es nicht, dass er vor allem Figuren des Gekreuzigten sammelte.
Tägl. (außer Mo) 9.30–13 und 14.30–18 Uhr. Eintritt 2,10 €.

In der **Casa Nobre dos Castelo Branco**, in der Rua da Figueira 9, kann das **Museu da Tapeçaria de Portalegre – Guy Fino** besichtigt werden. Man darf sich nicht durch die fehlende Beschilderung abhalten lassen, das Museum ist in jedem Fall den Besuch wert und

Auf der Praça da República

Alto Alentejo → Karte S. 523

gehört zu den wichtigsten weltweit. Gezeigt werden die Herstellung von Stoffen und viele Werke bekannter Künstler, die in Portalegre gewirkt haben (u. a. Almada Negreiros, Eduardo Nery, Julio Pomar und Le Corbusier).

Tägl. (außer Mo) 9.30–13 und 14.30–18 Uhr. Eintritt 2,10 € inkl. Führung.

Geknüpfte Bilder aus Portalegre

Die traditionell seit dem Mittelalter in Belgien und Frankreich beheimatete Herstellung von Tapisserien (Bildteppichen) erlangte in Portalegre durch die Verwendung einer neuartigen Knüpftechnik eine vorher nicht gekannte Detailfülle. Die beiden Freunde Guy Fino und Manuel Celestino Peixeiro gründeten 1946 hier eine Manufaktur. Peixeiros Vater war der Erfinder der neuen Technik: Ausgehend von einem Gemälde wird die vergrößerte Projektion in viele kleine Planquadrate unterteilt, wobei jedem Quadrat ein Stich mit der entsprechenden Farbe zugeteilt wird. Um ein möglichst originalgetreues Abbild zu erreichen, stehen den Webkünstlern 7000 verschieden eingefärbte Wollfäden zur Verfügung.

Im Tapisserie-Museum in Portalegre können beide Techniken (belgisch bzw. Portalegre) verglichen werden.

Die **Burg** mitten im Ort stammt aus dem 13. Jh. Der für den Bau einer Straße zerstörte Teil wurde 2006 durch eine gewaltige Holzkonstruktion von einem zeitgenössischen Künstler ersetzt.

Tägl. (außer Mo) 9.30–13 und 14.30–18 Uhr. Eintritt frei.

Lohnenswert ist ein kleiner Spaziergang von der Kathedrale durch die Gassen bis hinunter zum Rossio-Park, wo man sich dann mit den süßen Spezialitäten Portalegres, z. B. *Pasteis de Amêndoa* (kleine Mandelküchlein), belohnen kann. Sehenswert ist weiterhin das von Jorge de Melo gestiftete **Zisterzienserkloster** *Convento de São Bernardo*. Hier ruht der Bischof lebensgroß und in vollem Ornat vor seinem Renaissancegrabmal, neben ihm Figuren, die der französische Künstler Chanterène so ausdrucksstark schuf, dass sie beinahe lebendig wirken.

Tägl. 9–12.30 und 14–17.30 Uhr, Eintritt frei. Das Kloster ist heute eine Kaserne der GNR: Zur Besichtigung muss man vorne am Eingang freundlich fragen, dann wird man sicher zu den Kostbarkeiten geleitet, an denen sich bei der Einweihung die Geister der Geistlichen und Gläubigen schieden.

Parque Natural da Serra de São Mamede

Der Naturpark erstreckt sich über ein Gebiet von 31.750 ha westlich von Portalegre. Er reicht bis zur spanischen Grenze und in ihm liegen auch die Orte Marvão und Castelo de Vide. Das Gebirge von São Mamede erhebt sich deutlich über die Ebene des Alentejo und bietet mit seinen interessanten Felsformationen und den grün bewachsenen Hängen ein schönes Bild. Hier finden sich noch viele vom Aussterben bedrohte Raubvögel und Eidechsen. Die höchste Erhebung des Gebirges ist der *Pico de São Mamede* mit 1025 m.

Information   Turismo Municipal, tägl. 9.30–13.30 und 14.30–17.30 Uhr, im Winter 9–13 und 14–17 Uhr. Hier gibt es neben Informationen zu Wanderungen im Park auch die Möglichkeit, bei lokalen Winzern oder Herstellern von anderen Gaumenfreuden

Termine für eine Verköstigung zu vereinbaren. Außerdem werden Fahrräder verliehen. Stadtführungen mit den wichtigsten Museen jeden 1. Samstag im Monat, auch in Englisch. Rua Guilherme Gomes Fernandes 22, im frisch renovierten Rathaus, ✆ 245307445.

Verbindungen Bus: Busse halten am Busbahnhof unterhalb des Rossio in der Rua Nuno Álvares Pereira. 4-mal tägl. nach Évora, 5-mal tägl. nach Estremoz, 2-mal nach Castelo Branco und Elvas, 6-mal nach Lissabon.

Feste In Alter de Chão, südwestlich von Portalegre, wo man ganzjährig tägl. (außer Mo) Führungen durch das ehemals königliche Gestüt, Heimat des lusitanischen Pferdes, machen kann, findet jedes Jahr um den 25. April eine Festwoche mit Turnieren und einer berühmten Pferdeauktion statt. I Coudelaria Alter Real ✆ 245610060, www.alterreal.pt.

Postamt am oberen Ende des Parks an der Av. de Liberdade.

Telefonnummern PSP (Polizei) ✆ 245300620, **Hospital** ✆ 245301000, **Taxi** ✆ 245203842.

Übernachten Hostel Portalegre **3**, hübsch renoviertes Altstadthaus, einfache Zimmer mit Gitterrohrbetten. Rua Benvindo Ceia 2, ✆ 967022998, www.hostelportalegre.pt.

Turismo de Habitação Solar das Avencas **1**, Haus aus dem 18. Jh. 5 sehr große Zimmer mit antikem Mobiliar, die teilweise auf einen blumenbestandenen Innenhof gehen. Swimmingpool. DZ 65–75 €, Parque Miguel Bombarda 11, ✆ 245201028 und ✆ 919461619, maria.manta@hotmail.com.

Außerhalb Quinta da Dourada **4**, wunderschönes ehemaliges Gut oberhalb von Portalegre. 5 geschmackvoll und mit allem Komfort eingerichtete Zimmer sowie 3 Apartments. DZ 75–80 €, App. 85 €. ✆ 937218654, www.quintadadourada.com.

Essen & Trinken Bekannt ist Portalegre für seinen guten Weißwein und die *Cacholeira*, eine Art Leberwurst.

Casa Capote 6, eine richtige *Casa de Pasto*, ein kleines, ursprüngliches Restaurant. Im etwas dunklen Speisesaal bekommt man Hauptgerichte für 7–10 €. Tägl. (außer Mo). Rua 19 de Junho 56, ✆ 245092312

Solar do Forcado 7, klein und gepflegt. Der Vater des jungen Wirtes war ein bekannter Stierkämpfer, entsprechend ist das Lokal dekoriert. Auf der Karte viele Fleischgerichte. Tägl. (außer Sa mittags und So ganztags). Rua Candido dos Reise 14, ✆ 245330866.

Escondidinho 2, drei kleine Speiseräume ohne Fenster. Die Tomatensuppe gehört zu den Spezialitäten des Hauses. Hauptgericht 8–12 €. Travessa das Cruzes 1-3, ✆ 245202728.

Santos 5, einfaches, nettes Lokal mit Terrasse, Tagesgerichte ab 8 €. Tägl. (außer Mi). Largo Serpa Pinto 4, ✆ 245030909.

Elvas

ca. 15.000 Einwohner

Die alte Festungsstadt an der spanischen Grenze ruht in der weiten, weichen Landschaft des Alto Alentejo. Empfehlenswert ist ein Kurzbesuch im Frühling, wenn alles saftig grün ist und die Orangen goldgelb aus den Baumkronen leuchten.

Die Gründung der Stadt geht bis auf die Römer zurück, von denen noch heute Überreste und Ausgrabungen im Kreis Elvas Zeugnis ablegen. Unter der Herrschaft Dom Afonso Henriques, im Jahre 1166, wurde Elvas zum ersten Mal von den Mauren zurückerobert. Erst 1226, nachdem sich bis dahin Verlust und Rückeroberung unentwegt abgelöst hatten, konnte die Stadt endgültig in das portugiesische Territorium eingebunden werden. Elvas wurde nun jedoch wegen seiner schon genannten unmittelbaren Grenznähe bevorzugtes Angriffsziel der Spanier.

Auch heute noch prägt die Grenzlage das Bild der Stadt. Vor allem im Sommer wird es vornehmlich von spanischen Kurzurlaubern bestimmt. Wer nicht zur Hauptsaison kommt, kann halbwegs in Ruhe die zahlreichen Denkmäler und die weite Aus-

Überreste der Ponte de Ajuda

sicht von den gut erhaltenen Festungsmauern aus genießen und den Dorfältesten zusehen, wie sie sich im Schatten der engen, von Blumen überwucherten Gassen vom sommerlichen Ansturm erholen.

Besonders schön ist der Anblick der Stadt, wenn man von Norden kommt. Hoch über der Ebene erheben sich auf einem Hügel, versteckt hinter den Festungsmauern, die verwinkelten weißen Häuschen. Elvas ist berühmt für seine gut erhaltenen Festungen, das **Castelo,** das südliche *Forte de Sta. Luzia* und das nördliche *Forte da Graça* sowie für seinen riesigen *Aqueduto da Amoreira* (Aquädukt) und nicht zuletzt für seine Trockenpflaumen und Oliven.

Sehenswertes

Castelo: im nordöstlichen Teil der Altstadt, der sogenannten *Costa da Vila-Fria.* Nachdem es von Dom Sancho II. wiedererbaut wurde, erfuhr es einige bedeutende Veränderungen unter Dom Dinis, Dom João II. und Dom Manuel und weist deshalb Kennzeichen aus verschiedenen Epochen und Stilrichtungen auf. Im Innenhof der Burganlage liegen noch 80 kg schwere Steinkugeln, die damals per Holzschleuder auf den Feind geschossen wurden.
Di–So 9.30–13 und 14–18 Uhr. Eintritt 2 €, Rentner und Kinder 1 €.

Vom *Castelo* aus betrachtet, werden die enormen Ausmaße der Stadtbefestigung am deutlichsten sichtbar. Auf dem gegenüberliegenden Berghang ist das **Forte da Graça** gut zu erkennen. Diese Festung stammt aus dem 18. Jh. und ist berühmt für ihre architektonische Perfektion. Das **Forte de Sta. Luzia**, südlich der Stadt, ist eine

Alto Alentejo → Karte S. 523

der besterhaltenen Festungen ganz Portugals. Es beherbergt eines der beiden Miltärmuseen von Elvas.

Tägl. (außer Mo) 11–18 Uhr, Di erst ab 14 Uhr. Im Winter oft über Mittag geschlossen. Eintritt 2 €, Rentner 1 €.

Mit ihren Blumen- und Pflanzentöpfen entlang der Fassaden sind die Rua das Beatas und Rua Arco do Miradeiro, beide in unmittelbarer Burgnähe, ein wahres Fest fürs Auge. Durch den **Arco do Mirandeiro** gelangt man zum Largo de Sta. Clara. Der **Pelourinho** ist ein Pranger im manuelinischen Stil (16. Jh.) und ist aus einem Marmorblock gearbeitet. An den vier Schlangenköpfen mit Ösen wurden früher die armen Sünder angebunden.

Am gleichen Largo sollte man nicht versäumen, einen Blick in die **Igreja das Domínicas** zu werfen. Der Zentralbau zeigt eine seltene oktogonale Form, die Wände und Säulen sind mit Azulejos und feinen Malereien reich verziert. Man kann auch auf das Kirchendach steigen, von wo aus sich ein herrlicher Blick über die Stadt öffnet (tägl. 10–13 und 15–18 Uhr, im Winter 9.30–12.30 und 14–17 Uhr).

Weiter in Richtung Süden kann man die **Igreja de Nossa Senhora da Assunção,** besuchen, auch **Sé** (Kathedrale) genannt, ein Titel, den sie von 1570 bis 1881 trug. Das wuchtige Gotteshaus an der Praça da República wurde 1537 wurde in der halbfertigem Zustand geweiht. Die Bauarbeiten hielten noch das ganze 16. Jh. an, im 17. Jh. schließlich wurde es mit gelb-blauen Azulejos auf weißem Grund ausgestattet. Bischof Dom Lourenço de Lencastre ließ die Kirche ein Jahrhundert später maßgeblich umgestalten. Aus diesem Grund zeigt sie heute eine Mischung verschiedener Stilrichtungen, vornehmlich der Manuelinik und des Barock.

Museu da Fotografia João Carpinteiro: Von der „Pocket Vest Kodak" von 1912 bis zu modernen Studiokameras dokumentiert das städtische Museum die Geschichte der Fotografie. Neben Kameras wird auch das verschiedenste Zubehör präsentiert: Blitzgeräte auf Magnesiumbasis, Filme, Stative etc. Eine digitalisierte Bilddatenbank zeigt schließlich anhand von Fotografien von Elvas, was man mit der ganzen Technik anfangen kann. Das Museum ist im ehemaligen Kino der Stadt untergebracht, das dazu allerdings umgebaut worden ist.

Tägl. (außer Mo) 10–13 Uhr und 15–19 Uhr, im Winter 14–17 Uhr. Eintritt 2 €, Rentner und bis 18 J. 1 €.

Museu de Arte Contemporânea: Im ehemaligen Misericordia-Hospital, einem spätbarocken Bau, ist heute das Museum für zeitgenössische Kunst mit Ausstellungen namhafter Künstler und Sammler untergebracht.

Tägl. (außer Mo und Di Vormittag) 11–18 Uhr, im Winter bis 17 Uhr, Di ab 14 Uhr. Eintritt 2 €, Rentner und bis 18 J. 1 €, unter 12 J. Eintritt frei.

Aqueduto da Amoreira: Es ist mit seiner Länge von fast 8 km und seiner maximalen Höhe von 31 m eines der größten Aquädukte der Iberischen Halbinsel. Im Jahre 1498 bestritt ein einziger Brunnen die gesamte Wasserversorgung der damaligen Stadt. Das Anliegen, die Versorgung zu verbessern, wurde den *Cortes* vorgetragen. Noch im selben Jahr billigte der König Dom Manuel eine spezielle Steuer, den *Real d'água,* der in Elvas für den Verzehr von einem Pfund Fleisch oder Fisch und für den Genuss eines jeden Viertelliter Weines berappt werden musste. Mit diesen Einnahmen war es möglich, den Bau Anfang des 16. Jh. freizugeben. Seine Fertigstellung erfolgte 90 Jahre später. Das Aquädukt versorgt Elvas noch heute mit frischem Quellwasser. Mit seinen z. T. vierstöckigen Bögen „wächst" die antike Wasserleitung quer durch das Tal – eine bemerkenswerte Perspektive.

Streit um die Grenze

Als 1801 spanische und französische Truppen Portugal besetzten, wurden die Portugiesen im Friedensvertrag von Badajoz gezwungen, das Gebiet um Olivenza, einer Kleinstadt, 25 km südlich von Elvas, jenseits des Rio Guadiana, Spanien zu überschreiben. Die *Ponte de Ajuda*, die einzige innerportugiesische Verbindung von Olivenza zum Rest Portugals, war bereits 1709 einem Invasionsversuch der Spanier zum Opfer gefallen. Beim Wiener Kongress 1815 verpflichtete Spanien sich, das Gebiet an Portugal zurückzugeben, was bis heute nicht geschehen ist.

Im November 2000 wurde eine von Portugal finanzierte (jede Investition seitens Spaniens an der Grenze wäre einer Anerkennung des Status quo gleichgekommen) neue Brücke eingeweiht. Diese ist sicherlich ein Kuriosum in Europa. Während auf spanischer Seite Schilder auf die Grenze hinweisen, stehen auf portugiesischer Seite lediglich Wegweiser zur Brücke und nach Olivenza.

Die Kleinstadt selbst mutet nach 200 Jahren Besatzung recht spanisch an. Einzig die Architektur im Zentrum erinnert noch an die portugiesische Vergangenheit. Doch auch die Menschen der Stadt pflegen die portugiesischen Traditionen noch.

Wenn man durch die engen Gassen der stark befestigten Stadt schlendert, trifft man an vielen Stellen auf portugiesische Wappen (wie z. B. an der *Casa de Misericórdia*) und auf manuelinische Elemente (wie das Portal des Rathauses). Die Kirche *La Magdalena* ist ein prächtiges Beispiel für die portugiesische Spätgotik. Sie wurde 1510 vom Bischof von Ceuta, Frei Henrique de Coimbra, in Auftrag gegeben, der dort auch beerdigt wurde. Eindrucksvoll sind vor allem das Seitenportal und die gedrehten Säulen im Inneren der dreischiffigen Kirche. Die Kapellen der Kirche sind mit großflächigen Azulejobildern geschmückt, die im goldüberladenen Barockstil verziert wurden. Interessant ist auch die kleine Statue der schwarzen Senhora de Guadalupe, der Schutzpatronin der Extremadura.

Die *Iglesia de Santa María del Castillo* ist ebenfalls dreischiffig. In dieser Renaissancekirche haben die Schiffe die gleiche Höhe. Sie erinnert weniger an die portugiesische Herrschaft als *La Magdalena*. Hervorzuheben ist die linke Kapelle, die den Stammbaum von Jesus zeigt, von Jessé (Isai) über zwölf judäische Könige bis hin zu Maria mit Jesus.

Auch das ethnografische Museum im alten *Castillo* ist einen Besuch wert. Hier wird mit über 7000 Ausstellungsstücken das Leben in der Stadt seit der arabischen Besetzung gezeigt.

Tägl. (außer Mo) 10.30–14 und 17–20 Uhr, im Winter nachmittags 16–19 Uhr, am Wochenende ab 10 Uhr, So nur vormittags geöffnet. Eintritt 2,50 €, Rentner 1,50€.

Turismo, tägl. (außer Mo) 9.30–14 und 16–19 Uhr, im Sommer nachmittags 17–20 Uhr, So nur vormittags geöffnet. Während der vom Turismo angebotenen geführten Touren durch die Altstadt ist der Turismo nicht besetzt, man kann sich aber an den geöffneten Fenstern des kleinen Gebäudes selbst mit Infomaterial versorgen. an der Plaza Santa Maria del Castillo 15, ☎ 0034-924490151.

Tipp: Wer die Stadt besuchen möchte, sollte dies unbedingt früh morgens oder ab ca. 17 Uhr tun, denn in der nachmittäglichen Siesta wirkt der Ort wie ausgestorben. Dann haben nicht einmal die Cafés geöffnet!

Basis-Infos

Information Turismo, 9–19 Uhr, im Winter nur bis 18 Uhr, am Wochenende 9.30–18 Uhr. Im Zentrum, Praça da República, ✆ 268622236.

Verbindungen Bus: Busbahnhof außerhalb des Zentrums an der Nationalstraße 4, zwischen der Innenstadt und der Forte Sta. Luzia. 4-mal tägl. nach Évora, 5-mal nach Estremoz, 7-mal tägl. nach Lissabon, 5-mal Montemor-o-Novo, 1-mal Setúbal, 2-mal Vila

Viçosa, 10-mal nach Badajoz.

Centro da Juventude Eingänge an der Praça da República und der Rua dos Sapateiros.

Feste In Campo Maior, etwa 20 km nordöstlich von Elvas nahe der spanischen Grenze findet etwa alle 4 bis 7 Jahre im Sept. ein riesiges Volksfest statt. Dann bedeckt ein Teppich aus Papierblumen den ganzen Ort. Aus allen Teilen des Landes

E **ssen & Trinken**
2 Adega Regional
3 A Coluna
5 Taberna do Adro

kommen Besucher und Schausteller. Infos bei der Gemeinde ✆ 268680300.

Postamt Rua da Cadeia.

Übernachten/Camping/Essen

In der Saison und an den Wochenenden sind die Hotels oft überfüllt, da viele Spanier über die Grenze kommen. Daher rechtzeitig eine Unterkunft sichern.

**** Hotel São João de Deus 4, direkt an der Stadtmauer unweit des Ortseingangs.

Übernachten
1 Casas do poeta
4 Hotel São João de Deus
6 Quinta di Santo Antonio
7 Residencial Garcia d'Horta
8 Parque Piedade

Elvas
50 m

Das Hotel ist in einem ehemaligen Kloster untergebracht, das zwischenzeitlich auch als Militärhospital genutzt wurde. Die großen Zimmer sind eine gelungene Mischung aus Alt und Neu mit sehr schönen Bädern. DZ 70–80 €, regelmäßig Sonderpreise. Largo João de Deus 1, ✆ 268639220, www. hotelsaojoaodeus.com.

Garcia d'Horta 7, großes altes Haus in der Innenstadt. Einfach ausgestattete DZ (manche sehr dunkel) mit Bad 30 €, ohne Frühstück. Av. Garcia da Horta 3-A, ✆ 268623152, www.rgarciadeorta.com.

Camping * Parque Piedade **8**, ca. 700 m außerhalb von Elvas in Richtung Lissabon, nach links abbiegen. Saubere Anlage mit sandigen, schattigen Plätzen und Wiese. Person/Auto 3,50 €, Zelt 4,50 €. Geöffnet Mai bis Mitte Sept. tägl. 7–23 Uhr. Estrada Nacional N 4, ✆ 268622877.

Campismo Rural Os Anjos, etwa 20 km entfernt im hübschen Städtchen Campo Maior. Kleiner ländlicher Platz, geführt von einem holländischen Ehepaar, leider wenig Schatten. Dafür bekommt man jede Menge Tipps über die Gegend. Person 4 €, Zelt 4 €, Auto 2 €. Geschlossen im Dez. Estrada da Senhora da Saude, ap. 90, ✆268688138, www.campingosanjos.com

Außerhalb Casas do poeta **1**, mitten in Santa Eulalia, 17 km nördlich von Elvas. 5 bäuerlich eingerichtete Ferienhäuser für 2 und 4 Personen. Haus 50–90 €/Nacht. ✆ 960071240.

>>> Lesertipp: **** **Quinta di Santo Antonio 6**, schöne geräumige Zimmer. Das junge Personal ist sehr freundlich. Es gibt einen schönen Park, der leider – wegen der Jahreszeit? – noch etwas vernachlässigt aussah. Die Küche ist gut. Wir haben uns dort vier Tage gut erholt (Willi Metzler). DZ inkl. Frühstück 60–70 €. Estrada da Barbacena, Apt. 206, www.qsahotel.com. **<<<**

Essen & Trinken Wer Süßes mag, sollte die *Sericaia* probieren, ein Kuchen, der wohl von den Arabern nach Elvas gebracht wurde. Dazu passen eingelegte Pflaumen.

Alto Alentejo → Karte S. 523

Taberna do Adro 5, längst kein Geheimtipp mehr. Kleines familiär geführtes Restaurant mit ausgezeichneter alentejanischer Küche. Hauptgericht 8–10 €. Tägl. (außer Mi). Largo João Dias de Deus 1, ✆ 268661194.

Adega Regional 2, einfaches, kleines Restaurant mit guter Küche. Empfehlenswert sind die Tintenfischchen *Choquinhos à Alentejana*. Hauptgericht 7–10,50 €. Tägl.

(außer Di). Rua João Casqueiro 22-B, ✆ 268623009 oder ✆ 969451566.

A Coluna 3, etwas versteckt in der dritten Parallelstraße südlich der Praça da República. Gepflegter, hoher weißer Raum mit Gewölbe und hübschen Azulejos an den Wänden. Große Auswahl an regionalen Gerichten, darunter *Medalhões à Casa* und *Cataplanas*. Hauptgericht 7–9 €. Tägl. (außer Di). Rua do Cabrito 11, ✆ 268623728.

Über Schmugglerwege ins Marmortal

Wir verlassen Elvas über die N 373 in Richtung Juromenha. Von der alten Festung aus, von der nur noch Ruinen vorhanden sind, hat man einen schönen Blick auf den Rio Guadiana und das dahinter beginnende Spanien. Früher haben Schmuggler diesen Weg genutzt, um Waffen, Zigaretten oder politisch verfolgte Personen aus dem bzw. ins Land zu schleusen.

Weiter geht es nach **Alandroal,** ein verschlafenes Örtchen, in dem man herrlich entspannen kann. Von hier aus folgen wir der N 246 Richtung Norden. Schon vor **Vila Viçosa** sind die metertiefen Löcher zu sehen, die der Abbau von Marmor in die Landschaft reißt. Wer die Front des *Paço Ducal* betrachtet, weiß aber auch die Schönheit des feinen Steins zu schätzen.

Borba liegt direkt hinter Vila Viçosa und ist für seine vielen Antiquitätenläden und den guten Wein bekannt. Von dort aus geht es über die gut ausgebaute N 4 in den nächsten Marmorort, nach **Estremoz.**

Alandroal
ca. 1900 Einwohner

Die imposante Burg aus dem 13. Jh. wirkt mit dem 1774 auf den *Torre de Menagem* aufgepfropften Uhrturm fast ein wenig italienisch. Die Burgmauern sind zum Teil begehbar. Leider fehlt aber der ein oder andere Stein. Innerhalb der Mauern liegt die barocke Kirche *Igreja da Nossa Senhora da Conceição* (häufig verschlossen, Messe So 12 Uhr und Fr 19 Uhr). Um das *Castelo* treffen sich die Alten unter Palmen und am Marmorbrunnen. Etwas außerhalb liegt die mit vielen Fresken geschmückte *Ermida de São Bento*.

Information Turismo, tägl. 9–12.30 und 14–17.30 Uhr, winter bis 17 Uhr, Sa/So ab 10 Uhr. Praça da República, am Fuße der Burg, ✆ 268440045, www.cm-alandroal.pt.

Verbindungen Bus: Die Busse starten am kleinen Busbahnhof an der Rua Principal beim Mercado Municipal. 2-mal nach Terena und 2-mal nach Vila Viçosa.

Postamt Rua Principal 4.

Schwimmen Städtisches Freibad am Ortsausgang in Richtung Vila Viçosa neben dem Jardim São Pedro.

Telefonnummern GNR (Polizei) ✆ 268449163, **Centro da Saúde** ✆ 268447090,

Taxi ✆ 268449254, ✆ 919522118 (mobil), ✆ 917246491 (mobil).

Übernachten Hospedaria Pero Rodrigues, schöne, gepflegte, ein bisschen dunkle Zimmer, mit Blick auf einen kleinen Innenhof, eins davon mit Terrasse. DZ ab 50 €. Rua Alexandre Herculano, ✆ 268431280 und ✆ 962876066, www.alojamentopero rodrigues.com

Außerhalb Casa de Juromenha, am Stausee. Nette Apartments mit eigener Terasse zum Seeufer, 80–90 €. Kajaks und Fahrräder für die Gäste, auch ein Pool ist vorhanden. Juromenha, ✆ 268969242, www.casasdejuro menha.com.

Camping ≫ Mein Tipp: Rosário, etwa 12 km entfernt im verschlafenen Rosário. Wunderschöner Platz mit sehr hartem Boden, der Platz wird von einem Niederländer mit seinem italienischen Partner geführt und ist nicht nur wegen seiner Abgeschiedenheit sehr familiär. Geöffnet 2.1 bis 1.10, Monte das Mimosas, ☎ 268459566, www.campingrosario.com. ≪

Essen & Trinken A Maria, man fühlt sich wie auf einem alentejanischen Hinterhof; Wäsche hängt an den Fenstern, Gartenge-

räte lehnen an den Wänden, es ist gemütlich. Der Küche hat einen guten Ruf, die Preise von 10–15 € pro Hauptgericht sind entsprechend. Auch sehr leckere Petiscos. Tägl. (außer Mo Abend). Rua João de Deus 12 ☎ 268431143.

Adega Os Ramalhos, kleines gemütliches Restaurant mit drei Speiseräumen. Sehr zu empfehlen ist die *Picanha à brasileira*. Man sollte aber großen Appetit mitbringen. Hauptgericht 9–15 €. Tägl. (außer Di). Largo Major Roçadas 2, ☎ 268449490.

Umgebung von Alandroal

Die Sehenswürdigkeiten liegen recht verstreut im Concelho von Alandroal. In **Terena** ist das wuchtige *Castelo* auf der einen Seite des Orts und die *Igreja Matriz* auf der anderen Seite einen Besuch wert. Der Schatz des Orts ist der *Santuário de Nossa Senhora da Boa Nova*. Die wuchtige gotische Wehrkirche mit kreuzförmigen Grundriss wurde im 14. Jh. erbaut. Die Zinnen auf dem Dach erwecken aus der Ferne den Anschein, als nähere man sich einer Burg. Den Verteidigungscharakter kann man auch gut an dem kleinen Balkon oberhalb des Eingangs erkennen, von dem aus bei Angriffen kochendes Olivenöl auf die Feinde geschüttet wurde. Das Kircheninnere ist mit hübschen Deckenfresken verziert, die die 1. Dynastie der portugiesischen Könige darstellt (tägl. 9–12.30 und 14–18 Uhr). Sollte geschlossen sein: Den Schlüssel zu der Kirche verwahrt die alte Dame, die gegenüber wohnt.

Vor den Toren des Orts findet man *Castelo Velho*, eine Siedlung aus dem 3. Jahrtausend vor Christus. Es sind noch Mauerreste aus Schiefer zu sehen.

In Richtung Redondo nahe der N 373 liegt die *Rocha da Mina*, eine Kultstätte, die in den Granit gehauen wurde. Sie soll zur Opferung von Tieren gedient

Terena – geschützt durch eine gut erhaltene Brüstungsmauer

haben. Ebenfalls in den Stein gehauen sind die mittelalterlichen Gräber von **Rosário,** die unweit des Ortseingangs in der Nähe der Hauptstraße liegen.

Fahrradverleih Der Turismo **Casa de Terena** verleiht Fahrräder auch an auswärtige Gäste. Am Espaço Rural in Terena, ☎ 268459132.

Übernachten Casa de Terena, im Ortskern von Terena am Fuß der Burg. Schön

eingerichtetes Haus aus dem 18. Jh., unter britischer Leitung. Fahrrad- und Schlauchbootverleih. DZ 60–100 €. Rua Direita 45, ☎ 268459132, www.casadeterena.com.

Vila Viçosa

Abseits der Hauptverkehrswege liegt die Stadt, die ganz aus weißem Marmor zu bestehen scheint. Er wird in den umliegenden Steinbrüchen gewonnen, was die Umgebung in eine surreale Landschaft verwandelt. Deshalb wird die Geburtsstadt von König João IV. auch „Hauptstadt des Marmors" genannt.

Der **Paço Ducal,** also der Palast der Herzöge von Bragança in Vila Viçosa, ist eine der Hauptsehenswürdigkeiten des Alentejo. Der wurde vom vierten Herzog der Dynastie, Dom Jaime im Jahr 1501 in Auftrag gegeben. Etwa 100 Jahre später war das Gebäude fast fertig, doch Jaimes Enkel Teodósio II. wollte die imposante 110 m lange Front des Palasts mit weißem Marmor verkleiden lassen. Das *Castelo*, das bis dahin als Sitz der Herzöge gedient hatte, wurde vollständig aufgegeben. Als 1640 Dom João IV. (8. Herzog von Bragança) den portugiesischen Thron bestieg, von dem er die Spanier vertrieben hatte, nahm er den Großteil der historischen Inneneinrichtung des *Paço Ducals* mit nach Lissabon, wo sie dem Erdbeben von 1755 zum Opfer fiel. Mitten auf dem *Terreiro do Paço*, dem großen Platz vor dem Palast, thront Dom João IV., der erste König der Dynastie Bragança, als eine Statue von 1940.

Jedes der Stockwerke des Palasts besitzt seinen eigenen klassischen Stil: Das Erdgeschoss ist dorisch, der erste Stock ionisch und der zweite Stock korinthisch. Der *Paço Ducal* verfügt über prächtige Säle mit schönen Möbeln aus dem 18. Jh. Besonders der Festsaal ragt heraus, in dem ein wertvoller, 400 Jahre alter Perserteppich und Tapeten aus Seide zu bewundern sind. König Carlos I. hat neben seinen original eingerichteten Gemächern viele selbstgemalte Bilder im Palast hinterlassen. Interessant ist der Saal der Tugenden. Da die sieben abendländischen Tugenden (Weisheit, Gerechtigkeit, Tapferkeit und Mäßigung aus der antiken Philosophie sowie Glaube, Liebe und Hoffnung aus dem Christentum) dem Künstler nicht ausreichten, wurde aus ästhetischen Gründen eine achte Tugend, die Klugheit, hinzugefügt. Die kleine Kapelle des Palasts ist mit Marmor verkleidet und beherbergt ein Triptychon aus dem 16. Jh. Die Küche des Palasts hat mit ihren knapp 600 Kupfertöpfen sicherlich den organisiertesten Koch zur Verzweiflung gebracht.

Neben den etwa 50 Sälen des Hauptgebäudes kann man das **Museu de Armaria,** eine Waffenausstellung, die vor allem Gewehre enthält, und das **Museu de Carruagens,** das Kutschenmuseum, besichtigen. Seit 2004 ist auch eine Porzellanausstellung mit Exponaten aus aller Welt hinzugekommen. Weiterhin gibt es eine Führung durch die Schätze der Königsfamilie.

Tägl. (außer Mo/Feiertag und Di vormittags) 10–13 und 14.30–17.30 Uhr, am Wochenende 9.30–13 und 14.30–18 Uhr; Okt.–März nachmittags 14–17 Uhr, letzter Einlass 60 Min. vor Schluss. Führung auf Englisch Mi, Do, Fr um 11 Uhr, auf Französisch um 15 Uhr. Der Palast ist im Privatbesitz der Fundação Bragança und so ist der Eintrittspreis mit 6 € recht hoch, aber der Besuch lohnt sich. Das Waffenmuseum, die Porzellankollektion und die Kutschenausstellung kosten zwischen 2 und 3 €. Zusätzlich von Okt. bis Mai unter der Woche Führungen durch die Schatzkammer (2,50 €.)

Gegenüber dem Palast steht die **Igreja do Convento dos Agostinhos** (im 17. Jh. von König *João IV.* neu aufgebaut), die als Pantheon der Herzöge von Bragança diente. Die Ehefrauen der Herzöge sind links neben dem Palast in der Kirche des ehemaligen **Chagas-Kloster** beigesetzt. Sie hat eine hübsche Renaissancefassade und ist nicht zu besichtigen.

Hinter dem Palast schließt sich die **Tapada Real** an. Man erreicht das königliche Jagdrevier durch die **Porta dos Nós** aus dem 16. Jh. Es scheint, als seien die Granittaue über dem Tor zusammengeknotet, daher auch der Name *Knotentor*.

Auf einem kleinen Hügel über der Altstadt mit ihren weißen Häusern liegt das **Castelo** mit recht gut erhaltenen Ruinen und wild bewachsenem Garten. Erbaut wurde es 1290 von Dom Dinis, danach zerstört und im 16. Jh. unter Dom Jaime, dem Begründer des Paço Ducal, wieder aufgebaut. Heute ist in seinem Erdgeschoss ein **Archäologie- und Jagdmuseum** untergebracht.

Geöffnet wie der Palast, siehe oben. Eintritt für beide Museen mit Führung auf Portugiesisch (ca. 60 Min.) 3 €.

Neben der Burg findet der Besucher die **Igreja Nossa Senhora da Conceição** mit ihren schönen Azulejos. Die Nossa Senhora da Conceição de Vila Viçosa ist Patronin von Portugal, und zu ihren Ehren findet jeden 1. Sonntag im Mai eine große Wallfahrt zu dieser Marienkirche statt.

1894 erblickte Florbela Espanca, die bekannteste portugiesische Dichterin, als uneheliches Kind das Licht der Welt. Ihre neoromantischen Gedichte handeln von Schmerz, Einsamkeit, dem Wunsch nach Glück oder vom Alentejo. Florbela Espanca war dreimal verheiratet und engagierte sich in der Emanzipationsbewegung Portugals. Einige ihrer Kurzgeschichten sind ins Deutsche übersetzt worden.

Information Turismo, tägl. 9.30–13 und 14.30–18 Uhr. Praça da República, neben dem Rathaus, ✆ 268889317.

Verbindungen Bus: Busbahnhof gegenüber der Markthalle, 2-mal nach Alandroal (Sa/So kein Bus), 3-mal tägl. nach Lissabon und 4-mal nach Elvas (Sa/So 2-mal). 5-mal tägl. nach Évora und Estremoz.

Einkaufen Es gibt viele Möglichkeiten, schöne Töpferwaren zu erstehen. Die moderne weiße Markthalle mit Kuppel steht an der Praça Dom João IV. Auf dem großen Platz davor findet jeden Mittwoch ein kleiner Wochenmarkt statt. Am letzten Wochenende der Monate Jan., Mai und Aug. steigt an gleicher Stelle ein großer Jahrmarkt.

Postamt Av. Bento Jesus Caraça.

Telefonnummern GNR (Polizei) ✆ 268980469, Centro de Saúde ✆ 268886100, Taxi ✆ 268980115.

Übernachten ***** Alentejo Marmoris Hotel & Spa, ein Marmorbaron hat dieses Edelhotel 2013 eröffnet. In dem alten toprenovierten Gebäude eines früheren Nonnenklosters gibt es nur 45 Zimmer und Suiten, ab ca. 110 € pro Nacht. Largo Gago Coutinho 11, ✆ 268887010, www.alentejomarmoris.com.

Pousada Convento Vila Viçosa, im ehemaligen Convento de Nossa Senhora das Chagas. DZ mit gewohntem Komfort 100–170 € je nach Saison. Terreiro do Paço, ✆ 268980742, www.pousadas.pt.

Solar dos Mascarenhas, modernes Design hinter alten Mauern. 18 Zimmer und 4 Suiten mit Balkon, fast alle gehen auf einen Garten bzw. großen Patio hinaus. DZ 85–105 €. Rua Florbela Espanca 125, ✆ 268886000, http://solardosmascarenhas.com.

Außerhalb Herdade Ribeira de Borba, Agriturismo 5 km vom Zentrum in Richtung

São Romão in hügeliger Landschaft. 2 Studios für 85–110 € und drei mit hochwertigem Design ausgestattete Ferienhäuser, 95–125 €. ☎ 268980709, www.hrb.com.pt.

Essen & Trinken   Taverna dos Conjurados, feineres Familienrestaurant in einem Gewölbekeller mit nettem Servicepersonal und französisch beeinflusster Küche. Nicht alle Gerichte, die auf der Karte stehen, werden täglich serviert, da alles frisch zubereitet wird. Hauptgericht 10–17 €. Tägl. (außer Mo). Largo 25 de Abril 12, ☎ 268989530.

Os Cucos, großer Speisesaal mit Fensterfront auf kleinen Park. „Schwarzes Schwein" und andere regionale Spezialitäten zu reellen Preisen, Hauptgericht 8–12 €. Mata Municipal, ☎ 268980806.

Tasca O Necas, uriges Lokal mit riesigen Weinamphoren und einer Traube alter Männer um den Tresen. Hauptgericht 8–10 €. Tägl. geöffnet. Rua Cristovão de Brito Pereira 12, ☎ 969149029.

Borba

ca. 4500 Einwohner

Die Gegend von Borba ist bekannt für ihre guten Weine. Die Weinkellereien können besichtigt werden. Die *Adega Cooperativa de Borba*, der größte der drei Weinkeller, liegt an der Straße nach Estremoz.

Die Adega Cooperativa hat einen eigenen Laden, in dem man tägl. (außer So) 9–19 Uhr die leckeren Tropfen probieren und erstehen kann. Kostenlose Besichtigung der Kellereien auf Portugiesisch nach Voranmeldung, ☎ 268891660.

Vom *Castelo* sind nur noch Reste übrig, ein großer Teil der trutzigen Mauern geht direkt in die angrenzenden Gebäude über oder in ihnen unter. An der *Porta de Estremoz* findet man eine Zeichnung eines bärtigen Gesichts. Von dieser *barba* soll sich der heutige Name Borba ableiten. Innerhalb der alten Burg steht die *Igreja da Misericórdia* mit einem angeschlossenen Hospital. Sie besitzt eine manuelinische Decke und einen reich mit Gold verzierten Rokoko-Altarraum. Die Christusfigur zeigt eine selten zu findende parallele Beinstellung. Sehenswert ist auch die marmorne *Fonte das Bicas* aus dem Jahr 1781 sowie der *Convento das Servas*, der im Renaissancestil erbaut wurde und in dessen Außenwände mehrere Stationskapellen eingemauert wurden.

Für Antiquitätenfreunde ist Borba ein Muss, denn hier ist die „größte Dichte" an Antiquitätenläden, in denen es sich herrlich stöbern lässt. Allerdings sind sich die Händler des Wertes ihrer Ware durchaus bewusst.

Information   Turismo, Mo–Sa 9–13 und 14–17 Uhr. Praça da Republica, ☎ 268891630.

Verbindungen   Bus: 4-mal tägl. nach Estremoz und Évora, 6-mal nach Elvas, 5-mal nach Vila Viçosa, 6-mal nach Lissabon.

Übernachten   Casa de Borba, herrschaftliches Haus aus dem 18. Jh., geschmückt mit viel Marmor. Hinter dem Eingang befinden sich antike Kutschen, von denen eine sicherlich dem Nachwuchs gehörte. Ein Pool ist ebenso vorhanden wie Aufenthaltsräume. Es gibt 5 schöne, große Doppelzimmer mit unterschiedlicher historischer Einrichtung, DZ 80 €. Rua da Cruz 5, ☎ 268894528, www.casadeborba.com.

≫ Mein Tipp: Casa do Terreiro do Poço, traumhaftes Haus in der Nähe der Adegas. Die Zimmer im alten Gebäude sind mit Fresken aus dem 18. und 19. Jh. dekoriert. In den modernen Anbauten sind die Zimmer in einem gelungenen Mix aus Alt und Neu eingerichtet. Sehr schöne Bäder. Ein kleiner Pool und ein niedlicher, klassischer Nutzgarten runden das Bild ab. Das Haus bietet 12 Zimmer (DZ 85–110 €) und 2 Suiten (130–160 €). Largo dos Combatentes da Grande Guerra 12, ☎ 917256077 (mobil), www.casadoterreirodopoco.com. ≪

Essen & Trinken   O Espiga, das lange Gewölbe ist mit Weinflaschen dekoriert, die Küche serviert viele Spezialitäten vom schwarzen Schwein. Hauptgericht 7–12 €. Tägl. (außer So). Rua Silveira Menezes 2, ☎ 268894244.

Estremoz

Estremoz, eine weitere Festungsstadt nahe der Grenze zu Spanien, war einstmals ein Königssitz. Die alte Burg aus dem 13. Jh. mit guten Museen und einer luxuriösen Pousada thront erhaben über der Stadt.

Der historische Ortskern wird bis heute von der mittelalterlichen Festungsmauer umschlossen. Von ihm aus wuchs Estremoz von der Spitze des Berges bis zu seinem Fuße und erstreckte sich später in einer weitläufigen Unterstadt, dem heutigen Zentrum. Der jüngere Teil des Ortes besitzt einige schöne Plätze und einen hübschen Park mit Teich.

Estremoz galt als das Carrara Portugals; davon ist inzwischen nichts mehr übrig. Alle vier Marmorbrüche mussten wegen der schlechten Auftragslage 2013 stillgelegt werden – Kräne und Baggerschaufeln sind verschwunden. Vom Touristenbüro werden jetzt Exkursionen in die stillgelegte Marmorgrube neben dem Friedhof der Stadt organisiert.

Castelo: Es beherbergt seit 1970 die *Pousada Rainha Sta. Isabel*, eine der prunkvollsten Pousadas des Landes (→ Übernachten). In der Burg, mit deren Bau 1258 begonnen wurde, steht der schlanke Burgfried aus weißem Marmor. Seine Bezeichnung *Torre de Três Coroas*, Dreikronenturm, verdankt er der Tatsache, dass er während dreier Königsherrschaften errichtet wurde. Zudem eröffnet sich eine königliche Aussicht.

Capela Rainha Sta. Isabel: Sehenswerte kleine Kapelle links neben der Pousada, der Schlüssel ist in der Igreja Sta. Maria in der Nähe erhältlich. Die wegen ihrer Wundertätigkeit und Güte heiliggesprochene Königin Isabel de Aragão

Frisch geschälte Korkeichen

(Dona Isabel) lebte zusammen mit ihrem weniger freigiebigen Gatten Dom Dinis im Kastell. Dort starb sie schließlich im Jahre 1336. Ihr Gemahl war Portugals erster König, der lesen, schreiben und sogar dichten konnte. Vorher waren für solch „anspruchsvolle aber unkönigliche Aufgaben" spezielle Schreiberlinge (*escrivão*) zuständig. Die Kapelle aus dem 17. Jh. wurde Anfang des 19. Jh. umgestaltet. Bilderzyklen aus Azulejos zeigen Episoden aus dem Leben der Heiligen.

Gegenüber dem *Castelo* steht das **Museu Municipal de Estremoz.** Im Erdgeschoss sind bemalte Tonfiguren aus dem 18. Jh. mit meist religiösen Formen ausgestellt. Im Obergeschoss heißt das Thema *Casas Alentejanas* – gezeigt wird die Inneneinrichtung alter, typischer Bauernhäuser.

Tägl. (außer Mo/Feiertag) 9–12.30 und 14–17.30 Uhr. Eintritt 1,55 €, Rentner und mit Cartão Jovem 0,75 €.

Die **Galeria de Desenho** ist im ehemaligen Justizpalast aus dem 14. Jh., dem *Paço da Audiência*, untergebracht. Das Gebäude steht ebenfalls auf dem Burggelände. In dem gotisch-manuelinischen Bauwerk können Gemälde zeitgenössischer portugiesischer Maler und Skulpturen besichtigt werden.

Tägl. (außer Mo/Feiertag) 9–12.30 und 14–17.30 Uhr. Eintritt frei.

Information Turismo – Casa de Estremoz, tägl. 9–12.30 und 14–17.30 Uhr. Im Zentrum, Rossio Marques de Pombal, ✆ 268339227, turismo@cm-estremoz.pt.

Verbindungen Bus: Busbahnhof in Zentrumsnähe, neben dem stillgelegten Bahnhof. Tägl. 7-mal nach Lissabon, 4-mal Évora, 5-mal Elvas, 4-mal Vila Viçosa und Borba, 2-mal Castelo Branco, 5-mal Portalegre.

Baden Vom Baden in den Seen, die in der Umgebung zu finden sind, wird im Turismo ausdrücklich abgeraten.

Biblioteca Municipal am Rossio.

Einkaufen Estremoz ist für seine bunten Tonfiguren, die sogenannten *Bonecos de Estremoz*, bekannt. Im Turismo bekommt man eine Liste der verschiedenen Kunsthandwerker. Eine Werkstatt: **Irmãs Flores**, Largo da República 31, ✆ 268324239.

Wochenendmarkt jeden Samstag morgen auf dem Rossio, einer der buntesten Märkte Portugals; es gibt Obst, Gemüse, Kleintiere und Flohmarktware.

Fahrradverleih An der Av. Portas de Santo António kann man bei **Senhor Ferreira** Räder leihen. ✆ 268333324.

Postamt Rua de Outubro.

Telefonnummern PSP (Polizei) ✆ 268338470, **Centro de Saúde** ✆ 268339070, **Taxi** ✆ 268322770.

WiFi Am Platz vor dem Turismo freies WiFi.

Übernachten Pousada Castelo de Estremoz, in der Burg. Das Mobiliar ist wertvoll und sehenswert. DZ 110–170 € je nach Saison. Estremoz, ✆ 268332075, www.pousadas.pt.

**** Pateo dos Solares, noble Unterkunft mit Swimmingpool und Garten an der Stadtmauer unterhalb der Burg. 41 Zimmer und Suiten. DZ 70–120 €, häufig Sonderpreise. Rua Brito Capelo ✆ 268338400, www.pateosolares.com.

O Gadanha, im Zentrum neben dem großen Brunnen am Rande des Rossio. Kleine, moderne Privatpension mit schönen, einfachen Zimmern, zwei davon mit Aussicht auf die Burg. DZ 40 € inkl. Frühstück. Largo General Graça 56, ✆ 268339110.

Casa de Hóspedes Miguel José, sehr einfache, aber saubere Pension. DZ mit Bad 38 € inkl. Frühstück. Geschlossen von So auf Mo. Travessa da Levada 8, ✆ 268322326.

Essen & Trinken A Cadeia Quinhentista, stilvolles Restaurant mit Bar und Terrasse im ehemaligen Burggefängnis. Es gibt viele Petiscos (kleine Vorspeisen) für 5,50–8,50 €, Hauptgericht 13,50–19,50 €. Rua Rainha Sta. Isabel, ✆ 268323400.

Adega do Isaías, der „Weinkeller" ist sehr beliebt, im Speisesaal stehen riesige Tonkrüge, in denen früher der Wein gelagert wurde. Traditionelle Küche für 7,50–10 €. Tägl. (außer So). Rua do Almeida 21, ✆ 268322318.

🌿 Ghadanha, im Eingangsbereich ein Regal voll mit Produkten aus der Region: Öl, Schinken, Wein usw. Seit 2013 ist ein kleines Restaurant hinzugekommen, das etwas ausgefallenere Gerichte (z. B. Wachteleier) und auch Menüs für Vegetarier serviert. Tägl. (außer Mo). Largo Dragões de Olivenza 88, ✆ 2168333262, www.facebook.com/gadanha mercearia. ∎

Ausflug zu Burgen, Teppichen und köstlichem Wein

Wir verlassen Estremoz über die N 4 und biegen dann zügig nach Südwesten in Richtung Évora auf die N 18 ab. Schon von weitem sieht man das italienisch anmutende *Castelo* von **Évoramonte.** Kurz nach dem Ort biegen wir rechts auf die N 372-1 in Richtung Vimieiro ab, und setzen die Reise dort über die N 4 bis **Arraiolos** fort. Fast jedes Adelshaus und jede Burg in Portugal ist mit mindestens einem

Wandteppich aus diesem kleinen Ort ausgestattet. Von der Burg aus bietet sich eine weitläufige Aussicht. Über die N 370 geht es weiter bis **Évora**. Die gesamte Innenstadt der Stadt ist als Weltkulturerbe klassifiziert. Viele Besucher zieht es wegen der Knochenkapelle der *Igreja de São Francisco* in die Stadt. Noch älter sind die steinzeitlichen Fundstätten in der Umgebung.

Wir verlassen Évora über die IP 2 in Richtung Beja, biegen dann aber auf die N 256 nach Reguengos ab. Im nahen **Esporão** liegt eines der Vorzeigeweingüter der Region. Es ist eines der wenigen Güter, wo man auch ohne Voranmeldung an einer Besichtigung teilnehmen kann. Weiter über die N 256 erreicht man kurz vor der Brücke über die Ausläufer der Talsperre von Alqueva die Abzweigung in das weißgekalkte **Monsaraz.**

Évoramonte
ca. 700 Einwohner

Eine herrliche Aussicht bietet die in 474 m Höhe thronende Burg des kleinen Orts, der auf halber Strecke zwischen Estremoz und Évora liegt. Bei gutem Wetter kann man beide Städte sehen, dann lässt sich auch die Serra da Arrábida erahnen. Das **Castelo** selbst, im Stile der italienischen Renaissance erbaut, mutet etwas fremd an.

Im 12. Jh. eroberte Dom Afonso Henriques das Castelo von den Mauren. Doch die alten Bauten fielen dem Erdbeben von 1531 größtenteils zum Opfer. Die heutige Burg wurde zur Regierungszeit von João III. errichtet. Den Anstoß lieferte Dom Jaime, der sich nach Évoramonte zurückzog, nachdem er in einem Anfall von Eifersucht seine erste Frau getötet hatte.

Castelo: Mi–So 10–13 und 14.30–18 Uhr, im Winter 10–13 und 14–17 Uhr. Am letzten Wochenende im Monat geschlossen. Eintritt 2 €, Rentner und 14–25 J. 50 % Nachlass, mit Cartão Jovem 60 % Nachlass. Innen keine Fotos!

Vor einem einfachen Haus in der Rua Direita zeugt eine Gedenktafel vom Zusammentreffen von Duque Teixeira und Duque Saldanha mit Joaquim Azevedo. 1834 wurde hier der Friedensvertrag geschlossen, der den Sieg der Liberalen besiegelte und den Bürgerkrieg zwischen den Anhängern der Thronanwärter Miguel und Pedro IV. beendete.

Information Der Turismo ist bis auf Weiteres geschlossen. Der kleine Kunsthandwerksladen „Celeiro Comum" in der Rua de Santa Maria oben am Castelo hält ein paar Broschüren bereit.

Verbindungen Bus: Haltestelle im unteren Teil des Ortes, an der EN 18. 3-mal nach Estremoz, 3-mal nach Évora.

In Évoramonte

Arraiolos

ca. 3500 Einwohner

Aus Arraiolos kommen die kunstvollen Teppiche, die die kleine Stadt bekannt gemacht haben. Kein Palast im Land kam ohne Wandschmuck aus Arraiolos aus. Der beschauliche Ort liegt am Fuße einer mehr als 600 Jahre alten **Burg**, von deren Mauern sich ein herrlicher Ausblick bietet. Es scheint, als ob die Uhren hier etwas langsamer ticken als andernorts.

Schon im 16. Jh. zeugen Dokumente von den schönen Teppichen aus Arraiolos. Als die Juden aus Spanien ausgewiesen wurden, flohen viele ins benachbarte Portugal, einige siedelten sich als Händler und Weber in der Gegend an. Hinzukamen einige Mauren, die zum Christentum konvertiert waren. Aus diesen Wurzeln hat sich im späten 16. Jh. eine erste „Teppichindustrie" entwickelt.

Die erste Epoche der Herstellung der *Tapetes de Arraiolos* im 17. Jh. war von persischem Einfluss gepägt, wie die filigranen geometrischen Muster und die reiche Farbigkeit zeigen. Die zweite Phase, in den ersten beiden Dritteln des 18. Jh., war von volkstümlichen Motiven geprägt, die Farben wurden reduziert und auch die leuchtenden Töne der ersten Phase verschwanden. Diese Epoche gilt als die Blütezeit des Handwerks. Ende des 18., Anfang des 19. Jh. wichen dann die orientalischen Motive völlig aus den handgefertigten Teppichen. Die dritte Epoche wartete mit großen Blumen und sehr wenigen Farben auf. Nachdem das Handwerk im 19. Jh. kurz vor dem Aus stand, lebte es in unseren Tagen wieder auf. Die Kunst dieses speziellen Kreuzstichs wurde lange Zeit von Mutter zu Tochter überliefert. Die natürlichen Farben Weiß und Braun wurden mit volksnahen Motiven zu Teppichen für den eigenen Haushalt verarbeitet. Heute gibt es eine Renaissance der alten Motive und Farben. In verschiedenen Kooperativen und Geschäften kann man die handgeknüpften Teppiche erstehen. Ein interessantes Informationszentrum zur Herstellung dieser Teppiche kann man an der Praça do Município (im Turismogebäude) besichtigen. Di–So 10–13 Uhr und 14–18 Uhr. Eintritt 1 €.

Terracotta Town (Aldeia da Terra): ca. 1 km außerhalb Richtung Evora. Bunt bemalte Miniaturhäuschen mit Szenen aus Portugal. Wie eine Stadtlandschaft von Hundertwasser aus Knetgummi, mit zigtausendenen Gebäuden und Figuren, meist humoristisch überzogen. Im angeschlossenen Laden kann eine Auswahl der Figuren erworben werden.

Eintritt 5 €, Kind 50 %. Estrada das Hortas 202, ℡ 266746049, www.oficinadaterra.com.

Information Turismo, Di–So 10–13 und 14–18 Uhr. Nördlich der Praça do Município, im Ortszentrum, ℡ 266490254, www.cm-arraiolos.pt.

Verbindungen Bus: Tägl. 8-mal nach Évora. 8-mal Estremoz, 1-mal Vila Viçosa, Borba, Elvas, 1-mal Lissabon über Setúbal.

Biblioteca Municipal an der Praça da República.

Einkaufen Teppiche kann man unter anderem bei der FRACOOP, Praça do Município, ℡ 266499277, erstehen. Die Kooperative hat ihren Sitz in der unmittelbaren Nähe des Turismo.

Postamt Largo S. Dordio Gomes.

Telefonnummern GNR (Polizei) ℡ 266499130, **Centro de Saúde** ℡ 266499124, **Taxi** ℡ 266499180.

Touren >>> Lesertipp: Mélanie Wolfram, promovierte Archäologin, bietet hervorragende Individual-Exkursionen durch den Alentejo an. ℡ 914032561, www.vagarwalkingtours.com.

WiFi Kostenlos an der Praça de Municipio und Largo 25 de Abril.

Übernachten Pousada Nossa Senhora da Assunção, das Hotel ist im ehemaligen Konvent untergebracht. Der Kreuzgang hinter dem Eingang lässt den folgenden Luxus erahnen. Von der Terrasse mit Pool bietet sich eine herrliche Aussicht. Schmucke, geräumige Zimmer mit hohem Komfort. DZ 120–230 €. ✆ 266419340, www.pousadas.pt.

》 Lesertipp: Villa Extramuros, exklusive Villa mit sehr eigener Architektur und Pool inmitten der Olivenhaine. 3 Standard-DZ 140–190 € je nach Saison, 2 Superior-DZ 180–240 €. Horta do Chaveiro, caixa postal 209, ✆ 911192550 und ✆ 266429506, www.villaextramuros.com.

Turismo de Habitação Casa Dom Diogo, 5 Gästezimmer mit leicht gestrigem Charme in einem stattlichen Haus aus dem 19. Jh. Wunderschöne Kacheln und alte Möbel zieren die beiden größeren Zimmer. DZ 50–70 €. Rua Cunha Rivara 6. ✆ 266490025, mobil 937634123. casad.diogo@gmail.com.

🍃 **Außerhalb** Herdade da Amendoeira, auf diesem Biohof sind insgesamt acht DZ zu vermieten. Ein richtiger Bauernhof mit Kühen, eigener Käserei und Imkerei und Marmeladenherstellung. DZ 85–95 €. Santana do Campo, 12 km außerhalb, Richtung Mora, ✆ 935764610, www.herdade amendoeira.com. ∎

Essen & Trinken A Moagem, einfaches, nettes Gasthaus mit guter Küche. Spezialität *Miminhos de vitela a Moagem.* Hauptgericht 9–14 €. Tägl. (außer So abend und Mi ganztägig). Rua da Fábrica 2, ✆ 266499646.

O Alpendre, typisches Restaurant mit alentejanischer Küche. Hauptgericht 10–25 €. Tägl. geöffnet. Bairro Serpa Pinto 20A, ✆ 266419024.

Évora

ca. 44.000 Einwohner

Die von einem Mauerring aus dem 14. Jahrhundert umschlossene Stadt zeigt im historischen Zentrum bürgerliche Häuser des 16./17. Jh., Kirchen, Paläste und einen Tempel aus römischer Zeit. Évora gehört heute zum Weltkulturerbe der UNESCO.

Die Bauten tragen die verschiedensten Stilmerkmale – es entstanden interessante Gebäude der Gotik, Renaissance, Manuelinik und des Barocks. Nachhaltig wurde die Bauweise vom Arabischen beeinflusst (schlanke Säulen, Bögen), was in der ehemaligen königlichen Residenzstadt als vornehm galt. Heute ist Évora eher kleinbürgerlich geprägt.

Die alten Bauten schaffen eine interessante Kulisse für das provinziell verschlafene Kleinstadtleben. Die kühlen Arkadengänge zu beiden Seiten der Hauptstraße sind am Abend der Treffpunkt der älteren Herren – hinter jedem Pfeiler verbirgt sich

Rota dos Vinhos do Alentejo

Die Weinroute durch den Alentejo ist derzeit wohl die einzige dieser Initiativen, die auch wirklich funktioniert. Im Büro in Évora helfen die Mitarbeiter gerne und kompetent bei der Organisation.

Empfehlenswert ist ein Besuch der Herdade de Esporão bei Reguengos de Monsaraz oder der Keller des Monte Seis Reis bei Estremoz.

In Redondo wurde ein kleines Museum eingerichtet (Praça da República, tägl. außer Mo 10–13 und 14–19 Uhr, im Winter nur bis 18 Uhr, Einritt frei), in einer Enoteca kann man die edlen Tropfen probieren. Di–Fr 15–21 und Sa/So 12.30–22 Uhr. Informationen über Besichtigungen der Weinkeller der Region und auch eine Gratisprobe von 3 bis 6 lokalen Weinen gibt es bei der Geschäftsstelle der Rota dos Vinhos, Di–Fr 11–19, Mo 14–19, Sa 10–13 Uhr, So geschlossen. Praça Joaquim António de Aguiar 20, Évora, ✆ 266746498, www.vinhosdoalentejo.pt.

Alto Alentejo → Karte S. 523

ein schwarzer Anzug mit einem neugierigen Gesicht. In den Gassen trifft man aber auch viel „junges Volk", denn Évora hat seit 1976 wieder eine eigene Universität mit inzwischen 8000 Studenten. Schon einmal, 1559, wurde in Évora eine Universität gegründet, die zweite des Landes.

Die Kommunisten haben in Évora traditionell eine ihrer Hochburgen, seit der Revolution 1975 war ein Kommunist der Rathauschef. Anfang des Jahrtausends kamen die Sozialisten an die Macht, mussten aber 2013 wieder den Kommunisten Platz machen.

Industrie gibt es noch wenig in Évora. Mit der größte Arbeitgeber ist die Firma Siemens (heute Tyco), die in einem Relaiswerk fast 1000 Leute beschäftigt. Die Stadt ist mehr ein Verwaltungs- und Handelsort, der große Teile des Alentejo mit Landmaschinen und anderem landwirtschaftlichen Zubehör versorgt.

Stadtgeschichte: Schon in der Steinzeit wurde hier gesiedelt – in der Gegend gibt es viele wichtige neolithische Fundstellen, auch das portugiesische Pendant zum englischen Stonehenge, den Steinkreis von Almendres. Die Römer gründeten Évora ca. 57 v. Chr. Julius Cäsar nannte es Liberalitas Julia und machte die Gegend zur Kornkammer des Römischen Reichs. Évora avancierte zu einem der wichtigsten Handelsplätze ganz Iberiens. Nach dem Zerfall des Römischen Reiches kamen die Westgoten, 715 die Mauren, die auch das Stadtbild veränderten. Noch heute hat die Altstadt mit ihren verwinkelten Gassen viel maurisches Flair. *Giraldo Sem Pavor* („der furchtlose Gerhard"), eigentlich ein Raubritter, befreite Évora 1165 aus maurischer Hand, indem er sich in einem Korb versteckt in die Stadt schmuggeln ließ. So konnte er den eigenen Kopf aus der Schlinge ziehen und wurde als Dank von König Dom Afonso Henriques, der solch schlagfertige Gesellen – ob Raubritter oder nicht – gut gebrauchen konnte, zum Statthalter ernannt. Das Stadtwappen zeigt den Sieger mit den abgeschlagenen Köpfen des Kalifen und dessen Tochter, die zuvor Giraldos Geliebte war.

Vom 14. bis 16. Jh. war Évora königliche Residenzstadt (Afonso III., Dinis, Afonso IV., Manuel I.) und wurde zur zweitwichtigsten Stadt Portugals. Nach der weltlichen Macht kam die kirchliche. Der Sohn Manuels I. residierte hier als Großinquisitor des portugiesischen Reiches, in Évora brannten die Scheiterhaufen auf dem Hauptplatz besonders lichterloh. Auch die *Jesuiten-Universität* wurde gegründet; sie wurde 1759 von Minister Pombal geschlossen und 1976 wiedereröffnet.

Sehenswertes

Die wichtigsten sakralen Bauten gruppieren sich um den 280 m hohen Stadthügel. Schon bei der Anreise erkennt man den hohen, geschuppten Turm der Kathedrale. Daneben gibt's weitere Kirchen- und Klosterbauten sowie den römischen Tempel zu sehen.

Römischer Tempel: Es wurde lange vermutet, dass der Tempel aus dem 1. oder 2. Jh. als Kultstätte für die Mond- und Jagdgöttin Diana diente. Mittlerweile ist diese Vermutung widerlegt, daher heißt er jetzt auch offiziell nur noch *Templo Romano*. Übrig geblieben sind 14 korinthische Säulen aus Granit mit marmornen Kapitellen. Sie überdauerten das Erdbeben, weil die Säulen im 14. Jh. zugemauert wurden und der Raum als Schlachthaus diente (dadurch soll wohl auch die Jagdgöttin mit ins Spiel gekommen sein). Erst Ende des 19. Jh. wurden die Säulen wieder freigelegt.

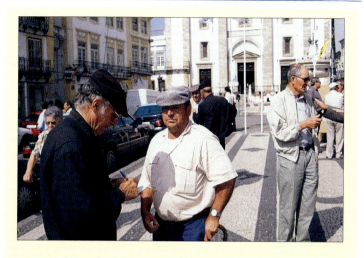

Mercado da terça-feira – dienstags in Évora

Der größte Wochenmarkt, zumindest was die Umsätze betrifft. Eigentlich ist es eher eine Börse, denn von der Ware ist nichts zu sehen. Die Bauern der Umgebung treffen sich am Rossio (Praça do Giraldo) jeden zweiten Dienstag im Monat, um mit Getreide und Vieh zu handeln, natürlich sind auch die Landmaschinenhändler und Versicherungsagenten mit von der Partie, um ihre Dienstleistungen an den Mann zu bringen. Ein ständiges, fast bedrohliches Gemurmel erfüllt den Platz, so als ob die Revolution in Évora kurz vor einem erneuten Ausbruch stünde. Um 15 Uhr findet dann in einer großen Versteigerungshalle bei der S.-Brás-Kirche die *Bolsa do gado*, eine große Viehversteigerung statt.

Sé: Der romanisch-gotische Granitbau der Kathedrale entstand zwischen1245 und 1350. Wuchtige Erscheinungsformen, auffallend schön sind die ungleichen, mittelalterlichen Westtürme und der geschuppte Hauptturm über dem Chor mit kleinen, erkerähnlich angebrachten Minitürmchen (erst im 18. Jh. entstanden).

Im Eingangsportal sind die zwölf Apostel eingearbeitet, alle bis auf Peter und Paul mit dem gleichen Gesicht. Sie zählen zu den besten und frühesten Figurenensembles der portugiesischen Frühgotik. Innen erwartet einen ein graziler Bau, erhaben und harmonisch mit weißgefugten Säulen. Auch der basilikaartige Aufbau mit erhöhtem Mittelschiff und Zwerggalerie spiegelt den Geist des Mittelalters wider. In der Mitte des Hauptschiffs trifft man auf die ungewöhnliche und in Portugal beliebte Darstellung der schwangeren Maria, Maria do Ó, ihr gegenüber der Verkündungsengel. Zu Ehren der schwangeren Jungfrau wurde bei jeder Geburt ein Glöckchen im Dom geklingelt. Der Chor wurde erst im 18. Jh. von J. F. Ludwig (Regensburg) im klassizistischen Stil aus verschiedenfarbigem portugiesischem Marmor erbaut.

Ebenfalls zu besichtigen sind Turm und der sehenswerte Kreuzgang. In den Ecken des Kreuzgangs führen enge Wendeltreppen auf das Dach hoch.

Alto Alentejo → Karte S. 523

Vom Dach des Kreuzgangs – toller Blick auf die Kathedrale

Der Kirchenschatz, u. a. eine wertvolle Elfenbeinmadonna, verschwand nach einem versuchten Raub 1979 zunächst im Panzerschrank, ist aber heute wieder im Museu de Évora und in der Kathedrale zu sehen.

Tägl. 9–17 Uhr, im Winter 9–12.30 und 14–17 Uhr, Museum Mo geschlossen. Eintritt Kirche, Museum, Kreuzgang 4,50 €, nur Kirche und Kreuzgang 2,50 €, nur Kirche 1,50 €. Schüler/Stud., Rentner 3,50 € für Kirche und Museum. Fotografieren im Museum verboten.

Igreja dos Lóios: Neben der Pousada findet sich die Lóios-Kirche im gotisch-manuelinischen Baustil, entstanden ab 1485. Das einschiffige Gebäude hat ein schönes Gewölbe und ist innen komplett mit Azulejos ausgestattet: Die großen Kachelgemälde im Hauptschiff aus dem 18. Jh. zeigen den venezianischen Patriarchen S. Lorenzo Justian; er war der Gründer des Missionarsordens in Italien. Die Teppichmusterkacheln im Chor sind noch etwas älter, aus einer Zeit, als Perserteppiche in Europa rar waren (17. Jh.). Im Boden sieht man unter einem Gitterfenster die gesammelten Knochen der Mönche des angeschlossenen Klosters (heute Pousada). Unter den rechts im Boden eingelassenen, flämischen Bronzegrabplatten ruhen die Klostergründer (15. Jh.), vor dem Hauptaltar weitere Vertreter des Hauses Mello-Cadaval. Wegen Familienstreitigkeiten zog der Duque de Cadaval Anfang des 19. Jh. nach Paris und zeugte dort die Nachkommen des heutigen Grafengeschlechts. Erst 1959 wurden seine sterblichen Überreste hierher umgebettet.

Der Hauptaltar zeigt sich ganz vergoldet und entstand in der Übergangszeit der Renaissance zum Barock (Manierismus). Auch ein 15 m tiefer Brunnen aus dem 12. Jh. wurde 1958 bei Restaurierungsarbeiten entdeckt.

Kirche und Palast sind Privatbesitz des adeligen Großgrundbesitzers Cadaval. Der Palast befindet sich links neben der Kirche, Eingang außen über den Kreuzgang. Im Palast ist die Privatsammlung des Adelshauses in herrschaftlichen Sälen zu bewundern. Im obersten Stock gibt es ein Türmchen mit Schattensilhouetten der Erdteile aus einer Ausstellung in Lissabon. In diesem Raum erwartete D. Fernando mit schöner Aussicht sein Urteil, denn Joao II. empfand den Adel allgemein und im Besonderen besagten Adeligen als zu machthungrig und ließ ihn kurzerhand einen Kopf kürzer machen; danach war er wieder unangefochtener Alleinherrscher.

Tägl. (außer Mo/Feiertag) 10–18 Uhr, im Winter nur bis 17.30 Uhr. Fotografieren nur ohne Blitz erlaubt! Kirche und Palast nur kombiniert zu besichtigen: 7 € Eintritt.

Museu de Évora: Das Museum neben der Pousada im früheren Palast des Erzbischofs (16./17. Jh.) zeigt im Untergeschoss eine sehenswerte Sammlung archäologischer Funde aus der Region, die der Erzbischof persönlich zusammengetragen hatte. In den Obergeschossen sind wertvolle Möbel, Gemälde, eine aufklappbare Elfenbeinmadonna und andere Kostbarkeiten aus dem 16. und 17. Jh. zu sehen.

Tägl. (außer Mo) 10–18 Uh, Nov.–März 9.30–17.30 Uhr. Eintritt 3 €, Stud., Rentner und mit Cartão Jovem 1,50 €; am 1. So im Monat Eintritt frei.

S.-Francisco-Kirche: Im gotisch-arabischen Baustil. Am meisten besucht wird die Knochenkapelle mit 5000 in die Wand und die Säulen eingeputzten Totenschädeln und Knochen, deren Eingang sich außen rechts befindet. Angelegt wurde sie von den Franziskanermönchen. Zweck: Darstellung der Sinnlosigkeit des weltlichen Lebens. Über dem Eingang begrüßt den Besucher die Inschrift: „Wir Knochen, die wir hier versammelt, auf die Euren warten wir!"

Über der Knochenkapelle wurde 2016 ein **Museum für sakrale Kunst** eingeweiht, dessen Besuch man nicht versäumen sollte. Ein Stockwerk höher wartet eine seltene Sammlung von rund 2600 Weihnachtskrippen aus über 80 Ländern auf Entdeckung.

Tägl. 9–17 Uhr, Juni–Sept. bis 18.30 Uhr. Knochenkapelle: Eingang jetzt rechts der Kirche. Knochenkapelle und Museum: Eintritt 4 €, bis 24 J. und Rentner 3 €, Familienticket 8 €.

Igreja da Graça: Interessant ist die weltlich wirkende Renaissancekirche mit wuchtigem Säulenportal aus dunklem Granitstein, darauf thronend Atlas mit der Weltkugel. Der Originalentwurf, „purer Michelangelo-Stil", wurde beim Bau 1531 nur teilweise verwirklicht. Durch den starken Einfluss der Kirchenfürsten kam auch der Barockstil der Gegenreformation etwas zur Geltung. Vielleicht fiel deshalb das Kirchenschiff insgesamt dreimal in sich zusammen (im 16. Jh., 1755, 1884). Im Inneren ist die Kirche kahl. Drei schöne Marmorfenster befinden sich im Chor. Nur selten geöffnet.

Praça Giraldo: Hauptplatz mit vielen Straßencafés, besonders im Sommer sitzt man hier schön. Heinrichsbrunnen aus irisierendem Marmor mit Kugel und 8 wasserspuckenden Fratzen, die die von hier ausgehenden 8 Straßen symbolisieren. Der Name stammt vom Kardinal D. Henrique, der nach Verschwinden von König D. Sebastião eine Weile regierte, aber nicht für den ersehnten Nachwuchs sorgte.

Largo Portas da Moura: Einer der hübschesten Plätze der Stadt, wenn auch verkehrsumtost. Mittelpunkt des lang gezogenen Platzes ist ein Renaissancebrunnen, der eine Weltkugel trägt. Die Einfassungen des Beckens sind oben stark eingekerbt – hier wurden die Amphoren abgestützt, um sie durch einen Blechtrichter mit frischem Wasser zu füllen. Das große Becken unterhalb diente als Viehtränke. Der Palast am unteren Ende ist mit einer üppigen Loggia im manuelinisch-maurischen Stil geschmückt. Wie so vieles in der Stadt ist auch er im Besitz der Familie Cadaval. Unterteilt wird der Largo durch das moderne Justizgebäude.

Museu de Carruagens/Galeria São Miguel: In dieser frisch renovierten Galerie werden neben einigen alten Kutschen wechselnde Ausstellungen regionaler Künstler veranstaltet. Die Stiftung Fundação Eugénio de Almeida, die das gesamte Areal

Alto Alentejo → Karte S. 523

verwaltet, fördert einige Studenten an der Kunstakademie und vergibt alljährlich Förderpreise an die besten Absolventen der verschiedenen Fakultäten.
Tägl. (außer Mo) 10–13 und 15–19 Uhr, Okt.–Mai 10–12.30 und 13.30–18 Uhr, Eintritt 1 €. Rentner und mit Carta jovem 50 %. Sonntags und bis 12 J. Eintritt frei. Largo São Miguel 1.

Ermida de S. Braz: Etwas außerhalb, beim Stadtgarten. An der Stelle eines Hospizes für Pestkranke wurde nach dem Abklingen der Epidemie 1483 dieser „arabische", festungsartige Bau errichtet. Er ist Sankt Blasius, einem der 14 Nothelfer bei Krankheiten und schwierigen Lebenslagen, geweiht und wird als wundertätig verehrt. Die Kapelle ist im Inneren mit eindrucksvollen Azulejos maurischen Stils ausgekleidet.
Mo–Sa 10–13 und 15–19 Uhr, So 10–13 Uhr. Eintritt frei.

Aquädukt: Lohnenswert ist es, die Gasse am Aquädukt parallel zur Rua do Carmo entlangzulaufen – die Häuser wurden in die alten Arkaden hineingebaut. Abends sind die kleinen *Tascas* am Weg geöffnet. Die Wasserleitung endet bei Graça do Divor, 18 km von Évora entfernt. Gebaut wurde sie ca. 1537.

Basis-Infos   → Karte S. 552/553

Information Turismo, tägl. 9–19 Uhr, im Winter nur bis 18 Uhr. Hier gibt es die monatlich erscheinende Agenda Cultural mit allen kulturellen Ereignissen der Umgebung (auch online abrufbar). Im Zentrum, Praça do Giraldo 73, ✆ 266777071, www.cm-evora.pt.

Verbindungen Bus: Tägl. 22-mal nach Lissabon (Fahrzeit ca. 2 Std.), 12-mal Estremoz, 13-mal Beja, 2-mal Coimbra, 10-mal Setúbal, 11-mal Reguengos de Monsaraz (dort Anschluss nach Monsaraz), 2-mal Santarém, 6-mal Vila Viçosa, 6-mal Elvas, 4-mal Évoramonte, 6-mal Portalegre, 2-mal tägl. an die Algarve, 1-mal nach Alvito. Busbahnhof an der Av. Túlio Espanca, etwa 500 m außerhalb der Stadtmauern.

Bahn: 3-mal tägl. nach Lissabon (Oriente); 7-mal nach Beja (teilweise Umsteigen in Casa Branca). Im Sommer 2-mal Algarve und Porto (mehrfach Umsteigen).

Internationale Zeitungen führen die Tabacarias an der Praça do Giraldo und am Largo de Camões.

Parken Wer mit dem eigenen Wagen in die Stadt will, muss innerhalb der Stadtmauern für den schwer ergatterten Platz zahlen. Deshalb lieber das Fahrzeug außerhalb der Mauern lassen. Gute Parkmöglichkeiten gibt es entlang der Av. de Badajoz und in der Nähe der Universität.

Einkaufen In der Rua 5 de Outubro finden sich die meisten Kunsthandwerksläden, z. B.:

Mont'sobro, Artikel aus Kork. Tägl. geöffnet. Haus-Nr. 66.

Gente da Minha Terra, etwas ausgefallenere, farbenfrohe lokale Produkte und Kunsthandwerk, Hausnummer 39.

Fahrradverleih Adventure Bike 🔟, pro Tag 15 €, 9–22 Uhr, Rückgabe auch später möglich. Travessa do Barão 18 (Seitenstraße der Rua Serpa Pinto), ✆ 266702326 oder 969095880.

Feste/Märkte Der Markt Feira de São João beginnt alljährlich um den 20. Juni. Er ist einer der sehenswertesten Märkte der Umgebung. Das große Angebot von Kunsthandwerk und Tand wird angereichert durch politische und ökologische Ausstellungen sowie Musik- und Theaterveranstaltungen.

Postamt Rua da Olivenza.

Telefonnummern PSP (Polizei) ✆ 266760450, Hospital ✆ 266740100, Taxi ✆ 266703265 und ✆ 266702411.

Touren Geführte Touren durch die Stadt bietet die Firma agia an, der Kontakt kann im Turismo hergestellt werden. Tägl. um 10 Uhr eine 2-stündige Stadtführung, Preis 15 € (Kind bis 12 J. frei), Treffpunkt Turismo. ✆ 963702392. www.alentejoguides.com.

RSI bietet mehrere Touren in die Umgebung an, u. a. zu den steinzeitlichen Fundorten. je nach Tour 25–35 € Edifício de Sta. Catarina 12, ✆ 266747871 oder 917907099, www.rsi-viagens.com.

Vogelbeobachtung Ab 45 € pro Person inkl. Transport und Fernglas. ✆ 968865067, http://birdwatchingalentejo.com.

An der Stadtmauer von Évora

Übernachten/Camping

→ Karte S. 552/553

Pousada Convento de Evora 8, auf dem Stadthügel neben dem römischen Tempel. Altes Kloster aus dem 16. Jh. im gotisch-manuelinischen Stil. Die Mönche liebten Komfort, Raum und Kunst – deshalb geräumige, hübsch eingerichtete Zimmer, meist mit Blick auf das Umland. DZ ca. 135–220 €. Largo Conde Vila-Flor, ✆ 266730070, www.pousadas.pt.

*** Hotel Dom Fernando 22, neuer Bau vor den Stadttoren neben der Kapelle Ermida de S. Braz. Im Innenhof ein Pool. Hübsche DZ je nach Saison 40–50 € inkl. Frühstück. Besonders für Autofahrer praktisch zu erreichen. Av. Dr. Barahona 2, ✆ 266737990, www.hoteldomfernando.com

**** Albergaria do Calvario 1, kaum jemand kann sich der Atmosphäre dieser Unterkunft in einer ehemaligen Olivenpresse entziehen, man kommt hinein und fühlt sich zu Hause, alles sehr erlesen und gemütlich, super Frühstück mit vielen frischen und ökologischen Produkten der Gegend, frisch gepresste Obstsäfte. Begrünter Innenhof, Parkmöglichkeiten. DZ 100–115 €. Travessa dos Lagares 3 (Seitenstraße der Rua Cândido dos Reis), ✆ 266745930, http://adcevora.com. ■

Solar de Monfalim 16, der edle Palast mit Bogengängen, Loggien und Antiquitäten im Inneren ist schon seit Jahrzehnten eine Herberge. Der Solar wurde „sanft" renoviert, d. h. vieles wurde original belassen (auch die Zimmertüren), aber liebevoll neu gestrichen und aufpoliert. Geschmackvoll eingerichtete kleine Zimmer mit TV und Telefon. DZ ca. 50–83 € inkl. Frühstück. Largo da Misericórdia 1, ✆ 266703529, www.solarmonfalim.com.

*** Hotel Riviera 11, schönes Haus im Herzen der Stadt. Schicke, relativ enge Zimmer mit moderner Ausstattung. DZ 60–80 € je nach Saison. 4 Parkplätze an der Kathedrale vorhanden (10 € pro Tag). Rua 5 de Outubro 49, ✆ 266737210, www.riviera-evora.com.

Hostel Namasté 19, in einem ruhigen Teil der Altstadt. 4 hübsche Zimmer in frischen Farben für 2–4 Personen, Gemeinschaftsküche und -wohnzimmer, kleiner Patio mit eigener Quelle. Bad auf dem Gang, nur ein DZ mit eigenem Bad. Im Schlafsaal 15–17 €/Pers., DZ 40–45 €, Frühstück 4 €. Freundliche Besitzerin. Largo Dr. Manuel Alves Branco 12, ✆ 266743014 oder 967833773, www.hostelnamasteevora.pt.

Turismo de Habitação Casa de S. Tiago 9**, das herrschaftliche Haus mitten im

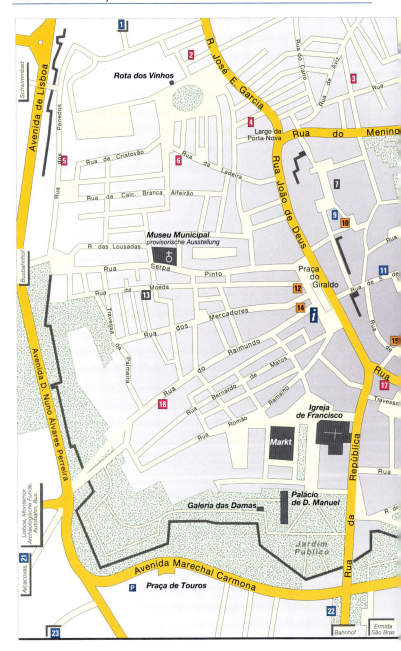

Rota dos Vinhos

Avenida de Lisboa

Schwimmbad

R. José E. Garcia

Rua do Cano

Rua de Aviz

Rua

Largo da Porta Nova

Rua do Menino

Rua João de Deus

Penedos

Rua dos

Rua de Cristovão

Rua da Ladeira

Rua da Calc. Branca Alfeirão

Museu Municipal
provisorische Ausstellung

R. das Lousadas

Rua Serpa Pinto

Praça do Giraldo

Rua de S.

Rua da Moeda

Mercadores

Rua dos

Travessa da Palmeira

Rua do

Raimundo

de Matos

Rua Bernardo

Ramalho

Romão

Rua

Igreja de Francisco

Travessa

Markt

Palácio de D. Manuel

Galeria das Damas

Avenida D. Nuno Álvares Pereira

Busbahnhof

Lisboa, Montemor
Archäologische Funde,
Autobahn, Bus

Rua da República

Rua

R. do

Jardim Público

Alcacovias

Avenida Marechal Carmona

P Praça de Touros

Bahnhof

Ermida São Bras

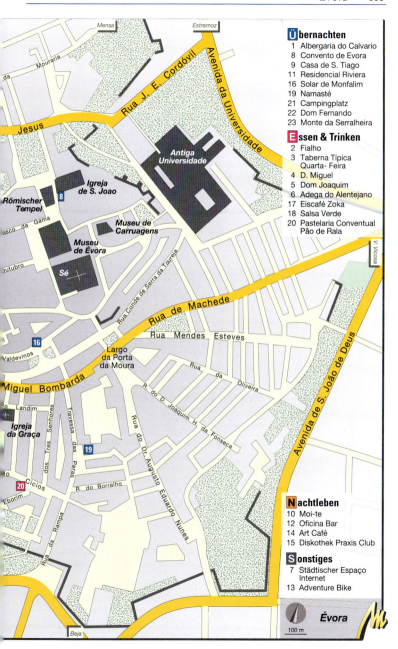

Alto Alentejo → Karte S. 523

Évora

100 m

Zentrum stammt aus dem 16. Jh. Man wird von einem Ritter begrüßt und fühlt sich auch sonst trotz Luxus in diese Zeit zurückversetzt. Es gibt 7 Zimmer; DZ 75 €, Suite 90 €, in der Nebensaison billiger. Garage. Largo Alexandre Herculano 2, ✆ 266702686 oder 936000357 (mobil), www.casa-stiago.com.

Außerhalb Monte da Serralheira **23**, die niederländische Fremdenführerin Lucia van der Feltz vermietet auf ihrem Bauernhof DZ und Apartments die mit Mikrowelle, 2 Kochplatten und Kühlschrank ausgestattet sind (für 2–4 Personen). Ein Pool ist auch vorhanden. Es werden Räder verliehen (mit diesem Reiseführer gibt es einen Sonderpreis), und man kann Pferde (mit Reitlehrer) mieten. Von Évora aus am Hotel Dom Fernando vorbei in Richtung Almeirim (ausgeschildert auf dem äußeren! Ring) um die Stadt. Der Straße folgen. Der letzte Kilometer ist Schotterpiste. DZ 50–60 €, Apartment je nach Größe und Saison 65–120 €, Frühstück 8 €/Person. Monte da Serralheira, ✆ 266741286, www.monteserralheira.com.

Camping *** Orbitur Évora **21**, ca. 2 km außerhalb, an der Straße nach Alcáçovas. Relativ schattig, Eukalyptusbäume. Boden teils Sand, teils vertrockneter Rasen. Warmes Wasser, Minimarkt. Gemütlich, mit Pool, aber etwas teuer. Parzelle 19–35 € (inkl. Zelt, 2 Pers. und Auto), Person 3,60–6,50 €, Zelt 3,90–10,90 €, Auto 3,40–6,10 €. Ganzjährig geöffnet. ✆ 266705190, www.orbitur.pt.

Essen & Trinken/Nachtleben
→ Karte S. 552/553

Aus Schaf- und Ziegenmilch werden die *Queijinhos de Évora* hergestellt. Die kleinen Käse haben einen Durchmesser von fünf bis acht Zentimetern. Der Geschmack ist nicht sehr intensiv, aber in der Feinheit liegt die Würze. Liebhaber von Süßigkeiten sollten den *Pão de Rala* probieren, einen Mandelkuchen.

Restaurants Fialho **2**, neben der Praça Joaquim António de Aguiar. Seit 60 Jahren vorort und viel besucht, gehobene Preisklasse. 3 kleine Speiseräume, einfach, doch anheimelnd eingerichtet. Viele Spezialitäten wie z. B. zur Vorspeise gebackene Pilze *(cogumelos assados)* oder Spargel, als Hauptgericht verschiedene Meeresfrüchte, Fleisch (z. B. gebratener Fasan) oder Fisch. Hauptgericht 13–19 €. Tägl. (außer Mo). Travessa dos Mascarenhas 14, ✆ 266703079.

Dom Joaquim 5, gepflegtes Restaurant mit guter traditioneller Küche und großen Portionen. Hauptgericht 10–18 €. So abends und Mo geschlossen. Rua dos Penedos 6, ✆ 266731105.

Adega do Alentejano 6, schöne, rustikal eingerichtete ehemalige Adega, alentejanische Spezialitäten. Die Alentejo-Tomatensuppe ist eine volle Mahlzeit. Hauptgericht 7,50–12 €. Tägl. (außer So). Rua Gabriel Vitor do Monte Pereira 21-A, ✆ 266744447.

Taberna Típica Quarta-Feira 3, rustikales Ambiente und charismatischer Besitzer Zé Dias. Nur komplettes Menü, 25 €. Besser guten Hunger mitbringen und nicht zu spät kommen. So Ruhetag. Rua do Inverno 16, ✆ 266707530.

🌿 **Vegetarisch** Salsa Verde **18**, Sa abends und So geschlossen. Leckeres, vegetarisches Büfett, Preis nach Gewicht. Tägl. (außer So). Rua Raimundo 93, ✆ 266743210. ∎

Cafés D. Miguel **4**, kleines, einfaches Café mit 3 wechselnden Mittagsgerichten zur Auswahl (ganze Portionen 7,50 €, halbe 4,30 €). Trav. da Cancella 7, ✆ 266741442.

Eiscafé Zoka 17, man kann sich auch auf dem kleinen Platz Largo de S. Vicente auf Plastikgestühl niederlassen. Selbstgemachte Eissorten.

Pastelaria Conventual Pão de Rala 20, Kaffeehausatmosphäre mit blau-weißen Kacheln, sehr anheimelnd. Hier gibt es viele Köstlichkeiten aus hiesigen und fernen Klöstern. Tägl. 8–18.30 Uhr. Rua do Cicioso 47. Filiale in der Rua Miguel Bombarda 56-A.

Nachtleben Moi-te **10**, tägl. Livemusik verschiedener Stilrichtungen im Vorhof eines historischen Gebäudes, darunter auch namhafte Künstler. Innen mehrere Räume. Man zahlt nur 1–2 € Eintritt, Bier dann 1,50 €. Largo Alexandre Herculano 8, ✆ 266702473.

Art Café 14, lauschiger Kreuzgang voller Kunst und lockere, studentische Atmosphäre, kleine Galerie, ab und an Livemusik. So Abend geschlossen, Mo Ruhetag. Rua Serpa Pinto 6.

Bar Oficina 12, das Café lockt abends die 20- bis 40-Jährigen mit Jazz und sanfter Rockmusik an. Tägl. (außer So). Rua da Moeda 27.

Diskothek Praxis Club 15, Di–Sa ab 23 Uhr. Rua de Valdevinos.

Die Steine des Cromeleque dos Almendres haben angeblich magische Kräfte

Steinzeitliche Kultstätten bei Évora

Cromeleque dos Almendres (Guadalupe): Rund um Évora gibt es in den landwirtschaftlich genutzten Gebieten rund 170 Fundstätten steinzeitlicher Kultstätten. Die wohl größte ist der Cromeleque dos Almendres. Er bestand ursprünglich aus über 100 Monolithen und ist somit die größte Ansammlung von Menhiren auf der Iberischen Halbinsel und eine der wichtigsten Fundstätten in Europa. Die Kultstätte entstand in zwei Phasen, erst ein kleiner Kreis, später eine konzentrische Ellipse. Manche Steine sind mit Symbolen gekennzeichnet, denen magische Wirkung zugeschrieben wird. Unter anderem sollen sie der Fruchtbarkeit auf die Sprünge helfen können. Ganz in der Nähe findet sich der „grande menír dos Almendres", ein großes Phallussymbol.

Anta grande do Zambujeiro: bei Valverde (ca. 5 km südwestlich); die Grabstätte aus der Zeit um 5000–4000 v. Chr. ist etwa 6 m groß. Weitere *antas* findet man, wenn man von Valverde aus die EN 380 überquert. Nach etwa 400 m sieht man die *Antas do Barrocal*.

Gruta do Escoural: Die Tropfsteinhöhle mit Ritzzeichnungen aus der Altsteinzeit beim Dorf *Santiago do Escoural* liegt ca. 30 km westlich von Évora. 1 km vor dem Ort (aus Richtung Valeira kommend) finden Sie sie links in einem ehemaligen Marmorsteinbruch. Einstieg durch ein kleines Metalltürchen. In der Jungsteinzeit wurden hier Tote bestattet, die durch das von der Decke tropfende Wasser von einer Kalkschicht überzogen wurden.

Die Höhle und das dazugehörige *Centro Interpretativo da Gruta de Escoural* sind wieder geöffnet. Die Besichtigung der Grotten startet im Besucherzentrum jeweils um 10.30 und 14.30 Uhr. Dieses ist dann für die Dauer der Besichtigung (etwa 1 Std.) geschlossen. Man muss sich ca. 24 Std. vorher telefonisch anmelden, maximal 10 Personen dürfen in die Höhle, um die Höhlenritzzeichnungen möglichst zu schonen. Besucherzentrum im Ort Escoural: Sommer Di–Sa 9.30–13 und 14.30–18 Uhr, im Winter 9.30–13 Uhr und 14–17 Uhr. Geschlossen am letzten Sa im Monat, Mo, So sowie an Feiertagen. Eintritt 3 €.

Alto Alentejo → Karte S. 523

Recinto Megalítico do Xerês: Etwa 20 senkrecht im Boden eingelassene Felsenfinger bilden den Recinto Megalítico do Xerês. Die Fundstätte wäre dem Staudamm von Alqueva zum Opfer gefallen, wenn sie nicht ins Hinterland in die Nähe des Convento da Orada verlegt worden wäre. In diesem ehemaligen Kloster wurde ein Archäologiemuseum eröffnet, das aber nur nach Vereinbarung zu besichtigen ist.

Monsaraz   ca. 900 Einwohner

Der malerische Festungsort in Hügellage nahe der spanischen Grenze zeigt ein mittelalterliches Erscheinungsbild – kleine, weißgekalkte Häuser innerhalb der mit Festungstürmen bewehrten Mauern. Hier unterhalten ein paar Lissabonner und französische Künstler ihre „Sommerresidenzen".

In der Umgebung von Monsaraz siedelten Menschen schon in prähistorischer Zeit, was die große Anzahl megalithischer Funde in der Umgebung belegt. Neben dem *Recinto Megalítico de Xerêz* (der dem Staudamm weichen musste – s. o.) sind vor allem der *Menir de Outeiro* (5 m hoch) und der *Menir de Balhôa* sehenswert (von Telheiro aus in Richtung Outeiro, dann nach Barrada).

Auch die Römer ließen sich hier nieder. Auf sie folgten die Westgoten. Im 9. Jh. wurde Monsaraz von den Mauren eingenommen. 1157 befreite *Giraldo Sem Pavor* den Ort, doch schon 1175 kehrten die Mauren zurück. Die endgültige *reconquista* geschah durch Dom Sancho II. im Jahr 1252. Während der spanisch-portg. Kriege wurde Monsaraz häufig belagert. Edward von Cambridge, der damals dem portugiesischen König Fernando beistand, plünderte den Ort sogar einmal irrtümlich.

Sehenswert ist die **Matrizkirche**, ein für das kleine Dorf bemerkenswerter Bau, der Mitte des 14. Jh. begonnen wurde. Von der ursprünglichen Kirche ist heute aber nicht mehr viel übrig. Die jetzige Form ist etwa 200 Jahre jünger. Links neben der Kirche steht das alte **Gerichtsgebäude** mit interessanten Fresken aus dem 15. Jh. (Museo do Fresco, Eintritt 1 €). Zwei Richtungen verkörpern die „gerechte" und die „korrupte" Justiz. Der Gerechte bekommt von kleinen Engelchen eine Krone aufgesetzt, während der Korrupte mit doppeltem Gesicht und dem Teufel hinter sich gerade sein Bestechungsgeschenk, zwei Fasane, annimmt.

Eselskarrenparade in Monsaraz

Igreja de São João Baptista: Die älteste Sehenswürdigkeit des Ortes entstand aus einer moslemischen Gebetsstätte aus dem 11.–12. Jh. In ihrer Umgebung finden sich einige Gräber; manche sind nach Mekka, andere nach Jerusalem ausgerichtet.

Information Turismo, meist 9.30–12.30 und 14–18 Uhr, im Winter nur bis 17.30 Uhr. Rua Direita, ✆ 927997316.

Verbindungen 4-mal tägl. Bus nach Reguengos de Monsaraz, in den Schulferien nur 2-mal. Von dort aus 2-mal nach Évora und 2-mal nach Lissabon. (Sa/So 1-mal).

Bootsausflüge Kapitän Tiago macht mit dem schnittigen, fast 20 m langen alten holländischen Segelboot zweistündige Ausflüge auf dem Barragem do Alqueva. ✆ 266557471, tiago@sem-fim.com.

Einkaufen Dona Mizette, gleich hinter der Stadtmauer links; der Verkaufsposten der *Teppichfabrik von Reguengos* beliefert die meisten Souvenirshops der Algarve – hier gibt es die Teppiche billiger und in größerer Auswahl. Auch schöne Baumwolldecken und Strickpullover. ✆ 266502179, www.mizzete.pt.

Xaraz Arte, in diesem Keramikatelier können Rohlinge bunt bemalt werden. Neben dem Rathausplatz. Der Inhaber betreibt die gut gepflegte Website www.monsaraztunismo.pt. Die typisch alentejanischen **Keramikteller** mit bäuerlichen Motiven gibt es in São Pedro do Corval. Der Ort gehört zu den größten Töpferzentren des Landes.

Postamt in Reguengos, an der Praça da Liberdade.

Telefonnummern GNR (Polizei) ✆ 266509380, Centro de Saúde ✆ 266509150, Taxi ✆ 266502671.

Weinprobe Auf der Herdade do Esporão kann der Weinkeller besichtigt werden. Ohne Anmeldung gibt es Führungen um 11, 15 und 17 Uhr. Der Besuch des Kellers mit einer kleinen Probe kostet 6 €, es gibt auch Degustationsmenüs in einem recht teuren Restaurant. Von Évora kommend in Reguengos de Monsaraz der Umgehungsstraße in Richtung Morão folgen, dann ist erst Esporão, dann die Herdade ausgeschildert. Allein die Anfahrt durch die weiten „Weinfelder" ist beeindruckend. ✆ 266509280, reservas@esporao.com.

Übernachten Estalagem Monsaraz, größeres Bauernhaus im unteren Dorf, außerhalb der Befestigungsmauern. Hübsch eingerichtete Zimmer – rustikal, geräumig, mit Bad je nach Saison 60–80 €. Largo de São Bartolomeu 5, ✆ 266557112, www.estalagemdemonsaraz.com.

Casa Dona Antónia, sehr hübsche Zimmer, z. T. mit grandioser Aussicht. Dachterrasse mit Whirlpool. DZ jnach Blick und Ausstattung 55–65 €, Suite 75–90 €. Rua Direita 15, ✆ 961544559, www.casadantonia-monsaraz.com.

Casa Pinto, edel ausgestattetes kleines Haus mitten im Dorf. Es gibt 5 z. T. kleine Zimmer mit Bad, jedes traumhaft im Stil eines exotischen Landes eingerichtet und mit herrlicher Aussicht. Dachterrasse und Patio. DZ 69–100 € inkl. Frühstück. Praça Dom Nuno Álvares Pereira, ✆ 266557076 und ✆ 932739898 (mobil), www.casapinto.net.

Turismo no Espaço Rural Hotel Horta da Moura, ca. 2 km außerhalb, an der Anfahrtsstrecke von der N 256. Ein Bauernhofhotel: Eigene Imkerei, Obstplantage, Schafskäse und Pferde. Pool vorhanden. DZ 80–120 € je nach Ausstattung und Saison. Reiten ca. 10 € pro Std. Apt. 64, ✆ 266550100, www.hortadamoura.pt.

Essen & Trinken Sabores de Monsaraz, das Restaurant der Estalagem bietet einen fantastischen Blick auf den Stausee. Hübsche Gartenterrasse. Hauptgericht 10–15 €. Mo Ruhetag, Di mittags geschlossen. Largo de S. Bartolomeu, ✆ 969217800 (mobil).

Lumumba, ein langer Tresen zieht sich durch das Lokal. Vorne kann man *Petiscos* (Kleinigkeiten) probieren, hinten ist Restaurantbetrieb. Es gibt eine Terrasse. Empfehlenswert sind die Lammgerichte, z. B. *Ensopado de Borrego* (Eintopf) sowie die Gerichte aus dem Ofen (*Assado*). Hauptgericht 8–12,50 €. Tägl. (außer Mo). Rua Direita 12, ✆ 266557121.

Casa do Forno, hübsche Töpferarbeiten schmücken die Wände, der gemütliche Speiseraum ist mit riesigen Weinkrügen dekoriert. Hauptgericht 7,50–13 €. Di Ruhetag, aber auch an anderen Tagen kann geschlossen sein. Travessa da Sanabrosa, ✆ 266104008.

Außerhalb Sem Fim, in Telheiro, etwa 2 km außerhalb. Der Weg lohnt sich. Das liebevoll dekorierte Restaurant ist in einer früheren Ölmühle untergebracht. Es gibt jeden Tag ein vegetarisches Gericht. Ausgefallene Hauptgerichte 8–12,50 €. In der Bar gibt es häufig Jazzkonzerte, eine kleine Galerie ist angeschlossen. Tägl. (außer Mi) ab 18 Uhr, Okt.–Mai nur Fr–So geöffnet. Rua das Flores 6, ✆ 962653711.

Von Sandstränden gesäumte Bucht bei Vila Nova de Milfontes

Baixo Alentejo

Der südliche, untere (= baixo), relativ ebene Teil des Alentejo reicht an der Küste von der Sado- bis zur Seixe-Mündung und an der spanischen Grenze vom Alqueva-Staudamm bis Mértola und dem Rio Vascão. Die **zahlreichen Badestrände** in diesem Abschnitt sind bis jetzt eher naturnah und selbst in der Saison nicht so übervölkert wie an der Algarve.

Das mag auch daran liegen, dass immer ein frischer Nordwind weht, die Brandung und die Strömung der Gezeiten beträchtlich sind, und die Wassertemperaturen auch im Sommer kaum über 18°C klettern. Die Wasserqualität ist bis auf wenige Ausnahmen gut. Wer auf Sicherheit, Sauberkeit und Service aus ist, sucht die 18 Strände mit Blauer Flagge *(bandeira azul)* auf. Von Nord nach Süd sind dies: Comporta, Carvalhal, Pego, Aberta-Nova, Melides, Costa de St. André, Fonte do Cortiço, Vasco da Gama, S. Torpes, Morgavel, Vieirinha, Grande de Porto Covo und Ilha do Pessegueiro, und im Landkreis Odemira die Strände Franquia, Furnas, Almograve, Zambujeira do Mar und Carvalhal, die 2016 mit der *bandeira azul* ausgezeichnet wurden.

Eine Auflistung aller Banda-Azul-Strände Portugals inkl. Inseln findet sich unter http://bandeiraazul.abae.pt/plataforma/index.php?p=awarded&s=table.

Richtung **Binnenland** ist die Region anfangs noch bestimmt von Pinien- und Korkeichenwäldern, dann von weiten Feldern, auf denen die Bauern Weizen oder Sonnenblumen anbauen. Bei **Castro Verde** findet man eine Steppenlandschaft mit einmaliger Flora und Fauna. Östlich des Guadiana, auf die spanische Grenze zu wird es hügeliger und es überwiegen endlose, lichte Steineichenwälder mit Kühen und schwarzen Schweinen und die berühmten Olivenkulturen. Diese Savannenlandschaften – z. B. bei **Moura** – erlebt man am besten im zeitigen Frühjahr, wenn alles zauberhaft grünt und blüht, oder unter wirklich heißen Bedingungen im August, wenn alles abgeerntet ist und eine gelbbraune Fläche das Auge beeindruckt.

Das Provinzzentrum **Beja** vereint das beschauliche Leben im Alentejo mit urbaner Kultur. Im geschichtsträchtigen **Mértola** warten viele Sehenswürdigkeiten auf den Besucher. Für gepflegten Wein und herzhaft-gutes Essen ist überall gesorgt, vor allem um **Vidigueira** herum. Eine große Rolle spielt das hier gebackene gute Brot, das auch die Grundlage für *migas* bildet, einen geknofelten Brotbrei als Beilage zu Wild, Schwein oder Lamm. Guter Käse aus Schafsmilch kommt aus der Region um **Serpa**. In der letzten Woche im Oktober werden fast überall Wildgerichte serviert.

Man sollte beim Besuch der Landstädte nicht übersehen, dass hier noch bis zu Beginn der 1990er-Jahre durch 30%ige Arbeitslosigkeit und durch unzureichende Einrichtungen für Kinder, Kranke und Alte ein in Europa beispielloses Elend herrschte. Inzwischen konnte zwar durch EU-gestützte Strukturhilfen die Situation verbessert werden, doch die Abwanderung der jüngeren Bevölkerung ist noch immer nicht gebannt und nimmt sogar gerade im Zuge der momentanen Krise wieder zu. Kein Wunder also, dass sich in 8 von 14 Landkreisen Kommunisten als Stadt- bzw. Landräte halten und 2013 sogar noch zulegen konnten; Beja, Castro Verde, Serpa, Moura, Cuba und Mértola sind deren Hochburgen im Baixo Alentejo.

Anfahrt/Verbindungen Auto: Während z. B. Ourique und Castro Verde über die neue A2 von Faro aus in weniger als einer Stunde erreicht werden können, sind einige weitere Ziele am Meer, Beja oder vielleicht auch noch Mértola als Tagesreise zu bewältigen. Für die nördlicheren Regionen des Baixo Alentejo und für alles, was östlich des Guadiana liegt, sind Übernachtungen einzuplanen. Nebenstrecken, z. T. noch als **prächtige Alleen** erhalten, sind zu bevorzugen.

Bahn: Viele Strecken wurden stillgelegt, das Netz wurde dadurch enorm ausgedünnt. Immerhin sind Beja und Évora noch gut von Faro bzw. Lissabon aus erreichbar, teils aber mit umständlichem Umsteigen. Dafür sind diese Fahrten immer noch ein Erlebnis. Portugiesen bevorzugen **Expressbusse**, um in den Baixo Alentejo zu gelangen.

Übernachten Da es eine Sünde wäre, im Alentejo zu eilen, habe wir das Zimmerangebot in diesem Teil ausführlich gehalten. Für die Monate Juli und v. a. Aug. empfiehlt sich eine **Reservierung** in der näheren und weiteren Umgebung der Strände. Die Preise differieren stark; es gibt einfache Unterkünfte für 25–30 €, aber auch turismo rural zu 80–140 €.

Zwischen Sado und Sines

Die früher *Estremadura Transtagana* genannte Region, im nördlichen Teil mit dem **Mündungsdelta des Rio Sado** und den anschließenden **Reisfeldern**, steht unter dem administrativen Einfluss von Setúbal. Weiter südlich, ab Grândola, wird die Landschaft bergiger. Der ungemein ebenmäßige Küstenbogen bis Sines wirkt wie eine Klammer im Westen, der vom Süden kommende Rio Sado mit seinen vielen Windungen wie eine lockere Girlande im Osten. Hierher haben sich noch nicht so viele ausländische Gäste verirrt, die Chance also für Liebhaber des Ursprünglichen und Naturnahen.

Baixo Alentejo → Karte S. 519

Alcácer do Sal
ca. 9000 Einwohner

Der uralte Ort schmiegt sich an einen sanften Berghang, darunter verbreitert sich der Rio Sado zu einem riesigen Mündungsdelta. Der römisch-arabische Ortsname heißt übrigens nichts anderes als „Salzburg".

Die Stadt wartet mit einigen Sehenswürdigkeiten auf und bietet noch ein erfreulich harmonisches Gesamtbild. Die besondere Lage an einem alten Verkehrsweg vom

Alcácer do Sal

Mittelmeer zum Atlantik ließ die Stadt schon zur Zeit der Römer eine bedeutende Rolle spielen; man prägte eigene Münzen, und es galt das römische Stadtrecht. Ab der arabischen Besatzung 715 erlebte der Ort seine eigentliche Blüte und wurde Provinzhauptstadt. Nach etlichen Auseinandersetzungen gingen die Portugiesen, von den Kreuzrittern unterstützt, nach langer Belagerung 1217 endgültig als Sieger hervor. Schon 1218 verlieh Dom Afonso II. der Ortschaft die Stadtrechte.

Die Gewinnung und der Vertrieb von Meersalz ist heute nicht mehr so bedeutend. Die Region widmet sich mehr der Landwirtschaft und nimmt den ersten Rang in der nationalen Reis-, Kork- und Pinienkernproduktion ein. Wer jedoch im September hierher kommt, kann immer noch die Salzernte in voller Aktion beobachten (nach der Ortsausfahrt Richtung Troia geht es rechts ab, Pfeile weisen den Weg zur *Salina Batalha*). Zu jeder Zeit reizvoll und begehbar ist ein neu geschaffener Rundweg um die Stadt (Rota do Senhor dos Mártires; 12,7 km, ca. 3 Std.). Auch die Stadt selbst mit ihrem eigenen, leicht heruntergekommenen Charme und die Burg können gut zu Fuß erkundet werden.

Besonders ab dem 24. Juni lohnt sich ein Abstecher hierher, denn zu den Festas de S. João werden in der Unterstadt die Straßen fantasievoll mit bunten, oft aus recycelten Materialien hergestellten Girlanden und Fähnchen geschmückt, die fröhlich im Wind wehen und bis zum Ende des Sommers ein reizendes Schattenspiel veranstalten. Dazu lockt die neue, breite Uferpromenade – nun ohne Verkehr – zum Flanieren .

Sehenswertes

Am *Largo Pedro Nunes* (1502–1578; hier geborener Mathematiker, Astronom und Kartograph), gleich gegenüber dem Rathaus, findet sich das **Museu Municipal**, leider im Moment geschlossen. An seiner Außenwand prangt ein manuelinisches Fenster – der Bau war ehemals eine Hl.-Geist-Kirche. Der Umbau des **Kastells** und des Klosters Aracoeli zu einer Pousada verwehrt dem Besucher zwar den normalen Zugang, trotzdem sollte man den Burgberg hinaufsteigen – nicht nur wegen des überragenden Ausblicks auf die letzten Krümmungen des Sado. Fast oben angekommen, passiert man das Forum Romanum, zur Flussseite hin überragt von Betonmasten, auf denen Störche nisten. Denn im **archäologischen Museum Cripta Arqueológica do Castelo** unter der Pousada und dem ehemaligen Nonnenkloster sind Funde aus allen Epochen der Besiedlung *in situ* zu sehen (Eisenzeit, Römerzeit, arabische Zeit). In vorbildlicher Weise konnten die Zivilisationsschichten sichtbar gemacht und erhalten werden

Juli und Aug. tägl. (außer Mo) 10–13 und 15–19 Uhr, Sept.–Juni 9–12.30 und 14–17.30 Uhr. Eintritt frei. ℡ 265612058.

Die Kirche Santa Maria do Castelo wurde im 12./13. Jh. im spätromanischen Stil erbaut, später aber etwas unpassend überarbeitet. In der Capela do Santissimo und an anderen Stellen z. T. groteske Azulejos und Bemalungen des 17. Jh.

Tägl. (außer Di, Do) meist 15–17.30 Uhr geöffnet.

An weiteren Kirchen wäre vor allem der Franziskanerkonvent mit der **Kirche Santo António** und der **Kapelle der 11.000 Jungfrauen** (16.–18. Jh.) noch interessant; dabei geht es in der Legende um die hl. Ursula von Köln. Man erreicht die Kirche von der Burg aus in nördlicher Richtung, ca. 150 m weiter. Der Marmor von Estremoz entwickelt hier seinen ganzen Zauber.

Unregelmäßig und nur nachmittags geöffnet, das Pfarrhaus gibt Auskunft ℡ 926462939.

Das Heiligtum **Senhor dos Mártires,** etwa 1 km vom Zentrum in westlicher Richtung, von den Jakobsrittern gegründet, ist wegen zweier gotischer Seitenkapellen sehenswert (achteckige Kapelle des hl. Bartholomäus und eine gotische Kapelle mit dem Sarkophag des Eroberers und Ordensmeisters Diogo de Pereira). Auch sind noch sehr alte Wandfliesen erhalten.

Di–Sa 10–12.30 Uhr (den Schlüssel hat eine Dame im Haus links, ggf. einfach klopfen).

Baixo Alentejo

17 km

Basis-Infos

Information Anfang der Promenade bei der Autobrücke tägl. (außer So) 9–17 Uhr; für den Sommer geplant: So bis 19 Uhr. Largo Luis de Camões, postoturism oalcacer@gmail.com, ✆ 265009987.

Auch die Damen in der städtischen Bibliothek sind freundlich und hilfsbereit. Dort gibt es neben WLAN, Computern und Stadtplänen auch einen Balkon mit Blick zum Fluss, Mo–Fr 10–12.30 und 14.30–19 Uhr, Sa bis 18 Uhr. Biblioteca Municipal, Rua Rui Salema 23, ✆ 265247017.

Verbindungen Züge halten nicht mehr in Alcácer do Sal.

Busbahnhof am Ortsrand Richtung Lissabon. Busse der Rodoviaria do Alentejo fahren an Wochentagen 2-mal direkt nach Lissabon, 7-mal tägl. (Sa 4-mal, So 2-mal) über Setúbal nach Lissabon, 3-mal nach Sines über Grândola und Santiago de Cacém, 3-mal (im Juli/Aug. auch 1-mal Sa) nach Tróia, 2-mal wochentags nach Évora.

Ausflüge Rotas do Sal, Ausflüge zu Wasser und zu Lande. ✆ 962375950, www.rotasdosal.pt.

Einkaufen Alcácer do Sal beherbergt ein paar der angesehensten Sattlereien, wie die **Correaria Machado e Goucha**, die schon in der 3. Generation die Sattel für den Stierkampf herstellt. Das Geschäft mit vielen weiteren Dingen aus Leder (nicht nur für Pferde) wie Stiefel, Kleidung etc. liegt rechts von der Autobrücke. Av. dos Aviadores 19 und man kann dort einen Blick in die Manufaktur *(oficina)* nebenan vereinbaren.

Feste/Märkte PIMEL, Erntefest (Pinienkerne, Honig usw.), Stadtfest und Santos Populares um den 24. Juni.

Feira Nova, Jahrmarkt Anfang Okt.

Telefonnummern GNR (Polizei) ✆ 265242610, ärztl. Notdienst/Serviço de apoio permanente ✆ 265610500, Av. José Saramago, **Taxi** (Largo 25 de Abril) ✆ 265622189.

An den Gestaden des Alqueva-Stausees

Übernachten/Essen & Trinken

Übernachten   **Pousada D. Afonso II.**, grandiose Lage mit Blick auf den Sado. Innen gigantische Hallen mit großem Komfort, man kommt sich vor wie bei Hofe. Auch barrierefrei. 35 DZ für 100–210 € je nach Saison. Direkt im Castelo de Alcacer do Sal, ✆ 265613070, www.pousadas.pt.

Cegonha, familiäres Hotel mit freundlichen Besitzern in einer engen Altstadtgasse gleich neben dem Restaurant O Brazão. Relativ geräumig, doch unspektakulär eingerichtet (mit Bad und Frühstück). 18 DZ für 60 €, EZ 45 €, 3-Bett-Zimmer 75 €, Suite 100 €. Largo do Terreirinho, ✆ 265612294.

Flor, hinter der Post, gegenüber einer alten Villa aus den 1920er-Jahren. Im Restaurant (sehr ursprüngliches Ambiente, alentejanische Küche) nach Zimmern fragen. Von dort aus wird man in eine kleine Pension mit familiärem Ambiente geführt. Waschbecken im Zimmer, Bad auf dem Gang. DZ 30–35 €. Rua Guilherme G. Fernandes 2, ✆ 265622220.

Valentina Place, zwei helle Appartments in einem schön renovierten Haus, 70–90 € pro Nacht. Sehr Zentral an der Flussavenida Av. Joao Soares Branco 22, D. Carla, ✆964473735.

Hotel Ordem de Santiago, zentraler geht's nicht. Neues Hotel direkt am Largo Luís de Camões (Eingang hinten). Zimmer (mit Balkon) eher einfach komfortabel, man bezahlt hier für die exzellente Lage. DZ 58–65 €, EZ 43–55 € (mit Blick auf den Sado ca. 3 € extra), mit Frühstücksbüfett. Rua de Rui Coelho 47, ✆ 265284910, www.hotelordem desantiago.com.

Camping   **Städtischer Camping**, hinter Ecomarché, nördlich vom Castelo, 1 km vom Stadtzentrum. 32 Plätze (für ca. 150 Personen) auf knapp 1 ha Land. Gerade im Aug. oft voll, Reservierung nur am selben Tag morgens möglich! Sehr großer Swimmingpool, auch Kinderbecken, Tennisplatz. Leider nachts wegen der Schnellstraße im Tal sehr laut. 14. Dez. bis 16. Jan. geschlossen. Hauptsaison pro Person/Zelt/Auto 2,60/2,60/2,10 €, 10 % Ermäßigung mit Cartão Jovem. Olival de Outeiro, ✆ 265612303, parque. campismo.m.alcacerdosal@gmail.com.

Außerhalb   **Hotel Vale do Gaio**, in Bilderbuchlandschaft, mit Pool und Direktzugang zum Stausee. Kanu- und Radverleih inkl. Viele Freizeitmöglichkeiten auf Anfrage. DZ mit Parkett 90–160 €, 5 mit Balkon, 10 zur Seeseite. Ca. 12 km landeinwärts bei Torrão, am Barragem Trigo de Morais, ✆ 265669610, www.valedogaio.com.

Essen & Trinken   Hier hat man eine große Auswahl an guten Restaurants mit vielen traditionellen Gerichten.

O Brazão, rappelvoll mit Einheimischen. Portugiesische Küche. Geschlossen Di abends, Mi und im Winter. Largo Professor Franciso Gentil, ✆ 265622576.

O Néne, nach Meinung der Einheimischen die beste Adresse für gegrillten Fisch, den es dort zu Kilopreisen und mit Zutaten gibt. Dorade ca. 10 €. Begrünte Terrasse, oberhalb der Santiagokirche an der Hauptstraße, A. José Saramago, ✆ 265622960.

Porto Santana, gediegenes Restaurant mit authentischer Küche und großzügigen Portionen. Auf der anderen Flussseite mit schönem Blick auf die Stadt. Tägl. geöffnet.

Baixo Alentejo → Karte S. 519

Bar da Liga, nettes Ambiente, gesunde kleine Gerichte, auch Vegetarisches und frische Obstsäfte. Gartenterrasse mit Kräutern, die man dann als Tee zubereitet bekommt. Tägl. (außer Di). Noch etwas oberhalb von Brasão, links die Straße hoch. Calçada 31 de Janeiro.

A Candeia Café und Snackbar, hier trifft sich die Jugend. Preiswerte Tagesgerichte, Bier 1 €! Im Sommer Livemusik auf der Veranda. Ganztägig bis Mitternacht geöffnet, Sa bis 2 Uhr, So zu. Largo Consolação 16 (Platz Richtung Pousada).

Kupido, auch hier viele junge Leute. Bisschen gemütlicher, mit lauter, allabendlicher Musik, manchmal live oder Karaoke, Tanz und den berühmten (Pizzabrot-)tostas für 3 €. Tägl. (außer Mi) bis 2 Uhr. Rua da Torre da Talha (Straße zwischen Campingplatz und Burg).

Außerhalb A Escola, in der ehemaligen Grundschule von Cachopos (auf halbem Weg zwischen Alcácer do Sal und Comporta). Auszeichnung 2009 für die beste Weinkarte Portugals. Viele Fischgerichte, aber auch ausgezeichnetes schwarzes Schwein. Gerichte 10–15 €, ehrliche Preise. Tägl. (außer Mo). ℡ 265612816, www.restauranteaescola.com.

Comporta und Umgebung

Auf der EN 253 oder 261 und von Alcácer do Sal über die große Bücke gelangt man auf einer endlos langen Straße nach Comporta, das sich mehr und mehr vom Reiszum Reisezentrum, zu einer blau beflaggten Badezone mit relativ ruhigem Meer, entwickelt. Das haben auch die Spanier aus der Extremadura bemerkt und besonders die reicheren „Alfacinhas", die Bewohner Lissabons, zieht es hierher – das Preisniveau ist eher hoch.

Wer, mit der Bahn von Lissabon kommend, knapp am ausladenden Delta des Rio Sado entlangfährt, bemerkt sicherlich die in längliche Zonen eingeteilten **Reisfelder**. Aber erst nach Überquerung des Flusses bei Alcácer do Sal beginnt die riesige Anbaufläche; sie reicht 40 km bis zur Costa da Galé und nach Süden bis fast nach Grândola. Die wenigen Menschen, die hier zu Hause sind, leben traditionell mit und vom Reis. Die Reismarke, die heute noch aus Comporta kommt, heißt „Ceifeira". An Stelle der Handarbeit besorgen spezielle Doppeldeckerflugzeuge fast sämtliche Arbeiten. Sie bringen die Saatkörner aus und sprühen Pestizide, Herbizide und Fungizide, um mit der Marktwirtschaft Schritt halten zu können. Dass dadurch die *Lagoa de Melides* biologisch kaputtgemacht wurde, regt bislang leider nur die Umweltschutzorganisation Quercus auf.

Aldeia da Carrasqueira, am Sado gelegen, von Comporta auf einer Nebenstraße zu erreichen, hat bis heute noch die schilfgedeckten, hölzernen Fischerhäuser auf Stelzen. Ebenso interessant sind die wenigen, letzten strohgedeckten Fischerhütten in **Carvalhal**. Carvalhal besitzt auch – dank der Bemühungen der Câmara von Grândola – mit dem Praia do Pego einen der wenigen Strände Portugals, wo Rollstuhlfahrer Einrichtungen vorfinden, um im Meer baden zu können.

Information Der Turismo befindet sich am Rondell zu den Stränden Praia do Pego und Praia do Carvalhal, ist aber im Winter geschlossen. Dann erfährt man alles Wissenswerte in der Gemeindeverwaltung hinter dem Bankgebäude an der Hauptstraße.

Verbindungen Bus 8319 von Alcácer do Sal 3-mal tägl. an Werktagen und zurück nach Alcácer um 14.45 und 18.45 Uhr. Parallel zur Küste nach Sines geht es mit Linie 8148 früh um 9.05 Uhr und spätnachmittags, dabei werden u. a. Carvalhal und Melides angefahren.

Parken Achtung: Parkgebühr an allen Stränden 3,50 €!

Wassersport Carvalhal Surf School, ℡ 967566192 und ℡ 962475961, http://carvalhal surfschool.blogspot.com.

Übernachten Casas da Comporta, große Apartmentanlage, die aussieht wie eine deutsche Reihenhaussiedlung. Gut besucht, auch während des jährlich im Frühjahr stattfindenden großen Reitturniers in Comporta. Mit Pool, Kinderspielplatz und kleinem Supermarkt. Je nach Saison kostet ein Apartment für max. 3 Personen 62–162 € oder für 5 Personen zwischen 81 und 227 €. An der Ausfahrt Richtung Alcácer do Sal, ✆ 265497211, www.casasdacomporta.net.

O Avelino, 10 DZ mit Bad, Klimaanlage, TV und kleinem Kühlschrank. Achtung: sehr steile Marmortreppe zu den Zimmern! Restaurant (regionale Fischküche) und typisches Café im Erdgeschoss, hier nach den Zimmern fragen. Direkt am Ortseingang links. DZ 35–40 €, ohne Frühstück, Av. 18 de Dezembro 5, ✆ 265490128.

Essen/Sehenswertes Reismuseum und Restaurant **Museu de Arroz**. Museum: nur Juli bis Mitte Sept. 10–13 und 14.30–19.30 Uhr, Eintritt 2 €, mit Audioguide 3,50 €, Kind bis 11 J. frei. Das **Museum** wurde 2013 in der alten „Reismühle" eröffnet und gehört wie das Restaurant zum Megaprojekt *Herdade da Comporta/Herdade do Montado*. Es zeigt auf 2 Ebenen renovierte Maschinen zur Reisverarbeitung wie Schälung und Polieren der Reiskörner. Auch einen Film gibt es, bei dem ehemalige Reisarbeiter über ihre Arbeit berichten (mit engl. Untertiteln). Leider sieht das Ganze zwar brandneu und edel aus, es fehlen aber die interaktiven Elemente und selbst beim Film hat man noch nicht einmal an etwas Platz und Stühle gedacht. Hier hätte mit den verwendeten Geldern etwas weitaus Interessanteres geschaffen werden können.

Ein bemerkenswertes, nobel eingerichtetes und hochkarätiges **Restaurant** direkt neben dem Museum. Natürlich gibt es hier alle nur denkbaren portugiesischen Reisgerichte. *(Bacalhau, Tamboril, Lebre, Pato* usw., Hauptgerichte teuer (16–25 €), dafür sieht man dort authentische Bilder von der Arbeit mit dem Reis und hat vom hinteren Teil aus einen direkten Blick über die Felder selbst. Tägl. (außer Mo), Nov. geschlossen. ✆ 265497555, museudoarroz@sapo.pt.

Über den Stranddünen von Comporta finden sich zwei Restaurants nebeneinander, beide mit recht guter Küche:

Ilha do Arroz, gemütlich eingerichtet mit Loungebereich, Hauptgericht um die 19 €. Tägl. (außer Mo), im Winter. geschlossen. ✆ 265490510.

Comporta Café, Restaurant und Bar im Strandhütten-Design. Junge Crew, buntes Ambiente, jede Menge Livemusik im Sommer. Wer seinen Strandstuhl vor dem Café aufbaut, braucht nur ein Tuch an seinen Schirmmast hängen, um von einer Bar aus bedient zu werden. Tägl. (außer Mo), Mitte Nov. bis Mitte Dez. geschlossen. ✆ 265497652.

Außerhalb Praia do Peixe, seit 1996 gibt es dieses Restaurant. Es entstand aus einer Fischerhütte, liegt mitten im Naturschutzgebiet und ist Teil der *Herdade de Comporta*. Auf dem Rundumbalkon gibt es Meeresgetier in allen Variationen zu essen (15–25 €). Angeschlossen ist ein kleiner Shop mit schicken Strandaccessoires für Supermodels wie Marisa Cruz oder den Fußballspieler João Pinto, die sich hier auch gelegentlich blicken lassen. Tägl. (außer Mo), Okt. bis Mitte April geschlossen. Weiter südlich am Praia do Pego 1 (Carvalhal), ✆ 913061256, info@lagrimashotels.com.

Pôr do Sol, hier ist der Fisch auch gut und preiswerter als im „Praia do Peixe". Tägl. (außer Di). Praia do Carvalhal, ✆ 265497225.

Torrão

ca. 3000 Einwohner

Wer von Alcácer do Sal oder Grândola in Richtung Èvora oder Beja fährt, sollte nicht versäumen, diese typische Landgemeinde zu besuchen – von der Fläche her ist sie die zweitgrößte des Landes. Das ländliche Flair unterstreichen die massiven Kamine auf den Häusern. Früher gab es hier eine feste Stierkampfarena, nun ist sie mobil und wird jedesmal zu den *torradas*, den jährlichen Stierkampftagen im August, neu errichtet. Die azulejo-geschmückte manuelinische Kirche darf natürlich nicht fehlen; einige kurios bemalte Kacheln sollen sogar noch maurischen Ursprungs sein. Im Zentrum ein schöner, gepflegter Park mit Pavillon und der frisch renovierte neoklassizistische Grafenpalast.

Weiter draußen, Richtung Alvito, thront die **Ermida de Nossa Senhora do Bom Sucesso** (17. Jh.) mit riesigem Portikus und einem volkstümlich-kostbaren Aussehen.

Baixo Alentejo → Karte S. 519

Unmittelbar vor Torrão führt eine Brücke über den Xarrama-Fluss, der sich danach zum **Gaio-Stausee** erweitert. Bei der Brücke typisch portugiesische Wasserstellenarchitektur mit Picknickplatz (Parque de Merendes); anhalten, um einen Blick auf die Sumpfschildkröten zu werfen, die sich unten im Wasser tummeln – der Abstieg zum Ufer ist allerdings nicht einfach. Ein Stück die Straße hoch geht es links auf die fast völlig überwucherte römische Straße von Salacia nach Emérita Augusta; hier sind noch ca. 300 m original-gepflasterter Weg vorzufinden *(calçadinha*, braunes, kaum auszumachendes Hinweisschild).

Einen Besuch wert ist das **Museu Etnográfíco do Torrão**, das neben archäologischen Funden Zeugnisse der bäuerlichen und frühindustriellen Geschichte der kleinen Stadt zeigt; vor allem das in der Region so bekannte Holzofenbrot spielt eine große Rolle. Ein freundlicher Guide führt gerne durch die verschiedenen Räume der Olivenmühle, deren unterschiedliche Fabrikationsformen plastisch dargestellt werden. Und natürlich finden sich auch einige Gegenstände von der Bronzezeit bis zur islamischen Periode.

Di–Fr und jeden 1. und 3. Sa im Monat 9–13 und 14–17 Uhr. Eintritt frei. Rua das Torres.

Bäckerei Padarias Reunidas do Torrão, hier wird preisgekröntes Alentejo-Brot gebacken, das bis Lissabon geliefert wird. Geöffnet tägl. fast rund um die Uhr, 12.30–14 Uhr Mittagspause. Östl. Ausfallstraße, kurz vor dem Park, Rua Dr. António J. Conceição 40.

Feste/Märkte Höhepunkte des dörflichen Lebens sind die Wallfahrt am 23. Juni, Mariä Himmelfahrt, ein mittelalterliches Festival im Mai und die Karwoche mit dem Osterfest.

Übernachten/Sport Vale do Gaio, → Alcácer do Sal, S. 563

Essen & Trinken Belo Horizonte, Essen tägl. (außer Di) 12–14 und 17–22 Uhr. Restaurant und Café, direkt gegenüber der Igreja de Nossa Senhora de Misericórdia/Albergaria, der Wirt hat den Schlüssel dazu! Spezialität des Hauses: *Açordas de tomate com Bacalhau* für 8 €. Restaurant echt heimelig mit offener Feuerstelle, Azulejos und Zeitungsfoto vom Wirt mit zweiköpfigem Schwein. Largo da Cruz.

O Afluente do Sado, wechselnde Tagesgerichte zu ca. 8 € (auch *ensopado de borrego*). Großer Festsaal in der 1. Etage. Rua de Beja 11, von Evora kommend, direkt links hinter der Tankstelle, ✆ 265669763.

Café Pastelaria Carapinhas, für Freunde der süßen Leckerbissen, eigene Produktion von Kuchen und Leckereien, preisgekrönt, mitten im Ort. Rua Fernandes 43, ✆ 265669336.

Grândola

ca. 10.500 Einwohner

José Afonso hat die typische Landstadt als „vila morena" (braune Stadt) besungen; er dachte dabei an abgeerntete Felder und rotbraunen Boden. Sein Lied war das revolutionäre Startsignal, das am Morgen des 25. April 1974 im Radio gesendet wurde.

Doch nicht nur Revolutionäre zieht es hierher: Es locken das artenreiche Vorgebirge mit markierten Wanderpfaden und, nur ca. 20 km weiter westlich, eine Vielzahl an endlosen Sandstränden.

Gleich am nördlichen Ortseingang der fleißig weiß getünchten Stadt trifft man auf das nicht zu übersehende *Denkmal des Sieges* über die Salazar-Diktatur. Auf Fliesenbildern wird an das musikalische Revolutionssignal und an die Deklaration der Menschenrechte erinnert.

Neben schönen Plätzen und Stadtparks, Märkten und alten Stadthäusern ist die einschiffige **Pfarrkirche** aus dem 15. Jh. hervorzuheben. Sie enthält manieristische Bilder des 16. Jh. zum Pfingstthema und einen eindrucksvollen, klassizistischen Hauptaltar.

Auch von **Santa Margarida da Serra** aus, weiter südwestlich gelegen, einem alentejanischen Musterdorf (mit populär zugeschnittener, ländlicher Kirche aus dem 15. Jh. und einer indisch-portugiesischen Kirche), gibt es diverse Wandermöglichkeiten, einige sogar ausgeschildert und mit entsprechendem Faltblatt (Vereda de Sto. André, GR 11.1). Die gesamte, südwestlich der Stadt vorgelagerte, Serra de Grândola ist ein geschlossenes, mediterranes Mischwaldgebiet sondersgleichen. Dem trägt eine Forschungsaußenstelle für Umweltbiologie des Landwirtschaftsministeriums und der Universität Lissabon in der Herdade da Ribeira Abaixo Rechnung. Die Gebäude wurden originalgetreu wieder aufgebaut; Schüler und Studenten können dort für kürzere Zeit mithelfen und in einer Ökothek das praktisch Gelernte vertiefen.

Basis-Infos

Information Mo–Fr 9–17 Uhr, Sa 10–13 Uhr geöffnet. In der Câmara Municipal de Grândola, Rua D. Nuno Alvares Pereira, ☎ 269750429, turismo@cm-grandola.pt.

Verbindungen Grândola liegt an der Bahnstrecke Algarve – Lissabon. Der **Bahnhof** befindet sich gut 1 km östlich des Zentrums. Nach Norden insgesamt 4-mal tägl., nach Faro ebenfalls 4-mal tägl., und in Richtung Beja (umsteigen in Pinhal Novo) 2-mal tägl.

Mehrmals tägl. fahren Busse auf der Strecke Lisboa – Sétubal – Alcácer do Sal–Grândola – Santiago do Cacém – Santo André – Sines und zurück, und zwar sowohl als *carreira normal* und als *rápida*. Mit Linie 8197 nur werktags zur Lagoa de Melides, im Juli/Aug. um 9.30 Uhr und 13.45 Uhr, Rückfahrt um 18 Uhr).

Adressen Post am Largo Santa Eufémia. Taxistand nahe der Post in der Rua D. Afonso Henriques.

Im Rathaus und in der Stadtbibliothek gibt es kostenloses **WLAN**. Zudem im Espaço Internet, Mo–Fr 15–18.30 Uhr, Av. António Inácio da Cruz.

Feste/Veranstaltungen Prozessionen am letzten So im Mai zur **Nossa Senhora da Penha**. Ende Aug. große **Feira** mit bekannten Sängern und Musikgruppen, Schokoladenfestival Anfang Nov.

Touren **Passeios & Companhia** (Turismo no Espaço Rural), geführte Touren zu Fuß, im Minibus, Kanu oder mit Mountainbikes, bei denen man der Natur und dem bäuerlichen Leben näherkommt, ab 2 Personen. ☎ 269476702 und ☎ 968084584, www.passeiosecompanhia.com.

Telefonnummern GNR (Polizei) ☎ 265242600, **Centro de Saúde** ☎ 269450200.

Übernachten/Essen & Trinken

Übernachten *** Hotel Dom Jorge de Lencastre, gute Räumlichkeiten, zentral gelegen, 34 hübsche DZ, 60–75 €, 1 EZ 50–60 €, 2 Suiten. Praça D. Jorge 14, ✆ 269498810, www.hoteldomjorge.com.

Die Residencias der Stadt sind zumeist etwas heruntergekommen, eines für den Notfall!

Fim do Mundo, direkt am Bahnhof am Rondell, mit angeschlossenem Restaurant. Sehr einfach, aber blumengeschmückter Innenhof. DZ mit Minibad 37,50 €, bei Einzelbelegung 20 €. Av. Jorge Nunes 2/4, ✆ 269442061.

››› Mein Tipp: Casa dos Morgados Guest-house, zwischen Zentrum und Bahnhof, Ana Paula vermietet 6 individuelle Zimmer in einer Stadtvilla mit Pool und Jacuzzi, DZ 60–80 € inkl. reichhaltiges Frühstück. Av. Jorge V. Nunes/Rua 1o de Dezembro, ✆ 269185817, www.casamorgados.com. ««

Außerhalb Monte Cabeço do Ouro, ein typisches, modernisiertes Landhaus mit Pool, Jacuzzi und Sauna. Eigener Reitstall und Ausrittmöglichkeiten. Hunde dürfen mitgebracht werden (10 € pro Tag). EZ 55–70 €, DZ 60–75 €, Apartmenthaus für 4 Personen 110–125 €, Suite 75–90 €. Außer Apartmenthaus alle Zimmer mit Frühstück. 2 km vor Grândola, ✆ 269440330, www.cabecodoouro.com.

Casa Joanne, hübsch gestaltete Apartments und 2 DZ in einem Wohnhaus mit Garten und 2 großen Palmen davor. 35–84 €, Mindestaufenthalt 4 Nächte, Abholservice aus Grandola. Lagoa de Melides 3, Sesmaria do Meio, ✆ 269907345 oder 915838758, www.casa-joanne.com.

››› Mein Tipp: Monte das Faias, sehr geschmackvolle, ländliche Unterkunftsmöglichkeit (v. a., wenn man das grandiose Abendessen mitbucht). Traditionelle und handbemalte Tische und Betten (sogar die Kissen haben perfekte Liegehöhe!). Deshalb unser Tipp für diejenigen, die es sich leisten können oder wollen! In der Hochsaison DZ 80 €, bei Vollpension 150 €, EZ 60–94 € und Häuser 95–163 €. Auf der Straße nach Évora nach Autobahnbrücke links. ✆ 269440003, www.montedasfaias.com. ««

Brejo da Amada, wunderschönes Plätzchen mit Schwimmsee von einem ehemaligen Flugkapitän und seiner Yoga lehrenden Frau. DZ 70–95 € im Holzbungalow mit Frühstück. 8 km nördl., beim Dorf Muda rechts, die Anfahrt etwas abenteuerlich über eine 4 km lange Schotterpiste. ✆ 269440007 oder 938143222, www.brejodamada.com.

Essen & Trinken Espaço Garrett, sehr liebevoll eingerichtetes Restaurant mit Kunstgalerie im 1. Stock und jeder Menge regionaler Spezialitäten zum Vor-Ort-Verzehr oder als Mitbringsel. Wenige, doch leckere Tagesgerichte zu ca. 10 €. Tägl. 11–23 Uhr. Gleich in der Nähe des Turismo, Rua Almeida Garrett 4, ✆ 269498087.

A Talha, nobles Restaurant, von der Touristeninformation mehrfach empfohlen. Alentejanische Küche, z. B. migas de espargos verdes für 11,50 €, zahlreiche Weine. So abends und Mo geschlossen. Etwas schwer zu finden: Rua Nuno Alvares Pereira, da wo die Häuserreihe unterbrochen ist. ✆ 269086942.

O Litoral, besonders für frischen Fisch, Meeresfrüchte und vor allem Garnelen. In einer kleinen Seitenstraße, Rua Afonso Henriques 3, ✆ 269441286.

Essen außerhalb A Lanterna, sehr ursprüngliche alentejanische Küche, 8–10 €, nur die Einrichtung haut einen nicht vom Hocker. Mo abends und Di geschlossen. An der EN 120 nach Alcácer, in Amoreiras, ✆ 269442887.

A Quinta do Lourenço, traditionell alentejanische Küche für 10–15 €, Fisch und Fleisch gleichermaßen gut. Tägl. (außer Mi). Estrada Nacional 261, Saibreira, ✆ 269907329.

Centro Ciência Viva de Lousal

Fährt man von Grândola etwas südlich auf der N 1 Richtung Ourique, tauchen nach ca. 15 km rechts die Schilder Lousal und Centro de Ciência Viva auf. Man folgt ihnen zunächst rechts, später links am Ort vorbei, bis man vor einem großen Backsteingebäude ankommt. Hier wurde seit Anfang des 20. Jh. Pyrit für die Düngerherstellung abgebaut.

In den 1950er- und 1960er-Jahren arbeiteten über 2000 Arbeiter in den Minen und lebten mit ihren Familien im Ort direkt nebenan; vor Schließung der Minen 1988 waren es nur noch 30. In den verschiedenen Gebäuden ist inzwischen das Centro Ciência Viva de Lousal mit Minenmuseum untergebracht: Man erfährt mehr über die Geschichte, sieht Werkzeuge, riesige Elektrogeneratoren (Lousal war noch vor Lissabon die erste elektrifizierte Stadt Portugals!) und Miniaturmodelle unterschiedlicher Minentypen (viele aus der Bergakademie Freiberg bei Dresden).

Man kann durch einen Minentunnel schlüpfen und bekommt im ehemaligen Duschgebäude der Minenarbeiter sogar eine Wissenschaftsdusche mit mannigfaltigen, naturwissenschaftlichen Versuchen. Ein Angesteller kommt mit und erklärt auf Englisch. Und wenn der Wissenschaft genüge getan ist, dann gibt es nebenan ein nettes Café mit Snacks, ein feines Restaurant und im Hotel Santa Barbara können Zimmer gemietet werden.

Tägl. (außer Mo) 10–18 Uhr. Eintritt 4,50 €, Kind bis 6 J. frei, bis 17 J. und über 65 J. 3,50 €, Familienticket 10 €, ℡ 269750520, www.lousal.cienciaviva.pt.

Wandern in der Serra da Grândola

Auf der Rota da Serra: Um die prächtige Natur der Serra da Grândola, ein klassifiziertes Biotop, kennenzulernen, muss man nicht weit fahren, sondern kann, direkt beim Posto Turismo in Grândola beginnend, in südwestlicher Richtung der ausgeschilderten „Rota da Serra (PR 1)" folgen, einem 20 km langen und nicht besonders anstrengenden Rundwanderweg (Dauer 6–7 Std.). Die Tour beginnt nach der alten Elektrizitätszentrale in der Rua de Melides, einem mittelalterlichen Weg. Sie führt auf Wanderpfaden durch alte Olivenhaine, an einer Quelle mit Gumpen vorbei, streckenweise durch hohe Buschwildnis und hoch zum Aussichtspunkt *Outeiro dos Píncaros*, dann wieder durch dichtbelaubte Vegetation mit all ihren fliegenden und kriechenden Bewohnern und letztlich über einen Grat zum überragenden Marienheiligtum **Nossa Senhora da Penha**. In der Kirche einzigartige Wandfliesen und eine Sammlung von Votivbildern. Auf diesem „heiligen Berg" finden mit Höhepunkt am letzten Sonntag im Mai religiöse Feierlichkeiten statt, die viele Pilger anziehen. So gibt es eine Lichterprozession bei Nacht und eine Rosenprozession bei Tag.

Auf der Vereda de Melides: Das Gegenstück zur Rota da Serra ist die „Vereda de Melides (PR 2)", ein wiederum 17 km langer ausgeschilderter Fußpfad ohne viel Schwierigkeiten, der seinen Anfang und sein Ende in **Melides** bei der *Fonte dos Olhos* hat. Der Weg bietet alles, was das Herz begehrt: ländliches Ambiente, viele kleine Bauernhöfe, Bäche und Tümpel und auf den Graten überwältigende Einblicke in die Natur mit besonders reichhaltiger Vogelwelt.

Auf dem Caminho de Santiago: Von Grândola aus kann aber auch – als Teil eines Jakobswegs – eine zweitägige Wanderung (35 km) auf dem GR 11/E 9 entweder nach Alcácer do Sal oder nach Santiago do Cacém unternommen werden. Mit einem kleinen Faltblatt (erhältlich in den entsprechenden Turismo) in der Hand orientiert es sich leicht. Man erfährt auch, wo man einkehren, wo man campieren und wie man mit dem Boot über den Sado gesetzt werden kann, um sein Ziel zu erreichen (evtl. im Winter problematisch, da manche Furten nicht passierbar).

Baixo Alentejo → Karte S. 519

Küste westlich von Grândola

Baden an der Praia da Galé

Der kilometerlange Sandstrand nördlich von Melides, teilweise fein-, mehrheitlich jedoch grobkörnig, wird begleitet von zerfurchten Klippen aus fossilienhaltigem, mergeligem Sandstein aus dem Pliozän (5 Mio. Jahre jung). Abseits wichtiger Straßenanbindungen und Städte ist die Küste noch naturbelassen. Der Zugang erfolgt ab Kilometer 22 an der EN 261 und dann über den Campingplatz. Die wenigen Strandbesucher tummeln sich direkt am Strandzugang; wer aber etwas am Meer entlangläuft, kann sich sehr bald allein dem nassen Element aussetzen.

Verbindungen Busse 2-mal tägl. von Sines über Melides nach Tróia; von der Haltestelle Fontainhas noch 4 km zu Fuß zum ausgeschilderten Campingplatz und zum Strand unmittelbar dahinter.

Camping *** Praia da Galé, großer Campingplatz (15 ha, 780 Stellplätze) mit kleinem Supermarkt, Restaurant, Tennisplatz und Schwimmbad. Gute Grundausstattung. Viel Schatten, idealer, weicher Boden (nur z. T. kiesig) und ganz besonders beliebt bei Dauercampern. Direkter Zugang zum Strand. Ganzjährig geöffnet. Pro Person/Zelt/Auto in der Hochsaison 5.30/5,40/5,10 €. 15. Sept. bis Ende Mai 3,70/4,10/2,10 €; Holzhütten für 2 Personen 18–35 €, Bungalows 60–75 €, Ausweis nicht erforderlich. Liegt ca. 9 km nordwestlich von Melides in Fontainhas do Mar und ist nur schlecht an das öffentliche Verkehrsnetz angebunden. Man fährt mit dem Auto eine nicht enden wollende Sandpiste entlang, wobei man ständig das Gefühl hat, die entscheidende Abfahrt verpasst zu haben. Achtung: Fast am Ende gehts in der Kurve nach links weiter, ✆ 269979100, www.campinggale.com.

Essen & Trinken Tia Rosa, relativ preiswertes, von Fahnen umflattertes, qualitätsgeprüftes und auch wegen seines guten Services beliebtes, auf Fleischgerichte spezialisiertes Lokal (12–15 €); tadellose Entengerichte und Lamm aus dem Ofen. Tägl. (außer Di). In Fontainhas do Mar, Monte da Paragem, 4 km an der Straße nach Comporta (EN 261) rechts, ✆ 269907144.

Baden an der Praia Aberta Nova

Dieser Strand (ebenfalls bei Fontaínhas do Mar) weist besondere Umweltqualitäten auf, erhielt deshalb einmal das Prädikat „Praia Dourada" und ist fast frei von Bebauung. Er ist von der EN 261 aus beschildert, teilweise Schotterstraße, zuletzt geht es über einen Holzpfad. Selbst im August geht es hier noch sehr gemütlich zu. Der Strand ist bewacht und besitzt nur eine Bar. Erste Wahl für Naturfreunde!

Übernachten Uva do Monte, frisch eröffnet in alten Gemäuern. Rustikal einfach, einiges soll noch verbessert werden, aber perfekte Lage. Gemeinschaftsküche und -wohnzimmer. Pool. 8 DZ 55–150 € inkl. Frühstück. Herdade da Costa Terra. Geöffnet Juni bis Sept. Links am Weg zum Strand (2 km). Lugar das Fontaínhas, ✆ 213461381, www.uvadomonte.pt.

Lagoa de Melides

In dem weitläufigen, unter Naturschutz stehenden Dünengebiet haben sich in Niederungen Lagunen gebildet, die bei starker Flut immer wieder vom Meer gespeist werden. Am wenigsten attraktiv ist die nördlichste, die Lagoa de Melides, eigentlich ein Gedicht aus ruhigem Wasser, halbfeinem Sand, Grasinseln und angrenzendem rauem Atlantik. Doch ist die Aura des Strandes durch Abfall und illegal errichtete Ferienhütten gestört. Die Kreisverwaltung und das Umweltschutzministerium wollen nun Natur und Tourismus in Einklang bringen und haben zumindest die Restaurants nach hinten verlegt, (die Besitzer waren sehr begeistert, wie man sich denken kann), die Strände gesäubert, Holzwege und einen Parkplatz geschaffen. Wer jedoch abendliche Musikaufführungen liebt und am Wochenende in den beiden Bars bis 4 Uhr tanzen möchte, wird sich schon jetzt gerne hier aufhalten.

Information Nur Juni (nur Wochenenden) bis Mitte Sept. 10–14 Uhr und 16-18.30 Uhr geöffnet. im Ortzentrum Melides, Casa da Moagem, Largo 25 Abril, ✆ 269 979 066.

Verbindungen Im Sommer 4-mal tägl. per **Bus** (sonst werktags 2-mal) von Grândola über Melides zur Lagoa de Melides.

Übernachten/Essen → Grândola und Umgebung

** **Lagoa de Melides**, riesiger Campingplatz mit ca. 900 Stellplätzen, viele Dauercamper. Minimarkt, gute Grundausstattung. Nur für Camper mit internationalem (F.I.C.C.) oder nationalem (F.C.M.P.) Ausweis. Ganzjährig geöffnet. Pro Zelt inkl. einer Person/weitere Person/Auto 6,70/6/4 €. Ca. 1 km vom Strand entfernt, ✆ 269907151, www.clube campismolisboa.pt.

Lagoa Santo André

Das System dieser größten Lagune lässt sich ideal zu Fuß vom Praia do Porto das Carretas aus erkunden (1½ Std.). Kurz vor dem Parkplatz, auf der Kuppe rechts gibt es einen Zugang zu einem Sandweg, der parallel zum Meeresufer in nördliche Richtung zu vielen kleinen Lagunen führt, die von Schilf und Pinien umstanden sind. Es lassen sich seltene Wasservögel beobachten wie Kolbenenten, Blesshühner und die stattliche Rohrweihe.

Richtung Süden könnte man auch noch drei Lagunen kennenlernen, die von unterirdischen (Süß-)Wasseradern gespeist werden und eher den dichten Sumpfkulturen ähneln. Dieser Weg geht unmittelbar zu Beginn des Strandstegs links ab; das Laufen ist durch den tiefgründigen Sandweg etwas mühsam, doch wenn man nach einer halben Stunde kurz vor der Brandschneise den Pfad zur Düne hochgeht, diese überquert und am einsamen Strand wieder zurückläuft, ist dies auch sehr lohnend.

Verbindungen Von Santiago do Cacém per **Bus** 5-mal tägl. (Sa/So 2-mal, aber nur im Sommer) zur Lagune.

Aktivitäten Badoca Safari Park, tägl. 10–18.30 Uhr geöffnet, Winter bis 17 Uhr, Nov.–Febr. geschlossen, letzte Safari 17 bzw. 16 Uhr. Für Kinder pädagogisch aufbereitete Wildtierfarm. Ideal für Fotosafari. Tiger fein säuberlich von Gazellen, Affen, Kängurus usw. getrennt. Happige Preise: Eintritt 17,50 €, Kind 4–10 J. und Senioren 15,50 € (für alle Aktivitäten außer Trampolinspringen). ✆ 269708850, www.badoca.com.

Übernachten *** Hotel Vila Park, weißer Flachbau, guter Service. Hauptsächlich von Portugiesen frequentiert. Im Juli und Aug. immer ausgebucht. Gartenanlage mit Schwimmbad. Zu den Areias Brancas ca. 5 km. 79 DZ (5 davon barrierefrei) und 12 Suiten (2 davon ebenfalls barrierefrei). DZ 75–125 €, bei Einzelbelegung 60–95 €, Juniorsuiten bis 4 Personen 130–215 €. Av. de Sines, Vila Nova de Santo André, ✆ 269750100, www.vilapark.com.

*** **Monte da Leziria**, schöne, ländliche Anlage. Zimmer in gedeckten Farben, modern-angenehme Innenarchitektur, mit Balkon, Frühstück und guten Parkmöglichkeiten. Ganzjährig geöffnet. DZ 100 €. Babywiege 10 €. Estrada Municipal 1087, ✆ 269084935, www.montedaleziria.com.

An der Lagune befindet sich dann noch die **Picasso's Bar mit Restaurantbetrieb**, ein **Surfcamp** und das Restaurant **Fragateira**, das auch Zimmer vermietet (Gemeinschaftsdusche, Gemeinschafts-WC). Nur für sehr junge Menschen oder frisch Verliebte. Sehr einfach, aber dafür mit grandiosem Meerblick (3 DZ 45 €). ✆ 269749260.

Camping ** **Lagoa de Sto André**, 900 pinienbeschattete Plätze auf 15 ha. Ganzjährig geöffnet. 7 Bungalows 35–45 €, für 4 Personen (45–55 €). Nur für Inhaber eines portugiesischen (C.C.N.) oder internationalen (F.I.C.C.) Campingausweises! Ansonsten pro Person/Zelt/Auto 4,60/3,25/2,87 €. An der Nordseite der Lagune, ✆ 269708550, www.fcmportugal.com.

Baixo Alentejo → Karte S. 519

Essen & Trinken *in Aldeia de Santo André:*

Quinta do Giz, Gerichte um 10 €, große Weinkarte und enormer Fußballbildschirm für die sportbegeisterten Herren und Damen. Tägl. (außer So). Giz, ✆ 269751426.

Faz-te Esperto, im alten Ortsteil gleich beim Kirchplatz, wenn man auf der EN 261 durchkommt. Wunderbar stimmige Dorfkneipe: Essen, Preise, Einheimische. Schnelle und langsame einheimische Küche. Tolle Nachtische und die dreieckigen *chamuças* zum Bier (0,80 €) schmecken besonders köstlich. Tagesgericht für 7 €. ✆ 269752888.

Monte Velho, Monte Velho de Cima, von einer Einheimischen als sehr gutes Lokal für Grillgerichte empfohlen, 10–15 €. Angeschlossene Pferdekoppel. Tägl. (außer Mo), Sept./Okt. geschlossen. ✆ 269744683.

A Cascalheira, sehr gute traditionelle Küche wie Spanferkel (*leitão assado*), Tintenfischsalat. Bei den Einheimischen beliebt. Tägl. (außer Mi). Wenn man von der Lagune kommt, an der Hauptstraße Sines – Grandola, ✆ 269749146.

Lagoa da Sancha

Auf dem Weg nach Sines (auf der Schnellstraße) passiert man die nur von Regenwasser gespeiste Lagoa da Sancha, ein isoliert gelegenes Vogelparadies. Auch hier lohnt sich eine einstündige Wanderung, die an der Baumschule (Viveiros Florestais) beginnt. Man hält sich links bis zum geodätischen Aussichtspunkt von Caracola. Hier kann man noch den seltenen, schön gezeichneten Purpurreiher beobachten, wenn man sich entsprechend unauffällig verhält und die richtige Jahres- und Tageszeit erwischt.

Santiago do Cacém   ca. 14.000 Einwohner

Die Stadt mit dem christlich-maurischen Namen erstreckt sich zwischen mehreren Hügeln. Von der Burg und Pfarrkirche auf 254 m Höhe öffnet sich ein guter Blick über das Meer und die Umgebung. Auf dem gegenüberliegenden Hügel mit funktionierender Windmühle sind die bedeutenden römischen Ruinen von Miróbriga zu besichtigen.

Die historische Altstadt mit ihren hübschen Gassen – die schönsten rund um die Praça Conde de Bracial – und einigen wappengeschmückten Häusern ist durch den Stadtpark mit Freizeitanlagen entlang dem Rio da Figueira unterbrochen.

Darüber thront das **Castelo** und die **Igreja Matriz.** Die Kirche aus dem 13. Jh. wurde nach dem großen Erdbeben 1755 weitgehend umgestaltet. Sehenswert ist die ursprünglich erhaltene gotische Porta do Sol. Aus dem 14. Jh. stammt das Hochrelief, das den hl. Jakob als Maurentöter darstellt. Im Burghof – etwas befremdlich – befindet sich heute der Friedhof der Stadt. Die Mauern der Burg sind gut erhalten, und jederzeit kann man innerhalb und außerhalb um den äußeren Festungsring laufen (auf dem „Passeio das Romeirinhas") und die Aussicht genießen.
Sommer. Mi–So 10–12.30 und 14.30–18 Uhr, Winter 10–12.30 und 14–17 Uhr.

Neben dem Rathaus im alten Distriktgefängnis von 1844 (eine alte Gefängniszelle ist komplett erhalten) ist das **Museu Municipal** untergebracht. Dort kann man die Wohnstätten von Landarbeitern und noblen Herrschaften vor Ort gut vergleichen. Münzsammler dürften vom numismatischen Saal angetan sein.
Di–Fr 10–12 und14–16.30 Uhr, Sa 12–18 Uhr. Eintritt frei. Rua da Cadeia, ✆ 269827375.

Am Stadtrand, ca. 2 km außerhalb des Zentrums, liegen die **Ruinen von Miróbriga.** Auf einer Fläche von 2 km² ist zu sehen, was verschiedene Grabungsinitiativen an

Die Rota Vicentina

Die Rota Vicentina ist eine neu ausgeschilderte, 350 km lange Wanderroute durch einige der schönsten Teile Portugals und des Parque Natural da Costa Vicentina e Baixo Alentejo.

Die Route besteht aus verschiedenen Teilen: die historische Route verläuft im Hinterland von Odeceixe nach Santiago de Cacém; die Fischerroute *(trilho dos pescadores)* führt an der Küste von Odeceixe bis Porto Covo entlang. Zudem gibt es von Cercal nach Ilha do Pessegueiro kurz vor Porto Covo eine Querverbindung zwischen beiden Strecken. Schön zu laufen sind z. B. die Etappen Ilha do Pessegueiro südl. von Porto Covo bis Canal noch vor Vila Nova de Milfontes (14 km, viel Sandboden, daher etwas beschwerlich, anschließend mit dem Taxi zurück) oder vom Strand von Odeceixe bis Zambujeira do Mar (ca. 15 km). Auch der Weg von Milfontes nach Almograve (ca. 15 km) ist von beeindruckender Schönheit.

Weiter südlich treffen sich beide Routen, es geht nun teilweise im Hinterland, teilweise an der Küste entlang. Hinzu kommen noch einige Varianten und kleinere Rundtouren z. B. von Carrapateira aus Richtung Praia do Amado (Circuito Pontal da Carrapateira, 10 km). Zielpunkt ist das Kap des hl. Vinzenz in Sagres.

Weil es auf der Rota Vicentina weitaus mehr Einkehr- und Übernachtungsmöglichkeiten gibt als auf der Via Algarviana im Süden, ist diese Route bei Wanderern willkommen.

Infos auf Englisch unter www.rotavicentina.com mit einer interaktiven Karte, auf Deutsch http://www.wiportugal.org/WanderVicentina.html und für Unterkünfte auch http://casasbrancas.pt.

vor allem römischen Bauten zu Tage gebracht haben. Der Hügel war jedoch schon seit dem 9. Jh. v. Chr. nachweislich ununterbrochen besiedelt. Auf der Grundlage einer befestigten Siedlung aus der späten Bronzezeit errichteten die Römer die jetzt noch beeindruckende Stadtanlage mit dem Forum und dem gegenüberliegenden Tempel als Kern, den etwas abseitsliegenden Bädern und – 1 km weiter unten und einzig erhalten in Portugal – der Pferderennbahn *(hipódromo).* Man hat Gelegenheit, über viel original-römisches Straßenpflaster zu gehen. Die Prächtigkeit der Anlagen geht wohl auf einen Äskulapkult zurück und der damit verbundenen Entwicklung als Pilgerzentrum.

Tägl. (außer Mo) 9–12 und 14–17.30 Uhr. Eintritt 3 €, erster So im Monat frei. ✆ 269818460.

Schon etwa 500 m vor den Ruinen von Miróbriga liegt an einem der höchsten Punkte der Stadt die Moinho da Quintinha. Die von der Stadt erworbene **Windmühle** aus dem 14. Jh. ist voll funktionsfähig restauriert worden, sie dient heute als eine der wenigen „Mühl-Schulen" des Landes und es gibt öffentliche Vorführungen dieses alten Handwerks für einheimische Schulklassen und Touristen.

Mi Juni bis Mi Sept Di–Sa 10–13 Uhr und 15–19 Uhr, im Winter 9 -13 Uhr und 14–17 Uhr.

Information Turismo, tägl. (außer So/Feiertag) 9.15–17 Uhr, Mi Juni bis Mi Sept. bis 19 Uhr. Am großen Platz mit Park am Ortseingang, wenn man aus Sines kommt, Quinta do Chafariz (nicht den Schildern in die Altstadt folgen, evtl. ab 2017 zentraler in der Stadt), ✆ 269826696, www.cm-santiagocacem.pt.

Verbindungen Busbahnhof an der Praça Mouzinho de Albuquerque. Busse 11-mal

Baixo Alentejo → Karte S. 519

(Sa/So ca. 8-mal) nach Lissabon über Setúbal, 5-mal (Sa/So 2-mal) nach Alcácer do Sal, 5-mal (Sa/So 2-mal, aber nur im Sommer) an die Lagoa de Santo André, 2-mal nach Lagos und Portimão sowie 1-mal nach Beja.

Adressen   Post Rua Professor Egas Moniz 78.

Feste/Märkte   Feira de Santiagro mit Tieren, Kunsthandwerk, Konzerten und *Garraiadas*, wo jeder in der Arena seinen Mut an einem jungen Stier erproben kann, den es zu berühren gilt, Ende Mai. **Feira do Monte**, Kunsthandwerk und lokale Produkte, erstes Wochenende im Sept.

Ausflüge Alentour interssante Jeep-Tagestouren zu versteckten Wasserfällen, Stränden, Korkgewinnung etc., bei 4 Personen 50 €, aber auch ab 1 Person mögl., auch Kanus, Pferde, Fahrräder. ✆ 925321654, alentour2016@gmail.com.

Telefonnummern   GNR   (Polizei) ✆ 265242640, **Hospital** ✆ 269818100, **Taxi** (Stand in der Nähe des Busbahnhofs) ✆ 269823154.

Übernachten   **** Hotel D. Nuno, moderner, weißer Betonbau mit Privatparkplätzen. 75 klassisch eingerichtete, große Zimmer mit Bad, ein Zimmer für Rollstuhlfahrer. Kostenloser Internetzugang. Pool, Spa und Fitnessraum. DZ mit Frühstück je nach Saison 74–90 €. Auf dem Weg zu den römischen Ruinen, schräg gegenüber der Grundschule. Av. D. Nuno Álvares Pereira 90, ✆ 269823325, www.albdnuno.com.

*** **Gabriel**, Straße der Post. 23 geräumige Zimmer mit Bad, TV, Klimaanlage und Internet. Sehr netter Besitzer, der ausführlich auf Englisch Auskunft gibt. Mit dabei ist ein einfaches Frühstück mit gutem Kaffee. DZ 45–60 €. Rua Professor Egas Moniz 24, ✆ 269822245, luisfnunestiagofnunes@gmail.com.

Monte Xisto, Landgasthaus mit Pool, Fahrrädern und Flair, DZ 140 € inkl. Frühstück. Herdade do Juncalinho, Vale das Éguas, ✆ 269900040 www.montexisto.com.

Essen & Trinken   O Covas, klassisch holzbestuhlt mit blauen Karo-Tischdecken. Vorzüglicher frischer Fisch und klasse *Arroz de marisco* für 2 Personen zu 25 €. Nicht nur laut Touristeninformation eines der besten Lokale der Stadt. Tägl. (außer Di). Nahe dem Busbahnhof, Rua Cidade de Setúbal 6, ✆ 269822675.

Mercado a Mesa, stilvoll, gute Auswahl, mit Krabben gefüllte Champignons für 7,50 €, Taschenkrebse, Garnelen, schwarzes Schwein, Tagesgerichte ca. 12 €.Tägl. (außer Mo). Im Marktgebäude im 1. Stock, Pra□a do Mercado ✆ 269823257.

O Arco, schmackhafte, volkstümliche Küche mit großen Portionen, eine reicht meist für 2 Personen. Tägl. (außer Sa). Rua Fidalgo (Nebenstraße der Av. D. Álvares Pereira), ✆ 269826781.

Sines   ca. 12.500 Einwohner

Der Geburtsort des Indienfahrers Vasco da Gama war für Fischer und Seefahrer einmal attraktiv. Die Reste der Vergangenheit werden heute dramatisch überdeckt durch das moderne Sines, das einen Industriehafen im Weltmaßstab entwickelt hat – und immer wieder die ein oder andere Halle dazubaut.

Die Altstadt, lang gestreckt und mit verwirrender Straßenführung (einer Einbahnstraße folgt die nächste), will nicht so recht mit dem gigantischen Industriehafen im Süden der Stadt harmonieren. 1978 gegründet, wird heute schon fast die gesamte Materie zur Primärenergieversorgung Portugals hier eingeführt; daneben landen aber auch noch mehrere Tausend Tonnen Fisch jährlich an. Im Ausbau befindlich sind Terminals für Flüssiggas, Erdöl, Kohle und für Container. Letzterer, Terminal XXI, wird von einer Firma aus Singapur betrieben und wurde nach modernsten Standards vollautomatisch ausgebaut .

Der **Burghof** ist innen ausgeräumt worden und bietet eine atmosphärische Kulisse für Veranstaltungen, wie das jährlich gegen Ende Juli stattfindende World Music Festival, das inzwischen weit über die Landesgrenzen hinaus bekannt ist und die ganze Stadt neun Tage in seinen ausgelassenen Freudentanz einbezieht. Außerdem befindet sich hier der Eingang zum archäologischen Museum Museu de Sines/Casa de Vasco da Gama, das u. a. einige wirklich beachtliche Stücke, vom „Schatz von Gaio" aus dem 7. Jh. v. Chr. bis zu behauenen Steinen einer westgotischen Basilika aus dem 7. Jh. n. Chr., zeigt. Mit einem sehr kompetenten Führer, der einem bei Interesse auf Englisch einen wirklich fundierten Kurzabriss der Geschichte dieses alten Seehafens der Antike gibt.

Tägl. (außer Mo) 10–13 und 14.30–18 Uhr (Winter 14–17 Uhr), gratis. Castelo de Sines. ℡ 269632237.

Die *Ermida Nossa Senhora das Salvas*, traditioneller Ort der Verehrung Marias, die bei Fischern und Seeleuten als „Meeresgöttin" hoch im Kurs steht, ist eine Art „Kapellenfestung" oberhalb des Hafens mit einem ansprechenden manuelinischen Portal. Errichtet wurde sie nach der wundersamen Rettung einer legendären byzantinischen Prinzessin vor dem Kap Sines; im 15. Jh. wurde sie von Vasco da Gama wieder aufgebaut. Hauptfeiertag ist der 14./15. August.

Sines, Stadt des Vasco da Gama

Ursprüngliche Naturlandschaft – der Küstennaturpark

Parque Natural do Sudoeste Alentejano e Costa Vicentina, der zweiteilige Name kommt nicht von ungefähr: Der nördliche Teil, der südlich von Sines beginnt und bis zum Fluss Seixe reicht, gehört zum Alentejo; diese Küste wurde aus Ablagerungen des Erdmittelalters gebildet. Der südliche Teil, der noch um das Cabo de São Vicente herumreicht und erst in Burgau endet, gehört zur Algarve; er wird von viel älteren geologischen Strukturen aus dem Erdaltertum (Karbonzeit) geprägt. Die Natur beeindruckt durch große Ursprünglichkeit entlang des gesamten Küstenstreifens, der in der Regel nicht mehr als 6 km ins Land hineinreicht. Einzig der Unterlauf des Flusses Mira von Odemira bis Vila Nova de Milfontes bildet eine größere Einschließung von traumhafter, naturbelassener Flusslandschaft. Bei Praia da Amoreira beginnen die typischen Strand- und Küstenformen. In den Hochdünen verdanken einige endemische Arten ihr Überleben dieser Schutzzone. Es ist auch weltweit einzigartig, dass Störche auf Felsvorsprüngen der Steilküste Nester bauen und auch nur hier haben sich Fischotter ans Salzwasser angepasst.

An Naturbeobachtungen Interessierte wenden sich für weitere Informationen an die Naturparkverwaltung in der Rua Serpa Pinto 32 in Odemira (℡ 283322735) oder an den freundlichen Vorposten in Aljezur neben dem Rathaus (℡ 282998673).

Baixo Alentejo → Karte S. 519

Basis-Infos

Information Gegenüber dem alten Kastell. Tägl. (außer Mo) 10–13 und 14–17, im Sommer bis 18 Uhr geöffnet. ✆ 269632237, turismo@mun-sines.pt.

Verbindungen Busse: Nr. 8032 werktags um 8.15 Uhr nach Beja über Santiago de Cacém und Ferreira; außerdem Verbindungen über Grândola, Alcácer do Sal und Setúbal (wochentags 4-mal, Sa/So nur 7.30 Uhr)) nach Norden und Süden und entlang der Küste nach Lagos. Über Melides und Comporta nach Troia 2-mal tägl. Mehrmals tägl. zum nahen Cercal und nach Vila Nova de Milfontes.

Adressen **Post** Largo Judice Fialho 4, westlich der Altstadt.

Internetzugang gibt es in der öffentlichen Bibliothek. Hypermoderner Kastenbau in der nördl. Altstadt. Terminals und kostenlos WLAN, man muss nur den netten Damen am Empfang seinen Ausweis vorzeigen. Mo–Fr 10–20 Uhr, Sa/So/Feiertag 14–20 Uhr. Dazu im 3. Stock ein empfehlenswertes und innovatives Restaurant: **Cafetaria Centro das Artes** (werktags 10–19 Uhr, Sa 14–19 Uhr) von D. Bibi mit vegetarischen Mittagsgerichten für 5–6 € und einem gesunden Frühstück für 2–3 €. Im Gebäude alles futuristisch weiß (Marmor), dazu Bibis Farbtupfen. Rua Cândido dos Reis.

Feste/Veranstaltungen Stadtfest am 24. Nov., Karneval, **World-Music-Fest** Ende Juli, danach bleiben die kleinen Stände der Vereine und Clubs am Ufer bis zum August stehen und servieren regionale Spezialitäten an langen Tischen und Bänken. **Senhora das Salvas** am 15. Aug. mit Bootsprozession der blumengeschückten Kähne am frühen Nachmittag, Jahrmarkt und in der Nacht davor eine Kerzenprozession in der Stadt zu Ehren der Maria der Errettungen.

Markt immer am 1. Do im Monat.

Telefonnummern GNR (Polizei) ✆ 269750460, **Centro de Saúde** ✆ 269870440, **Taxi** (Stand an der Rua Marquês de Pombal) ✆ 269632405.

Übernachten/Essen & Trinken

Übernachten **** **Albergaria Dom Vasco**, alles vom Feinsten und unaufdringlich möbliert, in den Fluren zieren Vasco da Gama- und Schifffahrtschroniken die Wände. 27 DZ mit Parkett, bis 195 € (im Aug.), bei Einzelbelegung bis 165 €. Rua do Par-

Fischeralltag in Sines

que 36-A, 269630960, www.domvasco.com.

** Hotel Veleiro, in der Altstadt, hoch über dem Hafen gelegen, fast alle Zimmer mit Balkon und Blick zum Meer. Leider inzwischen etwas runtergekommen. 14 DZ zu 60–95 €, inkl. Frühstück. Rua Sacadura Cabral 19-A, 269634751, www. hotelveleiro.pt.

Casa do Médico, geschmackvoll renoviertes, historisches Gebäude in schöner Lage Nähe Castelo, mit 20 DZ 100–150 €. Quinta de S. Rafael, Lote 36, 269860800, www.cmsrafael.com.

Allmar, Hostal, neu und zentral oben an den Felsen vor der Altstadt mit einfach einem super Blick, 3 Schlafsäle zu 19–30 € pro Bett, 3 DZ 50–80 € inkl. Frühstück. Rua Sacadura Cabral 5, 269186111, http://allmarhostel.com.

Camping   ** S. Torpes*, für 500 Personen auf 7 ha ausgelegt. 500 m zum Strand. Ganzjährig geöffnet. Person/Zelt/Auto je ca. 3,50 €. Große Zelte zu 39 € und Bugalows 59–95 €. An der Straße von Sines nach Cercal, ca. 2 km nach dem Kraftwerk rechts der Schotterpiste folgen, 269632105.

Essen & Trinken   O Restinguinha, mit Meerblick, etwas am westlichen Rande der Altstadt, von allen Einheimischen empfohlen, besonders für Fisch und Meeresfrüchte *(Feijoada de mariscos)*. Rua Vasco da Gama 48, 964043150.

Cais da Estação, neu und sehr stylisch im alten Bahnhof, Mo–Fr wechselndes Mittagsmenü für 12,50 €, abends muss man schon tiefer ins Portemonnaie greifen für z. B. Tintenfischspieß mit Shrimps (16,50 €). Sonnige Terrasse, außerhalb der Altstadt, nordwestl. vom Castelo, Av. General Humberto Delgado 16, 269636271 oder 965332764, www.caisdaestacao.com.

Ponto de Encontro, direkt an der Burg und frisch renoviert, traditionelle Gerichte mit modernem Touch, auch vegetarisch und Snacks, Mittagsmenü 7,50 €. Largo do Bocage 3b, 269634347.

Adega de Sines, direkt an der Burg. Gegrillte Sardinen, Würste, Hähnchen und Koteletts – alles für 7,50 € pro Portion und man sitzt an langen Tischen eng beieinander. Dazu Hauswein für 1 €. Tägl. (außer So).

Café   Pastelaria Vela D'Ouro, Liebhaber des Süßen sollten unbedingt in Sines' ältester und beliebtester Pastelaria neben dem Castell vorbeischauen. Hier tobt zu jeder Stunde das einheimische Leben bei Kaffee und unzähligen Sorten traditionellen Gebäcks, z. B. *vasquinhas*, kleine runde Käseküchlein. Tägl. 7–24 Uhr!

Außerhalb   Trinca Espinhas, an der Praia de S. Torpes, gutes Fischlokal, Holzhaus auf den Strandfelsen mit tollem Blick, 10–15 €. Tägl. (außer Do), im Nov. geschlossen. 269636379, lamagalhaes@vodafone.pt.

Bom Petisco, bei Einheimischen beliebt. Frischer Fisch und Meerestiere haben allerdings ihren Preis (22–25 €). Tägl. (außer Mo), im Okt. geschlossen. Praia de Morgavél, ℡ 269632469.

Auch an den nördl. gelegenen Stränden gibt es einige gute Restaurants mit schönem Meerblick, z. B. Praia do Norte Restaurante.

Costa Alentejana

Südlich von Sines ist die Küste dünn besiedelt, karg, fast schon nordisch anmutend und touristisch noch wenig entdeckt. Sie steht bis hinunter zum algarvischen Sagres und Burgau unter Naturschutz. Der stete Nordwind und die wilde Brandung machen das Baden nicht ungefährlich. In einigen wenigen Küstendörfern finden sich jedoch auch gute Bademöglichkeiten und praller Saisonbetrieb im August.

Porto Covo   ca. 1100 Einwohner

Der Ort wurde erst im 19. Jh. gegründet, als man den kleinen Naturhafen ausbaute, um die bei Cercal abgebauten Erze abtransportieren zu können; daher stammt auch der strikte, schachbrettartige Plan der Anlage. Niedrige Häuserzeilen und der beschauliche Dorfplatz Largo Marquês do Pombal dominieren diesen ersten größeren, schon im Naturpark gelegenen Badeort südlich von Sines. Bautätigkeit gab und gibt es heutzutage am östlichen Dorfrand. Hauptsächlich für Portugiesen wurden niedrige Reihenhäuser als Feriendomizile erstellt. Die Landschaft ist eher sanft, die Vegetation spärlich (Gras, Heide) und die Küstenkliffe sind niedrig.

Basis-Infos

Information Info Rua do Mar 4, Richtung Fischerhafen bei Junta de Freguesia,. Tägl. (außer So) 10–13 und 15–19 Uhr im Sommer, 9–12 und 13–17 Uhr im Winter. Hier werden auch private Zimmer vermittelt! ℡ 269959124, www.jf-portocovo.pt.

Verbindungen 5-mal tägl. **Busse** nach Sines und 2-mal tägl. weiter nach Lissabon, 1-mal tägl. an die Algarve (Lagos), werktags 5-mal tägl. nach Vila Nova de Milfontes. Tickets in der Papelaria **O Correio**, ein Stück weiter die Straße runter.

Baden Zu beiden Seiten des Dorfes sandige Badebuchten. Am nördlichen Ortsrand die einladende **Praia Grande**, ca. 200 m breit, mit Strandrestaurant und auf beiden Seiten durch hohe Felsen etwas vom Wind geschützt. 2 km südlich des Dorfes ist das Inselchen *Ilha do Pessegueiro* in Sichtweite. Darauf soll einmal ein selbstverständlich verzauberter Pfirsichbaum gestanden haben. Während der Saison fahren

Badeboote vom Strand zur Insel. In jedem Fall fliegen die Möwen hier über den Resten einer Befestigungsanlage, und bei Grabungen wurden Spuren aus der Bronzezeit entdeckt. Links oberhalb des Strandes wartet ein verlassenes Küstenfort darauf, „erforscht" zu werden. Unbedingt hierher fahren wegen des „lovely view" (O-Ton einer sehr alten Engländerin) zur Insel und über die ausgedehnte Strandbucht mit den Macchiabüschen im Hintergrund. Zudem kann man von hier auch einen schönen Teil der Rota Algarviana erwandern, die an diesem Küstenabschnitt entlangführt und gut markiert ist.

Feste/Veranstaltungen S. João in der Nacht vom 23. auf 24. Juni. Die letzte Woche im Aug. mit Jahrmarkt am 29. Aug.

Konzerte am Wochenende vor dem World-MusicFestival in Sines. Ouricada-Fest, um Ostern herum, gratis Seeigel und Meeresgetier, für die, die es probieren möchten.

Übernachten/Essen & Trinken

Übernachten *** Best Western Hotel Porto Covo, modernes Apartmenthotel am Ortsrand. Mit Pool, Fitnessraum und Blick

in die Landschaft. DZ 50–70, Apartment für 2 Personen 60–88 €. Gleich links vor dem Wasserturm in die Bairro Joaquim de

Costa, Rua Vitalina da Silva, Lote 1 und 2, ℘ 269959140, www.hotelportocovo.com.

Casa Maresia, im Obergeschoss des Restaurants Miramar werden von einer netten, älteren Portugiesin 2 DZ und 1 Apartment (mit eigener Waschmaschine in der Küche und Balkon!) vermietet. Jeweils mit Blick auf den Hafen und das Meer. Im Restaurant dringend das *Caril de Camarão* probieren oder die Cataplana (Preis nach Gewicht). DZ 40–50 €, Apartment 60–120 €, Preisnachlass bei längerem Aufenthalt. Rua Cândido da Silva 57-A, oberhalb des Fischerhafens, ℘ 269905449.

Herdade do Pessegueiro, nette Anlage, vor allem für Pferdeliebhaber (aber auch Non-Rider werden geduldet). Reitstunde 30–50 €, Ausritte ab 20 €. Reiterferienangebot ab 880 €, all-inclusive. Nach dem Campingplatz Pessegueiro nach 400 m links dem Schild folgen! Kleine Häuschen 30–50 €, größere für 50–75 €. ℘ 269959160 und ℘ 963320898, www.herdadedopessegueiro.com.

Campos, einfache Apartments im Ort und 100 m vom Strand. Auch Waschmaschine, Patio mit Grill, Terrasse. Studio 30–50 €, kleines Apartment 40–60 €, Apartment mit 2 Schlafzimmern 60–85 €. Rua da Farmácia 11, ℘ 269905144 oder 966164300, http://apartamentosportocovo.com.

Camping *** **Porto Covo**, 3 ha für fast 900 Personen, viel Grün, Pool, 50-m²-Plätze, etliche Dauercamper. Ganzjährig geöffnet und ca. 200 m vom Strand entfernt. 38 Apartments und Bungalows für 2 Personen, 35–75 €, in der Hochsaison mind. eine Woche Aufenthalt. Preise pro Person/Zelt/Auto 3,95/5,50/5,60 €. Gleich links am Ortseingang (unterhalb des

Wasserturms), Estrada Municipal 554, ℘ 269905136, http://campingportocovo.pt.

*** **Ilha Pessegueiro**, gepflegter 12 ha(!) Platz, ca. 3 km südlich in der kleinen Bucht mit den Inselchen in unverbauter, etwas kahler Landschaft; leider schattenlos, dafür stete Meeresbrise; 800 m zum Strand. Ganzjährig geöffnet. Person/Zelt/Auto ca. 4 €. Auch 33 Mini-Apartments für 4 Personen, 17 Holzhäuschen für 5 Personen 30–75 € pro Tag. ℘ 269905178, www.ilhadopessegueirocamping.com.

Essen & Trinken **Cervejaria Marquês**, schräg gegenüber der Kirche mit angenehmen Blick auf den mit Palmen bepflanzten Hauptplatz. Gutbürgerliches Restaurant, von vielen Einheimischen empfohlen. Gerichte ca. 10 €, *Mariscos* nach Gewicht. Daran angeschlossen gegenüber: die Cafetaria Marquês, wo es alles Süße der Region gibt und kleine. schnelle Gerichte für den Eiligen. Ganzjährig tägl. (außer Di) 12–24 Uhr. ℘ 269905036.

Zé Inácio, am Ende der Fußgängerzone kurz vorm Meer. Hübsch rustikal, alles hausgemachtund bei Einheimischen sichtlich beliebt. Tagesgericht 8 €, Nachtischspezialität: *migas doces* für 2,50 €. Daran angeschlossen die gleichnamige Pension: saubere, nette Zimmer, viel Holz und teils mit Bambusdecke. 13 DZ 40–72,50 €. Gäste bekommen im Restaurant 10 % Preisnachlass. Tägl. 12–24 Uhr, Winter Di geschlossen. ℘ 269959136, zeinacio.portocovo@mail.telepac.pt.

≫ Mein Tipp: **A Ilha**, an der Praia da Ilha (gegenüber Ilha do Pessegueiro neben Festung). Bei leichter Prise zieht einem ein wunderbarer Meergeruch in die Nase. Sehr gute Marisco- und Fischgerichte, v. a. *Cataplanas*. Fisch 10–15 €, Fleisch 6–9 €. ℘ 269905113. ≪

Odeceixe

ca. 600 Einwohner

Hübsches Städtchen mit engen Gässchen und winzigem Hauptplatz – Odeceixe gehört schon zur Provinz Algarve. Es gibt einige Läden und Tascas, ebenso einige Pensionen. Der beeindruckende Strand liegt ca. 3 km außerhalb, direkt unter einer kleinen Ansammlung von meist älteren Sommerhäusern, die wie ein hübsches Dorf-Ensemble wirken. Hier mündet auch ein kleiner Fluss (die Seixe) ins Meer.

Die Bucht wird geschützt von hohen Klippen, die zu beiden Seiten in den Atlantik hineinreichen. Bei Flut wird der Strand recht schmal. Auch gute Schwimmer sollten sich nicht über die Bucht hinauswagen – die Brandung ist sehr stark und es gibt Unterwasserkliffe! Aber dafür ist die Landschaft hier einfach atemberaubend. An der Hauptstraße zum Strand kann man in einem kleinen Anglerzubehörgeschäft

Kanus ausleihen, mit denen man den Fluss erkunden und wenn die Seixe bei Flut viel Wasser hat, bis fast an den Strand paddeln kann.

Basis-Infos

Information Juni bis Mi Sept. Mo–Fr 9–13 und 14–18 Uhr. Kleines Holzhäuschen oberhalb des Praia do Odeceixe (leicht zu übersehen!).

Einkaufen Padaria de Odeceixe, (außer So) 7–13 und 15–19 Uhr, Mi und Sa nur vormittags. Bäckerei, seit 2003 in deutscher Hand. Neben portugiesischen Backwaren gibt es hier Roggenbrot, Mohn-, Sesam- und Schmalzbrötchen, und v. a. das in Portugal unbekannte Laugengebäck. Rua da Botelha, in der Nähe der Bushaltestelle.

Wandern Rundwanderweg, 9 km, sehr schön und einfach, direkt von Odeceixe aus markiert, über den Strand, Steilküste und im Landesinneren an einem Wasserkanal entlang, 9 km, http://de.rotavicentina.com /etapa-circuito-praia-de-odeceixe-76.html → Kastentext „Rota Vicentina", S. 573

Übernachten/Essen & Trinken

Übernachten Pensão Luar, am Ortsrand Richtung Flussmündung. Sehr saubere, schön gefließte Zimmer, teils mit Blick auf den Fluss, fast alle mit Balkon. Hilfsbereite Besitzer, die auch Englisch können und sogar von der einheimischen Konkurrenz empfohlen werden. Direkt daneben neu erbautes Haus mit zusätzlichen Zimmern. 8 DZ mit Bad 35–60 €. Rua da Várzea 28, ℰ 282947194, http://pensaoluar.blogspot.pt.

Casas do Moinho, liebevoll renovierte, kleine Dorfhäuschen in traditionellem Stil und unter Verwendung natürlicher Materialien, im oberen Ortsteil nahe der Windmühle. 100–150 €, inkl. Frühstück. Rua 25 de Abril 44, ℰ 282949266 oder 912203001, www. casasdomoinho.com.

Residencia Laranjeira, hübsche, kleine, zentral gelegene Pension. Das französisch-portugiesische Besitzerpaar schmeißt den Laden mit viel Witz und Fröhlichkeit und spricht natürlich auch Englisch. Einfache, frisch renorvierte Zimmer mit Bad und üppigem Frühstücksbüfett. DZ 45–55 €. Geöffnet Juni bis Mitte Sept. Rua das Amoreiras 2, ℰ 282947444 und ℰ 926561402.

Casa Vicentina, frisch von den Briten als eines der weltbesten Familienhotels gelobt. Schön in die Landschaft eingefügt und unter ökologischen Gesichtspunken gebaut, Wände z. B. aus Stampflehm. Es werden 6 schöne DZ (= Junior Suiten) und 6 Suiten vermietet. Dazu gehört jeweils eine Terrasse, Badesee, Gemeinschaftsräume, Grillmöglichkeit. 75–140 € inkl. Frühstück. Nicht billig, aber seinen Preis wert. 3 km vom Strand, Monte Novo, ℰ 282947447,

ℰ 917762466, ℰ 968976170, http://www.casa vicentina.com. ∎

Casa Antiga, ehemaliges Herrenhaus mit schöner Fassade, das älteste Haus in Odeceixe. Rustikale Räumlichkeiten mit traditionellen Eisenbetten, hohen Wänden und antiken Kandelabern. 6 DZ zu 40–60 €. Rua do Rio 22, ℰ 282947123, info@odetur.com.

Monte da Choça, mit viel Liebe zum Detail renoviertes Bauernhaus mit 5 Gästeunterkünften, Surfbretter- und Fahrradverleih, Pool, Gartenschach, Tischtennis, Grillecke. Inmitten der Natur und mit Anschluss an die Rota Vicentina, Studio 50–80 €, Apt. 60–90 €. Bei Vale Juncal (S. Teotonio) ℰ 283958626, ℰ 962608325, www.montevivo.com

Camping **** S. Miguel, gepflegter Platz mit viel Schatten durch Pinien. Großer Swimmingpool, Restaurant und Minimercado. Außerdem 25 Bungalows zwischen 60 und 117 €. Okt. bis Ostern geschlossen. Pro Person/Zelt/Auto um die 6 €. 2 km weiter nördlich an der Straße nach Odemira, ℰ 282947145, www.campingsaomiguel.com.

Essen & Trinken Quinta dos Sabores, schräg gegenüber der Casa Antiga befindet sich diese Pastelaria (Riesenauswahl an regionalen Kuchen!) mit angeschlossenem Restaurant und Innenhof-Oase. Tolle Atmosphäre. Tägl. 8–24 Uhr.

Gabão, exzellente französisch-portugiesische Küche in ehemaligem Weinkeller. Viele Fleischgerichte mit eigener Soße, üppige Portionen. Besonders empfohlen werden *carne de porco à Alentejana* (13 €) und *naco de novilho à Francesca* (14,50 €). Tägl.

(außer Di). Rua do Gabão 9, in der Nähe der Feuerwehr, ✆ 282947549.

O Chaparro, bei den Einheimischen beliebt mit traditionellen Gerichten und Fisch. Rua Estrada Nat. 8, nahe der Polizei, ✆ 282947304.

Kai no Prato, modern eingerichtet. Wenn es etwas ungewöhnlichere Gerichte sein dürfen. Gegrillter Schafskäse, Lamm, Stockfisch-Risotto mit Pilzen, Honigeis aus eigener Herstellung. Largo 1° de Maio, ✆ 282947218.

Bar da Praia, befindet sich direkt oberhalb des Praia de Odeceixe und bietet originelle Gerichte, gesunde Snacks, alles dekorativ serviert, tägl. 10–22 Uhr, ✆ 282947228.

O Lavrador, typisch maritime Grillgerichte gibt es links oben an der Estrada da Praia, mit Blick über das Flusstal. Besonders zu empfehlen die Cataplana mit anschl. *sobremesa caseira*. April–Okt. durchgängig 10.30–2 Uhr. ✆ 969060791.

O Museu da Batata Doce, am Ortseingang von Rogil, wer Süßkartoffeln mag, ist hier richtig, denn von Kuchen über Suppen, ob Tintenfisch oder Fleisch, alles ist mit den berühmten Knollen dieser Gegend hergestellt, dazu noch urig mit großen Holzbalken und großem, japanisch anmutendem Skulpturengarten. Tägl. 7–24 Uhr. ✆ 282994132.

Vila Nova de Milfontes   ca. 5000 Einwohner

Das Städtchen liegt malerisch an der breiten Mündung des Rio Mira. Für viele jüngere Gäste ist Vila Nova der attraktivste Ort zwischen Lissabon und Lagos. Hier werden auf dem Dorfplatz auch mal Szenen für eine Vorabendserie gedreht.

Das efeuüberwucherte **Kastell** wurde nach zahlreichen Piratenangriffen Anfang des 17. Jh. erbaut, um die Flusseinfahrt zu kontrollieren. Ein nobler Portugiese kaufte 1939 die herrenlose Ruine auf und machte daraus ein zauberhaftes Anwesen. In

Auf dem Platz vor der Festung erinnert ein Denkmal an zwei Flugpioniere

Baixo Alentejo → Karte S. 519

Milfontes begann der Tourismus schon recht früh auf besondere Art: Großgrundbesitzer aus dem Alentejo lernten als erste die Vorzüge einer frischen Meeresbrise schätzen und verbrachten hier die heißesten Monate in ihren Sommerhäusern.

Für die Verkehrsanbindung mit dem Binnenland sorgte früher ein Fährboot, das auf dem **Rio Mira** zwischen Odemira und Milfontes pendelte. Bis in die 1950er-Jahre wurde auch im Hinterland Bergbau betrieben und das Erz ebenfalls mit Flussschiffen nach Milfontes gebracht. Ca. 2,5 km nördlich befindet sich der *Portinho do Canal* (in den Landkarten: *Porto das Barcas).* Hier liegen die Fischerboote in einem kleinen Naturhafen, der gegen die hohe Brandung zusätzlich durch Betonmauern geschützt wird – in dieser Form übrigens erst seit den 1950er-Jahren, da durch den Bau des Santa-Clara-Staudamms im Winter die Hochwasser ausblieben und die Flussmündung von Milfontes immer mehr versandete und für größere Boote unpassierbar wurde. Der Rio Mira ist heute bei Flut bis Odemira mit flachkieligen Booten schiffbar. Reisfelder reichen bis ans Flussufer, an Wochenenden sind Muschelsammler unterwegs.

Viele Wohnhäuser in Ortsrandlage und eine moderne, vierspurige Straße wurden am Bedarf vorbeigebaut; die über 300 m lange Auslegerbrücke wurde 1978 errichtet. Dass der Ort heute trotzdem noch relativ angenehm wirkt und von hohen Apartmentbauten verschont blieb, liegt wohl an der investitionsabstinenten Politik der ehemals herrschenden Kommunistischen Partei …

Basis-Infos

Information Tägl. 9–13 und 15–18 Uhr geöffnet. Bis zu 15 Min. Internet gratis. Rua António Mantas, im Ort rechts (gegenüber der Polizei, neben den öffentlichen Toiletten). ✆ 283996599, turismo.milfontes@cm-odemira.pt.

Verbindungen Mit Linienbussen nach Sines, Cercal und Odemira, von dort aus evtl. weiter nach Norden und Süden. Bustickets gibt es in einem Laden in der **Travessa dos Amadores 5**.

Baden Hier gibt es einige der wenigen guten Bademöglichkeiten an dieser herben Küste – schöne, saubere Sandstrände ohne störende Brandung zum Fluss hin (wenn die Flut zurückgeht, auf die starke Strömung ins offene Meer achten!); etwas außerhalb kilometerlange menschenleere Strände an der Atlantikküste. Am Dorfrand (bei der Bar Quebramar) hübscher Sandstrand am Fluss; sanitäre Anlagen sind vorhanden. Im Sommer fahren Badeboote auf die andere Flussseite zur **Praia das Furnas**. Zu beiden Seiten der Flussmündung lange Sandstrände mit Dünen zwischen den rötlichen Felsen.

Fahrradverleih Sudaventura **2**, an der Hauptstraße gegenüber Minipreco. Auch Verleih von Surfbrettern. Rua Custódio Brás Pacheco 38A, ✆ 283997231 und ✆ 916925959.

Feste/Veranstaltungen Bootsprozession Nossa Senhora do Mar um den 15. Aug., abhängig von den Gezeiten. Jeden 2. und 4. Sa im Monat ist **Markt** im 3 km entfernten Brunheiras (an der Straße nach Cercal).

Schiffsfahrten DUCA, während der Saison ab den Kais Bootsfahrten mit unterschiedlichen Zielen, z. B. eine sehr schöne Tagestour den Rio Mira entlang bis Odemira, dort 3 Std. Aufenthalt, Kosten 20 €. Auch Hochseeangeltrips, Verleih von Kanu und Stehpaddler. Almograve, ✆ 963695200, www.duca.pt.

Maria da Conceição bietet Flussfahrten mit einem traditionellen, bunten Holzboot, genannt *moliceiro*, an. Ca. 6 € für eine Stunde. Im Sommer ab 11 Uhr mehrmals tägl. ab den Kais ✆ 968241469.

Surfen Surfmilfontes **7** von Filipe Queimada und Pedro Piteiro, Surfunterricht ab 40 € und Packages mit Unterkunft. Auch Kajak, Stehpaddler und Fahrradverleih. bei Turismo, Rua António Mantas 41, ✆ 969483334. www.surfmilfontes.com.

Essen & Trinken
1 O Pescador
3 Patio Alentejano
6 Gelateria/Pastelaria Mabi
10 Tasca do Celso
14 18 e piques
15 Bar Azul
16 Portal da Vila
18 O Dunas Mil
19 Paparoca
20 Fateixa
21 O Ritual
22 A Choupana

Nachtleben
4 Green Island Bar
8 Sudweste
12 Manjedoura

Sonstiges
2 Sudaventura
5 Bustickets
7 Surfmilfontes

Übernachten
9 Duna Park
11 Patios da Vila
13 Mil Reis
17 Casa do Adro

Vila Nova de Milfontes

Übernachten/Camping

Casa do Adro 17, eines der ältesten Häuser der Stadt, am Kirchplatz, mit Frühstücksbalkon. 7 gemütliche, wenn auch etwas übertrieben landhausstilmäßig eingerichtete Zimmer. Dennoch bestes Preis-Leistungs-Verhältnis am Ort! Jeder Gast wird von der sehr freundlichen Besitzerin jeden Nachmittag mit einem Stück selbstgebackenem Kuchen verwöhnt. Aircondition, kostenloses Internet. DZ je nach Saison 70–90 € inkl. Frühstück, für den Sommer rechtzeitig reservieren. Rua Diário de Notícias 10-A, ✆ 283997102, www.casadoadro.com.pt.

*** Duna Park 9, angenehm gestaltete Apartmentanlage mit Restaurant am Ortsrand, direkt an das Dünengebiet angrenzend. Zweigeschossige Gebäude gruppieren sich halbkreisförmig um Pool und Tennisplatz. Healthclub mit Sauna, Geräten, Jacuzzi usw. 50 T1-Apartments, in der Hauptsaison 950 €/Woche, 70–140 € pro Tag. Eira da Pedra, ✆ 283996451, www.dunaparque.com.

Mil Reis 13, neu und sehr zentral, gepflegte Zimmer, überwiegend in kühlem Weiß gehaltene Gemeinschaftsräume. 10 DZ für 40–60 €, Suite 50–80 €, Apartments 50–90 €, mit anständigem Frühstücksbüfett. Largo do Rossio 2, gegenüber der Kirche und der Junta de Freguesia, ✆ 283998233, http://milreis.tripod.com.

Patios da Vila 11, Aparthotel, hübsch eingerichtete Studios und 1-Zi-Apt., 45–130 €, westl. zum Praia da Franquia hin gelegen. Rua Eira da Pedra 1, ✆ 2839982 33, www.patiosdavila.net

Außerhalb Moinho da Asneira, 12 Apartmenthäuschen direkt am Fluss bei einer früheren Gezeitenmühle aus dem 18. Jh. Apartments ohne Küche, jedoch mit Frühstück. Wird aufgrund seiner freundlichen und ruhigen Lage immer wieder empfohlen! Studio für 2 Pers. 40–75 €, Apt. 60–90 €, im Juli/Aug. nur wochenweise, ca. 500–600 €, Langzeit im Winter (Preis auf Anfrage). Bei der Galp-Tankstelle Richtung S.

Baixo Alentejo → Karte S. 519

Luis abbiegen, dann rechts dem Schild folgen! Ca. 4 km außerhalb. ✆ 283996182, www.moinhodaasneira.com.

⋙ Lesertipp: Hotel Três Marias, wunderschön eingerichtet, jedes Detail stimmt, ländliche Umgebung strahlt Ruhe aus, guter Ausgangspunkt für einige Wanderungen (S. Fries, Darmstadt). DZ 80 € inkl. Frühstück. 8 km von Vila Nova de Milfontes entfernt, ✆ 965666231, www.tresmarias.pt. ⋘

Camping ** Milfontes, über 6 ha in einem Pinienwäldchen, 915 Stellplätze. Sandiger Boden. Auch kleine Bungalows und Mobile Homes zu vermieten. Ganzjährig geöffnet. Pro Person/Zelt/Auto für 4,40/5,40/4,80 €, Bugalow 4 Personen 41–78 €. Am nördlichen Dorfrand. ✆ 283996140, www.campingm ilfontes.com.

** **Campiférias**, Campingplatz der Gemeinde mit über 1000 Plätzen. Vom 1. bis 25. Dez. geschlossen. Person, Zelt, Auto im Juli 3,95, 3,50, 3,90 €. Mit Cartao Jovem 15 % Ermäßigung. 8 Bungalows je 36–75 €. Estr. Nacional 390, links gegenüber vom Campingplatz Milfontes und mit den niedrigsten Preise. ✆ 283996409, www.campingcampi ferias.com.

**** **Orbitur Sitava**, ein 27 (!)-ha-Gelände mit 880 Stellplätzen, Restaurant, Pool, Supermarkt, Tennis usw. Viel Schatten durch halbhohe Pinien, zum Malhão-Strand sind es ca. 600 m. Person, Zelt, Auto im Aug. 6,40, 5,80, 4,20 €. Ganzjährig geöffnet. In Brejo da Zimbreira, 7 km nördlich von Milfontes. Nach der Galp-Tankstelle in Brunheiras links abbiegen. ✆ 283890100, www.orbitur.pt.

⌒ Essen & Trinken/Nachtleben   → Karte S. 583

Essen & Trinken Portal da Vila 🔟, komplett mit Azulejos gekacheltes Restaurant mit großer Weinkarte. Man sitzt gemütlich unter einer Laube, wenig Plätze, guter Fisch und Biogemüse! Okt. bis Ostern geschlossen. Rua Sarmento Beires 5-A, ✆ 283996823 und ✆ 965562045.

O Pescador 🔟, bekannt für frischen Fisch und Mariscos. Jeder zweite Gast verzehrt eine große Portion *Arroz de Tamboril/Marisco*. Spezialitätengerichte für 2 Pers. 25–32 €. Im Winter Di Ruhetag. Relativ laut, bei der Markthalle. Rua da Praça 18. ✆ 283996338.

Tasca do Celso 🔟, Geheimtipp, sehr gut, um am Abend auszugehen. Portugiesisches Dekor und Spezialitäten wie z. B. *Carne de Porco Alentejana* und Fisch, Fisch, Fisch. Tägl. (außer Di) 12–24 Uhr. Rua dos Aviadores 34, ✆ 283996753, www.tascadocelso. com.

Fateixa 🔟, gute Lage an den Flusskais. Sehr guter Service, z. B. ist es eine Schau, sich als Nachspeise Laranja com Licor de Beirão zubereiten zu lassen! Gerichte 10–15 €. Tägl. (außer Mi), Dez. geschlossen. ✆ 283996415.

Paparoca 🔟, dreistöckige Café-Bar mit leichten Gerichten und danach jeder Menge Kalorienbomben für Leckermäuler (z. B. *doblé de chocolate*). Appetitlich eingerichtet, für 3,20 € auch Sandwiches. In der Nähe der mit dem Lokal verquickten Casa do Adro. Tägl. 7–24 Uhr, im Winter 1–3 Monate geschlossen. Largo Brito Pais 1, ✆ 283996286.

O Ritual 🔟 wenn es einem nach ausgefalleneren Gerichten gelüstet, ob nun Thai-Fisch-Curry oder schwarze Linguine, zudem liebevoll dekoriert. In der Nebensaison Di und im Winter geschlossen. Rua Barbosa Viana 4, ✆ 283998648 oder 960305052.

O Dunas Mil 🔟, großes Restaurant in den Dünen gelegen, mit erstklassigem Blick auf den Rio Mira. Fisch etwas teurer, bekannt für Schalentiere. ✆ 283996420.

18 e piques 🔟, für Liebhaber der gesunden, leichten Küche ein Muss. Gegenüber Bar Azul, Largo do Rossio 18, ✆ 969691649.

Patio Alentejano 🔟, hier gehen viele Einheimische täglich Essen, denn es ist nicht nur gut und günstig, sondern auch schön zu sitzen. Tägl. (außer Do) Rua do Pinhal 283997164

A Choupana 🔟, beim Leuchtturm auf einem Holzsteg nach unten. Guter Platz, um beim Schmausen die Brandung zu genießen. Grillgerichte ca. 15 €, eine Spezialität sind die Shrimps. Tägl. 10–24 Uhr, im Winter geschlossen. Praia do Farol, ✆ 283996643.

Cafés   Bar Azul 🔟, gemütliche Kneipe, die bis um 4 Uhr in der Früh geöffnet hat. Wird von Angelika und Michael Broschart geführt. Im Winter nur am Wochenende geöffnet. Largo do Rossio 20, ✆ 283996818.

Gelateria/Pastelaria Mabi 🔟, hier gibt es starken Kaffee (*Café duplo com leite*) und gutes, selbst gemachtes Eis, z. B. die Eissorte Mabi-Vanille mit Schokosplittern für

1,50 € pro Kugel. Auch in der Nebensaison gut besucht. Largo de Santa Maria 25-A.

Außerhalb **Porto das Barcas**, falls das Canal überfüllt ist, 50 m höher gelegen, nicht ganz so faszinierender Blick, dafür mit Lehnstühlen. Regionalküche, Gerichte 10–15 €. Tägl. (außer Di). ✆ 283997160.

»»» Lesertipp: **Varanda da Aldeia**, 7630-466 São Luis, 15 km außerhalb von Vila Nova de Milfontes, direkt an der Kirche. Besitzer Antonio und seine Tochter Joana bieten in ihrem modernen, aber sehr gemütlichen Restaurant auf zwei Etagen typische Gerichte und Weine des Alentejo an. Die "Varanda" ermöglicht einen schönen Blick auf die landschaftlich sehr reizvolle Umgebung des kleinen Dörfchens São Luis. Fleisch-Gerichte um 13 €, das vegetarische Couscous ist für 7,50 € zu haben. Tolle regionale Weine und Desserts zu moderaten Preisen. Tel. 283975062, EMail: varandadaaldeia@gmail.com. (Tipp v. Anna und Jo, Brühl) «««

Nachtleben **Manjedoura** 🅸🅱, Bar mit Tanzfläche, nur bei speziellen Anlässen kostet es Eintritt, Rua António Mantas, ✆ 964923571

Sudweste 🅸, nur im Sommer, in der Disco wird ab 2.30 Uhr eine kräftige Soundanlage betrieben.

Green Island Bar 🅸, Karibikatmosphäre. Mit Esplanade. Man kann sich trotz Musik noch unterhalten. Largo Sta. Maria 39, gegenüber Supermarkt Silva.

Costa Vicentina

Die lohnende Fahrt entlang der Küste weiter nach Süden beginnt mit dem Überqueren der Brücke und peilt Almograve mit seinen gewaltigen Dünen an. Von dort folgt man dem Schild nach Cavaleiro, um zum Leuchtturm *(farol)* von Cabo Sardão zu gelangen. Dort kann man mit den Möven und anderen Seevögeln die wilde Küstenlandschaft genießen. Wer sich etwas für Geologie interessiert, wird sich an den Musterungen des Tonschiefergesteins erfreuen. Bequemes Badevergnügen tritt demgegenüber etwas zurück.

Almograve   ca. 500 Einwohner

Das kleine Bauerndorf liegt ca. 1 km landeinwärts von der Küste. Um den Dorfmittelpunkt am Kreisverkehr findet sich eine Bar *(Trifásico)* und ein schönes Restaurant *(O Lavrador)*.

Zum Hauptbadestrand **Praia Grande** führt eine Teerstraße durch Dünengebiet (auch zu Fuß oder per Rad gut über stabilen Holzsteg zu erreichen!). Breite Bucht, durch Felsen unterbrochen, an denen man sich im Wasser leicht aufschürfen kann! 2 renovierungsbedürftige Strandrestaurants *(Por-Do Sol* und *J. César)*; wer es liebt, die Naturgewalten auf sich wirken zu lassen, sollte einen Ausflug zu dieser wilden Badebucht nicht versäumen. Von der Praia Grande führt eine Schotterpiste zum 2 km südlich gelegenen Naturhafen *Lapa de Pombas*. Nur noch wenige Nebenerwerbsfischer nutzen ihn während der Sommersaison.

Die **Praia Foz** liegt nördlich vom Dorf und ist in ca. 15 Min. zu Fuß über einen Sandweg zu erreichen. In dieser einsamen Bucht mündet ein kleiner Bach ins Meer. Der sandige Strand wird unter Wasser schnell steinig. Das auf der Südseite ziemlich auf Bachniveau herausfließende Quellwasser hat exzellente Trinkqualität.

Übernachten »»» Lesertipp: **Natura Duna Maris**, idyllisch gelegen und freundliche Besitzer. Relativ geräumige, traditionell-nett eingerichtete Zimmer, 7 davon mit Balkon. Angeschlossenes Restaurant und Pool (S. Goebel und M. Walla, Gießen). 13 DZ mit Bad für günstige, 40–50 €. Longueira. An der Straße zum Strand, kurz vor den Dünen, ✆ 283647115, dunamaris@gmail.com. «««

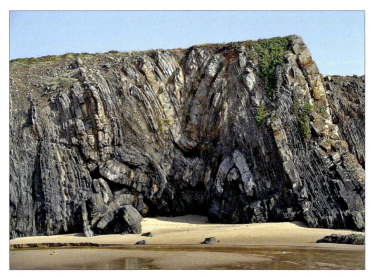

Erdkräfte: Der Laie staunt, der Fachmann wundert sich auch

Jugendherberge Weißer Kastenbau mit insgesamt 94 Betten, auch 10 DZ mit Bad, 12 ohne. Barrierefrei und gut besucht, da es weit und breit nichts Vergleichbares gibt. Reservierung (1,50 €) empfehlenswert. DZ 45 € in der Hochsaison, sonst 30 €. 15 % Ermäßigung mit Cartão Jovem. Geschlossen Nov. und Dez. Gleich am Dorfeingang rechts. ✆ 283640000, ✆ 924101971 al mograve@movijovem.pt.

Odemira
ca. 6000 Einwohner

Den besten Überblick gewinnt man vom ehemaligen Burgberg aus, den heute die Stadtbibliothek krönt. Er läuft in eine Landzunge mit steilen Flanken aus, wo sich noch eine Freilichtbühne (in Form eines kleinen Amphitheaters) und der gepflasterte Promenierplatz *Cerro do Peguinho* befinden. Spätestens jetzt muss man unbedingt dem Fluss etwas Zeit widmen. Man kann aber auch von der voll funktionierenden Windmühle aus eine herrliche Aussicht genießen; hier wird das Korn noch auf alte Weise gemahlen. Der freundliche Windmüller zeigt gern, wie es funktioniert.

Der Landkreis Odemira umfasst den gesamten **Flusslauf des Rio Mira** vom Barragem de Santa Clara bis zur Mündung bei Vila Nova de Milfontes. Das mäandernde Gewässer ist das beherrschende Element dieser Landschaft und des Naturparks. Mit seinem Unterlauf durchquert es die Stadt am Rand dieses Schutzgebiets. Eine eiserne Bogenbrücke mit Beflaggung leitet den Verkehr seit ca. 1900 auf die andere Seite und weiter Richtung Lagos. Drüben ist nur der ökologische Wasserpark *Parque das Águas* (Mai–Sept. 8–18 Uhr, sonst bis 16 Uhr, Eintritt frei, keine Tiere) in Boavista dos Pinheiros interessant.

Lauschige Plätze gibt es ein wenig unterhalb, sei es der Hauptplatz *Largo Sousa Prado* mit seinen Wasserbecken und vor allem dem schönen Brunnen *(chafariz)* und dem gleichnamigen kleinen Café: Treffpunkt der weiblichen Angestellten in der Mittagszeit zu einem kleinen Schwatz, Wasser, Kaffee und Zigarette. Häufig trifft sich hier zudem der „Ältestenrat" der Stadt, ein sympathischer Anblick wie aus dem Bilderbuch. Aber auch der *Largo Brito Pais* am Fuß der Stadt ist ein beliebter Versammlungsort. Aufgeheitert wird das Ensemble durch zwei riesige Exotenbäume mit orchideenartigen Blüten und dornigen Warzen an der Rinde der Stämme (Kapokbaum).

Parken: In Odemira gibt es ein echtes Parkplatzproblem. Am besten sollte man sich nicht zu weit hoch verirren. Die Straßen werden immer enger, und Abstellmöglichkeiten entsprechend rarer!

Information Mo–Fr 10–17 Uhr. An der Praça José Maria Lopes Falcão, ✆ 283320900, turismo@cm-odemira.pt

Verbindungen Mit dem **Bus** 3-mal tägl. mit Rodoviária do Alentejo nach Odeceixe und 3-mal tägl. nach Almograve/Vila Nova de Milfontes.

Einkaufen Von allen Bewohnern Odemiras als *das* Highlight des Ortes schlechthin angesehen: die neue Chocolaterie de Beatriz am Mira-Ufer. Mo–Sa 10–13 und 15–19 Uhr. Café, Verkauf und Arbeitsraum. Hier kann man dem Enstehungsprozess des Hüftgold erst zusehen und dann zuschlagen. Estrada do Cemitério, ✆ 283327205.

Feste/Veranstaltungen Stadtfest am 8. Sept. Jedes Jahr im Juni großes nationales Jazzfestival.

Telefonnummern Centro de Saúde ✆ 283320130, ärztl. Notdienst (24 Std.) 283322362.

Touren Clube Rotas Sudoeste, geführte Wanderungen, Kanu, Mountainbike, Abenteuersportarten. Auch für Kinder. Rua Sarmento Beires 2, ✆ 283322858, ✆ 961638031, Rotassud@gmail.com, www.rotasudoeste.net.

DUCA, Bootstouren, Kanuverleih → Vila Nova de Milfontes, S. 582

Übernachten Rita, 12 DZ mit Bad, 45–65 €, im modernen Retrostil, manche mit Balkon. Frühstück im angrenzenden Café inbegriffen. Außerdem ein großes Landhaus mit 8 Betten (150–200 €) und 3 Apartments (50–80 €) in Zambujeira do Mar. Estrada Circunvalação, ✆ 283322531, www.residencial-rita.com.

Residencial Idalio, 5 sehr saubere DZ mit gutem Bett, teilw. mit Balkon, in Zentrumsnähe, 45–65 €, ✆ 283322156, ✆ 964554355, Rua Engenheiro Arantes Oliveira 30.

Außerhalb Quinta do Chocalinho, hochklassig gestaltete, ländliche Apartmentanlage mit Pool, Tennisplatz, Biogarten, Seminarräumen und u. a. ayurvedischem Massageangebot. 10 DZ und 5 Suiten mit privater Terrasse zum Poolbereich. DZ je nach Saison 75–110 €, Suite 125–165 €, inkl. üppigem Frühstücksbüfett. Alle Räume mit Zentralheizung und Aircondition. Estrada Nacional 123 Richtung Beja, 2 km nach Bemposta links rein, ✆ 283327280 und ✆ 927981788, http://quintadochocalhinho.com.

Essen & Trinken O Tarro, bei Einheimischen beliebt, intimisierte Räume. Regionale Küche (8–12 €) mit Spezialitäten, z. B. Fisch mit Mandelsoße oder Zicklein, Cataplana, aber auch Snacks. Köstlich: der süße *Pudim Alentejano!* Touristenmenü für 9,50 €. Große Terrasse an der Umgehungsstraße, gleich bei der Repsol-Tankstelle. ✆ 283322161.

Duo Mira, wirkt etwas einfacher, aber gute Qualität, vor allem bei Gegrilltem. Innen nett mit Azulejos ausgekachelt. Tägl. (außer So). Prato de día 6–8 €. Largo Brito Pais 1-2, ✆ 283322588.

Escondidinho, neu renoviert, Herzhafte, bodenständige Gerichte (ca. 8 €). Nicht ohne Pfiff: schwarzes Schwein, Muscheln und als Spezialität der Spieß *Espetata de Lulas Frescas com Camarão!* Tägl. (außer So). Wie das Duo Mira ebenfalls am „Warzenbaumplatz". ✆ 283322558.

A Fonte Férrea, inmitten eines alten Parks mit Livemusikbühne, hier essen die Einheimischen am liebsten oder treffen sich auf der Esplanade. Tägl. (außer So). Jardim da Fonte Férrea, ✆ 283322625.

Den besten Kaffee der Stadt bekommt man in der Snackbar **Central oder im Ginginha**. Junge und Junggebliebene treffen sich im **O Cais** am Mira-Ufer.

Baixo Alentejo → Karte S. 519

Barragem Santa Clara

Zugänglich ist der Stausee von allen Seiten, wenn auch nicht so leicht, wie man sich das als zielstrebiger Stadtmensch wünscht. Dies mag ein Grund dafür sein, dass man hier eher Eingeweihte trifft. Der See ist sehr sauber und im Sommer durchschnittlich 28 °C warm. Die üppigen mediterranen Wälder reichen bis zum Seeufer hinab.

Westlich des Stausees, am noch jungen Rio Mira liegt das 800-Seelen-Dorf **Santa Clara-a-Velha**, das im späten Mittelalter eine gewisse Bedeutung hatte. Der Santiago-Militärorden wachte hier über die wichtige Verbindung von Beja zur Küste der Algarve. Heute wird die Szene eher durch den Wassersport geprägt.

Übernachten/Essen Quinta do Barranco da Estrada, mit wirklich traumhafter Aussicht. Angeschlossenes Restaurant mit internationaler Küche. Im Programm sind auch Wandern, Radfahren, Wassersport und Vogelbeobachtungen. Insgesamt noch schöner als die Pousada, die nun eh geschlossen wurde! 10 DZ zu 115–140 € je nach Saison, 1 Suite (140–170 €). Geschlossen Nov. bis Anfang März. Bei Corte Frique abbiegen und 9 km geradeaus, dann 4 km Schotterpiste ab Schild. ✆ 283933065, www.paradise-in-portugal.com.

Nave Redonda do Cerro, in einem schön renovierten Monte Alentejano werden 6 DZ vermietet, ein Hauch von Luxus, verbunden mit einer anheimelnden Atmosphäre. 60–85 € inkl. Frühstück Nave Redonda do Cerro, ✆ 283881290 und ✆ 962740534, www.naveredondadocerro.com.

Monte do Ferrenho, angenehmer und gut gepflegter 16-ha-Agroturismo mit Wander-, Kajak-, Jeep- und Mountainbiketouren. 3 DZ für günstige 50–60 €. Und auch bekochen lassen kann man sich. Etwa 10 km südlich des Barragem de Santa Clara in Pereiras Gare. ✆ 283882383, www.montedoferrenho.com.

Zambujeira do Mar   850 Einwohner

Das Dorf gilt als „Geheimtipp" in der Lissaboner Szene, die hier bei abendlichen Musikklängen und einem Drink das Großstadtleben hinter sich lässt. Im Sommer ist so viel los, dass man es gerade noch aushalten kann. Dann ist die Dorfstraße aber auch für Autos gesperrt und macht den Straßencafés Platz.

Besonders im August ziehen Zehntausende von Musikfans in das Dörfchen, um das mit internationalen Rockstars besetzte *Open-Air-Festival Sudoeste* in Casa Branca zu besuchen. Die aussichtsreiche Lage überm Meer mit schroffer Küstenlandschaft und unten Sandstrand, die Rotunde mit der im Pflaster eingelassenen Windrose, die Esplanade und die alten Bäume machen einen Besuch aber ohnehin reizvoll. Auch gilt es als das Mekka der Meeresgerichte, eine schier endlose Liste an Fisch- und Schalentiergerichten kann man hier probieren, zu erschwinglichen Preisen und natürlich frisch zubereitet. Dafür machen dann auch Ausflügler aus der Algarve gerne einen kulinarischen Abstecher.

Basis-Infos

Information Di–Sa 10–13 und 14–18 Uhr. An der Hauptstraße Richtung Meer, Rua da Escola, rechter Hand in einem kleinen Häuschen (daneben Bankomat und saubere Toiletten!). ✆ 283961144

Verbindungen Bus nach Beja (über Odemira) 1X tägl. (außer So), nach Lissabon tägl. um 8.10 Uhr, im Sommer auch öfter. Tickets gibt es in der Pastelaria Tentação, Rua da Palmeira 101, in der nördlichen Innenstadt, parallel zur Avenida do Mar.

Baden Der **Hauptstrand** liegt direkt unterhalb des Dorfs, durch die tiefe Einbuchtung zwischen den hohen Felsen relativ geschützt. Er ist der einzige Strand, dessen Sand von Okt. bis Mai vom Meer abgetragen und – gereinigt – wieder angeschwemmt wird (auch die Wasserqualität während der Saison ist völlig in Ordnung).

Ein weiterer Badestrand liegt 3 km südlich: **Praia Carvalhal**, auf einer primitiven Piste vom Ort aus notdürftig oder ordentlich von der EN 120 aus zu erreichen. Ab dem neuen, komfortablen Campingplatz sind noch ein paar heftige Kurven zu bewältigen, ehe man an die strandnahen Parkplätze und an die saubere Badebucht (im Sommer mit Bademeister) gelangt.

Übernachten/Camping

Übernachten In der Umgebung gibt es einige sehr schön gelegene Landgasthäuser, im Ort nur wenige empfehlenswerte Pensionen, u. a. **Rita**, für bescheidene Ansprüche. Rua Palmeira 6/7, ℡ 283961330. Etwas besser dagegen:

Mar e Sol, hier gibt es Zimmer mit kleinem Gemeinschaftsbad und Kochmöglichkeit. Manche führen zu einer Veranda mit seitlichem Meerblick. Man spricht Portugiesisch! DZ 35–45 €, mit eigenem Bad ca. 50 €. An der Hauptstraße zum Meer, ℡ 283961171.

Sol Dourado, bestes Angebot im Ort, 8 DZ jeweils mit Bad im Zentrum für 35–50 €, weitere auf einer Quinta 1,8 km südlich von Zambujeira, dort auch Gemeinschaftsküche, Grillmöglichkeit. Apartments für 45–80 €. Auch Jeepsafaris und Ausritte werden vom Vermieter organisiert. Etwas nördlich der Fußgängerzone, Rua Palmeira 43, ℡ 283961595 oder ℡ 965220873, www.sol douradozambujeira.com.

Monte do Papa Léguas. ehemaliger kleiner Bauernhof, 5 hübsche Zimmer mit eigenem Kühlschrank und 3 Apartments. Mit üppigem Frühstück und getrennten Betten für Eheschnarcher. Salzwasserpool, Fahrräder. DZ 60–100 €, Apartment 75–115 €, im Aug. oft ausgebucht. Geschlossen Mitte Okt. bis Ende Dez. Liegt rechts an der Zufahrtstraße nach Zambujeira, Alpendur-adas. ℡ 283961470 oder 933703724, www.montedo papaleguas.com.

Herdade do Sardanito, ein 140 ha großes Anwesen, auf dem noch Landwirtschaft betrieben wird, mit schönen Unterkünften und viel Luxus (beheizter Außen- und Innenpool, eigener See). DZ 65–120 €, inkl. üppigem Frühstück; auch Holzbungalows für 4 Pers. 100–200 €, zudem schöne DZ im Ortskern, die Gäste können die Annehmlichkeiten der Herdade nutzen. ℡ 283961353, www.herdadedosardanitodafrente.com.

Herdade do Touril, altes, 365 ha großes Landgut, renoviert, sehr stimmungsvolles Ambiente. 13 DZ, 5 Apt., kleine und große Häuser, teils mit direktem Zugang zum Meerwasserpool. Abendmenü auf Bestellung 25 €, im Sommer Snackbar am Pool. Fahrradverleih (begrenzte Anzahl!!) und Internet im Preis inbegriffen. Taxiservice zur Rota Vicentina u. ä. DZ 70–170 €, viele Spezialangebote je nach Saison und viele Wandergruppen. Ca. 4 km vor dem Ort. ℡ 283950080, www.touril.pt.

Monte Fonte Nova da Telha, stilvoll eingerichteter Monte inmitten eines 120 ha großen Grundstücks. Gemütliche, warme Zimmer, die mit Solarstrom versorgt werden, Internetzugang im ganzen Haus. 2 Suiten, ein DZ, und im Garten natürlich ein Pool. Man spricht u. a. Deutsch und Englisch. 140–190 €. Etwas außerhalb von São Teotonio. ℡ 283959159 und ℡ 912526636, www. montedaxica.com.

Camping ** Zambujeira**, gepflegter Platz, ca. 800 m vom Strand entfernt, 1150 Stellplätze auf 3 ha. Auch einige Apartments. Person 6,25, Auto 5,90, Zelt 4,85 €, während des Musikfestivals jeweils 1 € mehr. Von Okt. bis März geschlossen! Am Eingang des Dorfes linker Hand, als Markierung dient der futuristische Wasserturm, der an ein Ufo erinnert. ℡ 283958407, ℡ 968292236, www.campingzambujeira.com.

Monte Carvalhal da Rocha, terrassierte Anlage auf 4 ha Grund mit allem erdenklichen Komfort, u. a. ein Restaurant mit Meerblick und ein schöner Pool in grüner Wiese. Person/Zelt/Auto je 4,50–6,50 €, auch DZ 55–80 € und hübsche Apartments 80–150 €. In Brejão, Abfahrt von der EN 120, 6 km südlich von São Teo-tónio. ℡ 282947293, www.montecarvalhaldarocha.com.

Essen & Trinken/Nachtleben

Essen & Trinken   Marisqueira Costa **Alentejana**, eines der besten Restaurants für alles aus dem Meer, aber auch für Fleisch, das dekorativ mit vielen Beilagen und Obst auf einer Schieferplatte serviert wird. An der Hauptstraße zum Meer, Rua Mira Mar 8, ✆ 28396508.

Sol Dourado, einfaches Lokal, aber Riesenauswahl an guten, traditionellen Gerichten: Man muss nicht gleich den Schweinsohrensalat bestellen, aber *Migas com Polvo Frito* (Tintenfisch und ein Brotbrei), *Massinha de peixe* (Fischeintopf mit Nudeln) oder *Feijoada de Lingerão* (Bohnentopf mit Messermuscheln) könnte man schon mal probieren. Auch gegrillter Fisch, Zicklein und Lamm stehen auf der Karte. Hauptgericht ca. 9–14 €. Links am Ende der Fußgängerzone, kurz vor den Klippen. Zum Restaurant gehört auch das Residencial gleichen Namens (s. o.).

O Sacas, neben den Fischerhütten mit herrlichem Meerblick. Fischgerichte, die zum Teil auf besondere Art zubereitet werden, kulinarisch experi-mentierfreudige Besitzer. Von Einheimischen als das beste Lokal empfohlen. Gerichte um die 12 €. Tägl. (außer Mi). Entrada da Barca, an den Felsen zum Hafen, ✆ 283961151.

A Barca, rustikal-ländlich eingerichtetes Speiselokal mit Holztischen, das sich mit dem O Sacas messen kann. Tägl. (außer Mi), Dez./Jan. geschlossen. Ebenfalls am Fischereihafen, am Eingang von Barca. ✆ 283961186.

I Cervejaria, mit Terrasse zum Draußensitzen. Grill und Meerestiere. Sehr gut, doch das teuerste Lokal am Platz (ca. 18–20 €). Rua Miramar 14, ✆ 283961113.

Nachtleben   Disko Club da Praia, am Ortseingang, gegenüber dem Campingplatz. Fast eine Open-Air-Disco. Um den kleinen Tanzpavillon sitzt man wie zum Picknick in einem Pinienhain. Ab 23 Uhr geöffnet, dafür aber bis in die Morgenstunden (7 Uhr); Juni–Aug. tägl. geöffnet. ✆ 283961240.

Ocidental Bar, wer auf guten Rock und Blues der 80er steht, ist hier richtig. Der Caipirinha ist berüchtigt (4 €)! Im Sommer tägl. 21–4 Uhr, im Winter nur Sa und So. Rua de Capela 9 (an der Markthalle).

Cavaleiro: Größeres Dorf, hauptsächlich Bauern wohnen hier. Einige kleine Supermärkte für das Nötigste, wenige Bars und Cafés, ein einfaches Restaurant (Rocamar, Rua das Palmeiras 10). Im Sommer, wenn die Feldarbeit ruht, wird von den Klippen mit der Leine gefischt. Vorne am Meer, am Cabo Sardão, ein Leuchtturm, daneben ein Fußballplatz. Die „Badebucht" (im Dorf Staubstraße rechts) liegt tief unten zwischen hohen Schieferfelsen. Ein improvisierter Weg mit wackeligem Geländer führt hinunter.

Tipp: Auch wer nur kurz Zeit hat, sollte einen Abstecher zum idyllisch gelegenen Leuchtturm einplanen, vor allem am frühen Morgen, wenn die Sonne aufgeht. Die Kargheit der Landschaft, das raue Meer und die Steilküste kommen dann so richtig zur Geltung – und man trifft immer wieder auf Enthusiasten, die, mit einer Spiegelreflex bewaffnet, ganze Akkus leerknipsen.

Durch den Campo Branco nach Beja

Der Campo Branco, eine in der Sonne hell glänzende, nur sanft wellige Steppenlandschaft, umfasst in etwa die Landkreise Aljustrel, Almodôvar, Ourique und Castro Verde. Über dem kargen Boden finden wir die typische Weizensteppe mit den entsprechenden Laufvögeln wie Trappen oder Rebhühner. Unter der Erde wird an vielen Stellen nach Kupfer und Zink gegraben.

Die Tour beginnt im beschaulichen **Ourique**. Das Städtchen wacht über die IC 1, die von hier aus auf direktem Weg zur Algarve führt. Nach einem kurzen Abstecher zum *Castro da Cola* führt der Weg durch die sanft hügelige Landschaft über die

IP 2 nach **Castro Verde**. Die *Basilica Real* ist reich geschmückt mit Azulejos, die die Geschichte der Schlacht von Ourique erzählen. Von hier aus bietet sich auch der Weg ins malerische **Mértola** an, wo man sich nach einem Abstecher zur *Senhora de Araceli* von der Artenvielfalt des Naturparks oder der in verschiedenen Museen dokumentierten Geschichte der Stadt beeindrucken lassen kann. Unser Weg führt uns aber weiter entlang der IP 2 über den verschlafenen Ort **Entradas** in die Distrikthauptstadt **Beja**.

Familientreffen der Madonnen

Am 7./8. September (Mariä Geburt) erlebt man in *Nossa Senhora da Cola* die wichtigste Marienwallfahrt im Baixo Alentejo. Hintergrund ist der Glaube, dass die sieben „Madonnen" (eigentlich die Madonnenfiguren) der sieben höchsten Orte der Ebene zwischen Ourique und Odemira sich als „Schwestern" wenigstens einmal im Jahr sehen wollen. Folglich setzt man am 7./8. September alle sieben auf die Plätze vor ihren jeweiligen Kapellen oder Kirchen – und die Gläubigen kommen von weit her zusammen, um ihre Madonna auf einem Tragepodest zu schmücken. Die Pilger hängen den Statuen bunte Seidenbänder in allen Regenbogenfarben um, sodass zum Schluss nur noch der Kopf herausragt. Dabei sprechen sie ihre Wünsche aus und legen Gelöbnisse ab, die sich vornehmlich auf das Liebes- und Eheleben beziehen. Wenn die Figur übervoll behängt und der Rundgang beendet ist, kommen Prozessionsjungfrauen, nehmen die Zierde wieder ab und versteigern die Bänder.

Man deutet das ganze Ritual als Nachhall eines heidnischen Fruchtbarkeitskults. Daher werden auch im Anschluss Kinder getauft und symbolisch in den Ritus „Unserer Lieben Frau von Cola" eingeweiht.

Die Legende erzählt von Versuchen, die Madonna an einen anderen Ort zu tragen, doch sie machte sich so schwer, dass niemand sie mehr hatte heben können. Am richtigen Ort flüstert die Madonna einem Mann, der mit ausgerollter Fahne auf der Mauer sitzt, Geschehnisse des kommenden Jahres zu, wenn sie an ihm vorbei getragen wird.

Archäologische Wanderung: Die Burgruine geht auf das 14. Jh. *vor* und die Kirche auf das 14. Jh. *nach* Chr. zurück. Auf dem Rundweg in der Nähe des jungen Rio Mira kann man vor allem die Reste von Nekropolen und Siedlungsstätten aus der Jungsteinzeit über die Eisen- und Römerzeit bis zum Ende der maurischen Herrschaft im Mittelalter sehen. Der Weg ist 14 km lang und kann individuell begangen werden. An den einzelnen Stationen sind Erklärungen vorhanden. Doch die Orientierung ist nicht immer ganz einfach.

Infostelle zwischen Castro und Restaurant. Kundige Begleitung kann vereinbart werden. Man braucht nicht alles zu Fuß abgehen, sollte sich aber darauf einstellen, dass einige Stellen nur auf Fußpfaden erreichbar sind. Im Sommer tägl. (außer Mo/Feiertag) 9.30–12.30 und 15–18.30 Uhr, So 9–12 und 14.30–17.30 Uhr. Im Winter 9.30–12.30 und 14–17.30 Uhr. ✆ 286516259.

Ourique

ca. 3000 Einwohner

Die Kirchen, der Uhrturm und der *Arco da Vila* der Praça D. Dinis prägen die ruhige Atmosphäre dieser alentejanischen Kleinstadt. Unterhalb des Platzes, an dem früher die Burg stand, spendet der *Jardim da Nora* dem Besucher angenehmen

Schatten in der Sommerhitze, wenn sich kaum etwas bewegt. Von der Aussichtsplattform kann man kilometerweit über die hügelige Landschaft blicken.

Nichts erinnert mehr an die ruhmreichen Zeiten, als die Felder vor São Pedro das Cabeças Schauplatz einer der bedeutendsten Schlachten der *Reconquista* gewesen sein sollen, die noch heute im Landeswappen mit fünf Schilden an die feindlichen Anführer erinnert. Am 25. Juli 1139 besiegte Dom Afonso Henriques ein überlegenes maurisches Heer samt wundersamer Christuserscheinung, einige Historiker siedeln diese entscheidende Schlacht hier in der Nähe an.

Information Turismo, tägl. (außer So) 10–19 Uhr, Sa und Mo Mittagspause 13–14 Uhr, im Winter nur bis 17 Uhr. Am Markt, Praça Comarca de Ourique 3, ✆ 286510414.

Verbindungen Busse halten an der Praça Garvão unterhalb des Zentrums in der Nähe der IC 1. Der Ort wird von der Rodoviária do Alentejo (www.rodalentejo.pt) und der Rede de Expressos (www.rede-expressos.pt) bedient. 1-mal tägl. 3-mal Castro Verde, 3-mal Lissabon, 3-mal Albufeira.

Vom Bahnhof, der etwa 11 km nördlich liegt, fahren 3-mal tägl. Regionalzüge über Castro Verde/Almodôvar nach Beja. www.cp.pt.

Feste/Veranstaltungen Großes Marienfest am 8. Sept. in Cola (→ S. 591), das auch **Stadtfest** ist,

Post ein paar Meter unterhalb des Turismo, Rua Engenheiro Duarte Pacheco 25.

Telefonnummern GNR (Polizei) ✆ 286510840, Centro de Saúde ✆ 286510300, Taxi ✆ 286512188.

Übernachten ** Hotel Romba, 32 Zimmer, meist mit getrennten Betten, angenehm großem Bad, Frühstück und selbstverständlich Klimatisierung. Im Erdgeschoss befinden sich die besseren, neuen Zimmer. 35–45 € je nach Zimmer, WLAN kostenlos. Auf dem Weg nach Garvão rechts, kurz hinter der Praça de Garvão, Cerca de S. Lourenço, ✆ 286512760.

Essen & Trinken O Lobo, regionale Küche mit einigen Spezialitäten (Zicklein, schwarzes Schwein), zwei kleine Speiseräume mit Holzvertäfelung. Hauptgericht ca. 7–10 €. Tägl. (außer So). Rua Armação de Pêra 5, ✆ 286512284.

Castro da Cola, 9 km außerhalb bei den Ruinen des Castro da Cola. Vor allem an Wochenenden rappelvoll wegen guter Lage. Angenehmes Ambiente (mit Glasveranda und Terrasse) und echtes alentejanisches Essen, wie *migas* mit *porco preto*. Hauptgericht 10–15 €. Tägl. 10–21 Uhr (außer Di). ✆ 286516400, ✆ 966816150.

Beja

ca. 38.000 Einwohner

Beja ist die Hauptstadt des größten Distrikts und liegt doch ein wenig verschlafen in den Weiten des Alentejo. Schon die Kelten siedelten hier, unter den Römern wurde Beja zur Hauptstadt der Region, und auch unter den Westgoten und den Arabern war es bedeutend.

Oftmals in der langen Stadtgeschichte haben ihre Bürger gegen politische Vorherrschaft rebelliert und aufgemuckt, zuletzt gegen die napoleonischen Truppen, die daraufhin zahlreiche Einwohner niedermetzelten. Erst danach wurde es still um Beja.

Nach einem Besuch der Burg und des Klarissinenklosters locken im Altstadtkern Parks und Straßencafés zur Rast – im Sommer steigt die Temperatur leicht über 40 °C Am besten schlendert man durch die alten Gassen, die vom *Largo do Lidador*, der *Praça da República* und vom *Largo dos Duques de Beja* ausgehen. Bei der neueren Altstadtrandsanierung wurde darauf geachtet, Innenhöfe mit Wasserspielen auszuschmücken, so z. B. zwischen Nr. 23 und 25 in der Rua do Canal.

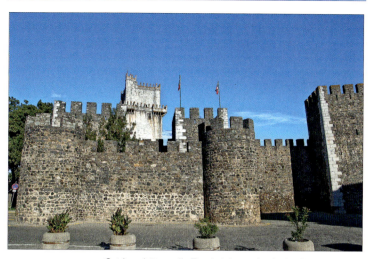

Gut beschützt – die Touristinformation in der Burg von Beja

An die Römerzeit, als Beja bereits 30.000 Einwohner (!) hatte, erinnern ein Tempel, die heutigen Évora- und Avis-Tore und viele Fundstücke in den Museen. Die Westgoten machten die Stadt im Jahre 430 zu einem Bischofssitz, bevor sie 715 von den Arabern erobert wurde. Bei der Eroberung durch die „Portugiesen" im 13. Jh. war Beja ziemlich heruntergekommen. Unter der Aviz-Dynastie wurde es ein Herzogtum, das u. a. D. Manuel I. zufiel, bevor dieser als Bruder der Königin selbst den Thron bestieg. Auch seiner Schwester Leonor hat Beja viel zu verdanken, wie z. B. den Bau des Hospital der Misercordia-Vereinigung, dessen ehemalige Apotheke und Kapelle besucht werden können (Rua D. Manuel).

Sehenswertes

Kastell: Die Burg in ihrer heutigen Form wurde von König Dinis zu Beginn des 14. Jh. in Auftrag gegeben. Wahrzeichen ist der hohe Bergfried, der die Stadt stilvoll überragt. Mit seinen 40 m ist er sogar der höchste mittelalterliche Burgturm ganz Iberiens und viel eleganter als seine normalen Brüder, edel ist zudem das Baumaterial – er ist aus Marmor. Im Volkslied besungen als „castelo de Beja, subindo lá vais, tu fazes inveja, às águias reais" („du machst die Königsadler neidisch"). Man sollte die 183 Treppen wirklich hinaufsteigen, vor allem den mittleren der drei Säle mit seiner maurisch inspirierten gotischen Deckenkonstruktion bewundern und, oben angekommen, den Blick über die alentejanische Hochebene schweifen lassen.
Tägl. 9.30–12 und 14–17.30 Uhr. Der Bergfried ist nach Renovierung wieder bis ganz oben zugänglich. Eintritt frei.

Convento da Conceição: Eines der schönsten Klöster des Landes und früher auch das reichste südlich des Tejo beherbergt es heute auch das **Museu Regional Rainha Dona Leonor.** Am Seiteneingang ist ein sehr schön gestaltetes spätgotisches Portal. Die Kapelle der Klarissinnen bietet blau-weiße Azulejo-Bilder zum Leben Johannes des Täufers, große und massiv silberne Tragegerüste – für jeden Johannes einen – und einige geschnitzte und vergoldete Altäre. Der Altar von Johannes dem Täufer

Baixo Alentejo → Karte S. 519

Alentejanische Chöre

Im Alentejo ist man zurzeit besonders stolz: Das typische Alentejolied, der *Cante Alentejano*, wurde zum Teil des UNESCO-Weltkulturerbes geadelt; manche meinen, der Ursprung des Liedes sei bei den Mauren zu suchen. Gesungen wird der Cante Alentejano a cappella von einer Gruppe von Männern, gekleidet in farbenfroher Landarbeitertracht und schwarzen Hüten, manchmal auch von einer Gruppe von Frauen mit buntem Tuch und Männerhut. Es sind die getragenen Melodien, die die weite, ruhige Landschaft widerspiegeln, und nebeneinander eingehakt, schunkelt man zum langsamen Takt der Melodie. Im Arbeitstakt wird mehrstimmig über Liebe, Sehnsucht, den blühenden Olivenzweig und den ländlichen Alltag gesungen. Der Bariton *(ponto)* gibt die ersten Takte und Verse der *moda* vor, darüber erhebt sich dann eine hellere Stimme *(alto)*, ehe der Chor *(baixos)* mehrstimmig und kraftvoll einfällt, dabei kommt jeder einmal an die Reihe, ein Lied anzustimmen. Die hohe Stimme ertönt während des gesamten Liedes weiter und trägt mit der zum Chor „schrägen" Tonlage zum polyphonen, eigentümlich archaisch klingenden Gesamteindruck bei. Bei Castro Verde wird der Gesang z. B. bei der *Associação Vozes das Terras Brancas* in Casével praktiziert, in Cuba von den bekannten *Ceifeiros de Cuba*.

Heute gibt es vielerorts Gesangsvereine, die sich mit neuem Schwung dem *Cante Alentejano* verschrieben haben. Informationen bekommt man z. B. im Musikkonservatorium in Beja am Hauptplatz.

sticht hervor, eine Einlegearbeit im italienischen Stil aus mehrfarbigem Marmor, vom jüdischen Barockmeister José Ramalho 1695 geschaffen. Vorne links im Marmorgrab wurden D. Fernando, Klostergründer und Vater von Manuel I und Königin Leonor, und sein Sohn D. Diogo bestattet, jener Diogo der von seinem Schwager König Joao II eigenhändig erdolcht wurde. Der sehenswerte Kreuzgang besteht aus vier Gängen, sogenannten *quadras*. Die Gänge sind mit *Azulejos* aus dem 16 und 17. Jh. geschmückt. Modern wirken die abstrakt geometrisch angeordneten Schachbrettmusterkacheln, aber sie gehören mit zu den ältesten (16. Jh). Der Kapitelsaal ist sehr atmosphärisch und mit maurischen Kacheln aus Südspaniern ausgekleidet, dabei hat jedes Paneel ein anderes Muster, wobei immer eine Kachel anders als die anderen ist, um uns an die Fehlbarkeit der Menschen zu erinnern. Die daran anschließende Gemäldegalerie ist eine Überraschung, mit einigen besonderen Werken, wie eine milchgebende Maria mit entblösster Brust, *Maria do Leite* oder ein Gemälde von Mestre de Sardoal, das den 1. Nationalheiligen São Vicente darstellt. An strenge Klosterbräuche erinnert das Verbindungsrad zwischen Konvent und Kirche, in das Gegenstände oder Botschaften eingelegt werden konnten.

Tägl. (außer Mo/Feiertag) 9.30–12.30 und 14–17.15 Uhr. Eintritt 2 €, Studenten und Rentner 1 €, Kind bis 15 J. frei. Die Eintrittskarte gilt auch für das Museu Visigótico in der Santo-Amaro-Kirche und die Ausgrabungsstätte in der Rua do Sembrano.

Museum für westgotische Kultur: Bemerkenswert ist das Museum, das in die Kirche Santo Amaro neben dem Castelo ausgelagert wurde. Behandelt wird die Epoche zwischen spätrömischer und islamischer Zeit. Die Basilika selbst ist einer der letzten erhaltenen westgotischen Sakralbauten. Interessant sind einige Grabsteine, die zeigen, dass sie mehrfach verwendet wurden: von Römern, Muslimen und dann

Liebesgeschichte über Jahrhunderte

Die tragisch-romatische Liebesgeschichte zwischen der jungen Nonne Mariana Alcoforado und einem französischen Grafen, der in der Söldnerarmee unter dem Grafen von Schomberg diente, soll sich im Convento da Conceição zugetragen haben. Als der Franzose 1668 nach siegreichem Feldzug gegen die Spanier in seine Heimat zurückkehrte, schrieb Mariana angeblich Briefe an ihren fernen Geliebten, voller Sehnsucht und Gefühl. Diese wurden durch die poetische Übersetzung von Rainer Maria Rilke auch in Deutschland bekannt. Die Geschichte hat sich wohl wirklich zugetragen, doch hatte die Romanze wahrscheinlich ein französischer Diplomat aufgeschnappt und selbige effektvoll umgedichtet. Die Nonne starb alt und verhärmt im Kloster, ihr Grabstein im Wappensaal ist noch erhalten und auch das Fenster im ersten Stock, durch das sie ihn das erste Mal erblickte ...

Spätes Nachspiel: 1971 kamen „die drei Marias" (Barreno, Horta und da Costa) auf die Idee, die Briefe von Mariana weiterzuspinnen und in dem Buch „Neue Portugiesische Briefe", Edition Tranvia, zu publizieren, das zu einem Kultbuch der portugiesischen Frauenszene wurde. Nur dank der Revolution von 1974 kam der Prozess gegen die inhaftierten aufmüpfigen Autorinnen zu einem Ende.

auch noch von Christen. Auf einem dieser Steine hat ein Bejaner, Mocego Calandronio, im Jahr 665 seine junge und schöne Nichte Maura mit einer Inschrift ins Gedächtnis der Nachwelt eingegraben.

Di nachmittags bis So 9.30–12.30 und 14–17 Uhr (außer Mo, Di vorm., Feiertag). Eintritt 2 €, Studenten und Rentner 1 €, Kind bis 15 J. sowie So frei. Die Eintrittskarte gilt auch für das Museu Regional und die Ausgrabungsstätte in der Rua do Sembrano.

Núcleo Museológico da Rua do Sembrano: Bei Bauarbeiten an einem Haus wurden in den 1980er-Jahren Relikte aus der Eisenzeit entdeckt. Bei weiteren Ausgrabungen fand man auf engstem Raum Reste von Siedlungen ab der Kupferzeit (ca. 3000 Jahre vor Christus). Die Mauerreste der römischen Stadt *Pax Julia* kann man durch einen Glasboden betrachten. Es gibt mehr zu sehen, als das Auge aufnehmen kann: Mauerreste, Keramik, Münzen aus jahrtausendlanger menschlicher Besiedlung. Eine Führung ist im Eintrittspreis enthalten.

Tägl. (außer Mo/Feiertag) 9.30–12.30 und 14–18 Uhr.

Kathedrale (Santiago Maior): Die Sé von Beja ist die einzige Kathedrale Portugals, die nicht der *Nossa Senhora da Conceição* gewidmet ist. Die 1590 im manieristischen Stil errichtete Kirche wurde 1930, als sie zur Kathedrale geweiht wurde, dem *Sagrado Coração de Jesus* (dem heiligen Herz Jesu) gewidmet. Doch die Liebe Frau geht natürlich nicht leer aus. Ihr ist eine azulejoverzierte Kapelle im Inneren zugedacht. Mo–Fr nur nachmittags 15.30–19 Uhr

Weitere Kirchen: *Kirche Santa Maria* mit bester portugiesischer Baukunst, repräsentiert durch den gotischen Spitzbogenportikus, das Renaissanceportal, die vier Türme mit konischer Spitze und den Altarraum mit der kuriosen Darstellung eines Jesse-Baumes (in der Regel ab mittags geöffnet). Der *Convento de S. Francisco* ist heute Pousada. Bemerkenswert auch die kleine *Kapelle S. Estêvão*, die in ein Gebäude am Largo dos Prazeres eingebunden ist; sie besitzt das älteste sechsrippige gotische Kreuzgewölbe Portugals.

Baixo Alentejo → Karte S. 519

Praça da República: Reine Renaissance findet sich an dem ausgedehnten, teilweise noch mit Arkadengängen bestückten Platz. Dom Manuels Sohn Luis ließ hier die *Loggia dos Açougues* (Schlachthalle) errichten, fand den Bau dann aber viel zu schön und funktionierte ihn zur *Misericordiakirche* um. Innen ist nur ein eher kleiner Hauptaltar, und die Halle außen diente als geräumiges Gotteshaus. Heute dient es den lokalen Kunsthandwerkern als Geschäft .

Basis-Infos

Information Turismo, in der Burg. Tägl. 9.30–12.30 und 14–18 Uhr. Der Burgturm schließt 30 Min. früher (unbedingt ersteigen, jetzt bis ganz oben möglich → s. u.). ✆ 284311913, www.cm-beja.pt.

Verbindungen Busse fahren ab der Estação Rodoviária am Ende der Av. do Brasil. ✆ 284313620. Vom historischen Zentrum aus gut zu Fuß zu erreichen. 3-mal tägl. nach Faro über Albufeira und Quarteira, 1-mal tägl. Almodôvar; 10-mal nach Lissabon und Évora; Mo-Fr 6-mal, Sa 1-mal Serpa oder Moura; wochentags 5-mal tägl. nach Castro Verde. 3 Busse nach Mértola, 4-mal Vidigueira, 1-mal Vila Real de Sto. António und 1-mal Alvito über Cuba. Ebenfalls 1-mal wochentags nach Zambujeira über Odemira. Nach Sines geht es 1-mal tägl. Nähere Auskünfte unter www.rede-expressos.pt und www.rodalentejo.pt.

Züge 2-mal in Richtung Algarve (mit Umsteigen in Funcheira), 4-mal nach Lissabon und 2-mal Évora (teils mit Umsteigen). Der Bahnhof liegt etwa 1,5 km unterhalb des Zentrums Richtung Nordosten. www.cp.pt.

Internet Kostenfreies WiFi an der Praça de República (Beja-WiFi).

Alles, was der Magen begehrt, ist auf dem **Stadtmarkt** (*Mercado Municipal*, Rua Afonso Henriques) erhältlich.

Ballonfahrt Für 150 € pro Person kann man mit **Emotion-life on adventure** in die Luft gehen, ✆ 925508116 www.emotion portugal.com.

Fahrradverleih Beja kann man auch mit dem Fahrrad erkunden; die Stadtverwaltung bzw. das Tourismusamt verleihen Mo–Fr 10–17.15 Uhr kostenlos Fahrräder. Über die Stadt verteilt findet man verschiedene Abstellmöglichkeiten für die Räder. Zurückgegeben werden sie dort, wo man sie geliehen hat (Rathaus, Casa da Cultura oder Turismo in der Burg). Man muss lediglich ein Pfand hinterlegen und sich mit dem Ausweis registrieren.

Feste/Veranstaltungen **Beja Romana**, römisches Stadtfest in der 2. Maihälfte. **Festas de Santa Maria**, Stadtfest am 15. August. **Stierkämpfe** in eigener Arena (auf Plakate achten, während der Feste).

Eher große **Messen** sind OVIBEJA am letzten Wochenende im April und RURALBEJA im Oktober, wobei sich die OVIBEJA zu einem großen Event mit viel Livemusik und Gastronomie entwickelt hat: eine der größten Messen ihrer Art in Portugal.

In den Monaten Aug. und Sept. gibt es zahlreiche Feste, zu denen die emigrierten Großstadtbewohner heimkommen, um mit ihren Familien in den Dörfern der Umgebung zu feiern: **Baleizão** in der 1. Woche im Aug., **Beringel** am 2. So im Sept., **Neves** Anfang Sept., **Quintos** variabel Juli/Aug., **Salvada** am 8. Dez., **S. Matias** Ende Juli,

Santa Clara de Louredo variabel im Aug., **Trigaches** am letzten Wochenende im Juli und am 1. Wochenende im Aug.

Olivenpresse Monte Novo und Figueirinha, hier wird ein preisgekröntes, ungefiltertes Extra Virgem Olivenöl herge-stellt, zu erschwinglichen Preisen, sowie diverse Weinsorten. Dabei werden modernste Techniken mit traditionellen Verfahren und Sorten kombiniert. José Goncalves, der Verkaufsleiter, spricht deutsch und zeigt gerne die Maschinen. Besonders ab November ist ein Besuch interessant, wenn die Olivenpresse rund um die Uhr in Aktion ist, denn um Spitzenqualitäten zu erreichen, müssen die Oliven vom Baum direkt in die Presse, ohne zu lagern. An der Straße Richtung aeroporto rechts gelegen, das 2. Portal ist die Einfahrt. ✆ 284311260, ✆ 966902828, www.montenovo figueirinha.

In Dortmund gibt es einen Händler, über den man das Öl in Deutschland beziehen kann: www.lusogourmet.jimdo.com.

Telefonnummern   PSP   (Polizei) ✆ 284322022, **GNR** ✆ 284323681, **Hospital** ✆ 284310200, **Taxi** ✆ 284322474 (die Zentrale ist an dem kleinen Platz unterhalb des Konvents).

Weinkeller In *Albernôa*, 25 km südlich. Eine echte Empfehlung, wenn auch nicht billig, ist die **Herdade da Malhadinha Nova** der Familie Soares (✆ 289965210 oder -432). Hier ist die Weinproduktion nur ein Teil eines Konzepts, Ziel ist die Herstellung echt alentejanischer Produkte – inkl. Olivenöl, Hotelbetrieb und Themenwochen. Der Wein „Monte da Peceguina" kommt mit seinen ungewöhnlich intensiven Aromen gut an. DZ um die 250 €. www.malhadinhanova.pt.

Übernachten

→ Karte S. 598/599

Pousada Convento de São Francisco ∎, das ehemalige Franziskanerkloster wurde 1995 als stilvolle Nobelherberge eröffnet. Die etwas strenge Fassade rührt wohl von der über 100 Jahre langen Nutzung als Kaserne. Im Garten ein Pool und Tennisanlagen, dazu ein gehobenes Restaurant , das vor allem bei den Nachspeisen die Klostertradition fortführt. 34 DZ und Suiten, DZ je nach Saison 100–170 €. Largo D. Nuno Álvares Pereira, ✆ 284313580, www.pousadas.pt.

**** Hotel Beja Parque ⊠, die 71 Zimmer und die 3 Suiten sind in etwas biederem Braunton gehalten. Fitnessstudio im Preis inbegriffen. Tiefgarage kostet extra. DZ 65– 95 €. Rua 1° de Maio 1, ✆ 284310500, www. bejaparquehotel.com.

** Hotel Sta. Barbara ⊠, sehr zentral, freundlicher Empfang, 26 saubere Zimmer, doch etwas eng und ältlich, dafür mit Klimaanlage. DZ 45–48 €. Rua de Mértola 56, ✆ 284312280, www.residencialsanta barbara.pt.

*** Hotel Melius ⊠, modernes Hotel mit 54 Zimmern und 6 Suiten an der Ausfallstraße nach Süden beim Verkehrskreisel. Gern von Geschäftsreisenden besucht. Ein sehr gutes, auf regionale Küche spezialisiertes Restaurant ist angeschlossen (So abends und Mo geschlossen). DZ 70 €, Suite 90 €. Av. Fialho de Almeida 68, ✆ 284313080, www. hotel-melius.com.

*** Hotel Bejense ⊠, geräumige Zimmer im Herzen der Stadt. Manche Zimmer sind leider etwas dunkel, die meisten aber sehr schön (Azulejos hinter den Betten). Gemütlicher Frühstücksraum mit zierlichen Möbeln. Bestes Preis-Leistungs-Verhältnis in der Stadt! 24 DZ mit Bad oder Dusche für 45– 48 €. Rua Capitão João Francisco de Sousa 57, ✆ 284311570, www.hotelbejense.com.

Rosa do Campo ⊠, 8 Zimmer in einem stilvollen Stadthaus aus den 1950er-Jahren – mit allem Komfort, wie Klimaanlage, TV, Kühlschrank, WiFi. DZ 40–45 €. Vermietet werden auch kleine Dorfhäuser in Trigaches. Rua da Liberdade 12, ✆ 284323578, www.rosadocampo.pt.

Beja Hostel ⊠, zentral beim Museu Municipal, neu eröffnet. 10 Zimmer, darauf achten, dass sie Terrasse haben. DZ 36 € inkl. Frühstück. Rua Alexandre Herculano 7, ✆ 961934618, www.hostelbeja.com.

Camping * Parque Municipal de Beja, am südlichen Stadtrand neben dem Sportanlagen, ausgelegt für 210 Personen. Recht schattig. Das Wichtigste an Infrastruktur ist vorhanden. Bis zu 25 % Rabatt bei 5 verschiedenen Ausweisen, auch für Studenten (beim Einchecken vorzeigen). Ganzjährig geöffnet. Av. Vasco da Gama, ✆ 284311911.

Jugendherberge Nur für einfache Ansprüche, teils barrierefrei. 50 Betten, 6 davon als DZ, nur 2 DZ mit Bad. Bett im

Baixo Alentejo → Karte S. 519

Ü bernachten
1 Pousada Convento de São Francisco
2 Beja Hostel
8 Hotel Bejense
10 Residencial Sta. Barbara
13 Hospedaria Rosa do Campo
19 Hotel Melius
20 Hotel Beja Parque

E ssen & Trinken
3 O Árbitro
4 Sabores do Campo
6 Vovó Joaquina
7 Luíz da Rocha
11 A Pipa
12 Adega 25
15 A Esquina
17 O Gulla
18 El Chali

C afés
5 Primus
14 Casa de Chá Maltesinhas

N achtleben
9 Hathors Lounge Club
16 Rest./Café Pulo do Lobo

Espanha,
Serpa, Moura

Rua Frei Manuel do Cenáculo

Valadim

Muralha

Rua D. Afonso Henriques

Largo do Salvador

Rua Ancha

R. D. Nuno Álvares Pereira

1

Largo D. Nuno
Álvares Pereira

Rua Bento de Jesus Caraça

2

i **Convento Nossa
Senhora da Conceição**

o Conde da Boavista

6

do Sembrano

7

8

R. de Mértola

10

Rua do Canal

Rua Luís de Camões

4

BUS

R. Cidade de S. Paulo

Jugendherberge

i

João F. de Sousa

Rua do Vale

14

Avenida do Brasil

Schwimmbad

R. G. Palma

16

17

Avenida Fialho de Almeida

18

Avenida Vasco da Gama

Algarve, Mértola,
Castro Verde

19

Beja

50 m

Baixo Alentejo → Karte S. 519

Schlafsaal 11–13 €, DZ mit Bad 30–32 €, ohne Bad 26–28 €. 15 % Rabatt mit Cartão Jovem. Rua Prof. Janeiro Acabado, im südlichen Freizeit- und Sportkomplex. ✆ 284325239, www. pousadasjuventude.pt/pt/pousadas/beja.

Außerhalb Monte de Diabróría, Agroturismo in einem traditionellen Bauernhof. Pool, Tennis und sogar eine Hauskapelle. 8 komfortable DZ (5 mit Doppelbett, 3 mit getrennten Betten) zu 60–75 €. An der EN 121 Richtung Lisboa bei Beringel. ✆ 284998177, www.diabroria.com.

Vila Galé Clube de Campo, Luxushotel, ruhig in den Feldern bei Albernoa gelegen. Eigener Weinkeller, Sauna, Pool, gutes Essen, geräumige Zimmer. DZ ca. 100 €. Ab der IP 2 ausgeschildert. ✆ 284970100.

⟨Essen & Trinken/Nachtleben   → Karte S. 598/599

A Esquina 🔟, preisgekrönte Küche, die den Alentejo und die Beiras auf dem Tisch zusammenführt. Beispiel: Lamm mit *poejos* (Polei-Minze) und frittiertem Brot. Hauptgerichte dennoch für 7–10 €. Tägl. (außer So). Rua Infante Dom Henrique 26, ✆ 284388851.

O Árbitro 🔟, in Richtung Ermida/Praça de Touros. Gute alentejanische Küche in einem einfachen Speiseraum. Hauptgericht 8–12 €. Tägl. (außer Di). ✆ 969078858 (mobil).

> Keinesfalls versäumen sollte man die *Doces Conventuais*, ein Konfekt aus Zucker, Mehl, Eiern, Fadenkürbis (gila), Schokolade und Mandeln nach jahrhundertealten Klosterrezepten – entweder im Café Luís da Rocha oder in der Casa de Chá Maltesinhas; durchprobieren oder zum Einstieg nach „queijo conventual" verlangen! Dazu trinkt man Likörweine.

🌿 **Vovó Joaquina** 🔟, die alten, hübsch renovierten Lagerräume sind nostalgisch mit alten Familienportraits dekoriert. Jetzt mit holländischen Besitzern. Tägl. (außer So). Rua do Sembrano 57, ✆ 966278887. ▪

El Chali 🔟, gilt bei den Einheimischen als eines der besten Restaurants; authentische Küche mit frischen Zutaten. Rua Ramalho Ortigão 6, ✆ 284321100.

Adega 25 🔟, gepflegtes kleines Restaurant mit einer zuvorkommenden Wirtin. Tägl. (außer Mo). Rua da Moeda 23, ✆ 284325960.

A Pipa 🔟, gleich neben Adega 25. Beide genießen bei Trip Advisor hohes Ranking.

Luíz da Rocha 🔟, Regionalküche und tägl. wechselnde Spezialitäten, lebhafter Betrieb,

günstige Preise. In der dazugehörigen Pasteleria gibt es die berühmten *doces conventuais*, die je ca. 2 € kosten. Typisches portugiesisches Café. Tägl. (außer So). Rua Capitão J. Franc. Sousa 63, ✆ 284323179.

Sabores do Campo 🔟, vegetarisches Selbstbedienungsrestaurant in der Nähe der Pousada. Tägl. ein Tagesgericht, das pro Kilo (14 €) abgerechnet wird. Dazu gibt es *Tartes*, *Pasteis* oder Säfte. Rua Bento Jesus Caraça 4, ✆ 284320267.

Casa de Chá Maltesinhas 🔟, kleines Teehaus. Die *doces conventuais* (Gebäck aus dem Kloster) sind ein Gedicht. Terreiro dos Valentes.

Primus 🔟, kleines nettes Café am Hauptplatz. Snacks und Kuchen, den Kirschlikör im Schokoladenbecher gibt's für nur 1 €. Praça da República, Ecke Rua dos Infantes.

O Gulla 🔟, wer mal wieder etwas anderes als Alentejoküche möchte, wird in dieser Snackbar am städtischen Schwimmbad fündig. Schön dekoriert und große Portionen, besonders das Sushi wird empfohlen, aber eilig darf man es nicht haben. Tägl. bis spät. Avenida do Brasil, ✆ 284361144.

Außerhalb **A Cavalariça**, etwas versteckt gelegen in Entradas (9 km nordöstl.). Familiäres Flair. Dona Maria João, eine Meisterin ihres Fachs, regiert in der Küche. Es gibt viele Wildgerichte (u. a. Haseneintopf mit weißen Bohnen) oder *Cabidela de frango do campo* (Landhahn mit in Blut gekochtem Reis). Hauptgericht ca. 11–13 €. Tägl. (außer Mo). Rua dos Escudeiros 3, ✆ 286915491.

O Celeiro, ebenfalls in Entradas. Sehr beliebtes Restaurant mit großem Speiseraum. Es gibt einen zweiten Eingang auf der linken Seite des Gebäudes. Hauptgericht 7,50–15 €. Tägl. (außer Mi) 9–23 Uhr. Rua Nova da Feira 1, ✆ 286915200.

Nachtleben Rest./Café Pulo do Lobo **16**, ein guter Ort, um den Abend zu starten. Hier treffen sich Jung und Alt. Av. Vasco da Gama. **The Pub Sports Café** ist bis in die frühen Morgenstunden geöffnet und die

Drinks sind günstig. Richtung Serpa in Nossa Sra das Neves.

In Beja selbst gibt's das **Ritual** (Rua da Moeda 9) oder die **Hathors Lounge Club 9** (Largo S. Joao) für Nachtschwärmer.

Umgebung von Beja

Entradas: 650-Seelen-Ort südlich an der IP 2 Richtung Algarve, inmitten der Weizensteppe. In der Pfarrkirche aus dem 18. Jh. mit dem charakteristischen Glockenturm steht man vor dem wertvollsten Hauptaltar der Diözese Beja in dunkel gebändertem Marmor aus Estremoz. Es heißt, er sei hier nur gelandet, weil ein Gewitter den Transport auf Ochsenkarren nach Faro zum Erliegen gebracht habe. Dazu gibt es noch ein kleines landwirtschaftliches Museum in der Rua de Sta. Madalena: das **Museu das Ruralidades** (tägl. außer Mo 10–18 Uhr).

Aivados, aldeia comunitária (von Estação de Ourique aus Richtung Casevel und noch vor der Autobahn links ab): Einmalig in Portugal ist ein sozialökonomisches Experiment, das auf ungeklärte Wurzeln ins 16. Jh. zurückgeht, bis heute aber lückenlos funktioniert hat. Mit seinen etwa 80 Einwohnern ist Aivados ein „Gemeinschaftsdorf", das jedem Bewohner unentgeltlich Land zum Bebauen und Bewirtschaften zur Verfügung stellt. Im engeren Kreis ums Dorf herum funktioniert es wie privates Eigentum auf Zeit, darüber hinaus wird es ungefähr wie eine Allmende bewirtschaftet. Wer dort einen Anteil (z. B. an den 500 Schafen) erwirbt, wird – immer an Weihnachten – entsprechend am Ertrag beteiligt.

Der Norden des Distrikts

Die Region nördlich von Beja ist reich an Baudenkmälern, was auf eine lange Periode des Wohlstands deutet. Von der Distrikthauptstadt führt die IP 2 in Richtung Norden. Kurz hinter São Matias geht es nach links in Richtung **Cuba.** Viele Kirchen beeindrucken durch originellen Bau und überraschende Fresken. Weiter geht es über eine Nebenstraße nach **Alvíto,** wo es eine Konzentration nationaler Monumente gibt, die wirklich sehenswert sind. Bürgerhäuser des 16./17. Jh. zeigen hier bis heute noch ihre in Stein gehauenen, verzierten Portale. Darüber hinaus sind die Landschaft und die wechselnden Stimmungen des Lichtes fantastisch. Von dort ist es ein Katzensprung nach **Vidigueira,** unterwegs passiert man die sehenswerten römischen Ruinen von *São Cucufate.* Rund um den Ort liegen einige hervorragende Weingüter. Nach ausgiebigem Einkauf setzt man die Reise über die N258 nach **Moura** fort. Hier wandelt sich der Anbau bald von Wein in lange Reihen von Olivenbäumen. In Moura erwarten den Besucher ein maurisches Viertel, eine sehenswerte Burg und natürlich ein Olivenmuseum.

Cuba
ca. 3100 Einwohner

Unscheinbares, typisch bäuerliches alentejanisches Städtchen mit einem Namen aus arabischer Zeit (coba = kleiner Turm, Kelterfass). Weißgekalkte Häuschen reihen sich in engen, verlassenen Straßen dicht aneinander. Erst der Blick hinter die Fassaden macht Cuba interessant.

Hier soll Christoph Kolumbus als unehelicher Spross der portugiesischen Königsfamilie geboren und aufgewachsen sein. Auch deswegen habe er die größte von ihm

Baixo Alentejo → Karte S. 519

Weinanbau im Baixo Alentejo

Hoch in der Gunst der Weinkenner stehen – neben dem nordalentejanischen Gebiet in der Serra de S. Mamede (Portalegre) und dem historisch frühesten um Évora – das Weinland nördlich von Beja und das auf beiden Seiten des Guadiana. Diese Anbaugebiete liegen meist auf dem flachen, nur leicht hügeligen Land und ergeben aromatische Weißweine und tieffarbige Rotweine durch das kontinentale Klima, die Tonschieferböden und die beschleunigenden Reifungsbedingungen.

In der Regel muss der Besuch der Adegas und Weingärten telefonisch angemeldet werden bei der Zentrale der Rota dos Vinhos do Alentejo in Évora (✆ 266746498) oder direkt bei den Betrieben. Außerdem kann man sich über die Turismos anmelden lassen. Wenn eine Gruppe von 14 bis 18 Interessenten zusammengekommen ist, werden meist stilvolle Weinproben (mit begleitendem Essen) zelebriert. Weinproben kosten 2,50–7 €.

entdeckte Insel nach seinem Heimatort benannt, heißt es. Die Einwohner sind ansonsten stolz auf ihr Brot, den Wein und den Gesang der Männerchöre. Das alles wird gefeiert beim viertägigen Volksfest Anfang September, und auch der Stierkampf darf dabei nicht fehlen.

Im Zentrum stößt man immer wieder auf die zweistöckigen Häuser aus dem 18. und 19. Jh. mit den vielen schmiedeeisern bewehrten Fenstern und Balkonen der wohlhabenden Bauern; Hof und Pferdestall gehörten meist dazu. Die **Igreja de São Vicente** (auch *Igreja Matriz* genannt) wurde zwischen dem 16. und dem 18. Jh. mehrfach umgestaltet. Auffallend sind die mehrfarbigen, figurativen Azulejobilder und der Hauptaltar mit seinen reichen Verzierungen. Sehenswert sind auch die Fresken in der **Igreja do Carmo** (im Turismo nachfragen) aus dem 17. Jh. Zu dieser Zeit entwickelte sich im Alentejo eine ganz eigene Freskenmalerei mit figurativen Motiven. Insgesamt haben im *Concelho* von Cuba 11 Bilder die Jahrhunderte überstanden. Sie sind in verschiedenen Kirchen in Vila Ruiva, Faro do Alentejo und Vila Alva zu finden.

Information Turismo, Mo–Fr 9–12.30 und 14–17.30 Uhr, zieht aber um in die Nähe der Stadtverwaltung ✆ 963709475 (Dra. Dulce), ✆ 284419904, www.cm-cuba.pt.

Verbindungen Busse halten am Bahnhof. 3-mal nach Vidigueira, 2-mal nach Beja, 1-mal nach Alvito. www.rodalentejo.pt. **Züge** fahren 2-mal nach Évora (Umsteigen in Alcáçovas) und 5-mal nach Beja. www.cp.pt.

Feste/Veranstaltungen Hier wird Karneval seit zehn Jahren richtig mit Umzügen und Ostern mit einer Lichterprozession gefeiert. Außerdem **Santos Populares** (13.–29. Juni) und **Nossa Senhora da Conceição da Rocha** am letzten Wochenende im Aug.

Telefonnummern Polizei (GNR) ✆ 284415104, **Centro de Saúde** ✆ 284419080, **Taxi** ✆ 284412295, ✆ 968574869 (mobil).

Wein Herdade do Rocim, dass das Leben zwar schön, Wein jedoch besser ist, wuss-

te bereits Fernando Pessoa. Vielleicht gibt es deshalb eine neue Weindestillerie auf dem Weg nach Vidigueira. Man kann bei der Traubensortierung zusehen und wird gerne durch die sehr modernen Räumlichkeiten geführt. Es gibt drei verschiedene Sorten des *olho de mocho* für 8–18 €.

Übernachten Casa de Hóspedes Chave d'Ouro, 11 Zimmer mit Bad und Klimaanlage. Einfach, aber es fehlt nichts Wesentliches. DZ 45 € inkl. Frühstück im dazugehörenden Restaurant. Rua da Esperança 46, ✆ 284412458.

Hospedaria do Carmo, die Tochter der Besitzer des Chave d'Ouro hat eine neue Unterkunft eröffnet. Saubere, angenehme Zimmer, eines davon barrierefrei. DZ 45 €. Largo de S. João de Deus 1, ✆ 284418026.

Außerhalb Herdade do Gizo, moderner, stilvoller Turismo mit kleinen Häuschen, die

Christoph Kolumbus? É nosso!

Die genuesische Herkunft des Christoph Kolumbus ist nur schlecht belegt. Schon lange streiten die Historiker über das Für und Wider dieser Geschichte. Für die Cubenser ist hingegen klar, dass Kolumbus einer der Ihren ist. Die umstrittene These stammt von Prof. Mascarenhas Barreto und Dr. Luciano da Silva. Sie basiert auf der Vermutung, dass der Umhang, den Kolumbus auf dem um 1536 von Alejo Fernández gemalten Bild *La Virgen de los Navegantes* trägt, eng mit seiner Herkunft verbunden sein muss. Das auffälli-

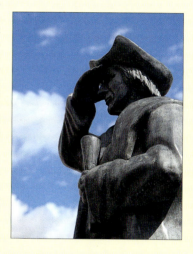

ge Muster, das der Maler detailiert wie-
dergegeben hat, zeigt in einem Dreieck
angeordnete, geöffnete Granatäpfel.
Auch auf seinem Grab in Sevilla ist ein
Granatapfel abgebildet. Die gleiche Kon-
stellation wie auf dem Bild findet sich
an einem Portal zur *Ermida da Nossa
Senhora da Rocha* in Cuba wieder. Dieses Portal soll das einzige Überbleibsel
des *Paço Ducal* sein, der schon im
16. Jh. zur Ruine wurde.

Aus dieser Übereinstimmung schließen
die Historiker, dass Kolumbus in Wahr-
heit Salvador Fernandes Zarco hieß.
Dessen Vater war Fernando I., Duque de
Beja, Sohn von Dom Duarte. Als weiteres Indiz wird das Monogramm aufgeführt, mit dem Kolumbus die Briefe an
seinen Sohn unterzeichnete. Es soll aus
den Buchstaben S, F und Z bestehen. Auch die Namen, die Kolumbus den entdeckten Inseln gab, sprächen für eine alentejanische Herkunft des Entdeckers: S. Salvador (sein Name), Sta Maria da Concepción (Kloster der Duques de Beja), Fernandi-
na (nach seinem Vater), Isabela (nach seiner Mutter), Cuba (die einzige Ortschaft,
die diesen Namen trägt und schon damals existierte ist das alentejanische Cuba).

Die weiteren Folgerungen grenzen schon an Verschwörungstheorien. Zarco soll als Geheimagent seines Cousins Dom João II. nach Spanien geschickt worden sein, um Land weit jenseits der Demarkationslinie aus dem Vertrag von Toledo zu entdecken. Denn Dom João II. wollte die Teilung der Welt neu verhandeln, was dann 1494 im Vertrag von Tordesillas auch geschah. Dies würde allerdings bedeuten, dass die Portugiesen wussten, dass es Land gibt jenseits der im Vertrag von Toledo be-
schlossenen Linie und dass Kolumbus nicht den Seeweg nach Indien finden wollte, sondern mit dem Wissen um einen neuen Kontinent in See stach.

Für die portugiesische Herkunft spricht allerdings, dass er bei der Rückkehr von der ersten Reise zuerst in Lissabon haltgemacht hat und João II. Bericht erstattete (wozu er ihm 50 km hinterherreiste).

Wie dem auch sei. In Cuba ist dem Entdecker ein Museum gewidmet, das sowohl auf seine Reisen als auch auf seine Herkunft eingehen soll. Schautafeln illustrieren den Werdegang und die Expeditionen des Entdeckers, alte Bücher und Landkarten.

Nur nach Voranmeldung. Dulce Lopes spricht Deutsch und macht auch die Führungen.
Eintritt frei. Rua da República 33, ✆ 963709475.

War dies die Taufkapelle von Christoph Kolumbus?

über eine große Fläche verteilt sind, samt Pferden, Golf und kleinem See. Für zwei Personen 75–110 €. 5 km außerhalb auf dem Weg nach Alvito an den wehenden Fahnen zu erkennen. ☎ 284418078, ☎ 967948388, www.herdadedogizo.pt.

Essen & Trinken Chave d'Ouro, bei den Einheimischen sehr beliebtes Lokal. Die originellen Wirtsleute sprechen Deutsch, sie waren lange in Nordhorn und Umgebung. Hauptgericht 7–20 €. So/Mo gibt's Lammbraten aus dem Backofen. Tägl. (außer Sa). Rua da Esperança 46, ☎ 284412458.

O Julião, typisch alentejanisch mit Einblicksmöglichkeit in die Küche. Neben den zahlreichen Weinen sind *bacalhau à pes-* *cador* und *migas de carne de porco* empfehlenswert. Hauptgericht 7–13 €. Tägl. (außer Mo). Rua Soc. Filarmónica Cubense 1° de Dezembro 4-6, ☎ 967162330.

Adega da Lua, bekanntestes Weinlokal im Ort, schön hergerichtet, mit Petiscos-Bar im Innenhof, Hauptgericht 7–13 €. Tägl. (außer Mo). Travessa das Francas 1, ☎ 284412200.

Adega Arrufa, direkt nebenan, gilt als älteste bodenständige Adega; man kann direkt bei den riesigen Tonkrügen (talhas) voller Wein sitzen oder auch in einem Innenhof – beides sehr gemütlich. Tägl. wechselnde *pratos do dia* für 6–10 €. Tägl. (außer So). Travessa das Francas 3, ☎ 914246419 (mobil).

Alvito   ca. 1300 Einwohner

Markant ist der befestigte Palast vom Ende des 15. Jh. Das wehrhafte *Schloss*, heute eine Pousada, mit einem quadratischen Innenhof und Ecktürmen bekommt seinen besonderen Reiz durch mudejarische Stilelemente wie die Fenster mit Hufeisenbogen und die typischen Abschlüsse mit Ziegelsteinen. Im Innenhof stehen zwei riesige Zypressen, in denen sich bei Sonnenuntergang die Spatzen aus den umliegenden Feldern unter großem Geschrei um Schlafplätze bemühen, ein Schauspiel, das man bei einem köstlichen Essen im Restaurant der Pousada gut mitbekommt.

Gut hundert Meter vom Kastell entfernt steht die **Hauptkirche** aus dem 16./17. Jh. mit einer liebevoll gepflegten Gartenanlage davor und der reichlich alten Schule *Escola Conde Ferreira* am Vorplatz. Das Äußere ist vielgliedrig und interessant durch spitze Pfeiler auf dem Dach, Regenrinnen, Wasserspeier und umlaufende Zinnen sowie das Renaissanceportal. Im Inneren der dreischiffigen Kirche erstaunt der Wandschmuck aus alten gelb-blauen Kacheln, mit denen auch die achteckigen tragenden Pfeiler dekoriert wurden und die bis ans gotische Gewölbe hochreichen. Der Raum vor dem Hauptaltar wurde noch nach Renaissancegeschmack begonnen und vor 1640 abgeschlossen. Der Hauptaltar ist reinstes Barock mit vergoldetem Schnitzwerk.

Ein Termin für die Hauptkirche kann übers Turismo-Büro vermittelt werden.

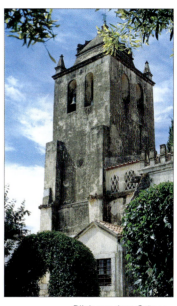

Bei einem gemütlichen Streifzug durch den Ort kommt man an vielen ganz normalen Stadthäusern mit steinbehauenen *Eingangsportalen* vorbei. Am Rande des für ein kleines Städtchen erstaunlich großzügig angelegten Rossío lohnt die *Kapelle Ermida S. Sebastião* einen Besuch (außen manuelinischer Mudejar-Stil, innen Originalfresken aus dem 16. Jh.). Direkt in der Nähe gibt es eine ganz andere Attraktion: Seit dem 13. Jh. wurden hier unterirdische Höhlen *(grutas)* gegraben, um aus dem dafür besonders geeigneten sinterartigen Kalk Mahlsteine für Mühlen zu meißeln. Die Arbeit erfolgte bei Fackellicht direkt an oder in der Steinwand (mit der Zeit von oben nach unten vordringend). Die schweren fertigen Steine wurden durch ein Loch nach oben gezogen, was bei einigen nicht mehr gelang.

Falls Kirche und Höhlen geschlossen sein sollten, kann der Turismo helfen. Die Höhlen bargen zur Zeit der Recherche allerdings ein Sicherheitsrisiko, sodass sie nicht besichtigt werden konnten. Wann die Mängel beseitigt werden, war noch nicht abzusehen.

Blick aus dem Grünen: die Mutterkirche

Ausflugsziele: Die **Barragem de Alvito** ist ein Stausee, der Alvito und Umgebung mit Trinkwasser versorgt und mit Beginn des Sommers viele Wassersportler und Wildcamper anlockt. Die unbesiedelte **Barragem de Odivelas** eignet sich eher zu Spaziergängen und zur Naturbeobachtung an den nicht befestigten Ufern entlang.

Information Posto de Turismo, Mo–Sa 9–12.30 und 14–17.30 Uhr. Rua dos Lobos 13, ✆ 284480808, www.cm-alvito.pt.

Verbindungen Bus: 1-mal tägl. nach Beja, Vidigueira oder Lissabon über Setúbal und Alcacer do Sal. Die Haltestelle befindet sich vor der Ermida, eine weitere bei der Feuerwehr. www.rodalentejo.pt.

Bahn: Im 4 km entfernten Vila Nova da Baronia gibt es einen Bahnhof: 5-mal Beja, 2-mal Algarve, 2-mal Évora (mit Umsteigen).

www.cp.pt.

Telefonnummern GNR (Polizei) ✆ 284485115, **Centro de Saúde** ✆ 284480020, **Taxi** ✆ 924434887 (mobil).

Übernachten Pousada do Castelo de Alvito, wird jetzt von der Hotelfachschule von Alvito geführt, so dass viele Schüler hier ihr Können zeigen. Sehr große, luxuriöse Zimmer mit traditioneller Einrichtung, alles gediegen. Garten mit Pool. Die Küche ist sehr kultiviert. Das **Restaurant** ist auch

für Nicht-Hausgäste offen und empfehlenswert: vegetarische Gerichte, im Alentejo
eine Seltenheit (ca. 11 €). 17 DZ, 100–140 € je
nach Saison. Largo do Castelo, ℅ 284480700,
pousada.castelo.alvito@gmail.com.

Horta da Vila, neu eröffneter Landgasthof
ca. 500 m vom Zentrum, mit Pool, Hängematten, alten Olivenbäumen und jeder
Menge Tieren (auch schwarze Schweine).
4 DZ und 3 Bungalows, DZ 60–80 € inkl.
Frühstück, auch Restaurantbetrieb, Straße
in Richtung Beja links, ℅ 917628934, www.
hortadavila.pt.

Außerhalb Horta da Lameira, Vila Nova da Baronia, die Betreiberin ist Deutsche.
3 Zimmer (70–80 €), eine Suite für 4 Personen, je nach Saison ca. 110–135 € inkl. Frühstück. Pool und WiFi. Für den Winter gibt
es eine Heizung. Auf Anfrage wird für die
Gäste gekocht. Dabei kommen dann Gemüse und Kräuter aus eigenem biologischen Anbau zum Einsatz. Am Ortseingang
rechts, dann dem Schild folgen. Nach
1,4 km auf der Schotterpiste links.
℅ 284475286, www.hortadalameira.com. ▪

Camping *** Markádia, 10-ha-Platz mit 480
Einheiten, 6 Apartments (teilweise für 6 Per-
sonen) 50–63 € für zwei Personen direkt am
Staudamm. Alles vorhanden, was das Cam-
perherz begehrt. Im Sommer sind keine
Hunde erlaubt. Tennis, Reiten, Pool, Fahr-
radfahren, Windsurfen und Bootfahren.
Ganzjährig geöffnet. Hat seinen Preis: pro
Person/Zelt/Auto jeweils 6 €. Südlich des
Barragem de Odivelas (18 km von Alvido
entfernt), über die Dammstraße zu errei-
chen, ℅ 284763141, www.markadia.net.

Essen & Trinken Buraco da Zorra, neben dem Turismo. Gemütliches, kleines Restaurant mit angeschlossener Bar und hübschem Innenhof. Hauptgericht 7,50–12,50 €.
Manchmal Spanferkel von der alentjanischen
Rasse. Largo do Relógio 10, ℅ 284485214.

O Feio, schnuckeliges Restaurant mit landwirtschaftlichen Werkzeugen an den Wänden und exzellenten Schweinegerichten sowie *Migas* (8 €). Man speist an kleinen Holztischen mit Einheimischen. Hauptgericht
(tägl. wechselnd) ca. 8 €. Largo General
Humberto Delgado 49, ℅ 284485123.

Außerhalb Zwei sehr gute Restaurants
befinden sich auch in Vila Nova de Baronia:

O Camões, das Restaurant findet sich am
Ende eines langen Gangs. Zwei große Speiseräume. Wechselnde Tagesgerichte zu 8–
12 €. Rua 5 de Outubro 15, ℅ 284475209.

O Casão, das gemütliche Dorfrestaurant ist
bei den Einheimischen beliebt. Hauptgerichte aus der Region für 7,50–9,50 €. Rua
Joaquim Henrique da Silva 4, ℅ 284475443.

Vidigueira

ca. 3000 Einwohner

Vidigueira gilt als die Stadt von Vasco da Gama, der zwar in Sines geboren, aber
nach der Entdeckung des Seewegs nach Indien zum Vizekönig gekürt wurde und
hier einen gräflichen Adelssitz erhielt. Dessen Bergfried sieht man heute noch auf
der Höhe über der Stadt. Die Glocke im Uhrturm wurde der Stadt 1520 von Da
Gama gestiftet.

„Terra de bom vinho e de boa gente" – „Land des guten Weines und der gutherzi-
gen Menschen", so bezeichnen die Einwohner stolz ihren Ort, ein Selbstlob, das
sich in den Tabernas ganz und gar bestätigt. Das Weinstädtchen besitzt eines der
südlichsten Anbaugebiete im Alentejo. In erster Linie wird die weiße Rebsorte *Antão Vaz* gepflanzt, der Vidigueira berühmt gemacht hat. Sowohl in Vidigueira (Pa-
gas tu, Pai d'ele, Manuel Elias und Miguinhas) als auch in Vila de Frades (Amado
Ferro und Lemos) gibt es traditionelle Tabernas, in denen der Wein noch nach alter
Art gekeltert wird.

Das große **städtische Museum** in der alten Grundschule verfügt über eine gut
durchdachte volkskundliche Sammlung und eine Abteilung, welche die Entwicklung der portugiesischen Grundschule von 1884 bis 1991 mit Originalgegenständen
dokumentiert.

Tägl. (außer Mo) 9.30–12.30 und 14–18 Uhr, im Winter 9–12.30 und 13.30–17 Uhr, Sa/So erst
ab 10 Uhr. Eintritt 2 €, ab 65 J. 1 €, bis 12 J. frei. Largo Vasco da Gama 1, ℅ 284437408.

Römischer Luxus: die zweigeschossige Prachtvilla von São Cucufate

Einige Kilometer westlich von Vidigueira findet man die teilweise rekonstruierten **römischen Ruinen von São Cucufate.** Grabungen haben ergeben, dass das, was heute noch zu sehen ist, auf einer eher bescheidenen römischen Villa aufbaute, vermutlich aus der Mitte des 1. Jh. v. Chr. Der zweite Bauabschnitt von 130 n. Chr. war schon aufwendiger mit villentypischem Komfort inklusive Bedienstetentrakt mit eigenen Bädern, aber erst die im Jahr 360 darauf ganz neu errichtete zweistöckige (!) dritte Villa hinterließ die erstaunlichen Mauerreste. Allein die breite Frontseite mit den beiden Doppelbögen links und rechts ist schon eindrucksvoll. Man vermutet, dass hier ein römischer Statthalter residierte, der zum christlichen Glauben übergetreten war, wodurch sich der Göttertempel in eine christliche Kirche verwandelte. Schon 100 Jahre nach ihrer Erbauung wurde die Anlage verlassen.

Um 600 n. Chr. ließen sich hier Benediktiner-Mönche nieder, die auch unter den Mauren geduldet blieben. Erst zu Zeiten D. Sanchos II. wurde das Kloster voll in Funktion gesetzt, heidnische Zeichen beseitigte man und die Wände wurden mit Bildern christlicher Heiliger übermalt – darunter auch der hl. Cucufate (ein Märtyrer aus Barcelona). Kurz vor 1640 galt das Kloster erneut als verlassen und nur ein Kaplan aus dem nahen Vila de Frades hielt hier noch Messen. Aus der Zeit danach (bis 1723) stammen das Altarbild von José de Escovar und die Bilder der musizierenden Engel. Alle Ausgrabungsfunde werden in der **Casa do Arco** in Vila dos Frades gezeigt.

Ruinen: Di Nachmittag bis So 10–12.30 und 14.30–17.30 Uhr. Eintritt 2 €, 15–25 J. und ab 65 J. 1 €, bis 15 J. frei. ☎ 284441113. Es gibt zwar keine Führung, aber einen Film auf Deutsch. **Museum Casa de Arco**: gleiche Öffnungszeiten. Eintritt frei.

Basis-Infos

Information Turismo, im Museum Municipal und gleiche Öffnungszeiten wie dieses. ✆ 284437410.

Verbindungen Busse halten nördlich des Zentrums am Largo da Cascata. Die Tickets werden von Noemia Teresa Janeiro, Nähe Largo da Cascata verkauft. 11-mal nach Beja, 7-mal Évora, 3-mal Lissabon, 1-mal Alvito.

Weinfeste: *Vidigueira Branco*, Weißweinfest an Ostern; *Vitifrades*, Anfang Dezember mit Adega-Besuchen.

Telefonnummern GNR (Polizei) ✆ 284436101, **Centro de Saúde** ✆ 284437090, **Taxi** ✆ 967054610.

Weinkeller In Vidigueira selbst dominieren zwei Erzeuger: Die **Adega Cooperativa da Vidigueira, Alvito und Cuba** im Bairro Industrial wird von 300 kleinen Weinbauern beliefert, hat sechs eigene Marken und produziert seit 1963 derzeit jährl. 5 Mio. Flaschen Wein, nach dem immer noch vorzüglichen Weißwein („Vila dos Gamas" mit der Rebsorte Antão Vaz) nun auch einen guten Roten aus der Alfrocheiro-Rebe. ✆ 284437240.

Die **Sociedade Paulo Laureano Vinus** liegt mitten im Anbaugebiet Monte Novo da Lisboa. Auch sortenreine Weine werden gekeltert, z. B. aus Aragonez- (Tinta Roriz) und Alfrocheiro-Trauben. Guter Standard ist der „Arte Velha". ✆ 284240991, www.paulolaureano.com.

Außerhalb Herdade Grande, nur 5 km südwestlich von Vidigueira, mit 60 ha Anbaufläche und sehr gutem Rotwein. Diese Herdade von António Manuel Baião Lança bekam für ihre Adega und den Wein jüngst Auszeichnungen durch die Leser von „Mais Alentejo" und bei diversen Weinwettbewerben. ✆ 284441712.

Cortes de Cima, 10 km von Vidigueira Richtung Pedrogão rechts. Das innovative dänisch-kalifornische Winzerpaar Jorgesen baute seit 1995 gegen die Regeln Syrah-Trauben an, und zwar so, dass die Trauben durch größeren Abstand vom aufgeheizten Boden nachts abkühlen können. Der Erfolg war phänomenal und heute sind viele der hiesigen, sehr reinen und unterschiedlichen Weine beliebt, zudem ist man um einen naturnahen Anbau bemüht. Auch die *Sommerkonzerte auf der Adega* und das hauseigene, preisgekrönte Olivenöl machen einen Besuch lohnenswert. Weinprobe ab 5 €. ✆ 284460060, info@cortesdecima.pt, www.cortesdecima.com.

Übernachten/Essen & Trinken

Übernachten Herdade do Sabroso, 8 km von Vidigueira, bei Pedrogao und 9 km vom Alqueva Staudamm. Hier gibt es alles: Weinkeller, ein nobles Restaurant, Salzpool, schöne, geräumige Zimmer – und das mitten in den Weinbergen mit Stausee. DZ 135 €. ✆ 284456116, www.herdadedosabroso.pt.

Santa Clara, fast 40 Zimmer, einige mit kleinem Balkon. DZ 47 €, 5 Suiten à 72,50 €, inkl. gutem Frühstück mit Süßgebäck und sehr gutem Kaffee. Der Chef ist allerdings ein typisch portugiesischer *Gerente*, der alles selbst entscheidet. Es kann also mal etwas dauern … Rua do Matadouro 1, beim Mercado. ✆ 284436146, www.residencial-santaclara.com.

S. João, in einem neu erbauten Viertel. 20 Zimmer, die meisten sehr groß mit einfacher Einrichtung. Sauber, angenehm. DZ 40 € inkl. Frühstück. Urbaniçação Horta de S. João, Lote 2 R/C, bei den Bombeiros (Feuerwehr). ✆ 284436161 und ✆ 967820099.

Außerhalb Quinta da Fé, verschieden eingerichtete, äußerst geschmackvolle Zimmer. Pool. Der belgische Eigner ist ein ausgezeichneter Dressurreiter des amerikanischen Olympiateams, Ausritte gibt es für 20 €, Einzelstunden 40 €, auch Lusitanos und Garrano-Pferde. 6 DZ 76 €, oft ausgebucht, am besten 3 Monate vorher anrufen. In Taipinhas, auf der kleinen Straße nach Alcaría links ab, dem Wegweiser folgen, ✆ 284434105 und ✆ 967940277, www.quintadafe.com.

Essen & Trinken A Cascata, direkt an der Hauptstraße. Bestes Preis-Leistungs-Verhältnis vor Ort – Diplome und Zertifikate hängen an den Wänden. Hauptgericht 7– 14 €. *Gaspacho* nicht auslassen. Gegrillter frischer Fisch mit einer Flasche „Pais das Uvas" von der hiesigen Adega Cooperativa bleibt unvergessen. Tägl. (außer Di). Largo Cascata 6, ✆ 284434180.

Herdade do Sabroso → s. o.

Typisch Alentejo: weißgekalkte Häuser vor mittelalterlichem Gemäuer

Moura

ca. 8500 Einwohner

Reist man von Beja an, empfängt einen am Ortseingang eine große Ölmühle. Hier landet die Ernte aus den riesigen Olivenanbauflächen rundum. Die freundliche Kreisstadt mit einem beachtlichen maurischen Viertel wird von einer Burg- und Klosterruine überragt. Darunter sprudelt eine Thermalquelle – Moura war auch Kurstadt.

Auf der Suche nach arabischen Resten stieß man 2003 im Gelände des **Castelo** auf Grundmauern von Häusern, diese konnten mit Hilfe von historischen Zeichnungen lokalisiert werden. Um 1509 ging Duarte d'Armas im Auftrag D. Manuels I. daran, sämtliche Befestigungsanlagen Portugals zeichnerisch zu erfassen, die an der Grenze zu Kastilien lagen. Dadurch konnten ein halbes Jahrtausend später die Räumlichkeiten des Burgherren freigelegt werden. Auf den Grundmauern der arabischen *Mezquita* wurde 1562 das Frauenkloster *São Domingos* errichtet. Im 18. und 19. Jh. wurden die Befestigungen der Stadt mehrfach schwer beschädigt, zu Beginn des 20. Jh. war es dann die Ausbreitung der Stadt, die ihren Tribut forderte: die Mauern mussten den Ölpressen weichen.
Mo–So 9–12.30 und 14–17.30 Uhr, im Sommer Sa/So 10–12.30 und 14–18 Uhr.

Der **Stadtpark** direkt neben der Burg wirkt wie eine grüne Veranda, von der aus man schöne Ausblicke auf die Alentejo-Landschaft hat. Am Parkeingang rechts ist in einem eher unscheinbaren Gebäude das **Thermalbad** untergebracht, auf dessen 22 °C warmes Thermalwasser man 1898 stieß. Wochentags kann man hier für nur 75 Cent pro Badegang in Marmorwannen (abgetrennte Zimmer) baden und auf Linderung von allen möglichen Übeln und Schmerzen hoffen (Mo–Fr 8–12/13–16 Uhr). Weiter vorne spendet die kleine Statuette der maurischen „Prinzessin" *Moura Salúquia* frisches, trinkbares Thermalwasser. Diese Tochter des Alcaiden von Moura sprang einst vom Burgturm aus in den Tod, als sie bemerkte, dass feindliche

Baixo Alentejo → Karte S. 519

Kreuzritter durch einen üblen Trick die Stadt erobern konnten. Die Prinzessin wartete gemäß dieser romantischen Überlieferung des 19. Jh. gerade auf ihren Bräuti-
gam aus Aroche, der, begleitet von einigen Verwandten, in der Stadt zum
Hochzeitsfest eintreffen sollte. Es waren aber die feindlichen Christen, die den von
ihnen Ermordeten die Kleider raubten, sie sich selbst überzogen und so unbehelligt
in die Stadt eingelassen wurden und sie einnehmen konnten. Diese Fabel findet
sich als Motiv im Stadtwappen wieder.

Das **maurische Viertel** *(mouraría)* gilt als die größte erhaltene maurische Wohnsiedlung Portugals. Es umfasst insgesamt drei Straßen, eine Quergasse und einen
Platz – niedrige, weiß getünchte Häuser entlang kopfsteingepflasterter Gassen voller Blumentöpfe. Im Eckhaus Travessa da Mouraria und Largo da Mouraria befindet sich ein 7 m tiefer Brunnen aus maurischer Zeit mit einer originalen Einfassung
aus verziertem Ton (derzeit wegen Renovierung geschlossen). Der Schriftstein in
arabischer Sprache beurkundet den Bau des Minaretts der Moschee. Ein paar
Schritte weiter, in der Segunda Rua da Mouraria 11, ist das **islamische Museum**
(Núcleo Árabe) untergebracht, das zum Stadtmuseum gehört.
Tägl. (außer Mo) 9–12.30 und 14–17.30 Uhr. Eintritt frei.

Die **Hauptkirche S. João Baptista** wurde von König D. Manuel I Anfang des 16. Jh.
gebaut. weil das Gotteshaus in der Burg zu wenig Platz für die stark gewachsene
Bevölkerung bot. Damals nahmen die noblen Herren und der Klerus im Hauptschiff und das Volk in den Nebenschiffen Platz. Beachtenswert ist das manuelinische Portal und der Balkon im Uhrenturm. Innen findet man ein reich geschmück-
tes Altargewölbe, Teppichmusterkacheln – und eine sehr gute Akustik.
Tägl. 9–18 Uhr.

Die **Klosterkirche Nossa Senhora do Carmo** geht auf die Gründung des Vorläufers
des Malteserordens zurück (Mitte des 13. Jh.) und war das erste Karmeliterkloster
des Landes. Mit Flusskies kunstvoll ausgelegter Vorhof, Rennaissanceportikus, einige eindrucksvolle Kapellennischen (v. a. die mit den Engeln), ein wundervoll bemal-
tes Tonnengewölbe über dem Hauptaltar und eine gotische Sakristei sind die wichtigsten Merkmale. Der Rest der Klosteranlage, insbesondere auch der Kreuzgang,
ist verfallen und kann bislang nicht besichtigt werden.
Bei der Recherche geschlossen, im Turismo nachfragen.

In der alten Stiftskirche São Pedro ist ein **Kirchenmuseum** eingerichtet, in dem
durchaus beachtliche Kirchenkunst der Pfarrsprengel Moura, Serpa und Barrancos
zusammengetragen wurde. Hier können religiöse Traditionen des Baixo Alentejo
seit dem 5. Jh. nachvollzogen werden.
Tägl. (außer Mo) 9–12.30 und 14–17.30 Uhr. Eintritt 1 €.

Museu Municipal: Das Stadtmuseum in einem ehemaligen Kornspeichergebäude
(„casa do rato" – Mäusehaus genannt) zeigt neben vorgeschichtlichen Ausgrabungs-
unden aus dem Landkreis auch hochwertige Fundstücke aus der maurischen Epoche.
Tägl. (außer Mo) 9–12.30 und 14–17.30 Uhr. Rua da Romeira 19, ✆ 285250400.

Auch das **Olivenölmuseum** gehört zum städtischen Museumskomplex. Hier kann
eine gut restaurierte, komplett ausgestattete Ölmühle besichtigt werden und nachvollzogen werden, wie von der Römerzeit bis 1941 das wertvolle Öl gewonnen
wurde. Direkt gegenüber wurde ein kleiner Park mit den verschiedenen Oliven-
baumsorten der Gegend geschaffen, einige davon sollen über 1000 Jahre alt sein.
Tägl. (außer Mo) 9.30–12.30 und 14–17.30 Uhr. Lagar de Varas do Fojo, Rua S. João de Deus
20, auf dem Weg zum Freibad, ✆ 285252640 und ✆ 285253978.

Essen & Trinken
- 2 Taberna do Liberato
- 4 Lanterna Verde
- 5 O Trilho
- 6 O Vermelhudo

Übernachten
- 1 Horta de Torrejais
- 3 Sta. Comba
- 7 Hotel de Moura
- 8 Hotel Passagem do Sol
- 9 Residencial Italiana
- 10 Monte Pinta Barris

Baixo Alentejo → Karte S. 519

Solarpark bei Moura: 2008 entstand hier der größte Photovoltaik-Park des Landes, der mit 2520 Paneelen, jedes mit 140 m² Oberfläche, zu den größten Anlagen dieser Art weltweit gehört. Schon mit dem Ausbau der Windkraftwerke hat Portugal in den letzten Jahren auf erneuerbare Energien gesetzt und deckt nun bereits die Hälfte des nationalen Strombedarfs damit ab. Dazu tragen besonders die Windgeneratoren bei, aber auch zunehmend Solarparks, wie der von Amareleja bei Moura, der mit einem Jahresertrag von 93 Gigawatt rund 30.000 Haushalte versorgt. Gerade der Ost-Alentejo mit seinen vielen Sonnenstunden scheint für solare Energie geradezu prädestiniert. Im Mai 2016 wurde das ganze Land vier komplette Tage lang ausschließlich mit grüner Energie versorgt. Vor diesem Hintergrund ist es unverständlich, dass es Bestrebungen gibt, an der Algarve und auf See nach Öl und Gas zu bohren (Lizenzen dafür wurden bereits an die Ölriesen vergeben). Die lokalen Proteste sind laut und Unterschriften wurden gesammelt.

Unter www.asmaa-algarve.org kann man sich über den aktuellen Stand informieren.

Basis-Infos

Information Turismo in der Burg, tägl. 9–12.30 und 14–17.30 Uhr, im Sommer Sa/So 10–12.30/14–18 Uhr. Hier gibt es die „Agenda Cultural e Desportiva" mit vielen Tipps und Terminen. ✆ 285208040 und ✆ 285251375.

Verbindungen 6-mal tägl. Busse nach Beja über Serpa (Sa/So 3-mal), 1-mal Direktbus nach Lissabon, 2-mal Évora. Die Busse halten jetzt beim Gericht im Park Rua Boa Vista, Tickets auch auf dem Platz. www.rede-expressos.pt und www.rodalentejo.pt. Bustickets in der Pasteleria O Ponte.

Feste/Veranstaltungen OlivoMoura am 2. Wochenende im Mai. **Stadtfest** am 24. Juni. **Carmo-Fest** mit Prozession im Juli.

Olivenöl Wer hochwertigstes, als „biologisch" klassifiziertes **Olivenöl** erwirbt (aus Enxoé oder Barrancos), sollte wissen, dass dabei die Technik der Vorväter immer noch dominierend ist. Direkt um die Ecke des Olivenölmuseums, in einer Dependance von CEPAAL, kann man sich über die diversen Produzenten und deren Verkaufsstellen informieren. Praça Gago Coutinho 2 (neben Hotel Moura).

Telefonnummern PSP (Polizei) ✆ 285251203, **GNR** ✆ 285254619, **Centro de Saúde** ✆ 285254900, **Taxi** ✆ 285252202.

Weinkeller 7 km südöstlich von Moura, also schon jenseits des Guadiana, verarbeitet die **Casa Agrícola Santos Jorge** Reben, die auf den roten Kalkböden der Herdade dos Machados wachsen. Man sollte den „Santos Jorge Periquita" oder „Morgado da Canita" probieren. ✆ 285251575.

Francisco Nunes Garcia, aus derselben Ecke bei Moura kommt seit 2001 einer der besten Weine ganz Portugals vom gleichnamigen Erzeuger, der kaufmännisch-bedauernd feststellt, es sei schade, dass man ihn verkaufen müsse. Die Rotweinstöcke dazu werden erst seit 1997 am Guadiana-Ufer auf kargen Böden gepflanzt. Das Weingut Quinta da Maria selbst liegt beim Alqueva-Stausee, ✆ 266637129. Vinifiziert wird in Moura in der Zona Industrial, ✆ 285254972. Am besten erkundigt man sich zuerst hier nach Besuchs- und Degustationsmöglichkeiten.

Übernachten/Essen & Trinken → Karte S. 611

Übernachten ** Hotel de Moura **7**, ein stattlicher, alt-charmanter Stadtpalast mit gekachelter Fassade. Die Zimmer sind geräumig und im 1. OG mit hohen Stuckdecken versehen. 35 DZ zu 38–70 € je nach Saison, Ausstattung und Wochentag, und 3 Apartments zu 55–70 € je nach Saison und Wochentag. Praça Gago Coutinho 1, ✆ 285251090, www.hoteldemoura.com.

** **Hotel Passagem do Sol 8**, in einem langgezogenen Bau etwas außerhalb des Zentrums. Angenehme Zimmer im mediterranen Stil. DZ 38 €. Largo José Maria dos Santos 40 (Eingang in der Rua Eng. Armando Almeida Manso). ✆ 285250080, www.hotelpassagemdosol.com.

** **Hotel Sta. Comba 3**, schöne, kühle Zimmer in zentraler Lage. Nicht unbedingt auf dem neuesten modischen Stand, aber völlig in Ordnung. 12 DZ je 38 € inkl. Frühstück. Praça Sacadura Cabral 34, ✆ 285251255, www.hotelsantacomba.com.

Pension Italiana 9, einfache, aber frisch renovierte Zimmer im Stil einer gehobenen Jugendherberge. 20–25 € pro DZ (nur mit WC und Waschbecken), mit eigenem Bad 25–30 €. Rua da Vitoria 8, ✆ 285254239.

Außerhalb Horta de Torrejais **1**, an einem Bach gelegen. Mit traditionellem kühlendem (!) Material erbaut und in ländlich-einfachem Stil eingerichtet, Küchenbenutzung, Pool. Mindestaufenthalt 2 Nächte, keine Tiere. Von sehr freundlichem Lehrerehepaar betrieben. Ruhig alle freien Schlafzimmer ansehen, drei sind besonders schön. 5 DZ zu 70 €. Estrada da Barca, ✆ 285253658 oder 963272562 (mobil), www.hortadetorrejais.com.

Monte Pinta Barris 10, Agroturismo im gleichnamigen Ortsteil an der Straße nach Sobral. 4 DZ zu 65 € inkl. Frühstück. In gemütlich eingerichtetem Haus mit Kinderspielplatz, Fahrradverleih, biologischem Pool. 3,5 km außerhalb, leicht zu verfehlen, da in einer Kurve gelegen. Monte de Pinta Barris, Apt. 80. ✆ 285252190 und ✆ 919898714 (mobil).

Essen & Trinken O Trilho **5**, beliebtes, gediegenes Restaurant mit regionaler Küche. Hauptgericht 7,50–12,50 €. Rua 5 de Outubro 5, ✆ 285254261.

O Vermelhudo 6, nett mit Steinwänden und gutem, traditionellen Essen (Migas, polvo, tomatada), große Portionen, die Nachtische sind eine Sünde wert. Tägl. (außer So). Rua da Latôa 1, ✆ 968483023.

Taberna do Liberato 2, urige Bar am Anfang der Mouraria mit großzügigen Petiscos/Ta-pas und einer Weinauswahl, die sich sehen lässt. Rua da Mouraria 2a, ✆ 927250132.

Lanterna Verde 4, wer mittags oder auch am Abend nur Petiscos essen möchte, z. B. *presunto alentejano* oder *Schnecken*, die Spezialität des Orts, ist hier gut beraten. Dazu gibt es beste lokale Rotweine zu günstigen Preisen. In der Fußgängerzone Conselheiro Augusto de Castro 22.

Entlang der Ufer des Stausees

Von Moura führt die N 265 Richtung Nordosten. Hinter einer kleinen Brücke biegt man rechts auf die N 386 ab. Wer sich die Staumauer ansehen möchte, folgt hier einfach der Straße, anstatt sie zu verlassen. In Póvoa de São Miguel verlassen wir die Nationalstraße und fahren links weiter in Richtung nach **Estrela.** Einige Kilometer nördlich liegt das neu aufgebaute Dorf **Luz.** Beide Orte leiden sehr unter dem Stausee. Während sich in Estrela der Tourismus nicht wie versprochen entwickelt, wirkt das neu erbaute Dorf Luz steril. Weiter geht es in nördlicher Richtung nach **Mourão.** Der Ort wird von der wuchtigen Burg dominiert. Von hier aus können wir die Seerundfahrt in Richtung **Monsaraz** fortsetzen oder nach einem Abstecher über **Barrancos** und das *Castelo Noudar* nach **Moura** zurückkehren.

Alqueva-Staudamm

Europas größter Stausee (250 km², davon 63 km² auf spanischem Gebiet) überflutete seit 2002 die Täler des Baixo Alentejos nordöstlich von Alqueva. Der Guadiana wurde auf 83 km Länge mit einem maximalen Wasserstand von 152 m über dem Meeresspiegel aufgestaut. Dabei sind 1100 km Uferzonen entstanden.

Die Planungen gehen zurück in die Zeit der Diktatur und wurden nach der Revolution wieder aufgegriffen, mit dem politischen Impetus, den latent aufständischen, armen alentejanischen Bauern endlich eine Bewässerung ihrer Felder zu ermöglichen. Innenpolitische Debatten verzögerten den schon begonnenen Bau, 1978 hielt die Weltbank den Bau des Megastaudamms für wirtschaftlich nicht sinnvoll. Dennoch erreichte es die Regierung, von der EU Hunderte Millionen Euro zu bekommen – eine letzte „Glanztat" der scheidenden Cavaco-Regierung –, sodass die Arbeiten 1995 wieder aufgenommen wurden. Ökologische Bedenken (Verstoß gegen die EU-Umweltschutzrichtlinien, Abholzung von 20.000 ha Steineichenwald, Zerstörung von seltenen Ufer-Habitaten) fruchteten nicht und keiner wollte zugeben, dass das zu den Feldern hochgepumpte Wasser ohne Subventionierung so teuer wird, dass die Produkte bei dem Überangebot auf den europäischen Märkten kaum wettbewerbsfähig sein würden.

Auch als „Meer der 1000 Möglichkeiten" wurde das Projekt touristisch gepriesen, kleine Dörfer, die vom Wasser nicht erreicht wurden, sollten zu Touristendörfern hochgepäppelt werden und bekamen schwimmende Bootsanlagestellen (zwei am Damm selbst, je eine bei Amieira, Luz, Monsaraz, Estrela, Juromenha und Campinho). In großem Maßstab wurden schon „Musiknächte am See" geplant, man träumte von Investoren, um Hotelkomplexe hochzuziehen oder Seniorendörfer für Nordeuropäer

Baixo Alentejo → Karte S. 519

zu gründen. Die allgemeine Krise, die Lage und auch die Sommerhitze ließen all dies aber nur in kleinem Umfang Realität werden, auch die alentejanische Mentalität steht der angedachten Übernahme serviler Tätigkeiten im Wege: arbeiten, während die anderen sich ausruhen? Stattdessen sind ein paar traditionsbewusste, kleinere Touristenunterkünfte entstanden, wie z. B. die Aldeia do Lago bei Amieira (www.aldeiadolago.pt).

Inzwischen haben sich die Bewohner an den zugegeben skurrilen Anblick gewöhnt und denken wieder zukunftsorientiert und optimistischer: 2012 konnten bereits 35.000 ha landwirtschaftliche Flächen bewässert werden, das Ziel 110.000 ha soll bis 2025 erreicht werden. Angebaut werden hauptsächlich Mais, Oliven und Melonen. Auch eine Düngemittelfabrik wurde gebaut.

Estrela

In dem Dörfchen, in dem es mehr kläffende Hunde als Menschen zu geben scheint, wartet man auf eine Belebung durch die angekündigten Charterboot-Gäste. Im Sommer scheint sich diese Hoffnung zu erfüllen. In der übrigen Zeit kommen allenfalls am Wochenende Besucher aus Lissabon, die dann auf der Terrasse des *Sabores da Estrela* oder der *Bar Convivio* sitzen und über den See blicken. Der Wirt des Café Estrela, Francisco Vito Rino, erzählt gern von den schönen Zeiten, als der Guadiana noch ein rauschender Wildbach war. Mittlerweile hat er sich arrangiert und ein großes Motorboot gekauft. Der Ort, in dem nur noch wenige junge Leute leben, besteht aus drei kurzen malerischen Straßen und einem kleinen Hauptplatz mit Kirche. In zwei Mini-Supermärkten bekommt man etwas Proviant.

Schiffsfahrten Drei Boote können auf dem „Grande Lago" jeweils 25–120 Fahrgäste zwischen den verschiedenen Anlegestellen hin und her transportieren, wobei der Startort normalerweise Amieira Marina ist. Ab 6 Personen können aber auch andere Routen ausgemacht werden. Preise 9,50–21 €. Reservierung unter 266611173, geral@amieiramarina.com.

Essen & Trinken Bar Convivio, Terrasse mit Blick auf den See. Der Espresso kostet 0,60 €.

Café Estrela, neben der Bar Convivio. Hier bekommt man ein Mittagessen samt Vorspeise, Dessert und Wein. Was es gerade gibt, einfach erfragen!

Sabores da Estrela, mit direktem Blick auf den See, ansprechend und modern eingerichtet. Direkt neben der Kirche. Am liebsten wird Portugiesisch, aber auch Englisch gesprochen. Hauptgericht 10–15 €, die meisten Gerichte kosten 12 €, z. B. der *Bacalhau* des Hauses. Tägl. (außer Mo). Rua Nova de Moura 3, ✆ 285915000.

Luz

Im einstigen Luz mit seiner Wallfahrtskirche und der Stierkampfarena kann man sich nicht mehr umsehen, denn der Ort ist längst in den Fluten des Staudamms untergegangen. Zuvor wurde die Bevölkerung mitsamt ihrer begrabenen Toten 2002 unter enormem Kostenaufwand in ein völlig neu angelegtes Dorf auf einer zwei Kilometer entfernten Anhöhe umgesiedelt. Die Anwohner haben die gleichen Nachbarn wie früher, Straßen und Plätze wurden nachgebildet, dennoch wirkt Luz künstlich wie eine Retortenstadt. Man lebt auf einer länglichen Halbinsel, die durch eine schmale Dammstraße mit der Umgebung verbunden ist. Ersatzgrundstücke stehen kaum zur Verfügung und was darauf geschehen darf, bestimmt die Betreibergesellschaft EDIA. Als Kompensation wurde den Bewohnern immerhin die geliebte Kirche wieder hergerichtet. Luz ist der einzige Ort, der dem Großprojekt weichen musste.

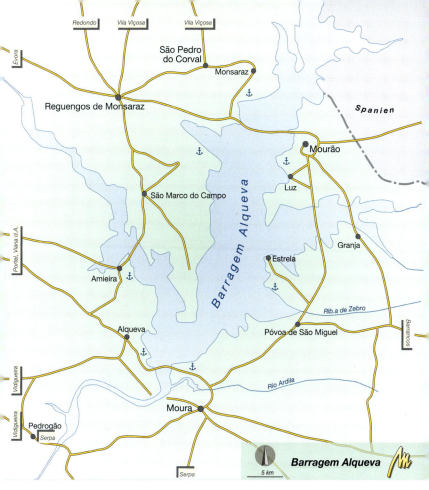

Die Erinnerung wird im architektonisch anspruchsvollen **Museum** gepflegt; unter anderem ist dort auch ein Opferstein aus dem untergegangenen Castelo de Lousa erhalten. Das Museum verfügt über eine kleine ethnologische und eine archäologische Sammlung. Es dokumentiert sowohl den Bau des Staudamms als auch dessen Nutzen. Von den Folgen ist nicht die Rede, da auch das Museum von der Betreiberfirma finanziert wird.
Tägl. (außer Mo) 10–13 und 14–18 Uhr. Im Winter 9.30–13 und 14.30–17.30 Uhr. Eintritt 1 €.

Mourão
ca. 2100 Einwohner

Das von einer langgezogenen Burg überragte Städtchen, 6 km von der spanischen Grenze entfernt, ist nach dem Bau des Alqueva-Staudamms zwar durch die riesige Brücke besser mit der portugiesischen Welt verbunden, doch die unmittelbare Lage an einem der größten Stauseen Europas hat es gänzlich verändert.

Die **Burg** (8–18 Uhr) wurde den Mauren abgenommen, dem kastilischen Ritterorden übergeben und fiel später als Mitgift an die portugiesische Krone. Der 20 m hohe Bergfried kam 1343 hinzu, die äußere Befestigungsanlage während der Restaurationskriege 1663. Sechs, um einige Kilometer dem Feind „entgegengeschobene", Wachtürme rundeten die Sicherungsanlage ab. Ein großer Teil der Bewohner lebte lange Zeit noch innerhalb des rechteckigen Burghofs; die noble Ruine des Rathauses in der oberen Ecke zeugt davon. Die etwas eingezwängt wirkende Kirche hatte unter den Kriegen und dem Erdbeben sichtlich zu leiden.

Heute gibt es am Burgberg ein paar malerische Straßen und Winkel, und auch der Platz der Republik ist von schönen alten Häusern des 19. Jh., dem Rathaus und der Franziskuskapelle umstanden. Beim Rundgang nicht zu übersehen sind die runden, bis zu 3 m hohen, weißen Schornsteine mit kuppelförmigem Abschluss, die auf maurische Traditionen zurückgehen sollen – perfekte Statussymbole; sie wurden meist über dem Eingangsbereich errichtet. Eine Reihe von Häusern besitzt noch individuell gestaltete Wetterfahnen. Der kleine Jardim Municipal mit Musikpavillon *(coreto)* ist ansprechend gestaltet worden: ein mit zahlreichen Pflanzen angelegtes, zur Entspannung einladendes Gartenrondell.

Information　Mo–Fr 9–12.30 und 14–17.30 Uhr.　Freundlich-aufgeschlossenes und kompetentes Personal. Largo das Portas de S. Bento, in der Nähe des Platzes der Republik, ✆ 266560010.

Adressen　Am Platz der Republik Nr. 9 existiert ein herrlich mit Azulejos ausgekacheltes „Einkaufszentrum" (im Stil eines Herrenhauses), das Centro Comercial D. Dinis mit **Internetmöglichkeit**, Mo–Fr 9–12.30 und 14–17.30 Uhr.

Feste/Veranstaltungen　Um den 2. Febr. großes **Volksfest** zu Ehren der Senhora das Candeias (Mariä Lichtmess), am Ostermontag **Romaria de S. Pedro dos Olivais** und Kirchweihfest. Das **Burgfest** *(festas do castelo)* ist immer in den letzten Juli- und ersten Augusttagen.

Übernachten　**Casa Esquivel**, altgediegenes, individuell gestaltetes, schönes Herrenhaus. Von der großen Terrasse aus hat man einen 1-a-Blick auf die Burg. Pool. DZ 50 € inkl. Frühstück. Rua da Muralha 16.

Dem gleichen Besitzer gehört auch **Solar de S. Bento**. DZ 45 €. Rua de S. Bento 35, ✆ 266560200.

Essen & Trinken　Patio dá Oliveira, umwerfend reichlich und gut, z. B. *bacalhau espiritual*. Auch das schwarze Schwein, Traum jedes Karnivoren, hüpft hier bestgegrillt auf den Teller. Alle Gerichte um die 10 €. Tägl. (außer Do). Praça da República 18, am Jardim Municipal, ✆ 266586282.

Adega Velha, empfangen wird man von riesigen Weinamphoren und einer traditionellen Einrichtung. Persönliche Betreuung durch den Chef, eigene Weine, regionale Gerichte um 12 €. Geschlossen So Abend und Mo. Rua Dr. J. V. Gusmão 13, ✆ 266586443.

Bragança, gehobene Qualität und guter Service, viele Gerichte mit *Proco preto* 10–13 €. Tägl. (außer Mo). Travessa do Pinheiros 6A, ✆ 266586356.

Im Sommer kann man gut vor der Bar **Morango** sitzen, drinnen geht es das ganze Jahr bis spät in die Nacht weiter.

Barrancos

Der gleichnamige Landkreis besteht nur aus dieser einzigen Gemeinde; auf einen Quadratkilometer kommen nur elf Einwohner. Das Schicksal dieses über zwei Hügel gebreiteten Grenzstädtchens, in dem vornehmlich Rinder- und Schweinehaltung betrieben wird, ist eng verbunden mit dem der benachbarten Burg Noudar und den Grenzhändeln, die meist militärisch ausgetragen wurden.

Es würde langweilen, die vielen Male aufzuzählen, in denen die Grenzbevölkerung hier ihre Herren zu wechseln hatte. Zu Beginn der Restaurationskriege, 1641, als die spanischen Felipes in Portugal ausregiert hatten, wurde Barrancos erst mal von den Portugiesen selbst dem Erdboden gleich gemacht – weil die Bewohner einen kastilischen Dialekt sprachen. Auch in den folgenden Jahrhunderten zeigte die ferne portugiesische Regierung nicht viel Interesse an dieser Grenzregion, und bis heute lässt sie es an Sensibilität im Umgang fehlen. So ist es nur verständlich, dass sich die Barranquenhos „kulturelle Ventile" geschaffen haben.

An den letzten vier Augusttagen jeden Jahres gibt es zu Ehren der Nossa Sra. da Conceição auf dem Stadtplatz von Barrancos ein archaisches Fest – eine eigenartige Synthese zwischen Alentejo und Andalusien. Am ersten Tag stehen religiöse Zeremonien, vor allem eine Prozession im Vordergrund. An den folgenden drei Tagen gibt es jeweils ein

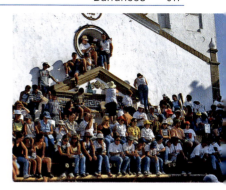

Zuschauertrauben in Barrancos

Stierkampfspektakel. Zwei Stiere werden um 8 Uhr morgens losgelassen und laufen durch den Ort, vor rennenden und schreienden Einwohnern, die sie versuchen zu berühren. Am Hauptplatz ist das Ende der Hatz, und die dem Volk präsentierten *touros* werden wieder eingefangen. Am Abend folgt der Stierkampf, der mit der Tötung der Stiere endet. Das war und ist in Portugal gesetzlich verboten, lange Zeit wurde dagegen prozessiert, ohne jedoch die stur behauptete lokale Tradition beenden zu können. Seit 2002 sind diese blutigen Stierkämpfe nun als Tradition legalisiert.

Außerhalb der Festtage zeigt sich Barrancos vor allem mit seinem intimen Stadtplatz und den neu geschaffenen, peripheren Grünanlagen als ein beschauliches kleines Landstädtchen. Man kann durch die gemütlichen Straßen bummeln und sollte nicht versäumen, zu „copo e tapa" einzukehren, zu einem Glas Wein und zum Schinken vom *porco preto*. In die Hauptkirche oben wurden Teile der ehemaligen Kirche von Noudar eingebaut (z. B. Weihwasser- und Taufbecken). Und ein **archäologisches und ethnografisches Museum**, das in einem früheren Herrenhaus residiert, lädt zum Verstehen von Land und Leuten ein, inklusive der furchteinjagenden Instrumente der ehemaligen Dorfärzte.

Tägl. (außer Mo) 10–12 und 13–16 Uhr, Sa/So nur nachmittags. Beim Centro Médico oben, hinter dem Hügel.

Ausflug zur Burg Noudar: Hier sind wir im äußersten Osten des Baixo Alentejo angelangt. Die einmalige Lage hoch über dem Zusammenfluss der Flüsschen Múrtiga und Ardila lohnt allein die etwas mühsame Anfahrt (12 km von Barrancos, Abzweig an der Tankstelle). Die weite Landschaft scheint von menschlichen Eingriffen weitgehend verschont zu sein, doch Ausgrabungen belegen bereits eine vorrömische Besiedlung. Der durch den Avis-Orden errichtete Mauerring war auf seiner Gesamtlänge von 500 m 7 m hoch. In der Mitte steht heute noch der über 17 m hohe Burgfried, oben mit Schießscharten und im zweiten Stock mit einer Regenwasserzisterne ausgestattet. An der Stelle im Burghof, an der im 14. Jh. eine Kapelle gebaut worden war, steht heute noch die *Igreja de Nossa Senhora do Desterro* (= der Verbannung) aus dem 17. Jh. Im Sommer 1936 haben sich hier dramatische Szenen abgespielt, als spanische Bürger auf der Flucht vor den faschistischen Truppen ins benachbarte Salazar-Portugal flohen.

Burg: Normalerweise tägl. (außer Mo) und an den Tagen, an denen die Stiere los sind, 10–18 Uhr, im Winter 10–17.30 Uhr. Piste ab

Barrancos. Auf dem Weg, vor der Brücke noch weitere 200 m links, sollte man bei der *Fonte da Pipa* Halt machen und sich

Baixo Alentejo → Karte S. 519

erfrischen. Von ihr heißt es, wer einmal daraus trinkt, sei gezwungen wiederzukommen. Sehenswert auch die beiden Flussmühlen jeweils ober- und unterhalb der Brücke.

Die Burg liegt mitten im Naturpark Parque Natural de Noudar (www.parquenoudar.com) auf den Ländereien des früheren Bauerngutes Herdade da Coitadinha. Es handelt sich dabei um eine „Kompensations-leistung" der EDIA (Alqueva-Betreibergesellschaft) für Umweltzerstörungen. Heute wird Landwirtschaft in Einklang mit dem Schutz der hier lebenden z. T. seltenen Arten betrieben. Das alte Gutshaus wurde schön restauriert und ist jetzt Sitz des Naturparks. Hier gibt es Infos zu Wanderungen auf fünf ausgewiesenen Pfaden.

Auf der Suche nach Abkühlung

Der Schinken der Schwarzen Schweine

Barrancos hat sich zum portugiesischen Zentrum der Zucht und Verarbeitung des *porco preto* bzw. *porco alentejano* entwickelt. Diese einzigartige hochbeinige alentejanische Rasse hat sich aus dem südmediterranen Wildschwein entwickelt und kann mehr Fett *im* Muskelgewebe anreichern. Die Tiere sind dem Ökosystem des *montado* angepasst, laufen in Horden völlig frei herum und fressen 15 Monate lang hauptsächlich die Eicheln *(bolotas)* der Steineichen *(azinheiras)*. Danach ist das schöne Leben für sie vorbei, und es dauert mindestens zwei Jahre, bis die Schinken im günstigen Mikroklima von Barrancos in frischer Luft langsam reifen. Entscheidend ist, dass das Trocknen der frischen Schinken im Winter beginnt und die Reifung sich bei ansteigenden Temperaturen im Frühjahr mit dem „Fettschwitzen" fortsetzt. Im Oktober kommen die Schinken für ein weiteres Jahr in belüftete Hallen, wo der Schinken zu seiner unvergleichlichen Geschmacksqualität reifen kann. Und das Beste: Das Fett der Schinken, heißt es, sei ernährungsphysiologisch geradezu förderlich, um kardiovaskulären Problemen vorzubeugen. Also, alles mitessen. („Zu Risiken und Nebenwirkungen ...")

Basis-Infos

Information Tägl. 9–13 und 14–17, Sommer 18 Uhr. In der Rua 1° de Dezem-bro 42 (unterhalb des schmalen Parks), ℘ 285950641, www.cm-barrancos.pt.

Im Turismo werden auch die kleinen Instrumente „Zombombá" verkauft. Das sind Tongefäße, deren Öffnung mit Leder bespannt ist, das mit einem Stock zur Resonanz gebracht wird; ihr Klang tönt wie eine unruhige Eselshorde. Früher wurden sie einfach aus Kork und Papier gefertigt und nur in der Weihnachtsnacht geräuschvoll benutzt.

Einkaufen Schinken und Würste vom schwarzen Schwein *(porco preto)* der Marke **Casa do Porco Preto** aus Barrancos können im Supermarkt Frescos & Companhia, Largo dos Montes Claros 4, gekauft werden.

Feste/Veranstaltungen Am 19. März ist die nahegelegene Ruinenkapelle S. Ginés Ziel einer Wallfahrt spanischer Pilger.

Mariä unbefleckte Empfängnis (28.–31. Aug.) mit einem sehr typischen Volksfest und spanischem Stierkampf.

Auf dem Platz vor der Kirche wird vom 8. Dez. an Brennholz gesammelt, um das „Jesuskind" *(menino)* am **Heiligen Abend** mit einem riesigen Feuer wärmen zu können.

Schwimmbad Juni bis Mitte September.

Wanderung Direkt vom Ortszentrum aus gibt es eine 17 km lange Rundwanderung, die zeitweise auch am Fluss entlangführt und ein paar Meter sogar in Spanien verläuft. Infos dazu auf Englisch, nur im Internet: http://www.visitalentejo.pt/de/transalentejo /from-serra-colorada-to-cerro-do-calvario.

Übernachten/Essen & Trinken

Übernachten *** **Hotel Agarrocha**, gleich beim unteren Rondell mit dem Stierdenkmal, 14 moderne Zimmer mit lustigen Rohrstockbetten, einer Flasche Wasser auf dem Zimmer und Balkon. DZ 50 €. Rua 1° de Dezembro, ℘ 285958680.

Casa de Boavista, sauber und angenehm. 5 Suiten 40–60 €. Rua da Boavista 12, ℘ 966552196, cortegafoservi.mertola@clix.pt.

Casa de Hóspedes Vitoriano, eher einfaches Gästehaus. DZ 25 €, ohne Frühstück. Rua da Sentinela 4, ℘ 285958113.

Casa da Hóspedes Emílio, 6 schlichte Zimmer, teilweise mit Duschvorhangecke, jedoch sauber. DZ mit Bad 25 €, ohne eigenes Bad 20 €, kein Frühstück. Rua de S. João de Deus 1, ℘ 285958003 (Dona Alice).

Außerhalb »» **Mein Tipp: Parque de Natureza de Noudar** (früher „Herdade da Coitadinha"), 10 km von Barrancos entfernt, mit Blick auf die Burg Noudar. Das traumhaft gelegene restaurierte Herrenhaus eines ehemaligen Landguts bietet 6 schöne Gästezimmer, Pool, ein Café und auf Vorbestellung Abendessen. Mehrbettzimmer in der ehemaligen Landarbeiterunterkunft. Mountainbikes gibt es gratis, Elektrocars kann man mieten. Hier „am Ende der Welt" lassen sich Stille, Natur und Einsamkeit genießen – und der romantische Sonnenuntergang hinter dem Castelo. DZ 55–70 €, Mehrbettzimmer 20 € pro Person. Abzweig nach Noudar an der Tankstelle von Barrancos. ℘ 285950000, www.parquenoudar.com. «

Essen & Trinken O **Miradouro**, klimatisierte Räume für 120 Gäste, stilvolle, gepflegte Einrichtung und ein wunderbarer Ausblick vom Balkon. Empfehlenswert: *bacalhau á miradouro* und viele traditionelle Gerichte. Tagesgericht 7,50–12 €. Tägl. (außer Mo). Rua 1° de Dezembro 38 (Trav.), auf dem Weg nach oben, wenige Meter links unten. ℘ 285094039.

A Esquina, bis hierher auf den Teller hatte es das schwarze Schwein nicht weit, auch Wildgerichte, ca. 7–12 €. Laut Auskunft Einheimischer das beste Restaurant im Ort. Tägl. (außer Mi). Rua das Fontainhas 2, ℘ 285958694 und ℘ 965163291.

O **Central**, neben anderem kann man hier eintreten und „Só petiscar" sagen; man erhält dann einen Teller mit *presunto* (natürlich nur vom schwarzen Schwein), *paio, queijo, pão und azeitonas* für 10 €, an dem auch zwei Personen satt werden können. Dazu zischen einige der kleinen 0,2er-Bierchen gut … Tägl. (außer Di). Gleich unterhalb des Stadtplatzes mit der Kirche, ℘ 285958510.

Baixo Alentejo → Karte S. 519

Nachtleben Es gibt fünf Bars sowie drei Pastelarias, die bis 2 Uhr (**Tropical**, **A Forja**, **O Top** und **Aventura**, **Margarida**,) oder gar bis 4 Uhr (**O Paçeu**) geöffnet sind. Die beliebteste, mit Playstation, Internet und Plasma-TV, ist die bei **Ed**, die 200 m vom Esquina entfernt ist.

Entlang der Verteidigungslinie gegen die Spanier

Von Moura aus zog sich eine lange Verteigungslinie der spanischen Grenze entlang. Neben dem *Castelo de Noudar* bei Barrancos gehörte auch die Burg von **Serpa** zu diesem Schutzwall. Um dorthin zu gelangen, fahren wir über die N265 in Richtung Süden. Wieder säumen Olivenhaine die Straße. In Pias gibt es bei der örtlichen Kooperative einen guten, günstigen Rotwein. An der Kreuzung mit der IP 8 biegt man rechts nach Serpa ab. Die weißgekalkten Häuser leuchten schon von weitem. Wer mutig ist und Zeit hat, kann von hier aus die Route über den Pulo do Lobo nehmen, aber Vorsicht! Es liegen einige Kilometer Schotterpiste mit Schlaglöchern vor Ihnen. Der Weg hinab zum Wasserfall ist extrem steil. Das geht nur zu Fuß und mit genügend Wasser und Sonnenhut. Besser ist die Strecke über Salvador. Die kurvige Straße führt entlang des Naturschutzgebiets in Richtung der **Mina de São Domingos.** Wer Glück hat, endeckt am Straßenrand ein paar Störche. Weiter geht es zur Kulturstadt **Mértola.** Hier kann man die Stadtentwicklung von den Römern über die Westgoten und Mauren bis zur Neuzeit architektonisch nachvollziehen. Auch der **Naturpark Guadiana** lockt mit seltener Flora und Fauna.

Serpa   ca. 6600 Einwohner

Der alljährliche „Wettbewerb um das weißeste Haus" erhält die Fassaden immer schön kalkweiß. Die Stadt imponiert durch eine Vielzahl eigenwilliger Bauwerke – von den Herrenhäusern der Großgrundbesitzer bis zum volkstümlich-einfachen Stadthaus – und durch ihre alentejanische Lebensart.

Auf dem kleinen Stadthügel innerhalb der Mauern steht die alte **Burg.** Sie wurde auf den Grundmauern der alten maurischen Befestigung errichtet, nachdem Serpa, 1232 von der arabischen Herrschaft befreit und gleich 1271 von den Spaniern einkassiert wurde. Doch schon 1283 wurde die Stadt Dona Beatriz, der Mutter von D. Dinis, zugesprochen. Dieser ließ schnellstens die Befestigungsanlagen erneuern, um die Stadt vor weiteren Übergriffen der Nachbarn zu schützen. Am Eingang klemmt seit 1707 ein riesiges Mauerteil beängstigend verkantet über dem Tor. Es zeugt vom Spanischen Erbfolgekrieg, als die Spanier beim Rückzug die Burg sprengten. Innen ist eine archäologische Sammlung mit Funden vornehmlich aus der Römerzeit zu besuchen. Bei einer Turmbesteigung hat man einen guten Blick auf den Grafenpalast. Nachts verstärkt sich durch die stimmungsvolle Beleuchtung der erhabene Eindruck der alten Gemäuer.

Tägl. (außer Mo) 9–12.30 und 14.30–18 Uhr. Das archäologische Museum in der Burg wurde nach Renovierung 2016 modern und mit Multimediaangeboten wiedereröffnet.

Verlässt man die Burg in Richtung Zentrum, stößt man nach wenigen Metern auf die **Igreja de Santa Maria.** Die Mutterkirche Serpas war früher eine maurische Mesquita. Im Inneren finden sich barocke Kapellen mit aufwendiger, vergoldeter Verzierung aus Holz. Auffällig ist die freistehende **Torre de Relógio** unterhalb der Kirche. Der Uhrturm erhielt diese Funktion schon 1440 und ist der drittälteste seiner Art in ganz Portugal.

Das filigrane Aquädukt balanciert auf der Stadtmauer von Serpa

Ficalho-Palast: Er beherrscht mit seinem zerbrechlich wirkenden Aquädukt, das oben auf der Stadtmauer aufgesetzt ist, die Stadtsilhouette nach Westen hin. Der turmförmige Ziehbrunnen *(nora)*, der das Wasser aus dem Brunnen hoch zum Aquädukt beförderte, ist seit über 100 Jahren nicht mehr in Betrieb; er wurde von Ochsen angetrieben. Dieses manieristische Bauwerk ist von der Rua das Varandas aus gut zu sehen. Im Palast, für den allein einmal die Wasserversorgungsanlage erbaut wurde, lebt heute eine Gräfin mit ihrem Mann; er ist somit für Touristen unzugänglich.

Die Stadtmauer neben dem Palast geht interessanterweise in ein Aquädukt über, das auf die Stadtbefestigung gesetzt wurde und seinen Ursprung in einem sehenswerten, gigantischen Schöpfbrunnen, einer Nora, hat (Rua dos Arcos). Gebaut wurden beide im 17. Jh., um Graf und Gräfin mit Wasser zu versorgen.

Ethnografisches Museum: Das Museum an der gegenüberliegenden Seite der Stadtmauer ist sehr gelungen und übersichtlich gestaltet, es informiert über die wichtigsten Handwerke früherer Zeiten.
Tägl. (außer Mo) 9–12.30 und 14–17.30 Uhr. Eintritt frei. Largo do Corrô.

Museu do relógio: In dem privaten Uhrenmuseum präsentiert Gründer António Tavares d'Almeida rund 1400 Uhren aus der Zeit von 1650 bis 1970. In 10 klimaregulierten Räumen sind die Meisterwerke der Mechanik (keine Automatikuhren!) liebevoll in Szene gesetzt. Die Dauerausstellung wird durch Sonderausstellungen wie „100 Jahre Damenuhr" ergänzt. Spezialbibliothek, Garten und Bar runden das Angebot ab. António Tavares d'Almeida hält das Museum durch die Reparatur alter Uhren und gelegentliche Verkäufe aus dem Bestand gerade so über Wasser.
Di–Fr 14–17.30 Uhr, Sa/So und Feiertage 10–12.30 und 14–17.30 Uhr. Stündl. Führungen. Eintritt 2 €, Studenten, Rentner und mit Cartão Jovem 1,50 €. Im Convento do Mosteirinho, neben der Praça da República.

Im **Kloster São Francisco** kommen Kunstfreunde auf ihre Kosten: Kirche mit spitzbogenförmigem Portal, manuelinischer Kreuzgang, Kapitelsaal mit getäfeltem Gewölbe und wertvoller Hauptaltar. Allerdings: Um hineinzukommen, muss man durch den Aufenthaltsraum des Altersheims hindurch und eine Angestellte bitten, aufzuschließen.
Tägl. (außer So) 10–11.30 und 14.30–17 Uhr. Nach dem Moura-Tor in Richtung Vale de Vargo. Es wird gebeten, auf die Bedürfnisse der Altenheimbewohner Rücksicht zu nehmen.

Baixo Alentejo → Karte S. 519

Basis-Infos

Information Turismo, tägl. 10–18 Uhr, mit-unter Mo geschlossen. Rua dos Cavalos 19, ✆ 284544727, turismo@cm-serpa.pt.

Casa Serpa Lovers, hier sollte man einen Stopp einplanen, denn D. Vera informiert nicht nur, sondern vermittelt begeistert traditionelle Aktivitäten rund um Serpa zu günstigen Preisen. Je nach Jahreszeit bekommt man Einblick in die alentejanische Lebensart, von der Olivenernte bis zur Olivenpresse, über Schafschur, Ziegenmelken, Gesangprobe der Alentejochöre, Imkerei, BTT, Kanu, Stadtrundgang, Weinprobe u. v. m. Erklärungen auf Englisch, manchmal sogar auf Deutsch. Tägl. (außer Mi) 10–12.30 und 14–18, So 10–13 Uhr. Am Rathausplatz, ✆ 966476778, serpa.lovers@gmail.com.

Verbindungen Das **Busterminal** der Firma Rodoviária do Alentejo (www.roda lentejo.pt) befindet sich ca. 1,5 km südlich des Zentrums an der Umgehungsstraße. Hier halten auch die Expressbusse der Rede de Expressos (www.rede-expressos.pt); 9-mal tägl. nach Beja (Sa/So 3-mal), 3-mal Lissabon und werktags außer Sa 6-mal nach Moura.

Einkaufen Die Kunsthandwerksszene hat neuen Schwung bekommen: Eine Gruppe von Einheimischen, angeführt von Maria Gertrudes, hat sich dem traditionellen Kunsthandwerk verschrieben und betreibt mittlerweile drei Geschäfte (**O Artesanato** **9**,

Casa de Artesanato **1** und **Trapos com Arte** **7**) sowie eine Werkstatt (**Oficina do Traje** **3**) im Stadtzentrum, am und beim Rathausplatz. In der Werkstatt werden u. a. die Trachten der Alentejochöre genäht (nur wochentags 10–12 und 14–19 Uhr). Geschäfte tägl. 10–13/14–19 Uhr. D. Maria Gertrudes, ✆ 968100150.

Queijo de Serpa, den gereiften Schafskäse, der als einer der besten Portugals gilt, sollte man keinesfalls versäumen. Als Frischkäse (z. B. von der Käserei „Roupeira") wird er zusammen mit Orangen- oder Quittenmarmelade gerne schon zum Frühstück gegessen.

Regionale Produkte wie Wein, Olivenöl, Honig, Würste und Käse gibt es an der Praça da República bei zwei kleinen, hübschen Läden: bei **Paixao** **6** rechts des Rathauses, **D. Luis** **8** gegenüber und bei Artesanato beim Turismo.

Feste/Veranstaltungen Alentejo-Käse-Messe Ende Febr./Anfang März. „Noites na Nora" ist ein **Kulturfest** mit Schauspiel, Musik und Kino im Juli und Anfang Aug. (Teatro Baal 17). Am 3. Augustwochenende gibt es eine **Feira Medieval**, ein mittelalterliches Stadtfest.

Telefonnummern GNR (Polizei) ✆ 284544739, **Hospital** ✆ 284544715, **Taxi** ✆ 284549467.

Übernachten/Essen & Trinken

Übernachten Casa de Serpa **17**, beste Lage, stilvolles Gebäude und v. a. äußerst zuvorkommender Service, 6 Zimmer mit schönem Innenhof. Fahrradverleih! Preisunterschied von ca. 5 € zwischen Zimmern mit Doppelbett und zwei Einzelbetten, 45–65 €. Largo de Salvador 28, ✆ 284549238, www.casadeserpa.com.

Beatriz **13**, gepflegtes, kleines Residencial in der Altstadt (außerhalb des Mauerrings). Der Supermarkt nebenan gehört den Wirtsleuten (ggf. dort fragen). 8 DZ mit Bad und Klimaanlage à 45 € inkl. Frühstück, Apartments je nach Größe 50–75 €. Largo do Salvador 10, ✆ 284544423, www.residencialbeatriz.com.

Casa da Muralha **4**, im historischen Ortskern, das Aquädukt in Sichtweite; ein Haus mit alten Stilelementen und sympathischen

Wirtsleuten. 4 DZ à 75 € inkl. Frühstück. Rua das Portas de Beja 43, ✆ 284543150, www. casadamuralha.com.

Außerhalb Monte da Morena **14**, langgezogenes, traditionelles Alentejohaus nur 3 km vom Ortskern mit 5 DZ, einem Apartment, Pool, schönen Sonnenuntergängen und netten Wirtsleuten. DZ 65 € inkl. Frühstück. Hunde erlaubt. Etwas westlich, nach dem Lidl-Supermarkt rechts. ✆ 917629010, www.montemorena.com.

Melrinitas **16**, gebaut mit Liebe zur Natur und unter Verwendung natürlicher Materialien, Wände in Stampflehm. Pool, Farmtiere, Gemüsegarten. Großzügige Zimmer mit Kochnische und gutem Frühstück für 80–85 €. 1 km bis zum Guadiana, 4 km südwestl. von Serpa, ✆ 965880823, www.melrinitas.com.

Übernachten

- 4 Casa da Muralha
- 13 Residencial Beatriz
- 14 Monte da Morena
- 15 Campingplatz
- 16 Melrinitas
- 17 Casa de Serpa
- 19 Cantar do Grilo

Essen & Trinken

- 5 Alentejano
- 11 Pedra de Sal
- 12 Molhó Bico
- 18 A Tradição
- 20 Lebrinha

Einkaufen

- 1 Casa de Artesanato
- 6 Paixao
- 7 Trapos com Arte
- 8 Dom Luís
- 9 O Artesanato

Sonstiges

- 2 Espaço Internet
- 3 Oficina do Traje
- 10 Schöpfbrunnen

Serpa

Cantar do Grilo 🗓️, ca. 17 km südlich in Richtung Mértola, rechts abzweigen. Das Schweizer Paar Sonja Federspiel und Felix Ott vermietet im selbstgebauten Lehmhaus 4 gut ausgestattete und stilvolle Zimmer mit großen Bädern. Dazu gibt es ein Kaminzimmer, Pool und – wenn nötig – einen Internetanschluss. DZ 80 € inkl. Frühstück. Weitere Mahlzeiten auf Anfrage. Auf jeden Fall vorher anrufen! Herdade Vale de Milhanos, Correia da Mó, ✆ 284545415, ✆ 962051066, www.cantardogrilo.com.

Camping *** Municipal 🗓️, neben Sporthalle (mit Fitnessstudio) und dem öffentlichen Schwimmbad. Viel Schatten, ganzjährig geöffnet, bei einer Kapazität von 400 Personen selten ausgelastet. Normaler Komfort, barrierefreie Einrichtungen, ca. 200 m entfernt ist ein Lidl. Person 2,20 €, Zelt 2,10 €, Auto 1,80 €. Eira de S. Pedro, ✆ 284544290.

Essen & Trinken Molhó Bico 🗓️, drei Gasträume und urige Atmosphäre, im Vorraum reift der Wein in riesigen Tonamphoren. Jedes Jahr am 11. Nov. (St. Martin) kann man den jungen Wein probieren. Wechselnde Tagesgerichte 8,50–18 €, meist um die 10 €, auch gute Nachspeisen. Tägl. (außer Mi). Rua Quente 1, ✆ 284549264.

Pedra de Sal 🗓️, die Wände des angenehmen, hohen Speiseraums sind mit Naturstein verkleidet. Die Speisekarte bietet viel vom schwarzen Schwein, diverse Steaks und regionale Tagesgerichte für 10–14 €. Tägl. (außer Mo). Estrada de Circunvalação, ✆ 284543436.

Alentejano 🗓️, das „Nobellokal" der kleinen Stadt mit gemäßigten Preisen, im 1. Stock des gleichnamigen Cafés und Blick auf den Hauptplatz. Regionale Hauptgerichte, auch Lammtopf, Gazpacho, Sopa de Cação je 7,50–13 €. So abends und Mo geschlossen. Praça da República, ✆ 284544335.

Cervejaria Lebrinha 🗓️, das Besondere dieses bei den Einheimischen beliebten Lokals ist die Behandlung des frischgezapften „Imperial"-Biers: Die blankpolierten Gläser werden im Eisfach gekühlt! Unter neuer Leitung, Hauptspeisen 6–12 €. Tägl. (außer Di). Rua do Calvário 6-8, ✆ 284549311.

A Tradição 🗓️, tägl. wechselnde Karte mit interessanten regionalen Gerichten wie *Cozido do Grão com Borrego* (Eintopf mit Kichererbsen und Lamm). Familiär kleiner Speiseraum, man kann aber auch vor der Tür auf dem Gehsteig sitzen. Hauptgericht 7,50–12 €. Tägl. (außer Mo). Alameda Abade Correia da Serra 14, ✆ 284548051 und ✆ 934238295 (mobil).

Mértola

ca. 1400 Einwohner

Das Oeiras-Flüsschen mündet hier in den von den Gezeiten noch beeinflussten tiefen Rio Guadiana. Auf dem steilen Hügel thront die alte Festung und das Städtchen, zur Landseite geschützt durch einen Mauerring. Portugals am besten erhaltene maurische Stadt ist eine einzigartige Kulisse für das alle zwei Jahre stattfindende maurische Festival.

Abseits der Hauptrouten scheint die Zeit hier bis vor kurzem stehen geblieben zu sein. Die Bewohner haben sich in jedem Fall ihre Gelassenheit bewahrt. Wer Mértola noch nie gesehen hat, sollte zumindest einen Tag für einen Rundgang einplanen, denn neben reichen historischen Überresten ist auch die Umgebung mit ihren Erzminen und Aussichtspunkten erkundungswert.

Dabei hat der Landkreis nicht nur idyllische Seiten – er zählt zu den Gegenden Portugals, die am meisten unter der Verstepplung leiden und einen enormen Bevölkerungsschwund verzeichnen. In den 1980er-Jahren zählte der Kreis noch 20.000 Bewohner, heute nur noch knapp 7300. In den 90ern wurde auf dem Markt noch täglich über eine Tonne Flussfisch angeboten, und 30 Familien lebten allein von diesem Erwerbszweig. Heute ist der Fluss von den spanischen Abwässern und von den Einleitungen (aus Schweineställen, Ölmühlen und Keltereien) krank – die negativen Langzeitwirkungen des Alqueva-Staudamms noch nicht eingerechnet. Adäquates Trinkwasser kommt mittlerweile vom weit entfernten Enxoe-Staudamm bei Serpa.

Die **Altstadt**, die sich lieblich an den Berghang schmiegt, ist ein Häusergewirr mit engen, gepflasterten Gässchen und Treppenaufgängen, das von den Fischerkais unten am Fluss bis hinauf zur alten Burg reicht. Oberhalb des Hafens stellt der ungewöhnliche, weißgekalkte **Uhrturm** (trapezförmig, mit Treppenaufgängen) das nachweislich älteste Gebäude der Stadt dar; die Grundmauern sind römisch. Etwas weiter der kleine Platz *Largo Camões* mit Rathaus und Gerichtsgebäude zur Flussseite; an der Fassade erinnert eine Wasserstandstafel an das unglaubliche Hochwasser von 1875.

Durch jahrelange, mustergültige Ausgrabungen bestens belegt und anschaulich nachvollziehbar ist, dass schon Phönizier und Römer den Fluss bis hierher befuhren, um ihre begehrten Waren gegen wertvolle Metalle einzutauschen bzw. sie auf dem kürzesten Landweg über Beja nach Alcácer do Sal weiterzutransportieren.

Sehenswertes

Burganlage: Alles deutet darauf hin, dass im Zentrum des heutigen alten Stadtkerns sich einmal die mächtigste Burg im Westen der Iberischen Halbinsel befand – römische Akropolis, islamischer Alkázar und christliche Burg (mit mächtigem Bergfried) als Sitz des Ordens der Jakobsritter lösten einander ab. Im Waffensaal fanden sich auch Reste mit dekorativen Formen der Westgoten.

Wie alle Burgen in Portugal ist auch diese weitgehend ungesichertes Gelände. Kinder bitte an die Hand nehmen!

Begegnung der Baustile: In Mértola wird jahrtausendealte Geschichte lebendig

Zwischen Moschee und Burg gibt es zahlreiche Ausgrabungen. Das römische Forum befand sich hier auf einer weitläufig unterkellerten Plattform, in der hinteren Ecke gelangt man sogar in eine unterirdische Halle, ein Kryptoportikus. Auf dem gleichen Platz entstand zu Zeiten der Mauren eine Wohnsiedlung. Die Grundmauern zeigen, dass alle Häuser nach dem gleichen Schnitt angelegt wurden – eine maurische Reihenhaus-siedlung, neu gebaut ist eine einfache Nachbildung daneben. Die christlichen Herrscher legten hier dann ab 1238 einen Friedhof an. Dazu gesellt sich ein Baptisterium mit geschwungenem Tauf-becken und Bodenmosaiken aus der Westgotenzeit. Und diesem zur Burgseite hin gegenüber, befindet sich eine zweite Taufkapelle der gleichen Zeit. Noch rätseln die Historiker, warum es derer zwei in so unmittelbarer Nähe gab.
Öffnungszeiten s. Turismo.

Dieselbe Abfolge der Kulturen und Zivilisationen ist auch für die ehemalige Moschee und heutigen **Pfarrkirche** gegeben: römischer Tempel, frühchristliche Kirche, Moschee. Sie wurde zwar 1540 mit spätgotischem Gewölbe und Renaissanceportal versehen, behielt jedoch bis heute nicht nur den Grundriss der almohadischen Moschee, sondern auch Details der Ausgestaltung wie Säulenkapitelle, hufeisenförmige Türbögen und die nach Mekka ausgerichtete Gebetsnische, den Mirhab, dem nun auch der christliche Hauptaltar folgt. Die Verzierungen an Dach und Fassade entsprechen einem Gemisch von Manuelismus und Mudejar (16. Jh.). Direkt unterhalb des Altarraums sind effektvoll Überreste der paleochristlichen Kirche und eine Begräbnisstätte aus der Zeit der Santiagoritter zu sehen, Eingang über das Hufeisenportal und weiter nach rechts gehen. Öffnungszeiten s. Turismo.

Baixo Alentejo → Karte S. 519

Neben der Burg und der Kirche sollte man unbedingt das **Stadtmuseum** besuchen, es ist auf verschiedene Gebäude in Mértola verteilt; dort wird dann jeweils ein besonderes Thema bzw. ein historischer Abschnitt vorgestellt. Öffnungszeiten siehe Turismo.

Der **frühchristliche Teil** (Largo do Rossio do Carmo, in der dem Burgberg gegenüberliegenden „Neustadt") ist sehr geschickt über den Ausgrabungen einer dreischiffigen frühchristlichen Basilika aus dem 5.–8. Jh. aufgebaut worden, die wiederum auf einem römischen Friedhof, der auf einem eisenzeitlichen (6. Jh. vor Chr.) entstand, errichtet wurde. Durch Glasböden kann man in den Untergrund blicken. Über Grabsteine erfahren wir z. B., dass gegen Ende der Völkerwanderungszeit Antonia, Festelus und Amanda hier gelebt haben, während ein gewisser Andreas der Gemeindevorsteher war, und dass die Einwohner zum Teil aus Griechenland oder Libyen kamen. Schwarze Pflastersteine markieren den Grundriss dieser für damalige Verhältnisse großen Kirche.

Das Rathaus am Largo Camões sitzt wie auch der Uhrturm noch auf römischen Grundmauern und beherbergt den **römischen Teil**. Zu sehen sind die Grundmauern eines antiken Wohnhauses und einige Fundstücke aus der Zeit. Kaum jünger ist der Flussturm *Torre Couraça*, Rest einer 45 m langen gekurvten Verbindung von der Stadtmauer zum Flussufer, er geht auf das 4. Jh. zurück.

Die Vielfalt und Qualität der im **islamischen Teil** (Rua Dr. António José de Almeida) versammelten islamischen Keramik aus dem 11. und 12. Jh. (v. a. in Corda-seca-Technik) ist wirklich einmalig. Auch gibt es Beispiele der Erzverarbeitung zu Waffen oder auch Münzen. Die lokalen Kleinkönige von Mértola und Évora, Ibn Caci und Ibn Washir, prägten ihre Münzen aus Prestigegründen mit dem Gold ihrer Region. Schade, dass es die Erklärungen nur auf Portugiesisch gibt. Eintritt 2 €, s. turismo.

Museum für christlich-sakrale Kunst: Im benachbarten Museum in der ehemaligen Misericórdia-Kirche ist eine Menge prächtiger liturgischer Gegenstände (Kelche und Monstranzen) aus dem 16.–18. Jh. versammelt.

In der **Torre de Menagem** (Bergfried) wird die Geschichte der Burg dokumentiert und diverse Stücke der westgotischen Architektur präsentiert. Eintritt 2 €, s. Turismo.

Nördlich der Burg kann man in das ehemalige römische Forum hinabsteigen. Der **Circuito de Visitas da Alcáçova** besteht aus einer etwa 30 m langen Galerie von ca. 6 m Höhe. Es sind noch Reststücke verschiedener Mosaike erhalten, die vor allem Jagdszenen und Tiere zeigen.

Auch die **Weberei** neben dem Turismo gehört zum Museumsensemble. Auf drei alten Webstühlen werden feine Tischdeckchen aus Leinen gefertigt. Flickenteppiche und hübsche Decken werden hergestellt und verkauft. Die **alte Schmiede** *(forja do ferreiro, Rua Elias Garcia)* wurde so erhalten, wie sie zuletzt genutzt wurde. Eindrucksvoll sind die Stampflehmmauern und das schilfgedeckte Dach.
Die Schmiede kann nur mit Voranmeldung besichtigt werden. Eintritt frei.

Basis-Infos

Information Turismo, tägl. 9–12.30 und 14–17.30 Uhr geöffnet. Dort sollte man sich immer auch nach Führungen erkundigen. Rua da Igreja 31, ✆ 286610109, www.visitmertola.pt.

Alle Museen sind tägl. (außer Mo) von 9.15–12.30 und 14–17,15 Uhr geöffnet. Nur der Burgturm und das Arabische Museum kosten je 2 € Eintritt (über 65 J. und Schüler 1 €).

Verbindungen Der **Busbahnhof** liegt in der Neustadt, ca. 1 km von der Altstadt entfernt. Er wird von den Firmen Rodoviária do Alentejo (www.rodalentejo.pt) und Rede de

Übernachten
6 Hotel Museu
7 Pension Beira Rio
9 Casa da Tia Amália
12 Castelo Inn

Nachtleben
2 Café Guadiana
8 Lancelote
13 Al Safir

Essen & Trinken
1 Rest. Alengarve
3 Migas
4 Tamuje
5 Terra Utópica
10 Casa Amarela
11 Rest. Alentejo

Expressos (www.rede-expressos.pt) genutzt. 3-mal tägl. Busse nach Beja und 1-mal tägl. nach Lissabon. 1-mal tägl. (Express) nach Vila Real de Santo António. Zur Mina de S. Domingos 2-mal mittags und abends, in der Schulzeit auch nachmittags.

Einkaufen Gewebtes aus Wolle, auch Hüte, bei der **Cooperativa de Tecelagem de Mértola** in der alten Weberei neben dem Turismo.

Das Zentrum ist der kleine Platz vor dem **Café Guadiana**, hier gibt es Wurst, Käse und Nahrhaftes in der Markthalle, aber auch nette Geschäfte mit Produkten aus der Region, z. B. Duftöle an der Ecke gegenüber, Marmeladen, Kunsthandwerk, Olivenöl im ADF mit Café.

Feste Maurisches Festival: Das erwähnte Festival mit Straßenmarkt, marokkanischem Essen und Musik findet stets in *ungeraden* Jahren im Mai statt – absolut angesagt!

Stadtfest S. João ab dem 24. Juni für 4 Tage.

St.-Matthäus-Fest am letzten Wochenende im September.

Kanuverleih Clube Náutico, Rua Dr. Serrão Martins, ☎ 286612044.

Paragliding Starten in den benachbarten Bergen Alcaria Ruiva in der Quinta von Sr. Queimada, ☎ 968577660 (mobil).

Telefonnummern GNR (Polizei) ☎ 286612127, **Centro de Saúde** ☎ 286610900, **Taxi** ☎ 286612250 (Gilberto Silvestre) oder 286612495 (José Augusto Soares).

Übernachten/Essen & Trinken

Übernachten Hotel Museu **6**, neu renoviert und komfortabel, mit eigenen Ausgrabungen unter den Füßen und schönem Blick auf den Fluss. 24 DZ je 45–55 €, Frühstück 6 €/Person, Paula spricht Deutsch. Rua Dr. Afonso Costa 112, ☎ 286612003 und ☎ 913402033, www.hotelmuseu.com. Daneben die Pension Beira Rio **7**, die dazugehört. ☎ 286611190, www.beirario.pt.

»»» Mein Tipp: Casa da Tia Amália **9**, auf der anderen Flussseite mit schönem Blick, eine frisch und geschmackvoll eingerichtete Familienpension. Gemeinschaftsküche,

schöne Zimmer, teils recht kleine Bäder. DZ 35 €, im Schlafsaal 15 €, Frühstück 5 €/Pers. Estrada dos Celeiros 16, ☎ 286612336, ☎ 918918777, www.casadatiaamalia.com. **«**

Castelo Inn (früher Casa Visconde) **12**, altes Haus in der Altstadt in der Nähe des südlichen Stadttors, frisch renoviert. 5 DZ und eine Suite für 32–45 € je nach Wochentag. Den Gästen stehen Wohnzimmer, Bibliothek, Küche und ein Innenhof zur Verfügung. Rua António José da Almeida 12, ☎ 283990072, geral@dunaparque.com.

Baixo Alentejo → Karte S. 519

Außerhalb **** **Alentejo Star Hotel**, Luxus pur mit eigenem Sternobservatorium. Großzügig ausgestattete DZ je nach Saison 49–72 €, Superior 90–120 €. In Mina de São Domingos, Rua Dr. Vargas, ☎ 286640030.

AT Monte da Galega, Bauernhof kurz hinter Mina de São Domingos. Große Zimmer mit schönen, aber kleinen Bädern und Kühlschrank. Ländlich eingerichtet. Den Gästen stehen Billardtisch und Aufenthaltsraum zur Verfügung. Mountainbiketouren und Eselausritte werden organisiert. 9 DZ je 50–55 €. Mina de São Domingos, Apt. 32, ☎ 286647091, www.montedagalega.com.

Essen & Trinken **Alengarve** **1**, alteingesessenes, sehr gutes Lokal mit vielen Spezialitäten. Aufmerksamer Service. Dieses Restaurant lohnt manchen Umweg, das Essen ist bodenständig alentejanisch, Lamm oder Zicklein, Wild in der Saison, u. a. auch Aal aus dem Fluss. Viel Platz drinnen und draußen. Hauptgericht 6,50–10 €. Tägl. (außer Mi). Av. Mira Fernandes 29, ☎ 286612210.

Migas **3**, direkt bei der Markthalle im Zentrum die Treppen hinunter, gute Küche, gut besuchter, schnuckeliger Gastraum, nett auf arabisch gemacht. Besondere Empfehlung: *Bacalhau*-Gerichte und auch *Migas*. Hauptgericht 6–8,50 €. Rua Alonso Gomes, ☎ 286612811.

Terra Utópica **5**, kleines Restaurant in der Altstadt, oben mit Aussichtsterrasse zum Fluss hin. Lecker und leicht komponierte Gerichte mit mehr Salat, Obst, Gemüse als Beilagen. Rua D. Sancho II 41, ☎ 925290571.

Tamuje **4**, gute Auswahl an authentischer Alentejoküche, freundliche Bedienung. Auf dem Weg von der Brücke zur Altstadt, Rua Dr. Serrao Martins 34, ☎ 286611115.

Außerhalb **Alentejo** **11**, in Moreanes, 10 km auf der Straße nach Serpa, im Ort ausgeschildert. Urig-traditionelles Restaurant, Familienbetrieb, Service manchmal überfordert. Alentejanische Gerichte, Wild, auch mal Lammkopf aus dem Ofen – und die besten Migas weit und breit … Tipp: der Siricaia-Kuchen zum Kaffee. Hauptgericht 6,50–10 €. Tägl. (außer Mo). Rua Grande 3, ☎ 286655133.

Casa Amarela **10**, Tapasbar, auf der anderen Flussseite gelegen, von weitem an der gelben Farbe zu erkennen. Kleine, gut gemachte Gerichte und Tapas, toller Blick. Im Sommer Mi–So geöffnet, im Winter Fr und Sa und nur abends ab 20 Uhr. Sitio Além Rio, ☎ 918918777.

Nachtleben Zwei Bars sorgen dafür, dass Nachteulen noch bis 4 Uhr Mäuse fangen können: das **Lancelote** **8** im Beco Senhora da Conceição und das **Al Safir** **13** in der Rua dos Combatentes da Grande Guerra. Im ältesten Café, dem Café **Guadiana** **2** (Largo Vasco Gama 5), kann man bis 23 Uhr gemütlich sitzen und die Bica zu 60 Cent genießen.

Parque Natural do Vale do Guadiana

Das Naturschutzgebiet entlang des Guadianas ist ein Rückzugsgebiet für verschiedenste Vogelarten vom schwarzen Storch bis zum Geier. Doch auch seltene Insekten lassen sich hier blicken. Da im gesamten Parkgebiet das ganze Jahr gejagt wird, sollte man sich vorher im Büro in Mértola informieren. Bereits in der Stadt kann man auf verschiedene Schwalbenarten, Störche und Turmfalken treffen.

Mo–Fr 10–12.30 und 14–17.30, Sa 10–13 und 15–18 Uhr, So geschlossen. Sede do Parque Natural do Guadiana, Rua Dom Sancho II. 15. Hier gibt es ein Heft mit Wegen zur Vogelbeobachtung und eine Basiskarte des Parks, hier befindet sich auch die regionale Honigzentrale Apiguadiana mit Honigverkauf.

Mina de São Domingos: Zu den 1965 aufgegebenen Kupferminen fährt man ab Mértola Richtung Serpa. Nach dem zum Baden einladenden angelegten *Stausee Tapada Grande* und seiner Seetheaterbühne geht es am „Dorfplatz" mit den drei riesigen Eukalyptusbäumen rechts ab. Die Halden, der giftfarbene, tiefe und ungesicherte See, die ruinierten Häuser, Fabrikanlagen, Türme, Gleise und verrosteten Gerätschaften, kurz, das ganze verwahrloste „Revier" *(couto)* hinterlässt einen bizarren und denkwürdigen Eindruck. Einst lebten bis zu 6000 Menschen in dieser Bergarbeiterstadt. Viele der weißgekalkten, engen Reihenhäuser werden auch heute noch bewohnt, obwohl die meisten nach der Aufgabe der Mine auswanderten. Diejenigen die bleiben wollten, konnten nach langem Hin und Her ihre bisher gemieteten Wohnanteile günstig kaufen.

Entlang der ehemealigen Eisenbahnline trifft man auf seltene Vogelarten wie den Kaffersegler, einen in Afrika verbreiteten Segler, der mit den heimischen Mauerseglern eng verwandt ist. Auch Falken sieht man hier häufig. Halten Sie die Augen offen, ob ihnen die iberische Ericaart *erica andevalensis* begegnet (eine rosa blühende Glockenerica), die es nur hier und bei den Minen von Rio Tinto in Spanien gibt.

Mit der **Casa do Mineiro** eröffnete die Fundação Serrão Martins ein restauriertes Bergarbeiterhaus als kleines Museum. Auch die ehemalige Mine wurde so gesichert, dass man sie besuchen kann.

Tägl. 9–12.30 und 14–17.30 Uhr. Die Casa do Mineiro und die Mine kosten keinen Eintritt. Es gibt die Möglichkeit geführte Touren zu buchen. Tour A beinhaltet die Casa do Mineiro, das ehemalige Theater, das jetzt eine Ausstellung beherbergt, und den Minenkomplex. Dauer etwa 1,5–2 Std., 2,50 € pro Person. Tour B kann nur mit eigenem Auto durchgeführt werden (ein Sitzplatz für den Führer ist einzuplanen). Diese Tour führt zusätzlich den Weg der alten Eisenbahn entlang zum Hafen von Pomarinho. Dauer ca. 3–3½ Std., 4 € pro Person. Bei beiden Touren erhalten Schüler/Studenten und Rentner eine Ermäßigung von 50 %.

Pulo do Lobo: Hier, 28 km nördlich von Mértola, stößt man auf ein Naturphänomen ersten Ranges, das auf geologisch seltenen Gegebenheiten beruht. Nach einer gewissen Aufstauung fällt der Guadiana in eine sehr enge, tiefe und kilometerlange Schlucht aus fast senkrecht stehenden Schichten aus Tonschiefergestein mit quarzitischen Einschlüssen – ein Wasserfall von fast 14 m, der vor etwa 12.000 Jahren entstanden ist, als der Meeresspiegel während der Würmeiszeit 100 m tiefer lag.

Bei Einbruch der Dunkelheit ergattert man hier mit Glück einen Blick auf den schwarzen Storch. Doch auch große Raubvögel wie Habichtsadler, Steinadler und Uhu kommen hier vor. Auf den Feldern sieht man von Zeit zu Zeit die Wiesenweihe, einen in ganz Europa verbreiteten Greifvogel.

Für eine Besichtigung reicht es mitunter, den Guadiana von der Ostseite aus anzusteuern, da man dann einen guten Überblick über den voreiszeitlichen oberen Flusslauf hat. Auf einen Blick in das Bassin unter dem großartigen Wasserfall muss man dann allerdings verzichten. Nach Regenfällen, wenn die Spanier gezwungen sind, die Wassermassen in ihren Stauseen freizugeben, muss man sich den Fluss anders vorstellen. Dann überschwemmt er die Schlucht gänzlich, von dem zerklüfteten oberen Talboden ist dann nichts mehr zu sehen. In diesem Fall und wenn man auf Sicherheit bedacht ist oder nur den eigentlichen Wasserfall bestaunen will, ist der Zugang westlich vom Flusslauf zu empfehlen. Dort gibt es inzwischen auch zwei Parkplätze.

Serra de Alcaria: In den felsigen Gebieten und den dichten Wäldern nördlich der Serra de Alcaria bei Alcaria Ruivo trifft man auf Mönchs- und Gänsegeier (Waldgebiete) und Steinadler (Felsen). Hier wird man vor allem im Sommer fündig.

Azinhal: Im hügeligen, typisch südalentejanischen Gebiet um Azinhal lässt sich ab November über den Winter eine Kolonie Kraniche nieder. Doch auch verschiedene Eulenarten kann man hier gut beobachten.

Santana de Cambas: Die Steppenlandschaft bei Santana de Cambas ist im Frühling eine Anlaufstelle für verschiedene Trappen. Vor allem für die Zwergtrappe, eine etwa hühnergroße Art, die man mit etwas Glück beim Balzritual beobachten kann. Dabei springt das Männchen mit gespreizten Halsfedern die Flügel zeigend in kurzen Sätzen durch die Luft.

Das Schloss von Estói – Pousada-Hotel in einem üppig grünen Park

Algarve

Eine abwechslungsreiche Küste mit verschiedensten geologischen Formen: im Osten Lagunen mit Muschelbänken und Salzgärten, niedrig liegendes Marschland und lange Sandstrände mit frisch-grünen Pinienhainen. Die typischen Algarvestrände findet man westlich von Faro: rot leuchtende Felsküste mit versteckten Badebuchten und steil ins Meer abfallenden Kliffs.

Die schäumende Brandung des fischreichen Atlantiks schwemmt durch Ebbe und Flut die Strände sauber und sorgt für glasklares Wasser an der Küste.

Sotavento, die dem Wind abgewandte Küste, nennen die Portugiesen den östlichen Küstenstreifen zwischen spanischer Grenze und Faro. Barlavento dagegen heißt die im Wind liegende Westküste zwischen Faro und Cabo de São Vicente.

Ostalgarve (Sotavento)

Vila Real de Santo António   ca. 10.500 Einwohner

Ein Ort mit geradlinigen Straßen und gleichförmiger Architektur an der Mündungsbucht des Rio Guadiana, dem Grenzfluss nach Spanien. Hier gibt es nicht viel zu tun, ein wenig Leben in den Straßencafés der Fußgängerzone an der Praça Marquês de Pombal und an der parkähnlichen, hübschen Flusspromenade.

1774 wurde die Stadt in nur fünf Monaten völlig neu errichtet. Staatskanzler Pombal ließ mit riesigem Aufwand sogar Fassadensteine von Häusern aus Lissabon heranbringen, um dem feindlichen Nachbarn Spanien zu zeigen, was die portugiesische Regierung alles auf die Beine stellen kann. Pombals Vorstellungen in punkto Neubau von Städten kann man auch in der Baixa von Lissabon nachvollziehen: kerzengerade, rechtwinklige Straßenzüge, alles auf dem Reißbrett geplant.

Ostalgarve (Sotavento)

Das „Quartier Pombal" wird von den Straßenzügen Rua do Conselheiro Frederico Ramirez im Norden, der Uferstraße im Osten und der Rua General Humberto Delgado im Süden eingerahmt.

Vila Real ist immer noch ein kleines Einkaufsparadies für Spanier, die mal eben einen Tagesausflug nach Portugal unternehmen. Auch wenn sich durch den EU-Beitritt beider Länder die Preise inzwischen fast nivelliert haben – Haushaltswaren, Frotteehandtücher und Bettwäsche sind hier wesentlich billiger, und die vielen dicht an dicht stehenden, mit Ware überladenen Läden in der Fußgängerzone schaffen so etwas wie Basaratmosphäre. Die Portugiesen revanchieren sich auf der anderen Seite des Flusses mit dem Einkauf von verbilligten Haarshampoos, Geruchswässerchen, Lebensmitteln und Benzin.

Sehenswert ist das **Fischkonservenmuseum** im Arquivo Histórico Municipal. Alte Werkzeuge, Modelle der Fangschiffe, Druckplatten für Dosenetiketten und historische Fotos werden gezeigt. Im selben Gebäude ist der **Espaço Manuel Cabanas** untergebracht. Der Künstler sammelte während seines langen beruflichen Schaffens Holzstiche und Druckformen. Mit seinen Entwürfen wurden viele Buchumschläge bedruckt. Manuel Cabanas starb 1969 fast 90-jährig.
 Mo–Fr 9.30–12.30 und 14–16.45 Uhr. Eintritt frei. Av. da República 38.

Während der Saison werden interessante Tagesausflüge mit dem Boot den Rio Guadiana hinauf angeboten. Zwischenstopp zur Mittagspause in Foz de Odeleite.

Information Centro Cultural António Aleixo, Mo–Fr 10–17, Sa 10–16 Uhr. Kleine Infostelle in der Rua 5 de Outubro.

Verbindungen Bahn: Endstation der Eisenbahnlinie von Faro, dort mit Anschluss nach Lissabon, ca. 1,5 km vom Zentrum entfernt.

Bus: Verbindungen nach Monte Gordo, Faro, Tavira, Castro Marim, 1-mal wochentags nach Mértola und Beja, und 2-mal tägl. (morgens und nachmittags) nach Sevilla, über Huelva. Busterminal zentral am Fluss bei der Bootsanlegestelle. Taxistand an der Uferstraße.

Fähre: Fährbarkassen fahren nach Spanien hinüber. Wenn Sie Zeit haben, sollten Sie diese preiswerte Überfahrt vielleicht nutzen: pro Person ca. 1,80 €, Automitnahme

nicht möglich. Die Fähre verkehrt stündl. 8.30–18.30 Uhr, im Winter ab 9 Uhr, und benötigt ca. 10 Min. für die Überfahrt nach Ayamonte.

Bootsausflüge Rio Sul, den Rio Guadiana flussaufwärts → Monte Gordo.

Centro Cultural Mo–Fr 9.30–18, Sa 9.30–12.30 und 13–15 Uhr. Rua Amirante Cândido dos Reis 11.

Post Rua Dr. Teofilo Braga 50.

Telefonnummern Polizei ✆ 281543066, Centro de Saúde, ✆ 281530270.

Übernachten Da der Stadt ein Strand fehlt, ist die Auswahl an Unterkünften klein. Fast alle sind sehr einfach, aber auch preiswerter als in den Touristenhochburgen.

Arenilha Guesthouse, am südlichen Altstadtrand. Schlichte Unterkunft in einem Neubau, die meisten der 22 Zimmer mit Bad, TV und Klimaanlage. DZ je nach Saison 30–70 €. Rua Dom Pedro V 55,

✆ 964722018 (mobil), www.coracao dacidade.com.

Essen & Trinken Casa Pisa II., südliche Altstadt. Der Name täuscht, das empfehlenswerte Restaurant ist berühmt für seine frittierten Tintenfische und *Bife de atum de cebolada* (Thunfisch in Zwiebelsoße), halbe Portion ab 6 €, ganze ab 8 €. Tägl. (außer Mi). Rua Jornal do Algarve 44, ✆ 281543157.

Caves do Guadiana, an der Uferstraße. Empfehlenswert; besonders in der Mittagszeit ist es schwierig, einen Platz zu finden. Große Auswahl an Fisch- und Fleischgerichten ab 7 €, auch Meeresfrüchte nach Kilopreis. Tägl. (außer Do). Av. da República 90, ✆ 281544498.

Naval do Guadiana, gediegenes Restaurant an der Marina mit schöner Aussicht auf den Fluss. Viele Tapas ab 4 €, Fisch- und Muschelgerichte ab 10 €. Tägl. geöffnet. Porto de Recreio, ✆ 281513038.

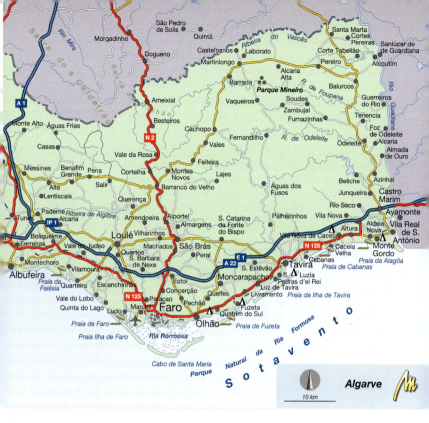

Algarve

10 km

Coracão da Cidade, die einstige Churrasqueira Arenilha nahe dem Hauptplatz ist
nicht zu verwechseln mit der gleichnamigen Pizzeria im 1. Stock. Freitagabend,
manchmal auch Mittwoch wird hier ab
19.30 Uhr Fado gesungen (22,50 € pro Person inkl. Essen). Rua Almirante Cândido
dos Reis, ✆ 961818625 (mobil).

Castro Marim

ca. 3000 Einwohner

Das Dorf liegt nur ca. 5 km nördlich von Vila Real de Santo António, zwischen Salinen und Marsch. Bis ins 15. Jh. war Castro Marim eine Halbinsel in der Mündungsbucht des Rio Guadiana, die Fischerboote ankerten am nördlichen Dorfrand.

An der breiten Treppe, die hinauf zur Kirche Nossa Senhora dos Mártires führt,
steht links eine kleine, verschlossene Kappelle, in der sich eine wundersame Quelle
versteckt.

Auf einem Doppelhügel neben dem Ort steht das **Kastell**, das Dom Afonso III. im
13. Jh. errichten ließ. Im 14. Jh. war es der Hauptsitz des mächtigen Christus-
ritterordens. Innerhalb der Mauern stehen die kleine, meist verschlossene Kirche
Igreja de Santiago und weitere Ruinen, die das große Erdbeben von 1755 hinterließ.
Von dem *Wachgang*, der auf der Außenmauer entlangführt, hat man einen schönen
Blick auf die Ziegeldächer des Dorfs, auf den umliegenden Naturschutzpark und

bis nach Andalusien jenseits des Flusses. Das archäologische Museum im Kastell zeigt regionale Ausgrabungsfunde.

Kastell: April–Okt. 9–19 Uhr, Nov.–März 9–17 Uhr. Eintritt 1,10 €.

Am Ortsausgang Richtung Vila Real de Santo António wurde neben einer restaurierten Windmühle und der alten Verteidigungsmauer ein Ausstellungsgebäude mit Infos zur Region eröffnet.

Tägl. 9–12.30 und 14.30–18 Uhr, nicht ganz zuverlässig. Eintritt frei.

Reserva Natural do Sapal: Der Naturpark von Castro Marim besteht aus „Sumpfwiesen", Salzgärten, aber auch trockenen Weideflächen und erstreckt sich westlich des Rio-Guadiana-Ufers zwischen Castro Marim und Vila Real. Im Park kann man, ausgerüstet mit einem Fernglas, einige seltene Vögel beobachten, vor allem Störche und andere Stelzvögel. Beste Zeit für einen Besuch sind der Oktober und November. Das Parkbüro *(Sede da Reserva do Sapal)* bietet neben Führungen für Gruppen eine Fotoausstellung, zahlreiche Infobroschüren (gratis) zu Wanderwegen und der Vogelwelt, die man dort auch bestens auf einem fest installierten Fernrohr beobachten kann.

Mo–Fr 9–12.30, 14–16.30 Uhr. Ca. 2 km nordöstlich von Castro Marim: die N 122 in Richtung Beja fahren, ca. 400 m hinter der Autobahn rechts abbiegen, danach ca. 1 km Schotterpiste. ✆ 281531257.

Information Turismo, tägl. (außer So) 9.30–13 und 14–17.30 Uhr, im Hochsommer bis 19 Uhr. Auch Verkauf von Kunsthandwerk und regionalen Spezialitäten. Im Ortszentrum, Rua São Sebastião (ehemalige Markthalle), ✆ 281531232.

Ein **weiterer Turismo** findet sich auf der Autobahnbrücke. Mo–Fr 8.30–15.30 Uhr, im Hochsommer länger. ✆ 281531800.

Bibliothek Nahe Turismo, Mo–Fr 9.30–13, 14.30–18 Uhr.

Einkaufen Die Kooperative der lokalen Salzerzeuger **Tradisal** verkauft (Mo–Fr) das vor den Toren der Stadt traditionell gewonnene Meersalz in ihrem kleinen Laden oberhalb des Hauptplatzes Praça 1° de Maio.

Feste Alljährlich am 15. Aug. findet im alten Kastell die **Festa da Vila**, das Stadtfest,

Castro Marim – das verschlafene Ortszentrum mit altem Kastell

statt. Die Einheimischen zeigen dabei auch die verschiedensten traditionellen Handwerksarten (Verarbeitung von Weiden und Schilf, Weberei). **Mittelalter-Tage** finden am letzten August- oder am 1. September-Wochenende im Kastell statt. Regionale Handarbeiten werden an urigen Verkaufsständen feilgeboten, Musik und Ritterspiele dienen der Volksbelustigung.

Post Am westlichen Ende der Rua de São Sebastião.

Telefonnummern Polizei ✆ 281531004, Centro de Saúde ✆ 281530100.

Wandern Der Verein Odiana hat zahlreiche Wanderwege entlang des Guadiana-Flusses und im Hinterland angelegt und stellt Wanderkarten zur Verfügung. Mo–Fr 9–13 und 14–17.30 Uhr. Gegenüber dem Turismo in einem leuchtend hellblauen Haus, Rua 25 de Abril 1, ✆ 281531171.

Essen & Trinken Dois Irmãos, gegenüber vom Turismo. Familiäre Atmosphäre, Grillgerichte ab 6,50 €. Tägl. (außer So). Rua S. Sebastião, ✆ 281531418.

Tasca Mediaval, am Altstadtrand nahe dem Hauptparkplatz. Rustikales Restaurant, wenn auch mit großem Fernseher, dafür mit Innenhof. Bekannt für seine Tapas (ab 2,50 €), mit denen man die spanischen Tagesurlauber anlocken will. Verschiedene Salate, Hauptgericht ab 7 €. Tägl. (außer Di). Rua 25 de Abril 65, ✆ 281513196.

Monte Gordo

ca. 4000 Einwohner

Der Ort liegt in einer flachen Pinienlandschaft am Atlantik – duftende Pinienhaine im Osten und kilometerlanger Sandstrand.

Vom ursprünglichen Fischerdorf ist nichts mehr erhalten, schon von weitem sieht man die vielgeschossigen Betonhotels. Und es wird weitergebaut. Im Zentrum gibt es kleine Café-Bars, Souvenirshops und Restaurants, in den engen Nebengassen weiter östlich aber auch noch einige hübsch bemalte ehemalige Fischerhäuschen.

Der feinsandige Strand ist sehr lang und bis zu 150 m breit. Am Dorfbadestrand baute man bereits zu Beginn des Touristenbooms das *Hotel Vasco da Gama* und ein *Spielcasino*. Unter der Woche wird das Casino um 16 Uhr, am Wochenende um 15 Uhr geöffnet. Eintritt frei.

Information Turismo, Mo–Fr 9.30–13, 14–17.30 Uhr, Di–Do oft durchgehend. Av. Marginal (neben dem Casino), ✆ 281544495.

Verbindungen Bus: In der Saison etwa alle 30 Min. Busse zum 3 km entfernten Vila Real; regelmäßig Busse nach Tavira und Faro. Bahnhof 1 km nördl. des Zentrums.

Bootsausflüge Rio Sul organisiert Ausflüge auf dem Rio Guadiana von Vila Real de S. António bis Foz de Odeleite; ca. 47 € für Tagesausflug inkl. Mittagessen. Von Ende Jan. bis Ende Okt. Di, Do, Sa. Rua Tristão Vaz Teixeira 15-C, ✆ 281510200, www.riosultravel.com.

Centro Comunitário Mo–Fr 9.30–12.30 und 14–17 Uhr. Av. da Catalunha, neben dem Centro de Saúde (nördlicher Ortsrand).

Fahrradverleih Turfortes, 1 Tag 5–10 € (einfaches Stadt- bis Rennrad), E-Bike 17 €, 3 Tage 10–25 €, eine Woche 20–45 €. Rua Bartolomeu Perestreio 2, ✆ 281511022.

Postamt Rua Gil Eanes 4-A.

Übernachten Alcazar, modernes Großhotel nahe dem Campingplatz mit zwei Pools und Tennisplatz. Unterschiedliche Zimmerkategorien von einfach bis Suite, manche mit Balkon und Meerblick. DZ ca. 65–150 €. Im Winter geschlossen. Rua de Ceuta 9, ✆ 281510140, www.hotelalcazar algarve.com.

Vila Formosa, persönlich geführte Unterkunft an der N 125, ca. 1 km vom Strand entfernt. Nur 10 Zimmer und gepflegter Garten. DZ ab 40 €, im Aug. bis 110 €. ✆ 281513689, www.residencialvilaformosa.com.

Camping Camping Monte Gordo, Platz für 2000 Personen an der Waldstraße nach Vila Real, nicht weit vom Hotel Vasco da Gama entfernt. Einer der schattigsten Campingplätze der Algarve, hübsch mit Pinien bestanden. Person 3,70–6,50 € je nach Saison, Zelt 3,10–7,80 €, Auto 1,80–4,20 €. Ganzjährig geöffnet. ✆ 281510970.

Essen & Trinken Marisqueira Monte Gordo, nördlich vom Strand. Historische

Schwarz-Weiß-Fotos an den Wänden erzählen vom harten Fischerleben. Fischgerichte ab 8,50 €, Meeresfrüchte-Eintöpfe ab 30 € für 2 Personen. Tägl. geöffnet. Rua Pedro Cabral 5, ℡ 281512363.

Jopel, hinter dem Tourismusbüro am Strand. Große Auswahl günstiger Grillgerichte, aber auch der Thunfisch in Tomaten- und Zwiebelsoße *(Bife de Atum na Frigideira)*

für 9 € ist empfehlenswert. Tägl. (außer Di). Av. Infante D. Henrique, ℡ 281544202.

O Tapas do Arménio, nahe dem Busbahnhof. Im inzwischen etwas aufgepeppten Speisesaal werden einfache Gerichte ab 9 € serviert, Menü um 10 €. Auch Tische im Freien. In der Saison muss man anstehen. Tägl. (außer Mo). Rua Pero Vaz de Caminha 24-A, ℡ 281541847.

Eine Begebenheit aus der Dorfgeschichte

Im 18. Jh. wollte Marquês de Pombal, seines Zeichens Ministerpräsident aus Lissabon, die Fischer von Monte Gordo in die neu erbaute Nachbarstadt Vila Real de Santo António zwangsumsiedeln. Dort sollte ein modernes Fischereizentrum mit Kränen entstehen, die es den Fischern erspart hätten, ihre Boote mit Muskelkraft aus dem Wasser zu ziehen. Statt sich jedoch in Vila Real einzurichten, flüchteten die Fischer über die Grenze nach Spanien. Dort blieben sie drei Jahre lang, bis Minister Pombal wegen eines Regierungswechsels selbst in die Verbannung geschickt wurde. Die Fischer, die sich von den Annehmlichkeiten eines neuen Hafens nicht hatten beeindrucken lassen, kehrten zurück und zogen wie vorher ihre kleinen Boote zum Strand hoch.

Westlich von Monte Gordo

Praia Verde: Möglicherweise der schönste Strand der Ostalgarve. Das Tal ist üppig grün mit Pinien aufgeforstet, hinter dem Strand erstrecken sich Dünen. Im Strandrestaurant gibt es unter Palmen gute Snacks. Auf dem Gelände des früheren Campingplatzes entstand ein hochpreisiges Apartmenthotel, das „sehr gut in die Landschaft eingebettet werden soll", wie's vor Baubeginn der Immobilienprospekt versprach.

Pezinhos N'areia, bekanntes Strandrestaurant mit netter Atmosphäre und sehr guter Küche. Tapas und Salate ab 9 €, gegrillte Fische nach Kilopreis, große Nachspeisen- und Kuchenauswahl. Geöffnet tägl. 10–22 Uhr, Juni–Sept. 10–24 Uhr. Nov.–März geschlossen. ℡ 281513195.

Altura: Ein größeres Bauerndorf an der Durchgangsstraße Faro – Vila Real. Die Landschaft zwischen der EN 125 und der Küste füllt sich Jahr für Jahr mehr mit kleinen Apartmentsiedlungen, und am Strand prunkt ein allein stehender Hotelklotz – Tourismus in seiner Gründerzeit.

O Infante, Restaurant ca. 1,5 km östlich an der N 125. Einige der Hauptgerichte (ab 14 €) reichen für 2 Personen. Effiziente, schulterklappenbewehrte Ober (Lesertipp von B. Hoffmann). ℡ 281956817.

Vila Nova de Cacela: Nächster Ort westlich von Altura mit dem einzigen Campingplatz in der Region. Der größte Markt der Gegend findet hier jeden dritten Sonntag des Monats statt.

Camping/Essen Camping Caliço, ca. 2,5 km nördlich von Vila Nova de Cacela, auf einem Hügel mit Blick zum Meer. Die schattigen Plätze unter den mächtigen Johannisbrotbäumen sind am schnellsten belegt. Ansonsten Schatten durch kargen Baumwuchs. Minimercado, Schwimmbad (25 m), Restaurant. In einem Tal hinter dem Platz baute man vor Jahren die neue Autobahn, der wenige Verkehr sollte aber nicht weiter stören. Nächster Bahnhof in Vila Nova de Cacela. Person monatsabhängig 3,40–5,60 €, Zelt 2,65–8,10 €, Auto 2,10–3,20 €. Geöffnet Juni–Aug. ☎ 281951195, www.calico-park.com.

Sabinos, an der Durchgangsstraße, schräg gegenüber A Camponesa. Mit ländlichen Gerätschaften nett dekorierter Speisesaal. Leckere Muschelsuppe, Meeresfrüchte und Schweinemedaillons mit Krabben und Muscheln (40 € für zwei), gute Weinauswahl. Tägl. (außer Di). Av. Manuel Rosa Mendes, ☎ 281951679.

Manta Rota: Ein neueres Dorf ohne Patina, 200 m oberhalb vom Strand. Der Küstenstreifen hat ein wenig Dünencharakter und ist unbebaut. Etwas östlich stehen nagelneue dreigeschossige Apartmentblocks. Ca. 100 m breiter Strand mit feinem, sauberem Sand, jedoch ohne Schatten.

Westlich von Manta Rota beginnt die Sandbankküste, die durch ein sumpfiges Wattenmeer vom Festland getrennt ist.

Turismo, Mo–Fr 9–12.30, 13-15 Uhr, Largo do Casino, ☎ 281952750.

Bahnhof in Vila Nova de Cacela, ca. 3 km entfernt.

Chá com água salgada, gestyltes Strandlokal, das sich seiner kreativen mediterranen Küche rühmt. Hauptgericht ab 12 €, Salate ab 9 €, ☎ 281952856.

Cacela Velha: Auf einem Hügel oberhalb der Ria mit ihren Muschelfeldern steht dieses Museumsdorf mit 40 Einwohnern, im Mittelalter ein gefürchtetes Piratennest. Vom Strand aus erscheint es wie eine Festung mit Kirche – ein paar weiß gekalkte Häuser um ein altes Fort aus dem 12. Jh. Bei Abendstimmung hat man von dem Platz bei der Kirche einen der schönsten Ausblicke der ganzen Algarve.

Ein bereits vor Jahrzehnten durchgesetztes Bauverbot schützt das Dorf vor Spekulanten. Besonders seit der Ausweisung des Naturparks Ria Formosa wird bei Schwarzbauten rigoros durchgegriffen: Das Anfang der 1990er-Jahre erbaute Ferienhaus eines Picasso-Sohnes zwischen Cacela Velha und Fábrica sollte z. B. wieder abgerissen werden, doch davor stand der große Name des Bauherrn. Das Haus steht noch!

Erst in den 1980er-Jahren wurde das Dorf ans Wasserversorgungsnetz angeschlossen. Der Brunnen am Dorfplatz erinnert an diese noch gar nicht so lange zurückliegende Zeit. Empfehlenswert ist ein Spaziergang die Küste entlang bis nach Manta Rota. Der Weg führt an maurischen Ausgrabungsstätten hinter dem Kastell hinab, bei Flut muss allerdings ein kleiner Fluss durchwatet werden.

Casa Velha, direkt am Ortseingang. Neben den üblichen Grillfischen kommen hier auch die vom Wirt selbst gezüchteten Muscheln auf den Tisch. Hauptgericht ab 10 €. Tägl. (außer Mo). ☎ 281952297.

Fábrica: Der 30-Einwohner-Ort, ein paar hundert Meter westlich von Cacela, bestand ursprünglich nur aus einer

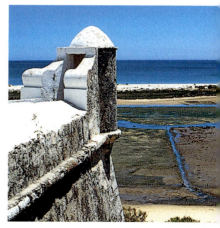

Blick von Cacela Velha auf die Muschelfelder von Ria Formosa

Ziegelei, deren Ruinen noch existieren. Hier sind nur eine Handvoll neuer Apartmentblocks und ein empfehlenswertes Restaurant mit Meerblickterrasse entstanden. Noch stehen die alten, wackligen Häuser, aber ihr Ausbau ist lediglich eine Frage der Zeit. Am Strand sind Fischer, die für Bares eine Überfahrt zur Sandbank anbieten.

≫≫ Mein Tipp: A Costa, im direkt am Haff gelegenen Restaurant genießt man auf der großen, schattigen Terrasse einen reichhaltigen *Arroz de Marisco* (32 €) oder auch eine leckere *Cataplana* (35 €), die auch für 3 Esser reichen. Auch Grillfische aus dem Meer um 14 €. Tägl. geöffnet, im Dez. geschlossen. ✆ 281951467. **≪≪**

Cabanas (1000 Einwohner): Rund um den Ort entstanden und entstehen viele Ferienapartments, und mehrere Golfplätze sorgen für einen weiteren Bauboom. Nur das eigentliche Dorfbild hat sich wenig verändert. Dort sind die meisten Häuser eingeschossig mit Dächern in Kopfhöhe. Parallel zur Ufermauer liegt die Hauptstraße mit etlichen Tavernen und Cafés.

Der Strand beginnt erst am östlichen Dorfende. Er hat zuckerfeinen Sand und liegt unterhalb eines mit Pinien und Kakteen bewachsenen Hanges. Bei Ebbe muss man allerdings zur Sandbank hinübergehen, da an der Küste das Wasser zum Schwimmen nicht mehr tief genug ist und Felsbrocken verstreut herumliegen. Zum *Baden* fahren die meisten Touristen bequem per Boot auf die Sandbank, auf der es allerdings keinen Schatten gibt. Im Sommer Pendelverkehr mit Fischerbooten bis ca. 19 Uhr. Außerhalb der Saison muss man die Fischer fragen, die die Fahrt dann gegen ein entsprechendes Entgelt privat durchführen.

Hinter dem Hang, geduckt in einer Mulde, steht noch ein gut erhaltenes Fort mit Wohnhäusern innerhalb der Mauern. Weiter östlich beginnt eine niedrige Steilküste mit schmalem Sandstreifen. Bei unseren Recherchen hatten sich im Pinienhain in der Nähe vom Kiosk allerhand Treibgut und auch Glasscherben angesammelt.

Busse 10-mal tägl. nach Tavira. **Bahnstation** ca. 1 km außerhalb.

Übernachten/Essen　　Übernachtungsmöglichkeiten gibt es in diversen Bungalowanlagen. Ganz nett ist **Pedras da Rainha** am Dorfeingang, etwa 1,5 km vom Strand, mit Diskothek, großer Grünanlage und Swimmingpool. Apartment für 2 Pers. je nach Saison ca. 35–115 € pro Tag, ✆ 281380680, www.pedrasdarainha.com.

Camping Ria Formosa, ein Platz für 1000 Personen, direkt hinter den Zuggleisen. Wurde erst 2008 eröffnet, daher noch nicht allzu schattig. Person 3,68–5,78 € je nach Saison, Zelt 2,63–5,78 €, Auto 2,63–3,15 €. Ganzjährig geöffnet. ✆ 281328887, www.campingriaformosa.com.

≫≫ Mein Tipp: Mariscos & Petiscos, ortsauswärts in der gleichen Straße gelegen und vom gleichen Besitzer geführt. Die *Cataplana de Marisco* aus Gambas, Muscheln und Krebsfleisch ist wahrlich bombastisch (19,50 €). ✆ 281370722. **≪≪**

Tavira

ca. 12.000 Einwohner

Historische Stadt mit Atmosphäre, die wie kaum eine andere zum beschaulichen Bummel einlädt. Auch die Hoteleröffnungen der jüngeren Zeit konnten dem freundlichen Charakter wenig anhaben, zumal die Stadtverwaltung auf die Ausweitung des kulturellen Angebots setzt.

Im Zentrum führt eine siebenbogige Brücke aus dem 17. Jh. über den Rio Gilão. Ihre Fundamente stammen noch aus der Römerzeit und verbinden die beiden Stadthälften. Seitdem sie 1989 bei einer Überschwemmung stark beschädigt wurde, ist

Blick auf die Altstadt von Tavira

sie für den Autoverkehr gesperrt. Wie in Venedig stehen dort einige Bürgerhäuser halb im Fluss, mit Treppchen zum Wasser und Bootsanlegesteg. Mittelalterlich wirken die orientalischen Treppengässchen am Stadthügel und die Ruinen der Burg. Größtenteils Überbleibsel aus der Blütezeit des 16. Jh. sind die über 20 Kirchen und sechs Klöster der Stadt. Sehenswert sind auch einige prächtig verspielte Villen der früheren „Thunfischbarone" aus dem späten 19. Jh. Typisch die Dachkonstruktionen dieser Stadtpaläste: ein Gebilde aus mehreren Walmdächern.

Obwohl einige Spuren aus der Bronzezeit gefunden wurden, beginnt die Zeitrechnung für „Tabira" erst unter der Herrschaft Roms. Ein wichtiger römischer Handelsweg von Castro Marim führte über Tavira nach Faro. Die Salzgewinnung um Tavira hatte bereits unter den Römern einen beträchtlichen wirtschaftlichen Wert. Nicht umsonst entstand der Begriff „Salär" aus dem lateinischen Wort „salarium", da die römischen Legionäre ihren Sold teilweise in Salz ausgezahlt bekamen. Das Haltbarmachen von Fisch war zu damaligen Zeiten nur durch Einsalzen möglich, wozu große Mengen nötig waren.

Während der maurischen Epoche (bis 1242) war die Stadt neben Silves und Faro das wichtigste Wirtschaftszentrum und die bedeutendste Hafenstadt der Algarve. Dies blieb sie auch nach der christlichen Rückeroberung; sie wurde zu einem wichtigen militärischen Versorgungshafen für die portugiesischen Stützpunkte an der nordafrikanischen Küste. Im 16. Jh. erlebte Tavira seine beste Zeit und war mit 1500 Haushalten die sechstgrößte Stadt Portugals. Viele der heute noch zu bewundernden Kirchenbauten stammen aus dieser Epoche. Ihre wichtige Stellung als Handelshafen verlor die Stadt aber immer mehr an Sevilla. Eine Pestepidemie im Jahre 1645 ließ die Kräfte der Stadt erlahmen und das schwere Erdbeben von 1755 führte mit seiner großen Flutwelle zur Versandung des Hafenbeckens. Der Aufschwung des Fischfangs mit dem Bau von Konservenfabriken brachte erneut Reichtum in die Stadt, aber bereits in den 1920er-Jahren entfernten sich allmählich die

Algarve → Karte S. 632/633

Thunfischschwärme von der Küste, auf der Suche nach anderen Wanderrouten, bis schließlich in den 1970er-Jahren dieser wichtige Wirtschaftszweig völlig zum Erliegen kam. Mittlerweile wurde in einer früheren Fischersiedlung an der Mündung des Rio Galão ein Komforthotel (Vila Galé Albacora) eingerichtet, das mit einem kleinen Ausstellungsraum an die harte Arbeit der Thunfischfänger erinnert (→ Kastentext unten). Die Umgebung des eigentlich sehenswerten Wasserfalls Pego do Inferno (Höllenloch) wurde durch einen verheerenden Waldbrand 2012 komplett zerstört, sodass ein Besuch bis auf Weiteres nicht möglich ist.

Sehenswertes

Burg: Ursprünglich von den Arabern erbaut, wurde die Burg unter König Dinis im 13. Jh. verstärkt. Zwar wurde sie beim Erdbeben weitgehend zerstört, doch hat man vom Burghügel einen herrlichen Blick über Stadt und Lagunenlandschaft. Man steht dabei inmitten vieler Pflanzen und Blumen zwischen den Befestigungsmauern.
Tägl. 9–17 Uhr, im Sommer bis 19 Uhr. Eintritt frei.

Companhia de Pescarias do Algarve

Die alte Thunfischfangstation an der östlichen Flussmündung vor Tavira ist seit 2000 ein modernes Hotel. Ein kleiner Raum hinter der Lobby erinnert mit Schautafeln und alten Fotos an die ehemalige Bestimmung (tägl. 8–18 Uhr). 1881 wurden an der Algarve 43.000 Stück Thunfisch gefangen, in den 1960er-Jahren waren es nur noch etwa 500 pro Fangsaison. Nachdem 1971/72 nur noch je ein verirrtes Exemplar seinen Weg in das Labyrinth der Stellnetze fand, wurde der Fang eingestellt. Fischereifachleute meinen, dass das Meerwasser in Küstennähe heutzutage zu trübe sei – der Fisch fühlt sich blind und weicht ins tiefere Meer aus.

Die riesige alte Fangstation an der Flussmündung am Haff war bis vor kurzem eine Geisterstadt mit Lagerhallen und einem gelben, kirchenähnlichen Verwaltungsbau. In den Mini-Reihenhäuschen wohnten ursprünglich 200 Personen: die Fischer mit ihren Familien. Eine eigene Schule und Kirche waren ebenfalls vorhanden. Davor liegen noch heute die morschen Skelette der mächtigen Fangboote, schon halb im Schlick versunken. In den Schuppen der Fangstation wurden die kilometerlangen Netze gelagert, zusammengestellt und Boote repariert. Nach der Liquidierung der Gesellschaft wurde die Ausrüstung an Spanien verkauft. Bei Cadiz sowie vor Marokko und Tunesien hat der Thun seine Wanderrouten beibehalten und wird noch auf die gleiche Art gefangen.

Zweimal pro Sommer war Saison; von Ende April bis Ende Juli gingen die fettesten Thunfische (500 kg) ins Netz und in den Monaten Juli und August kamen die abgelaichten „Riesenmakrelen" aus Südosten erneut vorbei und wurden abgefischt. Man verankerte bis zu 3 km lange, trichterförmig angelegte Netze am Meeresgrund, um die Tiere in die Falle zu leiten. Verarbeitet und eingedost wurde der Fisch in der Fabrik am Ortsrand von Tavira.
Von Taviras Zentrum Richtung Vila Real. Am Stadtrand beim Kreisverkehr rechts in Richtung Hotel Vila Galé Albacora. Den Weg etwas weiter steht die Ruine des alten Forts, das früher die Einfahrt zum Hafen bewachte. Die eingezäunten Becken landeinwärts sind die Klärbecken einer Abwasseranlage.

Igreja de Santiago – verschachtelt und blendend weiß

Igreja da Misericórdia: Wer von der Praça da República aus durch das Stadttor D. Manuel die Rua da Galeria betritt, stößt direkt nach der Touristinfo auf die Igreja da Misericórdia. Sie ist eine der schönsten Renaissance-Kirchen der Algarve, erbaut 1541. Besonders prächtig ausgeschmückt ist das Eingangsportal, oberhalb flankieren die Heiligen Peter und Paul die Maria der Barmherzigkeit *(Misericórdia)*, unter deren weit flatterndem Umhang sogar Könige Schutz finden. Im Inneren befinden sich schöne blau-weiße Azulejobilder.
Mo–Sa 9.30–12.30 und 14–18 Uhr (nicht zuverlässig). Eintritt frei.

Câmara Obscura: In dem weithin sichtbaren, früheren Wasserturm auf der Hügelspitze wurde die Camera Obscura eingerichtet. Darin zu bestaunen ist eine 360°-Ansicht der Stadt Tavira und eine Ausstellung zur Stadtgeschichte.
Mo–Fr 10–17 Uhr, Okt.–Jan. 10–16 Uhr, nur bei schönem Wetter geöffnet. Eintritt 3,50 €, unter 18 J. und über 65 J. 2,80 €.

Igreja Santa Maria: Auf der Hügelspitze steht auf den Fundamenten einer Moschee die Igreja de Santa Maria do Castelo. Auffällig ist der Uhrturm mit dem arabischen Doppelfenster. Beim großen Erdbeben von 1755 wurde sie weitgehend zerstört, sodass nur noch das Hauptportal und wenige Seitenkapellen an die ursprünglich gotische Kirche erinnern. An der rechten Wand des Hauptchors liegen der Eroberer *Dom Paio Peres Coreia* und seine Ritter begraben. Aus Rache vertrieb er 1242 die Mauren aus der Stadt, weil seine sechs Getreuen und ein Jude, der den Rittern zu Hilfe eilte, während einer Waffenruhe bei der Jagd heimtückisch von den Muselmanen ermordet worden waren.
Mo–Fr 10–13 und 14–17, Sa 10–13 Uhr (nicht zuverlässig). Eintritt 1,50 €.

Igreja de Santiago: Etwas unterhalb steht die vielleicht schönste Kirche Taviras. Sie ist ein verschachteltes, weiß gekalktes Steingebilde mit Kuppeln, schrägen Dächern und vielen kleinen Anbauten – gewachsen durch unzählige Umgestaltungen während vieler Jahrhunderte; ursprünglich war auch sie eine Moschee. Über der

Algarve → Karte S. 632/633

südlichen Hauptfassade prangt eine typische Darstellung des heiligen Jakob (portugiesisch *Santiago*), hoch zu Ross als Maurentöter.
Unregelmäßig geöffnet und wenn, dann vormittags. Eintritt frei.

Palácio da Galeria: Ein vollendet renovierter Renaissance-Stadtpalast mit wechselnden, teilweise hochkarätigen Ausstellungen von zumeist zeitgenössischer Kunst. Hier kann man gut die Struktur der traditionellen Dachkonstruktionen der Tavira-Häuser studieren: Jeder Raum hat seinen eigenen Dachstuhl. Im Eingangsbereich sind unter Glas neuere archäologische Funde aus der phönizischen Periode (7. Jh. v. Chr.) zu sehen.
Di–Sa 9–16.30 Uhr (häufig wechselnd). Eintritt je nach Ausstellung ca. 2 €, Studenten, 8–18 J. und über 65 J. 1 €, Kombiticket mit Islam-Museum 3 €/1,50 €.

Maurisches Viertel: Etwas südwestlich der Burg lohnt sich noch ein Spaziergang durch das maurische Viertel, das ursprünglich außerhalb der alten Stadtmauer lag. Charakteristisch sind hier die kleinen, weiß gekalkten Häuschen mit Innenhof und oft ohne Fenster zur Straße. Hier lebte nach der portugiesischen Rückeroberung viele Jahrhunderte lang eine maurische Dorfgemeinschaft. In der Rua Olarias Nr. 1 wurde eine typische Gittertür (Porta de Reixa) restauriert. Sie schützte die Frauen im Haus vor neugierigen Blicken, erlaubte aber sehr wohl einen verdeckten Blick auf die Straße. Das Gittermuster findet auch heute noch an der Algarve gerne Verwendung in Fensterläden und Haustüren.

Islammuseum (Núcleo Islamico): Ein Wohnhaus aus der maurischen Zeit direkt neben dem Tourismusamt wurde 2012 in ein Museum umgewandelt. Wichtigstes Ausstellungsstück ist der Vaso de Tavira, ein außergewöhnliches Gefäß, das von Musikanten gekrönt wird, die möglicherweise zu einer Hochzeit aufspielen.
Geöffnet wie Palácio da Galeria.

Basis-Infos

Information Turismo, wenig zuverlässig geöffnet, meist Mo und Fr 10–13 und 15–19 Uhr, Di–Do jeweils meist durchgehend, im Winter 14–18 Uhr. Praça da República 5, ℡ 281322511.

Verbindungen **Bahn:** Bahnhof am Ortsrand Richtung Faro, Largo de Santo Amaro. Die Linie Faro – Vila Real verkehrt etwa 9-mal tägl.

Bus: Häufig nach Faro und Vila Real, auch zwei Direktbusse nach Sevilla, Busbahnhof in der Rua dos Pelames am westlichen Flussufer, unweit der „römischen Brücke".

Fähre: Besonders für die Campingplatzschläfer sind die Fähren auf die Sandinsel Ilha de Tavira von Vorteil. Sie verkehren von Juni bis Sept. etwa stündl. von der Anlegestelle hinter der alten Markthalle. In den Wintermonaten muss man das Boot von Quatro Aguas auf die Insel nehmen, 9–16 Uhr immer zur vollen Std., außer um 13 Uhr. Hin- und Rückfahrt 1,90 €.

Pendelboot, Quatro Águas – Ilha de Tavira, Mai bis Ende Sept. 8–21 Uhr ca. alle 15 Min. (1,50 € hin/zurück). Im Winter nur stündl. Verbindung (zwischen 9 und 16 Uhr) mit Fischerbooten.

Auch vom Zentrum Taviras (hinter der alten Markthalle, etwa auf der Höhe des Hotels Marés) fährt während der Saison (Juni bis Mitte Sept.) ein **Boot** 8–17 Uhr, immer zur vollen Std. direkt zur Ilha de Tavira (1,90 €). An der Abfahrtsstelle hängt der Fahrplan. Das **Taxi** kostet ca. 6 €.

Den Wagen über Nacht stehen zu lassen ist relativ problemlos, da hier die *Guarda Fiscal* (Zollfahndung) ihr Domizil hat. Trotzdem im Auto nichts offen rumliegen lassen!

Ärzte SOS Taviclinica ◼, ein französischer und ein spanischer Allgemeinarzt führen die Gemeinschaftspraxis; Rua Almirante Cândido dos Reis 226, nahe Sportstadion, ℡ 281380660.

Übernachten

- 6 Lagoas
- 7 Marés
- 10 Vila Galé Tavira
- 11 Quinta do Caracol

Essen & Trinken

- 1 O Ciclista
- 3 Patio
- 4 Aquasul
- 5 Brisa do Rio
- 6 Zeca da Bica
- 8 Restaurant A Barquinha
- 9 Snackbar Romba

Sonstiges

- 1 Arzt SOS

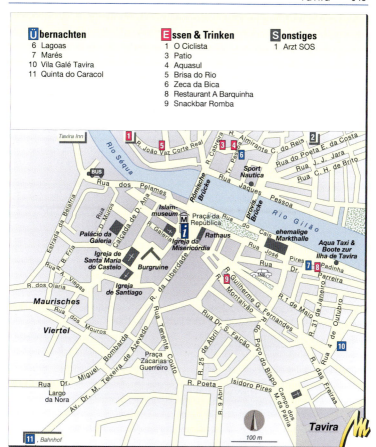

Baden Auf der Sandbank **Ilha de Tavira**. Ab Quatro Águas fährt ein Pendelboot die wenigen hundert Meter über das Haff. An dem langen Sandstrand wird es eigentlich nie zu eng. Schattenlos, nur der auf der Insel untergebrachte Campingplatz und die einfachen portugiesischen Ferienhäuser haben etwas Grün im Garten. Auch einer der derzeit drei offiziellen FKK-Strände der Algarve liegt hier.

Bibliothek Mo und Sa 14–19.30, Di–Fr 10–19 Uhr. Rua da Comunidade Lusíada 21.

Bimmelbahn Der „Spielzeugzug", fährt etwa stündlich vom historischen Zentrum bis nach Quatro Águas.

Buchtipp Tavira: Impressionen einer alten Stadt am Meer. Im Eigenverlag hat Volker Gold diesen mit vielen erklärenden Texten versehenen Bildband herausgegeben. V. Golds Webseite: www.sotavent.de.

Einkaufen Obst- und Fischmarkt, in einem großzügigen Neubau (neben der neuen Brücke Richtung Quatro Águas) sind die Gemüse- und Fischhändler untergebracht.

🌿 In der neuen Markthalle gibt es einen **Bioladen** (Beterraba), wo neben deutschen Bioprodukten auch frisches Obst, Gemüse und Vollkornbrot verkauft werden (Loja 8). ∎

Die stilvolle **alte Markthalle** direkt an den Uferkais wurde schon im Jahr 2000 in eine kleine Shopping Mall mit Boutiquen und gastronomischen Betrieben umgewandelt.

Kunsthandwerk bietet auch Casa do Artesanato in der Calçada da Galeria 11, etwas oberhalb des Palácio da Galeria. Hier werden qualitativ hochwertige, regionaltypische Produkte direkt vermarktet.

Fahrradverleih **Casa Abilio**, auf der anderen Flussseite, Rua João Vaz Corte Real 23, ✆ 281323467.

Sport Nautica, einfache Räder für 6 € pro Tag; auch Motorroller. An der Flusspromenade Rua Jaques Pessoa, ✆ 281381935.

Feste/Veranstaltungen Kulturprogramm von Juli bis Sept., das aufgrund von Geldmangel allerdings immer mehr eingeschränkt wird. Trotzdem mehrere Konzerte pro Woche von Rock bis Folklore, auch in der ehemaligen Konservenfabrik Balsense (neben der UBI Disco).

Fado: Fado com História, neben der Kirche Misericórdia. 30 Minuten Einführung und Live-Gesang tägl. (außer So) um 11.15, 12.15, 15.15, 16.15, 17.15 Uhr, Eintritt 5 €. Rua Damião Augusto de Brito Vasconcelos 4, http://fadocomhistoria.wixsite.com/fado.

Post Rua da Liberdade.

Schwimmbad Tavira besitzt ein großes Hallenbad, was bei Winteraufenthalten von Vorteil ist. Av. Zeca Afonso am östlichen Stadtrand, ✆ 281380220.

Telefonnummern **Polizei** ✆ 281322022, 281329030. **Centro de Saúde**, ✆ 281329000.

Taxis 24-Std.-Rufbereitschaft unter ✆ 707277277.

Übernachten/Camping

→ Karte S. 643

In den letzten Jahren wuchs das Zimmerangebot in Tavira enorm, doch leider nur im höherpreisigen Segment, inkl. der neuen Pousada, die in den Mauern des früheren Augustinerkonvents im Jahr 2006 ihre feudalen Tore öffnete. Ein Blick in den restaurierten Renaissancekreuzgang wird auch Nicht-Gästen gestattet.

Vila Galé Albacora, in der stillgelegten Thunfischfangstation (Compania de Pescarias, → Karte S. 647). In den ehemaligen, ebenerdigen Reihenhäuschen der Fischer, ursprünglich in den 40er-Jahren erbaut, wurden 161 geräumige Zimmer eingerichtet, jedes mit eigenem „Vorgarten“. DZ 60–228 € je nach Saison. Quatro Águas, ✆ 281380800, www.vilagale.pt.

Vila Galé Tavira **10**, großer Kasten mit rund 300 Zimmern, direkt vor der neuen Markthalle am südlichen Rand der Altstadt. DZ 55–185 €. Rua 4 de Outubro, ✆ 281329900, www.vilagale.pt.

Quinta do Caracol **11**, am Ortsrand Richtung Faro, gleich hinter dem Bahnhof (10 Gehminuten ins Zentrum). Eine Oase mit gemütlichen, z. T. stuckverzierten Apartments mit Kitchenette. Im romantischen, grünen Garten ein Wasserreservoir zum Baden und ein großer Gemeinschaftsgrill. Den Namen „Schnecke“ bekam der Bauernhof wegen des seltenen Baumes Caraculeira Real, der rechts nach dem Eingang wie ein kräftiger alter Weinstock wuchert. Er stammt ursprünglich aus Afrika und trägt das ganze Jahr über gelbe Blüten. Apartment für 2 Personen 70–220 €. Rua de São Pedro, ✆ 281322475, www.quintadocaracol.com.

Marés **7**, an der Flussesplanade nahe der ehemaligen Markthalle. In dem alten Bürgerhaus, im Erdgeschoss mit Restaurant, wurden ordentlich ausgestattete Zimmer eingerichtet. DZ je nach Saison 45–107 €. Rua José Pires Padinha 134, ✆ 281325815, www.residencialmares.com.

Tavira-Inn → Karte S. 647. Tolle Lage am Ortsrand, am Ufer des Rio Gilão. Die insgesamt 6 Gästezimmer sind individuell eingerichtet und haben allen Komfort (Klimaanlage). Der Inhaber ist zwar nicht mehr der jüngste, sprüht aber vor Tatendrang und guten Ideen. Auf der Homepage überschwängliche Kommentare von Gästen. DZ 60–130 €, . Rua Chefe António Afonso 39, ✆ 281326578 oder 917356623 (mobil), www.tavira-inn.com.

Lagoas **6**, auf der östlichen Flussseite. Die meisten Zimmer mit viel Licht, toller Blick über die Dächer von der Terrasse im zweiten Stock. Räume sauber, mit schönen, alten Möbeln. DZ mit Bad ab 40 € ohne Frühstück. Im Winter geschlossen. Rua Almirante Cândido dos Reis 24, ✆ 281328243, http://residenciallagoa.pai.pt.

Außerhalb Almargem Lusitano, 3,5 km außerhalb in Richtung Vila Real, bei einer Töpferei von der N 125 links abbiegen. Das angeschlossene Restaurant ist berühmt für die riesigen, zarten Steaks vom heißen Stein. Ursprünglich stand hier nur eine „Hütte", in der der Wirt João seine Handvoll Spezialitäten auftischte. Tolle, ruhige Lage. Die Zimmer haben alle Bad, einen kleinen Balkon oder Zugang zum Garten, in dem auch ein kleiner Pool vorhanden ist. DZ ca. 50–90 €. Almargem, Santa Maria, ℘ 916145742 (mobil), www.almargem lusitano.pt.

Casa do Vale Rei, Turismo rural von englischen Besitzern, inmitten von Orangenplantagen auf einem Hügel, ca. 3,5 km östlich von Tavira. Pool. Wurde überschwänglich von unserer Leserin Doris Gerken (aus Verden) gelobt. DZ 110–130 € inkl. exzellentem Frühstück. Almargem, Santa Maria, ℘ 281323099, www.casavaledelrei.co.uk.

Quinta da Arte, 12 km landeinwärts beim Weiler Marco (Santa Catarina). Der Objektkünstler Johannes von Zweizell hat mit seiner Lebensgefährtin Heidi Wachsmann aus dem großzügigen Grundstück einen kleinen Kunstpark gemacht. Vier Vermietobjekte, die jedes für sich ein Kunstobjekt darstellen. Auch ein Pool, Theater und Tanzsaal sind für Veranstaltungen und Feriengäste vorhanden. Apartment für 2 Personen je nach Saison 539–686 € pro Woche, jede weitere Person zzgl. 35 €, Tag 77–98 €. Geschlossen Dez.–März. Marco, Sta. Catarina, ℘ 281971296, www.quintadaarte.com.

Jugendherberge Zwischen Bahnhof und Fluss. Neue Herberge mit 62 Betten (in 12 Vierbett- und 7 Doppelzimmern), im Vierbettzimmer je nach Saison 11–17 €, DZ ca. 26–47 €. Rua Miguel Bombarda 36-38, ℘ 281326731, www.pousadasjuventude.pt/pt/pousadas/tavira.

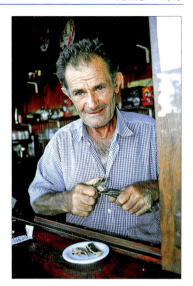

Hier wird eine Portion Muxama de Atum zubereitet

Camping Camping Ilha de Tavira → Karte S. 647. Auf der von Strandpinien spärlich beschatteten Sandinsel Ilha de Tavira, nur mit Booten – ohne Auto – zu erreichen; das Fahrzeug kann aber ohne hohes Bruchrisiko in Quatro Águas geparkt werden – hier residiert die portugiesische Zollfahndung! Auch die Boote zur Insel fahren von dort ab, Mai bis Ende Sept. 8–21 Uhr ca. alle 15 Min., seltener in der Nebensaison (1,50 € hin/zurück). Platz für 1550 Personen mit Snackbar, Kiosk, Supermarkt und Gepäckaufbewahrung, Zelte können ausgeliehen werden. Zelt und 1 Person 7–9 € pro Tag, weitere Person ca. 4 €. Geöffnet Juni bis Ende Sept. ℘ 281320580.

⌒ Essen & Trinken/Nachtleben → Karte S. 643

Tavira als frühere „Thunfischhauptstadt" hat noch einige spezielle Zubereitungsarten des Edelfisches parat, z. B. *Muxama de Atum*, getrocknete Thunfischstreifen, die wie das Graubündner Fleisch vor dem Verzehr in hauchdünne Scheiben geschnitten werden. Eigentlich als Vorspeise prädestiniert, wird es in Restaurants heute eher selten angeboten. Als „Beilage" nimmt man gerne ein kleines Tellerchen Tremoços (Lupinenkerne).

Essen & Trinken Patio **3**, etwas französisch wirkendes Restaurant auf der anderen Flussseite. Gemütlich eingerichtete Räumlichkeiten, im Sommer werden die Tische draußen auf der Straße oder oben auf dem Flachdach gedeckt. Wenn's voll ist, stoßen Küche und Service an die Kapazitäts-grenze. Hauptgericht ab 9,50 €, neun verschie-dene *Cataplana*-Gerichte ab 24 € (für 2 Personen) und sehr inhaltsreicher *Arroz de Marisco* (35 €). Nur abends geöffnet, So Ruhetag. Rua António Cabreira 30, ✆ 281323008.

Tintenfischgerichte

Die relativ warmen Gewässer der Ostalgarve zwischen Fuzeta und der spanischen Grenze sind besonders bei den Tintenfischen beliebt, die sich dort fleißig fort-pflanzen. In den Fischerorten tür-men sich entlang der Kais die durch einen Strick aneinanderge-ketteten Tonkrüge, die – auf den Meeresgrund abgelassen – von den arglosen Tieren als Behau-sung genutzt werden, bis die Fi-scher die Häuschen aus dem Wasser hieven ... Den meisten Restaurants ist die aufwendige Zubereitung des Kraken zu viel Arbeit und es gibt (wie aus der Heimat bekannt) manchmal nur frittierte Calamaresringe aus der Tiefkühltruhe. Testen Sie in den diversen Restaurants von Santa Luzia die Polvo-Gerichte – die Re-staurants sind berühmt dafür.

Aquasul 4, wenige Meter weiter befindet sich dieses farbenfroh dekorierte Lokal. Kleine Auswahl an frischen Tagesgerichten. Viele kommen auch wegen der guten Pizza, ab 9,50 €, und der Nudelgerichte, ab 11 €, vorbei. Gute Auswahl an Weinen. So/Mo Ruhetag, im Winter nur abends geöffnet. Rua Dr. Augusto Silva Carvalho 3, ✆ 281325166.

Brisa do Rio 5, an der anderen Flussseite nahe der Brücke. Große Auswahl an Mee-resfrüchten, Fisch und Fleisch, v. a. Steaks, mit französischer Note zubereitet. Hauptge-richt ab 9 €. Tägl. (außer Mi) nur abends. Rua João Vaz Corte Real 38.

Zeca da Bica 6, ebenfalls auf der anderen Flussseite. Einfach, sauber, preiswert. Def-tige Eintopfgerichte und gegrillter Fisch (ab 7 €). Spezialität ist *Bife de perú com delí-cias do mar* (Truthahn, gefüllt mit einer Pas-te aus Meeresfrüchtefleisch) mit einer le-ckeren Soße. In der engen Gasse stehen auch Tische im Freien. Tägl. (außer Sa), im

Sommer kein Ruhetag. Rua Almirante Cândido dos Reis 26, ✆ 281323843.

Restaurant A Barquinha 8, neben dem Hotel Marés. Einfach und preiswert, an der Flusspromenade mit Blick auf die Fischkutter. Freundliche Atmosphäre. Tägl. (außer Mi). Rua José Pires Padinha 142, ✆ 281322843.

Três Palmeiras → Karte S. 647. Wie eine Tankstelle an der Ausfallstraße Richtung Vila Real gelegen. Das Restaurant ist wegen der zwei Palmen (die dritte wurde nach-gepflanzt und ist noch klein) leicht zu finden. Der Wirt Victor ist in Sachen Grillfisch eine Institution in Tavira. Es herrscht fast Selbst-bedienung, man holt sich erst sein Geschirr und Besteck im Gastraum und sucht an-schließend einen freien Platz an den Ti-schen unter einem Vordach zur Straße. Der leckere Grillfisch wird dann vom Wirt per-sönlich auf den Tellern verteilt. Sie werden nur nach dem Getränk gefragt und ob Sala-te oder zusätzlich zum Brot Kartoffeln ge-wünscht werden. Das Fischgericht, nur leicht gewürzt mit einer aufgepinselten Marinade aus Öl, rotem Pfeffer und Knoblauch, ist ein Erlebnis. Hauptgericht ab 7 €. Im Winter nur mittags, im Sommer tägl. geöffnet au-ßer So. Vale Caranguejo, ✆ 281325840.

Snackbar Romba 9, drei Straßen hinter der Flusspromenade. Kleine Auswahl an warmen Gerichten, ansonsten diverse Sala-te (Thunfisch) und *Bolos de bacalhau*, auch Schnitzel ab 6 €. Man sitzt am Tresen. Rua Guilherme Gomes Fernandes 18.

≫ Lesertipp: O Ciclista 1, preisgünsti-ges Restaurant unterhalb der großen Auto-brücke der N 125. Tagesmenü (Suppe, Hauptgericht, Nachtisch, Wein und Kaffee) für 9,50 € (Ingo Rohmund). **≪**

Nachtleben In der historischen Altstadt finden sich vor allem auf der anderen Fluss-seite zahlreiche Kneipen und Bars rund um die Rua António Cabreira, die gerne von Re-sidenten, Urlaubern und eher älteren Jahr-gängen frequentiert werden. Mit dem Bau der neuen Markthalle entstanden zudem etliche Kneipen und Bars außerhalb der Alt-stadt, wo sich vor allem die heimischen Youngsters treffen.

UBI → Karte S. 647, an der Ausfallstraße nach Vila Real (wo die Umgehungsstraße einmündet). Große Disco, die nur im Juli und August geöffnet hat, von Techno bis Pop. Rua Almirante Cândido dos Reis – Fábrica Balsense.

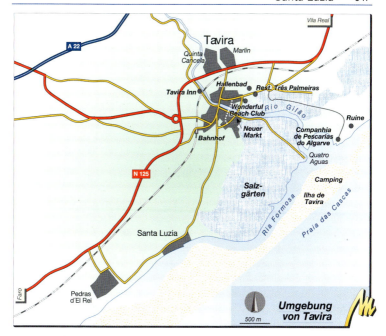

Umgebung
von Tavira

Umgebung von Tavira

Santa Luzia   ca. 1700 Einwohner

Das Fischerdorf 3 km westlich von Tavira ist auch per Radweg zu erreichen. Interessant ist die 1975 erbaute *Dorfkirche* wegen ihrer bunten Mischung aus Elementen unterschiedlichster Baustile.

Das Ortszentrum ist die breite, platzähnliche Dorfstraße neben dem morastigen Kanal von Tavira. Stark verwitterte Tonkrüge am Wasser weisen auf den hier immer noch mit traditionellen Methoden praktizierten Tintenfischfang hin. Auf der inzwischen ansprechend gestalteten Esplanade flanieren Gäste aus dem Feriendorf, das etwas außerhalb des Orts liegt.

Im Sommer fahren Fischerboote zur Sandbank, auch führt etwa 2 km westlich des Dorfs, von der Feriensiedlung Pedras d'El Rei aus, eine kurze Schwimmbrücke über den Kanal dorthin. Von da aus fährt eine Mini-Eisenbahn durch Marschland zur ca. 1,5 km entfernten Praia do Barril, einem sehr sauberen, von Dünen gesäumten Sandstrand. Schön ist auch der entlang der Bahngleise verlaufende Spazierweg durch das Lagunengebiet. Da am Strand kein natürlicher Schatten zu finden ist, kann man Sonnenschirme leihen. Sehr gute sanitäre Einrichtungen. Am Rand liegen viele halb verrostete Anker der weitläufigen Stellnetze und ein paar alte Fischerboote, die an die frühere Funktion dieser Insel als Thunfischfangstation erinnern. Im solide gebauten Haus der früheren Küstenwache sind jetzt Restaurants, ein Café und eine Bar eingerichtet worden. Außerdem wird Equipment für Wassersport vermietet und es werden Kurse angeboten.

Übernachten *** Pedras d'El Rei, das Feriendorf gehörte früher dem Club Méditerranée. Weit auseinanderliegende Sommerhäuser mit viel Rasenfläche dazwischen, schön ruhig. Auf dem Gelände gibt es ein Schwimmbad, Tennisplätze, ein gutes Restaurant, eine Bar und einen Supermarkt. Besonders Familien machen hier gern Urlaub (Kinderbetreuung). Eine Sehenswürdigkeit ist der ca. 2000 Jahre alte Olivenbaum, der älteste der Algarve, auf der Grünfläche vor dem Restaurant (Rezeption); die Baumkrone hat einen Durchmesser von fast 20 m. Ferienhaus für 2 Personen pro Tag je nach Saison 40–347 € (!) Mitte Aug. ✆ 281380600, www.pedrasdelrei.com.

Essen & Trinken Casa do Polvo, an der Uferstraße. Tintenfisch (Polvo) gibt den Ton an. Reis mit Polvo, Tintenfischburger, Spaghetti mit Tintenfisch, verschiedene Eintöpfe, Tintenfisch gegrillt, paniert und, und,

und. Und alles ganz zart, denn der Fisch kommt aus der eigenen Fabrik, wo er gewaschen, behandelt und schockgefroren wird; anschließend wird er freundlich serviert von Nicole Effenberg, die das Restaurant führt. Kleine Terrasse. Im Winter Do Fadoabend. Tapas ab 2 €, Hauptgericht ab 10 €. Tägl. (außer Di). Av. Engenheiro D. Pacheco 8, ✆ 281328527.

Alcatruz, nahe der Kaianlagen. Leckere traditionelle Küche, oft voll. Viele Grillgerichte ab 9 €. Tägl. (außer Mo). Rua João António Chagas 46, ✆ 281381092.

Baixamar, gegenüber den Kaianlagen, außergewöhnlich zuvorkommender Service. Im „Rei de Polvo", dem „König der Kraken" kommen in dem gemütlichen Speisesaal preisgekrönte Tintenfischgerichte auf den Tisch (ab 11 €). Auch fangfrische Fische ab 9,50 €. Tägl. (außer Mo). Av. Duarte Pacheco 26, ✆ 281381184.

Fuseta

Fuseta, häufig nach alter Schreibweise auch Fuzeta, liegt inmitten üppiger Felder und weiß glänzender Salzgärten, in denen – wie auch in Tavira – nach der Uraltmethode Salz gewonnen wird: Das Meerwasser verdunstet in großen, sehr seichten Becken, und übrig bleibt eine dicke Salzkruste.

Ende des 15. Jh. waren es die Portugiesen, die als erste die reichen Kabeljau-Fanggründe bei der Neufundlandbank ausbeuteten. Entdeckt wurden sie von *Gaspar Corte-Real*. Gerade die Fischer von Fuseta waren bekannt für ihre erfolgreichen Fangmethoden im Eismeer.

Zum gerade wohnzimmergroßen Hauptplatz kommt man nach der ersten Hälfte der kerzengeraden Hauptstraße. Auf den Bänken hocken die Dorfältesten und schimpfen gemeinsam über die Burschen auf den knatternden Mopeds, die auf der Hauptstraße hin- und herjagen. Inzwischen dehnt sich der Ort mit flachen Häusern immer weiter aus, denn er entwickelt sich mehr und mehr zum beliebten Ferienort der Lissabonner.

Vom Flussarm (mit kleinem Fischerhafen daneben) setzen im Sommer regelmäßig Boote auf die „Sandbank" Armona über: Strand ohne Strauch und Schatten, die wenigen hölzernen Sommerhäuser wurden durch eine Sturmflut zerstört. In der Lagune werden wie überall in der Ria Formosa Muscheln gezüchtet.

Verbindungen Bahn: Bahnstation am Ortsrand, etwa stündl. Züge nach Faro und V.R.S. António. Bus: 11-mal tägl. nach Tavira. Die Schnellbusse nach Faro halten nur an der N 125 (ca. 2 km außerhalb).

Bibliothek Mo–Fr 10–12 und 14–18 Uhr, Rua da Liberdade 5.

Markt Trödelmarkt, jeden 1. So im Monat neben dem Campingplatz.

Post Av. 25 de Abril, Bloco C.

Übernachten Quinta da Fortuna, bei Moncarapacho, ca. 8 km landeinwärts von Fuseta und Olhão, an der Straße nach Estói. Kleine Farm (Baumschule), von deut-

Zarte, schneeweiße Kristalle – Salzernte bei Fuseta

schem Ehepaar geführt. Zwei Zimmer und ein kleiner Campingplatz mit Campingbus. Angeboten werden auch Entspannungstherapie und psychologische Beratung. DZ 30–40 € je nach Saison und Ausstattung. Sítio da Fornalha, Moncarapacho. ✆ 289792190, http://quintadafortuna-pt.info.

Camping Im ehemaligen Park des Dorfs am Lagunenrand. Preiswert, da städtisch, aber auch einfach und recht laut. Person 2,60–3,85 €, Zelt 2,10–3,75 €, Auto 2,70–4,05 €. Ganzjährig geöffnet. Rua da Liberdade 2, ✆ 289793459, www.roteiro-campista.pt.

Essen & Trinken Capri, am kleinen zentralen Platz neben der Hauptstraße. Sympathisches Lokal mit Fisch und Meeresfrüchten ab 7,50 €. Tägl. (außer Do). Praça da República 4, ✆ 289793165.

Snack-Bar Porto d'Abrigo, an einem Platz an der Uferstraße. Hier bekommt man für 4,50 € einen mächtigen „portugiesischen Kebab", in den auch noch die Pommes reingepackt werden. Tägl. ab 18 Uhr (außer Mo). Rua Projectada Gonçalo Velho, Bloco E, ✆ 289791403.

Nachtleben Rund um den kleinen palmenbestandenen Platz an der Rua da Liberdade ist man abends unterwegs. Einige **Bars**, z. B. das Café Urbano **O Abalo**, finden sich in der Rua Projectada Gonçalo Velho. An der Ausfahrtsstraße ist die Nightbar A Concha tägl. von 16 bis 2 Uhr geöffnet. Angeschlossen ist ein *Restaurant*, schön sitzt es sich im Garten (Rua da Liberdade 92).

Olhão

ca. 16.000 Einwohner

Mit seinen weißgekalkten hübschen Häusern erinnert das Fischerstädtchen an Nordafrika. Viele der kubischen Bauten, von denen die Reiseprospekte schwärmen, fielen bereits der Spitzhacke zum Opfer. Am schönsten wirkt Olhão heute aus der Vogelperspektive, vom Turm der kantigen Kirche.

Die würfelförmigen Terrassenhäuser mit ihren hohen Kaminen und winkeligen Treppenaufgängen geben Olhão die Konturen einer marokkanischen Wüstenstadt, an der seit Generationen gebaut und viel improvisiert wurde. Bei Familienzuwachs

Olhão – die kubischen Bauformen in der Altstadt deuten auf nordafrikanische Vorbilder

wird ein Kämmerchen aufs Dach gesetzt, die Treppe verlängert und der schön verzierte Kamin aufgestockt, damit der Qualm nicht ins neue Dachzimmer zieht.

Die arabische Bauweise pflegten die Bewohner wohl auch deshalb bis heute, weil im 15. Jh. die portugiesische Fangflotte nach Verhandlungen mit der spanischen Krone das Fischfangmonopol vor der marokkanischen Küste zugesprochen bekam und Olhão der wichtigste Fischereihafen wurde. Doch die meisten der heutigen „afrikanischen" Häuser stammen erst aus dem 19. Jh.

Reichtum brachte im 18. Jh. der Handel mit den beiden Kriegsparteien Spanien und England, die von Olhão aus mit dem Nötigsten versorgt wurden. Als der Krieg beendet war und der Handel nicht mehr so gut lief, wurde geschmuggelt. Von den Stützpunkten der Küstenwache, die daraufhin entlang der Sandbank zwischen Vila Real de Santo António und Faro gebaut wurden, sieht man noch an vielen Stellen die Grundmauern.

An der Praça Patrão Joaquim Lopes sitzen einige ältere Herren und verkaufen stapelweise Taschenkrebse und eingesalzte, getrocknete Tintenfischköpfe. Seinen besonderen Charme entfaltet Olhão in den engen, kopfsteingepflasterten Gässchen hinter dem Fischmarkt: Hier gibt es billige Fischtavernen und kleine Läden. In der Nacht öffnen die Rotlicht-Kneipen, dann sollte man die Gegend besser meiden.

Olhão war berühmt für seine Sardinenkonserven Marke Piri Piri. 82 Fabriken existierten hier noch bis Ende der 1970er-Jahre. Während der Revolution wurden die Sardinenbarone enteignet und die Fischer machten sich mit kleinen Booten selbstständig. Jetzt versucht man, den Trend wieder umzukehren. Ein staatlich gefördertes Innovationszentrum soll auch der Fischereiindustrie neue Impulse geben. Zwei neu errichtete Konservenfabriken sind inzwischen wieder in Betrieb.

Hübsch hergerichtet wurde der Park entlang der Ria. Auch die beiden Markthallen, eine für Fisch, die andere für Obst und Gemüse, wurden grundlegend saniert und den heutigen hygienischen Anforderungen angepasst, ohne dabei ihren Charme zu verlieren. Die Fische sind hier frischer und günstiger als in Faro und Tavira. Rund um die Markthallen einige Cafés mit schönem Blick auf das Haff und den neuen Jachthafen. Dort ist die Stadt allerdings etwas aus den Fugen geraten. Gesichtslose Apartmentsiedlungen und ein Fünfsternehotel wurden aus dem Boden gestampft und sollten gemeinsam mit einem Jachthafen Luxustourismus in den Ort holen. Gekommen sind allerdings viele Pauschaltouristen, die die im Verhältnis zu den Strandorten günstigeren Preise schätzen.

Außer der Stadt selbst gibt es wenige Highlights. Besuchenswert ist vielleicht das **Museu Municipal** mit archäologischen Fundstücken, volkskundlichen Gegenständen und alten Trachten. Außerdem wechselnde Kunstausstellungen.
Di–Fr 10–12.30 und 14–17.30, Sa 10–13 Uhr. Eintritt frei.

Maurisches Gewand

Ein eigentümliches Bekleidungsstück wurde nur in Olhão getragen. Das *Bioco* ist ein bis zu den Knöcheln reichendes schwarzes Tuch, und auch der Kopf wird mit einem schwarzen Turban umwickelt. Es handelt sich dabei um ein Überbleibsel der maurischen Kleiderordnung. Ende des 19. Jahrhunderts wurde diese Tracht vom König verboten, da sich mit Vorliebe Straßenräuber damit maskierten. Zu sehen ist das Bioco im Museu Municipal.

Information Turismo, Mo–Fr 9.30–13 und 14–17.30 Uhr. Largo Sebastião Martins Mestre, ℘ 289713936.

Verbindungen Bahn: Bahnhof am nördlichen Rand der Altstadt in der Rua do Caminho de Ferro, regelmäßig Verbindungen nach Faro und V.R.S. António.

Bus: Busse fahren nicht weit entfernt in der Rua General Humberto Delgado ab Richtung Faro und V.R.S. António sowie in die nähere Umgebung. *Circuitolhão* nennen sich zwei innerstädtische Buslinien; Ausgangspunkt Busbahnhof, u. a. auch zum Campingplatz (Einzelfahrschein 1 €, Carnets im Vorverkauf günstiger).

Boote: Zwischen Juni und Mitte Sept. etwa stündl. auf die Insel Armona und alle 2 Std. nach Culatra, in der Nebensaison nur noch 4-mal tägl. (Hin- und Rückfahrt nach Armona ca. 3,70 €, nach Culatra ca. 4,30 €).

Bibliothek Di–Fr 10–19 Uhr, Mo und Sa 13–19 Uhr. Av. Bernardino da Silva (nordwestl. Stadtrand).

Bootsausflüge Vom Jachthafen (westl. der Markthallen) fahren Ausflugsboote in die Lagunen, auch zur Vogel- oder Delfinbeobachtung. Die Veranstalter betreiben Stände vor Ort und an der Fährstation, u. a. **Natura**,

www.natura-algarve.com, oder **King Chamaeleon**, www.kingchamaeleon.com.

Einkaufen Der **Markt** (tägl. 9–13 Uhr) mit zwei Hallen, eine für Fisch, eine für Obst und Gemüse, ist einer der schönsten der Algarve, am Samstag mit Bauernmarkt.

Fahrradverleih Seahorse Bike Rental mit Kiosk an der Fährstation (www.seahorsebikerental.com) und auf dem Campingplatz, auch für Nicht-Camper.

Feste Eines der größten Gastronomiefeste an der Algarve ist Mitte Aug. für fünf Tage das **Meeresfrüchtefestival** mit Musikdarbietungen bekannter portugiesischer Bands.

Postamt in der Av. da República 19.

Telefonnummern Polizei, ℘ 289710770, Centro de Saúde, ℘ 289700260.

Übernachten Bicuar, in der Fußgängerzone. Acht Räume, größtenteils gleich eingerichtet. Geräumige, saubere Zimmer in sehr ruhiger Lage, auf drei Stockwerke verteilt. Dachterrasse und Küchenbenutzung. DZ abhängig von Saison und Ausstattung 39–66 €, auch 3-Bett- und Familienzimmer. Von Juni bis Sept. Mindestaufenthalt 2 Nächte. Rua Vasco da Gama 5, ℘ 289714816, www.pension-bicuar.com.

Algarve → Karte S. 632/633

Das Landhaus **Quinta da Fortuna** liegt einige Kilometer nördlich → Fuseta, S. 648.

Camping 3 km außerhalb Richtung Tavira, zu erreichen mit der grünen und gelben Linie des städtischen Busses vom Bahnhof aus. Gepflegte Anlage mit Pool und Tennisplatz. Besonders im hinteren Bereich guter Schatten durch Schirmpinien. Eigentümer der Anlage ist die Bankgewerkschaft. Per-

Löffelreiher im Naturpark Ria Formosa

son je nach Saison 2,40–4,20 €, Zelt 1,80–5 €, Auto 1,80–3,40 €. Ganzjährig geöffnet. Pinheiros de Marim, ☎ 289700300, www. roteiro-campista.pt.

Weiterer **Campingplatz** auf der Armona-Insel, allerdings nur mit Bungalows, →S. 654.

Essen & Trinken   In der alten Fischereistadt stehen natürlich Fischspezialitäten auf den Speisekarten. Eine davon ist *Raia Alhada*, ein Rochen, der in der Röhre gebacken und mit einer Knoblauch-Essig-Soße übergossen wird. Auch diverse Muschelcataplanas zählen zu den Spezialitäten von Olhão. Die meisten guten Restaurants der Stadt findet man in nächster Umgebung der beiden Markthallen an der Av. 5 de Outubro und der kleinen, zur Stadt gelegenen Praça Patrão Joaquim Lopes.

Vista Ria – Grupo Naval de Olhão, an der Uferstraße. Von der Fischervereinigung betriebenes Restaurant mit Terrasse direkt am Wasser, von außen nicht leicht zu erkennen. Es gibt den Raia Alhada, daneben sind drei Cataplanas die Spezialität, eine mit Fisch, eine mit Meeresfrüchten und eine gemischt, sehr gut, aber nach Preiserhöhungen nur noch bedingt zu empfehlen (Cataplana für 2 Pers. 50–60 €), sonstige Hauptgerichte ab 14 €, natürlich auch frischer Fisch. Av. 5 de Outubro, Porto de Recreio, ☎ 926770781 (mobil).

Horta, weiter in westlicher Richtung. Große Auswahl an Tagesgerichten ab 9,50 €, v. a. gegrillter Fisch. Farbenfrohe Einrichtung, leider lauter Fernseher. Tägl. (außer Sa). Av. 5 de Outubro 146, ☎ 289714215.

≫ **Mein Tipp:** Vai e Volta, östlich der großen Av. da República, nahe dem Pingo-Doce-Supermarkt. Bekannt für fangfrischen Fisch, daher oft schwierig, einen Platz zu bekommen. Gegrillter Fisch bis zum Abwinken *(Rodízio de Peixe grelhado)* für ca. 9 €. Geöffnet nur 12–15 Uhr, So/Mo geschlossen. Largo do Grémio, ☎ 967798395 (mobil). ≪

Naturpark Ria Formosa

Östlich von Olhão, gleich neben dem Campingplatz, wurde das Informationszentrum des Naturparks eingerichtet. Das gesamte Haff-Gebiet, von Faro bis kurz vor der spanischen Grenze, ist heute Naturschutzgebiet.

Ein Besuch ist lohnenswert, weil auf einer überschaubaren Fläche das Ökosystem Haff veranschaulicht wird. Die durch mächtige Sandbänke geschützte Watt- und Marschlandschaft, die weiter landeinwärts in eine pinienbestandene Dünenland-

Hier geht's zur Gezeitenmühle

schaft übergeht, bietet Brutplätze für unzählige Vogelarten und beheimatet das seltene Chamäleon *(Chamaeleo Chamaeleon)*, das allerdings erst Anfang des vorigen
Jahrhunderts aus Spanien oder Marokko eingeführt wurde. Wirtschaftliche Nutzung fand nur in Form von Muschelzuchten *(Viveiros)* und Gezeitenmühlen statt.

Den Wagen parkt man am Eingang, wo ein gut einstündiger, teilweise aber nicht
sehr gepflegter Rundweg (ca. 3 km) durch das 60 ha große Außengelände des Um-
weltzentrums beginnt. Dessen Attraktivität hat sich noch nicht so herumgespro-
chen, weshalb man in der Nebensaison fast alleine unterwegs ist. Auf etwa 20
mittlerweile verwitterten Infotafeln werden entlang des Weges das Ökosystem und
die Nutzungsformen der Ria Formosa erläutert.

Erstes Ziel ist das **Informationszentrum**, das seinem Namen gerecht wird und auf-
schlussreiches Material auch in deutscher Sprache bereithält (eingeschränkte Öffnungszeiten). Dazu einige Schaukästen mit Infos über Fischfang und die Maßnahmen zur Erhaltung der natürlichen Vielfalt an der Algarveküste.

Der weitere Rundweg führt auf einem Damm entlang zu einer ehemaligen **Gezeitenmühle**, die mit Unterstützung des letzten Müllers, der hier noch in den 1980er-
Jahren seinen Dienst tat, restauriert wurde. Bei einsetzender Ebbe wurde das im
Becken angestaute Wasser der Flut über die „Turbinen" der sechs Mahlgänge
(-maschinen) geleitet. Insgesamt 30 Mühlen dieser Art existierten zwischen Faro
und der spanischen Grenze.

Dem Rundweg weiter folgend, erreicht man einen großen, künstlich angelegten
Vogelweiher, der besonders bei Wasservögeln beliebt ist. Für das Federvieh un-
sichtbar, kann man die Tiere hinter einem Bretterverschlag beobachten. Sogar der
Löffelreiher zeigt sich hier, ein Zugvogel, der von der holländischen Nordseeküste
bis hinunter nach Afrika anzutreffen ist. Sein Wanderverhalten ist immer noch
nicht völlig geklärt. Diese Spezies brütet und überwintert zum Teil auch in Holland.

Algarve → Karte S. 632/633

Abschließend führt der Rundweg zu einem riesigen historischen Wasserschöpfrad *(nora)*, das für ein ebenso erhaltenes Bauernhaus früher seinen Dienst tat.
Mo–Fr 8–18, Sa/So 10–20 Uhr (v. a. bei schlechtem Wetter nicht zuverlässig). Eintritt 2,60 €, über 65 J. 1,80 €, Studenten 1,30 €. ✆ 289700210.

Vorgelagerte Inseln

Insel Armona: die nächstgelegene Bademöglichkeit von Olhão. Die Überfahrt kostet hin und zurück ca. 3,70 € und dauert 30 Min. Es gibt einen großen öffentlichen Parkplatz neben der Abfahrtsstelle der Boote beim Club Naval. Das Autobruchrisiko soll gering sein, da sich etwas weiter westlich an der Hafenpromenade eine Polizeistation befindet (Verbindungen → Olhão).

Auf dem **Campingplatz Orbitur Ilha de Armona** stehen 38 kleine Holzbungalows für max. 5 Personen, die zu vermieten sind. Es dürfen keine Zelte aufgestellt werden! In einem schönen Pinien- und Eukalyptuswäldchen gelegen, mit öffentlichen Duschen und Toiletten. Rummel gibt's hier besonders an Augustwochenenden, wenn halb Olhão auf der Insel ausspannt. Bungalow für 2 Pers. je nach Saison ca. 38–93 €, Mindestaufenthalt 2 Nächte, im Juli/Aug. eine Woche. Geöffnet Mitte März bis Anfang Okt. Ilha de Armona, ✆ 289714173, www.orbitur.pt.

Während der Hauptsaison haben mehrere **Restaurants** und Cafés auf der Insel geöffnet.

Insel Culatra: Die Insel ist nicht auf Tourismus eingestellt – mit viel Glück ergattert man ein Privatzimmer. Kleine Fährboote laufen die Insel von Juni bis Mitte September von Olhão aus 6- bis 7-mal täglich an. Die Fahrtzeit beträgt ca. 30 Minuten, die Hin-und Rückfahrt kostet ca. 4,30 €. Die Rückfahrt nach Olhão erfolgt über den Farol (Leuchtturm) am anderen Ende der Insel und dauert ca. 45 Min.

Culatra selbst ist ein kleines Fischerdorf mit 1000 Einwohnern. Wegen seiner isolierten Lage hat es eine eigene Kirche und Schule. Das Dorf besteht aus vielen kleinen Häuschen, niedlich-farbig, die fast wie Puppenhäuser wirken. Im Ort gibt es viele Kinder, die „Hauptstraße" ist für sie gleichzeitig der Sandkasten. Den Fischern ist das moderne Leben immer noch etwas fremd, Besuchern gegenüber sind sie meist zurückhaltend. Einnahmequelle der Bewohner sind neben der Fischerei hauptsächlich die Muschelfelder im Wattenmeer.

Vom Dorf führt ein Sandweg am Strand entlang zum *Farol* am anderen Ende der Insel (man braucht ca. 45 Minuten, bei Flut ist der Weg allerdings nur bedingt begehbar). Ein Großteil der Insel ist, gesichert durch Stacheldraht, für die portugiesische Marine als Manövergelände bestimmt, das aber wenig genutzt wird. Man kann auch mit dem Boot zum Farol fahren, einfach für ca. 2,30 €. Um den Leuchtturm steht eine Ansammlung kleiner Sommerhäuser mit Wasserbehältern auf dem Dach. Wenn der Leuchtturmwärter vor Einbruch der Dunkelheit vorbeikommt, um die Lichter des Leuchtturms anzuschalten, kann man mit ihm auf den Turm steigen und von dort die fantastische Aussicht genießen.

Da es auf der Insel keine zentrale Wasserversorgung gibt, hat vor einigen Jahren eine Gruppe wild campierender Studenten aus Lissabon nach Wasser gegraben. Gerade mal 20 m neben dem Meer fanden sie mit unwahrscheinlichem Glück in nur 3 m Tiefe eine Süßwasserader.
In der Siedlung beim Leuchtturm gibt es nur kleine Sommertavernen, die aber gute Caldeiradas und Muschelgerichte servieren.

Das kleine Sportbootbecken, angrenzend an den Altstadtkern

Faro

Die meisten Algarve-Touristen kommen via Faro-Airport ins Land und nehmen meist gleich die erste Transportmöglichkeit wahr, um in Richtung Zielort zu verschwinden. Wer den Touristenmassen aus dem Weg gehen will und beschauliche Kleinstadtatmosphäre schätzt, kann hier ein paar nette Urlaubstage verbringen.

Faro liegt an einem Wattenmeer mit kleinen, vorgelagerten Inseln. Im Hinterland erstreckt sich die fruchtbare Algarve-Ebene mit ihren typischen Feigen- und Mandelbaumpflanzungen, dazwischen rot leuchtendes Ackerland. In Algarve-Maßstäben ist die Provinzhauptstadt Faro so etwas wie eine Metropole, obgleich sie nur etwa 60.000 Einwohner zählt. Seit Mitte des 18. Jh. gilt sie als Hauptstadt der Algarve. Faro ist auch die Hauptstadt der Störche, über 15 Paare nisten hier, z. B. auf dem Stadttor Arco da Vila gleich neben dem Touristbüro und auf dem Rathaus.

Stadtgeschichte: Die Römer waren lange hier und nannten den Ort „Ossonoba". Die Mauren gaben der Stadt ihren heutigen Namen und mussten sie 1249 kampflos Afonso III. überlassen. Es war die letzte von ihnen kontrollierte Stadt in Portugal. Eine Geschichte aus der Maurenzeit erzählt, dass die Muselmanen nach der Eroberung von Faro eine Marienstatue ins Meer warfen. Als daraufhin die Fischschwärme ausblieben, wurden sie gläubige Marienverehrer.

1596 wurde die Stadt von englischen Truppen in Schutt und Asche gelegt. Die vorher ausgeraubte bischöfliche Bibliothek soll angeblich den Grundstock der berühmten Bibliothek von Oxford bilden.

Sehenswertes

Das Zentrum Faros ist der baumbestandene Park Jardim Manuel Bivar neben dem kleinen Jachthafen.

Die Altstadt hinter den Resten der Verteidigungsmauer sollte man ruhig mal anschauen. Dieses Viertel ist kein Wohnquartier mit munterem Straßenleben, denn fast alle Gebäude beherbergen heute Behörden – vom Polizeipräsidium über das Rathaus bis zum erzbischöflichen Seminar. Aber auch einige Straßencafés und Restaurants lassen sich hier finden. Die großartigen Stadtpaläste, Privathäuser der früheren Thunfisch- und Sardinenkönige, haben oft kleine, übers Dach hinausragende Türme, von wo aus die Flotteninhaber mit Hilfe von farbigen Bändchen mit ihrer vor der Küste operierenden Fangflotte kommunizierten.

Historische Altstadt: Hinein kommt man durch den *Arco da Vila*, einen Torbogen im klassizistischen Stil, der ein Nationaldenkmal darstellt. Er liegt am Ende des Jardim Bivar und diente als Eingangstor zur alten Befestigungsanlage, in ihren Ursprüngen von den Mauren im 9. Jh. angelegt (Besteigung möglich, Eingang im Turismo, Öffnungszeit wie dieses, Eintritt frei). Die heute noch bestehenden Stadtmauern stammen aus dem 17. Jh. Folgt man der engen Gasse hinter dem Tor aufwärts, gelangt man zum *Largo da Sé*, in dessen Mittelpunkt sich die Kathedrale erhebt. Den Platz säumen kleine Orangenbäume: Bitterorangen (Pomeranzen), die ursprünglich die Mauren an der Algarve heimisch machten. Die süßen Orangen, wie wir sie kennen, wurden erst im 17. Jh. aus China nach Europa gebracht. Seitlich der Kirche liegen der alte Bischofspalast und das Rathaus (im klassizistischen Stil erbaut), gegenüber das Priesterseminar.

Kathedrale: Die hübsche Kathedrale ist frühgotischen Ursprungs und wurde ab 1251 erbaut. Vorher standen an dieser Stelle bereits ein römisches Forum und eine Moschee. Das alles und die Zerstörung der Sé durch das Erdbeben 1755 führten zu dem heutigen, einzigartigen Sammelsurium der Baustile. Beachtenswert ist die rot bemalte Barockorgel aus deutscher Fertigung. Den schönsten Ausblick über Faro hat man in schwindelerregender Höhe vom Kirchturm, der über eine schmale Treppe bestiegen werden kann. Im Obergeschoss der Kathedrale ist ein sehenswertes Museum für sakrale Kunst untergebracht und im hinteren Bereich des Innenhofs sind eine kleine Knochenkapelle und Reste des römischen Forums zu besichtigen. Mo–Fr 10–18.30 Uhr, im Winter nur bis 17.30, Sa 10–13 Uhr. Eintritt 3 €.

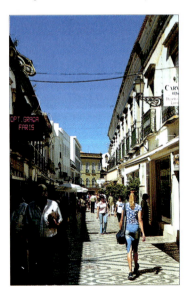

Igreja do Carmo: Die Kirche des Karmeliterordens schließt den Largo do Carmo am nördlichen Rande der Altstadt ab. 1807 nach fast hundertjähriger Bauzeit vollendet, präsentiert sich das spätbarocke Gotteshaus als das prunkvollste Bauwerk Faros. Hauptkapelle und alle Seitenaltäre sind üppig mit vergoldetem Schnitzwerk *(talha dourada)* verkleidet. Wird man im Innenraum der Kirche vom üppigen Goldschmuck fast erschlagen, so kann es einem im angrenzenden Innenhof unheimlich zu Mute werden. Die dortige *Capela dos Ossos* wird von menschlichen Knochen und Schädeln ausgeschmückt. Mo–Fr 9–13 und 14–17 Uhr, im Sommer 15–18, Sa 10–13 Uhr. Kirche frei, Kapelle 1 € Eintritt.

Fußgängerzone in Faro

Jardim Alameda João de Deus: Zum Spazierengehen lädt der Park etwas oberhalb der Altstadt mit Pfauen, Vogelkäfigen, Teichen, einem Minigolfplatz und zwei Kiosken mit Cafébetrieb unter kühlen, schattigen Baumriesen ein. Das angrenzende alte Schlachthausgebäude, ein Prachtbau im neomaurischen Stil, wurde zur modernen Stadtbibliothek umgebaut.

Ethnologisches Museum: Am interessantesten ist sicherlich das Museu Regional do Algarve an der neu gestalteten Praça da Liberdade am Ende der Fußgängerzone. Ausgestellt sind kunsthandwerkliche Arbeiten aus der Provinz Algarve, u. a. Korbtaschen aus Estômbar, Schnitzereien aus Monchique, schöne Lederhausschuhe aus Olhão (werden auch verkauft). In anderen Teilen des Museums sieht man, wie die Algarvios zu Hause eingerichtet sind.
Mo–Fr 10–13.30 und 14.30–18 Uhr. Eintritt 2 €.

Museu Municipal de Faro: Es ist im alten Klarissinnen-Kloster untergebracht, einem Renaissance-Bauwerk mit hübschem Portal und harmonischem Kreuzgang. Den Schwerpunkt der Sammlung bilden Fundstücke aus der römischen Epoche, wie Kaiserbüsten, Mosaike aus der *Villa Milreu* und Grabsteine sowie alte Kirchenkunst. In einem Seitenraum werden Alltagsgegenstände aus der arabischen Periode ausgestellt.
Di–Fr 10–18 Uhr, Juni–Sept. 10–19, Sa/So 10.30–17 Uhr, Juni–Sept. 11.30–18 Uhr. Eintritt 2 €, Jugendliche und Senioren ab 65 J. 1 €. Convento de Nossa Senhora da Assunção, Largo D. Afonso III.

Basis-Infos

Information Turismo, Mo–Fr 9–18 Uhr, Sa/So 9–13 und 14–18 Uhr. Rua da Misericórdia 8, neben dem Stadttor, ☎ 289803604.

Weiteres Turismo-Büro am Flughafen (→ Verbindungen). Das Büro in der Algarve-Touristik-Hauptverwaltung ist weniger auf Kundenbetreuung ausgerichtet. Av. 5 de Outubro 18, ☎ 289800400.

Baden Wer in Faro untergebracht ist, fährt zum Baden am besten mit dem Badeboot zur *Ilha Deserta*. Schattenlose Insel mit langem, breitem Sandstrand, Strandrestaurant, ohne Bebauung. Die Abfahrtsstelle der 5- bis 6-mal tägl. verkehrenden Boote liegt vor dem westlichen Stadttor (Porta Nova). Hin- und Rückfahrt kosten 10 €. Ilha Deserta, ☎ 918779155, www.ilha-deserta.com.

Alternativ bietet sich der lange Sandstrand der *Ilha de Faro* mit Cafés und Restaurants hinter dem Flughafen an, den man mit dem etwa stündl. verkehrenden Flughafenbus erreichen kann. Nur mit dem Auto sind die herrlichen Strände von Quinta do Lago und Vale do Lobo zu erreichen (→ Umgebung von Faro).

Deutsches Konsulat Mo–Fr 9.30–12 Uhr, möglichst mit Voranmeldung. Das Konsulat wurde bereits 1752 von den Hansestädten gegründet. Praceta Infante Dom Henrique 4-B, Neubaugebiet am östlichen Stadtrand (Richtung Olhão), ☎ 289803181, www.lissabon.diplo.de.

Einkaufen In der **Bond Street**, wie die alteingesessenen Engländer die Fußgängerzone mit den schönen Steinmosaiken im Boden nennen, findet man Touristenramschläden, Boutiquen, Cafés, Imbissbars. Antiquitäten im Laden *Galeria da Sé* in der Altstadt, Rua da Porta Nova.

Despensa Algarvia, zentral gelegener Laden für regionaltypische Produkte (Wein, Marzipan, Liköre und Marmeladen). Rua Concelheiro Bivar 15.

Markthalle ca. 10 Gehminuten nordöstlich vom Stadtzentrum, nach jahrelanger Renovierung erstrahlt sie in hypermodernem Look. Im Untergeschoss ist ein Supermarkt eingezogen.

Fahrradverleih **Bike Algarve**, verleiht Mountain-, Trekking-, Renn- und Kinderräder. Kostenlose Anlieferung und Rabatte für Gruppen (ein Tag ab 15 €, eine Woche ab 65 €). EN 125, Patação (Richtung Flughafen), ☎ 289865672, www.bikealgarve.com.

MTB, einfacher Service, dafür im Zentrum. Av. da República 124, ✆ 289142142, www. mtbalgarve.com.

Feste und Märkte   Das **Stadtfest** findet um den 6. Sept. herum statt, Höhepunkt ist ein kostenloses Open-Air-Konzert am Vorabend. Die **Algarve-Messe** (Feira de Sta. Iria) wird Mitte Okt. für knapp 2 Wochen abgehalten. Dort wird alles Mögliche vorgeführt, von Maschinen bis zu Handwerksprodukten, außerdem gibt's Fahrbetriebe. Ende Juli/Anfang Aug. gibt's etwa 10 Tage lang das **Ria-Formosa-Festival** auf dem Vorplatz der Kathedrale mit (Schlager-) Musik und preiswerten Meeresfrüchtegerichten.

Post Mo–Fr 9–18.30 Uhr, Largo do Carmo. Weitere Filiale mit längeren Öffnungszeiten am Flughafen (→ Verbindungen).

Schiffsausflüge   **Formosamar** organisiert mehrmals tägl. Bootsausflüge durch das Haff Ria Formosa, die zwischen 45 Min. und 2 Std. dauern. 10–25 € pro Person, mit Champagner 200 €. www.formosamar.com.

Telefonnummern   Polizei ✆ 289822022, ✆ 289887600, **Krankenhaus** ✆ 289891100, **Taxis** ✆ 289822333 (Táxis Auto Faro) und 289895795 (Táxis Rótaxis).

Verbindungen

Bahn   Bahnlinie Vila Real – Lagos und Faro – Lissabon (tägl. 5 Züge). **Bahnhof** im Stadtzentrum.

Bus   Von Faro gelangt man per Bus selbst in die entlegensten Winkel der Algarve. In alle Küstenstädte häufige Verbindungen. **Busbahnhof** hinter dem Hotel Eva im Zentrum.

Flugzeug   Flughafen ca. 6 km außerhalb am Wattenmeer vor der Ilha de Faro.

Flughafen-Information ✆ 289800800. Aktuelle Flugzeiten unter ✆ 289800617, im Internet unter www.ana.pt.

Schließfächer zur Gepäckaufbewahrung befinden sich außerhalb des Flughafengebäudes, an der Seite des Parkplatzes für Reisebusse. Die ersten 4 Std. kosten je nach Größe ca. 1,50–2,50 €.

Wechselstube am Flughafen tägl. 6–24 Uhr, **Geldautomaten** sind jederzeit zugänglich.

Touristeninformation tägl. 8.30–23.30 Uhr, ✆ 289818582.

Autovermietungen unterhalten ihre Schalter in der Ankunftshalle des Flughafens, von dort Shuttle zur Abholstelle.

Übernachten
1   Adelaide
3   Sol Algarve
4   Hostel 33
10 Hotel Eva
17 Jugendherberge

Essen & Trinken
2   Padaria Lisbonense
5   Adega Nova
9   Gengibre e Canela
11 Nortenha
12 Pastelaria Gardy
13 Snack do Coreto
14 Eiscafé Welwitschia
16 Sport Faro e Benfica
18 11 Tapas
19 Vila Adentro

Nachtleben
6   Twice
7   Ché 60
8   Os Arcos
15 Columbus Bar
20 O Castelo

Faro

100 m

Flughafentransfer Von ca. 5 bis 23 Uhr fahren mindestens stündl. **Stadtbusse** ins Zentrum (Faro – Praia de Faro oder Aeroporto, www.proximo.pt); Busnummer 14 und 16. Die Abfahrtsstelle im Zentrum ist gegenüber dem Busbahnhof (im Plan markiert). Ein

Taxi vom Flughafen ins Zentrum kostet ca. 13 €, 19–7 Uhr und an Sonn- und Feiertagen 20 % Aufschlag. Zudem Gepäckaufschlag.

Postamt/Flughafen Werktags 9–19.30 Uhr, Wochenende 9–12.30 und 14.30–18 Uhr.

Übernachten → Karte S. 658/659

In Faro wurden in den letzten Jahren zahlreiche Unterkünfte renoviert oder neu gebaut. Trotzdem kann es im August zu Engpässen kommen, doch steigen die Preise in der Hochsaison im Vergleich zu den Küstenorten weniger stark an.

**** Hotel Eva 10, zwischen Busbahnhof und Jachthafen. Bestes Haus am Platz mit 135 komfortablen Zimmern in einem klotzigen Bau. Schöne Aussicht vom Frühstücksraum im Dachgeschoss, aber Höhepunkt ist der Pool auf dem Dach. Zimmer zum Jachthafen sind weniger laut. DZ je nach Blick 60–128 €. Av. da República 1, ✆ 289001000, www.tdhotels.pt.

** Sol Algarve 3, ca. 500 m nördlich vom Bahnhof. Angenehmes Haus, nach der Erweiterung auf 40 Zimmer auch mit eigener Garage. Alle Zimmer mit Klimaanlage, teilweise mit Balkon, nach hinten ruhig. Auch 3-Bett-Zimmer. DZ je nach Saison 50–85 €. Rua Infante D. Henrique 52, ✆ 289895700, www.hotelsolalgarve.com.

** Adelaide 1, nahe Carmo-Platz. Einfache, moderne Zimmer mit Klimaanlage und meist mit Kühlschrank und Balkon. Nach hinten ruhig. Sehr freundliche Wirtsleute. In der Hochsaison keine EZ. DZ je nach Saison 40–80 €. Rua Cruz das Mestras 9, ✆ 289802383, www.adelaidehotel.eu.

Hostel 33 4, nahe Bahnhof. Hübsches Hostel mit Doppelzimmern, 4-, 6- und 8-Bett-Zimmern. Große Preisunterschiede je nach Saison, im August wohl etwas überteuert. DZ 38–200 €, Schlafsaal 14–85 (!) €. Rua Miguel Bombarda 33, ✆ 969721360 (mobil), www.hostelfaro.pt.

Jugendherberge Pousada de Juventude Faro 17, neben Park Alameda João de Deus. Viele der Zimmer mit Fenster zum angrenzenden Park, der einem Dichter gewidmet ist. 60 Betten stehen zur Verfügung. Erreichbar mit Minibus, grüne Linie vom Busbahnhof. Die Übernachtung im „Saal" kostet je nach Saison pro Person ca. 10–14 €, das DZ 24–34 € (ohne WC) und 28–42 € (mit WC). Rua da PSP, ohne Nummer, ✆ 289878090, www.pousadasjuventude.pt.

Essen & Trinken → Karte S. 658/659

Faro bietet eine gute Auswahl an exzellenten Restaurants. Durchwegs preiswerter und höhere Qualität als an den meisten anderen Orten der Algarve.

Sport Faro e Benfica 16, auf der anderen Seite des Jachthafens. Fisch- und Meeresfrüchte-Restaurant mit exzellenter Küche, noch dazu in toller Lage an der Hafenmole, wo auch die Bahn entlangfährt. Hauptgericht ab 15 €. Tägl. geöffnet. Doca de Faro, ✆ 289821422.

Vila Adentro 19, in der Altstadt. Verfeinerte portugiesische Küche im kleinen Speisesaal unter Steinbögen aus dem 15. Jh. U. a. empfehlenswert ist der Bacalhau. Angeschlossen ist ein Gourmetladen. Hauptgericht um 17 €. Tägl. geöffnet. Praça D. Afonso III 17, ✆ 289052173.

Nortenha 11, im Zentrum. Einfaches Restaurant mit Hausmannskost ab 6 €, in der Snackbar mit separatem Eingang ebenfalls ca. 6,75 €. Tägl. geöffnet. Praça Ferreira de Almeida 26, ✆ 289822709.

⟫ Lesertipp: Adega Nova 5, „Die Atmosphäre ist ungezwungen, es essen fast nur Einheimische hier – 4er- und 6er-Tische. Nur die an der Wand Sitzenden haben Rückenlehne – originelle Einrichtung. Bier vom Fass, Hauswein sehr gut, frische Fische, Fleischgerichte und viele tolle Süßspeisen" (Dr. Eckhard Zimmermann). Rua Francisco Barreto 24, ✆ 289813433. ⟪

Vegetarisch Gengibre e Canela , in der Fußgängerzone. Ingwer und Zimt heißt das nett eingerichtete Restaurant auf Deutsch. Mittagsbüfett mit Suppe und Salat für 7,50 €, Hauptgerichte wie z. B. Seitan mit weißen Bohnen und Gemüse ca. 6 €. Tägl. (außer So) 12–15 Uhr. Travessa da Mota 10, ✆ 289882424.

》》 Lesertipp: **11 Tapas** , in der Altstadt. Kleines Café-Restaurant mit angenehm ruhigem Ambiente, heimische Küche mit angemessenem Preis-Leistungsverhältnis, empfehlenswert die Pastéis de Nata. Tägl. geöffnet. Praça Dom Afonso III 11. Patricia Fischöder. 《《

Cafés Pastelaria Gardy , in der Fußgängerzone mit Terrassenbetrieb. Hier gibt's die besten Kuchen, allerdings auch zu höheren Preisen. Die Mandelplätzchen sollte man unbedingt versuchen. Gut die *Broas de amêndoa* und *Torta de amêndoa*. Es gibt auch Marzipan mit Kürbisfadenfüllung (*Queijinho de amêndoa*, ohne das Ge-

schmack tötende Bittermandelöl). Rua de Santo António 18.

Eiscafé Welwitschia , kleines Café mit selbst gemachtem Eis und Bestuhlung zum Platz. Praça Alexandre Herculano.

Snack do Coreto , am zentralen Stadtgarten Bivar. Moderner Glaskubus mit großer Terrasse und direktem Blick auf die schaukelnden Boote des Sporthafens. Kaffee, Gebäck, kleine Snacks und Pizza. Jardim Manuel Bivar.

O Castelo → Nachtleben

》》 Lesertipp: Padaria Lisbonense , in der Nähe des O Seu Café am Largo São Pedro an der Ecke Cruy da Mestras/Ferreira Neto gibt es einen libanesischen Bäcker, der um Mitternacht aufmacht. Dann strömen aus allen Ecken die Menschen herbei, um frisches Gebäck, Brot, mit Würstchen gefüllte Teigtaschen u. Ä. zu kaufen. Das ist Kult! Do–Sa ab 23 Uhr. 《《

Nachtleben   → Karte S. 658/659

》》 Mein Tipp: O Castelo , in der Altstadt. Das neue Zentrum des städtischen Nachtlebens, gerade dank seiner Lage über dem Haff. Aber auch der nachmittägliche Kaffee macht hier besondere Freude, dazu auch Restaurantbetrieb. Große Auswahl an Cocktails. Auch Live-Veranstaltungen. Geöffnet 10.30–4 Uhr (wetterabhängig). Rua do Castelo 11, ✆ 28982224, auf Facebook. 《《

Columbus Bar , am Stadtgarten Bivar. Eine der ältesten Bars der Algarve und eine der angesagtesten. Riesenauswahl an Cocktails, schöne Terrasse. Tägl. 11–4 Uhr. Praça D. Francisco Gomes 13, www.barcolumbus.pt.

Os Arcos , große Bar mit gemischtem Publikum, ab und zu Livemusik, auch Karaoke. Tägl. (außer So) 22–4 Uhr. Travessa dos Arcos 8, ✆ 289822687.

Warten auf den Rückflug – vor dem Flughafen

Ché 60 **7**, gleich nebenan, die angesagte Bar für junge und junggebliebene Fans des argentinischen Revolutionärs, nette Atmosphäre. Tägl. 21–4 Uhr. Rua do Prior 24.

Twice **6**, größte Disco in Faro, sehr junges Publikum, unterschiedliche Musikstile. Do und Sa 1–6 Uhr. Rua do Prior 21.

Umgebung von Faro

Faro-Strand (Praia de Faro)

Fast 8 km außerhalb gelegen und mit dem Wagen, öffentlichen Bussen oder einen Radweg zu erreichen: Hinter dem Flughafen führt eine einspurige Brücke über die Lagune zur Sandbank. Im Sommer viel Rummel, besonders an Wochenenden, wenn jeder mit seinem eigenen Wagen ankommt und sich vor der Brücke lange Staus bilden. Doch außerhalb der Hochsaison ist es am langen Sandstrand und in den Strandcafés und Restaurants ruhig; im Osten, jenseits der meist illegal errichteten Häuser, sogar menschenleer. Auch ein Spazierweg durch die Dünen, die unter Naturschutz stehen, wurde hier angelegt.

Retterin des Abendlands

Die *Nossa Senhora da Conceição*, ein Modell der Gallone steht im Museu Naval, verteidigte 1717 vor dem griechischen Peloponnes das „Abendland" erfolgreich gegen eine Übermacht türkischer Invasoren. Die Eroberer hatten sich bereits Korfu, Sizilien und Malta unter den Nagel gerissen, als Papst Clemens XI. zur Bildung einer Streitmacht aufrief. Sieben portugiesische, 26 venezianische und zwei französische Kriegsschiffe stellten sich der türkischen Flotte, die 54 Schiffe umfasste. Überwältigt von der Übermacht des Gegners versuchten alle zu fliehen – bis auf die berühmte „Senhora da Conceição" ...

Verbindungen Bus: Die Linien 14 und 16 fahren im Zickzackkurs durch Faro zum Strand. Haltet gegenüber dem Busbahnhof, nach weiteren Haltestellen am besten im Hotel fragen. Verbindungen etwa stündl., einfache Fahrt 2,30 €, www.proximo.pt.

Übernachten Wer auf der Insel wohnen will, geht ins **Aeromar** direkt am Strand. DZ je nach Saison 39–94 € ohne Frühstück, mit Balkon plus 5 €. ✆ 289817189, www.aeromar.net.

Essen & Trinken Es gibt zwei gute Tavernen westlich der Brücke:

Casa Zé dos Matos, auf der linken Straßenseite und fast gegenüber vom Roque. Hauptgericht ab 12 €. Tägl. geöffnet. Praia de Faro 21, ✆ 289817832.

Roque, zu empfehlen ist *Arroz de Lingueirão*, ein Reisgericht mit Lingueirão-Muscheln, die aus dem Schlick gebuddelt werden. Hauptgericht ab 12 €, frische Fische ab 30 € pro Kilo. Tägl. (außer Mi). Praia de Faro 24, ✆ 289817868.

Almancil

Der Ort hat sich zu einem kleinen Einkaufszentrum für die Golfressorts in der Umgebung entwickelt. Läden mit anspruchsvollen Einrichtungsgegenständen, Juweliere und den internationalen Supermarkt *Apolónia* findet man ebenso wie einen der wenigen Ökoläden an der Algarve.

São Lourenço: Etwa 8 km außerhalb (an der Straße nach Almancil) steht eine der hübschesten, kleinen Kirchen der Algarve, *São Lourenço dos Matos*. Nach umfangreichen Restaurierungsarbeiten erstrahlt sie in neuem Glanz. Im Inneren ist sie fast vollständig mit Azulejos ausgekleidet. Die Wandbilder aus dem 18. Jh. zeigen Episoden aus dem Martyrium des heiligen Laurentius, der bei lebendigem Leibe auf einem Rost verbrannt wurde.

Di–Sa 10–13 und 14.30–18 Uhr, Mo nur nachmittags. Eintritt 2,50 €. Jeden So um 11 Uhr wird hier die Messe gelesen.

Zu den schönsten Küstenabschnitten an der Algarve zählen die Strände der Luxusressorts **Quinta do Lago und Vale de Lobo,** jeweils ca. 7 km südlich von Almancil. Entsprechend kosten Kaffee, Gebäck oder Essen in den Einkehrmöglichkeiten vor Ort mindestens doppelt so viel wie in Faro. Doch die Reichen wissen, wo es schön ist. Rote Felsen vor scheinbar endlos langen, hellen Sandstränden laden zum Spazierengehen, das saubere Meer zum Baden ein. Vogelfreunde finden versteckt zwischen den Golfplätzen der Quinta do Lago Süßwasserseen, in denen es eine Vielzahl von Enten, Kormorane, Blesshühner und mit etwas Glück die seltenen Purpurhühner zu entdecken gibt. Zwei schöne Spazierwege wurden entlang des Haffs angelegt.

🐚 **Einkaufen** Mundo Saudável, an der östlichen Einfahrtstraße nahe Aldi. Ökoladen, in dem es neben Lebensmitteln auch kosmetische Naturprodukte gibt. Derzeit der einzige seiner Art weit und breit, nachdem bisher viele Versuche, etwa in Faro und Loulé, gescheitert sind. Mo–Fr 9.30–18.30, Sa 10–14 Uhr. Av. 5 de Outubro 343. ∎

Estói

ca. 3600 Einwohner

Das kleine Dorf im Hinterland von Faro hat keine Touristeninformation anzubieten. Die Tagesausflügler kommen hauptsächlich, um das Lustschloss von Estói und die römische Ausgrabung Milréu zu besichtigen. Eine weitere Attraktion ist der riesige Markt – der größte an der Algarve, was das Vieh betrifft. Er findet jeden zweiten Sonntag im Monat statt.

Zentrum ist der kleine schattige Dorfplatz unterhalb der Kirche mit ein paar Bänken. In der kleinen Kneipe hängt eine Urkunde aus dem Jahre 1962 – das Bierzapfdiplom.

Schloss von Estói *(Palácio do Visconde de Estói)*: Nördlich vom Dorfplatz beginnt eine schöne Gartenanlage rund um ein kleines Schlösschen. Das Lustschloss wurde Mitte des 19. Jh. vom Adeligen Francisco José do Carvalhal im Rokokostil erbaut. Anfang des 20. Jh. ließ der neue Besitzer, ein Apotheker aus Beja, die Gebäude im neoklassizistischen Stil renovieren. 2009 wurde eine noble Pousada im Gebäude und in einem modernen Anbau eröffnet. Die Terrassen mit Brunnenanlage und der Garten sind einen Besuch wert. Wandbilder aus Azulejos und sinnesfrohe Statuetten, die ursprünglich aus der römischen Villa Milréu stammen, zeugen heute von der Dekadenz der früheren Besitzer. Einige Räumlichkeiten sind auch für Besucher geöffnet.

Eingang nur von Norden her über die Pousada. Eintritt frei.

Milreu: 500 m außerhalb von Estói, rechts von der Straße nach Santa Bárbara de Nexe, sind die Grundmauern eines ehemals riesigen römischen Landsitzes aus dem 1. oder 2. Jh. zu besichtigen. Besonders die Badebecken mit den fast intakten Fischmosaiken sind noch gut erhalten. Die Araber errichteten hier im 9. Jh. eine Moschee, deren Mauern heute angeblich das Wohnhaus (18. Jh.) am hinteren (rechten) Rand des Ausgrabungsgeländes bilden. Rechts vom Eingang befinden sich die Überreste eines mächtigen Ziegelsteinbaus, die wahrscheinlich Teil einer römischen Wasserkultstätte und späteren christlichen Kirche waren. Im Eingangsbereich werden in einer kleinen Ausstellung die Ausgrabungen anschaulich erklärt, von den bedeutendsten dort gefundenen Kaiserbüsten sind hier Kopien aufgestellt.

Mai–Sept. Di–So 9.30–13 und 14–18.30 Uhr, Okt.–April 9–13 und 14–17 Uhr. Letzter Einlass 30 Min. vor Schließung. Eintritt 2 €, Jugendliche und Senioren 1 €.

Das Hinterland im Osten

Das Meer ist nahe und dennoch blieben die Hügel des Hinterlandes vom Massentourismus bisher verschont. Wer Ruhe an der Algarve sucht und in unberührter Natur einfach ausspannen möchte, wird hier sein Plätzchen finden. Für Wanderer wurden in den letzten Jahren zahlreiche Wege markiert. Stärkung findet man in Restaurants, die häufig noch traditionelle Gerichte auf den Tisch bringen.

Den Rio Guadiana entlang in den Alentejo

Durch eine hügelige, zistrosenbewachsene Gegend mit nur spärlichem Korkeichenbestand führt die mit EU-Mitteln begradigte und verbreiterte N 122 von Castro Marim (→ S. 633) aus nach Norden. Trotzdem ist sie nur wenig befahren, auf der ganzen Strecke nach Alcoutim kommt einem gerade mal eine Handvoll Autos entgegen. Das Hinterland der Algarve ist auch hier sehr dünn besiedelt; nur ab und zu tauchen hübsche, saubere Dörfer auf, in denen im Sommer die Luft vor Hitze flimmert.

Azinhal: Ein sympathisches, stilles Hinterlandsdorf, das mit einer erstaunlichen Zahl von Kneipen, Cafés und kleinen Restaurants aufwartet. Weithin bekannt ist Azinhal für die Tradition des Spitzenklöppelns, die lokale Händler im 17. Jh. aus Flandern mitbrachten. Ein leider meist geschlossenes Heimatkundemuseum ist diesen filigranen Meisterwerken aus Frauenhand gewidmet. Für ihre süßen Leckereien und Kuchen ist eine Bäckerinnen-Kooperative bekannt, die ihre Back- und Verkaufsstube *A Prova* am Largo Santa Barbara um einen kleinen Caféraum erweitert hat (tägl. außer So 9–19 Uhr, ✆ 281495654).

Museu do Rio: Ungefähr 10 km vor Alcoutim, im Ort *Guerreiros do Rio*, steht dieses kleine Museum links an der Straße (ehem. Grundschule). In dem überschaubaren Ausstellungsraum hängen interessante Fotografien der Flusslandschaft und einige Arbeitsgeräte der Flussfischer. Die erläuternden Schrifttafeln sind nur in portugiesischer Sprache verfasst.

Museum Di–Sa 10.30–13 und 14.30–18 Uhr, im Winter 9–13 und 14–17 Uhr. Eintritt 2,50 €, mit C. Jovem und über 65 J. 1,50 €, unter 14 J. frei (Ticket berechtigt auch zum Besuch der übrigen Museen im Kreis Alcoutim).

Essen & Trinken   António Guerreiro, ländliches Restaurant gleich in der Gasse neben dem Museum.

Alcoutim   1100 Einwohner

Der kleine Ort am Fluss liegt ca. 35 km nördlich der Küste, trotzdem ist der Rio Guadiana an dieser Stelle noch ca. 200 m breit. Ohne Fahrzeug kann man sich mit kleinen Motorbooten zum spanischen Dorf *Sanlúcar de Guadiana* übersetzen lassen. In Alcoutim wurde im Jahre 1371 ein berühmter Friedensvertrag zwischen den Portugiesen und den Spaniern unterzeichnet, der allerdings kurze Zeit später von den Spaniern gebrochen wurde.

Castelo und archäologisches Museum: Innerhalb der gekonnt restaurierten Festungsmauern oberhalb des Ortes sind in einem Museum regionale Ausgrabungsfunde zu sehen, die einen Zeitraum von fünf Jahrtausenden umfassen. Die meisten

Grundsteine der Festungsanlagen entlang des Flusses wurden – wie auch hier – bereits von den Römern gesetzt. Daneben befindet sich ein kleiner Kunsthandwerksladen, in dem es Schnitzereien und bäuerliche Handwerkskunst zu kaufen gibt. Besonders von den Schäfern werden die kleinen Hilfsmittelchen für den Alltag auch heute noch hergestellt: Aus Holzstückchen entstehen geschnitzte Tierfiguren für die Kinder und aus Bambusrohrstücken kleine Schnapstrinkgefäße für den Medronho. Wunderschön ist der Blick von den Burgmauern auf den Ort, die umliegenden Hügel und über den Fluss nach Spanien.

Tägl. 9.30–17.30 Uhr, im Sommer bis 19 Uhr. Eintritt 2,50 €, mit Cartão Jovem und über 65 J. 1,50 €, unter 14 J. frei (Kombiticket für alle Museen im Kreis Alcoutim).

Rio Guadiana – viel Schmutz und wenig Wasser

Der drittgrößte Fluss Portugals entspringt 830 km nordöstlich in der spanischen Mancha und bildet im südlichen Teil Portugals die natürliche Grenze zu Spanien. Dieser Grenzsituation verdankten die Anwohner des Flussufers seit Jahrhunderten ein einträgliches Nebengeschäft: den Schmuggel zwischen den Königreichen Spanien und Portugal. Ein Zubrot für die Bauern brachte die Flussfischerei, hauptsächlich mit Reusen. Aber bereits im letzten Jahrhundert verursachte die industrielle Erschließung der Minen von S. Domingos, ca. 70 km flussaufwärts, eine extreme Verschmutzung durch schwefelhaltige Abwässer, die den Fischbestand fast auf null reduzierten. Die Minen sind inzwischen seit Jahrzehnten geschlossen, allerdings verunreinigen heute die Abwässer von Papierfabriken das wegen der zahlreichen Staudämme nur spärlich fließende Wasser des Rio Guadiana.

Siebzig Kilometer flussaufwärts bis nach Mértola war der Fluss für Frachtkähne mit bis zu 3 m Tiefgang schiffbar, wovon schon die Römer profitierten. Später hat man die Erze der São Domingos-Mine, die bis zum Verladehafen Pomarão per Eisenbahn transportiert wurden, per Frachtkahn per Meer verschifft. Sogar eine regelmäßige Verbindung von Mértola zur Küste nach Vila Real per Dampfboot gab es. Die langen Trockenperioden der letzten Jahre und große Staudämme flussaufwärts in Spanien haben den Rio Guadiana allerdings zu einem Rinnsaal verkommen lassen. 1995 hat deshalb das salzige Brackwasser aufgrund der Pumpbewegung von Ebbe und Flut erstmals Mértola erreicht. Sintfluten, wie sie zuletzt 1875 auftraten, als das Hochwasser in Mértola 10 m (!) über Normalwert lag, können eigentlich nicht mehr vorkommen.

Äußerst umstritten, ökonomisch wie ökologisch, war das gigantische Staudammprojekt *Alqueva* bei Moura. Für den größten künstlichen See Europas, in einem der trockensten Gebiete, wurden 250 km² Fläche, Hunderttausende Bäume und ein ganzes Dorf unter Wasser gesetzt. Das Projekt verschlang über 1 Mrd. Euro an portugiesischen Staatsgeldern und europäischen Fördermitteln. Die wenigsten einheimischen Bauern haben etwas davon, denn inzwischen haben große spanische und holländische Firmen zu günstigen Preisen deren Grund erworben. In Deutschland angebotene „holländische" Tomaten kommen jetzt nicht selten von hier, sie werden nur in Holland verpackt und dort mit dem „Gütesiegel" versehen. Geld bringen touristische Projekte vom Hotel bis zum Golfplatz, allerdings scheiterten die Pläne für mehrere Großhotels im Jahre 2013 am fehlenden Geld.

Information Turismo, Di–Sa 9.30–13 und 14–17.30 Uhr, im Hochsommer bis 18.30 Uhr. Etwas unterhalb des Hauptplatzes, Rua 1°de Maio, ✆ 281546179.

Verbindungen Bus nach Vila Real de Santo António und Mértola/Beja (nur Mo und Fr).

Boote zum gegenüberliegenden spanischen Dorf *Sanlúcar de Guadiana* fahren bei Bedarf zwischen 9 und 21 Uhr (Sommer) und zwischen 9 und 18 Uhr (Winter). Person ca. 1,50 € (Busverbindung weiter nach Huelva).

Baden Flussbadeanstalt links nach der Brücke zur Jugendherberge. Das Becken wird gespeist durch einen Zufluss des Rio Guadiana (Ribeira de Cadavais), der eine gute Wasserqualität hat.

Slide Weltweit der erste grenzüberschreitende Slide. Per Boot geht es nach Spa-nien, von dort 720 m am Seil zurück. Mindestalter 14 Jahre, Höchstgewicht 110 kg, ca. 18 €. Limite Zero, ✆ 0034-670313933 (mobil, Spanien), www.limitezero.com.

Jugendherberge Am Fluss ca. 700 m vom Zentrum. Bau aus den 1990ern mit Kuppel am Rio Guadiana. 50 Betten, DZ 22–40 €, Bett im Mehrbettzimmer 10–13 €, Apartment mit Kochgelegenheit 45–70 €. Auch Verleih von Kanus und Fahrrädern. Ganzjährig geöffnet. Bairro do Rossio, ✆ 281546004, www.pousadasjuventude.pt.

Essen & Trinken O Soeiro, neben der Kirche. Einige Tischchen auch im Freien mit Blick auf den Fluss. In der 1. Etage das Restaurant. Regionale Spezialitäten (Wild und Flussfische) ab 6 €. Tägl. (außer So). Rua Município 4, ✆ 281546241.

Cachopo
ca. 1000 Einwohner

Wer Zeit hat, sollte von Alcoutim oder Tavira über die einsamen Hügel nach Cachopo fahren. Hier ist die Landschaft noch unberührt, die alten Lebensweisen haben sich erhalten. Cachopo ist ein Tausend-Seelen-Städtchen inmitten des Hügellands.

Besiedelt wurde das Gebiet von Sammlern und Jägern bereits vor fünf Jahrtausenden, später von halb sesshaften Hirten und schließlich von Bauern, die das Land in den fruchtbaren Tälern kultivierten. Bereits 1535 wurde der Gemeindestatus verliehen, allerdings dauerte es bis ins 20. Jh., bis die erste Straße gebaut wurde.

Über diese alten Zeiten erzählt das im Jahr 2000 eröffnete **Heimatkundemuseum,** das im früheren Haus der Straßenbauarbeiter in der Rua Matos Casaca untergebracht ist und in dem wechselnde Ausstellungen zu unterschiedlichen Themen des Alltagslebens gezeigt werden
Mo–Fr 9.30–13 und 14.30–18 Uhr. Eintritt frei. Wenn geschlossen, im Restaurant Retiro dos Caçadores nachfragen.

Lebendig gehalten wird die Vergangenheit auch in einem privaten *Museu Vivo* einer Leinenweberei (an der Durchgangsstraße im Ortszentrum, unterhalb des Verkaufs- und Infokiosks *O Moinho),* das allerdings nur unregelmäßig geöffnet ist (meist 9.30–12 und 14.30–18 Uhr). Auf verschiedenen Fotos werden die 11 verschiedenen Arbeitsgänge der Leinenverarbeitung dargestellt, aber auch von der Besitzerin Otília am konkreten Beispiel vorgeführt. Im gleichen Raum entstehen an zwei alten Webstühlen Stoffe, Decken und Teppiche aus Baumwolle und Leinen. Auch ein Schmied und ein Sattler, beide schon über 80 Jahre alt, sind in ihren Werkstätten nahe dem Kirchplatz gelegentlich noch anzutreffen (ggf. im Heimatkundemuseum nachfragen). Die Kirche selbst stammt aus dem Gründungsjahr der Gemeinde und ist Ziel einer großen Prozession am zweiten Weihnachtsfeiertag.

In den vergangenen Jahren sind in der Umgebung insgesamt zehn **Wanderwege** auf alten Landwirtschaftswegen markiert worden. Dabei werden drei ehemalige Dorfschulen in den Orten *Casas Baixas, Feiteira* und *Mealha* miteinander verbunden, die heute als einfache Wanderunterkünfte dienen. Etwa 1 km südlich von Cachopo befindet sich die eisenhaltige Quelle Fonte Férrea mit **Naturschwimmbe-**

cken und Picknickplatz – ein willkommener Rastplatz und nicht nur für Wandersleute eine Möglichkeit zur Abkühlung!

Feste Wie in vielen Orten im Hinterland, feiert man auch in Cachopo gerne. Höhepunkte sind das Fest des lokalen Kunsthandwerks am 2. Wochenende im Mai, das Folklore-Festival am letzten Juli-Wochenende und die Prozession am 26. Dez.

Übernachten Centros de Descoberta do Mundo Rural, die „Zentren zur Entdeckung der ländlichen Welt" befinden sich in ehemaligen Schulhäusern, in denen jeweils zwei Zimmer mit 6 Betten, Küche und einem Bad eingerichtet wurden. Für deutsche Norm-

größen sind die Betten allerdings etwas kurz geraten. Auskunft erteilt die Associação In Loco, Campus da Boa Esperança, São Brás de Alportel, ✆ 289840860, http://www.in-loco.pt/pt/centros-descoberta-rural.

Essen Retiro dos Caçadores, an der Hauptstraße. Einfaches Restaurant mit deftigen Gerichten, Spezialität Wild. Dazu fließt viel Medronho-Schnaps die Kehlen der Jäger hinunter, für den Cachopo berühmt ist. Hauptgericht um 6 €. Rua Padre Júlio de Oliveira 64, ✆ 289844174.

São Brás de Alportel
ca. 10.000 Einwohner

Das lebendige Provinzstädtchen inmitten der fruchtbaren Gartenlandschaft mit Korkeichen und Mandel-, Feigen- und Orangenhainen präsentiert sich gern als die inoffizielle Hauptstadt der algarvianischen Süßspeisen.

São Brás de Alportel blickt auf eine reiche Geschichte zurück, unter römischer Herrschaft wurde es an der Kreuzung zweier wichtiger Straßen gegründet. Viele Ortsnamen der Umgebung weisen zudem auf ihren maurischen Ursprung hin: Der arabische Artikel „al" verbirgt sich in Alportel, und im nahen Mesquita (port. für Moschee) muss ein islamisches Gotteshaus gestanden haben. Seit dem 16. Jh. wurde das im grünen Hügelland gelegene São Brás zum kühlen Sommersitz der algarvianischen Kurie, was den Bau eines bischöflichen Sommerpalasts und der Pfarrkirche nach sich zog. Im 19. Jh. wurde der Ort zu einem Zentrum der Korkverarbeitung – etwa 60 kleine Fabriken waren ansässig. In den 1930er-Jahren führte der Standortnachteil wegen des fehlenden Eisenbahnanschlusses dazu, dass die meisten Fabriken nach Lissabon abwanderten und heute nur noch vier kleinere Werkstätten übrig geblieben sind. Der damalige Reichtum zeigt sich aber noch heute in prächtigen Stadthäusern.

Auf historischen Pfaden wandeln kann man auf der **Calçadinha Romana.** Links neben der Pfarrkirche führt ein kurzer, stimmungsvoller Spaziergang im Schatten alter Oliven- und Johannesbrotbäume und entlang hoher Steinmauern auf den Überresten der alten römischen Pflasterstraße nach Faro. Erklärungen im **Centro Calçadinha** v. a. anhand von Schautafeln.
Di–Sa 9.30–13 und 14–17.30 Uhr. Eintritt frei. Rua do Matadouro 2.

Museu Etnográfico do Trajo Algarvio: Das besuchenswerte Museum im Stadtpalast eines Korkhändlers aus dem 19. Jh. zeigt historische landwirtschaftliche Gerätschaften und Fahrzeuge sowie die Trachten der Landbevölkerung. Die Korkernte und die Weiterverarbeitung der Rinde wird spannend dargestellt. Einmal jährlich wechselt das Thema einer Sonderausstellung über regionale Volkskunde oder Geschichte (z. B. Spielzeuge oder die napoleonische Okkupation). Ein aktiver multikultureller Freundeskreis des Museums organisiert mittlerweile ein breites Kulturprogramm mit Filmen, Konzerten, Ausstellungen, Kursen und Ausflügen (Infos unter www.amigos-museu-sbras.org).
Mo–Fr 10–13 und 14–17, Sa/So 14–17 Uhr. Eintritt 2 €. ✆ 289840100.

Algarve Rotas: Die Initiative erklärt alles zum Thema Kork und führt u. a. durch Korkfabriken und Korkhaine. Führungen auch auf Englisch.

Führung pro Person 19 € (ca. 90 Min.), ein halber Tag 42 €. ✆ 918204977 (mobil), http://algarve-rotas-alemao.webnode.pt.

Information   Turismo, tägl. (außer So) 9.30–13 und 14–17.30 Uhr. Largo de São Sebastião 23, ✆ 289843165.

Eine **städtische Informationsstelle** mit einem kleinen Ausstellungsraum, Mo–Fr 9–13 und 14–17, Sa/So 10–13 Uhr, befindet sich in der Rua Doutor Vitorino Passos Pinto 3, südl. Rand der Altstadt, ✆ 289843210,

Verbindungen   Bus mehrmals tägl. nach Faro.

Post   Am nördlichen Rand des Zentrums in der Rua Estanco Louro.

Telefonnummern   Polizei ✆ 289840400 (GNR), **Centro de Saúde** ✆ 289840440, **Taxis** ✆ 289842286.

Übernachten   Es werden zahlreiche offiziell lizensierte Privatzimmer vermietet. Auskünfte erteilt das Tourismusamt.

** **Rocha da Gralheira**, ca. 2,5 km westlich in Richtung Loulé. Ruhige Unterkunft, alle modernen 15 Zimmer mit TV, Bad, Minibar und Klimaanlage. Vom großen Pool genießt man weiten Blick ins Land. DZ je nach Saison 40–75 €. Rocha da Gralheira ✆ 289842394, www.rochadagralheira.com.

Quinta das Fontes, 13 km nördlich im Bergdorf Barranco do Velho. Der ehemalige Bremer Philosophieprofessor Franzisko Diessenbacher hat seinen Traum verwirklicht und in einem liebevoll sanierten Landgut am Waldrand geschmackvolle Apartments eingerichtet. Interessante Gespräche mit dem Hausherrn sind im Preis enthalten. Apartment für bis zu 4 Personen 50–70 €, Endreinigung 30 €. Barranco do Velho, ✆ 289846449, www.dasfontes.info.

Essen & Trinken   Rocha da Gralheira, Restaurant im Haus der gleichnamigen Unterkunft (s. o.). Spezialität sind die riesigen Fleisch- oder Tintenfisch-Spieße. Hauptgericht ab 9 €. Tägl. (außer Mo). ✆ 289842394.

Adega Nunes, ca. 2 km in Richtung Faro, im Dorf *Machados* links die Straße hinunter. Deftige portugiesische Küche in angenehmer Atmosphäre, oft voll. Wein aus eigener Kelterei, auch gute Nachspeisen. Hauptgericht ab 9 €. Tägl. (außer So). Sítio dos Machados, ✆ 289842 506.

≫ Lesertipp: Fonte da Pedra, Richtung Almargem. Sehr abwechslungsreiche Karte, Fleischgerichte sehr guter Qualität, aufmerksamer Service. Tagesgericht ab 7,50 €, sonst ab 10 €. Tägl. (außer Di). Sítio de Campina 741 A, ✆ 289841321 (Susanne Jeschke). ≪

Café   ≫ Mein Tipp: Ervilha, am Hauptplatz, immer gut besucht. Im Sommer kann man auch draußen sitzen und Eis essen oder die hervorragende Auswahl an der herrlich süßen Kuchen der Region testen. Largo de São Sebastião. ≪

Loulé

ca. 21.000 Einwohner

Bäuerliche Marktstadt inmitten hügeliger Gartenlandschaft, ca. 16 km nördlich von Faro. Weil Loulé nicht an der Küste liegt und damit touristisch weniger interessant ist, hat sich das Ortsbild in den letzten Jahrzehnten nur wenig verändert.

Sehr schön sind die alten Häuser an der baumbestandenen Hauptstraße mit der Markthalle am Anfang der zweispurigen Avenida. Deren neuer Straßenbelag beweist aufs Neue die Meisterhaftigkeit der portugiesischen Straßenpflasterer, die aus weißen und schwarzen Steinen wahre Kunstwerke zaubern. Der *Markt*, der täglich außer Sonntag in der im arabischen Stil erbauten und hübsch renovierten Markthalle stattfindet, ist einer der farbenprächtigsten der Algarve. An den Ständen stapeln sich Obst und Gemüse, darüber hängen geschnitzte Kochlöffel und Kräutersträußchen. Es lohnt vielleicht ein Besuch des Bauernmarkts um die Markthalle herum, der jeden Samstagvormittag stattfindet. Am gleichen Tag gibt es auch den sogenannten Zigeunermarkt *(feira dos ciganos)* an der westlichen Ausfahrtsstraße (nach Boliqueime) mit preiswerter Bekleidung, Küchenausstattung etc. Ebenfalls am Samstag verkaufen örtliche Kunsthandwerker ihre Produkte auf dem Mercadinho de Loulé in der Altstadt (nur April, Mai, September, Oktober, 10–16 Uhr).

Zwar mussten die alten Handwerksstätten vor Jahren schließen, doch findet man in den Läden unterhalb der alten Stadtmauer immer noch schöne regionale Mitbringsel, etwa Kupfer-Cataplanas für den Muscheleintopf zu Hause, Lederwaren, Scherenstühle oder Webteppiche. Das Handbemalen von Keramik mit farbenfrohen Motiven kann man hinter der alten Burg *(Castelo)* im kleinen Keramikgeschäft Casa Louart bewundern (Teresa's Pottery, Largo D. Pedro I. 15).

Sehenswertes

Kastell: Die ehemals mächtige Burganlage mitten im Zentrum geht auf maurische Ursprünge zurück. Einst hatte sie eine Befestigungsmauer von 940 m Länge. Übrig geblieben sind drei Türme, ein Mauerabschnitt und die frühere Residenz des Bürgermeisters. Hier wurden sogar Könige empfangen: Pedro I., Afonso V und Sebastião. Die steinernen Bögen am Rande des Innenhofs bildeten zu diesen Zeiten den Durchgang zur Stadt. Heute kann die Burg wieder erklommen werden. Vom Wehrturm eröffnet sich ein herrlicher Panoramablick bis zum Meer.

Stadtmuseum: Das Museum ist in der Burganlage untergebracht. Unten befindet sich der Eingang in die archäologische Abteilung mit Fundstücken aus vorchristlicher, römischer, maurischer und mittelalterlicher Besiedlung. Nimmt man die Treppen hinauf zum Burgturm, gelangt man ins Küchenmuseum. Allerlei alte Küchengeräte sind ausgestellt, darunter auch eine Handmühle, mit der früher Mais für die traditionellen Eintöpfe *(papas de milho)* gemahlen wurde. Gegenüber befindet sich das Stadtarchiv mit alten Prägestempeln, Urkunden und uralten Amtsblättern.

Mo–Fr 9–17.30, Sa 10–14 Uhr. Das Eintrittsticket für Museum und Burg (1,70 €) schließt auch den Besuch eines westlich gelegenen kleinen Museums zur traditionellen Verarbeitung von Trockenfrüchten *(Frutos Secos)* ein.

Treffpunkt der Veteranen – Markthalle von Loulé im neomaurischen Stil

Kapelle Nossa Senhora de Conceição: Ein kürzlich renoviertes Kleinod barocker Kirchenkunst findet sich schräg gegenüber vom Kastell. Die völlig mit blau-weißen Kacheln verkleideten Seitenwände des kleinen Innenraums erzählen Szenen aus dem Leben von Maria. Gleich am Eingang kann man unter Glas das Fundament eines an dieser Stelle ausgegrabenen arabischen Stadttors bewundern.
Di–Fr 9.30–17.30 Uhr, im Sommer 10–18, Sa 10–16 Uhr. Eintritt frei.

Pfarrkirche: Vom Kastell führt die Rua Garcia da Horta zur frühgotischen Pfarrkirche *Igreja Matriz* – vielleicht die älteste Kirche der Algarve, dies behauptet zumindest der Pfarrer. Die Kirche steht in der Mitte eines malerischen Platzes neben einem kleinen Palmengarten (unregelmäßige Öffnungszeiten). Von der terrassenförmigen Palmenanlage hat man eine schöne Aussicht auf die pinienbewachsene Hügellandschaft der Umgebung und auf das wichtigste Heiligtum von Loulé, die Kapelle *Nossa Senhora da Piedade*. Auf einem Hügel an der Straße nach Boliqueime wurde sie im 16. Jh. zu Ehren der Stadtheiligen erbaut. Gleich daneben erhebt sich der futuristische Kuppelbau des gleichnamigen Santuário, der 1995 nach zwanzigjähriger Bauzeit eingeweiht wurde.

Information Turismo, tägl. (außer So) 9.30–17.30 Uhr, im Hochsommer tägl. 9.30–19.30 Uhr, teilweise Mittagspause. Av. 25 de Abril 9, nahe Markthalle, ✆ 289463900.

Verbindungen Bus: Häufig nach Faro, Quarteira und Albufeira mit Anschluss in die westlichen Städte, 5-mal tägl. zum Strand nach Vale de Lobo. Busbahnhof in der Rua de Nossa Senhora de Fátima am nördlichen Stadtrand.

Bahn: Bahnhof 7 km außerhalb ohne Busanbindung oder Taxistand.

Feste In Loulé wird der **Karneval** besonders gefeiert, von Sa bis Mo steht der Ort Kopf. Weithin berühmt sind auch die Prozessionen der **Mãe Soberana**. Am Ostersonntag wird ab 17 Uhr die schwere Figur dieser Himmelskönigin von der Kapelle N. S. da Piedade in die São-Francisco-Kirche getragen, wo sie zwei Wochen zu sehen ist. Am übernächsten So wird sie dann von besonders kräftigen Burschen wieder zurück in die Kapelle gebracht. Dort hinauf geht es dann im Laufschritt – und ganz Loulé schaut dabei zu.
Der eigentliche Stadtfeiertag ist der **Dia Espiga**, 40 Tage nach Ostern.

Markt Die stimmungsvolle neo-arabische **Markthalle** im Ortszentrum ist Mo–Sa von 7 bis ca. 15 Uhr geöffnet. Am Sa zudem Bauernstände in den umliegenden Gassen.

Post Av. 25 de Abril.

Telefonnummern Polizei ✆ 289410490, Centro de Saúde ✆ 289401000, Taxi ✆ 289414488.

Übernachten *** **Loulé Jardim**, in der westlichen Altstadt. Freundlicher „Stadtpalast" an einem ruhigen, begrünten Platz. Angenehme Zimmer mit guten Betten. Swimmingpool auf der Dachterrasse. DZ inkl. „deutschem" Frühstücksbüfett je nach Saison ab 50 €. Praça Manuel de Arriaga, ✆ 289413094, www.loulejardimhotel.com.

Essen & Trinken Avenida Velha, in der 1. Etage, seit vier Jahrzehnten derselbe Besitzer, deshalb mit gemütlichem, antiquiertem Interieur. Spezialität sind die insgesamt fünf verschiedenen *Cataplanas*, allerdings ca. 32,50–38 € für 2 Personen, sonstige Hauptgerichte ab 8 €. Tägl. (außer So). Av. José da Costa Mealha 40.

Casa dos Arcos, versteckt in einer kleinen Parallelgasse zur Praça da República. Frische Tagesgerichte, v. a. vom Grill, ab 5,50 €. Tägl. (außer So). Rua Sá de Miranda 23, ✆ 289416713.

O Manel, zentrumsnah an der Straße Richtung São Brás de Alportel. Romantisch ist etwas anderes, aber gut zubereitete, einfache Grillspeisen, v. a. für Fleischesser. Hauptgericht ab 6 €. Tägl. (außer Mo). Av. José da Costa Mealhla 92, ✆ 289415751.

》》 Lesertipp: O Beco, zentrumsnah in einer versteckten Seitengasse. Preiswerte landestypische Gerichte und gute Nachspeisen. Tägl. (außer So). Av. 25 de Abril, ✆ 289462980. **《《**

》》 Lesertipp: Museu do Lagar, an der Pfarrkirche. Das Restaurant wird von einer Brasilianerin und ihrem deutschen Gatten geführt. Karte und Bestellung auch auf

Deutsch möglich. Sehr gutes Essen und entspannte Atmosphäre (Ingo Rohmund). Largo Igreja Matriz. ≪

≫ **Mein Tipp:** Café Calçinha, auf der Hauptavenida etwas unterhalb vom Markt, als Bronzestatue sitzt der Heimatdichter António Aleixo davor. Traditionscafé unter Denkmalschutz, nach Übernahme durch die Stadt und Restaurierung ist die Wiedereröffnung für 2017/18 angekündigt. Praça da República 67. ≪

Umgebung von Loulé

Querença
ca. 800 Einwohner

Vom hoch gelegenen Dorfplatz, ca. 8 km nördlich von Loulé, geht noch immer eine ganz besondere Atmosphäre aus, auch wenn die vor kurzem abgeschlossenen Dorfplatz-Modernisierungsarbeiten ein wenig das 21. Jh. einkehren ließen. Die strahlend weiße Kirche glänzt im Sonnenlicht, unwiderstehlich locken die Stühle und Bänke zweier Bars. Genau deswegen aber ist es am Wochenende vorbei mit der Ruhe. Denn die Dorfgaststätte zieht viele portugiesische Ausflügler an.

Die Kirche stammt aus dem 16. Jh., vom Erdbeben verschont geblieben ist das pittoreske manuelinische Portal. Wenige Kilometer entfernt befindet sich die *Fonte Benémola*, ein unter Naturschutz stehendes Quellgebiet. Diese Unberührtheit wird einem monströsen Golfplatzprojekt mit Hotel- und Apartmentbauten zum Opfer fallen, das 2018, so die Pläne, in der Nähe eröffnen wird. Dafür zeigt ein **Museu d'Água** im Touristbüro anhand von Filmen, Schautafeln und Ausstellungsstücken nicht nur die natürliche Bedeutung der Quellen, sondern auch ihre Nutzung etwa in der Landwirtschaft.
Mo–Fr 9–12.30 und 14–17.30 Uhr. Eintritt frei.

Information Turismo, Mo–Fr 9–17 Uhr. Verkauf regionaler Handwerksprodukte und Informationen zu Wanderwegen. Hier kann man auch nach dem Schlüssel für die Dorfkirche fragen! Am Kirchplatz. ✆ 289422495.

Essen & Trinken Querença, Restaurant am Kirchplatz, bei schönem Wetter sind auch Tische aufgestellt. Lokale Hauptgerichte ca. 8,50 €, besonders lecker sind Wildschwein und Kaninchen. Tägl. (außer Mo). ✆ 289422540.

Salir
ca. 3000 Einwohner

Der mächtige Wasserturm überragt den Ort und lässt den benachbarten Kirchturm fast klein erscheinen. Unterhalb des Turms lädt ein kleiner Park mit Fernblick zu einer Rast ein, die Sträßchen lassen die Stille vergangener Jahrhunderte erahnen.

Die Kirche, an der Stelle der früheren Moschee erbaut, wurde beim Erdbeben von 1755 vollständig zerstört und später neu aufgebaut. Nur der originale Altar blieb erhalten. Auch einige schöne Kacheln gäbe es zu sehen, wenn das Gotteshaus nicht meist verschlossen wäre.

Zu besichtigen sind die Überreste eines Maurenkastells, eine von drei als gesichert geltenden maurischen Burgen. Im 12. Jh. aus Lehm erbaut, stehen am nordwestlichen Ortsende noch die Ruinen der Befestigungstürme. Hier schlossen sich 1249 der Feldherr Dom Paio Peres Correio und König Afonso III. zusammen, um gemeinsam den letzten und entscheidenden Schlag gegen die Mauren zu führen. Wunderschön ist der weite Blick auf die Umgebung und die idyllischen Gassen von Salir mit ihren traditionellen, einfachen Häusern. Die Zeit scheint hier still zu stehen. Im hinteren Bereich dieses „maurischen" Ortsteils wurde manch eine archäo-

Algarve → Karte S. 632/633

logische Kostbarkeit aus der arabischen Epoche geborgen. Einige Exponate werden in einem kleinen **archäologischen Museum** vor Ort ausgestellt und von der Museumsangestellten auf Wunsch erläutert.
Mo–Fr 9—17.30 Uhr, oft mit Mittagspause. Eintritt frei.

Die Menschen, die hier leben, finden ihr Auskommen noch häufig in der Landwirtschaft, die in nennenswertem Umfang Mandeln, Johannisbrot, Oliven und Korkrinde produziert. Doch einige neu gebaute Häuser zeigen, dass Salir auch eine Zukunft hat, nicht zuletzt dank des Schulzentrums für die ganze Umgebung, das sich am südlichen Ortsausgang befindet.

Information Turismo, Mo–Fr 9–17.30 Uhr, oft mit Mittagspause. Im Centro Interpretativa de Arqueologia de Salir, unterhalb der Burgruine, Largo Pedro Dias, ✆ 289489137.

Verbindungen Bus 4-mal tägl. nach Loulé.

Feste In der 1. Maiwoche trifft man sich in Salir zum Ährenfest, der **Festa da Espiga**, und feiert die Wiederkehr des Frühlings. Große Wagen werden mit den noch grünen Ähren festlich geschmückt, Reiter ziehen durch die Dorfstraßen. Dazu gibt's an Buden jede Menge Essen, Trinken und Kunsthandwerk.

Übernachten Casa da Mãe, in Ameijoafra, 2 km nördlich von Salir. 25 Jahre hat Dona Graciete Valério in Frankreich gearbeitet und dann aus dem Bauernhof ihrer Mutter eine schmucke Unterkunft mit Apartments und Zimmern gemacht. Letzteren steht eine Gemeinschaftsküche zur Verfügung. Garten mit seltenen Pflanzen und Pool gehören ebenso dazu wie Familienanschluss, besonders bei französischen Sprachkenntnissen. Sehr ruhig. DZ 60–75 € inkl. Frühstück, Studio und Apartment abhängig von Belegungszahl und Saison 67,50–135 € (ohne Frühstück). Almeijoafra, ✆ 289489179, http://casadamae.com.

Essen & Trinken Churrasqueira Papagaio Dourado, bei Einheimischen beliebtes Lokal mit zahlreichen Grillgerichten (Fleisch), nach Vorbestellung wird auch mal ein Wildschwein serviert. Hauptgericht ab 5 €. Tägl. (außer Mi). Rua José Viegas Gregório 25-B, ✆ 289489609.

Umgebung von Salir

Benafim

Der erste Blick auf Benafim, ca. 5 km östlich von Salir, täuscht nicht, denn viele Menschen haben den Ort während der letzten Jahrzehnte verlassen, Häuser stehen leer, meist nur alte Menschen sieht man in den Straßen. Doch einige sind zurückgekehrt.

Der Name des Restaurants Hamburg an der Straße nach Alte weist darauf hin, dass sein portugiesischer Besitzer einst in der Hansestadt gelebt hat. Zwischen die verfallenden Häuser in den engen Dorfstraßen jenseits der Hauptstraße haben sich wahre Paläste geschoben. Man will in seiner Heimat zeigen, dass der Gang ins Ausland sich zumindest finanziell ausgezahlt hat.

Wirklich schön ist der Ort rund um den kleinen Dorfplatz am nördlichen Ende. An blau-weiß gekachelten Bänken lässt sich gut rasten und picknicken, wenn auch die neu geschaffene Skulptur einer nackten Frau, die aus einer Schale wächst, ästhetisch vielleicht nicht unbedingt zu überzeugen weiß. Sie nimmt Bezug auf einen Vers Vergils und begeisterte die Verantwortlichen derart, dass diese eine Kopie in Loulé aufstellen ließen. An einem Brunnen *(nora)* dahinter kann man selbst ausprobieren, wie einst das Wasser (nicht trinkbar!) geschöpft wurde; das Waschhaus wird noch heute, wenn auch selten, in den Morgenstunden genutzt. Das große Kachelbild weist auf die Legende hin, nach der der Ort seinen Namen bekam: Ein maurischer Prinz traf sich hier heimlich mit seiner blonden, christlichen Geliebten. Er hieß Aben-Afam, woraus sich Benafim ableiten soll.

Wer das „Dach der Algarve" besuchen möchte, muss von der Straße Salir–Alte den ca. 10 km weiten Abstecher nach Malhão machen. Am Dorfeingang steht auf einer Bergkuppe ein kleines Café. Von dort genießt man eine 360-Grad-Rundumsicht über das Gebirge bis zum Meer. Auch eine buddhistische Gemeinschaft hat sich hier in (fast) tibetischen Höhen angesiedelt.

Die 3 km nördlich gelegene *Quinta do Freixo* ist das größte private Landgut der Algarve, das mittlerweile auf ökologische Produktion umgestellt hat, v. a. von Schafsfleisch, von köstlichen Marmeladen und Feigenschnaps, die vor Ort auch probiert und gekauft werden können. Allerdings ist in der Nähe ein Golfplatz geplant, der, sollte er realisiert werden, die Idylle und das ökologische Gleichgewicht zerstören dürfte.

Übernachten/Essen   Rosmaninho, in Sarnadas, einem kleinen Dorf, 2 km westlich der Quinta Richtung Alte. Dona Fernanda hat einst ihr Geld mit dem Flechten des Esparto-Grases verdient. Da sie eine begnadete Köchin ist, hat sie es schließlich riskiert, ihr eigenes Restaurant mit einheimischer Küche zu eröffnen. Hervorragend ist der Entenreis mit Enten aus eigener Aufzucht *(Arroz de Pato)*. Hauptgericht ab 8 €. Außerdem werden in einem Anbau 3 moderne *Zimmer mit Klimaanlage* vermietet. DZ 35–50 € inkl. Frühstück. Übrigens: Rosmaninho heißt wider Erwarten Schopfla-vendel! Keine regelmäßigen Öffnungszeiten, daher Vorbestellung ratsam. Sarnadas, ☎ 289478482.

Quinta do Freixo, 3 km nördlich von Benafim. Idyllischer Urlaub auf einem Bauernhof mit 1100 Hektar Land. Das Gästehaus Casa d'Alvada, etwas abseits vom eigentlichen Hof gelegen, hat 8 geschmackvoll eingerichtete Zimmer und zwei Familien-Suiten mit Klimaanlage, Swimmingpool und Liegewiese unter duftenden Orangenbäumen. DZ 53–65 € je nach Saison und Größe. Benafim, ☎ 289472185, www.quintadofreixo.org. ∎

Alte

Alte liegt mitten im „gebirgigen" Hinterland, etwa auf der Höhe von Olhos de Água (Albufeira) und 15 km Luftlinie von der Küste entfernt. Das malerische Dorf mit gekalkten Häuschen, engen Gassen und zwei kühlen Quellen schmiegt sich an

Wandern im Hinterland der Algarve

einen Hügel. Alte hat sich zu einem beliebten Ausflugsort entwickelt – zu Recht!

Die Landflucht, die bereits 1950 ein-
setzte, konnte längst gestoppt werden.
So lebten damals im Kreis Alte noch
7500 Menschen, 1991 kam eine Zäh-
lung auf gerade Mal die Hälfte, aktuell
hat sich die Zahl bei gut 2000 eingepen-
delt. Viele hier noch Ansässige pendeln
täglich an die Küste und haben im dortigen Tourismus ihr Auskommen. Doch
zieht der Ruf des Ortes als „weißes
Dorf" mehr und mehr Tagesausflügler
an, die so Arbeitsplätze entstehen lassen. Die Kleinbauern, die auf den kargen Böden meist nur das Nötigste für
die eigene Familie anbauten, sind mittlerweile aber fast ganz verschwunden.

Alte ist einer der wenigen Orte der Algarve, wo „echtes" Süßwasser plät-
schert. Eine grüne, schattige Baumallee
und das erfrischende Wasser oberhalb
des Dorfes sind ein beliebtes Ziel, besonders im Sommer. Im kleinen Park

erinnert eine Büste an den Heimatdichter Cândido Guerreio (1871–1953), und
einige seiner Verse wurden in Azulejos verewigt: „*Weil ich am Fuße der vier Berge
geboren, wo die Wasser im Vorbeigehen singen, die Lieder der Mühlen und der
Brücken, lehrten mich die Wasser das Sprechen.*" Dem berühmten Sohn des Ortes
wurde mittlerweile das **Museum Cândido Guerreiro** in einem recht avantgardisti-
schen Bau in der südlichen Altstadt gewidmet, in der auch das Tourismusamt und
die Stadtbücherei untergebracht wurden. Gezeigt werden allerdings vorrangig
Guerreios gedruckte Werke und Fotos, daneben ein paar persönliche Brillen des
Meisters und wenige Manuskripte – also eher etwas für Fans.
Mo–Fr 9.30–12.30 und 14–17.30 Uhr. Rua Condes de Alte, ✆ 289478060.

Auch ein Bad im aufgestauten, betongefassten Bachlauf an der „großen Quelle", ein
paar hundert Meter oberhalb des Dorfes, ist möglich. Für Unterhaltung, Speis und
Trank sorgen die Einheimischen auf ihren mitgebrachten Grills selbst. Sehr sehenswert ist die **Pfarrkirche** im Dorfzentrum. Bereits Ende des 13. Jh. wurde der Grundstein gelegt, vollendet wurde der Bau Ende des 15. Jh. Aus dieser Zeit stammen das
manuelinische Portal, das Weihwasserbecken und das Gewölbe des Hochaltars. Seltene polychrome Kacheln aus Sevilla aus dem Jahr 1578 (rechte Seitenkapelle) und
barocke Verzierungen (blau-weiße Kachelpaneele, vergoldetes Schnitzwerk) lassen
den Kirchenraum, dessen Wiederaufbau nach dem großen Erdbeben bis 1829
andauerte, richtig bunt erscheinen.
Unregelmäßig geöffnet. Eintritt 1 €.

Kunsthandwerk: Eine Spezialität der Gegend sind Flechtkörbe aus *Esparto* (Espartogras). Der zähe Grashalm, der wild auf kargen, steinigen Böden wächst, lässt sich
u. a. zu Seilen, Netzen, Körben und Fußmatten verarbeiten. All die Gegenstände,
die in Mitteleuropa aus Hanf oder Flachs hergestellt wurden, sind in Südeuropa aus

Alte – grüne Oase an der ansonsten ausgedörrten Algarve

Espartogras gefertigt. Aus der strauchartigen, endemischen Zwergpalme *(Palmeira-Anã)* werden vorzugsweise Hüte und Taschen geflochten.

Verbindungen Bus: ca. 3-mal tägl. nach Messines und Loulé.

Einkaufen **Papoila**, nahe der kleinen Quelle Kunsthandwerk und Olivenölseifen mit zahllosen Duftaromen. Rua da Fonte 11.

Brinquedos de Torre, in Torre, 3 km nordwestlich (in Santa Margarida dem Holzschild an einem Abzweig in Richtung Westen folgen). Drei Damen fertigen hier Spielzeug und Schmuck aus heimischen Hölzern; man darf ihnen zuschauen und kann die Produkte auch günstig erwerben. Vormittags geöffnet. In der früheren Dorfschule.

Feste Großes Kulturfestival mit zehntausenden von Besuchern, Umzügen, Theater, Konzerten, Essen und Tanz; zwischen dem 25. April und dem 1. Mai.

Stadtbücherei im Museumsgebäude.

Übernachten *** Alte Hotel, 1 km oberhalb des Dorfs. Absolute Spitzenlage, einsam, mit grandiosem Blick. Ordentliche Zimmer mit Balkon/Terrasse. Pool und Restaurant vorhanden. DZ je nach Saison 45–95 €. Montinho, ✆ 289478523, www.altehotel.com.

Casa de Mario, in Santa Margarida ca. 4 km nördlich. Kathy und Bob Chapman vermieten für längere Zeitspannen zwei gemütliche „cottages" für jeweils 4 bis 6 Personen, inkl. Pool. Die Mindestmietdauer beträgt einen Monat für ca. 450 €, im Winter nur 350 € pro Monat zzgl. Wasser- und Heizkosten. Rua do Curralões 26, Santa Margarida, ✆ 289478659, www.casademario.com.

Essen & Trinken Cantinho de Alte, gegenüber dem kleinen Markt an der Hauptstraße. Von den Ortsbewohnern gern frequentierte Gaststätte. Sandwiches (ab 1,50 €) und Hauptgerichte (ab 7,50 €). Beliebt sind auch die großen Spieße (10 Varianten) für 12–15 €. Man kann auch draußen auf einer seitlichen Terrasse sitzen. Tägl. (außer Mi). Av. 25 de Abril, ✆ 289478272.

Café Água Mel, geschmackvoll eingerichtetes Café an der Hauptstraße mit leckerem Gebäck, preiswerten Suppen, Toasts und Sandwiches. Verkauft werden auch selbstgemachte Liköre und Marmeladen. Von der rückwärtigen Terrasse toller Blick auf die Umgebung. Mo–Sa 9–18 Uhr, So 9–13 Uhr. Rua José Vieira 4-A, ✆ 289478338.

Ballspiele am Strand von Carvoeiro

Westalgarve (Barlavento)

Der Küstenabschnitt zwischen Faro und Albufeira wird durch großzügig angelegte Ferienanlagen geprägt und die vielen Golfplätze verschafften ihm den Spitznamen „Sportugal". *Quinta do Lago, Vale do Lobo* und *Vilamoura* sind die größten und bekanntesten Feriendörfer, die auch in kaum einem Veranstalterprospekt fehlen. Der verbaute Badeort Quarteira mit seinen vielen Apartmenttürmen ist für diesen Küstenteil eigentlich untypisch.

Quarteira

ca. 16.000 Einwohner

Der Badeort liegt in einer flachen, mehrere Kilometer breiten Talsenke, die am östlichen Strandende durch ein hohes Kliff mit einer alten Burgruine begrenzt wird. In der Umgebung sandige Dünenlandschaft mit sattgrünen Pinienhainen. Das eigentliche Dorf mit seinen kleinen Bauernhäusern liegt etwas versteckt etwa 1 km landeinwärts.

Die begrünte Strandpromenade, zum großen Teil Fußgängerzone, hat Quarteira endlich mal etwas aufgewertet. Durch ungezügelte Bauwut, die sich mit zehngeschossigen Apartmenthäusern ein Denkmal gesetzt hat, hat der Ort nicht den besten Ruf.

Bei der Markthalle am westlichen Strandende ändert sich das auf Urlauber zugeschnittene Ortsbild: Der neu angelegte kleine Fischerhafen will zeigen, dass man hier nicht nur auf die Tourismuskarte setzt.

Quarteira, an der Algarve *das* Negativbeispiel schlechthin für wild wuchernden Tourismus, musste damit bittere Erfahrungen machen: Die Besucherzahlen gingen in den Keller, zwei große Hotels mussten Konkurs anmelden. Zusätzlich war das Image durch eine offene Drogenszene geprägt, bis in den 1990ern die Bewohner einen medienwirksamen Generalstreik organisierten. Alle Läden blieben einen Tag

Westalgarve (Barlavento)

geschlossen und Fernsehsender berichteten ausführlich darüber. Durch massives Vorgehen der Polizei ist der Ort längst wieder „clean", doch infolge der Publizität der Ereignisse sanken die Besucherzahlen weiter. Erst langsam spricht sich das heute freundlichere Erscheinungsbild, vor allem der verschönerte Uferbereich, herum.

Information Turismo, im Sommer 9.30–18.30 Uhr, im Winter bis 17.30 Uhr, jeweils meist Mittagspause 13–14 Uhr. Am springbrunnenverzierten Platz an der Strandpromenade, Praça do Mar, ℡ 289389209.

Verbindungen Bus: Häufig nach Loulé, Faro und Albufeira. In Strandnähe liegt der Busbahnhof (Av. Francisco Sá Carneiro), wo es auch einen Taxistand gibt. **Taxis** können unter ℡ 28939/033 (Worldtáxis) bestellt werden.

Baden Der Strand vor der Uferpromenade ist ca. 20 m breit und von ins Meer gelegten Wellenbrechern in 100 m lange Parzellen aufgeteilt. Die Molen verhindern, dass die Winterstürme den Sand wegspülen.

Bibliothek, Di–Fr 9–19 Uhr, Mo und Sa 13–19 Uhr. Largo do Mercado 3.

Einkaufen Mehrere **Supermärkte** entlang der Av. Francisco Sá Carneiro, besonders nahe dem Busbahnhofs. Noch typisch alte **Markthallen** (eine mit Obst und Gemüse, die andere mit Fisch) am westlichen Ende der Strandpromenade. Ebenfalls frische Ware, auch Kunsthandwerk gibt es auf dem **Wochenmarkt** immer mittwochs an der Fonte Santa (neben Lidl).

Post Praceta do Correio (gegenüber dem Busbahnhof).

Tauchen Open Waters, Rua Vereador Filipe Jonas 2, ℡ 289312258, www.open waters-dive.com.

Telefonnummern Polizei ℡ 289310420, Centro de Saúde ℡ 289303160.

Übernachten Conii Hostel & Suites, in der Altstadt. Renoviertes, gut 100 Jahre altes Gebäude mit 15 Zimmern, darunter private und gemischte Schlafsäle mit 4 bis 8 Betten. Stylisch minimalistisch eingerichtet, viel Kork an den Wänden. Mit Bar, Küchenbenutzung, Radverleih. DZ je nach Saison 50–91 €, Bett 15–40 €. Rua Gago Coutinho 25, ℡ 932628830 (mobil), www.conii hostel.com.

Camping Orbitur Quarteira, ca. 1,5 km östlich vom Zentrum, 500 m vom Strand. Schatten durch Pinien und Eukalyptusbäume. Bar, Restaurant, Supermarkt. Person 3,90–6,90 € je nach Saison, Zelt 4,50–12,90 €, Auto 4–7,10 €. Ganzjährig geöffnet. Estrada da Fonte Santa, ℡ 289302826, www.orbitur.pt.

Essen & Trinken Jacinto, an der Hauptstraße nördlich des Strands, die erste Adresse in Quarteira. Helle, moderne Einrichtung, spezialisiert auf Fisch (ab 35 € pro Kilo) und Meeresfrüchte. Nicht billig, aber gut ist die Cataplana mit Seeteufel (Tamboril) für ca. 49 € für 2 Personen (reicht für drei). Tägl. (außer Mo). Edifício Costa Mar, Av. Francisco Sá Carneiro 2, ✆ 289301887.

A Cabana, in der Altstadt. Fischgerichte werden in typischer Atmosphäre an langen Tischen gereicht, ab 10 €. Rua do Levante, ✆ 289313819.

Café Beira Mar, an der Promenade gleich neben der Praça do Mar. Gilt als eines der besten Cafés der Gegend, sehr gute Auswahl an Kuchen und Sandwiches. Tägl. (außer Mo). Av. Infante Sagres, 65.

Nachtleben   Auf verschiedenen Bühnen entlang der Strandpromenade spielen in den Sommermonaten oft Bands. Auf dem Programm stehen Fadosänger, Pop-Bands und Liedermacher.

Vilamoura: Einige hundert Meter westlich von Quarteira befindet sich das gigantischste Tourismusprojekt in ganz Portugal, das nach der Übernahme durch einen amerikanischen Investor weiter vergrößert werden wird. Auf einer Fläche von 1600 ha wurden bisher mehrere zehnstöckige Hotels (Hotel Dom Pedro), Villen und inzwischen sechs Golfplätze aus dem Boden gestampft. Alles zusammen bildet eine größere Kleinstadt mit einem etwas undurchsichtigen Gewirr von Sträßchen. Außerdem besitzt Vilamoura den größten Jachthafen an der Algarve und mit der *Disco Kadoc* (gegenüber der Mobil-Tankstelle) auch den größten Tanzpalast. Sehenswert ist der *Cerro da Vila*, ein Ausgrabungsgelände aus römischer Zeit, 50 m oberhalb der Marina (westlich).

Ausgrabungsgelände: Tägl. 9.30–12.30 und 14–18 Uhr. Eintritt 3 €.

Baden   Westlich von Vilamoura beginnt der **Falésia-Strand**. Die Parkplätze am Ende der Straße sind während der Sommermonate gebührenpflichtig, aber dafür bewacht (ca. 3 € pro Std.).

Bootsausflüge   Mit der 34 m langen Segeljacht *Condor de Vilamoura* geht es an der Küste entlang zu den Felsgrotten von Carvoeiro. Auf dem seit 1986 gebauten Schiff, der Nachbildung eines amerikanischen Hochseefischers der Jahrhundertwende, haben 120 Personen Platz. ✆ 289314070.

Auch das Unternehmen *Algarve Charters* bietet an der Marina Bootsausflüge an (im Sommer für 3 Std. oder 6 Std., im Winter Abfahrten in Albufeira) und verleiht Segelboote. ✆ 289314867, www.algarvecharters.com.

Golf   „Old Course", der älteste der sechs Plätze, wurde bereits 1969 eröffnet. Die gut bewässerten Schirmpinien haben die Bahnen über die Jahre etwas schmaler werden lassen. Beim Platz „Laguna Course" schaffen Wasserhindernisse die Schwierigkeiten. Info unter ✆ 289310341.

Jachthafen   Die Marina bietet insgesamt ca. 825 Jachten Platz. Infos unter ✆ 289310560, www.marinadevilamoura.com.

Falésia – Sandsteinklippen wie im Bilderbuch

Falésia-Strand: Der schönste Küstenabschnitt an diesem Teil der Algarve – unverbaut und kilometerlang. Der Strand ist nicht nur zum Baden interessant, seine bunten Felsformationen bieten auch herrliche Fotomotive – weiß leuchtende Sandsteingebirge mit farbenprächtigem Streifenmuster dazwischen. Unterbrochen wird die Steilküste durch talförmige Auswaschungen (man kann hineinspazieren), in denen das Tiefgrün der Pinien einen starken Kontrast zum Stein bildet. Davor lässt es sich gut baden, während man sich etwas weiter weg, bei den aus dem Meer ragenden Felsen, an den unter Wasser liegenden Brocken anständig die Beine zerkratzen kann. Das **Sheraton-Algarve-Hotel,** eine der luxuriösesten Hotelanlagen an der Algarve, hat für sich ein wunderschönes, dicht mit Pinien bewachsenes Areal oberhalb der Klippen reserviert. Ein Aufzug fährt die Gäste sogar an den Strand hinunter. Der angeschlossene Pine-Cliffs-Golfplatz hat neun Löcher und zieht sich zum Teil an den Klippen entlang.

Olhos d'Água
3200 Einwohner

Der Ort hat rund um seinen hübschen Strand noch den Charme eines kleinen, etwas improvisierten Badeorts – ein erholsamer Gegensatz zwischen Quarteira und der Tourismusmaschine Albufeira.

Das ehemalige Fischerdörfchen liegt sehr schön an einer kleinen, sandigen Bucht mit rotbraunen Kliffen zu beiden Seiten. Im pinienbewaldeten Tal dahinter stehen verstreut weiß gekalkte Häuser der früheren Fischer, aber auch bereits immer mehr Apartmentblocks und Großhotels.

Olhos d'Água bedeutet „Augen des Wassers" und bezieht sich auf die Süßwasserquellen am Strand. Sie sprudeln aber nur bei Ebbe, wenn sie der niedrige Wasserstand freigibt. Seinen Reiz als ursprüngliches Fischerdorf hat Olhos d'Água weitgehend verloren. In den vergangenen Jahren sind immer mehr Hotels und Apartmenthäuser in die Gegend gesetzt worden. Die Hauptstraße ist inzwischen asphaltiert und vieles richtet sich nach den Wünschen der Touristen. Sogar ein Parkhaus ist am Strand entstanden, das aber immerhin bewirkt hat, dass am Uferweg nicht mehr geparkt wird.

Das größte Kapital des Ortes ist der angrenzende Traumstrand von *Falésia* (nur 15 Min. zu Fuß vom Dorf entfernt, auf der anderen Seite des Hügels, in östlicher Richtung).

Postamt in der Rua da Igreja, nahe Hauptstraße. Dort auch **Banken** und **Einkaufsmöglichkeiten.**

Übernachten Individualreisende haben in der Saison schlechte Karten bezüglich einfacher Privatquartiere, die oft schon Monate im Voraus ausgebucht sind. Auch wenn die Apartmentanlagen und Hotels in guter Lage und mit Blick zum Meer meist bei Reiseveranstaltern fest unter Vertrag sind, so wurden mittlerweile so viele Großanlagen gebaut (alleine zwei zur TUI-Gruppe gehörende RIU-Häuser mit zusammen über 1000 Betten), dass auch Einzelreisende häufig noch ein Zimmer ergattern können. Doch dann kosten sehr einfach ausgestattete Apartments ca. 75 € pro Tag. In der Nebensaison wird's dafür ruhig und preiswert.

**** Villas d'Água, über den Klippen westlich des Ortes gelegen und auf die Bucht ausgerichtet. Modern eingerichteter Bau, bietet viel Komfort wie Schwimmbad und Sauna, in der Hochsaison allerdings völlig überteuert. Apartment T 1 für max. 2 Pers. je nach Saison ca. 55–180 €, Apartment T 2 für bis zu 4 Pers. ca. 80–250 €. Torre da Medronheira, ✆ 289580000, www.villasdagua.pt.

*** Apartamentos do Parque, oberhalb vom Strand. Gut eingepasste Apartmentanlage mit Pool. Apartments mit Balkon und Meerblick, auch einfachere Studios. Preise je nach Saison. Studio im Winter ab 55 € für

Olhos d'Água – die Übernachtungskapazitäten sind hier stark gewachsen

2 Pers., im Sommer bis 165 €, ohne Frühstück. Rua do Parque, ☎ 289598600, www.apartamentosdoparque.com.

Essen & Trinken   Caixote, am Strand. Portugiesische Küche, z. B. *Carne à Alentejana* (Muscheln mit Schweinefleisch), jugendliche Atmosphäre, auch Barbetrieb. Hauptgericht ab 8 €, frischer Fisch nach Kilopreis. Tägl. (außer Mo). Praia de Olhos d'Água, ☎ 289501003.

La Cigale, direkt oberhalb am Strand. Edles Restaurant, bekannt vor allem wegen seiner Meeresfrüchte. Man sitzt auch schön auf der Terrasse. Hauptgericht abends allerdings erst ab 14 €, Mittagstisch ab 7,50 €. Geschlossen vom 25. 11. bis 25. 12. Praia de Olhos d'Água, ☎ 289501637.

Tavertino's, an der Hauptstraße; innen Bar und Restaurantbetrieb, draußen Sitzgelegenheiten auf Steinbänken, umrahmt von Azulejos. Spezialität des Hauses ist das Bife a regional (Schnitzel, gebacken in einer Kartoffel-Tomaten-Soße), das nicht auf der Karte steht, aber auf Wunsch zubereitet wird. Es gibt aber auch Pizza. Hauptgericht ab 8 €. Estrada de Albufeira, ☎ 289501573.

Albufeira

ca. 25.000 Einwohner

Um den maurisch wirkenden alten Dorfkern mit seinen niedrigen Häuschen ist im Umkreis von 10 km eine Tourismusmaschinerie entstanden, die bei jungen Engländern wegen der Bierkneipen, bei älteren Engländern wegen der günstigen Überwinterungspreise beliebt ist. Trotzdem sind im Winter viele Einrichtungen geschlossen, dann leidet der Ort unter Arbeitslosigkeit.

Besonders hübsch wirkt das alte Dorf vom Strand aus betrachtet. Oberhalb der roten Sandsteinklippen stehen die weiß getünchten Häuser terrassenförmig angeordnet auf dem felsigen Dorfhügel. Dort oben liegt der älteste Teil Albufeiras mit seinen engen Gassen, ohne den üblichen Boutiquen- und Diskothekenrummel, ist er auch der schönste, selbst wenn anstelle der alten Polizeikaserne, die direkt neben der Kirche Igreja da Misericórdia stand, ein Neubau ins eigentlich winzige „historische Zentrum" von Albufeira gestellt wurde. Unglaublich, wie man die wenigen Reste, die vom alten Dorf noch übriggeblieben sind, auch heute noch den finanziellen Interessen einiger Profiteure opfert.

Beim ehemaligen **Fischmarkt,** an einem kleinen, kopfsteingepflasterten Platz hinter dem Fischerstrand, hat sich über die Jahre vieles geändert. Die ehemals hübsch ordinären Fischerspelunken, wie z. B. die *Oceano Bar*, haben aufgerüstet – inzwischen ist die gesamte Platzfläche bestuhlt. Auch die frühere Fischmarkthalle (eigentlich nur ein Dach) beschattet nur noch die Müßiggänger.

Am Fischerstrand wurden die Holzboote jeden Morgen nach Rückkehr der Fischer mit dem Traktor hochgezogen. Die Fischer sind längst verschwunden, nur ein Denkmal erinnert an sie, und der Strand ist für Touristen hergerichtet – auch Veranstaltungen finden hier statt. Für die Gäste wurde inzwischen sogar eine Rolltreppe (!) in den Hügel gebaut. So kommt man bequem zum östlichen Aussichtspunkt über der Küste. Und doch gibt es – trotz EU-Abwrackprämie und vorgeschriebener Netzmaschenweite nach Brüsseler Richtlinien – noch einige hauptberufliche Fischer. Sie sind inzwischen an den neuen Jachthafen mit dem kleinen angegliederten Fischerhafen westlich von Albufeira umgezogen und haben die Stadt ihrer letzten Real-Folklore beraubt. Am westlichen Stadtrand fährt ein wuchtiger Lift die Badefreudigen an den Strand.

Archäologisches Museum: Das sehenswerte Museum auf dem Dorfhügel beim Rathaus zeigt in der Saison wechselnde Ausstellungen, darunter historische Aufnahmen von Albufeira. Di–So 9.30–12.30, 13.30–17.30 Uhr (nicht zuverlässig), Juli/Aug. Do/Fr 14–22 Uhr. Eintritt 1 €.

Museum für sakrale Kunst: In die Igreja de São Sebastião ist ein bescheidenes Museum eingezogen (Di–So 10–16.30, Juli/ Aug. oft zudem 20–23 Uhr, Eintritt 2 €).

Baden

Der schätzungsweise 800 m lange Hauptbadestrand ist im Sommer ziemlich überfüllt, aber sauber. Eine weit vorgeschobene Felsnase mit Grotten unterteilt den Strand in zwei Hälften, auf der einen liegt der Fischerstrand. Zum westlichen Strand führt im Sommer ein Lift hinab. Am Strandende führt ein betonierter Fußweg die Felsküste entlang. Dort hat man auf den Felsen mehr Ruhe als am Strand und findet Schatten in den vom Meer ausgespülten Grotten. Allerdings ist es von hier aus schwierig, zum Wasser hinunterzuklettern.

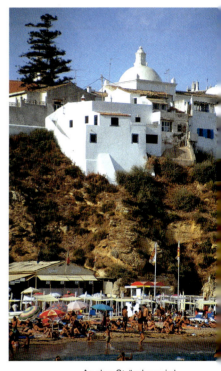

An den Stränden wird es im Sommer eng

Schöne Strände findet man in Richtung *Praia da Oura*. Keine Steilküste, sondern eine felsige Hügellandschaft mit vereinzelten, Schatten spendenden Pinien. Am Ende des Strands führen steile Stufen die Klippen hinauf zu einem Trampelpfad, der am Hotel *Auramar* vorbei nach Praia da Oura führt. Durch ausufernde Bebauung verlieren die Spazierwege leider zunehmend an Reiz.

Zu den Küsten um Albufeira ist allgemein zu sagen, dass die Urbanisierung mit Riesenschritten vorangeschritten ist. Durch den Jachthafen sind nun auch die Strände westlich von Albufeira von der Bauwirtschaft stark in Mitleidenschaft gezogen, doch sind sie noch weniger besucht als jene in östlicher Richtung. Erreichbar sind sie mit dem eigenen Wagen bzw. per Taxi oder mit dem städtischen Bus (rote Linie, bis zum Jachthafen und von dort aus zu Fuß).

Strände und Siedlungen östlich von Albufeira

Forte São João: ca. 1,5 km östlich vom Fischerstrand. Hier stand wohl einmal ein Fort, heute nennen sich einige Apartmentanlagen so. Der Apartmentblock A ist hübscher angelegt, ohne Parkplatz zwischen Strand und Ferienwohnung. Die neueren Apartmentblocks sind innen geräumiger, aber strenger und funktioneller, außerdem teurer, auch wegen der eingebauten Klimaanlage.

Der kleine Sandstrand unterhalb der Siedlung ist im Sommer natürlich voll. Weiter östlich beginnt eine Klippenküste, in Richtung Westen bis nach Albufeira Sandstrand.

Praia dos Aveiros: Die Steilküste wird an dieser Stelle für 100 m von einem traumhaften Sandstrand unterbrochen. Da der große Hotelkomplex Auramar hinter den Klippen angesiedelt ist, wird es im August eng. Aber in der Vor- und Nachsaison gibt's wieder Platz, da viele Gäste lieber am großzügigen Hotelpool herumlungern.

Aveiros Apartments **27** →Karte S. 684/685, direkt oberhalb der Bucht gelegen. Die einzelnen Apartments sind in Privatbesitz. Der Verwalter vermittelt gegebenenfalls leere Wohnungen weiter. Einige Apartments werden auch über www.algarve beachrental.com vermietet. Rezeption tägl. 10–12 Uhr. Praia dos Aveiros.

Água Viva **26** →Karte S. 684/685, einfaches Hotel kurz vor Hotel Auramar. DZ 22–120 (!) € je nach Saison. Im Winter geschlossen. Praia dos Aveiros, buchbar z. B. über booking.com.

Praia da Oura: An der kleinen, ca. 300 m langen Sandbucht wurde „urbanisiert", wie es so schön heißt. Durch einen riesig angelegten Apartmentblock wurde ein großer Teil des an der Bucht liegenden Hangs zugebaut, der allerdings in Teilen noch hübsch mit Schirmpinien bewaldet ist. Essen und trinken kann man oberhalb des Strandes auf der Terrasse eines Selbstbedienungsrestaurants. Hauptattraktion sind die wenigen Nebenerwerbsfischer, die – den Blicken schaulustiger Touristen ausgesetzt – ihre Boote noch mit Muskelkraft an den Strand ziehen.

Strände und Siedlungen westlich von Albufeira

Praia S. Rafael: 4 km westlich von Albufeira. Etwas östlich vom Strand liegt die sogenannte *Bibliothek:* Verschiedenartige Gesteinsschichten türmen sich hier senkrecht zur Wasserlinie auf – besonders eindrucksvoll ist die Perspektive vom Boot aus. Die Fläche oberhalb des Strandes wurde in den letzten Jahren relativ luxuriös zugebaut, etwa mit einem monströsen 5-Sterne-Hotel, das mit Hunderten künstlich angepflanzten Palmen umgeben wurde. Der Hauptstrand am westlichen Buchtende hat somit seine Ruhe verloren und das dortige Strandrestaurant wurde ziemlich teuer und chic aufgemotzt.

*** **Vila Channa**, in der kleinen, von Elisabeth Eden gegründeten Anlage kann man sich wohlfühlen. Insgesamt nur 18 Zimmer, auch ein Pool ist vorhanden. Leider sind keine Kinder zugelassen. Gelegen an der Durchgangsstraße oberhalb des S.-Rafael-Strandes (ca. 10 Min. zum Strand). DZ 55–175 € je nach Saison, Zimmerausstattung und Blick. Geschlossen Nov.–März. São Rafael, ✆ 289592354, http://vila-channa-hotel-albufeira.hotel-dir.com/en.

Praia da Coelha: 6 km westlich von Albufeira. Von der Küstenstraße führt beim Restaurant *O Marinheiro* ein ca. 10 Min. langer Fußweg (auf einer schmalen Straße) hinunter zur Badebucht.

Praia do Castelo: Nur etwa 1 km weiter westlich gelegen, stärker besucht, da direkt oberhalb an den Klippen geparkt werden kann. An die Stelle des Club Castelo, des ehemaligen VIP-Clubs für portugiesische Promis, ist nun eine Apartmentanlage getreten. Damit ist nun einer der letzten natürlich gebliebenen Küstenabschnitte zerstört, die Häuser sind allerdings vom Strand aus nicht zu sehen. Ein empfehlenswertes Strandrestaurant und eine Dusche sind noch vorhanden.

Praia do Galé: Der Sandstrand zieht sich kilometerlang Richtung *Armação de Pêra*. Das Hinterland überziehen mehr und mehr mächtige Apartmentblöcke. Kein historischer Dorfkern vorhanden. In östliche Richtung führt ein hübscher Wanderweg oberhalb der Felsküste zur Praia do Castelo.

Praia Grande: Ein langer, weitgehend noch unverbauter Strandabschnitt zwischen Albufeira und Armação de Pêra. Hinter dem Strand hat sich ein mächtiger, nur mit Gras bewachsener Dünenwall aufgetürmt. Zwei Strandbars finden sich am Ende der beiden Stichstraßen. Treppengänge aus alten Eisenbahnschwellen erleichtern die letzten 150 m über die Dünen. Im August ist trotz der abgelegenen Lage fast jede Parkmöglichkeit belegt.

Basis-Infos
→ Karte S. 684/685

Information Turismo, 9.30–13 und 14–17.30 Uhr, Sa/So teilweise geschlossen, im Hochsommer tägl. 9–18 Uhr. Links vor dem Tunnel, der zum Badestrand führt, Rua 5 de Outubro, ✆ 289585279.

Weitere Infobüros an den Zufahrtsstraßen Estrada de Santa Eulália (Mo–Fr 9–18 Uhr) und EN 395 (Mo–Sa 9–17 Uhr).

Verbindungen Bus: Fahrpläne erhält man im Touristbüro. Neuer Busbahnhof in der Estrada do Alto dos Caliços am nördlichen Rand der „Neustadt". Dort Ticketverkauf, zusätzlich auch im „Bus-Shop" im Zentrum an der Av. da Liberdade. Innerstädtisch verkehren 4 Buslinien (zwei rote, je eine grüne und blaue Linie), die auch den Busbahnhof ansteuern. Fahrpreis ca. 1,40 €, Tagesticket ca. 4 €, aufladbare Karte (für 3 €) mit 10 Fahrten ca. 8 €.

Bahn: Nächste Bahnstation in Ferreiras, ca. 6 km von Albufeira entfernt. Die Anbindung an den Bahnhof ist schon seit längerem geplant. Ein Taxi kostet etwa 10 € zzgl. Gepäckzuschlag. Von Ferreiras Direktzug nach Lissabon.

Taxis an der Rua 1° de Dezembro, Av. 25 de Abril und Av. da Liberdade. Tagesausflüge sollte man auf jeden Fall einen Tag vorher mit dem Taxifahrer absprechen.

Arzt Dr. Melo, deutsch sprechender Allgemeinarzt, Albuclinica, Rua Gil Vicente 4 B/C, ✆ 289512878, Notfalltelefon 919268964 (mobil).

Auto-/Zweiradverleih Zahlreiche **Autovermietungen** im Ort. Anfragen kann man bei den Reisebüros im Zentrum.

Vespa Rent 🔲 vermietet Fahrräder und Mopeds. Ums Eck vom „Strip" nördlich der Praia da Oura. Preise variieren nach Mietdauer. Auch „richtige" Motorräder über 600 ccm gibt es. Rua Alexandre Herculano, ✆ 289542377, www.vesparent.com.

Bibliothek Rua da Quinta Correeira.

Einkaufen Wochenmarkt (viele Billigklamotten) jeden 1. und 3. Di im Monat, ebenfalls in der Neustadt in der Estrada do Alto dos Caliços, nahe Busbahnhof. **Algarve Shopping**, ein riesiges Einkaufszentrum, viele internationale Marken haben hier ihren eigenen Laden (Vobis, Bang and Olufsen etc.). Richtung Guia an der N 125.

Feste, Konzerte Das Heiligenfest **Festa da Nossa Senhora do Ourado** mit Prozession durch den Ort findet am 14. Aug. um ca. 17 Uhr statt. In der Saison am Di und am Sa abends am Largo Pacheco Konzerte, abwechselnd Latino, Folk und portugiesische Folklore.

Jachthafen Wer Albufeira per Jacht an-steuert, landet an der neuen Marina. Gigan-tische Erdbewegungen am westlichen Ortsrand ließen aus einem niedrigen, zum Meer abfallenden Talausschnitt einen künstlichen Hafen entstehen. Drumherum gibt's bunte Häuser und Cafés, etwas ober-halb Luxushotels.

Post Zweigstellen in den Apartment-An-siedlungen Cerro de Alagoa und Areias de São João (das Hauptpostamt im Stadtzent-rum wurde 2013 eingespart).

Telefonnummern Polizei ✆ 289583310, Centro de Saúde ✆ 289598400.

Aktivitäten

Ausflüge Der Holländer Fred von der Meer organisiert mit seinem Unternehmen Tours & Tracks verschiedene Wander- und Radtouren, aber auch Surf- oder Kletter-kurse. Av. da Liberdade 144, ✆ 924086457 (mobil), www.toursandtracksalgarve.com.

Sport Wassersport bieten zahlreiche An-bieter im Jachthafen. *Dream Wave* vermie-tet auch Jetskis (✆ 289102117, www. dreamwavealgarve.com).

Tauchen mit Indigo Divers, in Areias do São João. Tauchkurse und Ausflüge. Rua do Mercado, Lote M, Loja A, T 289587013, www.indigo-drivers.pt.

Golfplatz *Salgados*, westlich, bei der Praia da Galé, ein neuer Platz mit 18 Löchern in einem früheren Feuchtgebiet. Zum Bewäs-sern wird zum Teil aufbereitetes Abwasser benutzt, um die Grundwasservorräte zu schonen, Vale de Rabalho, ✆ 289583030.

Stierkampf Wird in einer großen Arena mit Läden, Wohnungen und einer Disko-thek unterhalb der Sitzreihen geboten. Ins-gesamt haben 5000 Zuschauer Platz, es wird aber nur selten zu Spezialveranstaltun-gen voll, auch weil die Ablehnung dieses Umgangs mit Tieren in Portugal deutlich zunimmt. Von Juni bis Ende Sept. jeden Sa, Beginn der Vorführung gegen 22 Uhr. Ti-ckets beim Eingang erhältlich sowie in fast allen Hotels und Reiseagenturen. Av. dos Descobrimentos am Ortsausgang von Albufeira Richtung Vilamoura, ✆ 289510280.

Delfinshow im Wasserzoo Hauptattrak-tion von **Zoomarine** ist die Delfinshow (mehrmals tägl.), die von Tierschützern al-lerdings abgelehnt wird. Ansonsten werden

Ü bernachten
4 Limas
6 Orange Terrace
7 Baltum
11 Sol a Sul Apartments
13 Rocamar
14 Sol e Mar
15 Vila Branca
22 Alísios
25 Água Viva
26 Aveiros Apartments

C afés
19 Pastelaria Riviera

S onstiges
21 Vespa Rent

E ssen & Trinken
1 O Manjar
2 O Veleiro
3 Bagatelle
8 Cervejaria Maré
9 Churrasqueira Ti Gracinda
10 Dom Carlos
12 Tasca do Viegas
17 O Penedo
18 A Casa da Avó
23 Três Palmeiras

N achtleben
5 Sir Harry's Bar
16 Bar Bizarro
20 Libertos Club
24 Disco Kiss

Innenstadt
100 m

Albufeira
Übersicht
500 m

Auf die letzten „historischen" Reste an der Promenade wartet die Spitzhacke

noch Kunststückchen mit Papageien, See-
löwen und Haien gezeigt. Eintritt ca. 29 €,
unter 10 und über 65 J. 19 €, bei Onlinekauf
Nachlass. April–Okt. 10–18 Uhr, Juli/Aug. bis
19.30 Uhr. Geschlossen Anfang Nov. bis
Mitte März. An der N 125, km 65 bei Guia,
✆ 289560300, http://www.zoomarine.com.

Übernachten/Camping   → Karte S. 684/685

Das Zimmerangebot wird in den Sommermonaten knapp, was bei dem Massen-
andrang verständlich ist – 130.000 Betten sind in Albufeira registriert! Viele große
Hotelbauten und Feriendörfer haben sich mehrere Kilometer außerhalb angesiedelt. Im Winter sind vor allem die kleineren Unterkünfte geschlossen.

**** **Sol e Mar** 🔟, zwischen den Klippen
vom Hauptbadestrand. Optimale Lage. Mit
dem Bau dieses Hotels etablierte sich Anfang der 1960er-Jahre der Tourismus in
Albufeira. DZ ca. 29–235 € je nach Saison.
Rua José Bernardino de Sousa,
✆ 289580080, www.grupofbarata.com.

*** **Rocamar** 🔟, 500 m südwestlich vom
Zentrum. Würfelförmig zusammengesetz-
ter Bau am Strand oberhalb der Klippen.
Geräumige, wohnlich eingerichtete Zimmer
mit Balkon. Leider sind Kinder uner-
wünscht. Insgesamt 88 Betten. DZ 75–280 €
(!), mit Landblick und ohne Balkon Nachlass. Largo Jacinto D'Ayet, ✆ 289540280,
www.rocamarhotels.com.

** **Baltum** 🔟, mitten im Zentrum. Komplett
saniertes, einfaches Hotel, alle 58 sachlich
eingerichteten Zimmer haben Klimaanlage,
Heizung und Sat-TV. DZ je nach Saison 34–
126 €. Av. 25 de Abril 26, ✆ 289589102, www.
baltumhotel.com.

Vila Branca 🔟, am oberen Rand der Altstadt, ca. 5 Min. bis zum Strand. Alle Zimmer des dreigeschossigen Baus haben einen eigenen Balkon, Klimaanlage und Kühlschrank. DZ 30–80 €. Rua do Ténis 4,
✆ 289586804, www.vilabranca.com.pt.

Limas 🔟, in der Altstadt. DZ ca. 30–70 € je
nach Saison, auch Apartments für 4–6 Personen für 40–90 €. Im Winter geschlossen.
Rua da Liberdade 25, ✆ 289514025, www.
limasresidencial.com.

»» Lesertipp: **** **Alísios** 🔟, direkt auf der
Klippe. Im Familienbesitz, relativ klein, sehr
stilvolle Einrichtung. Das Hotelrestaurant
bietet ambitionierte portugiesische Küche.

Av. Infante D. Henrique 83, www.hotel alisios.com. **《**

Sol a Sul Apartments ▮11▮, im Zentrum. 18 unterschiedlich große, fröhlich eingerichtete Apartments für bis zu 6 Personen. Entweder mit Kitchenette oder mit voll eingerichteter Küche. Salzwasserpool. Studio für 2 Pers. je nach Saison 49–110 €, größere Apartments 60–193 €. Edifício Neptuno, Rua Dr. Diogo Leote, 5–7, ✆ 289040805, www.solasul.com.

Orange Terrace Hostel ▮6▮, am nordöstl. Rand der Altstadt. 2013 eröffnetes Hostel mit Privatzimmern und 4- bis 6-Bett-Schlafräumen, wobei die Farbe Weiß vorherrscht. Gemeinschaftsküche und Terrasse. DZ je nach Saison 25–60 €, Bett im Schlafraum 13–23 €, ohne Frühstück. Rua Padre Semedo Azevedo 24, ✆ 289047895, www.orange-terrace.com.

Camping **** Parque de Campismo de Albufeira**, ca. 2 km nördlich an der Straße zum Bahnhof Ferreiras. Großes Areal, das sich über ein hügeliges Gelände erstreckt, mit Tennisplatz und Schwimmbad. Einer der teuersten Plätze an der Algarve. Ermäßigung mit Camping-Ausweis und Cartão Jovem. Es werden auch Bungalows vermietet. Tagsüber verkehren etwa stündl. Busse nach Albufeira bzw. zum Bahnhof Ferreira. Person ca. 5,80 €, Auto 6,50 €, Zelt 7,50 €. Ganzjährig geöffnet. Estrada das Ferreiras, ✆ 289587629, www.campingalbufeira.net.

Essen & Trinken → Karte S. 684/685

Die gemütlich aufgemachten Touristenrestaurants liegen preislich beträchtlich über den einfachen Tavernen. Die Qualität des Essens und die Preise dieser Restaurants ändern sich häufig, da die Besitzer ständig wechseln. Wir haben versucht, ein paar schlichte Tavernen außerhalb Albufeiras zu finden, zu denen es sich für Leute mit Auto hinzufahren lohnt. Im Ort selbst gibt es keine „Geheimtipps" mehr.

Restaurants   **Três Palmeiras** ▮23▮, im Ortsteil Areias de S. João, ca. 1,2 km östlich des „Strandes der Boote" an der Küstenstraße (an Inatel vorbei), nicht weit vom großen Kreisverkehr. Gutbürgerliches Restaurant. Hier stimmt das Preis-Leistungs-Verhältnis, was für ein ständig gefülltes Lokal sorgt. Tägl. wechselnde Karte. Spezialitäten sind z. B. *Camarão de caril* oder *Costeletas de Borrego* (Lammkoteletts). Fleischgerichte ab 10 €, Fisch ab 12 €. Tägl. außer So. Av. Infante Dom Henrique 10, ✆ 289515423.

Bagatelle ▮3▮, etwas abseits, nordwestlich vom Zentrum. Nette Atmosphäre, man sitzt auf einer geräumigen Terrasse, relativ preiswerte Pizza, Omelettes, Schnitzel und andere einfache Gerichte ab 7 €. Im Winter geschlossen. Rua Dr. Diogo Leote 36, ✆ 289515334.

Dom Carlos ▮10▮, nördlich des früheren Fischmarkts, oberhalb der Bucht. Das kleine, in weiß gehaltene Lokal wird in Albufeira schon als Feinschmeckerlokal gehandelt. Das fünfgängige Festmenü kostet denn auch ca. 49 €. Vorbuchen empfehlenswert (30 Sitzplätze). Geöffnet nur Mi–So abends, im Winter geschlossen. Rua Alves Correia 100, ✆ 289541224.

O Penedo ▮17▮, etwas abseits vom Haupttrubel. Relativ klein. Fisch, Meeresfrüchte, Nudelgerichte. Stimmungsvolle Lage – Terrasse über den Klippen. Hauptgericht ab 10 €, Salate, Toasts, Sandwiches ca. 4–9 €. Rua Latino Coelho 15, ✆ 289587429.

Tasca do Viegas ▮12▮, ebenfalls am Platz. Frischer Fisch, Meeresfrüchte, auch Schnitzel und Pizza, ohne die selbst ein Fischlokal in Albufeira kaum mehr überleben kann. Hauptgericht ab 13 €, frischer Fisch ab 60 € pro Kilo. Tägl. (außer So). Rua Cais Herculano 2, ✆ 289514087.

》》 Lesertipp: O Veleiro ▮2▮, recht ordentliche portugiesische Küche, besonders der Hauswein ist von außergewöhnlicher Qualität. Auf Nachfrage gibt es auch einen selbst gebrannten Medronho (Matthias Rinke). Touristenmenü 10,50 €. Rua 5 de Outubro 87-A. **《**

O Manjar ▮1▮, typisch portugiesisch, leckere Eintopfgerichte, vieles auch vom Grill ab 12 €. Tägl. (außer So). Rua do M.F.A. 17, ✆ 289588908.

A Casa da Avó ▮18▮, am nordöstlichen Stadtrand. Das vielfach prämierte Traditionslokal wurde auf chic getrimmt. Das Essen (z. B.

Algarve → Karte S. 632/633

Lammtopf mit Erbsen, Kartoffeln und Kräutern) ist noch immer empfehlenswert. Aber man muss das Moderne (inkl. Flachbildschirm-TV) mögen. Hauptgericht ab 11 €. Tägl. (außer Di). Rua do M.F.A. 97, ✆ 289587886.

Churrasqueira Ti Gracinda 🟦9🟦, nördlich vom alten Fischmarkt. Kleines, einfaches Lokal für Einheimische. Grillspezialitäten ab 6 €, Cataplanas ab 30 € für 2 Personen. Tägl. (außer So). Travessa dos Telheiros 4, ✆ 289512981.

Cervejaria Maré 🟦8🟦, am Hauptplatz Largo Eng. Duarte Pacheco. Wir aßen hier schon des Öfteren leckeren Tintenfischsalat. Etwas kleinere Auswahl als üblich, dafür aber gemütlichere Atmosphäre, da die Räumlichkeiten kleiner sind. Hauptgericht ab 8 €. Tägl. (außer So), im Winter geschlossen. Largo Eng. Duarte Pacheco 25, ✆ 289512219.

》》 Lesertipp: O Pinhal do António, „große Portionen zu relativ günstigen Preisen. Das Ganze in einem schon fast noblen Ambiente. Hier sollte man auf keinen Fall das Couvert zurückgehen lassen, sondern die in Öl und Knoblauch eingelegten Möhrchen genießen" (Frank Schmidt). In Roja Pé, östlich von Albufeira, nahe dem Falésia-Strand, direkt gegenüber dem Sheraton Hotel, ✆ 289501894. 《《

Café Pastelaria Riviera 🟦19🟦, im Neubauviertel, in der monströsen Apartmentanlage Brisa Sol an der Av. dos Descobrimentos. Köstliche Sahne- und Obsttorten, alles selbst gemacht, auch das Eis. Lecker z. B. die Torta de Maçã cozida, ein gedeckter Apfelkuchen; oder Bratapfel im Teigmantel, der für 2 reicht. Rua do Município, Lote 27.

Restaurants westlich von Albufeira
O Marmeleiro, 2,5 km vom Ortsrand Richtung Guia. Sehr preiswert ist das gegrillte Hähnchen für ca. 6 €. ✆ 289513293.

O Marinheiro, in Sesmarias/Praia S. Rafael, ca. 4 km westlich von Albufeira. Abzweig Richtung Praia da Coelha. Das von Joaquim Coelho und seiner Frau Monika (Schweizerin) geführte Lokal ist bekannt für seine abwechslungsreiche mediterrane Küche (Hauptgericht ab 14 €). Auch einige vegetarische Spezialitäten stehen auf der Karte. Von April–Okt. tägl. und nur abends ab 18.30 Uhr geöffnet, im März, Okt., Nov. am So geschlossen, im Winter zu. Caminho da Praia da Coelha, ✆ 289592350.

》》 Lesertipp: São Domingo, „gute Mischung aus internationaler und algarvianischer Küche, die Fleisch- und Fischgerichte haben uns begeistert, köstliche hausgemachte Nachspeisen" (Frank Schmidt). Estrada de Vale Rabelho, ✆ 289592349. 《《

Pitéu da Galé, ca. 300 m nördlich vom Centro Comercial de Galé in Richtung Guia. Das kleine, saubere Lokal wurde vom mittlerweile verstorbenen deutschen Wirt Heino gegründet. Seine Frau bietet Steaks, Fisch und Meeresfrüchte-Eintöpfe (Hauptgericht ab 15 €). Auch vegetarische Gerichte (um 12 €). Erst ab 18.30 Uhr geöffnet. Vale Rabelho – Galé, ✆ 289591249.

》》 Mein Tipp: Ramires, in Guia, an der N 125 von Faro nach Lagos. Etwas versteckt in einer Dorfstraße, südlich der Durchgangsstraße. Das Lokal mit seinem urigen Gastraum existiert seit 1964 und ist bekannt für seine Piri-Piri-Hähnchen, ca. 6,50 € für ein halbes Hähnchen. Rua 25 de Abril 14, ✆ 289561232. 《《

O Teodosio – O Rei dos Frangos, am nördlichen Ortsrand von Guia, an der Straße nach Algoz gelegen. Es gilt als das beste „Chicken-Restaurant" in Portugal. Preis für die halbe Hähnchenportion ca. 6,50 €. ✆ 289561318.

Richtung Landesinneres Veneza, am Ortsausgang von Mem Moniz, etwa auf halbem Weg zwischen Ferreiras und Purgatório rechts an der Straße. Berühmt für seine Meeresgerichte und die ausgezeichnete Weinauswahl. Freundlich, aber überdurchschnittliche Preise. Hauptgericht ab 15 €. Di und Mi mittags geschlossen. Mem Moniz, ✆ 289367129.

Zip Zip, in Purgatório, ca. 11 km nördlich an der Straße nach Lissabon. „Purgatório" bedeutet Fegefeuer. Das „Hähnchen im Fegefeuer" ist sündhaft gut. Der knusprige Frango no forno kommt in einer prima Soße. Als Vorspeise sind Caracois zu empfehlen, Schnecken, die mittels eines Agaven-Dornes aus dem Gehäuse gezogen werden. Snacks ab 4 €, Hauptgericht ab 7 €. Das Essen wird im kleinen Nebenraum oder auf der Terrasse serviert. Tägl. (außer Mo). ✆ 289367155.

Moiras Encantadas, noch etwas weiter (in Purgatório rechts abbiegen) in Paderne. Der Landgasthof offeriert unter Steingewölben verfeinerte portugiesische Gerichte,

Abendstimmung in Albufeira

die man in den Touristenhochburgen meist nicht angeboten bekommt; etwa Tintenfisch (*Polvo*) mit Süßkartoffeln. Hauptgericht um 14 €. Nur Abendessen, So geschlossen. Rua Miguel Bombarda 2, Paderne, ℘ 289368797

Nachtleben

→ Karte S. 684/685

Im Schatten des „historischen" Dorfkerns hat sich die *Rua Cândido dos Reis* als Kneipenstraße etabliert. In der engen Gasse ist am späteren Abend fast kein Durchkommen mehr möglich, da zu beiden Seiten auch noch Kleidungs- und Schmuckhändler ihre Waren anbieten. Nicht ganz so gedrängt verläuft ein Kneipenbummel entlang des sogenannten *Strip* im Hotelviertel östlich der Altstadt.

Bars ≫ **Mein Tipp:** Bar Bizarro , neben dem unteren Ausgang des Hotels *Rocamar*. Geschmackvoll, Bildergalerie an den Wänden. Fällt gerade hier in Albufeira aus dem Rahmen. Toplage an der Esplanade, die an den Kliffen entlangführt. Die Amerikanerin Joanne führt dieses Lokal seit 1974. Tägl. außer So ab 11 Uhr, Nov.–März geschl. Esplanada Dr. F. Silva. ≪

Sir Harry's Bar 5, am Hauptplatz. Eine der ältesten Bars von Albufeira, die jahrzehntelang wegen des früheren schnauzbärtigen Wirts Harry berühmt war. Heute eines der wenigen Lokale mit Livemusik ab 21 Uhr. Tägl. 9–4 Uhr. Largo Eng. Duarte Pacheco.

Libertos Club 20, lohnenswerte Bar auf dem „Strip". Auf der Freiluftterrasse mit Pool und TV-Großleinwand spielt im Sommer fast tägl. bis 24 Uhr eine Band, danach geht es in den schallisolierten Discoräumen weiter. www.libertosclub.com.

Diskotheken So richtig los geht's erst um Mitternacht – dann ist nur noch wenig Platz auf den Tanzflächen.

Weitere Discos: **Kiss** 24, in Praia da Oura und **Capitulo V** im Tourismuskomplex Borda d'Água (nur im Juli und Aug.). Außerhalb, an der Straße nach Vilamoura **Kadoc**, die größte an der Algarve. Auf drei verschiedenen Tanzflächen wird eigene Musik geboten.

Algarve → Karte S. 632/633

Armação de Pêra

Der Badeort mit seinen Apartmenttürmen wirkt auf den ersten Blick wenig einladend, doch die gepflegte Strandpromenade präsentiert dem Besucher die schöne Seite von Armação. Auch der alte Ortskern hinter dem alten Fort zeigt noch ein wenig Ursprünglichkeit.

Der Ort liegt an einer breiten, sandigen Bucht, die nach Westen in eine Felsenküste mit kleinen Sandbuchten übergeht. Richtung Osten erstreckt sich ein ca. 7 km langer Sandstrand bis nach Galé. Diese baufreie Zone mit spärlich bewachsenem Hinterland sollte auch in Zukunft eigentlich Natur pur bleiben. Trotzdem entstand inzwischen im Dünengebiet um die Praia dos Salgados eine große Tourismus- und Apartmentanlage. Ursprünglich war Armação de Pêra nur eine Ansammlung von Fischerhütten der Bauern des etwas landeinwärts gelegenen Dorfes Pêra (= Birne). Erst als im 18. Jh. das heute noch vorhandene Küstenfort erbaut wurde, entstand der eigentliche Ort.

Information Turismo, tägl. (außer So) 9–13, 14–17.30 Uhr, im Hochsommer auch So geöffnet. Av. Marginal (Strandpromenade), ✆ 282312145.

Verbindungen Bus: nach Portimão, Silves und Faro ab dem Busterminal (ca. 300 m landeinwärts vom Fort). Busse halten auch an der Strandavenida, etwas weiter außerhalb vom Hotel Holiday Inn.

Bahn: Nächste Bahnstation ist Alcantarilha ca. 4 km nördlich.

Feste Stadtfest am 3. Sonntag im Sept. mit Prozession durch den Ort. Abends Tanz zu Akkordeonmusik am Fischerstrand. Am 3. So im Sept. **Festa da Nossa Senhora dos Aflitos** für verzweifelte Seelen.

Postamt Rua Dom Afonso III.

Telefonnummern Polizei ✆ 282312140, Centro de Saúde ✆ 282312572.

Übernachten **** Holiday Inn, an der Strandpromenade. Sternförmiger, moderner Bau am Strand. Wie üblich in dieser Preisklasse mit Pool und direktem Strandzugang. DZ 35–209 € je nach Saison, Größe und Lage der Zimmer. Av. Marginal, ✆ 8008313990 (kostenlos) und 282320260, www.ihg.com.

***** Vilalara Thalassa Resort, westlich von Armação de Pêra. Der Prospekt verspricht „Luxus für eine internationale Elite, die unter sich bleibt". Hübsch sind sie schon, die sandfarbenen, niedrigen Häuser, optimal der Landschaft angepasst, „weicher" Baustil, keine Kanten und rechte Winkel – sie erinnern etwas an die von Gaudí entworfenen Häuser in Barcelona. Ursprünglich das Privathotel für die Freunde eines Ölhänd-lers, jetzt ein Wellnesshotel. DZ ca. 190–500 € je nach Saison. Praia Gaivotas, ✆ 282320000, www.vilalararesort.com.

***** Hotel Vila Vita Parc, westlich von Armação de Pêra. Unbestrittene Luxusklasse. Mit aufwendig gestalteter Gartenanlage und gediegenem Wellnessbereich, in der Hand deutschen Versicherungskonsortiums. DZ ab 230 €. Praia Gaivotas, ✆ 282310100, www.vilavitaparc.com.

**** Casa Bela Moura, ebenfalls westlich vom Ort. Als Country Guest House firmierendes Minihotel unter holländischer Leitung mit 13 Zimmern, im Haupthaus moderner, im Nebengebäude rustikaler eingerichtet. Zum Strand Senhora da Rocha sind es ca. 10 Min. Pool vorhanden. DZ je nach Saison ca. 99–199 €. Geschlossen Dez.–Febr. Estrada de Porches, ✆ 282313422, www. casabelamoura.com.

Casa Sofia, am nördlichen Altstadtrand. Moderner Bau mit 11 Zimmern. Ruhige Lage, kleiner, begrünter Patio, Gemeinschaftsküche. DZ je nach Saison ca. 35–55 €. Besitzer sind oft nicht da, vorher anrufen. Rua Vasco da Gama 22, ✆ 282312478, www.algarve-live.de/casasofia.

Camping Canelas, ca. 600 m außerhalb an der Straße nach Alcantarilha. Freundlicher Platz auf leicht hügeligem Gelände, auch Schattenplätze. Person ca. 2,70–5 €, Zelt ca. 2,50–5,50 €, Auto ca. 1,50–3 €. Alcantarilha, ✆ 282312612,

Armação de Pêra, etwa 500 m zum Strand. Person je nach Saison ca. 3–5,50 €, Zelt ca. 2–6 €, Auto 2–3,50 €. Alcantarilha, ✆ 282312260, www.camping-armacao-pera.com.

Essen & Trinken O Serol, an der Promenade nahe dem Fischerstrand. Exzellentes, einfaches Restaurant mit Snackbar, um die Bedienung zu sparen. Es gibt ausgezeichnete *Cataplana de Peixe* um 15 €, Fischgerichte ab 30 €/kg. Auch **Zimmer** werden vermietet. Tägl. (außer Mi). Rua Portas do Mar 2, ✆ 282312146.

>>> Mein Tipp: Zé Leitero, beim oben genannten Restaurant O Serol links die Gasse hinein. Frisch gegrillter Fisch, so viel man will. Keine Reservierung, man muss meist erst Schlange stehen, bis ein Platz frei wird. Unaufgefordert kommt dann der Fisch auf den Tisch. Die Fischplatte einschließlich Nachschlag kostet ca. 12,50 €. Tägl. (außer Mo). Rua Portas do Mar 17. ≪

O Casarão, schräg gegenüber der Markthalle am nördlichen Altstadtrand. Preiswertes Restaurant, alle Hauptgerichte (ab 7 €) kommen vom Grill. Spezialität: Hühnchen. Tägl. (außer Do). Rua Bartolomeu Dias, 71, ✆ 282313715.

Umgebung von Armação de Pêra

Senhora da Rocha: Die sehenswerte romanische **Kapelle** befindet sich einige Kilometer westlich von Armação de Pêra. Auf einer weit ins Meer ragenden Klippe entdeckt man ein merkwürdiges Kirchlein, das wegen seines weiß gekalkten, sechskantigen Pyramidenturms auffällt. Im Innern hängen Wachsbüsten und andere Dankesgaben für die wundertätige Senhora – für viele Bewohner der benachbarten Dörfer ist die Kapelle ein Wallfahrtsort. Erbaut wurde sie im 13. Jh., nachdem die Muttergottes erschien und ein Fischerboot aus dem Sturm rettete. Die alten Kapitelle und Säulen stammen aus einem ehemals weiter landeinwärts gelegenen römischen Tempelchen (wahrscheinlich 3. Jh.).

Auf dem die Kirche umgebenden Plateau stehen einige kleine Zierkirschenbäumchen, die zu den weißen Mäuerchen der Kirchenumfriedung einen fotogenen tiefgrünen Kontrast schaffen. Von dem rund 30 Meter über dem Meer liegenden Kliff hat man einen wunderbaren Ausblick auf die rot leuchtende Felsküste. König

Klippenkapelle Senhora da Rocha

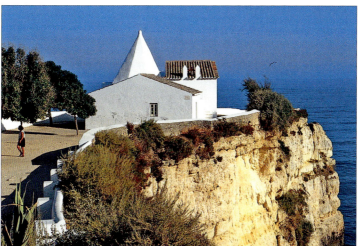

Afonso III. wählte diesen Küstenabschnitt für seine Sommerresidenz; Reste davon sind aber keine zu finden.

Zu beiden Seiten des Kliffs schöne Sandstrände, die durch einen Tunnel miteinander verbunden sind. Für Getränke und Snacks gibt es mehrere Tascas.

»» Lesertipp: Strandrestaurant Vilarinho, das preiswerte Strandrestaurant direkt am Strand bereitet die beste Caldeirada an der Algarve zu. Mit Vorbestellung für ca. 22 € (Renate Liebel, Remchingen). Tägl. geöffnet. **««**

Meeresgrotten: Interessante Ausflugsmöglichkeiten gibt es per Boot zu den Meeresgrotten westlich von Armação de Pêra. Durch die Grotten kann nur bei niedrigem Wellengang gefahren werden. Es ist ein schönes Erlebnis, wenn der Kapitän das Boot ohne Motor treiben lässt und kein Lärm das Glucksen des Wassers stört.

Außerhalb der Fischfangzeiten fahren Fischer am Strand entlang und werben mit einem Schild für Grottenfahrten.

Küste zwischen Armação de Pêra und Portimão

Dieser Küstenabschnitt ist erfreulicherweise wenig mit Feriensiedlungen bebaut. Die meisten Badebuchten erreicht man über inzwischen geteerte, schmale Sträßchen mit Ausweichbuchten. Allerdings sind die meisten Strände aufgrund von Felsbrüchen gefährdet und müssen zeitweise sogar gesperrt werden. Hinweistafeln sollte man unbedingt berücksichtigen.

Praia de Albandeira: Kleine, durch eine Felsnase aufgeteilte Bucht. Im linken Bereich sind die Felsen so überhängend, dass man sich dort ein schattiges Plätzchen suchen kann. Auch ein Strandcafé ist vorhanden. An der westlichen Seite gelangt man durch einen natürlichen Felsdurchbruch in die Minibucht *Beijinho* (Küsschen), die durch eine quergestellte Klippe fast völlig vom Meer abgetrennt ist. Der lang gestreckte Fels, der nur etwa 2 m aus dem Meer herausragt, heißt bei den Einheimischen „U-Boot". Bei Flut bietet die Bucht auf dem schmalen Sandstreifen allerdings kaum Liegemöglichkeiten. Achtung: Felsabbrüche machen die Stelle nicht ungefährlich. Es sollen riesige Bauvorhaben in der Gegend geplant sein.

Praia da Marinha: Ein eindrucksvoller Strandabschnitt mit hohen, zum Teil überhängenden Felsen. Ein gut gepflegter Treppenweg führt von einem geräumigen Parkplatz hinunter. Auch hier unbebaute Küste pur.

Benagil: Hier führt die asphaltierte Küstenstraße in einer Schleife direkt in die enge Badebucht hinunter. Dementsprechend groß ist der Andrang, besonders bei den Parkplätzen entlang der Straße. Das eigentliche Dorf etwas weiter oben hat keine touristische Infrastruktur.

Übernachten Wenige Möglichkeiten rund um Benagil.

Essen & Trinken Casa Velha do Pescador, an der wenig befahrenen Straße von Benagil nach Caramujeira. In einem alten Häuschen werden frischer Fisch nach Kilopreis oder Cataplanas gereicht. Hauptgericht ab 12 €. Außerhalb der Saison am Di geschlossen. ℡ 282358840.

O Algar, oberhalb der Benagil-Bucht. Von der Terrasse schöner Blick hinunter. Das Lokal ist für das Touristenauge jedoch nicht so gefällig wie die Konkurrenz. Vor allem gibt's frischen Fisch. Nur abends geöffnet, tägl. (außer Mo). Praia de Benagil, ℡ 282358951.

Carvoeiro

ca. 2800 Einwohner

Carvoeiro war einst eines der attraktivsten Küstendörfer der Algarve. Es liegt in einer engen, sandigen Bucht mit steil aus dem Meer ragenden Felswänden. Dahinter stehen auf niedrigen Hügeln weiß und bunt angestrichene Sommerhäuser aus den 1930er-Jahren.

An diesem Küstenabschnitt ist die Steilküste schroff und felsig, mit wenigen, schmalen Sandbuchten. Direkt an der Küste wächst spärliche Vegetation. Im hügeligen Hinterland fallen insbesondere Öl- und Mandelbäume ins Auge.

Das Hügelland Carvoeiros gehörte den Bauern von *Lagoa*, einem Dorf 5 km landeinwärts. Durch den Verkauf von Wein nach Bordeaux, der dort mit den etwas herben französischen Säften verschnitten wurde, kamen die Bauern zu einigem Wohlstand. Ihre Söhne konnten sich ein Studium in Lissabon leisten, erwarben Doktortitel und ließen sich in Carvoeiro Sommerhäuser bauen. Dazu gesellten sich ein französischer Filmdirektor und ein englischer Adliger – und schon war Carvoeiro ein Modeort. Ein Spielcasino wurde gebaut, ging aber wieder pleite.

Später kamen die Grundstücksmakler. Das „wertlose" Land am Meer, das dem Müßiggang frönenden Bauernsöhnen vererbt worden war, erfuhr einen enormen Wertzuwachs. So entstanden ums Dorf viele kleine und große Sommerhäuser, Vorgärten und Grundstücke mit hohen Mauern – Geld spielte oft keine Rolle ... Lange konnte die starke Villenlobby den Bau großer Hotels verhindern. Doch der Bauboom der letzten 30 Jahre hat Carvoeiro zu einer der größten Ferienhaussiedlungen an der ganzen Algarve gemacht; Hotels und Apartmentsiedlungen überziehen mittlerweile alle Hügel. Eine durchaus originelle Verschönerung sind die bunt bemalten Stromkästen, die „Carvoeiroboxes".

Sehenswert sind die bizarren Felsformationen und die verwunschenen Grotten von *Algar Seco*, die man über Stufen unterhalb der gleichnamigen Ferienanlage im Osten des Orts erreichen kann.

Baden um Carvoeiro

Die schmalen Buchten der Gegend sind sehr windgeschützt und lassen das Baden auch in der Vorsaison nicht zu einer Abhärtungskur werden. Nachteil ist, dass die Sonne bereits am Nachmittag hinter den Felsen verschwindet. Wegen der hohen Kliffe zu beiden Seiten der Bucht und der bunten Fischerboote wirkt der Dorfbadestrand besonders malerisch. In der Saison drängeln sich hier allerdings wesentlich mehr Menschen, als der nur ca. 200 m lange Strand eigentlich verträgt. Dusche vorhanden. Eine Ausweichmöglichkeit, aber meist ebenso überfüllt, bietet der *Paraíso-Strand* westlich des Dorfes.

Östlich von Carvoeiro gibt es mehrere Badebuchten. Die näher gelegenen sind bequem zu Fuß zu erreichen. Für die anderen gibt es ca. 16-mal tägl. die Busverbindung von Carvoeiro zum Praia do Carvalho. Allerdings sind manche Strände sehr schmal; auch die Abspülungen des Sandes durch die Meeresfluten haben dazu beigetragen.

Centeanes-Strand: Er gehört zu einer der schönsten Buchten der Gegend und liegt ca. 1 km östlich vom Tivoli-Hotel. Von Carvoeiro führt der Wanderweg PR 1 hin. Der schmale Sandstrand, dessen überhängendes Kliff aus Sicherheitsgründen abgebaggert

Algarve → Karte S. 632/633

Farbenspiel

wurde, ist von der Straße über Treppen und Muschelfelsen zu erreichen. Die Strandlänge variiert stark, je nach Wasserstand (Durchschnittslänge 100 m). Für kühles Bier und Imbiss sorgt der Kiosk in einer Bretterbude. In den Hang über dem Strand wurde ein monströser Apartmentblock gebaut.

Carvalho: Ungefähr 5 km östlich von Carvoeiro liegt der Strand von Carvalho. Kurz hinter dem Leuchtturm, nach der Villensiedlung Alfanzina und dem Club Atlântico, endet die Straße zum Strand. Ein Fußweg führt rechts an der Mauer entlang bis zu einem Durchbruch, dann talwärts über einen Trampelpfad bis zu einem Felstunnel, der einzigen Verbindung zum eindrucksvollen Strand. Seit in der Villensiedlung Club Atlântico jeden Sommer Hunderte von Touristen untergebracht sind, ist er nicht mehr so abgeschieden, doch immer noch nicht überlaufen. Allerdings verschwindet wegen der überhängenden Felswände auch hier die Sonne schon recht früh am Nachmittag. Der alte Wachturm und das Mäuerchen oberhalb vom Strand stammen aus einer Zeit, als das ganze Gebiet Privateigentum war (bis 1930). Der Großgrundbesitzer und Tyrann Carvalho litt unter Verfolgungswahn und kapselte sich mit einigen Bodyguards und vielen Bediensteten völlig von der Außenwelt ab. Nicht einmal die Polizei durfte seine Residenz und seinen Privathafen am Strand betreten.

Basis-Infos

Information Turismo, Mo–Sa 9.30–13 und 14–17.30 Uhr, im Hochsommer oft ohne Mittagspause und auch So geöffnet. Auch Infos zu Apartments und Unterkünften. Am zentralen Dorfplatz, Praia do Carvoeiro (Strandbucht), ✆ 282357728.

Verbindungen Bus etwa stündl. nach Lagoa (5 km), 8-mal tägl. direkte Busverbindung nach Portimão. Expressbusse Faro – Portimão halten in Lagoa. **Bahn:** Nächste Bahnstation 7 km entfernt in Estômbar (an der Linie Faro – Portimão).

Ärzte Mehrere deutsche **Arztpraxen** in Carvoeiro, u. a. Clínica Pro Familiar Monte Carvoeiro, ✆ 282357720 und 282358632 (privat). Dr. Großklaus, Rua do Barranco 2, ✆ 282356339 und ✆ 962618588 (mobil, 24-Std.-Notfalldienst), Dr. Alexander Hopt, ✆ 282356339, 962618588 (mobil, 24 Std.).

Deutsches Facharztzentrum an der Estrada do Farol 27, ✆ 925100118 (mobil).

Bootsausflüge Carvoeiro zählt mit zu den besten Ausgangspunkten für **Grottenfahrten**. Der Küstenstreifen zwischen hier und Ferragudo ist eine wilde Steilküste mit skurrilen Felsformationen und Grotten, die man mit den kleinen Booten besser erkunden kann als mit den „Ausflugsdampfern" in Portimão. Preis je nach Zahl der besuchten Grotten 15 bis 25 €, Dauer 60–105 Min. Tickets am Kiosk an der Hauptbucht.

Einkaufen Fatacil, die größte Kunsthandwerks- und Landwirtschaftsmesse in Süd-portugal findet alljährlich in der 2. August-hälfte auf dem Messegelände von Lagoa, 5 km nördlich statt.

Golf Drei Golfplätze gibt es in der Umgebung von Carvoeiro. **Vale de Pinta** und **Quinta do Gramacho** im Hinterland, westlich von Carvoeiro.

Der für Algarve-Verhältnisse relativ preis-werte 9-Loch-Platz **Vale do Milho** etwas östlich von Carvoeiro ist auch für Anfänger empfehlenswert.

Postamt in der Rua do Escondidinho, 6 (an der Einfahrtsstraße).

Tauchschule Divers Cove, etablierte Tauchschule im Touristen-Village Quinta do Paraíso, etwas westlich von Carvoeiro. Geführt von Sabine und Stefan Fend, ✆ 282356594, www.diverscove.de.

Telefonnummern Polizei ✆ 282356460, Centro de Saúde ✆ 282357320.

Übernachten

**** **Hotel Tivoli Carvoeiro**, ca. 2 km östlich des Zentrums. Die privilegierte Lage oberhalb einer etwas engen Strandbucht lässt die Zimmerpreise im Aug. entsprechend ansteigen. DZ in der Hochsaison bis über 200 €, im Winter schon ab 40 €. Trotz Aufschlag unbedingt die Zimmer mit Meerblick nehmen. Vale Covo, ✆ 282351100, www.tivolihotels.com.

Castelo Guesthouse, rechts oberhalb vom Dorfstrand. Das Restaurant vermietet einige Zimmer/Apartments, zum Teil mit kleiner Terrasse zum Meer. DZ ca. 35–135 € nach Saison, Lage und Größe der Zimmer, Nachlass bei mindestens 7 Nächten. Rua do Casino, 63, ✆ 919729259, www.ocastelo.net.

Vila Horizonte, etwas abseits der Touristenmeile. Die private Unterkunft in deutschem Besitz bietet 8 Zimmer (Doppel-/Einzel-/Familienzimmer) mit Bad. Terrasse, Pool vorhanden. DZ 60–96 € je nach Saison und Lage, bei weniger als 5 Nächten Aufschlag von 10 € pro Nacht und Person. Geschlossen Nov.-März. Rua Amália Rodrigues, ✆ 282354093, www.vila-horizonte.com.

⟫ **Lesertipp: Casa Luiz**, „DZ mit Dusche/WC (Kühlschrank und Kaffeemaschine im Zimmer) und toller Terrasse mit Blick aufs Meer und den Strand von Carvoeiro" (Daniela Kamm, Ostfildern). DZ 40–55 €. Rampa da Nossa Senhora da Encarnação 27, ✆ 282354058, www.casaluiz.com. ⟪

*** **Algar Seco**, oberhalb der gleichnamigen Felsformationen. Eine überschaubare, luxuriöse Ferienhausanlage. Alle 48 sehr großen Unterkünfte mit Blick aufs Meer. Sonnenterrasse, Pool, Safe etc. Studios für 2 Pers. 63–143 €, Apartments für 4 Pers. 108–267 €. Rua das Flores, ✆ 282350400, www.algarseco.pt.

Essen & Trinken/Nachtleben

Essen & Trinken O Chefe António, an der östlichen Ausfahrtsstraße bzw. Restaurantmeile. Hübsche Anlage mit lauschiger Terrasse. Der Wirt baute sich die „Restaurantanlage" mittels eines Lottogewinns. Oft etwas hektisch, große Portionen, Schwer-punkt Fisch. Hauptgericht ab 8,50 €. Estrada do Farol, 72, ✆ 282358937.

O Cantinho, an der gleichen Straße. Einfach, sympathisch und mit Schals großer Fußballclubs geschmückt, die mit den Kacheln an den Wänden konkurrieren. Schnitzel und Fisch ab 12 €, eines der wenigen Restaurants mit Schwerpunkt Fleisch. Die Qualität ist leider sehr wechselnd. Estrada do Farol, 76, ℘ 282358234.

Jardim do Farol, ebenfalls an der östlichen Ausfahrtsstraße. Klein und typisch portugiesisch, inzwischen aber auch mit Pizza und Nudelgerichten. Der freundliche Wirt spricht auch etwas Deutsch. Hauptgericht ab ca. 9 €. Tägl. (außer So). Estrada do Farol, (Rocha Brava), ℘ 282358840.

A Palmeira, 200 m vom Markt entfernt, etwas abseits des Trubels. Hübsche Terrasse, innen ist's aber nicht sehr gemütlich. Schwerpunkt sind Grillgerichte, aber es gibt auch Cataplanas und Reiseintöpfe. Der *Arroz de marisco* ist empfehlenswert. Hauptgericht ab 9,50 €. Nur abends geöffnet. Rua do Cerro, ℘ 282357739.

Mehrere **Bierbars** gibt es in der Gegend um den Dorfplatz, meist von Ausländern geführt.

Außerhalb in Lagoa O Casarão, an der Durchgangsstraße. Mit kleinem Garten, allerdings direkt zur Straße, was den Grillgerichten ab ca. 6,50 € jedoch nicht abträglich ist. Tägl. (außer Sa). Estrada Nacional 125, ℘ 282352091.

》Drei Lesertipps: O **Charneco**, in Estômbar. 7 Vorspeisen, 1 Fisch- bzw. Fleischgericht, Wein, Kaffee für 25 €. Tägl. (außer So). Rua D. Sancho II., ℘ 282431113.

Casa Algarvia, ebenfalls gutes Preis-Leistungs-Verhältnis. Estrada do Farol.

Villa Medici, wer's italienisch möchte, findet hier guten Service und reichliche Portionen. Estrada do Farol 90. 《

Nachtleben   O **Bote Beach Club**, direkt am Strand von Carvoeiro mit toller Terrasse und großem Cocktail-Angebot, Spezialität: Mojitos. Im Sommer tägl. 11–24 Uhr, im Winter unregelmäßig.

Carvoeiro – malerischer Dorfkern in enger Sandbucht

Jailhouse Bar, bei der Post die Gasse hoch. Gehört einem englischen Musiker, der hier live spielt. Kleiner „Garten" zum Draußensitzen. Im Sommer ab 19 Uhr geöffnet, ab 22 Uhr Programm.

Brady's Bar, an der östlichen Ausfahrtsstraße. Die Vorgängerbar Flic-Flac machte einst (anno 2000) in einem bissigen Artikel im Stern-Magazin Furore, als sie als positive Ausnahme in Carvoeiro beschrieben wurde. Ansonsten wurde der Ort als ehemaliges Fischernest mit 26 Immobilienmaklern, 110 Kneipen und Restaurants beschimpft, was die deutsche Gemeinde in Aufruhr versetzte. Attraktiv ist auch die neue Bar, vor allem dank ihrer häufigen abendlichen Jazzkonzerte. Estrada do Farol, 65.

Ferragudo   ca. 2000 Einwohner

Das malerische Fischerdorf liegt an der Mündung des Rio Arade, direkt gegenüber der Algarve-Metropole Portimão. Den Sommer über, von Mitte Juli bis Ende August, gibt's auf dem Dorfplatz Livemusik.

Die kleinen Fischerhäuser gruppieren sich um einen niedrigen Hügel, unverdorbene Dorfatmosphäre, enge Gassen. Auch eine ansehnliche Pfarrkirche kann besichtigt werden. Am Dorfrand thront ein märchenhaftes Kastell auf einer mit Pinien bestandenen Felsnase, es wurde auf den Ruinen einer von König *Sebastião* errichteten Burg erbaut. Darunter erstreckt sich ein breiter Sandstrand. Den lange als

Geheimtipp gehandelten Ort säumen heute leider recht fantasielose Neubausiedlungen, die sich immer mehr in die Landschaft fressen. Auch ein großer Jachthafen ist geplant, er dürfte die Idylle endgültig zerstören.

Hauptbadeplatz bei Ferragudo ist der *Caneiros-Strand*. Östlich davon liegt der „Nacktbadestrand" *Praia da Corda*, so genannt, weil man sich an einem Strick die Felsen hinunterhangeln muss. In der Nähe des Campingplatzes (s. u.) finden sich noch viele weitere Strände. Der Strand zum Rio Arade, *Praia Grande*, ist wegen des ruhigen Seegangs auch für Surfer geeignet.

Die *Praia do Pintadinho* ist der erste Strand außerhalb des Mündungstrichters des Rio Arade. Um die Bucht viel Grün und nur wenige Häuser an den Hängen.

Torre de Marinha: Die Turmruine ist ca. 2000 Jahre alt und wurde bereits von den Römern als Leuchtfeuer betrieben. Sie steht einige Kilometer östlich von Ferragudo, auf halbem Weg nach Seismarias. Von dort hat man eine der schönsten Aussichten an der Küste: nach Osten bis nach Alfanzina (Rocha Brava) und nach Westen bis zur Ponta da Piedade bei Lagos.

Information Reisebüro Beroli, die Holländerin Lidi vermittelt Apartments und Bootsausflüge etc. Rua 25 de Abril 40, ✆ 282461100. In Deutschland 02402-28478, www.beroli.de.

Verbindungen Bus: Regelmäßig nach Portimão, 9-mal tägl. fährt der Bus die paar Kilometer weiter bis zum Campingplatz.

Delfinbeobachtung Wildwatch Algarve organisiert Delfinbeobachtungen auch unter ökologischem Blickwinkel auf einem nur 12 Personen fassenden Boot, begleitet von Meeresbiologen. Dauer 90 Min. bis 3 Std. Preis 40–65 €. Sind mal keine Tiere zu sehen, gibt es Geld ganz oder teilweise zurück, zudem wird ein Film über die Fahrt erstellt und den Teilnehmern kostenlos zugeschickt. Rua da Ribeira, 73, ✆ 282422373, www.wildwatch.pt.

Flohmarkt Jeden 2. Sonntagvormittag im Monat wird entlang der Flusspromenade im Zentrum um alten Trödel gefeilscht.

Post am Largo Dona Leonor.

Übernachten *** Apartmenthotel Praia Grande, im Dorf. Kleine Apartments mit Balkon und Kochgelegenheit, unterschiedliche Größe, bis max. 6 Personen. Apartment für 2 Personen 38–75 € je nach Saison. Rua da Hortinha, Lote 12, ✆ 282461488, www.apartamentosturisticospraiagrande.pt.

Camping Clube de Campismo de Lisboa, es dürfen nur Gäste mit gültigem F.I.C.C. oder Carnet Camping International aufgenommen werden, da es bei Club-Campingplätzen die gesetzlichen Bestimmungen so fordern und Neider den Platz angezeigt hatten. Das Gelände ist leicht hügelig, Schatten durch Oleander und Olivenbäume. Pool, Supermarkt und ein empfehlenswertes Restaurant vorhanden. Zu den diversen Stränden ca. 10 Min. zu Fuß. Mehrmals tägl. Busse von/nach Portimão. Preis je nach Campingausweis pro Person 2,80–6 €, Zelt 3,70–8,50 €, Auto 1,50–4 €. Ca. 2 km südöstlich von Ferragudo, ✆ 282461121.

Essen & Trinken Sueste, man sitzt am kleinen Hafen von Ferragudo, tolle Stimmung bei Sonnenuntergang. Gute portugiesische Küche, Spezialitäten Cataplana, Bohneneintopf und gegrillter Fisch. Hauptgericht ab 9 €, die meisten Speisen aber deutlich teurer, da hier auch die Schickeria isst. Fisch nach Kilopreis. Rua da Ribeira 91, ✆ 282461391.

Le Paradis, an der Straße zwischen Campingplatz und Farol. Holzhaus mit schattiger Terrasse. Fleisch, Fisch und Meeresfrüchte, auch mit etwas ausgefallenen Geschmacksnoten, z. B. Grillplatte mit Maniok. Ab 14 €. Tägl. (außer Di), im Winter geschlossen. ✆ 282461123.

》》 Lesertipp: Casa Grande, portugiesischer Familienbetrieb mit großer Auswahl an lokalen Weinen und Cocktails sowie kleinen warmen und kalten Speisen. Montags ab 22.15 Uhr Fado. Geöffnet nur abends (außer So). (Silke Fortenbacher) Rua Vasco da Gama 18, ✆ 914570363 (mobil). 《《

Nachtleben Zentrum ist die Rua 25 de Abril, dort auch Kunstgalerien. Die **Bar Ferragudo** in der Nr. 23 bietet freitags Livemusik.

Gekachelte Hauswände in Portimão

Portimão

Die „Hauptstadt" der westlichen Algarve liegt 3 km flussaufwärts an der breiten Mündungsbucht des Rio Arade. Der Stadtkern bietet wenig Historisches und an den Rändern viele Neubausiedlungen, doch die hübsche Lage am Wasser mit dem einladenden Park davor gleicht das wieder aus.

Wer genug hat vom Strandleben und zur Abwechslung Stadtluft schnuppern möchte, unternimmt zumindest einen Tagesausflug nach Portimão. Hier gibt es neben Faro die vielfältigsten Einkaufsmöglichkeiten – und die beliebten Flussfahrten nach Silves.

Interessant waren noch vor Jahren die Fischerkais unterhalb der Flussbrücke, besonders nachts und am frühen Morgen, wenn die Fischtrawler vom Fang zurückkehrten und die glitschigen Sardinen korbweise ausgeladen wurden; heute befindet sich ein neuer Fischereihafen auf der gegenüberliegenden Flussseite. Vor allem deshalb sind an den Kais inzwischen mehr Ausflugsboote als Fischkutter festgezurrt und in der ehemaligen Fischkonservenfabrik wurde ein sehenswertes Museum eröffnet. An historisch wertvollen Bauwerken hat Portimão wenig zu bieten, da das Erdbeben von 1755 die Stadt fast vollständig verwüstete.

Sehenswertes: Hübsch ist der **Largo 1° de Dezembro** mit seinem kleinen Park. Die Sitzbänke sind mit Azulejos aus dem 19. Jh. verkleidet. Die Bilder zeigen Szenen aus der portugiesischen Geschichte. Auch die Schlacht von Aljubarrota, in der die Spanier mit Hilfe englischer Söldner geschlagen wurden, ist dargestellt.

Auf dem „höchsten" Hügel der Stadt liegt die **Pfarrkirche**. Sie wurde nach dem Erdbeben wieder aufgebaut. Das Westportal im manuelinischen Stil und die Azulejos aus dem 17. Jh. sollte man nicht verpassen. Innen ist die Kirche barock gestaltet, wobei der vergoldete Marienalter mit den drei aufeinander aufgebauten Bögen und das schöne Zwiebeltürmchen hervorstechen.

Museu Municipal de Portimão: Das Museum in einer ehemaligen Sardinenfabrik, auch *Museu da Sardinha* genannt, wurde lange restauriert, und das Warten hat sich gelohnt. Rund 10 Mio. € wurden für Rekonstruktionen investiert. Neben den alten Maschinen veranschaulichen Figuren, Bild und Ton wie die Sardine in die Büchse kam: Sobald die Fische in Körben direkt von den Booten hereinschaukelten, begann man sofort mit der Reinigung, Sortierung und Haltbarmachung in großen Dampföfen, dann ging es in die Büchse – damals waren Ölsardinen hochbezahlte Leckerbissen. Dazu gibt es noch Exponate zu geschichtlichen Themen, z. B. steinzeitliche Grab- und Kultstätten.

Aug. Di 19.30–23, Mi–So 15–23 Uhr, Sept.–Juli Di 14.30–18, Mi–So 10–18 Uhr. Eintritt 3 €, unter 15 J. und Studenten (mit Ausweis) frei. Über 65 J. und 16–25 J. 1,50 €. Am Südende der Hafenmole, direkt am Fluss. Fábrica Feu, Rua D. Carlos I., ✆ 282405230.

Bootsausflüge ab Portimão

An den Fischerkais stehen die Infostände für Bootsausflüge. Am häufigsten werden Grottenfahrten (2½ Std., ca. 20–25 €) verkauft.

Flussfahrt nach Silves: Etwas Besonderes sind die Fahrten den Rio Arade hinauf nach Silves. Diese sind allerdings nur um Neumond, Vollmond und bei ausreichend hoher Flut möglich, da ansonsten der Wasserstand zu niedrig ist. Solch ein Ausflug dauert ca. 3:30 Std., inklusive 1:30 Bummelstunden in Silves. Mit etwas Glück sieht man sogar eine Flussschildkröte. Über diesen Schiffsweg zur ehemaligen Maurenstadt Silves ranken sich viele Legenden, auch die einer alten „Lorelei", die von den Schiffern Wegzoll forderte (Ilha do Rosário). Auf halbem Weg stehen die ziemlich verfallenen Gebäude von Gezeitenmühlen und noch etwas weiter flussaufwärts ist in einer Felsengrotte eine Kapelle eingerichtet. Hier wurden zu besonderen Gelegenheiten die Schiffe feierlich vom Bischof von Silves verabschiedet.

Kurz vor Silves liegt die **Quinta de Matamouros** (*mata* = töten, *mouros* = Mauren), wo ein Geheimgang aus dem Kastell von Silves der Legende nach im Freien endet. Hier soll ein letztes Häuflein flüchtender Mauren von den Reconquistadoren niedergemetzelt worden sein. Eine harmlosere Deutung des Namens ist einfach „Maurenwald" *(mato = macchia)*. Bis zum 15. Jh. stand hier ein Kloster, später der Landsitz des Grafen von Silves. Heute ist die Quinta das Feriendomizil eines Volkswagenmanagers aus dem portugiesischen Werk in Palmela. Im Privathafen liegt eine schnelle Monstermotorjacht, die wegen ihrer Bugwelle der Schrecken aller Grottenfahrt-Kapitäne ist.

Flussfahrt nach Silves Beispielsweise mit der nach den Originalplänen eines arabischen Frachtkahns gebauten **Cegonha do Arade**. Fahrt 20 €/Person, Infostand am Flusskai, Sr. Adriano ✆ 914983967. Auch Grottenfahrten nach Carvoeiro werden angeboten (20 €) oder mit dem Schnellboot zur größten Wassergrotte bei Benagil (25 €), jeweils mit Badepause und Drink (5–10 J. die Hälfte, Kind bis 5 J. frei). Kontakt über ✆ 914983967, rivertriptosilves@gmail.com.

Segelausflüge Quima-Yachting, verchartert Hochseejachten für ca. 10 Personen ab 770 € pro Tag. ✆ 282912993, www.quima-yachting.com.

Santa Bernarda, Segelausflüge mit der gleichnamigen, sehenswerten, 23 m langen Holzkaravelle. 30 € für gut 3 Std., 2-mal wöchentl. Tagestouren für 60 €. Rua Júdice Fialho 11 oder direkt am Kai. ✆ 282422791, ✆ 967023840 oder ✆ 964042754, www.santa-bernarda.com.

Basis-Infos

Information   Im Stadttheater *O Tempo*, tägl. (außer So, im Winter auch außer Sa) 9.30–18.30 Uhr, Sa 13–14 Uhr Mittagspause. Largo 1° Dezembro, ℡ 282402487.

Verbindungen   Aufgrund verschiedener Busgesellschaften und Haltestellen kann die Orientierung etwas schwierig sein.

Busgesellschaften: Frota Azul bringt Sie nach Lagoa, Silves, Messines, Monchique, Lagos. Die EVA-Busse fahren nach Albufeira, Carvoeiro, Armação de Pêra (werktags auch zur Kapelle Ns Sra da Rocha, von der man an der Küste schön Richtung Westen bis Carvoeiro wandern kann und von dort mit dem Bus zurück), Faro, Ferragudo, Lagoa, Lagos, Sagres, Sevilla, Tavira, Lissabon, www.eva-bus.com.

Expressbus nach Faro (7-mal tägl.), Fahrzeit ca. 1:30 Std.

Busse nach Monchique, Ferragudo, Albufeira (5- bis 8-mal tägl.), Silves (5- bis 9-mal tägl.), Carvoeiro (teilw. umsteigen in Lagoa), Lissabon (7- bis 14-mal tägl. Rede Expressos bis Sete Rios oder Renex bis Estação do Oriente), via Küstenstraße allerdings nur 2-mal tägl., Sevilla (2-mal tägl.) Häufig Busverbindungen nach Praia da Rocha oder Lagos (15-mal tägl., hier ist aber die Zugfahrt oft um einiges kürzer) und werktags sogar 1-mal zum Cabo de S. Vicente bei Sagres, mit 20 Min. Pause am Kap, Rückfahrt mit Umsteigen in Lagos.

Stadtbusse: Die Minibusse *Vai-e-Vem* bedienen das Stadtgebiet und fahren bis Alvor und Praia da Rocha. Einfache Fahrt 1,50 €, für Vielfahrer günstiger im Vorverkauf im Büro, Largo de Dique, ca. 3 € für die Karte, die man dann für 8 € und 10 Fahrten im Stadtgebiet laden kann. Berechtigt eine Std. zum Umsteigen, keine Kinderermäßigung, zum Bahnhof fährt die Linie 31,35, und 32, rollstuhlgerecht, nach Alvor 14, 15 und 1P. Tagesticket 3,50 €, www.vaivem.pt.

Fahrkarten: Alle Fahrkarten gibt es im EVA-Büro am Largo de Dique, neben dem Hauptplatz mit Springbrunnen am Fluss, direkt hinter dem Taxistand, im Bus wird es zumeist teurer. Für die Expressbusse ist manchmal ein kleiner Kiosk gegenüber der Fernbushaltestelle geöffnet. ℡ 282418120.

Abfahrtstellen → Stadtplan, S. 703. Alle Regional- und Fernbusse fahren neben der Repsol-Tankstelle am Fluss ab, die Stadtbusse Vai-e-Vem auf dem Platz davor und in der Seitenstraße.

Eisenbahn: Portimão liegt an der Bahnlinie Vila Real – Lagos. Der Bahnhof befindet sich am nördlichen Ende der Innenstadt. Die Preise sind sehr moderat, 7- bis 11-mal tägl. geht es nach Lagos für 2 € oder Faro für 6 €, nach Tavira über Faro kostet es 8,40 €, Kinder zahlen die Hälfte.

Sardinen, Sardinen

Algarve → Karte S. 632/633

Einkaufen Portimão ist *die* Einkaufsstadt schlechthin der Algarve. In der Fußgängerzone findet man jede Menge Bekleidungs- und Schuhgeschäfte. Alle Boutiquen und Souvenirläden liegen in der Gegend um die Rua Direita und die Rua Sta. Isabel.

Das größte **Shoppingcenter** der Westalgarve **Aqua** (Primark, H & M, Djumbo etc.) liegt von der N 125 und Hospital kommend Richtung Zentrum, rechts am nächsten Kreisel (nicht Tunnel nehmen). Rua de São Pedro, www.aquaportimao.pt.

🌿 **Bioladen Mercearia Bio 16**, tägl. (außer So) 9–19 Uhr, Sa nur 9–13 Uhr. Bioprodukte (auch Olivenöle), Cafébetrieb mit leichten Mittagssnacks, auch vegetarisch zu 6,95 €, frischer Obst-und Gemüsesaft 1,95 €, Be-stellservice per E-Mail z. B. für Gemüsekisten mit Auslieferung. Am Fluss schräg gegenüber Bussen. Rua das Comunicações, Casa do Rio. ✆ 282476439, ✆ 967320206, www.merceariabio.pt. ■

Kultur Im städtische Auditorium, Theater, Casa Manuel Teixeira Gomes und auch an anderen Orten gibt es häufig Musikveranstaltungen. ✆ 282470492 (Information der Stadtverwaltung).

O Tempo, Stadttheater mit Veranstaltungen und Ausstellungen (und auch Touristeninformation). Di–Sa 13.30–18 Uhr, an Tagen mit Vorstellung bis 21.30 Uhr. Largo 1° de Dezembro, ✆ 282402475, www.teatro municipaldeportimao.pt.

Übernachten/Camping

***Globo **5**, schöner Blick über die Stadt, besonders vom Frühstücksraum. Mit seinen kastenförmigen, an der Fassade „aufgehängten" Balkonen passt der moderne, vierstöckige Bau nicht so recht ins Stadtbild. DZ 43–105 €. Rua 5 de Outubro 26, ✆ 282405030, www.hotelglobo-portimao.com.

** **Made Inn 2**, neu renoviert, komfortabel und modern, neben der Fußgängerzone Rua do Comércio. Alle Zimmer mit Klimaanlage und Bad. Lift und WLAN vorhanden. DZ mit Frühstück 42–95 €. Rua Vicente Vaz das Vacas 22, ✆ 282418588, www.madeinn.com.pt.

Dazu gehört mittlerweile auch das **Next Inn**, ein frisch renoviertes Hostel gegenüber, das aber nur von Juni bis Sept. geöffnet ist, eine Gemeinschaftsküche für alle 24 Zimmer bietet und von den Preisen etwas günstiger liegt.

Arabi 6, im 1. Stock eines ehemaligen Wohnhauses am Hauptplatz mit 20 Zimmern. Blick auf den Rio. Bei mehreren Tagen Aufenthalt gibt es Rabatte! DZ mit Bad ca. 35–65 €. Praça Manuel Teixeira Gomes 13, ✆ 282423334 und ✆ 964332728, (Management wechselt demnächst).

Jugendherberge Relativ neu, mit Pool und Tennisplatz im Garten. Auch einige Doppelzimmer, aber 2 km außerhalb Richtung Monchique bei Coca Maravilhas/Aqua Shopping. Buslinie 36 (Station Esc. Coca Maravilhas), dann noch ca. 200 m zu Fuß (hinter dem Wasserturm), weitere Linien halten in 800m Entfernung. Ganzjährig geöffnet. 10–17 € im Mehrbettzimmer, DZ mit Bad 24–47 €. Rua Pousada de Juventude, ✆ 282491804, http://www.pousadas juventude.pt/pt/pousadas/portimao.

Camping Zwei Campingplätze in der näheren Umgebung zur Auswahl. Der wohl empfehlenswerteste bei **Ferragudo**. Ein weiterer in **Alvor**.

Essen & Trinken

Ein touristisches Muss ist ein Sardinenessen in einem der Grillrestaurants bei der alten Straßenbrücke, die aber seit der Umquartierung der Kais auf die andere Flussseite ihrer Kulisse beraubt wurden. Das frühere Seemannsviertel liegt etwas versteckt. Am Besten orientiert man sich, wenn man zunächst am Wasser entlangläuft. Kurz vor der alten Brücke (nach Ferragudo) führen links zwei Bögen der alten Straßenrampe ins Revier der Seeleute, wo sich inzwischen diverse Lokale niedergelassen haben.

Forte & Feio 4, gleich am Platz (Largo da Barca) links. Hier, wie auch im **Dona Barca 4** kommt der etwas anspruchsvollere Gast auf seine Kosten und die Auswahl an Gerichten ist etwas größer.

Taberna da Maré 3, unseres Erachtens netter: In der kleinen Seitengasse, die rechts vom Platz wegführt (Travessa da Barca 9), befindet sich linker Hand die kleine Taberna. Hier fühlt man sich um Jahre

Sprachschule

Bahnhof

Rua Basílio Teles

Rua Dona Maria Luisa

R. Manuel de Almeida

Avenida Infante D. Henrique

Rua Con. Carvalho Araújo

1

R. Alexandre Herculano

Rua de Olivença

2

R. Vicente Vaz d. Vacas

Rua Albuquerque

Rua da Hortinha

Markt

Kunstgalerie

Pfarrkirche

R. Gustavo C. Ramos

3

4

**Sardinen-
brätereien**

Av. S. João de Deus

**Praça da
República**

Rua Sta. Isabel

Zugang

Albufeira

Rua Albuquerque

Fußgängerzone

O Tempo

5

Rua Serpa Pinto

Rua Direita

Largo
1 de
Dezembro

6

i

7

9 **8**

10

Est. de Alvor

13 **12**

14

Rua Judice Biker

11

Bustickets EVA

Ausflugsboote

Alvor

Rathaus

Largo
1 de Maio

Rua T. Braga

15

Largo
do Dique

P

BUS

Stadtbusse

16

Rua Zeca Afonco

P

Stadion

Rua José Antonio

BUS

Stadtbusse

BUS

**Fern- und
Regionalbusse**

Avenida

Rua 28 Maio

Av. Capitão João Fernandes Leão Pacheco

17

Rua do Viveiro

Auditorium

Av. Miguel Bombarda

Polizei

Rua D. Carlosi

Guanare

18

Quinta do Bispo

Praia da Rocha,
Sardinenmuseum

Übernachten
2 Hotel Made Inn
5 Globo
6 Residencial Arabi

Essen & Trinken
1 Toino Zé O Mata Parcos
3 Taberna da Maré
4 Forte & Feio und Dona
   Barca
7 Escondidinho
8 A Casa da Isabel
9 Maria do Mar
10 A Terezinha
11 Café Pastelaria Arade
12 Olha que 2
13 O Pipo
14 O Mané und Tás Cá
15 Tapa Latina
17 Clube de Ténis
18 Vegetarianus

Einkaufen
9 Maria do Mar
16 Bioladen

Portimão

100 m

zurückversetzt, in eine Zeit, als auch an der Algarve die meisten Lokale noch genauso aussahen. Die Gerichte, die aus der Küche kommen, sind erstklassig, die Preise mit ca. 10 € für Fisch nicht übertrieben!

Escondidinho 7, einfache, empfehlenswerte Taverne. Gute Auswahl mit Preisen zwischen 6 und 9 €. Schmackhafte Eintöpfe und Menüs, soweit auf der Tageskarte vorhanden. *Cataplana* (Muschelgericht) für 2 Personen ca. 22 €. Tägl. (außer So). Rua Porta de São João 22.

A Terezinha 10, kleines Restaurant am Ende der Rua Direita, gilt bei den Einheimischen als eines der besten. Frische Fisch- und Meeresgerichte, z. B. Caldeirada de Lulas, auch halbe Portionen. Rua Direita 97, ☎ 282425690.

Maria do Mar 9, Traditionen der Algarve: Serviert werden Snacks aus der Dose, d. h. es gibt die ganze Bandbreite portugiesischer Fischkonserven der feineren Art. Gut als bunte Mitbringsel, auch Olivenöl, Fleur de Sel, Wein etc. Wer mag, kann sich die gewählte Blechbüchse dekorativ mit Brot, Salat und Kräutern servieren lassen, kostet dann 2,50 € zusätzlich zum Dosenpreis. Tägl. (außer So) 11–21 Uhr, Sa Mittagspause 14–18 Uhr. Bei Teresinha, Rua Direita 89, ☎ 282094104.

A Casa da Isabel 8, ein paar Türen weiter von Maria do Mar, hier bekommt man für 0,75 € Leckereien der portugiesischen Nachspeisen-Kunst in einer Art „Oma-Wohnzimmer": Stuckverzierungen, Spitzengeklöppel und ein Kaffee für 60 Cent machen den Aufenthalt angenehm. Rua Direita.

Café Pastelaria Arade 11, in Sachen Kuchen und Gebäck ist ein Besuch ein Muss, der Schokoladenkuchen ist hinreißend, aber nicht nur der. Schräg gegenüber vom Stadttheater O Tempo.

O Mané 14, portugiesisches Mittelklasserestaurant, zwei Speiseräume, fixe Bedienung. Empfehlenswert sind die Gerichte vom Grill. Das gebratene *Bife a Mané* für ca. 8 € kommt mit Ei und viel Olivenöl. Jedes Gericht hat etwas Salat als Beilage. Gut für einen Nachmittagssnack, z. B. Muscheln oder Gambas. Tägl. (außer So) durchgehend geöffnet. Largo Dr. Bastos 1-3.

Tás Cá 14, urig mit viel Holz und traditionellen Gerätschaften dekoriert, man sitzt an langen Bänken. Gutes und günstiges Essen und Snacks, gegenüber von *O Mané*.

Tapa Latina 15, hübsches Ambiente mit Steinmauern, nette kleine Tapas für 2–4 €, manchmal Livemusik. Largo do Dique 16.

O Pipo 13, schräg gegenüber von *O Mané*. Kleine Bar mit großer Auswahl an Fischgerichten. Empfehlenswert auch die Spezialitäten vom Grill. Hat mittlerweile auch eine Terrasse zur Straße hin. Tägl. (außer So). Largo 1° de Maio 4.

Toino Zé O Mata Porcos 1, am Ende der Einkaufsstraße ein bisschen versteckt, hier erholen sich die Portugiesen nach dem Einkaufsmarathon bei Massinha de Peixe oder Arroz de Tamboril für nur 7 €. Gut und günstig. Tägl. (außer Do), im Nov. geschlossen. Rua Alexandre Herculano 24, Ecke Largo da Mó, ☎ 282426433.

Clube de Ténis 17, hinter dem Auditorium und nicht nur etwas für Tennisspieler. Vereinslokal, etwas versteckt, aber für jedermann offen. Viele leckere Tagesgerichte. Man sitzt zudem noch nett draußen an Holztischen.

🌿**Vegetarianus 18**, kleines veganes Restaurant mit nur 4 Tischen, wechselnde Tagesgerichte, frische Säfte, man sollte früh genug kommen. Tägl. (außer Sa, So) nur mittags. Rua da Quinta do Bispo 17A, ☎ 282096233. ■

Olha que 2 12, Konzertcafé von zwei Musikern, Lifemusik etwa einmal in der Woche ab 23 Uhr (Jazz, Folk, Latino) sowie Jamsessions. Tägl. 21–2 Uhr. Largo 1o de Maio, bei o Pipo, ☎ 918916691.

Außerhalb Campus, einige Kilometer außerhalb, rechts an der Straße nach Lagos, liegt das gutbürgerliche Lokal, das auch gerne von durchreisenden Vertretern besucht wird. Aldeia Carrasco, Chão das Donas, ☎ 282475270.

Solar do Farelo, bei Mexilhoeira. Landgasthof mit interessanten, wechselnden Gerichten, die auf der Schiefertafel stehen. Besitzer Fernando spricht nach eigener Aussage 6½ Sprachen und begrüßt seine Gäste herzlich. Spezialitäten vom schwarzen Schwein, tägl. Mittagsmenü 14 €, und für 2,50 € kann man sich so viel Wein aus dem Fass abzapfen, wie man trinken kann. Gerichte sonst 10–19 €, das Weinangebot gilt am Di und Fr auch abends. In Figueira (vor Mexilhoeira Grande) von der N 125 in den Ort einbiegen, dann links halten, nach dem Ort ca. 3,5 km weiterfahren. ☎ 2825471405 und ☎ 964080719, www.solardofarelo.com.

Tic-Tac Bike Tours, nicht nur etwas für Fahrradfahrer, die aber hier alles rund ums Radl finden. Nettes, ungezwungenes Ambiente, gutes Essen, günstige Preise. Mo und So abends geschlossen. Richtung Lagos direkt links an der N 125, Rua do Apeadeiro, Figueira, ✆ 282037153.

Praia da Rocha

In den 1930er-Jahren galt Praia da Rocha als *der* Badeort für reiche Engländer und Portugiesen, die damals noch per Wasserflugzeug aus Lissabon anreisten. Zeugnisse dieser Zeit sind prächtige Villen im viktorianischen Stil und gepflegte Vorgärten wie in Kensington.

Aus den alten Zeiten sind leider nur noch verschwindend geringe Teile des Ortskerns übrig und auch dort bröckelt bei etlichen Villen bereits der Putz … Am Ortsrand und bei den Klippen dominieren moderne Hotelbauten: Im Sommer wälzen sich die Autos im Schneckentempo über die erhöhte Strandpromenade. Aus Bars grölen englische Fans und von der Terrasse beim Bela Vista singt lautstark ein portugiesischer Julio Iglesias auf Band bis mindestens 1 Uhr früh.

Praia da Rocha liegt oberhalb einer Klippenformation an einem ca. 1,5 km langen Strand, der als einer der schönsten der Algarve gilt – Fotos vom „Strand der Felsen" findet man in jedem Prospekt über Südportugal (wobei die scheußlichen Hotelburgen gerne vertuscht werden). Der Strand war früher schmaler und wurde mit Hafensand aus Portimão aufgepeppt. Aus dem breiten Sandstrand ragen honiggelbe Sandsteinfelsen heraus – skurrile Arkaden und Säulengebilde, denen die Einheimischen Namen wie „Drei Bären" oder „Die versteinerten Riesen" gaben. Vor einigen Jahren donnerte ein Felsbrocken von einem der „Riesen" auf den Strand. Unglücklicherweise traf es den Fischer Pedro. Aber keine Angst, so etwas passiert nur alle hundert Jahre!

Die zwei Gesichter …

… von Praia da Rocha

Sehenswertes: Am östlichen Ende der Strandpromenade entlang der Klippen liegt die *Festung Santa Catarina*, die im 17. Jh. zur Verteidigung von Portimão erbaut wurde. Das Fort liegt genau an der Mündung des Rio Arade, unterhalb davon befindet sich jetzt der neue Jachthafen mit einigen Restaurants und Bars. Auf der anderen Seite des Flusses erblickt man die alte Burg von Ferragudo – das war es dann auch, ansonsten macht man sich umsonst auf, um Historisches zu finden. Am westlichen Ende des Strandes kommt man zu kleineren, malerischen Strandbuchten. Der Reihe nach sind dies Praia Três Castelos, Careano, Vau, Barranco und Dois Irmãos, die über Treppen zu erreichen sind. Auf dem Weg reiht sich anfangs ein Andenkenstand an den anderen.

Basis-Infos

Information An der Strandpromenade, gegenüber dem Hotel Jupiter. Tägl. 9.30–19 Uhr geöffnet, im Winter bis 17.30 Uhr. Av. Tomás Cabreira, ✆ 282419132.

Verbindungen Im Sommer alle 15 Min. **Busse** ins 3 km entfernte Portimão (→ S. 699).

Jachthafen Seit 2000 ist die Marina in der Flussmündung in Betrieb.

Zweiradverleih Motorent, Fahrräder für ca. 10 € pro Tag, Mopeds gibt es für ca. 28 €. Residências Portas da Rocha Lt. 8, Estr. da Rocha, beim großen Kreisverkehr Richtung Portimão, ✆ 282416998.

Übernachten

In der Mehrzahl gibt es in Praia da Rocha Hotels der gehobenen Preisklasse. Wer nichts Günstiges bekommt, weil alle entsprechenden Unterkünfte ausgebucht sind, kann nach Portimão ausweichen und mit dem Bus pendeln.

***** **Algarve**, das „First Hotel" der Algarve, zumindest eines der Ersten! Zur Straßenseite hin ein gewöhnlicher Hotelklotz, wird erst im Inneren der Luxus spürbar. Die

Wände in den Hallen sind gediegen dunkelblau gekachelt. Großzügige Club- und Aufenthaltsräume, direkter Zugang zum Meer. Die Zimmer haben fast alle Balkon und

Meerblick. Swimmingpool im Garten über den Kliffen. Für all das muss man entsprechend tief ins Portemonnaie greifen. DZ 80–310 €. Av. Tomas Cabreira, ✆ 282415001, www.algarvecasinohotel.com.

**** **Oriental**, ein paar Schritte weiter mit mehr orientalischem Flair, großen Zimmern, Balkon und gutem Frühstück, direkt über dem Strand, etwas günstiger als Hotel Algarve und in der Nebensaison kann man mit Glück schon einmal ein Zimmer für 50 € ergattern, sonst 90–200 €, Av. Tomás Cabreira, ✆ 282480800.

Villa Joaninha, schönes kleines Hostel, um die Ecke von Hotel Oriental mit gut ausgestatteter Gemeinschaftsküche, Balkon mit direktem Meerblick, freundliche Eigentümer. DZ 45–75 €, manche mit eigenem Bad. Rua Bartolomeu Dias, www.villajoaninha.com.

Club Vila Rosa, begrünte Anlage. Zu Fuß 10 Min. zum Meer, besser Zimmer mit Balkon verlangen, schöne Poollandschaft. Studio mit Küche 50–125 €. Urbanização Vila Rosa, Lote 1, ✆ 282430100, www.clubevilarosa.com.

Essen & Trinken/Nachtleben

Essen & Trinken **Titanic**, im Edifício Columbia. Hohes Niveau der Küche mit entsprechenden Preisen. Große Auswahl internationaler Gerichte (englisch/portugiesische Inhaber).

Safari, vom früheren deutschen Besitzer stammt die Jagddekoration an den Wänden. Heute ist die Küche angolanisch: pikant, mit viel Piri-Piri-Gewürz. Von der Glasveranda hat man besonders bei Abendstimmung eine schöne Sicht auf die Kliffe. Spezialität ist *Curry Safari*, ein Gericht mit Huhn und Reis für ca. 8 €. Bei der ehemaligen Pension *Solar Penguim* (Av. Tomás Cabreira) rechts den Klippenweg ca. 50 m weitergehen.

Cervejaria Praia da Rocha, vielleicht das typischste portugiesische Restaurant im Ort. Preiswerte Mittagsgerichte, auch die Gerichte auf der Karte sind erschwinglich, vieles vom Grill. Hinter Hotel Alcalá, Edifício Colunas.

Pizzeria La Dolce Vita, an der Uferpromenade gegenüber dem Hotel *Algarve*. Echt italienisches Restaurant mit selbst gemachten Nudeln, leckerem Knoblauchbrot und guter Pizza.

Pastelaria Palmar, gutes Gebäck. Auf halbem Weg zwischen dem Hotel *Algarve* und der Festung auf der linken Seite.

Nachtleben Vor der **Disco Katedral** eine peppige Cafébar, am frühen Abend mit eigenem DJ. Auf dem Vorplatz zur Strandavenida werden zur Belustigung der Passanten Katastrophen-Heimvideos gezeigt.

An der Strandpromenade auch die Bar/Disco **On the Rocks**. Für Nachtschwärmer seien noch **Cool**, **Mojito Temple** (gute Cocktails), **Bugs Bunny** und **Outro Bar** (Disco) erwähnt, in letzterer gibt es Kizomba und afro-brasilianische Musik. Rua Antonio Feu, beim Hotel Oriental etwas die Straße weg vom Meer. Geöffnet 15–4 Uhr.

Im Jachthafen spielt das **Capicua** ausschließlich Latinomusik (nur Mi, Fr, Sa); ungezwungen Atmosphäre.

No solo água, Loungebar, auch tagsüber kann man hier auf Sofas oder Betten mit Karibikflair ausspannen, mit Musik und leicht beschürzten Bedienungen oder sich für 10 € statt Liege ein richtiges Sonnenbett ergattern. Direkt am Strand vor der Marina und zusätzlich mit Meerwasserpool. Trinkt man nur einen Kaffee oder ein Bier, kann man sich das Ganze sogar öfter leisten. 1-mal wöchentl. Livemusik. ✆ 282498180.

Alvor
ca. 5000 Einwohner

Bis Ende der 1980er stand Alvor touristisch im Abseits. Doch Praia da Rocha lag zu nah, um den hübschen Küstenabschnitt zwischen den beiden Orten nicht zu nutzen. Ferienhäuser wurden gebaut, aber auch monströse Apartmenttürme, die sich am östlichen Ortsrand konzentrieren.

Das noch im Kern ursprüngliche Dorf an der Schwemmlandzone des Rio Alvor hat längst eine Fußgängerzone und jede Menge Souvenirshops. Nach wie vor herrscht unten an der Flusslagune das geschäftige Treiben der Fischer (hauptberuflich sind es noch 40!). Aber das staubige Fischerviertel mit den tranig riechenden Geräte-schuppen ist einer sauber asphaltierten und gepflasterten breiten Promenade voller Cafés gewichen. Folgt man ihr bis zum Ende, kann man den Fischern mitunter immer noch beim Netzflicken zusehen. Das Zentrum ist sympathisch und über-schaubar und eignet sich besonders für Familien als Sommerquartier.

In der Geschichtsschreibung spielte Alvor lediglich eine Rolle, als König D. João II. 1495 nur 40-jährig hier verstarb. Der Regent erhoffte sich im nahen Bergort Mon-chique eine Linderung seines Asthmaleidens, aber sein Leibarzt machte im Nach-hinein die heißen Bäder in Monchique für das Ableben des Königs verantwortlich. Die Lungenentzündung, die zu seinem Tod führte, zog sich der Monarch zu, als er trotz der Warnungen seines Leibarztes an einem kühlen Sonntagmorgen zweimal badete und anschließend Wildschweine jagen ging.

Sehenswertes: Die äußerlich schön gestaltete Kirche (manuelinisch), die im Inne-ren mit zahlreichen barocken Seitenaltären aufwartet, sollte man vor allem wegen der Azulejos im Chorraum besuchen; dargestellt sind die Fußwaschung Jesu Christi und auf der anderen Seite das letzte Abendmahl.

Basis-Infos

Information Tägl. 9–18 Uhr geöffnet. Rua Dr. Afonso Costa 51, blauweißes Haus, di-rekt an der Straßenecke, ☎ 282457540.

Baden Langer Sandstrand von der unbe-bauten Sandbank, die die Flusslagune vom Meer abschirmt, bis zu den Felsklippen am Ostende (hier stehen 12-stöckige Apart-mentblocks). Vom Ort Alvor sind es ca. 500 m bis zum Strand, weil dazwischen eine flache Schwemmlandzone liegt. Mittlerweile wurde am Ende der Promenade von Alvor auf der Lagunenseite ein hübscher, 3 km langer Holzweg angelegt, der an verschiedenen Stellen Verbindungen zum Strand hat und sich für einen schönen Spaziergang eignet.

Einkaufen Caleidoscópio, ausgefallene Souvenirs, die man sonst nicht so leicht be-kommt, viele Korksachen, Jacken, Handta-schen, Regenschirme … Es bedient Sie Frau Mauritius aus Helgoland. Rua 25 de Abril 6.

TiaLin, Kleidung in Designerqualität, man kann der englischen Schneiderin Lynn Woud-berg, die schon seit 18 Jahren hier den Faden führt, auch über die Schulter schauen. Einzelstücke in Patchwork und schönen Farben, dennoch bezahlbar. Tägl. (außer So). Hinter Mercado, Rua D. João II 24.

Sport Im Sportzentrum, zwischen Dorf und Strand, gibt es einige Tennisplätze. Hier ist auch das Freibad.

Golf: *Penina*, der erste Grasplatz an der Al-garve. Erbaut vom legendären Henry Cot-ton. Das frühere Sumpf- und Reisanbauge-biet wurde zum Teil aufgeschüttet. Ange-schlossen an das 5-Sterne-Hotel Penina. An der N 125 Richtung Lagos, ☎ 282420200.

Alto Golf, dieser 18-Loch-Platz zwischen Praia da Rocha und Alvor wurde 1991 ange-legt, leicht hügeliges Gelände.

Kitesurfing: In der Lagune kann man diese Sportart, eine Mischung zwischen Drachen-fliegen und Wellensurfen, bei *Alvorkitecen-ter* lernen. 100 € für 4 Std. inkl. Ausrüstung, Anfänger- und Fortgeschrittenenkurse. Am Strand bei Restaurant Restinga, auch Padd-leboard ab 20 € und Kanus. ☎ 919395150 und ☎ 966755456, http://alvorkitecenter.com.

Algarve Watersport, bietet ebenfalls Kite-surfing an und wirbt mit Kursen ab 49 €, worunter aber nur ein 2-stündiges Ausprobie-ren zu verstehen ist. Ein-Tages-Kurs für 119 €. ☎ 960460800, www.algarvewatersport.com.

Übernachten/Essen & Trinken

Übernachten Buganvilia, moderne Pen-sion im Zentrum, gepflegt, mit Lift. Alle 21 Zimmer mit Balkon, ab dem zweiten Stock mit Blick bis zum Meer. Auch das hausei-gene Restaurant ist aufgrund der großen Portionen und der guten Auswahl an typischen Gerichten empfehlenswert. Im Dez. geschlossen. DZ ca. 45–60 €. Rossio de S. Pedro 6-A, ✆ 282459412.

Camping Camping Alvor, am oberen Ortseingang, ca. 1,2 km bis zum Fischerhafen. Halbschattig, mit Pool, Supermarkt und Restaurant/Bar. Person 5,50 €, Zelt 6 €, Auto 4,50 €. Auch Holzhaus, Apartment oder DZ für ca. 30–55 €. Estrada Monte de Alvor, Sítio da Dourada, ✆ 282459178, www.campingalvor.com.

Essen & Trinken O Caniço, eines der besten Restaurants, nicht dazu in traumhafter Lage. Etwas östlich (Prainha, etwa 500 m von Alvor entfernt), eingezwängt in einer Klippenspalte, mit toller Speiseterrasse über dem Strand. Von den Klippen geht's per Lift hinunter. Exzellente Küche zu fast durchschnittlichen Preisen, abends im Sommer oft Livemusik. ✆ 282458503.

Vagabondo, Steakhaus, v. a. Fleisch, Fisch und Meeresfrüchte vom Grill, aber auch gebratener Fisch. Häufig voll, von Portugiesen gerne besucht. Ein Essen kostet ca. 12 €. Mit Patio. Geöffnet nur abends 17.30–22.30 Uhr. Rua Dr. Frederico Ramos Mendes, ✆ 282458726.

O Ruccula, vielgelobt für sein Filetsteak, Lamm, den Wolfsbarsch und das nette Personal, gehobenere Preise. Nahe der Kirche. Tägl. (außer Mo) ab 18.30 Uhr, im Dez./Jan. geschlossen. Rua Poeta João de Deus, Ecke Rua da Igreja, ✆ 968169927.

Gastrobar 13, versteckt in einer kleinen Seitenstraße bei der Albar um die Ecke. Kunterbunt und urig, ob zum Essen oder auf einen Drink, nach hinten ein „Secret garden". Leckere kleine Gerichte (6–12 €), auch vegetarisch, *Bolo de alfarroba* mit Mandarineneis probieren. Oft Lifemusik ab 22 Uhr. Tägl. (außer Mi) 18–2 Uhr. Trv. do Castelo, ✆ 967993711.

L'Angolo, die beste und günstigste Pizzeria am Ort, auch Pasta, Salate, Tiramisu. Tägl. (außer Di). Direkt unterhalb der Kirche, Rua da Igreja 18, ✆ 282458369.

Nachtleben Auch wenn man Alvor nicht als typische Disco-Stadt bezeichnen kann, ist in der Rua Dr. Frederico Ramos Mendes, von den Einheimischen nur „Barstraße" genannt, abends immer etwas los, teilweise spielen die Bars und Restaurants ihre Musik wie um die Wette.

Albar, hält Nachtschwärmer mit zehn verschiedenen Kaffeesorten bei Laune; gerne auch von den hier lebenden Ausländern (Engländer, Holländer, Iren, Deutsche) besucht. Viele Snacks und leichte Gerichte. Ganztägig geöffnet. Rua Dr. Frederico Ramos Mendes, Ecke Rua Marquês de Pombal, ✆ 282457124.

Bolan Bar, mit Reggaedekor, Holztischen und der besten Caipirinha am Ort für 3,50 €. Rua Joao De Deus, ✆ 282459007.

Alcalar

Um das Dorf Alcalar wurden Dolmen, Menhire und vor allem Kuppelgräber aus dem Neolithikum (5000–2000 v. Chr.) entdeckt. Man vermutet, dass auf einem etwa 10 ha großen Areal eine der größten Siedlungen der Algarve existierte. Nach neueren Theorien wurden die dazugehörigen heiligen Grabstätten im Quadrat um das eigentliche Dorf angelegt, insgesamt 29 dieser Anlagen wurden bis dato lokalisiert. Die bisher entdeckten Menhire sind an der Algarve – im Gegensatz zu den Fundstellen weiter nördlich im Alentejo – nicht kreisförmig, sondern in einer Linie angeordnet wie auch in Sagres.

Hier zu sehen sind jedoch vor allem die Ganggräber mit einer Kammer als Kult- und Grabbereich und einem engen, dorthin führenden Gang. Innen diente ein großer Kalksteinzylinder als Altarblock. Das Dach bildeten große Felsplatten, zumeist aus Schiefer, und das Ganze lag dann gut versteckt in einem Hügel von 36 m Durchmesser. In einer der Grabstätten fanden sich Überreste von mehr als 140 Menschen. 2001 wurde ein dazugehöriges Dokumentationszentrum eröffnet. Di-Sa 10–13 und 14–16.30 Uhr, im August bis 18 Uhr. Eintritt Dokumentationszentrum 2 €, ermäßigt 1 €, Kind bis 15 J. frei, Familienticket 3 €. ✆ 282471410.

Essen/Übernachten   Fonte da Pedra, Restaurant in direkter Nachbarschaft des Geländes, mit Terrasse. Tägl. (außer Mi), Do nur abends. ✆ 282471034.

Amadeus, tolle Anlage mit einem japanisch anmutenden Ziergarten (Wasserteiche). Im Restaurant (tägl. außer Di) gibt es portugiesische Spezialitäten wie Lamm- oder Wildschweineintopf (12,50 € bzw. 10,90 €). Auch einige luftige Apartments werden vermietet. Es wird Deutsch gesprochen. Apt. für 2 Pers. ca. 60–80 €. ✆ 282471832, ✆ 969017289.

Silves

ca. 14.000 Einwohner

Silves liegt im Hügelland der Serra de Monchique, das vor allem für Oliven-, Mandel- und Orangenbaumkulturen genutzt wird. Die alte Marktstadt am Ufer des schiffbaren Rio Arade überragt eine mächtigen Festung aus rötlichem Sandstein. Im Sommer wird hier ein mittelalterliches Stadtfest gefeiert und auch das Bierfest könnte wieder Realität werden.

Wer an einem Augusttag, wenn das Thermometer auf 40 Grad steigt, die Stadt besucht, kann sich gut vorstellen, dass die Mauren sich hier zu Hause fühlten. Über Jahrhunderte war die Stadt Kulturzentrum der maurischen Algarve: Dichter, Philosophen und sogar eine Rhetorikschule gab es hier. Aber nach der Vertreibung der Besatzer verkam die Stadt immer mehr und erholte sich erst wieder im 19. Jh., als spanische Einwanderer den Grundstein zu einer florierenden Korkindustrie legten. Zehn große Fabriken produzierten bis in die 1970er-Jahre; es folgte ein landesweiter Konzentrationsprozess. Heute wird fast sämtlicher Kork in Montijo (südlich von Lissabon) verarbeitet. In Silves existieren nur noch eine größere Isolierkorkfabrik (an der Straße nach Alcantarilha) und einige kleine Handwerksbetriebe für Flaschenkork.

Stadtgeschichte: Unter der arabischen Herrschaft blühte die Stadt auf – Silves war der Regierungssitz der Al-Gharb und nannte sich Xelb. Bereits 1189 lebten dort 15.000 Menschen. Die Araber, die sich hier niederließen, stammten übrigens aus dem heutigen Jemen. Ausgrabungen am Rocha Branca, einem Hügel am Fluss etwas westlich vom heutigen Silves, lassen vermuten, dass die Stadt ursprünglich hier erbaut wurde. Der Rio Arade war an dieser Stelle so tief, dass auch die Schiffe der Kreuzritter, die 1189 die Stadt belagerten, hier vor Anker gingen. Dom Sancho I., König von Portugal, führte erfolgreich das Heer des dritten Kreuzzuges an, das von Soldaten Friedrich Barbarossas, König Eisenherz' und des französischen Königs Philipp August unterstützt wurde. Leere Wasserzisternen erzwangen die Übergabe der Stadt. Aber bereits zwei Jahre später verschacherte Dom Sancho I. seine Eroberung wieder an die Mauren. Erst seit 1246 war die Macht der Kalifen endgültig gebrochen. Die Bischöfe von Silves hatten aber fortan ihr Kreuz mit den Sitten und Gebräuchen der Einwohner – es dauerte Jahrhunderte, bis die Vielehe nicht mehr gab. 1497 wurden Juden und Mauren, die die christliche Taufe verweigerten, vertrieben. Besonders hart verfuhr man mit den Juden. Mauren wurden dezenter behandelt, weil man wegen der vielen in Nordafrika lebenden Christen Repressalien fürchtete.

Als im 16. Jh. König D. Sebastião die Provinzverwaltung nach Lagos verlegte, verlor Silves seine Bedeutung. Jetzt war das Schicksal der Stadt besiegelt, ganze 140 Haushalte blieben übrig – und auch der Bischof zog nach Faro.

Sehenswertes

Burg: Wer vom Fluss den Hügel hinaufläuft, kommt auf halber Höhe durch das alte, mächtige Stadttor, das zwei Ausgänge besitzt. Die römische Straße von Portimão

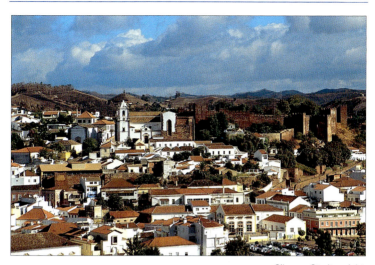

Silves – Stadtansicht

nach Loulé führte durch das Tor und konnte so leichter kontrolliert werden. Die Römer bauten auch die einfache Festungsanlage zur Burg aus und gruben unterirdische Getreidekammern. Von den später erbauten maurischen Palästen gibt es heute allerdings nur noch ein paar Grundmauern zu sehen; klein wirken die Räume, ein von Säulen flankiertes Doppelportal führt zu einem Innenhof mit Wasserbecken, daneben der Küchentrakt, insgesamt wenige Spuren. Von 1930 bis 1940 wurde die Burg, die zu jener Zeit ein Gefängnis beherbergte, restauriert. Deshalb wirken die Burgmauern so gut erhalten, dass sie auch Rekonstruktionen sein könnten. Die Festungstürme haben Namen, die an die jahrhundertelange Nutzung als Gefängnis erinnern: Im „Turm der Geheimnisse" waren die Gefangenen in Einzelhaft untergebracht und im „Turm der Frauen" befand sich, wie der Name schon sagt, das Frauengefängnis. Innerhalb der Ringmauer werden mittlerweile die Grundmauern des maurischen Palastes freigelegt.

Kurz vor dem Eingang thront die mächtige Bronzestatue des Königs Dom Sancho, die in den letzten Jahren mehrfach umquartiert wurde. Die „Zisterne der Hunde" *(Cisterna dos Cães)* soll ein ursprünglich von den Römern gegrabener Bergwerksstollen sein, dessen Geheimgang bis vor die Tore der Stadt reichte. Zu seinem Namen kam die Zisterne, weil man den Kindern von Silves erzählte, dass die in Wirklichkeit ermordeten Welpen eines Hundewurfes in jener Zisterne wohnten. Am nordwestlichen Ende befindet sich, knallrosa angestrichen, die *Cisterna da Moura*, die größte Zisterne der Burg, die im 19. Jh. die Einwohner der Stadt noch das ganze Jahr hindurch mit Wasser versorgte. Hier ist zurzeit eine Ausstellung über den iberischen Luchs zu sehen, der in der Nähe von Silves nachgezüchtet wird.

Bei einem Besuch mit Kindern sollte man aufpassen, da die Burgmauern in den Innenhof nicht befestigt sind (an manchen Stellen einige spärliche Geländer)! Es gibt einen kurzen Führer in Deutsch (des Öfteren vergriffen) und einige kleinere Tafeln auf Englisch. Auf einer Bank im Innenhof ergeht sich manchmal ein

Algarve → Karte S. 632/633

Akkordeonspieler in melancholischer Weise oder es hallt Fado vom Band, was die relativ gut erhaltene Anlage mit einem Hauch Nostalgie umgibt. Im Sommer ist das Café innen geöffnet.

Im Sommer 9–22h, im Mai, Juni, Sept. und Okt bis 20h, Nov.–April von 9–17.30h, letzter Einlass eine halbe Stunde vorher. Eintritt ca. 2,80 €, erm. 1,40 €, unter 10 J. frei. Kombikarte Museum und Burg 3,90 €. ℘ 282440837.

Archäologisches Museum: Ein unterirdischer Gang, der über Generationen die Jugend von Silves zu Möchtegern-Schatzgräbern machte, wurde 1980 gründlich erforscht. Dabei stieß man auf eine Wendeltreppe, die zu einem etwa 15 m tiefen arabischen Zisternenbrunnen führte. Im Haus um den Brunnen herum wurde das Museum eingerichtet. Das heute wichtigste Museum dieser Art an der Algarve zeigt chronologisch geordnet Exponate aus den verschiedensten Epochen. Die Ausstellung beginnt mit Riesenhinkelsteinen, die östlich von Sagres gefunden wurden und einige tausend Jahre alt sind. Die auf den Menhiren angebrachten Wellensymbole versinnbildlichen wahrscheinlich das Wasser oder das Meer. Leider sind die Erläuterungen nur teilweise in englischer Sprache angebracht.

Tägl. 10–18 Uhr. Eintritt 2,10 €, ermäßigt 1,05 €, Kind unter 10 J. frei.

Kathedrale: Nach der Rechristianisierung von Domingos Johannes möglicherweise am Ort der ehemaligen Moschee erbaut. In einer alten Sakristei fand man sogar den Grabstein des Baumeisters (gest. 1279). Nachdem Silves im 15. Jh. verarmt – weniger als 1000 Menschen wohnten hier – und die Kathedrale wegen Baufälligkeit eingestürzt war, wurde 1473 ein neuer Plan verfolgt. Von der ursprünglich frühgotischen Kirche ist so nur noch links die Seitenkapelle mit dem „Schießschartenfenster" übrig geblieben. Aus der nächsten Epoche stammt der gesamte Hauptchor mit Vierung, in dem uns bärtige Gesichter von den schwindelerregend hohen Kapitellen anstarren. Durch das Erdbeben von 1755 stürzte der Hauptteil der Kirche ein, und da der Bischofssitz bereits schon seit längerem von Silves nach Faro verlegt worden war, musste der Wiederaufbau mit bescheideneren Mitteln auskommen. So wurden im 18. Jh. weitere (unbedeutendere) architektonische Veränderungen der dreischiffigen, mit barocken Seitenaltären bestückten (in Marmorfarbe!) und von außen leider renovierungsbedürftigen Kathedrale vorgenommen.

Der portugiesische König Dom João II., der sich bei der Badekur in den Caldas de Monchique eine Lungenentzündung zuzog und 1495 verstarb (→ Alvor, S. 707), wurde im Chor bestattet. Die Überreste überführte man aber 1499 ins Kloster von Batalha. Eine Steinplatte erinnert noch heute daran.

Tägl. (außer So) 9–13 und 14–18 Uhr, Sa nur vormittags, die Öffnungszeiten können variieren. Eintritt 1 €.

Misericórdia-Kirche: Das Gotteshaus gegenüber zeigt ein manuelinisches Seitenportal, den Hauptaltar zieren Ölgemälde zu den Zielen dieser der Caritas ähnlichen Vereinigung: Pflege von Kranken, Besuch von Gefängnisinsassen, Bestattung der Toten, Speisung der Armen etc.

Tägl. 9–13 und 14–17 Uhr, Sa/So/Feiertag geschlossen. Auch hier wird bei den Öffnungszeiten eher eine südländische Flexibilität praktiziert. Eintritt frei.

Korkmuseum: bis auf weiteres geschlossen. Nachdem die gesamte „Fábrica do Inglês" erst 1999 ihre Tore öffnete und das Museum sogar als eines der besten landesweit galt, kam knapp 10 Jahre später das Aus. Der Pleitegeier hatte bei der privat finanzierten Anlage zugeschlagen und bislang ist keine Rettung, sprich Wiedereröffnung, in Sicht.

Praça Al-Muthamid: der neu angelegte Vorzeigeplatz von Silves. Am Rand steht die neue Bibliothek und auf der durch Bäume aufgelockerten Fläche finden den Sommer über verschiedenste Veranstaltungen statt. Besonders der moderne Brunnen mit armlosen Figuren, welche Händler, Fischträger und einen Poeten im Schneidersitz darstellen, werten den Platz auf. Benannt wurde er nach dem arabischen Dichter und Gouverneur von Silves (1051–1091) und späteren Herrscher von Sevilla, von dem der sehnsuchtsvolle „Gruß an Silves" überliefert ist: „Wie viele Nächte habe ich wohl dort in seinem Schatten verbracht, in der süßen Gesellschaft von Hofdamen von vollendetem Wuchs, schlank in der Taille, breit in den Hüften, die einen so weiß, die anderen so braun, dass sie meine Seele erleuchteten wie funkelnde Schwerter und schwarze Lanzen ..."

Cruz de Portugal: Am Ortsausgang Richtung Messines steht das 3 m hohe Kreuz aus weißem Kalkstein. Um es vor Witterungseinflüssen zu schützen, ist es überdacht. Auf der einen Seite zeigt es den Heiland am Kreuz, auf der Rückseite liegt der Leichnam in den Armen seiner Mutter. Das im verspielten, manuelinischen Stil gearbeitete Kunstwerk wurde wahrscheinlich im 16 Jh. geschaffen und gilt als Geschenk von König Manuel I an die Stadt Silves.

Largo do Município: Platz beim Stadtturm, unterhalb des Rathauses mit schattigem Arkadengang. Hier sitzen die alten Männer gemütlich auf ihren Bänken am ruhig plätschernden Springbrunnen, und die Zeit scheint langsamer zu vergehen. Auch für das **Café Rosa** in den Arkaden sollte man einen Blick riskieren, wie ein Puppenwohnzimmer mit blau-weißen Kacheln und Blumen dekoriert, und dabei gleich einen der Kuchen oder/und den besten Kaffee und Tee der Stadt probieren.

Saure Ernte – Zitrusanbau lohnt nicht mehr

Der Arade-Stausee oberhalb von Silves – der älteste Stausee an der Algarve – ermöglichte den dort lebenden Landwirten schon seit den 1950er-Jahren das großzügige Anlegen von Zitrus-Bewässerungskulturen. Doch seitdem die Spanier mit ertragsstarken Neuanpflanzungen (50 Tonnen pro Hektar) die Preise ins Bodenlose fallen lassen, geht die Existenzangst um. In einer spektakulären Aktion machten schon vor Jahren die Erzeuger ihrem Unmut Luft, die den Zitrusanbau symbolisch zu Grabe trugen und fünf Tonnen der Früchte in einem Baggerloch vergruben. Gerade mal 0,20 € pro Kilo bekommt der Bauer für seine älteren Sorten, dazu noch 0,06 € EU-Zuschuss. Aus diesem Grund verfault viel Obst in den Anlagen, weil sich die Ernte kaum mehr lohnt – ein Zustand, der sich bis heute nicht verändert hat.

Ⓒ Basis-Infos

Information Turismo, gut ausgestattet, hier bekommt man z. B. auch den Wander- oder Vogelführer der Tourismusbehörde (7 €) und typische Geschenkartikel. Tägl. 9.30–13/14–17.30 Uhr, nur im Winter teils Sa/So geschlossen. Parque das Merendas, am Fluss Richtung Monchique, am Anfang des neu angelegten Parks, ℡ 282098927.

Im Zentrum: **Centro de Interpretação do Património Islamico**, Informationen der Stadtverwaltung zur islamischen Algarve, aber auch zu anderen Themen. Mo–Fr 9–13 und 14–17 Uhr geöffnet, Sa/So/Feiertag geschlossen. Largo do Município, unter den Arkaden.

Verbindungen Mehrmals tägl. **Busse** nach Portimão (ca. 8-mal tägl.), Albufeira und Armação de Pêra (ca. 7-mal tägl).

Bahnstation: *Silves Gare* an der Linie Faro – Lagos liegt ca. 2 km außerhalb, an der Straße nach Lagoa; Zubringerbusse gibt es aber nicht für jeden Zug, deshalb ist es wichtig, vorher nachzufragen.

Feste Mitte Aug. herrscht für 9 Tage in der Altstadt mittelalterliches Treiben bei der **Feira medieval**, einem der schönsten Feste der Algarve. Im Juli könnte das beliebte Bierfestival in der Burg wieder aufleben, wenn sich Stadtverwaltung und Sportclub einig werden.

Reiten Country Riding Centre, Ausritte und Reitunterricht. Für ganz Kleine ab 4 J. ein Ponywalk (25 €), Reitstunde ab 25 €. Betrieben wird der Reiterhof von Martina und Steven. Genau 2 km von Silves links an der Straße nach Messines, Norinha, ✆ 917976992 oder 913510530, www.country ridingcentre.com.

Übernachten/Essen & Trinken

Übernachten Casa no Serro 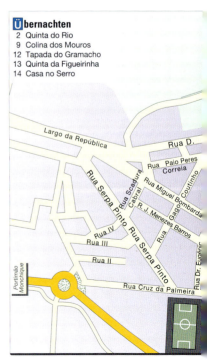**14**, wie ein Palast liegt sie der Altstadt gegenüber, mit handverlesenen Einrichtungsstücken, großen Zimmern, und alle schwärmen vom Frühstück. Man fühlt sich ins 19. Jh. zurückversetzt, Baldachine, alte Ölbilder ... Der Pool ist beheizt und der Blick auf Silves könnte kaum besser sein. DZ mit Bad 140–160 € inkl. Frühstück. Auf der anderen Flussseite oberhalb der Brücke. Ladeira de S. Pedro, ✆ 918026583, www.casa-do-serro-pt.book.direct.

*** **Colina dos Mouros 9**, links der Brücke, am Ortsausgang Richtung Faro. Hotel mit grandiosem Blick auf die Stadt, besonders abends, etwas angestaubter Charme, aber relativ günstig, mit Pool und Klimaanlage. DZ 38,50–81,50 €. Sítio do Poinho Santo, ✆ 282440420, www.colinahotels.com.

Quinta da Figueirinha 13, Gerd Zabel, Agronom, lange Zeit im Entwicklungsdienst tätig und eine bemerkenswerte Persönlichkeit, hat sich ein paar Kilometer außerhalb von Silves niedergelassen. Seit Jahrzehnten pflanzt er exotische und einheimische Pflanzen an und hat damit schon fast einen botanischen Garten geschaffen, z. B. mit 50 verschiedenen Obstarten – und alles nach biologischen Richtlinien. 11 Ferienwohnungen und ein Gästehaus stehen zur Wahl. Urlaub hier ist ein Erlebnis! Studio 29–55 €, Fewo für 4 Personen 60–97 €. Figueirinha, von Silves über die Brücke westlich fahren, dann ausgeschildert. ✆ 282440700, www.qdf.pt. ∎

Quinta do Rio 2, kleine Privatpension, 6 km außerhalb in Richtung S. B. de Messines, inmitten der Orangenfelder und Hügel. Das freundliche Haus wird von einer italienischen Familie geführt. Einfache DZ mit Frühstück ca. 55–75 €. ✆ 282445528, www.quintariocountryinn.home.sapo.pt.

Tapada do Gramacho 12, wundervoll ruhig gelegen und mit Blick auf den Fluss, stilvoll in freundlichen Farben eingerichtet und nette holländische Besitzer. Pool, Gemeinschaftsküche, 6 DZ für jeweils 75–90 €, 2 Apartments für jeweils 75–115 €. Geöffnet

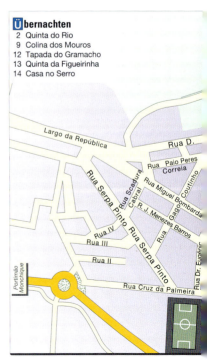

Übernachten

2 Quinta do Rio
9 Colina dos Mouros
12 Tapada do Gramacho
13 Quinta da Figueirinha
14 Casa no Serro

März–Okt. Etwas den Fluss aufwärts Richtung Gare/Estombar, dann bei 3 verschiedenfarbigen Steinen rechts ab, ✆ 919667048, www.tapadadogramacho.com.

Essen & Trinken   Café Inglês , stimmungsvolles Café-Restaurant, hübscher Garten und baumbestandene Esplanade zu Füßen der Burg. Sonntags ab 15 Uhr, aber auch Freitag- und Samstagabend häufig Livemusik (Jazz, Afro). Gute, wechselnde Tagesgerichte, Suppen und Kuchen (auf der Tafel angeschrieben). Tägl. (außer Mo). Hinter der Kathedrale, etwas unterhalb des Kastells, es gilt einige Stufen zu bewältigen. ✆ 282442585.

Casa Velha **4**, Restaurant im Zentrum in der Nähe des alten Stadttors, im Sommer zum Draußensitzen. Die Hausspezialitäten (*Cataplana*) sind mit ca. 24 € für 2 Personen vergleichsweise günstig. Fleischgerichte für 8–10 €. Auf Fischgaststätte gemacht, Schalentiere im Aquarium. Rua 25 de Abril 13, ✆ 282445491.

Taberna Almedina Rui **8**, uriges Restaurant mit guter Weinauswahl (Motto: „Das Leben ist zu kurz für schlechte Weine") und traditionellen Gerichten wie Ziegenkäse mit Honig und Walnüssen, gegrillte Dourade (14 €), Cataplana mit Tintenfisch und Kartoffeln (15 €), Steak, Vegetarisches, alles 7,50–16 €. Gutes Mittagsmenü für 7,50 €. Tägl. (außer Do). Rua Mousinho de Albuquerque 2, Nähe Fluss. ✆ 282442008.

Rui **7**, bekannte Marisqueira und entsprechend teuer, mit großer Auswahl an Fisch- und anderen Meeresgerichten. Hauptgericht ab 8 €, Gerichte für 2 Personen zwischen 25 und 30 €. Tägl. (außer Di). Rua Vilarinho 27, beim Markt in die Stadt hoch. ✆ 282442682.

Barbinha **6**, leckere Hausmannskost, ein schneller Service und eine sehr aufmerksame Besitzerin. Die fünf mittags zur Wahl stehenden Tagesgerichte sind günstig. Lediglich das Ambiente ist nicht übertrieben schön. Tägl. (außer So). In der Fußgängerzone Rua Elias Garcia 13.

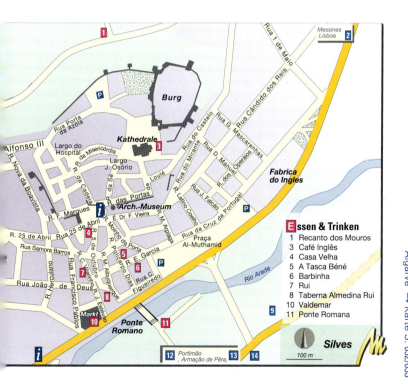

Essen & Trinken
1 Recanto dos Mouros
3 Café Inglês
4 Casa Velha
5 A Tasca Béné
6 Barbinha
7 Rui
8 Taberna Almedina Rui
10 Valdemar
11 Ponte Romana

Silves

100 m

Algarve → Karte S. 632/633

A Tasca Béné 5, in einer kleinen Nebengasse der Fußgängerzone. Nettes Ambiente, abwechslungsreiche Speisekarte von flambierter Hühnerbrust bis Stockfisch. Tägl. außer Mo. Rua Policarpo Dias, ✆ 282444797.

Recanto dos Mouros 1, man kann auch im Freien sitzen und hat einen schönen, unverbauten Blick auf den Ort. Preiswert, der Lammeintopf (Ensopada de Borrego) für 9,50 € oder auch das Wildschwein nach Art des Hauses (Javali). Die Portionen reichen eigentlich für zwei Personen. Man kann aber auch halbe Portionen bestellen. Von der schmalen Straße, die nördlich der Altstadt unterhalb der Mauern entlangführt, zweigt ein Weg durch eine Orangenplantage ab. Tägl. (außer Mi). Monte Branco, ✆ 282443240.

Ponte Romana 11, bekannt wegen seiner guten *Chanfana* (Ziegeneintopf). Auch Zimmer werden vermietet. Tägl. (außer Mo). Auf der anderen Seite der alten römischen Brücke. Leser schrieben: „Zwischenzeitlich gibt es zwei Kategorien von Zimmern, ein Anbau, in dem große Zimmer vermietet werden, aber auch noch die DZ im Altbau, total schnuckelig-antik eingerichtet um ein original altes Wohnzimmer; nur das Bad war unter aller Kanone, dafür aber günstig.“

Valdemar 10, berühmt für Silves sind die kleinen Hähnchenbratereien an der Flussavenida vor der Markthalle. *Valdemar* hat sich völlig auf Hähnchen spezialisiert – Sie können wählen, ob mit oder ohne Piri-Piri! Mit Beilage (Pommes und Salat) kostet die Portion ca. 7 €. Tägl. (außer So). Mercado Municipal de Silves 11.

Außerhalb O Alambique, Spitzenküche zu gehobenen Preisen, auch vegetarische Gerichte. Inhaber Marlen Schmid und Xavier Dupin. Poço Barreto nur abends, Hauptgericht 10–16 €. Tägl. (außer Di). 7 km außerhalb (östlich), links an der Straße nach Algoz, ✆ 282449283, www.alambique.de.

O Barradas, hübsche Quinta, sehr gute Weinauswahl, sogar ein selbst produzierter ist darunter, und frischer Fisch aus dem Backofen. Auch zum Draußensitzen. Besser reservieren, da meist sehr voll. Tägl. (außer Mi). Rechts der Straße nach Lagoa (2,8 km davor) folgen! ✆ 282443308.

Café und Bootsverleih Quinta da Rocha Branca, Clube Náutico, direkt am Fluss gelegen, mit Pool zur Allgemeinbenutzung, Terrassencafé, Kanus und Tretbooten sowie schönem Blick auf Silves. Jetzt sogar mit kleinem, etwas improvisiertem Campingplatz, Zelt und Auto 8 €, Person 2 €. Die Straße Richtung Odelouca/Monchique entlang und nach ca. 3 km, kurz vor dem Ort Falacho, links auf einen Sandweg (Schild Clínica do Falacho und Clube Náutico, kleine Bar und Obststand an der Ecke), am Ende nach kleiner Brücke links und noch ca. 1 km weiter. ✆ 282445921, rocha.branca@hotmail.com.

Serra de Monchique

Von Portimão fährt man die Straße Richtung Norden etwa 25 km weit durch üppige Landschaften mit kleinen Feldern und Alleen. Fast 1000 m streckt sich der Berggipfel Fóia in den Himmel, der an manchen Wintertagen sogar eine dünne Eisschicht trägt.

Für das Auge ist die Landschaft eine echte Erholung: Korkeichen, Pinien und silbrig glänzende Ölbäume – mit so viel frischem Grün rechnet man im Süden Portugals eigentlich nicht. Dazwischen liegen Obsthaine mit leuchtend gelben Orangen. Erst das Monchique-Gebirge verschafft der Algarve dieses ausgeglichene Klima, weil es besonders in den Wintermonaten die Nordwinde aus dem kalten Inneren der Iberischen Halbinsel abschirmt.

Caldas de Monchique

In einer Bergfalte einige Kilometer unterhalb des Dorfes Monchique liegen die Thermalquellen Caldas de Monchique. Das Thermalbad, von dem sich bereits 1495 König Dom João Linderung erhoffte, hatte seine Glanzzeit im 19. Jh., als es beson-

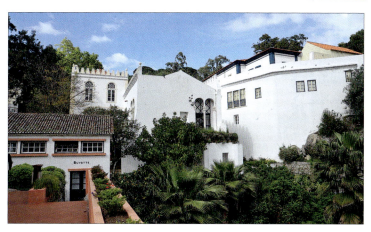

Der alte Thermalkomplex von Caldas

ders beim spanischen Adel beliebt war. Aus dieser Epoche stammen auch die meisten, während der letzten Jahre renovierten Gebäude. Die Überreste der römischen Badehäuser wurden damals leider zerstört. Herausragend das ehemalige *Casino* im neomaurischen Stil, in dem heute wechselnde Ausstellungen gezeigt werden. Ein Parkspaziergang bergauf, am plätschernden Bach entlang, ist dank der Höhenlage und der riesigen Eukalyptusbäume auch im Hochsommer eine Erfrischung.

Etwas talabwärts vom Zentrum liegt die *Buvette*, so heißt das kleine Tempelchen an der Thermalquelle, wo das 32 Grad warme Heilwasser früher wohldosiert an die Besucher abgegeben wurde. Indikation: Rheuma, Bronchitis und unreine Haut. Am besten dreimal täglich vor den Mahlzeiten je ein Glas. Vor ein paar Jahren wurde die Buvette geschlossen, für kleinere Reparaturen, wie es hieß. Nun kommen Durstige nur noch im weiter unten im Tal gelegenen Kurhotel an das gesund schmeckende Wasser, im Eingangsbereich links von der Rezeption. Im Zweifelsfall kann man aber auch das Wasser der etwas oberhalb im Park gelegenen befestigten Quelle genießen. Die Quelle hat zudem den Namen *Fonte dos Amores* (Liebesquelle) und ihr Wasser schmeckt um einiges besser, da es sich um normales Quellwasser handelt – über etwaige Wirkungen müssen Sie sich selbst ein Urteil bilden!

Die Abfüllanlagen für das ausgezeichnete Mineralwasser befinden sich in einem Fabrikgebäude etwas unterhalb von Caldas. 1994 kaufte der in Portugal hoch angesehene Macau-Chinese Stanley Ho, ein milliardenschwerer Spielcasinobetreiber, mit seiner *Fundação Oriente* das Gelände der Caldas de Monchique inkl. der Mineralwasserrechte vom portugiesischen Staat und investierte sogleich 7,5 Mio. Mark in eine neue Abfüllanlage. Auch die gesamte Anlage der Caldas war über viele Jahre eine Großbaustelle. Inzwischen ist alles fertig und in frischer Farbe für die Besucher zugänglich.

Parque da Mina: ca. 3 km unterhalb von Caldas de Monchique. Hier sieht man das ehemalige Haus der reichsten Familie der Gegend, mit alten Möbeln und Gegenständen, Schnapsdestillerie, Park mit Tauben- und Hühnerzucht, Köhlerei, Eingang in eine Erzmine. Führung durch das Haus auf Englisch, etwas teuer, für das, was geboten wird. Es heißt, einer der ehemaligen Besitzer habe seine Frau in dieses Haus gesperrt und sei dann seinen Vergnügungen nachgegangen, von den Ergebnissen dieser Vergnügungen wurde er dann immerhin Taufpate ...

April–Sept. tägl. 10–19 Uhr, Nov.–März tägl. (außer Mo/Di) 10–17 Uhr. Eintritt 10 €, 4–11 J. 6 €, Familie (2 Erw., 2 Kinder) 26 €. ✆ 282911622.

Übernachten   **** Albergaria do Lageado, die beste Unterkunft in Caldas de Monchique, für das Niveau preiswert. Im Garten ein Pool voll mit Mineralwasser, eigenes Restaurant. DZ ca. 45–55 €. Im Winter geschlossen. ✆ 282912616, www.albergaria dolage ado.com.

Dom Lourenço, angeblich die älteste Herberge der ganzen Algarve, im Jahre 1692 wurde sie eröffnet. Die nebenan liegende Pension *Central* und auch das Hotel *D. Carlos* dahinter werden von derselben Holding geführt und können mit denselben hohen Preisen aufwarten. DZ ca. 90–115 €. Die Benutzung der Kuranlagen muss dann noch extra bezahlt werden, ca. 15 € pro Tag. Caldas de Monchique, ✆ 282910910, www.monchiquetermas.com.

Essen & Trinken   In den Caldas sitzt man schön, aber besser und günstiger lässt es sich in der näheren Umgebung tafeln, z. B. im **Foz do Banho** am südl. Kreisverkehr mit angegliedertem Kunsthandwerksladen und kleiner Terrasse nach hinten. Dennoch könnte man im kleinen Café **O Tasco** im Kurort ein *pão com chouriço* und einen Erdbeerbaumschnaps probieren; rechts steht der große Brotofen, in dem diese Brötchen gebacken werden (je 3 €). Tägl. um ca. 11.30 Uhr.

Monchique

Das Städtchen liegt in 445 m Höhe auf halbem Weg zum Gipfel, die kleinen Häuser schmiegen sich malerisch an den Hang. Entlang der Dorfstraße reihen sich Läden, die Ladenfronten voll mit Weidenkörben und anderen Souvenirs, die auf Käufer warten.

Sehenswert ist das aus Stein „geflochtene" Portal der Matriz-Kirche. Wegen der ansonsten schlichten, weiß gekalkten Kirchenfassade kommt dieses Schmuckstück im manuelinischen Stil besonders zur Geltung.

In einem der Cafés können Sie den Medronho-Schnaps probieren; er kommt hauptsächlich hier aus der Gegend, viele Bauern brennen ihn noch selbst. Im öffentlichen Freibad kann man einen Sprung ins Monchiquewasser wagen (gratis).

Sehenswertes: 10 Fußminuten oberhalb von Monchique steht die Klosterruine *Nossa Senhora do Desterro*. Das 1632 vom späteren indischen Vizekönig Pedro da Silva gegründete Franziskanerkloster wurde durch das Erdbeben von 1755 beschädigt und ist heute eine Ruine. Es soll hier schon seit Jahren eine Luxusherberge eingerichtet werden, bislang wohnt aber immer noch eine arme Bauernfamilie im linken Flügel, mit Hund, Hühnern und Tomaten und bessert ihr Einkommen teilweise durch den Verkauf von selbstgeernteten Früchten auf.

Fóia: Der Gipfel des Monchique-Gebirges, 902 m über dem Meeresspiegel – eine schmale Straße (8 km) windet sich von Monchique aus hoch. Von hier hat man an klaren Tagen das fantastische Panorama der Küste vor sich. Ein Wald von Sendemasten, militärischen Abhör- und Radarantennen stört leider die Idylle. Die Baumgrenze liegt heute weit unterhalb des Gipfels, Folge eines Waldfrevels, als 1824 König João IV. den Berg den Bewohnern von Monchique vermachte und diese nichts Besseres im Sinn hatten, als den Wald in Holzkohle zu verwandeln.

In dem flachen Bau neben dem Hauptgebäude am Gipfel ist ein interessanter Kunsthandwerksmarkt lokaler Künstler untergebracht, so auch der deutsche Glasbläser Norman, der schon seit gut 20 Jahren an der Algarve seine filigranen Glaskunstwerke herstellt.

Picota: Während sich die Reisebusse auf dem Foia abwechseln, finden vor allem die Wanderer den Weg zu diesem 756 m hohen und damit zweithöchsten Gipfel. Doch auch mit einem normalen Auto ist die Fahrt machbar, manchmal etwas steil, aber alles Teerstraße. Dafür nimmt man nach der Tankstelle am Ortseingang von Monchique rechts die Straße nach Alferce, fährt in der folgenden Linkskurve rechts ab und folgt den Schildern. Unterhalb des Gipfels ist eine kleine Parkbucht, die letzten Meter auf dem Granitfelsen muss man zu Fuß hinter sich bringen, wird aber von einer grandiosen Aussicht nach allen Seiten belohnt.

Stühle römischer Bauart?

Hier in Monchique soll das Design eines Stuhles überliefert sein, den vor 1500 Jahren die römischen Kolonialherren als bevorzugtes Sitzmöbel benutzten. Der Stuhl besteht aus in sich verzinkten Holzleisten und ist deshalb zusammenklappbar. Er besitzt kein Rückenteil und findet heute gern in Fluren und kleinen Vorzimmern Verwendung, wobei die Hauswand die Lehne ersetzt. Als Material wird hauptsächlich Erle *(Amieiro)* genommen, ein Holz, das relativ fest ist, sich aber auch noch gut verarbeiten lässt. Die Erle ist zumindest heutzutage im Monchique-Gebirge äußerst selten, da der Baum ganzjährig feuchte Bachläufe in der Nachbarschaft braucht.

Senhor José Salvador ist einer der wenigen Stuhlmacher in Monchique, die noch hauptberuflich dieses eigenartige Sitzgestell anfertigen. Sein Laden *Casa dos Arcos,* links der Einbahnstraße, die zurück nach Portimão führt (Rua Calouste Gulbenkian), bietet eine gute Auswahl an Stühlen – und es liegen dicke Mappen aus, in denen er Zeitungsausschnitte über seine Profession gesammelt hat. Gut verpackt werden die Stühle von der Tochter sogar ins europäische Ausland verschickt, auf Anfrage, Lieferzeit ca. 1 Woche.

⌒ Basis-Infos

Information Largo de São Sebastião, die steile Straße vom Hauptplatz Richtung Foia hoch und dort am Kreisverkehr. Mo–Fr 9.30–13 und 14–17.30 Uhr, Sa/So/Feiertag geschlossen. ✆ 282911189.

Verbindungen Busse nach Portimão 6- bis 8-mal tägl. (www.frotazul-algarve.pt).

Einkaufen Wer die im Gebirge hergestellten Wurstsorten vom schwarzen Schwein direkt vom Bauernhof kaufen will, der fährt am Ortseingang von Monchique (nach der Tankstelle) rechts Richtung Alferce, dann nach ca. 100 m rechts den Berg hoch (Linkskurve). Ab hier sind die „Enchidos Tradicionais", so die portugiesische Bezeichnung, ausgeschildert. Mittlerweile gibt es auch vom gleichen Betrieb Idalia Duarte

eine Metzgerei am Ortseingang links, kurz vor dem Hauptplatz mit dem Nora-Brunnen.

Neben ein paar Geschäften im Ort gibt es einen größeren Kunsthandwerksmarkt auf dem Foia-Gipfel, in dem flachen Gebäude vor dem Café.

Fahrradverleih ✆ 282913204 oder ✆ 96500 4337, 20 €, www.alternativtour.com (s. u.).

Medronho-Schnapsdestillerie Bei António Maria und seinem Vater Joaquim bekommt man einen Einblick in eine Erdbeerbaumschnaps-Destillerie; dazu gibt's einen guten Gebirgshonig aus eigener Herstellung. Einfach die Straße zum Fóia hochfahren, rechts beim Jardim da Oliveira einbiegen und auf einer breit ausgebauten Asphaltstraße noch ca. 3,5 km weiter. Abzweigung

Handwerk, Kunsthandwerk und Stühle römischer Bauart

links zum Fóia ignorieren, nach ca. 150 m stehen sich links ein neues und rechts ein älteres Haus gegenüber (darunter Destillerie). Besser die Zeit zwischen 14 und 15 Uhr meiden, da dann häufig die Teilnehmer von Jeepsafaris hier auftauchen. ✆ 963048417.

Mountainbike-Touren   Mit den **Foia Downhill** oder **Outdoor Tours** immer den Berg runter. Am Morgen geht's von Portimao mit dem Bus zum Gipfel hoch. ✆ 916736226 und 282969520, www.outdoortours.com.

Abenteuerpark   **Alternativtour** bieten Tagesprogramme mit Slide, Paintball, Hochseilgarten, Wandern etc. an, ab 22,50 €. Abenteurpark vom Gipfel Foia ausgeschildert, vorherige Reservierung notwendig. Wer sich gerne mal wie James Bond fühlen möchte, kann auch für ca. 50 € vom Gipfel des Foia aus eine Abenteuertour (Monchique Challenge) beginnen: Klettern, Mountainbike, Cable Sliding, Kajak. Nichts für Kinder unter 15 Jahren! www.alternativtour.com.

Veranstaltungen   Feira de Artesanato, am ersten Wochenende im September, entlang der Straße zwischen dem Platz der Nora und dem Rathaus: Weidenkörbe, Tonwaren, Patchwork …

Wandern/Ausflüge   Geführte Wanderungen von Uwe Schemionek auf den Picota-Gipfel. Jeden Mo und Do. Die Teilnehmer

sind jedes Mal begeistert. Treffpunkt ist die Galp-Tankstelle am Ortseingang von Monchique. ✆ 966524822, www.wandern-mit-uwe.de.

Die einzig existierende Wanderkarte Trilhos-do-Bio-Park ist mittlerweile vergriffen und auch veraltet, doch wurden mit Hilfe der Stadtverwaltung einige **Wanderrouten** markiert:

PR 1 Percurso das Árvores Monumentais: Von den der Route namensgebenden monumentalen Bäumen besitzt Monchique so einige, wie z. B. die riesige Araukarie rechts im Zentrum. Mittelleichter, 6,6 km langer und zumeist im Ort bleibender Rundwanderweg.

PR 2 Caldas – Picota: Mittelanspruchsvoll geht es ca. 19 km von Caldas de Monchique auf den 774 m hohen Picotagipfel hinauf.

PR 3 Wanderung rund um den Foia: Führt ca. 6,5 km mit 280 m Höhenunterschied um den Foia herum.

PR 4 (Trilho dos Moinhos): Der ca. 10,3 km lange „Rundweg der Mühlen" beginnt im Ortszentrum und führt 3 km nördl. bei Barranco dos Pisoes zum Picknickplatz bei der Moinho do Poucochinho-Mühle und durch schöne Landschaft.

PR 6 (Marmelete): Schöne Rundwanderung, ab dem Ort Marmelete ausgeschildert, oft durch Korkeichenwälder; Schwierigkeit: leicht-mittel. 8,5 km, 2–3 Std.

Informationen zu Wandertouren mit Downloadmöglichkeit der Tracks unter https://pt.wikiloc.com/trilhas/trekking/portugal/faro/monchique.

Barranco dos Pisões: Hier gibt es einen schattigen Picknickplatz mit riesigen Platanen in einem lauschigen Tal, samt plätscherndem Bach. Die Mühle Moinho dos Poucochinhos ist schön renoviert, aber leider meistens geschlossen, trotzdem lohnt ein Abstecher. Fährt man von Lagos kommend die Straße am Hauptplatz weiter nach rechts und an der folgenden Rotunde links in den Ort, ist weiter vorn der Weg rechts nach Peso und Barranco dos Pisões ausgeschildert (ca. 4 km).

Übernachten/Essen & Trinken

Übernachten Mirante, ruhige Lage im Ort, z. T. mit Balkon. DZ mit Bad ca. 35–40 €. Beco Miradouro 7, ☎ 282912364, algarvefoia@hotmail.com.

Descansa Pernas, mit gleichnamigem Café an der Hauptstraße, 3 Min. zu Fuß vom Zentrum, DZ mit Frühstück, Balkon, Bad 45 €. Öffentliches Freibad (gratis) in der Nähe. Estrada de Saboia, ☎ 282913170, rop63462@mail.telepac.pt.

Bica-Boa, DZ ca. 70 €. Dazu gute Küche, auch Vegetarisches (Gerichte ab ca. 8,50 €). Serviert wird bei gutem Wetter im Vorgarten mit spektakulärem Blick ins Tal. Durch den Ort und dann an der Ausfallstraße nach Lissabon. Estrada de Lisboa 266, ☎ 282912271, bica-boa@sapo.pt.

Quinta no Estaço, Südhang Foia, topausgestattete Quinta mit geräumigen Apartments, terrassiertem Garten, Pool, Kinderpool und sagenhaftem Blick. Apartment für 2 Personen 70–90 €, ☎ 282913076, www.quinta-no-estaco.com.

Vila Foia, elegant und großzügig gebaut unter Verwendung natürlicher Materialien, schöner Blick zur Küste, großer Garten. 7 DZ und 2 Familienzimmer, 2 Apartments in Planung, Pool, WLAN kostenlos, DZ 70–126 € inkl. reichhaltigem Frühstück, ein barrierefreies Zimmer. Südhang des Fóia, am Restaurant O Luar links abwärts, ☎ 282910110, www.vilafoia.com.

Spa d'Alma, gemütliche Anlage bei Alferce. DZ 70–75 € inkl. Frühstück. Hier kann man vom Jacuzzi nachts die Sterne beobachten, Pool. Alto de Baixo, ☎ 282911003, www.spadalma.eu.

Quinta no Tempo, sehr schön gestaltete Quinta mit Steinmauern und 3 gemütlichen Studios mit Kitchenette und Terrasse, je 60–110 €. Richtung Marmelete, dann rechts ausgeschildert. Sitio da Nave, ☎ 967639775, www.quintadotempo.pt

Essen & Trinken A Charrette, ganz oben im Dorf kurz vorm Rathaus. Gilt bei den Einheimischen als das beste Restaurant. Tolle Küche, besonders die Ziegenfleischgerichte und die Feijão com Arroz (Bohnen mit Reis, Schweinefleisch und Würsteln). Rua Dr. Samora Gil 30–34, ☎ 282912142.

Palmeirinha dos Chorões, leckere Tagesgerichte, preiswert und einfach, Speisesaal hinter dem Café, mit Terrasse zum Stadtgarten. Im Ort, kurz vor dem Hauptplatz. Rua Serpa Pinto 23.

Ochalá, nettes Teehaus, vegetarisches Mittagsgericht ab 4,75 €, ausgezeichnete Tagessuppe, Sandwiches, Salate, Karottenkuchen, Scones usw. Gleich unterhalb des A Charrette. Tägl. (außer Sa/So) 9.30–19 Uhr, im Winter 10–18 Uhr. Rua Dr. Samora Gil 12, ☎ 282912524.

Jardim das Oliveiras, in Richtung Fóia; preisgekröntes Restaurant; besonders an Sonntagen, wenn die portugiesischen Ausflügler das Lokal beherrschen, gibt es viele seltenere Spezialitäten. Schöne Gartenterrasse, Spielplatz, Vogelkäfige. Richtung Foia, dann rechts ausgeschildert, beim Wasserreservoir. Sítio do Porto Escuro, ☎ 282912874.

O Luar da Fóia, Straße zum Fóia weiter aufwärts, auf der linken Seite. Viele leckere Gerichte vom Porco Preto, großzügige Portionen, Terrasse mit Aussicht. Für die Einheimischen gilt es als eines der besten Lokale. ☎ 282911149.

A Rampa, ca. 4 km von Monchique, Richtung Foia, vorletztes Restaurant vor Fóia, auf der rechten Seite. Von der Terrasse hat man eine schöne Aussicht. Sehr zu empfehlen ist das Frango Piri-Piri: Das Huhn wird in pikante Piri-Piri-Soße eingelegt und schmeckt dann fast nussähnlich – die Schärfe macht sich erst später bemerkbar. Als Vorspeise ist geräucherter Schinken (presunto) sehr lecker, als Dessert das hausgemachte Marzipan.

Lagos

ca. 17.000 Einwohner

Einer der ältesten Algarve-Orte mit historischer Kleinstadtatmosphäre. Die Bedingungen zum Baden und Tauchen sind optimal: Man hat die Wahl zwischen einem langen Strand mit Dünen auf der gegenüberliegenden Flussseite und kleinen Felsbuchten mit kristallklarem Wasser westlich von Lagos.

Lagos liegt, umgeben von einer Stadtmauer, auf eng bebauten Hügeln am Ufer des Ribeira de Bensafrim, der hier in eine breite Meeresbucht mündet. Entlang des Flussufers verläuft eine lange Hafenavenida, die inzwischen mit kanarischen Dattelpalmen begrünt wurde. Im historischen Zentrum dominieren niedrige, rot gedeckte Häuser aus dem 18. Jh., renovierungsbedürftige Paläste und die noch gut erhaltene Stadtmauer mit dem alten Kastell an der Flussmündung.

Auch an Lagos ging der Massentourismus nicht spurlos vorüber. Am Stadtrand, besonders in Richtung Porto de Mós und Meia Praia, wachsen neue Hotelbauten in den Himmel – noch ist trotz Wirtschaftskrise kein Ende in Sicht. Die kleinen Strände bei den Kliffen sind hier im Sommer völlig überlaufen.

Die Geschichte der Stadt Lagos ist eng verknüpft mit den Entdeckungsfahrten, aber auch mit dem *Sebastianismus (Sebastianismo)*, dem Glauben und Wunsch der Portugiesen, dass König Sebastião, 1573 bei einer für Portugal katastrophalen Schlacht in Marokko verschollen, eines Tages zurückkehren und sein Land wieder zur Weltmacht erheben würde. König Sebastião, der „Ersehnte", war von Lagos mit 18.000 Soldaten zu seinem Afrikafeldzug aufgebrochen. Davon kamen nur 60 zurück. Eine übermannsgroße Statue des Königs Sebastião mit auffallend weiblich-knabenhaftem Aussehen steht heute vor dem Rathaus – sie wirkt wie ein Raumfahrer auf dem Weg zum Mond.

Immer wieder fanden vor Lagos auch große Seeschlachten statt. Heinrich der Seefahrer rüstete hier seine Flotten aus, mit denen zu den Entdeckungsfahrten ausgeschwärmt wurde. Im Schlamm der Hafenbucht werden noch viele vermoderte Rümpfe der „Seelenverkäufer" vermutet.

Sehenswertes

Igreja de Santo António: Eine der schmuckvollsten Kirchen Portugals. Man fühlt sich im Inneren wie in einem Schatzkästchen. Die einschiffige Kirche ist angefüllt mit vergoldeten *Schnitzereien, der „talha dourada"*: An den Seitenwänden hängen kugelbäuchige Engelskinder mit enormen Gewichten auf ihren Schultern, zwischen ihnen

Blick vom Fischerhafen auf die Altstadt

groteske, fast surrealistische Ornamente von Pflanzen, Tieren, Monstern und Szenen weltlicher Episoden wie Fischerei und Jagd. Die acht *Seitenbilder* stellen die Wunder des hl. Antonius von Lissabon dar, der erst im Laufe seines Lebens nach Padua kam und dort berühmt wurde; der Heilige selbst thront im Zentrum des Altars, das Jesuskind auf dem Arm. Die *Deckenmalerei* imitiert ein Kreuzgewölbe – die Säulen, Fenster und das Wappen des Landes im Zentrum wirken so plastisch, dass man sie fast für echt halten möchte.

Über den Ursprung der Kirche ist nahezu nichts bekannt, außer dass sie bereits lange vor dem Erdbeben von 1755 gebaut wurde und dem Militär diente. Die Kirche in ihrer heutigen Gestalt ist allerdings zwischen der Mitte des 18. Jh. und dem Anfang des 19. Jh. entstanden. Es heißt, sie wäre früher mit noch mehr Reichtümern bestückt gewesen, die jedoch die Truppen Napoleons geplündert haben. Übrigens: Ein im Boden eingelassener Grabstein erinnert an Hugo Beaty, einen irischen General, der den Wiederaufbau der Kirche nach dem Erdbeben anordnete. Sein Leitspruch ist noch heute als Epitaph zu lesen: „Non vi sed arte" – „Nicht durch Kraft, sondern durch Können". Auf seinem Grabstein ist vermerkt, dass er zwar als Protestant geboren, aber 1789 als gläubiger Katholik gestorben sei. Die Kirche ist nur zusammen mit dem Stadtmuseum zu besichtigen.

Stadtmuseum: Eingang neben der António-Kirche durch ein Renaissanceportal (auch für die Kirche). Das Museum beherbergt u. a. archäologische, sakrale und volkstümliche Exponate sowie Münzsammlungen. Interessant ist insbesondere die Abteilung mit Nachbildungen von Handwerksgeräten. Auch ein Sardinenkutter in Miniaturausgabe mit ausgelassenem Netz ist ausgestellt, in Wirklichkeit reichen die Netze 120 m tief und haben eine Länge von 300 m. Die Netzmaschen sind gerade so weit, dass die Sardine bei ihren Versuchen, mit dem Kopf voran durchzuschlüpfen, stecken bleibt.

Algarve → Karte S. 632/633

Im sakralen Teil sind Kirchengewänder zu sehen, die bei der Feldmesse zur Abreise der Truppen unter Sebastião von den Priestern getragen wurden. Teilweise wirkt das Museum allerdings wie der „Dachboden" von Lagos – in Vitrinen lagern Fossilien und vermachte Erbstücke (Geschirr, Bilder, aber auch Waffen sowie ein Ärztebesteck mit Säge und Klistier). Alte Fotos zeigen die Stadt im Jahre 1945, als die Hafenavenida noch nicht existierte (gebaut 1960) und die Hauswände die Flussbegrenzung bildeten.

Tägl. (außer Mo) 9.30–12.30 und 14–17.30 Uhr. Eintritt 3 €, 1,50 € ermäßigt, bis 12 J. frei. Kombiticket Museum, Sklavenmarkt und Forte Ponta da Bandeira 6 €, ermäßigt 3 €.

Janela Manuelina – Fenster des Königs Sebastian: am „Palast Heinrichs des Seefahrers" an der Praça Infante Henrique, wo heute das Bezirkskrankenhaus zu finden ist. Das auffallende Fenster im manuelinischen Stil ist das berühmte *Janela Manuelina*, von dem aus König Sebastião den Abzug seiner Truppen beobachtet haben soll, ehe er selbst die Karavelle bestieg. Allerdings wird mehr Aufsehen darum gemacht, als es tatsächlich zu bestaunen gibt. Direkt davor wurde der ehemalige Bootskai aus der Zeit Heinrichs freigelegt, von dem aus die Karavellen lossegelten.

Sklavenmarkt/Museu da escravatura: Hier steht das *Zollhaus*, an dessen Stelle 1444 der erste Sklavenmarkt abgehalten wurde – das Gebäude existierte damals noch nicht. Seit 2016 ist hier ein Museum über zwei Ebenen untergebracht, zu sehen sind Schautafeln und Fundstücke, das meiste aus einer städtischen Müllhalde des 15. Jahrhunderts, die vor den Stadttoren beim Bau eines Parkhauses entdeckt wurde. Im Obergeschoss (Eingang links seitlich) kann man per Touchscreen weitere Informationen abrufen, diese aber eher spärlich und recht umständlich.

Tägl. (außer Mo) 9.30–12.30 und 14–17.30 Uhr. Eintritt 3 €, ermäßigt 1,50 €, bis 12 J. frei; Kombiticket Museum und Sklavenmarkt 5 €, zusätzlich mit Forte Ponta da Bandeira 6 €, ermäßigt die Hälfte.

Jeden ersten Samstag im Monat ist großer Markt am Ortsausgang nach Portimão

Centro Ciência Viva 🟥: (→ Karte S. 731) Interessantes Wissenschaftsmuseum für kleine und große Kinder zum Thema Entdeckungsfahrten. Hier kann man ein Astrolabium und Kompasse ausprobieren, Morse- und Flaggencodes lernen, Boote im Wind zu Wasser lassen oder die schnellste Indienroute finden. Schöner Gartenteil mit weiteren Wissenschaftsspielen und einer Karavelle, alles auch auf Englisch.

Tägl. (außer Mo) 10–18 Uhr. Eintritt 3 €, Familienkarte 6 € mit bis zu 3 Kindern, Kind 6–15 J. 1,50 €, unter 6. J. frei. Rua Dr. Faria e Silva, Eingang auch über den Fischmarkt.

Mercado dos Escravos – Sklavenmarkt

Es waren 235 Schwarzafrikaner, die 1444 in Lagos ankamen und öffentlich versteigert wurden. Damit begann das dunkle Kapitel des Sklavenhandels im „goldenen Zeitalter" der Entdeckungsfahrten. Im Grunde war der Handel mit Menschen ein uraltes Geschäft, konzentrierte sich aber auf den Orient. Da witterten bald auch die portugiesischen Händler zur Zeit Heinrichs des Seefahrers Profit und erlangten sein Einverständnis für den Handel mit dem „schwarzen Gold". Dennoch, die ersten Schwarzen wurden eher wie exotische Paradiesvögel behandelt und vorgeführt – anfangs ein Luxusartikel.

Das änderte sich schlagartig mit der Entdeckung der Neuen Welt: Im 16. Jahrhundert begann der Handel mit Sklaven einem vollständig neuen Zweck zu dienen: Der Bedarf an billigen Arbeitskräften auf den brasilianischen Plantagen und in den Gold- und Diamantenminen war riesengroß; und die einheimischen Indios starben lieber, als Zwangsarbeit zu leisten.

Der berüchtigte „Dreieckshandel" Portugal – Afrika – Südamerika begann: Schiffe verließen Portugal mit den berühmten Glasperlen, Pferden, Waffen u. a., um sie in Afrika gegen Sklaven einzutauschen. Diese verkaufte man im zweiten Schritt in Amerika mit einer riesigen Gewinnspanne gegen Zucker, Kaffee, Kakao, Gold, Edelsteine etc., die dann wieder das Mutterland erreichten.

Bald waren die Portugiesen nicht mehr alleine, inzwischen mischten viele europäische Staaten in dem fetten Geschäft mit und machten Portugal den Rang streitig. Allein im 18. Jh. – der Zenit des Sklavenhandels war erreicht – wurden 10 Millionen Afrikaner unter unmenschlichen Bedingungen über den Atlantik verfrachtet.

Diese Ereignisse spielten sich lange nach Heinrichs Regentschaft ab, und Lagos hatte nach dessen Tod im Jahr 1460 bald seine Bedeutung als Sklaven-Umschlagplatz an Lissabon verloren.

Die ersten Sklaven kamen vor allem aus West- und Zentralafrika und so hieß die Hauptstadt von Nigeria lange Zeit nicht zufällig – richtig: Lagos!

Forte Ponta da Bandeira: In dem kleinen Fort an der Hafeneinfahrt sind wechselnde Ausstellungen über das Zeitalter der Entdeckungen untergebracht. Sehenswert ist die kleine, mit wunderschönen Azulejos ausgekleidete Kapelle zu Ehren der hl. Penha de Franças im Innenhof!
Tägl. (außer Mo/Feiertag) 9.30–12.30 und 14–17,30 Uhr. Eintritt 3 €, Kombiticket Museum, Sklavenmarkt und Forte Ponta da Bandeira 6 €, ermäßigt 3 €.

Museu dos Descobrimentos (Wachsfigurenmuseum): Die portugiesische Antwort auf Madame Tussaud. Zu sehen sind szenische Darstellungen aus der Zeit der Entdeckungsfahrten, weder Heinrich der Seefahrer, Vasco da Gama, ein indischer Maharadscha oder der Heldendichter Camões dürfen fehlen. Nett gemacht, aber relativ klein und etwas teuer, man kann sich auf Englisch ein wenig über die portugiesische Geschichte informieren.
Tägl. 10–18 Uhr, Juli/Aug. bis 20 Uhr, Nov.–Okt. bis 17 Uhr. Eintritt 5 €, ermäßigt 4 €, 4–11 Jahre 3 €. Im linken Teil des Jachthafens.

Algarve → Karte S. 632/633

Urban Art/Graffiti: Es kann einem passieren, dass man um eine Ecke biegt und überrascht auf ein riesiges Wandgemälde schaut. In den vergangenen Jahren hat die Künstlerkommune LAC namhafte Graffitikünstler in das frühere Gefängnis eingeladen. In der Altstadt – vor allem rund um das Kulturzentrum und die Jugendherberge – sind so beeindruckende Wandgemälde an zuvor langweiligen grauen Mauern entstanden. Hier ist Graffiti Kunst: Man kann bunte Mosaike, Riesenmöwen, rasende Rennhunde, einen hockenden Riesen, Liebespaare oder einfach Gesichter bewundern. Infos und Photos unter http://www.blocal-travel.com/street-art/lagos-street-art-guide.

Störche: In den letzten Jahren haben die Störche mehr und mehr die Algarve zu ihrem Lebensmittelpunkt erkoren und den einen oder anderen Mast oder Kamin einer stillgelegten Konservenfabrik besetzt. Nur im trockenen Hochsommer zieht es Meister Adebar in etwas feuchtere Gebiete. Im Frühjahr und Herbst sieht man die Störche manchmal in größeren Gruppen. Fast ins Nest schauen lassen sie sich am *Ortsausgang von Odeaxere*, östlich von Lagos, direkt an der N 125 nach dem Fußballstadion. Hier nisten sie auf relativ niedrigen Olivenbäumen, die aber durch einen Wasserkanal vor Räubern geschützt sind, quasi direkt rechts an der Straße (Vorsicht ist geboten, falls Sie anhalten möchten!). Auch auf dem Weg nach Monchique findet sich fast ein Storchennest neben dem anderen.

Basis-Infos   → Karte S. 731

Information Tourismusbüro nur noch im ehemaligen Rathaus am Hauptplatz mit der D. Sebastiao-Statue, rechts neben der Polizeiwache, Praça Gil Eanes. Tägl. 9.30–17.30 Uhr, im Winter manchmal 13–14 Uhr geschlossen. ✆ 282763031.

Verbindungen Busse nach Salema via Praia da Luz, Burgau. Direktbus nach Sagres ca. 10-mal tägl. (bis zum dortigen Ende der Welt 1-mal täglich). Direkt nach Faro (10-mal tägl.), Portimão (20-mal tägl.), Aljezur (5-mal tägl.). Odeceixe oder Odemira ca. 3-mal werktags (außer Sa). Busse entlang der Küste nach Lissabon (2-mal tägl.). Nach Lissabon mit EVA (Sete Rios beim Zoo) oder Renex (Estação do Oriente) ca. 10-mal tägl. Diese Busse benutzen die besser ausgebaute Straße durch den Alentejo. Nach Sevilla ca. 2-mal tägl.

Stadtbusse von A Onda zwischen Stadtzentrum, Meia Praia, Praia Dona Ana und Porto de Mós Strand werktags (außer Sa) ca. 15-mal tägl. (blaue Linie/Linha 2); Praia da Luz, Burgau ca. 14-mal tägl. (gelbe Linie/Linha 4); Barão de S. João, Bensafrim (grüne Linie/Linha 6), an Wochenenden nur selten. Tickets 1,20–1,60 € im Bus je nach Distanz, im Vorverkauf am Busbahnhof nur die Hälfte; Karte (3 €), die man mit 10 Fahrten aufladen kann. Tageskarten für 1, 3, 5

oder 7 Tage 3,60 €, 9 €, 15 € bzw. 21,60 €. Barrierefrei. www.aonda.pt (als pdf herunterladen).

Bahn: Die Endstation der Algarve-Bahnlinie liegt etwas westlich. Züge entlang der Algarve nach Vila Real de Santo António über Faro und Tavira (9-mal tägl.), nach Lissabon (6-mal tägl.) und nach Porto (3-mal tägl.).

Ein **Touristenbähnchen** auf Gummirädern pendelt während der Saison (Mai–Okt.) stündl. 10–16 Uhr zwischen Marina und Ponta da Piedade. Preis ca. 3,50 €.

Parken Mittlerweile sind die meisten Parkplätze rund um die Altstadt und an der Promenade gebührenpflichtig. Achtung: Strafzettel! Dazu gibt es 3 Parkhäuser, eines direkt an der Flusspromenade vor der Altstadt (1 Std. 1–1,40 €). Billiger ist das beim neuen Rathaus, dafür etwas weiter vom Zentrum entfernt, hierfür beim Kreisverkehr auf Höhe des Jachthafens weg vom Fluss nach rechts abbiegen (Rua dos Celeiros); gute Alternative hinter der Altstadt bei der Praça de Armas (1 Std. 0,80 €). Zudem weitere Parkplätze an der Westseite der Altstadt. Hier lohnt sich die Parkplatzsuche, denn bislang sind die Parkplätze noch nicht gebührenpflichtig. Ein Lageplan ist beim Turismo erhältlich. Wer gern etwas läuft, kann das Auto auch hinter

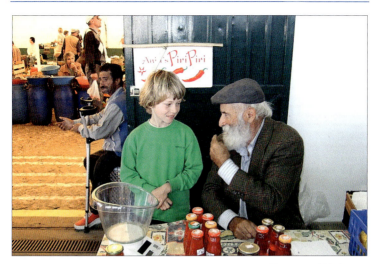

Bauernmarkt in Lagos

dem Jachthafen auf einem großen Schul-
parkplatz stehen lassen, direkt am Kreisverkehr mit den Säulen.

Abenteuerpark/Parque Aventura Am
Meia Praia, vom Kreisverkehr direkt beim
Hotel Vila Galé ausgeschildert. Paintball,
Klettern in einem schönen Hochseilgarten,
12–18 € je nach Alter und Aktivitäten. Nach
europäischen Normen gestaltet und mit
ausgebildeten Monitoren. Sa/So meist 13–
17 Uhr, sonst nur nach Voranmeldung.
✆ 911020042, lusoaventura.com.

Ärztliche Versorgung Die Notambulanz
im **Hospital** ist 24 Std. geöffnet. Bei der
Praça do Infante mit Heinrichstatue links
die Straße hoch. Rua Castelo dos Governa-
dores, ✆ 282770100.

Privatkrankenhaus: Hospital S. Gonçalo.
Viele, zumeist auch engl. sprechende Ärzte
und 24 Std. Notdienst. Nähe Intermarché,
Av. Dom Sebastião,✆ 282790700.

Centro de Saúde (am Ortsrand von Lagos,
Richtung Sagres): staatliches Gesundheits-
zentrum. Normalerweise nur mit Voranmeldung und langen Wartezeiten. ✆ 282780000.

Deutsche Ärzte: *Dr. Otto Johannsen*, bei
Espiche am Kreisverkehr links von der
N 125 nach Praia da Luz abbiegen, nach ca.
50 m links in die Einfahrt (Vila Belo
Horizonte), ✆ 282789416 und ✆ 282789952.

Dr. Nikolaus Kirsten, deutscher Zahnarzt.
Nahe dem Informationsbüro im Stadtzentrum. Rua Marreiros Neto 9, 1. Stock,
✆ 282763570.

Ausstellungen/Konzerte Centro Cultural, in dem vielräumigen, 1500 m² großen
Gebäude finden den Sommer über oft drei
Ausstellungen parallel statt. Auch ausländischen Künstlern wird Raum zur Selbstdar-
stellung geboten. Für die Termine der unregelmäßig stattfindenden Klassik- oder Jazzkonzerte am besten einen aktuellen Veranstaltungskalender besorgen. Ein **Café** ist
ebenfalls im Gebäude untergebracht. Tägl.
(außer So) 11–19 Uhr, bei Abendveranstal-
tungen nur 15–24 Uhr. Rua Lançarote de
Freitas, ✆ 282770450.

Auto-/Zweiradverleih Luzcar **9**, einer
der preiswertesten an der ganzen Algarve
und auch zuverlässig. Largo Portas de Portugal 10, ✆ 282761016.

Motoride **5**, Roller für drei Tage ab ca.
60 €. Fahrrad ab 13 €/Tag, bei mehr als 3 Tagen 9 €. Rua Vitor Costa e Silva 6-B, hinter
Adega da Marina, ✆ 282761720.

Bootsausflüge Etliche Bootseigner buhlen mit eigenen Werbeständen am Jachthafen um Kundschaft für ihre Boottrips, z. B.
Bom Dia, seit über 25 Jahren im Geschäft.
Ausflüge im Sommer 10–14.30 oder 14.30–19

Uhr, in der Nebensaison nur 13–17.30 Uhr, inklusive Mittagessen in einer einsamen Bucht. Ausflüge 49 €, Angelausflüge (3 Std.) 35 €, Nicht-Angler 25 €. ℡ 282087587, www.bomdia-boattrips.com.

Blue Ocean Divers, Kajaktouren unter deutscher Leitung für 30 € (→ S. 729).

Days of Adventure, Delfinfahrten für 40 €, Fahrradtouren ab 25 €. ℡ 282181282 und ℡ 967014828, www.daysofadventure.com.

Grottenfahrten zur *Ponta da Piedade* sollte man eher mit den kleinen Fischerbooten unternehmen. Abfahrtstelle an der Flusspromenade oder am Fort, ca. 15 €/Person.

Einkaufen   Jeden 1. Sa im Monat ist Zigeunermarkt am Ortsausgang Richtung Portimão: billige Kleidung, Schuhe, Porzellanpudel usw.; und nur wenig bis gar kein Kunsthandwerk.

Markt: blau gekachelte Verkaufswannen, appetitlich aufbereiteter, frischer Fisch und sogar ein supermoderner Aufzug mit Blindenschrift. Im 1. Stock gibt es nach wie vor einen kleinen Kiosk mit Kaffeeausschank und jede Menge Gemüsestände. Vom obersten Stockwerk zudem schöner Ausblick. Direkt an der Flusspromenade, Gebäude mit halbrunden Portalen.

Bauernmarkt: jeden Samstag in der kleinen Markthalle neben dem Busbahnhof. Viele Kleinbauern der Umgebung verkaufen Gemüse, Obst, Hühner, Eier – preisgünstiger als in der Markthalle im Zentrum und in manchem Supermarkt! Auch Biobauer Jean Pierre aus der Schweiz oder die Quinta das 6 Marias aus Sargacal, ein von den Frauen einer Familie bewirtschafteter Biohof, haben hier einen Stand (außen an der Wand).

Bio Sabor, auch hier gibt es Obst und Gemüse von lokalen Bauern in großer Auswahl und günstigen Preisen sowie eingelegte Oliven, Olivenöl, Pilze, Körner, Piripiri, Pflanzen – manchmal sogar Mangos aus der Algarve; wer diese einmal probiert hat, wird sie nicht vergessen. Tägl. 9–19.30 Uhr. An der östlichen Ausfallstraße N 125, nach der Tankstelle, wo der Esel steht. Vorsicht beim Parken! ℡ 964038413.

Flohmarkt: jeden 1. Sonntagvormittag im Monat am östl. Ortseingang vor dem städtischen Hallenbad.

O Ponto, am Platz Luís de Camões mit ausgefallenen und modischen Kleinigkeiten,

dazu Kleidung aus Naturstoffen (Leinen, Seide), auch in großen Größen. Nicht der übliche Touristenramsch!

Maria do Mar 🔟, Traditionen der Algarve, es gibt die ganze Bandbreite portugiesischer Fischkonserven der feineren Art in farbenfrohen Verpackungen, auch Olivenöl, Fleur de Sel, Wein etc. Tägl. 10.30–13 und 14.30–18.30 Uhr. Etwas versteckt in der Rua Conselheiro Joaquim Machado 21, ℡ 917746744.

Feste **Arte Doce** (Süße Kunst), das „Marzipanfest" wird Ende Juli beim Hallenbad am Ortseingang Richtung Portimão gefeiert – mit viel Marzipan natürlich, Plätzchen, Kuchen und anderen einheimischen Produkten. Prämiert und zur Schau gestellt werden jeweils die schönsten Kunstwerke aus Marzipan.

Festival dos Descobrimentos, in *ungeraden* Jahren, alle 2 Jahre im Mai, mit historischem Thema, Vorführungen, mittelalterlichen Kostümen, Marktständen ...

Golf   Palmares, 18-Loch-Platz, am östlichen Ende der Meia Praia schön gelegen. Man spielt teilweise direkt am Meer, der Platz wurde 2009 erweitert.

Boavista, etwas neuerer Platz am westl. Ortsausgang, Richtung Sagres, für alle Levels.

Parque da Floresta, der Platz inmitten der zum Teil steilen Hügel im Hinterland des Fischerdorfes Salema ist für Anfänger eine echte Herausforderung.

≫ Lesertipp: Pro-Putting Garden 🀞, „eine Art Minigolfplatz für Golfer mit Kunstrasen und sehr schön angelegt" (Thomas Hamann). Auf dem Parkhaus am Rande des Parks beim Praça de Armas, mit Wasserspielen und dicken Figuren. Im Sommer tägl. 10–22 Uhr, im Winter unregelmäßig. Estrada da Ponta da Piedade 9, ℡ 282789342. ≪

Hallenbad Am östl. Ortseingang links ist das neue städtische Sportzentrum inkl. Hallenbad mit olympischer Länge, Fitnessstudio und Cafés. Eintritt Schwimmbad 4 €.

Internet Biblioteca Municipal, freies WLAN und ein paar Computer zur kostenlosen Benutzung. Di–Sa 10–18 Uhr. Rua Júlio Dantas 4, beim Krankenhaus um die Ecke, ℡ 282767816. Auch im Stadtzentrum beim Turismo und in vielen Cafés kostenloses WLAN.

Bora Café 🔞, nettes, kleines Café mit Holzbestuhlung, frischen Obstsäften und auch vegetarischen Snacks. Kostenloses WLAN. Stadtzentrum, Rua C. J. Machado 17. Seit Neuestem gibt es auch Zimmer im Haus gegenüber, bei Bora Dormir, zentral, aber nachts laut. Im Sommer bis 24 Uhr, im Aug. sogar bis 2 Uhr.

Jachthafen   Seit 1994 hat Lagos eine eigene Marina (direkt neben der Altstadt), die Platz für 480 Boote bietet. Der Liegeplatz für ein 8-m-Boot kostet ca. 2500 € pro Jahr. Mittlerweile sind viele Apartments und Geschäfte in der Umgebung entstanden. Info Marina de Lagos, Sítio da Ponte, ✆ 282792008.

Polizei   im alten Rathaus Praça Gil Eanes und am östlichen Ortseingang am Kreisverkehr, ✆ 282780240.

Ultraleichtflüge   Am Aerôdromo Municipal de Lagos (Ortsausgang Richtung Portimão) kann man mit diversen Vehikeln in die Luft gehen: Die Engländer **Gerry und Manuela Breen** bieten Rundflüge mit den zerbrechlich wirkenden Motorgleitern an, ab 55 € auch Paragliding. ✆ 282763891 und ✆ 914903384, www.gerrybreen.com.

Wasserhunde   Rodrigo Pinto züchtet diese seltene und interessante Rasse liebevoll nach, und er weiß viel über sie zu berichten. Besucher sind willkommen, man lässt dann einfach etwas Futtergeld da. Am westlichen Ortsausgang Richtung Sagres, unter der Autobahnbrücke (dafür bei der Tankstelle rechts und parallel zur EN 125 fahren, direkt nach der Unterführung), Casa Da Buba, ✆ 967683545, www.cdblagos.com (sogar mit Webcam).

(Sport

MTB-Touren, Kanufahrten, Wandern   Outdoor Tours, von Juni bis Sept. Auch Abholservice, Büro und Treffpunkt in Mexilhoeira Grande an der N 125, ✆ 282969520 oder 916736226, www.outdoor-tours.com.

Reiten   Tiffany's, elf gute Ponys und Pferde stehen für Anfänger und Fortgeschrittene zur Verfügung; auf Wunsch gibt es Unterricht. 1 Std. Ausreiten kostet ca. 35 €. Richtung Sagres, ca. 1 km vor dem Dorf Almádena, ✆ 282697395 www.teamtiffanys.com.

Jinny, hat rund 10 Pferde zu vermieten. In Bensafrim, an der Straße von Lagos kommend rechts abbiegen (Fronteira), ✆ 282687263.

Surfen   Lagos bietet sich als perfekter Ausgangsort für einen Surfurlaub an. Diverse Veranstalter bieten Wellenreitkurse an: Ein-Tages-Kurs kostet ca. 40–50 €, 5 Tage 150 €. Am Morgen geht es mit Autos an die Westküste (Fahrzeit ca. 45 Min.), gegen 19 Uhr kommt man in die Stadt zurück: z. B. www.thesurfexperience.de oder www.inter nationalsurfschool.com, siehe auch unter Sagres (→ S. 754).

»»» Lesertipp: Windsurfpoint, Verleih von Windsurf- und Kitesurfausrüstung am Meia Praia: „Das Material ist sehr gut und überhaupt ist das für Leute, die diesen Sport lernen wollen, ein sehr günstiger Ort: der Strand fällt leicht ab, sodass kein starker Shorebreak entsteht" (A. Linsenhoff). Ein-

Tages-Wellensurfkurs kostet 55 €, ein Kitesurf-Tageskurs 220 €, der 2-Std.-Schnupperkurs 65 €, inkl. Material und Lehrer. Sind auch am Praia do Martinhal in Sagres, ✆ 282792315 und ✆ 910961000, www. windsurfpoint.com. ««

Tauchen   Das planktonreiche Wasser des Atlantiks bietet Tauchern eine weniger gute Sicht als das glasklare Mittelmeer. Entschädigt wird man dafür durch mehr Fische, die durchschnittlich größer sind. Das Meer fällt nicht, wie man bei einer Steilküste erwartet, schnell tief ab, sondern geht flach in sandigen Meeresgrund über, der oft auch weiter draußen nur 20 m tief liegt. Besonders interessant sind die Tauchgänge in den Grotten der Ponta da Piedade und an den Felsriffen davor. Hier gibt es zahlreiche Krebse, Oktopusse und Drachenköpfe zu sehen.

Blue Ocean Divers, die empfehlenswerte Basis wird vom Deutschen Elmar Vees geführt. Wöchentl. Bootsfahrten ab Lagos und Sagres, ansonsten auch Landtauchgänge direkt vom Strand aus und ohne Boot. Pro Tauchgang inkl. Leihausrüstung 50 €. Es werden auch Schnuppertauchgänge und Anfängerkurse nach den Richtlinien des PADI-Verbandes angeboten. Beim *Motel Ancora Sun Palace*, etwas außerhalb kurz vor dem Porto-de-Mós-Strand, ✆ 964665667, www.blue-ocean-divers.de.

Algarve → Karte S. 632/633

Übernachten/Camping

Gäste mit einem ausgesprochenen Schlafbedürfnis sollten von einem Quartier im Zentrum von Lagos Abstand nehmen oder zumindest ein Zimmer zu einem Innenhof verlangen. Das Nachtleben ist sehr ausgelassen und dauert manchmal bis 5 Uhr morgens …

**** **Tivoli Lagos** **8**, Komforthotel im Ort. Wegen der Hanglage hat fast jedes Zimmer einen schönen Blick. Subtropischer, üppiger Garten mit Swimmingpool. Zum nächsten Strand sind es ca. 700 m. Shuttlebus. DZ 65–180 €. Hat kürzlich den Besitzer gewechselt und wird Winter 2017/18 renoviert. Rua António Crisogno dos Santos, ✆ 282790079, .tivolilagos.com.

**** **Vila Galé Lagos** **3**, recht großer Kasten im Design portugiesischer Modeschöpfer, riesiger Pool, einiges an Komfort und Entertainment. Zumindest 1 rollstuhlgerechtes Zimmer. DZ ca.75–175 €, am Anfang des Meia-Praia auf der anderen Flussseite, links der Straße. ✆ 282771400, www.vilagale.com.

Lagosmar **13**, in der Nähe des Platzes Gil Eanes. Gute Lage in der Altstadt, kleine Terrasse mit Bar. Die 45 Zimmer mit Bad sind relativ klein und einfach. DZ mit Dusche ca. 41–110 €. Geschlossen Nov.–März. Rua Dr. Faria da Silva 13, ✆ 282763722, www.lagosmar.com.

** **Mar Azul** **22**, Altstadthaus im Herzen der Stadt. Von einigen der geräumigen Zimmern nach hinten schöner Blick auf den Fluss, vor allem im Sommer etwas laut. DZ 40–80 €. Av. 25 de Abril 13, ✆ 282770230, www.hotelmarazul.eu.

Casa Mãe **10**, ein ehrgeiziges Projekt und eine Investition von 6 Millionen Euro, Resultat: eine brandneue Hotelanlage am Rande der Altstadt mit viel Design und viel weißer Farbe, Boutique und noblem Restaurant. 30 DZ, DZ 125–165 €. Rua do Caracol 12, ✆ 968369737, www.casa-mae.com.

Casa da Moura **40**, atmosphärisch und mit maurischem Flair, sehr zentral, in einer ruhigen Straße, sofern im Auditorium kein Konzert ist, mehrere Apartments, Pool, Terrasse zur Stadtmauer hin. WLAN kostenlos. Apartment für 2 Pers. ca. 55–150 €. Rua Cardeal Neto 10, nahe Auditorium. ✆ 282087817 und ✆ 964529917.

Dona Benta **42**, die herzliche Nordportugiesin vermietet Zimmer mit Gemeinschaftsküche und großer, begrünter Dachterrasse,

zentral, trotzdem recht ruhig und mehrfach von Lesern empfohlen. Die Straße der Jugendherberge weiter hoch bis zum Platz vor dem Stadttor. DZ ca. 35–70 €. Trav. Do Forno 21, ✆ 282760940 und ✆ 962349592, bentagirão@hotmail.com.

>>> **Lesertipp:** **** **Marina Rio** **1**, an der Flussesplanade, mit Blick zum Jachthafen. Die Zimmer sind sehr sauber, Bad/Dusche Balkon, Klimaanlage, reichhaltiges Frühstücksbüffet. Auf der rückwärtigen Seite befindet sich der Busbahnhof, bei geschlossenem Fenster ist kein Lärm zu hören (W. Möhler, Olching). 2007 renoviert, Schwimmbad auf dem Dach mit schöner Aussicht. DZ ca. 85–135 € inkl. Frühstück. Av. dos Descobrimentos, Apartado 388, ✆ 282780830 und 282769859, www.marinario.com. <<<

Casa Atalaia **36**, 3 gut ausgestattete und gepflegte Apartments in der Altstadt. Balkon, zentral, aber trotzdem ruhig, Vermieterin spricht auch Deutsch. 45–75 € (bis 4 Personen) im Sommer Mindestaufenthalt 1 Woche. Rua da Atalaia 7, ✆ 282760635 und ✆ 917265570, www.algarve-und-mehr-fewo.com.

Stadtrand/außerhalb An der Straße zur Ponta da Piedade, am Abzweig zur Praia Dona Ana, einige kleinere Apartmentanlagen:

Dona Ana Garden, gleich neben dem kleinen Tante-Emma-Laden. Mehrere Apartments und Doppelzimmer, aufgelockert um den Pool herumgebaut, jedes ein klein wenig anders gestaltet und alle schön. Familienfreundlich. WLAN. DZ ca. 30–90 €. Urb. Costa d'Oiro, Lote 20–22, ✆ 282770150, www.donanagarden.com.

Villa Dinis, weitere nette Apartments neben Dona Ana Garden. Apartment ab 90 €. Rua da Ponta da Piedade, Costa d'Oiro 25–26, ✆ 282764200.

Dom Manuel **48**, aufwendig gestaltetes Designhotel in Zentrumsnähe, Richtung Praia D. Ana. Aparte Architektur und Ausstattung in warmen Farben und mit historischen Stilelementen. Nebenan ist ein Altersheim, für Ruhe ist also gesorgt. 35 DZ, Pool, WLAN. DZ mit Bad ca. 62–170 € inkl. Frühstück. Rua

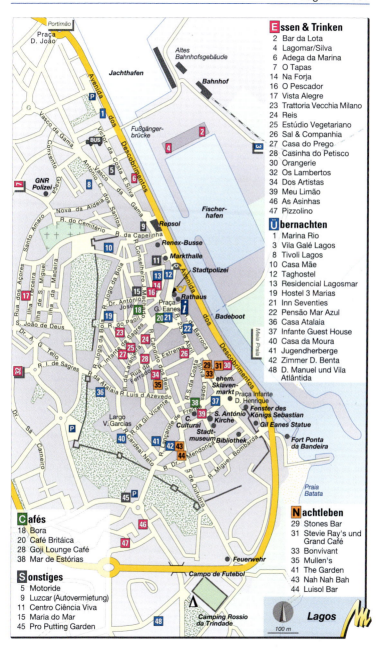

E ssen & Trinken
2 Bar da Lota
4 Lagomar/Silva
6 Adega da Marina
7 O Tapas
14 Na Forja
16 O Pescador
17 Vista Alegre
23 Trattoria Vecchia Milano
24 Reis
25 Estúdio Vegetariano
26 Sal & Companhia
27 Casa do Prego
28 Casinha do Petisco
30 Orangerie
32 Os Lambertos
34 Dos Artistas
39 Meu Limão
46 As Asinhas
47 Pizzolino

Ü bernachten
1 Marina Rio
5 Vila Galé Lagos
8 Tivoli Lagos
10 Casa Mãe
12 Taghostel
13 Residencial Lagosmar
19 Hostel 3 Marias
21 Inn Seventies
22 Pensão Mar Azul
36 Casa Atalaia
37 Infante Guest House
40 Casa da Moura
41 Jugendherberge
42 Zimmer D. Benta
48 D. Manuel und Vila Atlântida

N achtleben
29 Stones Bar
31 Stevie Ray's und Grand Café
33 Bonvivant
35 Mullen's
41 The Garden
43 Nah Nah Bah
44 Luisol Bar

C afés
18 Bora
20 Café Britáica
28 Goji Lounge Café
38 Mar de Estórias

S onstiges
5 Motoride
9 Luzcar (Autovermietung)
11 Centro Ciência Viva
15 Maria do Mar
45 Pro Putting Garden

Lagos

100 m

Algarve → Karte S. 632/633

Gago Coutinho 37, ℘ 282770880, www. dommanuelhotel.com.

Vila Atlântida 48, 3 große und gediegen eingerichtete DZ mit Bad, Kühlschrank, Balkon in einer familiär geführten Villa. Prima Lage, denn man kommt zu Fuß leicht zu den Stränden (D. Ana, Camilo) und auch in die Innenstadt. Besucher sind stets begeistert. Kein Pool, 45–75 €, Mindestaufenthalt 3 Nächte, ℘ 282084903 und ℘ 966085135, www.vilatlantida.com.pt.

**** Vivenda Miranda, als „Romantikhotel" oberhalb der Steilkliffs zwischen Ponta da Piedade und Porto de Mós erfüllt es seinen Ruf. Schweizer Management. Das empfehlenswerte Hausrestaurant bedient auch fremde Gäste, aber besser reservieren. Nur 26 Zimmer. DZ ca. 300 € (!). Porto de Mós, ℘ 282763222, www.vivendamiranda.com.

Vila Graciosa, 12 Apartments im Neubauviertel von Lagos, zwischen Altstadt und Porto de Mós. Pool vorhanden, zum Strand gut einen Kilometer. Urbanização Torraltinha, Rua da Torre Pequena, Lote 18, ℘ 282764545.

Inn Seventies 21, zentraler geht es wirklich nicht. 10 Studios mit Bad, Mikro und Kühlschrank, traumhafte Dachterrasse mit Blick auf Hauptplatz und Strand, kleinem Pool und Poolbar. Studio 38–70 €. Praça Gil Eanes, Largo Marques de Pombal, ℘ 282770730.

🍃 **Außerhalb** Quinta das 6 Marias, ca. 4–5 km vom Zentrum, in Sargaçal. Ferien auf dem Biohof, 6 liebevoll ausgestattete Häuser mitten auf dem Land, je 40–70 €. ℘ 916704894, www.quintaseismarias.com. ■

🍃 Quinta Vale de Lama, 11 km östl. von Lagos, Ferien auf einem Biohof mit Permakultur, dazu ein Projekt mit dem Ziel, Menschen für naturnahe Landwirtschaft und Lebensweise zu begeistern. Auch Workshops, Freizeiten und geführte Touren mit Mittagessen für kleine Gruppen werden organisiert. Vermietet werden 9 biologisch gebaute DZ mit Mezzanine und Bad, 76,50–110 €, weitere Person ca. 16 €, inkl. gutem veganem Frühstück. Fahrradverleih, Salz-Pool, keine Klimaanlage. Am Ortsausgang von Odeaxere vor dem Fußballplatz von der N 125 rechts abbiegen und der Straße ca. 1 km folgen. ℘ 282764071, www.valedalama.net. ■

Jugendherberge Pousada de Juventude Lagos 41, in der Altstadt, sehr zentral,

Richtung Campingplatz. Internetcomputer an der Rezeption (15 Min. 1 €, 35 Min. 2 €). Bett ca. 17 €, DZ mit WC ca. 45 €, jeweils inkl. Frühstück. Rua Lançarote de Freitas 50, ℘ 282761970, http://microsites.juventude.gov.pt/Portal/en/PLagos.htm.

Hostels In den letzten Jahren haben viele Hostels aufgemacht, die günstige, teils auch exklusive Schlafmöglichkeiten bieten und zumeist auch „Familienanschluss".

Hostel 3 Marias 19, Joao und Maria vermieten mitten in der Altstadt in einer ruhigeren Straße 5 Zimmer mit schöner Dachterrasse und Frühstück. DZ 65–100 €. Rua Jogo da Bola 8, ℘ 966923680.

Infante Guest House 37, geschmackvoll renoviertes Altstadthaus mit tollem Blick von der Terrasse. DZ 50–90 €, inkl. gutem Frühstück. Nähe Sklavenmarkt, im Sommer evtl. etwas laut, Trav. do Mar 1. ℘ 931162690, ℘ 936002405, www.infanteguesthouse.com.

Taghostel 12, hübsches, historisches Gebäude, sehr praktisch zwischen Busbahnhof und Altstadt gelegen. Gemeinschaftsküche, große Terrasse mit Blick aufs Wasser, Frühstück gemeinsam am großen Holztisch. 15–28 € im 4- bis 6-Bett-Zimmer inkl. Frühstück. Nur im Sommer geöffnet. Rua Porta de Portugal 63, nahe dem Fischmarkt, ℘ 918780198, http://taghostel.com.

Camping Trindade, der einzige Campingplatz in Stadtnähe, alles zu Fuß zu erreichen. 2006 renoviert und mit neuen Bädern. Will nun seinen Ruf, überfüllt, laut und nicht besonders sauber zu sein, bessern – bislang aber nur mit wenig Erfolg. Durch Eukalyptusbäume relativ schattig. Am kleinen Stadion des Lagos-Fußballclubs, ca. 10 Fußminuten außerhalb an der Straße zum Dona-Ana-Strand. Kleines Zelt 5 €, pro Person 4 €, Auto 4,50 €. Rossio da Trindade, ℘ 282763893.

Turiscampo Espiche (→ „Praia da Luz", S. 742), eine bessere Wahl ist dieser 5 km westlich von Lagos, auf der rechten Seite der Straße nach Sagres gelegene Platz. Gepflegte Anlage mit großem Pool. Schattig, aber bei Nordwind etwas zugig. Auch Holzhäuser zu vermieten. Parzelle für kleineres Zelt, inkl. Auto und Strom 14–21 €, pro Person 4–7 €, Bungalow für 4 Personen 39–121 €. ℘ 282789265, www.turiscampo.com.

Weiterer Campingplatz 8 km von Lagos bei Praia da Luz, Valverde.

18 Uhr: Heimkehr der Ausflugsboote

Essen & Trinken → Karte S. 731

Über 250 Restaurants und Snackbars sollen insgesamt in Lagos um die Gunst der Gäste buhlen. Während der Saison hat man dennoch das Gefühl, dass alle Plätze restlos besetzt sind.

Dos Artistas 34, *das* Feinschmeckerlokal in Lagos schlechthin, 2000 eröffnet. Gediegene Atmosphäre im Speisesaal, schöner sitzt man aber im baumbekronten Garten. Unter deutscher Leitung. Menüs zu 50 €, auch vegetarische Gerichte. Tägl. (außer So). Rua Cândido dos Reis 68, ✆ 282760659.

Cachoa, sehr empfehlenswert, gehobene, internationale Küche in Quatro Estradas (am Kreisverkehr von der N 125 Richtung Sagres nicht links nach Praia da Luz, sondern rechts abbiegen). Empfehlenswert *Pato Ronaldo* (Ente in Zitronensoße) oder *Tamboril/Seeteufel*. Auch vegetarische Gerichte. Hauptgericht ca. 16 €. Mo und Di geschlossen. Nov. bis Mitte Febr. Winterpause. ✆ 282782822.

Sal & Companhia 26, in der Hauptstraße (Eingang um die Ecke). Im historischem Gemäuer des alten Steuereintreiberpalastes. Bar und Restaurant mit kleinen Tischchen und Bänken, nicht übermäßig günstig, aber urige Atmosphäre, auch vegetari-

sche Gerichte. Tägl. ab 18 Uhr, im Winter zeitweise geschlossen. Av. 25 de Abril.

O Pescador 16, besonders mittags gerne von Portugiesen besucht! Tägl. meist ein typisches Hauptgericht (z. B. *feijoada*). Immer frischer Fisch in der Vitrine. Hübsch zum Draußensitzen. Rua Gil Eanes 6-10.

Na Forja 14, ums Eck von *O Pescador*, typisch portugiesisch sitzt man etwas eng in einem gekachelten Raum vor laufendem Fernseher. Spitze sind die Fischgerichte, alle frisch und meist vom Grill. Probieren Sie mal *Pargo*, dieser Fisch ist leicht zu entgräten und schmeckt sehr dezent. Dass der Wirt aus dem Norden Portugals kommt, merkt man an der sorgfältigeren Zubereitung der Salate. Tägl. (außer Sa). Rua dos Ferreiros 17.

Trattoria Vecchia Milano 23, wem zur Abwechslung nach etwas anderem als portugiesischer Küche zumute ist, kommt in diesem kleinen italienischen Restaurant mit hausgemachten Nudeln und feiner Küche auf seine Kosten − keine Pizza!

Hauptgericht um 8 €, Degenfisch 9 €, Wolfsbarsch/*Robalo* 8,50 €. Im 1. OG und mit Terrasse. Tägl. geöffnet. Rua 1° de Maio 4, Seitenstraße der Rua Infante de Sagres, ✆ 910665819 und 282184206.

»» Lesertipp: Meu Limão 🟩39, in der Altstadt bei der Antoniuskirche/Museum, viele leckere Snacks, auch vegetarisch, und Tapas. Nettes Ambiente, freundliches Servicepersonal (Regine Beckmann, Köln). Rua Silva Lopes 40/42. **««**

🍃 **Estúdio Vegetariano** 🟩25, neu eröffnet. Endlich ein vegetarisches Restaurant mit gekonnt zubereiteten Gerichten, jenseits von Omelette und gemischtem Salat. Wechselnde Hauptgerichte, z.B. Falafel, Kokosnuss-Dal 6,90–8,90 €. Tägl. (außer Di und Mi). Rua da Oliveira 30, ✆ 911500494. ∎

Casa do Prego 🟩27, kunstvoll dekoriert und mit vielen Beilagen kommt hier alles auf den Tisch. Spezialität ist Steak (ca. 13 €) in allen Variationen, aber auch der frische Thunfisch und die Salate können sich sehen lassen. Rua Infante de Sagres 56, ✆ 913505038.

Reis 🟩24, gut geführt und auch von Einheimischen geschätzt. Besonders empfehlenswert und vergleichsweise preiswert der Reiseintopf mit Seeteufel (*Arroz de Tamboril*), aber auch der Mixed Fish. Rua António Barbosa Viana 21 (Fußgängergässchen oberhalb von der Praça Luís de Camões), ✆ 282762900.

»» Lesertipp: Orangerie 🟩30, „modernes Restaurant/Bistro an der Avenida des Descombrimentos nahe Praça Infante D. Henrique. Wir bestellten zwei Salate, einen mit frisch gedünstetem Paprika, Auberginen, Zucchini, Pilzen, Maisrädchen (quergeschnittene Kolben) – sehr lecker!" (Dr. Andreas Jacob). Und sein Fleisch oder Thunfisch kann man auf dem heißen Stein selbst braten (16–20 €). Tägl. geöffnet. Über dem Parkplatz an der Flussavenida.

Vista Alegre 🟩17, Minirestaurant mit nur sechs Tischen. Der Besitzer, ein Franzose, arrangiert die Küche, seine portugiesische Frau kümmert sich um den Service. Die liebevoll zubereiteten Gerichte kommen fotogen drapiert auf den Tisch, es kann schon mal länger dauern. Ohne Reservierung kaum eine Chance, einen Platz zu bekommen. Hauptgericht ab 13 €. Im Aug. zeitweise geschlossen. Rua Ilha Terceira 19-B, ✆ 282792151.

Casinha do Petisco 🟩28, kleines Lokal in einer kleinen Seitengasse. Preiswert, große Portionen. Der Wirt behandelt nicht nur sein Stammpublikum zuvorkommend, in der Saison manchmal lange Wartezeiten. Tägl. (außer So), im März geschlossen. Rua da Oliveira 51, ✆ 282084285.

»» Lesertipp: Adega da Marina 🟩6, „riesiges, ‚volksnahes' Lokal mit entsprechendem Lärmpegel, aber netter und authentischer Atmosphäre." Av. Dos Descobrimentos, zwischen Markthalle und Busbahnhof. **««**

Am Fischerhafen Lagomar 🟩4, im ersten Lagerschuppen. Hier gibt es Muscheln, Krebse, Krabben, aber keinen Salat und auch keinen Kaffee, der Vinho Verde vom Fass entschädigt aber dafür. Im 1. Stock genießt man einen hübschen Blick auf Lagos.

Bar da Lota 🟩2, am Ende der Lagerschuppen, kurz vor dem Bahnhof, hier sitzt man zwischen Fischern und Arbeitern an langen Holztischen, ab und an zwängt sich auch einmal ein Bankdirektor dazwischen, denn hier gibt es fangfrischen Fisch direkt vom Hafen, das aber zumeist nur mittags, abends ist geschlossen, dafür macht dieses Restaurant-Café als erstes um 6 Uhr auf, hier trinken die Nachtschwärmer dann auch ihren Morgencafé nach einer langen Nacht.

A Barrigada, Fischrestaurant auf der anderen Seite des Fischerhafens. Mit Blick auf die Stadt sitzt man hier an einfachen Holzbänken. Bekannt bei den Portugiesen für seinen frischen Fisch und für die Vorspeisen, die unaufgefordert auf den Tisch kommen. Empfehlenswert ist das Menü „A Barrigada" mit Vorspeisen, Fischsuppe und gemischter Fischplatte.

Außerhalb Onda Norte, etwas außerhalb der Altstadt, kurz vor Praia D. Ana rechts die Straße hoch, wo der Parkplatz ist. Kleines portugiesisches Restaurant, geführt von einem Paar aus Nordportugal. Gute, deftige Küche, Spezialitäten vom schwarzen Schwein 10 €, Tintenfischspieß 9 € oder gar ein „Streifzug durch's ganze Land" (viel Fleisch, 25 € für 2 Personen). Largo Salazar Muscoso, ✆ 282764493.

Comidinha, leckere, traditionelle portugiesische Küche, gilt bei Einheimischen als eines der besten Restaurants. Hauptgericht ab 10 €. Urbanização Torralta, Lote 5, Loja B, ✆ 282782857.

Os Lambertos **32**, berühmt für seinen Meeresfrüchtereis an Sonntagen (12 € für eine Person), dafür unbedingt Plätze bestellen. Aber hier schmeckt einfach alles: der frische Fisch, Muscheln, aber auch *picanha* oder der große Fleischspieß. Der Rua Infante de Sagres aufwärts aus der Altstadt heraus folgen, nach dem Kreisverkehr die erste Straße links. Rua Compromisso Marítimo, ✆ 282085953 und ✆ 917042066.

As Asinhas **46**, gepflegtes, kleines Restaurant gleich ums Eck vom Campingplatz. Netter, flotter Service. Hervorragende Hühnchen-Cataplana, alles zu mäßigen Preisen. Estrada da Ponta da Piedade, Lote 24, ✆ 282764257.

Pizzolino **47**, kleine Pizzeria, für 6,50 € kann man sich aus einer langen Liste frischer Zutaten beliebig seine Lieblingspizza zusammenstellen, auch Take-away, echt lecker. Zwischen Altstadt und Campingplatz nach dem Kreisverkehr rechts die Straße hoch. Tägl. (außer So) 17–24 Uhr. Rua Salgueiro Maia 8, ✆ 282769647 oder ✆ 962514026.

O Tapas **7**, eine kleine, freundliche Köchin, die authentische Alentejoküche mit Pfiff zaubert, *Migas* oder *Porco Preto*, oft mit Obst dekoriert. Tägl. geöffnet. Rua Doutor P. J. L. Godinho, nicht weit vom Lidl, ✆ 282047661.

Am Meia Praia Bar Quim, direkt am Strand mit Meerblick. Angenehmes Familienunternehmen, in dem Mutter socht und die Töchter servieren. Guter *Galão* und Blick über den ganzen Strand. Auch Restaurant, wobei die Gambas mit Knoblauchsoße (ca. 10 €) hervorstechen. Tägl. (außer Do), geschlossen im Dez. Am Ende vom Meia Praia, der Zug hält hier.

Linda, tagsüber Badecafé, nur freitagabends gibt's empfehlenswerte Barbecuegerichte (Hähnchen, Schweinerippchen). Strandbar am Anfang vom Meia Praia.

Außerhalb O Cacto, das Richtige für einen romantischen Abend bei gutem Essen, abwechslungsreiche Speisekarte des holländischen Chefs, das Brot kommt ofenwarm auf den Tisch, besonders beliebt ist Lamm (18 €), auch vegetarisches Thai-Curry, Fisch und Muscheln. Ist die etwas gehobenen Preise wert. Mi/Do geschlossen. An der EN 125 in Odiáxere, am östl. Ortsausgang direkt rechts an der Straße. ✆ 282798285.

»» Lesertipp: Casa Chico Zé, man sitzt urig an langen Holztischen, draußen gibt es eine Terrasse und einen Spielplatz, beliebt für alles vom Grill, von Fisch bis Fleisch (Melanie Leithoff). Meist nur mittags geöffnet. Direkt an der EN 125, rechts auf dem Weg nach Odiáxere, am Abzweig nach Torre direkt an der Ecke, ✆ 282798205. «««

O António, man sitzt direkt über dem Strand. Probieren Sie den Tintenfisch- oder Seeteufelreis für ca. 12 €, er reicht für 2 Personen und kommt in einem kleinen Topf. Traumhafter Blick, am westlichen Ende des Strandes Porto de Mós.

Cafés Café Mimar, Süßes, Salziges, frische Säfte, Milchshakes, Salate und sogar ein kleines Mittagsgericht (ca. 3 €), in einer kleinen Seitenstraße. Rua António Barbosa Viana 27.

Pão da Avó Maria, hier mit den Portugiesen frühstücken. Bäckerei mit Café, die auch leckere Brotsorten mit Roggen, Walnuss oder Vollkorn anbietet. Neben Kaffee und Kuchen auch kleine Mittagsimbisse, Espresso noch für 0,60 €. Tägl. (außer So) 8–20 Uhr. Am Ortseingang beim Springbrunnen die Straße parallel zur Flusspromenade nehmen, dann 50 m auf der linken Seite. Rua Vasco da Gama. Weitere Filiale Rua da Ameijeira 9, um die Ecke vom Privatkrankenhaus S. Gonçalo.

Mar de Estórias **38**, eigentlich eine gelungene Mischung aus Laden, Wein- und Snackbar und Café in einem ehemaligen Feuerwehrgebäude. Auch architektonisch interessanter Stil, der historisch und modern gekonnt kombiniert. Dazu gibt es noch eine Dachterrasse mit Aussicht. Tägl. (außer So) 10–19, Fr/Sa auch bis 22 Uhr. Kurz vor dem Kulturzentrum. Rua Silva Lopes 30, ✆ 282792165.

Goji Lounge Café **28**, hier werden auch Vegetarier fündig, kreative Snacks und Gesundes, Fruchtsäfte im Marmeladenglas, Sangria, mit Zen-Atmosphäre. Rua Marreiros Neto 61, ✆ 282760240.

Eis Britáica **20**, das Eis stammt von einer italienischen Eiskonditorei aus Portimão. Früher war empfehlenswertes Eis Mangelware, mittlerweile gibt es auch an anderen Stellen gutes Eis, z. B. schräg gegenüber und in der Rua Marreiros Neto um die Ecke sogar aus eigener Herstellung.

Algarve → Karte S. 632/633

Nachtleben

→ Karte S. 731

In Lagos fällt es ebenso leicht wie in Albufeira, sich die Nacht um die Ohren zu schlagen. Der Unterschied ist, dass man in Lagos am nächsten Morgen noch etwas mehr Geld im Beutel hat. Wer um 4 Uhr seinen ersten Morgenkaffee zu sich nehmen möchte, kann die *Bar da Lota* im Fischerhafen aufsuchen (am Ende der neuen Lagergebäude).

Mullen's 35, ein geräumiger Lagerschuppen, Typ Weinlager, mitten im Zentrum. Ausgewählte Musik, Kilkenny und Guiness für 2,50 €. Rua Cândido dos Reis, 86–88.

Stevie Ray's 31, anspruchsvolle Blues-Jazz-Bar, freitags und samstags Livemusik. Di–Sa 21–4 Uhr. Rua Sra. da Graça 9, www.stevie-rays.com.

Nah Nah Bah 43, in-Bar bei den portugiesischen Jugendlichen, die hier den Abend bei fantasievollen Hamburgern mit Riesenfüllung beginnen. Fast immer brechend voll, ausgefallene Speisekarte („Figos feuchte Träume"). Auch ein paar ältere Semester kommen gerne auf einen Drink bei Reggaemusik. Travessa do Forno 11, ☏ 966207702.

Luisol Bar 44, Luis und Hans führen dieses kleine Lokal mit ausgewählter, ruhiger Musik. Versteckt in einem ruhigen Wohnviertel der Altstadt. Rua de S. José 21, ☏ 282082956.

Stones Bar 29, lockere Atmosphäre, normale Preise. Eine der ältesten Bars und selbst heute noch mit viel Remmidemmi. Auch wenn öfters die „Stones" laufen – der Name kommt von den alten Arkadensteinen, die man beim Renovieren fand und die Teil des Bartresens wurden. Bis 2 Uhr geöffnet. Rua 25 de Abril 101.

The Garden 41, man kommt vor allem wegen der Atmosphäre hierhin, eine Gartenoase mitten in der Altstadt mit Sofas und Sesseln, leichten Gerichten um die 10 € (in der Hochsaison muss man aber sehr lang darauf warten). Außen ein paar beeindruckende Graffiti-Kunstwerke. Nur im Sommer geöffnet (beim ersten Herbstregen schließt es). Gegenüber der Jugendherberge, Rua Lançarote de Freitas.

Bonvivant 33, rot gestrichenes Haus, das mitten in der Straße zu stehen scheint. Kleine Tanzfläche/Disco im Keller, dann geht es 3 Stockwerke nach oben: Von der Dachterrasse kann man das Leben auf der Partymeile beobachten. Rua 25 Abril,105.

Grand Café 31, hier gehen alle hin, wenn die anderen Bars um 2 Uhr schließen, denn das Grand Café ist bis um 5 Uhr offen und hat ganze 3 Bars und mehrere kleine Tanzflächen. Allerdings fühlt man sich hier ab 30 schon etwas alt. In der Nähe des ehem. Sklavenmarktes und Stevie Ray's. Rua N. Senhora da Graça 7.

Duna Beach Club, Dancepartys um den Pool herum und Open-Air-Konzerte. Direkt am Meia Praia Strand, Eintritt ca. 8 €. Nur im Sommer. Programm unter www.duna-beach.com.

Baden – östlich von Lagos

Meia Praia: Neben den malerischen, von hohen, rot leuchtenden Klippen umgebenen Sandstränden südlich von Lagos gilt insbesondere die Meia Praia als der Badestrand von Lagos, allerdings nicht bei den im August häufig heftigen Nordwinden zu empfehlen. Es handelt sich um einen mehrere Kilometer langen Sandstrand mit flachem Hinterland auf der anderen Flussseite, der sich bis zur Lagune von Alvor erstreckt und besonders zu den frühen Morgenstunden ein einmaliges Flair hat. Manchmal kann man morgens noch die Einheimischen dabei beobachten, wie sie die Netze per Hand vom Strand aus einholen und dann den Fisch sortieren und untereinander verteilen. Am bequemsten erreicht man die Meia Praia mit dem Badeboot, das etwa in Höhe der Post in Lagos abfährt. Zu Fuß oder per Auto muss man einen kleinen Umweg in Kauf nehmen, da die Flussbrücke weiter flussaufwärts beim Jachthafen liegt.

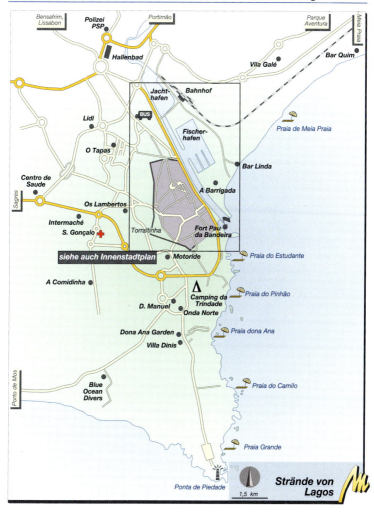

Strände von Lagos

Baden – westlich von Lagos

In den Sommermonaten fährt etwa 15-mal täglich ein Bus ab Lagos/Zentrum zum Strand Dona Ana und zum Badestrand Porto de Mós. Doch auch mit der Minibahn bis zur Ponta da Piedade kann man sein Ziel erreichen.

Praia do Pinhão: Der Strand liegt nahe der Flussmündung, ca. 500 m vom Zentrum entfernt, man folgt der Promenade an der kleinen Festung vorbei aufwärts und geht gegenüber der Feuerwehr unter einer großen Schirmpinie links und hält sich weiter links – ein ziemlich kurzer, versteckt gelegener Sandstrand unterhalb hoher Klippen, die leider die Sonne am späten Nachmittag verschwinden lassen.

Praia Dona Ana: Von der Praia do Pinhão führt ein schöner Trampelpfad an den Klippen entlang zum Hauptbadestrand von Lagos, dem Dona Ana Beach. Der ca. 200 m lange Sandstrand unterhalb der Sandsteinkliffs wird durch eine bis zum Meer vorspringende Felsformation in zwei Hälften geteilt. Per Auto hält man sich Richtung Ponta da Piedade und biegt dann links ab.

Ponta da Piedade: An der „Spitze der Barmherzigkeit" stehen hohe, ins Meer ragende Klippen mit ausgewaschenen Grotten und einem Leuchtturm. Viele Felsen haben bei den Fischern Namen und alle Ausflugsbusse legen hier eine Pause ein, um diese zu bewundern: das Kamel, der Elefant, der Damenschuh. Früher stand hier eine Kapelle, sie musste dem Leuchtturm weichen, doch noch heute führen Kreuzwegsstationen zu diesem speziellen, von den Fischern verehrten Fleck. Es heißt, wenn die Fischer bei rauer See um diese Landzunge herumkamen, dann waren sie in der geschützt gelegenen Bucht von Lagos gerettet und die Jungfrau hatte Erbarmen mit ihnen und ihren Familien. Heute ist die Bucht eine der Touristenattraktionen und die Fischer fahren keine Fischer- sondern Ausflugsboote. Ein Treppchen

Mit Wasserhunden auf Thunfischjagd

Cão d'Água heißt er auf Portugiesisch – Wasserhund. Es handelt sich dabei um einen wuscheligen Hirtenhund, bei dem schlecht zu erkennen ist, was vorn und was hinten ist. Diese Hunde haben keine Scheu vor Wasser und waren bis zur vorletzten Jahrhundertwende den Fischern treue Begleiter. Jedes Boot hatte damals meist zwei der Tiere an Bord, und die Anekdoten über sie werden immer unglaublicher, je länger sie zurückliegen. Weil die Hunde gut tauchen können und dabei durch Zuschnappen die Luftröhre schließen, war es ihnen möglich, Sachen zu apportieren. So gab es *Cães*, die auf die Thunfischjagd abgerichtet waren. Fische, die aus der Netzfalle zu entkommen versuchten, wurden kurzerhand apportiert. Auch Sprünge aus drei Metern Höhe kopfüber (!) ins Meer wagen diese Hunde. Die Schwimmhäute zwischen den Zehen der Pfoten machen den Cão d'Água zu einem ausgezeichneten Schwimmer (seine Schwimmbewegungen ähneln denen des Menschen und nicht der „Tretbootmanier" anderer Hunde) und so machten sich die Wasserhunde häufig als Lebensretter für über Bord gegangene Fischer verdient, die größtenteils Nichtschwimmer waren. Diese brauchten sich nur am Schwanz ihres Hundes festhalten, um sich durch das Wasser ziehen zu lassen.

Auf den Fischerbooten wurden sie wie Mannschaftsmitglieder behandelt und bekamen ihren Lohn in der Form eines Teils des Fangs. Auch durfte ein Wasserhund nicht verkauft, sondern nur von einem Fischer in die guten Hände eines anderen Fischers verschenkt werden.

Über den Ursprung der Riesenpudelrasse wird weiterhin spekuliert. Manche sehen seine Wurzeln im kaiserlichen Russland, andere tippen auf Persien. Doch schon auf römischen Mosaiken findet man Darstellungen dieser alten Hunderasse als „canis piscator" oder „canis leo". „Löwenhund" wurde er auch genannt, wegen seiner traditionellen Schur, bei der die hintere Körperhälfte für größtmögliche Bewegungsfreiheit ganz kurz geschoren wurde, während die Haare am Oberkörper, vor allem über Herz und Lungen, lang gelassen wurden, ähnlich einer Löwenmähne. Das schützte die Tiere vor einem Temperaturschock beim Eintauchen ins kalte Wasser. Auch die Haare über den Augen wurden lang gelassen – sie fungierten wie eine haarige Sonnenbrille. Von den portugiesischen Entdeckern wurde der Cão d'Água

führt ca. 150 Stufen hinunter zum Meer. Während der Saison warten hier Boote für eine kurze Grottenfahrt (ca. 35 Min., von der Flusspromenade hat man aber eine etwas längere Fahrt und spart sich zudem noch die Treppen). Auch Grottenfahrten ab Lagos kommen hier vorbei.

Kleine Badestrände und bizarre Felsformationen sind zu entdecken, wenn man von Lagos aus zu Fuß an der Küste Richtung Ponta da Piedade weitergeht und so erst die Praia do Pinhao, Praia D. Ana (ab hier etwas Straße) und Praia do Camilo passiert. Auch der Weg weiter vom Leuchtturm westlich belohnt mit wunderschöner Küstenlandschaft und skurrilen Felsformationen; ca. 30 Min. geht es bis zum langen Hotelzaun an den Klippen, hier kann man umdrehen oder geht danach rechts-links-rechts über die Straßen zum Porto-de-Mós-Strand.

Praia do Camilo: Links auf halbem Wege zur Ponta da Piedade. Wegen der eindrucksvollen Lage unterhalb der hoch aufgetürmten Kliffe der Lieblingsstrand von vielen; 195 Treppenstufen führten hinunter, nun wurde eigens eine Holztreppe gebaut,

in alle Teile der Erde mitgenommen. Er ist damit Vorfahr vieler heutiger Hunderassen, z. B. des Pudel oder des Neufundländers. Fehlt noch zu sagen, dass der Wasserhund kein Fell, sondern Haare hat, also auch den Allergikern keine Probleme bereitet. Dank dieser Tatsache brachte es einer von ihnen zu einer erstaunlichen Karriere: Er wurde zum Spielkameraden der beiden Töchter von US-Präsident Obama auserkoren. Der Wasserhund ist intelligent, einfühlsam und nicht agressiv, sodass man ihn auch als Therapiehund für Autisten einsetzt, ähnlich wie einen Delfin.

In den 1980er-Jahren wurde die Rasse von Züchtern in der Gegend um Lissabon „wiederentdeckt", nachdem sie schon im Guinnessbuch der Rekorde als seltenste Hunderasse der Welt gelandet war. Bei Lagos werden sie von Rodrigo Pinto mit viel Liebe und Hingabe nachgezüchtet. Er nimmt seine größeren Hunde noch jeden Morgen mit zum Strand, damit sie eine Runde schwimmen können. Ein Besucher-zentrum hat er zwar nicht, aber

Zottelige Wasserhunde vor dem Stadtwappen von Lagos

Hundefans können ihm einen Besuch abstatten und er gibt gerne Auskunft über den Cão d'Água. Man lässt dann einfach ein bisschen Futtergeld da.

Von Lagos Richtung Vila do Bispo, an der Tankstelle am Ortsausgang von der EN 125 abfahren, dann direkt nach der Autobahnunterführung rechts an der alten Straße. Rodrigo Pinto, Casa da Buba, ✆ 967683545, www.cdblagos.com.

denn von der ursprünglichen Treppe ist nicht mehr allzu viel übrig. Bei Flut haben allerdings nicht mehr als 50 Leute Platz, ein kleiner Tunnel führt in die nächste winzige Bucht. Weniger Wanderfreudige können auch von hier zu Fuß die 15 Min. zur Ponta da Piedade zurücklegen.

Dom Camilo, gutes Fischrestaurant mit schönem Blick oben am Parkplatz. Man sollte sich den Tagesfisch (zumeist Kilopreise) zeigen lassen, eine Delikatesse, und mit Meeresrauschen im Hintergrund schmeckt er umso besser. Ganzjährig geöffnet. An Wochenenden abends oft ausgebucht, ☎ 282763845.

Porto de Mós: Größere Badebucht westlich der Ponta da Piedade. Die Bucht besitzt einen langen Sandstrand, der nur langsam tiefer wird und sich daher gut für Kinder eignet. Eine schöne, neue Aussichtsplattform, dahinter ein Spielplatz, Holztische und Bänke, die vor wenigen Jahren eingeweiht wurden. Mittlerweile sind viele Neubauten an den Hügelseiten entstanden, ein Ende der Bautätigkeiten ist noch nicht in Sicht. Von hier kann man in ca. einer Stunde leicht in westliche Richtung bis nach Praia da Luz laufen, nur der letzte Teil vom Obelisk ist etwas steil.

Die Strandrestaurants **Campimar** und **O António** (☎ 282763560) sind empfehlenswert und haben jeden Tag frische Tagesgerichte auf der Karte. Letzteres ist etwas günstiger, empfehlenswert ist hier der Tintenfisch- oder Seeteufelreis im Kochtopf (Arroz de polvo oder de tamboril), eine Portion reicht leicht für 2 Personen, oder der Seeteufelspieß, mit ca. 11 € auch günstiger als in vielen anderen Restaurants.

Banho 29

Am 29. August, zum Ende der Sommersaison, pilgerten früher die Einheimischen, als das Baden im Meer noch gar nicht in Mode war, vom Inland mit „Picknickausrüstung" für einen Tag an den Strand, um durch ein Bad die Abwehrkräfte für den kommenden Winter zu stärken. Seit einigen Jahren lässt man diese Tradition wieder aufleben und so trifft sich alles kurz vor 24 Uhr am Meia-Praia-Strand, um sich dann mit Beginn des Feuerwerks in die Fluten zu stürzen. Dazu spielen Musikgruppen auf eigens dafür errichteten Bühnen beim Fort auf, aber auch in Praia da Luz.

Umgebung von Lagos

Praia da Luz　　　　　　　　ca. 3000 Einwohner

Die weite, geschützte Sandbucht wurde schon sehr frühzeitig von Engländern entdeckt, die hier bereits in den 1970er-Jahren den Luz Bay Club gründeten. Kleine, schnuckelige Reihenhäuser, die eher Vorstadtidylle denn Touristenzentrum verkörpern. Es geht gemächlicher zu als in Lagos und man trifft sich und flaniert auf der Promenade, deren Bau die Autos vom Strand verbannt hat. Den Bau einer Kläranlage würden besonders die benachbarten Gemeinden begrüßen.

Hier verschwand im Jahre 2007 die kleine Madeleine McCann unter ungeklärten Umständen, was die Bevölkerung dieses sonst ruhigen Ortes und die Weltöffentlichkeit vor ein Rätsel stellte und für einen Medienrummel ohnegleichen sorgte. Die Dorfkirche ist seither eine Attraktion, und das nicht unbedingt wegen des schönen manuelinischen Portals …

Grottenfahrt bei der Ponte da Piedade

In der Nähe der Kirche am Ende der Strandpromenade, beim Aussichtspunkt, finden sich die Grundmauern einer römischen Badeanlage aus dem 5. bis 3. Jh. v. Chr.

Verbindungen Stadtbusse von Lagos: gelbe Linie/Linha 4, ca. alle 45 Min.

Einkaufen/Supermärkte **Baptista**, sehr gute Auswahl z. B. Weine der Algarve, Olivenöl, aber auch viele nicht so leicht zu findende Spezialitäten und Gewürze. Tägl. (außer So nachmittags) im Sommer 8–21 Uhr, im Winter 8–20 Uhr. Nördl. der Rua Direita, kurz nach der Kirche.

Schräg gegenüber, neben der Apotheke, ein kleinerer **Feinkostbaptista**, in dem es neben einem sehr guten Konditor auch frischen Fisch gibt. Nur bis zum frühen Nachmittag geöffnet, So/Mo geschlossen.

Spar, oberhalb der Kirche. 7 Tage die Woche, und im Sommer bis 22 Uhr geöffnet.

O Antonio, kleiner Supermarkt, wenig Auswahl, dafür näher zum Strand und der erste, der öffnet. Die Straße bei *A Fábrica* aufwärts. Tägl. (außer So) 7.30–20.30 Uhr. Rua da Praia.

Harmony Earth, Bioladen/Reformhaus in Luz etwas oberhalb der Kirche, Nähe Baptista. Das Beste seiner Art an der ganzen Algarve. Sehr gut bestückt und geführt von Meri, einer netten Kanadierin. Mo–Fr

10–18, Sa bis 13 Uhr. Waterside Gardens 10, ℘ 282788353. ∎

Übernachten Neben dem **Luz Bay Club** mit seinen Ferienhäuschen und dem dezent gebauten **Luz Bay Club Hotel** hat das Angebot an Betten in den vergangenen Jahren zugenommen.

Luz Beach Apartments, exzellente Lage, direkt an der Promenade zum Meer hin, kleine, moderne Apartments, 70–120 €, ℘ 282792677, www.luzbeachapartments.com.

Estrela da Luz, Apartments in einer edel gebauten Anlage mit mehreren Pools, Fitnessraum und Gartenlandschaft, etwas oberhalb vom Strand. Apt. 60–190 €, Studios 50–145 €. ℘ 282771200, www.estreladaluz.com.

Casas da Piedade, die Portugiesin Piedade vermietet mehrere ruhige und gut ausgestattete Apartments in Strandnähe für 2–4 Personen, 465–725 €/Woche. Kontakt über anne.algarve@sapo.pt, www.algarve-und-mehr-fewo.de.

Alle folgenden Adressen liegen an der Straße nach Burgau, mit zunehmendem Abstand nach Luz, d. h. ein 15- bis 30-minütiger Fußweg mit Anstieg ist nötig:

Der Vorplatz der Kirche von Praia da Luz

Aurora Sol, 16 DZ, Pool, Frühstück, gepflegte Anlage, etwas sterile Zimmer. 1 km bis zum Strand. DZ ca. 50–80 €. Estrada do Burgau, Montinhos da Luz. ✆ 282760427 und ✆ 282788667.

Luzmar Villas, eigentlich ein kleines Hotel, 300 m weiter von Vilamar, sehr ruhig, mit guter Küche und nettem Service. DZ 60–130 €. Urb. Montinhos da Luz Lote 6, ✆ 282770720.

》》》 Mein Tipp: Quinta das Alagoas, authentischer Landhof mit Geschichte, liebevoll renoviert von einem portugiesischen Ehepaar, Musikliebhaber und Astronom, die sich engagiert um ihre Gäste kümmern. Einmal im Monat gibt's einen kleinen Konzertabend. Jedes Apartment ist anders gestaltet, kinderfreundlich, ruhig. Biogarten, Gemeinschaftsgrillecke, ca. 80 €, im Sommer mindestens 5 Tage. ✆ 924204343, www.quintadasalagoas.com. 《《《

Camping Orbitur Valverde, am Ortseingang von Praia da Luz, ca. 5 km außerhalb von Lagos. Mit Snackbar, Pool und Minimercado. Es werden auch 40 Apartments vermietet. 5,40–6 € pro Person, kleines Zelt 5,80–6,60 €, Apt. ca. 60–92 €, Bungalow 89 €, einige mit Meerblick. Estrada da Praia da Luz, ✆ 282789211, www.orbitur.pt.

Turiscampo, bei Espiche an der N 125, ca. 6 km außerhalb von Lagos. Unter neuer Leitung – also wurden auch gleich die Preise kräftig erhöht, dafür aber sehr gut geführte Anlage mit Pool, gutem Restaurant mit teilweise Livemusik an Wochenenden. Jetzt gibt es nur noch Parzellen, für diese zahlt man samt Zelt, Auto und Strom 10–25 € und 4–7 € pro Person, auch Bungalows für ca. 40–130 €, im Sommer Mindestaufenthalt 2–7 Tage. ✆ 282789265, www.turiscampo.com.

Essen & Trinken The Dolphin, feines Restaurant im ruhigen Viertel rechts der Kirche. Der südafrikanische Besitzer setzt auch Straußenfleischgerichte oder Kudufilets auf die Speisekarte. Der Lammtopf ist ein Gedicht. Hauptgericht ab 13,50 €. Voranmeldung ist sinnvoll, selbst in der Nebensaison. Im Dez./Jan. geschlossen. Rua da Calheta 14-A, ✆ 282789992.

A Concha, direkt an der Promenade und mit Meerblick. Farbenfrohe und sehr dekorative Mischung aus traditioneller und fantasievoller Kochkunst. Stimmungsvolles Ambiente, ofenfrisches Brot, Nachtische sind eine Sünde wert. Hauptgericht ca. 12–20 €. Direkt an der Strandpromenade, ✆ 282788584.

A Fábrica, lecker angerichtet, auch Vegetarier werden hier fündig. Nobles Interieur, Portionen eher übersichtlich, aber gute Qualität. Tägl. (außer So). An der Promenade, bei A Concha um die Ecke. ☎ 282761492.

Luz Beach Café, kleines Café mitten auf der Strandpromenade zum Draußensitzen. Snacks, Hamburger und Milchshakes. Herausragend sind die Caipirinhas und die leckeren Hähnchenflügel (chicken wings).

🌿 **Chicca's**, kreative, frische Küche mit biologischen Zutaten und auch vegetari-schen Gerichten, der Nachtisch kommt schön dekoriert. Rua da Varzea 3, ☎ 282761334 und ☎ 962742033. ∎

Aquário, traditionelle Küche mit viel Kreativität, Gäste sind stets begeistert; nicht vom eher langweiligen Interieur abschrecken lassen, das Essen ist prima, Hauptgericht 16–24 €, Nähe Spar. Rua 1o de Maio, ☎ 282789177.

Barão de São João   ca. 800 Einwohner

Nach der „Nelkenrevolution" 1974 wurde das Dorf bevorzugte Station der zahlreichen Polittouristen aus Nordeuropa, die damals das Land besuchten. Man organisierte Arbeitscamps, um den Bauern bei der Ernte zu helfen; und für Frauen wurde eine Handarbeitskooperative ins Leben gerufen. Die Bewohner mussten sich also schon früh mit den Sitten der neuen Nomaden auseinandersetzen.

Heute ist das ehemalige Dorf im Hinterland von Lagos (12 km nordwestlich) eher eine „Schlafstadt"; Landwirtschaft gibt es fast nur noch im Nebenerwerb. Die meisten pendeln tagsüber nach Lagos oder Portimão zu ihren Arbeitsstellen. Der Dorfname „Baron von St. Johann" stammt wahrscheinlich von *barro* = Lehm. Nichtsdestotrotz sind Visitenkarten mit dem adeligen Zusatz bei Witzbolden beliebt.

Wegen der vielen „Aussteiger", die sich in der zistrosenüberwucherten, verlassenen und kargen Hügellandschaft der Umgebung niedergelassen haben, beträgt der Ausländeranteil in manchen Jahrgängen der Dorfschule über 50 %. Unter den Aussteigern sind auch viele Künstler, sodass es hier eine rege Kunstszene gibt, deren Werke in vielen Ecken des Ortes zu sehen sind.

Zoologischer Garten: liebevoll gestaltete Anlage mit großen Freigehegen, Grotte mit Riesenkulleraugen-Fledermäusen, Kleintierzoo, tempelartigem Café etc. Reines Privatunternehmen, das zudem noch hoch besteuert wird. Vor dem Ortseingang aus Richtung Bensafrim kommend.
Im Sommer 10–19 Uhr, im Winter 10–17 Uhr geöffnet. Eintritt 16 €, Kind bis 11. J. 12 €. ☎ 282680100, www.zoolagos.com.

Mata Nacional: Das über 200 ha große Waldareal (Pinien, Akaziendickicht) nordwestlich des Ortes ist heute Naturschutz- und Naherholungsgebiet, früher dienten die Bäume dem Bau der Karavellen. Etwas oberhalb vom Dorf in einer schattigen Waldmulde um einen alten Brunnen herum gibt es einen einladenden Picknickplatz (Parque das Merendas). Bänke, Tische und Spielgeräte für die Kinder sind vorhanden. Zunehmend sind auch die großen Windräder zu sehen, die Portugal zumindest teilweise in Sachen Strom unabhängig machen sollen.

Vogelbeobachtung Der unter Ornitologen bekannte Engländer **Simon Wates** bietet in verschiedenen Gebieten der Algarve geführte Vogelexkursionen auf Englisch an, für Spezialisten und die, die es werden wollen. ☎ 912824053, www.algarvebirdman.com. Bei Gruppen ab 4 Personen kann man sich auch an den Deutschen Experten **Georg** aus Olhão wenden, ☎ 936129716, www.bird watching-algarve.com.

🌿 **Wein** Quinta dos Lopes, geschmackvolle, blumig volle Rotweine und etwas trockenere Weißweine direkt ab Hof, und das Ungewöhnliche: nach Biorichtlinien angebaut und verarbeitet. J. Lopes Lda., auf gut dem halben Weg zwischen Portelas und Barão de São João, kurz nach dem Weiler Monte Judéu links Richtung Espiche abbiegen, ☎ 282789201 und ☎ 966011758. ∎

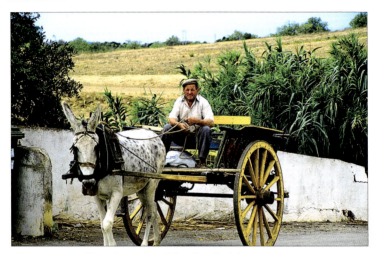

Einer der letzten Einwohner mit traditionellem Eselskarren

Übernachten **Vinha Velha**, Urlaub auf dem Bauernhof. Drei Ferienhäuschen werden auf dem idyllisch gelegenen, ökologischen Bauernhof mit „Familienanschluss" vermietet. Schafe und Milchkühe sind vorhanden. Strom spenden die nahen Windräder. Eigener 200 m langer Stausee zum Baden. Ca. 2,5 km über eine Schotterpiste ab Barão de São João. Den Hügel Richtung Mata National hinauf. Nach ca. 1,5 km den Abzweig nach links nehmen, ausgeschildert „Vinha Velha". Danach den Wagenspuren folgend den Schotterweg ins Tal nehmen. Ein Haus kostet pro Tag 45–80 €. ✆ 282687286 und ✆ 939990801 (Margit Kegel), margitkeg@yahoo.com. ▪

Essen & Trinken **O Cangalho**, rustikales Landrestaurant mit vielen Gerätschaften aus einer Zeit, als die Algarve noch Bauernland war. Besondere Attraktion ist der Fado singende Wirt, der sich jeden Di (neben professionellen Musikern) für seine Gäste ins Zeug legt. Auch das Menü (ca. 25 €) während des *Festival dos Descobrimentos* ist herausragend! Links an der Straße von Bensafrim nach Barão de São João, ca. 900 m vor dem Dorf.

>> Lesertipp: O Solar do Pincho, wer das Einfache und Ursprüngliche liebt, ist hier richtig. Traditionelle Küche vom Feinsten, berühmt ist der Wildschweineintopf *Estufado de javali*, gekocht wird meist nur auf Bestellung. Sonntags und in der Hochsaison auch mehrere Gerichte zur Auswahl (Melanie Leithoff). Bei Bensafrim, man fährt die Straße Richtung Aljezur und biegt nach 3–4 km rechts Richtung Pincho ab, folgt diesem Hauptweg noch ca. 3 km, dann ist es direkt das erste Haus links (nur noch ca. 2 km sind es von hier zum Stausee *Baragem da Bravura*). Tägl. geöffnet. ✆ 962867013. ≪≪

Cafés/Kneipen Es ist erstaunlich, dass so ein kleines Dorf, so viele interessante, kleine Kneipen besitzt und in allen findet man zudem gute kleine Gerichte:

Atabai, mitten im Zentrum von Barão, gemütlich-urig, mit viel Holz, lockere Atmosphäre. Leckere Snacks (die Pizza ist hier besser als in der Pizzeria ein paar Türen weiter) und am Samstagabend Livemusik ab 22 Uhr der dortigen Musikszene, dann wird es irgendwann voll und man tanzt, während der Wirt die Tische kopfüber aus dem Restaurant trägt, um Tanzfläche zu schaffen.

Ti Maria, um die Ecke von Atabai, kleines gemütliches Kneipenrestaurant, im Sommer auch ein paar Tische draußen.

Caramba, Künstlercafé mit Ausstellungen der lokalen Künstler, nette Atmosphäre und günstige Snacks. Gegenüber der Dorfkirche.

Die Küste zwischen Lagos und Sagres

Burgau

Kleines Dorf mit wenig Hoteltourismus und familiärer Atmosphäre direkt am Meer. Der Ortskern ist winzig, aber hübsch mit seinen verwinkelten Gassen, die steil abwärts zum Hafen und Strand führen. Die meisten Gäste haben sich in ein Apartment oder eine kleine Villa eingemietet. Kleiner Strand unterhalb des Dorfes. In Fußentfernung der hübsche Strand *Cabanas Velhas*.

Cabanas Velhas: Etwa 3 km westlich von Burgau, etwas versteckt gelegener, schöner und sauberer Sandstrand, von steilen Klippen umrahmt und eine gute Alternative zu Burgau. Das Strandrestaurant „Blue Wave" wartet mit hohen Preisen und direktem Meerblick auf. Nachdem das Gelände vom gigantischen Touristikprojekt „Parque da Floresta" übernommen wurde, steht weiter landeinwärts leider viel Halbfertiges herum.

Internet Einige Cafés haben Gratis-WLAN, auch das **Café des Sportclubs** (Clube desportivo) links an der steilen Dorfstraße zum Strand, Rua 25 de Abril.

Übernachten **Bougainvillas**, im oberen Dorfteil gegenüber der Schule. Kleine Apartmentanlage mit Pool, Kontakt über Restaurant *Ancora*. Apartment 285–465 € pro Woche. ✆ 282697102, bouganvillas@yahoo.co.uk.

Os Descobrimentos, in bester Lage oben an den Klippen, mit Schwimmbad, Meerblick und Restaurant gleichen Namens, allerdings auch dementsprechende Preise. Apartment für 2 Personen ca. 100 €. ✆ 282697761.

Salsalito, eine kleine Oase der Engländer Ralph und Sally, mit viel Charme und lockerer Atmosphäre, man trifft sich am großen Pool, zum Frühstück oder in der Bar. Gemeinschaftsküche mit Grill, 4 DZ ca. 55–89 €, Mindestaufenthalt oft 3 Tage, im Sommer eine Woche. Geöffnet April–Okt. Von Burgau an der Verbindungsstraße nach Luz, kurz vor der internationalen Schule. Alagoas, ✆ 282697628, http://salsalito.net.

Quinta do Mar da Luz, Richtung Praia da Luz und direkt an den Klippen gelegene Anlage mit romantischem Flair. Relativ groß, wirkt aber trotzdem überschaubar, stilvoll rustikal und in warmen Farben eingerichtet, Pool. 1,5 km bis Burgau, 3 km bis Praia da Luz. 40 DZ, 60 Apartments. DZ ca. 75–130 €, mit Frühstück. Sítio Cama da Vaca, ✆ 282697323, www.quintamarluz.com.

Essen & Trinken **Beira Mar**, rechts unten am „Hafen", nur abends geöffnet (außer Sa). Englisch geführt, gute Steaks und gemütliches Ambiente. ✆ 282 697 272.

Tasty Spot, kurz vor Beira Mar rechts an einem kleinen Nebenplatz, viele Spezialitäten, die man sonst nicht bekommt, und sehr lecker präsentiert, Filet vom schwarzen Schwein, Risotto, auch Tofu. Hauptgericht ab 12,50 €. Tägl. (außer So). Largo do Poço 5, ✆ 913629155.

Âncora, sehr gutes Essen von holländischem Chef, aber nicht billig. Oben an der Aussichtsplattform. Vermietet auch Apartments, *Bougainvillas* (s. o.). Travessa Alecrim 2.

Corso, Pizzeria in schöner Lage, mit nettem Ambiente. Oberhalb des Strandes beim Aussichtspunkt. Largo dos Pescadores 3, ✆ 282695583.

Nr. 9 Tasca Bar, kleine Restaurant-Bar mit Petiscos, auch Thunfischsteak und Shrimps. Lockere Atmosphäre, die noch besser wird, wenn Kellnerin Marga bei passender Laune anfängt, Blues zu singen. Rua 25 de Abril Nr. 9, die steile Straße zum Strand.

»» Lesertipp: **Matias**, „das kleine, etwas unscheinbare Restaurant serviert eine hervorragende portugiesische Küche mit frischem Fisch und auch anderen Gerichten, die mit Pfiff angemacht sind und nicht – wie oft zu erleben – einfach nur gegrillt. Die Küche ist offen einsehbar ein paar Stufen erhöht über dem Gastraum, dem Koch und seiner Frau kann man also bei der Arbeit zusehen"(Jürgen Däuble). Es gibt auch 2 ordentliche vegetarische Menüs.

Algarve → Karte S. 632/633

Am Ostende des Strandes die steile Straße etwas aufwärts, Rua da Forteleza 9. ℡ 914727366. ≪

Spice Cottage, einer der besten Inder mit der schwungvollen Chefin Nasreen! Einfach nur lecker und gute Preise. Auf halbem Weg zum Cabanas Strand, in Burgau an der Bushaltestelle der Straße westlich folgen. ℡ 922273828.

Cabanas Beach Restaurant, in Cabanas Velhas, 3 km westl. von Burgau. Das Strand-restaurant wartet mit direktem Meerblick auf; leichte Snacks und Salate von 6,50–10,50 €. Lifemusik Do und So in Knautsch-sesseln und direkt auf dem Sand. Täglich in der Saison geöffnet.

Nachtleben **Smugglers Bar**, die gemüt-lichste Bar im Ort. Direkt neben Corso.

Bar One, kleine Bar an der Straße zur Forta-leza mit tollen Cocktails (Daiquiri) und net-ten Wirtsleuten. Tägl. (außer So). Rua da Forteleza 15.

Salema

Das Fischerdorf liegt in einem kleinen Tal, das die ansonsten schroffe Küste unter-bricht. In den 1980er-Jahren war Salema *der* Rucksackler-Treff an der Algarve. Inzwischen werden im Sommer die Parkplätze knapp und auch der Strand ist dann am Rande seiner Kapazität angelangt.

Das alte Dorf zieht sich entlang einer engen Hauptstraße, die parallel zum Sandstrand den Talhang östlich hinaufführt. Hinter der Häuserzeile am Hang zum Meer wurde gerade eine Strandpromenade angelegt. Im unteren Bereich der Dorfstraße gibt es einige nette, kleine Bars und an den Häusern weiter oben hängt hinter jeder zweiten Tür ein Schild „Zimmer zu vermieten". Auf der anderen Talseite, dem alten Dorf gegenüber, haben sich in den letzten Jahren einige Ferienhäuser und Hotels etabliert.

Information Caalmaria, Mietwagen- und Apartmentvermittlung, diverse Tickets (z. B. Jeepsafaris). Am Hauptplatz direkt gegen-über Hotel *Salema*, ℡ 926382315, www.salema-propertyandservices.com.

Einkaufen Ein **Alisuper** am Hauptplatz und **Salema Market** in der Rua dos Pesca-dores, letzterer offen tägl. 9–13 und 15–19 Uhr.

Auf den Spuren der Giganten – Dinos in Salema

Wer am Strand sein Handtuch ausbreitet, tut dies unter Umständen direkt neben den Spuren eines Dinosauriers. In Salema gibt es sogar zwei Orte, an denen man mit etwas Geschick und Geduld – bislang ist nichts ausgeschil-dert oder gar eingezäunt – auf Fußabdrücke der Vorzeitriesen stoßen kann.

Im westlichen Teil des Strandes sind sie auf einem großen Felsbrocken zu se-hen, der flach vor den Klippen liegt (in der Nähe der Holztreppe). Auf diesen heißt es hinaufklettern, und schon sieht man mehrere Abdrücke in Linie von West nach Ost dahinwatscheln. Rund 140 Mio. Jahre ist dies her, und Experten zufolge handelte es sich um einen *Ornithopoden*, auch „Vo-gelfüßer" genannt, einen Pflanzenfresser mit drei relativ breiten Zehen und ohne Krallen. Die Füße sind bei jedem Schritt leicht eingedreht, um dem Schwanz entgegenzubalancieren. Er soll etwa 1½ bis 2 Meter groß gewesen sein und von seinen vier Füßen i. d. R. nur die Hinterfüße aufgesetzt haben.

Am östlichen Strand sind die Spuren an einer schrägen Gesteinsplatte zu se-hen, aber weniger gut zu erkennen. Hier sind die sechs Abdrücke schmaler, großen Hühnerfüßen ähnlich mit Krallen am Ende, und sie verlaufen in zwei Richtungen. Es handelt sich hier um einen fleischfressenden *Theropoden*, von denen einige größere Arten im Film Jurassic Park die Hauptrollen spielten.

Übernachten Entlang der alten Dorfstraße viele Häuser mit dem Hinweis „Zimmer zu vermieten". Es vermittelt die „Opi-Connection", die alten Männer, die unten am Hafen auf den Bänken sitzen. Reizvoll, aber an einer Hand abzuzählen sind die Zimmer mit Meerblick.

A Maré, nur wenige Zimmer und 3 Apartments. Am Dorfeingang links. DZ ca. 60–85 € inkl. Frühstück, Apartment 60–95 €, Haustiere sind erlaubt. Ansprechpartnerin ist die deutsche Bettina, Edifício Maré, ☎ 282695165, www.the-mare.com.

Privatzimmer bei Susanne Martin, 2 gemütliche DZ mit Bad und kleiner Gemeinschaftskochgelegenheit auf der Terrasse, eine Wohnung für 2–4 Pers. Sehr freundliche und unkomplizierte Vermieterin, die sich gut um ihre Gäste kümmert. Blick durch ein wildes Tal zum Meer. DZ 30–45 €, Apt. 60–80 €. Kurz vor dem Campingplatz 200 m den Hang hochfahren. Aldeamento dos Carrios, ☎ 282695164 und ☎ 918148956, www.zimmerbeisusanne.de.

Casa Anica, schönes Dorfhaus mit 2 sehr schönen DZ und einem Studio, alle mit Kochgelegenheit und eigenem Bad, Balkon, Terrasse mit Grill im Nachbarhaus, dessen 11 Zimmer auch vermietet werden (die beiden im 2. Stock sind hier die besten). Günstige Preise 30–45 €, nette Vermieter José Afonso und Aurora. Parkmöglichkeiten für ca. 5 Pkw, im Sommer mind. 3 Tage. ☎ 966654113, http://salema-house.com.

≫ Mein Tipp: Quinta das Figueiras, liebevoll gestaltete Villa von den Franzosen Anne-Marie und Alain Houyet, oberhalb der Klippen in westl. Richtung an der neuen Straße nach Figueira; Pool und schöner Garten zum Meer hin. 3 DZ inkl. Frühstück für 30–70 €, ein Apartment ohne Frühstück 70–80 €, ☎ 282695709 und ☎ 917717402. ≪

Camping Quinta de Carriços, topgepflegter Platz 1,5 km außerhalb an der Straße, die vom Meer zur Hauptstraße Sagres –

Lagos führt, inzwischen geführt von einem jungen, schwungvollen Paar, die nun auch Tipis (35–45 €) und kleine Hütten vermieten und den Platz zu einem „Eco Camp" umgewandelt haben. Kleiner Supermarkt, gutes Restaurant mit Lifemusik an Wochenenden, viele Freizeitangebote, ein separater Teil für FKK. Person/Zelt/Auto 4–6 €. Auch Apartments und Studios für 77–87 €. Estrada da Salema, ☎ 282695201, info@salemaecocamp.com.

Essen/Bars Lourenço, das beste Fischrestaurant im Ort und das schon seit Langem, auch weil es seine Authentizität bewahrt hat. Einfach, klein und etwas versteckt an der steilen Straße auf der anderen Ortseite. Hauptgericht 8–14 €, Cataplana für 2 Personen 30 €, fangfrischer Fisch zum Kilopreis. Tägl. (außer So). Rua 28 de Janeiro, ☎ 282698622 und ☎ 918709717.

Aventura Bar, beste Bar im Ort, urig, in der alten Dorfstraße, auch Internet.

Agua na Boca, direkt neben der Aventura Bar. Feines Restaurant mit schön dekorierten Speisen, die Steaks werden hoch gelobt, auch viele Engländer schätzen es. Von Okt. bis Ostern geschlossen. ☎ 282695651.

Miramar, direkt am Strand, etwas weiter östlich, mit schönem Blick, tollen Menüs, ausgefallenen Tagesgerichten und lockerer Atmosphäre. Im Winter geschlossen.

Bistro Central, direkt unten am Platz, mit feiner Küche, nicht gerade billig, aber sein Geld wert. ☎ 934194215.

O Tiago, im Dorf Budens (an der Hauptstraße Lagos – Sagres) neben der Kirche. Gern auch von englischen Golfern besucht. Tägl. (außer So). Largo da Igreja 5, ☎ 282695081 und ☎ 91271145.

Casa Pizza, vom 1. Stock hat man einen tollen Blick. Gute Pizza und Nudelgerichte inklusive nettem Service. Tägl. geöffnet. Unten in der Rua dos Pescadores 100. ☎ 282697968. www.casa-pizza-salema.com.

Baden in der Umgebung von Salema

Praia Boca do Rio: Eine Möglichkeit zum Baden gibt es ca. 2 km östlich des Dorfs. Bei dem häufigen Nordwind ist es dort aber oft unangenehm windig. Dem dortigen Strandrestaurant, jahrelang ein „Geheimtipp", wurde die Lizenz nicht mehr erneuert, nun ist der Platz leider leer, dafür ist er aber beliebt bei Wohnmobilen. Es gibt

Morgenstimmung in Salema

einflussreiche Kräfte aus dem „Parque da Floresta", die hier gerne einen Golfplatz und Jachthafen anlegen möchten und dafür eine der letzten unbebauten Meeresbuchten der Gegend dem Tourismus opfern würden.

Praia da Figueira: Eine Sandbucht inmitten skurriler Felsklippen – wie aus dem Bilderbuch. Ein Erlebnis für sich ist bereits die ca. 15-minütige Fußweg, der vom Ende der Asphaltstraße (Parkmöglichkeit) hinaufführt. Gesäumt von Maulbeerbüschen und wildem Fenchel, führt der Pfad an verwilderten Gärten entlang zur Bucht. Wasser mitbringen, am Strand keinerlei Einrichtungen.

Von Figueira (an der EN 125) führt bei der Bushaltestelle ein Sträßchen Richtung Meer (Schild „Forte da Figueira"), das gleich zur Sandpiste wird; nach 600 m geht es das letzte Stück nur noch zu Fuß weiter, evtl. Auto gleich vorn an der Bushaltestelle stehen lassen.

Vom gleichen Ort aus kann man noch einen weiteren Strand, **Praia das Furnas**, erreichen: man fährt durch den Ort in westlicher Richtung hindurch und biegt links in ein Sträßchen ein, wo rechts einige große Eukalyptusbäume stehen; dann den 2. deutlichen Weg nach links, über eine Brücke und weiter links Richtung Meer schlängeln, je nach Wetter evtl. das letzte Stück laufen. An dem Strand wurden in den Grotten (bei Ebbe erreicht man weitere links, aber dann auf die Gezeiten achten!) schon so manche Feste gefeiert. Auch hier gilt es, alles mitzubringen und wieder mitzunehmen, keinerlei Strandeinrichtungen und auch keine Rettungsschwimmer.

Praia da Ingrina: Bei Raposeira zweigt links zur Küste die schmale Straße zum Ingrina- und Zavial-Strand ab. Auf halbem Weg liegt links einer der schönsten Mini-Orte der Küste: Hortas do Tabual, ein gepflegtes Dorf mit kleiner Kirche und der obligatorischen Tasca. Ein Bauer, von uns nach der Zahl der Einwohner befragt, begann zu zählen; sein Blick schweifte dabei von einem Haus zum anderen. Bei 33 waren alle seine Nachbarn abgezählt. Kurz vor der Abzweigung nach Hortas de Tabual (auf der Straße Richtung Ingrina bleiben!) ragt rechts der Straße ein mächtiger

Hinkelstein aus dem Boden. Hier wurden prähistorische Grabstätten freigelegt. Der Grabschmuck der hier gefundenen drei Skelette wurde nach Lissabon ins Museum gebracht. (Weitere Menhire sind um Vila do Bispo herum locker verteilt zu sehen und bei Vale de Boi gab es eine neolithische Jagdsiedlung.)

Der Strand ist auch in der Hauptsaison selten überfüllt. In den Ruinen hinter dem Strand wurden früher die gefangenen Thunfische zur Konservierung eingesalzen.

Praia de Zavial: Die unbebaute Bucht verfügt über ein empfehlenswertes Strandrestaurant und ist bei Wellensurfern, dem Schrecken aller Kleinkinder, beliebt. Aber nicht bei Nordwind, wenn der Wind die Wellen Richtung Atlantik treibt.

Zavial Beach Hostel, mehrere kleine Häuser: 2 mit Schlafsaal und 2 für 2 bzw. 5–6 Personen. Gemeinschaftsküche, Pool, schöne Terrasse mit Meerblick. Netter Besitzer Paulo. Schlafsaal 20–26 €, kleines Haus 50–70 €. ✆ 963304852, www.zavialbeachostel.com.

Weitere schöne Unterkünfte in dieser Gegend unter www.algarve-und-mehr-fewo. com, anne.algarve@sapo.pt, im Sommer Mindestaufenthalt eine Woche.

Zavial Restaurant, Ernesto und Lucília, das Wirtsehepaar, legen viel Wert auf frische Zutaten. Fischsuppe, üppige Spieße und Steaks, fangfrischer Fisch, auch die Cataplana ist empfehlenswert. Zum Nachtisch selbst gemachter Apfelkuchen. Nur die Pommes frites sind mittlerweile aus der Packung, also besser *batatas cozidas* oder *arroz* bestellen. ✆ 282639282.

Guadalupe-Kirche: Zwischen Budens und Raposeira liegt rechts der Straße die kleine Kirche Nossa Senhora de Guadalupe, der schwarzen Madonna. Die erst seit 1998 wieder zugängliche Kirche im romanisch-gotischen Stil stammt ursprünglich aus dem 13. Jh. und ist somit das älteste Kirchlein hier. Aus dem 14. Jh. sind wohl die heutigen Spitzbögen und Kapitelle aus verschiedenfarbigem, marmoriertem Sandstein. Sie zeigen Symbole des Christusritterordens, der portugiesischen Templer.

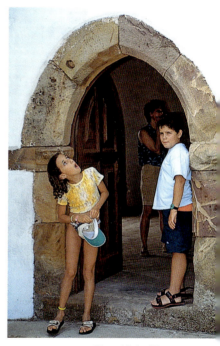

Die seitliche Pforte der Guadalupe-Kirche

Alles ist hier irgendwie schief oder asymmetrisch, nicht etwa aus Versehen, sondern um zu symbolisieren, dass nur Gott perfekt und der Mensch eben fehlbar ist. Auch Heinrich der Seefahrer, Großmeister des Ordens, fand sich hier häufig zum Gebet ein. In den vergangenen Jahren wurde diese mythenumwobene Kirche häufig Opfer von Diebstählen; als letztes wurden selbst die großen Sandsteine der Eingangsstufen geklaut, sonst war schon nichts mehr da …

Inzwischen ist die Kirche komplett renoviert. Der Bauernhof links daneben wurde zu einem Besucherzentrum umgebaut und beherbergt nun eine Ausstellung zur

Algarve → Karte S. 632/633

Familiengeschichte von Heinrich dem Seefahrer. Ein kleiner, kuppelförmiger Anbau des Bauernhofs entstand in den 1940er-Jahren, als maurische Bauelemente der letzte Schrei waren.

Tägl. (außer Mo) Mai–Sept. 10.30–12.30 und 14–18.30 Uhr, Okt–April 9.30–12.30/14–17 Uhr. Eintritt 2 €, ermäßigt 1 €, im linken Gebäude bezahlen. Mit etwas Glück bekommt man ein kleines Faltblatt über die Kirche dazu, meist auch auf Deutsch erhältlich. ✆ 282620140.

Vila do Bispo   ca. 1500 Einwohner

Der Verwaltungsort des südwestlichsten Zipfels Europas. Vila do Bispo, übersetzt „Kleinstadt des Bischofs", kam zu seinem Namen, als König DomManuel I. seinem Freund Fernando Coutinho, Bischof von Faro, das ganze Gebiet als Jagdrevier schenkte, mit der Auflage, aus dem winzigen Dorf eine Vila, eine Kleinstadt zu machen. Die Matriz-Kirche ist prächtig mit Azulejos ausgekleidet und steht der in Lagos an Ästhetik in nichts nach. Leider nur kurz vor dem Gottesdienst geöffnet (Sonntag um 11.30 Uhr). Sogar ein Fingerknöchelchen des Heiligen Vinzenz wird noch in der Sakristei verwahrt ...

Von hier geht eine Straße nordwärts Richtung Aljezur, die zu weiteren schönen Teilen der Westküste führt.

Baden   Praia do Castelejo, ca. 3,5 km westlich von Vila do Bispo. Ein relativ einsam gelegener Strand, der von einer atemberaubenden Schönheit ist und interessante Gesteinsformationen aufweist, die teilweise fast vertikal geschichtet sind. Die Zufahrt ist wohl die beste weit und breit: Ein neues, sauberes Asphaltband schlängelt sich zur Küste hinunter, an einigen Aussichtspunkten zieren Steinkunstwerke den Weg. Liebevoll geführtes Strandrestaurant mit direktem Meerblick.

Der Nachbarstrand **Cordoama** etwas nördlich ist ähnlich schön und hat ebenfalls ein empfehlenswertes Restaurant – und in den Sommermonaten eine Surfschule und Surfbrettverleih.

Markthalle   Tägl. vormittags (außer So) ist die kleine Markthalle am westlichen Ortsrand (kurz vor Eira do Mel) geöffnet, dort gibt es dann sogar einen Biostand mit Biogemüse, Trockenobst u. ä. Außen findet sich zudem ein Bäcker und ein Tante-Emma-Laden.

Wanderung   Etwa auf halber Strecke zur Praia do Castelejo kann man ab dem Picknickplatz = Parque das Merendas (links sind Parkplätze) eine hübsche kleine Wanderung machen, die als *Trilho ambiental* gut ausgeschildert ist. Rundweg, leicht, ca. 1½ Std., 3,5 km.

Übernachten   *** Mira Sagres, frisch zum Hotel avanciert, werden nun 20 komfortable DZ zu 65–110 € vermietet. Es gibt es jetzt auch einen Innenpool, Sauna, Frühstücksbüfett und gratis WLAN. Zwar kann man von hier nicht bis nach Sagres blicken, doch die meisten Zimmer haben dennoch eine hübsche Aussicht. Rua 1 de Maio 3, gegenüber der Kirche, ✆ 282639160, www.hotelmirasagres.com.

Essen & Trinken   A Eira do Mel, Restaurant mit gepflegten Räumlichkeiten. Spezialität sind diverse Reisgerichte mit fischigen Einlagen (z. B. *Arroz de Peixe*), mehrfach prämiert. An der Straße zum Castelejo-Strand (neben Markthalle). Von sich reden machte es auch durch seine witzigen Werbeschilder, auf denen es mit „slow food" wirbt, und das in der Nähe einer bekannten Fast-Food-Kette ... Tägl. (außer So) ganzjährig geöffnet. ✆ 282639016.

Ribeira do Poço, bei den Portugiesen beliebt wegen des frischen Fisches und der Meersfrüchte, hier gibt es in der Saison auch *perceves*. Nettes Ambiente, mit Terrasse. Tägl. (außer Mo). Rechts zwischen 1. Kreisverkehr und Markt, Rua Ribeira do Poço 11, ✆ 282639075.

Café Correia, hier wird mit Liebe frisch gekocht und im Kochtopf serviert. Die gefüllten Tintenfische sind suchtverdächtig. Kein Fast Food, also Zeit mitbringen! Rua 1° de Maio 4, ✆ 282639127.

O Palheiro, traditionelle Küche und Meeresfrüchte. Im unteren Viertel bei der Kirche. Rua Carlos Luís Correia Matoso 1, ✆ 282639745 und ✆ 918777808.

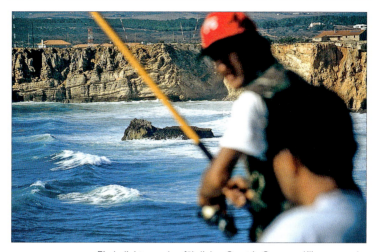

Ein beliebter und gefährlicher Sport in Sagres – Klippenangeln

Sagres
ca. 2500 Einwohner

Ein Kleinstädtchen am südwestlichen Zipfel Europas. Besonders hübsch zeigt sich der natürliche Fischerhafen. Sagres selbst liegt am oberen Rand des kargen Plateaus; meist bläst ein heftiger Wind, der nur Ginster- und Wacholderbüsche gedeihen lässt – und den Surfern, die sich hier treffen, die reine Lust bedeutet.

Einen richtigen Dorfkern besaß der Ort auch früher nicht: ein paar Häuser um die heutige Praça da República und eine kleine Siedlung am Fischerhafen. Inzwischen sind beide Pole zusammengewachsen und bilden ein etwas gesichtsloses Reihendorf, das man jedoch wegen seiner herrlichen Strände und Klippenformationen auf gar keinen Fall verpassen sollte! Nur ca. 2500 Einwohner leben hier, obwohl die Zahl der (Sommer-)Häuser leicht das Dreifache vermuten lässt. Das Publikum in den Sommermonaten ist überwiegend jugendlich: Fast jeder Backpacker möchte dem „Ende der Welt" einen Besuch abstatten. Seitdem die neu gebaute Straße fertig ist, kommen tagsüber aber auch immer mehr Tagesausflügler aus der ganzen Algarve.

Ortsgeschichte: Der Name Sagres kommt wahrscheinlich aus dem Lateinischen (*sacrum* = Heiligtum). Hünensteine aus dem 3. Jt. v. Chr. weisen auf eine alte Kultstätte hin. Der Legende nach soll Heinrich der Seefahrer, als er hier seine Schule gründete, keine Siedler gefunden haben, die sich freiwillig an diesem unfruchtbaren Ort niederlassen wollten. So wurden Verbannte gegen Zusicherung von Straffreiheit angesiedelt. Pläne zur Errichtung eines großen Hafens hat man aufgrund der früheren Unbeliebtheit des Ortes nie verwirklicht und die meisten Expeditionen starteten im nahen Lagos. Im 15. Jh. wurde ein kleines Franziskanerkloster mit Krankenhaus gegründet, später übernahm Heinrich der Seefahrer persönlich die religiösen Aufgaben (z. B. Bestattung der Toten). Heinrich galt zu seinen Lebzeiten als Heiliger.

Algarve → Karte S. 632/633

Heinrich der Seefahrer – Prinz von Sagres

In den Chroniken des 16. und 17. Jh. wurde er idealisiert und als einfacher, tiefreligiöser Mensch mit einem Hang zum Mystischen beschrieben. Aus heutiger Sicht war er eher ein Politiker und ein ehrgeiziger Organisator von Kreuzzügen. Eigentlich war er weniger „der Seefahrer", sondern der Finanzier und die treibende Kraft hinter den Expeditionen. Im Laufe seines ruhmreichen Lebens erlangte er beträchtliche Reichtümer: Das Herzogtum von Viseu, Covilhã und Alcáçovas, Lagos und Alvor, Madeira und die Azoren wurden sein Besitz. Zudem besaß er die Rechte am Thunfischfang an der Algarve, an der Seifenproduktion und der Blaufärberei im ganzen Land sowie Rechte an der Korallenfischerei und am Handel südlich des Cabo Não.

Heinrich wurde als dritter Sohn von Dona Filippa von Lancaster, einer gestrengen Angelsächsin, und König Dom João I. im Jahre 1394 in Porto geboren. Heinrichs Erziehung war englisch geprägt, dank der Abstammung seiner Mutter. Aus dieser Zeit stammen auch die über Jahrhunderte gepflegten Beziehungen zu England. Den Rücken frei durch einen Friedensvertrag mit Kastilien, konnte sich Portugal neu orientieren. So erhielt Prinz Heinrich den Auftrag, eine Flotte mit 20.000 Männern gegen Ceuta (Marokko) zu rekrutieren. Die Expedition war so erfolgreich, dass er Führer des Ritterordens Christi wurde, Nachfolge der portugiesischen Templer. Sein Hauptsitz war anfangs die Burg von Tomar, Sitz des Ritterordens; erst später zog er wegen Spannungen am Königshof nach Lissabon. 1437 versuchte er, Tanger einzunehmen – dabei fiel sein jüngster Bruder, Prinz Dom Fernando, in die Hände der Feinde. Das Lösegeld für die Geisel wäre Ceuta gewesen, aber der Prinz musste in Gefangenschaft sterben. Nach dieser Niederlage zog sich Prinz Heinrich an die Algarve zurück. Nach dem Tode von König Dom Duarte verlor das Herrscherhaus das Interesse an Marokko und den andauernden Scharmützeln und Niederlagen. Wichtiger war nun, das Land zu stabilisieren und die Vormachtstellung im Afrikahandel auszubauen. Dabei kam Prinz Heinrich zu den unermesslichen Reichtümern als Monopolist der Handelsroute nach Westafrika. Die Handelsgewinne wurden nach folgenden Spielregeln aufgeteilt: Stammte die Karavelle vom Prinzen und die Tauschware vom Händler, wurden die heimgebrachten Güter hälftig aufgeteilt. Und wenn der Kaufmann Schiff und Ware stellte, mussten 25 % der Ware als Steuer an den Prinzen abgeführt werden.

Vor dem Zeitalter der Entdeckungen wusste man wenig über die Erde. Das antike Weltbild war vorherrschend – ein Bild, demzufolge Fabelwesen die südliche Hälfte der Erdscheibe bewohnten. Zeichnungen aus dieser Epoche zeigen noch Zyklopen, Drachen und Einhörner. Die verschiedenen Kulturkreise wussten wenig bis überhaupt nichts voneinander, der Handel beschränkte sich fast ausschließlich auf den Mittelmeerraum. Das wussten die Portugiesen mit Heinrichs Hilfe zu ändern. Und sie entdeckten nicht nur neue Welten , sondern dokumentierten sie zusätzlich – die portugiesischen Karten galten als die besten des Abendlandes.

Die Entdeckungsfahrten nahmen ihren Anfang mit der Eroberung von Ceuta in Marokko: Die Stadt besaß große wirtschaftliche und militärische Bedeutung. Denn von hier aus konnte man den Warentransport, der über Gibraltar führte, kontrollieren. Mit der Eroberung von Ceuta erlitt die islamische Piraterie einen herben Rückschlag. Auch die Idee der Kreuzzüge wurde wieder lebendig und erlebte unter dem Begriff *Reconquista* eine Renaissance. Doch die andauernden Kämpfe forderten viele Menschenleben, und starke Festungen mussten gebaut werden.

In der ersten Hälfte des 15. Jh. erfolgte die Entdeckung und Eroberung der Inseln im Atlantik; Madeira wurde von den Portugiesen besiedelt. Dort wurde der Anbau des Zuckerrohres eingeführt und später nach Amerika gebracht. Dafür waren die Azoren strategisch wichtig – hier führten später die Atlantikseewege vorbei. Nach der Entdeckung der Azoren 1427 wurde an der westafrikanischen Küste Richtung Süden entlanggesegelt. Erst 1460, als Heinrich der Seefahrer starb,

erreichten die Portugiesen die Kapverdischen Inseln. Der Handel mit Westafrika brachte ihnen Gold, Elfenbein, Pfeffer und Sklaven. In Lagos gab es den ersten Sklavenmarkt Europas (→ Kastentext Lagos/„Mercado dos Escravos").

Neun Jahre nach dem Tode Heinrichs wurde ein Kaufmann aus Lissabon namens Fernão Gomes unter Vertrag genommen, und die Entdeckungen gingen weiter. Ziel war der Seeweg nach Indien. Aber erst 30 Jahre später erreichte *Vasco da Gama* Indiens Küste.

Währenddessen schliefen die Spanier nicht, die Vorherrschaft über die „Welt" wurde in dem Vertrag von Tordessilhas aufgeteilt: Die Portugiesen bekamen die afrikanische Westküste, einen Großteil von Asien und das östliche Brasilien zugesprochen. Engländer und Holländer stießen erst im 17. Jh. als Kolonialmächte dazu.

Der hohe Stand der Navigationstechnik war die Voraussetzung für den Erfolg der portugiesischen Expeditionen. Zudem hatten sie wendige und leichte zwei- bis dreimastige Schiffe mit Dreieckssegeln – so konnten sie dicht an der Küste entlangfahren. Erst später, als man die Seewege kannte, kamen die großen, schweren Schiffe mit den runden Segeln auf, die weniger wendig waren, dafür aber viel Fracht tragen konnten. Die Kenntnisse über Meeresströmungen und die Orientierung nach den Sternen waren für den Erfolg der Unternehmungen unverzichtbar. Deshalb förderte Heinrich der Seefahrer die Wissenschaften, die der Weiterentwicklung der Navigation dienten: Mathematik, Kartografie und Astronomie.

Er lebte keusch, blieb kinderlos und trank keinen Alkohol; am 13. November 1460 verstarb er in Sagres. Im 15./16. Jh. gewann das Kap für die Seefahrt immer mehr Bedeutung. Segelschiffe warteten hier auf günstige Winde für die langen Reisen und ließen noch einmal die Frischwassertanks auffüllen. Auch Christoph Kolumbus kannte das Cabo de São Vicente sehr gut. Bereits im 16. Jh. wurde der erste Leuchtturm gebaut. 1587 richtete der englische Freibeuter Sir Francis Drake großen Schaden an: Er ließ das alte Franziskanerkloster und die Festung zerstört zurück.

Basis-Infos

Information Am großen Platz zwischen den beiden Dorfkernen. Di–Sa 9–12.30 und 13.30–17.30 Uhr. ✆ 282624873.

Verbindungen Im Sommer etwa stündl. **Busse** von Lagos nach Sagres (Sa/So ca. alle 2 Std.). Die Busfahrpläne hängen in der Touristeninformation aus. 2-mal tägl. aus Kap des hl. Vinzenz. Juli bis Sept. tägl. Direktbus nach Lissabon (hält auch in Aljezur). Tickets müssen vorher gelöst werden.

Baden Etliche großzügige Buchten in der Umgebung. Je nach Windrichtung und Brandungshöhe empfiehlt sich bei Badenden wie bei Surfern mal die eine und mal die andere. Am geschütztesten liegt die Praia da Mareta, landschaftlich schön sind sie alle und das ist Wasser kristallklar. Allerdings darf man gerade in dieser Gegend die Strömung des Atlantiks nicht unterschätzen; man sollte also nie während ablaufendem Wasser zu weit hinausschwimmen und Kinder mit Bodyboards oder Luftmatratzen gut im Auge behalten. Wichtig: Bei Gefahr erst Alarm schlagen, bevor man sich selber in die Fluten stürzt!

Martinhal: Durch die kleinen, vorgelagerten Inseln besonders reizvoll. Hier gibt es aber keinen Windschutz durch Felsen, deshalb hauptsächlich bei Windsurfern beliebt. Surfschule vorhanden.

»» Lesertipp: Martinhal, „nette Atmosphäre und leckere Fischgerichte zu reellen Preisen" (Herbert Hünecke). Direkt am Strand. **««**

Von hier kann man sehr schön an der Küste nach Osten wandern, z. B. zum Strand Barranco Vaz (ca. 1:30–2 Std.) oder weiter bis zum Ingrina (ca. 2–2:30 Std., mittel, ein paar steilere Auf- und Abstiege).

Baleeira: Nur ein kurzes Stück wird nicht von den Fischerbooten genutzt. Angeschwemmt vom nahen Hafen, sammelt sich hier allerlei an, was eigentlich nicht ins Meer gehört.

Mareta: Der Strand ist windgeschützt und hat meist den niedrigsten Seegang. Die Breite des Sandstreifens hängt stark von der Hauptwindrichtung der Winterstürme ab.

Tonel: häufig hohe Brandung, wegen der Strömungen nicht ungefährlich, also nicht für Kinder geeignet. Den Sommer über meist bewacht.

Beliche: Für viele der Lieblingsstrand. Ziemlich windgeschützt und nicht so überlaufen wie die Strände in der Nähe von Sagres. Am Strand eine Bar, oben an der Straße Restaurants.

Nördlich vom Leuchtturm Cabo de São Vicente gibt es noch zwei „wilde" Strände, Praia do Telheiro und Ponta Ruiva, wunderschön, aber meist mit ziemlich hoher Brandung, ohne Rettungsschwimmer und deshalb nicht ungefährlich.

Fahrradverleih Am Campingplatz, ca. 10 € pro Tag. Räder am im Surfshop **Sagres-Natura** rechts vom Hauptplatz: 15 € pro Tag, bei 3 Tagen 11,50 €. Rua de S. Vicente, ✆ 282624072. **Mareta Surfshop**, Fahrrad 12,50 €, auch Scooter, Surfbretter u. a. An der Hauptstraße Av. C. Matoso.

Hochseeangeln, Delfinbeobachtung Auf dem renovierten Fischkutter **Estrela do Rio**; mindestens 5 Personen müssen teilnehmen, dann 25–35 € für den Ausflug. Auskunft und Reservierung unter ✆ 919751175 oder http://www.capecruiser.org.

Mar ilimitado, das nette Team von Meeresbiologen bietet qualifizierte Delfinfahrten an, ca. 30 €. Unten am Fischerhafen. ✆ 916832625, www.marilimitado.com.

Surfen **International Surf School**, sehr gute Surfschule. Besitzer Stefan Strauss hat ein Buch zur „Wave Culture" geschrieben. An der Praia do Beliche, ✆ 919262773, www.internationalsurfschool.com.

Surf House, an der Estrada Cabo São Vicente, www.surf-house.com.

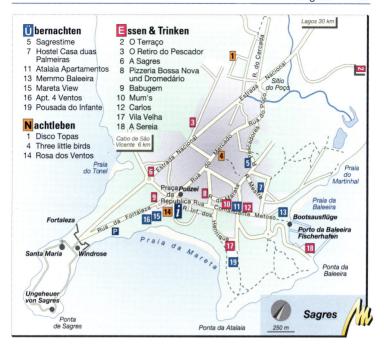

Übernachten
- 5 Sagrestime
- 7 Hostel Casa duas Palmeiras
- 11 Atalaia Apartamentos
- 13 Memmo Baleeira
- 15 Mareta View
- 16 Apt. 4 Ventos
- 19 Pousada do Infante

Nachtleben
- 1 Disco Topas
- 4 Three little birds
- 14 Rosa dos Ventos

Essen & Trinken
- 2 O Terraço
- 3 O Retiro do Pescador
- 6 A Sagres
- 8 Pizzeria Bossa Nova und Dromedário
- 9 Babugem
- 10 Mum's
- 12 Carlos
- 17 Vila Velha
- 18 A Sereia

Algarve Surf School, neben Turismo, Tageskurs ca. 55 €. Hat auch einen Abholservice ab Lagos und ein Hostel in Sagres. Alle loben die lockere, familiäre Atmosphäre und den frischen Kuchen nachmittags. Surf Hostel **Casa Duas Palmeiras** ⁊, Rua Mestre Antonio Galhardo 1, ✆ 962846771, www.algarvesurfschool.com.

Sagresnatura, die Surfschule bietet auch Kanufahrten an, vermietet Fahrräder und besitzt zudem einen Laden beim Kreisverkehr, Ein-Tages-Kurs kostet ca. 50 €. Rua Mestre Antonio Galhardo, ✆ 282624072, www.sagresnatura.com.

Tauchen Sagres bietet einige der besten Tauchplätze Portugals. In der Nähe des Cabo de São Vicente ziehen sich große Grottensysteme weit in die Felsküste hinein. Bei guter Sicht hat man das Gefühl in Hallen zu tauchen, so hoch sind die Grotten, deren Decken teilweise Stalaktiten zieren. Wolfsbarsche jagen hier Sardinen-Schwärme, in den Felsspalten verstecken sich Langusten, Einsiedlerkrebse und Seespinnen.

》 Lesertipp: DiversCape, „schweizerisch/portugiesisch geführte Tauchschule. Die Ausbildung erfolgt nach dem PADI-System. Ich habe mich überaus wohlgefühlt." Tauchgang inkl. Ausrüstung 45 €. Am Fischerhafen, ✆ 965559073, www.diverscape.com. 《

Übernachten/Camping

Preiswerte Pensionen gibt es wenig, und die Jugendherberge wurde abgerissen. Dafür werden fast in jedem Haus Privatzimmer vermietet, das DZ ab 20 €.

**** Memmo Baleeira ⒀, renoviert und gestylt, wartet mit 105 geweißten, modern eingerichteten Doppelzimmern auf. Sauna und geheiztes Hallenbad, Zimmer mit Zentralheizung und kleinem Balkon, im Garten Swimmingpool mit Aussicht. Gute Lage oben an der Fischerbucht. DZ ca. 75–145 €. ✆ 282624212, www.memmohotels.com.

Algarve → Karte S. 632/633

Pousada do Infante ⓳, ca. 50 Zimmer, die für die Preisklasse etwas karg ausgestattet sind. Pool und Tennisplatz für Gäste frei. Super Lage und Blick, aber teuer, 50 m landeinwärts von den Klippen gelegen. DZ mit Bad 70–210 €. ✆ 282620240, www.pousadas.pt.

Apartamentos 4 Ventos ⓰, 3 gut ausgestattete Apartments werden von der netten Portugiesin Ana Fernandes vermietet, zentral gelegen, vom Hauptplatz ein paar Meter Richtung Festung. Apartment mit 1 SZ 40–80 €, mit 2 SZ 50–100 €. Rua da Fortaleza, ✆ 282624552, ✆ 934110207, www.quatroventos.com.

Sagrestime ⓹, mitten im Ort; 40 großzügige und moderne Apartments, teilweise rollstuhlgerecht, in manchen sind Haustiere erlaubt. Pool. Im Winter ab 50 € bis 240 € im August. Rua da Taipa, ✆ 282624579.

Mareta View (vormals Dom Henrique) ⓯, gepflegtes Hotel, 17 geräumige Zimmer und große Terrasse zur Mareta-Bucht. DZ 50–130 €, mit Meerblick teurer. Hinter der Praça da República in einer Seitengasse. Beco Dom Henrique, ✆ 282620000, www.maretaview.com.

Privatzimmer Margarida Paz Pereira, privilegierte Lage neben o. g. Mareta View, 8 Zimmer teilweise mit Meerblick. DZ ca. 50–65 €. ✆ 282624096 und ✆ 965090563.

Atalaia Apartamentos ⓫, gegenüber vom Restaurant Carlos (derselbe Besitzer, spricht sehr gut Englisch). 7 DZ und 3 große Apartments. DZ ca. 50 €, Apt. ca. 100 €. Av. Comandante Matoso, ✆ 282624228.

Hostel → Surfen, Algarve Surf School (s. o.)

Camping Orbitur Sagres, 3 km außerhalb von Sagres, Richtung Leuchtturm, dann rechts. 6 ha großes Gelände, schattig durch recht hohe Pinien. Minimercado, Restaurant und Bar vorhanden. Auch Fahrräder werden vermietet. 2 Personen/Auto/Zelt ca. 25 €, Bungalow 34–84 €, mit Cartão Jovem 10 % Ermäßigung. Ganzjährig geöffnet. Cerro das Moitas, ✆ 282624371, www.orbitur.pt.

Essen & Trinken   → Karte S. 755

O Retiro do Pescador ⓷, typisch portugiesische Küche, Fischiges und Gegrilltes, *Arroz de Marisco* für 25 € für 2 Personen. Etwas versteckt nördlich der Hauptstraße, wenn man nach Sagres hineinfährt. Tägl. (außer Mo), Nov.–März geschlossen. Rua Luís de Camões, ✆ 282624438.

O Terraço ⓶, Feinschmeckerrestaurant oberhalb des Martinhal-Strands im 1. Stock des Martinhal Resort Hotels. Ambiente und Meerblick sind etwas für romantische Abende. phantasievolle Speisekarte, auch Vegetarisches, z. B. Quinoa-, Seitan-, Tofu-Gerichte, kalte Rote Beete-Apfel-Suppe. Kindermenü und selbst hausgemachte Babykost. Hauptgericht um die 20 €.

Vila Velha ⓱, raffiniert zubereitete Gerichte (z. B. *Bacalhau* mit viel Lauch). In der Küche steht die Inhaberin, eine Holländerin und gelernte Köchin. Leser empfehlen als Vorspeisen die algarvianische Leber und die Jakobsmuscheln mit Sauce Thermidor. Auch Kinderteller und Vegetarisches. Hauptgericht ca. 12 €. Tägl. (außer Mo), Jan./Febr. geschlossen. Am Weg zur Pousada rechts. Rua Patrão António Faustino, ✆ 282624788 und ✆ 917128402.

A Sagres ⓺, beim großen Kreisverkehr, relativ preiswert, gute Auswahl an portugiesischen Gerichten, Fisch und Meeresfrüchten, aber auch Sandwichs etc. Große Terrasse zur Straße. Tägl. (außer Di).

Carlos ⓬, an der Hauptstraße, mit großer Terrasse. Auf der Karte finden sich auch einige nicht alltägliche Gerichte wie *Cataplana* (für 2 Personen ca. 27,50 €) oder *Arroz de Marisco*. Av. Comandante Matoso, ✆ 282624228.

Babugem ⓽, auch viel frequentierte Bar, lecker sind das *Bife a Babugem* und der frische Tagesfisch. Am Hauptplatz Praça da República.

Mum's ⓾, kunterbunt und gemütlich, Gesundes und Vegetarisches, viele Bioprodukte, der Sangria wird sehr gelobt. Preise etwas übertrieben, aber tolles Ambiente. Tägl. (außer Di) 19–2 Uhr, Küche bis 24 Uhr. Av. Comandante Matoso, ✆ 910835541.

Dromedário ⓼, die Surferkneipe in Sagres, Reggaebeats und Wellenreitervideos am Abend. Das Dromedar hat bis 2 Uhr geöffnet und serviert auch Cocktails (ca. 4,50 €). Av. Comandante Matoso, www.dromedariosagres.com.

Pizzeria Bossa Nova ⓼, direkt hinter dem *Dromedário* (gleiches Gebäude). Hausgemachte Pizza (ca. 7–8 €) für den kleinen

Promontorium Sacrum: War dies eine Schule für angehende Entdecker?

Hunger gestresster Touristen. Ab mittags geöffnet.

Außerhalb Marigil, kurz vor *Raposeira*, auf der linken Seite von der N 125 (gegenüber der Töpferei). Qualitativ hochwertige portugiesische Hausmannskost, z. B. tolle Leber, Fisch oder Lamm aus dem Ofen, Grillgerichte 10–15 €. Tägl. (außer Mi), Dez./Jan. geschlossen. ✆ 282639274 und ✆ 966018475.

„Letzte Bratwurst vor Amerika", seit 1996 prangt die Aufschrift in großen Lettern auf dem Imbisswagen, und kaum ein deutschsprachiger Besucher kann sich seiner eigenen Neugierde entziehen und stattet dem Bratwurstgrill von Petra und Wolfgang einen Besuch ab. Dort gibt's echte Nürnberger Rostbratwürste, aber auch Thüringer. Ostern bis Ende Okt. 10.30–17.30 Uhr. Direkt auf dem „Marktplatz" vor dem Leuchtturm. Cabo de São Vicente (6 km außerhalb). Unter www.letztebratwurst.com werden neben einigen Reisetipps die größten Erfolge des sehr originellen Unternehmers vorgestellt.

⌒Nachtleben

→ Karte S. 755

Three little Birds 4, peppig und jung gestaltete Restaurant-Café-Bar mit leichten Gerichten für 6–12,50 €, ein Hamburger mutiert hier fast zu einem Gourmetmenu, schön dekoriert und mit vielen Zutaten. Es geht international zu, Treffpunkt vieler Surfer, aber auch anderes Publikum. Rua do Mercado, ✆ 282624432.

Rosa dos Ventos 14, beliebt. Terrasse mit Meerblick, viele kleine Tapas, *queijo de* *cabra com nozes*, Muscheln, Shrimps, Vinho Verde vom Fass. Happy Hour am frühen Abend. Reelle Preise, gute Küche. An der Praça da República.

Disco Topas 1, nicht weit vom Rosa dos Ventos, Richtung Mareta-Strand, auf halbem Weg zum Campingplatz. Obwohl es schönere Schuppen gibt, trifft sich hier ganz Sagres. 2–6 Uhr früh geöffnet, im Winter nur an Wochenenden.

Umgebung von Sagres

Fischerhafen mit Fischversteigerung: Im Porto da Baleeira kann man an Nachmittagen nicht nur den Booten zuschauen, die ihren Fang an Land bringen, sondern auch bei der Fischversteigerung. Dafür geht man über die Außentreppe der Docapesca (blau-weiß angestrichenes Gebäude) in den 1. Stock, vom Balkon sieht man, wie der Fang verstaut wird, und im **Café A Sereia** (s. u.) gibt es große Glasfenster zur Halle hin, durch die man bei einem Glas Wein sieht, zu welchem Preis der Fisch seinen Besitzer wechselt. Nach Art getrennt, bringt jedes Boot seinen Fisch auf das Laufband, zuerst wird er gewogen und der Herr im Kiosk gibt Spezies und Boot an.

Sobald der Fisch vor der Händlertribüne an die Reihe kommt, werden auf einer Tafel Fischart, Boot, Gewicht der Wannen, Frischegrad und Größe vermerkt. Dann wird der Höchstpreis pro Kilo rechts angezeigt und abwärts gezählt, bis ein Händler auf seine Fernsteuerung drückt – wer dies zuerst tut, bekommt den Fang, der Preis ist stets der Preis pro Kilogramm. Das Ganze beginnt nicht vor 15 Uhr, eher um 16 Uhr, je nachdem, wann die sieben bis acht Fangboote in den Hafen einlaufen. Danach kann man dann noch mit den Fischern ein Schnäpschen trinken.

Café A Sereia 🔢 (→ Karte S. 755), mittlerweile haben die Söhne das Ruder übernommen, aus der kleinen Fischerkneipe am Hafen ist ein Restaurant geworden. Natürlich sitzen die Fischer immer noch hier und bestaunen die Touristen, die den fangfrischen Fisch verzehren – alles ist immer noch einfach und authentisch. Tony, der alte portugiesische Besitzer, und seine Frau Lesley geben gern Auskunft über die Fischversteigerung und erklären die verschiedenen Arten. Die Sardinen oder Carapau sollte man mal probieren, manchmal gibt's auch *Caldeirada* (Fischeintopf), *Peixe no Forno* (im Ofen gebacken) oder *Tamboril com ervilhas* (Seeteufel-Eintopf mit Erbsen). Tägl. (außer So). ✆ 918779460 und ✆ 918779461.

Fortaleza – Ponta de Sagres: Neben dem Dorf ragt die kleine Halbinsel weit ins Meer. Hier befindet sich, durch eine hohe Fortaleza vom „Festland" getrennt, die „heilige Halbinsel", das sogenannte *Promontorium Sacrum*. Es ist eine Legende, dass es bis 1460 die berühmte Seefahrtsschule von Heinrich dem Seefahrer beherbergt haben soll – es wird trotzdem gerne als die Keimzelle der portugiesischen Entdeckungsfahrten gepriesen, zumal dieses Gebiet zu den Besitzungen Heinrichs gehörte und der Hafen als erster Anlaufpunkt für die Schiffe der Entdeckungsfahrten diente.

Das Ungeheuer von Sagres

Geht man in die Fortaleza hinein und hält sich rechts, so kommt man nach ca. 1 km an den südlichsten Zipfel der kleinen Halbinsel. Eine Steinmauer zu den Klippen hin soll Angler davor bewahren, von den hier ca. 65 m hohen Felsen zu stürzen. Von dort sind es noch etwa 100 m in Richtung Süden, um das Schnauben des „Ungeheuers" (das sich nur bei Wellengang an die Oberfläche wagt, heute ist eine Art rundes Labyrinth darum herumgebaut) zu hören: Durch eine horizontale, halb im Wasser liegende Höhle wird die Luft von den mächtigen Wellen durch einen senkrechten Kamin nach oben gepresst und erzeugt dieses unheimliche Geräusch.

Das ganze Jahr über, besonders aber im Winter, donnern die hohen Atlantikwellen mit Getöse gegen das Kliff. Der Wind ist dann so stark, dass die Gischt auf das Plateau getragen wird. Hobbyfischer lassen von den Klippen Köder in das brodelnde Wasser hinunter – durch das Zusammentreffen der warmen Algarvegewässer mit der kälteren Biscaya sammeln sich hier viele Fische. Zudem werden „altersschwache" Muscheltiere durch die Brecher von den Felsen gespült – so ist der Ort ein optimaler Tummelplatz für vielerlei Meeresgetier. Weiter draußen im Atlantik lauern wiederum Haie und Schwertfische den wohlgenährten Klippenfischen auf …

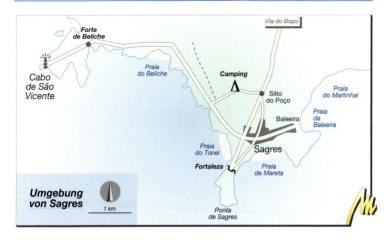

Wen es wundert, dass man in der Festung keinerlei Hinweise auf Heinrich findet, dem sei dies zum Trost gesagt: Moderne Historiker halten die Seefahrerschule in Sagres für eine jahrhundertealte, liebreizende Legende – ein Ammenmärchen. Geforscht und unterrichtet wurde wahrscheinlich in Lagos und Lissabon, Caravellen gebaut und Bericht erstattet in Lagos.

Okt–April 9–17.30 Uhr, Mai-Sept. bis 20 Uhr geöffnet. Eintritt 3 €, bis 14 J. frei.

Für 1 € erhält man etwas dürftige Informationen auf Deutsch (dafür mit Lageplan). Im 1. Stock des Hauptgebäudes gab es bislang einen gut bestückten Buchladen zur Historie des Landes und auch einige Leaflets zu nationalen Monumenten auf Deutsch, allerdings wurde Ende 2016 noch renoviert – Baustelle.

Innen gibt es nicht allzu viel zu sehen, links die angebliche Windrose Heinrichs, neue Gebäude (bereits in Renovierung) in der Mitte, ein paar Mauerreste der ursprünglichen Festung, rechts ein Landmarkierungskreuz, wie es die Portugiesen 1500 in Brasilien aufgestellt haben, als Replik und ein bescheidenes Renaissancekirchlein. Man kann aber einen schönen Rundgang um die Landzunge herum machen und hört dann bei Seegang die Seeungeheuer schnauben.

Die Theorien Heinrichs des Seefahrers basierten auf der alten arabischen Wissenschaft der Astronomie. Sein System ermöglichte es den Kapitänen, die Lage ihrer Schiffe nach Sonne und Sternen zu bestimmen, und es war Grundvoraussetzung, um aus der damals völlig unbekannten „dunklen See" zurückzufinden. Zu Heinrichs Navigationsschule kamen etliche europäische Kapazitäten gereist, u. a. Martin Behaim aus Nürnberg und Christoph Kolumbus, späterer Entdecker Amerikas. 1928 fand man innerhalb der Mauern der „Navigationsschule von Sagres" eine eigenartige geometrische Figur mit 43 m Kreisdurchmesser auf dem Boden sowie 42 Kreissegmenten: klobige, verschieden große Steine gehen aus einem Zentrum hervor. Man nannte diese Formation „Windrose". Über ihren Ursprung streiten sich die Historiker, denn auf 42 Segmente kommt man nun einmal bei keiner Windrose. Heute geht man davon aus, dass die Figur eine Art Sonnenuhr war, Teil eines horizontalen *Gnomon*.

Algarve → Karte S. 632/633

Forte Beliche: In der kleinen Festungsanlage kurz vor dem Cabo de São Vicente wohnte wahrscheinlich Heinrich der Seefahrer, wenn er sich in Sagres aufhielt. Die alten Gemäuer haben sich gesenkt und sind einsturzgefährdet, weshalb das empfehlenswerte Restaurant (Fortaleza do Beliche) und die kleine Kuppelkapelle zu Ehren der heiligen Katharina geschlossen wurden. Gesperrt ist auch der steile Fußweg hinab zum Meer, wo vor einigen Jahren drei deutsche Fallschirmspringer von einer großen Welle erfasst wurden und für immer ins Meer gespült wurden.

Früher wurde hier für den Thunfischfang *(armação)* ein kilometerlanges Leitnetz installiert, das die Fische trichterförmig in einen zentralen Bereich lenkte; der „Trichter" wurde dann geschlossen, drumherum die kleinen Boote der Fischer, die die Thunfische einzeln an Bord zogen.

Das ganze Areal ist für Kinder nicht unbedingt geeignet, es gibt kein Geländer, nur einzelne Stützpfosten. Die Festung ist für 20 Jahre an die Gemeinde vermietet, die einige Renovierungsarbeiten vorgenommen hat und die Anlage für bestimmte Anlässe öffnet, z. B. für das Vogelfestival Anfang Oktober.

Cabo de São Vicente war ein heiliger Ort und zog folglich Pilger an. Aus der Zeit um 3000 v. Chr. stammen die alten Hünensteine, die man in der Gegend fand – in dieser Gegend standen einst über 200 Menhire. In der Antike war die äußerste Landspitze Europas unter anderem dem Saturn geweiht. Etwa 100 v. Chr. wird von heiligen Trinkzeremonien berichtet. Die Christen übernahmen diese Tradition, indem sie dieses Zipfel dem hl. Vincent weihten, einem Märtyrer aus Valencia (ca. 302 n. Chr.). Zur Zeit Diokletians Christenverfolgung wurde er unter grausamer Folter getötet. Dann konnte man sich aber seines Leichnams nicht so recht entledigen, selbst wilde Tiere oder Hunde rührten ihn nicht an. Kurzerhand nähte man ihn in eine Rinderhaut ein und warf ihn mit Gewichten beschwert ins Meer. Von vier Raben bewacht, soll das, was von ihm noch übrig war, hier angelandet sein. König Afonso Henriques hat die Reste des Heiligen dann heimlich nach Lissabon überführt, sodass der hl. Vincent der Stadtheilige der Hauptstadt wurde. Auch Rom, Valencia, Paris, Bessay und Orbigny buhlen um die Ehre, seine Gebeine zu besitzen, derer also gar viele vorhanden gewesen zu sein scheinen.

Sein Ehrentag am 22. Januar ist hier Feiertag und wird in Vila do Bispo mit einer Prozession und Festa gefeiert. In Sagres findet Mitte August (ca. 14./15. August) eine Prozession zu Wasser statt, zu der alle Boote mit Blumen geschmückt vom Fischerhafen Porto da Baleeira bis zum Kap des hl. Vincent und zurückfahren.

Costa Vicentina

Ab Sagres biegt die Küste nach Norden und man betritt den schönsten und ursprünglichsten Teil der Algarveküste mit steilen Felsen, kleinen Buchten und imposanter Natur – eines der letzten Paradiese Europas. Im „wilden Westen" der Algarve bläst der Wind stärker, sind die Wellen höher, die Temperaturen frischer und die Naturgewalten stärker. Wer Ruhe und Beschaulichkeit sucht, ist hier genau richtig. Man sollte zumindest einen Tagesausflug in diesen Teil der Algarve unternehmen, um sich die Strände bei Vila do Bispo, die Landzunge bei Carrapateira, die Praia do Amado und die Strände um Aljezur (Arrifana, Monte Clérigo, Amoreira) anzusehen. Individualisten, Naturliebhaber und auch viele Aussteiger zieht es gerne in diese Gegend.

Der Leuchtturm am Cabo de São Vicente

Die felsige Halbinsel ca. 6 km westlich von Sagres reicht weit in den Atlantik hinein und war schon zu Urzeiten eine wichtige Landmarke der Seefahrer. Der heutige Leuchtturm wurde 1846 erbaut, ein Petroleumsystem diente bis 1926 zur Befeuerung. Heute wird er elektrisch betrieben und ist der lichtstärkste Leuchtturm Europas. Der alte Antrieb, der wie bei einer Standuhr mit Hilfe von an Ketten aufgehängten Gewichten die Glaslinsen in Drehung versetzte, ist noch vollständig vorhanden. Eine ca. 3,5 m hohe Gürtellinse, aufgebaut aus ringförmigen Prismen, bündelt das Licht der riesenhaften 1500-Watt-Birne. Noch in 90 km Entfernung ist das Leuchtfeuer zu erkennen. Bei einem Rundgang fühlt man sich wie in einem goldenen Spiegelkabinett. Für Nebeltage sind neben dem Turm zwei große Nebelhörner angebracht, die alle 15 Sekunden einen tiefen Ton ausstoßen. Fünf Wärter leben hier mit ihren Familien und sind im Schichtdienst rund um die Uhr mit dem Betrieb und der Wartung der Anlage betraut – auch im Zeitalter von satellitengestützten Systemen wie GPS.

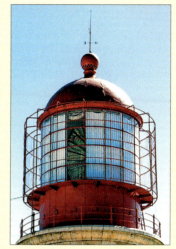

Der Schiffsverkehr vor dem Kap ist stark. Die großen Supertanker, die hier mit ihren Ölladungen aus der Golfregion Richtung Nordeuropa vorbeidampfen, sind von der Küste aus gut zu sehen. Das Wasser wird vor der Küste schnell tief – etwa 20 km südwestlich vom Kap beträgt die Wassertiefe bereits 1000 m, um noch etwas weiter draußen auf 4000 m abzufallen!

Verbindungen: Busse wochentags 2-mal tägl. von Sagres, davon 1-mal von Lagos (11.15, 14.25 Uhr).

Besichtigungsmöglichkeiten: Gelände und Museum sind tägl. 10–17 Uhr, im Sommer bis 18 Uhr geöffnet. Das angeschlossene Museum zeigt auf kleinem Raum Modelle verschiedener Schiffstypen der Entdeckungsfahrten, Geschichten über das Kap und über die Leucht-türme in Portugal. Eintritt 1,50 €, Kind bis 6 J. frei. Die Besichtigung des Leuchtturms ist mittlerweile wieder möglich. Dies aber nur mittwochs um 14/15/16 Uhr und mit einem Leuchtturm-wärter, der der Marine angehört. Dabei kommt hinein, wer zuerst kommt, denn die Plätze sind auf 10 Personen beschränkt. Dafür nehmen die Wärter dann gerne ein Trinkgeld.

Carrapateira ca. 250 Einwohner

Das kleine, sympathische Dorf liegt ca. 1 km landeinwärts an der Straße von Aljezur nach Sagres. Die meisten Besucher sind Tagesausflügler von der Algarve, die hier die Beschaulichkeit der portugiesischen Westküste genießen. Aber es gibt auch Wildcamper an den Klippen, die ihren Müll hinterlassen. Im Ort einige Privatzimmer.

Zum Baden eignet sich die ca. 300 m lange, dünige Sandbucht von Carrapateira (Praia da Bordeira), die in einen kleinen Bach mündet, der parallel zum Strand fließt. Bei Flut ist Durchwaten angesagt, um den Strand zu erreichen. Man kann das Auto allerdings auch oben an den südlichen Klippen abstellen und zum Strand hinuntersteigen. Dort wurde aus einem EU-Naturschutz-Förderprogramm ein Holzweg mit einer kleinen Brücke zum Strand erbaut (bereits mehrfach durch Sturm zerstört). Auch ein Windschutz wurde errichtet, um den Sandabtrag zu verringern.

Agar Agar – die Rotalgen-Taucher von Carrapateira

An der Küste um Carrapateira wird heute noch nach *Rotalgen* getaucht. Diese Algenart findet als Nährboden in der Bakteriologie, als Appretur in der Textilindustrie und als Geliermittel für Zuckerwaren einen riesigen Abnehmerkreis. So riesig, dass die Alge an der Algarve fast ausgerottet wurde und heute das Pflücken von der Naturschutzbehörde stark reglementiert ist. Während der Sommermonate grasen Taucher, eingepackt in dicke Neoprenanzüge, in bis zu 15 m Tiefe die Steilküste ab. Mit Sauerstoff versorgt werden sie dabei mit der uralten Kompressormethode, bei der ein im Boot installierter Kompressor die Luft durch Schläuche zum Taucher presst. Bis das um den Bauch geschnallte Sammelnetz gefüllt ist, dauert es fast eine Stunde, und erst nach vier Tauchgängen ist die Schicht zu Ende.

Neben Sagres ist Carrapateira das Eldorado der Wellenreiter (hier trifft sich alles, was Rang und Namen hat oder Rang und Namen erreichen möchte). Beliebt ist der schöne Strand **Praia do Amado**; auf halbem Weg dorthin stöß man an der Piste, die entlang der Klippen führt, auf das empfehlenswerte Fischrestaurant *Sítio do Forno*. Etwas links davon ragt eine Klippe ins Meer. Dort sieht man die Überreste eines Walfischfangdorfes auf einem kleinen Plateau fast unwirklich über der Gischt im Wind. Sehr klein waren die einzelnen Wohneinheiten, deren Grundmauern noch zu sehen sind. Jede Familie baute sich eine eigene Heimstatt, einen kleinen, rechteckigen Raum, in dem man lebte, schlief und kochte. Erahnen lassen sich noch die Feuerstellen am helleren Untergrund. Diese maurische Siedlung existierte im 12. und 13. Jh., um Ausschau nach den Fischschwärmen und Walen zu halten, die dann mit Harpunen (!) gejagt wurden. Ein bizarrer Platz, um über Monate zu leben. Rechts unten ist heute noch ein kleiner Fischerhafen *Portinho de pesca do Forno*.

Museu do Mar e da Terra: kleines, neues Heimatmuseum auf der Anhöhe; von Vila do Bispo kommend, nimmt man die letzte Straße steil aufwärts. Im neuen Gebäude am Ende werden vor allem moderne Fotowände zum Thema Meer, Fischfangtradition und Landwirtschaft gezeigt, dazu ein paar Werkzeuge und Fangreusen; nur sehr spärliche englische Erläuterungen, aber man arbeite, so hieß es, schon an einer besseren Dokumentation.

Juni–Sept. Di–Sa 11–18 Uhr. Eintritt 2,70 €, 13–17 J.1,10 €, über 65 J. 1,60 €, Kind bis 12 J. frei. ✆ 282970000.

Basis-Infos

Verbindungen Ab Lagos per Bus nach Vila do Bispo oder nach Aljezur. Von den beiden Orten 2-mal tägl. Verbindung nach Carrapateira. Erkundigen Sie sich im Touristenbüro von Lagos, welche Anreisevariante zeitlich am besten passt!

Der Autor auf Recherche am Strand von Carrapateira

Reiten Holistic Riding, ganzheitliches Reiten in der einsamen, ursprünglichen Landschaft bei Carrapateira. Andreas Endries, ein Pferdenarr seit über 20 Jahren, hat verschiedene Ausflüge und Kurse im Programm. Auf dem Monte Velho (→ S. 764), ✆ 916269813, www.holistic-riding.com.

Surfen Die Algarve Surf School bietet Anfängern einen wöchentl. Komplettkurs (mit Bett und Frühstück) für 345–450 €. Rua Dr. Joaquim Tello 32-B, www.algarvesurfschool.com.

Amado Surf School and Camp, neben den Surfkursen bieten sie auch ein Camp an, mit einfachen Holzhäusern (ab 355 €) oder man zeltet mit eigener Ausrüstung (ab 255 €). ✆ 964432324 und ✆ 962681478, www.amadosurfcamp.com.

◠ Übernachten/Essen & Trinken

Übernachten Pensão das Dunas, hübsch renovierter Bauernhof mit umfriedetem Garten. Insgesamt 4 Zimmer und 6 Apartments mit Etagenbad, im Sommer oft ausgebucht. DZ ca. 30–60 €, kleines Apartment 45–80 €. Rua da Padaria 9, ✆ 282973118, www.pensao-das-dunas.pt.

⟫⟫ Mein Tipp: Bamboo, 4 DZ und 1 Apartment in einem komplett ökologisch gebauten Lehmhaus. Von der Portugiesin Isabel und dem Deutschen Achim geführter Familienbetrieb. In den Dünen auf dem Weg zum Restaurant O Sítio do Rio. DZ ca. 50 €, Apt. 70–90 €, Mindestaufenthalt 4–6 Tage. Sítio do Rio, ✆ 282973323, ✆ 969009988. ⟪⟪

Olivia, oben im Dorf gelegen. 3 Zimmer mit Dusche am Gang. DZ ca. 25–30 €. Rua Direita 22, ✆ 282973156.

Casa Fajara, vermietet werden 12 DZ, rustikal und stilvoll, für 65–175 € inkl. Frühstück, das der Chef selbst zubereitet. Pool, großer Gemeinschaftsraum und auch im Winter schön warm um den Kamin. 600 m vom Ort und vom Strand; wo es links zum Sitio do Rio geht, rechts abzweigen. Vale da Carrapateira, ✆ 282973134, www.casafajara.com.

🌿 Monte Cunca, eine Mischung aus Zen und Miro, Naturmaterialien als Wandrelief, eigenwillig geschwungene Treppen, alles abgerundet und alles öko, inkl. Solarstrom und Biohof mit jugendlichen „WOOFern", den beliebten Bio-Farmhelfern. Vermietet werden 8 Apartments zu 30–95 €. Etwas nördl. links der Straße nach Alejzur, etwas nah an der Straße ✆ 966463886, http://www.carrapateirasurf.com. ∎

Aldeia de Pedralva, ein ganzes Dorf ist wiedererwacht. Zuvor nur von der Pizzeria Pizza Pazza bekannt und fast ausgestorben, wurden hier nun die meisten Dorfhäuschen liebevoll restauriert und bieten ein tolles Ambiente für Naturfreunde, Familien und

Surfer. Inkl. Restaurant-Bar, WLAN, Fahrrad-verleih und Tante-Emma-Laden. Kleines Haus 64–148 €. Von Carrapateira Richtung Vila do Bispo und dann links ausgeschildert, ✆ 282639342, www.aldeiadapedralva.com.

🌿 **Monte Velho**, ein kleines Paradies im Hinterland von Carrapateira, Richtung Vilarin-ha. Ökologisch gebaute Häuser auf einem großen, vom Eigentümer selbst mit Schirmpi-nien bewaldeten Gelände. Gemeinschafts-räume, Sauna, Reitstall (→ Holistic Riding), Stausee zum Schwimmen, alles mit viel Ruhe und Naturnähe. Viel von Portugiesen aus dem Norden besucht. Der Besitzer Henrique stammt aus einer bekannten portugiesischen Familie. Im Winter Kursangebote, leider nicht billig. 12 DZ-Suiten je 100–160 € inkl. Frühstück. ✆ 282973207 und ✆ 966007950, www.montevelhoecoresort.com. ∎

Monte da Vilarinha, nicht weit vom Monte Velho, ebenfalls sehr zu empfehlende kleine Anlage. Preise zwischen 100 und 170 € für 2 Personen/Haus. ✆ 282973218, www.montedavilarinha.com.

🌿 **Essen & Trinken** Trigo Vermelho („Buchweizen"), Holger bäckt ausgezeich-nete Pizzen und ist bei Lebensmittelunver-träglichkeiten wie bei veganen Gerichten sehr experimentierfreudig. Tägl. (außer Mi/Do). Rechts am Hauptplatz, Largo do Comércio 3, ✆ 282973908. ∎

Micro Bar, eigentlich ein Bistro-Café mit selbstgemachten Säften (ca. 2 €) und klei-nen, gesunden Gerichten, die super lecker – auch vegetarisch – zubereitet sind und viele Surfer anziehen (5–11 €). Tägl. (außer Di). Am Hauptplatz, ✆ 282973902.

O Sítio do Rio, gemütliches Strandrestau-rant in den Dünen. Gute Auswahl an Ge-richten, tägl. wechselnde Karte. Auswahl von je einem günstigen Tagesmenü (Fisch oder Fleisch). Tägl. (außer Di), ✆ 282973119.

L-Colestrol, leckere Tapas und Hauptge-richte, z. B. Tintenfisch mit Erbsen und Süß-kartoffeln (9,50 €). Vermietet auch 6 DZ für je 25–55 €. Tägl. (außer Do), geschlossen Nov.–April. Kurz vor Sitio do Rio, ✆ 282998147.

Sítio do Forno, Gutes Fischrestaurant oben an den Klippen mit Meerblick und Terrasse. Sar-dinen 12 €, kleine Tintenfische 14 €. Tägl. (au-ßer Mo), geschlossen im Jan. In der Nähe der Praia do Amado, ✆ 282973914 und ✆ 962955699.

Aljezur

ca. 3000 Einwohner

Das alte Dorf klammert sich ringförmig entlang der alten Befestigungsmauern um den Hügel. *Igreja Nova*, der neuere Teil von Aljezur, liegt auf der gegenüberliegen-den Flussseite, etwas weiter von den Flussniederungen entfernt. Nach dem Erdbe-ben von 1755 verfügte der Bischof von Faro, dass wegen der latenten Malariagefahr die neue Siedlung dort entstehen sollte. Die Einheimischen ließen sich dafür aber bis ins 20. Jahrhundert Zeit – „amanhã" (morgen kommen wir) …

Die Kleinstadt an der südlichen Westküste zog seit Anfang der 1980er-Jahre viele deutsche Aussteiger an. Die Situation hat sich jedoch inzwischen beruhigt und he-rausgekommen ist ein friedliches Nebeneinander von Einheimischen und Auslän-dern, die sich längst in den portugiesischen Kleinstadtalltag integriert haben.

Castelo: Seit dem 10. Jh. befand sich hier eine maurische Siedlung, im Jahr 1249 wurde die Burg als das letzte arabische Bollwerk von den Christen zurückerobert, und der Kreuzritterorden nahm sie in Besitz. Seit 1977 ist sie historisches Bau-denkmal und bei Touristen auch wegen der tollen Aussicht über die Stadt beliebt.

In Aljezur gibt es vier **Museen:** das des verstorbenen Heimatmalers **José Cercas**, das **Museum des heiligen Antonius von Lissabon**, das **Museum der sakralen Kunst** (ermöglicht Eintritt in die Kirche) sowie das **Stadtmuseum** (Museu Munici-pal, hier am besten zuerst vorbeigehen und nach den anderen Museen fragen). Das Ticket für alle Ausstellungen kostet 2 €. Dazu gibt es eine Kunstgalerie der Stadtverwaltung **Espaço +**, unterhalb der Kirche (Igreja Nova) auf der anderen Flussseite, in der wechselnde Ausstellungen moderner Kunst gezeigt werden.
　Rua da Escola, www.cm-aljezur.pt, espacomais@cm-aljezur.pt, ✆ 282997181.

Basis-Infos

Information Tägl. 9.30–17.30 Uhr, Fr–Mo Mittagspause 13–14 Uhr. Largo de Mercado, am Ortsausgang, nach der Brücke. ✆ 282998229, turismo.aljezur@turismo doalgarve.pt.

Verbindungen Busse 2- bis 3-mal Lissabon, 4-mal Odeceixe, 4- bis 5-mal Lagos. Nach Vila do Bispo und Sagres nur im Sommer um 11.45 Uhr per Expresso aus Lissabon. Deutsch sprechende Taxifahrer ✆ 917674630.

Baden Praia de Amoreira, etwas nördlich des Ortsausganges schlängelt sich eine asphaltierte Straße am Fluss entlang Richtung Meer (vorbei an Salzgärten und früheren Fischzuchtbecken). In der Mündungsbucht bereits flach abfallende Sandstrände zum Fluss, an denen Kinder schön nach Fischen suchen können. Noch 500 m weiter liegt der eigentliche Strand mit Strandrestaurant.

Solartechnik **FFsolar**, netter kleiner Shop mit der neuesten Technik für die Solaranlage des Wohnmobils; auch Kundendienst. Tägl. (außer Sa/So/Feiertag), 9–13 und 14–18 Uhr. Etwas nördlich, rechts der N 120, im Industriepark. ✆ 282998745.

Übernachten/Essen & Trinken

Übernachten ** Hotel Vale da Telha, etwas südlich von Aljezur geht's rechts ab. Alle Zimmer mit Balkon u. Klimaanlage. Hübsche Poolanlage mit Kinderbecken, Restaurant. Ca. 3 km vom nächsten Strand entfernt. DZ mit Frühstück 76–105 €, EZ 58–88 €. Vale da Telha, ✆ 282998180, www.valetelha.pt.

*** Hotel Vicentina, 300 m von der Ortsmitte, auf der anderen Flussseite an der Hauptstraße, bei den Bombeiros. Neu, mit Pool und freundlichen Zimmern. DZ 45–110 €. Avenida General Humberto Delgado, ✆ 282990030, http://www.vicentinahotel.com.

Amazigh, neues Hostel mitten im Zentrum. Interieur aus Stahl und naturbelassenem Stein. 2 einfache, durchdacht designte Schlafsäle für 10 bzw. 6 Personen, 6 DZ. Dachterrasse. Im Erdgeschoss Gemeinschaftsbereich mit Küche, Bar u. TV- und Hi-Fi-Zone. Freier Internetzugang. Spezielle Angebote mit Surfkursen. Im Schlafsaal 13–25 €, DZ 39–99 €, Frühstück 3,50 €. Rua da Ladeira 5, ✆ 282997502, www.amazighostel.com.

Casas de Sol, die Deutsche Marina Aust lebt seit über 20 Jahren in Portugal und hat ein Ferienhäuschen sowie 2 Apartments direkt im Ort zu vermieten. Dazu bietet sie urlaubsbegleitende Heilbehandlungen, die bei chronischen Krankheiten (Migräne, Rheuma, Schlafstörungen) Linderung versprechen. Apartment 35–60 €, Haus mit 2 SZ 45–70 €. Rua da Ladeira 21/23, ✆ 965667392, www.casa-de-ferias.com.

Onda Vicentina, Hostel in frischen Farben, sehr gepflegt, Garten. 2-Bett-Zimmer ca. 45 € inkl. gutem Frühstück. Auto notwendig. Zwischen Aljezur und Arrifana, Vale da Telha, Lote I 29, ✆ 960201643.

》 Lesertipp: O Palazim, „sehr saubere Zimmer mit tollem Bad und Balkon. Üppiges Frühstück" (U. Pomp, Ettlingen). 2 km nördlich von Aljezur, sehr herzliche Besitzer. DZ inkl. Frühstück 40–55 €. EN 125 (Aldeia Velha), ✆ 282998249 und ✆ 964442386. **《**

Außerhalb 》 Lesertipp: Alto da Lua, ein B + B. in hervorragender Lage, um die Natur der Westalgarve zu entdecken; u. a. starten hier einige Rundwege der Rota Vicentina. Das alleinstehende Haus mit 11 DZ, Gemeinschaftsküche, Pool und großzügiger Außenanlage liegt idyllisch auf einem Hügel. Hervorragendes Frühstück, deutsche

Rastafari am Markt von Aljezur

Betreiber Heike und Helge Delfs. Aljezur ist mit dem Auto in 10 Min., Lagos in 20 Min. zu erreichen. (Manuela Skotnik) DZ 68–96 €. Auf halbem Weg nach Lagos nach rechts abzweigen, Espinhaço de Cão. ℡ 282356047, www.altodalua.eu. ◄◄

Offline Portugal House, hier wird richtig abgeschaltet: Handy und iPad wandern am Eingang einfach in einen Safe. Am Pool, den Gemeinschaftsküchen oder beim morgendlichen Yoga kann man ohne Selfie mit den netten Vermietern Barbara und Rita und den anderen Gästen ins Gespräch kommen. Auch Musikabende, Surfen und Wandern wird organisiert. Von Gästen stets hoch gelobt, zudem wartet das „Offline House" mit günstigen Preisen auf: 5 DZ 51–61 €, inkl. gutem Frühstück. Zwischen Aljezur und Ariffana, Urbanizacao Vale da Telha, Sector C 104. ℡ 914783139, www.offlineportugal.com.

Camping Serrão, großzügiges Gelände mit viel Schatten durch Eukalyptusbäume, zum Strand sind es 4 km. Eine ganze Reihe von Apartments im Reihenhausstil sind zu vermieten. Pool, Supermarkt etc. Ganzjährig geöffnet. Nach 4 km Richtung Norden (Lissabon) links abbiegen. Pro Person 5,50 €, Zelt 5 €, Bungalow 75 €. Herdade do Serrão, Aldeia Velha, ℡ 282990220, www.parque-campismo-serrao.com.

Essen/Kneipen Ponte-a-Pé, direkt am „Hauptplatz" hinter der kleinen Bar „Esplanada Palmeira" (bei der Flussbrücke). Einige Tagesgerichte, abends Barbetrieb auf der Flussterrasse. Von Einheimischen auch wegen der günstigen Preise als gutes Lokal gehandelt!

Chill-Out, farbiges Ambiente und Kneipenbetrieb. Besonders scharfe Grelhados und zur Abwechslung auch mal überbackener Schafskäse, Thai-Curry oder Fajita. Tagesgericht 6 €. Tägl. 9–2 Uhr morgens, Mi Ruhetag. Kurz nach Aldeia Velha, wo es links zum Campingplatz geht. ℡ 282995097 und ℡ 962232746.

》》 Lesertipp: Bistro Gulli, „modernes Design, tolle Mischung aus internationaler und regionaler Küche, z. B. Filet Mignon mit Kräuterkruste und Süßkartoffeln. Auch Vegetarier kommen jenseits von Omelettes auf ihre Kosten, z. B. mit Kürbisravioli mit Mandeln und Trüffeln" (Sabine Knapp). Tägl. (außer Mo). Rechts an der N 120 Richtung Lagos. ◄◄

A Lareira, etwas versteckt an der anderen Flussseite gelegen. Gediegenes Restaurant mit regionaler Küche, auch im Sommer findet man hier meist ein Plätzchen. Das Preis-Leistungsverhältnis ist gut, nur Geduld sollte man haben. Am Kreisverkehr nach der Brücke rechts abbiegen, dann in einer Seitenstraße. Rua 13 de Janeiro 4, ℡ 282998440.

Außerhalb Café André, wer vom portugiesischen Essen vorübergehend genug hat, ist hier gut aufgehoben. Das Gulasch mit Rotkraut und Kartoffeln gibt es für 10 €, den Erbseneintopf für 4 €. Im Sommer köstliche, hausgemachte Hamburger und rote Grütze. Neben der Bushaltestelle, an der Kreuzung nach Alfambra. ℡ 282998237.

Monte Clérigo

Wunderschöner, mittelgroßer Strand mit einfacher Zufahrt über eine gut befestigte Straße vom Ort Aljezur. Ein Stopp am Aussichtspunkt oberhalb des Strandes lohnt. Nostalgische Feriendorf-Atmosphäre: Etwa 30 improvisierte, bunt angemalte Häuschen, schön in die Dünen gebettet, dienen Portugiesen aus Lissabon und Porto als Sommerresidenz. Hier isst man gut und in schöner Lage in den kleinen Restaurants/Snackbars *(O Zé, O Sargo, A Rede)*. Langer Strand mit feinem Sand, bei Ebbe kann man links auf den flachen Felsen nach Tintenfischen oder Krabben suchen, gute Brandung für Surfer.

Arrifana

Wenn man die südlichere der beiden Straßen, die von Aljezur zum Meer führen, entlangfährt, kommt man zu diesem kleinen Ort am Ende einer Art Sackgasse. Oben von der Festungsruine hat man einen atemberaubenden Blick *(Restaurante O*

Paulo → s. u.). Vor Ort findet man alles, was dazugehört: Bars, Restaurants, Snackbars und jede Menge junges Volk, denn hier können auch Unerfahrene ihre ersten Surfversuche wagen. Eine schmale, steile Straße schlängelt sich hinunter zum Sandstrand an den Felsenkliffs, der bei Ebbe stark an Größe zunimmt und auch von Nicht-Surfern und Einheimischen wegen seiner Schönheit geliebt wird. Weniger Mutige parken oben, das empfehlenswerte *Restaurante da Praia* bietet im Sommer bisweilen einen Shuttleservice hinunter zum Strand.

Beim **Arrifana Sunsetfest** Ende Juli wird dann noch gut gefeiert: 12 Stunden Musik, vor allem Reggae und Soul.

Gesundheit Day Spa, ein kleines Massagestudio direkt oben am Arrifanastrand, ganz rechts, nach der letzten Snackbar. Englisch sprechende, sehr nette, engagierte Portugiesin. Termine nach kurzfristiger Voranmeldung unter ✆ 965168335.

Reiten Auf dem Reiterhof der Deutschen Gudrun Seitler. Reitstunden und Ausritte für 20 € pro Std. Kleinkindschnupperreiten 5 €. Von Aljezur südlich Richtung Vale da Telha, dann links Richtung Arrifana und nach 1,5 km links bei Schild **Horseriding/ Adega da Craveira** ✆ 282991150 und ✆ 964371304.

Surfen Arrifana Surf Lodge, organisiert Camps in der ganzen Umgebung. Im Angebot sind Kurse für Anfänger, Fortgeschrittene sowie Packages. Anfänger zahlen 450–550 €/Woche, Unterbringung in einem komfortablen Haus mit Pool und Liegewiese, inkl. täglichem 3-Gang-Menü. Wer ein Doppelzimmer möchte, zahlt pro Person und Tag 10 € mehr. 1 Tag surfen 55 €. Abholung in Faro oder Aljezur. Für mehr Infos besucht man am besten die vielgelobte Internetseite. Lote 58 Urb Vale Da Telha Sector B, bei der Pizzeria um die Ecke. ✆ 282997428, www.arrifanasurflodge.com.

Übernachten Arrifana Surf Hostel, entweder bucht man nur Unterbringung (DZ 65 €, ohne Bad 55 €, Schlafsaal 19–20 €) oder auch den Surfkurs dazu. Mit dabei ist ein Pool, Gemeinschaftsküche, WiFi und täglich die Möglichkeit für ein Abendessen. Bei der Einrichtung lässt Ikea grüßen. Oben auf dem Weg zum Strand, am Kreisverkehr. ✆ 917111148, www.endlesssummerhouse.pt.

Falésias da Arrifana, super Lage oben an den Klippen, mit viel Komfort und Meerblick. 6 brandneue Apartments, Pool. 2 Pers. 70–150 €. ✆ 965461229, www. falesiasarrifana.pt.

Jugendherberge Ein moderner, kühler Bau direkt oberhalb des (Surf-)Strandes Praia da Arrifana. Von der Dachterrasse fantastischer Blick über die Bucht. 46 Betten verteilt über Schlafsäle und DZ mit Gemeinschaftsbädern oder privatem Bad. Auch für Rollstuhlfahrer! Bar und schicker Loungebereich mit großen Panoramafenstern. Bett im Schlafsaal 11–17 €, DZ 30–47 €, jeweils inkl. Frühstück. Urb. Arrifamar, Praia da Arrifana. ✆ 282997455, https://www.hi hostels. com/de/hostels/arrifana-aljezur.

Essen & Trinken Taberna do Gabriel II., besonderer Tipp vom Wirt des Café André: Restaurant auf den Klippen bei Monte Clérigo, mit einem atemberaubenden Ausblick auf den Amoreira-Strand. Fisch- und Meeresfrüchtespezialitäten, eher gehobene Preise. Estr. do Monte Clérigo, in der scharfen Kurve oberhalb des Strands rechts. Allerdings wurden wir vor einem bissigen Hund gewarnt, den wir bei Recherche aber nicht angetroffen haben. ✆ 282991939.

O Paulo, Feinschmeckerlokal oben an der Festung, der gegrillte Fisch und das Lamm-Carré (34,50 € für 2 Pers.) werden hoch gelobt. Nicht billig, für den besonderen Abend mit romantischem Küstenblick, im Sommer leicht überlastet. Tägl. geöffnet. ✆ 934975251.

Restaurante da Praia, direkt am Arrifana-Strand unten. Serviert werden leckere, leichte Snacks, z. B. frittierte Kartoffelschalen mit Dip, Salate, auch fischige und andere Hauptgerichte.

Nachtleben Hugos Bar, besonders wenn halbprofessionelle Musiker der Gegend um die Wette singen, wird es interessant, freitags gibt es Mojitos und Karaoke. Der portugiesische Besitzer hatte früher die Piranha Bar. Richtung Vale da Telha, kurz vor dem Kreisverkehr mit der Pizzeria links.

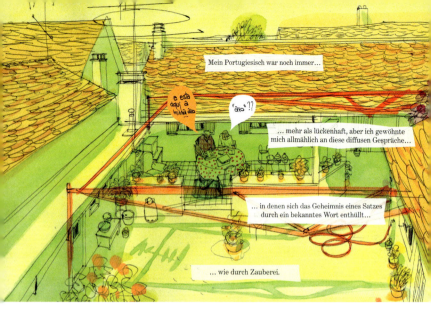

Etwas Portugiesisch

Betonung und Aussprache

Prinzipiell wird die zweitletzte Silbe eines Wortes betont. In folgenden Fällen wird dagegen die letzte Silbe betont: Das Wort endet mit einem Konsonanten (Ausnahme -s und -m), oder die letzte Silbe enthält ein i oder ein u. Trägt eine Silbe einen **Akzent**, wird diese Silbe betont, z.B. bei escândalo (Skandal) oder cómodo (bequem). Vokale mit Tilde, also ã oder õ, werden nasaliert, d. h. ähnlich ausgesprochen wie die französischen Laute -in [matin] und -an [Sagan]). Die Silbe mit dem ã oder õ ist im Wort zu betonen, Bsp. corações (Herzen).

Die korrekte **Aussprache** ganz ausführlich darzustellen würde mehrere Seiten ausfüllen, daher etwas vereinfacht und in Kürze: Die Buchstaben b, d, f, k, l, m, n, p, t und u werden ähnlich wie im Deutschen ausgesprochen (Ausnahme: Folgt m oder n auf einen Vokal, so ist dieser zu nasalieren). **Diphthonge**, das sind zwei Vokale in einer Silbe, sind im Portugiesischen immer getrennt auszusprechen: also E-u-ro, statt Eu-ro.

Buchstabe	Bedingung	Aussprache
a	betont	wie deutsches a in <Magen>
a	unbetont	wie deutsches ä in <eine>
à, á	immer	wie deutsches a in <Magen>
â	immer	wie deutsches a in <Kamera>
e	betont	wie deutsches ä in <Säle>
e	unbetont	geschlossenes e wie in <Esel>

e	unbetont am Wortende	fast völlig verschluckt
es, ex	nur am Wortanfang	ähnlich wie deutsches **isch**
é	immer	wie deutsches **ä** in <Säle>
ê	immer	geschlossenes **e** wie in <See>
i	zwischen zwei Vokalen	wie deutsches **j** in <Jubel>
i	sonst	wie deutsches **i**
o	betont	offenes **o** wie in <Sonne>
o	unbetont	wie ein **u**
ó	immer	offenes **o** wie in <Sonne>
ô	immer	geschlossenes **o** wie in <Ofen>
c	vor e oder i	stimmloses **s** wie in <Maß>
c	vor t	meist stumm (arquitecto = *arkitátu*)
c	vor a, o oder u	wie **k**
ç	immer	stimmloses **s** wie in <Maß>
ch	immer	stimmloses **sch** wie in <Fisch>
g	vor a, o und u	wie deutsches **g**
g	vor e und i	stimmhaftes **sch** wie in <Journalist>
gu	vor a, o und u	wie deutsches **gu**
gu	vor e und i	wie deutsches **g**
h	am Wortanfang	wird nicht ausgesprochen
lh	immer	wie **lj**
nh	immer	wie **nj**
j	immer	stimmhaftes **sch** wie in <Journalist>
qu	vor a und o	wie **qu** in <Qualle>
qu	vor e und i	wie **k**, das u bleibt stumm (que = *ke*)
r	zwischen zwei Vokalen	Einfaches Zungen geschlagenes **r**
r	am Anfang eines Wortes	wie deutsches Gaumen-**r**
rr	immer	wie deutsches Gaumen-**r**
s	zwischen zwei Vokalen	stimmhaftes **s** wie in <Rose>
s	vor l, m, n, r, v	stimmhaftes **sch** wie in <Journalist>
s	vor anderen Konsonanten	stimmloses **sch** wie in <Fisch>
s	am Wortende, wenn nächstes Wort mit Vokal beginnt	stimmhaftes **s** wie in <Rose>
s	am Wortende	stimmloses **sch** wie in <Fisch>
s	sonst	stimmloses **s** wie in <Maß>
v	immer	wie deutsches **w**
x	meistens	wie stimmloses **sch** wie in <Fisch>
x	ab und zu	wie stimmhaftes **s** wie in <Rose>
x	selten	wie deutsches **x**
z	am Wortende	stimmhaftes **sch** wie in <Journalist>
z	normal	stimmhaftes **s** wie in <Rose>

Wortschatz und Wendungen

Anrede/Entschuldigungen

Frau	dona oder senhora dona
Herr	senhor
Wie geht es Ihnen?	Como está?
sehr gut	muito bem
Danke!	Männer: Obrigado! Frauen: Obrigada!
Hallo!	Olá!
Guten Morgen!	Bom dia! (bis 12 h mittags)
Guten Tag!	Boa tarde! (nachmittags ab 12 h)
Guten Abend/Gute Nacht!	Boa noite! (nach Sonnenuntergang)
Auf Wiedersehen!	Adeus!
Ich heiße …	Chamo-me …
ja/nein	sim/não
bitte	faz favor oder por favor
Ich verstehe nichts.	Não entendo nada.
Sprechen Sie bitte etwas langsamer!	Fale mais devagar, por favor!
Sprechen Sie Deutsch?	Fala alemão?
… Englisch	… inglês
… Französisch	… francês
… Italienisch	… italiano
… Spanisch	… espanhol
Entschuldigung! (um Erlaubnis bitten)	Com licença!
Entschuldigung!	Desculpe! oder desculpa!
Keine Ursache.	De nada.

Zahlen

1	um (m.) uma (w.)	11	onze	40	quarenta
2	dois (m.), duas (w.)	12	doze	50	cinquenta
		13	treze	60	sessenta
3	três	14	catorze	70	setenta
4	quatro	15	quinze	80	oitenta
5	cinco	16	dezasseis	90	noventa
6	seis	17	dezassete	100	cem
7	sete	18	dezoito	1.000	mil
8	oito	19	dezanove	1.000.000	um milhão
9	nove	20	vinte		
10	dez	30	trinta		

Zeiten

Wie spät ist es?	Que horas são?	*Sekunde*	segundo
Wann?	Quando?	*Januar*	janeiro
Um wie viel Uhr?	A que horas?	*Februar*	fevereiro
Es ist (zu) früh/ spät.	É (muito) cedo/ tarde.	*März*	março
		April	abril
morgens	de manhã	*Mai*	maio
mittags	ao meio-dia	*Juni*	junho
nachmittags	à tarde	*Juli*	julho
abends	à noite	*August*	agosto
nachts	à noite	*September*	setembro
heute Abend	esta noite	*Oktober*	outubro
heute	hoje	*November*	novembro
gestern	ontem	*Dezember*	dezembro
morgen	amanhã	*Montag*	segunda-feira (2.a)
übermorgen	depois de amanhã	*Dienstag*	terça-feira (3.a)
vorgestern	anteontem	*Mittwoch*	quarta-feira (4.a)
morgen Abend	amanhã à noite	*Donnerstag*	quinta-feira (5.a)
Jahr	ano	*Freitag*	sexta-feira (6.a)
Monat	mês	*Samstag*	sábado
Woche	semana	*Sonntag*	domingo
Tag	dia	*Werktage*	dias úteis
Stunde	hora	*Feiertage*	feriados
Minute	minuto		

Hinweis: Die portugiesischen Wochentage werden beginnend mit dem Sonntag durchnummeriert! Daher ist Montag der „zweite Markttag" (*segunda-feira* oder *2.ª*).

Übernachten

Ich möchte ein Zimmer.	Queria um quarto.
Haben Sie ein Einzelzimmer?	Tem um quarto para uma pessoa só?
… Doppelzimmer	… quarto duplo
… Zimmer mit Ehebett	… quarto com cama de casal
… Zimmer mit zwei Betten	… quarto com duas camas
… Zimmer mit Bad	… quarto com casa de banho
… Zimmer mit Dusche	… quarto com duche
Wir haben ein Zimmer reserviert.	Reservámos um quarto.
Kann ich das Zimmer sehen?	Posso ver o quarto?
Wie viel kostet das pro Tag?	Quanto custa por dia?
Es ist zu teuer.	É muito caro.
Können Sie einen Rabatt geben?	Pode fazer um desconto?
Frühstück inbegriffen	com pequeno almoço incluído
Ich bleibe … Tage.	Vou ficar … dias.

Geld/Einkauf

Wo ist eine Bank?	Onde fica um banco?
Ich möchte Geld wechseln.	Queria cambiar dinheiro.
… eine Quittung	… um recibo
Wie viel kostet das?	Quanto custa?
Wechselgeld	o troco
Bitte 500 Gramm davon.	Quinhentos gramas disto, por favor.
Bitte drei Stück von jenem dort.	Três daquilo, por favor.
Ich möchte gerne ein Kilo Fisch.	Queria um quilo de peixe.
Wo ist das nächste Postamt?	Onde fica a estação dos correios mais próxima?
Briefmarken	selos
Telefonkarte	cartão telefónico

Notfall/Gesundheit

Hilfe!	Socorro!
Ich fühle mich schlecht.	Não me sinto bem.
Rufen Sie einen Arzt!	Por favor, chame um médico!
Können Sie einen Arzt empfehlen?	Pode indicar-me um bom médico?
Wo ist das nächste Krankenhaus?	Onde é o hospital mais próximo?
Rufen sie mir einen Krankenwagen!	Chame uma ambulância!
Ich habe hier Schmerzen.	Dói-me aqui.
Ich habe eine Erkältung.	Apanhei uma constipação.
Ich habe Kopfschmerzen.	Tenho dores de cabeça.
… Zahnschmerzen	… dores de dentes
Wo ist eine Apotheke?	Onde fica uma farmácia?
Ich möchte gerne Papiertaschentücher.	Queria lenços de papel.
… Damenbinden	… pensos higiénicos
… Kopfschmerztabletten	… comprimidos para dores de cabeça
… Toilettenpapier	… papel higiénico
Abführmittel	laxativo
Lungenentzündung	pneumonia
Entzündung	inflamação
Sonnenstich	insolação
Fieber	febre
Pflaster	emplasto
Husten	tosse
Tampons	tampões
Kondome	preservativos
Verbrennung	queimadura
Krampf	convulsão
Wunde	ferida

Weg und Richtung

Wo ist …?	Onde é …? oder Onde fica …?
Wo ist die nächste Bushaltestelle?	Onde fica a mais próxima paragem de autocarro?
… Straßenbahnhaltestelle	… de eléctrico
… U-Bahnhaltestelle	… do Metro
Wo ist der nächste Bahnhof?	Onde fica a estação de comboios mais próxima?
Wo ist der Flughafen?	Onde fica o aeroporto?
Wo ist die nächste Tankstelle?	Onde fica a bomba de gasolina mais próxima?
Bitte eine Fahrkarte nach …	Queria um bilhete para …
Bitte 3 Busfahrkarten im Vorverkauf.	Queria três módulos.
Welchen Bus nehme ich nach …?	Qual é o autocarro que vai para …?
Muss ich umsteigen?	Tenho que mudar?
An welcher Haltestelle muss ich raus?	Qual é a paragem onde tenho que sair?
Wir haben eine Panne.	O nosso carro está avariado.
Wo ist eine Werkstatt?	Onde fica uma estação de serviço?
Geben sie mir 10 Liter Diesel.	Queria dez litros de gasóleo.
… Normalbenzin	… de gasolina normal
nach rechts	à direita
geradeaus	em frente
nach links	à esquerda
immer geradeaus	sempre em frente

Speiselexikon

Im Restaurant

Haben Sie einen freien Tisch?	Tem uma mesa livre?
Bitte die Karte!	A ementa, por favor!
Ober!	Faz favor!
Ich möchte gerne mehr Brot.	Queria mais pão.
… noch ein Bier	… mais uma cerveja
Wo ist die Toilette?	Onde fica a casa de banho?
Was empfehlen Sie?	O que recomenda?
Die Rechnung, bitte!	A conta, se faz favor!
Die Rechnung stimmt nicht.	A conta está errada.
Das Essen war sehr gut.	A comida estava óptima. (am Ohrläppchen zupfen)
Das Beschwerdebuch, bitte!	Traga-me o livro de reclamações, por favor!
Guten Appetit!	Bom proveito! oder bom apetite!
Auf Ihr Wohl! Prost!	Saúde!

Suppen (sopas)

Grünkohlsuppe	caldo verde	Hühnerbrühe	canja
Fischsuppe	… de peixe	Meeresfrüchtesuppe	… de marisco
Gemüsesuppe	sopa de legumes	Kalte Gemüsesuppe	gaspacho

Fische und Meeresfrüchte (peixes e mariscos)

Herzmuschel	amêijoa	Hummer	lavagante
Thunfisch	atum	Seezunge	linguado
Kabeljau, Stockfisch	bacalhau	Kalamar	lula
Meerbrasse	besugo	Miesmuschel	mexilhão
Garnele	camarão	Austern	ostras
Krabbe	caranguejo	Degenfisch	peixe-espada
Bastardmakrele	carapau	Entenmuscheln	percebes
Makrele	cavala	Seehecht	pescada
Silberbarsch	cherne	Krake	polvo
Sepia (Tintenfisch)	choco	Wolfsbarsch	robalo
Rabenfisch	corvina	Lachs	salmão
Goldbrasse	dourada	Meerbarbe	salmonete
Aal	eiró, enguia	Spinnenkrabbe	santola
Schwertfisch	espadarte	Taschenkrebs	sapateira
große Garnelen	gambas	Sardinen	sardinhas
Barsch	garoupa	Seeteufel	tamboril
Languste	lagosta	Forelle	truta
Kaisergranat	lagostim		

Fleisch (carne)

Fleischknödel	almôndegas	Lebergericht	iscas
Rindersteak	bife	Hase	lebre
kl. Rindersteak	bitoque	Spanferkel	leitão
Lamm	borrego	Zunge	língua
Wild	bravo	dünne Wurst	linguiça
Zicklein	cabrito	Lende	lombo, lombinho
Schnecken	caracóis	Schinkenwurst	paio
geräucherte Wurst	chouriço	Ente	pato
Kaninchen	coelho	Truthahn	peru
Kotelett	costeletas	Hackbraten	picado
Mittelrippenstück	entrecosto	Schwein	porco
Schnitzel	escalopes	kl. Rinderschnitzel	prego
mageres Fleisch	febras	Räucherschinken	presunto
Kochschinken	fiambre	Würstchen	salsichas
Hähnchen	frango	Kutteln	tripas
Huhn	galinha	Rind	vaca
Hühnerinnereien	moelas	Kalb	vitela

Gemüse/Gewürze (legumes/condimentos)

Kürbis	abóbora	Blumenkohl	couve-flor
grüner Salat	alface	Erbsen	ervilhas
Knoblauch	alho	Spinat	espinafre
Reis	arroz	dicke Bohnen	favas
Olivenöl	azeite	Bohnen	feijão
Oliven	azeitonas	Kichererbsen	grão
gekochte Kartoffeln	batatas cozidas	Linsen	lentilhas
Pommes frites	batatas fritas	Mais	milho
Curry	caril	Pfeffer	pimenta
Zwiebel	cebola	Paprika	pimento
Karotte	cenoura	Chili	piri-piri
grüner Koriander	coentro	gemischter Salat	salada mista
Pilze	cogumelos	Petersilie	salsa
Grünkohl	couve	Tomate	tomate
Rosenkohl	couve de bruxelas	Essig	vinagre

Nachspeisen (sobremesas)

Milchreis	arroz doce	Sahne	nata
Kuchen	bolo	Pudding-Karamell	pudim flan
Schlagsahne	chantilly	Käse	queijo
Eiscreme	gelado	Fruchtsalat	salada de frutas
Milchcreme	leite creme	Torte	tarte
Mousse au chocolat	mousse de chocolate	Eigelbspeise mit Mandel	toucinho do céu

Obst/Nüsse (frutas/nozes)

Mandeln	amêndoas	Zitrone	limão
Erdnüsse	amendoins	Apfel	maçã
Banane	banana	Wassermelone	melancia
Kirsche	cereja	Honigmelone	melão
Feige	figo	Erdbeere	morango
Himbeere	framboesa	Birne	pera
Orange	laranja	Pfirsich	pêssego
Limette	lima	Trauben	uvas

Zubereitung (modo de preparação)

gebraten	assado	geschmort	estufado
gut durch	bem passado	frittiert	frito
gekocht	cozido	gegrillt	grelhado
süß	doce	schlecht durch	mal passado

über Holzkohle gegrillt	na brasa	*scharf*	picante
am Bratspieß	no espeto	*Püree*	puré
im Ofen	no forno	*gefüllt*	recheado
paniert	panado		

Diverse Gerichte

Brotbrei mit …	açorda de …
Herzmuscheln mit Zitronensaft	amêijoas à Bulhão Pato
Reiseintopf mit …	arroz de …
Bacalhau mit Pommes Frites und Eiern vermischt	bacalhau à Brás
Bacalhau mit gekochten Kartoffeln und Zwiebeln	bacalhau à Gomes de Sá
Rindersteak mit Sahne	bife à café oder à Marrare
Thunfischsteak (aus frischem Thunfisch)	bife de atum
Spieß mit …	espetada de …
Fischeintopf	caldeirada
Schweinefleisch mit Muscheln	carne de porco à alentejana
In einer Kupferpfanne gekochte und servierte Meeresfrüchte, Fleisch- oder Fischstücke	cataplana
In Rotwein zubereitetes Ziegenfleisch	chanfana
Eintopf mit Rinds-, Schweine- und Hühnerfleisch, dazu Schlachtwurst, Reis, Kartoffeln und Karotten	cozido à portuguesa
Rinderkutteln mit Hühnerfleisch und Bohnen	dobrada
Gulasch (mit Fleisch, Fisch oder Meeresfrüchten)	ensopado de …
Spaghetti	espaguete
Bohneneintopf mit Räucherwurst (chouriço),	feijoada à portuguesa

Fischkonserven im traditionellen Verpackungsdesign

Blutwurst und Speck	
Rindfleisch mit gekochten Kartoffeln, Karotten, Erbsen und Schlachtwurst	jardineira
frittierte Tintenfischringe mit Reis und Salat	lulas à sevilhana
frittierte Tintenfischringe mit gekochten Kartoffeln	lulas à francesa
Tintenfische mit gemischtem Hackfleisch gefüllt	lulas recheadas
Nudeleintopf mit ...	massada de ...
Garnelenfrikadellen	rissóis de camarão
Schweinefleischstückchen mit geronnenem Schweineblut, Leber, Innereien und Kartoffeln	rojões
Thunfischsalat mit schwarzen Oliven, Tomaten- und grünem Salat sowie gekochten Kartoffeln	salada de atum
Fleischbrühe mit Brot, Ei, Knoblauch und Koriander	sopa alentejana

Sonstiges (diversos)

Mittagessen	almoço	Beschwerdebuch	livro de reclamações
Nachtimbiss	ceia	Butter	manteiga
Löffel	colher	halbe Portion	meia dose
Rechnung	conta	Tisch	mesa
Bedienung	empregado(a)	Sauce	molho
Terrasse	esplanada	Zahnstocher	palitos
Messer	faca	Brot	pão
Gabel	garfo	Frühstück	pequeno almoço
Geschäftsführer	gerente	Serviette	guardanapo
Abendessen	jantar	Teller	prato

Getränke (bebidas)

Leitungswasser	água da torneira	Flasche (klein, groß)	garrafa (pequena, grande)
Mineralwasser mit/ohne Kohlensäure	água mineral com/sem gás	Krug	jarro
Kaffee (Espresso)	bica	Dose	lata
voller Espresso	bica cheia	Milch	leite
Koffeinfreier Kaffee	café descafeinado	Kakao	leite com chocolate
doppelter Espresso	café duplo	Kaffee halb mit Milch verdünnt	meia de leite
Bier	cerveja		
großes Fassbier	caneca de cerveja	lauwarm	morno
kleines Fassbier	fino	normal temperiert	natural
normales Fassbier	imperial	heiß	quente
Espresso mit Wasser verdünnt	carioca	trocken	seco
Tee	chá	Fruchtsaft aus ...	sumo natural de ...
Glas	copo	Weißwein	vinho branco
kalt	fresco	Portwein	vinho do Porto
großer Milchkaffee	galão	Rotwein	vinho tinto
kleiner Milchkaffee	garoto		

Abruzzen • Ägypten • Algarve • Allgäu • Allgäuer Alpen • Altmühltal & Fränk. Seenland • Amsterdam • Andalusien • Andalusien • Apulien • Australien – der Osten • Azoren • Bali & Lombok • Barcelona • Bayerischer Wald • Bayerischer Wald • Berlin • Bodensee • Bretagne • Brüssel • Budapest • Chalkidiki • Chiemgauer Alpen • Chios • Cilento • Cornwall & Devon • Comer See • Costa Brava • Costa de la Luz • Côte d'Azur • Cuba • Dolomiten – Südtirol Ost • Dominikanische Republik • Dresden • Dublin • Düsseldorf • Ecuador • Eifel • Elba • Elsass • Elsass • England • Fehmarn • Franken • Fränkische Schweiz • Fränkische Schweiz • Friaul-Julisch Venetien • Gardasee • Gardasee • Genferseeregion • Golf von Neapel • Gomera • Gomera • Gran Canaria • Graubünden • Hamburg • Harz • Haute-Provence • Havanna • Ibiza • Irland • Island • Istanbul • Istrien • Italien • Italienische Adriaküste • Kalabrien & Basilikata • Kanada – Atlantische Provinzen Karpathos • Kärnten • Katalonien • Kefalonia & Ithaka • Köln • Kopenhagen • Korfu • Korsika • Korsika Fernwanderwege • Korsika • Kos • Krakau • Kreta • Kreta • Kroatische Inseln & Küstenstädte • Kykladen • Lago Maggiore • Lago Maggiore • La Palma • La Palma • Languedoc-Roussillon • Lanzarote • Lesbos • Ligurien – Italienische Riviera, Genua, Cinque Terre • Ligurien & Cinque Terre • Limousin & Auvergne • Limnos • Liparische Inseln • Lissabon & Umgebung • Lissabon • London • Lübeck • Madeira • Madeira • Madrid • Mainfranken • Mainz • Mallorca • Mallorca • Malta, Gozo, Comino • Marken • Mecklenburgische Seenplatte • Mecklenburg-Vorpommern • Menorca • Midi-Pyrénées • Mittel- und Süddalmatien • Montenegro • Moskau • München • Münchner Ausflugsberge • Naxos • Neuseeland • New York • Niederlande • Niltal • Norddalmatien • Norderney • Nord- u. Mittelengland • Nord- u. Mittelgriechenland • Nordkroatien – Zagreb & Kvarner Bucht • Nördliche Sporaden – Skiathos, Skopelos, Alonnisos, Skyros • Nordportugal • Nordspanien • Normandie • Norwegen • Nürnberg, Fürth, Erlangen • Oberbayerische Seen • Oberitalien • Oberitalienische Seen • Odenwald • Ostfriesland & Ostfriesische Inseln • Ostseeküste – Mecklenburg-Vorpommern • Ostseeküste – von Lübeck bis Kiel • Östliche Allgäuer Alpen • Paris • Peloponnes • Pfalz • Pfälzer Wald • Piemont & Aostatal • Piemont • Polnische Ostseeküste • Portugal • Prag • Provence & Côte d'Azur • Provence • Rhodos • Rom • Rügen, Stralsund, Hiddensee • Rumänien • Rund um Meran • Sächsische Schweiz • Salzburg & Salzkammergut • Samos • Santorini • Sardinien • Sardinien • Schottland • Schwarzwald Mitte/Nord • Schwarzwald Süd • Schwäbische Alb • Schwäbische Alb • Shanghai • Sinai & Rotes Meer • Sizilien • Sizilien • Slowakei • Slowenien • Spanien • Span. Jakobsweg • St. Petersburg • Steiermark • Südböhmen • Südengland • Südfrankreich • Südmarokko • Südnorwegen • Südschwarzwald • Südschweden • Südtirol • Südtoscana • Südwestfrankreich • Sylt • Teneriffa • Teneriffa • Tessin • Thassos & Samothraki • Toscana • Toscana • Tschechien • Türkei • Türkei – Lykische Küste • Türkei – Mittelmeerküste • Türkei – Südägäis • Türkische Riviera – Kappadokien • Umbrien • USA – Südwesten • Usedom • Varadero & Havanna • Venedig • Venetien • Wachau, Wald- u. Weinviertel • Westböhmen & Bäderdreieck • Wales • Warschau • Westliche Allgäuer Alpen und Kleinwalsertal • Wien • Zakynthos • Zentrale Allgäuer Alpen • Zypern

Reisehandbuch MM-City MM-Wandern

Register

Die in Klammern gesetzten Koordinaten verweisen auf die beigefügte Großkarte.

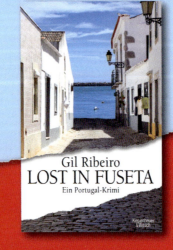

ISBN 978-3-95654-466-8

© Copyright Michael Müller Verlag GmbH, Erlangen 1979–2017. Alle Rechte vorbe- halten. Alle Angaben ohne Gewähr. Druck: Hofmann Infocom, Nürnberg.

Aktuelle Infos zu unseren Titeln, Hintergrundgeschichten zu unseren Reisezie- len sowie brandneue Tipps erhalten Sie in unserem regelmäßig erscheinen- den Newsletter, den Sie im Internet unter **www.michael-mueller-verlag.de** kostenlos abonnieren können.

Vielen Dank!

Ein ganz besonderer Dank gilt Diethard Brohl, der so viele unserer Bücher von der ersten bis zur letzten Zeile gelesen hat, um (nicht nur) Rechtschreibfehler zu jagen – und sie findet!

Ein großes Dankeschön an Ruth Göbel, Hermann Koch-Gröber, Sabine Ostermair, Jochen Bollsender, Dorthe Diekstall, Bernd Schüpferling, Rudolf Seehaus, Eckhard Zimmermann, Frank Borchard, Anja Guck und René Michel, Monika Kern, Britta u. Michael Busch, Felix Rotter, Stefan Keupp u. Barbara Mennig, Herbert Roth, Evmarie Spindler, Rudolf Seehaus, Dieter Schaab, Bernhard Hellmann, Lars Brücher, Gero Falkenstein, Lidi Zomer, Ralph Nigl, Frank Weik, Susanne Reim, Martin Hellfeier und Simone Kreiling, Holger Platzer, Renate Liebel, Inge u. F. Zahn ,Antonio Martins, João M. Ribeiro Tata dos Anjos, Ana M. Albuquerque M. Costa Leal, Maria Reis Neves, Margit Kegel, Anke Gottschalk, Michael Bingeser, Sen. Gonsalves, Maria Helena dos Santos Silva, Joaquim "Quim" Gomes, Sra. Delille, Renato Correia, Kurt Vogler, Carl Otto Orre, Burkhard Gruner, Sibylle Laun, Klaus E. Möller, Andrelina Manuela Peixoto, Maria Luisa Fraguas, Maria José, Peter Andreas Sutter, Henry Randolph, Gabriele Buschmann, Liselotte Clauberg, Dieter u. Elke Voigt, Alda Rosa Clara, Ian Johnson, Angelika Hambloch, Fernando Soares, Karl Ott, Aldina Pereira, Martin Stocker, Gabi Eser, Ormerindo Bagarão, Virginia Petridou, C. Middeldorf, Johannes Hacker, Fred Bermentloo, Sabine Matecki, Dieter Springfield, Jochen Haun, M Kappler, Sandra Zaiser, Ennio Vemer, Ralff Reuchlein, Juliane Eyermann, Phillip Maunitz, Peter Voland, Martin Deutgen, Christine Moser, Zita Wolf, Ingeborg Jenisch, Dr. Wilfried Rott, J. Spaar, Ines Kaps, Lars Bauer, Peter Stolpmann, Jürgen Walz, Sabine Schwarz, Ursula Balcke, C. Arnegger, Harald Genieser, Maren Faulhaber, Anique Thomas, Cornelia Straßburg, Ernst Herold, Armina Al-Madhi, Konrad Salmen, Gisela Ossmann, Anne Gunsenheimer, Henriette vater, Magdalene u. Gregor Hüging, Thomas Meixner, Klaus Dahl, Gudrun Laessing, Erich Rachac, Claus u. Sibille Mayer, Johannes Pöschel, Uwe Heitkamp, Wolfgang Schmid, Marcus Groettrup, Elke Fuhrmann, Lydia Hohenberger, Jürgen Strohmaier, Sigrid Metz, Andreas Martin, Thomas Schels, Rainer Pörzgen, Angelika Neiber-Müller, Katrin Fahlke, Giesela Trentmann, Schrieck, Frank

Krampikowski, Wolfgang Koß, Dorothee Winden, Wolfgang Bald, António Simões Rosário, Dr. Detlef Weinich, Peter Kröpling, Jürgen Burmeister, Wolfgang Gerbracht, Nadia Kömmling, Jens Goldbeck u. Claudia Mihlan, Ulla Blatter, Alexander Pentschew, Burkard Brehm, Gisela u. Wolfgang Oehler, Petra Mink, Aline Siefner u. Johannes Does, Wolfgang Koß, Harald Koch, Simone Francesetti, Ulrike Küfer, Jörg Richter, Nicole Schwarz, Christiane Lechtenbörger, Martin Kamp, Angelika Pelz, Thea und Wolfgang Merkelbach, Barbara Schröder, Kai Hendrik Nissen, Gerhard Helmreich, Kristina Rosenfeld, Manfred Paulus, Petra und Wolfgang Bald, Dieter L. Stangl, Chris Köhler, Frank Nemetz, Josef Hütgehaus, Ingrid Korth, Daniela Kamm, Henning Danert, Ilse Stadler, Dr. Verena Drebing, Thilo Roßberg, Winfried Möhler, Kristina Drews, Dr. Oliver Schlick, Gabi Schwarzenböck, Winfried Botta, Christian Ehrismann, Eugen Henrich, Dr. Birgit Ackermann, Dr. Markus Kaymer, Karsten Klisch, Christiane Lowis, Gerhard Helmreich, Elke Fuhrmann-Wönkhaus, Nemetz, Carlos Soares, Simon Beier, Ingrid Korth, Uta Bährisch, Carola Schenk, Josef u. Irmi Rogl, Wolfgang Schröder, Marcello Crocetti, Claus Mahn, Maria Müller, Roland Schmidt de Carvalho Vaz, Diethard Brohl, Sandra Wesner, Gudrun Plamper, Antonia Stähli, Dr. Dieter Hartwig, Romy Harm, Ulrike Birkenstock, Ulrike Pomp, Dietrich Scheiter, Eckhard Zimmermann, Birgit Pallauf, Maximilian Gill, Martina Scharf, Barbara Mundt, Renate u. Lothar Golland, Josef Rogel, Brigitta Humpel, Heinz-Georg Bramhoff, Julia Herzog, Maria Poll, Regine Beckmann, Heiner J. Klaus, Ute Wohlfahrt, Jürgen Lenz, Peter Momsen, Michael Pannier, Winfried Ring, Uwe Schulz, Dietmar Rudolph, Mechthild u. Jorge Valdivia, Reiner Scheuermann, Julie Fischer, Daniela Berendonk, Wolfgang Lechner, Hubert Rimmele, Frank Bader, Sandra Wesner, François Huber-Linder, Günther u. Mariana Rau, Roland Herrmann, Gudrun Plamper, Marc Fregin, Annika Neumann, Matthias Felsch, Monika Benninger, Günter Maier, Anneliese Abendroth, Clemens Küfner, Kristina Rosenfeld, Torsten Eid, Andrea Manderfeld, Stefan Keupp, Felix Rotter, Klaus-Jochen Krönke, Gila Baierwaldes, Marion Stalder, Andrea Lübbe, Christiane Krüger, Gisela Otterstetter, Jens Kramer, Martin Schmidt, Andrea Hamacher, Christian Hees, Franz Abbrederis, Maria Riedmüller, Petra Frey, Bettina Braun, Christophe Papke, Miriam Kolb, Monika Knobloch, Frank Haug, Renate Bartels, Michael Moll, Arndt Linsenhoff, Lisa Eberl, Dietmar Smyrek, Doris Gerken, Burgi & Peter Brunner, Angelika Pabel, Sibylle Vater, Silke Jabornig, Dietmar Widowitz, Walter Gerritsen van der Hoop, Jörg und Andrea Stade, Veerle Op de Beeck, Kathi Ballweg, Dominik Förderer, Birgit Lemke, Michael Dietrich, Susanne u. Thomas Gaede, Dr. Gerd Freytag, Günther Bonin, Barbara Mundt, Ingrid Promnitz, Thomas Tennler, Gaby u. Jochen Meier, Claudia Glanemann, Marion Rohn-Kramer, Joachim Gessler, Karl Schulz, Sabine Badde, Jutta Gäber. Kerstin und Andy Mundle; Dr. Steffen Richter, Brett Leighton, Jürgen Keil, Helmut Lerche, Volker Gleising, Norbert Bauer, Thomas Boser, Ralf Lehmann, Therese Domfeld, Margrit Glattes, Stefanie Peter, Robert Renno, Franzisko Diessenbacher, Dr. Christa Pohl, Tina Keil, Lothar Bauch, Laura Jensen, Maria Riedmüller, Norbert Bauer, Annegret König, Anna Izzo-Wagner, Anja Dick, Mario Teetzen, Helga Strauchmann, Jürgen Stöppel, Helmut Schmitt, Friderike Neumann, Tarek Abbady, Frank Ceglarz, Daniela Ruhrmann, Angelika Waschak, Gila Baierwaldes, Cornelia Hempel, Anna und Jo, Helga u. Udo Steffen, Dr. Johannes Walter, Ingo Lantschner, Daniela Hennig, Egon Kutschner, Hermann Martin, Michaela u. Peter Engel, Jürgen Unruh, Theresia Schweiss, Holger Schmidt, Manuela Skotnik, Gottfried Putz, Ernst Hendriksen, Dieter Eschler, Wolfgang Wergowski, Robert Eckerlin, Susanne von der Heydt, Sandra Göller, Jörg Pfitzner, Moni Jung, Dr. Andreas Jacob, Ana Pestana, Kerstin Göldner, Henrike Teßmer, Susanne Biro, Ilka Pätzold, Klaus Newerla, Markus Hürzeler, Iris Sickmüller, Britta Knauer, Katharina Neumann, Uwe & Susanne Scharnhorst, Silke Fortenbacher, Johannes Forster, Patricia Fischöder, Nadja Haake-Kloss, Sibylle Vater, Dr. Wolfgang Hachtel, Dr. Eberhard Pierro, Margit Reinhardt, Josef Hangler, Sabine Hoppe, Dr. Dieter Hartwig, Sven Bremer, Brigitte Metzler, António Ferreira, Hildegard Paffenholz, Rainer Hardenack, Torsten Gail, Elisabeth Völpel, Rudolf Kramper, Eliana Florentino, Alfred Pontow, Pascal Fuckerieder, Karlheinz Bösl, Susanne Jeschke, Lutz Föllmer, Dr. Dieter Hartwig, Angelika Neubeck, Oliver Predelli.

Herzlichen Dank für Redaktion und Recherchen an Eberhard Fohrer, Karin Gleixner, Emmeran Eder, Matthias Wurms und Silke Hehner, Sigi Auth und Betthina, Sebastião Bastos

Fotonachweis

Johannes Beck: S. 502 | Anita Gerdes: S. 121, 540 | Martin Heiden: S. 12, 21, 47, 59, 65, 73, 87, 129, 132, 260, 268, 277, 285, 288, 290, 319, 323, 326, 331, 332, 339, 350, 353, 372, 378, 402, 404, 405, 412, 414, 415, 417, 421, 504, 505, 513, 524, 526, 527, 531, 537, 539, 541, 543, 551, 555, 556, 593, 596, 603, 604, 605, 607, 609 | Lydia Hohenberger und Jürgen Strohmaier: S. 32, 36, 42, 60, 74, 76, 103, 124, 156, 158, 166, 170, 182, 192, 194, 210, 214, 217, 220, 223, 239, 240, 243, 250, 252, 652, 742 | Matthias Kröner: S. 575 | Karsten Luzay: S. 20, 116, 126, 142, 146, 150, 163, 165, 172, 176, 178, 227, 235, 245, 256, 380, 456, 473, 478 | Michael Müller: S. 22, 24, 25, 27, 29, 31, 43, 54, 55, 63, 66, 68, 70, 75, 80, 85, 88, 91, 92, 93, 95, 96, 98, 100, 101, 105, 107, 109, 112, 117, 127, 136, 139, 140, 141, 146, 154, 183, 186, 187, 191, 198, 202, 206, 224, 230, 234, 255, 279, 300, 329, 341, 343, 346, 361, 367, 390, 424, 427, 438, 442, 446, 460, 462, 465, 469, 474, 475, 477, 482, 483, 487, 491, 493, 495, 510, 518, 547, 548, 558, 560, 562, 566, 576, 581, 586, 617, 621, 625, 630, 634, 637, 645, 649, 655, 656, 661, 669, 673, 675, 678, 680, 681, 686, 689, 691, 694, 696, 697, 699, 701, 705, 706, 711, 717, 720, 722, 723, 724, 727, 733, 741, 744, 748, 749, 751, 753, 757, 761, 763, 765 | Ingrid Murer: 264, 273, 278, 283, 292, 295, 299, 305, 306, 309, 311, 315, 328, 349, 354, 357, 359, 363, 366, 375, 377, 381, 385, 398, 418 | Annegret Pannewitz: 739 | Cyril Pedrosa: 79, 768 | Alice Zandanel: 370, 394| Wikipedia – Adricoulas: S. 173

Der Umwelt zuliebe
Unsere Reiseführer werden klimaneutral gedruckt.

Eine Kooperation des Michael Müller Verlags mit myclimate

Sämtliche Treibhausgase, die bei der Produktion der Bücher entstehen, werden durch Ausgleichszahlungen kompensiert. Unsere Kompensationen fließen in das Projekt »Kommunales Wiederaufforsten in Nicaragua«

Einzelheiten zum Projekt unter myclimate.org/nicaragua.

Die Webseite zum Thema:
www.michael-mueller-verlag.de/klima